Prisma Woordenboek
Nederlands-Engels

In de reeks Prisma Woordenboeken zijn
de volgende delen verschenen:

Nederlands
Nederlands-Engels
Engels-Nederlands
Nederlands-Duits
Duits-Nederlands
Nederlands-Frans
Frans-Nederlands
Nederlands-Spaans
Spaans-Nederlands
Nederlands-Italiaans
Italiaans-Nederlands

Nederlands Engels

dr. G.J. Visser
drs. A.F.M. de Knegt
drs. C. de Knegt-Bos

PRISMA

Prisma Woordenboeken worden in de handel gebracht door:

Uitgeverij Het Spectrum B.V.
Postbus 2073
3500 GB Utrecht

Omslagontwerp: Karel van Laar
Vormgeving: Studio Casparie Heerhugowaard
Chris van Egmond bNO
Zetwerk: Spectrum Database Publishing,
Utrecht/Casparie Heerhugowaard B.V.
Druk: Koninklijke W'hrmann B.V., Zutphen
Ontwerp database: AND Software, Rotterdam

Eerste tot en met vierentwintigste druk
1955-1992. Vijfentwintigste, volledig herziene
druk 1993. Zesentwintigste, volledig herziene
druk 1996.

© 1955, © 1996
Uitgeverij Het Spectrum B.V.

ISBN 90 274 5148 6   02-0277-01

CIP-GEGEVENS KONINKLIJKE BIBLIOTHEEK,
DEN HAAG

Voor zover het maken van kopieën uit deze uitgave is toegestaan op grond van artikel 16B Auteurswet 1912, juncto het Besluit van 20 juni 1974, Stb. 351, zoals gewijzigd bij het Besluit van 23 augustus 1985, Stb. 471 en artikel 17 Auteurswet 1912, dient men de daarvoor wettelijk verschuldigde vergoedingen te voldoen aan de Stichting Reprorecht (Postbus 882, 1180 AW Amstelveen). Voor het overnemen van gedeelte(n) uit deze uitgave in bloemlezingen, readers en andere compilatiewerken (artikel 16 Auteurswet 1912), dient men zich tot de uitgever te wenden.

Ondanks al de aan de samenstelling van de tekst bestede zorg, kan noch de redactie, noch de uitgever aansprakelijkheid aanvaarden voor eventuele schade die het gevolg is van enige fout die in deze uitgave zou kunnen voorkomen.

De uitgever heeft er naar gestreefd alle merknamen die in de Prisma Woordenboeken voorkomen te voorzien van een handelsmerksymbool®.

Voorwoord bij de 25^e druk

Dit Prisma Woordenboek is, evenals de andere Prisma Woordenboeken, ingrijpend gewijzigd ten opzichte van de voorgaande drukken. Deze wijziging heeft betrekking op verschillende aspecten van het woordenboek.

In de eerste plaats is de selectie van trefwoorden aangepast. Zo werd bij het maken van deze selectie een groot aantal trefwoorden om uiteenlopende redenen niet langer geschikt geacht voor opname. Hiermee kwam ruimte vrij voor de opname van nieuwe trefwoorden, die tot het actuele karakter van het boek hebben bijgedragen. De selecties van de trefwoorden in de verschillende Prisma Woordenboeken werden met elkaar vergeleken, waardoor voor de hand liggende woorden of begrippen die in een minderheid van de delen ontbraken, alsnog konden worden opgenomen. Om deze vergelijking mogelijk te maken, werden de woordenboeken in een databank opgeslagen.

Een ander belangrijk punt waarop de woordenboeken zijn gewijzigd, betreft de informatie die achter de trefwoorden wordt gegeven. Deze informatie is herzien en waar nodig verbeterd en uitgebreid, zowel voor wat het Nederlands als voor wat de vreemde taal betreft. Ook voor dit deel van de bewerking is van de voordelen van de automatische opslag van gegevens gebruik gemaakt.

Nieuw zijn ook de aanhangsels achter in de Prisma Woordenboeken, waarin grammaticale en soms ook andere, meer praktische informatie is opgenomen. Hierdoor en door de nieuwe, goed leesbare typografie waarmee de inhoudelijke vernieuwing van de Prisma Woordenboeken is onderstreept, is het gebruik van dit woordenboek aanmerkelijk vergemakkelijkt.

Spectrum Lexicografie

Voorwoord bij de 26e druk

In dit boek is de nieuwe spelling gebruikt. Met ingang van het komende schooljaar zal die nieuwe spelling verplicht zijn in het onderwijs en in ambtelijke stukken in Nederland en Vlaanderen.

In de loop van 1995 zijn de nieuwe regels voor de spelling bekend geworden. Deze regels worden in alle Prisma Woordenboeken op dezelfde wijze toegepast. Men heeft zich daarbij laten adviseren door een redactieraad spelling, bestaande uit drs. W.Th. de Boer, prof. dr. D. Geeraerts en prof. dr. A.H. Neijt.

In enkele gevallen wijkt de spelling van een trefwoord af van die in de nieuwe Woordenlijst Nederlandse Taal (Wdl). Voor zover zulke verschillen betrekking hebben op de ministeriële besluiten aangaande de spelling (en niet binnen de marges vallen waarbinnen die besluiten variatie toelaten) zijn de desbetreffende trefwoorden (17 in getal) gemarkeerd met een sterretje en worden beide spellingvormen gegeven. Dat ziet er bijvoorbeeld zo uit:

*vliegenzwam (Wdl: vliegezwam) *fly agaric*

Aanwijzingen voor het gebruik

NEDERLANDSTALIG GEDEELTE

Informatie over de trefwoorden, betekenissen, voorbeeldzinnen en idiomen is zo beperkt mogelijk gehouden. Voor zover deze informatie wordt gegeven, dient deze om de vertaling(en) te verduidelijken. Er wordt van uitgegaan dat de Prisma Woordenboeken door Nederlandstaligen worden geraadpleegd, van wie wordt verondersteld dat zij weten hoe deze trefwoorden etc. op de juiste wijze worden gebruikt. Om deze reden en om ruimte te sparen wordt bij het Nederlands niet aangegeven wanneer sprake is van formeel, informeel of ander bijzonder taalgebruik. Om dezelfde redenen is spaarzaam met grammaticale informatie omgesprongen.

TREFWOORDEN

Woorden die op dezelfde wijze worden geschreven, maar met een verschillende klemtoon worden uitgesproken (voorkómen vs. vóórkomen), zijn als aparte trefwoorden opgenomen, die elk zijn voorzien van een klemtoonaccent. Veelgebruikte prefixen en woorden waarmee veel samenstellingen kunnen worden gevormd, zijn als aparte trefwoorden opgenomen. Wanneer een trefwoord niet wordt gevonden, is het raadzaam onder synonieme woorden te zoeken.

VOORBEELDZINNEN EN IDIOMEN

In de Prisma Woordenboeken Nederlands-Vreemde taal is een onderscheid gemaakt tussen voorbeeldzinnen en idiomatische uitdrukkingen. Voorbeeldzinnen zijn zinnen die het gebruik van een trefwoord in een bepaalde betekenis demonstreren. Ze staan daarom achter deze betekenis en zijn aangegeven met een sterretje (∗).

Idiomatische uitdrukkingen zijn zinnen waarin het trefwoord weliswaar voorkomt, maar waarin dit niet in een van de onderscheiden betekenissen wordt gebruikt. Tot deze uitdrukkingen behoren bijvoorbeeld spreekwoorden. De idiomen worden voorafgegaan door een driehoekje (▾).

INFORMATIE OVER DE VREEMDE TAAL

Van zelfstandige naamwoorden die uitsluitend als meervoud voorkomen, is dit aangegeven. De vrouwelijke vorm van de vertalingen van zelfstandige naamwoorden wordt alleen gegeven wanneer deze onregelmatig is.

Aanvullende grammaticale informatie over de vreemde taal is te vinden in de overzichten achterin dit boek.

Tenzij anders aangegeven wordt Brits-Engels gebruikt.

Bijzondere tekens

Trefwoorden zijn vetgedrukt. Alle informatie die niet cursief is gezet, heeft betrekking op het Nederlands, alle cursieve informatie heeft betrekking op de vreemde taal.

•	Elke betekenisomschrijving van een trefwoord wordt voorafgegaan door een bolletje en staat tussen ronde haken.
<...>	Elke specificering van een betekenis of vertaling staat tussen geknikte haken, evenals vakgebied- en stijlaanduidingen.
[...]	Grammaticale informatie staat tussen rechte haken.
*	Voorbeeldzinnen worden voorafgegaan door een sterretje.
▾	Idiomatische uitdrukkingen worden voorafgegaan door een driehoekje.
I, II enz.	Aanduidingen van grammaticale categorieën (zelfstandig naamwoord, bijvoeglijk naamwoord, soorten werkwoorden enz.) worden voorafgegaan door vetgedrukte romeinse cijfers.
~	Een tilde vervangt het trefwoord in voorbeeldzinnen en idiomatische uitdrukkingen.
/	Een schuine streep scheidt woorden die onderling verwisselbaar zijn.
↑	Dit teken geeft aan dat de vertaling formeler is dan het vertaalde woord, voorbeeld of idioom.
↓	Dit teken geeft aan dat de vertaling minder formeel is dan het vertaalde woord, voorbeeld of idioom.
≈	Dit teken geeft aan dat de vertaling een benadering is van het vertaalde woord, voorbeeld of idioom; een exacte vertaling kan in dat geval niet worden gegeven.

Lijst van gebruikte afkortingen

aanw vnw	aanwijzend voornaamwoord	*muz.*	muziek *nat.*natuurkunde
adm.	administratie	*o.s.*	oneself
AE	Amerikaans-Engels	*off.*	officieel
arch.	archeologie	*onb vnw*	onbepaald voornaamwoord
astron.	astronomie	*onp ww*	onpersoonlijk werkwoord
BE	Brits-Engels	*onv ww*	onvervoegbaar werkwoord
betr vnw	betrekkelijk voornaamwoord	*on ww*	onovergankelijk werkwoord
bez vnw	bezittelijk voornaamwoord	*ov ww*	overgankelijk werkwoord
bijw	bijwoord	*pej.*	pejoratief
bio.	biologie	*pers vnw*	persoonlijk voornaamwoord
bnw	bijvoeglijk naamwoord	*plantk.*	plantkunde
chem.	scheikunde	*pol.*	politiek
comp.	informatica	*psych.*	psychologie
econ.	economie	*rek.*	rekenkunde
euf.	eufemisme	*rel.*	religie
fig.	figuurlijk	*s.o.*	someone
filo.	filosofie	*s.th.*	something
form.	formeel	*scheepv.*	scheepvaart
foto.	fotografie	*taalk.*	taalkunde
geo.	geografie	*techn.*	techniek
geol.	geologie	*telw*	telwoord
gesch.	geschiedenis	*tv*	televisie
hand.	handel	*tw*	tussenwerpsel
her.	heraldiek	*uitr vnw*	uitroepend voornaamwoord
hww	hulpwerkwoord	*vero.*	verouderd
iem.	iemand	*Vl.*	Vlaams
inf.	informeel	*vnl.*	voornamelijk
iron.	ironie	*volkst.*	volkstaal
jur.	juridisch	*vr vnw*	vragend voornaamwoord
kind.	kindertaal	*vulg.*	vulgair
kww	koppelwerkwoord	*vw*	voegwoord
landb.	landbouw	*vz*	voorzetsel
lit.	literatuur	*wisk.*	wiskunde
luchtv.	luchtvaart	*wkd vnw*	wederkerend voornaamwoord
lw	lidwoord	*wkd ww*	wederkerend werkwoord
m.b.t.	met betrekking tot	*wkg vnw*	wederkerig voornaamwoord
med.	medisch	*ww*	werkwoord
mil.	militair		

liggen • (uitgestrekt rusten) ⋆ gaan ~ *lie down*; ‹v. wind› *drop* ⋆ op de grond ~ *lie on the floor* ⋆ op sterven ~ *be dying* ⋆ blijven ~ *stay in bed; sleep in* ⋆ hij lag met griep te bed *he was laid up with the flu* ⋆ hij had het geld ~ *he had the money ready* ⋆ het werk is blijven ~ *the work has been left over* « iets laten ~ *leave s.th.* ⋆ ik heb nog een flesje wijn ~ *I have a bottle of wine left* • (zich bevinden, zijn) *lie, be situated* ⋆ de kamer ligt op het westen *the room faces West* ⋆ dat ligt nu heel anders *things are quite different now* ⋆ het ligt voor je neus *it's staring you in the face* • (~ **aan**) *depend* (on) ⋆ waar ligt het aan? *what is the cause of it?* ⋆ het ligt aan jou *it is your fault; you are to blame* ⋆ dat ligt geheel aan u *that lies/rests entirely with you* dat ligt mij niet *that is not in my line; that does not suit me* ▾ eruit ~ *be out of favour; be in the doghouse* ▾ hij heeft het lelijk laten ~ *he has botched things up*

• (aanstaan) *suit* ⋆ dat lijkt mij niets *I don't like it at all* • (overeenkomen) *resemble, look like* ⋆ hij lijkt op zijn broer *he is like his brother* ⋆ zij lijkt sprekend op hem *she is his spitting image* ⋆ dat begint er op te ~ *that's more like it* ⋆ dat lijkt nergens op/naar *that's ridiculous* • (schijnbaar zijn) *seem, appear* ⋆ dat lijkt me niet *I don't think so* ⋆ je lijkt wel gek *you must be mad* • (dunken) *suit, fit* ⋆ dat lijkt me wel wat *that sounds like a good idea* ⋆ dat zou me wel ~ *that would suit me fine* ⋆ dat lijkt nergens naar *that's absolutely hopeless*

lijmen • (plakken) *glue* • (overhalen) *talk round* ⋆ iem. ~ *rope s.o. in*

lijmtang (glueing) *clamp*

lijn • (linie) ⋆ op één lijn met *in line with* ⋆ op één lijn liggen/staan met ‹bomen, huizen, e.d.› *be in line with*; ‹fig.› *be on a par/a level with* ⋆ iem. op één lijn stellen met *rank a person with* ⋆ over de hele lijn *all along the line* • (touw) *line,* ‹v. hond› *lead, leash* ⋆ de hond aan de lijn houden *keep the dog on the lead/leash* • (streep) *line* ⋆ lijn van schaakbord ‹horizontaal› *row;* ‹verticaal› *file* • (omtrek) ⋆ in grote lijnen *broadly speaking* • (verbinding) *line* ⋆ lijn acht ‹v. bus› *number eight* ⋆ één lijn trekken *pull together* ⋆ dat ligt niet in mijn lijn *that is not in my line (of business)* ▾ aan de lijn doen *be on a diet*

links I [bnw] • (aan de linkerkant) *on the left side* • (onhandig) *awkward* • (pol.) *left-wing, leftist* ⋆ ~ *the left* **II** [bijw] • (aan de linkerkant) *to/on/at the left* ⋆ uiterst ~ *rijden drive well to the left;* ‹inf.› *hug the left* • (pol.) ⋆ ~ stemmen *vote for the left* ▾ iem. ~ laten liggen *ignore a person*

---

voorzetsels die de betekenis van het trefwoord veranderen zijn vetgedrukt en zijn weergegeven als een betekenis

een tilde vervangt het trefwoord (langer dan 4 karakters) in voorbeeldzin of idiomatische uitdrukking

bolletjes geven de verschillende betekenissen van een trefwoord aan

een sterretje geeft een voorbeeldzin aan

een specificering van betekenis of vertaling staat tussen geknikte haken

vetgedrukte romeinse cijfers geven het onderscheid tussen grammaticale categorieën aan

informatie met betrekking tot het stijlniveau van de vertaling wordt aangegeven tussen geknikte haken

een driehoekje geeft een idiomatische uitdrukking aan

A

a • (letter) a ∗ van a naar b gaan *get/go from A to
B* • (muzieknoot) A ∨ van a tot z lezen *read from
cover to cover*
aai stroke, ⟨over de bol⟩ a pat on the back,
⟨romantisch⟩ caress
aaien stroke, ⟨kat⟩ pet, ⟨romantisch⟩ caress
aak ⟨Rhine-⟩barge
aal eel ∨ zo glad als een aal ⟨as⟩ slippery as an eel
aalbes redcurrant
aalmoes alms [mv]
aalmoezenier chaplain, ⟨inf.⟩ padre
aalscholver cormorant
aambeeld → aanbeeld
aambei piles [mv], ⟨med.⟩ haemorrhoids [mv]
aan I [bijw] • (in werking) on ∗ het vuur is aan
the fire is on/burning ∗ de verwarming is aan de
heating is on • (aan het lichaam) on ∗ trek je
schoenen aan! *put your shoes on!* ∗ wat had ze
aan? *what was she wearing?* • (op zekere wijze)
∗ rustig *an easy does it!* ∨ hij reed af en aan he
drove back and forth ∨ er is niets aan ⟨eenvoudig⟩
there's nothing to it; ⟨saai⟩ *it's very dull* ∨ ervan op
aan kunnen *count on s.th.* ∗ ik zie 't aan je
gezicht *I can see it in your face* **II** [vz] • (op een
(vaste) plaats) on/in/at ∗ aan het strand on the
beach ∗ hij stond aan het raam *he stood at the
window* ∗ aan de muur *on the wall* ∗ aan de
gracht/kade *on the canal/quay* ∗ aan dek/boord
on deck/board ∗ aan de lucht *in the sky* ∗ aan
land komen *come ashore* ⟨als gevolg van⟩ *from/
of* ∗ aan koorts lijden/sterven *suffer/die from
fever* • (wat betreft) of ∗ een gebrek aan
vitaminen *lack of vitamins* • (na/naast elkaar)
by/upon ∗ rij aan rij *row upon row; in rows* ∗ twee
aan twee *two by two* • (meewerkend voorwerp)
to ∗ geef het aan mij *give it to me* ∗ het is niet
aan mij om dat te zeggen *I'm in no position to
say so* ∨ de beurt is aan mij *it's my turn* ∨ van nu
af aan *from now on*
aanbakken burn ∗ de aardappelen zijn
aangebakken *the potatoes have burnt* ∗ de vis is
aangebakken *the fish has stuck to the pan*
aanbeeld anvil ∨ steeds op hetzelfde ~ slaan
harp in a subject
aanbellen ring (the bell)
aanbesteden put out to contract/tender, invite
tenders for
aanbesteding contract, (public) tender ∗ een
openbare/onderhandse ~ a *public/private
contract*
aanbetalen make a down payment
aanbetaling down payment
aanbevelen ⟨form.⟩ commend, ⟨een boek,
persoon⟩ recommend ∗ zich ~ recommend o.s.
∗ wij houden ons aanbevolen voor
commentaar *we shall be pleased to hear/receive
your comments/feedback*
aanbevelenswaardig recommendable
aanbeveling recommendation ∗ op ~ van at the
recommendation of ∗ dit strekt tot ~ this is an
advantage/asset
aanbiddelijk adorable
aanbidden adore, worship, ⟨rel.⟩ worship
aanbidder admirer, ⟨v. goden⟩ worshipper
aanbieden offer, give, ⟨een nota, een petitie⟩
present, ⟨een telegram⟩ hand in, ⟨goederen⟩ offer
∗ zijn verontschuldigingen ~ offer one's
apologies

aanbieding • (aanbod) offer • (koopje) bargain,
special offer
aanbinden • (vastbinden) fasten (on), ⟨een label⟩
tie on • (beginnen) ∗ de strijd ~ met enter into
battle with
aanblijven stay on, ⟨v. ambt⟩ remain in office
aanblik • (het zien) ∗ bij de eerste ~ at first sight/
glance ∗ ⟨wat gezien wordt⟩ sight, scene, ⟨v.
persoon⟩ appearance ∗ 'n droeve ~ a sad sight/
spectacle
aanbod offer ∨ vraag en ~ supply and demand
aanboren • (met boren vinden) strike • (openen)
tap, open up ∗ een nieuw vat ~ broach a new cask
aanbouw • (het (aan)bouwen) building ∗ in ~
under construction • (aangebouwd deel) annex,
extension
aanbouwen build, ⟨uitbreiden⟩ build on to
aanbraden sear
aanbranden burn, be burnt • laten ~ burn ∗ het
is erg aangebrand *it's burnt to a frazzle*
aanbreken I [het] ∗ bij het ~ van de dag at
daybreak/dawn **II** [ov ww] • (openmaken) ⟨een
brood⟩ cut into, ⟨een fles⟩ open, ⟨v. kapitaal⟩
break into **III** [on ww] • (beginnen) ⟨dag⟩ dawn,
⟨nacht⟩ fall
aanbrengen • (plaatsen) put in/on, ⟨slot⟩ fix,
⟨veranderingen⟩ introduce, ⟨verf⟩ apply
∗ versieringen ~ place ornaments ∗ centrale
verwarming ~ install central heating
• (verklikken) inform on/against ∗ (werven)
bring in
aandacht attention ∗ de ~ trekken attract/draw
attention ∗ ~ schenken aan pay attention to ∗ de
~ vestigen op call attention to
aandachtig attentive
aandeel • (portie) portion, share ∗ ~ hebben in
have a share/an interest in • (bijdrage) part ∗ wat
was jouw ~ in deze kwestie? *what was your role
in this matter?* • (econ.) share ∗ ~ aan toonder
bearer share ∗ ~ op naam registered share
∗ preferent ~ preference share; preferred stock
aandeelhouder shareholder
aandelenkapitaal share capital, capital stock
aandenken • (souvenir) souvenir, keepsake
• (gedachtenis) memory, remembrance
aandienen I [ov ww] announce ∗ een nieuw
probleem diende zich aan a new problem
presented itself; ⟨inf.⟩ a new problem cropped up
II [wkd ww] present o.s. (as), put o.s. forward (as)
aandikken • (dikker maken) thicken
• (overdrijven) exaggerate, ⟨inf.⟩ lay it on (thick)
aandoen • (aantrekken) put on • (aansteken) put/
switch on • (bezoeken) ∗ een haven ~ call at a
port ∗ een stad ~ visit a town • (berokkenen)
cause ∗ hij heeft het zichzelf aangedaan *he has
only himself to blame; he asked for it* ∗ iem.
verdriet ~ cause s.o. grief • (een indruk geven)
strike as ∗ het deed vreemd aan *it looked/seemed
strange* ∗ het deed me onaangenaam aan *I
found it offensive*
aandoening • (ontroering) emotion, feeling(s)
• (kwaal) disorder, complaint ∗ een ~ aan de
nieren a kidney disorder
aandoenlijk moving, pathetic, ⟨zielig⟩ touching
aandraaien tighten
aandragen carry, bring ∨ komen ~ met come
forward with; put forward
aandrang pressure ∗ op ~ van at the instance of
∗ ~ uitoefenen op exert pressure on ∗ met ~
urgently; strongly
aandrift • (opwelling) impulse • (drang) urge,
instinct

A

aandrijfas drive shaft
aandrijven I [ov ww] • (aansporen) prompt • (techn.) drive • door een benzinemotor aangedreven driven by a petrol engine **II** [on ww] • (aanspoelen) be washed ashore
aandrijving drive
aandringen • (aandrang uitoefenen) press the point ∗ op ~ van at the instance of; at the urgent request of ∗ ~ op insist on ∗ op een antwoord ~ press for an answer ∗ hij drong er bij mij op aan om... he urged me to... • (naar voren dringen) press forward, advance
aandrukken push, press ∗ ~ tegen press against
aanduiden • (betekenen) denote, designate • (aanwijzen) indicate, point out, ⟨met teken⟩ mark ∗ iets nader ~ specify s.th. ∗ iets kort ~ touch on s.th.
aandurven dare (to) • durf je het aan? do you dare (do it)?; do you feel up to it? ∗ ik durf hem wel aan I'm not afraid of him
aanduwen • (aandrukken) press firm • (door duwen starten) push, ⟨v. auto⟩ give a push
aaneen • (ononderbroken) on end ∗ uren ~ for hours on end ∗ zes weken ~ for six successive weeks • (aan elkaar vast) on end, at a stretch, together
aaneenschakeling chain, sequence, series [mv]
aaneensluiten join forces, unite
aangaan I [on ww] • (betreffen) ∗ wat mij aangaat as far as I'm concerned ∗ wat dat aangaat as far as that goes; as for that ∗ wat gaat jou dat aan? what's it to you? • (beginnen) ⟨v. onderhandelingen/huwelijk⟩ enter into, ⟨v. schuld⟩ contract, ⟨v. verdrag⟩ conclude ∗ een weddenschap ~ lay a bet **II** [on ww] • (bezoeken) call in, drop in ∗ bij iem. ~ call in at a person • (beginnen) go on, ⟨v. vuur⟩ catch fire ∗ de school gaat aan school starts ∗ het licht ging aan the lights went on
aangaande concerning, regarding, as for/to
aangebonden v kort ~ zijn be short with s.o.
aangebrand burnt v gauw ~ zijn be short tempered; be touchy
aangedaan • (ontroerd) moved, touched • (aangetast) affected
aangenaam agreeable, pleasant, pleasing ∗ ~ kennis te maken pleased to meet you; ⟨form.⟩ how do you do?
aangenomen accepted, ⟨kind⟩ adopted, ⟨naam⟩ assumed, ⟨werk⟩ contract
aangeschoten tipsy
aangeslagen • (emotioneel geraakt) affected, shaken • (met aanslag bedekt) steamed up, ⟨glas⟩ misted up, ⟨ketel⟩ furred up, ⟨metaal⟩ burnished
aangeven • (aanreiken) give, hand, pass ∗ het zout ~ pass the salt • (aanduiden) ∗ gewicht/temperatuur/tijd ~ register weight/temperature/time ∗ als reden ~ give as a reason ∗ bijzonderheden ~ state particulars • (officieel melden) register ∗ hebt u iets aan te geven? have you anything to declare? • (aanbrengen) ∗ iem. bij de politie ~ report s.o. to the police ∗ zichzelf ~ turn o.s. in
aangewezen • de ~ persoon the right/obvious person ∗ de ~ methode the obvious/proper method v op iets zijn ~ (have to) rely/be dependent on s.th.
aangezichtspijn facial pain, ⟨med.⟩ facial neuralgia
aangifte (misdaad) report, ⟨v. belasting⟩ (tax) return, ⟨v. goederen⟩ declaration ∗ ~ doen bij de politie inform the police of ∗ ~ doen van

belasting submit a tax return ∗ ~ doen van geboorte/dood, e.d. register a birth/death, etc. ∗ ~ doen van goederen declare goods
aangrenzend adjacent, adjoining
aangrijpen • (vastpakken) seize • (ontroeren) move ∗ dat grijpt je aan that moves/affects you v de gelegenheid ~ seize/take the opportunity
aangrijpend moving, stirring ∗ een ~ verhaal a stirring story; ⟨boeiend⟩ a gripping story ∗ een ~e plechtigheid a moving ceremony
aangrijpingspunt point of impact
aangroeien • (opnieuw groeien) grow (back/again) • (toenemen) increase
aanhaken I [ov ww] • (vastmaken) hook/hitch on to **II** [on ww] • (~ bij) ∗ ~ bij iemands woorden add to s.o.'s words
aanhalen • (citeren) ⟨v. autoriteiten⟩ cite, ⟨v. tekst⟩ quote • (vaster trekken) tighten ∗ de teugels ~ tighten the reins • (liefkozen) ⟨v. dier⟩ pet, ⟨v. mens⟩ fondle, caress • (gaan doen) ∗ van alles ~ attempt everything • (in beslag nemen) seize
aanhalig affectionate, ⟨vleierig⟩ coaxing
aanhaling quotation, quote
aanhalingsteken quotation marks [mv], ⟨BE⟩ inverted commas [mv] ∗ ~s openen/sluiten open/close quotation marks
aanhang followers, supporters, adherents ∗ de beweging heeft een grote ~ the movement has many supporters; the movement has a large following
aanhangen I [ov ww] • (steunen) follow, support • (bevestigen) attach, hang **II** [on ww] • (vastkleven) hang on to, stick to
aanhanger • (volgeling) follower, supporter • (aanhangwagen) trailer
aanhangig pending ∗ een wetsontwerp ~ maken introduce a bill ∗ een zaak ~ maken ⟨jur.⟩ bring a matter before a court; ⟨bij autoriteit⟩ take a matter up with the authorities
aanhangsel • (aanhangend deel) ⟨form.⟩ appendage ∗ wormvormig ~ appendix • (bijlage) ⟨v. boek/document⟩ appendix, ⟨v. polis⟩ slip, ⟨v. testament⟩ codicil
aanhangwagen trailer
aanhankelijk attached, devoted, affectionate
aanhechten attach, fasten on
aanhef introduction, ⟨v. brief⟩ salutation, ⟨v. lezing⟩ opening (words)
aanheffen start, begin ∗ een lied ~ strike up a song
aanhikken ∗ ~ tegen iets be concerned about s.th.; worry about s.th.
aanhoren • (luisteren naar) listen to, hear ∗ ten ~ van in the presence of ∗ 't was niet om aan te horen I could'nt bear to hear it ∗ (merken) hear, tell ∗ ik was hem aan zijn stem aan te horen you could tell by his voice
aanhouden I [het] ∗ zijn ~ werd beloond his perseverance was rewarded **II** [ov ww] • (tegenhouden) stop • (arresteren) arrest ∗ een verdachte ~ take a suspect into custody • (blijven houden) prolong, ⟨vriendschap⟩ keep up ∗ een kamer ~ keep a room on • (uitstellen) hold/leave over, ⟨v. rechtszaak, e.d.⟩ adjourn **III** [on ww] • (volhouden) keep/go on, persist (in) • (voortduren) go on, continue, hold, last ∗ de regen houdt aan the rain continues ∗ ons geluk/het weer houdt aan our luck/the weather is holding • (gaan naar) ∗ links/rechts ~ keep to the left/right; (veranderen v. richting) bear left/right ∗ ~ op head/make for
aanhoudend • (zonder ophouden) continuous,

constant, incessant ∗ ~e *periode van regen* prolonged period of rain ∗ (steeds weer) continual, time and again

aanhouder stickler ▼ de ~ *wint* perseverance pays

aanhouding arrest

aanjagen ● (aandoen) ∗ *angst* ~ frighten; scare ∗ *vrees* ~ intimidate ● (techn.) boost

aanjager booster, supercharger

aankaarten raise, broach ∗ *probleem/zaak* ~ raise the matter (with)

aankijken ● (kijken naar) look at ∗ *iem. gemeen* ~ give a person a nasty look ∗ *het* ~ *niet waard* not worth looking at ● (overdenken) ∗ *het eens* ~ have a look at it ∗ *de zaken eens* ~ wait and see ● (~ op) ∗ *jij wordt er op aangekeken* you will be blamed for it

aanklacht accusation, charge, (form.) indictment, (openlijke veroordeling) denunciation ∗ *een* ~ *intrekken* withdraw/drop a charge

aanklagen accuse (of), charge (with), (form.) arraign (for), bring charges against, (openlijk) denounce

aanklager accuser, (jur.) plaintiff ∗ *openbare* ~ public prosecutor

aanklampen ● (enteren) board ● (aanspreken) approach, buttonhole

aankleden ● (kleren aantrekken) dress ∗ *zich* ~ dress ● (inrichten) (een kamer) furnish, fit

aankleding (v. kamer) furnishing, (v. toneelstuk) scenery

aankloppen ● (op deur kloppen) knock at the door ● (~ bij) appeal to ∗ *bij iem.* ~ *om geld* ask s.o. for money

aanknopen I [ov ww] ● (beginnen) ∗ *een gesprek* ~ enter into a conversation ∗ *onderhandelingen* ~ enter into negotiations ∗ *zakenconnecties* ~ (met) establish business connections (with) ∗ (vastknopen aan) tie/fasten to ∗ *er nog een dagje* ~ stay another day **II** [on ww] ● (~ bij) ∗ ~ *bij een opmerking* take up a point

aanknopingspunt starting point, (tussen mensen) point of contact

aankomen ● (aanraken) touch ∗ *niet* ~! hands off! ● (arriveren) arrive ● (bezoeken) drop in, come round ∗ (naderen) approach, come ∗ *zij kon het zien* ~ she could see it coming ∗ (doel treffen) ∗ *de klap kwam hard aan* the blow hit hard/hit home ● (zwaarder worden) put on weight ∗ *zij is 10 kilo aangekomen* she has gained 10 kilos ● (te berde brengen) ∗ *daar hoef je bij hem niet mee aan te komen* that won't go down with him; he won't like that ∗ *met een idee* ~ come up with an idea ∗ (verkrijgen) ∗ *er is geen* ~ *aan* it's not to be had for love or money ∗ *hoe ben je eraan gekomen?* how did you get it? ● (~ op) ∗ *daar komt het op aan* that's what it boils down to ∗ *je moet niet alles op het laatst laten* ~ you must not put off everything to the last moment ∗ *hij laat alles op mij* ~ he shoves everything on to me ∗ *als het op betalen aankomt* when it comes to paying

aankomend (aanstaand) next, coming ∗ ~e *week* next week ● (beginnend) ∗ ~e *kantoorbediende gevraagd* junior clerk wanted ∗ ~ *schrijver* budding author

aankomst arrival ∗ *bij* ~ on arrival

aankondigen ● (bekendmaken) ∗ *een huwelijk* ~ announce a marriage ● (laten weten dat iets komt) announce

aankoop ● (het gekochte) purchase ● (het kopen) buying, acquisition ∗ *bij* ~ *van een fles whisky een gratis glas* a free glass with every bottle of whisky

aankoopsom purchase price

aankruisen mark, tick (off), check ∗ ~ *wat verlangd wordt* tick as appropriate

aankunnen ● (opgewassen zijn tegen) ∗ *hij kon het niet aan* he couldn't cope ∗ *iem.* ~ be a match for s.o. ● (kunnen gebruiken) ∗ *een bord vol eten* ~ be able to manage heaps of food ● (berekend zijn voor) be up to, be able to manage, be able to cope with ∗ *hij kon het werk niet aan* he wasn't up to the job ∗ *je kunt ervan op aan, dat… you can depend/count on it that…* ∗ *je kunt op hem aan* you can rely on him

aanlanden ● (aan land komen) land ● (terechtkomen) end up ∗ *goed* ~ arrive safe and sound

aanlandig onshore ∗ ~e *wind* onshore wind

aanleg ● (constructie) construction, building, (v. kabel) laying, (v. tuin) laying-out, (v. wegen, spoorwegen, e.d.) construction ∗ *in* ~ *onder construction* ∗ ~ *van een elektriciteitscentrale* installation of a power plant ● (talent) talent ∗ ~ *voor muziek* a talent for music ● (vatbaarheid) tendency ∗ ~ *voor een ziekte hebben* have a tendency to suffer from a disease ▼ *in eerste* ~ *in the first instance*

aanleggen I [ov ww] ● (maken) (elektriciteit) put in, (maatstaf) apply, (spoorweg) build, (tuin) lay out, (verband) dress (a wound), bandage, (voorraad) build up, (vuur) make, (weg) construct ● (regelen) ∗ *het zo* ~ *dat* arrange in such a way that ∗ *de zaken handig* ~ manage things cleverly ∗ *het verkeerd/goed* ~ set about it the wrong/right way ● (richten) level ∗ ~ *op* aim at ∗ *het met iem.* ~ get involved with s.o. ∗ *ik ben niet romantisch aangelegd* I am not given to romanticism; I am not romantically inclined **II** [on ww] ● (aan de wal gaan liggen) moor

aanlengen dilute, weaken, (knoeien) adulterate

aanleren ● (onderwijzen) teach ● (eigen maken) learn, (inf.) pick up

aanleunwoning (adjoining) service accommodation, (flatwoning) (adjoining) service flat

aanlokkelijk alluring, enticing, tempting

aanlokken ● (aantrekken) lure, entice, (klanten) attract ● (bekoren) ∗ *het lokt mij niet erg aan* it does not appeal to me very much; it's not my cup of tea

aanloop ● (inleiding) introduction, preamble ● (bezoek) ∗ *veel* ~ *hebben* have many visitors ● (sport) ∗ *een* ~ *nemen* take a running start

aanloopkosten initial/starting-up expenses

aanlopen I [ov ww] ● (een haven aandoen) ∗ *een haven* ~ call at a port **II** [on ww] ● (naderen) ∗ ~ *op* walk towards ● (even langsgaan) drop by ∗ *bij iem.* ~ drop in on a person; call on a person ● (een kleur krijgen) ∗ *hij liep rood aan* his face went red; he was blushing ● (tegen iets aan schuren) ∗ *de rem loopt aan* the brake drags ● (duren) ∗ *dat zal nog wel even* ~ that will take some time yet ● (~ tegen) walk/bump/run into, (fig.) come across

aanmaak manufacture, production

aanmaakhout kindling

aanmaken ● (fabriceren) produce, manufacture ● (klaarmaken) (groenten) prepare, (verf, deeg) mix ● (aansteken) kindle, light

aanmanen urge, exhort ∗ ~ *tot betaling* reminder for payment

aanmaning (laatste) final notice

aanmatigen presume, assume, (form.) arrogate to o.s. ∗ *zich een oordeel* ~ presume to give an

A

opinion; take it upon o.s. to pass judgement ★ u matigt zich te veel aan *you presume too much*
aanmatigend *arrogant, presumptuous, overbearing*
aanmelden ● (aankondigen) *announce, report*
● (opgeven) *come forward* ★ zich voor een examen ~ *enter for an examination*
aanmelding ● (inschrijving) (voor betrekking) *application,* (voor wedstrijd) *entry*
● (aankondiging) *announcement*
aanmeren *moor*
aanmerkelijk *considerable*
aanmerken ● (afkeurend opmerken) *critize* ★ iets ~ op *find fault with* ★ er viel veel op zijn gedrag aan te merken *his conduct was far from blameless* ★ er valt niets op aan te merken *I can find no fault with it* ● (beschouwen als) *consider (as), regard (as)*
aanmerking ● (kritiek) *(critical) remark, comment* ★ ~en maken op *find fault with; object to*
● (beschouwing) *consideration* ★ in ~ genomen *considering; in view of* ★ niet in ~ komen *deserve/ receive no consideration* ★ in ~ komen voor promotie *be considered for promotion*
aanmeten I [ov ww] *take s.o.'s measurements for*
II [wkd ww] ★ zich een houding ~ *assume a pose/an attitude*
aanmodderen *bungle on, stumble*
aanmoedigen *encourage, cheer*
aanmonsteren *sign on* ★ ~ als matroos *sign on as a sailor*
aannaaien *sew on*
aanname ● (veronderstelling) *assumption*
● (aanneming) *acceptance*
aannemelijk ● (redelijk) *reasonable, fair, acceptable* ● (geloofwaardig) *plausible,* (waarschijnlijk) *likely*
aannemen ● (in ontvangst nemen) *accept, take*
● (accepteren) *accept,* (motie) *carry,* (wetsontwerp) *pass* ★ iets als vanzelfsprekend ~ *take a thing for granted* ● (eigen maken) *adopt,* (religie) *embrace* ★ een houding ~ *adopt an attitude* ★ een gewoonte ~ *get into a habit*
● (geloven) *accept, believe* ★ je mag van mij ~ dat *you may take it from me that*
● (veronderstellen) *assume, suppose* ★ er werd algemeen aangenomen dat *it was generally assumed that* ★ aangenomen dat... *supposing/ assuming that...* ● (voor een bepaalde prijs uitvoeren) *contract for* ★ de bouw van een huis ~ *contract for the building of a house* ● (in dienst nemen) *engage, take on* ● (adopteren) *adopt*
● (als lid opnemen) *admit,* (kerkelijk) *receive, confirm*
aannemer *contractor,* (master)builder
aanpak ● *approach* ★ je ~ is verkeerd *you tackle it the wrong way; you go about it the wrong way* ★ er is een andere ~ nodig *we have to deal with/tackle this differently; we need a different approach*
aanpakken ● (behandelen) *deal with, handle, tackle* ★ hoe wil je dat ~? *how will you set about it?* ★ een probleem ~ *tackle/approach a problem*
● (hard werken) ★ hij weet van ~ *he is a go-getter; he knows how to set about his work* ★ je moet flink ~ *(op dit moment) you must get cracking;* (in het algemeen) *you'll have to work hard* ● (vastpakken) *take hold of, seize*
● (aangrijpen) *make a deep impression on* ★ 't pakte hem nogal aan *he was badly shaken by it*
aanpalend *adjacent, adjoining*
aanpappen ★ ~ met *get matey with;* ↓ *suck up to*
aanpassen I [ov ww] ● (passen) *try on* ● (geschikt*

maken) *adapt* **II** [wkd ww] *adapt/adjust o.s. to*
aanpassing *adaptation, adjustment*
aanpassingsvermogen *adaptability (to)*
aanplakbiljet *poster, placard*
aanplakken ● (vastplakken) *affix, paste (up)* ★ verboden aan te plakken! *stick no bills!*
● (bekendmaken) *post up*
aanplant ● (het aanplanten) *planting* ● (het aangeplante) *new plants, plantings,* (bos) *afforestation*
aanplanten *cultivate,* (bomen) *plant,* (graan) *grow*
aanpoten ● (flink doorwerken) *slog away at, slave away* ★ flink ~ *keep one's nose to the grindstone* ● (voortmaken) *hurry (up),* (inf.) *get a move on*
aanpraten ★ iem. iets ~ *talk a person into s.th.*
aanprijzen *recommend, praise* ★ iets luid ~ *sing the praises of s.th.;* (form.) *extol s.th.*
aanraden *advise,* (boek) *recommend,* (plan) *suggest* ★ op ~ van *at the suggestion of; on recommendation from* ★ dat is niet aan te raden *it's not advisable*
aanraken *touch* ★ verboden aan te raken *do not touch*
aanraking ● (het aanraken) *touch* ● (contact) *contact* ★ in ~ brengen met *put in touch with* ★ met de politie in ~ komen *get into trouble with the police*
aanranden *assail/assault s.o.,* (een vrouw) *assault (indecently)*
aanrander *assailant,* (form.) *violator*
aanranding (criminal) *assault,* (schending) *violation,* (seksueel) *indecent assault*
aanrecht *kitchen sink (unit)*
aanreiken *pass, hand, reach*
aanrekenen ● (verwijten) *blame (for), hold (against)* ★ iem. iets ~ *blame a person for s.th.; hold s.th. against a person* ● (beschouwen als) ★ iem. iets als een verdienste ~ *give s.o. credit for s.th.*
aanrichten ● (veroorzaken) *cause, bring about,* (schade) *cause* ● (voorbereiden) ★ een feest ~ *lay on a party, arrange a party*
aanrijden I [ov ww] ● (in botsing komen) *collide (with), run into* ★ zij werd aangereden *she was run over* **II** [on ww] ● (rijdend naderen) *drive up* ★ op iem. ~ *drive up to a person; drive towards a person* ★ hij reed tegen een lantaarnpaal aan *he drove into a lamppost*
aanrijding *collision, crash, accident* ★ een ~ hebben *be involved in an accident*
aanroepen ● (roepen naar) *call, hail* ● (hulp vragen) *invoke* ★ God als getuige ~ *call God as a witness*
aanroeren ● (ter sprake brengen) *refer to s.th., mention s.th. (in passing)* ★ een teer punt ~ *bring up a delicate subject* ● (aanraken) *touch*
aanrukken ● *advance* ★ versterkingen laten ~ *move up reinforcements* ▼ een fles wijn aan laten rukken *have another bottle of wine*
aanschaf *purchase, acquisition, buy*
aanschaffen *purchase, acquire, buy*
aanschieten I [ov ww] ● (licht verwonden) *hit,* (v. vogel) *wing* ● (gauw aantrekken) *slip into*
● (aanklampen) *buttonhole, approach* **II** [on ww]
● (toesnellen) ★ komen ~ *dart forward*
aanschouwelijk *clear, graphic* ★ ~ onderwijs *teach by illustration* ★ ~ maken *demonstrate; illustrate*
aanschouwen *see, behold* ★ ten ~ van *in full view of*

aanschrijven summon, order, instruct ▾ je staat goed/slecht bij hem aangeschreven you are in his good/bad books

aanschuiven ● (dichterbij brengen) draw/pull up ● een stoel ~ draw up a chair ● (dichterbij komen) shuffle (along)

aanslaan I [ov ww] ● (kort raken) ⟨snaar⟩ touch, ⟨toets⟩ strike ● (waarderen) rate, estimate, ⟨belasting⟩ assess ✶ iem. hoog ~ think highly of a person ● (bevestigen) nail down **II** [on ww] ● (starten van motor) start ● (succes hebben) catch on, be a success ● (blaffen) start barking ● (vasthechten) form a deposit ● (beslaan) get blurred, haze up

aanslag ● (aanval) attack, attempt, ⟨met bom⟩ bomb attack ✶ een ~ op iemands leven plegen make an attempt on s.o.'s life ● (belastingaanslag) assessment ✶ voorlopige/definitieve ~ provisional/final assessment; ⟨biljet⟩ a provisional/final tax return ● (schietklare stand) ✶ zijn geweer in de ~ hebben have one's rifle at the ready ● (afzetting) deposit, ⟨op raam⟩ moisture, haze ● (muz.) touch

aanslagbiljet tax return form, ⟨inkomsten⟩ income tax return, ⟨onroerend goed⟩ assessment notice

aanslibben silt (up)

aansluiten I [ov ww] ● (verbinden) connect, link up, ⟨telefoon⟩ connect ✶ verkeerd aangesloten! wrong number! ● (aaneen doen sluiten) close, link up **II** [on ww] ● (verbonden zijn) correspond, ⟨v. treinen⟩ connect ✶ die weg sluit aan bij... that road links up with... ● ~! close up! **III** [wkd ww] ● (lid worden) join, become a member ✶ zich bij een partij ~ join a party ✶ (het eens zijn) agree with

aansluiting ● (verbinding) connection ✶ de ~ missen ⟨trein, e.d.⟩ miss the connection; ⟨fig.⟩ miss the boat ✶ in ~ op ons schrijven in reference to our letter ✶ ~ krijgen ⟨telefoon⟩ be put through ● (contact) joining ✶ ~ zoeken bij iem. seek contact with s.o. ● de ~ van Griekenland bij de EG Greece's entry into the EC

aansluitkosten connection charge/fee

aansmeren ● (dichtsmeren) smear, ⟨een muur e.d.⟩ daub ● (aanpraten) ✶ iem. iets ~ palm s.th. off on a person; fob s.o. off with s.th.

aansnellen run ▾ hij kwam aangesneld he came running (along)

aansnijden ● (afsnijden) cut (into) ● (aankaarten) broach, bring up ✶ een nieuw onderwerp ~ broach a new subject

aanspannen ● (vastmaken) harness, hitch up ● (beginnen) take legal action (against a person) ✶ een rechtszaak ~ institute legal proceedings ● (strak trekken) tighten

aanspoelen I [ov ww] ● (aan land laten drijven) wash ashore ✶ aangespoeld wrakhout driftwood **II** [on ww] ● (aan land drijven) be washed ashore ✶ er is een lijk aangespoeld a corpse has been washed ashore

aansporen ● (prikkelen) stimulate, spur (on), ⟨v. paard⟩ spur, ⟨v. persoon⟩ urge

aansporing incentive, stimulation, stimulus ✶ op ~ van at the instance/instigation of; urged by

aanspraak ● (sociaal contact) ▾ veel ~ hebben see a good many people ● (recht) claim, title ✶ ~ maken op lay claim to ✶ ~ hebben op have a claim to; be entitled to

aansprakelijk answerable, ⟨jur.⟩ liable, responsible ✶ zich ~ stellen take responsibility ✶ ~ stellen hold responsible

aansprakelijkheid responsibility, ⟨jur.⟩ liability ✶ wettelijke ~ (legal) liability ✶ ~ tegenover derden third party risks

aansprakelijkheidsverzekering third-party insurance

aanspreekbaar approachable

aanspreken ● (het woord richten tot) address, speak to ✶ iem. over iets ~ talk to a person about s.th. ✶ iem. op straat ~ accost s.o. in the street ● (gaan gebruiken) ✶ zijn kapitaal ~ break into one's capital ✶ de fles ~ not spare the bottle ● (in de smaak vallen) appeal to ✶ het spreekt me niet aan it doesn't appeal to me

aanstaan ● (op een kier staan) be ajar ● (bevallen) please ✶ 't staat me helemaal niet aan I'm not at all happy about it; it rubs me the wrong way ● (in werking zijn) ⟨tv e.d.⟩ be (switched) on, ⟨v. motor⟩ be running

aanstaande ● (eerstkomend) first, next, coming ✶ ~ vrijdag next Friday ● (toekomstig) future ✶ mijn ~ echtgenoot/echtgenote my future husband/wife ✶ ~ moeder expectant mother

aanstalten preparations ✶ ~ maken om get ready to; prepare to

aanstampen tamp down

aanstaren stare/gaze at, ⟨met open mond⟩ gape (at)

aanstekelijk infectious, catching, contagious ✶ ~e lach infectious laugh

aansteken ● (wormstekig maken) ✶ een aangestoken appel a worm-eaten apple ● (besmetten) infect ● (doen branden) ⟨een huis⟩ set fire to, ⟨een vuur⟩ kindle, ⟨lamp⟩ light ▾ zijn vrolijkheid stak iedereen aan his gaiety infected everyone

aansteker lighter

aanstellen I [ov ww] appoint **II** [wkd ww] pose, put on airs ✶ stel je niet aan! stop showing off!

aansteller show-off, poser

aanstellerig affected, theatrical

aanstellerij affectation

aanstelling appointment, ⟨v. officier⟩ commission ✶ tijdelijke/vaste ~ temporary/permanent appointment

aansterken get stronger, convalesce

aanstichten ⟨complot⟩ hatch, ⟨onheil⟩ cause, ⟨opstand⟩ instigate

aanstichter instigator

aanstichting ✶ op ~ van at the instigation of

aanstippen ● (even aanraken) touch, ⟨med.⟩ dab ● (even noemen) mention briefly, touch on ● (aankruisen) tick off

aanstoken ● (opruien) stir ● (aanwakkeren) fan

aanstonds directly, at once, ⟨straks⟩ presently

aanstoot offence, scandal ✶ ~ geven give offence ✶ ~ nemen aan take offence at

aanstootgevend offensive, objectionable, ⟨sterk⟩ scandalous, shocking

aanstoten nudge ✶ zijn buurman ~ nudge one's neighbour

aanstrepen (en passage) mark, ⟨op lijst⟩ tick off ✶ ~ wat verlangd wordt tick as appropriate

aanstrijken (met iets bestrijken) brush (over) ● (doen ontbranden) strike ● (muz.) bow

aansturen make/head for ✶ op een haven ~ make/head for a harbour

aantal number ✶ behaalde ~ punten score

aantasten ● (aanpakken) attack ✶ iem. in zijn eer ~ injure s.o.'s honour ● (aanvreten) attack, affect ● de grondslagen ~ van strike at the roots of ✶ zure regen tast metalen aan acid rain corrodes metals

A

aantasting adverse effect, ‹v. goede naam› slur, ‹v. metaal› corrosion

aantekenen I [ov ww] • (opschrijven) write down, make a note of, record * aangetekend versturen send by registered mail * aangetekende brief registered letter • (opmerken) * hierbij moet ik echter – it should be noted however **II** [on ww] • (in ondertrouw gaan) ≈ get a marriage licence

aantekening • (notitie) note, annotation, ‹foot›note * ~en maken take notes • (vermelding) registration • (het noteren) * ~ houden van iets keep a note/record of s.th.

aantijging imputation, accusation, allegation

aantikken I [ov ww] • (even aanraken) tap **II** [on ww] • (oplopen) mount/tot up * dat tikt lekker aan! that's adding up nicely

aantocht approach, advance * in ~ zijn be on the way * er is onweer in ~ a thunderstorm is brewing * de lente is in ~ spring is in the air

aantonen • (laten zien) demonstrate, reveal, show * ~de wijs indicative • (bewijzen) prove, demonstrate

aantoonbaar demonstrable

aantreden fall in, line up * de manschappen laten ~ fall the men in

aantreffen meet (with), find, come across

aantrekkelijk attractive, inviting

aantrekken I [ov ww] • (vasttrekken) draw tighter, tighten • (aandoen) ‹kleren› put on, ‹schoeisel› pull on * andere kleren ~ change • (naar zich toe trekken) draw, ‹fig.› attract * het huisje trok haar aan the cottage attracted her • (werven) attract * personeel ~ take on/recruit new staff **II** [on ww] • (zich herstellen) improve * de economie trekt aan the economy is improving **III** [wkd ww] • (zich iets ~ van ‹beledigd› take offence at s.th.; ‹serieus› take s.th. to heart * hij trok zich haar lot aan he was concerned about her * zij trok zich alles persoonlijk aan she took everything personally * ik trek mij er niets van aan I don't care a bit

aantrekkingskracht • (aantrekkelijkheid) attractiveness, appeal • (nat.) power of attraction, (gravitational) pull

aanvaardbaar acceptable, ‹redenering› plausible

aanvaarden • (op zich nemen) ‹aanbod, consequenties› accept, ‹commando› assume * zijn taken ~ take up one's duties • (beginnen) begin * een reis ~ set out on a journey • (in gebruik nemen) direct te ~ with immediate possession

aanval • (het aanvallen) attack, assault, charge * een ~ afslaan beat off an attack * tot de ~ overgaan go on/take the offensive • (uitbarsting) attack, fit * een ~ van koorts an attack of fever * een ~ van woede a fit of rage • (sport) attack ▼ de ~ is de beste verdediging attack is the best (form of) defence

aanvallen I [ov ww] • (een aanval doen) attack, ‹plotseling en hevig› assault, charge * in de rug ~ attack s.o. from behind; ‹fig.› stab in the back **II** [on ww] • (afstormen op) fall upon, charge * op zijn eten ~ fall upon one's food

aanvallig sweet, delightful

aanvalsoorlog war of aggression

aanvang beginning, start, ‹form.› commencement * een ~ nemen begin; ‹form.› commence

aanvangen begin, commence * wat moet ik met haar ~? what am I (supposed) to do with her?

aanvangstijd ‹scheduled› starting time

aanvankelijk I [bnw] original, first, initial **II** [bijw] initially, at first

aanvaring collision * in ~ komen met collide with; ‹fig.› collide/clash with

aanvechtbaar questionable, debatable

aanvechten question, ‹v. bewering› challenge

aanvechting temptation, sudden impulse

aanvegen sweep (out)

aanverwant I [de] in-law **II** [bnw] • (aangetrouwd) related by marriage • (nauw betrokken bij) related

aanvliegen I [ov ww] • (heftig aanvallen) * iem. ~ fly at s.o. **II** [on ww] • (vliegend naderen) fly towards, approach

aanvliegroute approach route

aanvoelen I [ov ww] • (begrijpen) feel, appreciate, ‹stemming› sense * zij voelen elkaar goed aan they think alike; they speak the same language • (aanraken) feel, touch **II** [on ww] feel * het voelt raar aan it feels weird

aanvoer ‹aanvoerleiding› feedpipe, supply * de ~ is verstopt the supply/feedpipe is blocked • (het aanvoeren) supply, delivery • (het aangevoerde) supply, ‹import› arrival(s) * de ~ van olie supply of oil

aanvoerder commander, leader, ‹sport› captain

aanvoeren • (leiden) lead, command * een team ~ captain a team • (ergens heen brengen) supply, bring, ↑ convey • (naar voren brengen) ‹bewijs› submit, ‹bezwaren› raise, ‹motieven› advance, ‹redenen› produce

aanvoering command, leadership, captaincy

aanvraag • (verzoek) application, request, ‹om inlichtingen› inquiry * een ~ indienen submit an application; ‹bij de gemeente› send an application to the Council • (bestelling) demand, order, ‹telefonisch› call * op ~ verkrijgbaar available on request

aanvragen apply/ask for * inlichtingen ~ over iets inquire about s.th.

aanvreten • (aan iets vreten) eat away at, gnaw at • (aantasten) erode * aangevreten door roest eroded by rust

aanvullen • (volledig maken) complete, finish, fill (up), ‹elkaar› complement, ‹v. aantal› complete, ‹v. leemte› fill, ‹v. tekort› supply, ‹v. voorraad› replenish * een verlies ~ make up a loss * een bibliotheek/informatie ~ supplement a library/information * vol maken) fill up

aanvulling supplement, addition, ‹v. aantal› completion, ‹v. bewering› amplification, ‹v. voorraden› replenishment * ter ~ van as a supplement to; to complete

aanvuren fire, inspire, ‹sport› cheer (on)

aanwaaien * bij iem. komen ~ drop in on a person ▼ het komt hem ~ it comes naturally to him ▼ hij is hier uit E. komen ~ he has come over from E.

aanwakkeren I [ov ww] • (heviger maken) ‹gunstig› stimulate, ‹ongunstig› fan, stir up **II** [on ww] • (heviger worden) strengthen, increase, ‹v. wind› increase, freshen

aanwas growth, increase * de ~ van de bevolking the growth in population

aanwenden use, apply * ten eigen bate ~ turn to one's own advantage * zijn invloed ~ exert/use one's influence * technieken ~ apply techniques

aanwennen * een gewoonte ~ pick up a habit; fall into the habit of; ‹slechte gewoonten› get into bad habits * zich ~ om duidelijk te spreken make it a habit to speak clearly

aanwensel (bad) habit, trick

aanwerven canvass

aanwezig present ∗ de ~en those present
∗ nadrukkelijk ~ zijn make one's presence felt
aanwezigheid presence, (in school/vergadering)
attendance ∗ zeg dat niet in ~ van de kinderen
don't say that in front of the children
aanwijsbaar demonstrable, verifiable
aanwijzen ● (laten zien) point out/to, indicate,
show ● (bestemmen) assign (to), designate,
⟨fondsen⟩ earmark, (mil.) detail ∗ op iets
aangewezen zijn be dependent on s.th. ∗ op
zichzelf aangewezen zijn be thrown on one's own
resources
aanwijzing ● (het aanwijzen) pointing, indicating
● (inlichting) instruction, direction ∗ iem. ~en
geven give a person instructions/directions ∗ op ~
van under the directions of ● (indicatie) indication,
sign, (vingerwijzing) pointer, clue ∗ er is geen
enkele ~ dat there is no indication whatsoever that
aanwinst ● (verworven bezit) gain, acquisition
∗ welkome ~ welcome addition ● (verrijking)
gain, asset ∗ zij is een ~ voor de zaak she's an
asset to the business
aanwippen v ~ bij iem. (inf.) drop in on a person
aanwrijven I [ov ww] ● (verwijten) ∗ iem. iets ~
blame a person for s.th.; lay s.th. at a person's door
II [on ww] ● (wrijven tegen) ∗ ~ tegen rub
against
aanzeggen give notice (of)
aanzet impulse, start, initiative ∗ zij heeft de ~
gegeven she took the initiative
aanzetten I [ov ww] ● (in werking zetten)
(motor) start, (tv) switch on ● (aansporen) urge,
incite, (een paard) spur/urge on, (tot opstand)
incite to ● (slijpen) set ● (benadrukken) stress
● (vastmaken) put on (to) ∗ een stuk ~ fit on a
piece ∗ knopen ~ sew on buttons **II** [on ww]
● (vastkoeken) stick, catch ∗ de melk is aangezet
the milk has stuck to the pan ∗ de ketel is
aangezet the kettle has scaled ● (komen)
∗ komen ~ met een idee come up with an idea
∗ laat komen ~ turn up late
aanzicht aspect, view
aanzien I [het] ● (het bekijken) ∗ het ~ niet
waard not worth looking at ● (uiterlijk) look,
aspect ∗ dat geeft de zaak een ander ~ that gives
it another perspective ● iets een ander ~ geven
that gives it another perspective ● (achting)
esteem, prestige ∗ in ~ zijn be held in (great)
esteem ∗ een man van ~ a man of distinction
v ten ~ van with regard to v zonder ~ des
persoons irrespective of rank **II** [ov ww] ● (kijken
naar) look at, look (up)on, consider ● (door het
uiterlijk zien) ∗ men ziet hem zijn leeftijd niet
aan he does not look his age ● (~ op) ∗ iem.
ergens op ~ suspect s.o. of s.th. ● (~ voor) ∗ iem./
iets ~ voor take a person/s.th. for ∗ een onrechte
~ voor mistake for v laten we het nog wat ~ let
us wait and see v het laat zich ~ dat there is every
indication that...
aanzienlijk (groot) considerable, substantial
● (voornaam) noble, distinguished, notable
aanzitten sit at table ∗ gaan ~ sit down to table
∗ de ~den the guests
aanzoek proposal ∗ een ~ doen propose
aanzuiveren pay (off/back) ∗ een tekort ~ make
up a deficit
aanzwellen swell
aanzwengelen crank (up), (fig.) pump, boost
aap monkey, (vnl. staartloos) ape v toen kwam de
aap uit de mouw then the truth came out v in de
aap gelogeerd zijn be up the creek (without a
paddle)

aar ear
aard ● (gesteldheid) character, nature ∗ zijn ware
aard tonen show one's true character ∗ dat ligt
niet in mijn aard it is not my nature ∗ zwak van
aard weak by nature ● (soort) kind, sort ∗ zijn
karakter is van dien aard, dat... his character is
such that.. ∗ niets van dien aard nothing of the
sort v uit de aard der zaak by/from the nature of
things; naturally v dat is de aard van het beestje
it's in the blood v een aardje naar zijn vaartje a
chip off the old block
aard- geo
aardappel potato
aardappelmeel potato flour
aardappelmesje potato-peeler
aardappelmoeheid potato sickness, potato root
eelworm
aardappelpuree mashed potatoes
aardas earth's axis
aardbaan earth's orbit
aardbei strawberry
aardbeving earthquake
aardbodem earth's surface, earth, ground ∗ van
de ~ verdwenen disappeared off the face of the
earth
aardbol ● (aardglobe) globe ● (de wereld) earth
aarde ● (grond) soil, (leaf) mould ● (aardbol) earth
● (techn.) earth, (AE) ground v ter ~ bestellen
bury; (form.) inter v in goede ~ vallen be well
received v heel wat voeten in de ~ hebben take
some doing; cost a good deal of trouble
aardedonker pitch-dark
aarden I [bnw] earthen ∗ ~ pijp clay pipe **II** [ov
ww] earth, (AE) ground **III** [on ww] (wennen)
∗ ik kan hier niet ~ I can't feel at home here
● (~ naar) take after
aardewerk pottery, crockery, earthenware
aardgas natural gas
aardig I [bnw] ● (vriendelijk) (v. manieren)
pleasant, (v. personen) nice ∗ dat is erg ~ van je
it is/that's very good of you ● (nogal groot) ∗ een
~ sommetje a handsome sum of money ∗ ('t kost)
~ wat a pretty penny ● (leuk om te zien) ∗ een ~
meisje a pretty girl ∗ het ziet er ~ uit it looks nice
II [bijw] fairly, pretty (good) ∗ het gaat hem ~
goed he's doing very nicely; he's doing fairly well
aardigheid ● (geschenk) present ● (grap) joke, jest
∗ voor de ~ for fun; in sport ● (plezier) fun,
pleasure ∗ ~ in iets hebben take pleasure in s.th.
∗ de ~ is eraf the fun has gone out of it
aardigheidje (small) present, a little s.th.
aardkloot globe, (planet) earth
aardkorst earth's crust
aardleiding earth(-wire), (AE) ground wire
aardlekschakelaar earth leakage circuit breaker
aardolie petroleum, crude oil
aardrijkskunde geography
aardrijkskundig geographical
aards terrestrial ∗ ~e goederen worldly goods
∗ een ~ paradijs an earthly paradise
aardschok earthquake
aardschol tectonic plate
aardverschuiving landslide
aardwetenschappen earth sciences
aardworm earthworm
aars arse
aarts- arch-, (form.) arrant
aartsbisdom archbishopric
aartsbisschop archbishop
aartsdom utterly stupid
aartsengel archangel
aartshertog archduke

A

aartslui bone-idle
aartsvader patriarch
aartsvijand arch-enemy
aarzelen hesitate, waver, dither, ‹uit bangheid›
hang back
aarzeling hesitation, wavering
aas I [de] • (uitblinker) ace • (speelkaart) ace
II [het] • (dood dier) carrion • (lokaas) bait
aaseter scavenging animal, carrion eater/bird,
scavenger
aasgier vulture
AAW General Disability Act ∗ in de AAW zitten
receive General Disability benefits
abattoir abattoir
abc • (eerste beginselen) rudiments • (alfabet) the
ABC, the alphabet
abces abscess, boil
ABC-wapens ABC weapons
abdiceren abdicate
abdij abbey
abdis abbess
abdomen abdomen
abject contemptible, despicable, abject
abnormaal abnormal
abominabel abominable
abonneenummer subscriber's number
abonneetelevisie pay television, cable
abonnement subscription, ‹openbaar vervoer,
concerten, e.d.› season ticket
abonneren I [ov ww] enter as a subscriber **II** [wkd
ww] subscribe to, take out a subscription
aborteren I [ov ww] • (zwangerschap afbreken)
abort ∗ laten ∼ have an abortion **II** [on ww]
• (miskraam hebben) abort, miscarry
abortus • (ingreep) abortion • (miskraam)
miscarriage
abortuskliniek abortion clinic
abracadabra • (toverspreuk) abracadabra
• (wartaal) double Dutch, gobbledygook
Abraham Abraham ▼ ∼ zien have turned fifty
▼ weten waar ∼ de mosterd haalt be nobody's
fool
abri bus shelter
abrikoos apricot
abrupt abrupt, sudden
abscis abscissa
absent • (afwezig) absent • (verstrooid)
absent-minded
absentie • (afwezigheid) absence
• (verstrooidheid) absent-mindedness
absentielijst (attendance-)register, list of absentees
absolutie ∗ ∼ geven give absolution
absolutisme absolutism
absoluut absolute
absorberen absorb ∗ ∼d middel absorbent
material
absorptie absorption
abstinentie abstinence
abstract abstract
abstractie abstraction
abstraheren abstract
absurd absurd, ridiculous
abt abbot
abuis mistake, error ∗ per ∼ by mistake; erroneously
abusievelijk wrongly
acacia acacia
academicus university graduate, ‹docent,
professor› academic
academie • (hogeschool) university,
‹kunstacademie› academy • (geleerd
genootschap) academy
academisch academic, university ∗ ∼ ziekenhuis

university/teaching hospital ∗ ∼ gevormd
university trained ∗ ∼e graad university degree
a capella a capella
acceleratie acceleration
accelereren accelerate
accent • (klemtoon) stress, ‹fig.› emphasis
• (tongval) accent ∗ een licht/sterk ∼ a slight/
strong accent ∗ een erg zwaar ∼ an accent you
could cut with a knife • (leesteken) accent
accentueren accent, stress, emphasize, accentuate
acceptabel acceptable
acceptatie acceptance, acknowledgement
accepteren accept ∗ niet ∼ refuse; reject; ‹v.
rekening, cheque› dishonour ∗ dat soort gedrag
accepteer ik niet I won't stand for that kind of
behaviour
acceptgiro pre-printed giro credit slip
accessoire accessory
accijns excise (duty)
acclamatie ∗ bij ∼ by acclamation
acclimatiseren acclimatize
accolade • (teken) brace, bracket • (omarming)
accolade
accommodatie accommodation
accordeon accordion
accountancy accountancy
accountant accountant
accountantsverklaring audit, auditor's report
accrediteren • (krediet verschaffen) give s.o.
credit facilities at a bank, give s.o. credit • (met
geloofsbrieven uitzenden) accredit (to) • een
geaccrediteerd journaliste an accredited
journalist ∗ ∼ bij een regering accredit to a
government
accu battery ∗ de accu is leeg the battery is dead
accumulatie accumulation
accu(mulator) accumulator, battery
accuraat accurate, precise
accuratesse accuracy, precision
aceton acetone
ach ah! ▼ ach en wee roepen lament; ‹inf.›
belly-ache
à charge ∗ een getuige ∼ witness for the
prosecution; crown witness
achilleshiel flaw, vulnerable/weak point, ‹v.
persoon› Achilles' heel
achillespees Achilles' tendon
acht I [de] • (aandacht) attention, heed ∗ acht
slaan op pay attention to; take heed of ∗ zich in
acht nemen take care; beware ∗ wetten in acht
nemen observe laws • (cijfer) eight **II** [telw] eight
∗ achturige werkdag eight-hour day
achtbaan roller coaster
achtbaar respectable
achteloos careless, negligent
achten • (vinden) deem, consider, judge ∗ ik acht
het ongewenst I consider it undesirable
• (waarderen) esteem, respect
achter I [bijw] • (aan de achterkant) at/in the
back/rear ∗ ∼ in de auto in the back of the car ∗ ∼
in de kamer at the back of the room ∗ van ∼ naar
voren backwards • (in achterstand) behind ∗ de
klok loopt ∼ the clock is slow ∗ ∼ met werk
behind with work ∗ het team staat ∼ (met) the
team is down (by) ∗ ∼ met betalen in arrears ▼ hij
is ∼ in de dertig he is in his late thirties **II** [vz]
• (na) ∗ ∼ elkaar one after the other • (met iets/
iem. voor zich) at ∗ ∼ het stuur/bureau zitten
at the wheel/desk ▼ ∼ iem. om behind s.o.'s back
▼ ∼ de waarheid komen find out the truth ▼ ik
ben er ∼ I've got to the roots of it
achter- back/rear

A

achteraan in the rear, behind, at the back ∗ zij ging/holde er ~ she ran after it

achteraanzicht rear view, view from the back

achteraf • (naderhand) after the event ∗ ~ beschouwd/bezien in retrospect • (afgelegen) out of the way ∗ ~ wonen live in a backwater ∗ een ~straatje a back street

achterbak boot, ⟨AE⟩ trunk

achterbaks I [bnw] underhand ∗ ~e streken underhand dodges ∗ een ~e vent a sneaky devil **II** [bijw] underhand, secretly

achterban rank and file, supporters ∗ steun van de ~ grass roots support ∗ de ~ raadplegen take the pulse of the people

achterband back tire

achterbank back seat

achterblijven • (achtergelaten worden) be left (behind) ∗ drie kinderen blijven achter he leaves three children ∗ (niet meekomen) lag behind, ⟨bij wedstrijden⟩ fall behind, ⟨in ontwikkeling⟩ be backward ∗ achtergebleven gebied underdeveloped area

achterbuurt back street, slum

achterdeur door at the back, rear door⟨auto⟩, ⟨fig.⟩ backdoor ▾ door een ~ zien binnen te komen try to get in by the backdoor

achterdocht suspicion ∗ ~ krijgen become suspicious ∗ ~ koesteren entertain/harbour suspicions

achterdochtig suspicious, distrustful

achtereen without a pause ∗ kilometers ~ kilometres at a stretch ∗ dagen ~ for days on end

achtereenvolgens successively, in succession

achtereind • (achterste deel) back, rear ⟨end⟩ • (achterwerk) bottom ▾ zo stom zijn als 't ~ van een varken be as thick as two short planks

achteren back, further back/backwards

achtergrond background ∗ met een universitaire ~ with an academic background ∗ op de ~ blijven keep a low profile ∗ op de ~ dringen push into the background ∗ op de ~ raken recede into the background ∗ tegen een rode ~ against a red background ∗ de ~ van de staking the background to the strike

achtergrondinformatie background information

achtergrondmuziek background music

achterhaald outdated, out of date, obsolete ∗ een ~e ideologie an obsolete ideology

achterhalen • (te pakken krijgen) catch up with ∗ zij hebben de dief kunnen ~ they've been able to catch up with the thief • (terugvinden) ∗ gestolen goederen ~ recover/retrieve stolen goods • (te weten komen) ∗ de waarheid ~ find out/get at the truth

achterheen ∗ ergens ~ zitten keep hard at s.th. ▾ ergens ~ gaan follow s.th. up; check up on s.th.

achterhoede • (mil.) rear⟨guard⟩ • (sport) defence

achterhoofd back of the head ▾ hij is niet op zijn ~ gevallen there are no flies on him; he wasn't born yesterday

achterhouden • (bij zich houden) hold back • (geheimhouden) withhold, conceal

achterhuis back part of the house

achterin in/at the back

achterkant back, reverse, ⟨v. grammofoonplaat⟩ b-side

achterklap backbiting, scandal

achterkleinkind great-grandchild

achterklep ⟨AE⟩ trunk lid, ⟨v. kofferbak⟩ lid of the boot, ⟨v. stationcar⟩ tailgate, ⟨v. vrachtwagen⟩ tailboard

achterland hinterland

achterlaten leave (behind) ∗ een boodschap voor iem. ~ leave a message for s.o. ∗ met achterlating van ... leaving behind ...

achterlicht tail/rear-light

achterliggen lie/be behind

achterlijf rump, ⟨v. insect⟩ abdomen

achterlijk backward, ⟨v. kind⟩ retarded

achterlopen ⟨v. klok⟩ be slow, ⟨v. persoon⟩ be behind the times

achterna behind, after

achternaam surname, family name

achternagaan • (volgen) go/follow behind • (gaan lijken op) resemble, look like ∗ zij gaat haar moeder achterna she is going to be just like her mother

achternalopen follow, ⟨fig.⟩ follow ∗ hij loopt haar achter na he runs/chases after her

achternazitten • (achtervolgen) chase, pursue, track ∗ de politie zit hem achterna the police are after him • (controleren) check up on, keep an eye on

achterneef • (zoon van neef/nicht) second cousin • (zoon van oom-/tantezegger) great nephew

achternicht • (dochter van neef/nicht) second cousin • (dochter van oom-/tantezegger) great-niece

achterom round the back ∗ ~ kijken look back

achterop • (op de achterkant) at the back ∗ ~komen/lopen catch up with ∗ een ~komende auto an overtaking car ∗ iem. ~ nemen ⟨fiets⟩ give s.o. a ride on the back of the bike • (achter) behind

achterover back⟨wards⟩, on one's back

achteroverdrukken knock off, pinch

achteroverslaan I [ov ww] • (snel drinken) knock back, toss down ∗ een borrel ~ knock back a drink ▾ daar sloeg ik echt van achterover it really bowled me over **II** [on ww] • (vallen) fall down backwards

achterpand back panel

achterpoot hind leg

achterruit rear window

achterruitverwarming rear window demister

achterst rear, hind⟨most⟩, back

achterstaan be behind/down ∗ Nederland staat met 2-0 achter the Netherlands are behind/down by two points

achterstallig ∗ het ~e the arrears ∗ ~e huur back rent

achterstand arrears ∗ ~ inhalen even/equalize the score; make up arrears

achterste • (zitvlak) bottom, ⟨scherts⟩ rump • (achterstuk) back-part ▾ niet het ~ van zijn tong laten zien not speak one's mind

achterstellen subordinate to, discriminate against, place at a disadvantage ∗ je moet A niet ~ bij B you must not neglect A for B ∗ zij voelde zich achtergesteld she felt discriminated against

achterstevoren back to front, the wrong way round, ⟨volgorde⟩ in reverse (order), backwards ∗ je hebt je trui ~ aan you are wearing your sweater the wrong way round

achtertuin back garden

achteruit I [de] reverse ∗ in zijn ~ zetten put in reverse **II** [bijw] backwards, back ∗ ~ daar! stand back!

achteruitgaan • (naar achteren gaan) move back, go back • (verslechteren) ⟨v. gezondheid⟩ decline, ⟨v. kwaliteit⟩ fall, deteriorate, decay

achteruitgang decline, fall, ⟨econ.⟩ recession

áchteruitgang rear exit

A

achteruitkijkspiegel rear-view mirror
achtervoegsel suffix
achtervolgen pursue, run after ∗ door pech achtervolgd pursued by bad luck • de gedachte achtervolgt me the thought haunts me ∗ een misdadiger ~ pursue a criminal
achtervolging pursuit, chase ∗ de ~ inzetten set off in pursuit (of)
achtervolgingswaanzin paranoia
achterwaarts backward ∗ met een ~e beweging with backward movement
achterwege ∗ ~ laten omit; drop • ~ blijven (v. zaken) not come off; be omitted
achterwerk backside, behind, bottom
achterwiel back/rear wheel
achterwielaandrijving rear-wheel drive
achterzijde back, rear
achthoekig octagonal
achting regard, esteem, respect ∗ in iemands ~ dalen/stijgen fall/rise in a person's opinion ∗ met de meeste ~, Pamela Wallis Yours faithfully/sincerely, Pamela Wallis.
achtste I [bnw] eighth ∗ drie ~ three eighths **II** [telw] eighth ∗ het ls vandaag de ~ today is the eighth; it's the eighth today
achttien eighteen → acht
acne acne
acoliet acolyte
acrobaat acrobat
acrobatiek acrobatics
acrobatisch acrobatic
acroniem acronym
acryl nylon ∗ ~verf acryllic paint ∗ een trui van ~ a nylon jumper
act act ∗ een act opvoeren put on an act
acteren • (toneelspelen) act, perform • (doen alsof) act, pretend
acteur actor
actie • (protestactie) ∗ ~ voeren agitate for/against; campaign for/against • (handeling) action ∗ in ~ komen go/swing into action • (aandeel) share • (jur.) lawsuit
actiecomité action committee
actief • (bezig) active, energetic • (in dienst) active ∗ in actieve dienst on active service • (econ.) ∗ actieve handelsbalans favourable trade balance
actiegroep action group/committee
actieradius radius of action, range
activa assets
activeren activate
activist activist
activiteit activity
actrice actress
actualiteit • (het actueel zijn) topicality • (actueel onderwerp) topical subjet, (gebeurtenis) current event
actualiteitenprogramma current affairs programme
actueel current, topical ∗ actuele gebeurtenis topical event ∗ dat is nu nog steeds ~ it is still relevant
acupunctuur acupuncture
acuut I [bnw] acute **II** [bijw] immediately, right away
adagio adagio
adamsappel Adam's apple
adamskostuum in one's birthday suit, in the nude
adapter adaptor
adapteren adapt/adjust (to)
à decharge ∗ een getuige ~ witness for the defence
adel nobility ∗ hij is van adel he belongs to the nobility

adelaar eagle
adelborst midshipman, naval cadet
adelen ennoble, raise to the peerage
adellijk • (van adel) noble • ~e trots nobiliary pride ∗ ~e dame noble lady • (bijna bedorven) high, gamy
adelstand nobility ∗ in de ~ verheffen raise to the peerage
adem breath ∗ buiten adem raken get out of breath • de adem inhouden hold one's breath ∗ op adem komen recover one's breath • naar adem snakken gasp ▼ van lange adem long-winded
adembenemend breathtaking
ademen • (ademhalen) breathe ∗ zwaar ~ wheeze • (lucht doorlaten) breathe
ademhalen breathe, (diep) breathe deeply ▼ opgelucht ~ breathe a sigh of relief
ademhaling breathing, respiration ∗ kunstmatige ~ artificial respiration
ademhalingswegen respiratory tracts
ademloos breathless
ademnood lack of breath ∗ in ~ verkeren be gasping for breath
adempauze breathing-space
ademtocht breath
adequaat adequate
ader • (bloedvat) vein • (bodemlaag) vein, seam
aderlaten bleed
aderlating drain ∗ dat rondje was een enorme ~ that round of drinks made a great hole in my pocket
aderverkalking hardening of the arteries, (med.) arteriosclerosis
adhesie • (instemming) adhesion, adherence ∗ ~ betuigen met express one's adherence to; express one's approval of • (nat.) adhesion
ad hoc ad hoc
adieu goodbye, farewell
adjectief I [het] adjective **II** [bnw] adjectival
adjudant • (toegevoegd officier) adjutant, A.D.C., aide-de-camp • (adjudant-onderofficier) ≈ warrant officer
adjunct assistant, deputy
administrateur administrator, (boekhouder) accountant, bookkeeper, (op schip) purser
administratie • (afdeling) accounts (department), (mil.) paymaster's department • (beheer) administration, management ∗ een hoop ~ a lot of paper work
administratief administrative ∗ ~ personeel clerical staff
administratiekantoor administrative/managerial office
administratiekosten administration costs
administreren administer, manage, (rekeningen, e.d.) keep accounts
admiraal admiral
admiraliteit admiralty
adolescent adolescent, youth
adolescentie adolescence
adonis adonis
adopteren • (onder zijn hoede nemen) take up • (als eigen kind aannemen) adopt
adoptie adoption
adoptiefkind adoptee, adopted child
adoptiefouder adoptive parent
adoreren adore
ad rem ad rem, (straight/right) to the point, pertinent ∗ ~ zijn be quick(-witted)
adrenaline adrenalin
adres • (straat en woonplaats) address ∗ per ~ c/o; care of • (verzoekschrift) petition, address ▼ je

bent aan het verkeerde ~ *you've come to the wrong shop*
adresboek *directory*
adresseren I [ov ww] • (van adres voorzien) *address*, ⟨form.⟩ *direct* **II** [on ww] • (rekest indienen) *petition*
adreswijziging *change of address* ★ ~en sturen *send out change of address cards*
Adriatische Zee *Adriatic Sea*
adsorberen *adsorb*
advent *Advent*
adverteerder *advertiser*
advertentie *advertisement*, ⟨inf.⟩ *ad*
advertentiecampagne *advertising campaign*, ⟨inf.⟩ *ad campaign*
adverteren *advertise*
advies *advice, counsel*
adviesbureau *firm of consultants, consultancy*
adviesorgaan *advisory body/committee*
adviesprijs *recommended sales price*
adviseren *advise, recommend*
adviseur *adviser, counsellor, consultant*, ⟨rechtskundig⟩ *legal adviser, solicitor*, ⟨v. bedrijfsorganisatie⟩ *management consultant*
advocaat • ⟨raadsman⟩ *lawyer*, ⟨in hoger gerechtshof⟩ *barrister*, ⟨in lager gerechtshof⟩ *solicitor* ★ een ~ nemen *call in a lawyer* • ⟨drank⟩ ≈ *eggnog* ★ een ~ van kwade zaken ⟨inf.⟩ *a bent lawyer*
advocaat-generaal *Solicitor General*
advocatencollectief *law centre, legal clinic*
advocatuur *Bar, legal profession* ★ de ~ ingaan *be called to the Bar*
aerobics *aerobics*
aërodynamica *aerodynamics*
aërodynamisch *aerodynamic* ★ ~e vormgeving *aerodynamic design*
aëroob *aerobic*
af I [bnw] *finished, done* ★ het werk is af *the work is finished/done* **II** [bijw] • (vandaan/weg) *from* ★ ver van de weg af *far from the road* ★ af en aan lopen *come and go* ★ van jongs af aan *from childhood* ★ er is een poot a *a leg is missing* • (naar beneden) *off* • (bij benadering) *to* ★ op het gevaar af te zijn *be well/badly off* ★ af to the minute • (bevrijd/verlost van) *off* ★ daar ben ik van af! *good riddance!; that's over and done with!* ★ zij is van hem af *she has separated from him* ★ af en toe *now and then; occasionally; off and on* ★ daar wil ik van af zijn *I'm not sure; I wouldn't like to say* ★ bij het belachelijke af *verging on the absurd* ★ op de man af *point-blank* ★ goed/slecht af zijn *be well/badly off* ★ af down! ★ bij de beesten af *too awful for words* **III** [vz] ★ prijzen af fabriek *prices ex works/factory*
afasie *aphasia*
afbakenen ⟨v. vaarwater⟩ *mark with buoys*, ⟨v. weg⟩ *mark out, trace* ★ een plan duidelijk ~ *clearly define a plan*
afbeelden *represent, portray, depict*
afbeelding • (het afbeelden) *portrayal* • (beeld) *picture, portrait*, ⟨in boek⟩ *figure, illustration*
afbekken *snarl/snap at* ★ je hoeft me niet zo af te bekken *there's no need to snap my head off*
afbellen • (afzeggen) *ring off* • (iedereen opbellen) *ring round*
afbestellen ⟨een order⟩ *cancel*, ⟨v. opdracht⟩ *countermand*
afbetalen • (deels betalen) *pay on account* • (helemaal betalen) *pay off*
afbetaling *payment* ★ op ~ kopen *buy on the instalment plan; buy on hire purchase*

afbetalingstermijn *instalment, term/period of repayment*
afbeulen • zich ~ *work o.s. to the bone* ★ een paard ~ *override a horse*
afbijten • (bijtend wegnemen) *bite off*, ⟨nagels⟩ *bite*, ⟨woorden⟩ *clip* • (verf wegnemen) *strip, remove*
afbijtmiddel *paint stripper/remover*
afbinden • (losmaken) *untie, take off* • ⟨med.⟩ *tie off*
afbladderen *peel off*, ⟨v. verf of huid⟩ *flake off*
afblaffen *bark/snap/snarl at*
afblazen • (fluitsignaal geven) *blow the whistle* • (wegblazen) *blow off*
afblijven *keep one's hands off, leave alone* ★ ~! *hands off!*
afbluffen *outbluff, overawe*
afboeken • (boeken) *enter up* • (afschrijven) *write off*
afborstelen • (wegborstelen) *brush (off), brush away* • (schoonborstelen) *brush down*
afbouwen • (afmaken) *finish* • (geleidelijk opheffen) *cut back on, phase out*
afbraak *demolition*, ⟨fig.⟩ *degradation*, ⟨organische stoffen⟩ *decomposition*
afbraakpand *condemned building*
afbraakprijs *knock-down price*
afbraakproduct *breakdown product*
afbranden I [ov ww] • (door branden verwijderen) *burn off/away* **II** [on ww] • (door brand vernietigd worden) *burn down* ★ de kerk brandde af *the church burnt down*
afbreekbaar ⟨chem.⟩ *biodegradable, decomposable*
afbreken I [ov ww] • (slopen) *pull down, tear down*, ⟨huis⟩ *demolish*, ⟨tent⟩ *strike* • (eraf-/kapotbreken) *break (off)* • (beëindigen) *sever, break off, cut short* ★ een partij ~ *adjourn a game* ★ de onderhandelingen ~ *break off negotiations* • (afkraken) *cry down, run down*, ⟨form.⟩ *disparage* ★ ~de kritiek *scathing criticism* **II** [on ww] • (losgaan) *break off*
afbrengen • er levend ~ *escape with one's life* ★ het er goed ~ *do well; get through very well* ★ het er slecht ~ *come off badly; do badly* ★ iem. van de goede weg ~ *lead s.o. astray*
afbreuk ★ ~ doen aan (do) *harm (to); damage; be detrimental to* ★ zonder ~ te doen aan de kwaliteit *without marring its quality*
afbrokkelen *crumble (off)*
afbuigen *turn off, bend off*, ⟨v. weg⟩ *branch off*
afchecken *check (off) (against)*
afdak *lean-to, shelter*
afdalen *go down, descend* ★ in bijzonderheden ~ *go/enter into details*
afdaling *descent*
afdammen *dam up, block (off)*, ⟨fig.⟩ *stem*
afdanken • (wegsturen) *dismiss, ditch*, ⟨minnaar⟩ *discard, ditch* • (wegdoen) ⟨kleren⟩ *cast off*, ⟨machine, e.d.⟩ *scrap*
afdankertje *hand-me-down*
afdekken • (bedekken) *cover up* • (afruimen) *clear (the table)*
afdeling *department, division, unit*, ⟨maatschappij⟩ *section*, ⟨v. bestuur, (winkel)bedrijf⟩ *department*, ⟨v. leger⟩ *unit*, ⟨v. ziekenhuis⟩ *ward*
afdelingschef *department(al) manager*
afdingen I [ov ww] • (minder bieden) *beat/knock down* ★ ~ op *detract from* ★ er viel niets op af te dingen ⟨niets tegen in te brengen⟩ *it was undeniable;* ⟨niet te veranderen⟩ *it was unegotiable* **II** [on ww] *haggle, bargain*

A

afdoen ● (afnemen) * iets van de prijs ~ knock s.th. off the price ● (afhandelen) finish * een kwestie ~ settle a matter ● (schoonmaken) clean ● (afzetten) take off ◆ dat heeft afgedaan that is played out; that has had its day ◆ dat doet niets aan de waarde af that detracts nothing from the value

afdoend ● (beslissend) conclusive * ~ bewijs conclusive evidence * dat is ~ that settles it ● (doeltreffend) * ~e maatregelen effective measures; (form.) efficacious measures

afdraaien ● (door draaien verwijderen) twist off ● (afspelen) (bandje) play, (film) show ● (wegdraaien) turn away

afdracht payment, contribution(s)

afdragen ● (verslijten) wear out ● (afgeven) hand over

afdrijven I (ov ww) ● (med.) * vrucht ~ abort **II** (on ww) ● (weggedreven worden) (v. bui) blow over, (v. schip) drift off

afdrogen ● (pak slaag geven) give a hiding, thrash ● (droog maken) dry, wipe (off)

afdronk aftertaste

afdruipen ● (druipend vallen) trickle down ● (weglopen) slink off

afdruiprek plate-rack

afdruk (computer) hard copy, (v. artikel) off-print, (v. boek) copy, (v. vinger, foto) print

afdrukken ● (foto maken) press the button ● (een afdruk maken) (in klei) impress, (v. boek, foto) print ● (in werking stellen) (vuurwapen) pull the trigger

afduwen push/shove off

afdwalen stray off, (fig.) stray from the subject, digress

afdwingen ● (gedaan krijgen) * een bekentenis ~ extort a confession ● (inboezemen) * bewondering ~ compel/command admiration

affaire ● (kwestie) affair, (hand.) business ● (verhouding) affair

affectie ● (genegenheid) affection, fondness ● (aandoening) affection

affiche poster

afficheren post (up)

affiniteit affinity

affix affix

affreus hideous, horrid

affront affront, insult

afgaan ● (naar beneden gaan) go down, descend * de trap ~ go down the stairs ● (weggaan) leave, (v. school) leave, (v.e. sport) give up ● (langsgaan) go to see, go along the line * hij ging de rij af he went along the line ● (afgeschoten worden) go off ● (blunderen) lose one's face ● (iets kunnen) * het gaat hem gemakkelijk af it comes easily to him ● (~ op) make for, (fig.) rely on * op het uiterlijk ~ judge by appearances

afgang defeat, flop, (inf.) come-down * wat een ~ what a let-down

afgedaan sold, settled, paid off ▾ hij heeft voor mij ~ I want nothing more to do with him

afgeladen ● (overvol) jam-packed, cramful, packed ● (dronken) canned, tanked, sloshed

afgelasten cancel, countermand, (sport) postpone, abandon

afgeleefd decrepit, worn out

afgelegen ● (ver weg gelegen) distant, remote, out of the way ● (eenzaam) isolated, secluded

afgelopen ● (verleden) last ● (voorbij) past

afgemat worn out, exhausted, (inf.) knackered

afgemeten ● (afgepast) measured ● (stijf) formal, stiff

afgepast paced/measured (out) * ~ geld exact sum

afgepeigerd done in/up/for, all in, (inf.) fagged

afgestompt dulled, deadened

afgevaardigde delegate (to a meeting)

afgeven I (ov ww) ● (overhandigen) (v. boodschap, brief) deliver, (v. geld) hand over, (v. papieren, telegram) hand in * zijn kaartje ~ leave one's card ● (verspreiden) give off * licht ~ give off light **II** (on ww) ● (kleurstof loslaten) run * deze jurk geeft af this dress is not colourfast ● (~ op) run s.o. down * ~ op een person down **III** (wkd ww) * zich met iem. ~ take up with a person * zich met iets ~ meddle with s.th.

afgezaagd * een ~e grap a corny/stale joke * een ~e uitdrukking a hackneyed phrase

afgezant envoy, ambassador

afgezien * ~ van apart from; besides

afgezonderd secluded, (form.) sequestered

Afghaan ● (hond) Afghan hound ● (inwoner) Afghan

Afghaans I [het] Afghan, Pashto **II** [bnw] Afghan

Afghanistan Afghanistan

afgieten ● (vocht weggieten) pour off, (door vergiet) strain ● (door gieten maken) cast

afgietsel cast, mould

afgifte (v. brief) delivery, (v. document) issue * tegen ~ van in exchange for

afglijden slide/slip down/off, (v. vliegtuig) stall

afgod idol

afgooien throw down/off

afgraven (egaliseren) level, (v. heuvel) dig away

afgrendelen bolt

afgrijselijk horrible, ghastly * ~ lelijk hideous

afgrijzen horror, abhorrence * met ~ vervullen horrify

afgrond precipice, abyss, (fig.) abyss, gulf

afgunst jealousy

afgunstig jealous (of)

afhaaldienst collection service

afhaalrestaurant takeaway (restaurant)

afhaken I (ov ww) ● (losmaken) unhook, uncouple **II** (on ww) ● (niet meer meedoen) drop out

afhalen ● (ophalen) (goederen, personen) collect, (met auto) pick up, (thuis) call for * iem. van het station ~ meet s.o. at the station ● (van iets ontdoen) * bonen ~ string beans * bedden ~ strip beds

afhameren ● (snel afhandelen) deal with quickly, rush through ● (het woord ontnemen) * iem. ~ silence s.o.

afhandelen settle, deal with

afhandig * iem. iets ~ maken (slinks) trick a person out of s.th.; (wegpakken) filch s.th. from a person

afhangen ● (naar beneden hangen) hang down ● (~ van) depend (on) * dat hangt er vanaf that depends (on it)

afhankelijk (niet-zelfstandig) dependent (on) ● (~ van) dependent on, subject to * ~ van omstandigheden depending on circumstances * ~ van goedkeuring subject to approval

afhelpen rid of, relieve of, (v. ziekte) cure of

afhouden ● (inhouden) deduct, withhold ● (weghouden) keep off/from, (sport) obstruct * de vijand van zich ~ keep the enemy at bay * hij kon er zijn ogen niet ~ he could keep his eyes off it

afhuren hire, rent, (lokaliteit) engage

afjakkeren ● (snel afmaken/afleggen) (v. werk) dash (off), throw together * een weg ~ tear along a road ● (uitputten) overwork, exhaust * hij jakkerde zijn paard af he exhausted his horse

afkalven cave in, crumble away

afkammen run down

afkanten ● (scherpe kant wegnemen) blunt, square ● (handwerk afmaken) ⟨v. breiwerk⟩ cast off, ⟨v. haakwerk⟩ fasten off

afkappen ● (afhakken) chop/cut off ● (plotseling beëindigen) cut short

afkatten snap at

afkeer aversion (to), dislike (of/to) ★ zij heeft een grondige ~ van roken smoking is her pet aversion

afkeren turn away, avert ★ zich ~ van iem. of iets turn away from a person or s.th.

afkerig averse ⟨to/from⟩ ★ ~ zijn van geweld abhor violence ★ zeker niet ~ zijn van not be averse to

afketsen I ⟨ov ww⟩ ● (verwerpen) reject, turn down **II** ⟨on ww⟩ ● (terugstuiten) glance off ★ de kogel ketste af op de rots the bullet glanced off the rock ● (verworpen worden) fall through, fail ★ daar is de zaak op afgeketst that's where the matter foundered

afkeuren ● (niet goedkeuren) condemn, disapprove (of), ⟨v. gedrag⟩ frown upon ★ een doelpunt ~ disallow a goal ● (mil.) reject, declare unfit ★ de dienstplichtige werd afgekeurd the conscript was declared unfit

afkeuring ● (het ongeschikt verklaren) rejection ● (het niet goedkeuren) condemnation, disapproval ★ ~ uitspreken express disapproval

afkickcentrum drug rehabilitation centre

afkicken kick (a habit)

afkijken I ⟨ov ww⟩ ● (leren door te kijken) copy ★ de kunst van iem. ~ learn the knack from s.o.; get the idea from s.o. **II** ⟨on ww⟩ ● (spieken) copy, crib ★ bij je buurman ~ crib from one's neighbour

afkleden have a slimming effect, be slimming

afklemmen pinch off

afkloppen ● (schoonkloppen) dust ● (bezweren) touch wood

afkluiven gnaw (off) ★ een bot ~ pick a bone

afknappen ● (knappend breken) snap ● (mentaal instorten) crack up, break down

afknapper letdown

afkoelen I ⟨ov ww⟩ ● (koeler maken) cool down, ⟨bier⟩ chill, ⟨v. dranken⟩ ice **II** ⟨on ww⟩ ● (koeler worden) cool down

afkoker mushy potato

afkomen ● (naar beneden komen) come down, ⟨v. trap⟩ come down⟨stairs⟩ ● (kwijtraken) ★ van iem. ~ get rid of s.o. ● (afstammen van) ★ dit woord komt van het Latijn af this word derives from Latin ⟨voltooid worden⟩ get finished ● (bekend worden) ★ de benoeming is afgekomen the appointment has been published ● (aan iets ontsnappen) ★ ergens goed/slecht/goedkoop van ~ get off well/badly/cheaply ★ (~ op) head/make for ★ het paard kwam recht op haar af the horse headed straight for her

afkomst descent, ⟨afstamming⟩ origin, ⟨geboorte⟩ birth ★ zij was van Ierse ~ she was of Irish descent; ⟨in Ierland geboren⟩ she was Irish by birth

afkomstig coming/originating from ★ zij zijn ~ uit Spanje they come from Spain ★ dit woord is ~ uit het Engels this word is derived from English ★ van wie is dat idee ~? whose idea is it?

afkondigen proclaim, declare, ⟨een huwelijk⟩ publish the banns

afkoopsom ransom, redemption money

afkopen ⟨iem.⟩ buy out, ⟨iets⟩ buy off, ⟨v. verplichting⟩ redeem

afkoppelen ⟨machine⟩ disconnect, ⟨spoorwagon⟩ uncouple

afkorten abbreviate, shorten

afkorting shortening, abbreviation ★ 'pram' is een ~ van 'perambulator' 'pram' is short for perambulator

afkraken slate, run down, ⟨inf.⟩ do down

afkrijgen get finished

afkunnen be able to get through, manage, cope with ★ hij kan zijn werk niet af he can't get through his work ★ zij kan het alleen wel af she can manage by herself

aflaat indulgence

aflandig offshore

aflaten desist (from), cease ★ niet ~de ijver unremitting zeal

afleggen ● (afdoen) take off, ⟨wapens⟩ lay down ● (zich ontdoen van) set/put aside ● (volbrengen, doen) ⟨bezoek⟩ pay, ⟨eed⟩ take, swear, ⟨gelofte⟩ make, ⟨getuigenis⟩ give ★ een examen ~ sit for an exam; take an exam ★ 30 km per dag ~ cover 30 kilometres a day ● (verzorgen van dode) ★ een dode ~ lay out a dead person ★ het ~ die; drop off the twig/perch; snuff it ★ het ~ tegen be no match for

afleiden ● (oorsprong aanwijzen) derive (from) ● (concluderen) conclude, gather/infer (from) ● (laten weggaan) guide/lead away (from), ⟨fig.⟩ divert ★ de aandacht van iets ~ divert the attention from s.th. ● (op andere gedachten brengen) divert, distract ● (taalk.) derive

afleiding ● (verstrooiing) diversion ★ zij heeft ~ nodig she needs a change ● (taalk.) derivation

afleidingsmanoeuvre diversionary manoeuvre, red herring, ⟨sport⟩ feint

afleren ● een gewoonte ~ unlearn/break a habit ★ iem. iets ~ cure a person of a habit ★ het roken ~ give up smoking

afleveren turn out, produce, deliver ★ goederen ~ deliver goods ★ artikelen ~ turn out articles

aflevering ● (het afleveren) delivery ● (deel van een reeks) issue, ⟨v. tijdschrift⟩ number, ⟨v. tv-serie⟩ episode

afleveringstermijn term of delivery, delivery date

aflezen ● (helemaal (voor)lezen) read out ★ de nummers ~ read out the numbers; call the numbers ⟨uit wijzerstand opmaken⟩ read (off)

aflikken ⟨v. bord⟩ lick off, ⟨v. vingers⟩ lick ★ het is om je vingers bij af te likken it's mouthwatering

afloop ● (einde) end, ⟨v. termijn⟩ expiration, ⟨v. vergadering⟩ end, close ★ na ~ van de vergadering after the meeting ★ na ~ afterwards ● (uitslag) result, outcome, ⟨v. strijd⟩ result, ⟨form.⟩ issue ★ ongeluk met dodelijke ~ fatal accident ★ verhaal met een goede ~ story wirth a happy ending

aflopen I ⟨ov ww⟩ ● (helemaal langslopen) go/walk down ● (belopen) ★ ik heb er stad en land voor afgelopen I've looked for it high and low **II** ⟨on ww⟩ ● (naar beneden lopen) run/go down ● (eindigen) ⟨come to an⟩ end, ⟨v. contract, termijn⟩ expire ★ goed/slecht ~ turn out well/badly ★ het loopt af met de zieke the patient is sinking fast ★ en daarmee afgelopen! ...and there's an end to it! ★ 't afgelopen jaar the past year ● (rinkelen) ⟨v. klok⟩ run down, ⟨v. wekker⟩ go off ● (hellen) slope ⟨down/away⟩ ★ (~ op) make for ★ de ruzie liep met een sisser af the row has blown over

aflossen ● (afbetalen) ⟨lening, schuld⟩ pay off, redeem ● (vervangen) relieve

aflossing ● (afbetaling) repayment, ⟨v. gehele bedrag⟩ discharge ⟨of⟩ ★ een maandelijkse ~ a monthly repayment/instalment ● (vervanging) relief ★ ~ van de wacht changing of the guard

aflossingstermijn term of repayment
afluisteren eavesdrop(on), ⟨v. telefoon⟩ listen in to, tap
afmaken I [ov ww] • ⟨beëindigen⟩ finish, complete • ⟨doden⟩ kill, finish off * een paard laten ~ have a horse put down • ⟨afkraken⟩ pull/tear to pieces, run down **II** [wkd ww] * zich ergens van ~ dismiss a matter in a few words * zich ergens gemakkelijk van ~ shrug s.th. off
afmatten exhaust, tire/wear out
afmelden clock off/out, ⟨in fabriek e.d.⟩ sign out
afmeren moor
afmeten ⟨meten⟩ measure (off) • ⟨beoordelen⟩ judge * iets ~ aan judge s.th. by/from
afmeting • ⟨maat⟩ dimension, size * de ~en van het vertrek the dimensions/size of the room • ⟨omvang⟩ proportion
afmonsteren I [ov ww] • ⟨ontslaan⟩ pay off **II** [on ww] • ⟨ontslag nemen⟩ sign off
afname ⟨aankoop⟩ purchase * bij ~ van for quantities of • ⟨afzet⟩ sale • ⟨vermindering⟩ decline
afneembaar ⟨af te nemen⟩ removable, detachable • ⟨afwasbaar⟩ washable
afnemen I [ov ww] • ⟨wegnemen⟩ take away • ⟨kopen⟩ buy • ⟨laten afleggen⟩ hold, administer • ⟨schoonpoetsen⟩ * de tafels ~ clean/wipe the tables * de stoelen ~ dust the chairs • ⟨afzetten⟩ take off * zijn hoed ~ take off one's hat • ⟨afruimen⟩ clear * de tafel ~ clear the table **II** [on ww] • ⟨(ver)minderen⟩ decrease, ⟨v. kracht, maan⟩ wane, ⟨v. wind⟩ subside
afnemer buyer, client, customer
afnokken ⟨weggaan⟩ buzz/push off • ⟨ophouden met werken⟩ knock off, stop working
aforisme aphorism
afpakken take/snatch (away)
afpalen fence off
afpassen pace (out), measure * geld ~ give/pay the exact change
afpeigeren fag/wear out
afperken peg out, ⟨omheinen⟩ fence in
afpersen * geld ~ extort money; blackmail
afpijnigen torment, torture * zijn hersenen ~ rack one's brains
afpikken pinch * iets van iem. ~ pinch s.th. from a person
afpoeieren brush off ▼ iem. ~ send a person about his business; send a person packing
afpraten ⟨veel praten⟩ do a lot of talking • ⟨uit het hoofd praten⟩ talk out of
afprijzen mark down, reduce
afraden dissuade (a person from s.th.), advise against
afraffelen ⟨een artikel⟩ dash off, ⟨huiswerk⟩ rush through, ⟨v. gebed⟩ rattle off/through
aframmelen rattle off/through, ⟨v. les⟩ rattle off
aframmeling beating, hiding
afranselen thrash, ⟨met straf⟩ flog
afrasteren fence/rail off
afrastering railings [mv], fence
afreageren * zijn gevoelens ~ work off one's feelings; let off steam
afreizen I [on ww] • ⟨bereizen⟩ * het land ~ travel (all over) the country **II** [on ww] • ⟨vertrekken⟩ depart, leave (for)
afrekenen pay/settle one's bill ▼ ik heb nog iets met jou af te rekenen I still have a bone to pick with you
afrekening • ⟨het afrekenen⟩ payment, settlement * de ~ heeft plaatsgevonden payment has been effected • ⟨nota⟩ receipt, ⟨bank, giro⟩ statement

afremmen I [ov ww] • ⟨matigen⟩ temper, ⟨enthousiasme⟩ curb **II** [on ww] • ⟨remmen⟩ apply the brakes, slow down
africhten train, ⟨paard⟩ break, ⟨voor wedstrijd⟩ train
afrijden I [ov ww] • ⟨rijdier afjakkeren⟩ ride/drive into the ground • ⟨dresseren⟩ break in **II** [on ww] • ⟨naar beneden rijden⟩ drive down, ⟨paard, fiets⟩ ride down * een heuvel ~ ride/drive down a hill • ⟨rijexamen doen⟩ do one's driving test
Afrika Africa
Afrikaan African * een ~se an African woman; she is African
Afrikaander Afrikaner
Afrikaans I [het] Afrikaans **II** [bnw] • ⟨m.b.t. Afrika⟩ African • ⟨m.b.t. Zuid-Afrika⟩ Afrikaans
afrikaantje African marigold
afrit sliproad, ⟨autoweg⟩ exit * de volgende ~ the next exit
afroep * hij is op ~ beschikbaar he is available on call * op ~ verkopen sell on demand/order
afroepen call out/off
afrokapsel afro
afrollen I [on ww] • ⟨naar beneden rollen⟩ roll down • ⟨uitrollen⟩ unwind **II** [on ww] • ⟨zich ontrollen⟩ unwind, ⟨v. garen⟩ reel off, ⟨v. metaaldraad⟩ uncoil, ⟨v. rol⟩ unroll
afromen cream, skim, ⟨fig.⟩ cream off * de winst ~ cream off the profit
afronden • ⟨beëindigen⟩ round off, wind up • ⟨rond maken⟩ round off • ⟨wisk.⟩ * naar boven/beneden ~ round up/down
afrossen ⟨roskammen⟩ groom • ⟨afranselen⟩ flog, whack
afruimen clear away, clear the table
afrukken • ⟨met ruk aftrekken⟩ tear away, rip off • ⟨masturberen⟩ jerk/jack off, wank (off) * zich ~ jerk off, wank
afschaffen • ⟨wegdoen⟩ do away with • ⟨opheffen⟩ abolish, ⟨een verbod⟩ lift * de doodstraf ~ abolish capital punishment
afschampen glance off
afscheid parting, departure, leave * ~ nemen van say good-bye to; ⟨form.⟩ take leave of
afscheiden • ⟨losmaken⟩ separate, detach * zich ~ separate; break way; ⟨form.⟩ secede • ⟨uitscheiden⟩ secrete • ⟨scheiding aanbrengen⟩ divide, partition off
afscheiding • ⟨scheiding⟩ partition • ⟨het afsplitsen van⟩ separation, ⟨m.b.t. kerk⟩ schism • ⟨afgescheiden stof⟩ secretion
afscheidingsbeweging separatist movement
afscheids- farewell
afscheidsfeest farewell party
afscheidsgroet good-bye, farewell
afschepen put/fob s.o. off * zich niet laten ~ not be fobbed off
afschermen • ⟨voorzien van scherm⟩ screen, ⟨afdekken⟩ mask • ⟨beschermen⟩ protect from, screen, ⟨sport⟩ shield, screen
afschieten I [ov ww] • ⟨doodschieten⟩ shoot * konijnen ~ shoot rabbits • ⟨ruimte afscheiden⟩ partition off • ⟨doen afgaan⟩ fire, discharge, ⟨v. pijl⟩ shoot **II** [on ww] • ⟨~ op⟩ * op iem. ~ dash towards s.o.; rush at s.o.
afschilderen • ⟨met verf afbeelden⟩ paint • ⟨beschrijven⟩ portray, make out * de toekomst somber ~ paint a gloomy picture of the future * iem. ~ als ... portray s.o. as ...; make s.o. out to be ...
afschilferen scale/flake off, peel (off), ⟨v. huid⟩ peel
afschminken remove make-up

afschrift copy, ⟨v. bankrekening⟩ statement (of account)

afschrijven • (afzeggen) ⋆ iem. ~ write s.o. a letter to cancel s.th. • (afboeken) debit ⋆ geld van een rekening – withdraw money from an account • (niet meer rekenen op) ⋆ wij hadden jullie bijna afgeschreven you were very nearly given up • (boekwaarde verlagen) write off

afschrijving • (bewijs van afboeking) debit note • (afzegging) letter of cancellation • (het afboeken) debit(ting)

afschrikken discourage, put/scare off, deter

afschrikwekkend frightening, deterrent ⋆ een ~ voorbeeld a warning

afschudden shake off ⋆ zijn achtervolgers ~ shake off one's pursuers

afschuifsysteem shifting of responsibility

afschuimen • (schuim afschengen) skim • (afzoeken) scour ⋆ de stad ~ voor antiek meubilair scour the town for antique furniture

afschuiven • (wegschuiven) push/move away, shift ⋆ zij schoof het boek van zich af she pushed away her book • (afwentelen) shift, pass on (to) ⋆ de schuld/verantwoordelijkheid op iem. ~ shift the blame/responsibility onto s.o. • (betalen) fork out, cough up

afschuw horror, disgust ⋆ een ~ hebben van iets loathe/detest s.th. ⋆ vervuld van ~ horrified

afschuwelijk I [bnw] • (heel slecht/lelijk) shocking, awful • (afschuwwekkend) horrible, abominable **II** [bijw] frightfully, terribly ⋆ ~ saai awfully boring

afslaan I [ov ww] • (in prijs verlagen) reduce • (wegslaan) beat off, ⟨insecten⟩ swat, ⟨vijand, aanval⟩ beat of ⋆ (weigeren) ⟨aanbod⟩ decline, ⟨verzoek⟩ refuse ⋆ dat sla ik niet af I can't refuse that; I don't mind if I do ⋆ de thermometer ~ shake down **II** [on ww] • (van richting veranderen) turn (off), ⟨weg⟩ branch off ⋆ links ~ turn left • (niet meer werken) cut out, stall

afslachten • (slachten) slaughter, kill off • (in groten getale doden) massacre, slaughter

afslag • (veiling) ⋆ verkopen bij ~ sell by ⟨Dutch⟩ auction • (prijsvermindering) reduction • (afrit) turn, ⟨v. autoweg⟩ exit

afslanken I [ov ww] (slanker maken) slim **II** [on ww] • (slanker worden) lose weight • (kleiner worden) slim/trim down

afsluiten • (ontoegankelijk maken) ⟨door gasbedrijf⟩ cut off, ⟨elektriciteit⟩ disconnect, ⟨gas, e.d.⟩ turn off, ⟨weg⟩ block, close • (op slot doen) lock • (eind maken) ⟨de boeken⟩ balance, ⟨rekening⟩ close • een afgesloten tijdperk a closed era • (overeenkomst sluiten) ⟨contract⟩ conclude, ⟨verzekering⟩ effect ⋆ zich ~ van shut o.s. off from; seclude o.s. from

afsluiting • (het ontoegankelijk maken) ⟨elektriciteit⟩ disconnection, ⟨gas, e.d.⟩ shut-off • (iets dat afsluit) ⟨afsluitboom⟩ barrier, ⟨hek, schot⟩ partition • (beëindiging) closing, conclusion

afsluitprovisie commission, ⟨v. makelaar e.d.⟩ brokerage

afsmeken implore, ⟨vero.⟩ beseech

afsnauwen ⋆ iem. ~ snap/snarl at

afsnijden • (korter maken) cut off ⋆ een stuk (van de weg) ~ take a shortcut • (wegsnijden) ⟨papier⟩ cut off, ⟨takken⟩ top off, ⟨v. bloemen, nagels, enz.⟩ cut ⋆ een groot stuk taart ~ cut off a big slice of cake • (versperren) cut off ⋆ iem. de pas ~ head s.o. off; forestall s.o.

afsnoepen steal ⋆ iem. iets ~ snatch s.th. from s.o.

afspelen I [ov ww] play **II** [wkd ww] happen, take place ⋆ het speelt zich af in it takes place in

afspiegelen • (afschilderen) portray ⋆ zij wordt afgespiegeld als een helleveeg she's represented as a shrew • (weerspiegelen) reflect ⋆ zich ~ be reflected

afspiegeling reflection ⋆ een zwakke ~ zijn van iets be a faint shadow of s.th.

afsplitsen split off, ⟨v. weg, leiding⟩ branch off

afspoelen wash, rinse, hose down

afspraak • (overeenkomst) agreement ⋆ dat was niet de ~ that was not what we agreed on; that was not part of the deal • (ontmoeting) appointment, ⟨voor zaken⟩ engagement ⋆ een ~ je hebben have a date

afspreken I [ov ww] • (overeenkomen) agree (on), arrange ⋆ zoals afgesproken as agreed (on) ⋆ ~ iets te doen agree to do s.th. ⋆ dat is dan afgesproken it's a deal ⋆ afgesproken werk a put up job **II** [on ww] make an appointment

afspringen • (naar beneden springen) jump/leap down • (afketsen) come to nothing, ⟨onderhandelingen, e.d.⟩ break down • (loslaten) ⋆ er springen gemakkelijk stukjes van deze kopjes af these cups chip easily • (~ op) jump at, ⟨kat, e.d.⟩ pounce on

afstaan give (up), hand over, ⟨v. privilege⟩ surrender, ⟨v. recht, zetel⟩ yield

afstammeling descendant

afstammen be descended (from), ⟨v. woord⟩ be derived (from)

afstamming lineage, descent

afstand • (lengte tussen twee punten) distance ⋆ op een ~ at a distance; ⟨fig.⟩ aloof; reserved ⋆ van korte ~ vuren fire at close range • (het afstaan) ⟨v. bezit, recht⟩ renunciation, surrender, ⟨v. troon⟩ abdication ⋆ ~ doen van de troon renounce the throne ⋆ ~ doen van bezit part with possesions

afstandelijk aloof, distant, ⟨v. houding⟩ standoffish

afstandsbediening remote control

afstandsrit (long-distance) rally

afstapje step ⋆ denk om het ~ mind the step

afstappen • (naar beneden stappen) step down, ⟨v. fiets, paard⟩ get off • (~ van) ⋆ van een onderwerp ~ leave/drop a subject • (~ op) ⋆ op iem./iets ~ step up to

afsteken I [ov ww] • (aansteken) let/set off ⋆ vuurwerk ~ let off fireworks • (uitspreken) deliver ⋆ een speech ~ deliver/make a speech • (wegsteken) cut off/away, ⟨met beitel⟩ chisel off **II** [on ww] • (duidelijk uitkomen) ⋆ gunstig ~ bij compare favourably with ⋆ ~ tegen stand out (in contrast to)

afstel postponement, delay

afstellen set, adjust (to) ⋆ de ontsteking vroeger/ later ~ advance/retard the ignition timing

afstemmen • (instellen) attune to ⋆ ~ op een zender tune in to a station • (aanpassen) adjust to • (verwerpen) vote down

afstempelen stamp

afsterven die (off), ⟨v. plant⟩ die back

afstevenen make for, ⟨dreigend⟩ bear down on

afstijgen get off, dismount

afstoffen dust

afstompen I [ov ww] • (stomp maken) blunt • (ongevoelig maken) dull, numb ⋆ het saaie werk had zijn geest afgestompt the dull work had numbed his brain **II** [on ww] • (ongevoelig worden) become dull/numb • (stomp worden) become blunt

A

afstoppen • (dichtmaken) fill, stop • (sport) block
afstotelijk repugnant, repulsive
afstoten I [ov ww] • (niet accepteren) ∗ een transplantatie ~ reject a transplant • (wegstoten) push down, knock off • (afkerig maken) repel • (wegdoen) ⟨v. personeel⟩ discharge, lay off, ⟨v. zaken⟩ shed, cast off II [on ww] • (afkeer inboezemen) repel
afstotend repulsive
afstraffen punish, reprimand
afstralen I [ov ww] • (afgeven) radiate, give off II [on ww] • (~ van) radiate ∗ vreugde straalde van zijn gezicht af his face radiated joy
afstrepen strike/cross off
afstrijken • (aansteken) strike, light • (door strijken verwijderen) strike/wipe off ∗ een afgestreken theelepel zout a level teaspoon of salt
afstropen • (plunderen) pillage, ransack • (de buitenste laag er aftrekken) strip (off), ⟨villen⟩ skin
afstuderen graduate, finish one's studies
afstuiten • (afketsen) rebound, bounce off • (~ op) be foiled/frustrated by, ⟨v. plan⟩ fall through
aftaaien buzz off, hit the road, ⟨AE⟩ beat it
aftakelen • (aftuigen van schip) unrig • (achteruitgaan) go to seed, go downhill
aftakeling • (het aftuigen) unrigging • (achteruitgang) decay
aftakking branch, fork, ⟨techn.⟩ shunt
aftands ⟨v. persoon⟩ long in the tooth, ⟨v. zaak⟩ decrepit
aftappen draw (off), ⟨fig.⟩ tap (a telephone), ⟨rubber⟩ tap ∗ bier ~ bottle beer ∗ iem. bloed ~ take blood from s.o.
aftasten • (voorzichtig onderzoeken) feel • (mogelijkheden aftasten) feel/sound out • (techn.) scan
afte aphta, aphtous ulcer
aftekenen I [ov ww] • (voor gezien tekenen) sign • (nauwkeurig beschrijven) outline, mark of II [wkd ww] show (up), become visible ∗ zich ~ tegen stand out against
aftellen • (van tien tot nul tellen) count down • (aftelrijmpje opzeggen) dip for it • (uittellen) count off/out
aftershave aftershave
aftiteling ⟨film⟩ credits, ⟨tv⟩ credit titles
aftocht retreat ▼ de ~ blazen sound the retreat; beat a retreat
aftoppen ∗ salarissen ~ level off/reduce salaries
aftrap kick-off
aftrappen kick off
aftreden I [het] resignation, ⟨v. vorst⟩ abdication II [on ww] resign, retire (from office), ⟨v. vorst⟩ abdicate
aftrek ⟨vraag⟩ sale, demand ∗ veel ~ vinden be in great demand • (korting) deduction, ⟨voor kinderen⟩ allowance ∗ na - van kosten less expenses
aftrekbaar (tax-)deductible ∗ aftrekbare kosten deductible expenses
aftrekken I [ov ww] • (seksueel bevredigen) jerk/jack off, wank off • (in mindering brengen) ⟨v. geld⟩ deduct, ⟨v. getal⟩ subtract • (wegtrekken) draw off/down ▼ zijn handen van iem. ~ wash one's hands of a person II [on ww] • (weggaan) withdraw
aftrekpost deduction, rebate, ⟨belasting⟩ tax-deductible item/expense
aftreksel extract
aftreksom subtraction sum
aftrektal minuend

aftroeven • (winnen met troefkaart) trump • (te slim af zijn) be too clever for s.o.
aftroggelen wheedle/coax out of
aftuigen • (het tuig afhalen) ⟨v. paard⟩ unharness, ⟨v. schip⟩ unrig • (afranselen) thrash
afvaardigen delegate, depute
afvaardiging delegation, deputation
afvaart sailing, departure
afval waste, ⟨v. dier⟩ offal, ⟨v. eten⟩ leavings, ⟨vuilnis⟩ refuse ∗ radioactief ~ radioactive waste
afvalemmer dustbin, litter bin
afvallen • (naar beneden vallen) fall off/down • (vermageren) lose weight • (niet meer meetellen) drop out ∗ dat plan viel af that plan was dropped • (ontrouw worden) desert ∗ iem. ~ desert s.o.; let s.o. down • (scheepv.) bear away
afvallig disloyal, ⟨v. geloof⟩ lapsed, ⟨form.⟩ apostate
afvallige renegade, ⟨rel.⟩ apostate
afvalproduct waste product, by-product
afvalstof waste product/matter
afvalverwerking waste-disposal, processing of waste
afvalwater effluent (water)
afvalwedstrijd heat, elimination race
afvegen • (schoonmaken) wipe (off), mop ∗ je handen ~ wipe your hands • (weghalen) wipe off/away
afvloeien • (wegstromen) flow away/off • (ontslagen worden) be laid off
afvloeiingsregeling redundancy scheme, ⟨financieel⟩ redundancy pay
afvoer • (het afvoeren) ⟨v. goederen⟩ removal, transport, ⟨v. troepen⟩ evacuation, ⟨v. vocht⟩ discharge • (afvoerleiding) drain, waste pipe
afvoeren • (wegvoeren) ⟨v. goederen⟩ remove, transport, ⟨v. troepen⟩ evacuate, ⟨v. water⟩ drain away/off • (schrappen) remove, ⟨vnl als straf⟩ strike off ∗ van de ledenlijst ~ remove from the membership list
afvragen wonder, ask o.s.
afvuren fire (off), discharge, ⟨raket⟩ launch
afwachten wait (for), ⟨beurt, beslissing⟩ wait, ⟨form.⟩ await, ⟨de trein/iem.⟩ wait for ∗ een ~de houding aannemen play a waiting game; sit on the fence ∗ ~ maar! wait and see ∗ ik wacht van hem geen bevelen af I don't take orders from him
afwachting expectation ∗ in ~ van zijn terugkomst awaiting/pending his return
afwas • (vuil serviesgoed) dishes, washing-up • (het afwassen) washing-up, doing the dishes ∗ wie doet de ~ vandaag? who will be doing the dishes today?
afwasbaar washable
afwasborstel washing-up brush
afwasmachine dishwasher
afwasmiddel washing-up liquid
afwassen • (schoonwassen) wash • (verwijderen) wash away/off • (afwas doen) do the dishes/the washing-up
afwatering drainage
afweer defence
afweergeschut anti-aircraft guns, ⟨inf., WOII⟩ ack-ack
afweermechanisme defence mechanism
afweerstof antibody
afwegen • (wegen) weigh • (overdenken) weigh ∗ de voor- en nadelen tegen elkaar ~ weigh up the pros and cons
afwenden • (wegdraaien) turn away, ⟨aandacht⟩ divert, ⟨blik⟩ avert ∗ zich van iem. ~ wash one's hands of s.o. • (tegenhouden) avert
afwennen ∗ iem. iets ~ break a person's habit of...

★ dat moet u zich ~ *you must get out of the habit of doing that*

afwentelen ● (wegrollen) *roll off/away/down* ● (afschuiven) ★ de schuld van zich ~ *shift the blame onto s.o. else*

afweren ● (tegenhouden) *fend off,* ⟨v. aanval⟩ *repel,* ⟨van aanval, v. slag⟩ *parry* ● (op een afstand houden) ⟨fig.⟩ *fend/ward off,* ⟨vijand, e.d.⟩ *keep/hold off*

afwerken *finish* (off), *complete, give the finishing touch to,* ⟨een programma⟩ *get through*

afwerking ● (het afwerken) *finishing touch* ● (wijze van afwerken) *finish, workmanship*

afwerpen *throw off,* ⟨ruimtevaart⟩ *jettison,* ⟨v. bladeren, bommen⟩ *drop* ★ het paard wierp de ruiter af *the horse threw its rider* ▼ vruchten ~ *yield fruit*

afweten ★ het laten ~ ⟨niet doen⟩ *excuse o.s.;* ⟨niet komen⟩ *fail to turn up*

afwezig ● (verstrooid) *absent-minded* ★ een ~e blik *a faraway look* ● (absent) *absent, not in, not at home*

afwezigheid ● (absentie) *absence* ● (verstrooidheid) *absent-mindedness*

afwijken ● (andere kant opgaan) ⟨v. koers⟩ *deviate,* ⟨v. lijn⟩ *diverge* ⟨verschillen⟩ *deviate,* ⟨v. gebruik, programma⟩ *depart,* ⟨v. monster⟩ *differ*

afwijking ● (het afwijken van een richting) *deviation,* ⟨nat.⟩ *deflection,* ⟨kompas⟩ *declination* ● (het afwijken van een regel) ★ in ~ van *contrary to* ● (gebrek) *defect, aberration, handicap* ★ lichamelijke ~ *physical handicap/defect*

afwijzen ● (niet toelaten) *refuse admittance to, turn away* ★ een sollicitant ~ *reject an applicant* ● (niet laten slagen) *fail* ● (afslaan) ⟨v. aanklacht⟩ *deny,* ⟨v. eis⟩ *dismiss,* ⟨v. uitnodiging⟩ *decline,* ⟨v. verzoek⟩ *refuse*

afwijzing *refusal, denial, rejection*

afwikkelen ● (loswinden) *unroll, unwind* ● (afhandelen) *wind up* ★ een zaak ~ *liquidate a business* ★ een transactie ~ *settle a transaction*

afwikkeling *completion, winding up*

afwimpelen *pass over,* ⟨een voorstel/verzoek⟩ *not follow up, turn down*

afwinden *unwind*

afwisselen I [ov ww] ● (beurtelings vervangen) *relieve, take turns with* (s.o.), ⟨v. zaken⟩ *alternate* ★ rood en groen wisselden elkaar af *red and green alternated* **II** [on ww] ● (telkens anders worden) *vary* ★ bergen wisselen daar af met grote vlakten *mountains alternate with large plains*

afwisselend I [bnw] *varied* **II** [bijw] *alternately, in turn*

afwisseling ● (variatie) *variety* ★ de ~ van het landschap *the variation of the landscape* ★ ter ~ *for a change* ● (opeenvolging) ★ ~ van warmte en kou *alternation of heat and cold* ★ de ~ van de seizoenen *the succession of the seasons*

afzakken ● (minder worden) *fall/tail off,* ⟨achterop komen⟩ *fall behind,* ⟨v. bui⟩ *blow over,* ⟨v. prestaties⟩ *tail off* ● (naar beneden zakken) *come down, sag* ● (stroomafwaarts gaan) *sail/float down*

afzakkertje *one for the road*

afzeggen *cancel, call off* ★ iem. ~ *put off s.o.* ★ een opdracht/visite ~ *cancel an order/a visit*

afzender *sender* ★ ~ A *from A*

afzet ● (verkoop) *sale*(s) ★ ~ vinden voor *have a market for* ⟨sport⟩ ⟨bij sprong⟩ *take-off,* ⟨gymnastiek⟩ *push-off*

afzetgebied *market(ing area), outlet*

afzetmarkt *consumers' market, outlet*

afzetten ● (afdoen) *take off* ● (amputeren) *amputate* ● (verkopen) *sell, dispose of* ● (oplichten) *cheat, swindle,* ⟨inf.⟩ *fleece* ● (laten uitstappen) *drop, put down* ● (ontslaan) ★ een koning ~ *depose a king* ★ een functionaris ~ *dismiss an official* ● (afsluiten) *block, close off* ★ een weg ~ *block a road* ● (omboorden) *trim* ★ afgezet met bont *fur-trimmed* ● (aanslag vormen) *deposit* ● (afduwen) *push off,* ⟨fig.⟩ *react against* ● (uit-/afzetten) ⟨v. motor⟩ *shut off,* ⟨v. radio⟩ *switch off,* ⟨v. wekker⟩ *stop* ▼ zij kon het idee niet van zich ~ *she could not let go of the idea*

afzetter *cheat, swindler*

afzetterij *swindle,* ⟨inf.⟩ *rip-off*

afzetting ● (afsluiting) *cordon* ● (ontslag) *dismissal,* ⟨v. president e.d.⟩ *deposition* ● (amputatie) *amputation* ● (vorming van neerslag) *deposition*

afzichtelijk *hideous, ghastly*

afzien I [ov ww] ● (overzien) *look across/down* ★ je kunt hier het hele veld ~ *from here you can look* (right) *across the field* **II** [on ww] ● (lijden) *have a hard/tough time* (of it) ● (~ van) *van een plan ~ abandon a plan* ★ ik zal er maar van ~ *I'll give it up* ★ afgezien van *apart from*

afzienbaar ★ in/binnen afzienbare tijd *in the near future*

afzijdig ★ zich ~ houden *stay/keep aloof* (from)

afzonderen ● (in afzondering plaatsen) *isolate, set apart* ★ zich ~ *withdraw from;* seclude/separate o.s. from ● (afzonderlijk plaatsen) *separate* (from)

afzondering ● (eenzaamheid) *isolation, seclusion* ★ zijn leven in ~ *doorbrengen lead a secluded life; live in seclusion* ● (het afzonderen) *separation, isolation, seclusion*

afzonderlijk I [bnw] *individual, single,* ⟨zonder anderen⟩ *private* ★ iedere ~e student *each individual student* **II** [bijw] *apart, separately* ★ iem. ~ spreken *speak to s.o. privately*

afzuigen ● (door zuigen verwijderen) *remove by suction* ● (seksueel bevredigen) *suck off, give a blow job*

afzuigkap *cooker hood*

afzwaaien *be demobbed*

afzwakken I [ov ww] ● (zwakker maken) *tone down* **II** [on ww] ● (zwakker worden) *go down, subside*

afzwemmen *take the final swimming test*

afzweren ⟨v. drank⟩ *swear off,* ⟨v. geloof⟩ *abjure*

agenda ● (boekje) *diary* ● (bezigheden) *agenda* ★ een punt op de ~ *an item on the agenda; agenda item* ★ de ~ afhandelen *finish the business of the meeting*

agens *agent*

agent ● (politieagent) *policeman* [v: *policewoman*], ⟨form.⟩ *constable,* ⟨als aanspreektitel⟩ *officer* ● (vertegenwoordiger) *agent*

agentschap *agency,* ⟨v. bank⟩ *branch*

ageren *agitate, campaign* ★ tegen iem. ~ *campaign against s.o.*

agglomeratie *agglomeration* ★ stedelijke ~ *conurbation*

aggregaat *aggregate*

agio *premium, agio*

agitatie ● (het opruien) *agitation* ● (opwinding) *excitement*

agnost *agnostic*

agrariër *agrarian*

agrarisch *agrarian*

agressie *aggression*

agressief *aggressive*

A

agressiviteit *aggression, belligerence*
agressor *aggressor*
agrobiologie *agrobiology*
aha-erlebnis *sudden insight*
aids AIDS
aidspatiënt AIDS *patient*
aidstest AIDS *test*
air *air, look, appearance* ★ zich airs geven *give o.s. airs* ★ een air over zich hebben *swank*
akela *akela,* (man) *cub-master,* (vrouw) *cub-mistress*
akelig ● (onwel) *ill, sick* ★ hij was er ~ van it *turned his stomach* ● (naar) *dreary, nasty, dismal* ★ die ~e vent *that wretched fellow*
Aken *Aachen*
akkefietje (klein karweitje) *(little) job,* (lastig karweitje) *chore*
akker *field*
akkerbouw *agriculture*
akkerland *arable land*
akkoord I [het] ● (overeenkomst) *agreement, settlement* ★ het op een ~je gooien *compromise; come to terms (with)* ● een ~ aangaan *enter into an agreement* ● (muz.) *chord* **II** [bnw] ★ ~ bevinden *find correct* ★ ~ gaan met iets *agree to s.th.* ★ ~ gaan met iem. *agree with s.o.* **III** [tw] ★ ~! *agreed!*
akoestiek *acoustics*
akoestisch *acoustic*
akte ● (deel van toneelstuk) *act* ● (schriftelijk stuk) *document,* (legal) *instrument,* (v. beschuldiging) (bill of) *indictment,* (v. oprichting) *memorandum of association,* (v. overdracht) *deed of conveyance,* (v. overlijden) *death certificate,* (v. verkoop) *deed of sale* ★ akte opmaken van *make a record of* ● (bevoegdheid, vergunning) *diploma, certificate,* (voor jacht) *licence* ★ akte nemen van iets *take note of s.th.*
aktetas *briefcase*
al I [onb vnw] ★ al met al *all in all* ★ te allen tijde *at any time; at all times* ★ al 't mogelijke *all that is possible* **II** [bijw] ● (steeds) ★ al pratende *talking all the time* ● (zeer) ★ 't is maar al te waar *it's all too true* ● (reeds) *already,* vnl. vragende zinnen) *yet* ★ hij is al lang dood *he has been dead for a long time* ★ is hij er al? *is he here yet?* ★ dat zei ik je toen al *I told you so at the time* ★ daar heb je 't nou al *there you are; I told you so* ★ al even slecht als *quite/just as bad as* ★ 't wordt al donkerder *it's getting darker and darker* **III** [telw] *all,* (alle afzonderlijk) *every , each* ★ al haar wensen *her every wish* ★ alle vier *all four* ★ alle dagen *(each and) every day* ★ alle redenen om *every reason to* **IV** [vw] (al)though, *even if, even though* ★ al is ze nog zo arm *however poor she may be; though she may be ever so poor* ★ al ben je het niet met haar eens ... *even though you disagree with her ...*
à la carte *a la carte*
alarm ● (waarschuwing) *alarm, alert* ★ ~ slaan *give/sound the alarm* ● (alarminstallatie) *alarm* ● (noodtoestand) *alarm,* (state of) *emergency*
alarmcentrale *emergency centre*
alarmeren ● (ongerust maken) *alarm* ● (waarschuwen) *alert* ★ de brandweer ~ *call out the fire-brigade*
alarminstallatie *alarm system/device,* (tegen brand) *fire-alarm,* (tegen diefstal) *burglar alarm*
alarmnummer *emergency number*
alarmtoestand *state of emergency*
Albanees I [de] *Albanian* ★ een Albanese *an Albanian woman; an Albanian* **II** [het] *Albanian*

III [bnw] *Albanian*
Albanië *Albania*
albast *alabaster*
albatros *albatross*
albino *albino*
album ● (grammofoonplaat) *album* ● (boek) *album,* (voor knipsels) *scrapbook*
alchemie *alchemy*
alcohol *alcohol*
alcoholisch *alcoholic, intoxicating* ★ ~e dranken *alcoholic beverages;* (AE) *liquors;* (gedistilleerd) *spirits*
alcoholisme *alcoholism*
alcoholist *alcoholic,* (problem) *drinker*
alcoholvrij *non-alcoholic* ★ een ~ drankje *a soft drink*
aldaar *there* ★ de heer B. ~ *Mr. B. of that place*
aldoor *all the time, all along*
aldus *thus, in this manner*
alert *alert, wakeful, watchful* ★ ~ op iets zijn *be on the look-out for s.th.*
alexandrijn *alexandrine*
alfa ● (Griekse letter) *alpha* ● (talenafdeling) ≈ *humanities* ● (student) *humanities/language student*
alfabet *alphabet*
alfabetisch *alphabetic(al)*
alfabetiseren ● (alfabetisch rangschikken) *alphabetize, place in alphabetical order* ● (leren lezen en schrijven) (land) *eliminate illiteracy,* (persoon) *teach to read and write*
alfanumeriek *alpha numeric*
alfastraling *alpha radiation*
alfawetenschap *humanities subject* [mv: *humanities*], *arts subject* [mv: *liberal arts*]
alg *alga* [mv: *algae*]
algebra *algebra*
algeheel *total, complete* ★ tot algehele tevredenheid *to everyone's satisfaction*
algemeen I [het] ★ in het ~ *in general; on the whole* ★ in het ~ gesproken *generally speaking* **II** [bnw] ★ met algemene stemmen *unanimously* ★ ~ kiesrecht *universal suffrage* ★ het is ~ bekend *it is common knowledge* ★ Algemeen Beschaafd Nederlands *Standard Dutch* ★ ~ programma (comp.) *service routine* ★ algemene ontwikkeling *general knowledge* ★ een algemene regel *a general rule* ★ het ~ belang *the public interest*
algemeenheid ● (het algemeen zijn) *generality, universality* ● (gemeenplaats) *commonplace* ★ hij gaf enige algemeenheden ten beste *he made a few commonplace remarks*
Algerije *Algeria*
Algerijn *Algerian* ★ een ~se *an Algerian woman*
Algerijns *Algerian*
Algiers *Algiers*
algoritme *algorithm*
alhier *in/of this town* ★ ~ te bevragen *apply within*
alhoewel *although*
alias *a.k.a., also/otherwise known as, alias*
alibi *alibi*
alikruik (peri)winkle
alimentatie *maintenance allowance,* (v. scheiding) *alimony*
alinea *paragraph*
alkali *alkali*
alkalisch *alkaline*
alkaloïde *alkaloid*
alkoof *alcove*
Allah *Allah*
allang *for a long time, for quite some time, a long*

time ago ∗ ik ben – blij dat we d'r zijn I'm happy we got here at all ∗ ik heb je – gezien, hoor I have seen you, you know

alle I [onb vnw] all ∗ alle plezier was eraf all the fun had gone out of it II [telw] all ∗ alle dingen all things

allebei both

alledaags ● (van elke dag) daily, everyday ● (heel gewoon) ∗ een – gezicht a plain face

alledag day-to-day ∗ het leven van – everyday life

allee I [de] avenue II [tw] let's go

alleen I [bnw] ● (eenzaam) lonely ● (zonder andere(n)) alone, single-handed II [bijw] ∗ niet –..., maar ook... not only..., but also... ∗ ik wou – maar... I only/merely wanted to... ∗ de gedachte – al the mere/very thought of it

alleenheerschappij absolute power

alleenrecht exclusive rights

alleenstaand ● (losstaand) detached ● (alleenwonend) single ∗ –e single person

allegaartje hotchpotch, farrago (mv: farragos)

allegorie allegory

allemaal ● (allen) everybody, everyone, (one and) all, (inf.) the lot of them ● (alles) everything, (inf.) the whole lot ∗ neem ze – maar take the whole lot

allemachtig I [bijw] amazingly ∗ – goed jolly good II [tw] well, I never!, good God!, good heavens!

allemansvriend everybody's friend

allen all

allengs gradually, by degrees

allereerst I [bnw] very first II [bijw] first of all

allergie allergy

allergisch allergic (to)

allerhande all sorts/kinds of

Allerheiligen All Saints' Day

Allerheiligste Holy of Holies, (fig.) inner sanctum

allerijl in great haste, with all speed

allerlaatst very last ∗ tot het – to the very end

allerlei I [het] miscellany II [bnw] all sorts of

allermeest most of all ∗ op zijn – at the very most

allerminst I [bnw] least of all ∗ op zijn – at the very least II [bijw] not in the least

allerwegen everywhere, all around

Allerzielen All Souls' Day

alles all, everything, anything ∗ dit – all this ∗ – te zamen genomen all things considered ∗ van – all sorts of things ∗ van – wat s.th. of everything ∗ niets van dat – nothing of the sort ∗ vóór – above all ∗ van – en nog wat this, that and the other ∗ op – zetten go all out; go for it

allesbehalve anything but, far from

allesbrander multi-burner

alleseter omnivore

alleszins highly, in every respect/way

alliantie alliance

allicht most probably/likely, likely ∗ je kunt het – proberen there's no harm in trying

alligator alligator

all-in all-inclusive, all-in

alliteratie alliteration

allochtoon I [de] member of an ethnic minority II [bnw] allochtonous

allooi alloy, (fig.) quality, kind

allopathie allopathy

all-risk comprehensive, blanket, (AE) no-fault

all-riskverzekering comprehensive insurance

allround versatile, many-sided

all terrain bike all-terrain bike

allure style, (v. personen) air, (v. zaken) style ∗ de –s aannemen van een filmster assume the airs of a filmster

Alluvium Holocene (epoch)

almaar → alsmaar

almacht omnipotence

almachtig omnipotent, all-powerful ∗ de Almachtige the Almighty

almanak almanac

alom everywhere ∗ alom bekend generally known

alomtegenwoordig omnipresent

alomvattend all-embracing

aloud ancient, time-honoured ∗ een –e methode a time-honoured method

alp alp

Alpen Alps

alpenweide alpine meadow

alpien alpine

alpinisme mountaineering, alpinism

alpinist alpinist, mountaineer

alpino beret

als ● (zoals, gelijk) like, (such) as ∗ als een soldaat like a soldier ∗ dieren als paarden, koeien, e.d. animals, such as horses, cows, etc. ● (indien) if ∗ als hij het gezien had if he had seen it ● ((telkens) wanneer) when ∗ telkens als whenever ● (in de hoedanigheid van) as ∗ ik praat tegen je als je meerdere I speak to you as your superior ∗ als het ware as it were

alsjeblieft ● (hier is het) (bij het aanreiken) here you are (ook vaak onvertaald) ● (graag) please ∗ houd je – mee op please stop it

alsmaar constantly, continually, all the time ∗ – praten talk non-stop/continuously

alsmede and also, also, as well as

alsnog as yet, (nu nog) still

alsof as if/though

alsook as well as, and also

alstublieft I [bijw] ∗ houdt daar – mee op please stop it II [tw] (bij aanreiken) here you are, (ja, graag) (yes) please (ook vaak onvertaald)

alt alto

altaar altar

altaarstuk reredos

alternatief alternative

althans at least, at any rate, anyhow

altijd always, ever ∗ nog – still ∗ voor – for ever ∗ – nog always ∗ zij kwam – en eeuwig te laat she was forever late

altijddurend everlasting, unending, perpetual

altruïsme altruism

altviool viola

aluminium I [het] aluminium, (AE) aluminum II [bnw] aluminium, aluminum

aluminiumfolie tin foil

alvast meanwhile, for now, for the time being

alvleesklier pancreas

alvorens before, prior to

alweer again, once more ∗ het is – drie maanden geleden that was three months ago

alwetend omniscient

amalgaam ● (legering) amalgam ● (mengelmoes) amalgam, (negatief) mishmash

amandel ● (boom) almond ● (vrucht) almond ● (klier) tonsil ∗ zich de –en laten knippen have one's tonsils out

amanuensis (laboratory) assistant

amateur amateur

amateurisme amateurism

amateuristisch amateurish ∗ dat is – gemaakt that was made amateurishly

amateurvoetbal amateur soccer

amazone ● (paardrijdster) horsewoman ● (mythologisch figuur) Amazon

*amazonenzit (Wdl. amazonezit) sidesaddle

A

(style) ∗ in amazonenzit (rijden) (ride) sidesaddle
ambacht (handi)craft, trade ▾ twaalf ~en, dertien
ongelukken (he is a) Jack-of-all-trades and
master of none
ambachtelijk according to traditional methods
ambachtsman artisan, craftsman
ambassade embassy
ambassadeur ambassador
ambiance ambiance
ambiëren aspire to
ambigu ambiguous, equivocal
ambitie • (eerzucht) ambition • (ijver) zeal
ambitieus • (eerzuchtig) ambitious • (ijverig)
zealous
ambivalent ambivalent
Ambon Ambon
Ambonees I [de] Amboinese, Moluccan **II** [het] ⟨v.
eiland Ambon⟩ Amboinese, ⟨v. eilandengroep⟩
Moluccan **III** [bnw] Amboinese, Moluccan
ambt position, office, function
ambtelijk ∗ ~e taal official language ∗ ~e taken
professional duties
ambtenaar official, civil servant ∗ ~ van de
burgerlijke stand registrar ∗ hij is een echte ~
he is a typical bureaucrat ∗ ~ van het Openbaar
Ministerie counsel for the prosecution
ambtenarenapparaat civil service
ambtenarij • (bureaucratie) officialdom, ⟨pej.⟩
red tape • (de ambtenaren) civil service
ambtgenoot confrère, colleague
ambtsaanvaarding accession to office
ambtseed oath of office
ambtsgeheim • (geheimhoudingsplicht)
official secrecy • (geheim) official secret
ambtshalve by virtue of one's office, ex officio
ambtsketen chain of office
ambtskledij (official) robe(s)
ambtstermijn period/term of office/service
ambtswege ∗ van ~ ex officio; officially; by virtue
of one's office
ambulance ambulance
ambulant • (zonder vaste plaats) travelling ∗ de
~e handel street trading • (op de been)
ambulatory
amechtig breathless, winded, ⟨inf.⟩ puffed (out)
amen amen
amendement amendment
amenderen amend
Amerika America
Amerikaan American
Amerikaans American
ameublement furniture ∗ een ~ (a suite of)
furniture
amfetamine amphetamine
amfibie amphibian
amfibievoertuig amphibious vehicle
amfitheater amphitheatre
amfoor amphora
amicaal amicable, friendly
aminozuur amino acid
ammonia (aqueous) ammonia
ammoniak ammonia
ammunitie ammunition, ⟨inf.⟩ ammo
amnestie amnesty
amoebe amoeba [mv: amoebae, amoebas]
amok amok, amuck ∗ amok maken ⟨fig.⟩ run
amuck; go berserk
amoreel amoral
amorf amorphous
amoureus amorous
ampel ample ∗ na ~ beraad after careful
consideration

amper hardly, scarcely
ampère ampere, ⟨inf.⟩ amp
amplitude amplitude
ampul ampoule, ⟨AE⟩ ampule
amputatie amputation
amputeren amputate
Amsterdam Amsterdam
amulet amulet, charm, talisman
amusant amusing, entertaining
amusement amusement, entertainment
amuseren amuse, entertain ∗ zich ~ enjoy o.s.;
have a good time
anaal anal
anabool anabolic
anachronisme anachronism
anachronistisch anachronistic
anaëroob anaerobic
anagram anagram
anakoloet anacoluthon
analfabeet illiterate
analfabetisme illiteracy
analist analyst
analogie analogy
analoog • (overeenkomstig) analogous
• (niet-digitaal) analogue
analyse analysis
analyseren analyse
analytisch analytic(al)
ananas pineapple
anarchie anarchy
anarchisme anarchism
anarchist anarchist
anarchistisch anarchistic, ⟨m.b.t. principes⟩
anarchic
anathema anathema
anatomie anatomy
anatomisch anatomical
anciënniteit seniority
ander I [bnw] other ∗ de ~e tien the other ten
∗ aan de ~e kant on the other hand ∗ ~e kleren
aandoen change (one's clothes) ∗ hij is een ~
mens he is a new man **II** [onb vnw] ⟨v. persoon⟩
another (person) [mv: the others], ⟨v. zaken⟩
another thing **III** [telw] next ∗ om de ~e dag
every other day ∗ des ~en daags the next day
anderhalf one and a half
andermaal once again
andermans another man's [mv: other people's]
anders I [bnw] different, other ∗ het is nu
eenmaal niet ~ that's the way things are ∗ ~ dan
zijn broer unlike his brother ∗ wie/wat/e.d. ~
who/what/etc. else ∗ niemand/niets ~ dan
nobody/nothing (else) but ∗ ik heb wel wat ~ te
doen I have s.th. else to do ∗ er zit niet ~ op
dan... there is no other alternative but... **II** [bijw]
• (op andere tijd) ∗ ~ (zie je hier altijd
kinderen) at any other time... ∗ net als ~ just as
usual ∗ (aanduiding van voorbehoud) ∗ hij is ~
niet bang he is not afraid, though • (verder) ∗ ~
nog iets? anything else? • (op andere wijze)
differently, otherwise ∗ het is ~ gegaan dan ik
me had voorgesteld it has turned out differently
from what I had expected ∗ ik kan niet ~ dan... I
cannot help but... • (zo niet, dan) else, otherwise
∗ en ~ ga je maar weg or else you can go
andersom the other way round, the opposite, the
reverse
andersoortig different
anderstalig having a different native language
anderszins otherwise
anderzijds on the other hand
andijvie endive

Andorra *Andorra*
andragogie ≈ *adult further education*
andreaskruis *Saint Andrew's Cross*
androgyn *hermaphrodite*
anekdote *anecdote*
anemoon *anemone*
anesthesie *anaesthesia*
anesthesist *anaesthetist*
angel • *(vishaak) hook* • *(bio.) sting*
Angelsaksisch *Anglo-Saxon*
angina *angina*
anglicaans *Anglican*
anglicisme *Anglicism*
anglist *English expert, student of English language and literature*
Angola *Angola*
Angolees *Angolan* ∗ *een Angolese an Angolan woman*
angora *angora*
angorawol *angora (wool)*
angst *fear (of), (hevig) terror, (zielsangst) anguish, agony* ∗ *uit ~ voor for fear of* ∗ *in ~ zitten over be anxious about*
angstaanjagend *frightening*
angsthaas *chicken, scaredy cat*
angstig • *(bang) frightened, (predikatief) afraid* • *(angstaanjagend) anxious, fearful*
angstvallig • *(bang) timid, (form.) timorous* • *(zorgvuldig) scrupulous, conscientious*
angstwekkend *alarming, terrifying*
angstzweet *cold sweat*
anijs I [de] *aniseed* **II** [bnw] *aniseed*
animatie *animation*
animatiefilm *animation film*
animeermeisje *(nightclub) hostess, bar girl*
animeren *encourage, stimulate* ∗ *een geanimeerd gesprek an animated conversation*
animisme *animism*
animo • *(levendige stemming) eagerness* ∗ *er bestond veel ~ voor het plan the plan was very well received* • *(zin om iets te doen) gusto (in), zest (for), spirit*
animositeit *animosity*
anjer *carnation*
anker • *(palletin in uurwerk) lever* • *(rotor in dynamo) armature* • *(muuranker) brace* • *(scheepv.) anchor* ∗ *het ~ lichten weigh anchor* ∗ *voor ~ liggen lie/ride at anchor* ∗ *het ~ laten vallen drop anchor*
ankeren *(cast) anchor*
annalen *annals*
annex I [bnw] *annex(e)* ∗ *met garage ~ with adjoining garage* **II** [vw] *with/and adjoining* ∗ *uitgeverij ~ drukkerij publisher's and (adjoining) printer's*
annexatie *annexation*
annexeren *annex*
anno *in the year* ∗ *anno 1992 in (the year) 1992*
annonce *advertisement*
annotatie *annotation*
annoteren *annotate*
annuïteit *annuity*
annuleren *cancel, (v. contract/huwelijk) annul*
annulering *cancellation, (v. contract/huwelijk) annulment*
annuleringsverzekering *cancellation insurance*
annunciatie *Annunciation*
Annunciatie *Annunciation*
anomalie *anomaly*
anoniem *anonymous, faceless* • *de ~e massa the anonymous/faceless crowd*
anonimiteit *anonymity*

anorak *anorak, parka*
anorexia nervosa *anorexia nervosa*
anorganisch *inorganic*
ansicht *(picture) postcard*
ansichtkaart *picture postcard*
ansjovis *anchovy*
antagonist • *(tegenstander) adversary, antagonist* • *(spier) antagonist, (med.) opponist*
Antarctica *Antarctica, the Antarctic*
Antarctisch *Antarctic*
antecedent • *(voorafgaand feit) antecedent, precedent* • *(taalk.) antecedent*
antenne • *(bio.) antenna* • *(techn.) aerial, (AE) antenna*
anti- *anti*
antibioticum *antibiotic*
anticiperen *anticipate* ∗ *op de ontwikkelingen anticipate developments*
anticlimax *anticlimax*
anticonceptie *contraception*
antidateren *antedate, predate*
antiek I [het] *antiques* [mv] **II** [bnw] • *(oud) antique, ancient, (pej.) old-fashioned* • *(uit de oudheid) classical, antique*
antiekbeurs *antique dealer's exhibition, antique fair*
antigeen I [het] *antigen* **II** [bnw] *antigenic*
antiheld *antihero*
antilichaam *antibody*
Antillen *Antilles*
Antilliaan *Antillean* ∗ *een ~se an Antillean woman*
antilope *antelope*
antimaterie *antimatter*
antipathie *antipathy, dislike*
antipode • *(tegenvoeter) antipode* • *(iem. met tegenovergestelde denkwijze) s.o. with opposing views*
antiquaar *antiquarian bookseller*
antiquair *antique dealer, antiquary*
antiquariaat *antiquarian bookshop*
antiquarisch *antiquarian, second-hand*
antiquiteit *(gebruik) antiquity, (voorwerp) antique*
antireclame *bad publicity*
anti-semiet *anti-Semite*
anti-semitisme *anti-Semitism*
antiseptisch *antiseptic*
antislip *non-skid*
antistatisch *antistatic*
antistof *antibody*
antithese *antithesis*
antivries *antifreeze*
antoniem *antonym, opposite*
antraciet *anthracite*
antropologie *anthropology*
antropoloog *anthropologist*
antroposofie *anthroposophy*
Antwerpen *Antwerp*
antwoord *answer, reply* ∗ *in ~ op in answer/reply to* ∗ *gevat ~ repartee* ∗ *scherp ~ retort* ∗ *ten ~ geven reply; say in reply*
antwoordapparaat *answering machine*
antwoorden *answer, reply, (gevat) rejoin, (scherp) retort*
antwoordenvelop *stamped addressed envelope*
antwoordformulier *answer/reply coupon*
antwoordnummer ≈ *free post*
anus *anus*
A-omroep *large broadcasting corporation in the Netherlands*
aorta *aorta*

AOW • (wet) Old Age Pensions Act • (uitkering) retirement pension, ‹in Eng.› (old age) pension
AOW'er Old Age Pensioner, senior citizen
apache • (indiaan) Apache • (straatrover) apache
apart • (afzonderlijk) separate, apart ∗ ~ berekenen charge extra ∗ ~ leggen set apart; lay aside ∗ hij wilde mij ~ spreken he wanted to speak to me privately • (bijzonder) special, exclusive ∗ iets heel ~s s.th. very exclusive
apartheid apartheid, racial segregation
apartheidswet segregation law, law of apartheid/segregation
apartje private conversation, word in private
apathie apathy
apathisch apathetic
apegapen v op ~ liggen be on one's last legs
apenliefde blind (parental) love
apenpak rig-out, ‹AE› monkey suit
aperitief aperitif
apert patent ∗ een ~e leugen a manifest lie
apetrots proud as a peacock
apezuur v zich het ~ werken work like the blazes v zich het ~ schrikken be scared witless
APK ≈ M.O.T. test ∗ de auto is APK gekeurd the car has had its M.O.T. test
aplomb aplomb, self-assurance
Apocalyps apocalypse • het bijbelboek ~ (the book of) Revelation
apocrief apocryphal ∗ ~e boeken apocrypha
apodictisch • (onweerlegbaar) apodictic • (zeer stellig) categorical
apollinisch Apollonian
apologie apologia, apology
apostel apostle
apostolisch apostolic
apostrof apostrophe
apotheek • (winkel) chemist's (shop), ‹vnl. ziekenhuis› dispensary • (geneesmiddelen) pharmacy
apotheker (dispensing) chemist, pharmacist
apotheose apotheosis
apparaat • (organisatie) system, mechanism ∗ het ambtelijk ~ the administrative system • (toestel) machine, appliance ∗ huishoudelijke apparaten household appliances
apparatuur apparatus, equipment, ‹comp.› hardware
appartement flat, ‹AE› apartment
appartementenflat block of flats, apartment building
appel I [de] apple v door de zure ~ heenbijten make the best of a bad job v voor een ~ en een ei for a song ∗ de ~ valt niet ver van de boom like father, like son v een ~tje voor de dorst bewaren keep s.th. for a rainy day v ik heb nog een ~tje met je te schillen I have a bone to pick with you **II** [het] • (controle van aanwezigheid) roll-call, ‹mil.› parade ∗ appèl houden take the roll call ∗ op het appèl ontbreken be absent • (beroep) protest, ‹jur.› appeal ∗ appèl aantekenen tegen een vonnis lodge an appeal
appelboom apple tree
appelflap apple turnover
appelflauwte faint ∗ een ~ krijgen sham a faint
appelleren • (jur.) appeal, lodge an appeal • (~ aan) appeal (to)
appelmoes apple sauce
appelsap apple juice
appeltaart apple pie
appendix • (supplement) appendix [mv: appendices] • (aanhangsel van de blindedarm) appendix [mv: appendixes]

appetijtelijk • (eetlust opwekkend) appetizing ∗ er ~ uitzien look tasty/appetizing • (aantrekkelijk) attractive
applaudisseren applaud
applaus applause ∗ het idee werd met ~ begroet the idea was applauded
apporteren fetch, retrieve
appreciëren appreciate, value
après-ski après-ski
april April ∗ één ~ first of April; April Fools' Day
aprilgrap April Fool's joke
a priori a priori
à propos apropos, by the way, incidently
aquaduct aqueduct
aquaplaning skidding
aquarel watercolour
aquarelleren paint in water colours
aquarium aquarium
ar I [de] sleigh, sledge **II** [bnw] v in arren moede at one's wits' end
ara macaw
arabesk arabesque
Arabië Arabia
Arabier • (Arabischtalige) Arab • (paard) Arab • (burger van Saoedi-Arabië) Saudi (Arabian)
Arabisch Arab(ian), (v. taal en cijfers) Arabic ∗ zij is een ~e she is an Arab
arbeid labour, work
arbeiden labour, work
arbeider workman, worker, ‹voor zware arbeid› labourer ∗ (on)geschoolde ~ (un)skilled worker
arbeidersbeweging labour movement
arbeidersbuurt working class neighbourhood
arbeidsbemiddeling employment-finding
arbeidsbureau Job Centre, Employment Exchange
arbeidsconflict labour/industrial dispute
arbeidscontract employment contract
arbeidsinspectie Labour Inspectorate, Employment Medical Advisory Service, ≈ ‹Engeland› E.M.A.S.
arbeidsintensief labour-intensive
arbeidskracht worker ∗ de ~en workers; ‹algemeen› workforce
arbeidsloon wages, (loonkosten) labour (costs)
arbeidsmarkt labour market
arbeidsongeschikt unable to work, disabled, incapacitated
arbeidsovereenkomst employment contract, ‹voor bepaalde tijd› temporary employment contract, ‹voor onbepaalde tijd› permanent employment contract
arbeidsplaats job
arbeidsproces • (gang van zaken m.b.t. arbeid) employment • (handelingen in productieproces) production process
arbeidsrecht labour law
arbeidsreserve labour reserve
arbeidstherapie occupational therapy
arbeidstijdverkorting reduction in working hours, shorter working hours
arbeidsverleden previous employment, employment history
arbeidsvermogen • (mate waarin arbeid verricht kan worden) ‹v. personen› capacity for work ∗ (nat.) energy
arbeidzaam hard-working
arbiter • (sport) referee • (jur.) arbitrator
arbitrage arbitration
arbitragecommissie arbitration committee, board of arbitration
arbitrair arbitrary
Arbowet Factory Act, ‹AE› ≈ Labor Law

arcade arch, arcade
arceren shade
archaïsch archaic
archaïsme archaism
archeologie archeology
archeoloog archeologist
archetype archetype
archief ● (gebouw) record office ● (verzameling stukken) archives, files
archipel archipelago
architect architect
architectonisch architectural ✱ ~e vormgeving architectural design
architectuur architecture
architraaf architrave
archivaris archivist
Arctica the Arctic
Ardennen Ardennes
are are
arena arena, ring, ⟨bij stierengevecht⟩ bullring
arend eagle
arendsblik ≈ piercing look, piercing stare ✱ met ~ eagle eyed
argeloos ● (niets vermoedend) unsuspecting, innocent ● (onopzettelijk) harmless, inoffensive
Argentijn Argentinian
Argentijns Argentine, Argentinian
Argentinië Argentina
arglistig crafty, cunning, ⟨form.⟩ guileful
argument argument
argumentatie argumentation
argumenteren argue
argusogen ▼ iets met ~ bekijken look at s.th. with suspicion
argwaan suspicion
argwanend suspicious
aria aria
Ariër Aryan
Arisch Aryan
aristocraat aristocrat
aristocratie aristocracy
aristocratisch aristocratic
aritmetica arithmetic
ark ✱ de ark van Noach Noah's ark
arm I [de] (lichaamsdeel) arm ✱ met de armen over elkaar with folded arms ✱ arm in arm arm in arm ● (bevestiging van lamp) bracket ● (vertakking) arm ▼ iem. in de arm nemen enlist a person's services **II** [bnw] ● (behoeftig) poor ✱ de armen the poor ● (meelijwekkend) poor, wretched ● (~ aan) poor in
armband bracelet
Armeens Armenian ✱ een ~e an Armenian woman
armelijk poor, shabby
Armenië Armenia
Armeniër Armenian
armetierig miserable, pathetic
armlastig poverty-stricken, ⟨form.⟩ destitute ✱ ⟨gesch.⟩ ~ worden come upon the parish
armlengte arm's length
armleuning armrest
armoede ● (het arm zijn) poverty ✱ ~ is geen schande poverty is no crime ✱ tot ~ geraken be reduced to poverty ● (gebrek) ✱ ~ aan ideeën paucity of ideas
armoedig ● (haveloos) poor, shabby ✱ die jas ziet er zo ~ uit that coat looks so shabby ● (karig, schraal) poor, paltry
armoedzaaier poor devil, down-and-out
armsgat armhole
armslag elbow room
armzalig ● (armoedig) poor ● (onbeduidend)

paltry
Arnhem Arnhem
aroma ● (geur) aroma ● (smaakstof) flavouring
aromatisch aromatic
aromatiseren flavour
arrangement arrangement
arrangeren arrange
arrenslee horse-sleigh, sledge
arrest ● (hechtenis) arrest, detention, ⟨voorarrest⟩ custody ✱ onder ~ staan be under arrest; be in custody ● (gerechtelijke uitspraak) judgment, decision ● (beslaglegging) seizure (of goods)
arrestant ● (gearresteerde) an arrested man/woman, ⟨een gevangene⟩ prisoner ● (beslaglegger) seizor
arrestatie arrest ✱ een ~ verrichten make an arrest
arrestatiebevel warrant for s.o.'s arrest, arrest warrant
arresteren ● (in hechtenis nemen) arrest ✱ iem. laten ~ have s.o. arrested ● (vaststellen van notulen) confirm ● (beslag leggen) seize
arriveren arrive
arrogant arrogant
arrogantie arrogance
arrondissement district
arrondissementsrechtbank district court
arsenaal ● (wapenopslagplaats) arsenal ● (flinke voorraad) stock ✱ een ~ van activiteiten a repertoire of activities
arsenicum arsenic
artefact artefact
arterie artery
articulatie articulation
articuleren articulate
artiest (variety) artist, entertainer
artikel ● (wetsbepaling) article, ⟨v. wet⟩ section, clause ● (voorwerp) article ● (geschreven stuk) article, paper ✱ redactioneel ~ editorial ● (lidwoord) article
artillerie artillery
artisjok (globe) artichoke
artistiek artistic
artotheek art library
artritis arthritis
arts physician, doctor
artsenbezoeker medical reprentative
as ● (verbrandingsresten) ashes ✱ gloeiende as embers ● (spil) ⟨drijfas⟩ shaft, ⟨v. wiel⟩ axle ✱ vervoer per as road transport ● (middellijn) axis ✱ om zijn as draaien rotate ● (muz.) A flat ▼ in de as leggen reduce to ashes
asbak ashtray
asbest asbestos
asblond ash blonde
asceet ascetic
ascendant ● (dierenriemteken) ascendant ● (overwicht) ascendancy, domination
ascese asceticism
ascetisch ascetic
aselect random, arbitrary
aseptisch aseptic
asfalt asphalt
asfalteren asphalt
asgrauw ashen, ash-grey
asiel ● (toevluchtsoord) asylum ✱ ~ verlenen grant asylum ● (dierenverblijf) home for lost animals
asielzoeker person seeking asylum
asjeblieft please
asjemenou oh dear!, my goodness!, well I never!
asociaal anti-social

A

aspect ● (gezichtspunt) aspect, angle ● (vooruitzicht) outlook, prospect ● (astron.) aspect
asperge asparagus, (inf.) sparrow-grass
aspirant ● (kandidaat) candidate, applicant ● (sport) junior
aspiratie ● (aanblazing) aspiration ● (eerzucht) aspiration, ambition * hoge ~s hebben aim high; be ambitious; (pej.) have big ideas
aspirine aspirin
assemblage assembly
assemblee assembly
assembleren assemble
assenkruis coordinate system
Assepoester ● (sprookjesfiguur) Cinderella ● (slonzig meisje) ragamuffin
assertief assertive
assimilatie assimilation
assimileren assimilate
assistent helper, assistant, aid
assistentie assistance, help
assisteren assist, help
associatie association
associatief associative
associëren associate (with) * zich ~ met enter into partnership with
assortiment assortment
assuradeur insurer, (scheepv.) underwriter
assurantie insurance
aster aster
asterisk asterisk, star
astma asthma
astrologie astrology
astroloog astrologer
astronaut astronaut
astronomie astronomy
astronomisch ● (enorm groot) astronomical ● (astron.) astronomic(al) * ~ jaar solar year * ~e maand lunar month
astronoom astronomer
Aswoensdag Ash Wednesday
asymmetrisch asymmetric(al)
asymptoot asymptote
asynchroon asynchronous
atavisme atavism
atavistisch atavistic
ATB ● (fiets) All-Terrain Bike ● (techn.) Automatic Train Control
atelier workshop, (v. schilder, e.d.) studio
atheïsme atheism
atheïst atheist
Athene Athens
atheneum (AE) ≈ high school, (BE) grammar school
atjar (Indonesian) pickles
Atlantisch Atlantic
Atlantische Oceaan Atlantic Ocean
atlas atlas
atleet athlete
atletiek athletics
atletisch athletic
atmosfeer atmosphere
atmosferisch atmospheric * ~e storing static interference
atol atoll
atomair atomic
atonaal (muz.) atonal, (literatuur) experimental
atoom atom
atoombom atom(ic) bomb
atoomdreiging nuclear threat
atoomgeleerde nuclear physicist/scientist
atoomgewicht atomic weight
atoomtijdperk nuclear/atomic age

atoomwapen nuclear/atomic weapon
atropine atropine
attaché attaché
attachékoffer attaché case
attaque stroke, attack * een ~ krijgen suffer a stroke
attaqueren attack
attenderen * iem. ~ op draw a person's attention to
attent ● (opmerkzaam) attentive * iem. ~ maken op draw a p's attention to ● (vriendelijk) considerate
attentie ● (aandacht) attention * ter ~ van for the attention of ● (blijk van vriendelijkheid) token of attention, (cadeau) present
attest testimonial, certificate
attitude attitude
attractie attraction
attractief attractive
attributief attributive
attribuut attribute
au ouch!, ow!
aubade aubade
au bain-marie * iets ~ verwarmen cook in a bain marie
aubergine aubergine, (AE) eggplant
audiëntie audience * op ~ gaan bij have an audience with * iem. ~ verlenen receive a person in audience
audiorack music centre, stereo system
audiovisueel audio-visual
auditeur ≈ Judge Advocate General
auditie audition
auditor auditor
auditorium ● (gehoorzaal) auditorium ● (toehoorders) audience
au fond basically
augurk gherkin
augustus August
aula auditorium, hall
au pair I [de] au pair **II** [bijw] * ~ werken work as an au pair
aura aura, charisma
aureool ● (stralenkrans) aureole, halo ● (glans) aura
auspiciën * onder ~ van under the auspices of
ausputzer sweeper
Australië Australia
Australiër Australian * een Australische an Australian woman; an Australian
Australisch Australian
autarkie autarchy
auteur author
auteursrecht ● (recht van de auteur) copyright ● (royalty's) royalties [mv]
authenticiteit authenticity
authentiek authentic
autisme autism
autistisch autistic
auto car
auto- auto
autobiografie autobiography
autobom car bomb
autobus bus, coach
autochtoon I [de] autochthon, ↓ native (inhabitant) **II** [bnw] indigenous, autochthonous
autocoureur racing-car driver
autocraat autocrat, (tiran) tyrant
autocratie autocracy
autodidact autodidact, self-taught man/woman
autogordel seat belt
autokerkhof old car dump, scrapyard

automaat ● (distributieapparaat) *vending machine* ● (auto) *automatic* ● (robot) *automaton, robot*
automatenhal *amusement arcade*
automatiek *automat*
automatisch *automatic* ∗ ~ *overschrijven pay by direct debit* ∗ ~e *informatieverwerking automatic data processing* ∗ ~ *telefoonverkeer direct dialling*
automatiseren *automate,* (met computer) *computerize*
automatisering *automation,* (met computer) *computerisation*
automatisme *automatism*
automobilist *motorist*
automonteur *car/motor mechanic*
autonomie *autonomy*
autonoom *autonomous*
auto-ongeluk *car accident*
autopapieren *car papers/documents*
autopark *fleet of cars (vans/taxis)*
autoped *scooter*
autopsie *autopsy*
autoradio *car radio*
autorijden *drive (a car)*
autoriseren *authorize*
autoritair *authoritarian*
autoriteit *authority* ∗ de plaatselijke ~en *the local authorities*
autoslaaptrein *car train*
autosloperij *car-breaker's yard, junk yard*
autosnelweg *motorway,* (AE) *freeway, highway*
autosport *motor sport, motor/car racing*
autoverhuur *car hire, rent-a-car*
autovrij (dag) *carless,* (gebied) *pedestrian*
avance *advance, approach* ∗ ~s *maken make overtures;* (vnl. seksueel) *make advances (to)*
avant-garde *avant-garde*
avant la lettre *before the term existed, before there was such a thing*
avenue *avenue*
averechts I [bnw] ● (verkeerd) *wrong* ∗ een ~e *uitwerking hebben have a contrary effect* ● (andersom ingestoken) ∗ ~e *steek inverted stitch* **II** [bijw] (in) the wrong way ∗ ~ *breien purl*
averij (v. motor) *breakdown,* (v. schip) *damage* ∗ ~ *krijgen suffer damage*
A-verpleging *medical care*
aversie *aversion* ∗ een ~ *tegen iets hebben have an aversion to s.th.*
A-viertje *A4 (sized sheet of paper)*
avifauna *avifauna*
avo *General Secondary Education*
avocado *avocado*
avond *evening, night,* (vooravond) *eve* ∗ 's ~s *in the evening; at night*
avondeten *dinner, supper*
avondjurk *evening dress*
avondkleding *evening dress*
avondklok *curfew*
avondkrant *evening paper*
avondland *Occident*
avondmaal ● (avondeten) *evening meal, supper, dinner* ● (rel.) *the Lord's Supper* ▼ het Laatste Avondmaal *the Last Supper*
avondmens *night person,* (inf.) *night owl*
avondrood *sunset (sky), evening glow*
avondschool *night school, evening classes*
avondspits *evening rush hour*
Avondster *evening star*
avondtoilet *evening dress*
avondverkoop *evening sales*

avondvierdaagse *evening four-day walking event*
avondvullend ∗ een ~ *programma a programme lasting the whole evening*
avondwinkel *late-night shop,* (AE) *late-night store*
avonturier *adventurer* [v: *adventuress*]
avontuur *adventure*
avontuurlijk ● (vol avonturen) *full of adventure, adventurous, exciting* ● (gewaagd) *risky*
avontuurtje *affair*
axioma *axiom*
ayatollah *ayatollah*
azalea *azalea*
azen ● (aas zoeken) *prey (on)* ● (~ op) *have one's eye on*
Azerbeidzjan *Azerbaijan*
Aziaat *Asian* ∗ een Aziatische *an Asian woman*
Aziatisch *Asian*
Azië *Asia*
azijn *vinegar*
azijnzuur *acetic acid*
Azoren *Azores*
Azteeks *Aztec*
Azteken *Aztecs*
azuren *azure*
azuur *azure*

B

b • (letter) (the letter) B/b • (muzieknoot) B
baai • (stof) baize • (inham) bay
baaierd chaos, disorder
baal • (zak) bale, sack, ‹rijst› bag • (papiermaat)
 ream ▼ ik heb er de balen van I'm sick to death of
 it; I've had it up to here
baaldag off-day
baan • (betrekking) job • (weg) road, way, path
 • (strook stof) roll, ‹v. vlag› bar • (route) ‹v.
 hemellichaam› orbit, ‹v. projectiel› trajectory
 ✱ een raket in een baan om de aarde brengen
 put a rocket into orbit • (sport) ‹ijsbaan› ice rink,
 ‹kegelbaan› alley, ‹roeibaan e.d.› course,
 ‹tennisbaan› court, ‹wielerbaan› track ▼ dat is
 van de baan that's off ▼ op de lange baan
 schuiven postpone indefinitely ▼ ruim baan
 hebben have a clear field ▼ ruim baan maken
 voor make room for ▼ in andere banen leiden
 lead into other channels; lead into different paths
 ▼ het gesprek in andere banen leiden divert/
 steer the conversation away from/to
baanbrekend pioneering, epoch-making ✱ ~
 werk verrichten do pioneering work
baanrecord track record
baanvak section
baanwachter signalman
baar I [de] • (draagbaar) stretcher, ‹voor lijk› bier
 • (golf) ‹lit.› billow ✱ de
 woelige baren the wild billows **II** [bnw] ✱ baar
 geld cash; ready money
baard • (haargroei op kin) beard ✱ zijn ~ laten
 staan grow a beard • (deel van sleutel) bit ▼ hij
 had de ~ in de keel his voice was breaking
baardgroei growth of beard ✱ zware ~ heavy
 growth (of beard)
baarlijk ✱ de ~e duivel the devil incarnate ✱ ~e
 nonsens utter nonsense
baarmoeder womb, ‹med.› uterus
baarmoederhalskanker cervical cancer, cancer
 of the cervix
baars perch, bass
baas • (chef) boss, ‹inf.› governor ▼ hij is zijn eigen
 baas he is his own boss • (man, jongen) bloke,
 fellow • een klein baasje a little fellow ▼ de baas
 spelen domineer; dominate; boss around/about
 ▼ over iem. de baas spelen boss a person around/
 about ▼ zij kunnen die jongen niet de baas they
 can't keep the boy under control; they can't control
 the boy ▼ iem. de baas blijven keep the upper
 hand ▼ iem. de baas worden get the better of a
 person ▼ je hebt altijd baas boven baas there is
 always s.o. better/bigger ▼ zo druk als een klein
 baasje as busy as a bee ▼ je bent mij de baas (af)
 you're too strong/clever for me
baat • (voordeel) benefit, advantage ✱ baat vinden
 bij benefit by/from ✱ ten bate van for the benefit
 of; in aid of ✱ te baat nemen avail o.s. of
 • (opbrengst) profit, benefit ✱ de baten en lasten
 van een bedrijf the assets and liabilities of a
 company
baatzuchtig selfish
babbel • (mond) trap • (praatje) chat ✱ ~s
 hebben be big-mouthed; be a great talker • een
 vlotte ~ hebben be a smooth talker
babbelaar • (kletskous) chatterer, ‹v. kinderen›
 chatterbox • (snoep) ≈ bull's eye
babbelen chat, ‹inf.› natter, ‹veel› chatter
babbeltje chat ✱ een ~ maken have a chat

baby baby
babydoll baby-doll nightdress
babyfoon baby alarm
babysit babysitter
babysitten babysit
babysitter babysitter
bacchanaal bacchanal
bacil bacillus
bacon bacon
bacterie bacteria [mv]
bacterieel bacterial
bacteriologisch bacteriological
bad • (water) bath • een bad nemen have/take a
 bath • een baby in bad doen bath a baby
 • (badkuip) bath
badcel bath/shower cubicle
badderen have bathies, go splishy splashy
baden I [ov ww] • (in bad doen) bath **II** [on ww]
 • (een bad nemen) bathe • (~ in) be bathed/
 steeped in ✱ ~ in tranen/zweet be bathed in tears/
 sweat ✱ ~d in bloed swimming in blood
badgast ‹seaside› visitor, ‹in badplaats›
 holidaymaker, ‹in kuuroord› patient
badge (name-)badge, ‹mil.› badge, ‹met tekst›
 button
badgoed beachwear
badhanddoek bath/beach towel
badhuis (public) baths
badineren banter, chaff
badjas bathrobe
badkamer bathroom
badkuip (bath)tub
badlaken bath towel
badmeester lifeguard
badminton badminton ✱ ~nen play badminton
badmuts bathing-cap, swimming cap
badpak swimsuit, bathing suit, swimming costume
badplaats • (kuuroord) spa • (plaats aan zee)
 seaside resort
badschuim bath foam, bubble bath
badstof towelling, terry(cloth)
badwater bathwater ▼ het kind met het ~
 weggooien throw away the baby with the
 bathwater
badzout bath salts
bagage luggage, baggage
bagagedepot ‹in station› left-luggage
bagagedrager carrier
bagagekluis luggage locker
bagagerek • (bagagenet) luggage rack
 • (imperiaal) roof-rack
bagageruimte luggage space, luggage
 compartment, ‹v. auto› boot, ‹AE›, v. auto trunk
bagatel trifle, bagatelle
bagatelliseren play down
bagger mud, slush
baggeren I [ov ww] • (uit het water halen)
 dredge **II** [on ww] • (waden) wade ✱ door de
 modder ~ wade through the mud
baggermachine dredger
bah ugh!, bah!, pshaw! ▼ zonder boe of bah te
 zeggen without so much as a word
Bahama's Bahamas, Bahama Islands
bahco adjustable spanner
bajes slammer, nick
bajesklant gaolbird, ‹AE› jailbird
bajonet bayonet ✱ met gevelde ~ with fixed
 bayonet
bajonetsluiting bayonet fitting
bak • (vergaarplaats) ‹eten› dish, ‹ondiep› tray,
 ‹trog› trough, ‹voor water› tank, cistern • (bajes)
 slammer, ‹AE› can • (mop) joke, lark ▼ aan de bak

komen *get a job*
bakbeest *giant,* (inf.) *whopper*
bakboord *port*
bakeliet *bakelite*
baken *beacon,* (boei) *buoy* ▼ de ~s verzetten
change one's tack ▼ de ~s zijn verzet *times have
changed*
bakermat *cradle, origin* ● de ~ van de
beschaving *the cradle of civilization*
bakerpraatje ● (kletspraatje) *idle gossip*
● (bijgelovig praatje) *old wive's tale*
bakfiets *carrier bike*
bakkebaard *sideboards,* (side-)*whiskers*
bakkeleien ● (ruziën) *bicker, quarrel* ● (vechten)
tussle, scuffle, scrap
bakken I [ov ww] ● (door verhitting eetbaar of
hard maken) (in oven) *bake,* (in pan) *fry* ▼ er
niets van ~ *fail at s.th.; perform poorly* **II** [on ww]
● (zakken) *fail*
bakker *baker*
bakkerij *bakery*
bakkes *mug* ★ hou je ~ *shut your face; shut up*
bakkie ● (aanhangwagentje) *trailer*
● (zendapparatuur) *rig* ● (kopje koffie) *cup of
coffee*
bakmeel *flour* ● zelfrijzend ~ *self-raising flour*
bakpoeder *baking powder*
baksteen *brick* ▼ zakken als een ~ *fail utterly;
flunk* ▼ 't regent bakstenen *it's bucketing down*
bakvis *young/teenage girl*
bakzeilhalen ● (terugkrabbelen) *back down,
climb down (from)* ● (scheepv.) *take in sail, back
the sails*
bal I [de] ● (bolvormig voorwerp) *ball* ★ een
balletje trappen *kick a ball about* ★ een
moeilijke bal maken *play a difficult shot*
● (testikel) *testicle* ● (bekakte jongen) *snob,
stuck-up person* ● (deel van hand) *heel* ● (deel van
voet) *ball* ▼ wie kaatst, moet de bal verwachten
those who play at bowls must look (out) for rubs
▼ de bal aan het rollen brengen *set/start the ball
rolling* ▼ elkaar de bal toespelen *play into each
other's hands; scratch each other's back* ▼ ik weet
er de ballen van *don't ask me; I haven't got a clue*
II [het] *ball, dance*
balanceren I [ov ww] ● (uitbalanceren) *balance*
II [on ww] *balance,* (fig.) *vacillate*
balans ● (evenwicht) *balance* ● uit ~ zijn *be off
balance* ● (weegschaal) (pair of) *scales* ● (hand.)
balance sheet ● de ~ opmaken *draw up the
balance; balance the books;* (fig.) *strike a balance*
★ de ~ opmaken van *assess the results of*
baldadig (gedrag) *unruly, disorderly,* (handeling)
wanton
baldadigheid *disorderliness, wantonness*
baldakijn *canopy*
Balearen *Balearic Islands*
balein I [de] *bone, rib,* (v. korset) *stay,* (v. paraplu)
spoke **II** [het] *whalebone*
balen *be fed up with, be sick and tired of*
balie ● (leuning) *railing* ● (advocaten) *bar*
● (rechtbank) ▼ voor de ~ verschijnen *appear at
the bar* ● (balustrade) *counter*
baliekluiver *loafer*
baljurk *ball dress, gown*
balk ● (stuk hout/metaal) *beam,* (in dak) *rafter,*
(in vloer) *joist,* (v. ijzer) *girder* ● (notenbalk)
staff, stave ● (dikke streep) (her.) *bar*
Balkan *the Balkans*
Balkanstaten *Balkan States, the Balkans*
balken *yell,* (v. ezel) *bray,* (v. mensen) *bawl*
balkon ● (uitbouw) *balcony* ● (ruimte in trein)

platform ● (rang) *balcony*
ballade *ballad*
ballast *ballast,* (fig.) *lumber*
ballen I [ov ww] ● (samenknijpen) ★ de vuisten ~
clench one's fist **II** [on ww] ● (spelen met bal)
play with a ball, play ball
ballenjongen *ball boy*
ballentent ● (uitgaansgelegenheid) *stuck up/
posh place* ● (kermistent) *coconut shy*
ballerina *ballet dancer, ballerina*
ballet *ballet*
balletdanser *ballet dancer* ★ ~es *ballerina*
balling *exile*
ballingschap *banishment, exile*
ballon (luchtballon) *balloon* ● (omhulsel) *globe*
ballonvaren *balloon*
ballotage *ballot*
ballpoint *ball-point, biro*
balorig (slecht gehumeurd) *peevish, cross*
● (onwillig) *unruly,* (form.) *refractory*
balpen *ball-point pen, biro*
balsem *balm*
balsemen *embalm*
balspel *ball game*
balsport *ball game*
Baltisch *Baltic*
balts *display, courtship*
balustrade *balustrade,* (v. trap) *banisters*
balzaal *ballroom*
balzak ● (scrotum) *scrotum* ● (biljartzak) *pocket*
bamboe ● (rietsoort) *bamboo* ● (stengel) *bamboo
cane*
bami *chinese noodle dish,* ≈ (bami goreng) *fried
noodles*
ban ● (excommunicatie) *excommunication* ★ de
ban uitspreken over *excommunicate*
● (verbanning) *ban* ★ in de ban doen *outlaw;
ban* ● (betovering) *spell* ★ in de ban van *under
the spell of*
banaal *banal, trite, hackneyed*
banaan *banana*
banaliteit ● (platvloersheid) *banality* ● (het
alledaags zijn) (form.) *platitude*
bananenrepubliek *banana republic*
band ● (verbondenheid) *bond, tie* ● ~ banden des
bloeds/der vriendschap *blood ties; bond of
friendship* ● een nauwe band hebben met *have a
close relationship with* ● (transportband)
★ lopende band *conveyor-belt; assembly line*
★ aan de lopende band *mass-produced* ● (magneetband) *tape*
● (radiofrequentie) (wave)*band* ● (bindweefsel)
ligament ● (muziekgroep) *band, orchestra,*
(popmuziek) *group* ● (strook stof) (breed lint)
ribbon, (om hoed, arm) *band,* (smal lint) *string,*
(vechtsport) *belt,* (verband) *bandage*
● (boekomslag) *binding* ● (boekdeel) *volume*
● (luchtband) *tyre,* (AD *tire)* ● (rand van biljart)
cushion ▼ aan de lopende band *incessantly;
constantly; all the time* ▼ uit de band springen
let one's hair down ▼ iem./iets aan banden
leggen restrain a person/s.th.
bandage ● (zwachtel) *bandage, dressing*
● (breukband) *truss*
bandeloos *lawless, disorderly, riotously*
bandenlichter *tyre lever*
bandenpech *trouble with the tyres, puncture*
bandenspanning *tyre pressure*
banderol ● (beschreven band) *banderole* ● (vaan)
banderole ● (sigarenbandje) *excise band, cigar
band*
bandiet (rover) *bandit,* (schurk) *scoundrel, villain*

bandje ● (schouderbandje) (shoulder) strap ● (cassettebandje) tape
bandopname tape recording ★ daar heb ik een ~ van I've got that on tape
bandplooibroek pleated (front) trousers
bandrecorder tape recorder
banen ★ zich een weg ~ make/push one's way (through) ▼ de weg ~ voor pave the way for ▼ gebaande weg beaten track
banenplan employment plan, job pool
bang ● (bevreesd) scared, frightened ★ bang maken scare; frighten ★ bang worden become/get scared/ frightened ★ hij is bang (voor) he is afraid/ frightened/scared (of) ● (snel angstig) fearful, timid ● (ongerust) afraid, anxious, uneasy ★ ik ben bang dat het niet gaat I'm afraid it won't work ▼ zo bang als een wezel as timid as a mouse
bangelijk fearful, timid
bangerd coward
bangerik coward, chicken
Bangkok Bangkok
Bangladesh Bangladesh
bangmakerij intimidation
banier banner
banjeren (met veel drukte) swagger, † pace up and down
banjo banjo
bank ● (zitmeubel) (bekleed) sofa, settee, couch, (in auto, e.d.) seat, (in kerk) pew, (in school) desk, (onbekleed) bench ● (geldinstelling) bank ★ bank van lening pawnshop ★ hij werkt bij een bank he works for a bank ★ geld op de bank hebben have money in the bank ● (inzet) bank ● (werkbank) bench ● (casino) bank ★ de bank hebben/houden keep the bank ★ de bank doen springen break the bank ▼ door de bank genomen (an) average; by and large
bankafschrift bank statement (of account)
bankbiljet banknote
banket ● (feestmaal) banquet ● (gebak) (almond) pastry
banketbakker pastry cook, (v. chocolaatjes, e.d.) confectioner
banketbakkerij confectioner's, confectionery
banketletter (almond) pastry letter, pastry shaped as a letter
bankgeheim banker's discretion
bankier banker
bankoverval bank hold-up/robbery
bankrekening bank account
bankroet I [het] bankruptcy **II** [bnw] bankrupt ★ ~ gaan fail; go bankrupt
banksaldo bank-balance
bankschroef (bench-)vice
bankstel 3-piece suite
bankwerker fitter, bench worker/operator
bankwezen banking
banneling exile
bannen (gedachten, personen) banish, (personen) exile
bantamgewicht bantamweight
banvloek anathema, curse
baptist baptist
bar I [de] (café) bar ● (tapkast) bar, counter **II** [bnw] ● (dor) barren ● (koud) severe ● (erg) ★ (dat is al te) bar that's a bit thick **III** [bijw] awfully (bad) ★ een bar slechte uitvoering an awfully bad performance
barak shed, (mil.) hut, barracks
barbaar barbarian
barbaars barbarous
barbarisme barbarism

barbecue ● (toestel) barbecue ● (maaltijd) barbecue-party
***barbecueën** (Wdl: barbecuen) barbecue
barbier barber
barbituraat barbiturate
bard bard
baren ● (ter wereld brengen) bear, give birth to ● (veroorzaken) cause, give ★ zorgen ~ give concern
barenswee contraction, labour pains [mv]
Barentszzee Barents Sea
baret cap, beret, (op universiteit) mortarboard
Bargoens I [het] thieve's slang, (moeilijk verstaanbaar) jargon **II** [bnw] slangy
bariton baritone
barkeeper barman, barmaid, (AE) bartender
barkruk bar stool
barmhartig charitable, merciful
barmhartigheid charity, mercy
barnsteen amber
barok I [het] baroque **II** [bnw] baroque, (overdadig) ornate
barometer barometer
barometerstand barometric pressure
baron baron ★ meneer de ~ his Lordship
barrage (dam) barrier ● (sport) jump-off
barrel ★ aan ~s slaan/gooien smash to smithereens
barrevoets I [bnw] barefooted **II** [bijw] barefoot
barricade barricade
barricaderen barricade
barrière barrier
bars grim, stern, (v. stem) gruff
barst I [de] crack, (fig.) flaw, (in huid) chap ▼ het kan me geen ~ schelen I don't give a damn **II** [tw] get lost, drop dead
barsten ● (barsten krijgen) burst, (v. huid) chap, (v. ruit) crack ● (uit elkaar springen) burst, explode ▼ iem. laten ~ desert s.o.; leave a person in the lurch ▼ de zaal was tot ~s toe vol the hall was jam-packed
bas bass ★ bas zingen sing bass
basaal basic, basal
basalt basalt
bascule ● (brugbalans) bascule ● (weegschaal) scales, balance
base base
baseren base, ground (on), ground in ★ op eigen ervaringen ~ base on one's own experiences
basilicum basil
basiliek basilica
basilisk basilisk
basis ● (grondslag) basis, foundation ★ de ~ leggen voor lay the foundations for ★ op ~ van on the basis of ● (wisk.) base ● (mil.) base
basis- basic
basisinkomen ● (minimuminkomen) garanteed minimum income ● (inkomen zonder toeslag) basic income
basisonderwijs primary education
basisschool primary school
Bask Basque
Baskenland Basque Provinces
basketbal basketball
Baskisch I [het] Basque **II** [bnw] Basque
bas-reliëf bas-relief
bassin ● (zwembad) swimming pool ● (bekken) basin
bassist bass player, (moderne muziek) bassist
bassleutel bass clef
bast ● (schors) bark ● (lijf) (inf.) skin ★ een bruine bast hebben be tanned
basta enough! ★ en daarmee ~! and that's all that!

B

bastaard bastard
bastaardwoord ≈ loan-word
basterdsuiker castor sugar
bastion bastion
Bataaf Batavian [mv: Batavi]
bataljon battalion
Batavier Batavian
bate * ten bate van for the benefit/good of; in aid for * de opbrengst van deze veiling komt ten bate van de daklozen in Los Angeles the proceeds of this auction will go to/be given to the homeless of Los Angeles
baten avail * daar zij wij beiden mee gebaat that will benefit both of us; that will be mutually beneficial * baat 't niet, het schaadt ook niet it may not help, but it won't harm you either * wat baat het? what's the use?
batig * ~ saldo credit balance; surplus
batikken batik
batist batist, cambric
batterij (energiebron) battery * droge ~ dry battery/cell * op ~en werken run on batteries ● (verzameling) battery * een ~ fietsen a battery of bicycles * (mil.) battery
bauxiet bauxite
bavarois bavarois (cream)
baviaan baboon
bazaar ● (liefdadigheidsverkoop) jumble sale, fair, church/hospital bazaar ● (marktplaats) bazaar ● (warenhuis) stores, (department) store
Bazel Basel
bazelen waffle, talk rubbish
bazig masterful, domineering, (inf.) bossy
bazin mistress
bazooka bazooka
bazuin trumpet
beademen breathe upon * kunstmatig ~ give artificial respiration * hij moest beademd worden he needed artificial respiration
beademing * mond-op-mond ~ mouth-to-mouth resuscitation
beambte official, officer
beamen assent/agree (to), (bevestigen) endorse, confirm
beangstigen alarm, frighten, scare
beantwoorden I (ov ww) ● (reageren op) answer, reply to * een bezoek/compliment ~ return a visit/compliment * een signaal ~ acknowledge a signal * vriendschap ~ return/reciprocate friendship II (on ww) ● (~ aan) * ~ aan de verwachtingen meet one's expectations * aan 't doel ~ serve the purpose
beat beat (music)
beauty beauty
beautycase vanity case
bebloed blood-stained
beboeten fine
bebop ● (haardracht) crewcut ● (muz.) bebop, bop
bebossen afforest, plant a forest
bebost afforested, (bosrijk) wooded
bebouwen ● (gebouwen neerzetten op) build on ● (gewassen kweken op) cultivate * de aarde ~ till the soil
bebouwing ● (het bouwen) building ● (gebouwen) buildings ● (akkerbouw) cultivation
becijferen calculate, figure out, work out
becommentariëren comment on
beconcurreren compete with
bed bed * naar bed gaan go to bed * het bed houden stay in bed * naar bed brengen put to bed * in bed met griep be laid up with flu * iem.

uit zijn bed halen drag a person out of bed ▼ zijn bedje gespreid vinden find one's bed ready (made)
bedaagd elderly, getting on in years
bedaard calm, composed
bedacht ● (voorbereid) prepared for ● (strevend naar) intent on, alive to
bedachtzaam thoughtful, cautious, circumspect
bedanken I [het] ● wegens 't ~ van vele leden owing/due to the many resignations/withdrawals II (ov ww) ● (dank betuigen) thank * wel bedankt! thank you; thanks very much! * zonder te ~ without acknowledgement III (on ww) ● (afslaan) turn down, (form.) decline * decline * voor een uitnodiging ~ decline an invitation ● (opzeggen) resign * ik bedank ervoor om zo behandeld te worden I refuse to be treated like this
bedankje ● (dankwoord) acknowledgment, thanks ● (opzegging) resignation ● (weigering) refusal
bedaren I (ov ww) ● (tot rust brengen) calm down, soothe, (vrees) allay II (on ww) ● (tot rust komen) (v. personen) calm down, (v. storm, e.d.) die down, subside * bedaar! quiet!; control yourself! * tot ~ komen pull o.s. together
beddengoed bedding, bedclothes
bedding ● (geul) bed, channel ● (onderlaag) bed
bede entreaty, (form.) supplication
bedeesd timid, shy
bedehuis chapel, place of worship
bedekken cover (up)
bedekking cover(ing)
bedekt ● (niet openlijk) covert * ~e toespelingen covert allusions ● (afgedekt) covered
bedelaar beggar
bedelarij begging
bedelarmband charm-bracelet
bedelen beg * om iets ~ beg for s.th. * om een aalmoes ~ beg for alms/charity
bedelstaf beggar's staff ▼ tot de ~ brengen reduce to begging
bedeltje charm
bedelven bury ▼ bedolven onder 't werk snowed under with work; swamped with work
bedenkelijk ● (twijfel uitdrukkend) doubtful * ~ kijken look doubtful ● (zorgelijk) (v. toestand, situatie) critical, serious, grave * het ziet er ~ voor hem uit things look pretty serious for him
bedenken I (ov ww) ● (overwegen) consider ● (verzinnen) think up, devise, invent * het is goed bedacht it is a good idea ● (iets schenken) remember * iem. ~ in het testament remember a person in one's will II [wkd ww] ● (van gedachten veranderen) change one's mind ● (nadenken over) * zich op iets ~ think s.th. over; think a matter over * zich tweemaal ~ vóórdat... think twice before ... * zonder (zich te) ~ without (any) hesitation
bedenking ● (bezwaar) objection * ~en hebben (tegen) make/have objections (to) ● (overweging) consideration
bedenktijd time for reflection, time to think
bederf ● (verslechtering) deterioration ● (rotting) decay, rot, corruption, (v. koren) blight * aan ~ onderhevig perishable * tot ~ overgaan go bad; decay; rot
bederfelijk perishable
bederfwerend preservative
bederven I (ov ww) ● (slechter maken) upset, (gezondheid) ruin, (lucht) taint, (plezier) mar, (zeden) corrupt * de hele boel ~ spoil the whole thing ● (verwennen) spoil II (on ww) ● (onbruikbaar worden) go sour/off, (v. eetwaren) go off, go bad, (v. goederen) deteriorate

B

bedevaart pilgrimage
bedevaartganger pilgrim
bedevaartplaats place of pilgrimage
bedgenoot bedfellow
bediende servant, (in winkel) assistant, (in zaken) employee, (lijfknecht) valet, (op kantoor) clerk
bedienen I [ov ww] ● (helpen) (in restaurant, e.d.) serve, wait on, (in winkel) serve ★ iem. op zijn wenken ~ serve a person promptly; be at a person's beck and call ★ aan tafel ~ wait at table ● (laten functioneren) operate ● (rel.) administer the last sacraments/rites **II** [wkd ww] use, make use of ★ ik bediende me van een mes I used a knife
bediening ● (het helpen) service ● (het laten functioneren) operation, (auto) controls ★ dubbele ~ (lesauto) dual controls ● (rel.) administration of the last sacraments/rites
bedieningspaneel console, control panel
bedillen ● (vitten op) find fault with, carp at ● (zich bemoeien met) meddle with, interfere with
bedilzucht ● (geneigd zijn te vitten) inclination to find fault with ● (bemoeizucht) meddling
beding condition ★ onder één ~ on one condition
bedingen stipulate, insist on, (prijs) bargain (for) ★ dat is er niet bij bedongen that's not included (in the bargain)
bedisselen arrange, manage
bedlegerig bedridden, confined to (one's) bed
bedoeïen Bedouin, Beduin
bedoelen ● (aanduiden) mean, have in view/mind ● (beogen) aim at, drive at, intend ★ ~ met mean by ★ ze ~ 't goed they mean well ★ 't was niet kwaad bedoeld no offence was meant; no offence meant/intended ★ wat bedoel je (daar) eigenlijk (mee)? what are you driving at?
bedoeling ● (oogmerk) intention, purpose, aim ★ zonder kwade ~en without meaning any harm ★ met de beste ~en with the best intentions ★ ik had er geen ~ mee I did not mean anything by it ★ het ligt niet in mijn ~ om... I have no intention of...; I do not propose to... ● (betekenis) meaning
bedoening ● (gedoe) fuss, ado ● (toestand) affair, business ★ een vreemde ~ a strange affair/ business ● (spullen) things, belongings
bedompt close, stuffy
bedonderd ● (gek) crazy, mad ★ ben je helemaal ~? are you mad/nuts? ● (beroerd) idle, lazy, good-for-nothing ★ er ~ uitzien look lousy/awful ★ ergens te ~ voor zijn be too lazy to work
bedonderen fool, dupe, con
bedorven ● (rot) bad ● (verwend) spoilt ● (verknoeid/slechter) upset, (v. lucht) tainted, (v. zeden) corrupt, (form.) depraved
bedotten trick, dupe, fool ★ iem. ~ take a person for a ride
bedrading wiring
bedrag amount ★ ten ~e van to the amount of
bedragen amount to ★ in totaal £35 ~ total £35
bedreigen threaten
bedreiging threat ★ onder ~ van under threat of
bedremmeld confused, embarrassed, taken aback
bedreven skilled, skilful
bedriegen cheat, deceive, swindle ★ dan kom je bedrogen uit you will be disappointed
bedrieger impostor, cheat, swindler, fraud ▼ de ~ bedrogen he got a taste of his own medicine
bedrieglijk (v. karakter) deceitful, (v. praktijken) fraudulent, (v. uiterlijk) deceptive
bedrijf ● (onderneming) enterprise, business, (gas,

spoorwegen) service, (groot) concern, (nijverheid) industry ● (deel van toneelstuk) act ● (werking) operation ★ buiten ~ (defect) out of order ★ buiten ~ stellen close down ★ in ~ komen come into operation ▼ onder/tussen de bedrijven door meanwhile
bedrijfsadministratie business administration, business accountancy
bedrijfsarts company doctor
bedrijfsblind blind to faults in one's company
bedrijfschap trade organization
bedrijfseconomie business economics
bedrijfsgeheim company/trade secret
bedrijfshygiëne company hygiene
bedrijfskapitaal working-capital
bedrijfsklaar in (good) working order, ready to use
bedrijfskunde business administration, management
bedrijfsleider (works) manager
bedrijfsleven ● (industrie en handel) business, trade and industry ● (de bedrijven) business, industrial/business circles
bedrijfsongeval industrial accident
bedrijfstak branch of industry
bedrijfsvereniging industrial insurance board
bedrijfszeker reliable, dependable
bedrijven commit, perpetrate
bedrijvig ● (levendig) active, busy, lively ● (ijverig) active, busy, (hard werkend) industrious
bedrijvigheid ● (levendigheid) activity ● (ijver) activity, industriousness
bedrinken ★ zich ~ get drunk
bedroefd sad, dejected, distressed, (lit.) sorrowful
bedroeven grieve ★ zich ~ be grieved at
bedroevend ● (ergerlijk) pathetic, pitiful ★ ~ slecht distressingly bad ● (treurig) sad, saddening, distressing
bedrog fraud, deceit, deception ★ ~ plegen cheat
bedruipen ● (laten splash with...), (culinair) baste ▼ zich(zelf) ~ pay one's way; support o.s.
bedrukken print
bedrukt ● (met inkt bedrukt) printed ● (neerslachtig) dejected, depressed
bedstee box bed
bedtijd bedtime
beducht ★ ~ voor fearful of; apprehensive about; afraid of
beduiden ● (betekenen) mean, signify ● (aanduiden) signal, motion ★ hij beduidde mij te gaan zitten he motioned for me to sit down ● (voorspellen) indicate, (form.) portend
beduidend significant, important, considerable ★ het gaat ~ beter things are considerably better now
beduimelen thumb ★ een beduimeld boek a well-thumbed book
beduusd taken aback
beduvelen sell, swindle, double-cross ▼ het ziet er beduveld uit it looks pretty grim
bedwang restraint, control ★ in ~ hebben/ houden have/keep under control ★ niet in ~ kunnen houden lose control
bedwateren wet one's bed
bedwelmen stun, daze, (door drank) intoxicate, (door gas) stupefy, (door narcotica) drug, dope
bedwingen ● (onderdrukken) suppress, (lach ook) contain, (opstand ook) quell, (tranen) hold/ choke back ★ een brand ~ get a fire under control ● (onderwerpen) check, control, restrain, (hartstocht) master
beëdigen ● (eed laten afleggen) swear in ★ de president zal morgen worden beëdigd the

President will be sworn in tomorrow
● (bekrachtigen) *swear to* (s.th.)
beëindigen *finish, end,* (form.) *conclude*
beek *brook*
beeld ● (stijlfiguur) *figure* (of speech) ● (indruk, idee) *image* ∗ *zich een ~ vormen van form a picture of* ● (een mooi exemplaar) *picture* ∗ *een ~ van een meisje a picture of a girl* ∗ *een ~ van een jurk a dream of a dress* ● (voorstelling) *image, picture* ● (afbeelding) *portrait, picture,* ⟨op beeldscherm, e.d.⟩ *picture* ∗ *iets in ~ brengen picture/portray s.th.* ● (beeldhouwwerk) *statue, sculpture*
beeldband *videotape, videocassette*
beeldbuis ● (televisie) *television, screen,* ⟨inf.⟩ *telly, box* ● (techn.) *cathode-ray tube*
beelddrager (image) *medium*
beeldend *plastic, expressive, evocative* ∗ *~e kunsten visual arts* ∗ *~ taalgebruik expressive language*
beeldenstorm *iconoclasm*
beeldhouwen *sculpture, sculpt,* ⟨in hout⟩ *carve*
beeldhouwer *sculptor*
beeldhouwkunst *sculpture*
beeldhouwwerk *sculpture*
beeldig *charming, sweet*
beeldmerk *logo*(type)
beeldplaat *videodisc*
beeldpunt *picture element,* ⟨beeldscherm⟩ *pixel*
beeldscherm *screen*
beeldschoon *gorgeous, stunning, ravishing*
beeldspraak *imagery, metaphor*
beeldtelefoon *videophone*
beeldverhaal *comic strip*
beeltenis *image, effigy,* ⟨portret⟩ *portrait*
been ● (ledemaat) *leg,* ⟨v. passer⟩ *leg* ∗ *slecht ter been zijn be a bad walker* ∗ *goed ter been zijn be a good walker* ● (bot) *bone* ∗ (wisk.) *side* ▾ *op eigen benen staan stand on one's own* (two) *feet* ▾ *de benen nemen take to one's heels* ▾ *met het verkeerde been uit bed stappen get out of bed on the wrong side* ▾ *met beide benen op de grond staan be level-headed* ▾ *op de been brengen set* (s.o., an industry, etc.) *on his/its feet;* ⟨een leger⟩ *raise* ∗ *er was veel volk op de been there were a great many people about/around* ▾ *tegen het zere been schoppen touch s.o. on the raw* ▾ *met één been in 't graf staan have one foot in the grave* ▾ *op de been blijven keep on one's feet* ▾ *op de been houden keep going* ▾ (de zieke is) *weer op de been up and about again*
beenbreuk *fracture*
beendergestel *skeleton, bones*
beenmerg (bone) *marrow*
beenmergtransplantatie *bone marrow transplant*
beenwarmer *leg warmer*
beer ● (roofdier) *bear* ● (varken) *boar* ● (steunbeer) *buttress* ● (drek) *muck, excrement* ● (waterkering) *dam, weir* ∗ (schuld) *debt* ▾ *de beer is los the fat is in the fire* ▾ *Grote Beer Great Bear* ▾ *Kleine Beer Little Bear* ▾ *de huid niet verkopen vóór men de beer geschoten heeft don't count your chickens until they have hatched* ▾ *een beer van een vent a giant of a man*
beerput *cesspool, cesspit* ▾ *de ~ opentrekken blow the lid off* (a situation); *open a can of worms*
beest *animal, beast,* ⟨persoon⟩ *brute,* ⟨vee⟩ *beast* ∼ [mv: cattle, livestock] ∗ *het arme ~ the poor creature/beast* ▾ *de ~ uithangen behave like a beast/an animal*
beestachtig I [bnw] *brutal* **II** [bijw] *beastly,*

terribly ∗ *het is ~ koud it's beastly cold*
beestenboel *mess, pigsty,* ⟨herrie⟩ *racket*
beet ● (het bijten) *bite,* ⟨wesp, slang, e.d.⟩ *sting* ● (wond) *bite* ▾ (hap) *bite, morsel*
beethebben ● (vast hebben) *have* (got) (a) *hold of,* (v. vis) *have a bite* ● (voor de gek houden) *trick, fool* ∗ *ze hebben haar beet gehad they fooled her; they took her in*
beetje ∗ *alle ~s helpen every little helps* ∗ *stukje bij ~ little by little* ∗ *een ~ a little; a bit*
beetnemen ● (er tussen nemen) *make a fool of, fox, pull a person's leg,* ⟨oplichten⟩ *con* ∗ *gemakkelijk beet te nemen gullible; easily tricked* ● (beetpakken) *seize, grab, take hold of*
beetpakken *seize, take/get hold of, grab*
beetwortel *beet*(root)
bef ● (vlek bij dier) *chest, breast* ∗ *een kat met een witte bef a cat with a white chest* ● (kledingstuk) *jabot*
befaamd *famous, famed,* ⟨form.⟩ *renowned*
begaafd *gifted, talented*
begaafdheid *gift, talent*
begaan I [bnw] ∗ *~ zijn met pity; feel sorry for* **II** [ov ww] ● (uitvoeren) *commit,* ⟨vergissing⟩ *make* ∗ *'n flater ~ make a blunder* ● (betreden) *walk on* ∗ *begane grond ground level;* ⟨v. huis⟩ *ground floor* **III** [on ww] ● (zijn gang gaan) ∗ *laat mij maar ~ leave it to me* ▾ *de juiste weg ~ take the right path*
begaanbaar *passable,* ⟨form.⟩ *practicable*
begeerlijk *desirable*
begeerte *desire* (for), *wish* (for), ⟨lichamelijk⟩ *lust*
begeleiden ● (ondersteunen) *guide, counsel* ∗ *een leerling ~ coach a pupil* ● (meegaan met) *accompany,* ⟨meerdere⟩ *attend,* ⟨met politie e.d.⟩ *escort,* ⟨schip⟩ *convoy* ● (muz.) *accompany*
begeleider ● (vergezeller) *companion, escort* ● (muz.) *accompanist*
begeleiding ● (het vergezellen) *escort, accompanying* ● (het ondersteunen) *guide, support,* ⟨bij studie⟩ *supervise* ● (muz.) *accompaniment*
begenadigd *gifted, talented*
begenadigen ● (zegenen) ∗ *hij is een begenadigd kunstenaar he is an inspired artist* ● (gratie verlenen) *reprieve, pardon*
begeren *desire, wish, long for,* ⟨form.⟩ *covet*
begerig ⟨gretig⟩ *greedy* ∗ *~e blikken werpen op cast covetous/greedy eyes on* ● (verlangend) *desirous* (of), *eager* (for)
begeven I [ov ww] ∗ *zijn krachten begaven het his strength gave out* **II** [wkd ww] *go, make one's way* (to) ∗ *zich op weg ~ set out* (for) ∗ *zich in gevaar ~ expose o.s. to danger* ∗ *zich naar huis ~ go home* ∗ *zich onder de mensen ~ mix with people* ∗ *zich op glad ijs ~ walk on thin ice*
begieten *water*
begiftigen *endow* (with), *present* (with) ∗ *met talent begiftigd endowed with talent; talented*
begijn *beguine*
begijnhof *beguinage*
begin *beginning, start,* ⟨form.⟩ *commencement,* ⟨periode, proces⟩ *outset* ∗ *alle ~ is moeilijk all beginnings are difficult* ∗ *een ~ van twijfel an incipient doubt* ∗ *bij/in 't ~ at the beginning/ outset* ∗ *van 't ~ af aan from the first/beginning* ∗ *van 't ~ tot 't einde throughout; from first to last; from beginning to end* ▾ *'n goed ~ is 't halve werk a good start is half the battle; well begun is half done*
beginkapitaal *starting/venture capital, seed money*
beginneling *novice, beginner*

B

beginnen I (ov ww) • (gaan doen) do ∗ wat te ∼!
what to do! ∗ er is niets mee te ∼ it's hopeless;
there's no point ∗ wat moet ik met haar ∼? what
am I to do with her? • (begin maken met) begin,
start, (form.) commence, (gesprek, zaak) start,
(onderhandelingen) open ∗ iets ∼ begin s.th.;
start on s.th. ∗ waar ben ik aan begonnen? what
have I let myself in for? **II** (on ww) • (aanvangen)
∗ om te ∼ to begin with; for a start ∗ ∼ te
sneeuwen begin to snow ∗ begin maar! go
ahead!; (vragen) fire away! ∗ de Pennine Way
begint in Edale the Penine Way starts at Edale
• (∼ over) bring up, broach ∗ over een ander
onderwerp ∼ change the subject • (∼ aan) ∗ daar
kunnen we niet aan ∼ (that's) out of the question
beginner ➞ **beginneling**
beginneling alliteration
beginsel • (principe) principle ∗ in ∼ in principle
∗ uit ∼ on principle • (grondslag) • de (eerste)
∼en the rudiments; basics
beginselverklaring programme, constitution,
(form.) declaration of intent, (v. partij) manifesto
beglazing glazing ∗ dubbele ∼ double glazing
begluren spy on, peep at
begonia begonia
begoochelen delude, take in
begraafplaats cemetery, burial ground, graveyard
begrafenis funeral
begrafenisstoet funeral procession
begraven bury ∗ hij werd met militaire eer ∼ he
was buried with military honours ∗ zich in zijn
werk ∼ bury o.s. in one's work
begrensd limited
begrenzen • (nauwkeurig aangeven) define,
determine the limits of • (beperken) limit, restrict
• (de grens zijn van) border
begrijpelijk comprehensible, understandable,
intelligible
begrijpen • (omvatten) include, cover ∗ alles
inbegrepen all in • (verstandelijk bevatten)
understand, comprehend, grasp ∗ verkeerd ∼
misunderstand ∗ ze ∼ elkaar niet they've got their
wires crossed ∗ ik begrijp het I see ∗ ik begrijp er
helemaal niets van I don't understand it at all
∗ begrijp dat goed! get this straight! ∗ moeilijk/
vlug ∼ be slow/quick on the uptake ∗ (iron.) dat
kan je ∼! no way!; no fear! ∗ ik heb het niet op
hem begrepen I don't trust him ∗ ze hebben 't
niet op elkaar begrepen they don't get on
begrip • (het kunnen begrijpen) comprehension,
understanding ∗ dat gaat mijn ∼ te boven it's
beyond me ∗ niet het flauwste ∼ ervan not the
faintest notion of it; not the faintest idea
• (denkbeeld) idea, notion, concept ∗ geen ∼ van
tijd hebben have no sense of time
begripsverwarring confusion of thought/ideas
begroeiing (over)growth
begroeten greet, welcome, (form.) salute
begroeting greeting, welcome
begroten estimate (at)
begroting • (raming) estimate • (het stuk)
(national) budget ∗ ∼ van inkomsten/uitgaven
estimate of income/expenditure
begrotingstekort budgetary deficit
begunstigde beneficiary
begunstigen favour
begunstiger patron, supporter, (v. kunst) patron
(of the arts)
beha bra
behaaglijk • (gezellig) cosy, snug • (prettig)
comfortable, pleasant ∗ zich ∼ voelen feel
comfortable

behaagziek coquettish, flirtatious
behaard hairy
behagen I [het] pleasure ∗ ∼ scheppen in take
pleasure in **II** [on ww] please
behalen win, gain, get, (diploma) obtain, (winst)
make ∗ de overwinning ∼ be victorious ∗ daar
valt geen eer aan te ∼ it's beyond prayer
behalve • (niet alleen) besides • (uitgezonderd)
except, but
behandelen • (omgaan met) deal with, handle,
(een machine) operate ∗ voorzichtig ∼ handle
with care • (bespreken) discuss, deal with
• (ambtelijk afhandelen) deal with, attend to
∗ aangelegenheden ∼ attend to matters • (med.)
treat ∗ de ∼d arts the doctor in attendance
behandeling • (het omgaan met iets) (goederen)
treatment, handling, (v. machine) operation
• (uiteenzetting) treatment, discussion
• (bejegening) treatment ∗ slechte ∼ ill
treatment • (med.) treatment ∗ zich onder ∼
stellen van place o.s. in the care of
behandelkamer surgery, (AE) doctor's office
behang wallpaper
behangen • (behang aanbrengen) (wall)paper
• (hangen aan) hang (with)
behanger decorator
behappen handle ∗ dat kan zij niet in haar
eentje ∼ she cannot handle that on her own
behartigen serve, have at heart, look after
∗ iemands belangen ∼ look after s.o.'s interest
behaviorisme behaviourism
beheer • (leiding) management ∗ 't ∼ voeren over
manage; superintend • (bestuur en toezicht)
direction, (over bezit) trusteeship, (toezicht)
control ∗ onder zijn ∼ hebben have under one's
control
beheerder director, (boedel) trustee, (eigendom
v. anderen) administrator, (kantine, e.d.)
manager
beheersen • (heersen over) control, (markt)
dominate, (form., positie) command, (volk,
leven) govern, rule ∗ zich ∼ control o.s. ∗ zich
laten ∼ door be swayed by ∗ alles ∼de vraag
all-important question • (kennis hebben van) be
fluent in
beheerst composed, (self-)restrained, collected
beheksen bewitch
behelpen make do ∗ wij zullen ons ermee
moeten ∼ we'll just have to make do with it
behelzen contain ∗ ∼de dat to the effect that
behendig (met de handen) dexterous, (v. lichaam
en geest) adroit
behendigheid dexterity, adroitness
behendigheidsspel game of skill
behept afflicted with, -ridden ∗ met vooroordelen
∼ prejudice-ridden
beheren manage, (geld) administer
behoeden keep (from), guard (from)
behoedzaam cautious, wary
behoefte (gemis) want, need (of/for) ∗ in een ∼
voorzien meet/supply a need ∗ er bestaat
dringend ∼ aan voedsel there is an urgent need
for food ∗ ∼ hebben aan be in want/
need of • (verlangen) ∗ ∼ hebben aan be in want/
need of • (ontlasting) ∗ zijn ∼ doen answer
nature's call; relieve o.s.
behoeftig destitute, needy
behoeve ∗ ten ∼ van on behalf of
behoeven I [ov ww] • (nodig hebben) want, need
II [on ww] • (nodig zijn) ∗ wij ∼ hem niet te
schrijven we needn't write to him; we don't need to
write to him
behoorlijk • (zoals het hoort) proper, decent

B

• *(flink)* considerable, fair ★ *dat is een ~ eind lopen* that is quite a distance
behoren • *(betamen)* should, ought to ★ *naar ~ properly* ★ *dat behoor je niet te zeggen* you shouldn't say that • *(~ aan)* be owned by, belong to • *(~ tot)* belong to, be among ★ *dat behoort nu tot het verleden* that's all in the past • *(~ bij)* go with /together
behoud • *(het in stand houden)* ⟨v. natuur⟩ preservation, ⟨v. vrede⟩ maintenance ★ *met ~ van salaris* on full pay ★ *met ~ van uitkering* without loss of (unemployment) benefit • *(redding)* salvation ★ *dat is je ~* that is your salvation
behouden I [bnw] *(be) safe* ★ *~ aankomen* arrive safe and sound **II** [ov ww] *(blijven houden)* maintain, keep • *(niet kwijtraken)* preserve, keep, ⟨rechten, zetel⟩ retain
behoudzucht conservative
behoudens • *(behalve)* except for ★ *~ enkele wijzigingen* except for a few minor changes • *(op voorwaarde van)* subject to ★ *~ goedkeuring* subject to approval
behoudzucht conservatism
behuisd • *ruim ~ zijn* have plenty of room ★ *klein ~ zijn* be cramped (for space)
behuizing • *(woning)* house • *(huisvesting)* housing
behulp ★ *met ~ van* with the help of
behulpzaam obliging, helpful ★ *zij zijn erg ~* they're always ready to help
beiaardier bell-ringer, carillon player
beide both, either(one), ⟨twee⟩ two ★ *één van ~n* one of the two ★ *jullie kunnen ~n gaan* both of you can go ★ *geen van ~* neither (of them) ★ *hun ~r vriend* their mutual friend
beieren • *(luiden)* chime • *(het bespelen van een carillon)* play a carillon, ring the bells
Beieren Bavaria
beige beige
beijveren exert o.s., apply o.s. to
beïnvloeden influence ★ *gunstig/ongunstig ~* have a positive/negative effect
Beiroet Beirut
beitel chisel • *holle ~* gouge
beitelen chisel ★ *dat zit gebeiteld* that's in the bag
beits (wood) stain
beitsen stain
bejaard aged, elderly, old
bejaarde elderly man/woman, senior citizen
bejaardentehuis old people's home, home for the elderly
bejaardenverzorgster geriatric helper
bejaardenwoning old people's flat
bejegenen treat, use ★ *iem. onheus ~* treat s.o. badly
bek • *(mond)* mouth, trap ★ *hou je bek!* shut your trap!; shut up! • *(mond van dier)* muzzle, jaws, ⟨lange snuit⟩ snout • *(snavel)* bill, ⟨kort⟩ beak
bekaaid ▾ *er ~ afkomen* get the worst of it
bekaf done in, ⟨inf.⟩ dog-tired, knackered
bekakt affected, stuck-up, ⟨inf.⟩ snooty
bekend • *(ervan wetend)* familiar (with), acquainted (with) ★ *enigszins ~ zijn met* have some knowledge of • *(niet vreemd)* ★ *ik ben hier niet ~* I am a stranger here ★ *bent u hier ~?* are you familiar with this place? ★ *dat komt mij ~ voor* that sounds/looks familiar • *(gekend)* ★ *dat is algemeen ~* it's a matter of common knowledge ★ *als ~ aannemen* take for granted • *(beroemd)* well-known ★ *~ worden* get well-known; ⟨v. dingen⟩ get (a)round

bekende acquaintance
bekendheid • *(het bekend zijn met)* acquaintance (with) ★ *~ geven aan iets* make s.th. public; give publicity to s.th. ★ *~ verkrijgen* become widely known • *(faam)* name, reputation
bekendmaken • *(vertrouwd maken)* familiarize, acquaint • *(onthullen)* reveal, disclose • *(aankondigen)* announce • *(publiek maken)* make public/known, publish
bekendstaan be known as, be known to be, be reputed to be ★ *~ als goed/slecht* have a good/bad reputation ★ *~ voor iets* be known for s.th.
bekennen • *(toegeven)* confess, own up • *(schuld bekennen)* confess, admit, ⟨v. beschuldigde⟩ plead guilty ★ *zijn schuld ~* admit one's guilt • *(zien)* ★ *er was niemand te ~* there wasn't a soul to be seen
bekentenis confession, admission ★ *een ~ afleggen* make a confession; ⟨jur.⟩ plead guilty
beker • *(mok)* cup, mug, beaker • *(trofee)* cup ★ *~ finale* cup final
bekeren • *(tot andere godsdienst brengen)* convert • *(tot andere mening brengen)* convert, ⟨in gunstige zin⟩ reform ★ *zich ~* ⟨tot geloof⟩ be converted (to); ⟨zich beteren⟩ mend one's ways
bekerwedstrijd cup-tie
bekeuren fine ★ *bekeurd worden voor te hard rijden* be fined for speeding
bekeuring fine, ticket
bekijken • *(overdenken)* look at, consider ★ *de zaak van alle kanten ~* look at the matter from every angle ★ *zo moet je het niet ~* you must not look at it/consider it like that • *(kijken naar)* look at, examine ▾ *het is zo bekeken* it won't take a minute ▾ *bekijk het maar!* suit youself!
bekijks ▾ *veel ~ hebben* attract a great deal of attention
bekken • *(kom)* basin • *(stroomgebied)* basin • *(slaginstrument)* cymbal • *(anat.)* pelvis
beklaagde accused
beklaagdenbank dock
bekladden • *(belasteren)* slander, smear • *(besmeuren)* ⟨met inkt⟩ blot, ⟨met verf⟩ daub
beklag complaint ★ *zijn ~ doen over iets bij iem.* complain of/about s.th. to s.o.
beklagen I [ov ww] • *(medelijden tonen)* pity • *(betreuren)* ★ *zijn lot ~* bemoan one's fate **II** [wkd ww] complain (to s.o.)
bekleden • *(bedekken)* cover, hang on, ⟨binnenkant⟩ line, ⟨v. muur⟩ hang, ⟨v. stoel⟩ upholster, cover • *(vervullen)* occupy, ⟨ambt⟩ hold ★ *een leerstoel ~* hold a chair • *(opdragen)* ★ *iem. met gezag/macht ~* invest s.o. with authority/power
bekleding • *(bedekking)* clothing, covering, lining • *(vervulling van ambt)* tenure
beklemmen • *(benauwen)* oppress • *(vastknellen)* jam
beklemtonen stress
beklijven sink in, remain, stick
beklimmen climb, ⟨form.⟩ mount, ⟨fig.⟩ ascend
beklinken I [ov ww] • *(afspreken)* clinch, settle ★ *de zaak is al lang beklonken* the matter has long been settled **II** [on ww] • *(inklinken)* set, settle
beknellen clench, tighten, ⟨fig.⟩ oppress
beknibbelen ▾ *~ op* skimp (on); ⟨op loon⟩ cut back on
beknopt brief, concise
beknotten curtail, reduce
bekocht cheated, taken in
bekoelen cool (down)

B

bekogelen pelt

bekokstoven cook up, hatch, contrive

bekomen ● (uitwerking hebben) (goed) agree with, (slecht) disagree ● het zal je slecht ~ you'll be sorry ● die wandeling is mij slecht ~ that walk did me no good ● (bijkomen) recover, get over

bekommerd concerned, anxious

bekommeren worry ● zich ~ om iem./iets trouble o.s. about s.o./s.th.

bekomst ● zijn ~ ervan hebben be fed up with it

bekonkelen plot, hatch, scheme

bekoorlijk charming

bekopen I [ov ww] ● iets met zijn leven ~ pay for s.th. with one's life **II** [wkd ww] be cheated, be taken for a ride

bekoren charm ● dat kan mij niet ~ it doesn't appeal to me

bekoring charm ● onder de ~ komen van be charmed/fascinated by

bekorten shorten, cut short, (een boek) abridge

bekostigen pay the cost of, pay for ● hij kon 't niet ~ he could not afford it

bekrachtigen ● (ratificeren) ratify, confirm ● met een eed ~ confirm on oath ● (bevestigen) confirm ● met een handtekening bevestigen cconfirm with a signature

bekrachtiging confirmation, (form.) ratification

bekritiseren criticize

bekrompen (kortzichtig) narrow-minded, bigoted ● (niet ruim) confined, (middelen) scanty ∗ ~ leven live in narrow circumstances

bekronen crown (with success) ∗ met 'n prijs ~ award a prize ● bekroonde verhandeling prize essay

bekroning ● (prijs) award ● (voltooiing) pinnacle

bekruipen ● (opkomen van gevoelens) steal over, come over ● (besluipen) steal/creep up on

bekvechten wrangle, bicker

bekwaam capable, able, competent ∗ een ~ werkman a skilled workman ▼ met bekwame spoed with all possible speed

bekwaamheid capability, ability

bekwamen I [ov ww] train **II** [wkd ww] qualify, prepare (for), train (to be)

bel ● (luchtbel) bubble ● (gas onder de grond) gas field/deposit ● (schel) bell

belabberd rotten, wretched, (inf.) lousy

belachelijk ridiculous, laughable ∗ ~ maken ridicule ● zich ~ maken make o.s. look ridiculous

beladen I [bnw] emotionally charged **II** [ov ww] (ook fig.) load, burden

belagen waylay (s.o.), beset, (vrijheid, veiligheid, e.d.) threaten

belager assailant

belanden land/end up, ∗ doen ~ land

belang ● (aandacht) interest ∗ ~ stellen in take an interest in ● (betekenis) importance ∗ ~ hechten aan attach importance to ∗ van geen ~ of no importance ● (voordeel) interest, concern ∗ ~ hebben bij have an interest in ∗ in 't ~ van in the interest(s) of

belangeloos ● (onbaatzuchtig) unselfish, selfless ● (gratis) free of charge, for nothing

belangenorganisatie (special) interest group

belanghebbend concerned, interested

belangrijk important, (aanzienlijk) considerable

belangstellend I [bnw] interested **II** [bijw] with interest

belangstelling interest

belangwekkend interesting

belast in charge (of) ▼ erfelijk ~ zijn have a hereditary disability/defect

belastbaar taxable, (bij douane) dutiable

belasten ● (belasting heffen) tax ● een rekening ~ debit an account ∗ te zwaar ~ overtax ● (last leggen op) load, burden ● (~ met) charge ∗ zich ~ met take charge of

belasteren slander, (form.) defame

belasting ● (verplichte bijdrage) taxation, (plaatselijk) rates, (rijksbelasting) tax(es) ∗ in de ~ vallen be liable for taxation ● (last, druk) load ● (geestelijke druk) pressure, burden

belastingaangifte (tax) return

belastingaanslag tax assessment

belastingaftrek tax deduction

belastingbiljet tax form

belastingconsulent tax consultant

belastingdienst tax authorities

belastingdruk (form.) burden of taxation

belastingparadijs tax haven/paradise

belastingvrij tax-free, (douane) duty-free

belastingvrijdom tax exemption

belazerd (gek) crazy ∗ ben jij nou helemaal ~? are you out of your mind? ● (slecht) lousy, rotten

belazeren diddle ∗ iem. ~ take s.o. for a ride

belbus call-up bus service

beledigen insult, offend, affront ∗ zich beledigd voelen take offence

belediging insult, offence, affront

beleefd civil, polite, obliging, courteous ∗ ~ zijn tegen iem. be polite to s.o.

beleefdheid civility, courtesy, politeness ∗ de gewone ~ in acht nemen show common courtesy

beleg ● (belegering) siege ∗ het ~ opbreken raise a siege ∗ 't ~ slaan voor lay siege to ● (broodbeleg) (sandwich) filling

belegen matured, mellow, (hout) seasoned, (kaas, wijn) matured

belegeren besiege

beleggen ● (bedekken) cover, (boterham) put cheese (etc.) on ∗ belegd broodje filled roll; (cheese, etc.) roll ● (investeren) invest ● (bijeenroepen) convene, call

belegging investment

beleggingsfonds ● (instelling) investment trust/fund ● (effecten) gilt-edged/government security

beleggingsobject investment

beleggingspand investment property

beleid ● (gedragslijn) conduct, policy ∗ het ~ van de regering government policy ● (tact) tact ∗ met ~ te werk gaan proceed with tact/tactfully; be tactful

beleidslijn (line of) policy

beleidsnota policy paper/document

belemmeren hamper, hinder, (in sterke mate) impede, (m.b.t. groei) stunt ∗ iem. in zijn werk ~ interfere with s.o.'s work ● het verkeer ~ obstruct traffic

belemmering obstruction, interference, impediment, handicap

belendend adjacent, neighbouring

belenen (effecten) borrow money on, (goederen) pawn

belerend pedantic

belet ∗ ~ vragen ask for an appointment ∗ ~ geven refuse to see s.o.

beletsel obstacle, impediment

beletten prevent, obstruct

beleven go through, experience ∗ zoiets heb ik nog nooit beleefd! I've never seen/heard anything like it ∗ dat ik dat nog mag ~ I never thought I'd live to see the day ∗ zijn 100e verjaardag ~ live to be a hundred

belevenis experience, adventure

belevingswereld *experience*
belezen *well-read*
Belg Belgian ∗ een Belgische a Belgian woman
België Belgium
Belgisch Belgian
Belgrado Belgrade
belhamel *rascal, scamp, ‹raddraaier› ringleader*
belichamen *embody*
belichaming *embodiment*
belichten ● ‹licht laten schijnen op› *light up* ● ‹verhelderen› *illustrate* ● ‹foto.› *expose* ∗ te kort/lang ~ *underexpose/overexpose*
belichting ● ‹het belichten› *lighting* ● ‹foto.› *exposure*
believen I [het] *pleasure* ∗ naar ~ *at will* **II** [ov ww] *please* ∗ zoals het u belieft *as you please* ∗ belieft u nog iets? (would you like) anything else?
belijden ● ‹bekennen› *confess, admit* ● ‹aanhangen› ‹form.› *profess* ▼ iets met de mond ~ *pay lip service to s.th.*
belijdenis *confirmation* ∗ ~ doen *be confirmed*
bellen I [ov ww] ● ‹telefoneren› *ring, call* ∗ ik zal je ~ *I'll give you a ring* **II** [on ww] ● ‹aanbellen› *ring (the bell)* ∗ er wordt gebeld *there's s.o. at the door* ● ‹signaal geven› *ring/sound the bell*
belletrie *belles-lettres*
belofte *promise* ∗ een ~ houden *keep a promise* ∗ een ~ doen *make a promise* ∗ iem. aan zijn ~ houden *hold/keep a person to his promise*
belonen ● ‹voldoening geven› *reward* ∗ zijn inspanningen werden niet beloond *his efforts were not rewarded* ● ‹betalen› *pay,* ‹form.› *remunerate*
beloning ‹voor daad› *reward,* ‹voor werk› *pay* ∗ een ~ uitloven *offer a reward* ∗ als ~ van/voor *in reward for*
beloop *course, way* ∗ de zaak maar op zijn ~ laten ‹negatief› *let things drift*
belopen ● ‹bedragen› *amount to, add up to, run into (a large sum)* ● ‹lopen over iets› ∗ dat pad is niet te ~ *that path is impassable*
beloven *promise* ∗ 't belooft een mooie dag te worden *it looks like being a fine day* ∗ dat belooft wat! *it sounds promising!* ▼ ~ en doen zijn twee *it is one thing to promise and another to perform; promising is the easy bit*
beluisteren ● ‹luisteren naar› *listen to,* ‹radio, e.d.› *listen in to* ● ‹med.› *auscult(ate)*
belust ∗ ~ op *eager for;* keen on ∗ ~ op wraak *bent on revenge* ∗ hij is ~ op macht *he is power-hungry*
bemachtigen ● ‹te pakken krijgen› *get hold of,* ‹form.› *secure* ● ‹buitmaken› *capture*
bemalen *drain*
bemannen *man,* ‹v. fort› *garrison*
bemanning ‹fort› *garrison,* ‹schip, e.d.› *crew*
bemanningslid *crewmember, crewman*
bemerken *notice, spot,* ↑ *perceive*
bemesten *dress,* ‹organisch› *manure,* ‹vnl. met kunstmest› *fertilize*
bemesting *manuring,* ‹vnl. met kunstmest› *fertilization*
bemiddelaar *intermediary,* ‹inf.› *go-between,* ‹bij conflict› *mediator*
bemiddeld *well-to-do,* ‹inf.› *well off* ∗ een ~ man *a man of means;* a well-to-do man
bemiddelen *mediate*
bemiddeling *mediation* ∗ door ~ van *through/by the agency of;* by courtesy of
bemind *dear to, beloved* ∗ zich ~ maken *endear o.s. to*
beminnelijk ‹actief› *amiable,* ‹passief› *lovable*

beminnen *love*
bemoederen *mother*
bemoedigen *encourage, cheer up*
bemoeial *busybody, nos(e)y parker*
bemoeien ● ‹zich mengen in› *meddle with/in* ∗ waar bemoei je je mee? *what business is that of yours?;* ‹inf.› *mind your own business* ∗ zich overal mee ~ *poke one's nose into everything* ∗ zich met de zaak gaan ~ *intervene; step in* ● ‹op zich nemen› *deal with* ● ‹zich bekommeren om› *have to do with* ∗ hij bemoeit zich niet met ons *he won't have anything to do with us* ∗ hij bemoeide zich niet met anderen *he kept himself to himself*
bemoeienis ● ‹inmenging› *interference* ● ‹bemoeiing› *exertion* ∗ door zijn ~ *through his efforts*
bemoeilijken *hamper, handicap, obstruct, impede*
bemoeiziek *meddlesome, interfering*
bemoeizucht *meddling, meddlesomeness*
benadelen *harm, injure*
benaderen ● ‹zich wenden tot› *approach* ● ‹aanpakken› *approach* ● ‹ongeveer berekenen› *calculate roughly* ∗ ‹dichter komen tot› *come close to,* ‹bedrag, ideaal› *approximate (to)*
benadering *approach,* ‹bedrag› *approximation* ▼ bij ~ *approximately*
benadrukken *stress, emphasize, underline*
benaming *name,* ‹lit., titel› *appellation*
benard ‹hachelijk› *perilous,* ‹moeilijk› *awkward,* ‹situatie› *critical,* ‹tijden› *hard*
benauwd ● ‹angstig› *afraid, anxious,* ‹droom› *bad* ● ‹drukkend› *close,* ‹v. kamer› *stuffy,* ‹v. weer› *sultry, muggy* ● ‹niet ruim› *cramped,* ‹inf.› *poky* ● ‹moeilijk ademend› ∗ hij voelde zich ~ *he felt oppressed/tight in the chest*
benauwen ● ‹beklemmen› *oppress* ● ‹beangstigen› *frighten*
bende ● ‹groot aantal› *a lot, crowd, mass,* ‹dingen› *heap* ∗ een ~ fouten *a lot of mistakes* ● ‹wanorde› *mess* ● ‹groep› *body, gang,* ‹dieven› *gang, pack*
beneden I [bijw] *down(stairs), at the bottom* ∗ van boven naar ~ *from top to bottom* **II** [vz] *under, below, beneath* ∗ ~ mijn waardigheid *beneath me* ∗ ~ de maat *not up to scratch* ∗ ~ de vijftig *under fifty* ∗ ~ de prijs verkopen *sell below the price* ∗ ~ de verwachtingen *not up to expectations*
benedenhuis *ground-floor flat,* ‹AE› *ground-floor apartment*
benedenloop *lower stretch, lower reaches*
Beneden-Rijn *Lower Rhine*
benedenverdieping *ground-floor*
benefiet *benefit*
Benelux Benelux
benemen ∗ het benam mij alle lust om te gaan *it deprived me of any desire to go; it took away all (my) desire to go* ∗ het hotel benam ons het uitzicht *the hotel obstructed/blocked our view*
benen I [bnw] *bone* **II** [on ww] ‹inf.› *leg it*
benenwagen ▼ met de ~ *travel by shank's pony; hoof it*
benepen ● ‹bekrommen› *petty* ● ‹benauwd› *bashful, timid* ∗ een ~ stemmetje *a small voice*
benevens ‹together› *with, in addition to*
Bengaals Bengali, Bengal ∗ ~ vuur *Bengal light(s)*
Bengalees Bengali
bengel *little scamp, naughty boy*
bengelen *dangle, swing*
benieuwd *curious (about)* ∗ ~ zijn *wonder; be curious*
benieuwen ∗ het zal mij ~ of *I wonder if*

benijden envy

benijdenswaardig enviable

benjamin Benjamin, baby

benodigd required, necessary, ↑ requisite

benodigdheden necessities, requisites

benoemen ● (naam geven) name ● (aanstellen) appoint ∗ tot erfgenaam ~ name s.o. as one's heir

benoeming appointment

benoorden north of

benul notion, inkling ∗ hij heeft er geen ~ van he hasn't the faintest/foggiest idea

benutten make the most of, utilize ∗ de gelegenheid ~ avail o.s. of the opportunity

benzeen benzene

benzine petrol, (AE) gas(oline)

benzinepomp ● (station) petrol/filling station ● (toestel) petrol pump ● (techn.) petrol pump

benzinestation filling station, (BE) petrol station, (AE) gas(oline) station

benzinetank petrol tank, (AE) gas tank

beo myna(h)

beoefenaar (geneeskunde) practitioner, (taal, muziek) student

beoefenen put into practice, practise, (deugd, kunst) practise, (wetenschap) study ∗ een sport ~ go in for a sport ∗ een vak ~ practise a trade

beogen aim at, have in mind ∗ 't beoogde doel the object in view ∗ 't beoogde resultaat the intended result

beoordelen judge, assess, (boek, e.d.) review, (kans, situatie) estimate, (v. examenwerk) mark

beoordeling judg(e)ment, assessment, (kans, situatie) estimate, (v. boek, e.d.) review, (v. examenwerk) marking ∗ dit staat ter ~ van ... that is for... to judge; that is at the discretion of...; that's up to...

bepaald I [bnw] ● (vastgesteld) specific, fixed, particular, (bedrag) specified, (tijd) appointed, fixed ∗ als hierboven ~ as stated above ● (omschreven) particular, specific, (taalk.) definite ∗ in dat ~e geval in that particular case ∗ ~ lidwoord definite article ● (een of ander) certain ∗ ~e mensen certain people **II** [bijw] positively, absolutely ∗ niet ~ vroeg not exactly early

bepakking pack ∗ met volle ~ with full kit

bepalen ● (richten, beperken) zich ~ tot restrict o.s. to ● (vaststellen) decide, fix, stipulate, (tijdstip, plaats) appoint ∗ de wet bepaalt (form.) the law provides ∗ dat bepaal ik zelf that's for me to decide; that's up to me

bepaling ● (vaststelling) determination ∗ ~ van de temperatuur determination of the temperature ● (omschrijving) definition ● (voorschrift) provision, (v. wet) regulation, stipulation ● (beding) condition ● (taalk.) adjunct, modifier

beperken ● (begrenzen) limit, restrict ● (inkrimpen) reduce, curtail, (uitgaven) cut down

beperking ● (grens) limit, limitation, restriction ∗ iem. ~en opleggen impose restrictions on a person; restrict a person ● (inkrimping) (uitgaven) reduction

beperkt limited, restricted, (benepen) narrow ∗ ~ houdbaar perishable

beplanten plant

beplanting plants, (bomen e.d.) plantation

bepleiten plead, advocate, argue

bepraten (bespreken) ∗ een zaak ~ discuss a matter ● (overhalen) persuade ∗ zich laten ~ allow o.s. to be persuaded/swayed

beproefd well-tried, tried and tested, (methode)

beproeven ● (proberen) attempt, endeavour ● (op de proef stellen) try, test

beproeving ● (proef) trial, test ● (tegenspoed) trial, ordeal

beraad deliberation ∗ na rijp ~ after lengthy consideration ∗ 't in ~ houden/nemen think it over; consider it ∗ in ~ staan be deliberating

beraadslagen deliberate (on) ∗ ~ met consult (with)

beraadslaging consultation, consideration, deliberation

beraden I [bnw] sensible **II** [wkd ww] ∗ zich ~ over iets deliberate (about/over) s.th.; think s.th. over

beramen ● (ontwerpen) devise, plan ∗ vooraf beraamd premeditated ● (begroten) estimate

berd ∗ te berde brengen raise; give; (form.) adduce

berechten try, (form.) adjudicate

beredderen arrange, manage

bereden mounted ∗ ~ politie mounted police

beredeneren discuss, (aantonen) argue, (bespreken) reason out ∗ hoe beredeneer je dat? how do you make that out?

beregoed fantastic, terrific, great

bereid ready, willing, prepared

bereiden (maaltijd) prepare, (salade) dress, (voedsel) make

bereiding preparation, production

bereidwillig willing, obliging

bereik reach, range ∗ binnen/buiten 't ~ van within/beyond (the) reach of

bereikbaar (doel) attainable, (plaats) accessible ∗ makkelijk ~ vanuit within easy reach of; easy to get to from

bereiken ● (aankomen bij) arrive in/at, (v. leeftijd) reach ∗ gemakkelijk te ~ easy to get to; easy to reach ● (komen tot iets) achieve, attain ∗ zo bereik je niets that won't get you anywhere

bereisd (widely) travelled

berekend ● (geschikt voor) (personen) equal to, (zaken) designed for ∗ ~ voor zijn taak equal to the task ● (berekenend) calculating, scheming

berekenen ● (uitrekenen) calculate ∗ de kosten zijn berekend op the costs are calculated at ● (in rekening brengen) charge ∗ dat is in de prijs berekend that's included in the price ∗ iem. te veel ~ overcharge s.o.

berekenend calculating, scheming, designing

berekening calculation ∗ volgens een ruwe ~ at a rough estimate

berenklauw hogweed

berenmuts bearskin (cap), busby

beresterk as strong as an ox/a lion

berg ● (grote heuvel) mountain, (hoog) peak ● (hoop) pile, load ▼ gouden bergen beloven promise mountains of gold; promise the earth ▼ ergens als een berg tegenop zien be terrified of s.th.; not look forward to s.th. ∗ ik zie er als een berg tegenop I'm dreading it

bergachtig mountainous

bergafwaarts (be) on the downgrade, (ook fig.) downhill

bergbeklimmer mountaineer

bergen ● (in veiligheid brengen) rescue, (lijk) recover, (wrak) salvage, recover ● (opbergen) store, put away ● (onderbrengen) hold, accommodate, put up ∗ deze zaal kan 500 bezoekers ~ this hall can hold 500 spectators

berggeit mountain goat, (gems) chamois

berghelling mountain slope

berghok shed, (in huis) storeroom

berging • (het bergen) salvage • (bergruimte) storeroom
bergkam (mountain) ridge
bergkast (store) cupboard
bergketen mountain range
bergkristal rock-crystal
bergmeubel storage cabinet
bergopwaarts uphill, (fig.) better and better
bergpas (mountain) pass
bergplaats storage space, (in huis) storeroom, (v. meubelen, e.d.) depository
bergrede Sermon on the Mount
bergrug mountain ridge
bergruimte • (hok) storeroom • (capaciteit) storage capacity
bergtop (mountain) top
beriberi beriberi
bericht news, message, (in de krant) report, paragraph • nagekomen ~en messages received later; (op journaal) late news * tot nader ~ until further notice • een ~je voor iem. achterlaten leave a message for s.o. * iem. ~ geven van (form.) give a person notice of
berichten report, inform (s.o. of s.th.) * iem. iets ~ (form.) advise/inform a person of s.th. * men bericht uit L it is reported from L
berijden (rijden op) ride • (rijden over) drive along, ride on
berijpt frosty, rimed
berin female bear
berispen rebuke, reprimand
berisping rebuke, reprimand
berk birch
Berlijn Berlin
berm verge, shoulder * zachte berm grass verge
bermlamp spotlight (to be attached to one's car)
bermprostitutie curbside prostitution
bermtoerisme roadside picknicking
bermuda Bermuda shorts, Bermudas
Bern Bern(e)
beroemd famous, celebrated, renowned
beroemdheid • (het beroemd zijn) fame, renown • (beroemd persoon) a celebrity
beroemen * zich ~ op boast (of/about)
beroep • (verzoek) appeal • een ~ doen op (make an) appeal to; (op de kiezers) go to the country • (vak) occupation, job, (ambacht) trade, (hoger opgeleid) profession, (zaak) business • van ~ by profession * wat is hij van ~? what does he do for a living?; (form.) what is his occupation? • (jur.) * (hoger) ~ aantekenen give notice of appeal * in hoger ~ gaan appeal (to a higher court) * 't vonnis werd in hoger ~ vernietigd the appeal was upheld • hij maakt er zijn ~ van om... he makes it his business to...
beroepen call (on), appeal to, (op een uitspraak) refer to, (op onwetendheid) plead * daar kun je je niet op – that's no excuse
beroepengids professional directory, (telefoongids) classified directory, (inf.) yellow pages
beroeps professional
beroeps- professional
beroepsbevolking working population, labour force
beroepsdeformatie occupational/job-related disability
beroepsgeheim trade secret
beroepshalve by virtue of one's position/profession
beroepskeuze choice of career * bureau voor ~ careers office; careers advice centre
beroepsleger regular/professional army

beroepsmilitair professional/regular soldier
beroepsonderwijs vocational/professional training
beroepsopleiding vocational training (course)
beroepsverbod Berufsverbot • er werd een ~ tegen hem ingesteld he was banned from his profession
beroepsvoetbal professional football/soccer
beroerd rotten, miserable, wretched * ik word er ~ van it makes me sick
beroeren • (even aanraken) touch, brush • (verontrusten) disturb, trouble • (in beroering brengen) stir (up), (v. water) disturb
beroering trouble, agitation
beroerte fit, stroke • een ~ krijgen have a stroke/fit
berokkenen * iem. schade ~ harm s.o. * iem. verdriet ~ cause a person sorrow
berooid penniless, (form.) destitute
berouw remorse, compunction, (rel.) repentance * ~ hebben over regret; (rel.) repent (of) • ~ komt na de zonde remorse is easy after the event
berouwen feel sorry * dat zal je ~! you'll be sorry!
berouwvol penitent, (rel.) repentant
beroven • (ontdoen van) deprive of, strip * iem. van 't leven ~ take a person's life • (bestelen) rob, plunder
beroving theft, robbery, ↓ mugging
berucht notorious, disreputable * ~(e) persoon/buurt infamous person/neighbourhood
berusten • (zich schikken) resign to, acquiesce in/to • (~ op) be based on, rest on • (~ bij) be deposited with, be in the keeping of • het voorzitterschap berust bij hem the presidency is held by him * de beslissing berust bij hem the decision rests with him
berusting • (bewaring) custody • (gelatenheid) resignation
bes • (muziekноот) B flat • (vrucht) berry • (oude vrouw) old woman
beschaafd • (niet barbaars) civilized • (goed opgevoed) cultivated, educated, well mannered
beschaamd ashamed * ~ doen staan make a person blush; shame a person
beschadigen damage
beschadiging damage
beschamen • (teleurstellen) disappoint, let down, (vertrouwen) betray • (beschaamd maken) (put to) shame
beschamend embarrassing, humiliating
beschaving • (goede manieren) culture, polish • (cultuur) civilization * op een hoge trap van ~ a high degree of civilization
bescheid • (antwoord) answer * ~ geven reply • (document) document • (officiële) ~en (official) documents/papers
bescheiden I [de] records, documents **II** [bnw] unobtrusive, (persoon, inkomen) modest * naar mijn ~ mening in my humble opinion
bescheidenheid modesty
beschermeling protégé
beschermen • (begunstigen) promote, (kunst) patronize • (behoeden) protect, shield, (tegen zon/wind) screen
beschermengel guardian angel
beschermheer patron
beschermheilige patron saint
bescherming protection * burger~ civil defence
beschermvrouw patroness
bescheuren * zich ~ van het lachen laugh one's head off; split one's sides laughing
beschieten • (schieten op) fire on/at, (v.

B

artillerie) *shell* • (bekleden) *line, board*
beschijnen *shine on, light up*
beschikbaar *available* ∗ ~ stellen *place/put at one's disposal* ∗ iets ~ houden voor *set/put s.th. aside for;* earmark s.th. for ∗ ~ komen *fall/become vacant; become available*
beschikken I [ov ww] • (beslissen) *see to, arrange* ∗ (on)gunstig op een verzoek ~ *grant/refuse a request* **II** [on ww] • (~ over) *have at one's disposal,* ⟨een meerderheid⟩ *command*
beschikking • (zeggenschap) *disposal* ∗ ter ~ *available* ∗ ter ~ stellen van iem. *place/put at s.o.'s disposal* ∗ de ~ hebben over *have at one's disposal* ∗ de ~ krijgen over *obtain;* ⟨form.⟩ *secure* • (besluit) *decision, command,* ⟨ministerieel, gerechtelijk⟩ *decree*
beschilderen *paint* ∗ beschilderde ramen *stained glass windows*
beschimmeld *mouldy*
beschimpen *scoff/jeer/sneer (at)*
beschoeiing *timbering*
beschonken *intoxicated*
beschoren ∗ het lot dat hem ~ was *the fate allotted to him*
beschot • (lambrisering) *panelling* • (afscheiding) *partition*
beschouwen • (bezien) *consider, look at* ∗ op zichzelf beschouwd *in itself* ∗ (alles) wel beschouwd *all things considered; on balance* ∗ oppervlakkig beschouwd *on the face of it* • (~ als) *consider, regard as*
beschouwend *contemplative*
beschouwing • (overdenking) *view, consideration* ∗ bij nadere ~ *on further consideration* ∗ buiten ~ laten *leave out of consideration* • (bespreking) *view* ∗ een ~ geven over *give some reflections on* ∗ ⟨pol.⟩ algemene ~en *general debate*
beschrijven • (omschrijven) *describe* ∗ een boedel ~ *draw up an inventory* • (schrijven op) *write on (paper)* ∗ dicht beschreven bladzijde *closely written page* • (volgen) *follow, trace*
beschrijving *description,* ⟨v. praktijkgeval⟩ *case study*
beschroomd *timid*
beschuit *biscuit, rusk*
beschuldigde *accused*
beschuldigen *accuse (of), charge (with),* ⟨jur.⟩ *indict,* ⟨AE, v. staatsmisdaden⟩ *impeach*
beschuldiging *accusation, charge,* ⟨jur.⟩ *indictment,* ⟨AE, v. staatsmisdaden⟩ *impeachment* ∗ ~ richten tot *level charges at* ∗ een ~ uiten *make a charge* ∗ op ~ van *on (a) charge of*
beschut *protected, sheltered*
beschutten *shelter (from), screen (from), protect (from/against)*
beschutting *shelter, protection*
besef • (bewustzijn) *consciousness* ∗ het nationaal ~ *the national consciousness* • (begrip) *notion, idea,* ⟨v. situatie⟩ *realization* ∗ hij toonde weinig ~ voor (mijn moeilijkheden) *he showed little appreciation of/for*
beseffen *realize* ∗ wij ~ uw moeilijkheden *we appreciate your difficulties*
besje *old woman*
beslaan I [ov ww] • (innemen) ⟨ruimte⟩ *cover, take up,* ⟨v. tekst⟩ *run to* ∗ ⟨van hoefijzers voorzien⟩ *shoe* **II** [on ww] • (vochtig worden) *mist over/up, steam up* ∗ de ruiten zijn beslagen *the windows are misted/steamed up*
beslag • (deeg) *batter* • (metalen bekleedsel) ⟨op

riem, schild⟩ *studs,* ⟨v. deur⟩ *metal/ironwork,* ⟨v. schoenen⟩ *tips* • (hoefijzers) *shoes* • (het in bezit nemen) ⟨v. goederen⟩ *seizure,* ⟨v. schip⟩ *embargo* ∗ in ~ nemen *confiscate* ∗ ~ leggen op ⟨jur.⟩ *seize;* ⟨v. schip⟩ *lay/impose an embargo on* ∗ zijn ~ krijgen *be settled/decided*
beslapen ∗ (het bed) was niet ~ (the bed) had not been slept in ∗ v zich op iets ~ *sleep on it*
beslechten *settle, decide*
beslissen • (besluiten) *decide,* ⟨v. voorzitter⟩ *rule* ∗ ~ ten gunste/ten nadele van *decide in for/against* ∗ (uitkomst bepalen) *decide*
beslissend ⟨belangrijk⟩ *critical,* ⟨doorslaggevend⟩ *decisive*
beslissing *decision,* ⟨v. voorzitter⟩ *ruling* ∗ een ~ geven/nemen *give/make/take a decision*
beslist I [bnw] *decided, resolute* **II** [bijw] *definitely, decidedly*
beslommering *care, worry*
besloten • (vast van plan) ∗ ~ zijn te gaan... be resolved/determined to go • (niet openbaar) *private, closed* ∗ in ~ kring *privately* ∗ ⟨jachttijd/vistijd⟩ *close(d) season*
besluipen ⟨fig.⟩ *creep/steal up on,* ⟨wild⟩ *stalk*
besluit • (conclusie) *conclusion* ∗ tot het ~ komen dat ... *come to the conclusion that ...* • (beslissing) *decision, resolution,* ⟨ministerieel⟩ *decree* ∗ een ~ nemen *take a decision* ∗ mijn ~ staat vast *my mind is made up* ∗ bij koninklijk ~ *by Royal Decree* ∗ tot een ~ komen *make up one's mind; come to a decision* • (einde) *conclusion, close* ∗ tot ~ *in conclusion* ∗ tot een ~ brengen *bring (s.th.) to a close*
besluiteloos *undecided,* ⟨form.⟩ *irresolute*
besluiten • (een besluit nemen) *decide* • (eindigen) *end, finish (up), wind up* ∗ hij besloot met te zeggen *he wound up/closed by saying* • (concluderen) *conclude*
besluitvaardig *decisive, resolute*
besluitvorming *decision making*
besmeren *smear,* ⟨met verf⟩ *daub* ∗ je boterham ~ *butter your bread; spread your piece of bread with butter*
besmettelijk *contagious, infectious, catching*
besmetten *infect, contaminate*
besmettingshaard *seat/root of the infection*
besmeuren *smear (on/over), stain*
besmuikt *smiggering,* ⟨heimelijk⟩ *furtive*
besneeuwd *snow-covered, snowed over*
besnijden • (snijden) ⟨hout⟩ *carve,* ⟨stok⟩ *whittle* • (besnijdenis toepassen) *circumcise* ∗ fijn besneden gezicht *finely chiselled features*
besnoeien I [ov ww] • (snoeien) *prune,* ⟨bomen⟩ *lop,* ⟨heg⟩ *trim* **II** [on ww] • (beperken) *cut*
besodemieterd • (gek) *cracked, crackers* ∗ ben je ~? *are you cracked/crackers?* • (beroerd) *rotten* ∗ ergens te ~ voor zijn *be too bloody-minded to do s.th.* ∗ er ~ uitzien *(ontzet) look flabbergasted*
besogne *affair* ∗ veel ~s hebben *have a lot to attend to*
bespannen • (trekdieren spannen voor) *harness* ∗ met paarden ~ *horse-drawn* • (iets spannen op) ⟨met doek⟩ *stretch,* ⟨met snaren⟩ *string*
besparen *save* ∗ zich de moeite ~ *save/spare o.s. the trouble*
besparing *saving* ∗ ter ~ van tijd *to save time*
bespelen • (beïnvloeden) ⟨gevoelens⟩ *play on,* ⟨omstandigheden⟩ *manipulate* • (muziek maken) ⟨v. (spelen in/op) ∗ een schouwburg ~ *play a theatre; play in a theatre* ∗ het publiek ~ *play to the gallery*
bespeuren *perceive, sense, catch sight of, spot*

★ onraad ~ *sense danger*
bespieden *spy on, watch*
bespiegelen *reflect on, contemplate*
bespiegeling *contemplation* ★ ~en houden
  speculate (on)
bespioneren *spy on*
bespoedigen *accelerate, speed up*
bespottelijk *ridiculous* ★ zich ~ maken *make a
  fool of o.s.* ★ ⟨iets/iem.⟩ ~ maken *ridicule; deride*
  ★ ~! *ridiculous!*
bespotten *ridicule, mock, deride*
bespreekbaar ● (waar over te praten is)
  discussable ● ⟨waarover te overleggen is⟩
  debatable, ⟨m.b.t. onderhandeling⟩ *negotiable*
bespreken ● (spreken over) *speak/talk about,
  discuss* ★ iets onder vier ogen ~ *talk about s.th.
  in private* ● (reserveren) *book* ● (recenseren)
  review
bespreking ● (het bespreken) *discussion, talk*
  ★ een punt in ~ brengen *bring up a point; raise a
  point* ★ een ~ hebben met iem. *have a meeting
  with s.o.* ● (onderhandeling) *meeting, conference*
  ● (recensie) *review, write up*, ⟨vnl. kort⟩ *notice*
  ● (reservering) *booking*
besprenkelen *sprinkle*
bespringen ● (springen op) *leap/pounce/jump on*
  ● (aanvallen) *pounce upon, assault* ● (dekken)
  cover, mount
besproeien ⟨land⟩ *irrigate*, ⟨planten⟩ *water*
bessensap *red/blackcurrant-juice*
bessenstruik *red/blackcurrant-bush*
best I [het] *best* ★ zijn best doen *do one's best* ★ op
  zijn best *at one's best* ★ zijn uiterste best doen
  do one's utmost ★ 't beste ermee *good luck*; ⟨tegen
  zieke⟩ *best wishes* ★ 't beste hopen *hope for the
  best* ▼ ten beste geven *perform; sing* II [bnw]
  ● (overtreffende trap van goed) *best, very good,
  ⟨zeer goed⟩ excellent* ★ 't ziet er niet best uit *it
  doesn't look too good* ★ je ziet er niet best uit *you
  don't look well* ★ een best wijntje! *an excellent
  wine* ★ 't is mij best *it's fine with me* ● (waarde)
  dear ▼ zingen als de beste *sing with the best of
  them; sing as well as anyone/body* ▼ zo iets kan de
  beste overkomen *it could happen to the best of us*
  III [bijw] ● (overtreffende trap van goed) *best*
  ★ zij leest 't best *she's the best reader*
  ● (uitstekend) *very well* ● (tamelijk) *quite*
  ● (waarschijnlijk) ★ 't is best mogelijk *it's
  highly likely* ★ hij kan best thuis zijn *he may
  well be at home* ● (wel degelijk) ★ ik zou best wat
  lusten *I could do with a good meal* ● (zeker) ★ dat
  doet hij best voor je *he is sure to do it for you* IV [tw]
  ★ mij best, hoor! *I don't mind!*
bestaan I [het] *existence* ★ 't honderdjarig ~ *the
  hundredth anniversary* II [on ww] ● (zijn) *be, exist*
  ★ er bestaat geen reden tot ongerustheid *there
  is no cause for alarm* ● de grootste staatsman die
  er bestaat *the greatest statesman ever* ● (mogelijk
  zijn) *be possible* ★ dat bestaat niet *that is
  impossible* ● (~ van) *live on* ★ er goed van
  kunnen ~ *earn a good living; live comfortably*
  ● (~ uit) *consist of*
bestaansminimum *subsistence level, bare
  minimum* ★ beneden/boven het ~ *below/above
  the poverty line*
bestaansrecht *right to exist* ★ ~ ontlenen aan *be
  justified by*
bestaanszekerheid *social security*
bestand I [het] ● (wapenstilstand) *truce*
  ● (verzameling gegevens) *file* II [bnw] ★ ~ tegen
  ⟨regen⟩ *rainproof*; ⟨vuur⟩ *fireproof* ★ tegen die
  verleiding was hij niet ~ *he could not resist the
  temptation*
bestanddeel *element, ingredient*
besteden ● (uitgeven) *spend, devote*, ⟨aandacht⟩
  pay (to), ⟨tijd⟩ *spend (on)*, *devote (to)* ★ veel zorg ~
  aan *iets take a lot of care over s.th.* ● (gebruiken,
  aanwenden) *devote, ⟨geld⟩ spend* ★ de tijd zo
  goed mogelijk ~ *make the most of one's time*
besteding *spending*
bestedingsbeperking *cut in expenditure,* ⟨form.⟩
  retrenchment
bestedingspatroon *pattern of spending*
bestek ● (couvert) *cutlery* ● (ruimte) *compass,
  space* ★ in kort ~ *in a nutshell* ★ buiten het ~
  van dit werk *outside the scope of this work*
  ● (gedetailleerd plan) *specification* ● (scheepv.)
  ★ 't ~ opmaken *find out/determine the position*
bestel ★ het maatschappelijk ~ *the social system*
bestelauto ⟨delivery⟩ *van*
bestelen *rob*
bestellen ● (iets laten komen) *order (from),* ⟨iem.⟩
  send for s.o. ● (thuis bezorgen) *deliver*
besteller ● (bezorger) *postman,* ⟨v. zaak⟩ *delivery
  man* ● (opdrachtgever) ≈ *customer*
bestelling ● (bezorging) *delivery* ● (bestelde
  goederen) *order, goods ordered* ● (order) *order* ★ in
  ~ zijn *be on order* ★ ~en doen bij *place orders with*
bestelwagen ⟨delivery⟩ *van*
bestemmen *mean, intend, mark out* ★ geld voor
  iets ~ *set aside/earmark money for s.th.*; ⟨form.⟩
  allocate money for s.th.
bestemming ● (reisdoel) *destination* ● (lot)
  destiny, lot
bestemmingsplan *zoning plan/scheme*
bestempelen ● (noemen) *call, label* ● (een
  stempel drukken op) *stamp*
bestendig ● (niet veranderlijk) *stable,* ⟨karakter⟩
  steady ★ ~ weer *settled weather* ● (duurzaam)
  ⟨kleur⟩ *permanent,* ⟨materialen⟩ *durable,* ⟨vrede,
  vriendschap⟩ *lasting, enduring*
bestendigen *continue*
besterven I [ov ww] ★ ik bestierf 't bijna van de
  schrik *I nearly jumped out of my skin; I nearly
  died of fright* ★ ik bestierf het bijna van het
  lachen *I nearly died laughing* II [on ww] ● (vlees
  laten liggen) ★ het vlees laten ~ *hang meat* ▼ de
  woorden bestierven op zijn lippen *the words
  died on his lips*
bestijgen *climb, ascend* ⟨paard, e.d.⟩ *mount,*
  ⟨troon⟩ *ascend*
bestoken ● (lastig vallen) *pester,* ⟨met vragen⟩
  assail, bombard ● (aanvallen) *harass,* ⟨met
  granaten⟩ *shell,* ⟨met stenen⟩ *pelt*
bestormen ● (in drommen benaderen) ★ de
  bank werd bestormd *there was a run on the bank*
  ● (aanvallen) *storm, attack* ▼ iem. met vragen ~
  bombard s.o. with questions
bestraffen ● (berispen) *reprimand, rebuke*
  ● (straffen) *punish*
bestralen *shine on,* ⟨med.⟩ *give radiotherapy/
  -treatment*
bestraling *radiation therapy, radiotherapy*
bestraten *pave*
bestrating ● (het bestraten) *paving, surfacing*
  ● (wegdek) *pavement*
bestrijden ● (onkosten dekken) *cover, reimburse,*
  ⟨form.⟩ *defray* ● (vechten tegen) *fight (against)*
  ● (aanvechten) *dispute (a point)*
bestrijdingsmiddel ⟨dieren⟩ *pesticide,* ⟨planten⟩
  weedkiller
bestrijken ● (kunnen bereiken) *cover, command*
  ★ een weg ~ met een machinegeweer *cover a
  road with a machine gun* ● (besmeren) *spread*

(over), smear, (verf) coat *(with)*

bestrooien strew, *(met suiker)* sprinkle, *(poeder)* dust

bestseller best seller

bestuderen • *(studie maken van)* study, read up on a subject • *(onderzoeken)* study, investigate, research

bestuiven cover with/in dust, *(bio.)* pollinate

besturen • *(sturen, bedienen)* *(auto)* drive, *(schip)* steer, *(vliegtuig)* pilot, fly • *(leiding geven)* *(land)* govern, rule, *(zaak)* manage, run

besturing • *(het besturen)* steering • *(stuurinrichting)* controls

besturingssysteem operating system

bestuur • *(bewind)* *(bedrijf)* management, *(school)* administration, *(v. land)* rule, government • *(college van bestuurders)* *(v. school)* (board of) governors, *(v. stad)* council, *(v. vereniging)* (executive) committee ★ dagelijks ~ executive committee ★ in 't ~ zitten be on the committee/board ★ plaatselijk ~ local authorities

bestuurder • *(leidinggevende)* *(v. land)* ruler, *(v. school, ziekenhuis)* director, governor • *(voertuigbestuurder)* *(auto)* driver

bestuursapparaat machinery of government, adminstrative machinery

bestuurscollege governing body

bestuurskunde management science, business studies, study of public and social management

bestuurslid *(bedrijf)* member of the board of directors, *(instelling)* member of the governors, *(vereniging)* committee member

bestuursrecht administrative law

bestwil ★ leugentje om ~ white lie ★ voor uw/je eigen ~ for your own good; in your own best interests

bèta • *(Griekse letter)* bèta • *(leerling)* science student • *(afdeling)* science *(subjects)* ★ bètafaculteiten science and medicine

betaalbaar affordable ★ het moet wel ~ blijven it must remain affordable

betaalcheque bank-guaranteed cheque

betaald • *(beroeps)* professional ★ ~ voetbal professional football/soccer • *(gehuurd)* hired, paid for ★ ~ antwoord reply paid ▼ iem. iets ~ zetten get even with s.o.

betaalkaart cheque card, credit card

betaalmiddel currency, *(form.)* means of payment ★ wettig ~ *(form.)* legal tender

betaalpas cheque *(guarantee)* card, banker's card

betalen • *(vergelden)* repay • *(de kosten voldoen)* *(goederen)* pay for, *(rekening)* pay, *(schuld)* settle, pay off ★ dat betaalt goed it pays well ★ ik kan 't niet ~ I can't afford it ★ iem. £5 laten ~ charge a person £5 ★ slecht ~ underpay ★ teveel laten ~ overcharge ★ vooruit ~ pay in advance

betaling payment, *(schuld)* settlement ★ ~ bij ontvangst cash on delivery (c.o.d.) ★ tegen ~ van on payment of ★ ter ~ van in payment of ★ ~en doen make payments

betalingsbalans balance of payments

betalingstermijn payment period, term of payment

betalingsverkeer flow of payments

betamelijk proper, decent

betamen become

betasten feel, finger, handle

bètastraling beta radiation

bête stupid, imbecile

betekenen • *(waarde hebben)* ★ hij betekent iets he seems to be quite important ★ weinig ~d unimportant; insignificant ★ dat betekent niet

veel goeds that doesn't sound very promising ★ zij betekent niets voor hem she means nothing to him ★ 't heeft niets te ~ it's of no importance; it's not important; *(v. wond)* it's not serious • *(betekenis hebben)* mean, signify, stand for ▼ wat heeft dat te ~? what's that supposed to mean?

betekenis • *(inhoud, bedoeling)* sense, meaning • *(belang)* importance, significance ★ 'n persoon van ~ an important person; a distinguished person

beter I [bnw] *(vergrotende trap van goed)* better ★ ik heb wel wat ~s te doen I have better things to do ★ jij bent ~ af dan ik you are better off than I am ★ de toestand wordt ~ the situation is improving ★ hij probeerde het ~ te krijgen he tried to improve his position/lot ★ ik ben er niets ~ op/van geworden I haven't got anything out of it; I have nothing to show for it ★ ~ (genezen) ★ ~ worden get better; recover II [bijw] ★ ~ maken make well/better ★ de volgende keer ~! better luck next time!

béteren ★ zich/zijn leven ~ mend one's ways; turn over a new leaf

beterschap improvement, *(gezondheid)* recovery ★ ~! I get well soon ▼ ~ beloven *(gedrag)* promise to behave better

beteugelen check, curb

beteuterd perplexed, dazed, stunned

betichten ★ iem. van iets ~ accuse s.o. of s.th.

betijen ★ laat hem ~ leave him alone; let him be

betimmeren board, panel

betitelen call, style ★ iets als flauwekul ~ call label s.th. nonsense

betoeterd cracked ★ ben je ~? have you lost your mind?

betogen I [ov ww] • *(beredeneren)* argue II [on ww] • *(demonstreren)* demonstrate

betoger demonstrator

betoging demonstration

beton concrete ★ gewapend ~ reinforced concrete

betonen show, display ★ zich dankbaar ~ show one's gratitude

betonmolen concrete mixer

betonrot decay of concrete

betonvlechter steel (bar) bender

betoog argument ★ het behoeft geen ~ dat... it goes without saying ★ zijn ~ kwam hierop neer that is what his argument boiled down to

betoveren • *(bekoren)* fascinate, enchant • *(beheksen)* cast a spell on, bewitch (a person)

betovergrootmoeder great great grandmother

betovergrootvader great great grandfather

betovering • *(beheksing)* spell, bewitchment • *(bekoring)* fascination, enchantment

betrachten practise, *(terughoudendheid)* show ★ zuinigheid ~ practise economy ★ plicht ~ do one's duty ★ zorg ~ exercise care

betrappen catch ★ iem. op heterdaad ~ catch a person in the act ★ iem. op diefstal ~ catch a person stealing ★ iem. op leugens ~ catch s.o. out ★ zichzelf op iets ~ catch o.s. doing s.th.

betreden • *(stappen op)* set foot on, step onto • *(binnengaan)* enter

betreffen • *(betrekking hebben op)* relate to, concern • *(aangaan)* concern, regard ★ wat hem betreft as for him; so/as far as he is concerned ★ wat dat betreft as far as it goes

betreffende concerning, regarding ★ de ~ personen the persons concerned

betrekkelijk relative, comparative ★ ~ voornaamwoord relative pronoun

betrekken I [ov ww] • *(erbij halen)* involve,

B

concern ★ iem. ~ ⟨in gesprek⟩ draw s.o. into; ⟨bij plan⟩ involve s.o. in ★ ⟨gaan bewonen⟩ move into ★ de wacht ~ mount guard ★ een nieuw huis~ move into a new house ★ ⟨koopwaar afnemen⟩ obtain, order (from) II [on ww] ⟨somber worden⟩ cloud over, ⟨v. gelaat⟩ fall ★ ⟨bewolkt worden⟩ become overcast

betrekking ● ⟨baan⟩ position, job, post ★ in ~ zijn bij be employed by ★ zonder ~ out of work; unemployed ● ⟨band, verband⟩ relation ★ met ~ tot with relation to ★ ~ hebben op relate to; bear on ★ in ~ staan tot be connected with

betreuren regret, deplore, ⟨een verlies⟩ mourn, ⟨overledene⟩ mourn for ★ er waren geen mensenlevens te ~ there was no loss of life

betreurenswaardig regrettable

betrokken ● ⟨somber⟩ gloomy, ⟨gezicht⟩ clouded ● ⟨bij iets gemoeid⟩ ★ ~ zijn bij be concerned with; be involved in ★ de ~ autoriteiten ⟨mv.⟩ the proper authorities ★ de ~ persoon the person concerned ● ⟨bewolkt⟩ dull, overcast

betrokkenheid involvement

betrouwbaar reliable, dependable

betten bathe, dab

betuigen express, ⟨onschuld⟩ protest ★ zijn onschuld ~ protest one's innocence ★ zijn medeleven ~ express one's sympathy to s.o.

betuttelen patronize, carp at/about, find fault with

betweter ⟨vero.⟩ wiseacre

betwijfelen doubt

betwistbaar ★ ⟨te betwisten⟩ debatable, disputable, ⟨twijfelachtig⟩ questionable

betwisten ● ⟨ontzeggen⟩ deny ★ ⟨strijden om bezit⟩ contest ● ⟨aanvechten⟩ dispute, ⟨stelling, recht, e.d.⟩ challenge ★ ik betwist dat niet, maar ... I don't deny that, but ...

beu ★ ik ben het beu I am fed up with it; I am sick/ tired of it

beugel ● ⟨tandbeugel⟩ brace ● ⟨stijgbeugel⟩ stirrup ● ⟨afsluiting⟩ bracket ▾ dat kan niet door de ~ that won't do

beuk ● ⟨boom⟩ beech ● ⟨bouwk.⟩ ⟨hoofdbeuk⟩ nave, ⟨zijbeuk⟩ aisle ▾ de beuk erin! let's get cracking/going!

beuken I [bnw] beech II [ov ww] batter, pound, hammer

beukennootje beech-nut

beul ● ⟨wreedaard⟩ brute, beast ● ⟨scherprechter⟩ executioner, ⟨vnl. bij ophanging⟩ hangman ▾ zo brutaal als de beul as bold as brass

beunhaas ● ⟨prutser⟩ bungler, ⟨inf.⟩ cowboy, ⟨in politiek, e.d.⟩ dabbler ● ⟨zwartwerker⟩ moonlighter

beunhazerij ⟨geknoei⟩ bungling, dabbling, ⟨zwartwerken⟩ moonlighting

beuren ● ⟨tillen⟩ lift (up) ● ⟨verdienen⟩ receive

beurs I [znw] ● ⟨portemonnee⟩ purse ● ⟨studiebeurs⟩ scholarship, ⟨beperkt⟩ bursary ★ van een ~ studeren be on a scholarship ● ⟨tentoonstelling⟩ fair ★ ⟨hand.⟩ exchange, ⟨gebouw⟩ Exchange ★ op de ~ on the stock exchange/market ★ elkaar met gesloten beurzen betalen settle on mutual terms; conduct a paper transaction ▾ in zijn ~ tasten dip into one's purse II [bnw] over-ripe

beursbericht stock market report

beursberichten stock market results/news

beursindex stock market price index, share price index

beurskoers exchange rate

beurskrach stock market crash/slump

beursnotering ⟨m.b.t. aandelen⟩ quotation, ⟨m.b.t. wisselkoers⟩ foreign exchange rate

beursstudent scholarship student, ⟨form.⟩ scholar

beurt turn, ⟨v. kamer⟩ turn-out ★ wie is aan de ~? who is next?; whose turn is it? ★ om ~en in turn ★ ieder op zijn ~ everyone in their turn ★ voor zijn ~ out of one's turn ★ een grote ~ ⟨auto⟩ a major service; a 4000 mile (etc.) service ★ een goede ~ maken make a good impression ★ een slechte ~ maken put up a poor show ▾ te ~ vallen fall to one's share; fall to one

beurtelings in turn

beuzelarij twaddle, drivel

bevaarbaar navigable

bevallen ● ⟨baren⟩ have a baby, ⟨lit.⟩ be delivered (of a child) ★ ze moet ~ she's expecting; she is going to have a baby ● ⟨in de smaak vallen⟩ please ★ 't beviel hem niets he didn't like it at all

bevallig graceful

bevalling birth, ⟨med.⟩ confinement

bevangen overcome, seize ★ door de hitte/ vermoeidheid ~ overcome by the heat/with fatigue ★ door paniek/schrik ~ panic-stricken; terror-struck

bevaren sail ★ ~ zeeman experienced sailor; old sea-dog

bevattelijk ● ⟨begrijpelijk⟩ intelligible ● ⟨vlug van begrip⟩ intelligent

bevatten ● ⟨inhouden⟩ contain ● ⟨begrijpen⟩ comprehend

bevattingsvermogen comprehension

bevechten ⟨vechten tegen⟩ fight (against) ● ⟨behalen⟩ de overwinning ~ achieve victory

beveiligen protect, secure (against/from)

beveiliging ⟨het beveiligen⟩ protection, security ● ⟨beveiligingsmiddel⟩ safety/security device

bevel ● ⟨opdracht⟩ order, command, ⟨bevelschrift⟩ warrant, writ ★ op ~ van by order of ★ ~ tot aanhouding warrant for s.o.'s arrest ● ⟨hoger gezag⟩ command ★ onder ~ van under the command of ★ het ~ voeren over be in command of

bevelen order, command

bevelhebber commander

bevelschrift warrant

beven ⟨v. angst, kou⟩ shake, shiver, ⟨v. angst, woede⟩ tremble ★ ~ als een rietje tremble like a leaf; shake like a leaf ★ zijn stem beefde his voice quavered

bever beaver

beverig trembling, shaking, shivery, ⟨handschrift⟩ shaky

bevestigen ● ⟨vastmaken⟩ fix, fasten, attach ● ⟨bekrachtigen⟩ confirm, confirm a judgement, ⟨rechterlijke uitspraak⟩ uphold a decision ★ dit bevestigt mijn mening this confirms my opinion ● ⟨rel.⟩ confirm

bevestigend I [bnw] affirmative II [bijw] ★ ~ antwoorden answer in the affirmative

bevestiging ● ⟨bekrachtiging⟩ confirmation ★ ter ~ van in confirmation of ● ⟨het vastmaken⟩ fastening ● ⟨erkenning⟩ confirmation, ⟨v. brief⟩ acknowledgement

bevinden I [ov ww] find ★ akkoord ~ find correct ★ schuldig ~ aan iets find guilty of s.th. II [wkd ww] find o.s., be ★ hij bevindt zich elders he is somewhere else ★ zich in gevaar ~ be in danger

bevinding ● ⟨uitkomst⟩ result, ⟨resultaat v. onderzoek⟩ finding, ⟨slotsom⟩ conclusion ● ⟨ervaring⟩ experience

bevlieging caprice, fancy ★ als hij een ~ krijgt when he's in the mood; if the mood takes him; when

B

the whim takes him • een ~ van ijver a sudden
attack of zeal; a spurt of enthusiasm
bevloeien irrigate
bevlogen animated, inspired, enthusiastic ★ een ~
kunstenaar an inspired artist
bevochtigen moisten
bevoegd • (bekwaam) qualified ★ van ~e zijde
vernemen wij we learn on good authority; we
have it on good authority • (gerechtigd) qualified,
authorized, (gezag, gerechtshof) competent
bevoegdheid • (recht) qualification, authority,
(gezag, gerechtshof) competence ★ de ~ bezitten
om ... have the power to ... ★ dat ligt buiten mijn
~ that is outside/beyond my authority
• (bekwaamheid) competence, qualification
★ zonder ~ unqualified; unauthorized
bevolken people
bevolking population
bevolkingscijfer population rate
bevolkingsdichtheid population density
bevolkingsexplosie population explosion
bevolkingsgroep population group, (section of
the) community
bevolkingsoverschot population excess,
overpopulation
bevolkingsregister (Groot-Brittannië:
landelijk) Register of Births, Deaths and
Marriages, (bureau) registry-office
bevolkingsvraagstuk population problem
bevoogden patronize
bevoordelen benefit, favour
bevooroordeeld prejudiced, bias(s)ed
bevoorraden supply
bevoorrechten privilege
bevorderen • (begunstigen) further, (belangen,
e.d.) promote, (gezondheid) benefit, (groei,
eetlust) stimulate ★ de bloedsomloop ~
stimulate the circulation of the blood • (doen
opklimmen) promote
bevorderlijk conducive (to), good (for) ★ ~ zijn
voor promote; stimulate
bevrachten load
bevragen ★ te ~ bij apply to ★ te ~ alhier apply
within
bevredigen satisfy, (lust, wens) indulge, gratify
bevrediging (v. verlangen, e.d.) satisfaction
bevreemden surprise
bevreemding surprise
bevreesd afraid (of), scared (of), frightened (of)
bevriend friendly ★ ~ worden/raken become
friends; befriend
bevriezen I [ov ww] • (stijf van kou laten
worden) freeze • (blokkeren) (krediet) freeze,
block, (lonen) freeze **II** [on ww] • (stijf door kou
worden) freeze (over), be frozen (up/over), (fig.)
freeze up ★ zijn vingers waren bevroren his
fingers were frostbitten ★ de leiding is bevroren
the pipe is frozen
bevrijden liberate, free (from), (gevangenen) set
free, (uit gevaar) rescue ▼ daar ben ik van bevrijd
gebleven I was spared that
bevrijding liberation, (gevangenen) release, (uit
gevaar) rescue
bevrijdingsdag liberation day
bevroeden surmise, realize, expect
bevruchten fertilize, (zwanger maken)
impregnate
bevruchting fertilization, (het bezwangeren)
impregnation ★ kunstmatige ~ artificial
insemination
bevuilen soil, dirty
bewaarder • (bewaker) keeper, (v. gevangenen)

prison officer, warder • (iem. die bewaart) keeper,
(beheerder) custodian
bewaken • (waken over) watch over, (voor
veiligheid) guard ★ een huis laten ~ put a house
under surveillance • (controleren) monitor, control
bewaker guard, (in gevangenis) warder, (in
museum) custodian, curator, (m.b.t. veiligheid)
security guard
bewaking (het waken over) guard, watch
★ onder ~ staan be under guard/surveillance
★ onder ~ stellen put under guard ★ onder ~ van
de politie under police surveillance • (het
controleren) monitoring
bewandelen walk (on) ▼ de officiële weg ~ take
the official line ▼ de middenweg ~ steer a middle
course
bewapenen arm
bewapening armament, arms
bewapeningswedloop arms race
bewaren • (bij zich houden) keep, save • (in
stand houden) keep, maintain, preserve ★ zijn
kalmte ~ keep calm ★ zijn evenwicht ~
maintain one's balance • (behoeden) protect, save
(from) • (opbergen) keep, store, (etenswaren)
preserve ★ aardappelen ~ store potatoes ★ dit
voedsel kan niet worden bewaard this food
won't keep ▼ de hemel beware me! heaven forbid!
bewaring (het bewaren) keeping, (opslaan)
storage, (voedsel) preservation ★ in ~ geven
deposit (with) ★ in ~ nemen take into custody
★ in ~ hebben have in one's keeping
• (opsluiting) custody ★ iem. in verzekerde ~
nemen take a person into custody ★ verzekerde ~
detention
beweegbaar movable
beweeglijk • (te bewegen) mobile • (levendig)
lively
beweegreden motive
bewegen I [ov ww] • (in beweging brengen)
★ die foto is bewogen that picture is blurred
• (overhalen) • iem. ~ te... induce/get a person
to... **II** [on ww] • (van plaats veranderen) move,
stir **III** [wkd ww] • (zich bezighouden met)
★ hij beweegt zich op het gebied van he is
engaged in • (zich verroeren) move, stir
• (omgang hebben met) move (in)
beweging • (het bewegen) movement, motion,
(lichaamsbeweging) exercise ★ in ~ brengen set
in motion; get going ★ in ~ houden keep going
▼ de trein zette zich in ~ the train pulled away
• (beroering) commotion ★ de gemoederen in ~
brengen stir up (public) concern/discussion/debate
• (stroming) movement ▼ uit eigen ~
spontaneously; of one's own accord
bewegingsvrijheid freedom of movement
bewegwijzering signposting
beweren assert, claim, (voorgeven) pretend ★ wat
zij wil ~ is dat ... her point is that...
bewering assertion, (betwistbaar) claim,
(uitspraak) statement
bewerkelijk laborious, elaborate
bewerken • (bewerkstelligen) accomplish, bring
about ★ ik zal trachten te ~ dat hij komt I shall
try to work on him until he comes • (beïnvloeden) manipulate, work on,
(kiezers) canvass • (behandeling laten
ondergaan) (boek) edit, (herzien) revise, (land)
cultivate, farm, (stoffen) manufacture, make,
(toneelstuk) rewrite, (voor toneel, film) adapt
(for) ★ bewerkt naar adapted from ★ ~ tot work
up into (a play/book/film)
bewerking • (het bewerken) (grondstoffen,

B

voedsel e.d.› process, ‹v. land› cultivation ● ‹resultaat› ‹boek, tekst› adaptation, ‹muziekstuk› arrangement, ‹v. toneelstuk, film, boek, e.d.› version ● ‹herziening› revision ● ‹wisk.› operation

bewerkstelligen bring about, achieve, accomplish

bewijs ● ‹blijk, teken› proof, evidence, ‹v. respect› token/mark ★ ‹het waaruit iets blijkt› proof, evidence, ‹v. betaling› voucher, ‹v. ontvangst› receipt, ‹v. toegang› ‹admission› ticket ★ ~ van goed gedrag certificate/testimonial of good conduct ★ ~ van lidmaatschap membership card ★ 't is aan hem om 't ~ te leveren the burden of proof lies with him ★ ten bewijze hiervan in proof/support of this ★ het ~ leveren produce evidence ★ ~ uit het ongerijmde reductio ad absurdum

bewijskracht ★ ~ ontlenen aan provide evidence of

bewijslast burden of proof

bewijsmateriaal evidence

bewijsvoering ● ‹betoog› argumentation ● ‹jur.› furnishing of proof

bewijzen ● ‹aantonen› prove, establish, demonstrate ★ zijn gelijk ~ prove one's point ● ‹betuigen› show, ‹form., een dienst› render ★ eer ~ pay tribute to ★ de laatste eer ~ pay s.o. one's last repects ★ een gunst ~ confer a favour

bewind government, administration ★ aan 't ~ komen come/get into power; ‹v. vorst› come to the throne

bewindsman secretary, member of government, statesman, minister

bewindvoerder administrator, ‹bij faillissement› trustee

bewogen ● ‹ontroerd› moved, stirred ★ sociaal ~ actively concerned in social matters/public affairs ★ tot tranen toe ~ moved to tears ● ‹onrustig› eventful, stirring ★ ~ tijden troubled times

bewolking clouds

bewonderaar admirer

bewonderen admire

bewondering admiration (of/for)

bewonen inhabit, ‹huis, e.d.› live in, occupy

bewoner ‹huis, kamer› occupant, ‹v. stad, huis› resident, ‹v. stad, land› inhabitant ★ aan de ~s van dit pand (to) occupants

bewoonbaar (in)habitable ★ het huis is niet ~ the house is not fit to live in

bewoording wording, phrasing [mv: terms] ▼ in duidelijke ~en te verstaan geven tell s.th. in no uncertain terms

bewust ● ‹wetend› aware, conscious ★ zich ~ zijn van be conscious/aware of; appreciate ★ van geen gevaar ~ unaware of any danger ★ zich van geen kwaad ~ zijn be unaware/unconscious of having done anything wrong ● ‹betreffend› concerned ★ op die ~e avond that particular night ★ de ~e zaak the matter in question; the matter concerned ● ‹opzettelijk› intentional, deliberate ★ ~ of on~ consciously or unconsciously

bewusteloos unconscious, senseless

bewustheid consciousness

bewustwording awakening, realisation

bewustzijn consciousness, awareness ★ weer tot ~ komen recover/regain consciousness ★ buiten ~ unconscious ★ 't ~ verliezen lose consciousness ★ bij zijn ~ conscious

bewustzijnsvernauwing lowering of consciousness, reduced/restricted consciousness

bewustzijnsverruimend psychedelic

bezaaien sow, ‹bloemen› dot, ‹bloemen, papieren› strew, ‹rommel› litter, ‹sterren› stud

bezadigd sober-minded, ‹persoon› steady

bezatten get sloshed, hit the bottle, ‹inf.› get pissed

bezegelen seal ★ een koop ~ clinch a sale ★ zijn lot ~ seal one's fate

bezeilen ● ‹zeilen over› sail ● ‹door zeilen bereiken› sail for/to ▼ er valt geen land mee te ~ it's hopeless; one cannot do a thing with it

bezem broom ▼ de ~ er eens goed door halen make a clean sweep of things; give things a good shake up

bezemwagen sag wagon, broomwagon

bezeren hurt, injure

bezet ● ‹bedekt› set ★ met juwelen ~ set with jewels ● ‹druk› ‹v. persoon› occupied, busy ★ druk ~te dag crowded/busy day ★ dan ben ik ~ then I'll be engaged/busy ★ ‹gevuld met mensen› occupied, ‹v. plaats› taken ● geheel ~ full up ★ de voorstelling was goed/slecht ~ attendance was good/poor; the performance was well/poorly-attended ● ‹mil.› occupied

bezeten ● ‹krankzinnig› ‹v.d. duivel› possessed, ‹v.e. gedachte› obsessed ★ als een ~e like one possessed ● ‹dol op› obsessed (by), mad/crazy about ★ ~ zijn van ... be mad about...

bezetten ● ‹innemen› occupy, fill, ‹hotelkamer, land› occupy ‹ruimte, plaats› take ● ‹bedekken› set ● ‹rol, e.d. vervullen› ‹toneelstuk, film› cast, ‹vacature› fill

bezetter occupier

bezetting ● ‹het bezetten› occupation ● ‹spelers› cast, ‹v.e. orkest› strength

bezettingsgraad occupancy, ‹machine› capacity utilization

bezettoon engaged tone

bezichtigen inspect, view ★ een huis ~ view a house ★ een kathedraal ~ pay a visit to a cathedral; visit a cathedral ★ te ~ on view

bezichtiging viewing, inspection

bezield animated, inspired

bezielen ● ‹leven geven aan› animate, breathe life into ● ‹inspireren› inspire, animate ★ wat bezielt je? what has come over you? ★ wat bezielde hem toch om zo iets te doen? whatever possessed him to do that?

bezieling animation, inspiration

bezien ▼ het staat te ~ it remains to be seen

bezienswaardig worth seeing

bezienswaardigheid sight, place of interest ★ de bezienswaardigheden van een stad the sights of a town

bezig busy, engaged (in), occupied (with) ★ ~ zijn aan iets be at work on s.th. ★ nu ik er toch mee ~ ben while I am at/about it ★ hij was druk ~ met schrijven he was busy writing ▼ zij is weer eens ~ she is at it again

bezigen use

bezigheid work, activity, occupation ★ dagelijkse bezigheden daily tasks/activities

bezigheidstherapie occupational therapy

bezighouden I ‹ov ww› ● ‹in beslag nemen› keep busy, ‹aandacht› hold ★ het houdt mij voortdurend bezig it haunts me; it occupies my mind ● ‹amuseren› ★ aangenaam ~ entertain **II** ‹wkd ww› be engaged in

bezijden far from, wide of ★ ~ de waarheid far from the truth; wide of the truth

bezinken ● ‹naar bodem zakken› ‹vloeistof› settle (down), ‹wijn› settle, clarify ● ‹verwerken› ★ iets laten ~ digest/assimilate s.th.

bezinksel sediment

bezinnen I ‹on ww› reflect, ponder ▼ bezint eer gij begint look before you leap **II** ‹wkd ww› change one's mind

bezinning ● (het nadenken) *reflection, contemplation* ∗ een periode van ~ *a time/period of (self-)reflection* ∗ tot ~ komen *come to one's senses* ∗ tot ~ brengen *bring (s.o.) to his senses*

bezit ● (het bezitten) *possession* ∗ in 't ~ komen van iets *come into possession of s.th.* ● (bezitting) *possession, credits,* (eigendom) *property,* (op een balans) *assets* ∗ gedeeld/gemeenschappelijk ~ *shared/collective ownership* ∗ in ~ nemen *take possession of*

bezittelijk *possessive*

bezitten *own, possess*

bezitter *owner, possessor,* (hotel, huis) *proprietor*

bezitterig *possessive*

bezitting *property, possession,* (onroerend goed) *estate*

bezoedelen *stain, soil*

bezoek ● (het bezoeken) *visit, call,* (v. school, e.d.) *attendance* ● een ~ afleggen *pay a visit to; call on* ∗ ik ga vaak bij ze op ~ *I often go and visit/see them* ∗ op ~ zijn bij *be on a visit to* ● (personen) *visitors, callers*

bezoeken ● (beproeven) *try* ∗ door het ongeluk bezocht *afflicted by misfortune* ● (gaan naar) *visit, call on,* (kerk, school) *attend*

bezoeker *guest, caller, visitor,* (schouwburg) *theatre-goer*

bezoeking *trial*

bezoektijd *visiting hour/time*

bezoekuur *visiting hour/time*

bezoldigen *pay* ∗ een bezoldigde functie *a paid/ salaried position*

bezoldiging *pay, salary*

bezondigen ∗ zich ~ (aan iets) *be guilty (of)*

bezonken *mature, well-considered*

bezopen (dronken) *sloshed, plastered* ● (idioot) ∗ 'n ~ idee *a daft/crackpot idea*

bezorgd ● (ongerust) *uneasy (about), anxious, worried* ∗ ik maak me niet ~ over hem *I don't worry about him* ● (zorgzaam) *concerned (for/ about)*

bezorgdheid ● (ongerustheid) *worry, anxiety* ∗ geen reden tot ~ *no cause for concern* ● (zorgzaamheid) *concern (for/about)*

bezorgen ● (afleveren) *deliver* ● (verschaffen) *get, provide* ● ((een uitgave) *edit*

bezorger *delivery man/woman, roundsman,* (v. krant) *newspaper boy/girl*

bezuiden (ten zuiden van) *south of,* (zuidwaarts) *southerly*

bezuinigen *economize (on), cut down on one's expenses*

bezuiniging *economy, cut back,* (besparing) *saving* ∗ dit levert een ~ op van ... *this yields a saving of...*

bezuren I [ov ww] (bekopen) *pay for* II [on ww] ● (opbreken) *regret* ∗ dat zal hij ~ *he'll regret that*

bezwaar ● (beletsel) *drawback* ∗ ~ opleveren *present difficulties* ∗ op bezwaren stuiten *meet with objections* ● (bedenking) *objection,* (gewetensbezwaar) *scruple, qualm* ∗ ~ hebben/ maken *tegen object to*

bezwaard *troubled, worried,* (door schulden) *aggrieved* ∗ met ~ gemoed *with a heavy heart* ∗ hij voelde zich ~ erover (bekommerd) *he felt weighed down by it;* (schuldig) *he was conscience-stricken about it*

bezwaarlijk I [bnw] *inconvenient* ∗ vindt u het ~ morgen te komen? *would tomorrow be inconvenient?* II [bijw] *hardly, not very well*

bezwaarschrift *petition, appeal,* (tegen belasting) *petition*

bezwaren ∗ met hypotheek ~ *mortgage* ∗ bezwaard eigendom *entailed property*

bezweet *perspiring, sweating* ∗ ik ben helemaal ~ *I'm all sweaty*

bezweren ● (in zijn macht brengen) *conjure up* ∗ slangen ~ *charm snakes* ● (onder ede verklaren) *swear* ● (afwenden) (angst) *allay, calm,* (geesten) *exorcize,* (gevaar, opstand) *avert*

bezwering ● (formule) *incantation* ● (het onder eed verklaren) *swearing* ● (het verdrijven van geesten) *exorcism*

bezwijken (sterven) *go under, succumb* ∗ aan een ziekte ~ *succumb to a disease* ● (niet bestand zijn tegen iets) *collapse, give way* ● (toegeven) *succumb, give in, yield to* ∗ voor de verleiding ~ *yield to temptation*

bezwijmen *faint (away)*

Bhutan *Bhutan*

biaisband *bias binding*

bias *bias*

bibberen (v. angst) *quiver,* (v.d. kou, angst) *tremble, shiver*

bibliografie *bibliography*

bibliothecaris *librarian*

bibliotheek *library*

bicarbonaat *bicarbonate*

biceps *biceps*

bidden ● (gebed doen) *pray,* (voor/na de maaltijd) *say grace* ● (smeken) ∗ ik moest hem ~ en smeken om I *had to beg and implore him to...; I had to plead with him to...*

bidet *bidet*

bidon *bidon, water bottle*

bidprentje ● (prentje ter nagedachtenis) *mortuary card* ● (heiligenprentje) *devotional picture*

biecht *confession* ∗ te ~ gaan *go to confession* ∗ iem. de ~ afnemen *take a person's confession*

biechten *confess*

biechtgeheim *secret of the confessional*

biechtstoel *confessional*

bieden ● (aanbieden) (aanblik) *present,* (kansen, geld) *offer* ● (een bod doen) *bid, make a bid* ∗ meer ~ dan iem. *outbid a person*

biedermeier *biedermeier*

biefstuk *steak* ∗ ~ van de haas *fillet steak*

biels (railway) *sleeper*

bierbrouwerij *brewery*

bierbuik *beer belly/gut*

bierkaai ▼ het is vechten tegen de ~ *fight a losing battle; it's a wasted effort*

bierviltje *beermat*

bies ● (oeverplant) (bul)*rush* ● (boordsel) *piping,* (randje) *border* ▼ zijn biezen pakken *clear out*

bieslook *chive(s)*

biest *beestings*

biet (suiger)*beet* ∗ bietjes *beetroot*

bietsen *scrounge, sponge,* (AE) *bum* ∗ een sigaret bij iem. ~ *scrounge a cigarette off s.o.*

biezen I [bnw] *rush* ∗ ~ zitting *rush-seat* II [ov ww] *edge, pipe*

big *piglet*

bigamie *bigamy*

biggelen *trickle* ∗ tranen biggelden haar over de wangen *tears trickled down her cheeks*

biggen *farrow, have piglets*

bij I [de] *bee* II [bijw] ● (slim) ∗ hij is goed bij *he's clever; he's all there* ● (bij bewustzijn) *conscious* ∗ zij is nog niet bij *she hasn't come to/round yet* ● (zonder achterstand) *up-to-date* ∗ ik ben nog

B

niet bij *I'm not up-to-date yet;* (met werk) *I have not yet caught up (with the rest)* ▼ ik kan er met mijn verstand niet bij *it's beyond my comprehension; it's beyond me; it beats me* ▼ dat hoort er nu eenmaal bij *it's all part of the game* III [vz] ● (toegevoegd aan) *(to go) with* ▪ wil jij er nog iets bij? *do you want anything to go with it?* ● (in aanwezigheid van iets/iem.) *(present) at* ▪ hij kwam vroeger bij hen thuis *he used to visit them at home* ▪ logeren bij familie *stay with relatives* ▪ was jij bij die lezing? *were you at the lecture?* ▪ sorry, ik was er niet bij *(met mijn gedachten) sorry, my mind was on other things* ▪ heb je geld bij je? *have you any money on/with you?* ● (in een bepaald geval) *in case of, at* ▪ bij het ontbijt *at breakfast* ▪ bij gelegenheid *when it is convenient* ▪ bij dezen *hereby* ▪ bij brand in *case of fire* ▪ bij aankomst *on arrival* ● (door/wegens) *by* ▪ bij toeval *by chance/accident; accidentally* ▪ bij wijze van as; *in a manner of* ● (omstreeks) *by* ▪ bij achten *around eight* (o'clock) ● (in de buurt van) *near/close to* ▪ hij staat bij de muur *he's close to the wall* ▪ bij het station *near the station* ▪ bij de veertig almost *forty* ● (vergeleken met) ▪ het is daar niets bij *it's nothing in comparison with/to that* ● (maal) *by* ▪ zes bij zes meter *six by six metres* ● (met) *by* ▪ bij honderden tegelijk *by the hundred; in hundreds* ● (aan) *by* ▪ bij zijn schouders pakken *grab him by the shoulders* ▪ zij nam hem bij de hand *she took him by the hand* ● (door middel van) *by* ▪ bij de wet verboden *prohibited by law* ▼ goed bij kas zijn *be well off* ▼ nu ben je d'r bij! *gotcha!; now you're in for it!*
bijbaantje sideline
bijbal epididymis
bijbedoeling hidden motive
bijbehorend ▪ met ~e broek *with trousers to match; matching trousers*
bijbel bible
bijbelkring Bible club
bijbels biblical
bijbelvast well-versed in the Scripture/Bible
bijbenen keep up with
bijbetalen pay extra, make an extra payment
bijbetekenis connotation
bijblijven ● (onthouden) ▪ het is me altijd bijgebleven *it has always stuck in my mind* ● (niet achter raken) keep pace with, keep up with, keep one's hand in
bijbrengen ● (leren) teach, (form.) impart (to) ▪ iem. kennis ~ *impart knowledge to s.o.* ● (tot bewustzijn brengen) bring round
bijdehand ● (pienter) bright, smart ● (vrijpostig) forward, bold
bijdetijds modern, up-to-date
bijdraaien ● (toegeven) come round ● (scheepv.) heave to
bijdrage contribution
bijdragen contribute (to)
bijeen together, assembled
bijeenbrengen bring together, gather, (geld, leger) raise
bijeenkomen meet, come together, gather
bijeenkomst meeting, gathering, (inf.) get-together
bijeenrapen collect, pick up ▼ bijeengeraapt zootje ill-assorted collection; a motley collection
bijeenroepen call together, (form.) convene, (parlement) summon ▪ de leden voor een vergadering ~ *convene the members for a meeting*
bijenhouder bee-keeper

bijenkast bee hive
bijenkoningin queen-bee
bijenkorf beehive, hive
bijgaand enclosed ▪ ~ ~ schrijven *accompanying letter* ▪ ~ e stukken *enclosures*
bijgebouw annex(e)
bijgedachte ● (bijbedoeling) ulterior motive ● (associatie) association
bijgeloof superstition
bijgelovig superstitious
bijgenaamd nicknamed
bijgerecht side-dish
bijgeval by any chance
bijgevolg consequently, as a consequence
bijhouden ● (bijblijven) keep up with, keep pace with ● (blijven werken aan) keep up to date
bijkans almost, nearly
bijkantoor branch office
bijkeuken scullery, pantry, larder
bijkomen ● (bij bewustzijn komen) come round/to ● (erbij komen) (met werk) catch up ▪ ik kan er niet ~ *I can't reach it/get at it* ▪ er is geen ~ aan *you cannot reach it* ▪ daar komt nog bij, dat het niet waar is besides, *it is not true* ▪ er komt nog twee gulden bij *that will be another two guilders* ● (herstellen) gain one's breath, pick o.s. up ▼ hoe kwam je bij? *whatever made you think that?* ▼ dat moest er nog ~! *I that would be the last straw!*
bijkomend (kosten) extra, (omstandigheden) attendant
bijkomstig incidental, accidental, of minor importance
bijkomstigheid inessentials, (omstandigheden) accidental, incidental
bijl axe, (klein) hatchet ▪ het bijltje erbij neerleggen (inf.) *chuck it; pack it in; shut up shop;* (bij staking) *down tools* ▼ hij heeft al meer met dat bijltje gehakt *he is an old hand at it*
bijlage appendix, annex, (in brief) enclosure
bijles extra lesson ▪ ~ nemen/hebben take/have *extra lessons*
bijlichten ▪ iem. ~ *light a person's way*
bijltjesdag day of reckoning
bijna nearly, almost ▪ ~ niet *hardly; scarcely*
bijnaam nickname
bijnier adrenal/suprarenal gland
bijou bijou [mv: bijoux]
bijpassen pay (extra)
bijpassend fitting, appropriate ▪ een broek met ~e trui *trousers and a sweater to match*
bijpraten catch up (on news/gossip) ▪ we moeten weer eens goed ~ *we have a lot to catch up on*
bijproduct by-product
bijrijder relief (driver), driver's mate
bijrol supporting role/part
bijschaven plane down, smooth ▼ hij moet wat bijgeschaafd worden *he needs a few corners knocked off*
bijscholen retrain ▪ zich ~ *take a refresher course*
bijschrift caption, note in the margin
bijschrijven add, (inboeken) enter, (v. rente) credit
bijslaap ● (geslachtsgemeenschap) (sexual) intercourse, (form.) coitus, copulation ● (bedgenoot) lover
bijsluiter instructions
bijsmaak (funny) taste/flavour ▪ hier zit een ~je aan *there's s.th. fishy about this*
bijspijkeren ● (bijwerken) brush up ▪ zijn kennis ~ *brush up one's knowledge* ▪ iem. ~ *bring s.o. up to standard* ● (bijspringen) stand by s.o., back s.o. up

B

bijspringen ★ iem. ~ back a person up
bijstaan assist, help
bijstand • (hulp) assistance, help, ⟨financieel⟩ financial support ★ rechtskundige ~ legal aid • (uitkering) ★ in de ~ zitten be on social security; be on the dole; receive social security
bijstandsmoeder mother on social security, ⟨AE⟩ welfare mother
bijstandsuitkering social security allowance/benefit, income support
bijstellen adjust
bijstelling • (bijvoeglijke bepaling) apposition • (het bijstellen) adjustment
bijster I [bnw] ★ 't spoor ~ zijn be on the wrong track; be all at sea **II** [bijw] extremely ★ niet ~... not particularly...
bijsturen make (small) corrections (to), ⟨fig.⟩ adjust, ⟨scheepvaart⟩ allow for drift
bijt hole (in the ice)
bijtanken • (brandstof bijvullen) refuel • (energie opdoen) replenish one's energy, recharge one's battery
bijtekenen renew/prolong a contract, sign up (for more years) ★ drie jaar ~ sign on for three more years
bijten I [ov ww] • (tanden zetten in) bite **II** [on ww] • (tanden zetten in) bite • op zijn nagels/lippen ~ bite one's nails/lips • (scherp zijn) sting • (corroderen) be corrosive ★ van zich af ~ give as good as one gets; stick up for o.s. ▼ je moet er maar doorheen ~ you'll have to grin and bear it
bijtend • (vinnig) biting, mordant • (corroderend) caustic, biting
bijtijds • (op tijd) in time • (vroeg) early
bijtrekken I [ov ww] • (plaatsen) draw up, pull up, ⟨v. pand, veld⟩ add **II** [on ww] • (beter worden) ★ dat trekt wel bij it will hardly show ▼ hij trekt nog wel bij hij'll come (a)round
bijtring teething ring
bijvak subsidiary subject, minor subject
bijval • (instemming) approval • (applaus) applause • (zijn opvatting) vond algemeen ~ met with general agreement/support
bijvallen ★ iem. ~ back a person (up); support a person
bijverdienste extra income
bijverschijnsel additional effect, side effect, ⟨med.⟩ additional symptom
bijvoegen add, enclose
bijvoeglijk adjectival ★ ~ naamwoord adjective
bijvoegsel addition, supplement, ⟨v. boek⟩ appendix, ⟨v. brief⟩ enclosure
bijvoorbeeld for example, for instance
bijwerken • (in orde maken) improve, bring up to date, ⟨v. boek⟩ revise • (extra les geven) ★ een leerling ~ coach a pupil • (bijverdienen) earn extra income, have a sideline
bijwerking side-effect(s)
bijwonen ⟨bezoeken⟩ attend, ⟨meemaken⟩ witness ★ een vergadering ~ attend a meeting
bijwoord adverb
bijwoordelijk adverbial
bijzaak side issue, matter of secondary importance ★ geld is ~ money is no object ★ hoofdzaken en bijzaken essentials and inessentials
bijzetten • (erbij zetten) add ★ kracht ~ emphasize ★ luister ~ add appeal to ★ een zeil ~ set a sail • (begraven) bury, ⟨form.⟩ inter
bijziend short-sighted, myopic
bijzijn ★ in het ~ van in front of; ⟨form.⟩ in the presence of
bijzin subordinate clause

bijzit mistress, ⟨gesch.⟩ concubine
bijzonder I [bnw] • (speciaal) particular ★ in 't ~ in particular ★ een ~ geval a special case • (ongewoon) special, exceptional, ⟨zonderling⟩ peculiar ★ niets ~s nothing much • (niet van de overheid) ★ een ~e school private school **II** [bijw] • (zeer) very • (vooral) especially
bijzonderheid • (detail) ⟨particular⟩ detail ★ in bijzonderheden treden go into detail ★ tot in de kleinste bijzonderheden down to the smallest detail • (iets bijzonders) ⟨bezienswaardigheid⟩ curiosity, ⟨eigenaardigheid⟩ peculiarity, ⟨omstandigheid⟩ special circumstance
bikini bikini
bikkelhard • (erg hard) rock-hard • (onvermurwbaar) very hard ★ zij is ~ she is as hard as nails
bikken I [het] grub, nosh **II** [ov ww] • (afhakken) ★ een muur ~ chip a wall • (eten) lay into, have some nosh/grub
bil buttock, ⟨v. dier⟩ rump ▼ voor de billen geven spank
bilateraal bilateral
biljard thousand billion(s), ⟨AE⟩ quadrillion
biljart • (spel) billiards ★ ~ spelen play (at) billiards • (tafel) billiard table
biljartbal billiard ball
biljet • (kaartje) ticket, ⟨aanplakbiljet⟩ poster • (bankbiljet) (bank)note
biljoen billion
billijk ⟨eisen⟩ reasonable, ⟨prijs/vraag⟩ fair ★ niet meer dan ~ only fair
billijken approve (of) ★ dat kan men ~ that's reasonable
bimetaal bimetal
binair binary
binden • (vastmaken) bind, tie ★ tot een pakje gebonden tied up in a parcel • (vrijheid beperken) tie (up), ⟨troepen⟩ immobilize ★ zich ~ commit o.s. • (inbinden) bind • (dik maken) thicken ▼ iem. iets op het hart ~ enjoin s.o. to do s.th.; impress s.th. on s.o.'s mind ▼ iem. de handen ~ tie a person's hands
bindend binding (on) ★ ~ advies binding advice ★ ~e kracht krijgen take effect
binding bond, tie, relationship
bindmiddel binding agent, thickener
bindweefsel connective tissue
bingo bingo
bink tough guy, he-man ★ de bink uithangen show off; try to impress
binnen I [bijw] • inside ★ ze is nog ~ she's still inside ★ van ~ naar buiten outward(s) ★ ~! come in! ★ ~ zonder kloppen please walk in ★ is nummer 8 al ~? is number 8 in yet? ★ de deur van ~ sluiten lock the door on the inside ▼ hij liep naar ~ he went in(side) ▼ hij is ~ he has made his pile **II** [vz] • (erin) inside, within ★ ~ de muren van het kasteel inside the castle walls ★ ~ de grenzen van de stad within the city limits ★ ~ bereik within reach • (minder dan) within ★ ~ de termijn before expiration/the end of the term ★ ~ het budget within the budget • (in herinnering) ★ 't schiet me wel weer te ~ it will come back to me
binnen- inside-, inner-, domestic-, indoor-
binnenbaan • (binnenste baan) inside/inner lane • (overdekte baan) indoor track
binnenbad indoor swimming pool
binnenband tube
binnenbocht inside bend
binnenbrand small fire, indoor fire
binnendoor • (via kortere weg) take a short cut

B

• (niet buitenom) ∗ ~ gaan go through the house
binnendringen penetrate, ⟨land⟩ invade, ⟨met geweld⟩ break into, force one's way into
binnendruppelen trickle in
binnengaan go in, enter
binnenhaven inner harbour
binnenhuisarchitect interior decorator, interior designer
binnenin inside
binnenkant inside
binnenkomen come in
binnenkomer preamble, introduction, introducing remarks ∗ dat is een leuke ~ what an entry!
binnenkort before long, soon
binnenkrijgen ⟨ontvangen⟩ get, obtain • ⟨inslikken⟩ get down, swallow ∗ water ~ ⟨zwemmer⟩ swallow water; ⟨schip⟩ ship water
binnenland • ⟨het eigen land⟩ • in ~ en buitenland at home and abroad • ⟨geo.⟩ interior
binnenlaten let in, show in
binnenloodsen pilot ⟨a ship⟩ into port
binnenlopen go in(to), ⟨bij iem.⟩ drop in (at/on), ⟨v. schip⟩ put in, ⟨v. vloeistof⟩ run in(to) ∗ de trein liep het station binnen the train drew into the station
binnenplaats (inner) court(yard)
binnenpretje private joke
binnenrijm internal rhyme
binnenschipper ⟨barge⟩ skipper, ⟨BE⟩ bargee
binnenshuis indoors
binnenskamers in private
binnensmonds under one's breath ∗ ~ spreken mumble
binnensport indoor sports
binnenstad town/city centre
binnenste I [het] inside, interior ∗ in zijn ~ in his heart (of hearts); deep down **II** [bnw] inmost
binnenstebuiten inside out ∗ ~ keren turn inside out
binnenvaart inland navigation
binnenvallen • ⟨binnenkomen⟩ burst/barge in(to) • ⟨een inval doen⟩ ⟨land⟩ invade ∗ bij iem. komen ~ drop in on s.o.; descend on s.o.
binnenvetter ∗ hij is een ~ he bottles things up
binnenwaarts inward(s)
binnenwater inland waterway
binnenweg side road, byroad, ⟨kortere route⟩ short cut
binnenwerk • ⟨werk binnenshuis⟩ indoor work • ⟨inwendige delen⟩ mechanism, innards
binnenzak inside pocket
binnenzee inland sea
bint • ⟨balk⟩ beam, ⟨vloer en plafond⟩ joist • ⟨samenstel van balken⟩ ⟨horizontaal⟩ tie beam, ⟨schuin⟩ rafter
bintje early summer potato
biochemie biochemistry
biofysica biophysics
biogas biogas
biografie biography
bio-industrie bio-industry
biologie biology
biologisch biological
bioloog biologist
biomassa biomass
bioritme biorhythm
bioscoop cinema ∗ naar de ~ gaan go to the pictures; go to the cinema
biosfeer biosphere
biotechnologie biotechnology
biotoop biotope

bips bottom, buttocks
Birma Burma
Birmaan Burman, Burmese
bis • ⟨toegevoegd⟩ ∗ artikel 23 bis section 23b • ⟨nog eens⟩ once again/more
bisamrat muskrat
biscuit biscuit
bisdom diocese, bishopric
biseksueel bisexual
bisschop bishop
bisschoppelijk episcopal
bissectrice bisector
bistro bistro
bit I [de] bit **II** [het] bit ∗ het bit tussen de tanden nemen kick over the traces
bits snappy ∗ een bitse opmerking a tart remark
bitter I [het] bitters • een ~tje a gin and bitters **II** [bnw] bitter ∗ ~ als gal ⟨as⟩ bitter as gall ∗ ~e armoede dire poverty **III** [bijw] awfully ∗ ~ weinig precious little
bitterbal ball-shaped croquette
bittergarnituur appetizers
bitterzoet bittersweet
bitumen bitumen
bivak bivouac ∗ een ~ opslaan set up a bivouac
bivakkeren • ⟨tijdelijk wonen⟩ stay, be put up • ⟨in de open lucht slapen⟩ bivouac
bizar bizarre
bizon bison ∗ Amerikaanse ~ buffalo
blaadje • ⟨deel van plant⟩ leaf, ⟨bloemblaadje⟩ petal • ⟨velletje papier⟩ piece of paper • ⟨drukwerk⟩ leaflet ∗ je staat bij hem in een goed ~ you are in his good books
blaag brat
blaam • ⟨smet⟩ slur, blot, stain ∗ iem. van alle ~ zuiveren exonerate s.o. ∗ een ~ werpen op cast a slur/blame on • ⟨afkeuring⟩ blame, censure ∗ hem treft geen ~ no blame is attached to him
blaar • ⟨zwelling⟩ blister • blaren trekken raise blisters • ⟨bles⟩ blaze ∗ koe met een ~ cow with a blaze
blaarkop cow/animal with a blaze
blaas • ⟨luchtbel⟩ bubble • ⟨orgaan⟩ bladder
blaasbalg (pair of) bellows [mv]
blaasinstrument wind instrument
blaaskaak big head
blaaskapel wind instrument band, ⟨koper⟩ brass instrument band
blabla bla bla, nonsense
black-out black-out
blad • ⟨deel van plant⟩ leaf ∗ in 't blad komen come into leaf • ⟨plat en breed voorwerp⟩ ⟨gras, zaag, roeiriem⟩ blade, ⟨tafelblad⟩ top • ⟨krant⟩ newspaper • ⟨tijdschrift⟩ magazine • ⟨dienblad⟩ tray • ⟨vel papier⟩ sheet, ⟨form.⟩ leaf, ⟨bladzijde⟩ page ∗ van 't blad spelen sight-read ∗ hij nam geen blad voor de mond he did not mince matters; he did not mince his words
bladderen blister
bladerdeeg puff pastry
bladeren ∗ in een boek ~ leaf through a book
bladgoud gold leaf, ⟨klatergoud⟩ tinsel
bladgroen chlorophyll
bladgroente greens
bladluis greenfly
bladmuziek sheet music
bladspiegel text area/space, type page
bladstil ∗ 't was ~ not a leaf stirred ∗ 't werd ~ a dead calm descended
bladvulling ⟨tekst⟩ padding, filler
bladwijzer • ⟨leeswijzer⟩ bookmark • ⟨inhoudsopgave⟩ table of contents

B

bladzijde *page*
blaffen • (geluid maken) *bark* • (hoesten) *cough*
• (tekeergaan) *bark (at), snap (at)*
blaffer *piece*
blaken • (branden) *burn,* ‹zon› *blaze* • (vol zijn van) ∗ ~ van gezondheid *glow with health*
blaker (flat) *candlestick (with a handle), sconce*
blakeren *scorch*
blamage *disgrace*
blameren *discredit* ∗ zich ~ *disgrace o.s.*
blancheren *blanch*
blanco *open,* ‹cheque› *blank* ∗ ~ stemmen *give in a blank vote; abstain (from voting)* ∗ ~ volmacht *full authority to act; full power of attorney*
blank • (ongekleurd) *white* • (onbedekt, onbeschreven) *blank* ∗ de ~e sabel *the naked sword* • (onder water) ∗ het land staat ~ *the land is flooded*
blanke *a white (man/woman)* ∗ ~n *whites*
blasé *blasé*
blaten *bleat*
blauw I [het] *blue* **II** [bnw] *blue* ∗ ~e plek *bruise* ∗ iem. een ~ oog slaan *give a person a black eye* ∗ ~e zone *restricted parking area/zone* ∗ hij is van de ~e knoop *he is on the wagon* ▼ ~e boon *bullet*
blauwbaard *bluebeard*
blauwbekken ∗ staan ~ *stand in the cold*
blauwboek *blue book*
blauwdruk *blueprint*
blauweregen *wisteria*
blauwkous *bluestocking*
blauwtje • een ~ lopen *be turned down/rejected*
blauwzuur *prussic acid*
blazen I [ov ww] • (vervaardigen) *blow* • (bespelen) ‹v. hoorn› *sound,* ‹v. houten blaasinstrument› *blow* **II** [on ww] • (met kracht uitademen) *blow,* ‹v. kat› *spit, hiss* ▼ beter hard ge~ dan de mond gebrand *it is better to be safe than sorry* ▼ het is oppassen ge~ *we need to watch out*
blazer • (jasje) *blazer* • (muz.) *player of a wind instrument*
blazoen *coat of arms, crest*
bleek I [de] • (het bleken) *bleach(ing)* • (bleekveld) *bleaching green* **II** [bnw] *pale,* ‹form.› *wan*
bleekgezicht *paleface*
bleekmiddel *bleach*
bleekneus ∗ ~je *pale child*
bleekscheet *milksop*
bleekselderij *celery, blanched celery*
bleken *bleach*
blèren • (blaten) *bleat* • (luid huilen) *squall, bawl*
bles • (witte plek) *blaze* • (paard) *horse with a blaze*
blesseren *injure, wound*
blessure *injury*
bleu • (bedeesd) *shy, timid* • (lichtblauw) *light blue*
blieven *like* ∗ wat blieft? *pardon?*
blij • (verheugd) *glad, happy, pleased* ∗ zo blij als een kind *as pleased as Punch* • (verheugend) *joyful* ▼ in blijde verwachting zijn *be expecting*
blijdschap *gladness, joy (at)*
blijf-van-mijn-lijfhuis *home for battered women (and their children), women's shelter*
blijheid *gladness, joy (at)*
blijk *token, sign* ∗ ~ geven van *be evidence of; show;* ‹form.› *evince*
blijkbaar *apparent, evident, obvious*
blijken *appear (from)* ∗ 't is ons gebleken dat... *we find that...* ∗ ~ te zijn *turn out to be* ∗ doen/laten

~ *show* ∗ je moet er hem niets van laten ~ ‹inf.› *don't let on to him about it* ∗ er is niets gebleken van bedrog *there is no evidence of fraud* ∗ uit alles blijkt dat... *everything goes to show that...; it all points to the fact that*
blijkens *according to*
blijmoedig *cheerful*
blijspel *comedy*
blijven I [on ww] • (voortduren) *remain* ∗ ik blijf van mening *I still think;* ‹form.› *I remain of the opinion* ∗ ~ regenen *continue/keep (on) raining* ∗ ~ leven *live on* • (niet verder gaan) *stay* ∗ ~ eten *stay to/for dinner* ∗ waar blijft 't eten toch! *what's happened to dinner?* ∗ waar is mijn hoed gebleven? *where has my hat got to?* ∗ waar zijn jullie zo lang gebleven? *where have you been all this time?* ∗ waar ben ik gebleven? *where had I got to?; where did I leave off?* ∗ dat blijft onder ons *that's between you and me* ∗ het blijft binnen de perken *it stays within bounds* • (sterven) ∗ dood ~ *die* ∗ hij is in de strijd gebleven *he was killed in action* • (~ bij) ∗ daarbij bleef het *and that was that* ∗ ik blijf er bij dat *I maintain that; I insist on* ∗ bij een belofte ~ *stand by a promise* ∗ bij de zaak ~ *stick to the point* **II** [kww] *remain, stay* ∗ kalm ~ *stay calm* ∗ het blijft de vraag of ... *it remains to be seen whether ...; the question remains whether ...*
blijvend *permanent, lasting, enduring*
blik I [de] • (oogopslag) *look,* ‹lang› *gaze,* ‹vluchtig› *glance* ∗ in één blik *at a glance* ∗ bij de eerste blik *at first sight* • (manier van kijken) *look* ∗ iem. met een heldere blik *a clear-sighted person* • (kijk op iets) *view, outlook* ∗ een ruime blik *a broad outlook* **II** [het] • (bus) *tin* • (metaal) *tin* • (stofblik) *dustpan*
blikgroente *tinned/canned vegetables*
blikje *tin, can* ∗ een ~ *a tin*
blikken I [bnw] *tin* **II** [on ww] *look, glance* ▼ zonder ~ of blozen *without batting an eyelid; coolly*
blikkeren *flash, gleam* ∗ een ~de rij tanden *a flashing row of teeth*
blikopener *tin/can opener*
blikschade *damage to the bodywork*
bliksem • (natuurverschijnsel) *lightning* ∗ door de ~ getroffen *struck by lightning* • (persoon) ∗ arme ~ *poor devil* ▼ loop naar de ~! *go to hell!* ∗ als de ~ *like blazes* ∗ naar de ~ gaan *go to pot*
bliksemafleider *lightning conductor*
bliksemen [on ww] • (flitsen) *flash* ∗ zijn ogen bliksemden *his eyes flashed* **II** [onp ww] *lighten* ∗ het heeft de hele dag gebliksemd *there were flashes of lightning all day (long)*
bliksemflits *flash of lightning*
bliksemmslag *flash of lightning*
bliksemoorlog *blitzkrieg*
bliksems I [bnw] *infernal* ∗ de hele ~e boel *the whole caboodle* **II** [tw] *dash (it)!, hell('s bells)!, by Jove!*
bliksemschicht *flash of lightning*
bliksemsnel I [bnw] *instantaneous, lightening* **II** [bijw] *as quick as lightning, like greased lightening*
bliksemstraal • (flikkering) *flash of lightning* • (ellendeling) *rascal*
blikvanger *eye-catcher*
blikveld *field of vision*
blind I [het] *shutter* **II** [bnw] • (zonder zicht) *blind* ∗ aan één oog ~ *blind in one eye* ∗ ~ voor *blind to* • (onzichtbaar) *concealed* ∗ ~e passagier

B

stowaway ∗ ~e klip submerged rock ● (zonder opening) ∗ ~e steeg blind alley ∗ ~e muur blind/blank wall ∗ (zonder inzicht) ∗ ~ van woede in a blind rage ▾ ~e vinken beef olives ▾ ziende ~ zijn fail to see what is front of one's eyes
blinddoek blindfold
blinddoeken blindfold
blindedarm appendix
blindedarmontsteking appendicitis
blindelings blindly
blindemannetje blindman's buff ∗ ~ spelen play (at) blindman's buff
blindengeleidehond guide dog, (AD) seeing-eye dog
blinderen ● (afdekken) face, (mil.) blind ● (kogelvrij maken) armour
blindganger unexploded shell, (inf.) dud
blindheid blindness ∗ met ~ geslagen struck blind
blindstaren ▾ zich ~ op iets overestimate the importance of s.th.
blindvaren ∗ ~ op iem./iets trust s.o./s.th. blindly
blindvliegen fly blind
blinken shine, glitter
blisterverpakking blister pack
blits I [de] ▾ de ~ met iets maken steal the show **II** [bnw] groovy, hip
blitskikker trendy person
blocnote (writing) pad, notepad
bloedarmoede anaemia
bloedbaan bloodstream
bloedbad slaughter, massacre ∗ een ~ aanrichten massacre; cause a massacre
bloedbank blood bank
bloedbezinking ESR, erythrocyte sedimentation rate
bloedcel blood cell
bloeddoorlopen bloodshot
bloeddorstig bloodthirsty
bloeddruk blood pressure
bloedeigen ∗ ~ kinderen own flesh and blood
bloedeloos ● (zonder bloed) bloodless, (arm aan bloed) anaemic ● (slap) listless
bloeden (boeten voor) pay ∗ zij zal er voor moeten boeten she'll pay for this ● (bloed verliezen) bleed ∗ uit de neus ~ bleed from the nose; have a nosebleed ∗ hij werd tot ~s toe geslagen he was beaten till he bled
bloederig bloody ∗ een ~ verhaal a gory story
bloederziekte haemophilia
bloedgang breakneck speed
bloedgeld (loon voor misdaad) blood money ● (hongerloon) pittance, starvation wages
bloedgroep blood group
bloedheet sweltering/boiling (hot)
bloedhond ● (hond) bloodhound ● (wreedaard) brute
bloedig ● (bloederig) bloody ● (heel erg) ∗ ~e ernst deadly seriousness
bloeding bleeding, (hevig) haemorrhage
bloedje (poor) little mite
bloedkoraal (red) coral
bloedlichaampje blood cell, (med.) corpuscle
bloedlink ● (riskant) (extremely) risky, dangerous ● (boos) hopping mad
bloedneus bloody nose ∗ iem. een ~ slaan give a person a bloody nose
bloedplaatje platelet
bloedproef blood test
bloedsomloop (blood) circulation
bloedstollend blood-curdling
bloedstolsel blood clot
bloedstroom bloodstream

bloedsuikerspiegel blood sugar level
bloedtransfusie blood transfusion
bloeduitstorting bruise, (med.) contusion, (in de hersens) cerebral haemorrhage
bloedvat blood vessel
bloedvergieten bloodshed
bloedvergiftiging blood poisoning
bloedverlies loss of blood
bloedverwant relation, relative, blood relation
bloedverwantschap blood-relationship
bloedworst black pudding
bloedwraak vendetta, blood feud
bloedzuiger ● (uitbuiter) leech, parasite, bloodsucker ● (dier) leech
bloei ● (ontplooiing) prosperity, prime ∗ in de ~ der jaren in the prime of life ∗ tot ~ brengen bring to prosperity ● (het bloeien) flowering, bloom, (v. vruchtboom) blossoming ∗ in ~ staan be in bloom
bloeien ● (floreren) flourish, bloom ● (bloemen dragen) bloom, blossom, flower
bloeiwijze inflorescence
bloem ● (plant) flower ● (meel) flour ▾ de ~ der natie the flower of the nation ▾ de ~en stonden op de ruiten the windows were frosted over/up
bloembed flowerbed
bloembol bulb
bloembollencultuur bulb-growing
bloembollenteelt bulb-growing
bloemencorso floral procession
bloemenslinger garland
bloemetje ● (bos bloemen) (bunch of) flowers ● (kleine bloem) little flower ▾ de ~s buiten zetten paint the town red
bloemig mushy, (v. aardappelen) floury
bloemist florist
bloemisterij ● (winkel) florist's (shop) ● (bedrijf) florist's business
bloemknop bud
bloemkool cauliflower
bloemlezing anthology
bloemperk flowerbed
bloempot flowerpot
bloemrijk flowery ▾ ~e taal flowery language
bloemschikken arrange flowers
bloemstuk ● (bloemen) bouquet, flower arrangement ● (schilderij) flower piece
bloes blouse
bloesem blossoms, flowers
blok ● (stuk) block, brick, (hout) log, (speelgoed) building block, (wielblok) chock ● (huizenblok) block ∗ een blokje om lopen take a walk around the block ● (samenwerkende groep) bloc ● (hijsblok) pulley block ● (periode) unit ▾ voor het blok zitten be up against a wall ∗ iem. voor het blok zetten force a person's hand ▾ een blok aan het been hebben have a millstone around one's neck
blokfluit recorder
blokhut log cabin
blokkade blockade ∗ de ~ doorbreken run the blockade
blokken cram, swot ∗ het is hard – it's a real grind ∗ ~ voor een tentamen cram for an examination
blokkendoos box of bricks
blokkeren ● (onttrekken aan het geldverkeer) (cheque) stop, (geld) block, (krediet) freeze ∗ een rekening ~ freeze a bank account ● (beweging tegenhouden) lock, jam ∗ ~de wielen locked wheels ● (toegang afsluiten) blockade, (weg e.d.) obstruct, block
blokletter block letter, printing ∗ met ~s

B

schrijven print
blokuur double period/lesson
blokvorming formation of a front/bloc
blond blond, fair, (lichtgekleurd) golden, (v. vrouw) blonde * ~ bier lager
blonderen bleach, peroxide(e)
blondine blonde
bloot • (onbedekt) bare, naked * onder de blote hemel under the open sky; in the open • (louter) * ~ toeval mere accident/coincidence • (zonder hulpmiddel) * met blote handen with one's bare hands
blootgeven * zich ~ show one's hand; commit o.s.
blootje * in zijn ~ in the altogether/nude
blootleggen • (van bedekking ontdoen) lay bare • (onthullen) disclose, (plan, toestand) reveal
blootshoofds bareheaded
blootstaan be subject to, be exposed to
blootstellen expose
blootsvoets barefoot
blos flush, (v. gezondheid) bloom, (verlegenheid) blush
blotebillengezicht a moon face
blowen smoke dope
blozen (v. gezondheid) bloom (with), (v. opwinding) flush (with), (v. verlegenheid) blush (with) * ~ tot over de oren blush to the roots of one's hair
blubber • (modder) mud, (v. sneeuw) slush • (speklaag van walvis) blubber
blues blues
bluf bragging, boast(ing) * het is allemaal bluf it's all a lot of swank
bluffen brag, boast (of/about), swank (about)
blufpoker poker
blunder blunder
blusapparaat fire extinguisher
blussen • (doven) extinguish, put out • (afkoelen) quench
blut broke, (na spel) cleaned out
bluts dent
blutsen dent
bnp GNP, Gross National Product
boa boa
board hardboard
bobbel • (blaasje) bubble • (bultje) lump, bump
bobbelen bubble
bobslee bobsleigh, bobsled
bobsleeën bobsleigh
bochel • (bobbel) lump • (gebochelde) hunchback • (hoge rug) hump
bocht I [de] turn, curve, bend, (in kustlijn) bay * een ~ maken turn, curve, bend; curve * ~ van Guinee Gulf of Guinea ▼ zich in allerlei ~en wringen squirm; wriggle II [het] trash, rubbish
bochtig winding, tortuous
bockbier bock beer
bod bid, offer * een bod doen (op) make a bid (for) • (beurt) * aan bod komen get a chance
bode • (boodschapper) messenger, (koerier) courier, (ptt) postman, (vrachtrijder) carrier • (bediende) (gerechtsbode) usher
bodega bodega
bodem • (grondgebied) * op Nederlandse ~ on Dutch soil/territory • (restje) * er zat nog maar een ~pje in there was only a drop left • (grondvlak) bottom * tot de ~ leegdrinken drain to the last drop • (grond) soil * vruchtbare ~ fertile soil • (schip) ship, (vnl. vrachtschip) bottom ▼ verwachtingen de ~ inslaan dash hopes/expectations
bodemgesteldheid condition of the soil

bodemkunde soil science, (form.) pedology
bodemloos bottomless
bodemmonster soil sample
bodemprijs minimum/floor price
bodemsanering soil clean-up, soil decontamination
bodemverontreiniging soil pollution
bodybuilding body-building
bodywarmer body warmer
Boedapest Budapest
Boeddha Buddha
boeddhisme Buddhism
boedel • (nalatenschap) estate • (bezit) property
boedelscheiding division of estate/property
boef rogue, rascal, (gevangene) convict
boeg bow(s) * een schot voor de boeg a warning shot ▼ 't over een andere boeg gooien change tack; change one's tactics ▼ voor de boeg hebben have in front of one
boegbeeld figurehead
boegspriet bowsprit
boei • (baken) buoy • (reddingsgordel) lifebelt • (kluister) fetter, shackle, (handboei) handcuff * in de boeien slaan put/clap in irons ▼ met een kleur als een boei as red as a beetroot
boeien • (fascineren) grip, arrest, enthrall * die muziek kon haar niet ~ the music failed to hold her attention • (in de boeien slaan) fetter, shackle, handcuff
boeiend gripping, fascinating
boek • (bundel) book • (opschrijfboek) * iets te boek stellen record * te boek staan als be known as ▼ gunstig te boek staan have a good name
Boekarest Bucharest
boekbespreking book review, criticism
boekbinden bookbinding
boekbinder bookbinder
boekdeel volume ▼ dat spreekt boekdelen that speaks volumes
boekdrukkunst printing
boeken • (behalen) (succes) score, (verliezen) register, (vooruitgang) make • (bespreken) book • (in-/opschrijven) enter, book
boekenbal literary gala
boekenbeurs book fair
boekenbon book token
boekenclub book club
boekenkast bookcase
boekenlegger bookmark
boekenlijst reading list
boekenmolen revolving bookcase
boekenplank bookshelf
boekenrek bookshelves
boekensteun bookend
boekentaal literary language
boekenweek book week
boekenwijsheid book learning
boekenwurm bookworm
boeket bouquet
boekhandel (handel in boeken) book trade • (winkel) bookshop
boekhouden I [het] bookkeeping * enkel/dubbel ~ single/double entry bookkeeping II [on ww] keep the books
boekhouder bookkeeper
boekhouding • (het boekhouden) bookkeeping, accountancy • (boekhoudafdeling) accounts department
boeking • (bespreking) reservation • (administratie) entry
boekjaar financial year
boekstaven put on record

boekweit buckwheat
boekwerk book, work
boekwinst paper/book profit
boel ● (boedel) belongings, property ● (veel) ∗ een hele boel (quite) a lot (of) ● (bedoening) ∗ de hele boel the whole business/affair/lot ∗ een mooie boel a pretty kettle of fish ∗ een saaie boel a dull affair ∗ de boel verraden give the show/game away ▼ de boel op stelten zetten raise Cain/hell
boeman bogeyman
boemel slow train ▼ aan de ∼ zijn be on a spree
boemelen ● (pret maken) be out on the town, paint the town red ● (treinreis maken) take the slow train
boemerang boomerang
boender scrubbing brush
boenen (oppoetsen) polish, (schrobben) scrub
boenwas beeswax
boer ● (plattelander) countryman ● (agrariër) farmer ● (lomperik) yokel, country bumpkin ● (speelkaart) jack ● (oprisping) belch ▼ de boer opgaan go on the road
boerderij ● (woning) farmhouse ● (boerenbedrijf) farm
boeren ● (boer zijn) farm ● (een boer laten) burp, belch ▼ goed/slecht ∼ do well/badly
boerenbedrijf farming (industry)
boerenbedrog humbug, rubbish
boerenbont ● (stof) checkered gingham ● (aardewerk) colonial
boerenbruiloft country wedding
boerenjongens brandied raisins
boerenkaas farmhouse cheese
boerenkinkel yokel
boerenkool curly kale
boerenslimheid foxiness, craftiness
boerenverstand common sense ∗ daar kan ik met mijn ∼ niet bij that's beyond me
boerin ● (vrouwelijke boer) woman farmer ● (vrouw van de boer) farmer's wife
boers ● (van/als een boer) rustic ● (lomp) boorish
boertig jocular
boete ● (geldstraf) penalty, fine ∗ iem. een ∼ van £8 opleggen fine a person £8 ∗ een ∼ krijgen be fined ● (genoegdoening) ∗ ∼ doen do penance
boetebeding penalty clause
boetedoening penance
boetekleed penitential garment ▼ het ∼ aantrekken repent in sackcloth and ashes
boeten suffer (for), (voor vergissing) pay (for) ∗ daar zul je voor ∼ you'll pay for that
boetiek boutique
boetseren model
boetvaardig penitent, contrite, repentant
boezem ● (binnenste) heart ● (hartholte) auricle ● (borst) breast, (form.) bosom
boezemvriend bosom friend
bof ● (geluk) piece of luck ● (ziekte) mumps
boffen be lucky
boffer ● (geluksvogel) lucky devil ● (gelukje) bit of luck
bofkont lucky dog
bogen boast (of) ∗ ∼ op iets pride o.s. on; boast of s.th.
Bohemen Bohemia
bohémien Bohemian
boiler water heater, boiler
bok ● (mannetjesgeit) billy goat ● (hijstoestel) derrick, (scheepsbok) sheers ● (gymnastiektoestel) (vaulting) horse ∗ bokspringen vault the horse ● (zitplaats van

koetsier) box ● (flater) blunder ∗ een bok schieten (make a) blunder ▼ oude bok old goat
bokaal ● (beker) goblet, (als prijs) cup ● (glazen kom) beaker
bokjespringen (play) leapfrog
bokken ● (nors zijn) sulk ● (tochtig zijn) be on heat ● (springen als een bok) (v. paard) buck
bokkenpoot ● (kwast) tar brush ● (koekje) ≈ sweet finger shaped biscuit
bokkenpruik ▼ de ∼ op hebben mope; have the sulks
bokkensprong antics ∗ ∼en maken goof off; play around
bokkig ● (koppig) surly, gruff, morose ● (tochtig) on heat
bokking bloater, smoked herring, (vers) white/fresh herring
boksbeugel knuckle-duster, (AE) brass knuckles
boksen box ▼ iets voor elkaar ∼ fix it
bokser boxer, (voor geld) prize-fighter
bokshandschoen boxing glove
bol I [de] ● (bolvormig voorwerp) ball, (wisk.) sphere, globe, (v. hoed) crown ● (broodje) roll ● (hoofd) noddle, nut ∗ het is hem in zijn bol geslagen he is off his nut/head ● (bloembol) bulb ● een knappe bol a clever fellow; a smart chap **II** [bnw] ● (bolvormig) round, (lens) convex, (wangen) chubby, (zeilen) billowing ● (opgezwollen) spherical ∗ bol gezicht plump face
bolbliksem ball lightning
bolderkar type of cart
bolgewas bulbous plant
bolhoed bowler (hat)
bolide racing car
Bolivia Bolivia
Boliviaan Bolivian ∗ zij is ∼se she is (a) Bolivian (woman)
Boliviaans Bolivian
bolknak big/fat cigar
bolleboos clever/bright person, dab, (pej.) clever-clogs
bollen bulge, swell (up), (v. stof) billow
bolletje ● (broodje) soft roll ● (kinderhoofd) head ● (balletje) little ball, (v. piepschuim, glas) bead
bolrond spherical, convex
bolsjewiek Bolshevik
bolster husk ▼ ruwe ∼, blanke pit a rough diamond
bolvormig spherical
bolwerk rampart, bulwark, (fig.) stronghold, bulwark
bolwerken ∗ het ∼ manage
bom I [de] ● (explosief) bomb ● (grote hoeveelheid) load, pile ∗ een bom geld a heap/pile of money ▼ de bom is gebarsten the storm has broken; the bombshell has been dropped **II** [tw] boom
bomaanslag bomb attack, bomb-outrage
bombardement bombardment
bombarderen (bestoken) (fig.) bombard, shower, (met bommen) bomb, (met granaten) shell ● (benoemen) thrust s.o. into a job
bombarie noise, fuss ∗ ∼ maken kick up/make a fuss
bombast pompous language
bombastisch bombastic, pompous
bombrief letter-bomb
bomen I [ov ww] (scheepv.) punt **II** [on ww] ● (praten) have a good long talk, (inf.) have a chinwag/natter
bommelding bomb alert/scare ∗ een valse ∼ a

bomb hoax

bommen v het kan me niet ~ I don't care a toss; a fat lot I care

bommentapijt carpet of bombs

bommenwerper bomber

bommoeder ≈ bachelor mother

B-omroep medium-sized broadcasting corporation in the Netherlands

bomtrechter bomb-crater

bomvol chockful, packed, crammed

bon ● (betalingsbewijs) receipt ● (waardebon) voucher, ‹distributiebon› coupon, ‹voor cadeau› token ★ op de bon rationed ● (bekeuring) ticket ★ iem. op de bon sligeren give s.o. a ticket; book s.o.

bonafide bona fide

Bonaire Bonaire

bonbon chocolate, sweet

bond ● (vereniging) alliance, league, ‹ook vakvereniging› union ● (verbond) alliance, pact

bondgenoot ally

bondgenootschap alliance

bondig ● (kort en krachtig) concise, succinct, terse ● (beknopt) concise

bondscoach national coach

bondsdag Bundestag

bondskanselier chancellor of the federation

bondspresident (federal) President

bondsrepubliek federal republic

bondsstaat federal state

bonenkruid summer savory

bongo bongo (drum)

bonhomie bonhomie, geniality

bonificatie ● (vergoeding) indemnification ● (sport) time bonus

bonje row, rumpus ★ ~ met iem. hebben have a row with s.o.

bonk ● (brok) chunk, lump ● (lomperik) lout ★ één bonk zenuwen a bundle of nerves

bonken ● (beuken) pound, bang, thump ★ op de deur ~ pound on the door ★ niet zo ~ op die deur! stop hammering away at that door! ● (neuken) bang, hump

Bonn Bonn

bonnefooi ★ op de ~ on the off chance

bons ● (leider) big boss ● (klap) thump v de bons geven jilt (s.o.)

bont I [het] ● (geruite stof) (cotton) print ● (pels) fur **II** [bnw] ● (afwisselend) ‹menigte› motley, ‹programma› varied, mixed ● (veelkleurig) multi-coloured, ‹koe, hond› spotted, ‹paard› piebald, ‹v. plant› variegated, ‹was› coloured ★ iem. bont en blauw slaan beat a person black and blue v maak 't niet te bont don't go too far; ‹overdrijf niet› don't pile it on

bontjas fur coat

bontwerker furrier

bonus bonus

bonze ● (invloedrijk persoon) (big) boss, ‹inf.› big shot ● (rel.) bonze

bonzen thump v tegen iets aan ~ bump (up) against/into s.th. ★ zijn hart bonsde his heart was pounding

boodschap ● (bericht) message, errand ★ een blijde ~ good news ★ een ~ sturen send word ● (behoefte) ★ een kleine/grote ~ number one/two ● (het inkopen) (the) shopping, purchase(s) ★ hij ging ~pen doen he went shopping ★ 'n ~ doen voor iem. do/run an errand for s.o. v zwijgen is de ~ mum's the word

boodschappenjongen messenger (boy)

boodschappenlijstje shopping list

boodschapper messenger (boy)

boog ● (poort) ‹bouwkunde› arch, ‹v. brug› span ● (kromme lijn) curve, ‹v. cirkel› arc ● (wapen) bow v de boog kan niet altijd gespannen zijn you've got to take a break sometime v ergens met een boog omheen lopen give s.th. a wide berth

booglamp arc lamp

boogschieten I [het] archery **II** [onv ww] practise archery

boogschutter ● (boogschieter) archer ● (sterrenbeeld) Sagittarius

boom ● (gewas) tree ● (balk) ‹afsluitboom› bar, barrier, ‹havenboom› boom, ‹vaarboom› punt-pole ● (hoog conjunctuur) boom v een boom van een kerel a giant of a man v door de bomen het bos niet meer zien not see the wood for the trees

boomchirurgie tree surgery

boomdiagram tree (diagram)

boomgaard orchard

boomgrens tree-line

boomkweker tree-nurseryman, nursery-man

boomkwekerij tree-nursery

boomschors bark

boomstam tree-trunk

boomstronk stump

boon bean, ‹bruine boon› brown bean, ‹tuinboon› broad bean, ‹witte boon› haricot bean v in de bonen zijn be all at sea v ik ben een boon als het niet waar is if it is't true, then I'm a Dutchman; I'll eat my hat if it isn't true

boontje v ~ komt om zijn loontje serves you right; you get what you deserve v je eigen ~s (kunnen) doppen (be able to) take care of o.s.; fight one's own battles v ik kan mijn eigen ~s wel doppen I don't need spoonfeeding

boor ● (boortoestel) ‹drilboor› drill, ‹fretboor› gimlet, ‹omslagboor› brace (and bit) ● (boorijzer) bit

boord I [de] ● (rand) border ● (oever) bank, shore **II** [het] ● (halskraag) collar ★ staande/liggende/ dubbele ~ stand-up/turn-down/double collar ● (scheepv.) board ★ aan ~ gaan go on board; embark ★ van ~ gaan go ashore; disembark ★ over ~ vallen fall overboard ★ over ~ gooien throw overboard; jettison ★ aan ~ on board

boordcomputer onboard computer

boordevol brimfull, brimming with ★ ~ meubels staan be crammed with furniture

boordwerktuigkundige flight mechanic, flight engineer

booreiland oil-rig

boormachine (power) drill

boorplatform drilling platform, (oil) rig

boortol (electric) hand drill, (power) drill

boortoren derrick, drilling rig

boorzalf boracic/boric salve

boos ● (kwaad) ★ boos worden lose one's temper ★ zich boos maken lose one's temper ★ boos om/ over angry at/about ★ boos op angry with ★ boze bui fit of temper ★ boos kijken naar iem. scowl at s.o. ● (kwaadaardig) ★ met boos opzet with malicious intent ● (verdorven) wicked, ‹daden, driften› evil

boosaardig ● (gemeen) malicious ● (gevaarlijk) malignant

boosdoener wrong-doer v hij is de ~ he is the villain/culprit

boosheid ● (slechtheid) wickedness ● (toorn) anger

booswicht wretch, villain

boot boat, ‹groot› steamer, ship ★ gaan bootje varen go (out) boating v toen was de boot aan

then the fat was in the fire; that put the cat among the pigeons ▼ iem. in de boot nemen pull s.o.'s leg
boothals boat-neck ∗ een trui met ~ a boat-neck sweater
bootsman boatswain, bosun
boottocht boat trip
boottrein boat train
bootvluchteling boat people
bootwerker docker
bord • (etensbord) plate • (speelbord) board • (schoolbord) (black)board • (uithangbord) sign • (naambord) nameplate • (mededelingenbord) (notice) board • (verkeersbord) traffic sign ∗ een bord voor zijn kop hebben be thick-skinned • de bordjes zijn verhangen the tables are turned
bordeel brothel
bordes ≈ (flight of) steps
bordspel board game
borduren embroider
boren I [ov ww] • (met boor maken) (in metaal, hout, enz.) drill, (v. put) sink, (v. tunnel) bore ∗ een gat in de muur ~ drill a hole in the wall ▼ een plan de grond in ~ torpedo a plan **II** [on ww] • (gaan door) pierce, penetrate ∗ de kogel boorde zich in de muur the bullet lodged in the wall • (met boor werken) drill ∗ naar olie ~ drill for oil
borg • (persoon) surety, bail ∗ borg staan voor iem. answer/vouch for s.o. ∗ ergens borg voor staan guarantee s.th. • (onderpand) security
borgpen locking pin
borgsom security, (huur, e.d.) deposit
borgtocht • (waarborgsom) bail ∗ op ~ vrijgelaten worden be released on bail • (borgstelling) security
borrel • (sterke drank) drink, drop, (Schots) dram ∗ een ~ nemen have a drink/drop • (het samen drinken) get-together (with drinks) ∗ vrienden uitnodigen voor een ~ have friends round for a drink
borrelen • (bubbelen) bubble • (borrels drinken) have a drink
borrelhapje snack, appetizer
borrelpraat twaddle, blather
borreltafel table with drinks and snacks
borst • (lichaamsdeel) chest, (v. paard) breast • (boezem) breast [mv: breasts, bosom] ∗ een kind de ~ geven nurse/breast-feed a child ▼ een hoge ~ opzetten stick out one's chest; give o.s. airs ▼ uit volle ~ at the top of one's voice; lustily ▼ dat stuit mij tegen de ~ that goes against the grain with me ▼ maak je ~ maar nat! be prepared for the worst; (bij reprimande) now you're in for it!
borstbeeld bust, (op munt) effigy
borstbeen breastbone, (med) sternum
borstel • (stekels van dier) bristle • (werktuig) brush
borstelen brush
borstelig bristly, bushly ∗ ~e wenkbrauwen bushy eyebrows
borstholte chest cavity
borstkas chest
borstplaat ≈ fondant
borstslag breast-stroke
borststuk • (deel van harnas) breast-plate • (vlees) brisket
borstvoeding breast-feeding
borstwering parapet
borstzak breast pocket
bos I [de] mop, (bloemen) flowers, (hout) bundle, (sleutels) bunch **II** [het] wood, (groot) forest
bosbes bilberry

bosbouw forestry
bosbrand forest fire
bosje • (struiken) grove, thicket • (bundeltje) bunch ∗ ~ haar tuft of hair ∗ een ~ stro a wisp of straw
Bosjesman Bushman
bosneger maroon
Bosnië-Herzegovina Bosnia-Herzegovina
Bosniër Bosnian ∗ een Bosnische a Bosnian woman
Bosnisch Bosnian
bosrand edge of the wood
bosrijk wooded, woody
bosuil tawny owl
bosviooltje wood violet
boswachter forester
bot I [de] • (vis) flounder • (plant.) ▼ bot vangen draw a blank **II** [het] bone **III** [bnw] • (stomp) dull, (mes) blunt • (lomp) blunt, (weigering) flat
botanicus botanist
botanie botany
botaniseren botanize
boter butter ▼ ~ bij de vis cash down; cash down ▼ het is ~ aan de galg (gesmeerd) it's a waste of time/effort
boterberg butter mountain
boterbloem buttercup
boteren ▼ het botert niet tussen hen they don't hit it off; they don't get on
boterham • (snee brood) (a slice of) bread (and butter), (met beleg) sandwich • (levensonderhoud) ∗ een behoorlijke ~ verdienen make a decent living ∗ daar zit geen droge ~ in there's no money to be made in it
boterkoek butter biscuit
boterletter almondpaste-letter
botervloot butter dish
boterzacht as soft as butter
Botnische Golf Gulf of Bothnia
botsautootje dodgem car
botsen • (stoten) collide (with), crash (into), bump (into) • (in strijd komen) clash
botsing • (het botsen) smash (up), collision, crash ∗ in ~ komen met collide with; (fig.) clash with • (strijd) ∗ in ~ komen met de wet/iem. run foul of the law/s.o.
Botswana Botswana
bottelen bottle
bottenkraker bonesetter, (med) chiropractor, osteopath
botter Dutch fishing boat, ≈ smack
botterik • (domoor) dimwit • (lomperd) lout
botulisme botulism
botvieren ∗ zijn hartstochten ~ indulge one's passions
botweg bluntly, point-blank ∗ iets ~ ontkennen flatly deny s.th.
boud bold
boudoir boudoir
bougie spark(ing) plug ∗ vette ~ oily spark plug
bougiekabel plug lead, ignition wire/cable
bougiesleutel (spark-/sparking) plug spanner
bouillon broth, (als basis voor een gerecht) stock ∗ heldere ~ consommé
bouillonblokje stock cube
boulevard boulevard, (aan zee) promenade
boulevardblad tabloid, glossy magazine
boulevardpers gutter press
boulimie boulimia
bouquet bouquet
bourgeois I [de] bourgeois **II** [bnw] bourgeois

B

bourgeoisie *bourgeoisie*

Bourgondiër *Burgundian* • een Bourgondische *a Burgundian woman*

Bourgondisch *Burgundian, exuberant, lively*

bout • (stuk vlees) *leg*, (v. vogel) *drumstick* • (staaf, pin) *bolt* • (strijkijzer) *iron* • je kan me de bout hachelen *go to hell*

bouvier *bouvier*

bouw • (het bouwen) *building, construction* • (constructie) (v. atoom) *structure*, (v. schip, lijf, e.d.) *build.* • (bouwbedrijf) *building trade*

bouwbedrijf • (bedrijfstak) *building trade* • (onderneming) *construction firm*

bouwdoos (bouwpakket) *do-it-yourself kit*, (met blokken) *box of bricks*

bouwen • (maken) *build (on)* ∗ huizen ~ *build houses* • (~ op) *rely on, depend on* • een feestje ~ *throw a party* • op zand ~ *build on sand*

bouwgrond • (bouwterrein) *building site* • (landbouwgrond) *arable land*

bouwjaar *year of building*, (v. auto) *year of manufacture*

bouwkeet *site hut*

bouwkunde *architecture*

bouwkundig *architectural* ∗ ~ ingenieur *structural engineer*

bouwkunst *architecture*

bouwland *arable land*, (akker) *field*

bouwmateriaal *construction material*

bouwnijverheid *building industry, construction trade*

bouwpakket *do-it-yourself kit* ∗ een ~ voor een modelvliegtuig *a model aeroplane kit*

bouwplaat *cut-out*

bouwput (building) *excavation*

bouwrijp *ready for building* ∗ het terrein wordt ~ gemaakt *the site is will be prepared for building*

bouwsteen • (bouwmateriaal) *brick*, (fig.) *materials, building blocks*, (natuursteen) *building stone* • (speelgoedblok) *brick, building block*

bouwstijl *architecture, architectural style*

bouwstof *building material*

bouwtekening *blue print*

bouwvak I [de] *set holiday period for the building trade* II [het] *building (trade)*

bouwvakker *construction/building worker*

bouwval *ruin(s)*

bouwvallig *ramshackle, dilapidated*

bouwvergunning *planning permission, building licence*

bouwwerk *building*

boven I [bijw] • (hoger gelegen) *above, up(stairs)* ∗ hij woont ~ *he lives upstairs* • als ~ *as above* • (op de hoogste plaats) • wie 't eerst ~ is! *I'll race you to the top!* • van ~ naar beneden *from top to bottom*; (from the top) *downward(s)* • (erop) *on (the) top of* • de blauwe ligt onder, de rode ~ *the blue one's under, the red one on top* • ~op elkaar *on top of each other* • het gaat mijn krachten te ~ *it's beyond my power* • we zijn de crisis te ~ gekomen *we have passed the crisis* II [vz] • (ten noorden van) ~ Parijs *above Paris* • (meer dan) *over, above* ∗ kinderen ~ de twaalf jaar *children over twelve* ∗ ~ de 100 gulden *over one hundred guilders* • ~ het normale bedrag *over and above/in addition to the normal sum* • (hoger gelegen/geplaatst) ∗ ~ het dal *over the valley* ∗ ~ iem. staan *be over a person* • ~ alle kritiek verheven *be above all criticism* ∗ ~ zijn stand *beyond one's means* ∗ ~ de wolken *above the clouds* • ~ zijn macht *werken work above one's head*; (fig.) *bite off more than one*

can chew • zij was ~ haar theewater *she'd had a drop too much*

bovenaan *at the top* ∗ ~ staan *head the list*; (v. persoon) *be at the head (of the list)*; (v. club) *lead*

bovenaanzicht *view from above*

bovenaards • (bovengronds) *surface*, (v. leidingen, e.d.) *overhead* • (hemels) *supernatural*

bovenal *above all*

bovenarm *upper arm*

bovenbeen *upper leg, thigh*

bovenbouw • (de hogere klassen) *last two or three classes of a secondary school* • (bouwk.) *superstructure*

bovenbuur *upstairs neighbour*

bovendien *besides, in addition, moreover*

bovengenoemd *above(-mentioned)*, (form.) *aforementioned*

bovengrens *upper limit*

bovengronds (leidingen) *overhead*, (trein) *overground*

bovenhands *overarm*, (AE) *overhand*

bovenhuis *upstairs flat/apartment*

bovenin *at the top*

bovenkaak *upper jaw*

bovenkamer *upstairs room*

bovenkant *top*

bovenkomen • (naar hogere verdieping komen) *come up(stairs)* ∗ laat hem maar ~ *send him up* • (opwellen) *surface* • (aan oppervlakte komen) *surface, rise, float to the surface*

bovenlaag • (bovenste laag) *upper layer*, (geologie) *top layer*, (v. verf) *top coat* • (hogere standen) *upper class*

bovenleiding *overhead line/cable*

bovenlichaam *upper body*

bovenlicht *skylight*

bovenlijf *upper body* ∗ met ontbloot ~ *stripped to the waist*

bovenloop *upper course/reaches*

bovenmate *extremely*

bovenmatig *excessive, extreme*

bovenmenselijk *superhuman*

bovennatuurlijk *supernatural*

bovenop (naar boven) ~ komen (v. patiënt) *pick up*; (v. bedrijf) *pull through* • er weer ~ brengen/helpen *pull/see (s.o.) through*; set (s.o.) *on his feet again* • hij is er weer ~ *he has turned the corner*

Boven-Rijn *Upper Rhine*

bovenst *upper(most), topmost*, (verdieping, e.d.) *top* ∗ het ~e *the upper part*; the top • je bent een ~e beste *you're marvellous*; *you're a brick*

bovenstaand ~ 't ~e *the above*

boventoon *overtone* • de ~ voeren *predominate*; *hog the conversation*

bovenuit ∗ zijn stem klonk overal ~ *his voice drowned (out) everything*

bovenverdieping *upper storey*, (AE) *upper story*

bovenwinds *windward* ∗ Bovenwindse Eilanden *Windward Islands*

bovenzijde *top*

bowl • (kom) *bowl* • (drank) *punch* ∗ bowl maken *make punch*

bowlen *bowl*

bowling I [de] *bowling alley* II [het] *bowling (game)*

box • (kinderbox) *playpen* • (geluidsbox) *(loud)speaker* • (afgescheiden ruimte) *box*

boxershort *boxer shorts*

boycot *boycott*

boycotten *boycott*

boze I [de] • de Boze *the Evil One* II [het] *evil, wickedness* III [bnw] • uit den boze *unacceptable*;

‹ontoelaatbaar› *entirely wrong*
braadpan *frying pan*
braadslee *roasting tin*
braadworst ‹(frying) sausage, bratwurst*
braaf ‹(deugdzaam) *decent, respectable, honest*
● ‹(gehoorzaam) *good, obedient* ∗ wees ~ *be good*
braak I [de] *burglary* **II** [bnw] ● ‹(onbebouwd)
fallow ● ‹(onbewerkt m.b.t. kennis) *fallow,
undeveloped*
braakbal *pellet*
braakmiddel *emetic*
braaksel *vomit*
braam ● ‹(struik) *blackberry (bush), bramble*
● ‹(vrucht) *blackberry* ∗ bramen gaan zoeken *go
blackberrying* ● ‹(ruwe rand) *burr*
Brabant *Brabant*
brabbelen *jabber*
braden I [ov ww] ● ‹(bakken) ‹(boven rooster) *grill,
broil, ‹(boven vuur, in oven) *roast, ‹(op het
fornuis) *fry* ∗ ge~ *rundvlees roast beef* **II** [on
ww] ● ‹(zonnebaden) ∗ in de zon liggen te ~ *be
basking in the sun*
braderie *fair*
brahmaan *Brahmin, Brahman*
braille *braille*
brainstormen *do some brainstorming*
brainwave *brainwave*
brak *brackish*
braken *vomit, be sick, throw up* ▼ vlammen ~
belch flames
brallen *brag, boast*
brancard *stretcher*
branche *line (of business), ‹(filiaal) branch*
branchevervaging *diversification (of stock)*
brand *fire, blaze, ‹(form., grote brand)
conflagration* ∗ in ~ vliegen *catch fire* ∗ in ~
staan *be on fire* ∗ in ~ steken *set on fire* ∗ ~
stichten *set fire to* ∗ er is ~ *there is a fire* ∗ ~
veroorzaken *start a fire* ▼ iem. uit de ~ helpen
help s.o. (out of a predicament)
brand- *fire*
brandbaar *combustible, inflammable*
brandblaar *blister*
brandblusser *fire extinguisher*
brandbom *incendiary bomb, firebomb*
brandbrief *urgent letter, pressing letter*
branddeur ● ‹(nooduitgang) *emergency exit*
● ‹(brandvrije deur) *fire door, fireproof door*
branden I [ov ww] ● ‹(verwonden) *burn, ‹(door
heet water, e.d.) scald, ‹(vinger) burn* ● ‹(met vuur
bewerken) ‹v. glas) *stain, ‹v. jenever, etc.) distil,
‹v. koffie) roast, ‹v. wond) cauterize* **II** [on ww]
● ‹(in brand staan) *burn, be on fire* ∗ 't vuur wou
niet ~ *the fire wouldn't light* ● ‹(gloeien) burn*
● ‹(licht/warmte uitstralen) burn* ● ‹(brandend
gevoel geven) burn, ‹v. brandnetel) sting* ▼ van
verlangen *burn with desire*
brander *burner*
branderig ● ‹(ontstoken) *inflamed, burning* ● ‹(als
van brand) *burnt*
brandewijn *brandy*
brandgang *firebreak*
brandglas *burning glass*
brandhaard *seat of fire, ‹(fig.) hotbed*
brandhout *firewood*
branding *surf, ‹(golven) breakers*
brandkast *safe*
brandkraan *fire hydrant*
brandladder ● ‹(brandtrap) *fire escape* ● ‹(ladder
van brandweer) *fire ladder*
brandlucht *smell of burning*
brandmeester *fire officer*

brandmelder *fire alarm*
brandmerk ● ‹(ingebrand merk) *brand*
● ‹(blijvende schande) *stigma*
brandmerken *brand, ‹(fig.) stigmatize*
brandnetel *nettle*
brandpreventie *fire prevention*
brandpunt ● ‹(middelpunt) *focus, centre* ● ‹(nat.)
focus
brandschade *fire damage*
brandschoon ● ‹(helemaal schoon) *spotless,
spick-and-span* ● ‹(onschuldig) spotless,
blameless, ‹(inf.) clean*
brandsingel *firebreak*
brandslang *fire-hose*
brandspuit *fire-engine*
brandstapel *funeral pyre* ∗ op de ~ sterven *burn
at the stake*
brandstichter *arsonist, fire-raiser, ‹(AE) firebug*
brandstichting *arson*
brandstof *fuel*
brandtrap *fire escape*
brandveilig *fireproof*
brandverzekering *fire-insurance*
brandvrij *flame/fire resistant, fireproof*
brandweer *fire brigade*
brandweerkorps *fire brigade, ‹(AE) fire department*
brandweerman *fireman*
brandwond *burn*
brandy *brandy*
brandzalf *ointment for burns/scalds*
branie ● ‹(lef) *swank, swagger* ∗ hij kwam met veel
~ binnen *he came swaggering/strutting in*
● ‹(branieschopper) *show-off, poser* ∗ de ~
uithangen show off
branieschopper *swaggerer, show-off*
brasem *bream*
brassen I [ov ww] ● ‹(scheepv.) *brace* **II** [on ww]
● ‹(veel eten en drinken) *binge, guzzle, have a
blow-out*
bravo *well done!, hear, hear!*
bravoure *bravado, ‹(lit.) bravura*
Brazilië *Brazil*
breed ● ‹(wijd) *broad, wide, ‹(rivier, schouders)
broad* ● ‹(ruim) ∗ zij hebben het niet ~ *they are
hard up; ‹(form.) they are living in reduced
circumstances* ▼ wie het ~ heeft, laat het ~
hangen *they that have plenty of butter can lay it
on thick* ▼ in brede trekken schetsen *roughly
sketch*
breedgeschouderd *broad-shouldered*
breedsprakig *verbose, long-winded*
breedte ● ‹(afmeting) *width, breath* ● ‹(geo.)
latitude*
breedtecirkel *parallel (of latitude)*
breedtegraad *degree of latitude*
breeduit ● ‹(voluit) ∗ ~ lachen *laugh out loud*
● ‹(in volle breedte) ∗ hij zat ~ in zijn stoel *he
sprawled in his chair*
breedvoerig *detailed, exhaustive*
breekbaar *breakable, fragile*
breekijzer *crowbar*
breekpunt *breaking point*
breien *knit*
brein ● ‹(hersenen) *brain* ● ‹(verstand) intellect* ∗ zij
is het ~ achter deze operatie *she's
masterminding this operation*
breinaald *knitting needle*
breipen *knitting needle*
breiwerk *knitting*
brekebeen *one who is hopeless at s.th.*
breken I [ov ww] ● ‹(stuk maken) *break, ‹(draad)
snap, ‹v. bot/arm) fracture* ● ‹(verbreken) break*

B

∗ een record ~ break a record ● (opvangen) ∗ een val ~ break a fall ● (nat.) refract ▼ zijn hoofd ~ over iets trouble one's head about s.th.; worry about s.th. **II** [on ww] ● (stuk gaan) break ● (nat.) be refracted ● (~ met) (gewoonte) break, (met geliefde) break up with ∗ met iem./traditie ~ break with s.o./a tradition

breker breaker
breking refraction
brekingsindex refractive index
brem broom
brengen ● (vervoeren) (naar de spreker) bring, (v.d. spreker af) take ∗ zijn hand naar zijn voorhoofd ~ put one's hand to one's forehead ∗ kinderen naar bed ~ put the children to bed ● (doen geraken) ∗ iem. op een idee ~ suggest an idea to a person ∗ iem. aan 't lachen ~ make a person laugh ∗ iem. in moeilijkheden ~ get a person into trouble ∗ in de handel ~ bring on the market ∗ ik bracht 't gesprek op (dat onderwerp) I steered the conversation round to... ∗ ik zal proberen hem ertoe te ~ I shall try to persuade him to do it ∗ wat bracht je ertoe dat te zeggen? what made you say that?; what induced you to say that? ∗ hij bracht 't tot directeur he rose to be a director ∗ tot elkaar ~ bring together; reconcile ● (presenteren) ∗ ten gehore ~ perform ▼ iets naar voren ~ put s.th. forward; suggest s.th. ▼ 't ver ~ go far ▼ dit brengt ons niets verder this isn't getting us any further ▼ met zich ~ involve
bres breach, gap ∗ 'n bres schieten make a breach ▼ op de bres staan voor step into the breach for
Bretagne Brittany
bretel braces, ⟨AE⟩ suspenders
Bretons Breton
breuk ● (hernia) hernia ● (het breken) breaking ● (scheur) (in ader, betrekking) rupture, (in betrekking) split, (in glas) crack, (met het verleden) break, (v. been, kabel, metaal) fracture ● (wisk.) fraction
breukvlak fracture
brevet certificate, (luchtvaart) licence
brevier breviary, book of hours
brie brie
brief letter, (form.) epistle ∗ per ~ by letter
briefgeheim confidentiality of the mail
briefhoofd letterhead
briefing briefing
briefje ● (bankbiljet) banknote ● (berichtje) note ▼ ik geef je op een ~, dat... you can take it from me that...
briefkaart postcard
briefopener letter-opener
briefpapier notepaper
briefwisseling correspondence
bries breeze
briesen (v. leeuw) roar, (v. paard) snort ∗ ~ van woede roar with anger
brievenbus mailbox, (aan huis) letterbox, (om te verzenden) pillar box
brigade brigade
brigadier (bij de politie) police sergeant, (in het leger) brigadier
brij porridge, (fig.) pulp
brik ● (rijtuig) break ∗ een ouwe brik an old heap; banger ● (baksteen) brick ● (schip) brig
briket (coal-)briquette
bril ● (glazen in montuur) (pair of) glasses, spectacles, (ter bescherming) goggles ● (wc-bril) seat ▼ hij bekeek het door een roze bril he saw it through rose-coloured spectacles

briljant I [de] diamond **II** [bnw] brilliant
brillantine brilliantine
brilslang cobra
brink ≈ village green
Brit Briton ∗ een Britse a British woman
Brits I [het] British-English **II** [bnw] British
broccoli broccoli
broche brooch
brochure brochure
brodeloos without means of support, destitute ∗ ~ maken leave penniless
broeden ● (ei doen uitkomen) brood, sit (on eggs) ● (~ op) ∗ op wraak ~ brood on revenge
broeder ● (broer) brother ● (verpleger) male nurse ● (gelijkgezinde) brother ∗ ~s (in 't geloof) brethren ● (rel.) friar
broederdienst brotherly service
broederlijk brotherly ∗ ~ omgaan met fraternize with
broedermoord fratricide
broederschap ● (vereniging) fraternity ● (het broers zijn) brotherhood ● (rel.) brotherhood
broedgebied breeding/nesting ground/place
broedmachine incubator
broedplaats breeding ground
broeds broody
broedsel brood
broei heating
broeien ● (heet worden) heat, get heated ● (drukkend warm zijn) be sultry ● (dreigen) ∗ er broeit iets there is s.th. brewing; there is s.th. in the wind
broeierig close, sultry
broeikas hothouse
broeikaseffect greenhouse effect, global warming
broeinest hotbed
broek ⟨AE⟩ pants, (kort) shorts, (lang) (pair of) trousers ▼ iem. achter de ~ zitten keep a person up to scratch ▼ voor de ~ geven spank ▼ voor de ~ krijgen be spanked ▼ zij heeft de ~ aan she wears the trousers
broekje ● (ondergoed) briefs, (slipje) knickers, panties, (voor man) underpants ● (onervaren persoon) whippersnapper
broekpak trouser suit
broekriem belt ▼ de ~ aanhalen tighten one's belt
broekrok culottes
broekzak trouser pocket
broer brother
broertje little brother, ⟨AE⟩ kid brother ▼ daar heeft hij een ~ dood aan he hates it
brok ● (brokstuk) chunk, piece, (groot) lump ∗ brokken maken smash things up; (fig.) mess things up; make a mess of it ● (hoeveelheid) piece, bit ▼ hij had een brok in de keel he had a lump in his throat
brokaat brocade
brokkelen I [ov ww] ● (in stukjes breken) break ▼ hij heeft niets in de melk te ~ he is a nobody **II** [on ww] ● (in stukjes uiteenvallen) crumble
brokkelig crumbly
brokkenmaker person who is accident-prone, a clumsy person
brokstuk fragment, piece
brombeer grumbler
bromfiets moped
bromfietser moped rider/driver
brommen ● (geluid maken) (dier) growl (at), (v. motor, radio) whirr, hum ● (gevangen zitten) do time ● (bromfietsen) ride (on) a moped ● (mopperen) mutter, grumble (at/about)
brommer ● (bromfiets) moped ● (iem. die

bromt) *grumbler*
brompot *grumbler, grouch*
bromtol *hummingtop*
bromvlieg *bluebottle*
bron ● (opwellend water) *spring* ● (oorsprong)
〈fig.〉 *source, origin*, 〈v. rivier〉 *source* ★ bron van
inkomsten *source of income* ● (informatiebron)
source ★ uit goede bron *on good authority*
bronchitis *bronchitis*
bronnenlijst *list of sources*
brons *bronze*
bronst *rut, heat*
bronstig *rutting, in/on heat*
bronstijd *Bronze Age*
bronsttijd *rutting-season, mating season*
brontosaurus *brontosaurus*
bronwater *spring water*
bronzen I [bnw] *bronze* **II** [ov ww] *bronze, tan*
brood ● (eetwaar) *bread* ★ 'n ~ a *loaf (of bread)*
● (levensonderhoud) ★ zijn ~ verdienen *earn a
living* ★ iem. het ~ uit de mond stoten *take the
bread out of a person's mouth* ▼ geef ons heden
ons dagelijks ~ *give us this day our daily bread*
▼ iem. iets op zijn ~ geven *cast s.th. into a person
's teeth*
broodbeleg *filling*
broodboom *breadfruit (tree)*
brooddronken (baldadig) *wanton, unruly*,
〈uitgelaten〉 *wild, high-spirited*
broodheer *boss*
broodje (French) *roll* ▼ zoete ~s bakken *eat
humble pie*
broodjeszaak *sandwich shop*
broodmaaltijd *cold meal/lunch, sandwiches*
broodmager (as) *thin as a rake*
broodmes *bread-knife*
broodnijd *professional jealousy*
broodnodig *much needed* ★ ik heb 't ~ *I need it
badly*
broodplank *breadboard*
broodroof *deprivation of income* ★ ~ plegen aan
iem. *take the bread out of a person's mouth*
broodrooster *toaster*
broodschrijver *hack*
broodtrommel ● (lunchtrommel) *lunch box*
● (bewaartrommel) *bread-bin*
broodwinning *living, livelihood*
broom ● (broomkali) *bromide* ● (bromium)
bromine
broos *fragile, delicate, frail* ★ ~ geluk *frail
happiness*
bros *crunchy, crispy, brittle*
brouwen ● (bereiden) *brew* ● (veroorzaken) *stir
up* ★ onheil ~ *brew mischief* ▼ hij heeft er maar
wat van ge~ *he botched it* ▼ hij heeft er niets
van ge~ *he messed up*
brouwer *brewer*
brouwerij *brewery*
brouwsel *brew, concoction*
brr *brr*
brug ● (verbinding) *bridge* ● (gymnastiektoestel)
parallel bars ● (commandobrug) *bridge*
● (gebitsprothese) *bridge(work)* ▼ over de brug
komen *pay/stump up*
Brugge *Bruges*
bruggenhoofd *bridgehead*, 〈op strand〉 *beachhead*
brugklas *first class/form (at secondary school)*
brugleuning *railing of a bridge, handrail*, 〈v.
steen〉 *parapet*
brugpieper *pupil in the first year of secondary
school*
brugwachter *bridge-keeper*

brui ▼ ik geef er de bruì aan *I'm giving it up as a
bad job; I'm chucking it in*
bruid *bride*
bruidegom *bridegroom*
bruidsboeket *bridal bouquet*
bruidsdagen *period between publication of the
banns and wedding day, engagement*
bruidsjapon *wedding dress*
bruidsjonker *pageboy*, 〈v. bruidegom〉 *best man*
bruidsmeisje *bridesmaid*
bruidspaar *bride and (bride)groom*
bruidsschat *dowry*
bruikbaar *serviceable, usable*, 〈auto, e.d.〉
serviceable, 〈nuttig〉 *useful*, 〈v. persoon〉
employable ★ ~ maken voor 〈energie, e.d.〉
harness for/to ★ dat is geen bruikbare methode
that's not a workable method
bruikleen ★ in ~ *on loan* ★ in ~ hebben *have on
loan*
bruiloft *wedding* ★ zilveren/gouden/diamanten
~ *silver/golden/diamond wedding (anniversary)*
★ ~ vieren *celebrate a wedding/marriage*
bruin I [het] *brown* ★ Bruin (de beer) *Bruin* ▼ dat
kan Bruin niet trekken *I can't afford that*
II [bnw] *brown*, 〈v.d. zon〉 *tanned*
bruinbrood *brown bread*
bruinen I [ov ww] ● (bruin maken) *brown* **II** [on
ww] ● (bruin worden) 〈door de zon〉 *tan*
bruinkool *brown coal, lignite*
bruinvis *porpoise*
bruisen 〈v. beek〉 *bubble*, 〈v. drank〉 *sparkle, fizz*
▼ ~d van leven *brimming (over)/bursting with life*
bruistablet *effervescent tablet*
brulaap ● (aap) *howler monkey* ● (schreeuwlelijk)
loudmouth
brulboei *whistling-buoy*
brullen *roar* ★ ~ van het lachen *roar with laughter*
brunch *brunch*
brunette *brunette*
Brussel *Brussels*
Brussels ★ ~e spruitjes *Brussels sprouts* ★ ~ lof
chicory
brutaal ● (onbeschoft) 〈grof〉 *insolent*, 〈vooral
m.b.t. kinderen〉 *impudent* ★ een brutale
opmerking *an insolent remark* ● (stoutmoedig)
bold, 〈vrijpostig〉 *forward* ▼ de brutalen hebben
de halve wereld *fortune favours the bold*
brutaliteit *brashness, impudence, insolence, cheek*
bruto *gross*
brutoloon *gross wage/salary*
bruusk *brusque, abrupt*
bruuskeren ● (onheus bejegenen) *brush off,
cold-shoulder, snub* ● (doordrijven) *push through*
bruut I [de] *brute* **II** [bnw] *coarse, brutal* ★ met ~
geweld *with brute force*
btw *V.A.T., Value Added Tax*
bubbelbad *bubble bath, whirlpool (bath), jacuzzi*
buddy *buddy*
budget *budget*
budgettair *budgetary*
buffel *buffalo*
buffer *buffer*
bufferstaat *buffer-state*
buffervoorraad *buffer stock*
bufferzone *buffer zone*
buffet ● (meubel) *sideboard* ● (tapkast) 〈in café〉
bar, 〈in station, e.d.〉 *refreshment bar, buffet*
buggy *buggy*
bühne *stage*
bui ● (neerslag) *shower* ★ maartse bui *April shower*
● (humeur) *mood* ★ in een goede bui zijn *be in a
good mood* ★ in een driftige bui *in a fit of temper*

B

v bij buien *by fits and starts* v de bui zien
hangen *see trouble ahead* v de bui laten
overdrijven *wait until the storm blows over*
buidel • (zak) *bag, pouch* • (huidplooi) *pouch*
v diep in de ~ *tasten spare no expense*
buideldier *marsupial*
buigbaar *flexible, pliant*
buigen I [ov ww] • (krom maken) *bow, bend*
★ zich ~ *bend; bow;* (bukken) *stoop;* (v. rivier,
weg) *curve* v zich over een probleem ~ *tackle a
problem* v het hoofd ~ *yield* II [on ww]
• (afbuigen) *bend,* (v. stralen) *diffract* • (buiging
maken) *bow* • (~ **voor**) *submit to* v ~ of barsten
bend or break
buiging • (stembuiging) *modulation, inflection*
• (het buigen) *bow,* (révérence) *curtsy*
buigingsuitgang *inflexional ending*
buigzaam *flexible*
buiig • (humeurig) *unpredictable, volatile*
• (regenachtig) *showery*
buik • (lichaamsdeel) *belly,* (form.) *abdomen*
• (bol gedeelte) *belly, thickest section,* (nat.)
antinode v zijn buik vasthouden van 't lachen
hold one's sides (with laughter) v hij had er zijn
buik vol van *he was fed up with it*
buikdansen *belly dancing*
buikdanseres *belly dancer*
buikgriep *stomache troubles,* (inf.) *tummy
troubles,* (med.) *gastro-enteritis*
buiklanding *belly landing*
buikloop *diarrhoea*
buikpijn *stomach-ache,* (inf.) *bellyache,* (kind.)
tummy-ache
buikriem *belt* v de ~ aanhalen *tighten one's belt*
buikspreken I [het] *ventriloquism* II [onv ww]
practise ventriloquism
buikspreker *ventriloquist*
buikvlies *peritoneum*
buikwand *stomach/abdominal wall*
buil • (zakje) *paperbag* • (bult) *lump, swelling*
v daar kun je je geen buil aan vallen *you can't
go wrong with that*
buis • (pijp) *tube* • (televisie) *telly, box*
buiswater *spray*
buit *booty, spoils, loot* ★ buit maken *capture* v met
de buit gaan strijken *carry off the loot/prize*
buitelen (luchtvaart) *loop the loop*
buiteling *tumble* ★ een ~ maken *turn a somersault*
buiten I [het] *country-seat* II [bijw] • (niet
betrokken bij) *out of* v laat hem er ~! *keep him
out of it!* ★ er ~ staan *not play a role* (in) ★ dat
gaat ~ mij om *that does not concern me* • (op het
platteland) ★ zij woont ~ *she lives in the country*
★ van ~ komen *come from the country*
• (buitenshuis) *outside* v van ~ naar binnen
inward(s) v zij speelt ~ *she's playing outside*
v zich te ~ gaan aan *indulge in* III [vz] • (iets
niet betreffende) ★ ~ beschouwing laten *leave aside* ★ ~ mijn
vermogen *beyond my power* • (zonder) *without,
out of* v ~ adem *out of breath* ★ ~ mijn weten/toestemming
without my knowledge/consent v zij kan niet ~
een fiets *she can't do without a bicycle* • (behalve)
except for ★ ~ haar vriendin wist niemand
ervan *except for her friend no one knew about it*
• (niet binnen een plaats) *outside* ★ ~ Europa
outside Europe v iets van ~ kennen *know s.th. by
heart* v ~ bedrijf *out of order* v ~ zichzelf zijn
(van) *be beside o.s.* (with)
buiten- *extra, out*
buitenaards *extraterrestrial* ★ ~e wezens *aliens*

buitenbad *open-air/outdoor pool*
buitenband *tyre, cover*
buitenbeentje *eccentric, crank, oddball*
buitenboordmotor *outboard motor*
buitendeur *front door, outer door*
buitendienst *fieldwork,* (personeel) *fieldstaff*
buitenechtelijk (vero.) *child born out of wedlock,*
(kind) *illegitimate,* (verhouding) *extramarital*
buitengaats *off shore*
buitengebeuren *outdoor events/parties/concerts,*
etc.
buitengewoon I [bnw] *special, extra,
extraordinary, exceptional* • buitengewone
uitgaven *extra expenses* ★ ~ gezant *ambassador*
extraordinary II [bijw] *extremely, exceptionally*
buitenhuis *country house/cottage*
buitenissig *eccentric, strange*
buitenkansje *stroke/bit/piece of luck,* (geld)
windfall
buitenkant *outside,* (buitenwijk) *outskirts* ★ aan
de ~ *on the outside* v op de ~ afgaan *judge by
appearances*
buitenland *foreign country* v in/naar 't ~ *abroad*
buitenlander *foreigner*
buitenlands *foreign*
buitenleven *country life, life in the country*
buitenlucht (buitenshuis) *open air,* (op het
platteland) *country air*
buitenmens *outdoorsman/woman*
buitenmodel *off-size* ★ een ~ pak *off-size suit*
buitenom ★ ~ het huis/de stad, e.d. gaan *go
round the house/town*
buitenparlementair *extraparliamentary*
buitenplaats • (buitenhuis) *country seat*
• (afgelegen plaats) *secluded spot, out-of-the-way
spot*
buitenshuis *out-of-doors* ★ ~ eten *eat/dine out*
★ ~ werken *work outside;* (v. vrouw) *work outside
the home*
buitensluiten *lock out,* (fig.) *exclude*
buitenspel (sport) *offside* v iem. ~ zetten *cut s.o.
out*
buitenspeler *winger*
buitenspiegel *outside/wing mirror*
buitensporig *extravagant*
buitensport *outdoor sports,* (vissen, jagen, e.d.)
field sports
buitenstaander *outsider*
buitenverblijf *country house*
buitenwacht *the outside world, the outsiders*
buitenwereld *outside world*
buitenwijk *suburb* ★ de ~en *the suburbs; the
outskirts*
buitenzijde *outside*
buizerd *buzzard*
bukken *stoop,* (snel) *duck* v gebukt gaan onder *be
weighed down by*
buks *rifle*
bul • (stier) *bull* • (oorkonde) *diploma, degree
certificate* • (pauselijke brief) (papal) *bull*
bulderbaan *flight path over a residential area*
bulderen • (spreken) *roar, bellow, bluster* ★ met
~de stem *in a booming voice* • (dreunen) *roar,
thunder*
buldog *bulldog*
Bulgaar *Bulgarian* ★ een ~se *a Bulgarian woman;
a Bulgarian*
Bulgaars I [het] *Bulgarian* II [bnw] *Bulgarian*
★ ~e yoghurt *Bulgarian yoghurt*
Bulgarije *Bulgaria*
bulk *bulk*
bulken • (loeien) *moo* • (brullen) *bellow* ★ ~ van

het lachen *bellow/roar with laughter* ● (~ **van**) ★ hij bulkt van het geld *he is rolling in money*
bulkgoederen *bulk goods*
bullebak *bully*
bulletin *bulletin*
bult ● (bochel) *hump* ● (buil) *lump, bump* ▼ zich een bult lachen *split one's sides; be in fits*
bultenaar *hunchback*
bumper *bumper*
bundel ● (pak, bosje) *bundle* ★ een ~ papieren *a sheaf of papers* ● een ~ bankbiljetten *a wad of banknotes* ● (verzameling, boekje) *collection*
bundelen *bundle*, (artikelen, gedichten) *collect*, (gedichten) *compile*, (krachten) *join* ▼ zijn krachten ~ *gather one's strength*
bunder *hectare*
bungalow *bungalow*
bungalowpark *holiday park*
bungalowtent *frame tent*
bungelen *dangle, hang*
bunker ● (brandstofruim) *bunker* ● (verdedigingswerk) *pillbox*, (schuilplaats) *(air raid) shelter*
bunkeren ● (brandstof innemen) *bunker, coal* ● (veel eten) *stuff o.s.*
bunsenbrander *Bunsen burner*
bunzing *polecat*
bups ★ de hele bups *the whole kit and caboodle; the (whole) lot*
burcht *castle, citadel, fortress*
bureau ● (schrijftafel) *writing desk/table* ● (afdeling) *bureau, office* ● ~ gevonden voorwerpen *lost property office* ● (politiebureau) *police station*
bureaucratie *red tape, bureaucracy*
bureaulamp *desk light*
bureaustoel *desk chair*
burengerucht ★ ~ maken *cause a disturbance*
burgemeester *mayor*, (in Londen en grote steden) *Lord Mayor*, (in Nederland, Vlaanderen, Duitsland) *burgomaster* ★ Burgemeester en Wethouders *mayor and aldermen*
burger (inwoner) *citizen*, (tegenover edelman) *commoner*, (tegenover mil.) *civilian* ● politieman in ~ *a plain-clothes policeman* ★ militair in ~ *soldier in civilian clothes* ▼ dat geeft de ~ moed *that's heartening*
burgerbevolking *civilian population*
burgerij ● (klasse) *middle classes* ★ de kleine ~ *the lower middle class* ● (bevolking) *citizens*
burgerkleding (inf.) *civvies*, (v. mil.) *civilian dress*, (v. politie) *plain clothes*
burgerlijk ● (van de burgerstand) *middle-class* ● (van de staatsburger) (plichten) *civic*, (recht, samenleving) *civil* ★ ~ recht *civil law* ★ ~ wetboek *civil code* ★ ~ ambtenaar *civil servant* ★ ~ leven *civil life* ★ de ~e stand *Registry of Births, Deaths and Marriages*; (afdeling) *registrar's office*; (dienst) *registry office* ● (kleinburgerlijk) *middle-class, bourgeois*, (pej.) *smug*, (gebruiken) *conventional*
burgerluchtvaart *civil aviation*
burgerman *bourgeois*
burgeroorlog *civil war*
burgerplicht *civic duty*
burgerrecht *civil right(s)*
burgervader *mayor*
burgerwacht *home guard*
burlesk *burlesque*
Burundi *Burundi*
bus ● (trommel) *box, caddy* ● (autobus) *bus, coach* ● (brievenbus) (openbaar) *postbox*, (privé)

mailbox ★ een brief op de bus doen *post a letter* ▼ (die redenering) klopt als een bus *is as sound as a bell*
buschauffeur *bus driver*
busdienst *bus service*
bushalte *bus stop*
buskruit *gunpowder* ▼ hij heeft het ~ niet uitgevonden *he is no Einstein*
buslichting *collection*
busstation *bus station*
buste ● (borstbeeld) *bust* ● (boezem) *bust, bosom*
bustehouder *brassière*, (inf.) *bra*
butagas *calor gas*
buts *dent*
button *badge*
buur *neighbour* ▼ een goede buur is beter dan een verre vriend *a good neighbour is worth more than a distant friend*
buurland *neighbouring country, neighbour*
buurman (next-door) *neighbour, man next door*
buurmeisje *girl nextdoor*
buurpraatje ● (praatje met buur) *neighbourly chat* ● (roddelpraat) *gossip*
buurt ● (omgeving) *neighbourhood, vicinity* ★ hier in de ~ *around here* ★ ver uit de ~ *far away* ★ ik was toevallig in de ~ *I was just passing* ★ blijf uit zijn ~ *give him a wide berth* ● (wijk) *quarter, neighbourhood, district, area*
buurtbewoner *local resident*
buurtcafé *local cafe/pub*, (AE) *corner/ neighbourhood bar/restaurant*
buurten *go over to see the neigbours, visit the neighbours*
buurthuis *community centre*
buurtwerk *community work*
buurtwinkel *local shop*, (AE) *local/neighbourhood/ corner store*
buurvrouw *woman next door, neighbour*
buut *home!*
B-verpleging *psychological care*
B-weg *B-road, secondary/minor road*
byte *byte*
Byzantium *Byzantium*

B

C

c • (letter) (the letter) C/c [mv: C's] • (muzieknoot) C * c-sleutel C clef
cabaret cabaret
cabaretier cabaret artist, entertainer
cabine • (hokje) booth • (stuurhut) cabin • (passagiersruimte) cabin
cabriolet convertible
cacao • (boon) cacao • (drank, poeder) cocoa
cacaoboter cacao butter
cachet • (speciaal karakter) cachet, distinction • (zegel) seal, signet, (filatelie) cachet
cachot cell(s), lockup
cactus cactus
CAD C.A.D., Computer Aided Design
cadans rhythm
cadeau present, gift * iets ~ krijgen get s.th. as a present * iem. een ~ geven give somebody a present * iem. iets ~ doen/geven (form.) make a person a present of s.th. ▼ dat kan je van mij ~ krijgen you are welcome to it
cadeaubon gift token
cadet cadet
cadmium • (cadmiumgeel) cadmium yellow/sulphide • (chem.) cadmium
café public house, pub, bar, (koffiehuis) café
cafëhouder landlord, pub owner, café owner
cafeïne caffeine
café-restaurant restaurant
cafetaria cafeteria
caissière cashier
caisson • (zinkbak) caisson • (werkkamer) caisson • (munitiewagen) ammunition-waggon
caissonziekte caisson disease, decompression sickness
cake cake
calamiteit calamity, disaster
calculatie calculation
calculator calculator
calculeren calculate
caleidoscoop kaleidoscope
callgirl call-girl
calorie calorie
caloriearm low calorie
calvinisme Calvinism
calvinistisch Calvinistic
Cambium Cambium
Cambodja Cambodia
Cambrium Cambrium
camee cameo
camel camel
camera camera
cameraman cameraman
camera obscura camera obscura
cameraploeg camera crew, camera team
camouflage camouflage
camoufleren camouflage
campagne campaign * een ~ voeren voor/tegen conduct a campaign for/against
camper camper, (AE) motor home
camping camp(ing) site, (voor caravans) caravan park, (AE) trailer park
campus campus
Canada Canada
Canadees I [de] Canadian * een Canadese a Canadian woman; a Canadian II [bnw] Canadian
canaille riff-raff, yob(bo)
canapé sofa, couch
Canarische Eilanden Canary Islands

canon canon
canoniek canonical * ~ recht canon law
cantate cantata
cantharel chanterelle
cantorij church choir
canvas canvass
cao collective (labour) agreement * dat staat niet in de cao that is not part of the job description
capabel capable, competent, able
capaciteit • (vermogen) capacity, (v. motor, e.d.) power * op volle ~ werken work at full capacity • (bekwaamheid) ability, capability
cape cape
capitulatie capitulation
capituleren capitulate
capriool caper * capriolen maken cut capers
capsule capsule, capsule, (v. fles) bottle-cap
captain captain
capuchon hood
cara CNSLD, Chronic Non Specific Lung Disease, COLD, Chronic Obstructive Lung Disease, COPD, Chronic Obstructive Pulmonary Disease
Caraïbisch Caribbean * ~e Eilanden Caribbeans; Caribbean Islands * ~e Zee Caribbean Sea
carambole cannon, (AE) carrom
caravan caravan, (AE) trailer
carbol phenol, carbolic acid
carbolineum creosote (oil)
carbonaat carbonate
carbonpapier carbon paper
carburateur carburet(t)or
carcinoom carcinoma
cardiogram cardiogram
cardioloog cardiologist
cargadoor ship broker
cargo • (vracht) cargo, load • (schip) cargo ship/vessel
cariës tooth decay, (med.) caries
carillon carillon, chimes
carnaval carnival
carnivoor carnivore
carpoolen car pool
carport carport
carré square
carrière career * ~ maken make a career * zijn ~ mislopen to be in the wrong business; to miss one's vocation
carrièreplanning career-planning
carrosserie coachwork, bodywork
carte blanche carte blanche * ~ krijgen be given carte blanche; be given a free hand
carter crankcase, (v. versnelling) gearbox
cartografie cartography
cartoon cartoon
cascade cascade
casco • (romp) hull • (schip) body, vessel
cascoverzekering (v. auto) insurance on bodywork, (v. schepen) underwriting, hull insurance
cash cash (down)
casino casino, club
cassatie cassation * in ~ gaan appeal at the court of cassation * ~ aantekenen give notice of appeal
casselerrib cured side of pork
cassette • (bandje) cassette (tape) • (doos) (geld) cash box, (voor bestek) canteen (of cutlery), (voor sieraden) casket
cassettebandje cassette (tape)
cassettedeck cassette player
cassetterecorder cassette recorder
cassis • (drinksiroop) ribena • (frisdrank) (fizzy) black currant drink

castagnetten *castanets*
castratie *castration*
castreren *castrate*, (v. dieren) *geld*
catacombe *catacomb*
catalogiseren *catalogue*
catalogus *catalogue*
catamaran *catamaran*
cataract *cataract*
catastrofaal *catastrophic, disastrous*
catastrofe *catastrophe, disaster*
catechisatie *confirmation classes*
catechismus *catechism*
categorie *category*
categorisch *categorical*
categoriseren *categorise*
catering *catering*
catharsis *catharsis*
*catheter (Wdl: katheter) *catheter* ∗ *een catheter*
  inbrengen catheterize
causaal *causal*
cavalerie *cavalry*
cavia *guinea-pig*
cayennepeper *cayenne pepper*
cc ● (copie conform) *copy conform*
  ● (inhoudsmaat) *cc*
cd-speler *cd-player*
ceder *cedar*
cedille *cedilla*
ceintuur ● (riem) *belt* ● (gordel) *sash*
cel ● (hokje) (gevangeniscel) (prison) *cell*,
  (telefooncel) *telephone booth, call box* ● (bio.) *cell*
  ● (pol.) *cell* ∗ *een communistische cel a*
  communist cell
celdeling *cell division*
celebreren *celebrate*
celgenoot *cellmate*
celibaat *celibacy*
cellist (violon)*cellist*
cello *cello*
cellofaan *cellophane*
celluloid *celluloid*
cellulose *cellulose*
Celsius *Celsius*
celstof *cellulose*
celtherapie *cell therapy*
cement *cement*
cementmolen *cement mill*
cenotaaf *cenotaph*
censureren *censor*
censuur *censorship* ∗ ~ *instellen impose censorship*
  ∗ *onder* ~ *stellen censor*
cent ● (munt) *cent* ● (geld) *penny* ▼ *geen centje*
  pijn no problem at all ▼ *om de centen just for the*
  money ▼ *hij is erg op de centen he is very close/*
  tight-fisted ▼ *hij had geen rooie cent he hadn't a*
  penny to bless himself with ▼ *het kost je geen*
  cent it won't cost you a penny ▼ *tot de laatste*
  cent to the last penny ▼ *fluitje van een cent a*
  piece of cake
centaur *centaur*
centi- *centi*
centimeter ● (meetlint) (metric) *tape measure*
  ● (maat) *centimetre*
centraal *central* ∗ **centrale verwarming** *central*
  heating
Centraal-Afrikaanse Republiek *Central*
  African Republic
centrale (elektriciteit) *power station*, (in bedrijf)
  switchboard, (telefoon) *exchange*
centralisatie *centralization*
centraliseren *centralize*
centreren *centre*

centrifugaal *centrifugal*
centrifuge (techn.) *centrifuge*, (voor de was)
  spin-drier
centrifugeren *centrifuge*, (melk) *separate*, (was)
  spin-dry
centripetaal *centripetal*
centrum *centre* ∗ *het* ~ *van de stad the towncentre*
ceramiek *ceramic(s)*
ceremonie *ceremony*
ceremonieel *ceremonial*
ceremoniemeester *master of (the) ceremonies,*
  M.C.
certificaat *certificate*
cervelaatworst *cervelat, saveloy*
cesuur *caesura*
cfk *CFC, chloro-fluorocarbon*
chagrijn ● (persoon) *grumbler, misery* ∗ *een stuk*
  ~ *an old grumbler* ● (humeurigheid) *chagrin*
chagrijnig *sulky, (form.) chagrined*
chalet *chalet, Swiss cottage*
champagne *champagne*
champignon *mushroom*
chanoekafeest *Hanukkah, Chanukah*
chanson *song, chanson*
chantage *blackmail* ∗ ~ *plegen blackmail*
chanteren *blackmail*
chaoot *muddlehead*
chaos *chaos, disorder, confusion*
chaotisch *chaotic*
charge *charge*
charisma *charisma*
charlatan *charlatan, mountebank*
charmant *charming, delightful*
charme *charm*
charmeren *charm*
charmeur *charmer, ladies' man*
chartaal ∗ ~ *geld circulating money/currency;*
  common money
charter ● (vlucht) *charter flight* ● (oorkonde)
  charter
charteren ● (afhuren) *charter* ● (hulp inroepen)
  enlist, charter
chartermaatschappij *charter airline*
chartervliegtuig *chartered aircraft*
chartervlucht *charter flight*
chassis ● (onderstel auto) *chassis* ● (raamwerk)
  chassis, frame
chaufferen *drive (a car)*
chauffeur *driver*, (gewoonlijk in uniform)
  chauffeur
chauvinisme *chauvinism* ∗ *Amerikaans* ~
  spread-eagl(e)ism
checken *check (over/through/up), verify*
checklist *check-list*
chef *chief*, (inf.) *boss*, (directeur) *manager*, (v.
  afdeling) *office-manager*, (werkgever) *employer*
chef-kok *chef*
chef-staf *Chief of Staff*
chemicaliën *chemicals*
chemicus (research) *chemist, chemical analyst*
chemie *chemistry*
chemisch *chemical* ∗ ~ *bestrijdingsmiddel*
  chemical agent ∗ ~ *toilet chemical toilet* ∗ ~*
  wapen chemical weapon
chemocar *public chemical waste collection-van*
chemotherapie *chemotherapy*
cheque *cheque*
cherubijn *cherub*
chic ● (elegant) *chic, stylish, elegant* ∗ *een chique*
  tent a snazzy place ∗ *een chique buurt a*
  fashionable area ● (voornaam) *chic, distinguished*
  ∗ *de chic the fashionable world; the smart set*

C

Chileen Chilean * zij is ~se she is (a) Chilean (woman)
Chileens Chilean
Chili Chile
chimpansee chimpanzee, (inf.) chimp
China China
Chinees I [de] • (persoon) Chinese [mv: Chinese] • (restaurant) Chinese restaurant * zullen we ~ halen? let's get Chinese take-away **II** [het] Chinese **III** [bnw] Chinese
chinezen • (Chinees eten) go out for a Chinese dinner • (heroïne snuiven) sniff cocaine
chip (computer) chip
chipkaart chip card
chipolatapudding ≈ bavarois
chips crisps, (AE) (potato) chips
chiropracticus chiropractor
chirurg surgeon
chirurgie surgery
chirurgisch surgical
Chisinau Kishinev
chloor chlorine
chloride chloride
chloroform chloroform
chlorofyl chlorophyll
chocolade chocolate, (drank) cocoa
chocoladeletter chocolate letter
chocolademelk drinking chocolate * warme ~ hot cocoa/chocolate
chocolaterie chocolate shop
chocopasta chocolate spread
choke choke
cholera cholera
cholesterol cholesterol
choqueren shock, offend, outrage
choreograaf choreographer
choreografie choreography
christelijk Christian * de ~e leer Christianity
christen Christian
christen-democraat Christian Democrat
christendom Christianity
Christus Christ * na ~ after Christ; A.D. * voor ~ before Christ; B.C.
chromosoom chromosome
chronisch chronic
chronologie chronology
chronologisch chronological
chronometer chronometer
chroom chromium
chrysant chrysanthemum
cichorei chicory
cider cider
cijfer • (teken) figure • (beoordeling) mark, grade * een hoog ~ voor scheikunde a good/high grade for chemistry
cijfercode numerical code
cijferen calculate
cijferlijst list of marks, results
cijfermateriaal figures, numerical data
cijferslot combination lock
cilinder cylinder
cilinderslot cylinder lock
cineast film director, (AE) movie director
cinefiel film enthusiast/lover, (AE) movie lover/enthusiast
cipier warden, jailer, (BE) gaoler
cipres cypress
circa circa, approximately, (jaartallen) circa, around
circuit circuit
circulaire circular
circulatie circulation * in ~ brengen bring/put

in(to) circulation
circuleren circulate * laten ~ circulate
circus circus v wat een ~ what a farce; what a ridiculous spectacle
circusnummer circus act
cirkel circle
cirkelen circle
cirkelredenering circular reasoning
cirkelzaag circular saw
cis C sharp
ciseleren chisel, chase, (fig.) polish
citaat quotation
citadel citadel
citer cither(n), cittern
citeren cite, (woordelijk) quote
citroen lemon, (muskuscitroen) citron
citroengeel lemon yellow
citroenmelisse lemon balm
citroenvlinder brimstone butterfly
citroenzuur citric acid
citrusvrucht citrusfruit
civiel civil, (niet mil.) civilian * ~ recht civil law * ~e lijst civil list * ~e partij party in a civil suit * ~e zaak civil suit/action
civielrechtelijk civil, according to civil law * iem. ~ vervolgen bring civil action against s.o.
civilisatie civilization
civiliseren civilize
claim claim * een ~ indienen file a claim (with)
claimen claim
clan • (stam) clan, tribe • (hechte groep) clan
clandestien clandestine, secret, (handel) illicit
classicisme classicism
classicus classicist, classical scholar
classificatie classification
classificeren classify, class
claustrofobie claustrophobia
clausule clause, stipulation, rider
claxon horn
claxonneren honk, hoot, sound one's horn
clean • (zuiver) clean, clinical • (zakelijk) without emotion • (afgekickt) clean, off (drugs)
clematis clematis, virgin's bower
clementie clemency, leniency
clerus clergy
cliché I [het] • (drukplaat) (stereotype) block, plate, (fotografie) negative • (gemeenplaats) cliché, hackneyed phrase **II** [bnw] cliché, (uitdrukking) stereotyped
clichématig clichéd, commonplace
cliënt client, customer
clientèle clientele
climax climax
clinch clinch * in de ~ gaan fall out; come to words; get into a tussle with s.o.
clip • (paperclip) paper-clip, (grote paperclip) bulldog clip • (speld) clip, pin • (videoclip) (video) clip
clitoris clitoris
closet water-closet, w.c.
close-up close-up
clou point, (v. grap) punch line * dat is de clou that's the point
clown clown * ~ spelen (play the) clown
club • (vereniging) club, society • (groep vrienden) group, crowd, gang • (golfstick) club
clubfauteuil armchair, easy chair
clubgenoot clubmate, fellow club member
clubhuis club house, (cricket) pavilion
clubverband as a club
cluster cluster, collection
coach coach, trainer, (bij opleiding) supervisor

coachen coach
coalitie coalition
coalitiepartner coalition partner
coassistent houseman, ⟨AE⟩ intern(e)
coating coating, ⟨lak⟩ protecting varnish, ⟨verf⟩ top-coat
coaxkabel coaxial, coax cable
cobra cobra
cocaïne cocaine
cockpit ⟨v. lijnvliegtuig⟩ flight deck, ⟨v. vliegtuig, motorboot⟩ cockpit
cocktail cocktail
cocktailjurk cocktail dress
cocktailprikker cocktail stick
cocon cocoon
code code * in code overbrengen encode
coderen encode
codex codex [mv: codices]
codicil codicil
coëfficiënt coefficient
coëxistentie coexistence
coffeeshop coffee bar/house, ⟨AE⟩ coffeeshop
cognac cognac, ⟨French⟩ brandy
coherent coherent
coherentie coherence
cohesie cohesion
coïtus coitus
coke • ⟨cola⟩ coke, cola, coca cola • ⟨cocaïne⟩ coke
cokes coke * geklopte ~ broken coke
col • ⟨kraag⟩ turtle-neck, rollneck • ⟨bergpas⟩ (mountain) pass
cola cola
cola-tic gin and coke, rum and coke
colbert jacket
collaborateur collaborator
collaboratie collaboration
collaboreren collaborate
collage collage
collectant collector, ⟨in kerk⟩ churchwarden
collecte collection * een ~ houden make a collection; collect
collecteren collect
collectie collection
collectief I [het] collective, co-operative II [bnw] collective • de collectieve sector public sector
collectivisme collectivism
collega colleague * mijn ~'s op school my fellow teachers
college • ⟨bestuurslichaam⟩ ⟨directie⟩ board, ⟨v. kardinalen, etc.⟩ college • het ~ van B en W the town council • ~ van bestuur Board of Governors • ⟨school⟩ college • ⟨les⟩ lecture * ~ geven lecture (on); give lectures * ~ lopen attend (the) lectures
collegedictaat synopsis of a lecture, ⟨verkrijgbaar⟩ summary, ⟨zelfgemaakt⟩ lecture notes
collegegeld lecture fee, tuition fees
collegekaart student card, university identity card
collegezaal lecture-room
collegiaal fraternal * zich ~ gedragen/opstellen behave as a good colleague
collegialiteit good-fellowship, fellow-feeling
collier necklace
colloïde colloid
colloquium colloquium
colofon colophon
Colombia Colombia
colonne column • de vijfde ~ the fifth column
coloradokever Colorado beetle
coloriet colouring, coloration
colportage selling door-to-door
colporteren canvass, hawk, sell door to door

colporteur canvasser, hawker
coltrui turtleneck sweater, polo-neck sweater
column column
coma coma * in coma liggen be in (a) coma
comateus comatose
combi estate car
combinatie combination, ⟨illegaal syndicaat⟩ ring, ⟨syndicaat⟩ combine
combinatietang (a pair of) combination pliers
combine • ⟨landbouwmachine⟩ combine harvester • ⟨samenwerkingsverband⟩ combination, combine
combineren combine
combo combo
comeback come back
comfort comfort * van alle ~ voorzien fitted with modern conveniences; with all mod cons
comfortabel comfortable
comité committee
commandant commander, ⟨scheepv.⟩ master, captain, ⟨v. kamp⟩ commandant
commanderen • ⟨bevelen⟩ give orders * ik laat me door niemand ~ I won't take orders from anybody • ⟨het bevel voeren⟩ command, be in command ⟨of⟩ ▼ commandeer je hond (en blaf zelf) I don't take orders from you
commando • ⟨bevelvoering⟩ command * het ~ overnemen take over command * het ~ voeren be in command of • ⟨soldaat⟩ commando • ⟨bevel⟩ command, order, ⟨comp.⟩ command • ⟨groep soldaten⟩ commando
commandotroepen commando troups, commando(e)s
commentaar comment, ⟨krant, tv etc.⟩ commentary * ~ leveren op comment upon
commentariëren commentate on, comment upon, ⟨tekst⟩ annotate
commentator commentator
commercial commercial
commercie commerce, trade
commercieel commercial
commies clerk, ⟨v. douane⟩ customs officer
commissariaat • ⟨ambt⟩ commissionership • ⟨bureau⟩ commissioner's office, ⟨v. maatschappij⟩ directorate
commissaris ⟨gemachtigde⟩ commissioner * ~ van politie Chief Constable * ~ van de Koningin Royal Commisioner • ⟨bestuurslid⟩ official, ⟨als toezichthouder⟩ commisioner • raad van ~sen board of commisioners
commissie committee * in een ~ zitten be on a committee
commissionair commission-agent
commode chest of drawers
commotie consternation, commotion * die benoeming gaf veel ~ that appointment caused much consternation * ~ maken cause a commotion; ⟨inf.⟩ kick up a fuss
communautair communal
commune commune
communicant communicant, ⟨eerste communie⟩ s.o. making his/her first Communion
communicatie communication
communicatief communicative * communicatieve vaardigheden communication skills
communicatiesatelliet communications satellite, comsat
communicatiestoornis breakdown in communications
communicatiewetenschap communication studies

C

C

communiceren ● (in verbinding staan) communicate ● (ter communie gaan) receive Holy Communion
communie (Holy) Communion * zijn ~ doen make one's first Communion
communiqué communiqué * een ~ uitgeven issue a communiqué
communisme communism
communist communist
communistisch communist
Comoren Comoros, Comoro Islands
compact compact
compact disc compact disc
compagnie company
compagnon ● (vennoot) business associate ● (makker) pal, mate
compareren appear before a notary public
compartiment compartment
compatibel compatible
compatibiliteit compatibility
compendium compendium
compensatie compensation
compenseren compensate for, make good, counterbalance
competent competent
competentie competence
competitie ● (wedijver) competition ● (sport) league
compilatie compilation
compileren compile
compleet I [bnw] complete, full * ~ vergeten clean forgotten **II** [bijw] clean * zij is het ~ vergeten she completely forgot
complement complement
complementair complementary
completeren complete
complex I [het] complex **II** [bnw] complex, complicated
complicatie complication
compliceren complicate
compliment ● (prijzende opmerking) compliment * iem. zijn ~ maken over iets compliment a person on s.th. ● (plichtpleging) * zonder ~en without (more) ado ● (groet) * doet u mijn ~en aan uw man (give) my regards to your husband * ~en thuis remember me to all at home
complimenteren compliment (upon)
complimenteus complimentary
complot plot, intrigue
component component
componentenlijm compound glue, two-part adhesive
componeren compose
componist composer
composiet composite
compositie composition
compositiefoto composition photo
compost compost
compote compote
compressie compression
compressor compressor
comprimeren compress
compromis compromise * een ~ sluiten make a compromise
compromitteren compromise * zich ~ compromise o.s. with s.th.
computer computer * in de ~ zetten computerize
computergestuurd computer-controlled
computerkraak computer break-in
computerprogramma computer program
computertaal computer language, programming language

C-omroep small broadcasting corporation in the Netherlands
concaaf concave
concentraat concentrate, extract
concentratie concentration
concentratiekamp concentration camp
concentreren I [ov ww] concentrate, centre * troepen ~ mass troops **II** [wkd ww] focus, concentrate, centre * zich op een onderwerp ~ concentrate on a subject; centre one's attention on a subject
concentrisch concentric
concept ● (ontwerp) (rough) draft, outline ● (begrip) concept
conceptie ● (denkbeeld) conception, idea, notion ● (bevruchting) conception
concern concern
concert ● (uitvoering) concert ● (muziekstuk) concerto
concertbezoek concert visit
concerteren give a concert
concertganger concertgoer
concertgebouw concert hall
concertmeester leader
concessie ● (vergunning) concession, licence, (voor mijn) claim * ~ aanvragen apply for a concession * een ~ verlenen grant a concession/ licence ● (het toegeven) concession, climb-down * iem. een ~ doen make a concession to s.o.
conciërge caretaker, (grote gebouwen) janitor
concilie council
concipiëren draft, conceive
conclaaf conclave * in ~ gaan go in conclave
concluderen conclude, infer (from)
conclusie conclusion, inference, (bevindingen) findings * voorbarige ~s trekken jump to conclusions
concours competition, contest * ~ hippique horse-show
concreet ● (werkelijk bestaand) concrete, actual * een ~ geval a specific case ● (duidelijk omlijnd) concrete, specific, definite * concrete voorstellen concrete proposals
concretiseren be specific about, give concrete form to
concubinaat concubinage * in ~ leven live together in concubinage
concurrent competitor, rival
concurrentie rivalry, competition * ~ aangaan met iem. compete with s.o.
concurrentiebeding (na overeenkomst) competition clause, (tijdens overeenkomst) (contract/agreement in)restraint of trade
concurrentieslag competition (war) * de ~ overleven survive the competition
concurreren compete (with)
condens condensation
condensatie condensation
condensator (v. stoom) condenser, (voor opslag elektriciteit) capacitor
condenseren condense
conditie ● (voorwaarde) condition, (mv) terms * gunstige ~s favourable terms ● (toestand) condition, state * in ~ blijven keep fit * in goede ~ verkeren (personen) be in good shape/ condition; (zaken) be in good state
conditietraining fitness training
condoléance condolence(s), sympathy
condoleantieregister guestbook at a funeral
condoleren condole * iem. ~ offer condolences to a person * gecondoleerd met het verlies van je vader accept my condolences/sympathies on the

death of your father
condoom *condom*, (inf.) *rubber*
condor *condor*
conducteur *conductor*, (v. trein) *guard*
confectie *ready-made clothing, off-the-peg clothes*
confectiekleding *ready-to-wear/off-the-peg clothes/garments*
confederatie *confederation*
conference ● (lezing) *talk* ● (voordracht) (solo) *sketch/act, comic monologue*
conferencier *entertainer*
conferentie *conference* ∗ een ~ houden *hold a conference*
confereren *consult, confer*
confessie *confession (of faith)*
confessioneel *confessional*, (v. onderwijs) *denominational*
confetti *confetti*
confidentieel *confidential*
configuratie *configuration*
confiscatie *confiscation, seizure,* (verbeurdverklaring) *forfeiture*
confisqueren *confiscate, seize*
conflict *conflict, dispute* ∗ in ~ komen met *come into conflict with; conflict/clash with*
conflictstof *matter of conflict*
conflictueus *causing conflict*
conform I [bnw] *in conformity/accordance with* ∗ voor copie ~ *certified true copy* **II** [vz] *in conformity/accordance with* ∗ ~ de eis *in accordance with the demand; as demanded*
conformeren *conform*
conformisme *conformism*
confrère *confrère*
confrontatie *confrontation*
confronteren *confront/face (with)*
confuus *confused*
congé *dismissal* ∗ iem. zijn ~ geven *give s.o. notice; dismiss a person* ∗ hij kreeg zijn ~ *he was given notice; he was dismissed*
congenitaal *congenital*
conglomeraat *conglomerate*
congregatie *congregation*
congres *congress*
congruent *corresponding*, (wisk.) *congruent*
congruentie *equivalence*, (wisk.) *congruence,* (taalk.) *concord*
conifeer *conifer*
conjunctie *conjunction*
conjunctuur *tendency of the market, economic situation* ∗ dalende ~ (economic) *decline; downward economic trend; slump*
connectie ● (verbinding) *connection, contact* ∗ hij heeft overal zijn ~s *he has contacts all over the place* ∗ veel ~s hebben *have many connections/ contacts* ● (relatie) *connection, link, relationship* ∗ hij heeft uitstekende ~s *he has excellent contacts*
connotatie *connotation*
corrector *deputy headmaster, senior master*
consciëntieus *conscientious, scrupulous*
consecratie *consecration*
consensus *consensus*
consequent *consistent, logical*
consequentie (gevolg) *consequence*, (handelen) *consistency* ∗ de ~s aanvaarden *accept/bear the consequences*
conservatief I [de] *conservative* **II** [bnw] *conservative*, (pol.) *Conservative* ∗ de conservatieve partij *the Conservative Party*
conservator (museum) *curator* ∗ conservatrice *curator*

conservatorium *conservatory, school of music*
conserven *canned/tinned food/goods, preserves*
conserveren *can, preserve, keep,* (inblikken) *tin*
conserveringsmiddel *preservative*
consideratie ● (overweging) *consideration, reason* ● (respect) *consideration, respect* ∗ uit ~ voor *out of consideration for* ● (toegeeflijkheid) *consideration* ∗ ~ met iem. hebben *make allowances for s.o.*
consignatie *consignment* ∗ in ~ *on consignment*
consigne ● (opdracht) *orders, instructions* ● (wachtwoord) *password*
consistent *consistent*
consistentie *consistency*
consolidatie *consolidation*
consolideren *consolidate*
consonant *consonant*
consorten *associates*, (pejoratief) *henchmen, mob*
consortium *consortium*
constant *constant*
constante *constant*
constateren *ascertain,* (een feit, iemands schuld) *establish* ∗ ik constateer tot mijn genoegen *I am pleased to see* (that)
constatering *observation,* (opmerking) *statement,* (v.e. feit) *establishment*
constellatie ● (stand van zaken) *state of affairs* ● (astron.) *constellation*
consternatie *consternation, alarm* ∗ dat was een hele ~ *that was quite a commotion/stir*
constipatie *constipation*
constituent *constituent*
constitutie ● (grondwet) *constitution* ● (gestel) *constitution, physique*
constitutioneel *constitutional*
constructeur *constructor, design engineer*
constructie ● (het geconstrueerde) *structure, construction* ● (het construeren) *construction,* (bouwen) *building*
constructief *constructive*
constructivisme *constructivism*
construeren ● (bouwen) *construct, build,* (ontwerpen) *design* ● (taalk.) *construe*
consul *consul*
consulaat *consulate*
consulent *adviser, advisory expert,* (belastingconsulent, e.d.) *consultant*
consult *consultation*
consultatie *consultation*
consultatiebureau *health centre* ∗ ~ voor (aanstaande) moeders *maternity centre* ∗ ~ voor zuigelingen *child health clinic; infant welfare centre*
consulteren *consult*
consument *consumer*
consumentenbond *Consumers' Association,* (Engeland) *Consumer's Council*
consumeren *consume, eat, drink*
consumptie ● (verbruik) *consumption* ● (vertering) *refreshment(s),* (in restaurant) *drinks, food*
consumptie- *consumer*
consumptiebon *food voucher, chit*
consumptieijs *ice cream*
consumptiemaatschappij *consumer society*
contact ● (communicatie) *contact* ∗ in ~ komen met *come into contact with* ∗ in ~ brengen met iem. put in touch with s.o.* ∗ ~ opnemen met iem. get in touch with s.o.* ● (aanraking) *touch, contact* ● (persoon) *connection, contact* ● (elektrische verbinding) *contact,* (v. auto) *ignition*
contactadres *contact address*

C

contactadvertentie personal ad(vertisement), ad(vert) in the personal column
contactdoos socket
contactgestoord socially handicapped
contactlens contact lens
contactlijm impact adhesive
contactpersoon contact(man), informant, source
contactsleutel ignition key
container container
contant cash ∗ à ~ cash down ∗ ~e betaling cash payment
contanten cash, ready money ∗ betaling in ~ cash on the nail ∗ omwisselen in ~ cash/cash in
contemplatie contemplation
content content (with), satisfied (with) ∗ ~ met iets zijn be pleased with s.th.
context context
continent continent
continentaal continental ∗ ~ plat continental shelf
contingent ⟨hand.⟩ quota, ⟨v. troepen⟩ contingent
continu continuous, continual
continubedrijf continuous working plant, working on a 24-hour basis, ⟨bedrijfstak⟩ continuous industry
continueren ● ⟨voortzetten⟩ continue (with), carry on (with) ● ⟨handhaven⟩ continue, retain
continuïteit continuity
continuüm continuum
conto account ∗ à ~ on account ∗ dat komt op zijn ~ we hold him accountable
contour contour
contra I [bijw] contra **II** [vz] contra, against, ⟨jur.⟩ versus
contra-alt contralto
contrabande contraband
contrabas double-bass
contraceptie contraception
contract contract, agreement ∗ een ~ aangaan enter/conclude a contract
contractbreuk breach of contract
contracteren ● ⟨in dienst nemen⟩ to sign on/up ● ⟨contract sluiten⟩ contract
contractueel contractual ∗ zich ~ verbinden bind o.s. by contract
contradictie contradiction
contramine ∗ hij is altijd in de ~ he is always contrary; he's always in (the) opposition
contraproductief counter-productive
contrapunt counterpoint
Contrareformatie Counter Reformation
contraspionage counterespionage, counterintelligence
contrast contrast ● een ~ vormen met form/present a contrast to
contrasteren contrast (with)
contrastmiddel contrast fluid
contrastregelaar contrast control
contrastwerking contrast effect
contreien parts, regions
contributie subscription (fee)
controle ● ⟨toezicht⟩ check (on), supervision, ⟨med.⟩ checkup, ⟨v. kaartjes, kwaliteit⟩ inspection ∗ onder strenge ~ under strict surveillance ∗ sociale ~ social control ∗ ~ uitoefenen op iets exercise supervision over s.th. ● ⟨beheersing⟩ control ∗ we hebben de situatie volledig onder ~ we are in full command/control of the situation ● ⟨plaats⟩ ticket gate/barrier ∗ door de ~ gaan pass through the ⟨ticket-⟩barrier
controleren ● ⟨toezien⟩ supervise ● ⟨nagaan⟩ ⟨v. feiten⟩ verify, ⟨v. kaartjes⟩ inspect, ⟨v. personen, woorden⟩ check ● ⟨beheersen⟩ control

controlestrookje ⟨ticket⟩ stub
controleur controller, inspector, ⟨kaartjes⟩ ticket-inspector
controverse controversy
controversieel controversial, much/highly debated
conveniëren suit, be convenient to
conventie ● ⟨verdrag⟩ convention, agreement ● ⟨afspraak⟩ convention(s) ∗ in strijd zijn met de ~s go against the accepted norm
conventioneel conventional
convergent converging
convergeren converge
conversatie conversation
converseren converse (with) ∗ met zijn gasten ~ make conversation with one's guests
conversie conversion
converteren convert (in)to/from
convertibel ⟨hand.⟩ convertible
convex convex
convocaat zie convocatie
convocatie notification, ⟨aankondiging⟩ notice, ⟨bijeenroeping⟩ convocation
coöperatie ● ⟨samenwerking⟩ cooperation ● ⟨vereniging⟩ cooperative
coöperatief cooperative ∗ ~ werk work in cooperation
coöptatie co-optation, co-option
coöpteren co-opt
coördinaat coordinate ∗ coordinaten uitzetten set coordinates
coördinatenstelsel coordinate system, grid
coördinatie co-ordination
coördinator co-ordinator, ⟨school⟩ supervisor
coördineren co-ordinate
copieus copious, abundant, plentiful ∗ een copieuze maaltijd a copious meal
coproductie co-production
copromotor one of the professors presenting s.o. for a higher degree, ⟨AB⟩ co-supervisor
copuleren copulate, ⟨dieren⟩ mate
copyright copyright
corduroy cord⟨uroy⟩, ⟨fijn⟩ needle cord
coreferent co-reviewer, co-reporter, ⟨v. proefschrift⟩ second reader
corner corner, ⟨bij hockey⟩ corner-hit, ⟨bij voetbal⟩ corner-kick ∗ een ~ nemen take a corner (kick/hit)
corporatie corporate body, corporation
corps corps, body ∗ ~ diplomatique corps diplomatique; diplomatic body
corpsbal ⟨snobby⟩ fratter
corpulent corpulent, obese, stout
corpus ● ⟨verzameling⟩ corpus ● ⟨lichaam⟩ body, corpus
correct correct ∗ ~ handelen act correctly; do the correct/right thing
correctie correction
correctielak correction fluid
corrector ⟨proof⟩ reader
correlaat correlate
correlatie correlation
correlatiecoëfficiënt correlation coefficient
correspondent ⟨op kantoor⟩ correspondence clerk, ⟨v. blad⟩ correspondent
correspondentie correspondence ∗ de ~ voeren conduct the correspondence
correspondentieadres postal address
corresponderen ● ⟨schrijven⟩ correspond (with) ● ⟨overeenstemmen⟩ correspond (with/to)
corrigeren ● ⟨verbeteren⟩ correct, ⟨proefdruk⟩ ⟨proof⟩read, ⟨schoolwerk⟩ mark ● ⟨berispen⟩ correct, reprove

corrosie corrosion
corrupt ● (omkoopbaar) corrupt, dishonest ● (bedorven) corrupt, perverted
corruptie corruption
corsage corsage
Corsica Corsica
corso pageant ∗ bloemen~ flower parade
corvee ● (huishoudelijk karwei) chores, (mil.) fatigue ● (naar werk) chore, drudgery
coryfee star, celebrity
co-schap housemanship, (AE intern(e)ship ∗ ~pen lopen complete one's housemanship
cosinus cosine
cosmetica cosmetics
cosmetisch cosmetic ∗ de ~e industrie the cosmetics industry
Costa Rica Costa Rica
couchette berth, (in trein) couchette
coulant accommodating, fair, (v. betaling) prompt ∗ een ~e houding an accommodating attitude
coulisse wings ∗ achter de ~n behind the scenes
countertenor countertenor
coup coup ∗ een coup plegen carry out/stage a coup
coupe ● (snit) cut, hairstyle ● (beker) cup
coupé compartment, (auto) coupé
couperen ● (af-/bijsnijden) cut, trim, (staart v. hond, paard) dock ● (kaartspel) cut
couplet stanza, (v. twee regels) couplet
coupon ● (plaatsbewijs) ticket, voucher ● (dividendbewijs) interest/dividend coupon ● (lap stof) remnant, length
couponboekje coupon book, ticket book
coupure ● (deelwaarde) ∗ geld in kleine ~s money in small denominations ● (weglating in film) cut
courant current, marketable ∗ ~e maten stock sizes ∗ niet ~e maten off-sizes
coureur (auto) racing driver, (fiets) racing cyclist, (motor) racing motorist
courgette courgette
courtage commission, brokerage
couturier couturier, fashion designer
couvert ● (eetgerei) cover ∗ diners van veertig gulden per ~ dinners of forty guilders each ● (envelop) envelope ∗ geschenk onder ~ overhandigen present s.o. with a cheque in an envelope
couveuse incubator
couveusekind premature baby
cover ● (hoes) (dust) cover, dust jacket ● (muz.) cover (version), remake
coveren ● (bestrijken) cover ● (autobanden vernieuwen) remould, retread ● (vertolken) cover ∗ dit lied werd veel gecoverd there were plenty of cover versions of this song
cowboy cowboy
cracker cracker
cranberry cranberry
crash crash
crawl crawl
creatie creation
creatief creative ∗ ~ taalgebruik creative use of language
creativiteit creativity
creatuur creature
crèche day nursery, crèche
credit credit ∗ iets op iemands ~ schrijven credit s.o. with s.th.
creditcard credit card
crediteren ● (bijschrijven) credit ∗ iem. ~ voor 2500 gulden credit s.o.'s account with 2500 guilders ● (als schuld boeken) put to the credit of s.o.'s account

crediteur creditor
creditnota credit note
creditrente interest
credo credo
creëren create
crematie cremation
crematorium crematorium, crematory
crème I [de] cream II [bnw] cream(-coloured)
cremeren cremate
creool Creole
creools I [het] creole II [bnw] creole
crêpe ● (materiaal) crepe, crape ∗ de Chine crepe de Chine ● (flensje) crepe
crêpepapier crepe paper
creperen kick the bucket ∗ ~ van de honger starve
cricket cricket
crime disaster ∗ die dagjesmensen zijn een ~ hier those day trippers are a disaster
criminaliteit criminality
crimineel I [bnw] ● (misdadig) criminal ● (strafrechtelijk) criminal II [bijw] horribly, terribly
criminologie criminology
crisis crisis ∗ de ~ te boven zijn have passed the critical stage; have turned the corner ∗ een ~ doormaken/doorstaan pass through a crisis; weather a crisis
crisiscentrum ● (opvangcentrum) crisis centre ● (coördinatiecentrum) emergency/crisis centre
crisisteam crisis team
criterium criterion [mv: criteria]
criticus critic
croissant croissant
croquet croquette
cross cross
crossen ● (aan cross meedoen) take part in a cross-country event/race ● (racen) tear/scoot about
crossfiets cross-country (racing) bicycle
croupier croupier
cru crude, blunt ∗ dat klinkt een beetje cru that sounds a bit harsh
cruciaal crucial
crucifix crucifix
cruisen ● (cruise maken) go on a cruise ● (uitgaan met het idee iem. te versieren) cruise
crypte crypt, vault
cryptisch cryptic
cryptogram cryptic crossword
Cuba Cuba
culinair culinary
culmineren culminate
cultiveren cultivate (in)
cultureel cultural ∗ ~ centrum cultural centre
cultus cult
cultuur ● (bebouwing met gewas) culture, (v. bacteriën) culture, (v. landbouwgrond) cultivation ● (beschaving) civilization ∗ de westerse ~ western civilization
cultuurbarbaar Philistine
cultuurdrager purveyor of culture
cultuurgeschiedenis cultural history
cultuurgewas cultivated crop
cultuurlandschap artificial landscape, man-made landscape
cultuurpessimist cultural pessimist
cultuurvolk civilized people
cum laude cum laude ∗ ~ afstuderen graduate cum laude
cumulatief cumulative ∗ ~ preferent aandeel cumulative preference share
cup ● (beker) cup ● (deel van beha) cup
cupwedstrijd cup game, (in beker competitie) cup tie

C

Curaçao Curaçao
curatele guardianship ∗ iem. onder ~ stellen make s.o. a ward of the court; legally restrain s.o.
curator ● (toezichthouder) (bij faillissement) trustee, (v. museum, e.d.) curator, custodian, (voogd) guardian ● (lid van raad van toezicht) (custodian) trustee
curetteren curet(te)
curie Curia
curieus curious, strange, odd
curiositeit curiosity, oddity, (klein voorwerp) curio
curiositeitenkabinet collection of curiosities
cursief I [de] italic **II** [bnw] italicized, in italics
cursiefje (regular) column
cursist student
cursiveren print in italics, italicize
cursor cursor
cursus course ∗ een ~ volgen take classes/a course (in) ∗ een vijfjarige ~ a five year course
curve curve, graph, (in diagram) curve
custard custard
cutter ● (snijtoestel) cutter ● (filmmonteerder) cutter, editor ● (baggertoestel) cutter dredger
cv c.h., central heating
cyaankali potassium cyanide, (inf.) cyanide
cyanide cyanide
cyclaam cyclamen
cyclisch cyclic(al)
cycloon cyclone
cycloop cyclops
cyclus cycle
cynicus cynic
cynisch cynical
cynisme cynicism
cypers v een ~e kat a tabby cat
Cyprioot Cypriot ∗ een Cypriotische a woman from Cyprus
Cypriotisch Cyprian
Cyprisch Cypriot
Cyprus Cyprus
cyste cyst

d ● (letter) (the letter) D/d ● (muzieknoot) D
daad action, act, deed, (grootse daad) exploit ▾ de daad bij 't woord voegen suit the action to the word ▾ een man van daden a man of action ▾ in woord en daad in word and deed
daadkracht decisiveness, energy
daadwerkelijk actual ∗ ~ hulp bieden actively offer help; offer practical help/assistance
daags ● (per dag) ∗ tweemaal ~ twice a day ● (op de dag) ∗ ~ tevoren the previous day; the day before ∗ (des) ~ during the day; by day
daalder ▾ op de markt is je gulden een ~ waard at the market you get twice as much for your money
daar I [bijw] there ∗ wie zingt daar? who's that singing? **II** [vw] (na de hoofdzin) because, (vóór de hoofdzin) as
daarbij ● (bij dat) near it ● (bovendien) besides
daardoor ● (daar doorheen) through that ● (door die oorzaak) therefore, that's why, for that reason
daarenboven besides, moreover
daarentegen (keuze) on the one hand, (tegenstelling) on the contrary
daarginds over there
daarheen there, (met beweging) over there, that way
daarin ● (in iets) in there, in it, (met beweging) into it ● (in het genoemde) ∗ ~ heeft ze gelijk she's right there.
daarlangs along there
daarlaten leave s.th. out of consideration, leave aside ∗ nog daargelaten dat ... apart from the fact that ...
daarna after that, afterwards
daarnaast ● (naast iets) next to it, beside it ● (bovendien) besides, in addition
daarnet just now
daarom ● (om die reden) therefore ● (desondanks) in spite of..., although
daaromheen around it
daaromtrent ● (betreffende iets) as to that, concerning that ● (ongeveer) ∗ (30 jaar) of ~ (30 years) or thereabout(s) ● (in die omgeving) thereabout, around there
daaronder ● (onder iets) under that (it) ● (onder meer) among(st) others, including
daarop ● (daarna) thereupon, following this ● (op iets) (up) on it, on top of it
daaropvolgend next, following, subsequent ∗ de ~e dinsdag the following Tuesday
daarover ● (over iets) across/on/over that, enz. ● (daaromtrent) about that ∗ je zult ~ later meer horen you'll hear more about that later
daartegenover ● (tegenover iets) opposite, facing it ∗ het hotel en ~ het postkantoor the hotel and the post office opposite ● (daarentegen) on the other hand
daartoe for that purpose, to that end
daartussen between (among) them
daaruit out of that, out of it, (fig.) from that ∗ ~ volgt... from this it follows...
daarvan (m.b.t. plaats) from it/that/there, (m.b.t. voedsel, e.d.) of that ∗ neem ~ zoveel je wilt take as much of it as you like
daarvandaan ● (van die plaats af) (plaats) away from there/it ● (vandaar) hence, that's why, therefore
daarvoor ● (voor iets) (plaats) in front of that, (ten behoeve van) for that (purpose), (tijd) before that

★ daar is het voor *that's what it is for* ● (om die reden) *that's why* ● (in ruil voor) *for it/that*

daarzo (over) *there*

daas I [de] *horsefly, gadfly* II [bnw] *scatterbrained,* (suf) *dazed*

dadel *date*

dadelijk I [bnw] *immediately, staightaway* II [bijw] ● (meteen) *immediately, directly, at once* ● (straks) *presently*

dadelpalm *date palm*

dader *offender, culprit,* (form.) *perpetrator* ▼ de ~ ligt op 't kerkhof *Mr Nobody has done it; there's no trace of the culprit*

dag I [de] ● *day* ● *de dag daarna the following day* ★ de dag tevoren *the previous day; the day before* ★ om de andere dag *every other day* ★ dag en nacht *night and day* ★ 't wordt dag *day is breaking/dawning* ● de gehele dag *all day* (long) ★ één dezer dagen *one of these days* ▼ in vroeger dagen *in former days* ▼ hij heeft betere dagen gekend *he has seen better days* ▼ met de dag erger worden *get worse every day* ▼ op een goede dag *one* (fine) *day* ▼ heden ten dage *nowadays* ▼ aan de dag brengen *bring to light* ▼ voor de dag halen *take out; produce* ▼ voor de dag komen *appear; turn up* ▼ voor de dag ermee! *let's have it!; out with it!* ▼ goed voor de dag komen *do well* ▼ de dag des Heren *the Lord's day* ▼ dag in, dag uit *day after day* ▼ op mijn oude dag *in my old age* ▼ tot op deze dag *to this day* ▼ voor dag en dauw opstaan *rise before daybreak* II [tw] (bij 't ontmoeten) *hello!,* (bij 't weggaan) *bye* (bye)!

dag- *day*

dagafschrift *daily statement* (of account)

dagblad *daily* (paper)

dagboek *diary*

dagdienst *day-duty,* (m.b.t. ploegendienst) *day-shift*

dagdromen *daydream*

dagelijks I [bnw] ● (daags) *daily, everyday* ★ ~ bestuur *executive committee* ● (gewoon) ★ ~e bezigheden *daily round* ★ ~e sleur *daily routine/grind* ★ in het ~e leven *in everyday life* II [bijw] *daily,* (sterrenkunde) *diurnal*

dagen I [ov ww] ● (dagvaarden) *summon* II [on ww] ▼ het begon me te ~ *it began to dawn upon me; the penny dropped*

dageraad *dawn, daybreak*

dagindeling *schedule, time table, plan for the day*

dagjesmensen *day-trippers*

daglicht *daylight* ▼ in het volle ~ *in broad daylight* ▼ in een kwaad ~ komen te staan *appear in a bad daylight; appear in a bad light*

dagloner *day-labourer,* ≈ *casual labourer*

dagloon *daily wages*

dagmars *day's march*

dagpauwoog *peacock butterfly*

dagschotel *day's menu, plat du jour, today's special*

dagtarief *daily rate*

dagtekening *date*

dagtocht *day trip*

dagvaarden *summon,* (jur., vnl. v. getuige) *subpoena*

dagvaarding *summons,* (jur., vnl. v. getuige) *subpoena*

dagverblijf ● (personenverblijfplaats) (v. ziekenhuis) *day-room,* (vertrek) *day centre,* (voor kinderen) *day-care centre* ● (dierenverblijfplaats) *outside pen, outdoor enclosure*

dagwaarde *current value/price*

dahlia *dahlia*

dak *roof* ★ onder dak zijn (gehuisvest) *be under cover;* (fig.) *be well provided for* ▼ iem. onder dak brengen *put up a person* ▼ iem. op zijn dak komen *scold a person; have a go at s.o.* ▼ iem. iets op zijn dak schuiven *put the blame on(to) s.o.;* (v. werk) *pile work onto s.o.* ▼ van de daken schreeuwen *shout from the housetops/rooftops* ▼ het ging van een leien dakje *it was plain sailing* ▼ dat krijg ik op mijn dak *they'll blame it on me*

dakgoot *gutter*

dakkapel *dormer* (window)

dakloos *homeless* ▼ vele mensen raakten ~ *many people were made homeless*

dakloze *homeless person*

dakpan (roof) *tile*

dakraam *skylight, attic/garret window*

dakterras *roof garden*

daktuin *roof garden*

dal (algemeen) *valley,* (Schots, nauw,) *glen,* (vnl. Noord-Engeland) *dale*

dalen ● (omlaag gaan) *descend,* (aan grond komen) *land,* (v. vliegtuig) *descend,* (zon) *sink* ● (verminderen) (prijs, temperatuur) *fall, drop* ★ zijn stem laten ~ *lower one's voice*

daling ● (het omlaag gaan) *descent,* (het aan de grond komen) *landing,* (v. vliegtuig) *descent* ● (vermindering) (prijs, temperatuur) *fall, drop*

dalmatiër *dalmation*

daltononderwijs *Dalton* (plan) *education*

dalurenkaart *off-peak railcard*

daluur *off-peak hour*

dam ● (waterkering) *dam* ● (dubbele damschijf) *king* ★ een dam halen *crown a draughtsman*

damast *damask*

dambord (BE) *draughtboard(s),* (AE) *checkerboard*

dame *lady,* (bij dans, aan tafel, e.d.) *partner,* (schaakspel) *queen* ★ een dame halen *queen a pawn* ★ dames (opschrift) *ladies* (only)

damesachtig *ladylike*

damesblad *women's magazine*

damesfiets *woman's/lady's/girl's bike/bicycle*

dameskapper *ladies' hairdresser/stylist*

damesmode *ladies' fashions, women's fashion*

damesverband *sanitary towel,* (AE) *sanitary napkin*

damhert *fallow-deer*

dammen *play draughts,* (AE) *play checkers*

damp ● (stoom) *steam* ● (rook) *smoke,* (schadelijk) *fume* [meestal mv] ★ kwade/schadelijke dampen *noxious fumes* ● (wasem) *steam,* (nevel) *mist* ● (nat.) *vapour*

dampen ● (damp/rook afgeven) (damp) *steam,* (rook) *smoke, fume* ● (roken) *puff,* ↑ *smoke*

dampkring *atmosphere*

damschijf *draughtsman,* (AE) *checker*

damspel (game of) *draughts,* (AE) *checkers*

damsteen *draught(sman),* (AE) *checker* (man)

dan I [de] *dan* II [bijw] ● (op die tijd) *then* ● (in dat geval) *vaak onvertaald laten* ★ wat dan nog? *so what?* ★ als 't regent, dan kom ik niet *if it rains, I won't/shan't come* ★ dan nog geloof ik het niet even so I don't believe it ▼ nu eens ... dan weer ... *now ... now ...* III [vw] ● (na 'niet'/'niemand') *but* ● (na vergrotende trap) *than* ★ groter/langer dan *bigger/longer than* ● (na 'anders') *anders dan hij heeft gezegd* *different from what he said*

dancing *dance hall, discotheque*

dandy *dandy*

danig I [bnw] (afgang) *severe,* (pak slaag) *sound* II [bijw] *soundly, severely, terribly* ★ zich ~

D

vergissen *be badly mistaken*

dank *thanks* ∗ geen dank *not at alll; you're welcome!* ∗ in dank ontvangen *receive with thanks* ∗ geen dank, graag gedaan: *don't mention it*

dankbaar • (voldoening gevend) *rewarding* • (dank voelend) *thankful, grateful*

dankbaarheid *gratitude* ∗ uit ~ voor *in appreciation of*

dankbetuiging *expression of thanks* ∗ onder ~ *with thanks*

danken I [ov ww] • (bedanken) *thank, give thanks* ∗ dank u (bij aanneming) *thank you;* (bij weigering) *no, thank you* ∗ dank u zeer *thank you; thanks very much* ∗ ik dank ervoor om... *I decline/refuse to...* • (verschuldigd zijn) *owe, be indebted* ∗ hij heeft het aan zichzelf te ~ *he only has himself to blame; its his own fault* ∗ iem. iets te ~ hebben *owe s.th. to a person* ∗ dat heb ik aan hem te ~ *I owe it to him* ▾ dank je lekker! *no, thank you!; not likely!* **II** [on ww] • (bidden) *say grace*

dankzeggen *thank*

dankzij *thanks to*

dans *dance* ▾ de dans ontspringen *have a lucky escape; get off (scot-free); (zonder straf) get off (scot-free)*

dansen *dance* ∗ vanavond wordt er gedanst *to-night there will be a dance*

danser *dancer*

dansles *dancing-lesson*

dansorkest *dance band/orchestra*

dansschool *dancing school*

dansvloer *dance floor*

danszaal *ball-room*

dapper *brave,* (officier) *gallant,* (oude vrouw, kind) *plucky,* (ridder) *valiant*

dapperheid *bravery,* (v. soldaat) *gallantry, valour*

dar *drone*

darm *intestine, gut* ∗ darmen *intestines; bowels* ∗ dikke/dunne darm *large/small intestine*

darmflora *intestinal bacteria*

darmkanaal *intestinal tract*

dartel *playful,* (v. dieren) *frisky*

dartelen (v. dier) *frisk,* (v. kinderen, e.d.) *frolic*

das • (stropdas) *tie* • (sjaal) *scarf* • (dier) *badger* ▾ iem. de das omdoen *do (the business) for a person; cook a person's goose*

dashboard *dashboard, dash,* (in vliegtuig) *instrument panel*

dashond *dachshund*

dasspeld *tie-pin*

dat I [aanw vnw] *that* [mv: those] ∗ wat zijn dat? *what are they (those)?* ∗ dat zijn de wielen *those are the wheels* ∗ ben jij dat? *is that you?* ∗ op dat en dat uur *at such and such an hour* ▾ het is niet je dat *it's not it* **II** [betr vnw] *that, which* **III** [vw] *that*

data *data*

databank *data bank*

datacommunicatie *data communication*

datatransmissie *data transmission*

datatypist *data typist*

dateren I [ov ww] • (van datum voorzien) *date* ∗ een brief gedateerd... *a letter dated...; under date...* ∗ later ~ *postdate* **II** [on ww] • (stammen uit) *date* ∗ dat dateert van *that dates back to/from*

datgene *that* ∗ ~ wat *that which*

datief I [de] *dative* **II** [bnw] *dative*

dato *date, dated* ∗ drie maanden na dato *three months after date*

datum *date* ∗ ~ postmerk *date as postmark*

∗ zonder ~ *undated* ∗ ~ van ingang *date of entry/effect*

datzelfde *the same*

dauw *dew*

dauwtrappen ≈ *take a walk at dawn*

daveren *boom, thunder* ∗ doen ~ *shake* ▾ een ~d succes *a resounding success*

daverend *resounding, roaring,* (fig.) *thunderous* ∗ ~e hoofdpijn *a splitting head-ache*

davidster *Star of David*

de *the*

deadline *deadline*

deal *deal*

dealen ∗ ~ in harddrugs *deal in hard drugs*

dealer • (handelaar in drugs) *dealer, pusher* • (vertegenwoordiger) *dealer*

debacle *collapse, crash*

debat *discussion,* (formele aangelegenheid) *debate* ∗ in ~ treden *met enter into debate with* ∗ het ~ sluiten *close the debate*

debatteren *discuss,* (form.) *debate*

debet I [het] *debit* ∗ ~ en credit *debit and credit* **II** [bnw] ▾ wij zijn er niet ~ aan *we are not to blame for it* ▾ haar ziekte zal er wel ~ aan zijn *her ilness will have s.th. to do with it*

debetnota *debit note/slip*

debetrente *debit interest*

debiel I [de] *mentally defective person,* (scheldwoord) *moron* **II** [bnw] *backward, mentally defective*

debiteren • (als debet boeken) ∗ we zullen u voor 't bedrag ~ *we shall debit you with the amount* • (vertellen) ∗ 'n grap ~ *crack a joke*

debiteur *debtor*

debutant *debutant* [v: debutante], (beginner) *novice,* (club) *new comer,* (speler, e.d.) *novice, new talent*

debuteren *make one's début, one's first appearance*

debuut *début, first appearance*

decaan • (faculteitsvoorzitter) *dean* • (studieadviseur) (student) *counsellor*

decadent *decadent*

decadentie *decadence*

december *December*

decennium *decade,* (lit.) *decennium* [mv: decennia]

decent *decent*

decentraliseren *decentralize*

deceptie *disappointment*

deci- *deci*

decibel *decibel*

deciliter *decilitre*

decimaal I [de] *decimal* ∗ tot op drie decimalen uitrekenen *calculate to three decimals* **II** [bnw] *decimal*

decimeren *decimate*

decimeter *decimetre*

declamatie *declamation,* (vnl. v. verzen) *recitation*

declameren *declaim,* (vnl. v. verzen) *recite*

declaratie • (aangifte) (v. belasting) *declaration of income,* (voor douane) (customs) *declaration* • (onkostennota) *expenses claim, statement of expenses* ∗ een ~ indienen *put in one's claim*

declareren • (in rekening brengen) *declare* (expenses) • (aangifte doen) *declare*

declinatie (taalk.) *declension,* (nat.) *declination,* (astron.) *declination*

decoderen *decode*

decolleté *décolleté, low-necked dress*

deconfiture • (mislukking) *defeat, failure* • (bankroet) *bankrupcy, financial ruin*

decor *scenery,* (fig.) *background,* (film) *set* ∗ het ~

wisselen change the scene
decoratie • (versiering) decoration
  • (onderscheiding) decoration, ↓ medal
decoratief decorative, ornamental ∗ decoratieve
kunst ornamental/decorative art
decoreren decorate
decorum decorum ∗ het ~ bewaren maintain the
decorum
decoupeerzaag jigsaw
decreet decree
dédain contempt, disdain
deduceren deduce
deductie deduction
deeg dough, ⟨v. gebak⟩ paste
deegroller rolling pin
deel I [de] threshing-floor **II** [het] • ⟨gedeelte⟩ part,
portion, share ∗ deel uitmaken van form part of
∗ ten dele partly ∗ voor 't grootste deel for the
greater/most part ∗ ik wil er geen deel aan
hebben I won't be a party to it • ⟨boekdeel⟩
volume, ⟨groot en dik⟩ tome ∗ iem. ten deel
vallen fall to a person's share ∗ de eer die mij ten
deel valt the honour conferred upon me
deelachtig ∗ ~ worden obtain; acquire ∗ ~ zijn
participate in; share ∗ iem. iets ~ maken impart
s.th. to s.o.
deelbaar divisible ∗ niet ~ getal prime number ∗ 8
is ~ door 4 8 is divisible by 4 ∗ ~ getal composite
number
deelgebied ⟨sub⟩sector, area, ⟨industrie⟩ branch
deelgemeente ≈ borough
deelgenoot sharer, partner ∗ iem. ~ maken van
een geheim disclose a secret to a person ∗ iem. ~
maken van zijn geluk share one's happiness with
a person
deellijn dividing line, ⟨wisk.⟩ bisector
deelnemen • ⟨meedoen⟩ ∗ ~ aan take part in;
⟨gesprek⟩ join in; ⟨vergadering⟩ attend
  • ⟨meevoelen⟩ sympathize with
deelnemer participant, ⟨congres, e.d.⟩ member,
⟨examen⟩ candidate, ⟨wedstrijd⟩ entrant,
competitor
deelneming • ⟨meedoen⟩ participation, ⟨aan
wedstrijd⟩ entry • ⟨medeleven⟩ sympathy ∗ iem.
zijn ~ betuigen extend/express one's sympathy;
⟨form.⟩ condole s.o.
deels partly ∗ ~ door ..., ~ door ... what with... and...
deelstaat federal state
deelstreep bar of division, ⟨op schaal⟩ mark
deeltal dividend
deelteken division sign
deeltijd part-time ∗ in ~ werken work part-time
deeltijdarbeid part-time work
deeltijdbaan a part-time job
deeltje particle
deeltjesversneller cyclotron, particle accelerator
deelverzameling subset
deelwoord participle ∗ voltooid ~ past participle
∗ tegenwoordig ~ present participle
deemoed meekness, humility
deemoedig humble, meek
deerlijk I [bnw] pitiful, sad, miserable **II** [bijw] ∗ ~
gehavend sadly battered ∗ ~ gewond badly/
grievously wounded
deernis pity, compassion
deerniswekkend pitiful, pathetic
defaitisme defeatism
defect I [het] defect, ⟨onvoorzien⟩ hitch ∗ een ~
krijgen have a breakdown **II** [bnw] defective,
⟨auto⟩ broken-down, ⟨opschrift⟩ out of order
defensie defence
defensief I [het] defensive ∗ in het ~ gedrongen

worden be forced into the defensive **II** [bnw]
defensive
deficiëntie deficiency, shortcoming
defilé procession, ⟨mil.⟩ march-past
defileren march past
definiëren define
definitie definition
definitief ⟨antwoord⟩ definite, ⟨besluit⟩ final, ⟨v.
documenten/papieren⟩ definitive ∗ een
definitieve regeling a permanent arrangement
deflatie deflation
deformeren deform, disfigure
deftig ⟨gemaakt⟩ genteel, ⟨man, gezicht⟩
distinguished, ⟨stijl⟩ dignified, ⟨verschijning,
huis⟩ stately ∗ doe niet zo – don't be so pompous
degelijk • ⟨stevig⟩ solid, sound • ⟨betrouwbaar⟩
reliable, respectable, solid, thorough ∗ het is wel ~
gebeurd it has really/actually occurred ∗ ik heb
hem wel ~ gezien I did see him
degen sword, ⟨schermdegen⟩ foil ∗ de ~s kruisen
cross swords
degene ∗ ~ die... he/she who... ∗ ~n die... those
who...
degeneratie degeneration, ⟨gedrag, e.d.⟩
degeneracy
dégénéré degenerate
degenereren degenerate
degenslikker sword swallower
degradatie degradation, ⟨mil.⟩ demotion,
reduction, ⟨sport⟩ relegation
degradatiewedstrijd relegation match
degraderen I [ov ww] • ⟨in rang verlagen⟩
degrade, ⟨mil.⟩ reduce to ⟨the ranks⟩, ⟨sport⟩
relegate **II** [on ww] • ⟨rang verliezen⟩ be
degraded, be relegated ∗ deze club is
gedegradeerd naar de tweede divisie this club
has been relegated to the second division
deinen heave, roll
deining • ⟨opschudding⟩ commotion, excitement
∗ een grote ~ veroorzaken cause a great stir
  • ⟨golfbeweging⟩ swell, roll
dek ⟨scheepsvloer⟩ deck • ⟨bedekking⟩
⟨algemeen⟩ cover, ⟨lakens, dekens, enz⟩
bed-clothes, ⟨voor paard, enz⟩ blanket
dekbed duvet, continental quilt, ⟨donzen⟩
eiderdown ⟨quilt⟩
dekbedovertrek quilt cover
deken • ⟨bedekking⟩ blanket • ⟨hoofd van groep⟩
⟨v. ambassade⟩ doyen of ⟨ambassadors⟩, ⟨v.
kapittel⟩ dean
dekhengst ⟨breeding⟩ stallion, stud
dekken • ⟨bedekken⟩ cover, ⟨met dakpannen⟩ tile,
⟨met leien⟩ slate, ⟨met riet⟩ thatch, ⟨ontbijt, e.d.⟩
lay breakfast, etc. ∗ er was gedekt voor acht
personen the table was laid for eight
  • ⟨vergoeden⟩ cover ∗ onkosten ~ cover/meet
expenses ∗ gedekt zijn tegen verlies be secured
against loss(es) • ⟨beschutten⟩ screen a person,
⟨mil.⟩ take cover, ⟨sauveren⟩ cover s.o., shield s.o.
  • ⟨paren⟩ serve • ⟨sport⟩ ⟨teamgenoot⟩ cover,
⟨tegenstander⟩ mark ∗ hou je gedekt keep your
head down; ⟨wees kalm, inf.⟩ keep your hair on
dekking • ⟨beschutting⟩ cover, shelter, ⟨sport⟩
marking ∗ ~ zoeken take cover • ⟨bevruchting⟩
service
deklaag ⟨verf⟩ finishing coat, top coat, ⟨weg- en
waterbouw⟩ covering layer
dekmantel ∗ onder de ~ van under the cloak of
deksel cover, lid
deksels I [bnw + bijw] damned, dashed ∗ een ~e
ellende a confounded nuisance ∗ een ~ mooie
juffrouw a damned lovely lady **II** [tw] what the

devil

dekzeil *tarpaulin*, ⟨v. auto⟩ *weather apron*

del *slut, tart*

delegatie *delegation*

delegeren *delegate*

delen ● [ov ww] ● ⟨splitsen⟩ *divide (by)* ∗ 8 ~ door 2 *divide 8 by 2* ∗ 2 op 8 ~ *divide 8 by 2* ● ⟨meevoelen⟩ *share* ∗ ~ in *share (in)* ▼ wij ~ haar mening niet *we don't share her opinion* **II** [on ww] ● ⟨~ in⟩ *share in, participate in* ∗ in de winst ~ *share in the profits* ▼ eerlijk ~! *fifty fifty!; share and share alike!*

deler ⟨rekenkunde⟩ *divisor*

delfstof *mineral*

delgen *pay off* ∗ een schuld ~ *discharge a debt*

delicaat *delicate*

delicatesse ● ⟨lekkernij⟩ *delicacy* ∗ ~winkel *delicatessen* ● ⟨kiesheid⟩ *delicacy, consideration*

delict *offence, delict*

deling ● ⟨het (ver)delen⟩ *division*, ⟨v. huis, land⟩ *partition* ● ⟨rekenkunde⟩ *division*

delinquent *delinquent*, ⟨formeel⟩ *offender*

delirium *delirium* ∗ ~ tremens *delirium tremens; D.T.s;* ⟨inf.⟩ *the horrors*

delta *delta*

deltavliegen *hang-gliding*

delven *dig* ∗ het onderspit ~ *get/have the worst of it; come off worst* ▼ hij delft zijn eigen graf *he is digging his own grave*

demagogie *demagogy*

demagoog *demagogue*

demarcatielijn *demarcation-line*

demarreren *break away (from), dash off*

dement *demented*

dementeren I [ov ww] ● ⟨logenstraffen⟩ *deny* **II** [on ww] ● ⟨dement worden⟩ *grow demented*

dementie *dementia, dotage*

demilitariseren *demilitarize*

demissionair ∗ het ~e kabinet *the outgoing Cabinet*

demobiliseren *demobilize*, ⟨inf.⟩ *demob*

democraat *democrat*

democratie *democracy*

democratisch *democratic*

democratiseren *democratize*

demografie *demography*

demografisch *demographic*

demon *demon*

demonisch *demonic*

demonstrant *demonstrator*

demonstratie *demonstration*

demonstratief I [bnw] *ostentatious, demonstrative* **II** [bijw] *ostentatiously* ∗ ~ weglopen *walk out/leave in protest*

demonstreren I [ov ww] ● ⟨aantonen⟩ *demonstrate, show* **II** [on ww] ● ⟨betoging houden⟩ *demonstrate, hold a protest march*

demontabel *s.th. which can be disassembled,* ⟨afneembaar⟩ *removable, detachable*

demonteren ⟨bom, mijn⟩ *defuse/deactivate,* ⟨machine, motor⟩ *strip/dismantle/disassemble*

demoralisatie *demoralization*

demoraliseren *demoralize*

demotiveren *demotivate*

dempen ● ⟨dichtgooien⟩ *fill up* ∗ een gracht ~ *fill in a canal* ● ⟨onderdrukken⟩ ⟨licht⟩ *dim,* ⟨opstand⟩ *put down, quell* ▼ gedempt geluid *muffled sound* ▼ met gedempte stem *in a hushed/subdued voice*

demper ● ⟨knalpot⟩ *silencer* ● ⟨schokdemper⟩ *shock absorber* ● ⟨muz.⟩ *mute*

den *fir(-tree)*

denappel *fir-cone*

denderen *rumble*

denderend ⟨feest⟩ *wild,* ⟨lawaai⟩ *thundering,* ⟨succes⟩ *tremendous, overwhelming*

denigrerend *denigratory, belittling* ∗ ~ over iem. spreken *run s.o. down; speak disparagingly about s.o.*

denim ® *denim*

denkbaar *imaginable, conceivable*

denkbeeld ● ⟨gedachte⟩ *notion, idea, thought* ● ⟨plan⟩ *idea, plan* ∗ op het ~ komen ... *hit on the idea of ...* ∗ iem. op het ~ brengen *put an idea into s.o.'s head* ● ⟨mening⟩ *opinion, view, idea* ∗ zich een ~ vormen van *form an idea of*

denkbeeldig *imaginary*

denkelijk *probable, likely*

denken I [ov ww] ● ⟨van mening zijn⟩ *think, be of the opinion* ∗ ik weet niet wat ik van hem moet ~ *I don't know what to make of him* ● ⟨vermoeden⟩ *think, suppose* ∗ dat dacht ik al! *I thought as much!* ● ⟨bedenken⟩ *think, imagine* ∗ het laat zich ⟨gemakkelijk⟩ ~ *it may (easily) be imagined; that is conceivable* ▼ bij zichzelf ~ *think to o.s.* **II** [on ww] ● ⟨nadenken⟩ *think, consider* ∗ wel, hoe denk je erover? *well, how about it?* ∗ daar kun je anders over ~ *that is a matter of opinion* ∗ hij is er anders over gaan ~ *he has changed his mind about it* ∗ die kunnen alleen maar aan geld ~ *all they can think of is money* ● ⟨van plan zijn⟩ *think of/about, intend to, plan to* ∗ ik denk dit jaar eindexamen te doen *I intend to take my final exam this year* ∗ zij ~ dit jaar nog een nieuw huis te kopen *they are planning to buy a new house this year* ● ⟨niet vergeten⟩ ∗ denk eraan dat je komt! *mind you come!; be sure to come* ∗ doen ~ aan *suggest; remind (one) of* ∗ ~ om *think of; remember* ∗ denk om het afstapje *mind the step* ▼ geen ~ aan! *out of the question!; no way/chance!; not likely!* ▼ dat geeft te ~ *that sets one thinking; that makes you think* ▼ ik denk er niet aan! *I wouldn't dream of it; I won't (even) consider it!* ▼ ik moet er niet aan ~ *it does not bear thinking of*

denker *thinker, philosopher*

denkfout *logical error, mistake in thought, error of reasoning*

denkpatroon *pattern of thought, thought pattern, way of thinking*

denksport *puzzle-/problem-solving*

denktank *think tank*

denkvermogen *intellectual capacity*

denkwereld ⟨way of⟩ *thinking, mental world, mentality*

denkwijze ● ⟨manier van denken⟩ *way of thinking* ● ⟨opvatting⟩ *view, mentality*

dennenappel *fir-cone*

dennenboom *fir-tree*

dennennaald *fir-needle, pine-needle*

deodorant *deodorant*

departement *department*

dependance *annex(e)* ∗ de ~ van de school *the annex(e) to the school*

deponeren ● ⟨neerleggen⟩ *deposit, put down, place* ● ⟨in bewaring geven⟩ ∗ bij een bank ~ *deposit with/in a bank*

deportatie *deportation*

deporteren *deport*

deposito *deposit* ∗ in ~ hebben *hold on deposit* ∗ in ~ geven *deposit with*

depositorekening *deposit account*

depot ● ⟨bewaarplaats⟩ *depot, store* ● ⟨wat bewaard wordt⟩ ⟨goods on⟩ *deposit*

deppen dab

depressie depression * een economische ~ over de hele wereld a world-wide economic depression * een ~ uit het noorden a depression moving in from the North

depressief depressive

deprimeren depress

deputatie deputation

der of the ▼ de laatste der mohikanen the last of the Mohicans

derailleren be derailed

derde I [de] third party * aansprakelijkheid jegens ~n third-party risk * vertel 't niet aan ~n don't tell anybody else; ⟨inf.⟩ mum's the word **II** [telw] third → **achtste**

derdegraads third-degree

derdegraadsverbranding third degree burn

derdegraadsverhoor third degree ⟨interrogation⟩

derderangs third rate

dereguleren deregulate

deren ● ⟨schaden⟩ harm, injure, hurt * dat deert me niet it doesn't hurt/affect me ● ⟨verdriet doen⟩ hurt, upset

dergelijk such⟨-like⟩, similar * iets ~s heb ik nog nooit beleefd I have never seen anything like it; I have never experienced anything like it

derhalve so, consequently, therefore

derivaat derivative

dermate to such an extent * hij was ~ gewond he was so badly wounded * ~ boos so angry

dermatologie dermatology

derrie ⟨laagveen⟩ peat * ⟨viezigheid⟩ muck, goo

derrière derrière, bottom

dertien thirteen → **acht**

dertiende I [bnw] thirteenth **II** [telw] thirteenth * het is vandaag de ~ today is the thirteenth; it's the thirteenth today → **achtste**

dertig thirty → **acht, twintig**

dertiger s.o. in his thirties

dertigste I [bnw] thirtieth **II** [telw] thirtieth * het is vandaag de ~ today is the thirtieth; it's the thirtieth today → **achtste**

derven miss out on, ⟨mislopen⟩ lose, ⟨ontberen⟩ lack * inkomsten ~ lose income

des * des te beter all the better * des te meer daar... the more so as... * hoe meer...des te beter... the more...the better...

desalniettemin nevertheless

desastreus disastrous

desbetreffend relevant, relative

desem leaven, yeast

deserteren desert

deserteur deserter

desertie desertion

desgevraagd if required/requested * ~ verklaarde hij dat... on being asked, he declared that...

desgewenst if desired, if you like

design I [bnw] design * ~ meubels design furniture **II** [de/het] ● ⟨het ontwerpen⟩ artistic design * het ~ van meubels the styling/designing of furniture ● ⟨object⟩ design, artistically styled/designed object

desillusie disillusion⟨ment⟩

desinfecteren disinfect

desinteresse lack of interest

deskundig expert, professional * ~ advies expert/professional advice

deskundige expert ⟨in/at⟩, authority ⟨on⟩, specialist ⟨in⟩ * oorlogs~ war expert

desnoods if need be

desolaat ● ⟨troosteloos⟩ dismal, ⟨treurig⟩ disconsolate, ⟨woest, verlaten⟩ desolate ● ⟨verwaarloosd⟩ desolate, ruinous * desolate boedel insolvent estate

desondanks in spite of it

despoot despot

dessert dessert

dessin design, pattern

destijds at the time

destructie destruction

destructief destructive

detachement detachment, draft

detacheren sent on secondment * hij werd aan een nieuw ziekenhuis gedetacheerd he was posted to a new hospital

detail detail

detailhandel retail trade

detailleren detail, specify

detaillist retail trader, retailer

detailopname close-up ⟨picture⟩, detailed photograph, detail

detective ● ⟨persoon⟩ detective ● ⟨roman⟩ detective story/novel

detector detector

detentie detention, arrest, custody

determinant determinant

determineren determine, ⟨bio.⟩ identify

determinisme determinism

detineren detain

detoneren ● ⟨vals klinken⟩ be out of tune ● ⟨ontploffen⟩ detonate ● ⟨uit de toon vallen⟩ be out of keeping

deugd virtue

deugdelijk ● ⟨gegrond⟩ sound, valid * ~ bewijs solid/sound evidence ● ⟨degelijk⟩ sound, reliable

deugdzaam virtuous, upright, honest * een ~ leven leiden lead an honest life

deugen ● ⟨braaf zijn⟩ ▼ nergens voor ~ be a good-for-nothing * hij deugt voor geen cent he is a thoroughly bad lot * hij deugt niet he is a bad egg ● ⟨geschikt zijn⟩ * hij deugt niet voor zijn werk he is no good at his job

deugniet ⟨rakker⟩ scamp, ⟨slecht persoon⟩ good-for-nothing * kleine ~ little rascal

deuk ● ⟨buts⟩ dent ● ⟨knauw⟩ blow, shock * zijn zelfvertrouwen heeft een deuk gekregen his self-confidence took a knock ▼ in een deuk liggen be in stitches

deuken I [ov ww] ● ⟨deuken maken⟩ dent **II** [on ww] ● ⟨deuken krijgen⟩ be dented

deuntje ▼ een ~ zitten huilen have a little cry; cry a little

deur door * de deur uitgaan leave the house, go out of doors * hij deed de deur voor mijn neus dicht he shut the door in my face * aan de deur at the door ▼ dat doet de deur dicht that settles it; ⟨inf.⟩ that puts the ⟨tin⟩ lid on it ▼ met gesloten deuren behind closed doors ▼ een open deur intrappen say/state the obvious ▼ iem. de deur wijzen show a person the door ▼ iem. de deur uitzetten turn a person out of the house ▼ met de deur in huis vallen come straight out with it; come straight to the point ▼ aan de deur wordt niet gekocht no hawkers ▼ voor een gesloten deur staan find the door locked ▼ een staatsbankroet staat voor de deur national bankruptcy is imminent

deurdranger door spring/closer

deurknop door handle, doorknob

deurpost door-post

deurwaarder bailiff, ⟨in rechtszaal⟩ usher

deuvel dowel

deux-chevaux deux-chevaux

deux-pièces two-piece ⟨suit⟩

devaluatie devaluation, ⟨prijzen⟩ depreciation

devalueren devalue

devies • (stelregel) *device, motto* • (betaalmiddel) *foreign exchange*
deviezenhandel *foreign exchange*
deviezenreserve *foreign currency reserves*
devoot • (vroom) *pious, devout* • (toegewijd) *devoted*
devotie *devotion, piety*
dextrose *dextrose*
deze *this* (mv: *these*) ⋆ **deze en gene** *this one and the other; this and that* ⋆ **deze of gene zal me wel helpen** *s.o. or other will help me* ⋆ **bij deze of gene gelegenheid** *on this or that occasion* ⋆ **bij (door) dezen** *herewith*
dezelfde *the same*
dia *transparency, slide*
diabetes *diabetes*
diabeticus *diabetic*
diabolo *diabolo*
diacon-es *deaconess*, (verpleegster) *(sick)nurse*
diadeem *diadem, tiara*
diafragma *diaphragm*
diagnose *diagnosis*
diagnosticeren *diagnose*
diagnostisch *diagnostic*
diagonaal I [de] *diagonal* **II** [bnw] *diagonal*
diagram *diagram*
diaken *deacon*
diakritisch *diacritic(al)* ⋆ **~e tekens** *diacritical marks*
dialect *dialect*
dialectiek *dialectics*
dialectologie *study of dialects*
dialoog *dialogue*
diamant *diamond*
diamantair *diamond dealer/merchant*
diameter *diameter*, (v. cilinder) *bore*
diametraal *diametral*, (fig.) *diametrical*
diapositief *slide*
diaprojector *slide projector*
diaraampje *slide frame/mount*
diarree *diarrhoea*
diegene *he/she who* ⋆ **~ die** *he/she who* ⋆ **~n die...** *those who*
dicht I [bnw] • (gesloten) *closed, shut* • (open) *close, dense* • **~e mist** *dense fog* ⋆ **~ geweven stof** *closely woven fabric* **II** [bijw] • (dichtbij) **~ bij** *near; close to* ⋆ **~ op** *close upon* • (open) **sta niet zo ~ op elkaar** *don't crowd together so much* • (toe) **het wil niet ~** *it won't shut*
dichtader *poetic vein*
dichtbevolkt *densely populated*
dichtbij *close at hand, near by* ⋆ **van ~** *at close quarters*
dichtbundel *collection of poems, book of poetry/ verse*
dichtdoen *shut, close*
dichten • (in dichtvorm schrijven) *write verses/ poetry* • (dichtmaken) *close*, (gat, e.d.) *stop (up)*
dichter *poet*
dichterlijk *poetic(al)* ⋆ **~e vrijheid** *poetic licence*
dichtgooien • (met klap dichtdoen) *bang*, (deur) *slam* • (dichtmaken) *fill in*
dichtheid *density*
dichtklappen I [ov ww] • (hard dichtdoen) *snap shut* ⋆ **hij klapte de deur dicht** *he slammed the door* **II** [on ww] • (hard dichtgaan) *close with a bang* • **de deur klapte dicht** *the door banged shut* • (zich niet uiten) *clam up* ⋆ **hij klapte tijdens zijn examen helemaal dicht** *he clammed up during his exams*
dichtkunst (art of) *poetry*
dichtmaken *close*, (jas) *button up*
dichtregel *verse, line (of poetry)*

dichtslaan I [ov ww] • (krachtig dichtdoen) *bang, slam* ⋆ **hij sloeg de deur voor mijn neus dicht** *he slammed the door in my face* **II** [on ww] • (krachtig dichtgaan) *slam shut, bang to* • (psych.) *clam up*
dichtslibben *silt up, get/become silted up*
dichtspijkeren *nail up*
dichtstbijzijnd *nearest* ⋆ **de ~e supermarkt** *the nearest supermarket*
dichttrekken I [ov ww] • (dichtdoen) *pull to*, (gordijnen ook) *draw* **II** [on ww] • (bewolkt worden) *cloud over*
dichtvriezen *freeze over*
dichtzitten • (niet zichtbaar zijn door mist) *not be visible due to fog* • **het vliegveld zit dicht door de mist** *the airport is fog bound* • (afgesloten zijn) *be closed, blocked* • **de ramen zitten dicht** *the windows have got stuck*
dictaat • (aantekeningen) (lecture) *notes* ⋆ **een ~ maken** *take notes* • (het gedicteerde) *dictation* ⋆ **een ~ opnemen** *take a dictation*
dictafoon *dictaphone*
dictator *dictator*
dictatoriaal *dictatorial*
dictatuur *dictatorship*
dictee *dictation*
dicteerapparaat *dictating machine*
dicteren *dictate*
dictie *diction*
didactiek *didactics*
didactisch *didactic*
die I [aanw vnw] *that* [mv: *those*] ⋆ **Jan? die is boven** *John? he is upstairs* ▾ **Mijnheer die en die** *Mr. So and So* **II** [betr vnw] (personen) *who*, (personen en zaken) *that*, (zaken) *which*
dieet *diet, regimen* ⋆ **~ houden** *diet; be on a diet* ⋆ **een streng ~ volgen** *follow a strict diet/regimen*
diefstal (algemeen) *theft*, (met inbraak) *burglary*, (vnl. met geweld) *robbery*
dienaangaande *as to that, with respect/reference/ regard to that, on that score*
dienaar *servant*
dienblad (dinner-)tray
diender *bobby, copper, cop* ▾ **wat een dooie ~!** *what a dull fellow/dog*
dienen I [ov ww] • (in dienst zijn van) *serve* • (van dienst zijn) ▾ **waarmee kan ik u ~?** *what can I do for you?* • (~ van) ⋆ **iem. van advies ~** *advise a person* ⋆ **iem. van repliek ~** *come right back at s.o.* ▾ **men kan geen twee heren ~** *no man can serve two masters* ▾ **daarvan ben ik niet gediend** *none of that for me!* **II** [on ww] • (behoren) ⋆ **je dient te gaan** *you should go; you ought to go* • (eten opdienen) ⋆ **aan tafel ~** *wait at table* • (soldaat zijn) *serve, do one's military service* • (als functie hebben) ⋆ **~ als/tot/voor** *serve as/for* ⋆ **waarvoor dient deze knop?** *what's this button for?; what does this button do?* • (geschikt/bruikbaar zijn) ⋆ **dat dient nergens toe** *that is of no use; that is no good* ⋆ **daarmee ben ik niet gediend** *that is (of) no use to me* • (jur.) ⋆ **die zaak dient dinsdag voor de rechtbank** *that case will come up in court on Tuesday*
dienovereenkomstig *accordingly*
dienst • (werkzaamheden) *duty* ⋆ **~ hebben** *be on duty* ⋆ **buiten ~** *off duty* • (behulpzame daad) *service* ⋆ **wat is er van uw ~?** *what can I do for you?* ⋆ **iem. een ~ bewijzen/doen** *render/do a person a service* ⋆ **tot uw ~** *don't mention it* ⋆ **van**

~ zijn be of use • (godsdienstoefening) service • (het dienen) service ★ iem. de ~ opzeggen give a person notice • (betrekking) place, situation ★ in ~ treden go into service ★ in ~ nemen engage ★ iem. in ~ hebben employ s.o. • (het soldaat zijn) ★ ~ weigeren refuse to serve (in the army) ★ ~ nemen enlist; join the army ★ in ~ gaan go into the army • de ~ verlaten retire; be pensioned off ★ generaal buiten ~ retired general • (werking) ★ buiten ~ stellen put out of commission; withdraw from service; (v. schip) lay up ★ zijn benen weigerden hun ~ his legs felt like water; his legs gave under him ★ ~ doen als serve for/as; do duty for/as ★ in ~ stellen put into service ★ buiten ~ out of order/use; (v. schip) laid up ★ ten ~ e van for the use of ▼ de ene ~ is de andere waard one good turn deserves another

dienstauto official car, (mil.) service car, (v. zaak) company car

dienstbaar ★ ~ maken aan make subservient to

dienstbetrekking relation between master and servant ★ in ~ staan tot be employed by

dienstbevel order

dienstbode maid-servant, servant girl

dienstdoend on duty, (waarnemend) acting

dienstencentrum social welfare centre, community welfare service

dienstensector service sector

dienster waitress

dienstgeheim official secret

dienstig useful, expedient

dienstijver professional zeal

dienstjaar year of service

dienstklopper fussy official, ≈ stickler for the rules, martinet

dienstmeisje servant-girl

dienstplicht compulsory (military) service, conscription

dienstplichtig liable to (military) service, (AE) draftable ★ ~ soldaat conscript

dienstplichtige conscript

dienstregeling timetable

dienstreis official tour ★ op ~ zijn be on an official trip/tour

diensttijd • (werktijd) period of service, (dienstjaren) seniority, (m.b.t. loopbaan) term of office • (arbeidsjaren voor pensioen) pensionable service • (mil.) term of national service

dienstvaardig willing, helpful

dienstverband employment ★ in vast/los ~ werken be employed on a permanent/temporary basis

dienstverlening (rendering of) service

dienstweigeraar conscientious objector

dienstweigering conscientious objection

dienstwoning official residence

dientengevolge therefore, consequently

diep I [het] (diepe plaats in water) deep, (vaargeul) channel, (vaart) canal **II** [bnw] • (ver naar beneden/achteren/binnen) deep, (fig.) deep, profound ★ diepe buiging low bow ★ dieper maken/worden deepen • (intens) profound ★ diepe minachting profound contempt ▼ in het diepst van mijn ziel in my heart of hearts ▼ uit het diepst van mijn hart from the bottom of my heart ▼ het zit niet diep bij haar it doesn't go deep with her **III** [bijw] deeply, profoundly ★ het schip ligt zeven voet diep the ship draws seven feet of water ▼ hij was diep gevallen he had fallen very low ▼ tot diep in de nacht till the early hours; (till) far into the night ▼ diep in de put zitten be depressed; be down (in the dumps) ▼ diep in de

schulden zitten be deep in debt; be up to one's neck in debt

diepdruk engraving, etching

diepgaand (onderzoek) searching, (studie) profound

diepgang profundity, draught, (fig.) depth ★ dat boek heeft grote ~ that book is very profound

diepgeworteld deep rooted/seated

dieplader flatbed trailer

diepliggend (ogen) deep set, (oorzaak, gevoelens) deep seated

diepte depth

dieptebom depth charge

diepte-interview in-depth interview

diepte-investering investment in equipment to raise productivity

dieptepsychologie depth psychology

dieptepunt • (slechtste toestand) all time low • (laagste punt) low point, low

diepvries • (het diepvriezen) deep freeze ★ ~ kip (deep) frozen chicken • (vriezer) deepfreeze, freezer

diepvriesmaaltijd freezer meal, (AE) TV meal

diepvriesproduct frozen product, deep-freeze product

diepvriezen (deep) freeze

diepvriezer freezer, deepfreeze

diepzee deep sea

diepzinnig • (diepdenkend) profound, discerning • (grondig doordacht) profound

dier animal, beast, creature

dierbaar dear, beloved ★ zij die ons het meest ~ zijn our nearest and dearest

dieren- animal-

dierenarts vet(erinary surgeon)

dierenasiel animal home/shelter

dierenbescherming • (organisatie) (Royal) Society for the Prevention of Cruelty to Animals • (bescherming) protection of animals

dierenbeul s.o. who is cruel to animals

dierendag Animal/Pet's Day

dierenriem zodiac

dierenrijk animal kingdom

dierentemmer animal tamer/trainer

dierentuin Zoo, (form.) zoological garden(s)

dierenvriend animal lover

dierenwinkel pet shop

diergeneeskunde veterinary medicine/science, zootherapy

dierkunde zoology

dierlijk • (als van dieren) ★ ~e vetten animal fats ★ ~ voedsel animal food product(s) • (bestiaal) bestial ★ het ~e in de mens the animal side of man; (negatief) man's bestial nature

diersoort animal species ★ bedreigde ~en threatened species

diesel • (voertuig) diesel (train/car) • (olie) diesel (oil/fuel) ★ deze auto rijdt op ~ this car takes diesel; this car is diesel-driven

dieselmotor diesel engine

dieselolie diesel oil

diëtetiek dietetics

diëtist dietician

dievegge thief

dievenklauw security lock, (AE) police lock

dieventaal thieves' Latin

differentiaal differential

differentiaalrekening differential calculus

differentiatie differentiation, specialization

differentiëren differentiate

diffuus diffuse

difterie diphtheria

diggelen shards [mv] ▼ aan ~ slaan/vallen smash

to pieces
digitaal digital
dij thigh
dijbeen thigh-bone
dijk dyke ▾ aan de dijk zetten (give the) sack ▾ een dijk van een baan a plum job; a terrific job
dijkbreuk bursting/giving way of a dike
dijkdoorbraak bursting of a dike
dijkgraaf person responsible for maintenancy of embankments
dijklichaam core/body of a dyke
dik I [het] grounds (of coffee) ▾ door dik en dun gaan go through thick and thin **II** [bnw] ● (van grote omvang) (boek) thick, (man, vrouw) fat, (mollig) plump, (tranen) big ● dik worden grow fat ● (weinig vloeibaar) (melk) curdled ● (gezwollen) swollen ● (ruim) ample, thick ▾ een dik uur a good hour ● (innig) ★ dikke vrienden close/great friends ▾ het er dik op leggen pile it on ▾ hij zit er dik in he's in it up to his ears; (m.b.t. geld) he's not short of a pound or two ▾ het ligt er dik op it's quite obvious ▾ dik doen swagger; show off ▾ zich dik maken get excited; lose one's temper **III** [bijw] thickly, densely ▾ dik tevreden well-satisfied
dikdoenerij bragging, boasting, talking big
dikhuidig thick-skinned
dikkerd fatty, fatso
dikkop ● (kikkervisje) tadpole ● (persoon) person with a big/large head, (fig.) pigheaded/stubborn person
dikte ● (het dik zijn) fatness, thickness ● (dichtheid) density, thickness ● (afmeting) thickness
dikwijls often
dikzak fatty, fatso, (ongunstig) gutbucket
dildo dildo
dilemma dilemma ★ iem. voor een ~ stellen place a person in a dilemma ★ zich in 'n ~ bevinden be in a dilemma
dilettant dilettant [v: dilettante], amateur
diligence stagecoach
dille dill
dimensie dimension
dimlicht dipped headlights, (AE) dimmed headlights
dimmen ● (inbinden) cool it ● (licht dempen) dim, dip
diner ● (maaltijd) dinner ● (feestmaal) dinner party
dineren dine ★ uit ~ gaan dine out
ding ● (zaak/voorwerp) thing, object ★ dat is een heel ding voor hem that means a great deal to him ★ ze hebben daar alle mogelijke dingen they have all sorts of things there ★ en al dat soort/dergelijke dingen meer and all that sort of thing ★ bovenaan zit een ding om de stroom af te zetten at the top there is a gadget/device to switch off the current ★ dat is een ding van niets it's a worthless thing ★ dat is een mooi ding, dat bootje that is a nice little job, that boat ● (feit) ★ de dingen van de dag everyday/current affairs ★ over die dingen moet je niet praten you shouldn't talk about such things ● (jong meisje) ★ een jong ding a young thing
dingen ● (afdingen) haggle, bargain ● (~ naar) compete for
dinges thingamabob, thingummy, (persoon) what's his/her name, (zaak) what d'you-call-it
dinosaurus dinosaur
dinsdag Tuesday
diocees diocese
dionysisch dionysian
diploma certificate, diploma
diplomaat diplomat(ist)

diplomatenkoffertje attaché case
diplomatie diplomacy
diplomatiek diplomatic ★ langs ~e weg through diplomatic channels
diplomeren certificate ★ een gediplomeerde verpleegster Registered Nurse; trained nurse ★ gediplomeerd qualified; trained; registered ★ niet gediplomeerd unqualified; untrained
dippen dip
dipsaus dip
direct I [bnw] direct **II** [bijw] directly, right away ▾ niet ~ beleefd not exactly polite
directeur director, (fabriek ook) manager, (gevangenis) governor, (maatschappij) managing director, (postkantoor) postmaster, (school) head-master, principal
directeur-generaal general manager, (posterijen) Postmaster-General
directie management, board of directors
directielid member of the board of directors
directiesecretaresse executive secretary
directoraat directorate
dirigeerstok baton
dirigent conductor
dirigeren ● (sturen) direct ▾ hij dirigeerde ons naar buiten he directed us outside ● (orkest leiden) conduct
dis ● (tafel met eten) table, board ● (maaltijd) table ● (muzieknoot) D sharp
discipel disciple
disciplinair disciplinary ★ ~ straffen take disciplinary action against
discipline discipline
disco disco
disconteren discount
disconto (rate of) discount, (bankdisconto) bankrate ★ in ~ nemen discount ★ particulier ~ market discount
discotheek (dansgelegenheid) disco, (uitleen) record library
discreet considerate, (bescheiden) modest, (geheimhoudend) discreet, (kies) discrete
discrepantie discrepancy
discretie (bescheidenheid) modesty, (geheimhouding) discretion, (kiesheid) consideration, discretion
discriminatie discrimination
discrimineren discriminate
discus disc, (sport) discus
discussie discussion, debate ★ in ~ brengen bring up for discussion ★ in ~ treden enter into a discussion
discussieleider discussion (group) leader
discussiepunt subject under discussion
discussiëren discuss
discuswerpen discus-throwing
discutabel debatable, dubious, disputable
discuteren discuss, debate
disk diskette, (floppy) disk
diskdrive disk drive
diskette diskette, (floppy) disk
diskjockey disc jockey, D.J., deejay
diskrediet discredit ★ iem. in ~ brengen discredit s.o. (with)
diskwalificatie disqualification
diskwalificeren disqualify
dispensatie dispensation
dispersie dispersion
display ● (beeldscherm) (v. computers, enz.) display ● (uitstalling) display ● (reclamebord) hoarding, (AE) billboard
disputeren argue, dispute

dispuut ● (discussie) dispute ● (studentenclub) debating society
dissel pole, (pair of) shafts
dissertatie ● (proefschrift) thesis ● (verhandeling) dissertation
dissident I [de] dissident **II** [bnw] dissident
dissonant I [de] discord, dissonance **II** [bnw] dissonant
distantie distance
distantiëren ★ zich ~ van dissociate o.s. from; keep aloof from
distel thistle
distillatie distillation
distilleerderij distillery
distilleren distil ● (fig.) uit iemands woorden iets — deduce s.th. from s.o.'s words
distinctie distinction
distribueren distribute, (voedsel) ration
distributie ● (verdeling) distribution ● (rantsoenering) rationing
district district
dit this [mv: these] **★** dit zijn jouw schoenen these are your shoes
ditmaal this time
dito ditto ★ trendy kleren en dito kapsels trendy outfits and (matching) hairstyles ★ idem dito ditto ditto
diva diva
divan divan, couch
divergent diverging, divergent
divergentie divergence, divergency
divergeren diverge
divers various
diversen miscellaneous, sundry items, sundries, (bij een begroting) incidental expenses
dividend dividend
divisie ● (afdeling) division, branch ● (sport) division, league ● (mil.) division ● (wisk.) division
do doh, C
dobbelen dice, play dice
dobbelsteen die [mv: dice]
dobber float ▼ hij had er een zware ~ aan he found it a tough job
dobberen (v. schip) bob (up and down), dance
docent teacher, master
doceren teach
doch but, yet
dochter daughter
dochteronderneming subsidiary
dociel docile
doctor doctor ★ ~ in de letteren Doctor of Literature; Ph.D; D. Litt ★ ~ in de wiskunde en natuurkunde Doctor of Science; D. Sc.; Ph.D
doctoraal I [het] Master's exam, ≈ Master's degree **II** [bnw] ≈ Master's, (post)graduate
doctoraalstudent ≈ postgraduate student
doctoraat doctorate
doctorandus ≈ (alfawetenschappen) Master of Arts, M.A, (bètawetenschappen) Master of Science, M.Sc
doctrine doctrine, dogma
document document
documentaire documentary (film)
documentalist documentalist
documentatie documentation
documenteren document
dodelijk ● (dood veroorzakend) deadly, lethal, fatal, (vergif) deadly, (wond) mortal ★ ~(e) ongeluk/verwonding/ziekte fatal accident/ injury/disease ★ ~e dosis lethal dose ● (erg, hevig) ★ ~ verliefd desperately in love ★ ~ verschrikt frightened to death
doden kill, (lit.) slay ▼ de tijd ~ kill time

dodencel death cell, condemned cell
dodendans dance of death
dodenherdenking commemoration of the dead, (in Engeland) Remembrance Day
dodenlijst casualty list, (oorlog, ongeluk, e.d.) list of the dead, (op monument) death-roll
dodenmasker death-mask
dodenmis Requiem Mass
dodenrijk realm of the death, underworld, Hades
dodenrit break-neck/suicidal drive/ride
dodensprong death-defying jump
dodenstad necropolis
dodental number of dead/deaths/casualties
dodenwake (death) watch, vigil
doe-het-zelfzaak DIY shop, do-it-yourself shop
doe-het-zelver do-it-yourselfer
doek I [de] cloth **II** [het] ● (stof) cloth ● (schilderslinnen) canvas ● (schilderij) painting ● (projectiescherm) screen ● (toneelgordijn) curtain ★ het doek gaat op/valt the curtain rises/ falls
doel ● (doelwit) butt, (ook fig.) target ★ het doel treffen hit the mark ● (goal) goal ● (doeleinde) (mil.) objective, (eerzucht, doelpunt) goal, (oogmerk) aim, object, (v. reis) destination ★ met dat doel for that purpose ★ zijn doel bereiken attain one's end ★ een doel beogen/najagen pursue an object/end ★ zich ten doel stellen te... set out to ▼ het doel heiligt de middelen the end justifies the means ▼ het doel voorbijstreven overshoot the mark ▼ recht op het doel afgaan go/ come straight to the point ▼ een kans voor open doel missen pass up/miss a sure thing ▼ het is voor een goed doel it's for a good cause
doelbewust purposeful
doeleinde ● (oogmerk) aim, purpose ● (bestemming) aim, end ★ voor privé~n for one's own ends
doelen aim (at), allude/refer (to)
doelgebied (bij bombardement) target area, (voetbal) goal area
doelgemiddelde goal average
doelgericht purposeful, (form.) purposive
doelgroep target group
doellijn goal-line
doelloos ● (zonder doel) aimless, purposeless ● (nutteloos) useless, pointless
doelman goal-keeper, (inf.) goalie
doelmatig efficient, appropriate, suitable
doelpunt ● een ~ maken score a goal
doelstelling objective, aim
doeltrap goal kick
doeltreffend effective, efficient
doelwit target, butt ★ het ~ treffen hit the mark
doemdenken doom-mongering, defeatism
doemen doom (to) ● gedoemd te mislukken doomed to fail(ure)
doen I [het] ★ zijn doen en laten (all) his doings ▼ dat is geen doen that can't be done; that's impossible ▼ in goeden doen zijn be well-to-do; be well off ▼ uit zijn gewone doen brengen upset s.o. ▼ hij is uit zijn gewone doen he is not his usual/normal self ▼ voor zijn doen for him... **II** [ov ww] ● (berokkenen) ★ iem. pijn/verdriet doen hurt s.o.; cause s.o. pain/sorrow ● (verrichten) make, take ★ zoiets doe je niet it isn't done ★ de boodschappen doen do the shopping; go shopping ★ hij doet medicijnen he is reading medicine ★ werk doen do work ★ een ontdekking doen make a discovery ★ een stap doen take a step ★ uitspraak doen (jur.) pass

D

judgement ∗ je moet meer aan je werk doen *you
should give more time to your work* ∗ we moeten
er iets aan doen *we must do s.th. about it* ∗ met
een dollar kun je niet veel doen *a dollar does not
go far* ∗ je kunt er jaren mee doen *it will last you
for years* ∗ hij studeert harder dan jij ooit zult
doen *he is studying harder than you will ever do*
∗ zal ik ze halen of wil jij 't doen? *shall I fetch
them or will you?* ∗ hij deed het in zijn broek
(van angst) *he wet his pants (in fear)* ∗ goede
zaken doen *do well (in business)* ∗ een verzoek
doen *make a request* ● (functioneren) ∗ de
remmen doen het niet *the brakes don't work*
● (plaatsen) ∗ iets in je zak doen *put s.th. in your
pocket* ∗ een postzegel op de envelop doen *put a
stamp on the envelope* ∗ een jongen op school
doen *put a boy to school* ∗ erbij doen *add* ∗ hij
doet er iets bij (bijbaan) *he does s.th. on the side*
● (schoonmaken) ∗ een kamer doen *do a room*
∗ zijn haar doen *do one's hair* ∗ dat doet er niet
toe *that does not matter* ∗ er is niets aan te doen
it can't be helped; nothing can be done about it
▼ anders krijg je met mij te doen *else you'll have
to deal with me* ∗ 't is mij te doen om te ... *what I
want is to ...* ∗ het is hem om je geld te doen *he is
after your money* ∗ je doet het erom *you do it on
purpose* ∗ dat doet het goed *that works well; (fig.)
that fits the bill* ∗ ik heb het altijd gedaan *I'm
always blamed* ▼ daar kan ik het wel mee doen
that will do ▼ daar kon hij het mee doen *he can
put that in his pipe and smoke it* ▼ wat is daar te
doen? *what is up there; what is going on there?*
▼ ik had met hem te doen *I felt for him; I was
sorry for him* ▼ hij wil niets met haar te doen
hebben *he'll have no truck with her* III [on ww]
● (zich gedragen) ∗ doen alsof *make believe;
pretend* ∗ je doet maar *please yourself* ∗ vreemd
doen *be queer; behave oddly* ∗ hoe lang heb je
erover gedaan? *how long did it take you?*
● (~ aan) *go in for* ∗ aan sport doen *go in for
sport* ∗ hij doet niet meer aan voetbal *he has
given up football* ● (~ in) ∗ in rubber/oud ijzer
doen *deal in rubber/scrap metal* ● (~ over) ∗ hoe
lang doe je daar over? *how long will it take you*
▼ hij doet maar zo *it is only make-believe*
doenlijk *practicable, feasible*
doetje *softy, ⟨vrouw⟩ silly*
doezelen *doze, drowse*
doezelig ⟨slaperig⟩ *drowsy* ● ⟨vaag⟩ *blurred, ⟨v.
beeld⟩ fuzzy*
dof ● ⟨niet helder⟩ ⟨blik, oogopslag⟩ *lacklustre,
dull, ⟨brons, koper, metaal⟩ tarnished, ⟨goud,
kleur⟩ dull* ● ⟨gedempt⟩ *dull, muffled* ∗ doffe
bons *dull thud* ∗ doffe knal *muffled bang*
doffer *cock-pigeon, male pigeon*
dog *bulldog, mastiff*
dogma *dogma*
dogmatisch *dogmatic*
dok *dock* ∗ drijvend dok *floating dock*
doka *darkroom*
dokken ● ⟨in dok brengen⟩ *dock* ● ⟨betalen⟩ *fork
out ⟨money⟩*
dokter *doctor, physician, medical man* ∗ een ~
laten komen *send for the doctor; summon the
doctor*
dokteren ● ⟨patiënt zijn⟩ *be under doctor's orders,
be under medical treatment* ● ⟨als dokter
optreden⟩ *practise* ● (~ aan) *tinker at/with*
doktersadvies *medical advice*
doktersassistente *(medical) doctor's receptionist*
doktersroman *doctor novel*
doktersverklaring *doctor's statement*

dokwerker *dock-labourer, docker*
dol I [de] *thole(-pin)* II [bnw] ● ⟨gek⟩ *mad, frantic,
wild* ∗ dol van vreugde *overjoyed* ∗ dolle klucht
uproarious farce ∗ door 't dolle heen zijn *be wild
with excitement* ∗ dol maken *drive mad* ∗ dol
worden *run mad* ∗ 't is om dol te worden *it's
maddening* ● ⟨versleten⟩ *worn, ⟨v. schroef⟩
stripped* ● (~ op) ∗ dol op iem. zijn *be crazy
about s.o.* ∗ dol op iets zijn *love s.th.* III [bijw]
∗ dol verliefd *madly in love* ∗ zich dol amuseren
have rare/great fun
dolblij *as pleased as Punch*
doldraaien ● ⟨niet pakken van schroeven⟩ *slip,
not bite* ● ⟨controle verliezen⟩ *go off the rails* ∗ de
directeur is dolgedraaid *the manager has gone
off the rails*
doldriest *foolhardy, reckless, dare-devil* ∗ een ~e
daad *an act of foolhardiness/lunacy/daredevilry*
dolen *wander (about), roam* ∗ ~de ridder *knight
errant*
dolfijn *dolphin*
dolgelukkig *in raptures, over the moon, pleased as
Punch, ⟨inf.⟩ chuffed*
dolgraag *with great pleasure* ∗ ik zou ~ willen *I'd
be delighted to; I'd love to*
dolk *dagger* ▼ iem. een dolk in de rug steken *stab
s.o. in the back*
dollar *dollar*
dolleman *madman* ∗ als een ~ tekeer gaan *carry
on like a maniac* ∗ hij reed als een ~ *he drove like
a madman; like hell*
dollemansrit ≈ *reckless driving*
dollen *horse around* ∗ met iem. ~ *horse around
with s.o.*
dom I [de] *cathedral* II [bnw] *stupid (in), dull* ∗ dat
is nog zo dom niet *there's s.th. in that* ▼ zich van
de domme houden *pretend innocence; fake
ignorance*
domein *domain*
domesticeren *domesticate*
domheid *stupidity, dullness*
domicilie *domicile* ∗ zijn ~ hebben in *be
domiciled/resident at* ∗ ⟨jur.⟩ ~ kiezen ten huize
van *elect domicile at the office of*
dominant I [de] *dominant* II [bnw] *dominant*
dominee *clergyman, rector, vicar, ⟨inf.⟩ parson,
⟨aanspreekvorm⟩ rector, vicar, ⟨leger⟩ padre* ∗ ~
(J.) Mclean ⟨'I he⟩ *Rev. J(ohn) Mclean* ∗ ~ worden
go into the Church; become a minister ∗ er ging
een ~ voorbij *there was a lull in the conversation*
domineren *dominate, ⟨spel⟩ play (at) dominoes*
dominicaan *Dominican*
domino *dominoes*
dominosteen *domino*
dommekracht ● ⟨werktuig⟩ *jack* ● ⟨persoon⟩
mindless hulk
dommelen *doze, drowse, be half asleep*
dommerik *idiot, fat-head, nitwit*
domoor *idiot, dunce, twit, blockhead*
dompelaar ● ⟨verwarmingsstaaf⟩ *immersion
heater* ● ⟨zuiger⟩ *plunger* ● ⟨vogel⟩ *diver*
dompelen ● ⟨onder laten gaan⟩ *dip, plunge*
● ⟨doen verzinken⟩ *plunge* ∗ in duisternis
gedompeld *plunged into darkness*
domper *extinguisher* ▼ het zette een ~ op de
feestvreugde *it put a damper on the party*
dompteur *animal tamer*
domweg *just, (quite) simply* ∗ ~ vergeten *just/
quite simply forget*
donateur *donor, supporter*
donatie *donation*
donder *thunder* ▼ iem. op zijn ~ geven *give a*

person a good licking/beating; ⟨fig.⟩ to read s.o. the riot act ▼ arme ~ poor devil ▼ het kan me geen ~ schelen I don't give a damn about it ▼ het helpt geen ~ it's no bloody good ▼ daar kan je ~ op zeggen and no mistake!; you bet!

donderbui thunderstorm, ⟨fig.⟩ dressing-down
donderdag Thursday
donderdags (on) Thursdays
donderen I [ov ww] ● (lazeren) fling, chuck, hurl ★ ik heb hem eruit gedonderd I chucked/kicked him out **II** [on ww] ● (tekeer gaan) thunder (away), bluster ● (vallen) tumble, come crashing down ★ hij donderde naar beneden he came tumbling down **III** [onp ww] thunder ▼ hij keek alsof hij het in Keulen hoorde ~ he looked stunned/flabbergasted
donderjagen be a nuisance, be a pain in the neck ★ hij zat in de klas te ~ he was making a nuissance of himself in class; he was playing up in class
donderpreek fire-and-brimstone sermon, ⟨niet rel.⟩ harangue
donders I [bnw] damn(ed), bloody **II** [bijw] ▼ hij weet ~ goed he knows jolly/damn well **III** [tw] dash it!, damn it!
donderslag thunderclap, peal of thunder ▼ als een ~ bij heldere hemel like a bolt from the blue
dondersteen ● (brutaaltje) cheeky monkey ● (naarling) ★ een echte ~ a proper rascal
donderwolk thunder-cloud
donker I [het] dark, darkness **II** [bnw] dark, obscure ★ ~ maken/worden darken ★ ⟨foto.⟩ ~e kamer dark room
donor donor
donorcodicil donor card
dons ● (fijne veertjes) down ● (fijne haartjes) down, fuzz, ⟨v. jong dier⟩ fluff
donzen down ▼ ~ bed a feather bed ★ ~ deken duvet; continental quilt; eiderdown (quilt)
donzig downy, fluffy
dood I [de] death ★ ter dood brengen put to death ★ een natuurlijke dood sterven die a natural death ▼ ten dode opgeschreven zijn be doomed; be a dead man ▼ duizend doden sterven die a thousand deaths ▼ de een zijn dood is de ander zijn brood one man's meat is another man's poison ▼ als de dood zijn voor be scared stiff of ▼ de dood vinden meet one's death **II** [bnw] ● (niet levend) dead ● (saai) dull, lifeless ★ een dooie boel a slow affair ● (niet meer functionerend) ★ dode talen dead languages ▼ de onderhandelingen hebben een dood punt bereikt negotiations have reached a dead-lock **III** [bijw] ★ zich dood werken work o.s. to death ★ zich dood ergeren be mortally vexed ▼ zich dood lachen laugh one's head off; be tickled to death ▼ zich dood schrikken be frightened out of one's wits; ⟨inf.⟩ be scared stiff
doodbloeden ● (sterven) bleed to death ● (aflopen) blow over
dooddoener silencer, clincher ★ met een ~ afschepen fob s.o. off with a bromide
doodeenvoudig perfectly simple
doodeng dead scary/creepy
doodgaan die
doodgeboren still-born, ⟨fig.⟩ still-born ▼ het was een ~ kindje it never got off the ground; it was a non starter
doodgewoon I [bnw] quite/perfectly common, common or garden **II** [bijw] ★ hij bleef ~ weg he simply stayed away ★ dat is ~ belachelijk that is quite simply ridiculous
doodgooien ● (overstelpen) ★ ze gooien je dood

met... we are flooded/bombarded with... ● (doden) stone to death
doodgraver ● (grafdelver) grave digger ● (kever) sexton beetle
doodkalm quite/perfectly calm, ⟨inf.⟩ cool as a cucumber
doodkist coffin
doodleuk coolly, as cool as you please
doodlopen ⟨v. straat⟩ come to a dead end, ⟨v. zaak⟩ peter out ★ zich ~ walk o.s. to death ▼ de onderzoekingen zijn doodgelopen the investigations have stagnated/come to a dead end
doodmoe dead beat ★ hij maakt me ~ met zijn gezanik he is wearing me out with his nagging
doodop worn-out, dead-beat
doodrijden I [ov ww] ⟨een paard⟩ ride to death, ⟨ongeluk⟩ run over and kill **II** [wkd ww] get o.s. killed in a crash
doods ● (akelig) deathly ★ ~e stilte deathly silence ● (niet levendig) dead
doodsangst ● (grote angst) agony, mortal fear ★ ~en uitstaan be terrified; be mortally afraid; ⟨inf.⟩ be scared stiff ● (angst voor de dood) fear of death
doodsbang terrified ★ ~ zijn voor iem./iets be terrified of s.o./s.th.; stand in mortal fear of s.o./s.th.
doodsbed death bed
doodsbleek deathly pale, white as a sheet
doodschieten shoot (dead)
doodseskader death squad
doodsgevaar deadly peril, mortal danger
doodshoofd death's head, skull
doodskist coffin
doodsklok funeral bell
doodslaan ● (door slaan doden) kill, beat to death ● (de mond snoeren) silence, shut up ★ iem. met argumenten ~ knock down a person with arguments ▼ al sla je me dood ik zou het niet weten for the life of me I don't know
doodslag manslaughter, homicide
doodsmak ● (zware val) cropper ★ een ~ maken come a cropper ● (dodelijke val) fatal crash/smash
doodsnood agony, death-struggle
doodsschrik mortal fright
doodsstrijd death agony/throes
doodsteek death-blow ▼ dat gaf hen de ~ that finished them off
doodsteken stab to death
doodstil stock-still, deadly quiet
doodstraf capital punishment
doodsverachting contempt of/for death
doodsvijand mortal enemy
doodtij slack water
doodvallen ● (doodblijven) fall dead ● (dodelijke val maken) fall to one's death ▼ ik mag ~ als het niet waar is I'll eat my hat if that isn't so
doodverven ★ als kampioen ~ tip as champion
doodvonnis death-sentence
doodziek critically/dangerously ill, ⟨fig.⟩ sick to death ▼ ik wordt ~ van al dat lawaai I'm sick and tired of all the noise
doodzonde I [de] mortal sin **II** [bnw] a great pity, great shame, ⟨m.b.t. verspilling⟩ a terrible waste
doodzwijgen ⟨een zaak⟩ hush up, ⟨iem.⟩ ignore
doof deaf ★ doof aan één oor deaf in one ear ▼ zich doof houden turn a deaf ear to
doofheid deafness
doofpot extinguisher ▼ in de ~ stoppen hush up
doofstom deaf and dumb
dooi thaw
dooien thaw
dooier yolk

D

D

doolhof labyrinth, maze
doop ● (inwijding) christening, inauguration ● (rel.) christening, baptism ★ de doop ontvangen receive baptism ★ ten doop houden present at the font
doopceel certificate of baptism ▼ iemands ~ lichten lay bare one's past
doopjurk christening dress/gown
doopnaam Christian name
doopsel baptism, christening
doopsgezind Mennonite
doopvont font
door I [bijw] ★ het hele jaar door throughout the year ★ de straat door down the street ★ door de week on weekdays ▼ iem. door en door kennen know s.o. through and through ▼ dat kan ermee door it's passable ▼ door en door eerlijk completely reliable; honest to the core ▼ door en door nat wet through **II** [vz] ● (van a naar b) ★ hij liep door de kamer he walked through the room ★ ergens niet door kunnen not be able to pass ★ de weg loopt onder de brug door the road passes under the bridge ● (oorzaak/middel) ★ door Hem ben ik gered He saved me ★ door meer te trainen word je sterk more exercise will make you strong ● (wegens/vanwege) owing to ★ door omstandigheden owing to circumstances ● (vermenging) ★ wat doe jij door de sla? what do you mix in with your salad? ▼ hij is er door he's through ▼ hij heeft je door he has got your measure; he has sized you up
dooraderd veined
doorbakken well-done
doorbellen phone through, pass on by phone ★ de correspondent belde een bericht door the correspondent phoned a message through
doorberekenen pass on (to)
doorbijten I [ov ww] ● (stukbijten) bite through **II** [on ww] ● (doorzetten) keep at it, hold on ★ zich eruit ~ grin and bear it
doorbladeren leaf through, flick through ★ de krant ~ leaf/glance/skim through the paper
doorbloed rare, underdone, bloody
doorborduren ★ op iets blijven ~ embroider away on s.th.; enlarge on s.th.
doorbóren drill through, (gaatjes maken) perforate, (met blikken) pierce, (v. berg) tunnel through ★ iem. met een zwaard ~ run s.o. through with a sword
doorbraak ● (het doorbreken) bursting, collapse, (v. obstakel) break-through ● (begin van nieuwe situatie) break-through ★ een ~ in het onderzoek a break-through in research
doorbraakpolitiek breakthrough-politics/policy
doorbranden ● (stuk gaan) burn through, (v. zekering) blow ★ de lamp is doorgebrand the (light)bulb is burned-out ● (doorgaan met branden) go on burning
doorbréken break/burst through, (blokkade) run ★ de linies ~ break/burst through the lines
dóórbreken I [ov ww] ● (in stukken breken) break/snap (in two) **II** [on ww] ● (kapot gaan) break apart/up, (dijk) burst ● (door iets breken) break/burst through ★ de zon brak door the sun broke through
doorbrengen (tijd) pass, (vakantie) spend
doordacht well-considered ★ een goed ~ plan a well thought-out plan
doordat because
doordénken consider, reflect
doordenkertje brain teaser
doordeweeks weekday ★ een ~e dag a weekday

★ ~e kleren weekday clothes
doordouwen I [ov ww] ● (doordrukken) keep at it, push through ★ plannen ~ push through plans **II** [on ww] ● (doorzetten) keep trying ★ ~ in het verkeer drive aggressively
doordraaien I [ov ww] ● (verkwisten) squander, run/get through ● (hand.) (bloemen, fruit, e.d.) withdraw from the market **II** [on ww] ● (verder draaien) keep turning ● (overspannen raken) ★ hij is helemaal doorgedraaid he's out of his mind; he's off his head ★ ze voelt zich helemaal doorgedraaid she feels quite worn out ● (dol draaien) slip, (v. schroef) not bite
doordrammen harp on, push ★ hij weet altijd zijn zin door te drammen he always manages to get his way
doordraven ● (verder draven) trot on ● (overdrijven) rattle on ★ draaf niet zo door you're off again!
doordrijven force/push through ★ zijn zin ~ have (it all) one's own way ★ een voorstel ~ push through a proposal
doordringen ★ ik wil u ervan ~ I want to drive/bring it home to you
doordringend (blik) piercing, (lucht) penetrating
doordrukken ★ een voorstel ~ force a proposal through
doordrukstrip strip, (medicijnen, e.d.) blister pack
dooreen pell-mell, in confusion
dooreten ● (gehaast eten) gobble down/up ★ eet eens door finish your food ● (verder eten) continue eating
doorgaan ● (verder gaan met) continue with, carry on with ● (voortduren) ★ dit kan zo niet ~ this has got to stop ● (toch gebeuren) come off, take place ★ niet ~ (v. wedstrijd) be cancelled ● (verder gaan) go on ★ ~de trein through (non-stop) train ★ ~d verkeer through traffic ★ op/over de zaak ~ pursue the subject ● (gaan door iets) (de keuken, het leven) go through, (een brief) run through ● (~ voor) ★ zich laten ~ voor pass o.s. off as; pose as ★ ~ voor een Fransman pass for (a Frenchman)
doorgaans generally
doorgang (weg erdoor) passage ★ geen ~! no right of way; no thoroughfare!; (toegang) no entry; (v. pad) no through way ★ ~ vinden take place
doorgangshuis refuge, (fig.) clearing-house
doorgeefluik service hatch
doorgeven (verder geven) hand/pass on, (zout) pass ● (verder vertellen) let s.o. know, pass on (to)
doorgewinterd dyed-in-the-wool, seasoned, experienced
doorgronden fathom ★ hij is niet te ~ he is a closed book; he is inscrutable
doorhalen ● (erdoor trekken) pull through ★ een wetsontwerp er ~ carry a bill ● (schrappen) cross out ★ ~ wat niet van toepassing is delete where not applicable
doorhaling erasure, (inf.) crossing-out, (v. woord) deletion
doorhebben ▼ iets/iem. ~ be wise to s.th./s.o.; see through s.th./s.o.
doorheen through ★ zich er ~ slaan pull through; carry it off
doorkiesnummer direct-dialling/dial direct number, (BE) STD number
doorkijk (open) view
doorkijken I [ov ww] ● (vluchtig inzien) glance through, (boek) skim **II** [on ww] ● (door iets

kijken) look through

doorkomen ● (erdoor komen) ∗ haar tanden komen door she is cutting her teeth; her teeth are coming through ● (waarneembaar worden) come out, show up/through ∗ dat station komt niet goed door the reception of that station is not good ● (tot een eind brengen) get through, ‹moeilijke tijden› tide over ● (door iets heen komen) come through ∗ er is geen ~ aan it is impossible to get through ∗ een examen ~ get through an examination ∗ de winter ~ make it through the winter

doorkruisen ● (dwarsbomen) thwart ∗ iemands plannen ~ thwart s.o.'s plans ● (rondtrekken) traverse, roam across

doorlaatpost check-point

doorlaten let through, ‹kandidaat› pass ∗ geen water ~ be waterproof ∗ geen geluid ~ be soundproof

doorleren continue with one's studies, go on to higher education

doorleven live through

doorlezen I [ov ww] ● (doornemen) read through, peruse **II** [on ww] ● (verder lezen) go on reading

doorlichten ● (met röntgenstralen onderzoeken) X-ray ● (onderzoeken) investigate ∗ een bedrijf ~ investigate a business/concern

doorliggen become bedsore, to get bedsore

doorlopen I [ov ww] ● (stuklopen) ∗ de zolen van mijn schoenen zijn doorgelopen the soles of my shoes are worn out ● (inzien) ∗ aantekeningen nog even ~ briefly run/glance through one's notes ● (volgen) ∗ een school ~ go to a school; attend school ● (gaan door) walk/go through ∗ alle stadia ~ go/pass through every stage **II** [on ww] ● (doorgaan) continue, run on ∗ de nummering loopt door the numbering is consecutive; the numbering runs on ● (verder lopen) keep on walking/moving, walk on ∗ flink ~ mend one's pace; step out ∗ ~! move along! ● (lopen door) go/pass walk through

doorlopend continuous, ‹getallen› consecutive, ‹programma› non-stop ∗ ~e voorstelling continuous performance

doorloper ● (puzzel) Mephisto crossword ● (schaats) safety speed-skate

doormaken ● een crisis ~ go through a crisis

doormidden in two ∗ iets ~ scheuren tear s.th. apart

doorn thorn ∗ dat is me een ~ in het oog it is a thorn in my flesh; ‹lelijk gebouw› it is an eyesore

doornat wet through, soaked ∗ ~ van het zweet drenched in sweat ∗ ~ van de regen rain-soaked

doornemen ● (doorlezen) go over/through ∗ een brief ~ go through a letter ● (bespreken) go over ∗ een stuk nog eens ~ go over a piece once again

doorpraten I [on ww] ● (bespreken) ∗ iets ~ discuss s.th.; talk s.th. over **II** [on ww] ● (verder praten) ● blijven ~ keep on talking

doorprikken prick, ‹gezwel› lance ∗ een illusie ~ shatter an illusion

doorregen ‹spek› streaky, ‹vlees› marbled

doorreis passage ∗ ik ben op ~ I am passing through; I am on my way through

doorrijden ● (verder rijden) ride/drive on ∗ de bus reed door zonder te stoppen the bus carried on without stopping ● (sneller rijden) ride/drive faster ∗ als we ~ zijn we er zo if we step on it, we'll be there soon

doorrijhoogte headroom

doorschemeren v hij liet ~ dat... he hinted

that...; he dropped a hint that...

doorschieten ∗ met kogels ~ riddle with bullets

dóórschieten ● (doorgaan met schieten) go on/ keep shooting ● (te ver doorgaan) overshoot

doorschijnend translucent

doorschuiven I [ov ww] ● (verder schuiven) pass on **II** [on ww] ● (schuivend verder gaan) advance, move on/up ∗ zo schuiven we door naar voren that's how we move up to the front

doorseinen transmit, relay, send

doorslaan I [ov ww] ● (stukslaan) break **II** [on ww] ● (overhellen) turn, dip ∗ de balans doen ~ tip the scales ● (kortsluiten) blow ∗ doorgeslagen zekering blown fuse ● (doordraven) run on ● (bekennen) talk ∗ de verdachte sloeg door the suspect talked ● (doldraaien) race ∗ alle stoppen sloegen bij haar door she blew a fuse; she hit the roof

doorslaand ∗ ~ succes resounding success

doorslag carbon copy ∗ een ~ maken take a carbon copy (of) ∗ de ~ geven settle the matter; tip the scales

doorslaggevend decisive

doorslikken swallow

doorsmeren grease, lubricate

doorsnede ● (tekening) (cross) section, slice ● (diameter) diameter ● (vlak) sectional plane

doorsnee ● (lijn door het midden) diameter ● (gemiddeld) average ∗ in ~ on average ● (tekening van doorsnee) cross section

doorsnijden intersect

dóórsnijden cut, slice, sever, ‹in twee stukken› cut in two

doorspekken interlard v een toespraak doorspekt met grappen a speech interlarded with jokes

doorspelen I [ov ww] ● (helemaal doornemen) play through ● (toespelen) pass on, leak ∗ de vraag aan een ander ~ pass on the question to s.o. else **II** [on ww] ● (verder spelen) play on

doorspoelen ● (doordraaien) wind on ● (reinigen) ‹afvoer, wc› flush, ‹in vloeistof› rinse

doorspreken discuss fully, go into s.th. (in depth)

doorstaan ‹aanval› sustain, ‹pijn› endure, ‹storm, crisis› weather, ‹toets, kou› stand, ‹ziekte› pull through

doorstéken stab, run through

dóórsteken I [ov ww] ● (gaan/steken door) pierce, cut **II** [on ww] ● (kortere weg nemen) take a short cut (through)

doorstoten ● (doorgaan met stoten) keep on/ continue pushing/shoving/thrusting ● (doordringen) advance, push through, ‹mil.› push on (to)

doorstrepen cross out, delete, strike out

doorstromen ● (verder stromen) flow/run/ stream through ● (doorschuiven) ‹in onderwijs› move on/up, ‹m.b.t. huizen› move up the housing ladder

doortastend energetic ∗ ~ optreden act boldly

doortimmerd sound, solid, well-built

doortocht ● (doorgang) passage, right of way ● (het doortrekken) ‹mil.› march through

doortrapt crafty ∗ een ~e schurk a regular scoundrel; ‹inf.› a right bastard

doortrekken I [ov ww] ● (wc doorspoelen) flush ● (verlengen) extend **II** [on ww] ● (gaan door) traverse, travel/pass through, ‹mil.› march through

doortrokken (met kennis) steeped, ‹v. water› soaked

doorvaart passage

doorverbinden ‹telefoon› connect, put through

D

(to) * kunt u me ~ met Het Spectrum could you put me through to Het Spectrum

doorverwijzen refer * hij werd doorverwezen naar een longarts he was referred to a lung specialist

doorvoed well-fed

doorvoer ● (het doorvoeren) transit ● (doorgevoerde waren) transit goods

doorvoeren ● (transporteren) convey (goods) in transit ● (ten uitvoer brengen) carry through, ⟨v. wet⟩ enforce * iets te ver ~ push s.th. too far

doorvoerhaven transit port

doorvoerrechten transit duties

doorwaadbaar fordable * doorwaadbare plaats ford

doorweekt soaked, waterlogged, soaked, ⟨v. kleren, e.d.⟩ wet through, ⟨velden⟩ soggy

doorwerken I [ov ww] ● (geheel bestuderen) work through, finish **II** [on ww] ● (verder werken) work on ● (invloed hebben) affect, make itself felt

doorworstelen struggle/plough through * hij worstelde het boek door he struggled his way through the book

doorwrocht thorough, elaborate

doorzagen ● (in tweeën zagen) saw through, saw in two ● (ondervragen) question/examine closely, grill a person ● (doorzeuren) go/moan on about s.th.

doorzakken ● (verzakken) sag ● (lang/veel drinken) drink to excess, ⟨inf.⟩ booze

doorzetten I [ov ww] ● (laten doorgaan) carry through, ⟨aanval⟩ press * een plan ~ carry through a plan **II** [on ww] ● (volhouden) persevere, carry on * hij weet van ~ he is a go-getter; he doesn't take no for an answer ● (krachtiger worden) get/become stronger * het onweer zette niet door the thunderstorm did not develop

doorzetter go-getter

doorzettingsvermogen perseverance

doorzeven riddle * doorzeefd met kogels riddled with bullets

doorzichtig transparent, ⟨excuus⟩ thin, ⟨leugen⟩ transparent/obvious

doorzien see through * iem. doorzien see through a person

dóórzien look through, skim

doorzitten I [ov ww] ● (te veel zitten) wear out, ⟨op paard⟩ get saddle-sore **II** [on ww] ● (draf uitzitten) ride a sitting trot

doorzoeken ⟨huis⟩ search, ⟨streek⟩ comb out * iemands zakken ~ go through a person's pockets

doorzonwoning house/flat with a through lounge

doos box, case ▾ uit de oude doos antiquated; ⟨inf.⟩ old hat

dop ● (omhulsel) ⟨v. ei, noot⟩ shell, ⟨v. erwt⟩ pod, ⟨v. zaden⟩ husk ● (dekseltje) lid, ⟨v. degen⟩ button, ⟨v. vulpen, flacon⟩ cap ● (oog) eyes * kijk uit je doppen look where you're going ▾ dichter in de dop budding poet

dope dope, doping * aan de dope zijn be on dope

dopen ● (de doop toedienen) baptize, christen, ⟨schip⟩ name ● (indompelen) ⟨beschuit⟩ sop * de pen in de inkt ~ dip the pen in the ink

doperwt green pea

dopheide bell-heather

doping ● (middelen) drug(s) ● (het toedienen) doping

dopingcontrole anti-doping test

doppen ⟨bonen⟩ shell, ⟨v. ei⟩ peel

dopplereffect Doppler effect

dopsleutel socket spanner

dor ● (verdroogd) ⟨bladeren⟩ withered, ⟨hout⟩ dry, ⟨land⟩ barren ● (saai) dull, insipid

dorp village

dorpel threshold

dorpeling villager

dorps countrified, rustic, parochial

dorpsbewoner villager

dorpsgek village idiot

dorpsgenoot fellow-villager

dorpshuis ⟨centrum⟩ community centre

dorpskern village centre

dorsen thresh

dorsmachine threshing-machine

dorst ● (behoefte aan drinken) thirst * ~ hebben be thirsty ● (sterk verlangen) thirst/craving for/after, crave

dorsten * ~ naar thirst for

dorstig thirsty

dorsvlegel flail

dorsvloer threshing-floor

doseren dose

dosis dose, ⟨geduld⟩ supply, ⟨moed⟩ amount * te grote ~ overdose * te kleine ~ underdose

dossier ⟨in rechtszaak⟩ dossier, ⟨kantoor⟩ file * een ~ aanleggen van place on file; file

dot ● (plukje) ⟨gras⟩ tuft, ⟨haar⟩ knot ● (iets kleins, schattigs) * een dot van een hoed a dream of a hat * wat een dot(je)! ⟨persoon⟩ what a (little) dear!

dotterbloem marsh-marigold

douane ● (grenspost) custom-house, (the) Customs ● (beambte) customs officer

douanier customs/custom-house officer

doublé I [het] gold plate **II** [bnw] gold-plated

doubleren ● (verdubbelen) double ● (blijven zitten) repeat a class

douche shower ▾ koude ~ cold shower

douchecel shower cubicle

douchegordijn shower curtain

douchen take a shower

douwen push, shove ⟨crowd aside⟩

dove deaf person ▾ voor doven preken preach to deaf ears

doven ● (uitdoen) extinguish, put out ● (temperen) dampen, ⟨v. geluid⟩ deaden

dovenetel dead nettle

dozijn dozen * bij het ~ verkopen sell by the dozen

draad ● (lang en dun geheel) thread, ⟨in elektr. lamp⟩ filament, ⟨metaal⟩ wire * een ~ in de naald steken thread a needle ● (vezel) fibre ● (schroefdraad) thread ● (samenhang) thread, ⟨bij onderzoek⟩ clue * de ~ kwijtraken lose the thread ▾ met iets voor de ~ komen come out with s.th. ▾ aan een zijden ~ hangen hang in balance ▾ de ~ van iets weer opvatten take up the thread of s.th. ▾ ik heb geen droge ~ aan 't lijf I have not a dry stitch on me ▾ tot op de ~ versleten worn to a thread ▾ tegen de ~ against the grain

draadloos wireless

draadnagel wire-nail

draagbaar I [de] stretcher, litter **II** [bnw] ⟨v. kleding⟩ wearable, ⟨v. radio, telefoon⟩ portable

draagkarton cardboard container (for bottles/tins)

draagkracht ⟨v. schip, brug, e.d.⟩ carrying-capacity, ⟨v. stem⟩ carrying-power, ⟨v. vliegtuig⟩ lift, ⟨v. vuurwapen⟩ range * financiële ~ financial capacity ▾ het gaat mijn ~ te boven it is beyond my means

draagkrachtig well-off, well-to-do

draaglijk tolerable, passable

draagmoeder surrogate mother

draagraket booster (rocket), launch/carrier rocket
draagstoel sedan chair, ⟨v. zieke⟩ litter
draagtijd gestation period
draagvermogen ⟨v. brug, schip, e.d.⟩ carrying-capacity, ⟨v. vliegtuig⟩ carrying capacity, lift
draagvlak ● ⟨vlak⟩ plane, ⟨v. vliegtuig⟩ airfoil ● ⟨ondersteunende groep⟩ basis, support ★ een breed maatschappelijk ~ a broad social basis
draagwijdte ● ⟨bereik⟩ range, ⟨v. stem⟩ carrying power ● ⟨strekking⟩ impact, ⟨v. voorstel⟩ scope, ⟨v. woorden⟩ import
draai ● ⟨draaiing⟩ turn, ⟨v. weg⟩ bend ★ de ~ te kort nemen take the bend/turn too short ● ⟨klap⟩ ★ een ~ om de oren geven box s.o.'s ears ★ ergens een ~ aan geven give s.th. a turn/twist; twist the meaning of s.th. ▼ zijn ~ vinden find one's niche
draaibaar revolving
draaibank lathe
draaiboek script, ⟨v. film⟩ scenario
draaicirkel turning-circle
draaideur revolving door
draaien I [ov ww] ● ⟨in het rond draaien⟩ ⟨knop⟩ twiddle, ⟨wiel⟩ turn ● ⟨keren/wenden⟩ ⟨auto⟩ turn ● ⟨afspelen⟩ ⟨een plaat, cd⟩ play, ⟨film⟩ show ● ⟨telefoneren⟩ dial a ⟨telephone⟩ number ● ⟨bewerken⟩ ⟨hout⟩ turn, ⟨pillen⟩ roll ★ een horloge kapot ~ overwind a watch ▼ zich eruit ~ wriggle out II [on ww] ● ⟨in het rond gaan⟩ turn, rotate, ⟨om as⟩ revolve, ⟨snel⟩ spin ⟨round⟩ ● ⟨wenden⟩ shift, ⟨v. wind⟩ veer, shift ● ⟨uitvluchten zoeken⟩ prevaricate, hedge ★ er omheen ~ fence; beat about the bush; equivocate ● ⟨functioneren⟩ turn, work ★ hij houdt de zaak aan het ~ he keeps things going ▼ mijn hoofd draait my head swims ▼ alles draaide om hem heen his brain was in a whirl ▼ alles draait hierom everything turns on this ▼ er omheen ~ fence; beat about the bush; equivocate
draaierig giddy
draaiing turn(ing), ⟨om ander hemellichaam⟩ revolution, ⟨om eigen as⟩ rotation
draaikolk vortex, eddy
draaikont twister
draaimolen merry-go-round, roundabout
draaiorgel barrel-organ
draaischijf ● ⟨kiesschijf⟩ ⟨telefoon⟩ dial ● ⟨draaitafel⟩ turntable ● ⟨pottenbakkersschijf⟩ potter's wheel
draaitafel turntable
draaitol ● ⟨persoon⟩ fidgetter ● ⟨tol⟩ top
draak ● ⟨beest⟩ dragon ● ⟨melodrama⟩ melodrama ● ⟨akelig mens⟩ ★ ze is een ~ van een mens she is an odious/hateful person; she is an absolute cow ● ⟨voorwerp⟩ monstrosity ▼ de ~ steken met poke fun at
drab ● ⟨modder⟩ ooze ● ⟨bezinksel⟩ dregs, lees
dracht ● ⟨kleding⟩ dress, costume ● ⟨drachtig zijn⟩ gestation
drachtig with young ★ ~ zijn be with young; ⟨v. paard⟩ be in foal; ⟨v. koe⟩ be in calf; ⟨v. schaap⟩ be in lamb; ⟨v. varken⟩ be in pig; ⟨v. teef⟩ be pregnant
draf trot ★ op een draf al at a trot ▼ 't op een draf zetten break into a trot
drafsport trotting ⟨races⟩
dragee coated tablet, ⟨med.⟩ tablet
dragen I [ov ww] ● ⟨op zich nemen⟩ ★ de gevolgen ~ bear/take the consequences ● ⟨ondersteunen⟩ bear ★ het ijs draagt de ice bears ★ een gewicht ~ bear a weight ● ⟨aan/bij zich hebben⟩ carry s.th. from one place to another, carry, wear ★ kleding ~ wear clothes

● ⟨voortbrengen⟩ ★ fruit ~ bear/yield fruit
● ⟨zwanger zijn⟩ carry, be pregnant ● ⟨verdragen⟩ ★ hij kon 't niet langer ~ he couldn't bear it any longer ▼ zo snel als je benen je kunnen ~ as fast as your legs can carry you II [on ww] ● ⟨etteren⟩ discharge, ⟨v. oog⟩ run, ⟨v. wond⟩ fester
● ⟨reikwijdte hebben⟩ ★ zijn stem draagt ver his voice has a great carrying power; his voice carries far ★ het kanon draagt ver the cannon has a long range
drager ● ⟨wezen⟩ bearer, ⟨ook v. ziekte⟩ carrier, ⟨v. bagage⟩ porter, ⟨v. bril, e.d.⟩ wearer ● ⟨voorwerp⟩ support
dragline dragline
dragon tarragon
dragonder ▼ vloeken als een ~ swear like a trooper
drain drain, drainpipe
draineren drain
dralen tarry, delay ★ zonder ~ without delay; without hesitation
drama drama
dramatiek dramatic art
dramatisch dramatic
dramatiseren dramatize
dramaturg dramatist
drammen go on, nag ★ hou eens op met ~! oh (do) stop nagging!
drang ● ⟨druk⟩ pressure ★ onder de ~ van de publieke opinie under the pressure of public opinion ● ⟨aandrang⟩ urge ★ ~ naar vrijheid desire for liberty ★ innerlijke ~ inner urge
dranger door-closer
dranghek crush barrier
drank ● ⟨vocht⟩ drink, ⟨v. menu⟩ beverage ● ⟨alcoholische drank⟩ strong drink ★ aan de ~ raken take to drink(ing) ★ aan de ~ zijn be addicted to liquor; be an alcoholic
drankje ● ⟨geneesmiddel⟩ draught, potion ★ zijn ~ innemen take one's medicine ● ⟨glaasje drank⟩ drink
drankmisbruik excessive drinking
drankorgel boozer
drankvergunning liquor licence
draperen drape
draperie drapery
drassig marshy, swampy
drastisch drastic
draven trot
draver a good trotter
draverij trotting race
dreadlock dreadlocks
dreef lane, avenue ▼ op ~ zijn be in great form ▼ op ~ komen warm up to (a subject); get into one's stride
dreg drag, grapnel
dreggen drag
dreigbrief threatening letter, ⟨om geld⟩ blackmailing letter
dreigement threat, menace
dreigen I [ov ww] ● ⟨bedreigen⟩ threaten, menace ★ hij dreigde te sterven he was in danger of dying II [on ww] ● ⟨staan te gebeuren⟩ ★ er dreigt onweer it looks like thunder
dreigend threatening, menacing, ominous ★ een ~e blik a scowling/threatening look
dreiging threat, menace
dreinen whine ★ ~ om iets whine for s.th.
drek dung, filth
drempel ● ⟨belemmering⟩ threshold ● ⟨verhoging⟩ threshold, sleeping policeman, speed bump, ⟨v. haven⟩ bar
drempelvrees threshold fear

drempelwaarde threshold value
drenkeling drowning person, drowned person
drenken ● (drinken geven) water ∗ het vee ~ water the cattle ● (nat maken) water
drentelen lounge, saunter
drenzen whine
dresseren (dieren) train, ⟨leerlingen⟩ drill, train, ⟨paarden⟩ break (in) ∗ gedresseerde dieren trained animals; ⟨in circus, e.d.⟩ performing animals
dressing (salad) dressing
dressman male model
dressoir sideboard, dresser
dressuur training
dreumes nipper, toddler
dreun ● (het dreunen) boom, rumble ● (eentonig geluid) drone, ⟨v. stem⟩ singsong ● (klap) sock, smack ∗ iem. een ~ op zijn gezicht geven give s.o. a thick ear; smack s.o.'s face
dreunen rumble, boom
drevel drift, ⟨voor gaten⟩ punch, ⟨voor verzinken⟩ punch
dribbel dribble
dribbelen trip, totter, ⟨v. kind⟩ toddle, ⟨voetbal⟩ dribble
drie I [de] three **II** [telw] three → **acht**
driebaansweg three-lane road
driedaags three-day, three day's
driedimensionaal three-dimensional ∗ een driedimensionale film a picture in 3-D
driedubbel treble
drie-eenheid triad, ⟨rel.⟩ the Blessed/Holy Trinity
driehoek triangle
driehoekig triangular
driehoeksruil trilateral exchange
driehoeksverhouding (the) eternal triangle
drieklank ● (taalk.) thriphthong ● (muz.) triad
driekleur tricolor
driekwart three fourths, three quarters ∗ ~ mijl three quarters (of a mile)
driekwartsmaat three-four time
drieledig threefold
drieletterwoord a four-letter-word
drieling triplets
drieluik triptych
driemaal on three occasions, three times, ⟨vero.⟩ thrice ∗ ~ kopiëren/vermenigvuldigen triplicate
driemanschap triumvirate
driemaster three-master
driepoot tripod
driespan team of three (horses)
driesprong three-forked road
driest ● (roekeloos) audacious, reckless ● (brutaal) insolent
driestemmig three-part, for three voices
drietal three, trio
drietand trident
drietonner three-tonner
drietrapsraket three-stage rocket
drievoud treble ∗ in ~ opgemaakt drawn up in triplicate
driewegstekker three-way plug
driewieler tricycle
driezitsbank (three-seat(er)) sofa/settee
drift ● (neiging) desire, passion ● (woedeaanval) passion, temper ● (het afdrijven) drift ∗ op ~ raken break adrift
driftbui fit of temper
driftig I [bnw] ● (opvliegend) hot-/quick-tempered ● (kwaad) ∗ ~ worden fly into a passion; flare up **II** [bijw] vehement ∗ ~ gebaren make vehement gestures

driftkikker hothead, spitfire
driftkop hothead
drijfgas propellant
drijfhout drift-wood
drijfjacht battue, drive, ⟨fig.⟩ round-up
drijfkracht ⟨fig.⟩ driving force, ⟨v. machine, e.d.⟩ driving power, ⟨v. schip⟩ driving power, propelling force
drijfnat soaking wet, dripping
drijfnet drift net
drijfriem driving-belt
drijfveer motive
drijfzand quicksand(s)
drijven I [ov ww] ● (opjagen) drive ∗ vee ~ drive cattle ● (aanzetten) drive, push ∗ iem. tot wanhoop ~ drive a person to despair ∗ door afgunst gedreven prompted by jealousy ● (uitoefenen) run ∗ een zaak ~ carry on/run a business ∗ het te ver ~ carry things too far **II** [on ww] ● (stromen) ∗ de rivier af~ drift/float down the river ● (niet zinken) float ∗ op/in het water ~ float on/in the water ● in de boter ~ swim in butter ● (kletsnat zijn) be soaked, be sopping wet ∗ hij dreef van 't zweet he was dripping with perspiration ▼ de vereniging drijft op hem he is the mainstay of the society
drijver ● (opjager) ⟨fig.⟩ fanatic, ⟨v. wild⟩ beater, ⟨vee⟩ driver ● (voorwerp dat drijft) float ∗ de ~ van een vliegboot the float of a seaplane
drilboor drill
drillen ● (africhten) ∗ soldaten ~ drill soldiers ● (boren) drill
dringen I [ov ww] ● (duwen) push ▼ zich bij iem. in de gunst ~ worm o.s. into s.o.'s favour ▼ de tijd dringt time presses **II** [on ww] ● (krachtig voortgaan) push, press ∗ hij drong door de menigte heen he pushed/elbowed his way through the crowd ∗ sta niet zo te ~ don't push/crowd me
dringend ● (met aandrang) pressing ● (urgent) pressing, urgent
drinkbaar drinkable
drinkebroer tippler, drunk, boozer
drinken I [het] drink(s), beverage **II** [ov ww] drink, ⟨met kleine teugjes⟩ sip ∗ stevig ~ drink hard/heavily ▼ ~ op iemands gezondheid drink to a person's health
drinkgelag drinking-bout
drinklied drinking song
drinkwater drinking-water ∗ geen ~ unfit for drinking
drive-inwoning house with built-in garage
droef sad, afflicted ▼ ~ te moede zijn be dispirited
droefenis sorrow, grief
droefgeestig I [bnw] melancholy **II** [bijw] dolefully, sadly
droesem dregs, lees
droevig ● (verdrietig) sorrowful, sad ● (bedroevend) ∗ ~ resultaat poor result
drogen dry
drogeren drug, ⟨inf.⟩ dope
drogist ⟨AE⟩ druggist, ⟨verkoper⟩ chemist, ⟨winkel⟩ chemist's, drugstore
drogisterij chemist's
drogreden fallacy, ⟨form.⟩ sophism
drol ⟨inf.⟩ turd
drom crowd, throng
dromedaris dromedary
dromen I [ov ww] ● (droom hebben) dream ∗ ik kan dat verhaal wel ~ I know that story like the back of my hand; I know the story by heart ▼ dat had je gedroomd! no way!; not in your wildest dreams! **II** [on ww] ● (droom hebben) dream

• (mijmeren) daydream ★ ~ staat vrij everybody
is free to dream
dromer dreamer
dromerig • (mijmerend) dreamy • (onwerkelijk)
dreamlike, unreal
drommel • arme ~ poor devil; (BE) bugger; (AE)
bastard ▾ om de ~ niet! not on your life!; no way!
▾ wat voor de ~ betekent dit? what the deuce/on
earth does this mean?
drommels I [bnw] ★ die ~e kerel that cursed/
damned fellow **II** [bijw] jolly, awfully, damned
★ dat weet je ~ goed you know that very well
III [tw] the deuce!, good grief!
drommen throng, swarm
dronk ★ een ~ uitbrengen propose a toast ▾ hij
heeft een kwade ~ he is quarrelsome when drunk;
when he has had a drink or two, he turns nasty
dronkaard drunkard
dronken • (bedwelmd) tipsy, intoxicated, (alleen
attributief) drunken, (alleen predikatief) drunk
★ een ~ man a drunken man ★ hij is ~ he is
• (~ van) drunk with, intoxicated with ▾ zo ~ als
een kanon as drunk as a lord
dronkenschap drunkenness, intoxication ★ in
staat van ~ verkeren be the worse for drink;
(form.) be under the influence of drink
droog dry
droogbloem dried flower
droogdoek cloth, (tea-)towel, dish-towel, (AE)
tea-cloth
droogdok dry-dock ★ drijvend ~ floating dock
droogje ▾ op een ~ without anything to drink
droogkap (hair) drier (hood)
droogkloot bore, drag
droogleggen • (droogmaken) reclaim
• (alcoholverkoop verbieden) forbid the
consumption of alcohol ★ een drooggelegde stad
a dry city
drooglijn clothes-line
droogmaken dry
droogmolen rotary clothes-line
droogpruim bloody/utter bore
droogrek drying-frame, (voor kleren) clotheshorse
droogshampoo dry shampoo
droogstaan (zonder water zijn) have run/gone
dry • de greppel staat droog the ditch is dry
• (geen alcohol meer drinken) have stopped
drinking ▾ ik sta droog I'm dry
droogstoppel bore, drag
droogte • (periode) drought • (het droog zijn)
dryness, (v. klimaat) aridity
droogtrommel tumble dryer
droogvallen stand clear of the water, (inf., v.
conversatie) dry up
droom dream ★ in dromen verzonken zijn be lost
in dreams; be day-dreaming ▾ iem. uit de ~
helpen open s.o.'s eyes ▾ dromen zijn bedrog
dreams are deceptive
droombeeld vision
droomwereld dream world
drop • (druppel) drop • (snoep) liquorice, (AE)
licorice
dropje (piece of) liquorice, lozenge
droppen • (neerlaten) (make a) drop ★ voedsel ~
airlift/drop food(supplies) • (afzetten) drop off
★ zal ik je hier ~? shall I drop you off here?
dropping drop
dropwater liquorice/licorice water
drug drug, narcotic ★ aan de drugs zijn take drugs;
be on drugs
druggebruiker drug user
drugshandelaar drug dealer/peddler/pusher

drugsverslaafde drug addict
druïde druid
druif • (vrucht) grape • (persoon) goon ▾ de
druiven zijn zuur the grapes are sour
druilen I [on ww] • (zeuren) mope **II** [onp ww]
drizzle ★ het druilt it's drizzling
druilerig • (lusteloos) moping! • (regenachtig)
drizzly
druiloor mope, gloomy/mopey person, wet blanket
druipen drip, trickle • (nat zijn) ★ zij druipt she's
soaking; she's sopping wet ▾ ~ van het vet/zweet
drip with grease/sweat
druiper clap, dose
druipnat dripping/sopping/soaking wet
druipneus runny nose
druipsteen sinter, (hangend) stalactite, (staand)
stalagmite
druivensap grapejuice
druivensuiker grape sugar, glucose
druk I [de] • (drukkende kracht) ★ gebied van
hoge/lage druk high/low pressure area ★ een
druk op de knop is voldoende just press the
button • (aandrang) pressure, (last) oppression
★ druk uitoefenen op exert pressure on
★ financiële druk financial pressure • (het
boekdrukken) print(ing) • in druk verschijnen
appear in print • een boek voor de druk
bezorgen see a book through the press • (oplage)
edition • herziene druk revised edition • derde
ongewijzigde druk third impression ▾ de druk is
van de ketel the pressure is off **II** [bnw] • (met
veel werk) ★ 't druk hebben met leren be busy
learning ★ wegens drukke werkzaamheden
owing to pressure of work • (levendig) busy,
(handel) lively, brisk, (kleuren) loud ★ 't was er
erg druk the place was very crowded ★ hij was te
druk bezig met pakken om mij te helpen he
was too busy packing to help me • (goed bezocht)
crowded, busy ★ een drukke kroeg a crowded pub
• (opgewonden) active, excited, fussy ★ zich druk
maken get excited; worry ▾ hij maakt zich niet
druk he takes it easy **III** [bijw] • druk
bezig very busy • druk bezochte vergadering
well-attended meeting ★ een druk bezocht café
much frequented café/pub ★ er wordt druk
gebruik van gemaakt it is used frequently
drukdoenerij fussiness
drukfout misprint, printer's error
drukinkt printer's ink
drukken I [ov ww] • (duwen) press, push, squeeze
★ iem. de hand ~ shake hands with s.o.
• (afdrukken) print • (verlagen) ★ de markt ~
depress the market ★ de prijzen/kosten ~ hold/
keep the prices/costs down ★ (tot last zijn) weigh
(heavily) upon, (fig.) oppress ▾ iem. iets op 't hart
~ impress s.th. on a person **II** [wkd ww] shirk,
dodge, (ziekte voorwenden) malinger
drukkend • (bezwarend) burdensome, (gevoel)
heavy • (benauwd) close, (hitte) oppressive,
(weer) sultry
drukker • (boekdrukker) printer ★ naar de ~
sturen send to press ★ bij de ~ zijn be in the press;
at the printer's • (drukknop) push button
drukkerij printing-office, (katoendrukkerij)
printing-shop
drukknoop press-stud, press fastener, (AE) snap
drukkunst (art of) printing
drukletter type, (tegenover schrijfletter) printed
character
drukmiddel lever
drukpers printing-press, (medium) press
▾ vrijheid van ~ freedom of the press

D

drukproef galley(proof), proof(-sheet)
drukte ● (veel werk) rush/pressure of business ★ in tijden van ~ in times of pressure ● (ophef) fuss, 〈zenuwachtige drukte〉 flurry ● (leven, bedrijvigheid) excitement, 〈bij uitverkoop e.d.〉 rush, 〈zaken〉 bustle ● de kerst~ the Christmas rush ▾ kouwe ~ la-di-da; fuss about nothing
druktemaker loudmouth, fuss pot, busy body, noisy fellow
druktoets (push) button ★ ~telefoon push button telephone; touch tone telephone
drukverband compress, tourniquet
drukwerk printed matter ● als ~ verzenden send as printed matter
drum drum
drumband drum band
drummen play the drums
drummer drummer
drumstel (set of) drums, drum kit
drup drip
druppel drop, drip, 〈med.〉 drops ▾ de ~ die de emmer doet overlopen the last straw ▾ op elkaar lijken als twee ~s water be alike as two peas (in a pod) ▾ 't is een ~ op een gloeiende plaat it is a drop in the ocean
druppelen I [ov ww] ● (in druppels laten vallen) drip, trickle ▾ zijn oog ~ put drops in one's eye II [on ww] ● (druipen) drip, trickle
druppelflesje dropper
druppelsgewijs by dribblets, dropwise, in drops, 〈fig.〉 little by little ▾ ~ binnenkomen trickle in
druppen drip
dualistisch dualist(ic)
dubbel I [het] duplicate, double II [bnw] ● (twee maal) double ★ ~ boekhouden bookkeeping by double entry ★ ~e naam double(-barrelled) name ★ ~e rijweg dual carriageway ★ ~e bodem false bottom; 〈fig.〉 double meaning ★ ~ raam storm window; 〈als isolatie〉 double glazed window ★ het ~e bedrag double the amount ● (tweeslachtig) double ★ een ~ leven leiden lead a double life ▾ ~ spel spelen play a double game III [bijw] doubly ★ ~ zo lang twice as long
dubbeldekker ● (bus) double decker (bus) ● (trein) double decker (train) ● (vliegtuig) biplane
dubbeldeks double-decked
dubbelepunt colon
dubbelganger double
dubbelhartig double-hearted
dubbelop double
dubbelparkeerder double parker
dubbelrol double role ★ een ~ spelen play a double role
dubbelspel doubles [mv]
dubbelspion double agent
dubbelspoor double track, twin track
dubbelster binary star
dubbeltje ▾ je weet nooit hoe een ~ rollen kan you never can tell ▾ het is een ~ op zijn kant it's a toss-up; it's touch and go ▾ zo plat als een ~ as flat as a pancake
dubbelvouwen fold in half/two, fold double
dubbelzijdig double/two-sided
dubbelzinnig ambiguous, equivocal, 〈onkies〉 double-meaning
dubben I [ov ww] ● (kopiëren) copy, 〈bandje〉 dub II [on ww] ● (weifelen) be in two minds, hesitate
dubieus doubtful, dubious
dubio ▾ in ~ staan waver; hesitate; be in two minds (about s.th.)
duchten dread, fear
duchtig sound, thorough ★ ~e weerstand stout/

strong resistance
duel duel, single combat
duelleren (fight a) duel
duet duet
duf ● (muf) musty, stuffy ● (saai) fusty, stale
duidelijk (taal) plain, 〈teken〉 clear, 〈vergissing〉 obvious ★ iem. iets ~ maken make s.th. clear to a person
duidelijkheid clearness, clarity, obviousness
duiden I [ov ww] ● (verklaren) interpret ▾ iem. iets ten kwade ~ take s.th. ill of a person II [on ww] ● (wijzen) point to/at ★ dat duidt op een hartkwaal that suggests/indicates a heartcondition
duif pigeon, dove ▾ onder iemands duiven schieten poach on a person's preserves
duig stave ▾ het plan viel in duigen the plan fell through; the plan miscarried
duik (duiksport) dive ● (het duiken) dive, diving ★ een duik nemen take a dip; dive
duikboot submarine
duikbril (diving) goggles
duikelaar 〈slome〉 ~ sad sack; dullard
duikelen (take a) tumble, fall head over heels
duiken (duiksport beoefenen) dive ● (duik maken) dive, plunge, duck, 〈duikboot〉 submerge ★ ~ naar iets dive for s.th. ● (wegkruipen) duck down/behind ▾ hij zat ineengedoken he sat hunched; huddled up; 〈v. dier〉 it crouched ● (zich verdiepen in) ★ in een onderwerp ~ go deep into a subject ★ in zijn boeken gedoken immersed in his books
duiker ● (persoon) diver ● (watergang) culvert
duikerklok diving bell
duikplank diving board
duikvlucht (nose-)dive
duim ● (vinger) thumb ● (lengtemaat) inch ▾ iets uit zijn duim zuigen make up a story; invent s.th. ▾ iem. onder de duim hebben/houden have a person under one's thumb
duimbreed ▾ geen ~ wijken not budge an inch
duimdik an inch thick
duimen ● (geluk afdwingen) ★ ik zal voor je ~ I'll keep my fingers crossed for you ● (duimzuigen) suck one's thumb
duimendraaien twiddle one's thumbs
duimschroef thumbscrew
duimstok (folding) rule
duimzuigen ● (duimen) suck one's thumb, thumb-sucking ● (fantaseren) fantasize, imagine
duin I [de] dune II [het] dunes
duindoorn 〈gaspeldoorn〉 gorse, 〈kattendoorn〉 sea buckthorn
duinpan dip/cup in the dunes
duister I [het] ▾ in het ~ tasten be in the dark II [bnw] ● (donker) ★ een ~e nacht a dark night ● (onduidelijk) dark, dim ★ ~e toekomst dim/uncertain future; 〈somber〉 bleak future ● (onguur) shady, dubious ★ ~e praktijken dubious/shady practices
duisternis dark(ness)
duit 〈munt〉 penny, cent ● (geld) ★ het heeft een bom duiten gekost it cost a fortune; cost a pretty penny ▾ een duit in 't zakje doen put in a word
duitendief skinflint
duivel devil, 〈inf.〉 Old Nick, Old Harry ▾ om de ~ niet not on your life ▾ loop naar de ~! go to hell!; go to the blazes! ▾ hij is te dom om voor de ~ te dansen he is a blazing ass ▾ hij was des ~s he was furious ▾ 't is alsof de ~ ermee speelt it is as if the devil is in it; you'd think the devil has a hand in it. ▾ als je van de ~ spreekt, dan trap je op zijn staart talk of the devil and he is sure to appear

▼ hij is voor de ~ niet bang *he has no fear of the devil*

duivelin *she-devil*

duivels I [bnw] • (als van een duivel) *devilish, fiendish* • (boosaardig) *diabolical, devilish* ★ een ~ plan *a diabolical plan* • (woedend) *furious, mad, livid* ★ ~ maken *infuriate* **II** [tw] duivels!, *the devil!*

duivelskunstenaar • (tovenaar) *magician, sorcerer* [v: sorceress] • (erg handig mens) *wizard*

duivenmelker *pigeon-fancier*

duiventil *pigeon-coop, pigeon-loft*

duizelen *grow dizzy* **▼** 't duizelt mij *my head is swimming*

duizelig *dizzy, giddy*

duizeling *dizziness*

duizelingwekkend • (enorm) ★ ~e aantallen *enormous/staggering numbers* • (duizelig makend) *dizzy, giddy*

duizend *a/one thousand* **▼** de ~-en-een-nacht *the Arabian Nights* • een vrouw uit ~en *a woman in a million*

duizendje *thousand guilder note*

duizendkunstenaar *versatile person, multitalented person*

duizendpoot • (iem. die alles kan) *Jack-of-all-trades* • (dier) *centipede*

duizendschoon *sweet william*

duizendste *thousandth* → **achtste**

duizendtal *a thousand*

dukaat *ducat*

dukdalf *mooring buoy*

dulden • (verdragen) *bear, endure* • (toelaten) *tolerate* ★ geen uitstel ~ *brook no delay* ★ dat duld ik niet *I won't stand(for) it* **▼** je wordt daar slechts door hem geduld *you are there only on his sufferance*

dummy • (stroman) *figurehead, puppet* • (demonstratiemodel) *dummy* • (blinde in kaartspel) *dummy*

dump • (opslagplaats) *dump, tip* • (handel) (army) *surplus stock*

dumpen *dump*

dumpprijs *bulk-purchase price,* (onder de prijs) *knockdown price* ★ goederen tegen dumpprijzen verkopen *sell goods at clearance prices*

dun • (niet dik) *thin,* (lucht) *rare,* (taille) *slender, thin* • (niet dicht opeen) *thin,* (haar, bevolking ook) *sparse* • (zeer vloeibaar) *thin, light,* (bier) *small,* (soep) *watery* **▼** dunne darm *small intestine* **▼** dun toelopen *taper*

dunbevolkt *thinly/sparsely populated*

dundruk *india-paper, edition printed on india-paper*

dunk • (mening) *opinion* **▼** een hoge dunk hebben van zichzelf *have a high opinion of o.s.; fancy o.s. as ...* **▼** geen hoge dunk hebben van *have a low opinion of; not think much of* • (sport) *dunk* (shot)

dunken ★ mij dunkt *I think; it seems to me*

dunnetjes *thinly, lightly* **▼** het nog eens ~ overdoen *go through it again; have another try*

duo • (duet) *duet* • (twee personen) *duo*

duobaan *job shared by two employees*

duopassagier *pillion rider/passenger* ★ ~ zijn *ride pillion*

dupe *dupe, victim* **▼** hij werd er de dupe van *he was left to face the music; he was left holding the baby*

duperen *let down,* (bedriegen) *dupe, fool, con*

duplicaat *duplicate*

duplo ★ in ~ *in duplicate* ★ in ~ opmaken *draw up in duplicate*

duren • (voortgaan) *continue, go on* ★ dat duurt mij te lang *that is too long for me* • (tijd in beslag nemen) *last* ★ van A. naar B. duurt tien minuten *it takes ten minutes from A. to B.* ★ 't duurde niet lang, of zij kwam naar buiten *it was not long before she came out; she was not long in coming out* ★ duurt 't lang voor je klaar bent? *are you going to be long?* **▼** het zal mijn tijd wel ~ *that will last my time*

durf *pluck, nerve, daring*

durfal *dare-devil*

durven *dare* ★ hoe durf je het te doen! *how dare you (do it)!* ★ dat zou ik niet met zekerheid ~ zeggen *I could not say that for sure* **▼** jij durft! *you've got a nerve!*

dus I [bijw] (aldus) *thus,* (bijgevolg) *consequently* **II** [vw] *therefore* **▼** dat is dus afgesproken *that's a deal then*

dusdanig I [aanw vnw] *such* **II** [bijw] *so, in such a way,* (dermate) *to such an extent*

duster *housecoat,* (AE) *duster*

dusver ★ tot ~ *up to now; so far* ★ tot ~ zijn zij er niet in geslaagd *they haven't been succesful so far*

dutten *doze, snooze*

duur I [de] *duration,* (v. contract) *length* ★ op de duur *in the end; in the long run* ★ van lange/korte duur *of long/short duration* **II** [bnw] • (niet goedkoop) *dear, expensive, costly* ★ hoe duur is dat? *how much is it?* • (gewichtig) ★ een dure eed zweren *swear a solemn oath* ★ je dure plicht *your bound duty!* **III** [bijw] *dear(ly)* ★ zijn leven duur verkopen *sell one's life dearly* ★ iets duur betalen *pay a high price for s.th.;* (fig.) *pay dearly for s.th.* ★ duur kopen/verkopen *buy/sell dear*

duurte *costliness, expensiveness*

duurzaam • (lang goed blijvend) *durable, lasting,* (v. stof ook) *hard-wearing* • (lang durend) *long-lasting*

duw *push, thrust,* (hard) *shove* ★ iem. een duwtje geven* (fig.) *give s.o. a boost/a leg up;* (met elleboog) *nudge a person*

duwen *push, thrust,* (hard) *shove* ★ iem. opzij ~ *elbow s.o. aside* ★ niet ~! *don't push!; stop pushing!* ★ een ~de menigte *a jostling crowd*

dwaalleer *false doctrine, heresy*

dwaallicht • (persoon) *false guide* • (vlam) *will-o'-the-wisp*

dwaalspoor *wrong track* ★ op een ~ brengen *lead astray*

dwaas I [de] *fool* **II** [bnw] *silly, foolish, absurd* ★ een ~ plan *a stupid plan*

dwaasheid *folly, absurdity*

dwalen • (dolen) *wander, stray,* (zonder doel) *roam* • (zich vergissen) *err*

dwaling *error, mistake* ★ rechterlijke ~ *judicial error;* (form.) *miscarriage of justice*

dwang *compulsion, coercion* ★ onder ~ *under compulsion;* (jur.) *under duress*

dwangarbeid *penal servitude, hard labour*

dwangbevel *warrant,* (v. belastingen) *distress-warrant*

dwangbuis *straitjacket*

dwangmatig • (tegen iemands wil) *inexorable, relentless* • (van binnen uit opgelegd) *compulsive*

dwangneurose *obsessional neurosis*

dwangsom *penal sum, penalty*

dwangvoorstelling *obsession*

dwarrelen *whirl*

dwars • (haaks op) *diagonal, transverse* ★ ~ door ... heen (right) *across* ★ ~ over *right across*

D

• (onwillig) contrary, pig-headed ▼ het zit me ~ it worries me; it rankles within me
dwarsbomen cross, thwart
dwarsdoorsnede cross-section
dwarsfluit transverse flute
dwarskijker snooper, spy
dwarslaesie spinal chord lesion, (gevolg) paraplegia
dwarsliggen be obstructive, be contrary
dwarsligger • (biels) sleeper • (dwarsdrijver) trouble maker, (form.) obstructionist
dwarsligging transverse presentation
dwarsstraat side-street
dwarszitten hinder, cross, hamper ∗ wat zit je dwars? what's bothering/eating you? ∗ die brief zat haar dwars that letter preyed on her mind
dweepziek fanatic(al)
dweil • (lap) (floor)cloth, (aan stok) mop • (slons) slut
dweilen mop, (dek) swab, (vloer) wash
dwepen be fanatical ∗ ~ met rave about; be mad about; idolize
dwerg dwarf, pigmy
dwergachtig dwarfish
dwergvolk pygmies, dwarf people
dwingeland tyrant
dwingelandij tyranny
dwingen force, coerce, compel ∗ dat laat zich niet ~ it's no use forcing the matter
dynamica dynamics
dynamiek • (vaart) dynamics, vitality • (muz.) dynamics
dynamiet dynamite
dynamisch dynamic
dynamo dynamo, generator
dynastie dynasty
dysenterie dysentery
dyslexie dyslexia

D

E

e • (letter) (the letter) E/e • (muzieknoot) E
e.a. et al.
eau de cologne eau-de-Cologne
eb • (laag tij) low tide • (afnemend tij) ebb ∗ het is eb the tide is out ∗ bij eb at low tide
ebbenhout ebony
echec setback ∗ ~ lijden suffer a setback; (bij stemming) be defeated
echo echo
echoën echo, reverberate
echolood echo-sounder, fathometer, depth sounder
echoscopie ultra-sound scan
echt I [de] marriage, matrimony ∗ in de echt treden enter into matrimony **II** [bnw] • (wettig) legitimate • (onvervalst) real, (gevoel) genuine, (schilderij) authentic, (v. stoffen) real ∗ een echte vriendin a true/real friend **III** [bijw] truly, really, genuinely ∗ meen je dat nou echt? are you serious? ∗ dat is echt iets voor haar that's her all over
echtbreuk adultery
echtelijk matrimonial, conjugal ∗ de ~e staat the married state; matrimony
echten legitimize
echter however
echtgenoot husband, spouse
echtgenote wife, spouse
echtheid authenticity, (wettigheid) legitimacy
echtpaar married couple
echtscheiding divorce ∗ ~ aanvragen sue for (a) divorce
eclatant sensational, glorious, (v. nederlaag) signal, (v. succes) brilliant
eclips eclipse
ecologie ecology
ecologisch ecological
econometrie econometry
economie economy, economics ∗ geleide ~ controlled/planned economy; command economy
economisch • (zuinig) economical • (m.b.t. economie) economic
econoom economist
ecosysteem ecosystem
ecru light fawn
ecu ECU
Ecuador Ecuador
eczeem eczema
Edammer Edam
ede → eed
edel • (zeer goed) noble ∗ edel gas inert gas • (adellijk) noble ▼ edele delen private parts
edelachtbaar honourable ∗ Edelachtbare (aanspreektitel) Your Honour
edele noble
edelhert red deer
edelman nobleman
edelmetaal precious metal
edelmoedig generous
edelmoedigheid generosity
edelsmid gold- and silversmith
edelsteen precious stone
editie edition
educatie education
educatief educative
eed oath ∗ onder ede staan be under oath; be on oath ∗ een eed doen swear an oath ∗ de eed afleggen take the oath ∗ onder ede verklaren declare on oath; give evidence on oath

eega *spouse*
eekhoorn *squirrel,* ⟨gestreepte⟩ *chipmunk*
eekhoorntjesbrood *cep*
eelt *callosity* ★ *eelt op zijn ziel hebben be thick skinned*
een I [de] *one* **II** [onb vnw] *one* ★ *ze gaf hem er nog een she gave him one more* **III** [telw] *one* ★ *een voor een one by one* ★ *de/het een of ander s.o./s.th. or other* ★ *een of ander huis some house (or other)* ★ *allen op een na all except one* ★ *op een na de beste* ⟨the⟩ *second best* ★ *op een na de laatste the last but one* ★ *een en al leugen a pack of lies* ★ *een en al modder muddy all over* ★ *een en al oor all ears* ★ *het een en ander weten know s.th.* **IV** [lw] *a,* ⟨voor klinker⟩ *an* ★ *ene meneer Smit one Smit* → **acht**
eenakter *one-act play*
eend ● ⟨domoor⟩ *fool, silly* ● ⟨watervogel⟩ *duck* ★ *wilde eend wild duck; mallard* ★ *jonge eend duckling* ★ ⟨auto⟩ *2CV, deux-chevaux* ▼ *vreemde eend in de bijt stranger; intruder*
eendagsvlieg ● ⟨insect⟩ *dayfly, ephemeron* [mv: *ephemera*] ● ⟨iets tijdelijks⟩ *nine days' wonder, ephemeron*
eendelig *one-piece, one part*
eendenkooi *decoy*
*eendenkroos ⟨Wdl: eendekroos⟩ *duck-weed*
eender I [bnw] *the same,* ⟨predikatief⟩ *alike* **II** [bijw] *alike, equally* ★ *'t is mij ~ it's all the same to me*
eendracht *concord* ▼ *~ maakt macht union is strength*
eendrachtig I [bnw] *united, unanimous* **II** [bijw] *in unison*
eenduidig *unambiguous*
eeneiig *identical, monovular*
eenentwintigen *play blackjack/pontoon*
eenheid ● ⟨afdeling⟩ *unit* ★ *mobiele ~ riot police* ● ⟨geheel⟩ *unity* ● ⟨maat, grootheid⟩ *unit* ★ *eenheden en tientallen units and tens* ★ *~ brengen in uniy*
eenheidsprijs ● ⟨gelijke prijs⟩ *uniform price* ● ⟨prijs per artikel⟩ *unit price*
eenheidsworst ⟨boring⟩ *uniformity*
eenhoorn *unicorn*
eenjarig *one year old, of one year* ★ *~e cursus one-year course* ★ *het ~ bestaan vieren celebrate the first anniversary*
eenkennig *shy, timid*
eenling ● ⟨eenzelvig persoon⟩ *loner, lone wolf* ● ⟨enkeling⟩ *individual*
eenmaal *once, one day* ▼ *~, andermaal, verkocht going, going, gone* ★ *'t is nu ~ zo that's (just) how it is; that's life* ▼ *hij is nu ~ ... he happens to be ...*
eenmalig *once, unique* ★ *een ~e aanbieding a once-only offer*
eenmanszaak *one-man/one-person business*
eenoudergezin *single-parent family*
eenpansmaaltijd *one-course dinner*
eenparig ● ⟨gelijkmatig⟩ *uniform* ★ *~e beweging uniform motion* ★ *~ versneld uniformly accelerated* ● ⟨eenstemmig⟩ *unanimous*
eenpersoons *single*
eens I [bnw] *agreed* ★ *'t eens zijn agree; be agreed (on)* ★ *'t eens zijn met agree with* ★ *'t eens worden come to an agreement; come to terms* ★ *we zullen 't op dat punt nooit eens worden we shall never see eye to eye on that point* **II** [bijw] ● ⟨als versterking⟩ ▼ *voor eens en altijd once (and) for all* ★ *luister nu toch eens please listen now* ★ *zij antwoordde mij eens she did not even answer me* ★ *denk eens goed na just think*

● ⟨één keer⟩ *once* ★ *eens en voor altijd once (and) for all* ★ *dat is eens, maar nooit weer once is enough; never again* ● ⟨ooit⟩ ⟨toekomst⟩ *one day,* ⟨verleden⟩ *once* ★ *een eens machtig land a once powerful country* ★ *eens op een dag one day* ★ *als je 't hem eens vroeg suppose you asked him*
eensgezind *unanimous*
eensklaps *all of a sudden*
eenslachtig *unisexual,* ⟨m.b.t. planten en dieren⟩ *dioecious*
eensluidend *uniform with* ★ *~ afschrift true copy* ★ *~e verklaringen identical statements*
eenstemmig ● ⟨unaniem⟩ *unanimous, for one voice* ● ⟨muz.⟩ ▼ *~ zingen sing in unison*
eentalig *monolingual, unilingual*
eentje *one* ★ *op/in mijn ~ by myself* ★ *iets in z'n ~ doen go it alone; do s.th. alone* ▼ *jij bent me er ~! you are a one!* ▼ *laten we er ~ nemen let's have one*
eentonig *monotonous, drab*
een-tweetje ● ⟨onderonsje⟩ *private chat, tête-à-tête* ● ⟨sport⟩ *one-two*
eenvormig *uniform*
eenvoud *simplicity* ★ *zij werd in alle ~ begraven she was given a quiet burial*
eenvoudig I [bnw] ● ⟨vol eenvoud⟩ *plain, simple, uncomplicated* ★ *zo ~ is dat niet it's not that simple* ● ⟨bescheiden⟩ *simple, plain* **II** [bijw] *simply*
eenvoudigweg ⟨quite⟩ *simply, just*
eenwording *unification*
eenzaam ● ⟨alleen⟩ *solitary, lonely,* ⟨verlaten⟩ *desolate* ★ *zich ~ voelen feel lonely* ● ⟨stil, afgelegen⟩ *solitary, isolated, secluded*
eenzaamheid *seclusion, solitude, loneliness, desolation*
eenzelvig *shy, retiring* ★ *~ persoon loner; lone wolf*
eenzijdig ● ⟨partijdig⟩ *bias(s)ed, partial* ● ⟨van/aan één zijde⟩ *one-sided, unilateral* ★ *~e ontwapening unilateral disarmament*
eer I [de] *honour, credit* ★ *ter ere van in honour of* ★ *in ere houden* ⟨persoon⟩ *cherish s.o.'s memory;* ⟨gewoonte⟩ *keep up/maintain custom* ★ *de eer aan zichzelf houden put a good face on the matter; do the decent thing out* ★ *ergens een eer in stellen take a pride in s.th.* ★ *hij was aan zijn eer verplicht te... he was (in) honour bound to...* ★ *met ere with honour; honourably* ★ *ik beschouw het als een eer I consider it an honour* ★ *hij doet zijn meester eer aan he is a credit to his master* ★ *iem. eer bewijzen do/pay honour to a person* ★ *iem. alle eer geven voor give a person full credit for* ▼ *iem. de laatste eer bewijzen pay the last honours (to a person)* **II** [vw] *before*
eerbaar *honourable, virtuous*
eerbetoon ⟨mark of⟩ *honour, homage* ★ *met militair ~ (bij begrafenis)* with (full) military honours
eerbewijs *homage,* (mark of) *honour*
eerbied *respect*
eerbiedig *respectful*
eerbiedigen *respect*
eerbiedwaardig *respectable*
eerdaags *one of these days, soon, before long*
eerder ● ⟨vroeger⟩ *before, sooner, earlier* ★ *ik had haar ~ al ontmoet I had met her before* ★ *hoe ~ hoe liever/beter the sooner the better* ● ⟨liever⟩ *rather, sooner* ★ *~ meer dan minder rather more than less* ● ⟨waarschijnlijker⟩ *rather, more likely* ★ *Ik denk ~ dat hij niet komt I rather think he won't come*
eergevoel *sense of honour*

E

eergisteren *the day before yesterday*
eerherstel *rehabilitation*
eerlijk I *(bnw) honest, sincere, fair* ∗ ~ *spel fair play* ∗ *een* ~*e kans a fair chance* ▾ ~ *duurt het langst honesty is the best policy* ∗ ~ *is* ~ *fair is fair* **II** *(bijw) honestly, fairly* ∗ *alles ging er strikt* ~ *aan toe everything was fair and square* ∗ ~ *spelen play fair* ∗ ~ *gezegd frankly speaking* ∗ ~ *waar honestly*
eerlijkheid *honesty, fairness*
eerlijkheidshalve *to be honest, in all fairness*
eerloos *infamous*
eerst ● *(vóór de rest) first* ∗ *dat moet* ~ *nog blijken that remains to be seen* ● *(in het begin) first, at first, initially, (pas) only* ∗ *voor 't* ~ *for the first time* ∗ *ten* ~*e first; firstly* ∗ *als hij maar* ~ *hier is /was once he is here...; if only he were here* ▾ *die 't* ~ *komt, 't* ~ *maalt first come, first served*
eerste I [de] **II** [telw] *(niet laatste) first* ∗ *ten* ~ *firstly* ● *(belangrijkste) first* ∗ ~ *hulp (bij ongelukken) first aid* ∗ ~ *hulp verlenen give/ render first aid* ∗ *de* ~ *levensbehoeften the first/ bare necessities of life* ∗ ~ *minister prime minister* ▾ *hij is niet de* ~ *de beste he is not just anybody; he is not just any man* ▾ *bij de* ~ *de beste gelegenheid at the first opportunity* ▾ *de Eerste Kamer Chamber/House of the Dutch Parliament* → *achtste*
eerstegraads *(m.b.t. onderwijs) fully qualified, (verbranding) first-degree* ∗ ~ *lesbevoegdheid* ≈ *post graduate teaching certificate*
eerstejaars I [de] *first-year student, (inf.) fresher* **II** [bnw] *first-year*
eersteklas *first-rate, first-class*
eersterangs *first-rate*
eerstkomend *next* ∗ *de* ~*e dagen the next few days*
eerstvolgend *next* ∗ *de* ~*e jaren the next few years*
eervol *honourable* ∗ ~*le vermelding honourable mention* ∗ ~ *ontslag honourable dismissal*
eerwaard *reverend* ∗ ~*e bisschop the Right Reverend Bishop*
eerzaam *respectable*
eerzucht *ambition*
eerzuchtig *ambitious*
eetbaar *edible* ∗ *niet* ~ *inedible*
eetcafé *pub serving food*
eetgelegenheid *place to eat, eating-place*
eetgerei *dinner-things, cutlery*
eethoek *dining-area*
eethuis *eating-house, restaurant*
eetkamer *dining-room*
eetlepel *table-spoon*
eetlust *appetite* ∗ ~ *opwekkend appetizing*
eetstokje *chopstick*
eettent *snack bar, cafe, (pej.) greasy spoon*
eetzaal *dining-hall, (mil.) mess-room*
eeuw ● *(tijdperk) age* ● *(lange tijd)* ∗ *ik heb je in geen eeuwen gezien I have not seen you for ages* ● *(periode) century* ∗ *de 20e eeuw the 20th century*
eeuwenoud *centuries old, as old as the hills*
eeuwfeest *centenary, (AB) centennial*
eeuwig *eternal, perpetual, perennial* ▾ ~ *lang wegblijven stay away for ages*
eeuwigdurend *perpetual, everlasting*
eeuwigheid *eternity* ∗ *tot in* ~ *to all eternity* ∗ *nooit in der* ~ *never for all eternity* ▾ *de* ~ *ingaan pass into eternity* ▾ *we hadden hem in geen* ~ *gezien we had not seen him for ages*
eeuwigheidswaarde *perpetual/lasting value*
eeuwwisseling *turn of the century*
effect ● *(uitwerking) effect* ● *(hand.) share*

● *(sport) (biljart) side, (tennis) spin*
effectbal *spinner*
effectenbeurs *stock-exchange*
effectenmakelaar *stockbroker*
effectief ● *(werkelijk) real* ∗ *in effectieve dienst on active service* ● *(doeltreffend) effective*
effen I [bnw] ● *(vlak) even, smooth, level* ● *(eenkleurig) plain, unpatterned* ∗ ~ *blauw solid/uniform blue* ● *(zonder uitdrukking) impassive, straight* ∗ *een* ~ *gezicht a straight face; a poker face* **II** [bijw] *for a sec, just a minute* ∗ *mag ik* ~ *do you mind*
effenen *level, smooth* ▾ 't *pad* ~ *voor pave the way for*
efficiënt *efficient, business-like*
efficiëntie *efficiency*
eg *harrow*
EG E.C.
egaal ● *(vlak) smooth, level* ● *(eenkleurig) uniform*
egaliseren *equalize, level*
egalitair *egalitarian*
Egeïsche Zee *Aegean Sea*
egel *hedgehog*
eggen *harrow*
ego *ego* ∗ *alter ego alter ego; other self* ▾ *iemands ego strelen give s.o.'s ego a boost*
egocentrisch *egocentric*
egoïsme *egoism, selfishness*
egoïst *egoist, self-seeker*
egoïstisch *egoistic(al), selfish*
egotrip *ego-trip*
egotrippen *be on an ego trip*
egotripper *one on an ego trip*
Egypte *Egypt*
Egyptenaar *Egyptian* ∗ *de Egyptische the Egyptian woman*
egyptologie *Egyptology*
EHBO *first aid, (post) first aid post/station, (ziekenhuis) casualty ward/department*
ei ● *(doetje) softy, wet* ● *(bio.) egg, (eicel) ovum* ∗ *zacht/hard gekookt ei soft/hard boiled egg* ▾ *het ei van Columbus that's the very thing; that's just what's wanted* ▾ *hij koos eieren voor zijn geld he climbed down a peg or two*
eicel *egg-cell, ovum [mv: ova]*
eidereend *eider (duck)*
eidooier *(egg) yolk*
eierdop ● *(eierschaal) egg-shell* ● *(eierbekertje) egg-cup*
eierkoek *egg-cake, sponge cake*
eierschaal *egg-shell*
eierstok *ovary*
eigeel *egg yolk*
eigen ● *(van iem. of iets) own, (persoonlijk) personal* ∗ ~ *weg private road* ∗ *voor* ~ *gebruik for private use* ∗ *mijn* ~ *geld my own money* ∗ *hij heeft een* ~ *auto he has a car of his own* ● *(vertrouwd) familiar* ∗ *zich een taal* ~ *maken make o.s. familiar with a language; (inf.) pick up a language* ● *(kenmerkend) characteristic, peculiar, innate, (aangeboren) natural*
eigenaar *owner, proprietor*
eigenaardig I [bnw] ● *(kenmerkend) singular* ● *(zonderling) peculiar* **II** [bijw] *in a peculiar way, strangely, oddly*
eigenaardigheid ● *(vreemde eigenschap) peculiarity, oddity* ● *(eigenheid) idiosyncrasy*
eigenbaat *selfishness, egoism*
eigenbelang *self-interest*
eigendom *property* ∗ *iets in* ~ *verkrijgen obtain the ownership of* ∗ *dat huis is mijn* ~ *that house belongs to me*

eigendunk *self-conceit, self-esteem*
eigengemaakt *home-made, home-baked*
eigengereid *highhanded, self-willed*
eigenhandig *(made/done) with one's own hands*
eigenlijk I [bnw] *real, proper* ∗ de ~e *kwestie the heart of the matter* ∗ de ~e *betekenis van het woord the proper meaning of the word* **II** [bijw] *really, in fact, actually* ∗ wat bedoel je ~? *what exactly do you mean?; just what do you mean?* ∗ zij wist ~ niet wat ze moest doen *she didn't quite know what to do* ∗ daarvoor kom ik ~ niet *that's not what I'm here for in fact*
eigenmachtig *high-handed, arbitrary* ∗ het ~ optreden van de politieman *the high-handed behaviour of the police officer*
eigennaam *proper name*
eigenschap (v. dingen) *property,* (v. mensen) *quality*
eigentijds *contemporary*
eigenwaan *self-conceit*
eigenwaarde *self-respect* ∗ gevoel van ~ *(sense of) self-respect*
eigenwijs *(self-)opinionated, self-willed,* (koddig) *pert*
eigenzinnig *obstinate, stubborn*
eik *oak*
eikel ● (vrucht) *acorn* ● (deel van penis) *glans* ● (kluns) *oaf*
eiken *oak(-wood)*
eiland *island,* (vaak als deel v. naam) *isle* ∗ de Britse ~en *The British Isles*
eilandengroep *group of islands, archipelago*
eileider (mensen) *Fallopian tube,* (vogels) *oviduct*
eind ● (slot/afloop) *conclusion, end, finish* ∗ ten einde brengen *bring to a conclusion* ∗ tot een goed eind brengen *bring to a happy conclusion* ● (laatste stuk) *extremity, end* ∗ in 't eind *in the end* ∗ op het eind van *at the end of* ∗ van het ene eind tot het andere *from one end to the other* ∗ aan 't andere eind van de wereld *at the back of beyond* ● (stuk van beperkte lengte) *piece,* (touw) *length* ∗ een heel eind *a long way* ∗ een heel eind in de 40 *well into the fourties; well over 40* ∗ tot 't einde (toe) *till the end* ∗ ten einde lopen *draw to an end* ∗ aan alles komt een eind *all things come to an end* ∗ komt er nooit een eind aan? *shall I never hear /see the last of it?; will there be no end to it?* ∗ daar moet een eind aan komen *that must stop* ∗ een eind maken aan *put an end to* ∗ een einde nemen *come to an end* ▾ eind goed, al goed *all is well that ends well* ▾ er een eind aan maken *end it all* ∗ aan 't langste eind trekken *come off best; get the best of it* ∗ het eind van het liedje was *the upshot of the matter/ affair was* ∗ aan 't kortste eind trekken *get the worst of it* ▾ te dien einde *to that end; with that end/purpose in mind/view* ▾ hij was ten einde raad *he was at his wits' end* ▾ je hebt 't bij 't rechte eind *you are right* ▾ aan het eind van zijn Latijn zijn *be at the end of one's tether* ∗ lelijk aan zijn eind komen *come to a bad end* ▾ ten einde *in order to; with the purpose of* ▾ dat ... is het einde! *that's really it!; that's fantastic/fabulous!* ▾ ze vindt je het einde *she thinks the world of you*
eind- *final*
eindbedrag *sum total*
eindbestemming *(final) destination*
eindcijfer ● (uitkomst) *result* ● (beoordeling) *final figure,* (schoolrapport) *final mark*
einddiploma *certificate, diploma*
eindejaarsuitkering *Christmas/annual bonus*
eindelijk *finally, at last* ∗ nou, ~! *at (long) last!*

eindeloos ● (geweldig) *wonderful* ● (zonder einde) *endless*
einder *horizon*
eindexamen *final examination(s)*
eindfase *final/closing stage*
eindig ● (beperkt) *limited* ∗ (wisk.) *finite*
eindigen I [ov ww] ● (een einde maken aan) (brief, leven) *end,* (v. werk) *finish* **II** [on ww] ● (ophouden) *end, finish* ∗ ~ met *end in;* (een lied) *wind up with* ∗ de lessen ~ *om een uur school finishes at one o'clock* ∗ bij het ~ van *at the end of* ∗ ~ in *end in* ∗ ~ op *een a end in an a*
eindje ● (uiteinde) *end* ● (kort stuk) *butt,* (v. kaars) *stump,* (v. potlood) *stub,* (v. touw) *piece, length* ∗ (korte afstand) *little/some way* ∗ loop je een ~ mee? *are you coming part of the way?* ∗ het is maar 'n klein ~ *it is only a short way* ∗ ik ga 'n ~ fietsen *I'm going for a spin* ▾ de ~s aan elkaar knopen *make ends meet*
eindklassement *final placings, overall placings*
eindproduct *final product*
eindpunt *end,* (v. trein, bus) *terminus*
eindrapport *final report,* (bij overgang) *end-of-year report,* (bij verlaten v. school) *school leaving report*
eindredactie ● (laatste redactie) *final editing, final wording* ● (afdeling) *editorial board*
eindspurt *final sprint*
eindstand *final score, close-of-play score*
eindstation ● (eindhalte) *terminal* ● (eindfase) *(final) destination*
eindstreep *finish* ∗ als eerste over de ~ gaan *finish first; be first past the post*
eis ● (het dwingend verlangde) *demand,* (voor examen) *requirement,* (voor schade) *claim,* (voor scheiding) *petition* ∗ eisen stellen *make demands on* ∗ naar de eisen des tijds ingericht *fitted with every modern convenience; up-to-date* ● (vordering) *claim,* (van Officier v. Justitie) *sentence demanded* ∗ van een eis afzien *waive a claim* ∗ een eis toewijzen *give judgement for the plaintiff* ∗ iemands eis afwijzen *find against s.o.* ∗ een eis instellen tegen iem. *bring an action against s.o.*
eisen ● (verlangen) *desire, demand (from/off),* require (of) ● (vergen) *claim* ∗ de burgeroorlog eiste veel slachtoffers *the civil war claimed many lives* ∗ (jur.) *demand* ∗ schadevergoeding ~ *claim damages* ∗ het OM eiste vier maanden gevangenisstraf *the prosecution demanded four months in prison*
eiser (jur.) *plaintiff,* (echtscheiding) *petitioner,* (strafzaak) *prosecutor* [v: *prosecutrix*]
eisprong *ovulation*
eivol *chock-a-block, crammed* ∗ het was er ~ *the place was absolutely packed*
eiwit ● (wit van ei) *eggwhite* ● (proteïne) *protein,* (bio.) *albumen*
ejaculatie *ejaculation*
ekster *magpie*
eksteroog *corn*
el *yard*
elan *elan, dash, spirit*
eland *elk*
elasticiteit *elasticity*
elastiek *elastic band*
elastisch *elastic*
elders *elsewhere* ∗ naar ~ *elsewhere*
eldorado *eldorado*
electoraat *electorate,* (m.b.t. kiezer) *electoral status*
elegant *elegant, smart*

E

elegie *elegy*
elektra • (stroom) *electricity* • (apparaten) *electrical appliances/equipment*
elektricien *electrician*
elektriciteit *electricity*
elektriciteitsbedrijf * gemeentelijk ~ *municipal electricity company*
elektriciteitscentrale *power station*
elektrisch *electric*
elektrocardiogram *electrocardiogram*
elektrocuteren *electrocute*
elektrode *electrode*
elektro-encefalogram *electroencephalogram*
elektrolyse *electrolysis*
elektromagneet *electromagnet*
elektromonteur *electrician, electrical fitter*
elektromotor *electric motor*
elektron *electron*
elektronica *electronics*
elektronisch *electronic*
elektroshock *electric shock*
elektrotechniek *electro-technics, electrical engineering*
element • (bestanddeel) *element, component* • (chem.) *element* v zich in zijn ~ voelen *be in one's element*
elementair *elementary*
elf I [de] • (getal) *eleven* • (sprookjesfiguur) *elf* **II** [telw] *eleven* → **acht**
elfde *eleventh* → **achtste**
elfendertigst v op zijn ~ *at a snail's pace*
elftal *eleven*
elimineren *eliminate*
elitair *elitist*
elite *élite*
elixer *elixir*
elk *each, (bijvoeglijk) every, (zelfstandig) everyone*
elkaar *each other, one another* * met ~ *together; between us/them* * onder ~ *among (themselves)* * aan ~ knopen *tie together* * achter ~ *behind each other* * uren achter ~ *for hours on end* * na ~ *after each other* * achter ~ lopen *walk in single file* * bij ~ *together* * hij nam z'n paperassen bij ~ *he gathered up his papers* * deze woorden kunnen door ~ gebruikt worden *these words are interchangeable/synonymous* * in ~ leggen/ zetten *put together* * door ~ *in a heap; higgledy-piggledy; confused* * zit niet zo in ~ *don't slouch like that* * naast ~ *side by side* * op ~ *on top of each other* * ze hebben niets van ~ *they are entirely unlike/different* * uit ~ vallen *fall to pieces* * ik kan ze niet uit ~ houden *I can't tell them apart* v dat is voor ~ *that is settled* v hij kon 't niet voor ~ krijgen *he could not manage it* v uit ~ gaan *separate; split up*
elleboog v zijn ellebogen staken door zijn mouwen *he was out at elbows; he was down at heel* v met de ellebogen werken *use one's elbows* v hij heeft ze achter de ellebogen *he is a sneak*
ellende *misery, distress*
ellendeling *wretch, (schurk) villain, nasty piece of work*
ellendig *miserable, wretched*
ellenlang *lengthy, long-winded* * ~ verhaal *interminable story*
ellepijp *ulna*
ellips *ellipse*
elliptisch *elliptic(al)*
elpee *LP, long-play(ing) record*
els • (boom) *alder* • (priem) *awl*
El Salvador *El Salvador*
Elzas *Alsace*

email *enamel*
emailleren *enamel*
emancipatie *emancipation*
emancipatorisch *emancipatory*
emanciperen *emancipate*
emballage *packing*
embargo *embargo* * onder ~ leggen *lay/place an embargo on s.th.*
embleem *emblem*
embolie *embolism*
embryo *embryo*
emeritaat *superannuation* * met ~ gaan *be given emeritus status*
emeritus *emeritus* * ~ hoogleraar *professor emeritus*
emfyseem *emphysema*
emigrant *emigrant*
emigratie *emigration*
emigreren *emigrate*
eminent *eminent*
eminentie *eminence*
emir *emir*
emiraat *emirate*
emissie *issue*
emmer *pail, bucket*
emmeren *yack (on)*
emoe *emu*
emolumenten *emoluments, fringe benefits, perks*
emotie *emotion*
emotioneel *emotional*
empirisch *empiric(al)*
emplacement *(railway) yard*
emplooi *employment, employ* * zonder ~ *unemployed* * ~ vinden *find employment*
employé *employee*
emulgator *emulsifier, emulsifying agent*
emulsie *emulsion*
en *and* * én jij én ik *both you and I*
en bloc *en bloc, in a body*
encefalogram *EEG, electroencephalogram*
enclave *enclave*
encycliek *encyclical (letter)*
encyclopedie *encyclop(a)edia*
encyclopedisch *encyclopedic*
endeldarm *rectum*
endemisch *endemic*
endogeen *endogenous*
endossement *endorsement*
enenmale v ten ~ onmogelijk *entirely/absolutely imposible*
energie *energy, (elektrisch) power*
energiebedrijf *electricity board*
energiebesparing *energy saving*
energiek *energetic*
energieverbruik *energy consumption*
enerzijds *on the one side/hand*
en face *full face*
enfant terrible *enfant terrible*
enfin *(afijn) AH, well!, anyway, (kortom) in short*
eng • (nauw) *narrow* * eng behuisd zijn *be cramped for space* • (griezelig) *scary, creepy* * een enge vent *a creepy/scary man; a creep* * ik werd er eng van *it gave me the creeps*
engagement • (verbintenis) *engagement* • (betrokkenheid) *commitment*
engageren *engage* * zich verbinden *join*
engel *angel*
Engeland *England, (lit.) Albion*
engelbewaarder *guardian angel*
engelengeduld *patience of a saint*
engelenhaar *angel's hair*
Engels I [het] *English* **II** [bnw] *English* * de ~e

Kerk The Church of England; The Anglican Church ∗ ∼e drop liquorice all-sorts ∗ de ∼e vlag the Union Jack

Engelsman Englishman ∗ een Engelse an Englishwoman

Engelstalig English-speaking

engerd creep, crawler ∗ hij is een ∼ he gives you the creeps

engte narrow(s), strait(s), ‹bergengte› defile, ‹landengte› isthmus

enig I [bnw] ● (enkel) only, unique ∗ het enige dat telt the only thing that counts ● (leuk) lovely ∗ wat enig! how marvellous! ∗ een enige vakantie a marvellous holiday **II** [onb vnw] some, ‹in vragen› any

enigerlei any ∗ op ∼ wijze in some way or other; in any way

enigermate to some extent

enigszins somewhat, slightly, rather ∗ indien ∼ mogelijk if at all possible

enkel I [de] ankle **II** [bnw] single ∗ ∼e reis single journey **III** [bijw] simply, only ∗ ∼ en alleen simply and solely; purely and simply **IV** [telw] a few, one or two ∗ een ∼ foutje an occasional mistake ∗ één ∼ glaasje dan just one glass then ∗ een ∼ handschoen an odd glove ∗ geen ∼e kans not a chance ∗ de ∼en die the few who

enkeling individual ∗ slechts een ∼ weet ervan only one or two people know about it

enkelspel single(s)

enkeltje single ticket, ‹AE› one-way ticket ∗ een ∼ Tilburg alstublieft a single ticket to Tilburg please

enkelvoud singular

enkelvoudig ● (niet samengesteld) singular ● (taalk.) simple

en masse en masse, all together

enorm enormous

enormiteit enormity

en passant en passant, in passing

en plein public publicly, in public

en profil in profile/silhouette

enquête inquiry ∗ een ∼ instellen/houden set up/ hold an inquiry (into)

enquêteren poll, survey

enquêteur pollster, poll-taker

ensceneren stage

ensemble ensemble

ent graft

enten graft

enteren board

entertainen entertain

enthousiasme enthusiasm

enthousiast I ● ∼ maken enthuse (about) ∗ wild ∼ zijn over iets be wildly enthusiastic about s.th.; go crazy about s.th.

entiteit entity

entourage environment

entrecote entrecote, ‹AE› prime rib

entree ● (het binnentreden) entrance, entry ● (ingang) entrance ● (toegangsprijs) admission fee ∗ vrij ∼ admission free ∗ ∼ betalen pay for admission

entrepot bonded warehouse ∗ goederen in ∼ bonded goods ∗ in ∼ opslaan bond

envelop envelope

enzovoorts etcetera

enzym enzyme

epaulet epaulet(te)

epicentrum epicentre

epidemie epidemic

epidemisch epidemic

epiek epic (literature)

epigoon epigone

epigram epigram

epilepsie epilepsy

epilepticus epileptic

epileren depilate

epiloog epilogue

episch epic

episcopaat episcopacy

episode episode

epistel epistle

epitaaf epitaph

epos epic

equator equator

equatoriaal equatorial

Equatoriaal-Guinea Equatorial Guinea

equipe team

equivalent I [het] equivalent, counterpart **II** [bnw] equivalent

er I [pers vnw] ∗ hoeveel heb je er how many do you have? ∗ er zijn er die... there are those who... ∗ wat is er? what's the matter? ∗ is er iets? is anything the matter? **II** [bijw] ● (daar) there ∗ we zijn er here we are ● (zonder betekenis) ∗ wie komt er vanavond? who's coming tonight ∗ hij ziet er moe uit he looks tired ∗ er goed uitzien look fine ∗ er komt regen it looks like rain ∗ ik zit er niet mee it doesn't bother me ∗ er werd gedanst there was a dance (going on) ∗ er werd gefluisterd dat it was whispered/rumoured that ▼ ze zijn er nog niet (uit) they are not yet out of the woods; they're not yet in the clear

eraan attached to (it), on (it) ▼ wat heb ik ∼? what good will it do me?; what use is that to me? ▼ wat kun je ∼ doen? what can you do about it? ▼ die kat gaat ∼ that cat's number is up; that cat is a dead cat ▼ het hele bos gaat ∼ the entire forest is going to be destroyed

erachter behind (it/them) ▼ ∼ zijn have found out

eraf off it ∗ eraf zijn be rid of; have seen the last of

erbarmelijk ● (slecht) awful, dreadful, abominable ● (meelijwekkend) pitiful, miserable

erbarmen I [het] pity, mercy, compassion **II** [wkd ww] have mercy/pity on

erbij there, included at/with/in it/them ∗ hoe kom je ∼? what ever/on earth makes you think that? ∗ ik blijf ∼ dat het niet goed is I still think/ believe it is not right ∗ de pen zit/krijg je ∼ the pen comes/goes with it ▼ je bent ∼! you're nicked!; the game is up!

erboven above it/them ∗ ∼ staan be/stand above s.th.

erdoor through it/them ▼ ∼ zijn have got no more left; ‹examen, e.d.› have got through ▼ iets ∼ krijgen get through/passed/accepted

ere honour ▼ ere wie ere toekomt honour to whom honour is due

erectie erection

eredienst (public) worship

eredivisie first division

eredoctoraat honorary degree

erekwestie question of honour

erelid honorary member

eremetaal medal of honour

ereplaats place of honour

erepodium rostrum

ereprijs ● (prijs) prize ● (plant) veronica, speedwell

ereschuld debt of honour

eretitel honorary title

eretribune ≈ grandstand, seats of honour

erewacht guard of honour

erewoord word of honour ∗ op zijn ∼ vrijlaten release on parole

erf (farm)yard
erfdeel portion, inheritance, ⟨fig.⟩ heritage
  ★ vaderlijk ~ patrimony ★ zijn ~ krijgen come
  into one's inheritance
erfelijk hereditary ★ ~ belast zijn have a hereditary
  taint ★ ~ bepaald zijn be determined by heredity
erfelijkheid heredity
erfelijkheidsleer genetics
erfenis inheritance, legacy, ⟨vnl. fig.⟩ heritage
erfgenaam heir [v: heiress] ★ wettig ~ legal heir
erfgoed inheritance
erflater testator [v: testatrix]
erfopvolger heir [v: heiress], successor
erfopvolging hereditary succession
erfpacht ≈ long lease
erfrecht ★ (erfelijk recht) law of succession, heir
  right ● (recht om te erven) right of succession
erfstuk (family) heirloom
erfzonde original sin
erg I [het] ● (opzet) ★ zonder erg unintentionally
  ● (besef) misgiving, notion ★ ik had er geen erg
  in I was not aware of it ★ voor je er erg in hebt
  before you know where you are **II** [bnw]
  ● (schandelijk) bad, awful, terrible ● (zeer
  vervelend) awful, terrible ★ in het ergste geval...
  if the worst comes to the worst ★ vind je het erg als
  ik ga? do you mind me going? ★ iets erg vinden
  find s.th. regrettable ● (ernstig) serious, awful
  ★ een misdaad is iets heel ergs a crime is a
  serious matter ★ er is nog niets ergs gebeurd
  there are no bones broken **III** [bijw] very, much,
  ⟨gewond⟩ badly ★ hij is er erg aan toe he is in a
  bad way ★ je maakt 't te erg you are going too far
  ★ hij had erg veel weg van jou he looked very
  much like you
ergens ● (op een plaats) somewhere, anywhere ★ ~
  anders somewhere else ● (in enig opzicht)
  somehow ● (iets) something ★ zij stond ~ naar te
  kijken she was looking at s.th.
ergeren I [ov ww] vex, annoy, shock **II** [wkd ww]
  be vexed, get annoyed, take offence (at)
ergerlijk annoying, aggravating, shocking ★ 't ~e
  ervan is... the annoying part of it is...
ergernis annoyance, ⟨aanstoot⟩ offence ★ het is
  een bron van ~ it's a nuisance; ⟨inf.⟩ a pain in the
  neck
ergonomie ergonomics
erheen there, to it/them ★ ga je ~? are you going
  (there)?
erin in(to) it/them, inside ★ kom erin! (do) come
  inside! ★ staat het erin? is it in there?
erkend ● (algemeen bekend) recognised,
  acknowledged ★ een ~ gegeven an undisputed
  fact ● (officieel toegestaan) authorised, certified
  ★ de ~e godsdienst the recognized religion
  ★ officieel ~ officially recognized
erkennen ● (als wettig aanvaarden) recognize
  ★ ontvangst ~ acknowledge receipt ● (inzien,
  toegeven) recognize, confess, admit ★ volmondig/
  ruiterlijk ~ admit frankly/whole-heartedly
  ★ naar u zelf erkent by your own confession
erkenning acknowledgement, recognition,
  admission
erkentelijk grateful, thankful
erkentelijkheid gratitude, appreciation ★ ~
  betuigen show one's appreciation ★ uit ~ voor
  haar steun in gratitude for her support
erker bay window
erlangs past (it/them), alongside (it/them)
ermee with it/them ★ wat doen we ~? what shall
  we do about it? ★ hij heeft er alleen zichzelf mee
  he'll be the one to suffer

ernaast beside it/them, next to it/them, adjoining
  it/them ▾ er (de (volledig)) naast zitten be
  (completely) (wide) off the mark
ernst ● (serieusheid) earnest(ness), seriousness ★ in
  volle ~ in sober earnest; in all seriousness ★ 't was
  hem ~ he was in earnest; he meant business ★ met
  ~ seriously ★ dat meen je niet in ~ you can't be
  serious ● (zwaarte) seriousness, gravity ★ 't wordt
  nu ~ it is getting serious now
ernstig (gezicht) earnest, (gezichtsuitdrukking)
  grave, ⟨ongeluk, situatie⟩ serious, ⟨straf⟩ severe
erop on/onto/up it/them ★ dat zit erop! that's
  done/it, then! ★ erop slaan hit it; ⟨fig.⟩ hit out
  ★ met alles erop en eraan with all the frills; in
  full dress ★ de ochtend erop the following
  morning; the morning after ★ mijn naam staat
  erop it has my name on it ▾ erop of eronder sink
  or swim; a matter of life and death ▾ met alles
  erop en eraan with all the trimmings ▾ erop
  komen think of s.th. ▾ hoe kwam je erop? what
  gave you the idea? ▾ erop staan insist (on it)
eroscentrum ≈ sex club
erosie erosion
erotiek eroticism
erotisch erotic
ertegen against it/them, at it/them ★ ik kan er
  niet meer tegen I can't take it any more
ertoe to (it/them) ★ wat doet het ~? (what) does it
  matter? ★ iem. ~ bewegen/brengen iets te doen
  persuade s.o. ★ het zwijgen ~ doen remain silent
erts ore
ertsader vein of ore, lode
ertussen (in) between (it/them), in the middle,
  among(st) (it/them) ★ eerst moet dit ~ this
  should be inserted first ★ het zit ~ it is stuck/
  lodged in between
erudiet erudite
eruit out (of it), from ★ ~! out!; clear off! ★ de
  kosten ~ halen recover the expenses ★ je hemd
  hangt ~ your shirt is sticking out ★ ~ opmaken
  (dat) gather/deduce from this (that) ★ die
  blindedarm moet ~ this appendix has to go
  ▾ even twee dagen ~ get away from it all for two
  days ▾ ben je ~ gekomen? did you find the
  answer/solution?
eruitzien ● (voorkomen hebben) look,
  ⟨onverzorgd⟩ look a mess ★ wat zie jij eruit! look
  at you! ★ er gezond/slecht uitzien look fit/ill
  ★ wat ziet de kamer eruit! this place looks like a
  total mess!; this place is a total mess! ★ het ziet er
  slecht uit voor je things are not looking too good
  for you ★ (de indruk wekken) look like, look as
  if/though ★ zo ziet hij er niet uit you would not
  say that looking at him
eruptie eruption
ervandoor away, off ★ ~ gaan met het geld make
  off with the money
ervaren I [bnw] experienced, skilled **II** [ov ww]
  experience
ervaring experience ★ uit ~ by/from experience
  ★ volgens mijn ~ in my experience
erven I [de] heirs **II** [ov ww] inherit
erwt pea
erwtensoep pea-soup
es ● (boom) ash (tree) ● (muzieknoot) e-flat
escalatie escalation
escaleren escalate, snowball
escapade escapade
escorte escort
escorteren escort
esculaap staff of Aesculapius, Aesculapius' staff
esdoorn maple (tree)

eskader squadron
eskimo Eskimo
esp aspen, asp-tree
Esperanto Esperanto
esplanade esplanade
essay essay
essentie essence ∗ in ~ in essence
essentieel essential ∗ 't essentiële the essence; the essential part ∗ van ~ belang of vital importance; essential
establishment (the) Establishment
estafette relay race
estheet aesthete
esthetica aesthetics
esthetisch aesthetic
Estland Estonia
etablissement establishment
etage storey, floor ∗ op de eerste ~ on the first floor; (AE) on the second floor
etalage display window, shop-window
etalagepop window-figure, dummy
etaleren I [het] window dressing II [ov ww] display, (vnl. v. etalage) dress the windows
etaleur window dresser
etappe stage ∗ in ~n in/by stages
eten I [het] • (voedsel) food • (maaltijd) meal, dinner ∗ na het eten after dinner ∗ het eten klaarmaken prepare the dinner; cook the dinner ∗ het eten is klaar dinner is ready ∗ zich kleden voor 't eten dress for dinner ∗ onder het eten during the meal II [ov ww] • (nuttigen) eat, (avondeten) have dinner, (form.) dine ∗ veel/ weinig eten eat a lot/little ∗ wat eten we? what are we having for dinner?; (inf.) what's for dinner? ∨ zij eten er goed van they eat well III [on ww] • (de maaltijd gebruiken) eat ∗ uit eten gaan eat out ∗ hij kan flink eten he is a hearty eater ∗ ik ga bij mijn vriend eten I'm eating at my friend's house ∗ mensen te eten hebben/vragen have/ask people to dinner ∗ te eten geven feed ∨ hij eet uit je hand he eats out of your hand
etenstijd dinner-time
etenswaar food
etentje small dinner-party ∗ iem. voor een ~ uitnodigen invite s.o. over/round for dinner
eter • (iem. die veel eet) eater • een flinke/slechte eter a big/poor eater • (gast) dinner guest ∗ we krijgen eters we're having people to dinner
ether • (lucht) (m.b.t. radio) air • door de ~ over the air ∗ in de ~ zijn be on the air • (chem.) ether
etherreclame television and radio advertising
ethica ethics
ethiek ethics
Ethiopië Ethiopia
Ethiopiër Ethiopian
ethisch ethical
ethologie ethology
etiket label
etiquette etiquette
etmaal twenty-four hours
etnisch ethnic
etnografie ethnography
etnologie ethnology
ets etching • (droge ets) drypoint; dry etch
etsen etch
ettelijke (enige) several, (vele) innumerable
etter • (pus) pus • (naarling) pain in the neck, real bastard
etterbuil • (rotzak) pain in the neck • (gezwel) abscess
etteren • (etter afscheiden) fester, (med.) suppurate • (klieren) be a pain in the neck

etude étude, study
etui case
etymologie etymology
eucharistie Eucharist
eufemisme euphemism
eufemistisch euphemistic
euforie euphoria
euforisch euphoric
eunuch eunuch
eurocheque Eurocheque
euromarkt (European) Common Market
Europa Europe
Europeaan European
Europees European ∗ Europese Gemeenschap European Community; Common Market
euthanasie euthanasia, mercy killing
euvel I [het] fault, defect II [bnw] ∗ de ~e moed hebben ... have the nerve ...
Eva Eve
evacuatie evacuation
evacué evacuee
evacueren evacuate
evaluatie evaluation, assessment
evalueren evaluate, assess
evangelie gospel ∗ tot het ~ bekeren evangelize; bring (to) the Gospel ∨ het ~ prediken preach the Gospel
evangelisatie evangelization
evangelisch evangelic(al)
evangelist evangelist
even I [bnw] • (onverschillig) ∗ 't is mij om 't even it's all the same to me ∗ om 't even wie/wat/ waar no matter who/what/where • (deelbaar door twee) even ∗ even of oneven even or odd II [bijw] • (net zo) (just) as ∗ hij is even oud als ik he's the same age as me ∗ even goede vrienden no hard feelings ∗ al even erg equally bad • (een korte tijd) just, for a moment ∗ we blijven maar even we won't stay long ∗ wacht even just wait a moment ∗ het duurt nog wel even it'll take a bit (longer) • (versterkend) ∗ altijd even rustig always very quiet ∗ als het maar even kan dan... if at all possible... ∗ even in de 30 in the early thirties; just over thirty
evenaar equator
evenals (just) as, (just) like
evenaren equal ∗ iem. ~ be a match for s.o. ∗ niet te ~ unequalled; unparalleled
evenbeeld image, (very) picture ∗ hij is het ~ van zijn vader he is the spitting image of his father
eveneens as well, likewise, too
evenement event
evengoed • (evenzeer) (just) as well, equally well • (toch) all the same
evenknie equal
evenmin ∗ ~ als no more than ∗ ik ga niet en mijn vrienden ~ I'm not going, and neither are my friends
evenredig proportionate (to) ∗ omgekeerd ~ aan inversely proportional to
evenredigheid proportion
eventjes (only) a moment, just ∗ laat haar dat maar ~ doen just let her do that
eventualiteit eventuality, contingency
eventueel I [bnw] any (possible) II [bijw] possibly, if necessary ∗ ~ morgen perhaps tomorrow ∗ ik zou ~ kunnen komen I could come if necessary ∗ mocht dit ~ 't geval zijn should this be the case
evenveel as much, as many ∗ jullie krijgen allemaal ~ you all get just the same
evenwel however, nevertheless, yet
evenwicht balance, equilibrium ∗ in ~ houden

E

keep balanced ∗ in ~ brengen balance ∗ iem. uit z'n ~ brengen throw a person off balance ∗ 't ~ herstellen restore the balance
evenwichtig well-balanced, steady, balanced
evenwichtsbalk (balance) beam
evenwichtsorgaan balancing-organ, organ of balance
evenwichtsstoornis disturbance of equilibrium
evenwijdig parallel
evenzeer ● (in gelijke mate) (just) as much as, (just) as great as ∗ dit is ~ waar this is equally true ● (ook) likewise
evenzo likewise
everzwijn wild boar
evident evident, obvious
evocatie evocation
evolueren evolve
evolutie evolution
ex I [de] ex II [vz] ex, (jur.) under ∗ ex art. 5 under Sec. 5
ex- ex
exact precise, (vakken) exact sciences
examen examination, (inf.) exam ∗ voor een ~ zakken fail an exam ∗ een ~ afleggen/doen sit for an examination ∗ slagen voor een ~ pass an exam
examenkoorts exam-stress
examenvrees fear of examinations, (inf.) nerves
examinator examiner
examineren examine
excellent excellent, outstanding
excellentie excellency
excelleren excel
excentriek eccentric
exceptioneel exceptional
excerperen excerpt
exces excess
excessief excessive, (v. prijs) exorbitant
exclusief I [bnw] exclusive II [bijw] exclusive of, excluding ∗ ~ verpakking exclusive of packing
excommuniceren excommunicate
excursie excursion, trip
excuseren excuse ∗ zich ~ excuse o.s.
excuus ● (verontschuldiging) apology ∗ zijn excuses maken apologize ∗ ik vraag u ~ I beg your pardon; I apologize ● (reden) excuse ∗ als ~ voerde zij aan dat ... her excuse was that...
executeren ● (terechtstellen) execute ● (jur.) execute, put into effect, (v. hypotheek) foreclose
executeur executor [v: executrix]
executeur-testamentair executor [v: executrix]
executie ● (terechtstelling) execution ● (inbeslagneming) execution, (v. hypotheek) foreclosure
executiewaarde liquidation value
exegese exegesis
exemplaar specimen, sample, (m.b.t. persoon) specimen, (v. boek) copy
exemplarisch illustrative, exemplary
exerceren drill
exercitie drill, exercise
exhibitionisme exhibitionism
exhibitionist exhibitionist
existentialisme existentialism
existentie existence
existeren exist
exogeen exogenous
exorbitant exorbitant
exotisch exotic
expanderen expand
expansie expansion
expansiedrang urge to expand

expansievat expansion tank/vessel
expediëren dispatch, ship, forward
expediteur forwarding-agent, shipping-agent
expeditie ● (tocht) expedition ● (verzending) forwarding, shipping ▼ dat was een hele ~ that was quite an undertaking
experiment experiment
experimenteel experimental
experimenteren experiment
expert expert, (verzekeringsexpert) assessor
expertise assessment
explicatie explanation
expliciet explicit
expliciteren make explicit, state explicitly
exploderen explode
exploitant (v. krant, hotel) owner, (v. mijn) exploiter, (v. transportlijn) operator
exploitatie ● (uitbuiting) exploitation ● (het winstgevend maken) exploitation, (v. bedrijf) running, (v. mijn) working, (v. transportlijn) operation
exploiteren ● (gebruik maken van) (v. krant) own, (v. mijn) run ● (uitbuiten) exploit
exploratie exploration
exploreren explore, (m.b.t. bodemschatten) prospect
explosie explosion
explosief explosive
exponent exponent
export export
exporteren export
exporteur exporter
exportvolume volume of export, export volume
exposé exposé, disclosure
exposeren exhibit, show
expositie ● (tentoonstelling) exhibition, show ● (uiteenzetting) exposition ● (blootstelling) exposure
expres I [de] express II [bijw] ● (met opzet) on purpose, deliberately ● (speciaal) expressly, specifically ∗ ze zijn ~ gekomen om ... they have come specifically to ...
expresbrief express letter
expresse express delivery ∗ per ~ sturen send (s.th.) by express delivery/messenger
expressie expression
expressief expressive ∗ een ~ gezicht an expressive face
expressionisme expressionism
exprestrein express (train)
exquis exquisite
extase ecstasy ▼ in ~ geraken go into ecstasies
extern ● (van buiten komend) external ● (uitwonend) non-resident
extra extra ∗ ~ bagage excess luggage ∗ ~ trein special train ∗ ~ moeite doen make a special effort
extraatje bonus, (onverwacht) windfall ∗ als ~ krijgt u ... erbij and as a bonus you'll receive ...; you'll receive ... into the bargain
extract ● (uittreksel) excerpt ● (aftreksel) extract
extraneus external candidate/student
extrapoleren extrapolate
extravagant extravagant
extravert I [de] extrovert II [bnw] extrovert, extravert
extreem extreme
extremist extremist
extremiteit ● (uiterste) extreme ● (ledematen) extremities [mv]
extrovert → extravert
eyeliner eye liner, kohl
ezel ● (dier) ass, donkey ● (schildersezel) easel

▼ een ezel stoot zich geen tweemaal aan
dezelfde steen *once bitten twice shy* ▼ zo koppig
als een ezel *as stubborn as a mule*
ezelsbruggetje *mnemonic device, memory aid*
ezelsoor ● (oor van een ezel) *ass's ear*
   ● (omgekrulde hoek) *dog's ear*

f ● (letter) (the letter) F/f ● (muzieknoot) F
   ★ f-sleutel F *clef; bass clef*
fa *fa(h)*
faalangst *fear of failure*
faam ● (goede naam) *reputation, name*
   ● (vermaardheid) *fame, reputation*
fabel ● (vertelling) *fable* ● (verzinsel) *fable, fiction*
   ● (beknopte inhoud) *plot*
fabelachtig ● (als in fabels) *fabulous, legendary*
   ● (ongelofelijk) *fantastic, incredible*
fabricage *manufacture*
fabriceren *manufacture,* ⟨fig.⟩ *fabricate*
fabriek *factory, works,* ⟨katoen, papier⟩ *mill*
fabrieksfout *manufacturer's fault, fault in the
manufacture*
fabrieksgeheim *trade secret*
fabrieksprijs *factory/manufacturer's price*
fabrikaat ● (product) *product,* ⟨alleen als mv⟩
   goods ★ Engelse fabrikaten *English products/
goods* ● (maaksel) *manufacture, make*
fabrikant *manufacturer*
fabuleus *fabulous*
façade *façade* ▼ dat is alleen maar een ~ voor
georganiseerde misdaad *that is just a front for
organised crime*
facet ● (aspect) *facet, aspect, angle* ★ alle ~ten van
iets bekijken *look at s.th. from all angles*
   ● (geslepen vlak) *facet*
facetoog *compound eye*
facilitair *facilitating, providing assistance*
faciliteit ● (tegemoetkoming) *allowance*
   ● (voorziening) *facility, amenity*
factie *faction*
factor ● (medeoorzaak) *factor, circumstance*
   ● (wisk.) *factor*
factotum *man of all trades, handyman,* ⟨form.⟩
   factotum, ⟨inf.⟩ *dogsbody*
factureren *invoice, charge to s.o.'s account*
factuur *invoice*
facultatief *optional*
faculteit ● (deel universiteit) *faculty* ● (wisk.)
   factorial
Faeröer *Faroese*
fagot *bassoon*
Fahrenheit *Fahrenheit* ★ 20 graden ~ 20 *degrees
Fahrenheit*
failliet I [het] *bankruptcy,* ⟨fig.⟩ *failure, collapse*
   II [bnw] *bankrupt* ★ ~e boedel *bankrupt's estate*
   ★ ~ gaan *fail; go bankrupt* ★ ~ verklaard worden
be declared bankrupt; ⟨jur.⟩ *adjudged bankrupt*
faillissement *bankruptcy* ★ in staat van ~
verkeren *be in bankruptcy* ★ ~ aanvragen van
iem./een zaak *present a bankruptcy petition
against s.o./a firm*
fair *fair*
fakir *fakir*
fakkel *torch*
falen ● (niet slagen) *fail, be unsuccessful* ★ nimmer
~d *unfailing; unerring* ● (fouten maken) *fail,
make mistakes*
falie ▼ iem. op z'n ~ geven *give s.o. a good telling/
dusting off*
faliekant *utterly, absolutely, completely* ★ je zit er
~ naast *you're way off the target; you are nowhere
near it*
fallisch *phallic*
fallus *phallus*
falset ● (stemregister) *falsetto* ★ ~ zingen *sing (in)*

falsetto • (zanger) falsetto, (man) counter tenor
falsetstem falsetto
falsificatie falsification, forgery
falsificeren • (vervalsen) forge, (boekhouding) falsify, (geld) counterfeit • (weerleggen) refute, falsify
falsifiëren → falsificeren
fameus • (befaamd) famous • (verbazend) ★ een fameuze som geld an enormous sum of money
familiaal familial
familiair • (ongedwongen) familiar, informal, casual, (intiem) close, intimate ★ met iem. zijn be on familiar/intimate terms with s.o. • (vrijpostig) (over-)familiar, presumptuous ★ een ~e toon aanslaan take a familiar tone
familie • (gezin) family • (alle verwanten) family, relations, relatives ★ het zit in de ~ it runs in the family ★ verre ~ distant relations ★ hij is van goede ~ he is of a good family • (bio.) family
familiebedrijf family business/concern
familiegraf family grave/tomb, (kelder) family vault
familiehotel family inn/hotel
familiekring family-circle
familielid member of the family, relation, relative
familienaam surname, family name
familiestuk (erfstuk) family heirloom, (schilderij) family portrait
familieziek overly attatched to one's family
fan • (liefhebber) fan • (ventilator) fan
fanaat zealot, fanatic
fanaticus fanatic, (rel.) zealot
fanatiek fanatic(al)
fanatiekeling fanatic
fanatisme fanaticism
fanclub fan club
fancy-fair bazaar, (BE) jumble sale, (AE) rummage sale
fanfare • (muziekkorps) brass band • (muziekstuk) flourish • (grote ophef) fuss
fanmail fan mail
fantaseren I [ov ww] • (verbeelden) dream/fantasize about II [on ww] • (verzinnen) dream, invent, romance (about), (dagdromen) make up • (muz.) improvise
fantasie • (verbeeldingskracht) imagination, fancy • (verzinsel) fantasy • (muz.) fantasia
fantasienaam fantasy/made-up name
fantast fantast, dreamer
fantastisch • (verzonnen) fantastic, unrealistic • (schitterend) great, marvellous, fantastic
fantoom phantom
farce farce
farceren stuff
farizeeër hypocrite
farmaceutisch pharmaceutical
farmacie pharmacy
farmacologie pharmacology
fascinatie fascination
fascineren fascinate
fascisme fascism
fascist fascist
fase stage, phase ★ de ziekte is in een kritieke fase gekomen the disease has reached a critical stage ★ in fasen phased
faseren phase
fat dandy, fop
fataal fatal
fatalistisch fatalistic
fata morgana fata morgana, mirage
fatsoen • (goede manieren) decency, good manners ★ voor zijn ~ for decency's sake ★ hou je

~ behave yourself; mind your manners ★ ik kon met goed ~ niet weigeren I could not in decency refuse • (vorm) shape, form ★ uit zijn ~ out of shape
fatsoeneren shape, model, fashion • zichzelf/zijn kleren ~ straighten one's clothes
fatsoenlijk • (welgemanierd) decent, respectable • (behoorlijk) (inkomen, huis, e.d.) decent
fatsoenshalve for decency's sake
fatsoensrakker prude
faun faun
fauna fauna
fauteuil easy-chair
favoriet I [de] favourite II [bnw] favourite
fax fax
faxen fax, send a fax
fazant pheasant
februari February
federaal (staat/regering) federal, (systeem) federative
federalisme federalism
federatie federation
fee fairy
feedback feed-back
feeëriek fairytale like
feeks shrew
feeling feel, feeling ★ ergens ~ voor hebben have a feel for s.th.
feest • (partij) party • een ~(je) bouwen/geven throw a party • (viering) feast, festival ▼ het ~ gaat niet door! that's definitely off!
feestdag holiday, (vnl. rel.) feast-day ★ op zon- en ~en on Sundays and holidays
feestelijk festive, (form.) festal ▼ dank je ~! nothing doing!
feesten feast, (inf.) party
feestganger party-goer
feestmaal feast, (groots) banquet
feestneus • (masker) false nose • (persoon) reveller, party goer, (grapjas) buffoon, clown
feestnummer • (gangmaker) merrymaker, party goer • (blad) anniversary number
feestvarken the toast of the party, (m.b.t. kinderen) the birthday boy/girl
feestvieren feast, celebrate
feilbaar fallible
feilen fail
feilloos faultless, (regelmaat) unfailing
feit fact ★ in feite in fact
feitelijk I [bnw] actual II [bijw] actually, practically, virtually
fel • (vurig) fierce, (woorden) biting • (hevig) fierce, (brand/zon) blazing, (kleur) vivid, (kou) bitter, (pijn) sharp ★ daar ben ik fel tegen I'm dead against it • (~ op) ★ daar ben ik fel op I'm keen on that
felicitatie congratulations
feliciteren congratulate (on) • (wel) gefeliciteerd! congratulations!, (op verjaardag) many happy returns (of the day)!
feminisme feminism
feministe feminist
feministisch feminist, feministic
feniks phoenix, (AE) phenix
fenomeen phenomenon [mv: phenomena]
fenomenaal phenomenal
feodaal feudal
feodalisme feudalism
ferm • (flink) firm ★ een ferme houding a firm attitude • (zeer groot) stout, (portie) generous, (reprimande) sound, (v. persoon) strapping
fermenteren ferment

F

fervent *fervent, ardent* ∗ *een ~ voorstander van de EG a fervent supporter of the EEC* ∗ *een ~ voetballer an ardent/keen footballer*
festijn *feast, (groots) banquet*
festival *festival*
festiviteit *festivity*
feston *festoon*
fêteren *fête, make much of*
fetisjisme *fetishism*
fetisjist *fetishist*
feuilleton *serial (story)* ∗ *als ~ verschijnen appear in serial form*
feut *fresher*
fez *fez*
fiasco *failure, flop, (inf.) washout*
fiat *authorization, sanction, fiat* ∗ *zijn fiat geven give one's permission; authorize;* ↓ *give the go-ahead*
fiber *fibre*
fiberglas *fibreglass*
fiche ● *(speelpenning) counter, (in gokspel) chip* ● *(systeemkaart) index/filing card*
fictie *fiction*
fictief *fictitious*
fideel ● *(trouwhartig) good natured* ● *(gezellig) jovial, jolly*
fiducie *faith, confidence*
fielt *villain, scoundrel*
fier *proud*
fiets *(bi)cycle, (inf.) bike, (in tegenstelling met motorfiets) push-bike*
fietsen *cycle* ∗ *'n eindje gaan ~ go for a ride*
fietsenmaker *bicycle repair man*
fietsenstalling *bike/bicycle shed*
fietser *cyclist*
fietspad *cycle-track*
fietspomp *bicycle-pump*
fietstocht *cycling-tour*
fietsvakantie *cycling holiday*
figurant ● *(acteur) extra, walk-on* ● *(onbetekenend persoon) nonentity*
figuratief ● *(beeldend) figurative* ∗ *figuratieve kunst figurative art* ● *(versierend) decorative, ornamental*
figureren ● *(optreden als) act/figure (as)* ● *(optreden als figurant) be an extra*
figuur I *[de] figure, character* II *[de/het]* ● *(gestalte) figure* ● *(afbeelding) figure* ∗ *een meetkundige ~ a geometric figure; (model) geometric design* ● *(indruk, houding)* ∗ *een ~ als modder slaan cut a sorry figure; look extremely foolish* ∗ *een goed/slecht/gek ~ maken/slaan make/cut a good /poor/foolish figure* ∗ *met zijn ~ geen raad weten not know where to put o.s.*
figuurlijk *figurative*
figuurzaag *fret-saw*
figuurzagen *do fretwork*
Fiji *Fiji*
fijn ● *(in kleine deeltjes) fine* ∗ *fijn zand fine sand* ● *(zeer goed, precies) fine, choice* ∗ *een fijne neus voor iets hebben have a nose for s.th.* ∗ *fijne smaak (re)fine(d) taste* ∗ *fijne appels choice apples* ● *(niet grof) fine, tiny* ∗ *een fijne kam small-tooth comb* ∗ *fijne gereedschappen precision tools* ● *(prettig) nice, lovely* ∗ *een fijn boek a lovely book* ∗ *dat is fijn that's nice/great* ● *(subtiel) subtle* ∗ *fijn verschil subtle difference* ▼ *hij weet er het fijne van he knows the rights of it; he knows the ins and outs of the matter* ▼ *zo fijn als (gemalen) poppenstront holier-than-thou*
fijnbesnaard *finely(-)strung, sensitive*
fijngevoelig *sensitive*

fijnhakken *mince*
fijnknijpen *squeeze, crush, press, (fig.) squeeze*
fijnmaken *pulverize*
fijnproever *connoisseur*
fijnschrijver *fineliner*
fijntjes I *[bnw] delicate* II *[bijw]* ● *(op fijne wijze) nicely, neatly* ● *(op slimme wijze) cleverly, subtly*
fijnzinnig *discerning, discriminating*
fik *fire* ∗ *in de fik steken set fire to; send up in flames* ∗ *in de fik staan be in flames/on fire*
fikken I *[de] (inf.) paws* II *[on ww]* ↑ *burn*
fiks *considerable, (dosis, wandeling) stiff, (pak slaag) sound*
fiksen *fix (up), manage*
filantroop *philanthropist*
filatelie *philately*
file I *[de] tailback, traffic-jam* II *[de/het] file*
fileren *fillet*
filet *fillet*
filevorming *build-up of traffic, traffic congestion*
filharmonisch *philharmonic*
filiaal *branch*
filiaalhouder *branch manager(ess)*
filigraan *filigree*
filippica *philippic*
Filippijnen *Philippines, Philippine Islands*
film ● *(fotorolletje)* ∗ *een film(pje) in een camera doen load a camera* ● *(bewegende beelden) film, feature (film), (AE) movie, (form.) motion-picture* ∗ *naar de film gaan go to a movie* ∗ *er draait een goede film in ... there is a good film on at ...* ∗ *bij de film zijn be in the movies*
filmcamera *(cine/film)camera*
filmen *film, (een scene) shoot*
filmer *filmmaker*
filmhuis *cinema club, (AE) film club*
filmkeuring *filmcensorship*
filmkritiek *film/movie criticism, (recensie) film review*
filmopname *shot* ∗ *'n ~ maken shoot a scene*
filmploeg *film crew*
filmrol ● *(filmband) reel of film* ● *(rol in een film) part/role in a film/picture*
filmrolletje *film roll, (roll of) film*
filmster *film-star*
filmstudio *(film) studio*
filologie *philology*
filosoferen *philosophize*
filosofie *philosophy*
filosofisch *philosophic(al)*
filosoof *philosopher*
filter *filter, (voor koffie) percolator*
filteren *filter, filtrate, sieve, (koffie) percolate*
filterkoffie *filter coffee*
filtersigaret *filter (tip), filter-tipped cigarette*
filterzakje *(coffee) filter*
filtreren *filter, strain, (koffie) percolate*
Fin *Finn* ∗ *een Finse a Finnish woman*
finaal I *[bnw]* ● *(uiteindelijk) final* ● *(algeheel) complete, total* ∗ *finale uitverkoop closing-down/ clearance sales* II *[bijw] quite, clean, utterly* ∗ *ik ben het ~ vergeten I clean forgot (it)* ∗ *het was ~ onmogelijk it was utterly impossible*
finale ● *(muz.) finale* ● *(sport) final(s)*
finalist *finalist*
financieel *financial*
financiën *(geld) finances, (geldwezen) finance, financial system*
financier *financier, sponsor*
financieren *finance*
financiering *financing, funding*
financieringstekort *financing deficit*

F

fineer *veneer*

finesse *finesse, nicety* ★ de ~s *the ins and outs; details* ★ tot in de ~s berekend *calculated in detail*

fingeren *feign, simulate, fake,* ‹ensceneren› *stage*

finish *finish, finishing line* ★ als eerste door de ~ gaan ‹paarden› *be first past the post;* ‹m.b.t. mensen› *be first past the tape*

finishen *finish, cross the line* ★ als derde ~ *finish third*

finishfoto *photo-finish (picture)*

finishing touch *finishing touch(es)/stroke(s)*

Finland *Finland*

Fins I [het] *Finnish* **II** [bnw] *Finnish*

FIOD *Fiscal Information and Investigation Department*

firma *firm, concern*

firmament *firmament, sky*

firmant *partner*

fiscaal *fiscal* ★ fiscale rechten *fiscal duties*

fiscus ‹schatkist› *Treasury* ● ‹belastingdienst› *treasury, inland revenue*

fistel *fistula*

fit *fit, healthy* ★ zij is niet erg fit *she is a bit off colour*

fitnesscentrum *fitness centre, gym, health club*

fitter ‹gas› *fitter, plumber*

fitting ● ‹deel van gloeilamp› *screw(cap), fitting* ● ‹houder voor gloeilamp› *socket, lamp-holder*

fixatie ● ‹het vastleggen› *fixing* ● ‹psych.› *fixation, obsession* ★ zijn ~ op het verleden doet hem geen goed *his obsession with the past isn't doing him any good*

fixeerbad *fixing-bath*

fixeren ● ‹vastmaken/-stellen› *fix, fasten,* ‹vaststellen› *establish* ● ‹onuitwisbaar maken› *fix* ● ‹strak aankijken› *fix with one's eyes, stare at*

fjord *fjord*

flacon *flask, bottle*

fladderen *flutter*

flagrant *flagrant, glaring*

flair *flair*

flakkeren *flicker,* ‹in de tocht› *waver*

flamberen ‹serve› *flambé*

flambouw *torch*

flamboyant *flamboyant*

flamingo *flamingo*

flanel ● ‹stof› *flannel* ● ‹kledingstuk› *singlet*

flaneren *lounge, stroll,* ‹inf.› *mooch (about)*

flank *flank, side*

flankeren *flank*

flansen ★ hij heeft het in elkaar geflanst *he has knocked it together*

flap ● ‹bankbiljet› ‹bank›note ● ‹omgeslagen deel› *flap*

flapdrol *drip, jerk, idiot*

flapoor *protruding ear, jug-ear*

flappen ● eruit ~ *blurt out* ★ hij flapt eruit wat hem voor de mond komt *he opens his mouth and lets his belly rumble*

flaptekst *blurb*

flard ● ‹fragment› *fragment, scrap* ★ ~en van een gesprek *snippets/fragments of a conversation* ★ aan ~en schieten *shoot to pieces* ● ‹lap› *rag, shred*

flat ● ‹etagewoning› *flat,* ‹AE› *apartment* ● ‹flatgebouw› *block of flats,* ‹AE› *apartment building*

flater *blunder, howler* ★ een ~ slaan *blunder; drop a clanger*

flatgebouw *block of flats,* ‹AE› *apartment building*

flatteren *flatter* ★ geflatteerd portret *flattering portrait* ★ deze cijfers zijn geflatteerd *these figures present a rosy picture*

flatteus *flattering*

flauw ● ‹met weinig smaak› *tasteless* ● ‹zwak› *feeble, weak,* ‹kleur› *faint,* ‹schijnsel› *dim* ★ ~ van de honger *faint with hunger* ★ ik heb geen ~ idee! *I haven't the foggiest (idea)!; I haven't a clue!* ● ‹zwak gebogen› ★ een ~e bocht *a gentle/slight curve/bend* ● ‹kinderachtig› *silly* ★ doe niet zo ~ *don't be silly* ● ‹niet geestig› *silly,* ‹grap› *feeble,* ‹opmerking› *insipid* ● ‹hand.› *dull,* ‹markt› *flat*

flauwekul *rubbish,* ↓ *bunk* ★ geen ~ alsjeblieft *no messing around; no nonsense, please*

flauwerd *a silly person, spoilsport,* ‹lafaard› *chicken, sissy*

flauwiteit *silly joke/remark*

flauwte *faint, fainting fit* ★ ze kreeg een ~ *she was in a (dead) faint*

flauwtjes *faintly,* ‹verlicht› *dimly* ★ ~ glimlachen *smile faintly/wanly*

flauwvallen *faint, pass out*

flegma *phlegm*

flegmatiek *phlegmatic*

flemen *cajole, coax*

flensje *thin pancake*

fles *bottle* ★ met de fles voeden *feed by bottle; bottle-feed* ▼ op de fles gaan *go bust; go to pot*

flesopener *bottle-opener*

flessen ● ‹afzetten› *swindle, rip off* ● ‹voor de gek houden› *pull s.o.'s leg, take s.o. for a ride*

flessentrekker *swindler*

flessentrekkerij *con, swindle, swindling*

flesvoeding *bottle-feeding* ★ ~ geven *bottle-feed*

flets ● ‹dof› ‹kleur› *dull,* ‹kleuren› *faded,* ‹ogen› *lacklustre* ● ‹ongezond› *wan, pale* ★ er ~ uitzien *look pale*

fleur ★ de ~ is eraf *the bloom is gone/off* ▼ de fine ~ *the pick of the bunch*

fleurig ● ‹bloeiend› *blooming* ● ‹fris, vrolijk› *cheerful, colourful, gay*

flexibel ● ‹buigbaar› *flexible, pliable* ● ‹inschikkelijk› *flexible, pliable, (com)pliant* ★ mijn baas is erg ~ *my boss is very flexible* ● ‹rekbaar› *supple, elastic* ★ ~e werktijden *flexible hours; flex(i)time*

flexibiliteit ● ‹buigzaamheid› *flexibility, pliability* ● ‹aanpassingsmogelijkheid› *flexibility* ★ de ~ van mijn baas is groot *my boss is very flexible*

flexie *inflexion*

flierefluiter *good-for-nothing, layabout, idler*

flikflooien ‹vleien› *cajole, toady (to a person),* ‹inf.› *suck up (to a person)* ● ‹een beetje vrijen› *pet, cuddle*

flikken ● ‹klaarspelen› *bring/pull off* ★ dat heb je 'm aardig geflikt *you pulled it off very nicely* ● ‹streek leveren› *pull a trick on s.o.,* ‹iets ongeoorloofds› *get away with* ★ dat moet je mij niet meer ~! *don't pull that one on me again!*

flikker ● ‹homo› *queer, poof,* ‹positief› *gay* ● ‹donder› ★ zij weet er geen ~ van *she doesn't know a damn thing about it* ★ geef hem dan op z'n ~! ‹een klap› *give him a clip round the ear;* ‹reprimande› *give him a telling off* ★ het kan hem geen ~ schelen *he doesn't give a damn about it; he couldn't care less*

flikkeren I [ov ww] ● ‹smijten› *dump* **II** [on ww] ● ‹schitteren› *glint,* ‹v. kaars› *flicker,* ‹v. ogen› *glitter,* ‹v. sterren› *twinkle* ● ‹vallen› *tumble, topple*

flikkering *flicker, twinkle*

flikkerlicht *flash(ing)light*

flink I [bnw] • (stevig) robust, sturdy, stout, ⟨v. persoon⟩ strapping • (moedig) brave, plucky ★ ~ zijn! keep a stiff upper-lip!; pull yourself together! • (behoorlijk) considerable, substantial ★ een ~ pak slaag a sound thrashing ★ een ~e dosis/ wandeling a stiff dose/walk ★ een ~e som geld a considerable sum of money **II** [bijw] soundly, firmly, considerably ★ zij kan ~ eten she is a hearty eater ★ hij verloor en ~ ook! he lost, and how! ★ ~ optreden tegen take a firm line with; deal firmly with ★ iem. er ~ van langs geven give s.o. a good hiding/telling off ★ er komen ~ wat mensen a great deal/mass of people are coming
flinter thin slice
flinterdun paper-/wafer-thin
flip-over flip-chart
flippen • (afknappen) feel let down, ★ zij is geflipt op haar baas she is fed up with her boss • (onwel worden door drugs) have a bad trip, freak out
flipperen play pinball
flipperkast pin-ball machine
flirt • (het flirten) flirtation • (persoon) flirt, ⟨man⟩ philanderer
flirten flirt, ⟨man ook⟩ philander
flits flash
flitsen flash
flitsend flashy, dazzling, ⟨inf.⟩ snazzy
flitser flashgun
flitslamp flash(bulb)
flitslicht flashlight
flodder blank, dummy ★ losse ~s blanks
flodderen • (slordig werken) mess (about) • (slordig zitten) hang loosely
flodderig • (knoeierig) messy, sloppy • (ruim, slordig) shabby, dowdy, ⟨v. kleren⟩ baggy
floepen slip, whip ★ het glas floepte uit zijn handen the glass slipped from his hand
floers • (stof) crape, crêpe • (waas) veil, shroud ★ een ~ van tranen a mist of tears
flonkeren twinkle, sparkle
floorshow floor show
flop flop, failure, ⟨inf.⟩ washout
floppen (be a) flop, misfire
floppy disk diskette, floppy disk
flora flora
floreren flourish, prosper
floret foil
florissant flourishing, prospering, healthy ★ dat ziet er niet zo ~ uit that doesn't look very good
flossen floss (one's teeth)
fluctueren fluctuate, rise and fall, swing
fluim • (speeksel) phlegm, ⟨inf.⟩ gob (of spit) • (vent van niks) drip
fluistercampagne whispering campaign
fluisteren whisper
fluistertoon whisper
fluit • (blaasinstrument) flute, ⟨blokfluit⟩ recorder, ⟨signaalfluit⟩ whistle ★ op z'n ~(je) blazen blow one's whistle • (fluitsignaal) whistle
fluitconcert • (concert) concerto for flute, flute concerto, ⟨uitvoering⟩ flute recital • (afkeuring) catcalls, booing
fluiten I [ov ww] • (roepen) whistle • (sport) referee ▾ naar je geld ~ whistle for your money **II** [on ww] • (op fluit spelen) play the flute • (fluitgeluid maken) whistle, ⟨v. vogel⟩ warble
fluitenkruid cow parsley
fluitist flautist, ⟨AE⟩ flutist
fluitje whistle ★ men wachtte op het ~ van de scheidsrechter the referee's whistle was being waited for ▾ een ~ van een cent no sweat; a piece of cake

fluitketel whistling kettle
fluor fluor
fluoresceren fluoresce
fluoride fluoride
flut rubbishy, crummy ★ een flutkrantje a rag
flutboek crappy/crummy book
fluweel velvet
fluweelzacht velvety, downy
fluwelen velvet
fluwelig velvety
FM F.M.
fnuikend fatal, pernicious
fobie phobia ★ hij heeft een ~ voor water he has a phobia about water
focus focal point, focus
focussen • (scherp stellen) focus on, bring into focus • (aandacht richten op) focus attention on
foedraal case
foefje trick, cunning contrivance ★ zij kent alle ~s she knows all the tricks of the trade/all the wrinkles
foei shame (on you)!, ⟨m.b.t. kinderen⟩ naughty, naughty!
foeielijk as ugly as sin
foerageren forage
foet ≈ freshman
foeteren storm, rage (at)
foetsie gone, vanished (into thin air)
foetus foetus, fetus
föhn • (wind) föhn • (® haardroger) hair dryer
föhnen blow-dry
fok • (voorzeil) foresail • (bril) specs
fokken breed, rear
fokkenmaat foremastman
fokkenmast foremast
fokker breeder
fokkerij • (het fokken) stock-farming, cattle breeding/raising • (fokbedrijf) stock-farm
folder leaflet, brochure
folie (tin) foil
folio folio
folklore folklore
folkmuziek folk music
folteraar torturer
folteren torture
foltering torture, ⟨fig.⟩ agony
fondant fondant
fonds • (geld) fund, capital ★ geheime ~en secret funds • (stichting) fund ★ een ~ stichten set up/ raise a fund • (waardepapier) stock, share • (boeken bij uitgever) publisher's list
fondspatiënt NHS patient, National Health Service patient
fondue fondue
fonduen eat/have fondue
fonduestel fondue set
fonetiek phonetics
fonetisch phonetic
fonkelen sparkle
fonkelnieuw brand(-)new
fonologie phonology
fonotheek record library
fontanel fontanel(le)
fontein fountain ★ een ~ van vuur a jet/spurt of flame ★ de ~ werkt the fountain is playing
fonteintje wash-basin
foodprocessor food processor
fooi tip, gratuity ★ iem. een fooi geven tip a person
fooienpot tip-bowl
fopartikel trick/joke item
foppen fool, kid
fopspeen dummy, ⟨AE⟩ comforter
forceren • (door geweld openen) force/prize open,

F

⟨met breekijzer e.d.⟩ jemmy (open), ⟨v. ogen, stem⟩ strain ● ⟨doordrijven⟩ force, carry through ★ de zaak ~ force the issue ★ een doelpunt ~ force a goal
forel trout
forens commuter, non-resident
forensisch forensic
forfait fixed amount
formaat size, format ★ iem. van zijn ~ a man of his stature
formalisme formalism
formaliteit formality ● dit is slechts een ~ this is just a formality ★ de ~en achterwege laten cut the red tape
formateur person charged with forming a new government
formatie ● ⟨vorming⟩ formation ● ⟨groep⟩ group, ⟨mil.⟩ unit
formatteren format
formeel ● ⟨officieel⟩ formal, official ● ⟨vorm betreffend⟩ formal
formeren form
formica formica
formidabel formidable
formule formula ● een scheikundige ~ a chemical formula ★ een beproefde ~ a tried (and tested) formula
formuleren phrase, formulate, put (into words) ★ hij formuleert slecht he expresses himself badly
formulering formulation, wording ● een ongelukkige ~ an unfortunate expression; an unfortunate way of putting it
formulier form
fornuis cooking-range, kitchen-range, cooker
fors ● ⟨aanzienlijk⟩ substantial, considerable ● ⟨krachtig⟩ sturdy, ⟨handschrift⟩ bold, ⟨mens⟩ robust, ⟨stem⟩ loud
forsgebouwd strongly built, burly, ⟨inf.⟩ hefty
forsythia forsythia
fort fort(ress)
fortificatie fortification
fortuin I [de] ▼ de ~ lachte mij toe fortune smiled on me **II** [het] fortune, ⟨good⟩ luck ★ zijn ~ maken make one's fortune; ⟨inf.⟩ make a pile
fortuinlijk lucky
fortuinzoeker fortune hunter
forum ● ⟨discussie⟩ forum, ⟨radio, televisie⟩ panel (discussion) ● ⟨deskundigen⟩ panel ● ⟨gesch.⟩ Forum
fosfaat phosphate
fosfaatvrij phosphate-free, ⟨vnl. reclame⟩ no-phosphate ★ ~ wasmiddel phosphate-free washing powder
fosfor phosphorus
fosforesceren phosphoresce
fossiel I [het] fossil **II** [bnw] fossil ★ ~e brandstof fossil fuel
foto photograph, photo, picture, snap(shot)
fotoalbum photo(graph) album
foto-elektrisch photoelectric ★ ~e cel photoelectric cell; ⟨inf.⟩ magic eye
fotogeniek photogenic
fotograaf photographer
fotograferen photograph ★ zich laten ~ have one's photo taken
fotografie photograph, ⟨het fotograferen⟩ photography
fotografisch photographic
fotohandelaar photographic dealer/supplier
fotojournalist press photographer
fotokopie photocopy, photostat
fotokopiëren photocopy, photostat

fotomodel ⟨fashion⟩ model, covergirl
fotomontage photomontage
foton photon
fotoreportage photoreport(age)
fotorolletje roll of film
fotosynthese photosynthesis
fototoestel camera
fotozaak photography shop, camera shop
fouilleren (body-)search, ⟨inf.⟩ frisk
foundation ● ⟨crème⟩ foundation (cream) ● ⟨lingerie⟩ foundation (garment)
fourneren ● ⟨verschaffen⟩ furnish, supply ● ⟨geld storten⟩ furnish, provide
fournituren haberdashery
fout I [de] ● ⟨onjuistheid⟩ mistake, error, ⟨grote fout⟩ blunder ★ iets fout rekenen fault s.th. ● ⟨gebrek⟩ fault, defect ● ⟨misslag⟩ mistake, error, ⟨schuld⟩ fault ★ een fout begaan make a mistake ★ de fout bij zichzelf zoeken look to o.s. for the blame ★ in de fout gaan slip up ▼ koeien van fouten howlers ▼ niemand is zonder fouten nobody is perfect **II** [bnw + bijw] wrong, faulty ★ hij was fout he was wrong; ⟨in de oorlog⟩ he collaborated with the enemy
foutief wrong, incorrect, erroneous
foutloos faultless, impeccable ★ ze spreekt ~ Frans her French is impeccable; she speaks perfect French
foyer foyer, lobby
fraai beautiful, fine ▼ dat staat je ~ that's nice of you ▼ het is een ~e geschiedenis it's a pretty kettle of fish
fractie ● ⟨onderdeel⟩ fraction ★ in een ~ van een seconde in a split second ● ⟨pol.⟩ party, group
fractievoorzitter leader of a parliamentary fraction
fractuur fracture, break
fragiel fragile, brittle
fragment fragment
fragmentarisch fragmentary, sketchy ★ een ~e beschrijving a sketchy account
fragmentatie fragmentation
fragmentatiebom shatter bom, fragmentation bomb
framboos ● ⟨struik⟩ raspberry bush ● ⟨vrucht⟩ raspberry
Française Frenchwoman
franchise ⟨legal⟩ immunity (from), exemption (from)
franchisegever franchisor
franchisenemer franchisee
franciscaan Franciscan ★ franciscaner monnik Franciscan friar; Grey Friar
franco post-free, ⟨v. goederen⟩ carriage paid ★ ~ boord free on board, f.o.b ★ ~ huis free domicile ★ ~ pakhuis free warehouse ★ ~ spoor free (on) rail, f.o.r. ★ ~ wagon free on truck ★ ~ wal ⟨v. goederen⟩ free on quay
francofoon French-speaking
franje ● ⟨versiering⟩ fringe ● ⟨bijzaken⟩ frill(s) ★ ontdaan van alle ~ stripped of all its frills
frank I [de] franc **II** [bnw] frank ★ ~ en vrij frank and free
frankeren ⟨machinaal⟩ frank, ⟨met postzegel⟩ stamp, ⟨vooraf porto voldoen⟩ prepay ★ een gefrankeerde envelop a stamped envelope
Frankrijk France
Frans I [de] ▼ een vrolijke ~ a cheerful/bubbly person **II** [het] French ★ in 't ~ in French ▼ daar is geen woord ~ bij that's plain speaking **III** [bnw] French ▼ zich er met de ~e slag van af maken scamp/skimp one's work
Fransman Frenchman

Franstalig French-speaking
frappant striking
frapperen strike, cool, ⟨v. drank⟩ chill
frase phrase
frater (lay) brother, friar
fratsen • ⟨grillen⟩ caprices, whims • ⟨streken⟩
★ malle ~ antics; pranks
fraude fraud ★ ~ plegen commit/practise fraud
★ hij heeft ~ gepleegd he has committed a fraud
frauderen commit fraud
fraudeur fraud, cheet, swindler
frauduleus fraudulent, bent, not on the level, ⟨inf.⟩
crooked
freak • ⟨fanatiekeling⟩ freak ★ auto~ car freak
• ⟨zonderling persoon⟩ freak, nut, weirdo
freelance freelance
freelancer freelance(r)
frees ⟨industrie⟩ fraise, milling cutter, ⟨landbouw⟩
rotary cultivator
freewheelen • ⟨het kalm aan doen⟩ freewheel,
take it easy, coast along • ⟨in vrijloop fietsen⟩
coast, freewheel
fregat frigate
frêle frail, fragile, delicate
frequent frequent
frequenteren visit often, frequent, ⟨v. café, e.d.⟩
patronize
frequentie frequency
fresco fresco
fresia freesia
fret • ⟨dier⟩ ferret • ⟨boor⟩ gimlet
freudiaans Freudian ▾ ~e verspreking a Freudian
slip
frezen mill
fricandeau fricandeau, ⟨platte⟩ cutlet, ⟨ronde⟩
undercut
frictie friction
friemelen fumble
fries frieze
Fries I [de] Frisian **II** [het] Frisian **III** [bnw] Frisian
Friesland Friesland
friet chips
frietkraam ≈ fish and chips stand, chippy
frietsnijder potato slicer
Friezin Frisian woman
frigide frigid
frik pedant, ⟨inf.⟩ beak
frikadel kind of minced-meat sausage, ⟨AE⟩
minced-meat hot dog
fris I [bnw] • ⟨koel⟩ fresh, cool • ⟨zuiver⟩ clean, fresh
★ een frisse wind a fresh wind **II** [de/het] soft
drink
frisbee frisbee
frisdrank soft drink, ⟨inf.⟩ pop
frisheid freshness
frisjes chilly, cool, nippy
frites chips
friteuse deep⟨-fat⟩ fryer, deep-frying pan
frituren deep-fry
frituur • ⟨gefrituurd voedsel⟩ food fried in oil,
⟨inf.⟩ fry-up • ⟨patatkraam⟩ chips stand
frituurpan deep-frying pan
frituurvet deep-frying fat
frivool frivolous
fröbelen play around/about, ⟨prutsen⟩ mess about
frommelen • ⟨kreukelen⟩ crumple ★ hij
frommelde het papier op he crumpled the piece
of paper • ⟨friemelen⟩ fumble ★ hij frommelde
aan zijn das he fumbled with his tie
frons frown, ⟨boos⟩ scowl
fronsen frown, ⟨boos⟩ scowl
front • ⟨eerste gelid⟩ ★ voor het ~ der troepen in

front of the troops • ⟨voorzijde⟩ front ★ met 't ~
naar 't westen facing west • ⟨voorste linie⟩ front
★ aan het ~ at the front
frontaal frontal ★ frontale botsing head-on
collision ★ een frontale aanval a frontal attack
frontlijn front line
frontlinie front ⟨line⟩
frontsoldaat front-line soldier
fruit fruit
fruitautomaat fruit/slot machine, one-armed
bandit
fruitboom fruit-tree, fruiter
fruiten fry
fruitig fruity
fruitmes fruit knife, small kitchen knife
fruitschaal fruit-dish
frunniken → frutselen
frustratie frustration
frustreren frustrate, thwart
frutselen • ⟨friemelen⟩ fiddle • ⟨knutselen⟩ tinker
fuchsia fuchsia
fuga fugue
fuif party, ⟨drinkfuif⟩ spree ★ 'n fuif geven throw a
party
fuifnummer raver, party animal, champagne
Charlie
fuik bow-net, fish-trap ▾ in de fuik lopen fall into
the trap
fuiven feast, revel ★ iem. ~ feast a person
fulmineren fulminate ⟨against⟩, thunder ⟨against⟩
functie • ⟨taak⟩ position, post, duties ★ de ~
vervullen van act as; officiate as • ⟨betrekking⟩
function ★ een hoge ~ bekleden hold a leading
position ★ in ~ treden enter upon one's duties
• ⟨wisk.⟩ function
functiebeschrijving function description, job
description/specification
functietoets function key
functionaris functionary, official
functioneel functional
functioneren function
fundament foundation
fundamentalisme fundamentalism
fundamenteel basic, fundamental
funderen • ⟨fundering aanbrengen⟩ found, build
• ⟨baseren⟩ base, found ★ een goed gefundeerd
betoog a well-founded argument
fundering • ⟨het funderen⟩ founding
• ⟨fundament⟩ foundation(s) ★ de ~ leggen ⟨ook
fig.⟩ lay the foundation(s) • ⟨grondslag⟩ basis
funest disastrous, fatal
fungeren • ⟨in functie zijn⟩ be acting ⟨as⟩
• ⟨dienst doen⟩ act as, function as ★ ~ als act/
officiate as
funk funk
furie fury
furieus furious
furore furore ★ ~ maken cause a furore; ⟨m.b.t.
toneelstuk⟩ be the talk of the town; ⟨rage⟩ become
a craze
fuseren merge ⟨with⟩, ⟨nat.⟩ fuse ★ die twee
bedrijven zijn onlangs gefuseerd these two
companies recently merged; there has been a recent
merger between/of those two companies
fusie fusion, merger, amalgamation ★ een ~
aangaan met merge with
fusilleren shoot
fust barrel, ⟨emballage⟩ packing, ⟨vat⟩ cask ★ leeg
fust empty packaging
fut go, spirit, grit, spunk ★ de fut is er bij hem uit
there's no go left in him ★ er zit geen fut in hem
there's no spirit in him

F

futiel insignificant, futile
futiliteit futility, triviality
futloos spiritless
futurisme futurism
futuristisch futuristic
fuut great crested grebe
fysica physics
fysicus physicist
fysiek I [het] physique **II** [bnw] physical
fysiologie physiology
fysiotherapeut physiotherapist
fysiotherapie physiotherapy

F

G

g • (letter) (the letter) G/g • (muzieknoot) G
★ g-sleutel G clef; treble clef
gaaf • (prachtig) super, great • (ongeschonden)
whole, perfect, ⟨v. exemplaar⟩ undamaged, ⟨v.
fruit⟩ sound
gaai jay
gaan I [on ww] • (in beweging zijn) go, ⟨v. tijd⟩
pass ★ 't verhaal gaat the story goes ★ er gaan
geruchten there are rumours ★ we gaan met de
trein we'll go by train ★ we gaan over Bazel we go
by way of Basel ★ de klok gaat voor/achter/
gelijk the clock is fast/slow/right • (weggaan) go,
leave ★ er vandoor gaan make off; run away; ⟨v.
paard, dief⟩ bolt ★ kom, ik ga er vandoor well,
I'm off now ★ stilletjes vandoor gaan take
French leave; sneak away/off • (beginnen) ★ gaan
wandelen go for a walk ★ ga je wassen go and
wash • (functioneren) ★ de telefoon gaat the
(tele)phone rings • (~ met) ★ Mark gaat met
Janet Mark is going out with Janet • (~ om) ★ 't
gaat om een groot bedrag a great sum is at stake
★ 't gaat om mijn leven my life is involved ★ 't
gaat erom of the question/point is whether ★ daar
gaat het niet om that's beside the point
• (~ over) ★ wie gaat hierover? who is in charge
of this? ★ laat je gedachten er eens over gaan
think it over • (~ voor) ★ zaken gaan voor het
meisje business before pleasure ▼ zo gaat het in
het leven such is life ▼ daar gaat niets boven
there's nothing like it/to beat it ▼ laat maar gaan
let it go/pass ▼ hij liet zich gaan he let himself go
▼ dat gaat er bij mij niet in that won't go down
with me ▼ daar gaat ie dan here we go ▼ daar ga je
cheers **II** [onp ww] ★ hoe gaat het? how are you
(getting on)?; how is it going ★ 't gaat nogal/wel
not too bad ★ 't ging hem voor de wind he
prospered ★ 't ga je goed good luck to you ★ 't ging
hem aan 't hart it went to his heart ★ 't ging
goed/slecht met haar she was doing well/badly
gaande • (in beweging) going ★ ~ houden keep
going (on) ★ belangstelling ~ maken arouse/
awaken interest ★ de ~ en komende man the
outgoing man and the new man; the outgoing man
and his successor ★ 't gesprek ~ houden keep up
the conversation • (aan de gang) going on ★ wat is
er ~? what is up?; what is going on?
gaanderij → galerij
gaandeweg gradually
gaap yawn
gaar • (voldoende toebereid) done, cooked ★ te
gaar overdone ★ goed gaar well-done ★ niet gaar
underdone; rare • (duf) done, tired ★ ik werd
helemaal gaar van die les that lesson really did
for me ▼ een halve gare dope
gaarkeuken soup kitchen
gaarne willingly, gladly ★ ik ben ~ bereid om het
te doen I will gladly do so; I shall be pleased to do
so
gaas • (weefsel) gauze, net(ting) • (vlechtwerk van
metaal) wire netting
gabber • (vent) bloke • (makker) pal, mate, buddy
Gabon Gabon
gade spouse
gadeslaan watch, observe
gading ★ dat is niet van mijn ~ it is not to my
taste; it is not in my line ★ er was niets van haar
~ bij there was nothing she fancied ★ ik kon niets
van mijn ~ vinden I couldn't find anything I

gaffel ● (gereedschap) (two-pronged) fork, ⟨hooivork⟩ pitchfork ● (scheepv.) gaff
gage salary, pay
gajes scum, (the) rabble
gal bile ★ zijn gal spuwen vent one's spleen (on) ▼ de gal loopt hem over his blood is up
gala ⟨kleding⟩ ★ in gala zijn be in full dress ● (feest) gala
galabal grand ball
galakostuum full dress, ⟨form.⟩ state/ceremonial dress
galant gallant
galavoorstelling gala performance
galblaas gall bladder
galei galley
galerie (art) gallery
galeriehouder gallery-owner
galerij gallery, ⟨v. flatgebouw⟩ walkway
galerijflat block of flats with access balconies
galgenhumor grim humour
galgenmaal ● ⟨laatste maal van ter dood veroordeelde⟩ last meal ● (afscheidsmaal) farewell meal
galjoen galleon
gallicisme Gallicism
gallisch ★ ik word er ~ van it gives me the hump
galm (klank) booming sound ● (echo) resonance, reverberation
galmen I [ov ww] ● (zingen) bawl (out) II [on ww] ● (luid klinken) resound, boom ★ ~de klokken pealing bells ● (weerkaatsen) echo, reverberate
galon lace, braid
galop gallop ● korte ~ canter ★ in volle ~ (at) full gallop
galopperen gallop
galsteen gallstone
galvanisch galvanic
galvaniseren galvanize
Gambia Gambia
game game
gamma ● (Griekse letter) gamma ● (reeks) gamut, spectrum, ⟨v. tonen⟩ scale
gammastraling gamma radiation/rays
gammel ● (niet stevig) rickety, ⟨v. huis⟩ tumbledown ● (slap, lusteloos) shaky, † languid
gang ● (doorloop) ⟨v. gebouw⟩ corridor, ⟨v. mijn⟩ gallery ● (manier van gaan) walk, ⟨form.⟩ gait ● (verloop) ★ alles gaat zijn gewone gang business as usual ● de gang der gebeurtenissen the course of events ★ de normale gang van zaken the normal procedure ★ voor een goede gang van zaken for a proper conduct/course of affairs ● (deel van menu) course ● (beweging) ★ aan de gang blijven keep going ★ aan de gang houden keep things going; ⟨v. gesprek⟩ keep the conversation alive ★ aan de gang gaan set to work ★ aan de gang zijn have begun; ⟨v. zaak⟩ be in progress; ⟨v. persoon⟩ be at work ★ op gang komen get going ★ op gang brengen set going ★ je kunt daarmee niet aan de gang blijven you can't go on like that ★ aan de gang brengen set going; start; (ruzie) spark off ★ iem. aan de gang helpen give s.o. a start (in life) ★ hij kan de motor niet aan de gang krijgen he can't get the engine started ★ zodra alles op gang is as soon as everything is going properly ★ er zit geen gang in there is no go in it ● (gedrag, handelen) ★ iemands gangen nagaan shadow s.o.; watch s.o.'s movements ★ zijn eigen gang gaan go one's own way ★ ga uw gang! go ahead!; do as you please! ● (snelheid) ★ gang hebben have speed ★ gang maken spurt; set the pace ★ goed op gang well under way; in full

swing ★ het feest is in volle gang the party is in full swing
gangbaar ● (veel gekocht) popular, in demand ● (in omloop) accepted, ⟨v. betaalmiddel⟩ current ★ gangbare munt accepted currency ● (gebruikelijk) ⟨v. opinie⟩ current, ⟨v. theorie⟩ accepted, ⟨v. uitdrukking⟩ common
gangboord gangway
gangenstelsel network of corridors ★ ondergronds ~ underground network
gangetje ● (snelheid) pace, speed ● (voortgang) ★ zijn gewone ~ gaan jog on as usual ★ het dagelijkse ~ the daily routine ★ alles gaat z'n ~ things are going just fine
gangmaker ● (ijveraar) ⟨op een feest, enz.⟩ (the) life and soul ● (sport) pace-maker
gangpad gangway, aisle
gangreen gangrene
gangster gangster, ⟨inf.⟩ mobster
gans I [de] ● (vogel) goose [mv: geese] ● (persoon) goose ★ het is een domme gans she's as thick as a brick ▼ Moeder de Gans Mother Goose II [bnw] whole, entire ★ van ganser harte wholeheartedly
ganzenlever goose liver
ganzenveer goose feather, quill
ganzerik ● (mannetjesgans) gander ● (plant.) cinquefoil
gapen ● (geeuwen) yawn ● (dom toekijken) gape ● (dreigend geopend zijn) gape, ⟨v. afgrond, graf⟩ yawn ★ een ~d gat a gaping hole
gaping ● (opening) gap ● (leemte) hiatus
gappen pinch, pilfer
garage ● (autostalling) garage ★ in de ~ stallen garage (the car) ● (werkplaats) service station ★ mijn auto moet naar de ~ my car needs servicing
garagehouder garage keeper
garanderen guarantee
garant guarantor ★ ~ staan voor schulden, e.d. stand surety for debts, etc.
garantie guarantee, warranty
garantiebewijs warranty, guarantee
garantiefonds guarantee/contingency fund
garde ● (lijfwacht) guard(s) ● (keukengerei) whisk
garderobe ● (klerenbewaarplaats) wardrobe, ⟨in theater, e.d.⟩ cloakroom ● (kleren) wardrobe
gareel collar, harness ▼ in het ~ lopen toe the line
garen I [het] thread, yarn ★ ~ en band haberdashery II [bnw] thread
garnaal shrimp, ⟨steurgarnaal⟩ prawn
garnalencocktail prawn/shrimp cocktail
garneren ⟨v. kleding⟩ trim, ⟨v. schotel⟩ garnish
garnering ⟨v. kleding⟩ trimming, ⟨v. schotel⟩ garnishing
garnituur ● (garneersel) garnish(ing), trimmings, decorations ● (set voorwerpen) accessories, ⟨v. juwelen⟩ set
garnizoen garrison
gas gas ★ vloeibaar gas liquid gas ★ gas geven open the throttle, ⟨inf.⟩ step on the gas ★ gas minderen throttle down ★ vol gas geven give full throttle
gasaansteker gas lighter
gasbedrijf gas company
gasbel gas pocket
gasbrander gas burner
gasfabriek gasworks
gasfitter gas fitter
gasfles gas cylinder
gasfornuis gas cooker
gaskachel gas heater/fire
gaskamer gas chamber, ⟨voor dieren⟩ lethal chamber

gaskraan gas tap
gasleiding (in huis) gas pipes, (in straat) gas main
gaslek gas leak
gasmasker gas mask/helmet
gasmeter gas meter
gasoven gas oven
gaspedaal accelerator
gaspit • (vlam) gas jet • (brander) gas ring/burner
gasslang gas tube
gasstel gas ring, burner
gast • (bezoeker) guest, visitor • (gozer) fellow ∗ een slimme gast a sly dog
gastarbeider (im)migrant/foreign worker
gastcollege guest lecture ∗ een ~ geven/verzorgen deliver/give/hold a guest lecture
gastdocent guest lecturer
gastenboek visitors' book, (v. hotel) hotel register
gastenverblijf visitors' quarters
gastgezin host family
gastheer host
gasthuis hospital
gastland host country
gastmaal feast
gastouder foster parent
gastronomie gastronomy
gastspreker guest speaker
gastvrij hospitable
gastvrijheid hospitality
gastvrouw hostess
gasvlam gas flame
gat • (opening) gap, hole ∗ een gat in zijn hoofd vallen break one's head (open) • (gehucht) hole ∗ een saai gat a dull hole • (achterwerk) bum, backside, ↑ bottom ∗ iem. een schop onder zijn gat geven kick s.o. up the backside • in de gaten lopen attract notice • een gat in de dag slapen sleep far into the day ▾ ik zie er geen gat in I don't see my way out of it • iem. het gat van de deur wijzen show s.o. the door ▾ hij is niet voor één gat te vangen he's a slippery customer • iets in de gaten krijgen get wind of s.th.; spot s.th. ▾ houd hem in de gaten! watch out for him!
gatenkaas Emmenthal
gatenplant Swiss cheese plant, monstera
gauw I [bnw] quick, swift II [bijw] • (snel) quickly ∗ zo gauw als hij komt as soon as he comes ∗ ik wist niet zo gauw wat te zeggen I was lost for words • (binnenkort) soon
gauwigheid rush, hurriedness ∗ in de ~ in haste
gave • (talent) talent, gift ∗ de gave van 't woord the gift of the gab • (geschenk) gift ∗ gulle gaven generous gifts
gazelle gazelle
gazon lawn
ge (bijbels) thou, (dialect) you
geaard • (met aardleiding) earthed • (van nature) disposed ∗ zo ben ik nu eenmaal ~ that's my nature
geaardheid disposition
geaccidenteerd broken, uneven ∗ ~ terrein broken ground
geacht esteemed, respected ∗ ~e heer/mevrouw Dear Sir/Madam
geadresseerde addressee
geaffecteerd affected, mannered
geagiteerd agitated, excited
geallieerd allied ∗ de ~en the Allies
geamuseerd amused ∗ zij keek hem ~ aan she watched him in amusement
geanimeerd animated
gearmd arm in arm
geavanceerd advanced

gebaar gesture ∗ breed ~ large gesture
gebakje pastry, cake
gebakstel tea plates
gebaren I [ov ww] • (duidelijk maken) beckon, signal ∗ ze gebaarde hen haar te volgen she beckoned them to follow her II [on ww] • (gebaren maken) gesticulate, gesture
gebarentaal sign language
gebed prayer ∗ zijn ~(en) doen say one's prayers
gebedsgenezer faith healer
gebeente bones ▾ wee je ~ als woe betide you if
gebeiteld ▾ ik zit ~ I have got it made; I'm sitting pretty
gebekt ∗ goed ~ zijn have the gift of the gab
gebelgd incensed, enraged
gebergte mountain range ∗ in het ~ in the mountains
gebeten ∗ ~ zijn op iem. bear s.o. a grudge
gebeuren I [het] event, (inf.) happening II [on ww] • (plaatsvinden) happen, occur ∗ wat ik zeg, gebeurt what I say goes ∗ dat gebeurt niet! you will do nothing of the kind ∗ het gebeurde toevallig dat... it so happened that...
• (overkómen) happen, occur ∗ het zal je maar ~ what an awful thing to happen ∗ dat zal me niet weer ~ I won't let that happen again ∗ wat is er met je gebeurd? what has happened to you?
• (gedaan worden) ∗ er moet heel wat aan ~ a lot has to be done to it ∗ 't moet ~ it has to be done ∗ 't is zo gebeurd it will only take a minute ▾ het is met hem gebeurd it's all over with him; he's done for
gebeurtenis event, occurrence ∗ blijde ~ happy event ∗ de loop der ~sen afwachten wait and see (what will happen); await further developments
gebied • (kennisterrein) domain ∗ dat behoort niet tot mijn ~ that falls outside my province ∗ een autoriteit op het ~ van an authority/expert on/in the field of • (streek) area • (grondgebied) territory
gebieden I [ov ww] • (voorschrijven) order, command ∗ voorzichtigheid is geboden caution is needed II [on ww] • (heersen) rule
gebit • (kunstgebit) set of false teeth, dentures • (tanden en kiezen) teeth
gebladerte foliage
geblesseerd wounded, (sport) injured
gebloemd flowered
geblokt chequered
gebocheld hunchbacked ⋅ e hunchback
gebogen • (krom) bent, curved, (v. hoofd) bowed, (v. rug) bent • (wisk.) curved
gebonden • (niet vrij) bound, tied ∗ ~ zijn aan be committed/bound to • (ingebonden) bound • (niet dun) (v. saus) thick, (v. soep) creamy
geboomte trees
geboorte • (het geboren worden) birth ∗ (van) voor de ~ prenatal ∗ (van) na de ~ post-natal • (afkomst) birth, descent ∗ Brit van ~ Briton by birth
geboorteakte birth certificate
geboortebeperking family planning, birth control
geboortecijfer birth rate
geboortedag birthday
geboortedatum birthdate, date of birth
geboortegolf baby boom
geboortejaar year of (one's) birth
geboortekaartje birth announcement card
geboorteoverschot increase in population
geboorteplaats place of birth, birthplace
geboorteregister register of births, deaths and marriages

geboren ● (ter wereld gebracht) born * ~ en getogen born and bred * ~ uit een Hollandse moeder born of a Dutch mother ● een ~ Engelsman an Englishman by birth ● (van nature) born, natural * ~ een staatsman a born statesman ● ~ idioot a congenital idiot

geborgen safe, secure * zich ~ voelen feel safe/secure

geborgenheid security, safety * het huis gaf hem een gevoel van ~ the house gave him a sense of security

geborneerd narrow-minded

gebouw building, (form.) edifice

gebraad roast/fried meat

gebrand ● (geroosterd) roasted ● (~ op) keen on

gebrek ● (gemis) want, lack, shortage * ~ aan arbeidskrachten shortage of labourers * ~ hebben/lijden aan be in want of; be short of * aan niets ~ hebben want for nothing * ~ krijgen aan run short of * bij ~ daaraan failing that ● (mankement) defect, (kwaal) infirmity, (onvolkomenheid) shortcoming ▼ in ~e blijven fail (to) ▼ in ~e stellen hold liable

gebrekkig ● (onvolkomen) (niet toereikend) poor, inadequate, (v. gereedschap) defective, (v. uitspraak) faulty ● (invalide) infirm

gebroeders ● de ~ A. the A. brothers

gebroken ● (stuk) broken, fractured ● (onderbroken) interrupted * (gebrekkig) ~ Engels broken English ● (uitgeput) broken, crushed ● (niet zuiver) off * ~ wit off-white

gebrouilleerd * ~ zijn met not to be on speaking terms with

gebruik ● (het benutten) use, (verbruik) consumption * ~ maken van make use of; use * in ~ nemen put into use; (een weg) open to traffic * buiten ~ out of use * ten ~e van for the use of * druk ~ maken van use freely ● door 't ~ leren learn by practice * in ~ in use ● (gewoonte) custom, usage * buiten ~ raken go out of use

gebruikelijk usual

gebruiken ● (aanwenden) use * ik kan wel een nieuw pak ~ I could do with a new suit * ik kan hier geen luilakken – I have no use for idlers here ● (nuttigen) eat, (v. maaltijd) have, eat, (v. voedsel, suiker in thee) take, (verbruiken) consume * wat wil je ~? what's yours?

gebruiker user, (verbruiker) consumer

gebruikersvriendelijk user-friendly, easy to use/open, etc.

gebruikmaking use, utilization * met ~ van with the use of; (by) using

gebruiksaanwijzing directions for use

gebruiksklaar ready-to/for-use

gebruiksvoorwerp implement, (in keuken) utensil

gecharmeerd * ~ zijn van be taken with

geciviliseerd civilized

gecommitteerde ● (gevolmachtigde) delegate ● (toeziener) (external) examiner

gecompliceerd complicated * ~e breuk compound fracture

geconcentreerd ● (sterk) ~ appelsap concentrated apple juice ● (aandachtig) concentrated * ~ werken work with (great) concentration

gedaagde defendant

gedaan ● (klaar) done ● hij kreeg 't ~ he brought it off * ik kan alles van hem ~ krijgen he will do anything for me ● (beëindigd) done, finished, (in akten) given (this 12th day of June) * 't is ~ the game is up * dan is het met het gezag ~ then

authority goes for nothing ▼ het is met hem ~ he is finished; he is done for ▼ 't is niets – it's no good

gedaante ● (uiterlijk) shape, figure * van ~ veranderen change one's shape * zich in zijn ware ~ vertonen come out in one's true colours ● (verschijning) * een spookachtige ~ ghostly apparition

gedaanteverandering metamorphosis, transformation

gedaanteverwisseling metamorphosis

gedachte ● (het denken) thought * zijn ~n bij elkaar houden keep one's mind on the job * zijn ~n niet bij elkaar hebben be wool-gathering; be absent minded * ik zal 't in ~n houden I'll keep it in mind * in zijn ~n in his mind's eye * in ~n absorbed; (lost) in thought ● (wat gedacht wordt) thought, idea * iem. tot andere ~n brengen make s.o. change his mind * van ~ ~ zijn dat be of (the) opinion that * bij de ~ aan at the thought of * hij bracht me op de ~ he suggested the idea to me * van ~ n veranderen change one's mind

gedachtegang train of thought

gedachteloos ● (onnadenkend) unthinking, thoughtless ● (werktuiglijk) absent minded * ~ voor zich uitkijken stare/gaze into space

gedachtenis ● (aandenken) souvenir, memento ● (nagedachtenis) memory, remembrance * ter ~ van in memory of * zaliger ~ of blessed memory

gedachtesprong mental leap/jump, jump * van één onderwerp naar een totaal ander onderwerp) go off at a tangent

gedachtestreep dash

gedachtewereld way of thinking, climate of thought

gedachtewisseling exchange of views

gedachtig * ~ aan in view of * aan iets ~ zijn be mindful of s.th.

gedag hello * iem. ~ zeggen say hello/goodbye to s.o.

gedateerd ● (met datum) dated ● (verouderd) dated, archaic

gedecideerd I [bnw] resolute **II** [bijw] * ~ onjuist decidedly wrong * iets ~ ontkennen deny s.th. categorically

gedeelte part, section, (afbetaling, e.d.) instalment * voor het grootste ~ for the greater part * bij/in ~n betalen pay by/in instalments * voor een groot ~ largely; to a large extent

gedeeltelijk I [bnw] partial **II** [bijw] partially, partly

gedegen solid, (v. werk) thorough * zij heeft een ~ kennis van moderne kunst she has a solid knowledge of modern art

gedeisd † quiet, calm * zich ~ houden lie low

gedekt ● (niet fel) ~ de kleuren subdued colours ● (gevrijwaard tegen risico) covered * zich ~ houden keep a low profile

gedelegeerde delegate

gedenkboek memorial volume

gedenkdag anniversary

gedenken ● (herdenken) commemorate ● (niet vergeten) remember

gedenksteen memorial stone

gedenkteken monument, memorial

gedenkwaardig memorable

gedeprimeerd depressed

gedeputeerde deputy * Gedeputeerde Staten ≈ County Council

gedesillusioneerd desillusioned

gedesoriënteerd disorient(at)ed * ~ raken become disoriented

gedetailleerd I [bnw] detailed **II** [bijw] in detail

G

gedetineerde *prisoner*

gedicht *poem*

gedienstig *obliging* ★ al te ~ *officious*

gedierte ● (dieren) *animals*, ⟨schadelijk⟩ *vermin, pest* ● (een beest) *animal, creature*

gedijen *prosper, thrive* ★ gestolen goed gedijt niet *ill-gotten gains do not prosper*

geding *lawsuit, case* ★ een kort ~ aanspannen *apply for an injunction* ★ een zaak in kort ~ beslissen *settle a case summarily* ★ vonnis in kort ~ *summary judgment* ▼ in het ~ brengen *argue* ▼ in het ~ zijn *be at issue* ▼ in het ~ komen *come into play*

gediplomeerd *qualified*

gedisciplineerd *disciplined*

gedistilleerd *spirits*

gedistingeerd *refined, distinguished*

gedoe *business, goings on* ★ wat een ~! *what a fuss!; what a carry on!*

gedoemd *doomed* ★ ~ te sterven *doomed to die* ★ tot mislukking ~ *doomed to fail*

gedogen *tolerate, allow*, ⟨met ontkenning⟩ *brook* ★ deze zaak gedoogt geen uitstel *this matter brooks no delay*

gedonder ● (het donderen) *thunder* ● (ellende) *trouble* ⟨gezeur⟩ *bullying, nagging* ★ hou op met dat ~! *I stop that racket!*

gedoogzone *area of town where the authorities allow certain activities, e.g. prostitution, to take place*

gedrag *conduct, behaviour* ★ getuigschrift van goed ~ *certificate of good character*

gedragen I [bnw] ● (plechtstatig) *lofty* ● (al eerder gebruikt) *worn* **II** [wkd ww] *behave/ conduct o.s.* ★ zich slecht ~ *misbehave*

gedragslijn *line of conduct, policy*

gedrang ● (het dringen) *crowd, crush* ★ er ontstond een geweldig ~ *people began pushing wildly/violently* ▼ in 't ~ raken *find o.s. in a crush;* ⟨fig.⟩ *get into difficulties* ● (mensenmassa) *crowd, crush* ▼ 't onderwijs kwam in 't ~ *education suffered*

gedreven *passionate, single-minded* ★ een ~ wetenschapper *a keen scientist*

gedrieën *three (people together), the three of us/ them*

gedrocht *monster*

gedrongen ● (kort en breed) *stocky, thick-set* ★ ~ gestalte *thick-set figure* ● (summier) *terse* ★ ~ stijl *terse style*

gedrukt ● (neerslachtig) *down* ● (afgedrukt) *printed* ▼ hij loog of het ~ stond *he lied in his teeth*

geducht ● (gevreesd) *formidable* ● (flink) *tremendous, enormous*

geduld *patience* ★ ~ hebben *have patience* ★ mijn ~ is op *my patience is at an end*

geduldig *patient*

geduldwerkje *close work, work requiring patience*

gedurende *during, for* ★ ~ zes dagen *for 6 days*

gedurfd *daring*

gedurig ● (voortdurend) *continuous, incessant* ● (telkens weer) *continual*

geduvel *trouble, hassle* ★ daar begint het ~ weer! *there comes the hassle again!*

gedverderrie *ugh!*

gedwee *meek, docile*

gedwongen ● (verplicht) *enforced,* ⟨v. verkoop⟩ *compulsory* ★ ~ arbeid *forced labour* ★ ~ voeding *force/forcible feeding* ● (gekunsteld) ⟨v. gedrag⟩ *constrained,* ⟨v. vrolijkheid⟩ *forced* ★ ~ glimlachen *force a smile*

geef ▼ dat is te geef *it's a gift*

geëigend *appropriate, fitting, right*

geel I [het] ● (kleur) *yellow* ● (eidooier) *yolk* **II** [bnw] *yellow* ● een gele kaart *a yellow card* ★ gele koorts *yellow fever*

geelkoper *brass*

geeltje *twenty five guilder note*

geelzucht *jaundice*

geëmancipeerd *liberated, emancipated*

geëmotioneerd *emotional, moved,* ⟨predikatief⟩ *touched*

geen *none,* ⟨bijvoeglijk gebruikt⟩ *no,* ⟨zelfstandig gebruikt⟩ *not one* ★ geen van beiden *neither of them* ★ geen van allen *none of them*

geëngageerd *committed*

geenszins *by no means, not at all*

geest ● (vermogen om te denken, voelen, willen) *spirit,* ⟨tegenwoordigheid van⟩ ~ *presence of mind* ⟨groot denker⟩ ★ hij is een grote ~ *a great mind; a master spirit* ● (onstoffelijk wezen) *spirit, ghost* ★ boze ~en *evil spirits* ★ de Heilige Geest *the Holy Ghost/ Spirit* ★ je ziet er uit als een ~ *you look like a ghost* ● (denkwijze, sfeer) *spirit* ★ de ~ van de tijd *the spirit of the times* ★ (er heerst) een prettige ~ *a pleasant tone/atmosphere* ★ geheel in de ~ van ... *quite in the spirit of...* ★ (hij sprak) in dezelfde ~ *in the same vein/strain* ★ naar de ~ *in spirit* ★ als hij de ~ krijgt *when he is inspired* ● (vluchtige stof) ★ ~ van zout *spirits of salt* ★ de ~ geven *expire* ▼ hoe groter ~, hoe groter beest *the more learned, the less wise*

geestdodend *monotonous* ★ ~ werk *drudgery*

geestdrift *enthusiasm* ★ in ~ raken *get enthusiastic* ★ tot ~ brengen *make enthusiastic*

geestdriftig *enthusiastic*

geestelijk ● (kerkelijk) *clerical* ★ de ~e stand *the clerical order* ● (mentaal) *spiritual, mental* ★ ~e gezondheid *mental health* ● (godsdienstig) *spiritual* ★ ~ leven *spiritual/religious life* ★ ~e bijstand *spiritual assistance*

geestelijke *clergyman* ★ ~ worden *enter the Church*

geestelijkheid *clergy*

geestesgesteldheid ● (wijze van denken) *mentality* ● (stemming) *state of mind*

geesteskind *brainchild*

geestesoog (the) *mind's eye*

geesteswetenschap *arts* [mv], *humanities* [mv]

geestesziek *mentally ill, insane* ★ inrichting voor ~en *mental home*

geestgrond *loam, rich loamy soil*

geestig *witty*

geestigheid ● (het geestig zijn) *wit, humour* ● (geestige opmerking) *witticism*

geestkracht *energy, strength of mind*

geestrijk ● (geestig) *bright, spirited* ● (alcoholrijk) *strong* ★ ~ vocht *spirits/liquor*

geestverruimend *mind-expanding* ★ ~e middelen *psychedelic drugs*

geestverschijning *apparition*

geestverwant I [de] *kindred spirit, sympathizer* **II** [bnw] *kindred, congenial*

geestverwantschap *spiritual relationship/ kinship*

geeuw *yawn*

geeuwen *yawn*

geeuwhonger *ravenous hunger*

gefingeerd *fictitious*

geflatteerd *flattered, flattering*

geforceerd ● (ingespannen) *forced, strained* ● (gekunsteld) *forced* ★ een ~ lachje *a forced smile*

gefortuneerd wealthy, well off
gefrustreerd frustrated
gefundeerd • goed ~ well founded
gegadigde interested party, prospective buyer, (bij sollicitatie) applicant
gegarandeerd I [bnw] guaranteed * ~e kwaliteit guaranteed quality **II** [bijw] without a doubt, definitely, assuredly * ik kom ~ I promise I'll come
gegeven I [het] • (feit, geval) data [ev/mv], datum • (onderwerp) (thema) theme • (wisk.) given * twee ~s en een onbekende two givens and one unknown factor • (techn.) specification(s) **II** [bnw] given * in de ~ omstandigheden in the present circumstances
gegevensbank data base/bank
gegijzelde hostage
gegoed well-to-do
gegroefd * een ~ gelaat lined face
gegrond well founded, just
gehaaid sharp
gehaast hurried, hastened * ~ zijn be in a hurry
gehaat hated
gehakt minced meat, (inf.) mince
gehaktbal meat ball
gehaktmolen (meat) mincer, (AE) meat grinder
gehalte • (hoeveelheid) percentage, (v. alcohol) degrees proof, (v. erts) grade, (v. goud) carat • (hoedanigheid) quality, standard
gehandicapt handicapped * de ~en the disabled
gehandicapte handicapped person
gehannes fumbling, clumsiness
gehard tough, hardened, (v. staal) tempered, (v. troepen) seasoned * ~ tegen pijn inured to pain
geharrewar bickering(s), squabble(s)
gehavend damaged, battered
gehecht attached to
geheel I [het] whole * over het ~ on the whole * in 't ~ niet verbaasd not at all surprised * iets in zijn ~ beschouwen consider s.th. in its entirety as a whole * 't werk als ~ the work as a whole **II** [bnw] whole, entire * met ~ mijn hart with all my heart **III** [bijw] * ~ en al altogether, entirely * ~ de uwe yours faithfully/sincerely; (AE) yours truly
geheelonthouder teetotaller
geheelonthouding teetotalism
geheid sure, certain * dat gaat ~ fout that is bound to go wrong * dat gebeurt ~ that is a (dead) cert
geheim I [het] secret * een ~ bewaren keep a secret * in 't ~ secretly **II** [bnw] secret, clandestine, (wetenschap) occult * ~e politie secret police * ~e Raad Privy Council
geheimhouden keep (a) secret
geheimhouding secrecy * iem. ~ opleggen enjoin secrecy upon s.o.
geheimschrift cipher
geheimtaal secret/private language
geheimzinnig mysterious * ~ doend secretive
geheimzinnigheid mysteriousness
gehemelte palate, roof of the mouth * een gespleten ~ a cleft palate
geheugen memory * in het ~ houden remember; bear in mind * het ligt mij nog vers in het ~ it is still fresh in my memory * als mijn ~ mij niet bedriegt if my memory serves me right
geheugensteuntje reminder * een ~ geven prompt
geheugenverlies loss of memory
gehoor • (het horen) hearing * ten gehore brengen sing; (een muziekstuk) play; (een hoorspel) present * een muzikaal ~ hebben

have an ear for music * op 't ~ from hearing * op 't ~ spelen play by ear • (geluid) sound • (zintuig) ear • (aandacht) * ~ geven aan (bevel) obey; (oproep) respond to; (uitnodiging) accept; (verzoek) comply with; (advies) act upon * geen ~ krijgen get no answer * ~ vinden find a hearing * het vond geen ~ it met with no response • (toehoorders) audience * onder zijn ~ among his audience
gehoorapparaat hearing aid
gehoorbeentje (auditory) ossicle
gehoorgestoord hard of hearing, hearing impaired
gehoorsafstand * op ~ within earshot
gehoorzaal auditorium
gehoorzaam obedient
gehoorzaamheid obedience
gehoorzamen obey
gehorig noisy
gehouden obliged to, bound to
gehucht hamlet
gehumeurd * goed/slecht ~ good-/ill-tempered
gehuwd married * ~en married people
geigerteller Geiger counter
geijkt (gebruikelijk) * ~e uitdrukking set phrase • (voorzien van ijkmerk) * ~e maten legally stamped measures
geil lascivious
geilen lust after, be hot for
geïllustreerd illustrated
gein • (lol) fun, humour • (grapje) joke
geinig I [bnw] funny, cute * een ~ dingetje a cute thing **II** [bijw] * dat hebben ze ~ gedaan, zeg! they did that neatly!
geinponem stupid fool
geïnteresseerd interested
geintje joke, prank * geen ~s! no tricks!; don't joke around! * wel van een ~ houden be (always) in for a lark; be a joker * ~! just kidding/joking!
geiser • (toestel) geyser, (gas) water heater • (warme bron) geyser, hot spring
geisha geisha
geit (she)goat ▾ vooruit met de geit! get on with it!
geitenbok billy goat
geitenkaas goat's cheese
gejaagd agitated
gejuich cheers
gek I [de] • (krankzinnige) madman, lunatic * rennen als een gek run like mad • (dwaas) fool ▾ de gekken krijgen de kaart fortune favours fools ▾ gekken en dwazen schrijven hun namen op deuren en glazen fool's names, like their faces, appear in all places ▾ voor de gek houden make a fool of; kid **II** [bnw] • (krankzinnig) mad, crazy * gek worden go mad * gek maken drive mad * je wordt er gek van it is maddening • (vreemd) funny, strange, queer ▾ 't gekke is the funny part of it is • (dwaas) silly, foolish * hij is niet zo gek als hij er uitziet he is not such a fool as he looks • (~ op) mad on, crazy about **III** [bijw] * gek doen act silly * het moet al gek gaan als ... I'd be surprised if ... * lang niet gek gedaan not bad at all
gekant * tegen iets ~ zijn be opposed to s.th.
gekheid • (dwaasheid) folly, (tom)foolery • (grapje) joke * uit ~ for fun * och wat! ~! nonsense! * ~ uithalen play pranks * haal nou geen ~ uit don't do anything foolish * geen ~ verstaan stand no nonsense ▾ alle ~ op een stokje joking apart ▾ zonder ~ no kidding; seriously
gekkenhuis madhouse
gekkenwerk madness, folly

G

gekleed ● (met kleren aan) dressed ● (keurig) formal, smart, (inf.) dressy ∗ het staat ~ it is dressy

geklets twaddle ∗ hou op met dat ~ cut out the cackle

gekleurd ● (met bepaalde kleur) coloured ∗ ~ glas stained glass ● (niet neutraal) coloured ∗ een ~ verslag a biassed report ▼ er ~ op staan have egg on one's face

geknipt ∗ ~ voor cut out for ∗ dat is ~ voor mij that is the very thing I want

geknoei ● (gepruts) bungling ● (bedrog) fraud, tampering (with), (met voedsel) adulteration ● (het gemors) messing

gekonkel intrigue

gekostumeerd ∗ ~ bal fancy dress ball ∗ ~e optocht pageant

gekruid ● (pikant) hot, racy ● (met kruiden) spicy, hot ∗ een (flink) ~ gerecht a (highly) seasoned dish

gekscheren jest, joke ∗ ~ met poke fun at ∗ niet met zich laten ~ stand no nonsense from anyone

gekte lunacy, insanity

gekunsteld artificial, (bij spreken) affected, (in schrijfstijl) laboured

gekwalificeerd ● (gerechtigd) qualified, authorised ∗ een ~ advocaat a qualified lawyer ● (bekwaam) qualified, skilled

gel gel, jelly

gelaagd layered, laminated ∗ ~ hout plywood; bonded/laminated wood ∗ ~ glas safety glass; laminated glass

gelaarsd booted ▼ de ~e kat Puss in Boots

gelaat countenance, face

gelaatskleur complexion ∗ met een donkere/ lichte ~ of a dark/fair complexion

gelaatstrekken features, (form.) lineaments ∗ scherpe/zachte ~ chiselled/soft features

gelach laughter

geladen explosive, tense

gelag ∗ het ~ betalen (fig.) pay the piper; foot the bill ▼ het is een hard ~ voor hem it is hard lines on him

gelagkamer tap-room, bar (room)

gelang ∗ naar ~ van according to ∗ je wordt wijzer naar ~ je ouder wordt (grow wiser) as (you grow older)

gelasten order

gelaten resigned

gelatenheid resignation

gelatine gelatin(e)

gelazer load of trouble

geld money, (inf.) dough ∗ te gelde maken realize ∗ ~ is met geen geld te betalen it's priceless/ invaluable ∗ geld maakt niet gelukkig money cannot buy happiness ∗ daar is geld mee te verdienen there is money in it ∗ alles draait om geld money makes the world go (a)round ∗ je geld of je leven! stand and deliver!; your money or your life! ∗ voor geen geld van de wereld not for the world ▼ hij zwemt in het geld he's rolling in money ▼ geld als water verdienen make big money ▼ het geld groeit me niet op de rug I am not made of money ▼ het geld over de balk smijten throw one's money around/away; spend money like water ▼ voor geen geld of goede woorden te krijgen not to be had for love or money ▼ het geld dat stom is, maakt recht wat krom is money works wonders

geldautomaat cash dispenser, (AE) automatic teller machine

geldbelegging investment

geldboete (monetary) fine

geldcirculatie circulation (of money)

geldelijk financial, monetary ∗ ~ voordeel pecuniary advantage

gelden ● (van kracht zijn) be in force, apply ∗ zich doen ~ assert o.s. ∗ dat geldt niet that does not count ∗ rechten doen/laten ~ assert rights ∗ de algemeen ~de opinie the prevailing opinion ● (aangaan) concern ∗ voor wie ~ deze woorden? whom are these words meant for? ∗ voor wie geldt deze regel? to whom does this rule apply? ● (beschouwd worden als) count ∗ dit geldt als... this is considered as/to be...

geldgebrek lack of money

geldig valid, (v. wet) in force ∗ ~ voor de dag van afgifte valid on the day of issue

geldigheid validity

geldigheidsduur duration of validity/availability

geldingsdrang assertiveness

geldkoers (rentestand) interest rate ● (wisselkoers) exchange rate

geldkraan ∗ de ~ dichtdraaien cut off/stop the flow of money/funds

geldmarkt money market

geldmiddelen ● (financiële situatie) finances ● (inkomsten) (financial) means

geldnood financial problems/straits ∗ in ~ zitten be pressed for money; be hard up

geldomloop circulation of money

geldontwaarding (monetary) depreciation, inflation

geldschieter moneylender, financier, (v. programma, manifestatie) sponsor

geldsom sum of money

geldsoort type of money/currency

geldstuk coin

geldverkeer monetary transactions/dealings

geldverspilling waste of money

geldwezen finance

geldwolf money-grubber

geldzorgen money troubles, financial worries

geldzucht avarice, greed for money

geleden ago, (vanuit 't verleden gerekend) before ∗ lang ~ long ago ∗ kort ~ a short time ago ∗ heel kort ~ quite recently

gelederen ranks ∗ de ~ versterken swell the ranks ∗ in gesloten ~ in serried ranks/in close order

geleding ● (deel) section ● (verbindingsplaats) joint

geleed jointed, (bio.) segmental, (v. kust) indented

geleedpotig arthropodal, arthropodous

geleerd scholarly, learned ∗ de ~e wereld the scientific world; the world of scholarship

geleerde (alfawetenschap) scholar, (betawetenschap) scientist

geleerdheid scholarship, erudition

gelegen ● (liggend) situated ∗ hoe zijn de zaken ~? how do matters stand? ∗ 't is zo ~ it's like this ● (geschikt) convenient ∗ te ~er tijd in due time ∗ het kwam me niet erg ~ it did not suit me; it was not very convenient ▼ er is mij veel aan ~ it matters a great deal to me ▼ hij liet er zich niets aan ~ liggen he cared nothing for it

gelegenheid ● (eet/slaapgelegenheid) place, café, restaurant ● (gunstige toestand) opportunity ∗ de ~ aangrijpen seize/take the opportunity ∗ bij ~ on occasion; occasionally ∗ per eerste ~ by first steamer/train ∗ als de ~ zich voordoet when the occasion arises/presents itself ∗ in de ~ stellen enable ∗ in de ~ zijn te be in a position to ● (gebeurtenis) occasion ∗ voor de ~ for the occasion ▼ op eigen ~ (doen) do (s.th.) off one's own bat; (reizen) on one's own; (zaken doen) on one's own account ▾ de ~ maakt de dief *opportunity makes the thief* ▾ een zekere ~ *the convenience*

gelegenheidskleding *formal dress, special dress*

gelei *jelly*

geleide ● (het vergezellen) *attendance*, ⟨mil.⟩ *escort*, ⟨scheepv.⟩ *convoy* ∗ ten ~ *introduction; preface* ● (personen) *guard* ∗ onder ~ *under escort* ∗ kinderen zonder ~ *unaccompanied children* ∗ ten ~ *introduction; preface*

geleidehond *guide-dog*

geleidelijk *gradual, progressive* ∗ aan *little by little*

geleidelijkheid ∗ langs lijnen van ~ *gradually; step by step*

geleiden ● (begeleiden) *guide, lead, escort* ● ⟨nat.⟩ *conduct*

geleider ● (begeleider) *guide* ● ⟨nat.⟩ *conductor*

geleiding *conduction* ● (het geleiden) *conduction*

geletterd *lettered*

geleuter ● ⟨onzin⟩ *twaddle, rot* ● ⟨geklets⟩ *drivel, waffle*

gelid ● (gewricht) *joint* ● (rij) *rank* ∗ de gelederen sluiten *close* (the) *ranks* ∗ in het ~ staan *be lined up* ∗ achterste ~ *rear rank* ∗ voorste ~ *van(guard)* ∗ in de voorste gelederen staan *be in the front ranks* ∗ in de voorste gelederen blijven ⟨fig.⟩ *stay in the lead*

geliefd ● (bemind) *beloved, dear* ● (favoriet) ∗ ~ onderwerp *favourite subject*

geliefde *sweetheart*, ⟨man ook:⟩ *lover*

geliefkoosd *favourite, pet*

gelieven *please* ∗ gelieve mij te berichten *please inform me*

gelig *yellowish*

gelijk I [het] *right* ∗ ~ hebben *be right* ∗ hij geeft mij ~ *he agrees with me; he thinks I am right* ∗ hij wil altijd ~ hebben *he always wants to be right* ∗ je hebt groot ~ *you are quite right* ∗ daar heb je ~ aan *I'm with you there* ∗ ~ heb je! *quite right too!* ∗ ~ krijgen *be put in the right; carry one's point* ∗ de feiten stellen je in 't ~ *the facts prove you (to be) right* **II** [bnw] ● (hetzelfde) *same, equal*, ⟨alleen pred.⟩ *alike*, ⟨gelijkend⟩ *similar*, ⟨op gelijk niveau⟩ *equal, (precies gelijk) identical* ∗ het is mij ~ *it is all the same to me* ∗ van ~ leeftijd *of the same age* ∗ één-één ~ *one all* ∗ alle mensen zijn ~ *all men are equal* ∗ zichzelf ~ blijven *be consistent* ∗ in ~e mate *to the same extent* ∗ met ~e wapenen tegemoet treden *meet s.o. on equal terms* ∗ op ~e wijze *in the same way* ● (vlak) *level, smooth* **III** [bijw] ∗ ~ op delen *(share and) share alike* ∗ ~ handelen *act alike*

gelijke *peer, equal* ∗ zijn ~n *his equals* ∗ hij heeft zijns ~ niet *he is without a peer*

gelijkelijk *equally*

gelijken ∗ ~ (op) *resemble; look like* ∗ een goed ~d portret *a good likeness*

gelijkenis ● (overeenkomst) *resemblance, likeness* ● (parabel) *parable*

gelijkgerechtigd *equal, having equal rights*

gelijkgericht *the same, common, like*

gelijkgestemd *like-minded, congenial* ∗ ~ zijn *be of the same mind*

gelijkgezind *of the same mind, like-minded*

gelijkheid *equality*

gelijklopen *run parallel* (to), ⟨v. klok⟩ *keep time*

gelijkluidend ● (hetzelfde klinkend) ⟨taalk.⟩ *homophonous*, ⟨muz.⟩ *unisonous* ● (eensluidend) *identical, similar* ∗ voor ~ afschrift *true copy* ∗ in ~e bewoordingen *with identical wording*

gelijkmaken ● (op één hoogte brengen) *equalize* ∗ ~ aan *bring into line with* ● (effenen van de grond) *level* ● (sport) *equalize*

gelijkmaker *equalizer*

gelijkmatig ⟨v. klimaat⟩ *equable*, ⟨v. stem⟩ *even* ∗ een ~ karakter *a steady character*

gelijkmoedig *even-tempered*

gelijknamig *of the same name*

gelijkschakelen ● (op dezelfde wijze behandelen) *standardize*, ⟨v. groepen⟩ *regard/treat as equals* ∗ mannen en vrouwen ~ *give equal opportunity to men and women* ● (techn.) *connect to the same circuit*

gelijksoortig *similar*

gelijkspel *draw, tie* ∗ 1-1 ~ *one-all draw*

gelijkspelen *draw*

gelijkstaan ● (overeenkomen met) *be equal* ∗ dat staat gelijk met een beschuldiging *that is tantamount to an accusation* ● (evenveel punten hebben) *be level* (with)

gelijkstellen *put on a par* (with), ⟨m.b.t. kwaliteit⟩ *compare* (with), ⟨v. rechten⟩ *give equal rights*

gelijkstroom *direct current*

gelijktijdig *simultaneous*

gelijktrekken ● (recht trekken) *straighten* ● (op gelijk niveau brengen) *level* (up), *equalize* ∗ salarissen ~ *even up salaries*

gelijkvloers *on the ground floor*, ⟨AE⟩ *on the first floor*

gelijkvormig *identical/similar* (in shape/form) ∗ ~e driehoeken *similar triangles*

gelijkwaardig *equal* (to), *equivalent* (to)

gelijkzetten *set* (watch), *synchronize* ∗ zijn horloge ~ met de radio *set one's watch by the radio*

gelijkzijdig *equilateral*

gelinieerd *ruled*

geloei ● (geluid van runderen) ⟨stier⟩ *bellowing*, ⟨v. koe⟩ *mooing, lowing* ⟨gierend, huilend geluid⟩ ⟨v. sirene⟩ *wailing*, ⟨v. storm⟩ *roaring, howling*, ⟨v. vuur⟩ *roaring*

gelofte *vow* ∗ een ~ doen *make a vow*

geloof ● (godsdienst) *religion* ● (overtuiging) *belief, conviction* ● ⟨vertrouwen⟩ *belief, faith* ∗ ~ hechten aan *give credence to* ∗ iem. ~ schenken *believe s.o.* ∗ ~ stellen in *put faith in* ∗ geen ~ verdienen *deserve no credit* ∗ ~ vinden *find credence* ∗ ~ kan bergen verzetten *faith can move mountains* ∗ iets op goed ~ aannemen *take s.th. on trust; take s.th. in good faith*

geloofsartikel *article of faith*

geloofsbelijdenis ● (verklaring) *profession of faith* ● (artikelen) *creed*

geloofsbrief *credentials*, ⟨v. gezant⟩ *Letter of Credence* ∗ zijn geloofsbrieven aanbieden *offer one's credentials*

geloofsgenoot *fellow believer, co-religionist*

geloofsleer *religious doctrine*

geloofsovertuiging *religious conviction*

geloofsvrijheid *religious liberty*

geloofwaardig ⟨v. persoon⟩ *reliable*, ⟨v. verhaal⟩ *credible*

geloven I [ov ww] ● (vertrouwen) ∗ geloof dat maar *take it from me* ∗ dat geloof ik graag! *I dare say!* ∗ je kunt me ~ of niet *believe it or not* ∗ 't is niet te ~! *it's incredible!; it's unbelievable!* ● (menen, aannemen) *think, believe* ∗ hij gelooft het wel *he does not bother; he takes it all for granted* **II** [on ww] ● (gelovig zijn) *believe* ● (~ in) *believe in, have faith in* ∗ hij gelooft er niet meer in *he doesn't believe in it* ∗ in God ~

G

believe in god ▾ hij zal eraan moeten ~ ‹iets moeten doen› he'll have to face up to it; ‹moeten sterven› his number is up

gelovig religious

geluid sound

geluiddemper ‹piano› damper, ‹v. muziek› mute, ‹v. vuurwapen, motor› silencer

geluiddicht soundproof

geluidloos soundless, without sound

geluidsbarrière sound barrier

geluidseffect sound effect

geluidsfilm sound film

geluidsgolf sound wave

geluidsinstallatie audio/sound system

geluidsoverlast noise pollution/nuisance

geluidssnelheid speed of sound

geluidswagen sound van

geluidswal noise barrier

geluimd ★ goed ~ good-humoured ★ slecht ~ bad-tempered

geluk ‹aangename toestand› happiness, bliss ● ‹gunstig toeval, omstandigheid› luck ★ ~ ermee I wish you joy ‹of it› ★ op goed ~ at random ★ ~ hebben be in luck ★ wat een ~! what a piece of luck! ★ wat een ~ dat... what a mercy... ★ bij/ per ~ by chance; as luck would have it ★ 't was stom ~ it was a mere fluke ★ dat is meer ~ dan wijsheid it is more by luck than judgement ★ 't was een ~ voor je it was lucky for you ★ je mag nog van ~ spreken you may count yourself lucky ● ‹fortuin› fortune ▾ het ~ is met de dommen ignorance is bliss

gelukkig I ‹bnw› ● ‹gunstig› happy ★ ~ maar! a good thing too! ● door een ~ toeval by a lucky chance/coincidence ● ‹fortuinlijk› lucky, fortunate ● ‹voorspoedig› een ~ kerstfeest/nieuwjaar a happy Christmas/New Year ● ‹tevreden› happy ★ zich ~ prijzen consider o.s. fortunate ★ volmaakt ~ perfectly happy **II** ‹bijw› ★ ~! thank goodness! ★ we kwamen ~ net op tijd fortunately we were just in time

geluksgevoel sense of happiness, elation

gelukstelegram telegram of congratulation

geluksstreffer lucky shot, chance hit

geluksvogel lucky dog

gelukwens congratulation

gelukwensen congratulate ‹on›

gelukzalig blessed

gelukzoeker adventurer

gelul bull(shit), balls

gemaakt ● ‹geveinsd› artificial, pretended ● ‹gekunsteld› affected, pretentious

gemaal I ‹de› consort ★ de prins ~ the prince consort **II** ‹het› pumping-engine/station

gemachtigde deputy, ‹v. postwissel, e.d.› endorsee

gemak ‹kalmte› ease ★ op zijn ~ zijn be at one's ease ★ iem. op zijn ~ stellen set s.o. at ease ★ hou je ~! keep quiet! ★ zijn ~ nemen take one's ease; take things easy ★ doe het op je ~ take your time ★ op zijn ~ gesteld zijn be easy-going ● ‹gerief› comfort, convenience ★ van moderne ~ken voorzien fitted with modern conveniences ★ voor 't ~ for the sake of convenience ● ‹gemakkelijkheid› ease ★ met ~ easily

gemakkelijk ● ‹onbezorgd› easy ★ ~ uitgevallen zijn be easy-going ● ‹niet moeilijk› easy ★ 't ~ hebben have an easy time of it ★ ~ verdiend geld easy money ● ‹geriefelijk› comfortable ★ 't zich ~ maken make o.s. comfortable ★ ~ zitten ‹v. kleding› fit easily; ‹v. persoon› be comfortable

gemakshalve for convenience('s sake)

gemakzucht indolence, laziness

---

gemakzuchtig indolent, lazy

gemalin consort

gemanierd ● ‹zich correct gedragend› well-mannered, well-behaved ● ‹geaffecteerd› affected, mannered

gemankeerd failed, unsuccessful

gemaskerd masked ★ ~ bal masked ball

gematigd ‹v. eisen e.d.› moderate, ‹v. luchtstreken› temperate

gember ginger

gemeen I ‹bnw› ● ‹slecht› vile, bad ★ ~ weer vile weather ★ gemene wond nasty wound ★ het is ~ koud it is beastly cold ● ‹gewoon› ★ ~ soldaat private ‹soldier› ● ‹laag, vals› low, mean, ‹v. aard› wicked, ‹v. taalgebruik› filthy ★ ~ spel foul play ● ‹gemeenschappelijk› common ★ iets ~ hebben met have s.th. in common with ★ ‹grootste› gemene deler ‹greatest› common divisor/ denominator ★ ‹kleinste› gemene veelvoud ‹least› common multiple ★ de gemene zaak the public cause **II** ‹bijw› ★ ‹zeer› awfully, terribly ● ‹laag, vals› meanly, beastly ★ hij gedroeg zich ~ he acted beastly

gemeend sincere ★ zijn woorden klonken ~ his words sounded sincere

gemeengoed common property

gemeenplaats commonplace, platitude

gemeenschap ● ‹groep, maatschappij› community ★ ten koste van de ~ at public expense ● ‹het gemeenschappelijk hebben› ★ buiten ~ van goederen ‹marry› under the separate estate arrangement ★ in ~ van goederen trouwen marry on equal terms ● ‹omgang› ‹vero., vnl. seksueel› intercourse ★ in ~ staan met be in communication/in touch with

gemeenschappelijk I ‹bnw› ● ‹van meer dan 1 persoon› common ★ ~ eigendom common property ★ ~e keuken communal kitchen ● ‹gezamenlijk› joint ★ ~e actie joint action ★ ~e rekening joint account ★ ~ gezang community singing **II** ‹bijw› jointly, together

gemeenschapszin public spirit

gemeente ● ‹bestuurlijke eenheid› municipality ★ de ~ Utrecht the city of Utrecht ● ‹gelovigen› parish, ‹kerkgangers› congregation

gemeenteambtenaar municipal official

gemeentebedrijf municipal enterprise, council-owned business

gemeentebestuur municipality, corporation

gemeentehuis town hall

gemeentelijk municipal

gemeentepils Adam's ale

gemeenteraad local council

gemeentereiniging municipal cleansing department

gemeentesecretaris ≈ town clerk

gemeenteverordening by(e)-law

gemeentewerken municipal works ★ directeur der ~ municipal surveyor

gemeenzaam ● ‹vertrouwelijk› familiar, intimate ● ‹gewoon› familiar, ordinary, ‹v. taal› colloquial

gemêleerd mixed, blended ★ een ~ gezelschap a mixed bunch; a motley crowd

gemelijk peevish, sullen

gemenebest commonwealth ★ het Britse Gemenebest the (British) Commonwealth (of Nations)

gemenerik meany, nasty piece of work

gemengd mixed ★ ~e baden mixed bathing ★ ~e berichten/nieuws miscellaneous news ★ ~ koor mixed choir ★ ~e lading general cargo ★ ~e

verzekering *endowment insurance*
gemiddeld I [bnw] *average* **II** [bijw] *on an average* ∗ 't komt ~ op twee uur per dag it *averages two hours a day*
gemiddelde *average* ∗ 't ~ bepalen/nemen van *strike/take the average of*
gemier *fiddling, muddling*
gemis *lack, want* ∗ een groot ~ *a great loss*
gemoed *mind, heart* ∗ zijn ~ luchten *vent one's feelings; pour out one's heart* ∗ de ~eren waren opgewonden *feelings were running high* ∗ zich in ~e afvragen *ask o.s. in all conscience/honesty*
gemoedelijk *kind, kind-hearted, genial,* ‹v. sfeer› *cosy* ∗ ~ gesprek *informal conversation*
gemoedsaandoening *emotion*
gemoedsrust *tranquillity, peace of mind*
gemoedstoestand *state of mind*
gemoeid ∗ er zijn grote sommen mee ~ *it involves large sums* ∗ zijn leven was ermee ~ *his life was at stake/depended on it*
gemotoriseerd *motorised*
gems *chamois*
gemunt *coined* ▼ ~ op *aimed at* ∗ hij had het op haar geld ~ *he was after her money* ▼ waarom heb je 't altijd op mij ~? *why do you always pick on me?* ∗ dat was op jou ~ *that was aimed at you*
gemutst ∗ goed/slecht ~ *in a good/bad temper*
gen *gene*
genaamd *called, named*
genade ● (barmhartigheid) *mercy,* ‹gerechtelijk› *pardon,* ‹godsdienst› *grace* ∗ ~ voor recht laten gelden *temper justice with mercy* ∗ zich overgeven op ~ of on~ *surrender at discretion* ∗ de vijand gaf geen ~ *the enemy gave no quarter* ● (gave, gunst) *favour* ∗ in ~ aannemen *restore to favour* ● (vergiffenis) ∗ overgeleverd zijn aan de ~ van *be at the mercy of* ∗ door Gods ~ *by the grace of God* ∗ iem. ~ schenken *pardon a person* ▼ goeie ~! *good gracious!*
genadebrood *bread of charity*
genadeloos *merciless, pitiless*
genadeslag *finishing stroke, deathblow* ∗ dat gaf hem de ~ *that finished him off; that was the nail in his coffin*
genadig ● (neerbuigend) *gracious, condescending* ● (vol genade) *merciful* ∗ er ~ afkomen *get off lightly*
gênant *embarrassing, awkward*
gendarme *gendarme*
gene *that* ∗ aan gene zijde van *beyond; across* ∗ deze of gene *somebody or other* ∗ deze...gene *the former... the latter*
gêne *embarassment, discomfiture, awkwardness* ∗ sans gêne *sans gene; unashamed; without embarassment*
genealogie ● (stamboom) *genealogy* ● (leer) *Genealogy*
geneesheer *physician, medical practitioner*
geneesheer-directeur *medical superintendent*
geneeskrachtig *healing* ∗ ~e kruiden *medicinal herbs*
geneeskunde *medical science, medicine*
geneeskundig *medical* ∗ ~e dienst *public health service/department* ∗ arts van de ~e dienst *medical officer of health*
geneesmiddel *remedy, medicine*
geneeswijze *cure, treatment*
genegen ● (geneigd) *inclined, willing* ● (goedgezind) ∗ iem. ~ zijn *have a certain affection for s.o.*
genegenheid ● (goedgezindheid) *affection* ● (zin, lust) *inclination*

geneigd *inclined (to),* ‹tot kwaad› *prone (to)*
geneigdheid *inclination, disposition*
generaal I [de] *general* **II** [bnw] *general* ∗ generale repetitie *dress rehearsal*
generalisatie *generalization*
generaliseren *generalize*
generatie *generation*
generatiekloof *generation gap*
generator *generator*
generen ▼ zich ~ *feel embarrassed* ∗ geneer je niet *don't be shy* ∗ zich niet ~ te... *not hesitate to...*
genereren *generate*
genereus *generous, magnanimous*
generiek *generic*
generlei *no ... whatever/whatsoever*
genetica *genetics*
genetisch *genetic*
geneugte *pleasure, delight*
genezen I [ov ww] ● (beter maken) *cure (s.o.),* ‹wond› *heal* **II** [on ww] ● (beter worden) *recover (from),* ‹v. wond› *heal*
genezing *cure, recovery,* ‹verwonding› *healing*
geniaal ∗ ~ man *man of genius* ∗ iets ~s *a touch of genius* ∗ een ~ idee *a brilliant idea*
genialiteit *genius*
genie I [de] *the Engineers* **II** [het] ● (persoon) *genius* [mv: geniuses] ● (begaafdheid) *genius, brilliance*
geniep ∗ in 't ~ *on the sly*
geniepig I [bnw] ● (gemeen) *sneaky, sly* ● (in het geniep) *sly, secretive* **II** [bijw] *on the sly*
genieten I [ov ww] ● (ontvangen) ‹inkomen, gezondheid› *enjoy,* ‹opleiding ook› *receive* ∗ een hoog inkomen ~ *enjoy a high salary* ● (plezierig in de omgang zijn) ∗ zij is vandaag niet te ~ *she is in a bad mood today* **II** [on ww] ● (vreugde beleven) *enjoy o.s.* ∗ ~ van *enjoy*
genitaliën *genitals*
genocide *genocide*
genodigde *guest*
genoeg I [onb vnw] *enough* ∗ eten tot men ~ heeft *eat one's fill* ∗ ik heb er ~ van *I've had enough; I've had my fill of it;* ‹fig.› *I am fed up with it* ∗ daar krijg ik nooit ~ van *I can never get/have enough of it* ∗ daar heb ik voorlopig wel ~ aan *that'll keep me going for the time being* ∗ ik heb er schoon ~ van *I'm fed up to the back teeth with it* **II** [bijw] *enough* ∗ ben ik duidelijk ~ *have I made myself clear* **III** [telw] *enough, sufficient*
genoegdoening *satisfaction*
genoegen ● (voldoening) *satisfaction* ∗ ~ nemen met *be content with; settle for* ∗ naar ~ *satisfactory* ∗ naar ieders ~ *to the satisfaction of everyone* ● (plezier) *pleasure, joy* ∗ iem. een ~ doen *do s.o. a favour* ∗ geen onverdeeld ~ *a mixed blessing* ∗ ~ scheppen in *take (a) pleasure in* ∗ ~ doen *give pleasure* ∗ 't doet mij ~ te horen *I am glad/pleased to hear* ∗ het zal me een waar ~ zijn *I shall be only too glad* ∗ met ~ *with pleasure* ∗ tot ~! *pleased to have met you!*
genoeglijk *pleasant*
genoegzaam *sufficient*
genootschap *society*
genot ● (het genieten) *enjoyment* ● (genoegen) *pleasure, delight, enjoyment* ∗ ~ scheppen in *delight in* ∗ het is een ~ voor het oog *it's a sight for sore eyes* ∗ in 't volle ~ van zijn geestvermogens *in full possession of his faculties* ● (vruchtgebruik) *use*
genotmiddel *luxury, stimulant*
genotzucht *love of pleasure, hedonism*

G

genotzuchtig pleasure-loving, hedonistic
genre genre, style ∗ niet mijn ~ not my style
genrestuk genre painting
gentleman gentleman ∗ hij is een echte ~ he is a real gentleman
gentlemen's agreement gentlemen's agreement
genuanceerd differentiating, subtle, shaded, ⟨afgewogen⟩ balanced, ⟨met verschillen⟩ variegated ∗ ~ ⟨over iets⟩ denken keep an open mind about s.th.; see the pros and cons of s.th.
genus ∗ ⟨bio.⟩ genus ∗ ⟨taalk.⟩ gender
geoefend practised, trained
geograaf geographer
geografie geography
geografisch geographic(al)
geologie geology
geologisch geological
geoloog geologist
geometrie geometry
geoorloofd permissible, allowed ∗ ~e middelen lawful means
georganiseerd organised
Georgië Georgia
geoutilleerd equipped ∗ goed/volledig ~ well/fully equipped
gepaard by twos, in pairs ∗ 't gaat ~ met it involves; it is attended with/by ∗ de daarmee ~ gaande kosten the cost involved
gepakt ∗ ~ en gezakt all packed and ready (to go); with bag and baggage
gepassioneerd impassioned, passionate
gepast ● ⟨fatsoenlijk⟩ proper, becoming ● ⟨afgepast⟩ exact ∗ met ~ geld betalen pay the exact money
gepeins meditation, reverie ∗ in ~ verzonken lost in thought
gepeperd peppery, ⟨v. rekening⟩ steep
gepeupel mob, populace
gepikeerd piqued, sore (at)
geploeter ● ⟨geplas, gespetter⟩ splashing ● ⟨gezwoeg⟩ drudgery, toil(ing)
geporteerd be in favour of s.o./s.th., be taken with s.o./s.th. ∗ ik ben niet erg ~ van dat idee I'm not much in favour of that idea
geprikkeld irritable, irritated ∗ ⟨inf.⟩ ~ zijn be prickly
geprononceerd pronounced
geproportioneerd proportioned
geraakt ● ⟨gepikeerd⟩ offended, nettled ● ⟨ontroerd⟩ moved
geraamte ● ⟨skelet⟩ skeleton ● ⟨constructie⟩ carcass, frame, ⟨v. schip, huis⟩ shell
geraas din, noise
geradbraakt shaken up, exhausted, dead-beat ∗ zij was ~ na de lange reis she was exhausted after the long journey
geraden advisable ∗ het is hem ~ he'd better
geraffineerd ● ⟨gezuiverd⟩ refined ● ⟨verfijnd⟩ refined ● ⟨doortrapt⟩ ∗ ~e schurk thorough-paced villain ∗ ~e leugenaar arrant liar
geraken get ∗ tot zijn doel ~ attain one's end
geranium geranium
gerant manager
gerecht I [het] ⟨eten⟩ ⟨gang v. maaltijd⟩ course, ⟨schotel⟩ dish ● ⟨rechtbank⟩ court(of justice), court of law ∗ voor 't ~ brengen bring s.o. to trial; take s.o. to court ∗ voor 't ~ dagen summon **II** [bnw] just, due
gerechtelijk ∗ iem. ~ vervolgen take legal proceedings against s.o. ∗ ~e dwaling judicial error ∗ ~e geneeskunde forensic medicine

gerechtigd qualified, entitled
gerechtigheid justice
gerechtshof court (of justice) ● ⟨gebouw⟩ court(house) ● ⟨hogere rechtbank⟩ court (of justice)
gerechtvaardigd justified, legitimate ∗ ~ optimisme justifiable optimism
gereed finished, ready ∗ zich ~maken get ready; prepare ∗ ~ staan be ready; stand in readiness; stand ready ∗ ~komen met iets finish s.th.
gereedheid readiness ∗ in ~ brengen put in readiness; get ready
gereedkomen be complete, be finished ∗ op tijd ~ be ready in time
gereedmaken prepare, make ready ∗ ~ voor gebruik make/get ready for use
gereedschap tools, instruments
gereedschapskist tool-box
gereedstaan be ready/prepared to ∗ voor iem. ~ be at s.o.'s disposal ∗ de taxi staat gereed the taxi is waiting
gereformeerd ⟨rel.⟩ Calvinist(ic), ⟨kerk⟩ ⟨Dutch⟩ Reformed
geregeld ● ⟨ordelijk⟩ ∗ een ~ leven leiden lead an orderly life ● ⟨regelmatig⟩ regular
gerei gear, ⟨om te vissen⟩ tackle ∗ keuken~ kitchen utensils
geremd inhibited
gerenommeerd renowned ∗ ~e firma well-established house/business
gereserveerd ● ⟨terughoudend⟩ reserved, reticent ● ⟨besproken⟩ reserved, booked
geriatrie geriatrics
gericht I [het] ∗ het jongste ~ the Last Judgment **II** [bnw] directed/aimed at ∗ ~e vraag specific question
gerief ● ⟨gemak⟩ convenience, comfort ∗ ten gerieve van for the convenience of ● ⟨benodigdheden⟩ gear, things, ⟨voor keuken⟩ utensils
gerieflijk comfortable, convenient
gerieven accommodate, oblige (with)
gering scanty, slight, small ∗ een ~e dunk hebben van have a poor/low opinion of ∗ om het minste of ~ste at the slightest excuse
geringschatten disparage
Germaan Teuton
Germaans I [het] Germanic **II** [bnw] Germanic ∗ ~e talen Germanic languages
germanisme Germanism
geroezemoes hum, buzz
geronnen clotted
geroutineerd experienced, practised
gerst barley
gerstenat ⟨barley⟩ beer
gerucht ● ⟨praatje⟩ rumour, report ∗ 't bij ~e weten have it by/from hearsay ∗ het ~ gaat dat... there is a rumour that... ● ⟨geluid⟩ noise ∗ ~ maken make a noise; cause a stir ∗ hij is voor geen klein ~je vervaard he is not easily frightened
geruchtmakend sensational
geruim considerable ∗ al ~e tijd for some considerable time
geruis noise, ⟨v. japon, boom⟩ rustle
geruisloos ● ⟨onhoorbaar⟩ noiseless, soundless ● ⟨zonder ophef⟩ quiet ∗ het voorstel verdween ~ van tafel the proposal was quietly dropped
geruit checked, chequered
gerust easy, quiet, calm ∗ ~! certainly! ∗ je kunt het ~ nemen you are welcome to it ∗ men kan ~ zeggen dat... one may safely say that... ∗ ik zou 't ~ durven zeggen I should make no bones about saying it ∗ je kunt er ~ op zijn dat... you may rest

assured that...; you may feel confident that...
geruststellen reassure, set (s.o.'s mind) at ease
★ zich ~ reassure o.s. ★ stel je gerust! don't worry
geruststelling reassurance ★ het was een hele ~
it was a great comfort
geschenk gift, present ★ iem. iets ten ~e geven
present s.o. with s.th.; give s.o. s.th. as a present
★ iets ten ~e krijgen get s.th. as a present
geschenkverpakking gift-wrap(ping)
geschieden happen, occur ★ het kwaad is al
geschied the damage has already been done ★ wat
geschied is, is geschied what is done is done
geschiedenis (historie) history ● de oude ~
ancient history ● de nieuwe ~ modern history
● (verhaal) story ★ 't is (weer) die oude ~ it's the
(same) old story (again) ● (gebeurtenis) ★ een
beroerde ~ an unpleasant affair
geschiedkundig historical
geschiedschrijver historian
geschiedvervalsing falsification/rewriting of
history
geschift ● (getikt) nuts, crackers, crazy ★ hij is
helemaal ~ he's crackers ● (uiteengevallen)
curdled
geschikt ● (bruikbaar) fit, suitable ★ dat maakt je
nog niet ~ voor dokter that does not fit you to be
a doctor ★ dit was niet ~ om de zaak beter te
maken this did not tend to improve matters ★ ik
ben niet ~ voor zoiets I am no good at that sort of
thing ★ ~ zijn voor verpleegster make a good
nurse ● (aardig) decent
geschil difference, dispute
geschilpunt point at issue, controversy
geschoold trained, schooled ★ ~e arbeiders skilled
labourers
geschreeuw shouting, cries ▼ veel ~ en weinig
wol much ado about nothing
geschrift (piece of) writing, pamphlet
geschubd scaly
geschut artillery, guns ★ met zwaar ~ with heavy
artillery; (fig.) heavily/well armed
gesel whip, scourge
geselen flog, lash, (met zweep) whip
geseling flogging, whipping
gesetteld settled
gesitueerd situated ★ goed ~ zijn be well situated;
be well-off
gesjochten down and out, on skid row,
(gedupeerd) in for it
geslaagd successful, (bij examen) passed
geslacht ● (sekse) sex, (bio.) genus ★ 't schone ~
the fair sex ● (geslachtsorgaan) genitals, (man)
member, (vrouw) pudendum ● (soort) ★ het
menselijk ~ the human race; mankind ● (familie)
family, race, generation ★ een oud ~ an ancient
family/line ● (taalk.) gender
geslachtelijk sexual
geslachtloos (zonder geslachtelijk kenmerk)
neuter ● (aseksueel) sexless
geslachtsdaad sex(ual) act, (med.) coitus
geslachtsdeel sexual organ, genitals
geslachtsdrift sex(ual) urge/drive
geslachtsgemeenschap sexual intercourse
geslachtshormoon sex hormone
geslachtsorgaan sexual organ
geslachtsrijp sexually mature
geslachtsverkeer sexual intercourse/relations
★ ~ hebben have intercourse; (inf.) have sex
geslachtsziekte venereal disease, V.D.
geslepen sly, cunning
gesloten (dicht) closed, shut, (op slot) locked ★ ~
enveloppe sealed envelope ● (in zichzelf gekeerd)

close, tight-lipped, reticent ★ ~ als het graf as
silent as a grave ● (dicht opeen) ★ ~ gelederen
serried/closed ranks ● (ononderbroken) ★ ~
(televisie)systeem closed circuit
gesluierd ● (nevelig) foggy ● (met sluier) veiled
gesmeerd ● (geolied) greased, (form.) lubricated
● (probleemloos) easy, smoothly ★ het liep ~ it
went without a hitch ▼ als de ~e bliksem like
greased lightning
gesodemieter messing/pissing around
gesoigneerd well turned-out/groomed
gesorteerd ● (ruim voorzien) ★ ruim ~ zijn
have a large stock/assortment ● (diverse soorten)
assorted, sorted
gesp buckle, clasp
gespannen stretched, (v. boog) bent, (v. situatie)
tense, (v. touw) tight, taut ★ met ~ aandacht
with close attention ★ ~ verwachting tense
expectation ★ de verwachtingen zijn hoog ~
there are great expectations ★ ~ verhoudingen
strained relations ★ op ~ voet staan met be at
daggers drawn with
gespeend devoid of, utterly lacking (in) ★ zij was ~
van talent she was lacking all talent
gespen buckle, (met riem) strap
gespierd ● (met sterke spieren) muscular
● (krachtig) vigorous, (v. taal) forceful
gespikkeld speckled
gespitst ● (gebrand) keen ● (plant.) pointed ▼ met
~e oren all ears; ears pricked up
gesprek conversation, talk, (over telefoon) call
★ in ~ (be) in conference; (v. telefoon) number is
engaged ★ een ~ voeren have/hold a conversation
★ 't ~ brengen op turn the conversation on to;
bring the conversation round to
gespreksgroep discussion group
gesprekskosten (telephone) call charges
gesprekspartner discussion/conversation partner
gespreksstof topic/subject of discussion
gespuis rabble, scum, riff-raff
gestaag I [bnw] steady, constant II [bijw] steadily,
continually
gestalte ● (gedaante) shape ★ ~ krijgen take
shape ● (lichaamsbouw) figure, build
gestand ★ zijn woord/belofte ~ doen keep one's
word/promise
geste gesture ★ een aardige ~ a friendly/nice
gesture
gesteente stone ★ 't vaste ~ the solid rock
gestel ● (karakter) temperament ● (samengesteld
geheel) system ● (lichaamsgesteldheid)
constitution
gesteld I [bnw] ● (aangewezen) ★ binnen de ~e
tijd within the time specified/set ● (toestand)
★ hoe is 't ermee ~? how do matters stand? ★ het
is er zó mee ~ dat... the fact is... ★ ~ (~ op) ★ daar
ben ik niet op ~ I want none of that ★ ik ben er
erg op ~ om... I'm very keen on... ★ ik ben erg op
hem ~ I'm very fond of him II [bijw] ★ ~ dat hij
kwam suppose he came
gesteldheid state, condition, constitution ★ ~ van
de bodem composition of the soil
gestemd disposed
gesternte ● (de sterren) stars ● (stand van de
sterren) constellation ▼ onder een gelukkig/
ongelukkig ~ geboren born under a lucky/
unlucky star
gesticht institution, mental home
gesticuleren gesticulate
gestoord ● (met een storing) faulty, defective,
disturbed ● (geestelijk gestoord) mentally
disturbed

G

gestreept striped

gestroomlijnd streamlined

getaand tawny, tanned ∗ een ~ gezicht a tanned face

getal number ∗ in groten ~e in great numbers; in force ∗ ten ~e van to the number of

getalenteerd talented

getalsterkte numerical strength

getand ● (met tanden) toothed, (v. wiel) cogged ● (met insnijdingen) indented, notched

getapt popular (with)

geteisem dregs, scum, riff-raff

getekend ● (misvormd) branded ∗ voor het leven ~ branded for life ● (gegroefd) lined ∗ scherp ~ gezicht sharp featured face ● (een bepaald patroon hebbend) marked ∗ die kat is mooi ~ that cat is beautifully marked/has beautiful markings

getijdenboek book of hours, breviary

getikt crazy, barmy, mad

getimmerte ● (stellage) structure ● (timmerwerk) carpentry work

getint tinted ∗ ~ glas tinted/dark glass

getiteld (m.b.t. boeken, films, etc.) entitled, (personen) titled

getralied barred, latticed

getrapt (raketten e.d.) multi-stage, (verkiezingen) indirect

getroosten put up with ∗ zich veel moeite ~ take great pains ∗ zich opofferingen ~ make sacrifices ∗ zich de moeite ~ om take the trouble to

getrouw ● (nauwkeurig) true, faithful, exact ∗ een ~e beschrijving a true/faithful description ∗ een ~e weergave a faithful reproduction ● (trouw) loyal, faithful, true

getrouwd married, wedded ∗ een pas ~ stel newlywedy; a newly wedded couple ▼ zo zijn we niet ~ that's not in the bargain; it's simply not on

getto ghetto

gettoblaster ghetto blaster

getuige I [de] ● (toeschouwer) witness, (bij huwelijk) best man ∗ ~ zijn van iets witness s.th.; be a witness to s.th. ● (jur.) witness ∗ als ~ voorkomen appear as a witness ∗ iem. tot ~ roepen call/take a person to witness ∗ ~ à charge witness for the prosecution ∗ ~ à decharge witness for the defence **II** [het] ∗ van goede ~n voorzien zijn have good references; with good references

getuigen I [ov ww] ● (verklaren) bear witness (to), testify ∗ je kunt 't ~ you can bear me out (on that) **II** [on ww] ● (blijk geven) ∗ het getuigt van grote moed it is evidence of great courage; it shows great courage ● (getuigenis afleggen) appear as a witness, give evidence ∗ ~ tegen give evidence against ∗ de feiten ~ tegen hem the facts are against him ∗ voor iem. ~ testify in a person's favour

getuigenbank witness box/stand

getuigenis ● (bewijs) evidence ● (getuigenverklaring) testimony, evidence ∗ ~ afleggen van bear evidence to ∗ valse ~ afleggen give false evidence

getuigenverhoor examination of the witnesses

getuigschrift certificate, (v. dienstbode) character, (v. personeel) testimonial ∗ van goede ~en voorzien with excellent references

getweeën the two of us, we two, the two of them

geul ● (gleuf) groove ● (vaargeul) channel ● (gootje) trench, gully ● (watergeul) channel

geur scent, odour, smell ∗ een akelige geur a nasty smell/odour ∗ de geur van sigaren the scent of cigars ▼ in geuren en kleuren vertellen tell a story in great/full detail

geuren ● (ruiken) smell ● (~ met) sport, show off

geurig fragrant

geurstof aromatic substance

geurtje ● (lichte stank) smell ● (reukwater) scent ∗ zij heeft een lekker ~ op she is wearing a nice scent

geus (Sea) Beggar, Protestant

geuzennaam (lit.) sobriquet

gevaar ● (gevaarlijke toestand) peril, danger ∗ ~ lopen be in danger ∗ in ~ brengen endanger ∗ buiten ~ zijn be out of danger; (inf.) be out of the wood ∗ in ~ komen get into danger ∗ met ~ voor zijn leven at the risk of his life ● (risico) risk ∗ zijn positie kwam in ~ his position was jeopardized ∗ ~ lopen om... run the risk of...; be in danger of... ∗ ik wens geen ~ te lopen I want to take no risks ∗ op ~ af... at the risk of...

gevaarlijk risky, dangerous

gevaarte monster, colossus

geval ● (toestand) case ∗ in geen ~ in no case; by no means; on no account ∗ in voorkomende ~len should the case arise ∗ in ~ van nood in case of emergency ∗ in elk ~ in any case; at all events; at any rate ∗ in 't ergste ~ at worst ∗ voor 't ~ dat... in case.. ∗ in het gunstigste ~ at best ● (voorval) case ∗ lastig ~ awkward case ● (toeval) 't ~ wil... it just so happened...; it happens to be the case...

gevangen captive, (in gevangenis) imprisoned ∗ zich ~ geven surrender; give o.s. up

gevangenbewaarder (prison) warden/officer, (vero.) jailer

gevangene captive, (in gevangenis) prisoner

gevangenis prison, (inf.) jail ∗ de ~ ingaan go to jail ∗ in de ~ zetten put in prison; imprison

gevangenisstraf imprisonment, jail sentence ∗ tot ~ worden veroordeeld be sentenced to jail ∗ tot vier jaar ~ veroordeeld worden be sentenced to four years' imprisonment

gevangeniswezen prison system

gevangenschap captivity, (in gevangenis) imprisonment

gevarendriehoek hazard/breakdown triangle

gevarenzone danger area/zone

gevarieerd varied

gevat quick-witted, sharp, on the ball

gevecht fight, action ∗ buiten ~ stellen put out of action; (v. bokser) knock out; (v. soldaat) disable

gevechtsklaar ready for action/battle ∗ ~ maken prepare for combat; clear for action ∗ ~ zijn be in combat readiness

gevechtslinie front line

gevechtspak (battle) fatigue

gevechtsvliegtuig fighter (plane)

gevederd feathered

geveinsd ● (huichelachtig) hypocritical ● (niet gemeend) feigned, assumed

gevel façade, front

gevelkachel gas heater (on outside wall)

gevelsteen ● (gedenksteen) memorial stone/ tablet ● (mooie baksteen) facing brick

geveltoerist cat burglar

geven I [ov ww] ● (veroorzaken) (aanstoot) give, (hoop) raise, (moeilijkheden) cause ● (toekennen) give, grant ∗ daar moet ik je gelijk in ~ I have to agree with you on that one ∗ ik geef je veertig jaar I put you down at 40 ∗ welke leeftijd geef je mij? how old do you think I am? ● (vertonen, bijbrengen) ∗ wat wordt er gegeven? (concert e.d.) what is on? ● (opleveren) give, (v. rente) yield, (v. warmte) give out ∗ de kachel geeft een hoop warmte the stove gives out plenty of heat • (aanreiken) hand, give, (kaartspel) ★ kun je me de suiker even ~? could you pass me the sugar? • (bieden) give ★ iem. iets te eten ~ give s.o. s.th. to eat ▼ God geve dat... God grant that... ▼ het roken eraan ~ give up smoking ▼ het is niet iedereen gegeven om... it is not given to everyone to... **II** [on ww] • (hinderen) matter ★ het geeft niets it doesn't matter at all • (~ om) care for/about ★ hij geeft veel om haar he cares a great deal for her ▼ hij geeft er niet veel om he doesn't really care about it ▼ hij geeft er geen zier om he doesn't give a damn about it ▼ iem. ervan langs ~ give a person what for; let a person have it **III** [wkd ww] ★ zich ~ zoals men is be o.s.; (form.) be without affectation ★ zich gewonnen ~ admit defeat; yield the point ★ zich (helemaal) ~ aan iets throw o.s. into s.th.; give o.s. entirely to s.th.

gever (kaartspel) dealer ★ de gulle ~ generous donor

gevestigd established ★ ~e orde van zaken given order of things

gevierd celebrated

gevlamd flamed, (v. hout) grained, (v. zijde) watered

gevlekt spotted

gevleugeld winged ▼ ~e woorden memorable/ notable words

gevlij ★ bij iem. in het ~ komen humour s.o.

gevoeglijk decently, properly ★ dat zouden we ~ kunnen doen we could certainly do that

gevoel (emotie) emotion, feeling ★ met ~ with feeling ★ ~ leggen in put one's heart into • (gemoed) ★ op iemands ~ werken work on s.o.'s feelings • (wat men voelt) touch, feeling, sensation ★ een pijnlijk ~ a painful sensation • (gewaarwording) feeling, sense ★ het ~ hebben alsof feel as if/though • (indruk) feeling ★ het ~ hebben dat have the feeling that ★ naar mijn ~ to my mind ★ wat voor ~ is 't om ...? what does it feel like to ...? • (zintuig) touch, feeling ★ de weg op 't ~ vinden grope one's way ★ ~ voor humor sense of humour ★ ~ van eigenwaarde sense of dignity

gevoelen feeling, opinion ★ zijn ~s onderdrukken suppress one's feelings ★ met gemengde ~s with mixed feelings

gevoelig • (lichtgeraakt) touchy • (ontvankelijk) sensitive ★ hij raakte me op een ~e plek he touched (me on) a sore spot ★ ~e huid tender skin ★ ~ voor sensitive to • (pijnlijk) tender, (klap) smart, (les/klap) sharp, (nederlaag, verlies) heavy, (plek) sore

gevoeligheid • (het gevoelig zijn) sensitivity, susceptibility • (lichtgeraaktheid) touchiness

gevoelloos • (hardvochtig) unfeeling, callous, insensitive • (zonder gevoel) (v. lichaamsdeel) numb ★ ~ voor insensible to

gevoelloosheid callousness, numbness

gevoelsarm lacking in feeling, insensitive

gevoelsleven emotional life

gevoelsmatig instinctive

gevoelsmens (wo)man of feeling, emotional person

gevoelswaarde emotional value

gevogelte • (de vogels) birds • (eetbare vogels) fowl, poultry

gevolg • (personen) retinue, train • (resultaat) consequence, result ★ met goed ~ successfully ★ ~ geven aan een verzoek grant a request; comply with a request ★ het zal ten ~e hebben dat... it will result in...; it will bring on... ★ zijn inspanningen hadden geen ~ his efforts

remained unsuccessful/without success ★ ~ geven aan een plan carry out a plan ★ geen nadelige ~en ondervinden van be none the worse for ★ de ~en zijn voor jou you must take the consequences

gevolgtrekking conclusion ★ ~en maken draw conclusions

gevolmachtigd having full powers ★ ~ zijn hold a power of attorney

gevorderd advanced ★ cursus voor ~en advanced course ★ wegens het ~e uur due to the time/late hour

gevreesd dreaded, feared

gevuld • (dik, mollig) full, plump • (met vulling) (v. gevogelte, e.d.) stuffed, (v. kies) filled, (v. portemonnee) well-filled

gewaad robe, garment

gewaagd • (gedurfd) daring, suggestive • (gevaarlijk) risky, (inf.) chancy ★ zij zijn aan elkaar ~ they are a match for each other

gewaarworden perceive, notice, become aware of, (te weten komen) find out

gewaarwording • (indruk) feeling, impression • (ondervinding) sensation, (v. zintuigen) perception ★ een aangename ~ a pleasant sensation

gewag ★ geen ~ maken van iets keep quiet about s.th.

gewagen mention, speak (of)

gewapend • (versterkt) ★ ~ beton reinforced concrete • (bewapend) armed

gewas • (oogst) crops • (plant) plant

gewatteerd (v. deken) quilted ★ ~e deken quilt

geweer rifle, gun ▼ in het ~ komen be up in arms

geweerschot rifle-shot, gunshot

geweervuur gunfire, rifle-fire

gewei antlers [mv: antlers]

geweld violence, force ★ met ~ by force ★ ~ gebruiken/plegen use violence ▼ met alle ~ at any cost ▼ de waarheid ~ aandoen bend the truth ▼ met alle ~ iets willen doen be dead set on... ▼ hij moest zich ~ aandoen om... he had to make a real effort to...

gewelddaad act of violence, outrage

gewelddadig violent

geweldenaar • (dwingeland) tyrant, bully • (sterk persoon) superman, (kundig) crack

geweldig • (hevig) tremendous, vehement, (storm) violent ★ een ~e schok a tremendous shock • (groot) enormous, tremendous, (gebouw) immense • (goed) terrific, (inf.) great ★ hij was ~ he was great/terrific

geweldpleging violence ★ openbare ~ public disturbance/violence

gewelf vault, arch

gewelfd • (gebogen) curved • (met gewelf) arched, vaulted

gewend use/accustomed (to) ★ zij is beter ~ she has seen better days ★ ik ben nog niet ~ I'm not yet accustomed

gewennen I [ov ww] • (gewoon maken) accustom (to), habituate (to) ★ zich ~ aan accustom o.s. to **II** [on ww] • (gewoon worden) get used/accustomed to

gewenning (aan iets onaangenaams) inurement, (het gewennen) habituation

gewenst • (wenselijk) desirable • (verlangd) desired

gewerveld vertebrate ★ de ~e dieren the vertebrates

gewest • (landstreek) district, region • (bestuursgebied) district, county

gewestelijk regional, (accent) local

G

geweten conscience ★ kwaad ~ bad conscience ★ zijn ~ begon te spreken his conscience began to bother him ★ ik kan 't niet met mijn ~ overeenbrengen I cannot reconcile it to my conscience ★ hij heeft heel wat op zijn ~ he has much to answer for

gewetenloos unscrupulous

gewetensbezwaar scruple ★ dienstweigering wegens gewetensbezwaren conscientious objection ★ vrijstelling wegens gewetensbezwaren exemption on grounds of conscience

gewetensnood moral dilemma ★ in ~ komen get into a moral dilemma

gewetensvol conscientious, scrupulous ★ zich ~ van een taak kwijten discharge one's duties/task conscientiously

gewetensvraag soul-searching question

gewetenswroeging remorse, compunction

gewetenszaak matter of conscience

gewettigd justified, legitimate

gewezen former, ex-

gewicht • (zwaarte) ★ soortelijk ~ specific gravity ★ weer op zijn ~ komen recover one's lost weight • (voorwerp) weight ★ maten en ~en weights and measures • (belang) weight, importance ★ ~ hechten aan attach importance to ★ een man van ~ a man of importance ★ het legt geen ~ in de schaal it carries no weight; it adds no weight to the matter ★ zijn ~ in de schaal werpen throw one's weight into the scale

gewichtheffen weightlifting

gewichtig I [bnw] weighty, important, momentous ★ een ~e gebeurtenis an important/momentous event **II** [bijw] ★ hij deed nogal ~ he behaved rather pompously

gewichtigdoenerij pomposity, self-importance

gewichtsklasse weight (class)

gewichtsverlies loss of weight

gewiekst astute, cunning, smart, shrewd

gewijd • (geheiligd) consecrated ★ ~e aarde consecrated soil ★ (m.b.t. liturgie) sacred ★ ~e muziek sacred music

gewild • (in trek) much sought after, popular, (v. product) in demand • (gekunsteld) affected ★ ~ geestig would-be witty

gewillig I [bnw] willing, ready ★ een ~ karakter a docile nature ★ 'n ~ oor lenen aan lend a ready ear to **II** [bijw] ★ ~ meegaan come along willingly

gewis I [bnw] ★ aan een ~se dood ontsnapt have escaped certain death **II** [bijw] for sure

gewoel • (drukte) bustle, turmoil • (het woelen) tossing and turning

gewond injured, wounded ★ ~ raken get injured

gewonde wounded/injured person ★ hoeveel ~n zijn er? how many people are injured? ★ doden en ~n casualties

gewoon I [bnw] • (gewend) accustomed/used to ★ zoals hij ~ was as was his wont/habit ★ zij was ~ te gaan vissen she used to go fishing • (alledaags) ordinary, common, plain ★ gewone pas quick march ★ de gewone lezer the general reader ★ de gewone man the man in the street ★ het gewone volk the common people ★ gewone breuk vulgar fraction ★ (gebruikelijk) normal, usual, customary ★ zij is niet in haar gewone doen she is not her usual self **II** [bijw] simply, just ★ ik kan ~ niet ophouden I just can't stop

gewoonlijk usually ★ zoals ~ as usual

gewoonte • (gebruik) custom, usage ★ het is de ~ om... it is customary to...; it is common usage to...

★ ouder ~ as usual • (wat men gewoon is) custom, habit ★ uit ~ out of habit ★ een ~ van iets maken make a habit of s.th. ★ de macht der ~ force of habit

gewoontedier creature of habit

gewoontedrinker habitual drinker

gewoontegetrouw in accordance with previous practice/custom, as usual

gewoonterecht common law

gewoontjes ordinary, common, plain

gewoonweg • (eenvoudigweg) just ★ hij wil ~ niet luisteren he just won't listen • (ronduit) downright, simply, just ★ het is ~ belachelijk it is downright ridiculous ★ ~ onzin simply nonsense

geworteld rooted, entrenched, (fig.) ingrained ★ diep ~ (v. geloof) deeply ingrained; (v. angst e.d.) deep-seated

gewricht joint

gewrocht • (voortbrengsel) creation • (iets vreemdsoortigs) contraption, monstrosity

gewrongen • (verdraaid) distorted, (handschrift) disguised • (onnatuurlijk) strained, tortuous

gezag • (bevoegdheid) ★ op eigen ~ on one's own authority ★ het ~ voeren over be in command of • (macht) authority ★ met ~ spreken speak with authority ★ op ~ aannemen take on trust

gezaghebbend authoritative ★ ~e kringen leading circles

gezaghebber person in charge/authority ★ de ~s the authorities

gezagsgetrouw I [bnw] law-abiding **II** [bijw] in a law-abiding fashion

gezagsorgaan authority

gezagsverhoudingen hierarchical relationships

gezagvoerder (scheepv.) commander, captain, (luchtv.) captain

gezamenlijk I [bnw] • (alle(n) samen) complete • (verenigd) ★ met ~e krachten with combined forces • (gemeenschappelijk) combined, (eigendom) joint, (eigendom/verantwoordelijkheid) collective ★ voor ~e rekening for/on joint account ★ ~ optreden concerted action **II** [bijw] together ★ we hebben het ~ besloten we made the decision together; it was a joint decision

gezang • (het zingen) singing • (lied) song, (rel.) hymn

gezant envoy, ambassador ★ buitengewoon ~ envoy extraordinary

gezantschap • (legatie) mission, delegation • (gebouw) embassy

gezapig sluggish, languid, easy-going

gezegde • (zegswijze) proverb, saying • (taalk.) predicate

gezegend blessed

gezeglijk accomodating, obedient

gezel • (makker) companion, mate • (leerling-vakman) apprentice

gezellig pleasant, enjoyable, (v. personen) sociable, companionable, (v. vertrek) homely, snug, cosy ★ ~ avondje enjoyable evening ★ hij is ~ he is good company

gezelligheid sociability, (v. kamer) cosiness, snugness ★ voor de ~ for company ★ ik houd van ~ I like company

gezelligheidsdier companionable sort

gezelligheidsvereniging social club

gezellin companion

gezelschap • (samenzijn) company ★ iem. ~ houden keep a person company ★ in ~ van in the company of • (groep) company, society ★ een vrolijk ~ a merry party

gezelschapsreis organised (group) outing, group tour

gezelschapsspel party/round game

gezet ● (dik) stout, corpulent, (gedrongen) thick-set ● (geregeld) ● op ~te tijden at set times

gezeten ● (met vaste woonplaats) settled, resident ● (welgesteld) substantial ★ ~ burgerij well-to-do middle class

gezicht ● (zintuig) (eye)sight, vision ● (aanblik, uitzicht) view, sight ★ uit het ~ verliezen lose sight of ● op het eerste ~ at first sight ★ uit het ~ verdwijnen disappear from sight; lose sight of ★ het was geen ~ it was a sorry sight ★ een ~ op Londen a view of London ★ uit 't ~ out of sight ★ de winkel een ander ~ geven give the shop a new look ● (uiterlijk) face ● (aangezicht) face ★ –en trekken pull faces ● een vrolijk ~ zetten put on a cheerful face ● iem. op zijn ~ kennen know a person by sight ● iem. op zijn ~ geven give a person a good hiding ▼ hou je ~! shut up!

gezichtsafstand ● (reikwijdte) seeing distance, view, eyeshot ● zich op ~ bevinden be within sight/view/eyeshot ● (oogafstand) focusing distance

gezichtsbedrog optical illusion

gezichtshoek angle (of vision), (fig.) point of view

gezichtspunt point of view, viewpoint, angle ★ nieuwe –en openen open up new prospects

gezichtsveld field of vision

gezichtsverlies ● (verlies van gezichtsvermogen) loss of (eye)sight ● (verlies van prestige) loss of face ★ ~ lijden lose face

gezichtsvermogen (eye)sight

gezien I [bnw] ● zeer ~ bij haar collega's she's popular among/with her colleagues **II** [vz] in view of, considering ★ ~ zijn staat van dienst considering/given his record (of service)

gezin family, (huishouden) household

gezind disposed ★ iem. slecht ~ zijn be ill-disposed towards s.o. ★ Engels~ pro-English; Anglophil(e)

gezindheid ● (stemming) disposition ● (overtuiging) conviction, persuasion

gezindte denomination

gezinsfles family(-size) bottle

gezinshoofd head of the family

gezinshulp home help

gezinsleven family life

gezinsplanning family planning, birth control

gezinsuitbreiding addition to the family

gezinsverpakking family pack ● ook verkrijgbaar in ~ also available in family packs

gezinsverzorgster home help

gezinszorg family-welfare (services), home help

gezocht (gewild) ★ zeer ~ in great demand; much sought after ● (gekunsteld) studied, contrived ● de ontknoping was een beetje ~ the ending was a bit contrived

gezond ● (niet ziek) healthy ★ ~ en wel safe and sound ★ uitstekend ~ in excellent health ★ ~ naar lichaam en geest sound in body and mind ★ ~ blijven keep fit ★ ~ maken cure ● (heilzaam) (v. klimaat) healthy, (v. omgeving) salubrious, (v. voedsel) wholesome ★ ~ advies sound advice ★ een ~ standpunt a sane point of view ★ ~e taal spreken talk sense ★ ~ verstand common sense

gezondheid I [de] health ★ op iemands ~ drinken drink (to) s.o.'s health ● (op je) ~! here's to you! ▼ ~ is de grootste schat health is better than wealth **II** [tw] ★ Gezondheid! Bless you!

gezondheidscentrum health care centre

gezondheidsredenen considerations of health

gezondheidszorg health care

gezusters ★ de ~ A. the A. sisters

gezwel ● (tumor) tumour ● (opzwelling) swelling, lump

gezwind swift

gezwollen bombastic, inflated (with)

gezworen sworn ★ ~ vrienden/vijanden sworn friends/enemies

gezworene jurywoman, juror, juryman

Ghana Ghana

Gibraltar Gibraltar

gids ● (persoon) guide ● (boekje) guide(book)

gidsen guide, act as a guide, direct

gidsland leading country

giechelen titter, giggle ★ in ~ uitbarsten have (a fit of) the giggles

giek ● (toeiboot) gig ● (dwarsmast) boom

gier ● (vogel) vulture ● (mest) liquid manure

gieren ● (lachen) scream ● (bemesten) spread (liquid) manure ● (geluid maken) (v. wind) whistle, howl

gierig miserly, stingy, (in grote mate) avaricious

gierigaard miser

gierigheid avarice, stinginess

gierst millet, (grain) sorghum

gierzwaluw swift

gietbui downpour

gieten I [ov ww] ● (vormgeven) mould, (v. beeld) cast, (v. kaarsen) mould ★ gedachten in een bepaalde vorm ~ couch one's thoughts in a particular form ● (schenken) pour ▼ 't zit je als gegoten it fits you like a glove **II** [onp ww] pour ★ het giet it is pouring; it's pelting down

gieter watering-can ▼ afgaan als een ~ lose face; look a complete/utter fool

gieterij foundry

gietijzer cast iron, (in onbewerkte vorm) crude iron

gif toxin, venom, poison ★ daar kun je gif op innemen you can bet your life on that!; you bet!

gifbeker poisoned chalice

gifbelt (illegal) dump for toxic wastes

gifgas poison(ous) gas

gifgrond (chemically) polluted/contaminated soil/ground

gifkikker bad-/mean-tempered person

gifklier poison/venom gland

gifschandaal poisonous/toxic waste scandal

gifslang poisonous snake

gift present, gift

giftig ● (vergiftig) poisonous, (afval, e.d.) toxic ● (venijnig) (boos) touchy, (v. mensen) venomous

gifwijk residential area where illegally dumped toxic waste is found

gifwolk toxic cloud

gigabyte gigabyte

gigant giant

gigantisch gigantic, huge, immense ★ een ~e hagelbui (inf.) a monumental hailstorm

gigolo gigolo

gij thou ★ gij zult niet doden thou shalt not kill

gijzelaar hostage

gijzelen (jur.) imprison for debt, (als waarborg) take hostage, (voor geld) kidnap

gijzelhouder hostage taker, terrorist, (kaper) hijacker

gijzeling taking of hostages, (jur.) imprisonment for debt ★ in ~ houden hold hostage

gil scream, yell, shriek

gilde g(u)ild, (gesch.) craft-guild

gillen shriek, scream

giller scream, howler, (AE) gas ★ wat een ~! what a scream!

gimmick gimmick

G

gin gin, geneva, (jenever) Dutch/Hollands gin
ginds over there, (form.) yonder
ginnegappen giggle, snigger ∗ wat zit je te ~?
what are you sniggering about?
gips ● (gipsverband) plaster ∗ in het gips zitten be
in plaster ● (mineraal) gypsum
gipsen plaster
gipskruid gypsophila, soap root
gipsplaat plasterboard, gypsum board
gipsverband plaster cast
giraal (by) giro ∗ ~ betalen pay by giro
giraffe giraffe
gireren pay/transfer by giro
giro giro ∗ storten op de giro deposit into a giro
account
girobetaalkaart giro payment card
girocheque giro cheque
girodienst National Giro, Post Office Giro
girokantoor (National) Giro office/branch
giromaat ≈ cash dispenser
gironummer giro account number
giropas giro (guarantee) card
girorekening giro account
giroverkeer giro transactions, transfer system
gis ● (gissing) guess ∗ op de gis at random; at a
guess ∗ zij doet dit op de gis it's guesswork with
her ● (muzieknoot) G sharp
gissen guess, conjecture
gissing guess, conjecture ∗ naar ~ at a guess; at a
rough estimate
gist yeast
gisten ferment ∗ laten ~ ferment ▼ het gist in het
land the country is in a ferment
gisteren yesterday ∗ (zich iets herinneren) als de
dag van ~ (remember s.th.) as if it happened only
yesterday ∗ niet van ~ zijn be nobody's fool; know
a thing or two
gistermiddag yesterday afternoon
gistermorgen yesterday morning
gisternacht last night, yesterday night
gisting ferment, fermentation
git jet
gitaar guitar
gitarist guitarist, guitar player
gitzwart jet-black
glaceren glaze, (v. gebak) ice, (v. schilderij)
varnish
glad I [bnw] ● (vlot, makkelijk) smooth ● (effen)
smooth, (v. haar) sleek, (v. ring) plain, (v. water)
calm ● (glibberig) slippery ● (sluw) clever,
cunning, smooth ∗ zo glad als een aal as slippery
as an eel ∗ een gladde jongen a smooth operator
II [bijw] ● (makkelijk) smoothly ∗ 't gaat hem
glad af it comes easy to him ∗ dat zal je niet glad
zitten you are in for a hard/rough time ∗ dat is
nogal glad! that's pretty obvious! ● (totaal) ∗ glad
vergeten clean forgotten ∗ glad verkeerd
altogether wrong
gladharig sleek-haired, (v. dier) shiny/smooth
coated, (v. individu) smooth-haired
gladheid ● (effenheid) smoothness
● (glibberigheid) slipperiness
gladiator gladiator
gladiool gladiolus
gladjanus sly dog, smooth operator
gladjes slippery
glamour glamour
glans ● ((weer)schijn) gloss, lustre, shine ∗ ~ van
genoegen beam of pleasure ● (luister) splendour
∗ hij slaagde met ~ he passed with flying colours
∗ ~ bijzetten/verlenen aan add/lend lustre to
glansperiode heyday, golden period

glansrijk glorious, splendid ∗ 't kan de vergelijking
~ doorstaan it compares very favourably (with)
∗ een ~e overwinning a glorious victory
glansrol star part/role
glanzen shine, shimmer, gleam, (vochtig glanzen)
glisten ∗ ~d papier glossy paper
glas ● (materiaal) glass ● (drinkglas) glass ● (ruit)
(window)pane ● (brillenglas) glass, lens ▼ zijn
eigen glazen ingooien cook one's own goose
glasbak bottle bank
glasblazen blow glass
glasfiber glass fibre, fibreglass
glasgordijn net curtain
glashard as hard as nails, ruthless ∗ iets ~
ontkennen flatly deny s.th.
glashelder ● (duidelijk) crystal-clear, lucid, clear
cut ● (doorzichtig) crystal-clear
glas-in-loodraam stained-glass window
glasnost glasnost
glasservies set of glasses
glastuinbouw cultivation under glass, glasshouse
horticulture
glasverzekering (plate-)glass insurance
glasvezel fibre glass, glass fibre
glaswerk ● (glazen) glass(ware) ● (ruiten) glazing
glaswol glass wool, spun glass
glazen glass(y)
glazenwasser window-cleaner
glazig glassy, (v. aardappel) waxy ∗ met een ~e
blik glassy-eyed
glazuren glaze, (v. gebak) ice
glazuur ● (tandglazuur) enamel ● (taartglazuur)
icing ● (glasachtige laag) (v. aardewerk) glaze,
glazing
gletsjer glacier
gleuf ● (spleet) (geul) trench, (in rots) fisure
● (groef) (v. automaat) slot, (v. brievenbus) slit,
(v. schroefkop) groove ● (vagina) cunt, slit
glibberen slither
glibberig slippery, slithery
glijbaan ● (speeltuig) slide, chute ● (baan van ijs)
slide
glijden slip, (op ijs) slide, (op water) glide ∗ ~de
loonschaal sliding scale of wages ∗ een schaduw
gleed over haar gezicht a shadow stole over her
face
glijmiddel lubricant, lubricating jelly
glijvlucht (v. vliegtuig) glide, (v. vogels) gliding
flight
glimlach smile ∗ een brede ~ big smile; grin
glimlachen smile (at) ∗ breed ~ smile broadly; grin
glimmen (glanzen) shine, gleam, (v. zweet)
glisten, (zwakjes) glimmer ● (glunderen) glow,
shine ∗ hij glom van plezier he was glowing with
joy
glimp glimpse ∗ met een ~ van waarheid with a
colour of truth ∗ een ~ van hoop a glimmer of
hope
glimworm glow-worm
glinsteren sparkle, glitter, twinkle
glinstering glitter(ing), sparkle
glippen slip
glitter ● (iets dat glinstert) glitter, (op
kerstboom, e.d.) tinsel ● (schone schijn) glitter
∗ ~ en glamour glitter and glamour
globaal rough, broad ∗ ~ genomen roughly
speaking
globe globe
globetrotter globetrotter
gloed ● (schijnsel) glow, (fel) glare ∗ de ~ van het
vuur the glow of the fire ● (bezieling) ardour ∗ in
~ geraken over get excited about ● (warmte)

glow, ⟨sterk⟩ *blaze* ★ *in* ~ *aglow*
gloednieuw *brand-new*
gloedvol *glowing, fervent* ★ ~ *spreken speak with passion/fervour*
gloeien ● ⟨stralen van hitte⟩ *glow* ● ⟨branden zonder vlam⟩ *smoulder*
gloeiend ● ⟨heet⟩ *burning/scalding/piping hot,* ⟨v. metaal⟩ *red hot* ● ⟨hartstochtelijk⟩ ★ *een* ~*e hekel aan iem. hebben hate s.o. with a passion*
gloeilamp *light bulb*
glooien *slope, slant*
glooiing *slope*
gloren *glimmer,* ⟨v.d. dag⟩ *dawn* ★ *de ochtend begon te* ~ *the day was breaking/dawning*
glorie *glory* ★ *in volle* ~ *in full splendour*
glorietijd *heyday, golden age*
glorieus *glorious*
glossarium *glossary*
glucose *glucose*
gluiperd *shifty character*
gluiperig *sneaky, shifty*
glunderen *beam, radiate*
gluren *peep,* ⟨wellustig⟩ *leer*
gluten *gluten*
gluton *gluten*
gluurder *voyeur, peeper, Peeping Tom*
glycerine *glycerine*
gniffelen *chuckle* (over/at), *laugh up one's sleeve, snigger* (at)
gnoe *gnu*
gnoom *gnome, hopgoblin, leprechaun*
gnostiek *Gnosticism*
gnostisch *gnostic*
gnuiven *gloat* (over), *chuckle* (over/at)
goal *goal* ★ *een goal scoren score a goal*
gobelin ● ⟨wandtapijt⟩ *gobelin* ● ⟨meubelstof⟩ *flower patterned upholstery fabric*
God *God* ★ *in God geloven believe in God* ★ *ik zou het bij God niet weten for the life of me, I don't know* ▼ *Gods water over Gods akker laten lopen let things take their natural course*
goddank *thank God* ★ ~ *zag hij me niet thank goodness he did not see me*
goddelijk *divine*
goddeloos *wicked, sinful* ▼ *we moesten* ~ *vroeg op we had to get up at an ungodly hour*
goddomme *damn it, goddammit*
godendom *gods*
godendrank *nectar*
godenspijs *ambrosia,* ⟨fig.⟩ *delicacy*
godgans *entire, whole blessed/mortal* ★ *de* ~*e avond the entire evening*
godgeklaagd *disgraceful* ★ *'t is* ~! *it's an outrage!; it cries to* (high) *heaven!*
godgeleerdheid *theology*
godheid ● ⟨goddelijkheid⟩ *divinity, godhead* ● ⟨goddelijk wezen⟩ *deity, divine/celestial being*
godin *goddess*
godsdienst *religion*
godsdienstig ● ⟨vroom⟩ *pious, devout* ● ⟨religieus⟩ *religious*
godsdienstoefening *divine service,* (practice of) *worship*
godsdienstoorlog *religious war*
godsdienstvrijheid *freedom of religion/worship*
godsdienstwaanzin *religious mania* ★ *hij lijdt aan* ~ *he's a religious maniac*
godsgeschenk *gift from God*
godsgruwelijk *God-awful*
godshuis *house of God*
godslastering *blasphemy, profanity*
godslasterlijk *blasphemous*

godsnaam *in the name of God, God's name* ★ *lach in* ~ *niet for heaven's sake, don't laugh* ★ *ik zal 't in* ~ *maar doen I'll do it then for God's/Pete's sake*
godsvrucht *devoutness, piety*
godswonder *miracle*
godverdomme *bloody hell, damn*
godvergeten *God-forsaken*
godvruchtig *God-fearing, pious, devout*
goed I [het] ● ⟨wat goed is⟩ *good* ★ *'t goede doen do the right thing* ★ *zich te goed doen aan do o.s. well on; tuck into; feast upon* ★ *ik heb nog geld van je tegoed you owe me money* ★ *houd 't mij ten goede, maar... I could be wrong about this, but...; I'm not absolutely sure about this, but...* ★ *het zal je goed doen it will do you good* ★ *ik kan geen goed bij hem doen he never has a good word for me* ★ *een verandering ten goede a change for the better* ★ *ten goede komen do good; be to the benefit* (of) ● ⟨kleren⟩ *clothes, things, gear* ★ *schoon goed a change of linen; clean things* ● ⟨bezit⟩ *goods, property* ● ⟨waren⟩ *goods, wares* ★ *gestolen goed stolen goods; loot* ● ⟨spul⟩ *een vreemd goedje funny stuff* ▼ *de goeden moeten met de kwaden lijden the good must suffer with the bad* ▼ *het was een beetje te veel van het goede it was too much of a good thing* ▼ *goed en bloed life and property* ▼ *'t kleine goed(je) the youngsters* **II** [bnw] ● ⟨niet slecht⟩ ★ *goed zo! well done!; good show!* ★ *in goede gezondheid in good health* ★ *ze maken 't goed they are doing well* ★ *goed in de talen good at languages* ★ *het smaakt goed it tastes good* ★ *in goeden doen zijn be well off* ★ *die bloemen blijven niet goed those flowers don't last* ★ *dat vlees blijft niet goed that meat won't keep* ★ *zit je goed? are you comfortable?* ● ⟨ruim⟩ *een goede 20 pond twenty odd pounds* ★ *een goed jaar geleden a good year ago* ★ ⟨borg staand⟩ *hij is goed voor twee ton he is good for two hundred thousand guilders* ★ *goed voor twee consumpties* ⟨m.b.t. drank⟩ *valid for two drinks;* ⟨m.b.t. maaltijden⟩ *valid for two meals* ★ ⟨zoals het behoort⟩ ★ *mij goed O.K. with me* ★ *ik kan 't niet goed krijgen I can't get it right* ★ *met de goede kant naar boven the right way up* ● ⟨gepast, geschikt, nuttig⟩ *good* ★ *het is voor de goede zaak it is all to the good; it's for a good cause* ★ *het is toch nog ergens goed voor geweest it was of some use after all* ★ *hij kon geen goede auto vinden he couldn't find a suitable car* ● ⟨gunstig⟩ ★ *op een goede morgen one fine morning* ★ *'t is maar goed dat... it's a good thing that...; it's as well that...* ● ⟨deugdzaam⟩ *good* ★ *een goed mens a good person* ★ *daar is zij niet te goed voor she's not above doing that* ★ ⟨vriendelijk⟩ *kind* ★ *goede daad kind/good deed* ★ *zou u zo goed willen zijn om... would you be so kind as to...; would you mind...* ● ⟨gezond⟩ *good, well* ★ *in goede gezondheid in good health* ★ *voel je je wel goed? are you all right?* ★ *ik voel me niet goed I'm not feeling very well; I feel sick* ▼ *zo goed als as good as; all but* ▼ *zo goed als niets next to nothing* ▼ *zo goed en zo kwaad als het gaat as best it may; somehow or other* ▼ *ik wou dat ik goed en wel thuis was I wish I were safely at home* ▼ *jij hebt goed praten it is all very well for you to talk* ▼ *net goed! serves you right!* ▼ *alles goed en wel maar ... that is all very well but ...* ▼ *ik word hier niet goed van I'm getting sick of this* ★ ⟨iron.⟩ *die is goed! that is a good one!* **III** [bijw] ● ⟨juist⟩ *right* ★ *goed dan... all right...; very well...* ★ *het goed gedaan? did you do it right?* ★ *a⟨*

G

goed heb if I am not mistaken ★ begrijp me goed... don't get me wrong ★ zo goed ik kon as best I could ● (flink) thoroughly ★ hij heeft goed huisgehouden he made a thorough/complete mess of it ● (zoals het behoort) properly ★ je goed gedragen behave properly ★ 't ging niet goed it did not go right ★ dat kan ik niet goed betalen I cannot very well afford that

goedaardig ● (goedig) good-natured, kind-hearted ● (med.) mild, (v. ziekten, gezwel) benign

goeddeels largely, for the greater part

goeddoen do good (things) ★ die vakantie zal haar ~ the holiday will do her a world of good ★ die brief heeft hem goedgedaan that letter has cheered him up

goeddunken I [het] ● (toestemming) discretion, consent ★ naar ~ van at the discretion of ● (believen) pleasure ★ handelen naar ~ do as you please; do as you think fit **II** (on ww) ● (goed toeschijnen) think fit/proper ● (behagen) please, like

goedemiddag good afternoon

goedemorgen good morning

goedenacht good night

goedenavond (afscheid) good night, (begroeting) good evening

goedendag good day, (bij afscheid) good-bye ★ ~ zeggen say good-bye (to)

goederen ● (bezittingen) goods, property ● (koopwaar) merchandise, (econ.) commodities

goederenlift (BE) goods lift, (AE) service elevator

goederentrein goods train, (AE) freight train

goederenverkeer goods traffic

goederenwagen luggage-van, goods van, (open) truck

goederenwagon goods carriage, (AE) freight car

goedgeefs generous, liberal, open-handed

goedgehumeurd well-tempered

goedgelovig credulous, gullible

goedgemutst good-humoured/tempered

goedgezind well-disposed

goedgunstig kind, favourable ★ ~ beschikken op een verzoek grant a request

goedhartig ● (met goed hart) kind-hearted, good-natured ● (vriendelijk) kind, friendly

goedheid ● ((God's) barmhartigheid) grace, mercy ★ uit de ~ van zijn hart out of the kindness of his heart ● (vriendelijkheid) goodness, gentleness ● (toegeeflijkheid) benevolence, indulgence

goedheilig man Saint Nicholas, ≈ Father Christmas

goedig good-natured, kind-hearted

goedje stuff

goedkeuren ● (instemmen met) approve (of) ● (in orde bevinden) (v. begroting/subsidie) vote, agree to, (v. film) pass, (v. rapporten/notulen) adopt, (v. verdrag) ratify ★ iets gedachteloos ~ rubberstamp s.th. ★ medisch goedgekeurd worden pass one's medical

goedkeuring approval, (Royal) Assent, (v. notulen) adoption ★ ter ~ voorleggen submit for approval ★ zijn ~ hechten aan approve of; sanction ● behouden ~ van pending approval of

goedkoop ● (niet duur) cheap, inexpensive ● (flauw, gemakkelijk) ★ een ~ argument a cheap argument ▼ ~ is duurkoop a bad bargain is dear at a farthing; quality pays ▼ er ~ afkomen get off cheaply

goedlachs cheerful ★ ~ zijn laugh readily

goedmaken ● (ongedaan maken) make good,

make up for, put right, make amends for ★ niet meer goed te maken irretrievable; irreparable ★ kan ik het ~? can I make it up to you? ● (kosten dekken) ★ ze kunnen de kosten nauwelijks ~ they can scarcely defray/cover the cost

goedmoedig good-natured

goedpraten explain away, (vergoeilijkend) gloss over ★ een fout ~ explain away a mistake ★ 't is niet goed te praten it is inexcusable

goedschiks with a good grace, willingly ★ ~ of kwaadschiks willy-nilly; willing or unwilling

goedvinden I [het] ● (goedkeuring) consent ★ met uw ~ with your permission ★ met wederzijds ~ by mutual consent ● (goeddunken) ★ naar ~ at pleasure ★ handel naar ~ use your discretion **II** (ov ww) ● (nuttig vinden) think fit ● (goedkeuren) consent, approve of

goedzak kind soul

goegemeente the public at large, the man in the street, the hoi polloi

goeroe guru

goesting desire, fancy (for)

gok ● (grote neus) conk ★ (het gokken) gamble, wager ★ een gokje wagen have a go at it ● (risico) gamble, (long) shot ▼ op de gok on the off chance

gokautomaat gambling machine, fruit machine, (inf.) one-armed bandit

gokken ● (om geld spelen) gamble ● (speculeren) take a chance ★ ik gok erop dat... I take a chance on... ● (gissen) guess

goklust gambling fever

goktent gambling den/joint

golf I [de] ● (waterbeweging) wave, (grote golf) breaker, (golf) billow, (klein) ripple ● (golflengte) wave ● (golving in het haar) wave ● (baai) gulf, bay ● (nat.) wave **II** [het] golf ★ golf spelen play golf

golfbaan golf course, golf-links

golfbeweging undulation

golfbreker break-water

golfen play golf

golfkarton corrugated cardboard

golflengte wave-length

golflijn wavy line

golfplaat ● (ijzer) (sheet of) corrugated iron ● (karton) (sheet of) corrugated cardboard

golfslag wash of the waves, surge

golfslagbad wave pool

golfstaat Gulf state

Golf van Biskaje Bay of Biscay

golven wave, undulate, (v. haar) flow, (v. vlakte) roll

gom ● (vlakgom) rubber, (AE) eraser ● (lijmstof) gum

gommen rub (out), erase

gondel gondola

gondelier gondolier

gong gong

goniometrie trigonometry

gonorroe gonorrhea

gonzen (v. insect) hum, buzz ★ het gonst van bedrijvigheid it is a hive of activity ★ mijn oren ~ my ears are buzzing/ringing

goochelaar conjurer, magician

goochelen ● (toveren) conjure ● (handig omspringen met) juggle ★ met cijfers ~ juggle with figures

goochem knowing, smart ★ hij is behoorlijk ~ he's no fool

gooi throw, cast ★ een gooi doen naar make a bid for; have a go at ▼ zij doen een goede gooi naar het kampioenschap they stand a good chance of *gaining the championship*

gooien throw, fling, ⟨hard en gericht⟩ pitch ★ met de deur ∼ slam the door ★ alles eruit ∼ blurt it all out ★ iem. eruit ∼ chuck s.o. out; ⟨ontslaan⟩ give s.o. the push ▼ 't ∼ op put the blame on ▼ het op een akkoordje ∼ reach a compromise

gooi- en smijtwerk knockabout, slapstick

goor ⟨onsmakelijk⟩ revolting, loathsome ★ het heeft een gore smaak it tastes revolting ● ⟨vuil⟩ foul, filthy, ⟨v. kleur⟩ sallow ★ gore taal uitslaan use filthy language

goot ● ⟨straatgoot⟩ gutter ● ⟨dakgoot⟩ gutter

gootsteen ⟨kitchen⟩ sink

gordel ● ⟨riem⟩ belt, girdle ● ⟨kring⟩ circle ● ⟨geo.⟩ zone

gordeldier armadillo

gordelroos shingles

gordijn curtain, ⟨rolgordijn⟩ blind ★ de ∼en open/dichttrekken draw the curtains ★ het ∼ ophalen/neerlaten raise/drop the curtain ▼ 't ∼ gaat op voor... the curtain rises on

gordijnrail curtain rail

gordijnroe curtain rod

gorgelen gargle

gorilla gorilla

gors I [de] bunting II [de/het] salt marsh

gort ⟨gebroken⟩ groats, ⟨gepeld⟩ pearl barley

gortdroog as dry as dust

gortig ▼ het te ∼ maken go too far

gospel gospel⟨song⟩

gossiemijne goodness!, gosh

GOS-staten GOS States

gotiek Gothic

gotisch Gothic ★ ∼e letter black/Gothic letter

gotspe cheek, effrontery

gouache gouache

goud gold ▼ het is niet alles goud wat er blinkt all is not gold that glitters ▼ met geen goud te betalen invaluable ▼ zulke lieden zijn goud waard such people are worth their weight in gold ▼ hij is goud waard he is worth his weight in gold

goudader gold-vein

goudblond golden

goudeerlijk honest through and through

gouden ● ⟨van goud⟩ gold ▼ ∼ standaard gold standard ★ ∼ bril gold-rimmed spectacles ● ⟨goudkleurig⟩ golden ▼ de ∼ gids the yellow pages

goudenregen laburnum

goudhaantje ● ⟨vogel⟩ gold crest, golden-crested kinglet ● ⟨kever⟩ rose/leaf-beetle

goudkleurig gold(en), gold coloured

goudkoorts goldfever

Goudkust Gold Coast

goudmijn goldmine

goudsbloem marigold

goudsmid goldsmith

goudstuk gold coin

goudvink bullfinch

goudvis goldfish

goudzoeker gold digger

goulash goulash

gourmet gourmet

gourmetstel gourmet set

gouvernante governess

gouverneur governor

gouverneur-generaal governor-general

gozer guy, bloke, chap

graad ● ⟨meeteenheid⟩ degree ★ 5 graden onder nul 5 degrees below zero ★ op 100 graden lengte en 50 graden breedte in longitude 100, latitude 50 ● ⟨rang, trap⟩ ★ een ∼ halen graduate ● ⟨mate⟩

★ in de hoogste ∼ to the last degree ★ neef in de eerste ∼ cousin in the first degree; cousin once removed ★ in hoge ∼ to a high degree ★ nog een ∼je erger a degree worse ● ⟨wisk.⟩ ★ vergelijkingen van de eerste/tweede/derde ∼ linear/quadratic/cubic equations

graadmeter gauge, ⟨fig.⟩ measure, gauge

graaf count, earl

graafschap county, shire

graafwerktuig excavating machine

graag gladly, with pleasure, willingly ★ ∼ of niet take it or leave it ★ ∼! I'd love to!; ⟨bij aanbod voedsel, drank e.d.⟩ yes, please! ★ wat ∼! with all my heart! ▼ ze zal wat ∼ gaan she will be delighted to go ★ ik rook ∼ I like to smoke ★ ik zou het ∼ hebben I would love to have it ★ ik erken ∼ I'm quite willing to admit ★ ∼ gedaan you're welcome

graagte eagerness

graaien grab, ⟨weggraaien⟩ snatch (away)

graal ⟨Holy⟩ Grail

graan ● ⟨gewas⟩ corn, grain ● ⟨koren⟩ corn, grain

graanoogst ● ⟨opbrengst⟩ corn crop ● ⟨het oogsten⟩ corn harvest

graanschuur granary

graansilo grain silo

graantje ● een ∼ pikken have a quick one ▼ een ∼ meepikken get o.'s share; get a slice of the pie ▼ iedereen pikt een ∼ mee everybody gets his share

graat fish-bone ▼ van de ∼ vallen be faint with hunger; have a roaring appetite ★ hij is niet zuiver op de ∼ he is unreliable

grabbel ★ geld te ∼ gooien throw money for a scramble; ⟨v. eer, naam⟩ throw away

grabbelen grabble (in), grope (about)

grabbelton lucky dip, ⟨AE⟩ grab bag

gracht ● ⟨waterweg⟩ canal, ⟨slotgracht⟩ moat ● ⟨straat langs gracht⟩ ≈ quay

grachtenhuis canalside house, house by a canal

grachtenpand house by a canal

gracieus elegant, graceful

gradatie gradation ▼ een kleur in verschillende ∼s a colour in different shades

gradenboog protractor

gradueel ● ⟨trapsgewijs opklimmend⟩ gradual ● ⟨in graad⟩ ▼ een ∼ verschil a difference of/in degree

grafdicht elegy

graffiti graffiti [mv: graffiti]

graficus graphic artist/designer

grafiek ● ⟨grafische voorstelling⟩ graph, diagram ● ⟨kunst⟩ graphic art

grafiet graphite

grafisch graphic ★ de ∼e vakken the printing trade ★ ∼e voorstelling diagram

grafkelder ⟨family⟩ vault

grafologie graphology

grafrede funeral oration, graveside speech

grafschennis desecration of tombs

grafschrift epitaph

grafsteen tombstone, gravestone

grafstem sepulchral voice

graftombe tomb

grafzerk gravestone, tombstone

gram I [de] ▼ zijn gram halen get one's own back II [het] gram⟨me⟩

grammatica grammar

grammaticaal grammatical

grammofoon gramophone

grammofoonplaat ⟨gramophone⟩ record

gramschap wrath, ire

G

granaat I [de] • (edelsteen) *garnet* • (boom) *pomegranate* • (projectiel) *shell, grenade* **II** [het] *garnet*

granaatappel *pomegranate*

grandioos *magnificent*

graniet *granite*

granieten *granite*

grap • (mop) *joke, a bit of fun,* ‹non-verbaal› *practical joke,* ‹v. komiek› *gag* ∗ grappen vertellen *tell funny stories* • hij maakte er een grap(je) van *he made fun of it* ∗ het mooiste van de grap was... *the best of it was...; to top it all...* • (geintje) *joke, laugh, prank* ∗ dat is geen grapje meer *it's past a joke* ∗ die grappen moet je niet met me uithalen *don't play those tricks on me* ∗ uit/voor de grap *for fun;* in sport ∗ iets voor de grap zeggen *say s.th. in jest* ∗ ik kan wel tegen een grap *I can take a joke* ∗ een dure grap *an expensive business*

grapefruit *grapefruit* [mv: *grapefruit(s)*]

grapjas *joker, funny-man*

grappenmaker *joker, funny man*

grappig *funny, amusing,* ‹oneerbiedig› *facetious* ∗ ik zie er 't ~e niet van *I don't think it is funny* ∗ 't ~ste was dat... *the funniest part of it was that...*

gras *grass* ∗ hij liet er geen gras over groeien *he lost no time (in doing it); he did not let the grass grow under his feet* ∗ je hebt mij het gras voor de voeten weggemaaid *you have cut/taken the ground from under my feet*

grasboter *grass-butter*

grasduinen ‹in boeken› *browse*

graskaas *spring cheese*

grasklokje *harebell*

grasland *grassland, pasture(land)*

grasmaaien *mow the lawn/grass*

grasmaaier *grass cutter,* ‹v. gazon› *lawnmower*

grasmat *turf*

grasperk *lawn*

graspol *clump of grass*

graspriet *blade of grass*

grasveld *lawn,* (grass) *field*

grasvlakte *stretch of grass, grassy plain*

graszode *turf*

gratie • (gunst) ∗ bij de ~ Gods *by the grace of God* ∗ weer in de ~ komen *be reinstated in a person's favour* ∗ bij iem. uit de ~ raken *lose a person's favour* ∗ uit de ~ zijn *be out of favour* • (sierlijkheid) *grace* • (jur.) *pardon,* ‹v. doodstraf› *reprieve*

gratieverzoek *petition for clemency/(an) amnesty* ∗ een ~ indienen *put in a petition for clemency; sue for pardon*

gratificatie *bonus*

gratineren *cover with melted cheese* ∗ een gegratineerd gerecht *a dish au gratin*

gratis I [bnw] *free, gratis* **II** [bijw] *gratis, free of charge, for free* ∗ ~ verkrijgbaar *available free of charge*

gratuit *gratuitous*

grauw I [de] *snarl* **II** [bnw] *grey* ∗ ~e erwten *yellow peas*

grauwen *snarl*

grauwsluier *mist, haze*

grauwtje • (grauwe lijster) *song thrush* • (ezel) *donkey*

graveerder → *graveur*

graveerkunst (art of) *engraving*

gravel *gravel,* ‹tennisveld› *clay court(s)*

graven *dig,* ‹v. greppels, kanalen ook› *cut,* ‹v. mijn, put› *sink*

graveren *engrave*

graveur *engraver*

gravin *countess*

gravure *engraving*

grazen *graze* ∗ iem. te ~ nemen *have s.o. on* ∗ de leeuw had hem aardig te ~ gehad *the lion had badly mauled him*

grazig *grassy*

greep • (houvast) ∗ ~ op de situatie verliezen *lose hold of the situation* • (keus) *pick* ∗ een gelukkige ~ doen *make a lucky hit* • (handvat) *handle,* ‹v. zwaard› *hilt* • (graai) *grip, grasp* ∗ een ~ doen *make a grab at; make a dive for* ∗ een ~ naar de macht *a bid for power* • (muz.) *finger arrangement,* ‹gitaar enz.› *chord* ∗ God zegene de ~ *let's trust to luck*

gregoriaans *Gregorian*

grein • (gewichtseenheid) *grain* • (korrelstructuur) *grain* ∗ geen ~tje respect *not an ounce of respect* ∗ geen ~tje verstand *not an ounce of common sense* ∗ geen ~tje hoop *not a spark of hope* ∗ hij heeft er geen ~tje verstand van *he doesn't know the first thing about it*

Grenada *Grenada*

grenadier *grenadier*

grendel *bolt* ∗ de ~ erop doen *shoot/run/draw the bolt*

grendelen *bolt*

grenen *pine(wood),* (red) *deal*

grens • (limiet) *limit, boundary, border, frontier* ∗ op de ~ van (fig.) *on the verge of* ∗ alles heeft zijn grenzen *there is a limit to everything* ∗ men moet ergens de ~ trekken *one has to draw the line somewhere* ∗ zijn eerzucht kent geen grenzen *his ambition knows no bounds* ∗ nu is de ~ bereikt *that's the limit* • (scheidingslijn) *border, frontier* ∗ over de ~ zetten *deport* ∗ aan de ~ *at the border*

grensconflict *border conflict*

grensdocument *travel document,* ‹m.b.t. douane› *customs documents*

grensgebied *border region,* (fig.) *borderline*

grensgeval *borderline case*

grenskantoor (border) *custom-house*

grenslijn *line of demarcation, borderline*

grenspost *border crossing*

grensrechter *linesman,* ‹rugby› *touch-judge*

grensverleggend *breaking new ground, opening up new horizons*

grenzeloos *boundless*

grenzen ∗ ~ aan *be bounded by;* (fig.) *border on* ∗ ~ aan elkaar *be contiguous;* ‹v. velden, e.d.› *join* ∗ hun tuinen ~ aan elkaar *their gardens are adjacent to one another; their gardens border one another*

greppel *ditch, trench*

gretig *eager*

gribus *slum*

grief *grievance, offence*

Griek *Greek,* ‹gesch.› *Grecian* ∗ een ~se *a Greek woman*

Griekenland *Greece*

Grieks I [het] *Greek* **II** [bnw] *Greek*

griend • (bos van rijshout) *osier thicket* • (griendwaard) *withe, osier bed*

grienen *blubber, whimper*

griep *influenza,* (the) *flu* ∗ hij heeft ~ *he has got (the) flu; he is ill with flu*

grieperig *ill with (the) flu* ∗ ik voel me een beetje ~ *I have got a touch of (the) flu*

gries ‹kiezelzand› *grit* • (griesmeel) *semolina*

griesmeel *semolina*

griet ● (meid) bird, doll, chick ∗ een leuke ~ a great gal ∗ een lekker ~je a goodlooking chick; a dish ● (vis) brill ● (vogel) godwit

grieven grieve, hurt

griezel ● (engerd) creep, horror ● (afkeer) shiver

griezelen shudder, get the creeps, (Schots) get the heebie-jeebies ∗ iem. doen ~ give a person the creeps

griezelfilm horror film, (video) video nasty

griezelig creepy, eerie ∗ ~ knap uncannily clever

griezelverhaal horror story, spine chiller

grif promptly ∗ ~ grif toegeven admit readily ∗ alles is grif verkocht everything was sold out fast; everything was snapped up

griffen engrave ▼ het is in mijn geheugen gegrift it is engraved/etched on my memory

griffie record-office, ≈ registry ∗ een document ter ~ deponeren file a document

griffier ≈ (v. griffie) registrar, (v. rechtbank) clerk of the court

griffioen griffin

grijns grin, (gemeen) sneer

grijnzen grin, (gemeen) sneer ∗ hij begon te ~ he started to grin ∗ sta niet zo dom te ~! wipe that silly grin off your face!

grijpen I (ov ww) ● (pakken) seize, grip, catch, grasp ∗ voor het ~ liggen be ready to hand ∗ je hebt ze maar voor 't ~ they are as common as dirt ∗ de verklaring ligt voor 't ~ the explanation is obvious II (on ww) ● (tastende beweging maken) ∗ ~ naar grab/snatch at; reach for ∗ deze tandraderen ~ in elkaar these cog-wheels gear into each other ▼ dan grijp je ernaast then you may whistle for it ▼ het vuur greep snel om zich heen the fire spread fast

grijper bucket, grab, (v. robot) grip(per)

grijpgraag grasping, grabby

grijpstuiver ● (vingers/handen) paws, mitts ∗ blijf daar met je ~s vanaf! take your mitts off! ● (klein bedrag) tuppence ∗ ik heb er een ~ voor gegeven I bought it for a song; I got it for next to nothing ∗ daar is een aardige ~ mee te verdienen you can earn a pretty penny that way

grijs ● (kleur) grey ● (oud) hoary, ancient ∗ het grijze verleden in the dim past ▼ dat is al te ~! that's way out of line/order!

grijsaard (grey) old man

grijsrijden avoid paying the full fare

grijzen (turn) grey

gril caprice, whim ∗ een gril van het lot a quirk; a trick of fate

grill grill

grillen I (ov ww) ● (grilleren) grill, (AE) broil II (on ww) ● (huiveren) shudder

grillig ● (wispelturig) capricious, whimsical, fanciful, (v. weer) changeable ● (onregelmatig) freakish

grilligheid ● (wispelturigheid) capriciousness, whimsicality ● (onregelmatigheid) irregularity, freakishness

grimas grimace ∗ ~sen maken make grimaces

grime make-up, (theater) greasepaint

grimeren make up

grimeur make-up artist

grimmig grim ∗ met ~e stem in a grim tone of voice

grind gravel, (grof grind) shingle

grinniken chuckle, chortle, (giechelen) snigger

grip (greep) grip, handle ● (houvast) grip, hold ∗ grip hebben op have a grip on

grissen snatch

groef ● (gleuf) groove, (in zuil) flute ● (rimpel) furrow ∗ een gezicht vol groeven deeply lined face

groei ● (het groeien) growth ∗ ze zijn nog in de ~ they are still growing ● (toename) growth, increase

groeien grow ∗ uit zijn kleren ~ grow out of/outgrow one's clothes ∗ het werk groeit hem boven het hoofd his job is getting the better of him ∗ iem. boven 't hoofd ~ outgrow s.o. ∗ een baard laten ~ grow a beard

groeihormoon growth hormone

groeikern centre of urban growth

groeimarkt expanding/growth market

groeistuip growing pain, initial problem, teething trouble ▼ last hebben van ~en suffer from growing pains

groeizaam favourable (to growth) ∗ ~ weer growing weather

groen I [het] ● (kleur) green ● (gebladerte) greenery, foliage II [bnw] ● (kleur) green ∗ ~e erwten green/garden peas ∗ ~e golf phased traffic lights ● (onervaren) green ● (milieuvriendelijk) ∗ de ~e partij the green party ∗ de ~e kaart the green card ▼ ~e zeep soft soap ▼ 't werd me ~ en geel voor de ogen my head was swimming; I saw stars (before my eyes)

groenblijvend evergreen

groene ● (nieuweling) newcomer, novice ● (lid van milieupartij) Green

Groenland Greenland

Groenlander Greenlander

groenstrook ● (gebied) green belt/area ● (middenberm) grass/centre strip

groente (green) vegetables, greens

groenteboer greengrocer

groentesoep vegetable soup

groentetuin kitchen garden, vegetable garden

groentijd noviciate, ≈ (v. universiteit) freshmanship

groentje greenhorn, ≈ (op universiteit) freshman

groenvoer green fodder

groenvoorziening green space/area

groep group, (v. bomen, huizen, e.d.) cluster, (v. brieven, leerlingen) batch, (v. personen) body ∗ in ~jes van drie of vier in threes and fours

groeperen group

groepering ● (het groeperen) grouping ● (groep) ∗ een politieke ~ a (political) faction

groepsfoto group photo(graph)

groepsgeest team spirit, esprit de corps

groepspraktijk group practice

groepsreis group trip/travel

groepstaal (group) jargon

groepstherapie group therapy

groepsverband group, team ∗ op school werken we in ~ at school we work in groups; at school we do teamwork; we do groupwork at school

groet greeting, (mil.) salute ∗ de ~en thuis my greetings to the family ∗ met vriendelijke ~en with kind(est) regards ∗ doe haar de ~en van ons give her our best wishes

groeten greet, (mil.) salute ∗ gegroet! so long! ∗ groet je vader van mij my regards to your father ∗ hij laat je ~ he sends his regards; (inf.) he sends his love

groezelig dingy, grubby

grof ● (niet fijn) coarse, rough, (stem) harsh ∗ grove gelaatstrekken coarse features ∗ hij is grof gebouwd he is big-boned; he is heavily built ● (ernstig) gross ∗ grof onrecht gross injustice ● (ongemanierd) rude ∗ grof worden cut up rough ▼ grof geld verdienen make big money ▼ grof geld verteren spend money like water ▼ grof spelen play high

grofheid ● (het grof zijn) coarseness, roughness ● (lompheid) rudeness ∗ grofheden debiteren make rude remarks

grofvuil bulky refuse

grofweg roughly, about, around

grog grog, (met suiker) (hot) toddy

grogstem throaty voice, gin croak

grommen I [ov ww] (morren) grumble II [on ww] ● (geluid maken) growl

grond ● (aarde) ground, earth, soil ∗ ik stond aan de ~ genageld I stood transfixed/rooted to the earth/spot ∗ hij had wel door de ~ willen zinken he wanted the floor to open up and swallow him ∗ tegen de ~ gooien throw to the ground; (v. huis) pull down ∗ van de ~ komen get off the ground ∗ van de koude ~ twopenny/half-penny; of sorts; (v. fruit/groente) open-grown ∗ vaste ~ onder de voeten hebben be on firm ground ∗ ~ aanwinnen reclaim land (from the sea) ∗ onder de ~ underground ∗ tot de ~ toe afbranden burn down to the ground ● (bouwland) (om te bouwen) building land, (om te verbouwen) arable land, farmland ● (grondslag) ground, foundation ∗ in de ~ at bottom; essentially ∗ uit de ~ van mijn hart from the bottom of my heart ∗ in de ~ van de zaak to all intents (and purposes); basically ∗ 't gerucht mist elke ~ the rumour is without any foundation ● (reden) ground, reason ∗ op ~ van on account/the ground of ∗ er is goede ~ om there are good reasons for ∗ op goede ~ on good grounds; for good reason ∗ van alle ~ ontbloot without any foundation ● (aardoppervlakte) bottom ∗ in de ~ boren (v. schip) send to the bottom; (v. plannen, e.d.) tear to pieces ∗ aan de ~ lopen/raken run aground ∗ geen ~ voelen (fig.) be out of one's depth ∗ aan de ~ zitten be aground; (fig.) be on the rocks ∗ ~ voelen touch bottom ▼ te ~e gaan be ruined; go to rack and ruin ▼ te ~e richten ruin; wreck ∗ iem. de ~ in boren run s.o. down ▼ met de ~ gelijkmaken raze to the ground

grondbedrijf land development company

grondbeginselen basics, rudiments, elements ∗ de ~ van een wetenschap the basics of a science

grondbegrip fundamental/basic idea

grondbelasting land-tax, property tax

grondbetekenis ● (oorspronkelijke betekenis) original meaning ● (hoofdbetekenis) primary meaning

gronden ● (baseren op) found, (v. hoop) ground (on), (v. mening) base/ground (on) ● (grondverven) prime

grondgebied territory

grondgedachte basic/underlying idea

grondgetal base ∗ tien als ~ base ten

grondhouding basic attitude

grondig ● (degelijk) sound, solid ● (diepgaand) thorough, (v. examen) searching, (v. kennis) thorough, (v. onderzoek) profound, (v. verandering) radical ∗ iets ~ overleggen talk s.th. through

grondlaag ● (onderste laag) bottom layer ● (verf) priming-coat, primer

grondlegger founder

grondlegging foundation

grondoorzaak basic/underlying cause

grondpersoneel ground-staff

grondrecht ● (mensenrechten) basic right, (v. burgers) civil rights ● (rechtssysteem) basic law

grondregel ● (belangrijke regel) basic rule ● (principe) (basic) principle

grondslag ● (beginsel) basis, foundations ∗ ten ~

liggen aan underlie ∗ de omstandigheden die eraan ten ~ liggen the underlying circumstances/conditions ∗ iets tot ~ nemen van make s.th. the basis of ● (fundament) foundation

grondstof ● (hoofdbestanddeel) (starting) material, component ● (materiaal) raw material

grondtoon ● (nat.) fundamental ● (muz.) keynote, tonic

grondverf undercoat, primer

grondvesten [de] foundations ∗ iets op zijn ~ doen schudden rock/shake s.th. to its foundations II [ov ww] found, base (on)

grondvlak base (area)

grondvorm ● (oudste vorm) primitive/original form ● (kenmerkende vorm) basic form/shape

grondwater ground/subsoil water

grondwet constitution

grondwettelijk constitutional

grondwoord root

Groningen Groningen

groot I [het] ∗ ~ en klein great and small ∗ alles in 't ~ doen do everything on a large scale II [bnw] ● (met genoemde afmeting) ∗ 3 cm ~ 3 cm in size ● (niet klein) big, great, (uitgestrekt) large, vast, (v. persoon) tall ∗ een grote man a tall man ∗ in A ~ in A major ∗ een ~ huis a big house ∗ ~ verdriet great sadness ∗ een grote A a capital A ∗ 't ~ste deel van the greater part of ∗ het grote publiek the general public ● de grote massa the masses ∗ een ~ bos a large wood ● (belangrijk) great ∗ een ~ auteur a great writer ∗ grote lui grand folk ● de grote mogendheden the Great Powers ∗ grote weg high-road; main road ● (volwassen) grown(-up) ∗ grote kinderen grown-up children ∗ ~ worden (v. kind) grow up ▼ ~ met elkaar zijn be thick together III [bijw] ∗ ~ gelijk quite right

grootbeeld large-screen (television)

grootboek ledger ∗ ~ van de nationale schuld register of national debt

grootbrengen bring up, raise ∗ kinderen ~ raise a family

Groot-Brittannië Great Britain

grootdoenerij boasting, swagger(ing)

grootgrondbezit large landownership, large scale landowning

grootgrondbezitter large landowner ∗ ~s landed gentry

groothandel ● (bedrijf) wholesaler's ● (handelsvorm) wholesale trade

groothandelaar wholesale dealer, wholesaler

grootheid ● (persoonlijkheid) man/woman of consequence, celebrity, (inf.) big shot ● (het groot zijn) magnitude, (v. geest) greatness ● (wisk.) quantity, (veranderlijke) variable

grootheidswaan megalomania, delusions of grandeur

groothertog grand duke

groothertogdom grand duchy

groothoeklens wide-angle lens

groothouden ● (zich flink houden) bear up bravely ● (doen alsof er niets aan de hand is) keep a stiff upper lip

grootindustrieel captain of industry

grootje granny ∗ iets naar zijn ~ helpen destroy/ruin s.th. ▼ maak dat je ~ wijs pull the other one

grootkapitaal big business, high finance

grootmeester Grandmaster

grootmoeder grandmother

grootmoedig magnanimous

grootouders grandparents

groots grand(iose), spectacular ∗ iets ~ aanpakken

go about s.th. on a large scale

grootschalig large-scale

grootscheeps grand, ambitious, ⟨v. productie, e.d.⟩ largescale

grootspraak boast(ing)

grootsteeds big city …

grootte ⟨hoedanigheid⟩ greatness, ⟨lengte v. persoon⟩ height, ⟨omvang⟩ magnitude, size, extent ★ ter ~ van the size of ★ model op ~ ware ~ life/full-size model

grootvader grandfather

grootverbruik large-scale/bulk consumption

grootverbruiker bulk consumer

grootwinkelbedrijf chain store

grootzeil mainsail

gros ● (12 dozijn) gross ● (merendeel) majority ★ 't gros van de mensen the bulk of the people

grossier wholesale dealer

grossieren (sell) wholesale ▼ ze grossiert in ongelukkige liefdes she collects unhappy love affairs by the dozen

grot cave, ⟨groot en diep⟩ cavern

grotendeels mainly, largely

Grote Oceaan Pacific Ocean

grotesk grotesque

grotschildering cave(-wall) painting

groupie groupie

gruis grit, ⟨geo.⟩ waste, ⟨v. kolen⟩ coal-dust

grut I [het] ● 't kleine grut the young fry **II** [tw] gosh!

grutten groats, grits ▼ goeie ~! good heavens!

gruwel ● ⟨gruwelijke daad⟩ atrocity, gruesome deed ● ⟨afkeer⟩ horror ★ het is mij een ~ I abhor/detest it

gruweldaad atrocity

gruwelen be horrified, abhor ★ van iets ~ be horrified of/at s.th.

gruwelijk atrocious, gruesome ★ een ~e daad a horrifying deed ▼ zich ~ vervelen be bored stiff/to tears

gruwen shudder ★ ~ van detest/loathe

gruzelementen smithereens, bits and pieces ★ aan ~ slaan smash to pieces; reduce to matchwood

Guatemala Guatemala

guerrilla guer(r)illa ★ ~-aanvallen/oorlog guerrilla attacks/warfare

guerrillastrijder guerrilla

guillotine guillotine

Guinee Guinea

Guinee-Bissau Guinea-Bissau

guirlande garland, wreath

guit ★ kleine guit little rogue/rascal

guitig roguish, arch

gul ● ⟨hartelijk⟩ ★ gulle ontvangst cordial reception ● ⟨vrijgevig⟩ generous

gulden I [de] guilder, Dutch florin **II** [bnw] golden ★ de ~ middenweg the golden/happy mean

gulheid ● ⟨hartelijkheid⟩ cordiality ● ⟨vrijgevigheid⟩ generosity

gulp ● ⟨straal⟩ gush ● ⟨sluiting⟩ fly ★ zijn gulp dichtdoen button up one's fly; ⟨met rits⟩ zip up one's fly

gulpen gush

gulweg frank, open, straight(forward)

gulzig greedy

gulzigaard glutton

gum eraser, rubber

gummen rub out, erase

gummi I [het] ⟨india⟩ rubber **II** [bnw] rubber

gummiknuppel rubber truncheon

gunnen ● ⟨verlenen⟩ grant, allow, ⟨uitvoering v.

werk⟩ place, award ★ je moet je de tijd ervoor ~ you must allow yourself the time for it ★ hij gunt je geen ogenblik rust he does not give you a moment's rest ★ een contract ~ aan award a contract to ★ een order ~ place an order (with) ● ⟨toewensen⟩ ★ ik gun 't je! ⟨iron.⟩ I wish you joy of it!; you can have it! ▼ 't is je ⟨van harte⟩ gegund you are (heartily) welcome to it ★ zij gunt hem het licht in zijn ogen niet she begrudges him the air he breathes ★ men moet een ander ook wat ~ give onto others ★ ik gun ieder 't zijne (one must) live and let live

gunst ● ⟨goede gezindheid⟩ ★ in de ~ komen bij find favour with ★ iem. een ~ vragen ask a favour of s.o. ★ in iemands ~ trachten te komen ingratiate o.s. with a person ★ uit de ~ raken fall out of favour ★ in de ~ staan bij iem. be in a person's good books ● ⟨vriendelijk gebaar⟩ ★ iem. een ~ bewijzen do a person a favour ● ⟨voordeel⟩ ★ ten ~e van on behalf of/in favour of

gunsteling favourite

gunstig ● ⟨goedgezind⟩ favourable, kind ★ een ~ antwoord positive answer ★ iem. ~ stemmen put s.o. in a good mood; propitiate s.o. ★ 't lot was mij ~ gezind fortune smiled on me; fate was on my side ★ ~ bekend staan enjoy a good reputation ● ⟨voordelig⟩ ★ in het ~ste geval at best ★ ~e gelegenheid favourable opportunity ★ ~e prijs reasonable price ● ⟨vriendelijk⟩ ★ ~ denken over think well of ★ zich ~ voordoen make o.s. agreeable

guppy guppy

guts ● ⟨plens⟩ gush ● ⟨beitel⟩ gouge, ⟨voor linoleum⟩ lino-cutter

gutsen I [ov ww] ● ⟨werken met een guts⟩ gouge **II** [on ww] ● ⟨plenzen⟩ gush, ⟨v. zweet⟩ pour (down)

guur bleak, ⟨v. weer ook⟩ raw

Guyana Guyana

gym I [de] gym **II** [het] ⟨AE⟩ ≈ high school, grammar school ★ hij zit op 't gym he is at the grammar school

gymmen have gym/P.E., Physical Education, do gymnastics

gymnasiast ≈ grammar school pupil

gymnasium ⟨AE⟩ high school, ≈ grammar school

gymnastiek physical education, P.E., gymnastics

gympie plimsoll, gym shoe

gymschoen gym shoe, plimsoll, trainer

gynaecologie gynaecology

gynaecoloog gynaecologist

G

H

h (the letter) H/h

haag • (heg) hedge • (rij mensen/dingen) row

haai • (vis) shark • (persoon) shark ▼ naar de haaien gaan (v. schip) go to the bottom; (v. zaak) go to pieces ▼ dan ben je voor de haaien then you are a goner

haaibaai shrew

haak • (bevestigingshaak) hook, clasp, (v. raam) catch • haken en ogen hooks and eyes; catches; (fig.) snags • (gebogen voorwerp) hook, (v. kapstok) peg • (vishaak) hook • (telefoonhaak) hook ★ de hoorn van de haak nemen lift the receiver; take the phone off the hook • (leesteken) bracket ★ iets tussen haakjes zetten put s.th. between brackets ★ tussen haakjes between brackets; (fig.) incidentally; by the way ▼ (winkelhaak) tear ▼ aan de haak slaan hook s.o. ▼ schoon aan de haak (v. dier) dressed; (v. persoon) undressed ▼ het is niet in de haak it is not as it should be ▼ er zitten nog heel wat haken en ogen aan there are quite a few catches; it's a very tricky business

haaknaald crochet hook/pin

haakneus hooknose, hooked nose

haaks square ★ ~ op at right angles to ▼ hou je ~! keep your chin up! ▼ die meningen staan ~ op elkaar those opinions are diametrically opposed

haakwerk crochet(ing)

haal • (het halen/trekken) (aan net) haul, (aan sigaret) drag, (aan touw) pull • (streep) stroke ▼ aan de haal zijn be on the run

haalbaar feasible, manageable ★ die slag is niet ~ (kaartspel) that trick can't be made ★ dat voorstel is niet ~ that proposal is not realistic

haan • (dier) cock, (AE rooster) • (pal in wapen) cock ★ de haan van een geweer spannen cock a gun • (weerhaan) weathercock ▼ daar zal geen haan naar kraaien nobody will be the wiser

haar I [de] hair ▼ het scheelde geen haar of ik had het gedaan I was within an ace of doing it ★ 't scheelde maar een haar that was touch and go; it was a very close call ★ geen haar beter dan not a whit better than ★ het scheelde geen haar of ik was overgereden I was very nearly run over ▼ er is geen haar op mijn hoofd die eraan denkt I would not dream of doing such a thing ▼ zijn wilde haren verliezen settle down; sow one's wild oats ▼ elkaar in de haren vliegen fly at each other ▼ iets met de haren erbij slepen drag s.th. in by the head and shoulders ▼ op een haar na within a hair's breadth of ▼ mijn haren rezen te berge it made my hair stand on end ▼ elkaar in de haren zitten be at loggerheads; get in each other's hair **II** [het] hair ★ ik heb er grijze haren van gekregen it has turned my hair grey ★ zijn haar laten knippen have a haircut **III** [pers vnw] her **IV** [bez vnw] her, hers

haarband headband, (lint) ribbon

haard • (stookplaats) (kachel) stove, (open hearth, fireplace ▼ bij de ~ zitten sit by the fire • (middelpunt) centre, (v. verzet) centre of resistance, (v.d. brand) seat of the fire, (ziektehaard) focus ▼ eigen ~ is goud waard there is no place like home

haardos (head of) hair

haardracht hair style, hairdo

haardroger hairdryer, hairdrier

haardvuur fire (burning in the hearth)

haarfijn I [bnw] as fine as a hair, (fig.) minute, subtle **II** [bijw] minutely ★ iets ~ uitleggen explain s.th. in great detail

haargroei hair growth

haarkloverij • (muggenzifterij) hair splitting, nitpicking • (gekibbel) quibbling

haarlak hairspray, hair lacquer

haarlok lock of hair

haarnetje hairnet

haarscherp very sharp, (v. onderscheid) very fine, (v. redenering) clear-cut

haarscheurtje hairline crack

haarspeld hairpin, (als sier) hair slide

haarspeldbocht hairpin bend/curve

haarstukje hairpiece

haaruitval hair loss

haarvat capillary

haarversteviger setting lotion

haarvlecht plait

haarwater hair tonic

haarwortel hair-root ★ blozen tot in zijn ~s blush to the roots of one's hair

haarzakje (anatomie) (hair) follicle, (voor uitgekamd haar) hair tidy

haas • (dier) hare • (bangerik) coward • (vlees) fillet • (sport) pacemaker ▼ er als een haas vandoor gaan take to one's heels

haasje-over ★ ~ springen play (at) leapfrog

haaskarbonade loin chop

haast I [de] • (snelheid) haste ▼ in vliegende ~ a tearing hurry ★ ~ maken met speed/hurry up; press on with • (drang tot spoed) hurry ★ ~ hebben be in a hurry ★ er is geen ~ bij there is no hurry ★ er is ~ bij it is urgent **II** [bijw] almost, nearly ★ ben je ~ klaar? have you finished yet?; are you almost done/ready? ★ ~ niet hardly ★ ~ geen geld hardly any money

haasten I [ov ww] hurry (s.o.) **II** [wkd ww] hurry, hasten ★ haastje-repje vertrekken leave in a hurry ★ haast je wat! hurry up! ★ haast je maar niet take your time ★ haast u langzaam hasten slowly

haastig I [bnw] hasty, hurried **II** [bijw] hurriedly, in a hurry, hastily

haastklus rush job

haastwerk • (urgent werk) urgent work, rush job • (haastig gedaan werk) rushed job

haat hatred ★ ~ en nijd rancour

haatdragend resentful, vindictive, spiteful

haat-liefdeverhouding love-hate relationship

habbekrats next to nothing ★ voor een ~ kopen buy s.th. for a song

habitat habitat

hachee hash, hashed meat

hachelijk critical, precarious ★ een ~e situatie a tricky situation, a tight spot

hachje skin, life ★ hij schoot er z'n ~ bij in it cost him his life ★ z'n ~ redden save one's bacon/skin ★ hij is bang voor z'n ~ he fears for his life

hagedis lizard

hagel • (neerslag) hail • (jachthagel) shot ★ een schot ~ a shower of shot

hagelbui hailstorm, (fig.) shower ★ een ~ van stenen a shower of stones

hagelen hail

hagelslag chocolate sprinkles

hagelsteen hailstone

hagelwit as white as snow

hagenpreek field preaching

haiku haiku

hairspray hairspray

Haïti Haiti

hak heel ★ met hoge/lage hakken high/flat-heeled
▼ van de hak op de tak springen ramble on
▼ iem. een hak zetten play a dirty trick on s.o.
▼ met de hakken over de sloot by the skin of one's teeth
hakbijl hatchet, chopper, ⟨v. slager⟩ cleaver
hakblok chopping board, butcher's block
haken I [ov ww] ● (handwerken) crochet
● (vastmaken) hook, hitch **II** [on ww] ● (blijven haken) catch
hakenkruis swastika
hakhout coppice, scrub, fire wood
hakkelen stammer, stutter
hakken I [ov ww] ● (stuk/los hakken) chip, cut (up) ● (sport) back-heel ▼ een leger in de pan ~ rout an army **II** [on ww] ● (houwen) hack (at)
● (vitten) pick holes in, find fault with ▼ hij zit altijd op mij te ~ he's always cutting me down
hakkenbar counter where shoes are repaired
hakmes chopper, chopping knife
haksel ⟨veevoer⟩ chaff, ⟨voedsel⟩ chopped/minced food
hal ● (vestibule) (entrance) hall, ⟨v. hotel, theater⟩ foyer, lobby ● (zaal) hall
halen ● (op-/afhalen) fetch, get ★ laten ~ send for ★ 'n dokter erbij ~ call in a doctor ★ iem. van de trein ~ meet a person at the station ● (bereiken) ★ de trein ~ catch the train ★ jij haalt de 90 wel you'll live to be 90 ★ hij haalde het net he scraped through; he barely made it ★ de helling ~ make the grade ★ mijn auto haalt zeker 150 km per uur my car does over 90 miles an hour ★ een noot ~ reach a (high) note ● (naar zich toetrekken) pull ★ naar beneden ~ lower ★ er valt bij hem niets te ~ there's nothing to be got out of him ★ haal 'n kam door je haar drag a comb through your hair ★ naar zich toe ~ draw towards o.s.; ⟨v. geld⟩ rake in ● iets te voorschijn ~ take out/ produce s.th. ★ de waarheid uit iem. ~ elicit the truth from a person ★ iets uit iem. trachten te ~ ⟨voordeel⟩ try to get s.th. out of a person
● (behalen) obtain ★ 'n akte ~ obtain/receive a certificate ★ de eerste prijs ~ win the first prize
▼ niets kan het erbij ~ nothing can equal/match it ▼ dat haalt (het) er niet bij that is not a patch upon it; it can't compare with it ▼ er moest vele malen voor hem gehaald worden he got many curtain-calls ▼ door elkaar ~ mix up ▼ dat haalt niets uit it won't do any good; it is no use
half I [bnw] ● (een groot deel) ★ de halve wereld half the world ● (gedeeltelijk) ★ zijn werk maar half doen do one's work by halves ★ half klaar met half-way through ★ je weet niet half hoe .... little do you know how ... ● (de helft vormend) half, semi- ★ de halve finale the semi-final ★ een baan voor halve dagen a part-time job, a job for half-days ● (halverwege) ★ half mei the middle of May ★ half een half past twelve; twelve-thirty **II** [bijw] half ★ half om half half-and-half ★ half en half beloven half promise
half- semi, demi
halfbloed ● (mens) halfbreed ● (paard) crossbreed
halfbroer half-brother
halfdonker I [het] semi-darkness **II** [bnw] half darkened
halfdood half dead ★ iem. ~ slaan thrash a person within an inch of his life ★ zich ~ lopen to run one's legs off ★ zich ~ schrikken be frightened out of one's wits
halfedelsteen semi precious stone
halffabrikaat semi-manufactured article, semi-finished product

halfgaar ● (niet helemaal gaar) half-done ● (niet goed wijs) half-baked, half-witted
halfgeleider semiconductor
halfgod demigod
halfhartig half-hearted
halfjaar six months, half a year ★ elk ~ betalen pay twice annually/a year
halfjaarlijks half-yearly, biannual
halfleeg half-empty
halfrond I [het] hemisphere **II** [bnw] ⟨bolvormig⟩ hemispherical, ⟨cirkelvormig⟩ semicircular
halfslachtig half-hearted ★ een ~ antwoord only half an answer
halfstok half-mast
halftint halftone, halftint
halfuur half (an) hour
halfvol ● (half vet) low-fat ★ ~le melk semi-skimmed milk ● (half gevuld) half full
halfwas learner, apprentice
halfweg halfway
halfzacht ● (tussen hard en zacht) soft-boiled
● (verwijfd, slap) soft, weak, mealy-mouthed
● (dwaas) soft in the head
halfzuster half-sister
halleluja hallelujah
hallo hello
hallucinatie hallucination
hallucineren hallucinate
halm stalk, ⟨v. gras⟩ blade
halo ● (stralenkrans) halo, aureole [mv: halo(e)s], ⟨rond maan bij zonsverduistering⟩ corona
● (foto.) halation, halo
halogeen halogen
halogeenlamp halogen lamp
hals ● (lichaamsdeel) neck ★ (halsopening) neckline
● (dun gedeelte) neck ● (sukkel) ★ onnozele hals sucker; mug ▼ iem. om de hals vliegen throw one's arms around s.o.'s neck ▼ iem. iets op de hals schuiven shove s.th. on to a person ▼ zich iets op de hals halen bring s.th. on o.s.; ⟨v. schulden⟩ incur; ⟨v. ziekte⟩ catch; develop ▼ hals over kop vertrekken rush off ▼ weet wel wat je je op de hals haalt! be careful what you're letting yourself in for!
halsband collar
halsbrekend ★ ~e toeren uithalen risk one's neck
halsdoek scarf
halsketting necklace
halsmisdaad capital crime
halsoverkop in a rush/hurry, helter-skelter, head-over-heels ★ ~ vertrekken leave in a rush
halsreikend eagerly, keenly, expectantly ★ ergens ~ naar uitzien eagerly look forward to s.th.
halsslagader carotid (artery)
halssnoer necklace
halsstarrig obstinate, headstrong, stubborn
halster halter
halswervel cervical vertebra
halszaak capital crime, hanging matter ★ je moet er geen ~ van maken don't take it too seriously
halt I [het] ★ een halt toeroepen call a halt to; put a stop to **II** [tw] stop!
halte stop ★ volgende ~! next stop, please!
halter ⟨kort⟩ dumbbell, ⟨lang⟩ barbell
halvarine low-fat margarine
halvemaan half-moon, crescent
halveren (in tweeën delen) divide into halves ★ een hoek ~ bisect an angle ★ (tot de helft verminderen) half
halveringstijd half-life
halverwege ● (halfweg) halfway, midway
● (midden in een bezigheid) ★ ~ zijn werk halfway through his work

H

halvezool • (slapjanus) wimp, sissy • (voorstuk van de zool) half sole

ham ham

hamburger hamburger, beefburger

hamer hammer, (houten) mallet ▼ onder de ~ brengen put up for auction; bring under the hammer ▼ onder de ~ komen/gaan come/go under the hammer; be put up for sale ▼ tussen ~ en aanbeeld between the devil and the deep blue sea

hameren I [ov ww] • (met hamer slaan) hammer ★ erin ⟨spijker⟩ hammer home/in (a nail); (fig.) hammer s.th. into a person **II** [on ww] • (~ op) ★ ergens op ~ hammer at s.th. ★ ergens op blijven ~ keep going on about s.th.

hamerstuk formality

hamerteen hammer-toe

hamlap pork steak

hamster hamster

hamsteren hoard (up)

hamvraag key question, ⟨AE⟩ the sixty-four thousand dollar question

hand • (lichaamsdeel) hand ★ op handen en voeten on all fours ★ handen thuis! hands off! ★ iem. de hand geven shake hands with s.o. ★ zij sloegen hun handen in elkaar van verbazing they threw up their hands in astonishment ★ aan de hand van de gegevens on the basis of the data ★ bij de hand hebben hold by the hand • (handschrift) hand ★ van dezelfde hand by the same hand⟨writing⟩ • (macht) ▼ de politie heeft de zaak in handen the police have the case in hand ▼ in handen stellen van refer to; place the case in the hands of ★ op eigen hand on one's own authority ▼ van hogerhand voorgeschreven decreed by the authorities ★ maatregelen van hogerhand government measures; ⟨inf.⟩ orders from above ▼ (manier) ★ hij heeft er een handje van he has a way of doing s.th. ▼ bij de hand hebben have at hand ▼ zijn handen in onschuld wassen wash one's hands of s.th. ▼ iem. de hand boven het hoofd houden protect s.o.; (steunen) back s.o. up ▼ wat is er aan de hand? what's wrong?; what's the matter? ▼ niets om handen hebben have nothing to do; be at a loose end ▼ iem. de vrije hand laten give s.o. a free hand with s.th. ▼ op handen zijn be (near) at hand ▼ uit de hand lopen get out of hand ▼ met de handen in het haar zitten be at one's wits' end ▼ van de hand in de tand leven live from hand to mouth ▼ de hand leggen op lay hands on ▼ de handen uit de mouwen steken put one's shoulder to the wheel ▼ iets achter de hand hebben have s.th. up one's sleeve; have s.th. in reserve ▼ met beide handen aangrijpen seize with both hands; jump at ▼ met hand en tand verdedigen defend tooth and nail ▼ onder handen nemen (opknappen) fix (s.th.); (werk) undertake; (berispen) give a person a good talking-to ▼ van de hand wijzen (verzoek) refuse; (uitnodiging) decline; (beroep) dismiss; (voorstel) reject; turn down ▼ iem. iets ter hand stellen hand s.th. to a person ▼ voor de hand liggen be obvious ▼ het zijn twee handen op één buik they are hand and glove ▼ in de hand werken play into the hands of ▼ onder handen hebben be at work on s.th. ▼ aan de winnende hand on the winning side ▼ vele handen maken licht werk many hands make light work ▼ hij draait er zijn hand niet voor om he thinks nothing of it ▼ de hand aan iem./zichzelf slaan lay violent hands on s.o./o.s.; attempt to commit murder/suicide ▼ de handen ineenslaan join

hands/forces ▼ zijn handen staan verkeerd he's all thumbs ▼ de laatste hand aan een werk leggen put a finishing touch to s.th. ▼ zij schonk haar hand aan... she gave her hand (in marriage) to... ▼ hij stak geen hand uit om mij te helpen he did not lift a finger to help me ▼ nooit een hand uitsteken never do a stroke of work ▼ hij kon geen hand voor ogen zien he couldn't see a hand in front of his face ★ aan handen en voeten gebonden bound hand and foot; tied down ▼ iem. een baan aan de hand doen get s.o. a job ▼ iem. een middel aan de hand doen suggest a remedy to a person ▼ dat heb ik vaker bij de hand gehad I am an old hand at this

handappel eating apple

handarbeider manual worker/labourer, blue collar worker

handbagage hand luggage

handbal I [de] handball **II** [het] handball

handballen play handball

handbediening hand/manual control, hand-operated

handbereik ★ binnen/onder ~ within arm's reach; close at hand ★ buiten ~ out of reach

handboei handcuff(s), manacle(s) ★ iem. ~en omdoen manacle/handcuff s.o.

handboek manual, handbook

handbreed ★ geen ~ wijken not yield an inch of ground; not budge (an inch)

handcrème hand lotion

handdoek towel, (op rol) roller towel

handdruk handshake ★ een ~ wisselen shake hands ★ gouden ~ golden handshake

handel • (in- en verkoop) trade, commerce, business, (ongunstig) traffic (in drugs, etc.) ★ in de ~ brengen put on the market; bring out ▼ niet in de ~ not on the market; not for sale ★ ~ drijven do business; carry on trade ★ in de ~ zijn (personen) be in business; (artikelen) be in/on the market • (zaak) business ▼ ~ en wandel conduct

handelaar merchant, (pej.) trafficker, (in auto's) car dealer, (in paarden) horse trader

handelbaar • (handzaam) manageable, handy, easy to use • (meegaand) tractable, manageable

handelen • (handel drijven) trade ★ ~ in deal in • (te werk gaan) act ★ ~ in strijd met de wet break the law; (form.) contravene the law ★ ~ volgens advies act on advice ★ (~ over) treat (of), deal with

handeling • (daad) act • (verslag) proceedings [mv], (v. genootschap) transactions [mv], (v. parlement) Parliamentary Reports [mv], parliamentary proceedings [mv]

handelingsbekwaam capable of closing/signing a contract, (jur.) capable of acting

handelsakkoord trade agreement, commercial treaty/accord

handelsbalans • (balans van koopman) balance sheet • (waardeverhouding) trade balance

handelsbetrekkingen trade relations

handelscentrum trade centre, commercial centre

handelscorrespondentie business correspondence

handelsembargo trade embargo

handelsgeest spirit of commerce, mercantile spirit, (zakeninstinct) business instinct

handelskennis knowledge of commerce/business

handelsmerk trademark

handelsmissie trade mission

handelsonderneming commercial/business enterprise

handelsoorlog trade war

handelsregister commercial register
handelsreiziger commercial traveller, travelling businessman
handelsverdrag commercial treaty
handelsverkeer commercial traffic, trade
handelsvloot merchant fleet
handelswaar merchandise, commodity, goods
handeltje ● (handel op kleine schaal) small-scale trade ★ hij heeft een ~ in antiek he trades in antiques ● (spullen) lot
handelwijze ● (gedrag) conduct, way of acting ● (wijze van handelen) course of action, procedure
handenarbeid ● (werk met de handen) manual labour ● (schoolvak) handicraft ★ leraar ~ handicraft instructor; woodwork teacher
handgebaar gesture, motion
handgeklap applause, handclapping
handgeld earnest money
handgemeen scuffle, fight ★ ~ raken/krijgen come to blows
handgranaat (hand) grenade
handgreep ● (handigheid) knack, trick ● (handvat) handle, grip ● (handvol) handful
handhaven I [ov ww] (besluit, eis) uphold, (mening, orde, kwaliteit) maintain, (regels, verbod) enforce ★ zich ~ maintain o.s. ★ zijn voorstellen ~ stand by one's proposals ★ iem. in zijn ambt ~ keep a person in office **II** [wkd ww] maintain o.s.
handicap handicap, disability
handig ● (vaardig) skilful, clever ★ ~ gedaan cleverly/neatly done ● (gemakkelijk te hanteren) handy ★ ~ formaat handy size
handigheid ● (het handig zijn) skill, cleverness ● (foefje) knack, trick ★ 't is een ~je it's just a knack
handjeklap ● (kinderspel) pat-a-cake ● (gebaar) clapping hands ▼ ~ spelen be hand in glove with; be in league with
handkar barrow, handcart
handkus kiss on the hand
handlanger ● (medeplichtige) accomplice, tool ● (ondergeschikte helper) assistant
handleiding ● (leerboek) manual, handbook ● (gebruiksaanwijzing) manual, directions/ instructions for use ★ met volledige ~ with full instructions
handlezen palm reading, palmistry
handomdraai ★ in een ~ in a trice; in less than no time
handoplegging laying on of hands, (genezen) faith-healing
handopsteken show of hands ★ met/bij ~ stemmen vote by show of hands
handpalm palm of the hand
handreiking help(ing hand), assistance
handrem handbrake
hands hands ~ aangeschoten ~ accidental hands
handschoen glove, (werk, motor) gauntlet ▼ iem. de ~ toewerpen throw down the gauntlet to a person ▼ met de ~ trouwen marry by proxy ▼ iem. met fluwelen ~en aanpakken handle somebody with kid gloves
handschrift ● (manier van schrijven) handwriting ● (tekst) manuscript
handspiegel hand mirror
handstand handstand
handtas handbag, (AE) pocketbook, purse
handtastelijk (gewelddadig) violent, (vrijpostig) free ★ ~ worden (geweldadig) use violence; (vrijpostig) paw; become intimate
handtekening signature

handvaardigheid ● (bedrevenheid) manual skill, craftsmanship ● (schoolvak) handicraft
handvat handle
handvest charter, covenant
handvol handful
handwas hand-wash(ing)
handwerk ● (ambacht) trade, craft ● (wat met de hand gemaakt is) handwork, handiwork
handwerken do needlework
handzaam ● (handelbaar) manageable ● (praktisch) handy
hanenbalk purlin, collar beam ★ onder de ~en in the garret
hanenkam ● (kam van haan) cockscomb ● (kapsel) Mohican haircut ● (cantharel) chanterelle
hanenpoot scrawl, scribble
hang ★ een hang hebben tot be born with a passion for
hangar hangar
hangborst sagging breast
hangbrug suspension bridge
hangbuik pot belly
hangen I [ov ww] ● (bevestigen) hang (up) ● (iem. hangen) hang **II** [on ww] ● (af-/neerhangen) hang ● (vastzitten) stick to ★ ik bleef met mijn broek aan een spijker ~ I caught my trousers on a nail ● (niet afgedaan zijn) hang ● (slap hangen) hang, (bloemen) droop ● (als straf opgehangen zijn) hang ● (rondlummelen) loll ★ staan te ~ hang about ● (blijven zweven) ★ de lucht bleef ~ the smell lingered ● (~ naar) crave (for) ▼ tussen ~ en wurgen between the devil and the deep blue sea ▼ ik mag ~ als... I'll be hanged if... ▼ aan iemands lippen ~ hang on s.o.'s lips; hang on s.o.'s every word ▼ hij hangt niet aan geld he does not care for money ▼ ze ~ erg aan elkaar they are devoted to each other ▼ in Frankrijk blijven ~ linger on in France ▼ aan de letter van de wet ~ stick to the letter of the law
hangende ★ ~ het onderzoek pending the inquiry
hang- en sluitwerk door/window furniture
hanger ● (sieraad) (aan ketting) pendant, (aan oren) pendant/hanging earring ● (kleerhaak) hanger
hangerig drooping, listless
hangijzer pot hanger ▼ een heet ~ a hot potato; a controversial issue
hangkast wardrobe, (AE) closet
hangklok (wall)clock
hangmap hanging file
hangmat hammock
hangplant hanging plant
hangslot padlock
hangsnor drooping moustache
hangtiet sagging tit
hangwang flabby cheek
hanig ● (agressief) waspish, quarrelsome ● (wellustig) macho, cocky
hannes twit, clot
hannesen muck/fool about, mess about/around
hansop nighty, sleeping-suit
hansworst buffoon, clown
hanteerbaar manageable
hanteren ● (met de handen gebruiken) manage ● (omgaan met) handle
hap ● (stuk) bit ★ 't is 'n hele hap uit mijn portemonnee it's a large portion of my income ● (beet) bite ★ zij heeft nog geen hap genomen she hasn't even touched her food ● (afgehapt stuk) morsel ● (boel) lot ▼ in een hap en een snap in a jiffy

H

haperen ● (mankeren) ★ er hapert iets aan de motor *there's s.th. wrong with the engine* ★ dat hapert nooit *that never fails* ● (blijven steken) *stick, get stuck,* (v. stem) *falter* ★ zonder ~ *without a hitch* ★ 't gesprek haperde *the conversation flagged*

hapje (klein beetje) *bite,* (klein gerecht) *bite to eat, snack* ★ eerst een ~ eten *let's first have a snack; let's have a bite to eat first* ★ lekker ~ *titbit*

hapjespan *sauté pan*

hapklaar *ready-to-eat, oven-ready* ★ hapklare brokken *ready-to-eat chunks*

happen ● (bijten) *bite* ★ ~ naar *snap at* ● (reageren) *take the bait* ★ hap toch niet zo! *don't take it so seriously!; can't you take a joke?* ● (nuttigen) *take a bite* ▼ een luchtje ~ *get a breath of fresh air*

happening *happening*

happig *eager (for), keen (on)*

happy *happy* ★ ergens niet ~ mee zijn *be unhappy with s.th.*

happy few *happy few*

haptonomie *haptonomy*

hard I [bnw] ● (niet zacht) *hard* ★ hard worden *harden,* (v. cement, lijm, etc.) *set* ● (hevig) (regen) *heavy,* (werk) *hard* ★ er staat een harde wind *there's a strong wind* (blowing) ● (luid, schel) *loud* ★ harde kleuren *bright colours;* (schrift) *loud colours* ★ met een harde stem in a *loud voice* ● (meedogenloos) *stern, harsh* ★ de harde werkelijkheid *the harsh reality* ★ 't is hard voor je *it is hard (lines) on you* ★ hard tegen hard with the gloves off ● (vaststaand) *hard* ★ harde bewijzen *hard evidence* ● (kalkrijk) *hard* ▼ hij heeft een hard hoofd *he is hard-headed* **II** [bijw] ● (snel) *fast* ★ te hard rijden *speed* ★ om 't hardst met elkaar lopen *race each other* ★ hard vooruitgaan *make rapid progress* ● (luid) *loud* ★ harder spreken *speak up* ★ ze zongen om 't hardst *they sang their loudest* ● (hevig) *hard* ★ het regent hard *it's raining very hard* ★ ze hebben het geld hard nodig *they need the money badly* ● (meedogenloos) *hard* ★ het kwam hard aan *it was a great blow to her* ★ iem. hard aanpakken *be stern with s.o.*

hardboard *hardboard*

harddrug *hard drug*

harden ● (hard maken) *harden,* (staal) *temper* ● (iem. sterk maken) *harden, steel* ★ zich ~ *train/harden* o.s. ● (uithouden) *stand, bear* ★ de hitte was niet te ~ *the heat was unbearable*

hardhandig *rough*

hardheid *hardness,* (fig.) *harshness, severity,* (v. geluid) *loudness*

hardhorend *hard of hearing*

hardhout *hardwood*

hardleers ● (eigenwijs) *obstinate, stubborn* ● (moeilijk lerend) *dull, dense, thick-skulled*

hardlopen *run*

hardmaken *substantiate*

hardnekkig ● (koppig) *obstinate, stubborn, pig headed* ● (aanhoudend) *dogged,* (v. gerucht) *persistent*

hardop (out) *loud, aloud*

hardrijden *race,* (op schaatsen) *speed-skate,* (scheuren) *speed*

hardrijder *racer,* (in auto) *speeder,* (op schaatsen) *speed-skater*

hardvochtig *callous, harsh, heartless*

harem *harem*

harig *hairy*

haring ● (vis) *herring* ★ nieuwe ~ *fresh herring* ● (pin van tent) *peg* ▼ daar moet ik ~ of kuit van hebben *I want to get to the bottom of it* ▼ als ~en in een ton packed *like sardines*

haringkaken *gutting of herring*

haringrokerij *herring smokehouse*

haringvangst *herring catch*

hark ● (gereedschap) *rake* ● (stijf persoon) ★ stijve hark *dull old stick*

harken *rake*

harkerig *stiff, clumsy*

harlekijn *harlequin*

harmonica ● (trekharmonica) *accordion,* (zeshoekig) *concertina* ● (mondharmonica) *harmonica*

harmonicabed ≈ *folding bed*

harmonicadeur *folding door*

harmonie ● (eendracht) *harmony* ● (tonengeheel) *harmony* ● (orkest) *brass band*

harmoniemodel *conflict avoidance strategy*

harmoniëren *harmonize*

harmonieus *harmonious*

harmonisatie *harmonization*

harmonisch *harmonious*

harmoniseren I [ov ww] ● (harmonisch maken) *harmonize, bring in(to) line with* **II** [on ww] ● (harmonisch zijn) *harmonize (with)*

harmonium *harmonium*

harnas *armour* ▼ iem. tegen zich in 't ~ jagen *antagonize a person*

harp *harp*

harpist *harpist, harp player*

harpoen *harpoon*

harpoeneren *harpoon*

harpoengeweer *harpoon gun*

harrewarren *squabble, bicker*

hars *resin*

hart ● (orgaan) *heart* ▼ hij heeft een zwak hart *he has a weak/bad heart* ● (gemoed) *heart* ● (lef) *heart* ▼ hij had 't hart niet om te gaan *he didn't have the courage to go;* (inf.) *he didn't have the guts to go* ▼ heb 't hart niet te... *don't you dare to...* ● (inborst) ★ het komt uit een goed hart *the intention is good* ● (kern) *heart* ★ 't hart van de stad *in the heart/centre of town* ● (toewijding) ★ je hebt geen hart voor de zaak *your heart is not in it* ▼ iets ter harte nemen *take s.th. to heart* ▼ in hart en nieren to the backbone ▼ iets op het hart hebben *have s.th. on one's mind* ▼ van ganser harte *with all my heart* ▼ waar het hart van vol is, loopt de mond van over *what the heart thinks, the mouth speaks* ▼ haar hart kromp ineen van angst *she cringed with fear* ▼ mijn hart draaide ervan om in mijn lijf *it turned my stomach* ▼ met de hand op het hart! *cross my heart!* ▼ ik kan met de hand op het hart zeggen *I can say in all conscience* ▼ hij heeft het hart op de tong *he wears his heart on his sleeve* ▼ het gaat me aan 't hart *it really touches me* ▼ in zijn hart at heart; deep in his heart ▼ hij zegt wat er in zijn hart omgaat *he speaks his mind freely* ▼ een man naar mijn hart *a man after my own heart* ▼ iem. iets op het hart binden/drukken *impress s.th. on a person* ▼ ik kon het niet over mijn hart krijgen *I had not the heart/could not find it in my heart to do it* ▼ de zaak gaat mij zeer ter harte *I feel very strongly about it*

hartaanval *heart attack*

hartbewaking ● (controle) *coronary care* ● (afdeling) *coronary/intensive care*

hartboezem *atrium, auricle*

hartbrekend *heartbreaking*

hartchirurg *cardiac/heart surgeon*

hartelijk cordial, hearty ★ ~ gefeliciteerd! my sincere congratulations! ★ een ~ welkom a warm welcome
harteloos heartless, callous
harten hearts ★ één ~ one heart ★ ~ vrouw queen of hearts
hartenbreker heart breaker, ⟨man⟩ lady-killer, ⟨vrouw⟩ flirt
hartendief honey bun(ch), darling, pet
hartenkreet heartfelt cry, cry from the heart
*hartenlust (Wdl: hartelust) ★ naar hartenlust to one's heart's content
hartenwens heart's desire
hartgrondig I [bnw] heartfelt, cordial II [bijw] cordially, wholeheartedly
hartig ● (zout) salt, savoury ● (krachtig) tasty, ⟨voedzaam⟩ hearty ▼ een ~ woordje a heart-to-heart talk ▼ een ~ woordje zeggen over speak one's mind
hartinfarct coronary
hartkamer ventricle (of the heart)
hartklep valve (of the heart)
hartklopping palpitation (of the heart)
hartkwaal heart disease
hart-longmachine heart lung machine
hartmassage heart massage, cardiac massage, heart resuscitation
hartpatiënt heart patient
hartritme heartbeat, heart rhythm
hartritmestoornis cardiac arythmia
hartroerend I [bnw] touching II [bijw] pathetically
hartruis heart murmur
hartsgeheim intimate secret
hartslag heartbeat
hartspier heart/cardiac muscle
hartstikke awfully, terribly ★ ~ dood stone dead
hartstilstand cardiac arrest ★ ik kreeg een ~ van schrik I nearly died with fright
hartstocht passion
hartstochtelijk passionate
hartstoornis heart defect
hartsvriend(in) bosom friend
harttransplantatie heart transplant
hartverheffend sublime, exalting
hartverlamming heart failure
hartveroverend enchanting, ravishing
hartverscheurend heartrending
hartversterking ● (borrel) pick-me-up ● (aanmoediging) tonic, encouragement
hartverwarmend heartwarming
hartzeer heartache ▼ van ~ sterven die of a broken heart
hasjhond sniffer dog
hasjiesj hashish
haspel reel
haspelen ● (met haspel winden) reel ● (verwarren) mix up, mess (up) ★ namen door elkaar ~ mix up names
hatelijk ● (boosaardig) hateful, nasty ● (krenkend) spiteful, nasty
hatelijkheid ● (het hatelijk zijn) malice, nastiness ● (opmerking) nasty remark ★ een ~ a gibe/jibe
haten hate
hausse (trade) boom, rise
hautain haughty
haute couture haute couture, high fashion
have property, stock ★ levende have live stock ★ have en goed goods and chattels
haveloos ● (sjofel) shabby ● (vervallen) delapidated, ⟨gescheurd⟩ tattered ● (berooid) shabby

haven harbour, ⟨fig.⟩ haven, ⟨grote haven⟩ port ★ een ~ binnenlopen put into port
havenarbeider dock worker
havengeld harbour/port dues
havenhoofd jetty, pier
havenmeester harbour master
havenstad port
havenstaking dock strike
havenwijk harbour/dock area
haver oats ▼ iem. van ~ tot gort kennen know a person intimately/inside out
haverklap ▼ om de ~ continually
havermout ● (haver) oats ● (pap) oatmeal porridge
havik ● (vogel) hawk ● (hebberig persoon) vulture, vampire ● (pol.) hawk ★ ~en en duiven hawks and doves
haviksneus hook-nose
havo Senior General Secondary Education
hazelaar hazel
hazelnoot hazelnut
hazenhart coward, chicken
hazenlip harelip
hazenpad ▼ het ~ kiezen take to one's heels
hazenpeper ≈ jugged hare
hazenrug saddle of hare
hazenslaapje forty winks, catnap ★ een ~ doen take forty winks
hazewind greyhound
hbo Higher Vocational Education
hé hey!, ⟨verbazing⟩ oh! ★ hé, kom eens hey! come here
hè oh ⟨dear/my⟩, ⟨v. opluchting⟩ phew!, ⟨v. pijn⟩ bother, ouch ● lekker weertje hè? nice day, isn't it? ★ dat wist je niet, hè? you didn't know that, did you?
hearing (public) hearing
hebbedingetje gadget, gimmick
hebbelijkheid habit, way, mannerism
hebben I [ov ww] ● (bezitten) have ● (hoe laat het je het? what time do you make it?; what time is it? ★ hier heb ik het here you are ★ hebt u een ogenblikje? do you have a minute? ★ gelijk/ongelijk ~ be right/wrong ★ willen ~ want ★ hij heeft iets over zich there's s.th. about him ★ het aan de longen hebben have lung trouble ★ het heeft er iets van it looks like it ★ het heeft er veel van weg dat we... it looks very much as if we... ● (behandelen) ★ het over iets ~ talk about s.th. ★ daar heb ik het niet over that's not the point ★ iedereen heeft het erover it's the talk of the town ★ hij weet waar hij het over heeft he knows what he's talking about ● (voelen, ondervinden) ★ ik heb graag dat hij komt I like him to come ★ ik zou liever ~ dat je niet ging I'd rather you didn't go ★ ergens spijt van ~ be sorry about s.th. ★ ik heb er niets tegen I have no objection (to it) ★ wat heb je? what's wrong with you? ★ hoe heb ik het nou? what's going on here?; what's this? ★ het goed/slecht ~ be well/badly off ★ dat ~ we weer gehad that's that ★ ik wist niet hoe ik 't had I was completely baffled ★ krijgen) ★ daar heb je het nou! there you are! ★ graag ~ like ★ liever koffie dan thee ~ prefer tea to coffee ★ wie moet je ~? whom do you want? ★ wat zullen we nu ~! (good) heavens!; what's up? ★ dat heb je ervan that comes of it; that's what you get ● (verdragen) ★ ik kan het niet ~ I cannot bear/stand it ★ ik kan veel ~ I can take a lot ● (aantreffen) ★ daar heb je bijv. there is, e.g.; now take, e.g. ● (~ te) je hebt maar te luisteren! listen up! ● (~ aan) ★ daar heb ik niets aan that's (of) no use to me ★ je weet nooit

wat je aan hem hebt *you never know what to expect of him* ★ wat heb je daaraan? *what use is it?; what good is it to you?* ♥ ik moet er niets van ~ *I want nothing to do with it* ♥ ~ is ~, maar krijgen is de kunst *possession is nine points of the law* ★ een knal van heb ik jou daar *an enormous bang* ♥ hun hele ~ en houden *all their belongings;* ⟨inf.⟩ *all their traps* ♥ ik wil niets met hem te maken ~ *I'll have no truck with him; I don't want to have anything to do with him* ★ ik heb het niet erg op hem *I don't like him very much* II [hww] have ★ gelachen dat we ~ did we laugh ★ ze heeft hem gisteren gesproken *she talked to him yesterday*

hebberd *greedy/grasping person*
hebberig *greedy, covetous*
hebbes *gotcha!, got it!*
Hebreeuws I [het] *Hebrew* II [bnw] *Hebrew*
Hebriden *Hebrides*
hebzucht *greed*
hebzuchtig *greedy*
hecht ● ⟨onverbrekelijk⟩ ★ ~e vrienden *close friends* ● ⟨solide, vast⟩ *firm, strong*
hechtdraad ⟨med.⟩ *suture*
hechten I [ov ww] ● ⟨vastmaken⟩ *attach, fasten,* ⟨med.⟩ *stitch, suture* ● ⟨toekennen⟩ *attach* ★ zijn goedkeuring ~ aan *give one's assent to* ★ daar hecht ik geen betekenis aan *I don't attach any importance to it* II [on ww] ● ⟨vastkleven⟩ *adhere, stick* ★ verf hecht niet op deze ondergrond *paint will not adhere to this background* ● ⟨gesteld zijn op⟩ *be attached to, be devoted to* ★ zeer aan de traditie ~ *be a stickler for tradition* III [wkd ww] *attach o.s. to, become attached to*
hechtenis *custody, detention* ★ in ~ nemen *take into custody*
hechting *suture, stitch*
hechtpleister *sticking plaster, bandage, elastoplast*
hectare *hectare*
hectisch *hectic*
hectogram *hectogram(me)*
hectoliter *hectolitre*
hectometer *hectometre*
heden I [het] *present* II [bijw] *today* ★ ~ ten dage *nowadays* ★ tot op ~ *up to the present; so far; up till now* ★ de krant van ~ *today's paper*
hedendaags *modern, present-day*
hedonisme *hedonism*
hedonist *hedonist*
heel I [bnw] ● ⟨geheel⟩ *entire, whole* ★ de hele dag *the whole day; all day* ● ⟨niet kapot⟩ *whole, entire* ★ er bleef geen ruit heel *all the windows were broken* ● ⟨veel, groot⟩ *quite* ★ een hele tijd/boel/e.d. *quite some time/a lot/etc.* II [bijw] ● ⟨zeer, erg⟩ *very* ★ heel veel/wat *a lot of; a great many* ★ heel wat goedkoper *a good deal cheaper* ★ dat is heel wat anders *that's quite a different thing* ● ⟨geheel en al⟩ *quite, wholly, completely, entirely*
heelal *universe*
heelhuids *without injury, unhurt*
heelkunde *surgery*
heelmeester *surgeon* ♥ zachte ~s maken stinkende wonden *desperate cases require desperate remedies* ♥ de tijd is de grote ~ *time is the great healer*
heemkunde *the study (knowledge) of local customs and folklore*
heen *away* ★ heen en terug *there and back* ★ nergens heen *nowhere* ★ overal heen *everywhere* ★ heen en weer *to and fro; up and down* ★ waar wil hij heen? *where does he want to*

go?; ⟨fig.⟩ *what is he driving at?* ★ waar moet deze stoel heen? *where does this chair go?* ♥ waar moet dat heen? *what's the world coming to?* ♥ hij is ver heen *he is far gone*
heen-en-weer *back and forth* ★ ~geloop *pacing back and forth* ★ ~gepraat *talking back and forth*
heengaan ● ⟨weggaan⟩ *go away, leave* ● ⟨sterven⟩ *pass away* ★ in vrede ~ *depart in peace* ● ⟨verstrijken⟩ ★ er ging veel tijd mee heen *it took much time*
heenkomen ★ een goed ~ zoeken *run to safety*
heenreis *outward journey,* ⟨scheepvaart⟩ *outward voyage*
heenweg *the way there*
heer ● ⟨man⟩ *gentleman, man* ★ Geachte Heer Dear Sir ★ de oude heer *the governor; the pater* ★ dames en heren *ladies and gentlemen* ★ de heer A Mr. A ● ⟨figuur in kaartspel⟩ *king* ● ⟨beschaafd man⟩ *gentleman* ★ wees een heer in het verkeer *be a courteous driver* ● ⟨meester⟩ *lord* ★ de heer des huizes *the master of the house* ● de heren der schepping *the lords of creation* ★ heer en meester *lord and master* ● ⟨God⟩ ★ onze lieve Heer *our Lord* ★ twee heren dienen *serve two masters* ♥ zo heer, zo knecht *like master, like man* ♥ nieuwe heren, nieuwe wetten *new lords, new laws*
heerlijk ● ⟨prachtig, aangenaam⟩ ★ ik zou 't ~ vinden! *I'd love to!* ● ⟨lekker⟩ *delicious*
heerlijkheid ● ⟨iets heerlijks⟩ *delicacies* [mv] ● ⟨gelukzaligheid⟩ *bliss*
heerschappij *mastery, dominion, lordship* ★ de ~ voeren over *rule over; hold sway over* ★ de ~ op zee *command of the sea* ★ onder Franse ~ *under French rule*
heersen ● ⟨regeren⟩ *rule,* ⟨v. vorst⟩ *reign* ● ⟨aanwezig zijn⟩ *prevail* ★ er heerste veel griep *there was a lot of flu about* ★ er heerst veel werkloosheid *unemployment is widespread; there is a lot of unemployment* ★ er heerste stilte *there was silence; silence reigned*
heerser *ruler*
heerszuchtig *imperious, domineering*
hees *hoarse*
heester *shrub*
heet ● ⟨warm⟩ *hot* ● ⟨scherp⟩ *spicy* ● ⟨hitsig⟩ *hot* ● ⟨heftig⟩ ★ in het heetst van de strijd *in the thick of the fighting* ★ bij het debat ging het heet toe *it was a heated debate*
heetgebakerd *hot-/quick-tempered*
heethoofd *hothead*
hefboom *lever*
hefbrug *vertical lift-bridge*
heffen ● ⟨tillen⟩ *raise, lift* ● ⟨opleggen⟩ ⟨belasting⟩ *levy, impose,* ⟨boete⟩ *impose, fine,* ⟨schoolgeld⟩ *charge*
heffing *levying, imposition* ★ ~ ineens *capital levy*
heft *handle, haft* ★ het heft in handen hebben/nemen *be in/take command*
heftig ● ⟨onstuimig⟩ *violent, vehement* ● ⟨hevig⟩ *fierce,* ⟨discussie⟩ *heated,* ⟨emotie⟩ *intense,* ⟨pijn⟩ *severe*
heftruck *fork-lift truck*
hefvermogen *lifting power*
heg *hedge, fence* ♥ heg noch steg weten *be completely lost*
hegemonie *hegemony*
heggenschaar *hedge shears*
hei ● ⟨vlakte⟩ *heat/moor (land)* ● ⟨plant⟩ *heather* ● ⟨heiblok⟩ *(pile driver) monkey*
heibel ● ⟨ruzie⟩ *row* ● ⟨lawaai⟩ *racket*
heiblok *ram(mer)*

heiden *heathen, pagan* ▼ *aan de* ~*en overgeleverd zijn be in Queer street/hot water*
heidens ● (niet-christelijk) *pagan, heathen* ● (ontzettend) *atrocious* ★ ~ *kabaal infernal racket*
heideveld *heath, moor*
heien *ram, drive* ★ *iets erin rammen* ⟨fig.⟩ *drive s.th. home*
heiig *hazy*
heikel *tricky,* ⟨probleem⟩ *knotty*
heikneuter ● (pummel) *yokel,* ⟨country⟩ *bumpkin* ● (vogel) *linnet*
heil ● (welzijn) *welfare* ⟨voordeel⟩ *good* ★ *daar zie ik geen heil in I don't believe in it; I see no good in it* ★ *ik verwacht er geen heil van I don't expect any good to come of it* ● (redding) *safety, refuge*
Heiland *Saviour*
heilbot *halibut*
heildronk *toast*
heilgymnastiek *remedial gymnastics*
heilig ⟨zonder zonde⟩ *holy* ★ *Heilige Vader Holy Father* ▼ ~ *verklaren canonize* ● (oprecht, onverbrekelijk) ★ *zich* ~ *voornemen make a firm resolution; be firmly determined* ★ *de* ~*e waarheid the gospel truth* ● (gewijd) *holy,* ⟨v. plicht⟩ *sacred* ▼ *de Heilige Stad the Holy City* ★ ~ *huisje taboo* ● *de* ~*e Schrift Holy Writ* ▼ *'t is nog* ~ *bij... it is so much better than...*
heiligbeen *sacrum*
heiligdom ● (voorwerp) *relic* ● (plaats) *sanctuary, shrine*
heilige *saint*
heiligen ● (wijden) *hallow, sanctify* ● (louteren) *sanctify* ● (eerbiedigen) *keep holy*
heiligenleven *life of a saint*
heiligschennis *sacrilege*
heiligverklaring *canonization*
heilloos ● (geen geluk brengend) *fatal* ★ *een* ~ *idee a disastrous idea* ● (verderfelijk) *sinful, wicked*
heilsoldaat *soldier in the Salvation Army*
heilstaat *ideal state, Utopia*
heilzaam ● (geneeskrachtig) *curative, healing* ● (weldadig) *beneficial, salutary* ★ *een heilzame werking hebben have a beneficial effect*
heimelijk *secret, furtive*
heimwee *homesickness,* ⟨naar verleden⟩ *nostalgia* ★ ~ *hebben be homesick (for)*
heinde ★ *van* ~ *en verre from far and near*
heipaal *pile*
heisa *to-do, fuss* ★ *een* ~ *maken kick up a fuss* ★ *het is een hele* ~ *what a carry-on*
hek ● (omheining) *railing(s), fence* ● (deur) *gate* ▼ *het hek is van de dam anything goes; now it's a free-for-all*
hekel *dislike* ★ *een* ~ *hebben aan dislike* ★ *een gloeiende* ~ *aan iets/iem. hebben hate s.th./s.o. like poison* ▼ *over de* ~ *halen criticize; haul over the coals*
hekeldicht *satire*
hekelen *criticize*
hekkensluiter ★ ~ *zijn bring up/take up the rear; be (the) last (one)*
heks ● (tovenares) *witch* ● (lelijk wijf) (old) *hag* ● (bijdehand meisje) (little) *minx*
heksen *practise witchcraft* ▼ *ik kan niet* ~ *I can't work wonders*
heksenjacht *witch hunt*
heksenketel *bedlam*
heksenkring *fairy ring*
heksentoer *tough job* ★ *dat is geen* ~ *it's as easy as pie*

hekwerk *fencing, railings,* ⟨voor klimplanten⟩ *trellis* [mv: trellises]
hel I [de] *hell* ▼ *loop naar de hell! go to hell!* **II** [bnw] *vivid,* ⟨v. kleur⟩ *bright,* ⟨v. licht⟩ *glaring*
hela *hey*
helaas I [bijw] *sadly, unfortunately* **II** [tw] *alas*
held ● (dapper man) *hero* ● (hoofdpersoon) *hero, protagonist*
heldendaad *heroic deed*
heldendicht *heroic poem, epic poem*
heldenmoed *heroism*
heldenrol *part/role of a hero, heroic part*
helder ● (duidelijk) *clear, lucid* ★ ~ *ogenblik lucid moment* ★ *een* ~ *betoog a lucid argument* ● (licht) *bright,* ⟨water⟩ *clear* ★ *een* ~*e vlam a bright flame* ● (zuiver) *clear* ● (met volle klank) *clear, sonorous* ● (scherpzinnig) *bright*
helderheid ● (duidelijkheid) *clarity, lucidity* ● (scherpzinnigheid) *brightness* ● (zindelijkheid) *cleanness* ● (lichtheid van kleur) *brightness*
helderziend *clairvoyant*
helderziende *clairvoyant* ★ *ik ben geen* ~! *I'm not a mind reader!*
heldhaftig *heroic*
heldin *heroine*
heleboel *loads, a lot, piles* ★ *zij heeft een* ~ *geld she's got loads/tons of money* ★ *dat is een* ~ *geld that is an awful lot of money*
helemaal *quite, all, entirely, altogether* ★ ~ *niet not at all* ★ ~ *niets nothing at all* ★ ~ *erdoorheen right through* ★ *niet* ~ *not altogether; not quite* ★ *ben je nu* ~ *gek are you completely out of your mind* ★ *dat is het* ~*voor ons that's just what we wanted* ★ ~ *fout all wrong* ★ ~ *boven right at the top* ★ ~ *tot all the way to* ★ ~ *van/naar Groningen all the way from/to Groningen*
helen I [ov ww] ● (gestolen goederen kopen) *receive,* ⟨inf.⟩ *fence* **II** [on ww] ● (genezen) *cure, heal*
heler *receiver,* ⟨inf.⟩ *fence* ★ *de* ~ *is zo goed als de steler the receiver is as bad as the thief*
helft ● (elk van twee gelijke delen) *half* ★ *voor de* ~ *van de prijs at half the price* ★ *ieder de* ~ *betalen go fifty-fifty; go halves* ★ *de* ~ *te veel fifty percent too much/many* ★ *de* ~ *minder half as much/many* ★ *we zijn op de* ~ *we are halfway* ★ *voor de* ~ *gevuld half full* ● (grootste deel) *half* ★ *de grootste* ~ *van the best part of* ▼ *zijn betere* ~ *his better half*
helihaven *heliport*
helikopter *helicopter*
heling *receiving,* ⟨inf.⟩ *fencing*
helium *helium*
hellebaard *halberd*
Helleens *Hellenic*
hellen ● (schuin aflopen) *slope* ★ *het* ~*d vlak* ⟨fig.⟩ *the downward/slippery slope* ● (overhangen) *slant, slope,* ⟨v. schip⟩ *list* ● (neigen) ★ ~ *naar tend to*
helleveeg *hellcat, shrew*
helling ● (het hellen) *inclination,* ⟨v. schip⟩ *list* ● (glooiing) *slope, declivity,* ⟨techn.⟩ *gradient* ● (scheepv.) *slips*
hellingsgraad *inclination,* ⟨v. weg, spoorlijn⟩ *gradient*
helm ● (hoofddeksel) *helmet* ● (duingras) *marram* ▼ *met de helm geboren zijn be born with a caul; have second sight*
helmgras *marram (grass), beach grass*
help ★ *lieve help! dear me!; Lord!* ★ *goeie help! good heavens!*

H

helpen ● (bijstaan) help, aid ★ help! help! ★ iem. in 't zadel – *give a person a leg up* ● (baten) help ★ het helpt niets it's *(of) no use* ★ wat helpt het? *what's the use?* ★ het helpt tegen... *it is good against...* ● (bedienen) help ★ wordt u al geholpen? *are you being served?* ● (dienst verlenen) ★ ik kan u er wel aan ~ *I can get it for you* ★ kunt u mij ~ aan een lucifer? *can you oblige me with a match?* ★ dat zal je door de moeilijkheden heen ~ *that will carry you through* ★ iem. uit de verlegenheid ~ *help a person out*
helper *helper, hand,* † *assistant*
hels ● (van, uit de hel) *hellish, infernal* ● (woedend) *furious* ● (afschuwelijk) ★ een hels kabaal *an infernal noise*
Helsinki *Helsinki*
hem *him,* (m.b.t. dier, ding) *it* ★ deze trui is van hem *this jumper is his; this is his jumper* ★ dat is het hem nu net *that's just the point*
hemd ● (onderhemd) *vest,* (AE) *undershirt* ● (overhemd) *shirt* ★ het hemd is nader dan de rok *charity begins at home* ★ in zijn hemd staan *look foolish; have egg on one's face* ★ tot op het hemd toe nat soaked *to the skin* ★ ze vragen je 't hemd van het lijf *question a person thoroughly* ★ geen hemd aan zijn lijf hebben *not have a shirt to his back; not have two pennies to rub together*
hemdsmouw *shirtsleeve*
hemel ● (hiernamaals) *heaven* ★ in de ~ *in heaven* ★ ten ~ varen *ascend to heaven* ● (uitspansel) *sky, heaven* ★ onder de blote ~ *in the open (air); under the open sky* ★ aan de ~ *in the sky* ★ bij heldere/ bewolkte ~ *with a clear/overcast sky* ★ tussen ~ en aarde *between heaven and earth; in mid-air* ● (God) *Heaven* ★ de ~ zij dank! *thank heaven!* ★ de ~ mag weten hoe *heaven knows how* ★ om 's ~s wil *for heaven's sake* ▼ ~ en aarde bewegen *move heaven and earth* ★ in de zevende ~ zijn *be in the seventh heaven* ★ dat mag de ~ weten *goodness only knows* ▼ goeie ~! *(good) heavens!*
hemelbed *four-poster (bed)*
hemelbestormer *idealist, revolutionary*
hemelhoog *sky-high* ★ hemelhoge bergen *lofty mountains*
hemellichaam *heavenly body*
hemelpoort *gate of heaven*
hemelrijk *kingdom of Heaven*
hemels ● (van de hemel) *heavenly* ● (goddelijk) *sublime, divine*
hemelsblauw *azure*
hemelsbreed I [bnw] ● (in rechte lijn) ★ 5 mijl ~ *5 miles as the crow flies* ● (zeer groot) *enormous* ★ een ~ verschil *an enormous difference* II [bijw] ★ ze verschillen ~ (v. karakter) *they are as different as chalk and cheese;* (v. standpunt) *they are poles apart*
hemelsnaam ★ in ~ *in heaven's name; for heaven's sake* ★ in ~, doe iets! *do s.th., for crying out loud!*
hemeltergend *outrageous, appalling* ★ 't is ~ *it cries out to heaven*
hemelvaartsdag *Ascension day*
hemisfeer *hemisphere*
hemofilie *haemophilia*
hen I [de] *hen* II [pers vnw] *them* ★ een oom van hen *an uncle of theirs* ★ deze auto is van hen *this car is theirs*
hendel *handle, lever* ★ de ~ overhalen *pull/throw a handle/lever*
Hendrik ★ een brave ~ *a paragon of virtue; a goody-goody*

hengel *fishing rod*
hengelaar *angler*
hengelen ● (vissen) *angle* ● (~ naar) *fish/angle for*
hengsel ● (beugel) *handle* ● (scharnier) *hinge*
hengst ● (paard) *stallion* ▼ (harde klap) *thump*
hengsten ● (hard slaan) *thump* ● (hard leren) *swot*
henna *henna*
hennep *hemp*
hens ★ alle hens aan dek *all hands on deck* ▼ in de hens vliegen *catch fire*
hepatitis *hepatitis*
her I [het] *resit, re-examination* II [bijw] ● (geleden) *here,* (sinds) *ago* ★ van ouds her *of old* ★ dat was jaren her *that was many years ago* ★ van jaren her dateren *be of many years' standing* ● (hier) ★ her en der *here and there*
herademen *breathe more freely*
heraldiek I [de] *heraldry* II [bnw] *heraldic*
heraut *herald*
herbarium *herbarium*
herbenoemen *reappoint*
herberg *inn, public house, tavern*
herbergen ● (huisvesten) *house, lodge,* (v. vluchteling) *harbour,* ↓ *put up* ● (bevatten) *contain*
herbergier *landlord* [v: *landlady*], (form.) *host* [v: *hostess*], (vero.) *innkeeper*
herbewapenen *rearm*
herbivoor *herbivore*
herboren *reborn, born again*
herdenken ● (de herinnering vieren) *commemorate* ● (terugdenken aan) *recall, recollect*
herdenking *commemoration* ★ ter ~ van *in commemoration of*
herdenkingsdag *commemoration day,* (BE, dodenherdenking) *Remembrance Day*
herder ● (hoeder) (fig.) *shepherd,* (v. koeien) *cowherd, cattleman,* (v. schapen) *shepherd* ● (hond) (Duitse) *Alsatian,* (Schotse) *Shetland sheepdog*
herderlijk *pastoral* ★ ~ schrijven *pastoral (letter)*
herdershond *sheepdog*
herderstasje *shepherd's purse*
herdruk *reprint*
herdrukken *reprint*
heremiet *hermit*
heremietkreeft *hermit crab*
herenakkoord *gentlemen's agreement*
herenboer *gentleman farmer*
herenfiets *gent's bike,* (gentle)*men's bicycle*
herenhuis *mansion, large house*
herenigen *reunite*
hereniging *reunification*
herenkapper *men's hairdresser, barber shop*
herenkleding *men's wear*
herexamen *re-examination*
herfst *autumn,* (AE) *fall*
herfstblad *autumn leaf*
herfstkleur *autumn(al) colour*
herfstmaand (begin v. herfst) *September,* (maand in de herfst) *autumn month*
herfsttint *autumn(al) colour/shade*
hergebruik ● (recycling) *recycling* ● (het opnieuw gebruiken) *reuse*
hergroeperen *regroup,* (BE, v. kabinet) *reshuffle,* (v. troepen) *redeploy,* (v. zaken) *rearrange*
herhaald *repeated* ★ ~e malen *repeatedly*
herhaaldelijk *repeatedly, time and again, on repeated/various occasions*
herhalen *repeat,* (form.) *reiterate,* (in 't kort) *summarize*

herhaling repetition, ‹film› repeat, ‹formeel› reiteration, ‹televisie› replay • bij ~ repeatedly * in ~ens vervallen repeat o.s.

herhalingsoefening revision exercise, ‹mil.› retraining

herindelen rearrange, redivide

herinneren I [ov ww] remind * iem. aan iets ~ remind a person of s.th. II [wkd ww] remember, recollect * men zal zich ~ it will be remembered...

herinnering • ‹wat men herinnert› recollection, memory, ‹form.› reminiscence * ter ~ aan in memory of • ‹het herinneren› recollection • ‹geheugen› memory • ‹souvenir› memento, souvenir • ‹wat doet herinneren› reminder

herkansing resit

herkauwen • ‹opnieuw kauwen› ruminate, chew the cud • ‹herhalen› go/keep on about s.th.

herkauwer ruminant

herkenbaar recognizable * ~ aan identifiable by

herkennen I [ov ww] recognize, ‹identificeren› identify * ze zullen je niet ~ you won't be recognized II [wkd ww] * een film waarin ik me kan ~ a film I can identify with

herkenning recognition, identification

herkenningsmelodie signature tune

herkeuring re-examination

herkiesbaar eligible for re-election * zich ~ stellen stand for re-election; ‹AE› run again for office

herkiezen re-elect

herkomst origin, source * land van ~ country of origin

herleidbaar reducible (to), convertible (into)

herleiden reduce (to), convert (into)

herleven revive • ~d nationalisme resurgent nationalism

herleving revival, resurgence

hermafrodiet hermaphrodite

hermelijn I [de] stoat II [bnw] ermine

hermetisch hermetic, airtight

hernemen • ‹terugnemen› retake, recapture • ‹hervatten› resume

hernia • ‹breuk› hernia • ‹rugaandoening› slipped disc

hernieuwen renew, ‹vriendschap› resume * hernieuwde poging renewed attempt

heroïek I [de] heroism II [bnw] heroic

heroïne heroin, smack, ‹inf.› horse

heroïnehoer heroine/junkie prostitute

heroïsch heroic

heropenen reopen

heropvoeding re-education

heroveren reconquer, recapture * verloren terrein ~ recover lost ground

heroverwegen • ‹opnieuw overwegen› reconsider, rethink • ‹herzien› revise

herpes herpes

herrie • ‹lawaai› noise, din, racket, row • ‹ruzie› row * ~ maken/schoppen kick up a row; cause trouble

herrieschopper rowdy, troublemaker, ‹vnl. bij voetbal› hooligan

herrijzen rise again

herrijzenis resurrection

herroepen ‹v. belofte› retract, ‹v. besluit› revoke, ‹v. besluit› countermand, ‹v. wet› repeal

herscheppen ‹veranderen› transform (into), ‹verjongen› recreate

herscholen retrain

herschrijven rewrite

hersenbeschadiging brain damage

hersenbloeding brain haemorrhage

hersendood brain death

hersenen • ‹orgaan› brain • ‹verstand› brains [mv] * zij heeft een goed stel ~ she has a good head on her shoulders * hoe haalt hij het in zijn ~? has he gone off his rocker? * hij zal 't wel uit zijn ~ laten he will think twice before doing it; he would not be so stupid as to do that • ‹hersenpan› skull * iem. de ~ inslaan beat a person's brains out

hersengymnastiek mental training

hersenhelft hemisphere, half of the brain

hersenkronkel quirk of the brain

hersenloos brainless, witless, thick

hersenpan cranium

hersenschim chimera, fantasy ▾ ~men najagen chase an illusion

hersenschudding concussion • een ~ hebben suffer from concussion

hersenspinsel ‹waandenkbeeld› chimera • ‹verzinsel› concoction

hersenspoelen brainwash

hersenspoeling brainwashing

hersentumor brain tumour

hersenverweking softening of the brain

hersenvlies cerebral membrane

hersenvliesontsteking meningitis

herstel • ‹het weer instellen› ‹v. monarchie, e.d.› restoration • ‹beterschap› ‹v. economie, gezondheid› recovery, ‹v. onrecht› redress • ‹reparatie› repair

herstellen I [ov ww] • ‹repareren› mend, repair • ‹in de oude staat brengen› re-establish, ‹orde, vrede› restore * in zijn eer ~ rehabilitate * zich ~ recover o.s.; pull o.s. together • ‹goedmaken› ‹v. fout› rectify, ‹v. onrecht› remedy, redress, ‹v. verlies› retrieve II [on ww] • ‹genezen› recover, convalesce III [wkd ww] recover, ‹ook markt, prijs› rally

herstellingsoord sanitorium, convalescent home

herstelwerkzaamheden repairs

herstructureren reorganize, restructure, remodel

hert deer [mv: deer], ‹mannetje› stag

hertenkamp deer park/forest

hertenleer deerskin

hertog duke

hertogdom dukedom, duchy

hertogelijk ducal

hertrouwen marry again, re-marry

hertshoorn • ‹hoorn van hert› deerhorn, antler • ‹plant.› hartshorn, buckhorn

hertz hertz

hervatten resume

herverkaveling ≈ reallocation, re-allotment

hervormd Reformed * ~e kerk Reformed Church

hervormen reform

hervorming • ‹het hervormen› reform * sociale ~en social reforms • ‹rel.› Reformation

herwaarderen revalue

herwinnen I [ov ww] • ‹uit recycling verkrijgen› recycle • ‹heroveren› regain, recover II [wkd ww] recover o.s., pull o.s. together

herzien revise * ~e uitgave revised edition

herziening revision

hes smock

het I [pers vnw] * ben jij het? is it you? * ik ben het it is me II [onb vnw] it * hoe gaat het? how are you? III [lw] the * van het begin tot het eind from beginning to end

heteluchtballon hot-air balloon

heteluchtkachel convector, ‹elektrisch› fan heater

heten I [ov ww] • ‹noemen› * iem. welkom ~ wish/bid a person welcome II [on ww] • ‹beweerd

H

worden) be reputed • (een naam dragen) be called/named ★ hoe heet je? what's your name? ★ hij heet Jan he is called John ★ hoe heet dat? what is it called?

heterdaad ★ iem. op ~ betrappen catch a person in the act/red-handed

hetero I [de] heterosexual **II** [bnw] heterosexual

heterogeneous heterogeneous

hetgeen I [aanw vnw] what, that which **II** [betr vnw] which

hetze witch hunt, (gestook) smear campaign

hetzelfde the same

hetzij either ★ ~ arm of rijk either poor or rich

heug ★ tegen heug en meug reluctantly; willy-nilly

heugen ★ de tijd heugt me dat... I remember the time when... ★ dát zal u ~ you will be sorry for this; you won't forget this

heuglijk • (verheugend) joyful ★ ~ nieuws joyful news • (gedenkwaardig) memorable

heulen collaborate ★ ~ met de vijand be in league with the enemy

heup hip, (v. dier) haunch ▼ 't op de heupen hebben be wound up (about s.th.) ★ als hij 't op de heupen krijgt when the fit is on him; once he gets going ...

heupfles hip flask

heupgordel lap belt

heupwiegen sway/shake/waggle one's hips, (m.b.t. dansen) swing

heupwijdte hip measurement

heus I [bnw] • (echt) real ★ zij koopt het heus wel she is sure to buy it • (beleefd) courteous, polite **II** [bijw] really, indeed

heuvel hill

heuvelachtig hilly

heuvelrug (rij heuvels) range/chain of hills • (heuvelrand) ridge, crest of a hill

hevel siphon

hevig • (intens) (gevoelens) intense, (pijn) severe • (heftig) violent, vehement

hiel heel ▼ zodra ik mijn hielen licht as soon as I turn my back ▼ hij zat mij dicht op de hielen he was hard/hot on my heels

hielenlikker bootlicker, toady, sycophant

hier • (alsjeblieft) here • (op deze plaats) here ★ hier te lande in this country; over here ★ hier staat dat ... here it says ... ★ ergens hier in de buurt somewhere around here

hieraan to/at/on/by/from this ★ ~ valt niets te doen there is nothing to be done about this

hierachter (m.b.t. plaats) behind (this), (m.b.t. tijd) after this

hiërarchie hierarchy

hiërarchisch hierarchic(al)

hierbij herewith ★ ~ verklaar ik I hereby declare ★ ~ komt nog dat ... in addition (to this)

hierboven up here, (in tekst) above

hierdoor • (daardoor) owing to this, because of this • (hier doorheen) through here/this

hierheen here, this way ★ onderweg ~ on the way here

hierin • (ergens in) (plaats) in here • (wat dit betreft) in this, (form.) herein

hierlangs along here

hiermee with this, (in brief) herewith

hierna (m.b.t. plaats) below, (m.b.t. tijd) after this, (form.) hereafter

hiernaast alongside, (buren) next door ★ ~ zijn ze niet thuis our next-door neighbours are not in

hiernamaals hereafter

hierom • (daarom) for this reason, because of this • (hier omheen) around this

hieromtrent • (hier in de buurt) hereabout(s), around here • (hierover) about this

hieronder • (erbij zijnd) among these • (onder het genoemde) by this ★ ~ versta ik by this I understand • (onder deze plaats) under here, below ★ ~ is de garage under here/below is the garage • (verderop) below

hierop • (hier bovenop) (up)on this ★ de hele zaak komt ~ neer dat ... the whole thing boils down to this, that ... • (hierna) upon this, (form.) hereupon

hierover • (hier overheen) over this • (omtrent) about this

hiertegen against this

hiertegenover • (tegenover deze plaats) opposite • (tegenover deze zaak) against this

hiertoe • (tot dit doel) for this purpose • (tot hier toe) (up to) here, so far

hiertussen between these, (hieronder) among them/these

hieruit • (uit deze plaats) out of here ★ van ~ gezien seen from here • (uit het genoemde) from this ★ ~ volgt from this it follows

hiervan of this ★ ~ ben echt ik geschrokken this really scared me

hiervandaan from here

hiervoor • (in ruil voor) (in return) for this • (vóór het genoemde) (m.b.t. plaats) in front of this, (m.b.t. tijd) before this • (hiertoe) for this purpose, to this end

hifi hi-fi

hij I [de] he ★ het is een hij it's a he **II** [pers vnw] he ★ hij is het it's him

hijgen pant, gasp for breath

hijger heavy breather ★ ze had weer een ~ aan de lijn she had another obscene phone call

hijs hoisting ▼ het is een hele hijs it's quite a job

hijsblok pulley block

hijsen • (omhoog trekken) hoist, (vlag) hoist, run up • (stevig drinken) booze

hijskraan (hoisting) crane

hik hiccup ★ de hik hebben have the hiccups

hikken hiccup ▼ tegen iets aan ~ not look forward to; shrink from

hilariteit hilarity

hinde hind, doe

hinder nuissance, bother, impediment ★ ik heb er geen ~ van it doesn't bother me

hinderen • (belemmeren) hinder, hamper ★ hinder ik? am I in the way? • (bezwaarlijk zijn) matter ★ dat hindert niet that does not matter • (ergeren) annoy, bother

hinderlaag ambush ★ iem. in een ~ lokken ambush a person ★ in ~ liggen lie in ambush

hinderlijk • (belemmerend) inconvenient • (storend) troublesome, disturbing

hindernis obstacle, hindrance ★ wedren met ~sen obstacle race; steeplechase

hindernisbaan obstacle course, steeple chase course, (mil.) assault course

hindernisloop • (kinderspel) obstacle race • (sport) steeplechase, (horden) hurdle race

hinderpaal obstacle

hinderwet ≈ nuisance act

hindoeïsme Hinduism

hinkelen hop, (spel) play hopscotch

hinken • (mank gaan) limp, walk with a limp • (hinkelen) hop ▼ op twee gedachten ~ halt between two opinions

hinkepoot hobbler

hink-stap-sprong hop, step and jump

hinniken • (lachen) bray (with laughter) • (roepen van paarden) neigh, whinny

hint hint, clue ● iem. een hint geven tip s.o. off; drop a hint

hip hip

hippen hop

hippie hippy, hippie

hippodroom ● (circus) hippodrome ● (renbaan) racecourse

historicus historian, student of history

historie history

historieschilder historical painter

historiestuk ● (schilderij) historical painting/piece ● (toneelstuk) historical play

historisch ● (waar gebeurd) historical, not legendary ● (als uit de geschiedenis) historical ★ ~e roman historical novel

hit ● (succesnummer) hit ● (paard) pony, cob

hitlijst hit parade

hitparade hit parade, charts ★ hoog in de ~ high up in the charts

hitsig ● (driftig) hot-blooded ● (geil) randy, ⟨dieren⟩ hot

hitte heat

hittebestendig heat-resistant, ⟨moeilijk smeltbaar⟩ refractory

hittegolf heat wave

hitteschild heat shield

ho ho, stop, ⟨tegen paard⟩ whoa!

hobbel bump

hobbelen bump, ⟨op hobbelpaard e.d.⟩ rock

hobbelig rough, bumpy ★ ~e weg bumpy road

hobbelpaard rocking-horse

hobbezak ● (kledingstuk) sack ● (persoon) dowdy, frump

hobo oboe

hoboïst oboist

hockey hockey

hockeyen play hockey, ⟨AE⟩ play field hockey

hocus-pocus I [de] hocus-pocus, abracadabra **II** [tw] hey presto!

hoe ● (op welke wijze) how ★ hoe dan ook anyway; in any case; anyhow ★ hoe heet je? what's your name? ★ ik wil weten hoe of wat I want to know where I am/stand ★ 't hoe en wat all the details ★ hoe het ook zij however the case may be; in any case ● (in welke mate) how ★ hoe eerder hoe beter the sooner the better ★ hoe langer hoe erger the longer it takes, the worse it will get ★ ⟨op welke grond⟩ how ● (als voegwoord) how ★ ze vertelde hoe ... she told how ...

hoed hat, bonnet ★ hoge hoed top hat; ⟨inf.⟩ topper ★ zijn hoed afnemen voor raise one's hat to; tip one's hat; ⟨fig.⟩ take off one's hat to ▼ met de hoed in de hand, komt men door het ganse land cap in hand will take you through the land

hoedanig what, like

hoedanigheid ● (functie) ★ ik spreek in de ~ van I speak in the capacity of; I speak with the authority of ● (aard) quality

hoede ● (voorzichtigheid) guard ★ op z'n ~ zijn (voor) be on one's guard (against); ⟨inf.⟩ watch out (for) ● (bescherming) care ★ iem. onder zijn ~ nemen take care/charge of a person ★ iets aan iemands ~ toevertrouwen commit/entrust s.th. to a person's care

hoeden I [ov ww] tend, keep watch over **II** [wkd ww] guard (against), beware of ★ hoed u voor overhaaste conclusies beware of jumping to conclusions

hoedenplank hat rack, ⟨in auto⟩ parcel board

hoef hoof

hoefdier hoofed animal, ungulate

hoefgetrappel trampling of hoofs

hoefijzer horseshoe

hoefslag ● (spoor) track ● (geluid) hoofbeat

hoefsmid farrier, blacksmith, ⟨voor renpaarden⟩ plater

hoegenaamd ● (volstrekt) at all ★ ~ niet not at all ★ ~ niets absolutely nothing ★ ~ geen pijn no pain at all ★ daar is ~ niets van waar it's completely untrue ● (nauwelijks) hardly, scarcely ★ ~ niemand hardly anybody

hoek ● (ruimte) ⟨v. vertrek, straat⟩ corner ★ op de hoek at/on the corner ● (vishaak) hook, fishhook ● (hoekstoot) hook ● (kant) side ★ uit welke hoek from what quarter? ● (verborgen hoekje) nook ● (wisk.) angle ★ met/onder een hoek van 90° at an angle of 90 degrees ▼ iem. in de hoek drijven corner a person ▼ in/uit alle hoeken en gaten in/from every nook and cranny ▼ flink uit de hoek komen make sharp remarks ▼ verstandig uit de hoek komen be sensible

hoekhuis corner house, house on the corner

hoekig ● (met hoeken) angular ● (stuntelig) awkward

hoekplaats corner seat

hoekpunt angular point

hoekschop corner kick

hoeksteen ● (fundament) foundation ★ ~ van de samenleving mainstay of society ● (steen op de hoek) cornerstone

hoektand eyetooth, canine tooth

hoelang how long

hoen hen, fowl ▼ zo fris als een hoentje as fresh as a daisy

hoenderhok chicken coop

hoepel hoop

hoepelen play with/trundle a hoop

hoepelrok hoop-skirt, crinoline

hoepla (wh)oops(-a-daisy)

hoer whore, ⟨AE⟩ hooker

hoera hurrah ★ drie ~'s voor three cheers for

hoerastemming jubilant mood

hoerenbuurt red-light district

hoerenjong ● (scheldwoord) son of a bitch ● (onwettig kind) bastard ● (onvolledige regel) widow

hoerenkast whorehouse, brothel

hoerenloper whore-hopper

hoerenmadam madam

hoerig tarty ★ ~e laarzen tarty boots

hoes cover, ⟨boek⟩ slip cover, book jacket, ⟨grammofoonplaat⟩ sleeve, ⟨record⟩ cover, ⟨record⟩ jacket, ⟨kussen⟩ pillowcase, ⟨meubels⟩ slipcover, dust cover/sheet

hoeslaken fitted sheet

hoest cough

hoestbonbon cough lozenge/drop

hoestbui coughing fit

hoestdrank cough syrup/medicine

hoesten cough

hoestpastille cough sweet/drop

hoeve farm, farmstead

hoeveel how much/many

hoeveelheid quantity, amount

hoeveelste ● (rangorde) ★ de ~ is het vandaag? what is today's date? ★ de ~ keer is dit? how many times does this make? ● (welk deel) what part ★ het ~ deel van een liter is dat? what part of a liter is that?

hoeven I [ov ww] ● ((niet) moeten) ★ dat had je niet ~ doen there was no need for you to do that; ⟨bij krijgen v. geschenk⟩ you shouldn't have done that ★ je hoeft niet te gaan you don't have to go **II** [on ww] ● (nodig zijn) need, be necessary

H

hoewel ★ voor mij hoeft het niet *I don't care; I couldn't care less*
hoewel *although, though*
hoezeer *however much, as much as*
hoezo in what way/respect?, what do you mean? ★ ~ moeilijk? *what do you mean, difficult?*
hof I [de] *garden* **II** [het] • (verblijf van vorst) *court* ★ aan 't hof *at court* • (gerechtshof) *court* ★ hof van appel *court of appeal* ★ hof van cassatie *court of cassation* ★ hof van justitie *court of justice* ▼ het hof maken *court*
hofdame *lady-in-waiting*
hoffelijk *courteous*
hoffelijkheid *courtesy*
hofhouding *royal household*
hofje ≈ *almshouses*
hofkapel • (muzikanten) *court orchestra* • (kerkje) *court chapel*
hofkringen *court(ly) circles*
hofleverancier *purveyor to the Royal Household*
hofmaarschalk *Lord Chamberlain*
hofmeester *steward, stewardess*
hofnar *court jester*
hoge • (duikplank) *high (diving) board* • (persoon) *highly-placed person*
hogedrukgebied *high-pressure area/zone, anticyclone, (inf.) (a) high*
hogedrukpan *pressure cooker*
hogerhand ▼ van ~ *by the powers that be; (m.b.t. God) from above* ★ maatregelen van ~ opgelegd *measures imposed by the authorities*
hogerop • (hoger) *higher up* ★ ~ willen want to get on; seek promotion* • (bij een hogere instantie) ★ het ~ zoeken *submit a case to a higher authority; (m.b.t. gerechtshof) appeal to a higher court*
hogeschool *college, academy*
hoi • (hallo) *hi, hello, (AE) howdy* • (hoera) *whoopee, yee ha, hurray*
hok • (kot) *den* • (bergplaats) *shed* • (dierenhok) (duiven) *dove cot(e), pigeon house, (hond) dog kennel, (konijn) rabbit hutch, (schaap) sheepfold, (varken) pigsty*
hokje • (vakje) *compartment, (op formulier) box* ★ 'n ~ aankruisen *tick off a box* • (klein hok) *cabin, (kleedhokje) cubicle, (v. schildwacht) sentry box*
hokjesgeest *parochialism, narrow-/petty-mindedness*
hokken • (samenwonen) *shack up (with), ↑ live together* ★ zij ~ al drie jaar *they've been shacking up together for three years now* • (haperen) ★ het gesprek hokte *the conversation flagged* • (op één plek blijven) ★ bij elkaar ~ *huddle together*
hol I [de] ★ op hol gaan/raken/slaan *(paard) bolt; (kudde) stampede* ▼ op hol slaan *run away/amuck; get/be out of control* ▼ zijn verbeelding sloeg op hol *his imagination ran wild* **II** [het] • (grot) *cave, cavern* • (schuilplaats) *den, haunt* • (verblijf van dier) (v. konijn) *burrow, (v. vos) hole, earth, (v. wild dier) den, lair* ▼ zich in het hol van de leeuw wagen *beard the lion in his den; take an enormous risk/chance* **III** [bnw] • (leeg) *hollow, (maag) empty* • (niet bol) (lens) *concave, (ogen) gaunt* ★ holle weg *sunken road* • (leeg klinkend) *hollow* ▼ in het holst van de nacht *in the dead of (the) night* ▼ holle vaten klinken het hardst *empty vessels make the most noise*
holbewoner *cave-dweller*
holding *holding company*
Holland • (de provincies) *Holland* • (Nederland) *the Netherlands, Holland*

Hollander *Dutchman, (schip) Hollander* ★ Vliegende ~ *Flying Dutchman*
Hollands I [het] ★ 't ~ *Dutch* ★ ze is een ~e *she's Dutch* **II** [bnw] *Dutch*
hollen *run* ▼ het is met hem ~ of stilstaan *he always runs to extremes; with him it's always all or nothing*
holletje ▼ op een ~ *at a run/gallop*
holocaust *Holocaust*
hologram *hologram*
holrond *concave*
holster *holster*
holte • (holle ruimte) *cavity, (v.d. hand) hollow* • (uitholling) *hollow*
hom *milt, soft roe*
homeopaat *homoeopath(ist)*
homeopathie *homoeopathy*
homerisch *Homeric* ★ ~ gelach *Homeric laughter*
hometrainer (fiets) *exercise bicycle, (roeien) rowing machine*
hommage *homage*
hommel *bumblebee*
hommeles ▼ 't wordt ~ *there will be a row*
homo *homo, homosexual, gay*
homo-erotisch *homoerotic*
homofilie *homosexuality*
homogeen *homogeneous*
homoniem I [het] *homonym* **II** [bnw] *homonymous*
homonymie *homonymy*
homoseksualiteit *homosexuality*
homp *lump, chunk, hunk*
hond • (dier) *dog, (jachthond) hound, (straathond) cur, mongrel* ★ rode hond krijgen *get German measles* • (ellendige vent) *cur, dog* ▼ blaffende honden bijten niet *barking dogs don't bite* ▼ men moet geen slapende honden wakker maken *let sleeping dogs lie* ▼ de hond in de pot vinden *go without one's dinner* ▼ hij is altijd de gebeten hond *he is always blamed for everything* ▼ kwade honden bijten elkaar niet *dog doesn't eat dog* ▼ wie een hond wil slaan, vindt altijd wel een stok *any stick will do to beat a dog* ▼ twee honden vechten om een been, een derde loopt ermee heen *two dogs fight for a bone, and a third runs away with it*
hondenbaan *lousy/rotten/awful job*
hondenbelasting *dog licence fee, (AE) dog tax*
hondenhok *doghouse*
hondenleven *dog's life* ★ hij had een ~ bij haar *she treated him like a dog/dirt*
hondenpenning *dog license disc*
hondenpoep *dog shit, dog mess*
hondentrimmer *dog beautician*
hondenweer *beastly weather*
honderd I [het] *hundred* ▼ de zaak liep in 't ~ *things went all wrong* ▼ nummer ~ *the w.c.* ▼ alles ligt in 't ~ *things are all at sixes and sevens* **II** [telw] *a/one hundred* ★ ik ben er ~ procent zeker van *I am absolutely sure/positive*
honderdduizend *a/one hundred thousand*
honderdje *hundred-guilder note*
honderdste I [bnw] *hundredth* **II** [telw] *hundredth → achtste*
honds *churlish, surly, brutal*
hondsbrutaal *brazen, bold as brass*
hondsdagen *dogdays*
hondsdolheid *rabies, (vnl. bij mens) hydrophobia*
hondsdraf *groundivy*
hondsmoe *dog-tired*
Honduras *Honduras*
honen *gibe/jeer at*
honend *jeering, derisive, scornful*

H

Hongaar Hungarian * een ~se a Hungarian woman
Hongaars I [het] Hungarian **II** [bnw] Hungarian
Hongarije Hungary
honger ● (behoefte aan eten) hunger * ~ hebben be hungry ● ~ lijden starve; go hungry * ~ krijgen get hungry * van ~ (doen) omkomen starve to death * ik rammel van de ~ I'm starving ● (begeerte) lust ▼ ~ maakt rauwe bonen zoet hunger is the best sauce
hongerdood death from starvation * de ~ sterven die of starvation
hongeren ● (honger lijden) starve ● (verlangen) be hungry (for)
hongerig ● (honger hebbend) hungry, (sterker) starving ● (begerig) hungry, eager
hongerlijder ● (armoedzaaier) s.o. on the breadline ● (iem. die honger lijdt) starveling
hongerloon starvation wages * ~ laten werken voor een ~ exploit; run a sweat-shop
hongeroedeem hunger oedema
hongersnood famine
hongerstaking hunger strike * in ~ gaan go on a hunger-strike
hongerwinter hunger winter
Hongkong Hong Kong
honing ● (nectar) nectar ● (bijenproduct) honey ▼ iem. ~ om de mond smeren butter s.o. up
honingraat honey comb
honingzoet ● (zeer zoet) as sweet as honey ● (vleierig) honeyed, mellifluous ● op ~e toon in a honeyed voice; mellifluously
honk ● (thuis) home ● (sport) base
honkbal baseball
honkbalknuppel baseball bat
honkballen play baseball, ⟨AE, inf.⟩ play ball
honkvast stay-at-home
honneurs honours * de ~ waarnemen do the honours
honorair honorary
honorarium fee
honoreren ● (belonen) pay, remunerate ● (accepteren) honour * een verzoek ~ honour a request
hoofd ● (lichaamsdeel) head * een ~ groter a head taller * het ~ stoten knock one's head (against); ⟨fig.⟩ meet with a rebuff * van 't ~ tot de voeten from head to toe * 'n ~ als vuur krijgen blush; flush crimson * al ga je op je ~ staan whatever you may say or do ● (briefhoofd) heading ● (leiding) ⟨v. groep, partij⟩ chief, ⟨v. school⟩ headmaster ● (verstand) * iem. iets uit het ~ praten talk a person out of s.th. * breek je daar maar niet 't ~ over don't worry about that * hij is niet goed bij het ~ he is not all there; he's out of his mind * dat zal hij wel uit zijn ~ laten he knows better than that * uit 't ~ leren learn by heart * uit 't ~ citeren quote from memory * sommen uit 't ~ maken do sums in one's head * uit 't ~ rekenen do mental arithmetic ● (persoon) * store ~en, zoveel zinnen so many men so many minds * bedrag per ~ amount per head * (voorste/bovenste gedeelte) (bovenste) top, ⟨v. troep⟩ head, (voorste) front * uit ~e van on account of ▼ iem. het ~ op hol brengen turn a person's head ▼ het ~ laten hangen hang one's head ▼ uit dien ~e for that reason ▼ mijn ~ staat er niet naar I am not in the mood for it ▼ zij staken de ~en bij elkaar they put their heads together ▼ iem. een beschuldiging naar 't ~ gooien level an accusation at a person ▼ over 't ~ zien overlook ▼ iem. voor 't ~ stoten rebuff;

offend a person ▼ het ~ bieden face; brave; resist ▼ zich het ~ over iets breken cudgel/rack one's brains about s.th. ▼ ik heb er een hard ~ in I have my doubts about it ▼ mijn ~ loopt om my head is reeling ▼ het ~ boven water houden keep one's head above water ▼ ben je wel goed bij je ~? are you crazy, or what? ▼ zich het ~ breken over cudgel/rack one's brains about
hoofd- principal, ⟨v. dingen⟩ main
hoofdagent senior police officer
hoofdartikel leading article, leader, editorial
hoofdbestuur (instelling) general/executive committee, ⟨v. bedrijf⟩ board of directors
hoofdbewoner principal occupant
hoofdbreken ● 't kostte me veel ~s it caused me a good deal of worry
hoofdbureau head office, ⟨v. politie⟩ police headquarters
hoofdcommissaris (chief) commissioner (of police)
hoofddeksel headgear
hoofddoek headscarf, kerchief, shawl
hoofdeinde head
hoofdelijk * ~ stemmen vote by call * ~e stemming roll-call vote * ~e omslag (belasting) poll tax
hoofdfilm feature film
hoofdgebouw main building
hoofdgerecht main course
hoofdingang main entrance
hoofdinspecteur chief inspector
hoofdje ● (klein hoofd) little/small head ● (opschrift) heading, caption ● (bloeiwijze) (flowering) head
hoofdkantoor head office
hoofdkraan main cock/faucet * de ~ dichtdraaien turn off the main
hoofdkussen pillow
hoofdkwartier headquarters
hoofdleiding ● (opperste leiding) supreme direction, board of directors ● (toevoerbuis) main
hoofdletter capital (letter)
hoofdlijn outline(s), main lines * iets in ~en geven outline s.th.
hoofdmacht main force
hoofdmoot principal part
hoofdpersoon principal person, ⟨in boek, toneelstuk⟩ leading character
hoofdpijn headache * barstende ~ splitting headache
hoofdprijs first prize
hoofdredacteur editor-in-chief
hoofdrekenen mental arithmetic
hoofdrol leading part * de ~ spelen play the leading part; be the leading man/lady
hoofdschotel ● (het belangrijkste) the main item ● (voornaamste gerecht) main course
hoofdschuddend with a shake of the head, shaking one's head
hoofdstad capital, ⟨v. provincie⟩ provincial capital
hoofdsteun head rest, ⟨auto⟩ head restraint
hoofdstraat main street
hoofdstuk chapter
hoofdtelefoon headphone
hoofdtelwoord cardinal number
hoofdvak main subject, major
hoofdzaak main point/issue * in ~ in the main
hoofdzakelijk chiefly, mainly
hoofdzin main/principal clause
hoofs courtly
hoog ● (noordelijk) * in 't hoge noorden in the extreme North ● (reikend tot) * zij woont twee

hoog she lives on the second floor; ⟨AE⟩ she lives on the first floor • (niet laag) high, ⟨boom, gebouw⟩ tall, ↑ ⟨boom, ideaal⟩ lofty, ⟨stem⟩ high(-pitched) * hoog grijpen aim high * hoog staan ⟨v. water, barometer, aandelen⟩ be high * de hoge c the upper C * hoge rug stoop; hunchback • ⟨aanzienlijk⟩ ⟨kosten⟩ high, ⟨leeftijd⟩ advanced, old * Hoge Raad Supreme Court of Judicature * hij achtte zich niet te hoog om te werken he was not above working * een hoge ome a VIP; a very important person; a big shot; ⟨mil.⟩ a brass hat * hoog en droog high and dry; out of harm's way * dat zit mij hoog that sticks in my throat; that's on my mind * dat gaat mij te hoog that is beyond me * of je hoog of laag springt whether you like it or not * tenslotte kwam het hoge woord eruit he finally said what was on his mind

hoogachten esteem highly

hoogachtend yours sincerely, ⟨form.⟩ yours faithfully

hoogachting esteem, respect

hoogbejaard aged

hoogbouw high-rise buildings/flats

hoogconjunctuur boom

hoogdravend high-flown, pompous, ⟨inf.⟩ highfalutin

hoogfrequent high-frequency

hooggeacht * ~e heer (Dear) Sir

hooggebergte high mountains

hooggeëerd highly honoured * ~ publiek! Ladies and Gentlemen!

hooggeleerd * de ~e heer A. Professor A.

hooggeplaatst high(-up), highly placed

hooggerechtshof High Court (of Justice), Supreme Court

hooggespannen high strung * ~ verwachtingen high hopes

hoogglanslak gloss paint

hooghartig haughty

hoogheid highness * Uwe Hoogheid Your Highness

hoogland highland

hoogleraar professor

Hooglied Song of Songs * het ~ van Salomon the Song of Solomon

hooglijk highly, greatly

hooglopend * een ~e ruzie violent quarrel; flaming row

hoogmis high mass

hoogmoedig haughty, proud

hoognodig highly necessary * ~ hersteld moeten worden be in urgent need of repair * alleen 't ~e doen do only what is absolutely necessary

hoogoven blast furnace

hoogrood bright/deep red

hoogseizoen high season

hoogspanning high tension * Voorzichtig! ~! Caution! High Tension/Voltage! ▾ onder ~ staan be under great stress

hoogspanningskabel high tension cable, power line

hoogspanningsmast electricity pylon

hoogspringen high jump

hoogst I [het] highest, top * op zijn ~ at its height * tien op z'n ~ ten at most * boete van ten ~e... a fine up to... **II** [bijw] highly, extremely

hoogstaand high-principled

hoogstandje tour de force

hoogsteigen * in ~ persoon in person; him-/herself

hoogstens at best, at most, at the utmost

hoogstpersoonlijk in person, self, personally

hoogstwaarschijnlijk I [bnw] most likely/probable **II** [bijw] most likely/probably, in all probability

hoogte • (peil, niveau) level, height * uit de ~ neerzien op look down upon * op dezelfde ~ blijven remain stationary * op gelijke ~ staan met be on the same level as; rank with * ⟨klank⟩ pitch • (hoog boven de grond) * in de ~ bouwen build upward(s) * in de ~ gaan rise * in de ~ steken put up (a hand); ⟨fig.⟩ sing (s.o.'s) praises • (verheffing) height, elevation ⟨geo.⟩ * ter ~ van Dover off Dover ▾ op de ~ brengen post; put wise * iem. uit de ~ behandelen treat a person haughtily * uit de ~ optreden take a high line; act with a superior air * erg uit de ~ zijn be very supercilious ▾ op de ~ blijven keep abreast of; keep o.s. informed * ik kan er geen ~ van krijgen it beats me * ik kan geen ~ van hem krijgen I don't understand him * op de ~ van abreast of ▾ niet op de ~ van out of touch with ▾ hij is er geheel van op de ~ he is well-informed (on the matter); he is well-posted on the subject; he is knowledgeable about it * iem. op de ~ houden keep a person informed/posted ▾ hij kreeg de ~ he got tipsy

hoogtelijn • (wisk.) perpendicular • (geo.) contour (line)

hoogtepunt height, peak, ⟨ook seksueel⟩ climax * 't ~ bereiken culminate; reach a climax; ⟨v. crisis⟩ come to a head

hoogtevrees fear of heights

hoogtezon sun(ray) lamp * ~behandeling sunray treatment

hoogtij * ~ vieren reign supreme; ⟨ongunstig⟩ be rampant

hooguit at the (very) most, no more than * het gesprek duurt ~ een uur the interview takes an hour at the very most

hoogverraad high treason

hoogvlakte uplands, plateau

hoogvlieger high-flier * hij is geen ~ he is no genius

hoogwaardig • (zeer verheven) eminent * het ~e Sacrament the host • (van hoge waarde) high-grade, high-quality

hoogwaardigheidsbekleder dignitary

hoogwater • (hoge waterstand) high water • (hoogste vloedstand) high tide

hoogwerker tower waggon

hoogzwanger in advanced stage of pregnancy

hooi hay * te hooi en te gras once in a while; at odd moments ▾ hij neemt te veel hooi op zijn vork he bites off more than he can chew

hooiberg haystack

hooien make hay

hooikoorts hay fever

hooimijt haystack

hooivork pitchfork, hayfork

hooiwagen • (kar) hay wagon/cart • (spinachtig dier) daddy longlegs

hooizolder hayloft

hoon scorn

hoongelach derisive laughter, jeers

hoop • (stapel) heap, pile * bij hopen in heaps; by the score • (drol) muck, mess • (veel) lot of, great deal of, great many * 'n hele hoop geld/mensen quite a lot of money/people • (verwachting) hope (of) * op hoop van in the hope of * tussen hoop en vrees leven hover between hope and fear * goede hoop hebben have good hopes * veel/weinig hoop geven hold out much/little hope * dat sloeg onze hoop de bodem in that

shattered our hopes ★ hij vestigde zijn hoop op
he set his hopes on ★ iets op hoop van zegen doen
trust to (one's) luck ▼ alles op een hoop gooien
lump everything together ▼ te hoop lopen *gather
in a crowd* ★ de grote hoop *masses; the hoi polloi*
▼ met de grote hoop meedoen *go along with the
crowd*
hoopgevend *hopeful*
hoopvol *hopeful*
hoorapparaat *hearing aid*
hoorbaar *audible*
hoorcollege (formal) *lecture*
hoorn I [de] ● (uitsteeksel aan kop) *horn*
● (telefoonhoorn) *receiver* ● (blaasinstrument)
horn, bugle ▼ – van overvloed *horn of plenty;
cornucopia* **II** [het] *horn*
hoorndol *nuts, crazy, mad, crazy, nuts* ★ ik word
er – van! *it's driving me mad/nuts/round the bend*
hoornen *horn*
hoornlaag *epidermis*
hoornvlies *cornea*
hoornvliesontsteking *keratitis, inflammation of
the cornea*
hoorspel *radio play*
hoorzitting *hearing*
hoos ● (wervelwind) *whirlwind,* (boven water)
waterspout ● (laars) *wader*
hoosbui *downpour*
hooswater *spray, spindrift,* (v. boot) *bilge water*
hop I [de] ● (vogel) *hoopoe* ● (plant) *hop* **II** [tw]
come on, let's go
hopelijk I/*let us hope, hopefully*
hopeloos *hopeless*
hopen *hope* ★ het beste – *hope for the best* ★ ik
hoop van wel/niet *I hope so/not*
hopman *chief, scoutmaster*
hor *wire gauze, screen, mesh*
horde ● (bende) *horde* ● (sport) *hurdle* ★ de 100 m
~n voor vrouwen *the women's 100 metre hurdles*
hordeloop *hurdles*
hordeloper *hurdler*
horeca *(hotel and) catering industry*
horen I [ov ww] ● (vernemen) *hear* ★ ik moet
altijd maar ~ dat... *I am constantly told...* ★ te
krijgen *he told* ★ ik kreeg te ~ dat ... *I was
given to understand that...* ★ hij heeft veel van
zich doen — *he has made a great stir; he has made
quite a name for himself* ★ laat eens wat van je –
let us hear from you ▼ niets van zich laten — *send
no news o/o.s.* ★ men kon aan uw stem — *one
could tell by your voice* ● (luisteren) ★ hoor eens
listen;* (als protest) *look here* ★ (verhoren) ★ de
getuige werd door de politie gehoord *the
witness gave a statement to the police* ● (met
gehoor waarnemen) ★ dat is hier niet te ~ *that
cannot be heard here* ★ van ~ zeggen *by/from
hearsay* ★ hij hoorde lopen *he heard footsteps*
★ geluid laten — *utter/emit sound* ★ moeilijk –
be *hard-of-hearing* ★ – en zien verging je *the
noise was deafening* ★ –de doof zijn *pretend not
to hear* **II** [on ww] (betamen) *should, ought to*
★ wat hoort wat *one good turn deserves
another* ★ (zijn plaats hebben) ★ die stoel hoort
hier niet *that chair does not belong here* ★ wie
niet – wil, moet *han* voelen *he that will not be
counselled cannot be helped*
horige *serf*
horizon *horizon*
horizontaal *horizontal*
horloge *watch*
horlogebandje *watchband*
hormonaal *hormonal*

hormoon *hormone*
horoscoop *horoscope* ★ iemands ~ trekken *chart
a person's horoscope*
horrelvoet *clubfoot*
horror (spine) *chiller, horror story, film, etc.,* (video)
(video) *nasty*
horrorfilm *horror film*
hors d'oeuvre *hors d'oeuvre*
hort *jerk, jolt* ▼ met horten en stoten *joltingly; by
fits and starts* ▼ de hort opgaan *go on a spree; be
on the loose*
horten *jolt, jerk*
hortensia *hydrangea*
hortus *botanical garden*
horzel *horsefly, gadfly,* (wespachtige) *hornet*
hospes ● (kamerverhuurder) *landlord*
● (gastheer) *host*
hospita *landlady*
hospitaal *hospital*
hospitant *student/practice teacher*
hospiteren *do one's teaching practice*
hossen *jig* ★ een ~de menigte *a dancing/
frolicking crowd*
hostess ● (gastvrouw) *hostess* ● (stewardess)
stewardess
hostie *host*
hot ▼ van hot naar haar *to and fro; back and forth*
hotdog *hot dog*
hotel *hotel*
hotelaccommodatie *hotel rooms/
accommodation*
hoteldebotel ● (verliefd) *crazy, nuts*
● (stapelgek) *round the bend, nuts, crackers*
hotelgast *hotel guest*
hotelhouder *innkeeper, hotel manager*
hôtelier → hotelhouder
hotelketen *chain of hotels*
hotelschakelaar *two-way switch*
hotelschool *hotel school* ★ hogere ~ *hotel
management school*
hotline *hot line*
hotpants *hot pants*
houdbaar ● (verdedigbaar) *tenable* ● (te
bewaren) ★ tenminste ~ tot... *best before...* ● (te
verdragen) *bearable*
houden I [ov ww] ● (doen plaatsvinden) ★ een
vergadering ~ *hold a meeting* ★ een toespraak ~
make/deliver a speech ● (handhaven) *keep* ★ zijn
woord ~ *keep one's word* ● (behouden) *keep*
★ houd het wisselgeld maar *keep the change*
● (vast-, tegenhouden) *hold,* (adem) *hold*
★ houd de dief! *stop thief!* ★ hij was niet te ~
van woede *he was beside himself with rage*
● (uithouden) *keep, maintain* ★ ik kon het niet
tegen hem – *I was no match for him* ★ (erop na
houden) *keep* ★ 't met andere vrouwen ~ *carry
on with other women* ★ duiven ~ *keep pigeons*
● (in toestand laten blijven) ★ houd je
medelijden maar vóór je! *spare me your pity!*
★ een opmerking vóór zich ~ *keep a remark to
o.s.* ★ rechts ~ *keep to the right* ★ (~ voor) ★ 't
ervoor ~ dat... *believe that...* ★ mag ik 't ervoor ~
dat...? *may I take it that...?* ★ ik hield hem voor...
I mistook him for... ★ ik houd hem voor een
eerlijk man *I consider him (to be) an honest man*
● (~ aan) *keep/adhere to* ★ zij hield hem aan zijn
woord *she kept him to his word* ★ daar houd ik je
aan! *I'll hold you to that* ★ zich aan een belofte/
de feiten ~ *stick to a promise/the facts* ★ je weet
nooit waar je je aan te ~ hebt *you never know
what is expected of you* **II** [on ww] ● (niet
stukgaan) ★ het ijs houdt nog niet *the ice isn't*

H

thick enough yet • (~ *van*) *love, like, be fond of*
III [wkd ww] • (schijn aannemen) *pretend* ∗ *hij
houdt zich maar zo he is only pretending; it's
only make-believe* • (blijven) ∗ *ik kon me niet
goed ~ I could not help laughing* ∗ *hou je goed!
keep up the good work!; keep it up!; ⟨bij afscheid⟩
take care of yourself; ⟨aanmoediging⟩ go to it!*
∗ *het weer hield zich goed the weather remained
clear/fair* ∗ *deze stof houdt zich goed this fabric
wears well* ∗ *zich ~ bij stick to* ∗ *zich ver ~ van
keep away from* ∗ *je hebt je kranig ge~ you
behaved splendidly; you were splendid* ∗ *eerst eens
kijken hoe hij zich houdt let's wait and see how
he shapes up/reacts* ∗ *zich goed ~ acquit o.s. well;
control one's emotions; bear up (bravely); ⟨niet
lachen⟩ keep a straight face*
houder • (beheerder) *keeper* • (klem) *holder*
• (voorwerp om iets in te bewaren) *holder,
container*
houdgreep ∗ *iem. in de ~ hebben/nemen
have/put s.o. in a hold*
houding • (gedragslijn) *attitude, manner* ∗ *zich 'n ~
geven strike/adopt an attitude* ∗ *om zich 'n ~ te
geven to save one's face* ∗ *'t is maar een ~ van hem
he is only posing* ∗ *een dreigende ~ aannemen
assume a threatening attitude/position*
• (lichaamshouding) *carriage, bearing, posture* ∗ *in
de ~ staan/gaan staan stand/come to attention*
hout • (materiaal) *timber* • (houtgewas) *wood*
• (stuk hout) *piece of wood,* ⟨v. schaats⟩ *stock*
▼ *van dik hout zaagt men planken (pak slaag)
he got a severe thrashing/beating* ▼ *alle hout is
geen timmerhout every reed will not make a pipe*
▼ *hij is uit ander hout gesneden he is cast from a
different mould*
houtduif *wood pigeon*
houten *wooden*
houterig *wooden* ∗ *zich ~ gedragen move
woodenly/stiffly*
houtgravure *wood engraving, wood cut*
houthakker *woodcutter, lumberjack*
houtje ∗ *~s hakken chop wood* ∗ *~-touwtje
sluiting toggle* ▼ *op een ~ moeten bijten have
difficulty keeping body and soul together*
houtlijm *joiner's glue, glue for joining wood*
houtkool *charcoal*
houtsnijwerk *wood carving*
houtsnip *woodcock*
houtvester *forester*
houtvesterij *forestry*
houtvrij *wood-free*
houtwal *wooded bank*
houtwerk • (houten delen) *woodwork, carpentry*
• (constructie) *timber construction*
houtwol *wood wool*
houtworm *woodworm*
houtzagerij *sawmill*
houvast *hold, foothold, handhold,* ⟨fig.⟩ *grip, hold*
∗ *geen ~ hebben have no hold (on);* ⟨fig.⟩ *have
nothing to go by*
houw • (slag) *gash* • (snee) *cut, gash*
houwdegen • (wapen) *broadsword* • (vechtjas)
fire-eater
houweel *pickaxe*
houwen • (hakken) *hew, cut, slash* • (vormen)
hew, carve
houwitser *howitzer*
hovaardig *presumptuous*
hoveling *courtier*
hovenier *gardener*
hozen I [ov ww] *bail, bale* **II** [onp ww] ∗ *het
hoost it's pouring down*

hufter *lout, clodhopper*
huichelaar *hypocrite*
huichelachtig *hypocritical*
huichelarij *hypocrisy*
huichelen I [ov ww] • (veinzen) *simulate, sham*
II [on ww] • (zich anders voordoen) *dissemble,
give a false impression*
huid • (vel) *skin* • (pels) *hide,* ⟨kleine dieren⟩ *skin*
• (scheepv.) *skin* ▼ *met huid en haar hide and
hair* ▼ *een dikke huid hebben be insensitive; be
thick-skinned* ∗ *iem. op zijn huid geven give a
person a sound hiding; tan a person's hide* ▼ *iem.
de huid vol schelden heap abuse on a person*
huidaandoening *skin disorder*
huidarts *dermatologist*
huidig *present(-day), at the present time* ∗ *tot op de
~e dag to this (very) day; to the present day*
huidmondje *stoma*
huidskleur *skin colour,* ⟨gezicht⟩ *complexion*
huiduitslag *rash, eczema*
huidziekte *skin disease*
huif *hood*
huifkar *covered waggon*
huig *uvula*
huilbui *fit of crying/weeping*
huilebalk *crybaby*
huilen • (wenen) *cry* ∗ *het ~ stond mij nader dan
het lachen I was on the verge of tears* ∗ *'t is om te
~ it's enough to make one cry* ∗ *in ~ uitbarsten
burst out crying* • (janken) *howl* ▼ *~ met de
wolven in het bos when in Rome, do as the
Romans do*
huilerig *tearful*
huis • (koker) *case* • (woning) *house* ∗ *naar huis
gaan go home* ∗ *heer/vrouw des huizes master/
mistress of the house* ∗ *huis en erf premises* ∗ *huis
en haard hearth and home* ∗ *huizen kijken go
house-hunting* ∗ *huis aan huis bezorgen
distribute door to door* ∗ *bij iem. aan huis komen
visit a person* ∗ *in huis zijn bij live with* ∗ *in huis
nemen take in* ∗ *langs de huizen gaan go from
door to door* ∗ *van huis gaan leave home* ∗ *van
huis uit originally* • (huisgezin) *home*
• ⟨handelshuis⟩ *house* ∗ *rondje van het huis the
drinks are on the house* • (geslacht) *house* ∗ *van
goeden huize of a good family* • (gebouw) *house*
∗ *huis van bewaring house of detention* ∗ *dan
ben je nog verder van huis then you are even
worse off*
huis-aan-huisblad *free local paper*
huisapotheek *medicine chest*
huisarrest *house arrest*
huisarts *family doctor, physician*
huisbaas *landlord*
huisbezoek *house call* ∗ *een ~ afleggen make a
house visit/call*
huisdier ⟨kat, hond, e.d.⟩ *pet,* ⟨op boerderij, e.d.⟩
domestic animal
huiseigenaar *house-owner*
huiselijk • (het huis betreffend) ∗ *~ leven
domestic/home life* ∗ *~e omstandigheden
domestic circumstances* ∗ *de ~e haard the fireside*
∗ *in de ~e kring in the family circle* • (graag
thuis zijnd) ∗ *een ~e man a home-loving/family
man* • (gezellig) ∗ *een ~e sfeer homelike/homey
feeling*
huisgenoot *housemate, flatmate*
huisgezin *family, household*
huishoudbeurs *home exhibition*
huishoudboekje *housekeeping book*
huishoudelijk • (het huishouden betreffend)
domestic ∗ *~e artikelen household goods*

H

● (dagelijkse zaken betreffend) domestic ∗ ~e vergadering private meeting

huishouden I [het] ● (huishouding) housekeeping, management ∗ 't ~ doen keep house ● (gezin) family, household ∗ een ~ opzetten set up house **II** [on ww] ● (de huishouding doen) keep house ● (tekeergaan) carry on ∗ danig ~ onder play havoc with/among ▼ er valt met hem geen huis te houden he is impossible

huishoudgeld housekeeping money

huishouding (het regelen) housekeeping, (huisgenoten) household ∗ de ~ doen run the house

huishoudkunde domestic science, home economics

huishoudschool School of Domestic Science, School of Home Economics

huishoudster housekeeper

huisje cottage

huisjesmelker slumlord, rackrenter

huiskamer living room

huisknecht butler, (man)servant

huisman house husband

huismeester warden, (flatgebouw, e.d.) caretaker, (AE) janitor

huismerk own brand

huismiddel home/domestic remedy

huismoeder housewife, mother

huismus ● (persoon) stay-at-home ● (vogel) house sparrow

huisnummer house number

huisraad furniture, furnishings

huisschilder house painter

huisvader father of the family, family man

huisvesten house, lodge, (tijdelijk) accommodate

huisvesting ● (het huisvesten) housing ● (verblijf) accommodation, lodging ∗ iem. ~ verlenen provide housing/accommodation for a person ● (huisvestingsbureau) housing department

huisvlijt home industry

huisvredebreuk unlawful entry, trespassing ∗ zich aan ~ schuldig maken trespass on private property

huisvriend family friend

huisvrouw housewife

huisvuil household refuse/rubbish, (AE) garbage ∗ stortplaats voor ~ refuse/rubbish/garbage dump ∗ gescheiden inzameling van ~ assorted/ selected domestic waste collection

huiswaarts homeward(s)

huiswerk ● (schoolwerk) homework ● (huishoudelijk werk) housework

huiszoeking house search ∗ er werd ~ gedaan the house was searched

huiszwaluw house-martin

huiveren ● (rillen) (v. afgrijzen) shudder (at), (v. koude) shiver ● (terugschrikken) shrink from

huiverig (rillerig) shivery ● (angstig) ∗ hij was er ~ voor he was hesitant to do it

huivering ● (rilling) (v. afgrijzen) shudder, (v. koude) shiver(s) ● (aarzeling) hesitation

huiveringwekkend horrible

huizen live, be housed, (tijdelijk) lodge

hulde tribute, homage ∗ ~! hear, hear! ● warme ~ brengen aan pay a warm tribute to

huldebetoon homage

huldeblijk tribute

huldigen ● (eren) pay homage to, (bij afscheid) honour ● (aanhangen) ∗ een opvatting ~ hold a point of view

hullen wrap (up) in

hulp ● (het helpen) help, aid, assistance ∗ te hulp komen aid; assist; (redden) come to the rescue ∗ eerste hulp bij ongelukken first aid ∗ hulp verlenen render assistance ∗ op eigen hulp aangewezen zijn depend on one's own resources ● (persoon) ∗ hulp in de huishouding household help

hulpbehoevend helpless, (behoeftig) indigent, (door ouderdom) infirm

hulpbron resource

hulpdienst emergency service(s) ∗ telefonische ~ emergency number/line; crisis line

hulpeloos helpless, (machteloos) powerless ∗ hij stond er wat ~ bij he looked on/watched helplessly

hulpmiddel ● (middel) aid, help, (gereedschap) tool ● (bron) resource ● (uitkomst) expedient, remedy

hulppost aid station, first-aid post

hulpstuk attachment, (elektrisch) fitment, (tussenstuk) adaptor

hulpvaardig helpful

hulpverlener social worker

hulpverlening assistance

hulpwerkwoord auxiliary

huls ● (omhulsel) case, cover ● (patroonhuls) (cartridge) case ● (peul) pod, cod

hulst holly

hum ∗ goed in zijn hum zijn be in good spirits

humaan humane

humanisme humanism

humanistisch humanist(ic) ∗ het Humanistisch Verbond Humanist Society

humanitair humanitarian

humbug humbug, rubbish ∗ dat is toch allemaal ~! that's just nonsense/a load of rubbish

humeur ● (stemming) temper, humour, mood ∗ in/uit zijn ~ zijn be in a good/bad mood ● (temperament) temper

humeurig moody

hummel toddler, (tiny) tot

humor humour

humorist humorist

humoristisch humorous

humus humus

hun I [pers vnw] them **II** [bez vnw] their ∗ één van hun kennissen an acquaintance of theirs

hunebed megalithic tomb

hunkeren yearn/long for, (liefde) ache for ∗ ~ naar ruzie be spoiling for a fight; be itching to pick a fight

hup I [de] hop, skip **II** [tw] come on!, go for it!, (bij tillen/trekken v. iets zwaars) heave (ho)!

huppeldepup whats-his/her-name, whatsit

huppelen skip, frisk

huren (huis) rent, (zaken) hire

hurken I [de] ∗ op zijn ~ gaan zitten squat **II** [on ww] squat

hurkzit crouch, squat

husselen mix up, shake up, (kaarten) shuffle

hut ● (huisje) cottage, (armoedig) hut, hovel ● (cabine op schip) cabin

hutkoffer cabin trunk

hutspot ● (stamppot) hotchpotch ● (mengelmoes) hotchpotch, mish mash

huur ● (het huren) lease ∗ huis te huur house for rent; house to let ∗ auto's te huur cars for hire ● (huursom) (house) rent

huuradviescommissie rent tribunal

huurauto rented/hire(d) car

huurbescherming rent protection

huurcontract lease

huurder hirer, renter, (v. huis) tenant

huurhuis *rented house*
huurkamer *rented room*
huurkoop *hire-purchase*
huurleger *army of mercenaries, mercenary army*
huurling *hireling, ‹soldaat› mercenary*
huurmoordenaar *hired assassin, ‹inf.› hit man,* ‹AE› *contract killer*
huurprijs *rent*
huurschuld *arrears (of rent)*
huursubsidie *rent subsidy*
huurverhoging *rent increase*
huurwaardeforfait *fixed percentage of the rental value of a house for tax purposes, ≈ ratable value*
huwbaar *marriageable*
huwelijk ● ‹verbintenis› *marriage,* ‹form.› *matrimony* ★ ~ *sluiten contract a marriage* ★ *ten* ~ *vragen propose to* ★ ~ *uit liefde love match* ★ *in 't* ~ *treden marry* ● ‹huwelijksvoltrekking› *marriage, wedding* ★ *burgerlijk/kerkelijk* ~ *civil/ church wedding*
huwelijksaankondiging *wedding-announcement*
huwelijksaanzoek *marriage proposal*
huwelijksadvertentie ‹aankondiging› *marriage announcement,* ‹op zoek naar partner› *marriage/matrimonial advertisement*
huwelijksbootje ▾ *in 't* ~ *stappen get married; tie the knot*
huwelijksbureau *matrimonial agency*
huwelijksnacht *wedding night*
huwelijksreis *honeymoon*
huwelijksvoltrekking *celebration of (a) marriage*
huwelijksvoorwaarden *marriage settlement*
huwen *marry*
huzaar *hussar*
huzarensalade *≈ Russian salad*
huzarenstukje *dashing/daring exploit*
hyacint *hyacinth*
hybride *hybrid*
hybris *hubris*
hydraulisch *hydraulic*
hydrocultuur *hydro-culture*
hydrologie *hydrology*
hydroloog *hydrologist*
hyena *hyena*
hygiëne *hygiene*
hygiënisch *hygienic*
hymne *hymn*
hyper- *hyper*
hypermodern *ultra-modern*
hypertensie *hypertension, high blood pressure*
hyperventileren *hyperventilate*
hypnose ‹kunstmatige slaap› *hypnosis, hypnotic trance* ● ‹het hypnotiseren› *hypnosis*
hypnotiseren *hypnotize*
hypnotiseur *hypnotist*
hypochonder *hypochondriac*
hypocriet *hypocritical*
hypocrisie *hypocrisy, sanctimoniousness*
hypotenusa *hypotenuse*
hypothecair *mortgage* ★ ~*e akte mortgage deed*
hypotheek *mortgage* ★ *vrij van* ~ *unencumbered* ★ *eerste* ~ *hebben op hold a first mortgage on* ★ *geld op* ~ *nemen raise money with a mortgage* ★ *met (zware)* ~ *belast (heavily) mortgaged*
hypotheekbank *mortgage bank, ≈ building society*
hypotheekrente *mortgage interest*
hypothese *hypothesis*
hypothetisch *hypothetic(al)*
hystericus *hysteric, hysterical person*
hysterie *hysteria*

H

I

i ‹the letter› *I/i*
iconografie *iconography*
icoon *icon*
ideaal I *[het] ideal* **II** *[bnw] ideal*
ideaalbeeld *ideal(ized) picture/image*
idealiseren *idealize*
idealisme *idealism*
idealist *idealist*
idealistisch *idealistic*
idealiter *ideally, in theory*
idee *idea, notion, opinion* ★ *naar mijn idee in my view* ★ *dat geeft een heel ander idee that strikes quite a different note* ★ *ik heb zo'n idee dat... I have a hunch that...* ★ *met 't idee om with the idea of* ★ *iem op 'n idee brengen suggest an idea to a person* ★ *op 'n idee komen hit upon an idea* ★ *ik heb er geen idee in I don't fancy it; I don't care for it*
ideëel *ideal*
ideeënbus *suggestion box*
idee-fixe *idée-fixe, obsession,* ‹inf.› *have a bee in one's bonnet (about s.th.)*
idem *ditto, the same,* ‹bij citaat› *idem*
identiek *identical*
identificatie *identification*
identificeren *identify*
identiteit *identity*
identiteitsbewijs *identity papers, identity card (ID card)*
identiteitscrisis *identity crisis*
ideogram *ideograph*
ideologie *ideology*
ideologisch *ideological*
idiomatisch *idiomatic*
idioom *idiom*
idioot I *[de] idiot, imbecile* ★ *zich als een* ~ *gedragen make a perfect idiot of o.s.* **II** *[bnw]* ● ‹zwakzinnig› *idiotic* ● ‹onzinnig› *idiotic, foolish* ★ *een* ~ *antwoord a silly answer*
idiosyncratisch *ideosyncratic*
idioterie *idiocy*
idolaat ★ ~ *zijn van iem. worship/idolize a person*
idool *idol*
idylle *idyl(l)*
idyllisch *idyllic*
ieder ● ‹zelfstandig gebruikt› *everyone, everybody, each, anyone, anybody* ★ *in* ~ *s belang in everyone's interest* ● ‹bijvoeglijk gebruikt› ‹meer dan twee› *every, each,* ‹welke dan ook› *any* ★ *hij komt* ~*e dag he comes every day* ★ *aan* ~*e voet on each foot*
iedereen *everyone, everybody*
iel *thin*
iemand *someone, somebody* ★ *zeker* ~ *somebody* ★ *een aardig* ~ *a nice man/woman; a nice person*
iep *elm tree*
Ier *Irishman* ★ *een Ierse an Irishwoman*
Ierland *Ireland*
Iers *Irish*
iets I *[onb vnw] something, anything* ★ *is er iets? is anything the matter?* ★ *ik heb nog nooit zo iets gezien I've never seen anything like it* ★ *dat is weer echt iets voor hem! that's just like him!* ★ *dan is er nóg iets then there is another thing* ★ *het heeft iets van ... it is suggestive of ...* ★ *deze hoed is net iets voor jou this hat is the very thing for you* **II** *[bijw] a little, somewhat*
ietsje ★ *een* ~ *zwaarder a trifle heavier*

ietwat *somewhat*
iglo *igloo*
ijdel ● (pronkzuchtig) *vain*, (verwaand) *conceited* ● (vergeefs) *vain*
ijdelheid *vanity*
ijdeltuit ● *een ~ a vain creature*
ijken *calibrate, stamp and verify*
ijkwezen *the inspection of weights and measures*
ijl I [de] * in aller ijl *posthaste* **II** [bnw] *thin, rare*
ijlbode *courier, express (messenger)*
ijlen ● (haasten) *hasten, hurry* ● (onzin uitkramen) *be delirious, rave* * ~de koorts *delirium*
ijlings *in great haste*
ijltempo *top speed, great haste*
ijs ● (bevroren water) *ice* * door het ijs ingesloten *icebound* * whisky met ijs *whisky on the rocks* ● (lekkernij) *ice cream* * zich op glad ijs wagen *venture into dangerous territory; skate on thin ice* * goed beslagen ten ijs komen *be well prepared*
ijsafzetting *icing up/over, ice up*
ijsbaan *skating rink*
ijsbeer *polar bear*
ijsberen *pace up and down, walk back and forth*
ijsberg *iceberg*
ijsbergsla *iceberg lettuce*
ijsbloemen *frost flowers*
ijsblokje *ice cube*
ijsbreker *icebreaker*
ijscoman *ice-cream vendor*
ijscoupe *ice cream dessert*
ijselijk *horrible*
ijsgang *floating ice, ice floes*
ijshockey *ice hockey*
ijsje *ice cream (cone)*
ijskar *ice cream cart/van*
ijskast *refrigerator, icebox,* (inf.) *fridge* * in de ~ zetten/houden *(fig.) put/keep on ice*
ijskoud ● (zeer koud) *ice cold* ● (emotieloos) *icy, frosty,* (bedaard) *cool*
ijskristal *ice crystal*
IJsland *Iceland*
IJslander *Icelander* * een IJslandse *an Icelandic woman*
IJslands I [het] *Icelandic* **II** [bnw] *Icelandic*
ijslolly *ice lolly*
ijsmachine *ice machine, ice cream maker*
ijspegel *icicle*
ijspret *ice sport(s)*
ijsschots *ice floe*
IJsselmeer *IJssel Lake*
ijstaart *ice cream cake, ice pudding*
ijstijd *Ice Age*
ijsvogel *kingfisher*
ijsvrij I [het] *day(s) off to go skating* * ~ krijgen *get the day off to go skating* **II** [bnw] *clear of ice*
ijswater *ice water*
ijszee *polar sea* * de Noordelijke/Zuidelijke IJszee *the Arctic/Antarctic*
ijszeilen *ice-sailing/boating*
ijver ● (vlijt) *diligence, industry* ● (geestdrift) *zeal, ardour*
ijveraar *zealot, stickler*
ijveren ● ~ voor *advocate zealously* * ~ tegen *oppose*
ijverig ● (vlijtig) *diligent, industrious* ● (geestdriftig) *zealous, ardent* * ~ bezig zijn met *be very busy with* * zo ~ als een bij *as busy as a bee*
ijzel *glazed frost*
ijzelen * het ijzelt *it is icing up; it is freezing over*
ijzen *shudder (at)*

ijzerdraad (iron) *wire*
ijzer *iron* * men kan geen ~ met handen breken *one can not do the impossible* * smeed het ~ terwijl het heet is *strike while the iron is hot* * hij is van ~ en staal *he is made of iron*
ijzeren ● (van ijzer) *iron* ● (erg sterk) *iron, steel*
ijzererts *iron ore*
ijzergaren *waxed thread, button thread*
ijzerhandel *ironmongery, iron/hardware trade, hardware business, hardware dealer*
ijzerhoudend *ferrous*
ijzersterk (as) *strong as iron*
ijzertijd *Iron Age*
ijzervijlsel *iron filings*
ijzervreter *fire-eater, war-horse*
ijzerwaren *hardware, ironware*
ijzerzaag *metal saw,* (met beugel) *hacksaw*
ijzig ● (zeer koud) *icy, freezing* ● (gevoelloos) *icy, steely*
ijzingwekkend *gruesome, horrifying*
ik I [het] * het ik *the self; the ego* **II** [pers vnw] *I* * ik ben het *it's me*
ik-figuur *first person, narrator*
illegaal *illegal*
illegaliteit *illegality, resistance movement*
illusie *illusion* * zich geen ~s maken omtrent *have no illusions about*
illusionist *conjurer, magician*
illuster *illustrious*
illustratie *illustration* * ter ~ van *in illustration of*
illustratief *illustrative*
illustrator *illustrator*
illustreren *illustrate*
image *image*
imaginair *imaginary*
imago *image*
imam *imam*
imbeciel I [de] *imbecile* **II** [bnw] *imbecile*
IMF *IMF, International Monetary Fund*
imitatie *imitation*
imitatieleer *imitation leather*
imitator *impersonator*
imiteren *imitate*
imker *beekeeper, apiculturist*
immanent *immanent*
immens *immense*
immer *ever* * voor ~ *for ever*
immers ● (toch) *indeed, after all* * je kent hem ~? *you know him, don't you?* ● (want) * ~, zij is mijn vrouw *for she is my wife*
immigrant *immigrant*
immigratie *immigration*
immigreren *immigrate*
immoreel *immoral*
immuniseren *immunize*
immuniteit *immunity*
immuun *immune (from, to)* * ~ maken *immunize*
impact *impact, effect*
impasse *impasse, deadlock*
imperatief I [de] *imperative* **II** [bnw] *imperative*
imperiaal *roof rack,* (AB) *luggage rack*
imperialisme *imperialism*
imperialistisch *imperialist(ic)*
imperium *empire, imperium*
impertinent *impertinent*
implantaat *implant*
implementeren *implement*
implicatie *implication*
impliceren *imply*
impliciet *implicit* * iets ~ zeggen/bedoelen *imply s.th.*
implosie *implosion*

imponeren *impress*
impopulair *unpopular*
import *import*
importantie *importance* ∗ een zaak van de grootste ~ *a matter of the greatest/utmost importance*
importeren *import*
importeur *importer*
imposant *imposing, impressive*
impotent *impotent*
impotentie *impotence*
impregneren *impregnate*
improvisatie *improvisation*
impresariaat ● (werk) (artists') management ● (kantoor) *agency*
impresario (publicity) *manager, impresario, agent*
impressie *impression*
impressionisme *impressionism*
improductief *unproductive*
improvisatie *improvisation*
improviseren *improvise*
impuls *impulse*
impulsaankoop *impulse purchase*
impulsief *impulsive*
in I [bijw] ● (populair) *popular, in* , *the in thing* ∗ hoeden zijn nu in *hats are in now* ● (binnen) ∗ er zit niets in *there's nothing inside* **II** [vz] ● (op een bep. plaats) *in(side)*, (richting) *into* ∗ in huis *inside* ∗ zij woonde in Amsterdam en stierf in Laren *she lived in Amsterdam and died at Laren* ∗ in Italië *in Italy* ● (op/binnen een bep. tijd) (with)in ∗ in een week of twee *in a week or two* ∗ in de zomer *in (the) summer* ∗ in het begin *at/ in the beginning* ∗ in de veertig *in his/her forties* ∗ er waren er in de twintig *there were twenty odd* ● (per) *to, in* ∗ twaalf in een dozijn *twelve in/to a dozen* ● (bezig met/te) *in* ∗ in bloei *in bloom* ∗ in opkomst *under development*
inachtneming *observance* ∗ met ~ van *with due observance of*
inademen *inhale, breathe (in)*
inauguratie *inauguration*
inaugureel *inaugural (address)*
inbaar *collectable*
inbedden *embed, imbed*
inbeelden ● (verkeerde voorstelling maken) *imagine, fancy* ● (hoge dunk hebben van) *think much of o.s., fancy o.s.* ∗ hij beeldt zich heel wat in *he fancies himself*
inbeelding ● (hersenschim) *fancy, imagination* ● (verwaandheid) *conceit, vanity*
inbegrepen *included* ∗ alles ~ *all found; no extras; everything included* ∗ prijs alles ~ *all-in price; inclusive price*
inbegrip ∗ met ~ van *including*
inbeslagneming *seizure, confiscation*, (i.v.m. belastingschuld) *sequestration*
inbewaringstelling *arrest, taking into custody*
inbinden I [ov ww] ● (in band binden) *bind* ● (beteugelen) *restrain* **II** [on ww] ● (zich matigen) *climb down, swallow one's words* ∗ hij moest ~ *he had to swallow his words*
inblazen *blow into*, (fig.) *prompt* ∗ leven ~ *breathe life into*
inblikken *tin, can*
inboedel *furniture, movables*
inboeten *lose*
inboezemen *inspire*, (angst) *strike terror into*, (vertrouwen) *inspire* , (walging) *fill with*, (wantrouwen) *excite*
inboorling *aborigine, native*
inborst *disposition, nature*
inbouw- *built-in*

inbouwen *build in* ∗ ingebouwd (fornuis) *built-in*; (kast) *fitted*
inbouwkeuken *fitted/built-in kitchen*
inbraak *burglary, housebreaking*
inbreken *break into a house* ∗ er was bij hem ingebroken *there had been a burglary at his house*
inbreker *burglar*, (inf.) *cracksman*
inbreng ● (bijdrage) *contribution* ● (inleg) *deposit* ● (gift) *contribution*
inbrengen ● (aanvoeren) ∗ ~ tegen *bring up against; allege against* ∗ daar valt niets tegen in te brengen *that argument is unanswerable* ∗ hij had niets in te brengen *he had nothing to say* ● (naar binnen brengen) *bring in*, (thermometer e.d.) *insert* ● (bijdragen) *contribute* ∗ hij heeft heel wat in te brengen *he has great influence*
inbreuk *infringement*, (op rechten) *encroachment*, (op wet) *violation* ∗ ~ maken op (wet, recht) *infringe*; (recht, vrijheid, privilege) *encroach upon*
inburgeren *naturalize, acclimatize*, (v. woord) *come to stay* ∗ ingeburgerd *at home; established; (woord) current*
Inca *Inca*
incalculeren *calculate in, reckon in*
incapabel *incapable (of)*
incarnatie *incarnation*
incasseren (geld innen) *collect*, (een cheque) *cash* , (moeten verduren) *receive*, (belediging, slag) *take*
incasseringsvermogen *stamina, resilience*
incasso *collection* ∗ ter ~ geven *bank (a cheque)*
incassobureau (debt-)*collection agency*
incassokosten *debt-collection charges*
incest *incest*
incestueus *incestuous*
inch *inch*
inchecken *check in*
incident *incident*
incidenteel ● (nu en dan) *incidental, occasional* ∗ incidentele gevallen *random occurrences* ● (terloops) *incidental* ∗ een incidentele opmerking *a ramdom/casual remark*
incluis *included*
inclusief *inclusive*
incognito I [het] *incognito* **II** [bijw] *incognito*
incoherent *incoherent*
incompatibel *incompatible*
incompatibiliteit *incompatibility*
incompetent *incompetent*
incompleet *incomplete*
in concreto *in fact, to give a specific example*
inconsequent *inconsistent*
inconsistent *inconsistent*
incontinent *incontinent*
incorrect ● (onnauwkeurig) *incorrect, inaccurate* ● (ongepast) *incorrect, improper*
incourant *unsalable* ∗ ~e maat *off-size*
incubatietijd *incubation period*
indachtig *mindful of*
indammen ● (met dam insluiten) *dam (up)*, *embank* ● (inperken) *dam, contain*
indekken *cover o.s. against, hedge against*
indelen ● (rangschikken) *divide, order, classify* ∗ de week ~ *plan the week* ● (onderbrengen) *group, class(ify)*, (in groepen) *divide* ∗ in vier categoriën ~ *classify/divide in four categories*
indeling *classification* ∗ ~ in categorieën *classification/division into categories*
indenken *imagine* ∗ zich ~ *in put o.s. in s.o.'s place; stand in another p.'s shoes* ∗ ik kan het me

~ I can understand it ∗ ik kan 't mij niet ~ I can't imagine it

inderdaad indeed, in (point of) fact

inderhaast in haste

indertijd formerly, at the time

indeuken dent, indent

index index ∗ ~ van de kosten van levensonderhoud cost-of-living index ∗ op de ~ plaatsen place on the index; blacklist

indexcijfer index figure

indexeren index ∗ geïndexeerd pensioen index-linked pension

India India

indiaan American Indian, Red Indian, ⟨pej.⟩ Injun ∗ ~tje spelen play cowboys and Indians

indianendans dance of joy

indianenverhalen stories about ⟨cowboys and⟩ Indians, ⟨fig.⟩ tall stories/tales

indicatie indication

indicator indicator

indien if, in case

indienen ⟨begroting⟩ present, ⟨klacht⟩ lodge, ⟨motie⟩ move, ⟨ontslag⟩ tender, ⟨verzoekschrift⟩ present, ⟨vordering⟩ put in, ⟨wet⟩ introduce ∗ een aanklacht ~ tegen iem. bring an accusation/charge against s.o. ∗ 'n rapport ~ hand in/submit a report ∗ 'n verzoek tot echtscheiding ~ file a petition for divorce

indiensttreding taking up one's duties, taking office, beginning of employment

indigestie indigestion

indigo I [de] indigo II [het] indigo

indijken dike, embank

indikken thicken, condense

indirect indirect ∗ ~e belasting indirect tax(ation)

Indisch (East) Indian, ⟨m.b.t. vroegere Ned.-Indië⟩ of the former Dutch East Indies

Indische Oceaan Indian Ocean

indiscreet indiscreet

individu individual ∗ 'n verdacht ~ a shady character

individualiseren individualize

individualisme individualism

individualist individualist

individualistisch individualistic

individueel individual

indoctrinatie indoctrination

indoctrineren indoctrinate

indolent indolent, sluggish

indommelen drop/nod off

Indonesië Indonesia

indraaien I [ov ww] ● ⟨in iets draaien⟩ screw in(to) II [on ww] ● ⟨ingaan⟩ turn into ▼ de bak ~ go to prison

indringen I [ov ww] ● ⟨erin duwen⟩ push/thrust into II [on ww] ● ⟨binnendringen⟩ penetrate (into) III [wkd ww] thrust o.s. (on), intrude into ▼ zich bij iem. ~ thrust o.s. on s.o.

indringend penetrative, probing

indruisen ∗ ~ tegen conflict with; ⟨belangen⟩ clash with; ⟨principes⟩ run counter to

indruk ● ⟨in-/uitwerking⟩ impression ∗ ik krijg de ~ dat... I gather that... ∗ grote/gunstige ~ maken make a big/favourable impression ∗ zij maakt op mij de ~ van ... she strikes me as... ∗ diep onder de ~ van de film deeply impressed by the film ● ⟨spoor⟩ (im)print, ⟨v. voet⟩ footprint, footmark

indrukken ● ⟨drukken op⟩ push (in), press ● ⟨kapot drukken⟩ crush

indrukwekkend impressive

in dubio ∗ ~ staan be in doubt/doubtful; be on the horns of a dilemma

induceren induce

inductie induction

industrialisatie industrialization

industrialiseren industrialize

industrie industry ∗ zware ~ heavy industry

industrieel I [de] industrialist II [bnw] industrial ∗ industriële vormgeving industrial design

industrieterrein industrial estate

indutten doze off

ineen ● ⟨in elkaar⟩ together ● ⟨dichter naar elkaar toe⟩ ⟨closer⟩ together

ineengedoken crouched, hunched (up) ∗ hij zat ~ over een klein vuurtje he was hunched over a meagre fire

ineenkrimpen ⟨bij pijn⟩ double up, ⟨meest fig.⟩ wince

ineens ● ⟨opeens⟩ suddenly, all at once ● ⟨in één keer⟩ at once ∗ ~ geraden guessed it the first time ∗ een boek ~ uitlezen read a book straight through

ineenschrompelen shrivel up

ineenslaan clasp, join ∗ de handen ~ join hands

ineenstorten collapse

ineenzakken collapse, ⟨v. persoon⟩ faint, collapse

ineffectief ineffective, ineffectual

inefficiënt inefficient

inenten vaccinate

inert inert

in extenso in full

infaam infamous

infanterie infantry

infanterist infantry man

infantiel infantile

infarct infarct

infecteren infect

infectie infection

infectiehaard focus of infection

inferieur inferior

infernaal infernal, hellish

infiltrant infiltrator

infiltratie infiltration

infiltreren infiltrate

infinitesimaalrekening calculus

infinitief infinitive

inflatie inflation

influenza influenza

influisteren ● ⟨fluisterend zeggen⟩ whisper (in s.o.'s ear) ● ⟨suggereren⟩ suggest

informant informant

informateur politician who investigates whether a proposed cabinet formation will succeed

informatica information/computer science, informatics

informaticus information/computer scientist

informatie information, ⟨comp.⟩ data ∗ nadere ~ inwinnen ⟨bij⟩ obtain information (from) ∗ ~ inwinnen make inquiries

informatiebalie information desk/counter

informatiedrager data carrier

informatief exploratory, instructive, informative ∗ informatieve gesprekken informative discussions

informatiestroom flow of information

informatisering computerization

informeel informal

informeren I [ov ww] ● ⟨inlichten⟩ inform ∗ iem. ~ inform s.o. II [on ww] ● ⟨inlichtingen inwinnen⟩ inquire (after/about)

infrarood infra-red

infrastructuur infrastructure

infuus drip, infusion ∗ aan een ~ liggen be on a drip

I

ingaan • (binnengaan) enter, go into • (beginnen) (maatregel) come into force, take effect, (vakantie, loon, e.d.) begin ★ de huur gaat de eerste januari in the rent is due as from the first of January • (~ tegen) go against, run counter to ★ daar moet je tegen ~ you must oppose that • (~ op) (gedachte, idee) take up, (onderwerp) go into, (verzoek) comply with, (voorstel) agree to ★ hij ging er niet op in he let it pass; he did not pursue the matter further ▼ dat gaat erin als gesneden koek it's going like a bomb ▼ ze gingen erin (sport) they got a licking; they were beaten

ingaande I [bnw] ★ ~ rechten import duties II [vz] ~ 1 jan with effect from Jan. 1st; from Jan. 1st

ingang • (toegang) entrance, (opschrift) way in ★ er zijn twee ~en there are two entrances • (begin) met ~ van gisteren as of yesterday ★ met ~ van heden from today; as of today • (trefwoord) entry ▼ ~ vinden find acceptance

ingebeeld • (denkbeeldig) imaginary ★ ~e ziekte imaginary disease • (verwaand) (self-)conceited

ingebruikneming occupation, introduction

ingenieur engineer ★ civiel ~ civil engineer ★ elektrotechnisch ~ electrical engineer ★ scheepsbouwkundig ~ shipbuilding engineer ★ werktuigkundig ~ mechanical engineer

ingenieus cleverly contrived, ingenious

ingenomen ★ ~ met pleased with

ingespannen • (met inspanning) strenuous • (geconcentreerd) intent, intense ★ ~ luisteren strain one's ears; listen intently

ingetogen modest, quiet

ingeval in case, in the event of/that

ingeven • (doen innemen) administer • (in gedachten geven) inspire, suggest, dictate

ingeving inspiration, brainwave, prompting ★ aan een ~ gehoor geven act on impulse

ingevolge in accordance with

ingewanden entrails, innards

ingewijde adept, (inf.) insider

ingewikkeld intricate

ingeworteld deep-seated/rooted

ingezetene resident, inhabitant

ingooi throw in

ingooien I [ov ww] • (kapot gooien) smash, break ★ de ruiten ~ smash the windows • (erin gooien) throw/cast in(to) II [on ww] • (sport) throw in

ingraven bury ★ zich ~ dig (o.s.)

ingrediënt ingredient

ingreep (bemoeien) interfere, (handelend optreden) intervene ★ operatief ~ operate; perform surgery

ingrijpend radical, drastic, far-reaching ★ ~e veranderingen radical changes

ingroeien grow into ★ een ingegroeide teennagel an ingrown toenail

inhaalmanoeuvre overtaking manoeuvre

inhaalstrook overtaking lane, (AE) passing lane

inhaalverbod overtaking prohibition, (op bord) no overtaking

inhaken • (een arm geven) link arms ★ (~ op) take up ★ hij haakte in op mijn opmerking over ... he took up my remark about

inhakken I [ov ww] • (hakkend inslaan) (deur, e.d.) break down II [on ww] • (hakkend inslaan) ★ ~ op pitch into ▼ dat heeft er flink ingehakt that has made a hole in my pocket

inhalen • (verwelkomen) welcome in • (gelijk komen met) catch up with • (voorbijgaan) overtake • (goedmaken) (achterstand) make up (for), (verlies) recover ★ (naar binnen halen)

(oogst) gather (in), (vlag) lower, (zeilen) take in

inhaleren inhale

inhalig greedy, covetous, grasping

inham inlet, creek, bay

inhechtenisneming arrest

inheems (gebruiken) native ★ ~e planten indigenous plants

inherent inherent (in)

inhoud • (dat wat erin zit) contents • (dat wat erin kan zitten) content, capacity ★ kofferbak met grote ~ boot with great capacity • (inhoudsopgave) table of contents • (strekking) purport ★ een brief van de volgende ~ a letter to this effect • (datgene waarover iets handelt) contents ★ korte ~ summary ★ de ~ van een boek the contents of a book

inhoudelijk as regards content, with respect to content

inhouden • (bevatten) hold, contain, (belofte) hold out, (verplichting) involve • (bedwingen) restrain, (hond) hold (back), (paard) rein in ★ zich ~ restrain o.s. • (niet betalen) (een percentage) deduct, (loon) stop • (betekenen) imply, mean

inhouding • (bedrag) deduction, (m.b.t. belasting) amount withheld • (handeling) deduction, (m.b.t. belasting) withholding, (op salaris) stoppage

inhoudsmaat cubic measure

inhoudsopgave table of contents

inhuldigen inaugurate, install

inhuldiging inauguration, installation

inhuren hire ★ weer ~ renew the lease

initiaal initial

initiatie initiation

initiatief initiative ★ op ~ van on/at the initiative of ★ 't particulier ~ private enterprise

initiatiefnemer initiator, originator

initiatierite initiation rite

initieel initial ★ initiële kosten initial costs

initiëren • (inwijden) initiate (into) • (invoeren) start (off)

injecteren inject

injectie injection ★ een financiële ~ a financial injection

injectienaald injection/hypodermic needle

injectiespuit hypodermic syringe

inkapselen encapsulate

inkeer repentance ★ tot ~ komen come to one's senses; repent

inkeping notch, nick

inkijk view of the inside, looking in ★ ~ hebben expose o.s. ★ een jurk met ~ a dress with a plunging neckline

inkijken • (vluchtig bekijken) glance through, take a look at ★ (naar binnen kijken) look in

inklappen I [ov ww] • (naar binnen vouwen) fold in/up II [on ww] • (in(een)storten) break down, collapse

inklaren clear

inklaring clearance

inkleden word, express

inkleuren colour

inkoken boil down

inkomen I [het] income ★ nationaal ~ national income II [on ww] come in ★ ~de rechten import duties ▼ daar kan ik ~ I can understand that

inkomensderving loss of income

inkomensgrens income limit

inkomsten revenues, income, earnings

inkomstenbelasting income tax

inkoop purchase ★ inkopen doen make purchases; buy

inkopen • (kopen) buy • (rechthebbende worden op) buy, purchase ∗ jaren ~ voor zijn pensioen buy years for one's pension
inkoper purchaser, buyer
inkorten shorten, curtail
inkrimpen I [ov ww] • (geringer maken) cut down/back, reduce ∗ 't personeel ~ reduce the staff **II** [on ww] • (geringer worden) shrink, contract
inkt ink
inktlint (typewriter) ribbon, (v. printer) ink cartridge
inktpatroon ink cartridge
inktpot ink pot, inkwell
inktvis inkfish, squid, cuttlefish
inktzwart pitch-black
inkuilen (aardappels) clamp, (veevoer) ensilage
inkwartieren billet
inkwartiering billeting, quartering
inladen load
inlander native
inlands native, (gewassen ook) homegrown
inlassen • (invoegen) insert • (met een las invoegen) let in
inlaten I [ov ww] let in, admit **II** [wkd ww] take up with, concern o.s. with (s.th.), associate with (s.o.) ∗ hij liet zich er niet mee in he would have nothing to do with it ∗ zich met politiek ~ go in for politics
inleg (bij spel) stake, (in bank) deposit, (v. lid) entrance fee
inleggen • (erin-/tussenleggen) insert, (trein) put on • (geld inbrengen) deposit, (bedrijf) invest, (bij spel) stake
inlegkruisje press-on panty-liner
inlegvel supplementary sheet
inleiden introduce, (een debat) open
inleiding introduction
inleven imagine o.s. in ∗ zich in een rol ~ enter into a part
inleveren • (afgeven) hand in, (jur.) forfeit, (de wapens) give up, (gedwongen) surrender, (verzoek) submit • (minder verdienen) sacrifice ∗ loon ~ voor werkgelegenheid reduce wages to create employment
inlezen I [ov ww] read in **II** [wkd ww] read up on
inlichten inform (about), enlighten (on) ∗ verkeerd ~ misinform
inlichting (piece of) information, tip, information [mv: inquiries, information] ∗ ~en vragen/ inwinnen make inquiries
inlichtingendienst • (informatiedienst) information/inquiries office • (geheime dienst) intelligence, secret service
inlijsten frame
inlijven incorporate (in), (mil.) enrol(l), (gebied) annex
inlikken worm o.'s way in, suck up to s.o.
inloopzaak walk-in shop
inlopen I [ov ww] • (inhalen) (achterstand) make up (for) ∗ iem. ~ gain on s.o. **II** [on ww] • (binnenlopen) walk into, (een straat) turn into, (een winkel) enter
inlossen • (aflossen) pay off, repay • (nakomen) (belofte) redeem ∗ zijn woorden ~ keep one's promise
inloten draw a place (by lot) ∗ ingeloot zijn voor een studie be awarded a place for study
inluiden usher in ∗ het nieuwe jaar ~ ring in the New Year
inmaak • (het inmaken) preserving, (in zuur) pickling, (met suiker) conserving • (het

ingemaakte) (groenten, e.d.) preserves, (zuur) pickles
inmaken • (conserveren) preserve, (in azijn) pickle, (in zout) salt • (sport) slaughter
in memoriam rest in peace
inmengen interfere (with) ∗ zich ergens ~ interfere with s.th.; (inf.) butt in
inmenging interference
inmiddels meanwhile, in the mean time
innaaien sew
innemen • (binnenhalen) (brandstof) fuel, (brandstof, water. e.d.) take in, (kaartjes) collect, (zeilen) take in • (slikken) take • (veroveren) take, (een stad, e.d.) capture • ((on)gunstig stemmen) ∗ iem. voor zich ~ win s.o.'s sympathy ∗ iem. tegen zich ~ antagonize s.o. • (beslaan, bezetten) occupy, (ruimte) take up ∗ het nam veel plaats in it took up a lot of room
innemend winning, captivating, prepossessing
innen (cheque) cash, (huur) collect
innerlijk I [het] inner self **II** [bnw] inner, (waarde) intrinsic **III** [bijw] inner, inwardly
innig profound, heartfelt, (vurig) fervent
inning • (het innen) collection, (v. cheque) cashing • (sport) innings
innovatie innovation
innoveren innovate, make innovations
inpakken • (verpakken) (in koffer) pack, (in papier, e.d.) wrap up • (inpalmen) win over • (warm kleden) wrap/muffle (o.s.) up
inpalmen • (zich toe-eigenen) ∗ de winst ~ pocket the winnings • (voor zich winnen) win over, charm
inpandig ∗ een ~e garage a built-in garage
inpassen fit in
inpeperen ∗ ik zal het je ~ I'll get even with you; I'll pay you back
inperken restrict, curtail
inpikken grab, snap up ∗ de beste stoelen ~ snap up the best seats
inplakken paste in
inplanten • (planten) plant • (iets inprenten) implant/instill in
inpolderen reclaim land, impolder
inpompen drill/drum into
inprenten impress (upon), drum into
inproppen cram in(to)
input input
inquisitie inquisition
inregenen ∗ het regent hier in the rain's coming in/through
inrekenen pull in, (inf.) run in
inrichten • (regelen) arrange, (cursus, e.d.) organize ∗ het zo ~ dat... manage so that... • (toerusten) fit up, furnish, construct, (inf.) fix up ∗ zich ~ set-up house • goed ingericht well appointed ∗ speciaal ingericht voor specially equipped for
inrichting • (aankleding) furnishing, fitting up • (instelling) institute
inrijden • (naar binnen rijden) ride in(to), (met auto) drive in(to) • (geschikt maken) (auto) run in, (paard) break in
inrijperiode running-in period
inrit entry, entrance, driveway ∗ geen ~ no entry
inroepen call in, invoke ∗ iemands hulp ~ enlist s.o.'s help
inroesten • (roesten) rust • (vastroesten) rust up, rust solid • ingeroeste gewoonten ingrained habits
inruilen exchange (for), (v. auto e.d.) trade-in
inruilwaarde resale value, replacement value

inruilwagen trade-in, second-hand car
inruimen ∗ plaats ~ make room; (fig.) give space (to)
inrukken ● (afmarcheren) (mil.) dismiss, (v. brandweer, politie) withdraw ∗ ingerukt, mars! dismiss! ● (binnentrekken) march into
inschakelen ● (in werking stellen) (elektriciteit) switch on, (motor) let out/slip the clutch, (stroom) turn/switch on ● (doen meewerken) enlist, (advocaat, leger) call in
inschalen put on the scale
inschatten assess, judge
inschenken (glas) fill, (thee) pour (a cup of tea)
inschepen ship ● zich ~ embark (for)
inscheuren tear
inschieten I [ov ww] ● (sport) score **II** [on ww] ● (met vaart binnengaan) ∗ zij schoot de kamer in she shot into the room ● (~ erbij) lose ∗ er het leven bij ~ lose one's life ● er geld bij ~ lose money over it
inschikkelijk accommodating, obliging
inschikken ● (inschuiven) sit closer together, (fig.) move up ● (toegeven) be accommodating/obliging
inschoppen ● (stuk schoppen) kick down ● (schoppen in iets) kick in(to)
inschrijfformulier (voor aanmelding) registration form, (voor onderwijs) enrolment form, (voor sollicitatie) application form, (voor wedstrijd) entry form
inschrijfgeld enrolment fee
inschrijven I [ov ww] ● (opgeven) (geboorte, huwelijk) register, (school) enrol, (v. onderzoek, wedstrijd) enter ● zich laten ~ enroll o.s. as a member; enter one's name; register ∗ aantal ingeschreven leerlingen number of pupils on the roll **II** [on ww] ● (intekenen op iets) sign up (for), put one's name down (for) ● (prijsopgave doen) tender
inschrijving ● (intekening) subscription, (voor aanbesteding) tender ∗ de ~ openstellen invite subscriptions; (v. aanbesteding) invite tenders ∗ de ~ is gesloten the subscription list is closed ● (registratie) registration, (bij onderwijs) enrolment, (bij wedstrijd ook) entry
inschuiven ● (naar binnen schuiven) shove/slide in ● (inschikken) move/close up
inscriptie inscription
insect insect, bug
insectenbeet insect bite
insecticide insecticide
inseinen inform, (inf.) tip off
inseminatie insemination
ins en outs details, ins and outs
insgelijks likewise
insider insider
insinuatie insinuation
insinueren insinuate
inslaan I [ov ww] ● (erin slaan) drive in, (v. spijker) hammer in ● (stukslaan) smash (in) ● (omslaan/inleggen) turn/fold in ● (in voorraad nemen) stock up, lay in ● (nuttigen) (v. drank) knock-back, (v. eten) put away ● de juiste weg ~ (fig.) set about it in the right way ▾ nieuwe wegen ~ break new ground **II** [on ww] ● (met kracht doordringen) strike ● de bliksem is ingeslagen lightning has struck ● (indruk maken) be a (great) success, strike home ∗ dat slaat in als een bom that is a complete surprise/ shock ● (ingaan) turn (into)
inslag ● (dwarsdraad) weft ● (het inslaan) impact ● (karakter(trek)) ∗ humoristische ~ humoristic streak ∗ met zo'n ~ zul je niet ver komen this

attitude/mentality won't get you anywhere ∗ fascistische ~ fascist leanings ▾ schering en ~ that is customary
inslapen ● (in slaap vallen) fall asleep, drop off ● (sterven) pass away
inslikken swallow
insluimeren doze off, drop off (to sleep)
insluipen steal in(to), (fig.) creep in ∗ er is een foutje ingeslopen a small error has crept in
insluiper intruder
insluiten ● (opsluiten) lock in ● (omgeven) surround, encircle ● (bijsluiten) enclose
insmeren (lotion, e.d.) rub with, (met boter, vet) smear, grease
insneeuwen snow in ∗ het huis was ingesneeuwd the house was snowed under
insnijden cut in(to)
insnoeren constrict
inspannen ● (aanspannen) (v. paard, e.d.) harness (to) ● (moeite geven) (kracht) exert, (ogen) strain ∗ zich ~ exert o.s.; make an effort
inspannend strenuous, laborious, (vnl. geestelijk) exacting ∗ ~ werk strenuous/exacting work
inspanning effort, exertion, (te grote) strain ∗ met ~ van alle krachten with the utmost exertion
inspecteren inspect
inspecteur inspector ∗ ~ van politie police inspector ∗ ~ bij de belastingen inspector/ surveyor of taxes ∗ ~ van gezondheid health inspector
inspecteur-generaal inspector general
inspectie (controle) inspection, (district) inspectorate
inspelen I [ov ww] ● (muz.) play in **II** [on ww] ● (~ op) anticipate **III** [wkd ww] warm-up
inspiratie inspiration
inspraak voice, say, participation, (in bedrijf, universiteit) participation
inspraakprocedure (public) participation procedure
inspreken ● (inboezemen) inspire ∗ iem. moed ~ put heart into a person; inspire with courage; (inf.) pep a person up ● (tekst inspreken) record ∗ een bandje ~ record a tape ∗ u kunt uw boodschap ~ na de pieptoon you may leave/record your message after the bleep
inspringen ● (erin springen) leap in(to) ● (invallen) substitute (for), fill/stand in for ∗ voor iem. ~ take the place of s.o.; fill in for s.o. ● (terugwijken) bend in(ward), (v. regel) indent ● (~ op) seize on
inspuiten I [ov ww] ● (inbrengen) inject **II** [on ww] ● (naar binnen komen) gush into ∗ het water spoot de kelder in the water gushed into the cellar
instaan be responsible, guarantee ∗ voor iem. ~ answer for a person ∗ ik kan niet voor de waarheid ~ I can't vouch for the truth
instabiel unstable, insecure
installateur installer, (v. elektriciteit) electrician ∗ erkend ~ approved/qualified installer
installatie (apparatuur) equipment ● (stereo) stereo
installeren (monteren) install ● (inrichten) fit up, furnish ● (vestigen) settle ∗ zij installeerden zich voor de buis they settled down in front of the tv
instampen ● (erin stampen) ram/pound in ● (kapot maken) kick/bash in ● (inprenten) drill ∗ iem. iets ~ drum s.th. into a person's head
instandhouding maintenance
instantie ● (orgaan) body, authority ● (jur.)

instance, resort ∗ in de eerste ~ *in the first instance* ∗ in de laatste ~ *in the last resort*

instappen ● (auto, trein) *get in,* (bus) *get on* ∗ allen ~! *take your seats, please!* (AE) *all aboard!*

insteekhaven ● (parkeerplaats) *parking bay* ● (kleine haven) *factory mooring/quai*

insteken *put in*

instellen ● (beginnen) *set up, begin* ∗ een vordering ~ *bring a claim* ● (afstellen) (camera) *focus,* (instrument) *adjust* ∗ op Engeland ingesteld *orientated to England* ● (oprichten) *establish, institute*

instelling ● (instituut) *institute* ● (mentaliteit) *mentality, attitude* ∗ een zakelijke ~ *a businesslike attitude*

instemmen *fall in with, agree/concur (with)*

instemming *agreement,* (bijval) *approval*

instigatie *instigation*

instinct *instinct*

instinctief *instinctive*

institutionaliseren *institutionalize*

instituut *institution, institute*

instoppen ● (indoen) *put in* ∗ stop 't hier maar in *put it in here* ● (toedekken) *tuck in*

instorten ● (in elkaar vallen) *fall/come down, collapse,* (kuil, gang) *cave-in* ● (afknappen) *collapse, break down*

instructeur *instructor*

instructie ● (aanwijzing) *direction,* (voor een vlucht, e.d.) *briefing* ● (onderricht) *instruction, tuition* ∗ (jur.) *inquiry*

instructiebad *learners' pool*

instructief *instructive, enlightening*

instrueren ● (instructies geven) *instruct,* (piloot, e.d.) *brief* ● (onderrichten) *instruct*

instrument ● (verfijnd werktuig) *instrument* ● (muziekinstrument) *musical instrument*

instrumentaal *instrumental*

instrumentarium *set of instruments,* (med.) *instrumentarium*

instrumentenpaneel *instrument panel*

instrumentmaker *instrument maker/builder*

instuderen (muziek) *practise,* (rol) *study,* (stuk) *rehearse*

instuif *informal party/gathering*

insturen *send in(to)* ∗ een verslag ~ *send in/submit a report*

insubordinatie *insubordination*

insuline *insulin*

insult ● (belediging) *insult* ● (med.) *fit*

intact *intact, unimpaired*

intakegesprek *interview on admission to hospital, school, etc.*

integendeel *on the contrary*

integer *honest, incorruptible*

integraal *integral*

integraalrekening *integral calculus*

integratie *integration*

integreren I [ov ww] ● (compleet maken) *integrate, complete* II [on ww] ● (in geheel opgaan) *integrate, mingle*

integriteit *integrity*

intekenen I [ov ww] ● (inschrijven) *register, enter* II [on ww] ● (zich verplichten) *subscribe (to, for), put one's name down (for)* ∗ ~ voor een bedrag van vijftig gulden *put one's name down for a sum of fifty guilders* ∗ ~ op een nieuwe editie *subscribe to a new edition*

intekenprijs *subscription price*

intellect ● (intellectuelen) *intelligentsia, the intellectuals* ● (verstand) *intellect*

intellectualistisch *intellectualistic*

intellectueel I [de] *intellectual,* (inf.) *highbrow* II [bnw] *intellectual*

intelligent *intelligent*

intelligentie *intelligence*

intelligentiequotiënt *intelligence quotient*

intelligentietest *intelligence test*

intelligentsia *intelligentsia*

intens *intense*

intensief *intensive*

intensiteit *intensity*

intensive care *intensive care*

intensiveren *intensify*

intentie *intention, purpose* ∗ de ~ hebben om *intend to; have it in mind to*

intentieverklaring *declaration of intent*

interactie *interaction*

interbellum *period between the wars*

intercedent *interceder, intermediary*

intercity *intercity* (train)

intercom *intercom*

intercontinentaal *intercontinental*

interdependentie *interdependence*

interdisciplinair *interdisciplinary*

interen *eat into one's capital*

interessant *interesting*

interesse *interest*

interesseren I [ov ww] *interest* ∗ iem. voor iets ~ *interest a person in s.th.* II [wkd ww] *be interested* ∗ zich gaan ~ voor *become interested in*

interest *interest* ∗ samengestelde/enkelvoudige ~ *compound/simple interest* ∗ met ~ terugbetalen *pay back with interest* ∗ tegen ~ *at interest*

interface *interface*

interfaculteit *combined faculty* ∗ de ~ van geografie en prehistorie *combined faculty of geography and prehistory*

interferentie *interference*

interfereren *interfere*

interieur *interior*

interieurverzorgster *cleaning lady,* (euf.) *cleaner*

interim *interim* ∗ minister ad ~ *interim minister*

interkerkelijk *interchurch, interdenominational*

interlinie (line) *spacing*

interlokaal ∗ ~ telefoneren *make a long-distance call* ∗ ~ gesprek *long-distance call*

intermediair I [de] *intermediary* II [bnw] *intermediary*

intermezzo *intermezzo, interlude*

intern ● (inwonend) *resident,* (patiënt) *in-patient* ∗ ~ zijn *live-in* ● (binnen organisatie) *internal,* (aangelegenheden) *domestic* ● (inwendig) *internal* ∗ ~e geneeskunde *internal medicine*

internaat *boarding school*

internationaal *international* ∗ Internationale Vluchtelingenorganisatie *International Refugee Organisation*

international *international*

interneren *intern*

internering *internment*

internist *internal medical specialist,* (AE) *internist*

interpellatie *interpellation*

interpelleren *interpellate,* (in Engeland) *question*

interpretatie *interpretation*

interpreteren *interpret*

interpunctie *punctuation*

interrumperen *interrupt*

interruptie *interruption*

interval *interval*

interveniëren *intervene*

interventie *intervention*
interview *interview*
interviewen *interview*
intiem *intimate*
intimidatie *intimidation*
intimideren *intimidate*
intimiteit • (vrijpostigheid) *liberty*
 ★ ongewenste ~en *sexual harassment* ★ (het
 intiem zijn) *intimacy* • (vertrouwelijkheid)
 intimacy
intocht *entry*
intolerant *intolerant*
intomen *curb, check, restrain*
intonatie *intonation*
intransitief *intransitive*
intrappen *kick in/down*
intraveneus *intravenous*
intrede • (ambtsaanvaarding) *inauguration*
 ★ zijn ~ doen *enter upon one's office* • (begin)
 advent ▾ zijn ~ doen *set in*
intreden • (non/monnik worden) *enter an order/
 a convent* • (een aanvang nemen) *set in* ★ de
 dood trad onmiddellijk in *death was
 instantaneous*
intrek ★ zijn ~ nemen in een hotel *put up at a
 hotel* ★ zijn ~ bij iem. nemen *move in with s.o.*
intrekken I [ov ww] • (herroepen) (een bevel)
 revoke, (een wet) *repeal*, (vergunning, geld,
 woorden) *withdraw*, (verlof, een opdracht)
 cancel ★ de verloven zijn ingetrokken *all leave
 has been cancelled* ★ een rijbewijs tijdelijk ~
 suspend a driving licence • (naar binnen trekken)
 draw in, (klauwen, landingsgestel) *retract* **II** [on
 ww] • (binnentrekken) *march into, move in(to)*
 • (gaan inwonen) *move in (with)* ★ wanneer trek
 je hier in? *when do you move in?* • (opgezogen
 worden) ★ de inkt zal er ~ *the ink will soak in*
intrigant *intriguer, schemer*
intrige • (slinks plan) *intrigue* • (plot) *plot,
 intrigue*
intrigeren I [ov ww] • (boeien) *intrigue* **II** [on
 ww] • (samenzweren) *intrigue, scheme*
introducé *guest*
introduceren • (voorstellen) *introduce* • (in
 omloop brengen) *introduce, launch*
introductie *introduction*
introspectie *introspection*
introvert I [de] *introvert* **II** [bnw] *introvert*
intuïnen *swallow, be fooled, fall for*
intuïtie *intuition* ★ bij ~ *by intuition; intuitively*
intuïtief *intuitive*
intussen *meanwhile*
inval • (het binnenvallen) (v. politie) *raid*, (v.
 vijand) *invasion* ★ een ~ doen (in land) *invade;
 (v. politie, e.d.) raid* • (idee) *idea, brain wave*
 ▾ het is daar de zoete ~ *they keep open house there*
invalide I [de] *invalid, disabled person* [mv:
 disabled] **II** [bnw] *handicapped*, (soldaat,
 arbeider) *disabled*
invalidenwagen *wheelchair*
invaliditeit *invalidity, disablement*
invallen • (binnenvallen) *invade* • (instorten)
 (cave in, (v. huis) fall down, collapse • (in
 gedachte komen) ★ 't viel hem in *it occurred to
 him* ★ ze doen zoals het hun invalt *they react as
 it occurs to them* • (beginnen) (v. dooi, e.d.) *set in*,
 (v. nacht) *fall* ★ bij het ~ van de nacht at
 nightfall • (vervangen) *deputize*, (ook sport)
 stand in (for) • (muz.) *join in* ▾ een ingevallen
 gezicht *a shrunken face*
invaller *substitute*, (sport) *reserve*, (v. land) *invader*
invalshoek • (gezichtshoek) *angle* • (nat.) *angle*

of incidence
invalsweg *approach/access (road)*
invasie *invasion*
inventaris (aanwezige goederen) *stock*, (lijst)
 inventory, (v. huis) *furniture (and fittings)* ★ de ~
 opmaken *take stock; make an inventory*
inventarisatie *stocktaking*
inventariseren *make an inventory of*
inventief *inventive, resourceful*
invers *inverse, opposite*
investeren *invest*
investering *investment*
invetten *grease, oil*
invitatie *invitation*
inviteren *invite (to)*
invloed *influence, pull*, (uitwerking) *effect* ★ zijn
 ~ aanwenden *use one's influence* ★ ~ uitoefenen
 exert an influence
invloedrijk *influential*
invloedssfeer *sphere of influence*
invoegen I [ov ww] • (inlassen) *insert, put in*
 II [on ww] • (tussenvoegen bij verkeer) *join the
 traffic*
invoegstrook *merging lane*
invoer • (import) (goederen) *imports*,
 (handeling) *import* • (input) *input*
invoeren • (erin brengen) ★ elektriciteit ~ *feed in
 electricity* • (importeren) *import*
 • (introduceren) *introduce*
invoerrecht *import duty*
invorderen *collect*, (v. belasting) *levy*, (v.
 betaling) *demand payment*
invreten *corrode*
invriezen *freeze*
invrijheidstelling *release* ★ voorwaardelijke ~
 conditional discharge
invullen (formulier) *fill in/up*, (naam) *fill in*
invulling • (interpretatie) *interpretation* • (het
 invullen) *filling in*, (AB) *filling out*
inwaarts *inward(s)*
inweken *soak, soften*
inwendig *inward, interior, inner* ★ ~ letsel *internal
 injuries*
inwerken I [ov ww] • (aanbrengen) *work into*
 • (vertrouwd maken) ★ zich ~ *learn the ropes;
 master the details of a job* ★ iem. ~ *train a person
 up; show s.o. the ropes* **II** [on ww] • (invloed
 hebben) *act upon, affect* ★ op elkaar ~ *interact*
 ★ iets op je laten ~ *let s.th. sink in*
inwijden • (in gebruik nemen) *inaugurate*
 • (initiëren) *initiate*
inwijding • (ingebruikneming) *inauguration*
 • (initiatie) *initiation*
inwilligen *comply with* ★ eisen ~ *concede demands*
inwinnen ★ inlichtingen ~ *gather information;
 make inquiries* ★ iemands raad ~ *ask a person's
 advice* ★ rechtskundig advies ~ *seek legal advice*
inwisselen *change, exchange for*
inwonen *live-in*
inwonend *resident* ★ ~e kinderen *children living
 at home* ★ ~ arts *resident doctor*
inwoner *resident*, (v. stad) *inhabitant*
inworp *throw-in*
inwrijven *rub in* ★ ~ met *rub with*
inzaaien *sow, seed* ★ een gazon ~ *seed a lawn*
inzage *inspection, perusal* ★ ter ~ zenden *send on
 approval* ★ ~ nemen van *peruse* ★ ter ~ leggen
 open to/deposit for (public) inspection
inzake *concerning, with regard to*
inzakken *collapse, cave in*, (gebouw, grond)
 subside, (vloer) *give way*
inzamelen *collect*

inzameling *collection* ∗ een ~ houden *make/take a collection*
inzamelingsactie *collection*
inzegenen ⟨huwelijk⟩ *celebrate*, ⟨kerk⟩ *consecrate*
inzenden *send in, contribute* ∗ zijn stukken ~ *send in one's papers*
inzending ⟨v. prijsvraag⟩ *entry*, ⟨v. tentoonstelling⟩ *exhibit*, ⟨v. tijdschrift⟩ *contribution*
inzepen *soap*, ⟨bij scheren⟩ *lather*
inzet ● ⟨inspanning⟩ *effort, devotion, dedication* ● ⟨wat op het spel staat⟩ ⟨bij verkiezingen⟩ *main issue*, ⟨spel⟩ *stake(s)* ∗ de hele ~ winnen *win the pool/jackpot* ● ⟨bod⟩ *upset price, starting price* ● ⟨kleine foto/tekening⟩ *inset* ● ⟨muz.⟩ *attack*
inzetbaar *employable, usable*
inzetten I ⟨ov ww⟩ ● ⟨erin zetten⟩ *set/put in* ∗ zet er ook het stukje over je vader in *put in the bit about your father* ∗ er worden extra treinen ingezet *they are putting on extra trains; they are putting extra trains in service* ● ⟨wedden⟩ *stake* ● ⟨beginnen⟩ *start*, ⟨aanval⟩ *launch*, ⟨winter, toestand⟩ *set in* ● ⟨in actie brengen⟩ *bring/put into action* ● ⟨muz.⟩ *start*, ⟨lied, wals⟩ *strike up* **II** ⟨wkd ww⟩ *do one's best* ∗ zich voor een zaak ~ *dedicate o.s. to a cause*
inzicht ● ⟨begrip⟩ *insight* ● ⟨mening⟩ *opinion* ∗ zijn ~en kenbaar maken *state one's views* ∗ naar eigen ~ handelen *act on one's own discretion* ∗ naar mijn ~ *in my opinion* ∗ een verschil van ~ *a difference of opinion* ● ⟨besef⟩ ∗ tot ~ komen *see the light*
inzien I ⟨het⟩ ▾ bij nader ~ *on second thought* **II** ⟨ov ww⟩ ● ⟨inkijken⟩ *glance over* ● ⟨beseffen⟩ *see, realize* ● ⟨beoordelen⟩ ∗ dat zie ik niet in *I do not see that* ∗ iets verkeerd/somber ~ *take a wrong/gloomy view of s.th.*
inzinken ● ⟨lager komen te liggen⟩ *sink, subside* ● ⟨geestelijk instorten⟩ *give up, lose heart* ● ⟨minder worden⟩ *go down, slump*
inzinking ● ⟨instorting⟩ ⟨bij ziekte⟩ *relapse*, ⟨psychisch⟩ *breakdown* ∗ totale ~ *collapse* ● ⟨het inzakken⟩ *subsidence*
inzitten ● ⟨~ over⟩ *worry about* ∗ zij zit er erg over in *she is worried sick about it* ● ⟨~ met⟩ ∗ ergens lelijk mee ~ *be in a fix about s.th.; be at one's wits end about s.th.*
inzittende *occupant, passenger*
inzoomen *zoom in on*
ion *ion*
Ionische Zee *Ionian Sea*
IQ IQ
Irak *Iraq*
Iran *Iran*
iris *iris*
iriscopie *iridiscopy*
ironie *irony* ∗ de ~ van 't noodlot *the irony of fate*
ironisch *ironical*
irrationeel *irrational*
irreëel *unreal, imaginary*
irrelevant *irrelevant*
irrigatie *irrigation*
irrigator *irrigator*
irrigeren *irrigate*
irritant *irritating, annoying*
irritatie *irritation*
irriteren *irritate*
ischias *sciatica*
isgelijkteken *equals sign*
islam *Islam*
islamiet *Islamite*
islamitisch *Islamic*

isolatie ● ⟨afzondering⟩ *isolation* ● ⟨het afzonderen⟩ *insulation* ∗ ~ van de spouwmuur *cavity wall insulation*
isolatieband *insulating tape*
isoleercel *isolation cell*
isoleerkan *thermos flask*
isolement *isolation*
isoleren ● ⟨afzonderen⟩ *isolate* ● ⟨nat.⟩ *insulate*
Israël *Israel*
Italiaan *Italian* ∗ een ~se *an Italian woman*
Italiaans I ⟨het⟩ *Italian* **II** ⟨bnw⟩ *Italian*
Italië *Italy*
item *item*
ivoor *ivory*
Ivoorkust *Ivory Coast*
Ivriet ⟨modern⟩ *Hebrew*

I

J

j (the letter) J/j

ja I [het] yes ∗ een vraag met ja beantwoorden answer a question in the affirmative **II** [tw] yes ∗ ja knikken nod assent ∗ ja, zeker certainly ▾ wel ja! that's right! ▾ maar ja... but then; oh well...

jaap cut, gash ∗ iem. een jaap geven cut/gash a person

jaar year ∗ over een jaar in a year's time ∗ met de jaren with the years ∗ op jaren zijn be advanced in years; elderly/old ∗ jaar in jaar uit year in and year out ∗ de laatste jaren in recent years; of late years ∗ jaar op jaar year by/after year ∗ vandaag over een jaar a year from today ∗ 't hele jaar door all the year round ∗ eens in 't jaar once a year ▾ sinds jaar en dag for many years now; for a long time ▾ nog vele jaren! many happy returns of the day!

jaarbeurs ● (gebouw) industries/trade fair ● (tentoonstelling) exhibition

jaarboek ● (kroniek) yearbook ● (annalen) annals, chronicles

jaarcijfers annual returns

jaarclub society of students who started in the same academic year, ≈ sorority/fraternity

jaargang volume, (v. wijn) vintage ∗ een oude ~ a back volume

jaargenoot fellow-student, contemporary, (leerling) classmate

jaargetijde season

jaarkaart annual season ticket

jaarlijks I [bnw] yearly, annual **II** [bijw] every year, annually

jaarmarkt (annual) fair

jaarring annual ring

jaartal date, year

jaartelling era

jaarvergadering annual meeting

jaarverslag annual report

jaarwisseling turn of the year ▾ Prettige ~! Happy New Year!

jacht I [de] ● (het jagen) hunting, (op klein wild) shooting ∗ op ~ gaan go hunting/shooting ∗ ~ maken op hunt out; (fig.) pursue ● (jachtterrein) hunt(ing ground), (klein wild) shoot(ing ground) ● (het najagen) pursuit ● (jachttijd) (hunting) season ● (jachtpartij) hunt, (op klein wild) shoot **II** [het] yacht

jachten hurry, rush

jachtgeweer shotgun

jachthaven marina

jachthond hound

jachtig hurried ∗ ~ in de weer zijn rush around; bustle about

jachtluipaard cheetah

jachtopziener gamekeeper

jachtschotel hotpot

jachttafereel hunting scene

jack jacket

jacket ● (boekomslag) dust cover ● (kroon) crown

jackpot jackpot

jacquet morning coat, (inf.) tails

jade ● jade

jagen I [ov ww] ● (jacht maken op) hunt, (herten) stalk, (klein wild) shoot, (prooi) chase ∗ uit ~ gaan go hunting/shooting ● (voortdrijven) hurry, (fig.) drive, (snel) rush ∗ 'n wetsontwerp door 't parlement ~ railroad/rush a bill through Parliament ∗ heen en weer ~ chivy about **II** [on ww] ● (streven) pursue ● (snel bewegen) rush, race

jager ● (iem. die jaagt) hunter ∗ ~ op groot wild big game hunter ● (jachtvliegtuig) fighter ∗ langeafstands~ long-range fighter ● (schip) hunter, (mil.) destroyer

jaguar jaguar

jak ● (bloes) smock ● (overjasje) jacket

jakhals jackal

jakkeren rush, (hard werken) work o.s. to death, (vnl. met auto) tear along

jakkes ugh!, yuk!

jakobsschelp scallop

jaloers jealous

jaloezie ● (jaloersheid) jealousy ● (zonwering) Venetian blind

jam jam ∗ jam maken van make into jam

Jamaica Jamaica

jamboree jamboree

jammer a pity ∗ wat ~! what a pity!; what a shame! ∗ 't is ~ van 't geld it's too bad about the money ∗ dat is erg ~ voor je I am sorry for you; that's tough on you ∗ ~ genoeg! unfortunately! ∗ 't is erg ~ it's really a shame ∗ ~ genoeg kwam hij niet sad to say he didn't turn up

jammeren lament, wail, moan, (inf.) yammer

jammerklacht lamentation

jammerlijk woeful, pitiful

jampot jam jar

Jan John ▾ boven Jan zijn be over the hump ▾ Jan Rap en z'n maat ragtag and bobtail; scum ▾ Jan Klaassen en Katrijn Punch and Judy ▾ Jan Salie stick-in-the-mud

janboel muddle, mess ∗ een grote ~ a dreadful mess

janboerenfluitjes ▾ op z'n ~ in a slaphappy/ slapdash way

janplezier charabanc

jantje-van-leiden ▾ zich met een ~ ergens van afmaken talk one's way out of s.th.

januari January

januskop ● (kop) head with two opposite faces ● (dubbelhartig mens) two-faced person, (lit.) Janus face

jan-van-gent gannet

Japan Japan

Japanner Japanese ∗ een Japanse a Japanese woman

japon dress, (lang) gown

jarenlang I [bnw] many years' **II** [bijw] for years

jargon jargon

jarig ∗ wanneer ben je ~? when is your birthday? ▾ dan ben je nog niet ~ then you are in no end of a mess; then you're in big trouble

jarretelle garter

jas ● (overjas) coat ● (colbert) jacket

jasbeschermer dress guard

jasmijn jasmine

jassen peel ∗ piepers ~ peel spuds

jasses bah!, ugh!, yuk!

jaszak coat pocket

jat paw ▾ blijf er met je jatten vanaf! keep your paws off!

jatten pinch, nab, swipe

jawoord consent ∗ om het ~ vragen propose ∗ 't ~ geven say yes

jazz jazz (music)

jazzballet jazz-ballet

jazzband jazz band

je I [pers vnw] ∗ je zou je moeten schamen you ought to be ashamed of yourself **II** [wkd vnw] yourself [mv: yourselves] **III** [bez vnw] your ▾ je van het! the very best! **IV** [onb vnw] you ∗ dat

doe je niet *you don't do things like that* ∗ je hebt
van die mensen *it takes all kinds (to make a
world)*
jeans *(blue) jeans*
jee *gee!, gosh!* ▼ o jee, nou zullen we het hebben!
gee, now we're in for it!
jeep *jeep*
jegens *to(wards)*
jekker *reefer, jacket*
Jemen *Yemen*
jenever *gin*
jeneverbes ● *(bes) juniper berry* ● *(struik) juniper*
jengelen *whine, whimper*
jennen *tease, harass, badger*
jeremiëren *complain, wail, ⟨inf.⟩ bellyache*
jerrycan *jerrycan, jerrican*
jersey *jumper, jersey, ⟨AE⟩ sweater*
jet *jet*
Jet ▼ de jarige Jet *the birthday girl* ▼ iem. van Jetje
geven *let s.o. have it!; lam into s.o.*
jetlag *jet lag*
jetset *jet-set*
jeu *flavour* ∗ de jeu is eraf *the gilt is off the
gingerbread*
jeugd ● *(jonge leeftijd) youth* ∗ niet meer in zijn
eerste ~ *past his prime* ● zij heeft haar ~ gehad
she is no spring chicken ● *(jonge mensen) youth,
young people* ▼ z'n tweede ~ *his second childhood*
▼ wie de ~ heeft, heeft de toekomst *the future
belongs to the young*
jeugdherberg *youth hostel*
jeugdig *youthful*
jeugdliefde *young love, ⟨persoon⟩ love of one's
youth*
jeugdloon *juvenile wage*
jeugdsentiment *youthful/childhood memories,
nostalgia for one's youth*
jeugdzonde *sin(s) of one's youth*
jeuk *itch* ∗ jeuk hebben *itch*
jeuken *itch* ∗ mijn vingers ~ om … *my fingers are
itching …*
jezelf I *[pers vnw] yourself* ∗ kijk naar ~ *look at
yourself* **II** *[wkd vnw] yourself*
jezuïet *Jesuit*
Jezus *Jesus*
jicht *gout*
Jiddisch I *[het] Yiddish* **II** *[bnw] Yiddish*
jij *you*
jijbak ↑ *weak ripost(e)*
job *job*
Job *Job* ▼ zo arm als Job *as poor as a church mouse*
▼ zo geduldig als Job zijn *have the patience of Job*
jobstijding *bad news/tidings*
joch *lad*
jockey *jockey*
jodelen *yodel*
jodendom ● *(volk) Jewry, Jews* ● *(leer) Judaism*
jodenhaat *anti-Semitism*
jodenster *Star of David*
jodenvervolging *persecution of the Jews, pogrom*
jodin *Jewess*
jodium *iodine*
jodiumtinctuur *tincture of iodine*
Joegoslavië *Yugoslavia*
joekel ● *(hond) mutt* ● *(groot iets/iem.) whopper*
joelen *shout, howl, roar*
jofel *great, nice, super*
joggen *jog*
joggingpak *jogging suit*
joint *joint* ∗ een ~je draaien *roll a joint*
joint venture *joint venture*
jojo *yoyo*

joker *joker* ∗ voor ~ staan *look foolish; look a fool*
∗ iem. voor ~ zetten *make a fool of s.o.*
jokken *fib, tell tales/lies*
jol *yawl, dinghy*
jolig *jolly*
jong I *[het] ⟨dier⟩ young one, ⟨mens⟩ kid, child*
II *[bnw]* ● *(niet oud) young* ∗ hij is de jongste
van de twee *he is the younger one* ∗ zij is de
jongste van de groep *she is the youngest of the
group* ● *(recent) recent, latest*
jonge *gosh, (oh) boy, my*
jongedame *young lady*
jongeheer ● *(jongeman) young gentleman, ⟨met
naam⟩ Master (John)* ● *(penis) willie*
jongelui *young people, youngsters*
jongeman *young man*
jongen I *[de]* ● *(kind) boy* ∗ is het een ~ of een
meisje *is it a boy or a girl* ● *(jongeman) boy, lad*
II *[on ww] give birth, ⟨v. hond⟩ have pups, ⟨v. kat⟩
have kittens*
jongensachtig *boyish*
jongensboek *boys' book*
jongensgek *boy crazy/mad*
jongere *young person* ∗ werkende ~n *working
youngsters*
jongerencentrum *youth centre*
jongerenwerk *youth work*
jonggehuwd *newly married/wed* ● de ~en *the
newly-weds*
jongleren *juggle*
jongleur *juggler*
jongmens *young man*
jongstleden *last* ∗ zaterdag ~ *last Saturday*
jonk *junk*
jonker *(young) nobleman, esquire*
jonkheer *esquire*
jonkie ● *(mens) young one, baby* ● *(jenever) glass
of Dutch gin* ● *(dier) little/young one*
jonkvrouw ≈ *Lady*
jood *Jew*
joods *Jewish*
Joost ▼ ~ mag het weten *goodness knows; search
me*
jopper *donkey jacket, duffel coat*
Jordanië *Jordan*
jota *iota* ▼ geen jota *not a jot* ▼ hij snapt er geen
jota van *he doesn't know the first thing about it*
jou *you* ∗ jou moet ik net hebben *you're just the
person I am looking for* ∗ is dit huis van jou? *is
this house yours?*
joule *joule*
journaal ● *(nieuws) news, ⟨film⟩ newsreel*
● *(dagboek) journal, diary, ⟨scheepsjournaal⟩ log
book*
journalist *journalist, newspaperman*
journalistiek I *[de] journalism* **II** *[bnw]
journalistic*
jouw *your* ∗ dat boek is het jouwe *that book is
yours*
jouwen *hoot, boo*
joviaal *jovial, genial*
joystick *joy-stick*
jubelen *shout with joy, exult (at), be jubilant*
jubeltenen *upturned toes*
jubilaris *a person celebrating his/her jubilee/
anniversary*
jubileren *celebrate one's jubilee/anniversary*
jubileum *jubilee, anniversary* ∗ zijn zilveren ~
vieren *celebrate one's silver jubilee*
juchtleer *Russia leather*
judas ● *(treiteraar) rotter* ● *(verrader) Judas*
judaskus *Judas kiss*

J

judaspenning honesty, satin flower
judassen nag, needle, pester
judo judo
judoka judoka [ev/mv]
juf teacher
juffrouw Miss * ~ Smith Miss Smith
juichen cheer, be jubilant, shout with joy * niet te
vroeg ~ don't speak too soon; don't count your
chickens before they're hatched
juist I [bnw] • (correct) right, correct * op de ~e
wijze in the right way * ~ gedrag correct
behaviour • (waar) right, correct * o ~! oh, I see!
* zeer ~! hear! hear!; quite right! * ~! exactly!;
quite so! • (billijk) fair **II** [bijw] • (correct) * ~
handelen do the right thing • (precies) just,
exactly * ~ daarom! for that very reason! * ~ wat
ik nodig heb the very thing I need * ~ wat ik
bedoel exactly what I mean * dat is het ~ that's
just it
juistheid rightness, correctness, exactness
juk yoke
jukbeen cheekbone
jukebox jukebox
juli July
jullie I [pers vnw] you, you people **II** [bez vnw] your
* is dat huis van ~? is that house yours?
jumbojet jumbo jet
jungle jungle * de wet van de ~ the law of the
jungle
juni June
junior junior
junkfood junk food
junkie junkie
junta junta
jureren judge
juridisch legal * ~e faculteit Faculty of Law(s);
Law Faculty
jurisdictie jurisdiction
jurisprudentie jurisprudence
jurist • (rechtsgeleerde) jurist, lawyer • (student
in de rechten) law student
jurk dress
jury • (beoordelingscommissie) jury, panel (of
judges) • (jur.) jury
jurylid member of the jury
jus • (vruchtensap) juice • (vleessaus) gravy
jus d'orange orange juice
justitie • (rechterlijke macht) judiciary, ⟨inf.⟩ the
law * uit de handen der ~ blijven keep clear of
the law * aan ~ overleveren hand ⟨s.o.⟩ over to the
law/to the police • (rechtswezen) justice * hof
van ~ court of justice; court of law
justitieel judicial
Jut • als kop van Jut dienen be a scapegoat; be a
sitting duck * Jut en Jul odd couple * kop van Jut
try-your-strength machine
jute jute
jutten comb the beach, loot
juweel • (prachtexemplaar) treasure, gem
• (sieraad) jewel, gem
juwelier jeweller

K

k (the letter) K/k
kaaiman cayman, alligator
kaak • (wang) * iem. met beschaamde kaken
doen staan put a person to shame; make a person
blush * met beschaamde kaken staan look
shame-faced • (kaakbeen) jaw • (kieuw) gill
▼ aan de kaak stellen denounce; expose
kaakholte maxillary sinus
kaakje biscuit
kaakslag punch to the jaw
kaal • (zonder haar) bald * zijn hoofd kaal laten
knippen/scheren have one's head shaven * zo
kaal als een biljartbal as bald as a coot • (zonder
veren) featherless • (zonder bladeren) bare * de
bomen worden kaal the trees are losing their
leaves * kaal vreten eat bare; ⟨fig.⟩ eat a person
out of house and home * kaal gevreten velden
close cropped fields • (onbegroeid) bare,
⟨onvruchtbaar⟩ barren • (onbedekt) bare
• (afgesleten) threadbare, worn, ⟨v. band ook⟩
bald • (armoedig) shabby
kaalkop baldy
kaalscheren shave * schapen ~ shear sheep
kaalslag • (woningafbraak) demolition • (het
vellen van bomen) deforestation • (kale plek in
bos) clearing
kaap cape, headland * Kaap de Goede Hoop the
Cape of Good Hope
Kaapverdische eilanden Cape Verde Islands
kaars candle
kaarslicht candle-light
kaarsrecht as straight as an arrow/a die * hij liep
~ he walked bolt upright
kaarsvet candle wax, tallow
kaart • (stuk karton) card, ⟨verzekering⟩ green
card • (toegangsbewijs) ticket • (speelkaart) card
* een goede ~ hebben have a good hand * iem.
in de ~ kijken look at s.o.'s cards; ⟨fig.⟩ see
through a person('s plans) • (landkaart) ⟨geo.⟩
map, ⟨scheepv.⟩ chart * in ~ brengen map (out);
⟨scheepv.⟩ chart * van de ~ off the map; ⟨fig.⟩
finished; all at sea; upset * niet in ~ gebracht
unmapped; ⟨fig.⟩ uncharted • (plattegrond) ⟨v.
gebouw, e.d.⟩ groundplan, ⟨v. stad, e.d.⟩
streetplan ▼ open ~ spelen speak frankly; put
one's cards (up)on the table ▼ alles op één ~
zetten put all one's eggs into one basket ▼ het is
doorgestoken ~ it's a frame-up; it is a put-up job
▼ zich in de ~ laten kijken give o.s. away ▼ in
iemands ~ spelen play into a person's hands
kaarten play at cards
kaartenbak card index/file
kaartenhuis house of cards ▼ als een ~ in elkaar
vallen fall down like a house of cards
kaartje • (plaatsbewijs) ticket • (visitekaartje)
visiting-card, ⟨zakenman⟩ business card * je ~
afgeven bij iem. leave s.o. your (business) card
• (toegangsbewijs) ticket ▼ een ~ leggen have a
game of cards
kaartlezen I [het] map-reading **II** [on ww] read
maps
kaartspel • (spel) playing cards • (stel
speelkaarten) pack of cards, ⟨AD⟩ deck of cards
kaartsysteem card-index
kaas cheese ▼ daar had hij geen kaas van gegeten
that was beyond him
kaasboer cheese-maker/monger
kaasfondue cheese fondue

kaaskop kaaskop, nickname for Dutchman
kaasschaaf cheese-slicer
kaasstolp cheese-cover
kaatsen • (terugstuiten) bounce **•** (sport) play fives
kabaal din, row ∗ ~ maken make a racket; kick up a row ∗ hels ~ pandemonium; infernal racket
kabbelen ripple, babble, lap
kabel • ((staal)draad) cable, ⟨scheepv.⟩ hawser, cable **•** (elektriciteitsdraad) wire ∗ meeraderige ~ multi-core cable
kabelbaan cable-railway, cable car
kabeljauw cod
kabelkrant cable TV information service
kabelnet • (elektriciteitsnet) electric mains **•** (kabeltelevisienet) cable television network
kabelslot bicycle lock with a cable
kabeltelevisie cable television
kabeltouw cable, ⟨v. staaldraad⟩ steel cable
kabinet • (meubel) cabinet **•** (regering) cabinet
kabinetscrisis cabinet/ministerial crisis
kabinetsformateur person appointed by the Queen to form a new government
kabinetszitting cabinet meeting
kabouter gnome ∗ tuin– (garden) gnome
kachel I [de] stove, heater, (electric)fire **II** [bnw] ▾ – zijn be tight/loaded
kadaster land registry, ⟨kantoor⟩ land registry office
kadastraal cadastral
kadaver ⟨lijk⟩ corpse, ⟨v. dier⟩ dead body, ⟨v. dier in ontbinding⟩ carrion, ⟨voor dissectie⟩ cadaver
kade quay, wharf ∗ het schip ligt aan de kade the ship lies by the quayside/wharf
kader • (lijst) frame **•** (verband) framework, scope ∗ het valt buiten het ~ van ... it's beyond the scope of ... ∗ in 't ~ passen van fit in with **•** (staf) executives
kaderfunctie (middle) management position, executive position
kadetje roll
kaduuk rickety, in bad nick, kaput, broken
kaf chaff ▾ het kaf van het koren scheiden separate wheat from the chaff
kaffer moron, lout, ⟨domkop⟩ nit/halfwit
kaft (als omslag) (paper) cover, ⟨ter bescherming⟩ wrapper
kaftan caftan
kaften cover
kaftpapier wrapping paper
kajak kayak ∗ – varen kayak
kajuit cabin
kak • (kapsones) swank **•** (poep) shit, crap
kakelbont gaudy
kakelen • (kwebbelen) blabber, chatter, rattle **•** (roepen van kip) cackle
kakelvers farm-fresh
kaken gut (and cure)
kaki I [de] persimmon **II** [het] khaki
kakken shit, crap ∗ we hebben hem vies te ~ gezet we made him look like an idiot/a jerk
kakkerlak cockroach
kakofonie cacophony
kalend balding
kalender calendar
kalenderjaar calendar-year
kalf calf ▾ als het kalf verdronken is, dempt men de put close/lock the stable door after the horse has bolted ∗ het gemeste kalf slachten kill the fatted calf ▾ het gouden kalf aanbidden worship the golden calf
kalfslapje veal-steak

kalfsleer calfskin, calf leather
kalfsmedaillon medallion of veal
kalfsoester veal escalope
kali potash, potassium
kaliber • (formaat, aard) ∗ een man van zijn ~ a man of his calibre **•** (diameter) calibre, bore ∗ wapen van groot/klein ~ large/small bore/ calibre weapon
kalief caliph
kalium potassium
kalk • (bouwmateriaal) ⟨metselkalk⟩ mortar, ⟨pleisterkalk⟩ plaster **•** (calcium) lime, ⟨geblust⟩ slaked lime, ⟨ongeblust⟩ quick lime
kalkaanslag scale
kalken • (met kalk besmeren) ⟨bepleisteren⟩ plaster, ⟨witten⟩ whitewash **•** (schrijven) ⟨met krijt⟩ chalk, ⟨slordig⟩ scribble
kalkoen turkey
kalksteen limestone
kalligrafie calligraphy
kalm calm, quiet ∗ kalm aan! steady! ∗ kalm blijven stay calm ∗ kalm aan, dan breekt het lijntje niet easy does it
kalmeren I [ov ww] **•** (kalm maken) calm, soothe **II** [on ww] **•** (kalm worden) calm down, compose o.s.
kalmeringsmiddel sedative, tranquilizer
kalmpjes • (onbewogen) calmly **•** (rustig) calmly, easily
kalmte ⟨bedaardheid⟩ calm(ness), composure, ⟨rust⟩ tranquillity, quiet
kalven • (een kalf werpen) calve **•** (afbrokkelen) break away/off, cave in
kalverliefde puppy love
kam (kamvormige zaak) ⟨v. berg⟩ ridge, ⟨v. rad⟩ cam, ⟨v. viool⟩ bridge, ⟨v. vogel⟩ crest **•** (haarkam) comb ▾ er met een fijne kam doorheen gaan go over s.th. with a fine toothcomb
kameel camel
kameleon chameleon
kamer • (vertrek) room, chamber ∗ op ~s wonen live in lodgings ∗ gemeubileerde ~s te huur furnished rooms to let; ⟨AE⟩ furnished apartments to let **•** (college) ∗ Kamer van Koophandel Chamber of Commerce **•** (pol.) chamber, house ∗ Eerste Kamer de (Dutch) Upper Chamber/ House; ⟨BE⟩ the House of Lords; the Upper House; ⟨AE⟩ the Senate ∗ Tweede Kamer the (Dutch)Lower Chamber/House; ⟨BE⟩ the (House of) Commons; the Lower House; ⟨AE⟩ the House of Representatives **•** (holte in vuurwapen) chamber **•** (hartholte) ventricle
kameraad comrade, pal, ⟨inf.⟩ chum, mate
kameraadschappelijk I [bnw] companiable, friendly, ⟨inf.⟩ chummy, pally **II** [bijw] friendly ∗ ~ omgaan met fraternize with
kamerbewoner lodger
kamerbreed wall-to-wall, ⟨fig.⟩ overwhelming
kamerdebat parliamentary debate, ⟨AE⟩ congressional debate
kamerfractie parliamentary party/group, ⟨AE⟩ congressional party/group
kamergeleerde closet scholar
kamergenoot roommate
kamerheer chamberlain
kamerjas dressing gown
kamerkoor chamber choir
kamerlid Member of Parliament, M.P.
kamermeisje chambermaid
kamermuziek chamber music
Kameroen Cameroon
kamerorkest chamber orchestra

K

kamerplant *houseplant*
kamerscherm *room-divider, screen*
kamertemperatuur *room-temperature*
kamerverhuur *letting rooms/accommodation*
kamerverkiezing *parliamentary elections*, ⟨AE⟩ *congressional elections*
kamerzetel *seat*
kamfer *camphor*
kamgaren ● (garen) *worsted (yarn)* ● (stof) *worsted*
kamikaze *suicide pilot, kamikaze* ★ ~ actie *kamikaze mission*
kamille *camomile*
kamillethee *camomile-tea*
kammen *comb*
kamp I [de] ▼ hij gaf geen kamp *he stood his ground* **II** [het] ● (tijdelijk verblijf) *camp* ★ 't kamp opbreken *break/strike camp* ★ 't kamp opslaan *pitch camp* ● (partij) *camp*
kampbeul *concentration camp warden/executioner*
kampeerauto *camper, mobile home*, ⟨AE⟩ *motor-home*
kampeerboerderij (private) *camp site (on farmland)*
kampeerbus *camper*
kampeerder *camper*
kampeerterrein *camping-ground/site*
kampen *contend, fight* ★ te ~ hebben met *have to contend with; be up against* ★ ~ met een probleem *wrestle with a problem*
kamperen *camp (out)* ★ gaan ~ *go camping*
kamperfoelie *honeysuckle*
kampioen *champion*
kampioenschap ● (wedstrijd) *championship* ● (het kampioen zijn) *championship, title* ★ het ~ behalen *win the championship*
kampioenstitel *title*
kampleiding *camp leaders*
kampvuur *camp fire*
kan *jug, can* ▼ wie het onderste uit de kan wil hebben, krijgt het lid op de neus *grasp all, lose all* ▼ in kannen en kruiken *in the bag; fixed up*
kanaal ● (frequentieband) *channel* ● (gegraven water) *canal,* ⟨vaargeul⟩ *channel* ● (zee-engte) *channel* ● (buis) *canal, duct,* ⟨spijsvertering⟩ *tract* ● (weg, middel) *channel*
Kanaal *English Channel*
Kanaaleilanden *Channel Islands*
Kanaaltunnel *Channel Tunnel, Chunnel, Eurotunnel*
kanaliseren *canalize*
kanarie *canary*
kanariegeel *canary yellow*
kandelaar *candlestick*
kandidaat ● (academische titel) ≈ *bachelor* ★ ~ in de rechten/letteren/medicijnen/godgeleerdheid *Bachelor of Law* (L.B.)/*of Arts* (B.A.)/*of Medecine* (M.B.)/*of Divinity* (B.D.) ● (gegadigde) *candidate,* ⟨sollicitant⟩ *applicant* ★ iem. ~ stellen *nominate a person* ★ zich ~ stellen *stand (for); run (for)*
kandidaats ≈ *Bachelor examination/degree*
kandidatuur *nomination, candidature*
kandij *candy*
kaneel *cinnamon*
kaneelstok ● (snoepgoed) ⟨AE⟩ *cinnamon candy* ● (pijpkaneel) *cinnamon stick*
kangoeroe *kangaroo*
kanis *nob, nut* ▼ hou je ~! *shut your trap!; shut up!* ★ iem. een klap voor zijn ~ geven *give a person a smack round the nut*
kanjer ● (groot exemplaar) *whopper* ★ een ~ van een vis *a whopping fish* ● (uitblinker) *crack, dab*

kanker ● (woekerend kwaad) *cancer* ● (ziekte) *cancer* ★ doodgaan aan ~ *die of cancer*
kankeraar *grouser*, ⟨inf.⟩ *bellyacher*
kankerbestrijding *cancer-control,* ⟨campagne⟩ *cancer research campaign*
kankeren *grouse, grumble,* ⟨inf.⟩ *chew the rag* ★ hij loopt altijd te ~ *he is always moaning about s.th.*
kankergezwel *cancerous tumour/growth*
kankerverwekkend *carcinogenic*
kannibaal ● (menseneter) *cannibal* ● (woesteling) *savage*
kannibalisme *cannibalism*
kano *canoe*
kanoën *canoe*
kanon *gun, cannon* ▼ je kunt een ~ naast hem afschieten *he sleeps like a log*
kanonnenvlees *cannon fodder*
kanonskogel *cannon ball*
kanovaarder *canoeist*
kans ● (risico, gok) *chance, risk* ★ een kans wagen *take a chance;* ⟨wedden⟩ *have a flutter* ★ de kans lopen om te *run the risk of* ● (waarschijnlijkheid) *chance* ★ er is niet veel kans op *there's not much chance of it* ★ je hebt grote kans dat hij komt *he is very likely to come* ★ geen schijn van kans hebben *have/stand not the ghost of a chance* ● (gelegenheid) *opportunity, chance* ★ de kans waarnemen *seize the opportunity* ★ de kans kan keren *luck may turn* ★ de kans doen keren *turn the tide* ★ die kans komt nooit weer *it's the chance of a life-time* ★ de kans schoon zien *see one's chance* ★ ik zie er geen kans toe *I don't see my way to it; it is beyond my power*
kansarm *underprivileged, deprived*
kansel *pulpit*
kanselarij *chancery*
kanselier *chancellor*
kanshebber *favourite*
kansloos *prospectless* ★ zij was ~ *she didn't stand a chance*
kansrekening *probability analysis,* ⟨wisk.⟩ *theory of chances/probability*
kansspel *game of chance*
kant I [de] ● (uiterste rand, zijkant) *border, side,* ⟨oever⟩ *edge* ★ naar de kant zwemmen *swim ashore* ★ op zijn kant zetten *put on its side* ● (zijde) *side* ★ de goede kant boven *right side up* ★ de jas kan aan beide kanten gedragen worden *the coat is reversible* ● (richting) *way, direction* ★ van alle kanten *on all sides; from every quarter* ★ het gesprek ging een andere kant op *the conversation took a new turn* ★ welke kant ga je uit? *which way are you going/heading?* ★ de andere kant uitkijken *look the other way* ★ naar alle kanten lopen *run in all directions* ★ die kant moet het uit *that's the course we ought to take* ● (zienswijze) *side, aspect* ★ van mijn kant *I, on my side* ★ aan de éne kant..., aan de andere... *on the one hand..., on the other...* ★ de zaak van alle kanten bekijken *consider the matter from all sides; consider the matter from every angle* ★ men kan de zaak van twee kanten bekijken *there are two sides to the question* ★ van de kant van de part of *the matter there's another side to the matter* ★ iets van de vrolijke kant bekijken *look on the bright side* ● (verwantschap) ★ van moeders kant *on the mother's side* ★ dat raakt kant noch wal *that's absurd* ▼ een kamer aan kant maken *tidy up a room; do a room* ▼ de zaken aan kant doen *retire*

from business ▼ *laat het maar over je kant gaan* let it pass ▼ *zich/iem. van kant maken* make away with o.s./s.o. ▼ *het mes snijdt bij hem aan twee kanten* it works/cuts both ways for him; *his bread is buttered on both sides* II *[het]* lace

kanteel battlement
kantelen I *[ov ww]* (*omdraaien*) cant, tilt, overturn, flip (over) ★ *niet ~!* this side up! II *[on ww]* ● (*omvallen*) topple/turn over, ⟨v. schip⟩ capsize, keel over
kantelraam horizontal pivot window
kanten I *[on ww]* square II *[wkd ww]* oppose ★ *zich tegen iets ~* set one's face against s.th.
kant-en-klaar ready for use, ready-made
kantine canteen
kantje ● (*uiterste rand*) edge, verge ● (*bladzijde*) page, side ▼ *op het ~ af* ontsnappen escape by the skin of one's teeth ▼ *er de ~s aflopen* cut corners; *take it easy* ▼ *'t was op 't ~ af* it was a near thing ▼ *'t was ~ boord* it was touch and go; *it was a close shave/thing*
kantlijn margin ★ *een ~ trekken* rule a margin
kanton canton
kantongerecht ⟨BE⟩ ≈ magistrates court, ⟨Schotland⟩ district-court
kantonrechter ≈ magistrate, ⟨Schotland⟩ district judge
kantoor office ★ *op een ~ zijn* be in an office
kantoorbaan office/clerical job
kantoorbehoeften office supplies
kantoorboekhandel stationer's (shop)
kantoorgebouw office building
kantoortijd office-hours
kantoortuin open-plan office
kanttekening ● (*opmerking*) short/marginal comment ★ *~en plaatsen bij iets* give a short comment on s.th. ● (*aantekening*) marginal note, annotation
kantwerk lace(-work)
kanunnik canon
kap ● (*hoofdbedekking*) hood, cap, ⟨v. monnik ook⟩ cowl, ⟨v. non⟩ wimple ★ *Friese kap* gold casque ● (*bedekking, bovenstuk*) ⟨v. auto, kinderwagen, e.d.⟩ hood, ⟨v. huis⟩ roof, ⟨v. lamp⟩ shade ★ *kap van een laars* top of a boot ★ *het huis is onder de kap* the roof is on ★ *twee onder één kap* semi-detached houses
kapel ● (*kerkje*) chapel ● (*muziekkorps*) band ● (*insect*) butterfly
kapelaan (*hulppriester*) curate, ⟨in tehuis, e.d.⟩ chaplain
kapelmeester bandmaster
kapen ● (*gappen*) pinch ● (*overmeesteren*) hijack
kaper ● (*zeerover*) raider, ⟨gesch.⟩ privateer ● (*ontvoerder*) hijacker ▼ *er zijn ~s op de kust* the coast is not clear; there are rivals in the field
kaping hijack(ing)
kapitaal I *[de]* capital (letter) II *[het]* capital ★ *geplaatst ~* issued capital ★ *risicodragend ~* risk bearing ⟨capital⟩ ★ *~ beleggen* invest capital III *[bnw]* capital, excellent
kapitaalgoederen capital goods
kapitaalkrachtig substantial
kapitaalmarkt capital market
kapitaalvlucht flight of capital, foreign investment (to avoid taxes)
kapitalisme capitalism
kapitalist capitalist
kapitalistisch capitalist(ic)
kapiteel capital
kapitein ● (*gezagvoerder*) captain, ⟨klein schip⟩ skipper ● (*officier*) captain

kapitein-ter-zee (*naval*) captain
kapittel ● (*hoofdstuk*) chapter ● (*vergadering*) ★ *stem in 't ~ hebben* have a say in the matter
kapittelen ● *iem. ~* read s.o. a lecture
kapje ● (*hoofddeksel*) (little)cap ● (*uiteinde van brood*) heel, end(er) ▼ *Rood~* Little Red Ridinghood
kaplaars top-boot, jackboot
kapmeeuw black-headed gull, laughing gull
kapmes chopping-knife
kapok kapok
kapot ● (*stuk*) broken, ⟨v. auto⟩ broken down, ⟨v. kousen⟩ in holes, ⟨v. machine⟩ out of order, ⟨v. schoenen⟩ worn out ★ *zijn kleren waren helemaal ~* his clothes were in tatters ★ *~ gaan* go to pieces; break down; go wrong; ⟨inf.⟩ conk out ● (*onder de indruk*) ★ *ik ben er ~ van* I am cut up by it ★ *ik ben er niet ~ van* I'm not wild about it ● (*afgemat*) worn out, fit to drop, dead beat, ⟨v.d. zenuwen⟩ on edge, frayed ▼ *zich ~ lachen* laugh one's head off
kapotgaan break (down), fall apart ▼ *ergens aan ~ die of s.th.*
kapotje French letter, ⟨BE⟩ rubber
kapotmaken break (up), wreck, spoil
kappen I *[ov ww]* ● (*hakken*) ⟨hout⟩ chop, ⟨kabel⟩ cut, ⟨v. bomen⟩ fell, cut down ● (*haar opmaken*) style, dress, model II *[on ww]* ● (*~ met*) quit, leave off
kapper hairdresser, barber
kappertje caper
kapsalon hairdresser, hairstylist, ⟨AE⟩ beauty parlour
kapseizen capsize, keel over
kapsel haircut, hair-style
kapsones ★ *~ hebben* put on airs; be full of o.s. ★ *gaan we ~ krijgen?* are we getting cocky?
kapstok (aan muur) hat-rack, ⟨haak⟩ peg, ⟨staand⟩ hatstand ▼ *iets als ~ gebruiken* use s.th. as a stepping-stone
kapucijner ● (*monnik*) capuchin ● (*erwt*) marrowfat, Dutch admiral pea
kar cart, ⟨handkar⟩ barrow
karaat carat ★ *18 ~s goud* 18 carat gold
karabijn carabine
karaf water bottle, ⟨voor drank⟩ decanter
karakter ● (*letterteken*) character ● (*aard*) character, nature
karakteriseren characterize
karakteristiek I *[de]* characterization, description II *[bnw]* characteristic
karakterloos characterless, insipid
karakterrol character part
karaktervast steadfast
karamel caramel ★ *zachte ~* fudge
karate karate
karavaan caravan
karbonade chop, cutlet
kardinaal I *[de]* cardinal II *[bnw]* cardinal ★ *het kardinale punt* cardinal/vital point
karig ● (*niet talrijk*) scant(y), sparse ★ *~e gegevens* scant information ● (*sober*) meagre, scanty, ⟨v. maal⟩ frugal ★ *~ loon* meagre wages ★ *een ~ inkomen* paltry/slender income ● (*zuinig*) parsimonious, mean
karikaturaal caricatural
karikatuur caricature
karkas ● (*geraamte*) carcass, ⟨v. gebouw ook⟩ skeleton ● (*gestel*) carcass
karma karma
karmijn carmine
karnemelk buttermilk
karnen churn

K

karos state-carriage
Karpaten Carpathian Mountains
karper carp
karpet carpet
karren • (fietsen) bike, cycle, pedal • (rijden) motor (along), drive
karrenvracht cart-load
kartel I [de] serration, notch **II** [het] trust
kartelen I [ov ww] • (kartels maken) notch, serrate **II** [on ww] • (kartels hebben/krijgen) serrate, (v. munten) mill ★ gekartelde rand van een geldstuk milled edge of a coin
kartelrand (v. handwerkje) zigzag edge, (v. munt) milled edge
karton (materiaal) cardboard, (verpakking) cardboard box, carton
kartonnen cardboard
karwats riding-crop, hunting-whip, (gesch.) cat-o'-nine-tails ★ met een ~ slaan horsewhip
karwei job ★ het was een heel ~ it was quite a job; it was a tough job ★ op ~ on the job ★ allerlei ~tjes opknappen do odd jobs
karwij caraway
kas • (geldmiddelen) cash, funds ★ goed bij kas zijn have plenty of cash ★ de gemeenschappelijke kas the common fund ★ de openbare kas the public funds ★ ik ben niet/slecht bij kas I am out/short of cash ★ geld in kas cash in hand ★ de kas houden keep the cash • (broeikas) hothouse, (voor planten) greenhouse • (holte) (v. oog, tand) socket • (kassa) pay-desk ★ aan de kas betalen pay at the desk ★ 's lands kas the Exchequer
kasboek cash book
kascheque giro cheque
kasgeld cash, till-money
kashba kasbah, casbah
Kaspische Zee Caspian Sea
kasplant hothouse plant, (fig.) hothouse plant, wimp, softy
kassa (v. supermarkt) check-out (point), (v. theater) box office ★ ~! (te duur) that's daylight robbery!; (voordeel) bingo!
kassabon receipt, sales slip
kassaldo cash balance
kassier cashier
kassiewijle ★ ~ gaan kick the bucket
kasstuk box office success/draw
kassucces box office success
kast • (bergmeubel) cupboard, (boekenkast) bookcase, (klerenkast) wardrobe, (porseleinkast) cabinet • (omgebouwd omhulsel) case • (groot bouwsel) (huis) barn, (voertuig) tank, rattle-trap ▼ iem. op de kast jagen wind s.o. up; take the mickey/rise out of s.o. ▼ op de kast zitten be wound up/angry
kastanje • (vrucht) ★ tamme ~ sweet chestnut ★ wilde ~ horse chestnut • (boom) (horse)chestnut ▼ de ~s voor iem. uit het vuur halen do s.o. else's dirty work
kastanjebruin auburn, chestnut (brown)
kaste caste
kasteel castle
kastekort deficit
kastelein innkeeper, landlord
kastijden chastise
kastje box ★ ~ kijken watch the box ▼ van 't ~ naar de muur sturen send from pillar to post
kat • (huisdier) cat • (snibbige vrouw) cat • (bitse opmerking) reprimand ▼ iem. een kat geven give s.o. a good ticking-off ▼ de kat de bel aanbinden bell the cat; take the first step ▼ de kat

uit de boom kijken wait to see which way the cat jumps ▼ als een kat in een vreemd pakhuis like a fish out of water ▼ de kat op het spek binden set the fox to watch the geese ▼ een kat in de zak kopen buy a pig in a poke ▼ als kat en hond leven live like cat and dog ▼ zo nat als een verzopen kat wet through; soaked ▼ als een kat in 't nauw like a cornered animal ▼ als de kat in 't nauw zit doet ze rare sprongen desperate needs lead to desperate deeds ▼ 't was een spelletje van kat en muis it was a cat-and-mouse game ▼ of je van de hond of van de kat gebeten wordt, is 't zelfde it is six of one and half a dozen of the other ▼ hij knijpt de kat in 't donker he is a sneak ▼ als een kat om de hete brij heendraaien pussyfoot (around) ▼ als de kat van huis is, dansen de muizen when the cat's away, the mice will play
katachtig cat-like, (bio.) feline
katalysator catalyst, catalytic agent
katapult catapult ★ met een ~ schieten catapult
Katar Qatar
katenspek ≈ smoked bacon
kater • (mannetjeskat) tomcat • (gevolg van drankgebruik) hangover • (teleurstelling) disillusionment
katheder lectern
kathedraal I [de] cathedral **II** [bnw] cathedral
kathode cathode
katholicisme (Roman) Catholicism
katholiek I [de] (Roman) Catholic **II** [bnw] (Roman) Catholic
katje • (jonge kat) kitten • (bloeiwijze) catkin ▼ zij is geen ~ om zonder handschoenen aan te pakken she's too hot to handle
katoen cotton ▼ iem. van ~ geven let s.o. have it ▼ hem van ~ geven give it all one has got
katrol pulley
kattebelletje scribbled note
katten snap/snarl (at) ★ gaan we ~? getting bitchy are we?
kattenbak • (bak voor de kat) cat's box • (ruimte in auto) dickey seat
kattenkop cat's head, (fig.) cat, bitch
kattenkwaad mischief
kattenoog cat's eye
kattenpis ▼ dat is geen ~ no kidding; (m.b.t. geld) that is not to be sneezed at
katterig (een kater hebbend) chippy, hung over • (beroerd) under the weather, ropy
kattig catty, bitchy
katzwijm (letterlijk) swoon ★ in ~ vallen (throw a) faint ★ in ~ blacked out; out cold; in a faint
kauw jackdaw
kauwen chew
kauwgom chewing gum
kavel parcel, lot
kaviaar caviar
Kazakstan Kazakhstan
kazerne (mil.) barracks, (brandweer) station
kazuifel chasuble
kebab kebab
keel throat ★ iem. de keel dichtknijpen throttle a person ★ zich de keel smeren wet one's whistle ★ hij kon zijn eten niet door de keel krijgen he couldn't get his food down (his throat) ★ 't woord bleef hem in de keel steken the word stuck in his throat ▼ iem. naar de keel vliegen fly at a person's throat ▼ het hangt me de keel uit I'm sick and tired of it ▼ een keel opzetten shout; make an outcry (about)
keelgat gullet ★ in het verkeerde ~ schieten go down the wrong way

keelholte *pharynx*
keelklank *guttural (sound)*
keel-, neus- en oorarts *ear, nose and throat specialist, E.N.T. specialist*
keelontsteking *inflammation of the throat, throat infection*
keelpijn *sore throat*
keep *notch, nick*
keeper *(goal)keeper*
keer • (maal) *time* ★ keer op keer *time and time again* ★ een enkele keer *once in a while* ★ hij slaagde de eerste de beste keer *he succeeded the very first time* ★ een doodenkele keer *once in a blue moon* ★ één enkele keer *only once* ★ hij deed het in één keer *he did it in one go* ★ voor deze keer *for this once* ★ op 'n keer *one day* • (wending) *turn, change* ★ er zal wel eens 'n keer komen *things will take a turn* ★ de zaken namen een goede keer *things took a turn for the better; changed for the better* ▼ binnen de kortste keren *in no time at all; before you can say knife*
keerkring *tropic*
keerpunt *turning point*
keerzijde *reverse,* ⟨v. stoffen⟩ *wrong side* ▼ alles heeft zijn ~ *there's two sides to everything; everything has it's down side* ★ de ~ van de medaille *the other side of the coin*
keeshond *Keeshond, Pomeranian*
keet • (schuurtje) *shed, shanty* ★ (chaos) ⟨herrie⟩ *row, racket,* ⟨rommel⟩ *mess* ★ keet schoppen bij een leraar *rag/ballyrag a master* ★ keet schoppen/trappen *muck around; kick up a racket/row*
keffen *yap,* ⟨v. angst, pijn⟩ *yelp*
kegel • (voorwerp) *cone* ★ (slechte adem) *bad breath, breath like a brewery* ★ (wisk.) *cone*
kegelbaan *skittle/bowling alley*
kegelen I [ov ww] (eruit gooien) *toss (out)* **II** [on ww] • (sport) *play at skittles/ninepins*
kei • (steen) *boulder,* ⟨v. straat⟩ *cobble(-stone)* • (uitblinker) *crack* ★ iem. op de keien zetten *sack a person*
keihard • (onaandoenlijk) *tough, as hard as nails, hard-boiled* ★ ~e onderhandelingen *(very) tough negotiations* ★ (heel hard) *rock hard* ★ (heel luid) *at full blast* ★ (heel snel) *at full speed*
keilbout *Rawlplug*
keilen • (gooien met steentjes) *skim* ★ steentjes over het water ~ *skim stones on the water* • (smijten) *fling*
keizer *emperor* ▼ waar niets is, verliest de ~ zijn recht *you cannot get blood out of a stone* ▼ spelen om des ~s baard *play for fun*
keizerlijk *imperial*
keizerrijk *empire*
keizersnede (med.) *caesarian section*
kelder *cellar,* ⟨v. bank⟩ *vault*
kelderen I [ov ww] • (doen zinken) ★ een schip ~ *sink a ship* **II** [on ww] • (vergaan) *sink, founder* • (in waarde dalen) *slump*
keldertrap *cellar steps*
kelen *cut the throat of*
kelim *kilim*
kelk • (beker) *cup, chalice* • (plant.) *calyx*
kelner *waiter*
Kelt *Celt*
Keltisch I [het] *Celtic* **II** [bnw] *Celtic*
kemphaan • (vogel) *ruff* [v: reeve], ⟨vechthaan⟩ *fighting-cock* • (ruziezoeker) *brawler, s.o. spoiling for a fight, rowdy* ★ als kemphanen tegenover elkaar staan *be at daggers drawn; be ready to fly at one another*

kenau *battle-axe, virago*
kenbaar • (te herkennen) *recognizable* • (bekend) *known* ★ zijn bedoelingen ~ maken *make known one's intentions; express/state/declare one's intentions*
kengetal • (kenmerkend getal) *index number* • (netnummer) *STD-/dialling code, subscriber trunk dialling code,* ⟨AE⟩ *area code*
Kenia *Kenya*
kenmerk • (kenteken) *identifying mark* • (karaktertrek) *characteristic, distinguishing mark/feature* ★ iets van een ~ voorzien *mark s.th.*
kenmerken *characterize, mark*
kenmerkend *distinctive, characteristic (of)*
kennel • (hondenloophok) *kennel* • (hondenfokkerij) *kennels*
kennelijk I [bnw] *recognizable, apparent,* ⟨blijkbaar⟩ *obvious* **II** [bijw] *clearly, obviously*
kennen • (vertrouwd zijn met) *know, be acquainted with* ★ iem. leren ~ *become acquainted with a person* ★ je moet hem ~ *he takes some knowing* ★ hij deed zich ~ als... *he proved himself to be...* ★ iem. ~ als *know a person for* ★ iem. van gezicht ~ *know a person by sight* • (weten, beheersen) *know, understand* ★ zij kent geen Italiaans *she doesn'tknow Italian* ★ zijn vak ~ *know one's job* • (herkennen) ★ iem. ~ aan zijn stem *know a person by his voice* • (in zich hebben) ★ geen vrees ~ *know no fear* ★ geen angst ~ *have no shame* • (~ in) *consult* ★ hij heeft er mij niet in gekend *he has not consulted me about it* ▼ uit het hoofd ~ *know by heart* ▼ laat je niet ~ *don't let yourself down* ▼ de wens te ~ geven *express a wish*
kenner *connoisseur, judge,* ⟨expert⟩ *authority*
kennersblik *eye of a connoisseur*
kennis • (bekendheid met) *knowledge, acquaintance* ★ ~ nemen van *take note* ★ met ~ van zaken *with/from knowledge* ★ ~ hebben van *have knowledge of; be aware of* ★ iem. ~ geven van iets *announce s.th. to a person; notify a person of s.th.* ★ zonder ~ te geven *without notice* ★ ~ krijgen van iets *become acquainted with s.th.; receive notice of s.th.* ★ ik zal je met haar in ~ brengen *I'll introduce you to her* ★ met iem. in ~ komen *make a person's acquaintance* ★ iem. van iets in ~ stellen *acquaint a person with s.th.; inform a person of s.th.* ★ ter ~ brengen van *bring to the notice of* ★ ter ~ komen van *come to the knowledge of* ★ (bewustzijn) *consciousness* ★ buiten ~ zijn *be unconscious* ★ buiten ~ raken *lose consciousness* ★ weer bij ~ komen *regain consciousness* ★ bij ~ zijn *be conscious* • (wat men weet) *knowledge, learning* • (bekende) *acquaintance* ★ 'n ~ van mij *an acquaintance of mine* ▼ ~ is macht *knowledge is power*
kennisgeving *notice, announcement* ▼ voor ~ aannemen *take note of s.th.* ▼ voor ~ aangenomen *duly noted*
kennismaken *get acquainted with, meet* ★ hebt u al met hem kennisgemaakt? *have you met him yet?* ★ aangenaam kennis te maken *pleased to meet you* ★ ~ met de wetenschap *be introduced to science*
kennismaking *acquaintance* ★ ~ aanknopen *strike up an acquaintance* ★ ter ~ *for your inspection*
kennisneming *inspection, perusal*
kennissenkring *(circle of) acquaintances/friends*
kenschetsen *characterize*
kenteken • (kenmerk) *distinguishing mark* • (registratienummer) *licence number*

K

kentekenbewijs ≈ registration document(s)/card
kentekenplaat number/registration plate, ⟨AE⟩ license plate
kenteren ⟨kapseizen⟩ turn over, capsize
• ⟨veranderen⟩ turn ★ het tij kentert the tide is turning
kentering turn, ⟨fig.⟩ turn, change
keper I [de] twill ⟨weave⟩ v op de ~ beschouwd on close examination; after all **II** [het] twill, twilled cloth
keppeltje yarmulke, skullcap
keramiek ceramics, ⟨kunst⟩ ceramic art, ceramics
kerel fellow, chap, bloke ★ arme ~ ⟨inform.⟩ poor sod
keren I [ov ww] • ⟨omdraaien⟩ turn • per ~de post by return ⟨of post⟩ v u mag hier niet ~ no turning ★ iets ondersteboven ~ turn a thing upside down ★ binnenstebuiten ~ turn inside out ★ achterstevoren ~ turn back to front
• ⟨tegenhouden⟩ stem, check **II** [on ww]
• ⟨omslaan, veranderen⟩ turn, ⟨v. wind⟩ shift ★ zich ten goede ~ take a turn for the better
• ⟨omkeren⟩ turn ⟨about⟩ **III** [wkd ww] • ⟨~ tot⟩ zich tot iem. ~ turn to s.o. • ⟨~ tegen⟩ turn against
kerf notch, nick
kerfstok v hij heeft heel wat op zijn ~ he has a bad record
kerk • ⟨instituut⟩ ★ scheiding van kerk en staat separation of church and state • ⟨gebouw⟩ church, chapel, ⟨Schots⟩ kirk • ⟨eredienst⟩ ⟨divine⟩ service, ⟨mis⟩ mass ★ na de kerk after church/mass ★ de kerk gaat aan/uit the church begins/is over v je bent zeker in de kerk geboren were you born in a barn?
kerkboek • ⟨kerkregister⟩ church/parish register • ⟨gebedsboek⟩ prayer book
kerkdienst divine service, ⟨mis⟩ mass ★ een ~ bijwonen go to mass; attend divine service
kerkelijk ecclesiastical, church(ly) ★ ~ huwelijk church/religious wedding • de ~e partijen the clerical parties ★ een ~e begrafenis a christian burial
kerkenraad ⟨bestuur⟩ church council, ⟨vergadering⟩ church council meeting
kerker jail, gaol, dungeon
kerkganger churchgoer, chapel-goer
kerkgenootschap denomination
kerkhof churchyard, graveyard, ⟨meestal niet bij kerk⟩ cemetery
kerkklok • ⟨uurwerk⟩ church clock • ⟨luidklok⟩ church bell
kerkkoor • ⟨zangkoor⟩ church choir • ⟨deel van kerk⟩ choir
kerkmuziek church music
kerkorgel church organ
kerkprovincie archdiocese
kerkrat church mouse v zo arm als een ~ as poor as a church mouse
kerkrecht ecclesiastical law
kerks churchgoing, religious ★ ze zijn erg ~ in dit dorp people in this village are very religious
kerktoren church tower, ⟨spitse toren⟩ steeple, spire
kerkuil barn owl
kerkvader father (of the church)
kermen moan, groan, whine, ⟨jammeren⟩ moan
kermis ⟨fun⟩fair, carnival ★ ~ houden be fairing v van een koude ~ thuiskomen come away with a flea in one's ear v het is niet alle dagen ~ Christmas comes but once a year; life is not all beer and skittles

kermisvolk show people
kern • ⟨binnenste⟩ core, ⟨v. atoom⟩ nucleus, ⟨v. boom, hout⟩ core, ⟨v. noot, zaad⟩ kernel
• ⟨essentie⟩ ★ tot de kern van de zaak doordringen get ⟨down⟩ to the root of the matter ★ een kern van waarheid a nucleus/grain of truth ★ de kern van de zaak the heart/crux/gist of the matter
kernachtig pithy, terse, concise
kernafval nuclear waste
kernbewapening nuclear armament
kernbom nuclear bomb
kerncentrale nuclear power station
kernenergie nuclear power, atomic energy
kernfusie nuclear fusion
kernfysica nuclear physics
kerngezond perfectly healthy ★ hij ziet er ~ uit he looks in perfect health; he looks as fit as a fiddle
kernkop nuclear warhead ★ projectiel met ~/lading nuclear tipped missile; armed missile
kernmacht nuclear Power
kernoorlog nuclear war
kernploeg squad
kernproef atomic/nuclear test
kernpunt essence, crux
kernreactor atomic/nuclear reactor
kernstop nuclear freeze, nonproliferation agreement, ⟨m.b.t. kernproeven⟩ test ban treaty
kernwapen nuclear weapon
kerrie curry
kers • ⟨vrucht⟩ cherry • ⟨boom⟩ cherry ⟨tree⟩ v met grote heren is het kwaad kersen eten he that sups with the devil, must have a long spoon v Oost-Indische kers nasturtium
kersenboom cherry tree
kerst Christmas ★ met de ~ at Christmas (time)
kerstavond ⟨24 dec⟩ Christmas Eve, ⟨25 dec⟩ Christmas evening, ⟨26 dec⟩ evening of Boxing Day
kerstboodschap • ⟨boodschap⟩ Christmas message • ⟨evangelie⟩ Christmas message, message of the Nativity
kerstboom Christmas tree
kerstdag ⟨eerste⟩ Christmas Day, ⟨tweede⟩ Boxing Day ★ prettige ~en Merry Christmas
kerstenen christianize
kerstfeest Christmas (feast)
kerstgratificatie Christmas bonus
kerstkaart Christmas card
kerstkind Christ-child
Kerstkind infant/baby Jesus
kerstlied Christmas carol
kerstman Santa Claus, ⟨BE⟩ Father Christmas
Kerstmis Christmas, ⟨vnl. in liederen⟩ Noel, ⟨vnl. op kaarten, e.d.⟩ Xmas
kerstnacht Christmas night
kerstpakket Christmas hamper
kerstroos Christmas rose
kerststal crib
kerstster • ⟨kerstversiering⟩ Christmas star • ⟨plant⟩ Christmas flower
Kerstster star of Bethlehem
kerststol ⟨Christmas⟩ stollen
kerststukje ⟨bloemstukje⟩ Christmas bouquet • ⟨kerstspel⟩ Nativity play
kerstvakantie Christmas holidays
kersvers ⟨zeer vers⟩ quite fresh/new • ⟨pas aan-/uitgekomen⟩ brand new ★ ~ van school straight/fresh from school ★ ~ uit de winkel straight from the shop
kervel chervil
kerven carve, notch ★ hij kerfde zijn naam in het hout he carved his name in the wood

ketchup ketchup
ketel ● (kookketel) kettle, ⟨groot⟩ cauldron ● (stoomketel) boiler
ketelmuziek charivari
ketelsteen ⟨lime⟩scale, fur
keten I [de] ● (zware ketting) chain ★ in ~en slaan put into chains ● (reeks) chain, series **II** [on ww] fool around, ⟨vulg.⟩ fart about
ketenen ● (met ketens vastmaken) chain, ⟨boeien⟩ shackle ● (aan banden leggen) curb, restrain
ketjap soya sauce
ketsen ● (afschampen) glance off, ⟨biljart⟩ miscue ● (niet afgaan) misfire
ketter heretic ▾ roken als een ~ smoke like a chimney ★ drinken als een ~ drink like a fish
ketteren rage, storm
ketterij heresy
ketters heretical
ketting chain ★ aan de ~ leggen ⟨schip⟩ moor; ⟨dier⟩ chain up ★ de ~ op de deur doen chain the door
kettingbotsing chain collision, pile-up
kettingbrief chain letter
kettingformulier fanfold form
kettingkast chain guard
kettingreactie chain reaction
kettingroker chain smoker
kettingsteek chain stitch
kettingzaag chainsaw
keu ● (biljartstok) cue ● (big) pig
keuken ● (kookstijl) cuisine ● (plaats) kitchen
keukenblok kitchen unit
keukenkastje kitchen cabinet/cupboard
keukenmeid kitchen maid
keukenmeidenroman pulp romance
keukenzout kitchen/cooking salt
Keulen Cologne ▾ ~ en Aken zijn niet op één dag gebouwd Rome was not built in a day ▾ kijken of je het in ~ hoort donderen look flabbergasted/astounded
keur ● (keuze) choice, pick ● (waarmerk) hall-mark
keuren inspect, test, ⟨edelmetaal⟩ assay, ⟨film⟩ censor, ⟨med.⟩ examine, ⟨voedsel, drank⟩ sample
keurig I [bnw] ● (zorgvuldig) neat, trim ★ een ~ gazon a trim lawn ★ het staat hem – it suits him very well ★ hij zag er ~ netjes uit he looked very spruce/trim ★ de keuken zag er ~ netjes uit the kitchen looked spick and span ★ (correct) ★ ~e manieren good manners **II** [bijw] smartly, nicely, neatly ★ ~ gedaan nice work ★ zij was ~ gekleed she was smartly dressed
keuring test, inspection, ⟨med.⟩ examination, ⟨v. edelmetaal⟩ assay, ⟨v. film⟩ censorship, ⟨v. voedsel⟩ inspection
keuringsarts medical examiner
keuringsdienst ≈ Food Inspection Department
keurkorps crack troops, ⟨regiment⟩ crack regiment
keurmeester ⟨v. goud⟩ assayer, ⟨v. voedsel⟩ inspector
keurmerk hallmark, plate-mark
keurslijf straitjacket ▾ in een ~ zitten have one's hands tied
keurstempel hall/quality mark
keurtroepen hand-picked men/troops
keus ● (sortering) choice, selection ● vakken naar keuze optional subjects ★ een ruime keus a large assortment; a wide choice ● (het kiezen) choice ★ de keus vestigen op fix on; choose ● gemakkelijke keus soft option; easy choice ★ naar keus at choice ★ (wat gekozen is) ★ een keuze uit zijn werk a selection from his work

● (mogelijkheid tot kiezen) choice, option ★ uit vrije keus of one's own free will ★ iem. voor de keus stellen give s.o. the choice ★ er blijft mij geen andere keus over I have no option; there is no alternative left to me ★ ter keuze van at the option of
keutel ● (dreumes) nipper, tiny tot ● (drolletje) ⟨vulg.⟩ turd ★ ~s ⟨v. dieren⟩ droppings; ⟨v. klein dier⟩ pellet
keutelboer small holder, crofter
keuvelen chat, natter
keuze → keus
keuzepakket choice of subjects/courses
keuzevak optional subject
kever beetle
keyboard keyboard (instrument)
kibbelen squabble, bicker, barney
kibboets kibbutz [mv: kibbutzim]
kick kick ★ ergens een kick van krijgen get a kick out of s.th.
kicken get a kick (out of), ⟨AE⟩ dig
kidnappen kidnap
kidnapper kidnapper
kiekeboe keekaboo, peekaboo
kiekendief harrier
kiekje snap (shot)
kiel ● (kledingstuk) blouse ● (scheepv.) keel
kiele-kiele ★ het was – it was touch and go; it was a (very) close shave
kielhalen keelhaul
kielwater wake, ⟨fig.⟩ wash
kielzog wake ▾ in iemands ~ varen follow in a person's wake
kiem germ ● (ziektekiem) germ ● (spruit van zaad) shoot ▾ in de kiem smoren nip in the bud
kiemen ● (beginnen te groeien) sprout, come up ● (ontspruiten) germinate
kien (pienter) keen, sharp, bright, quick-witted ● (~ op) keen on, eager for
kiepauto tip-up truck
kiepen I [ov ww] ● (neergooien) dump, tip ★ iets op de grond ~ tip s.th. on the ground **II** [on ww] ● (vallen) keel over, tumble, topple
kieperen tumble, topple
kier chink ★ op een kier ajar
kierewiet ★ (tureluurs) mad, bananas ● (getikt) crackers
kies I [de] molar, back tooth ★ een kies laten trekken have a tooth (pulled) out ▾ iets voor zijn kiezen krijgen have a hard time of it ▾ heel wat achter zijn kiezen hebben have gone through a lot ▾ zijn kiezen op elkaar houden keep mum **II** [bnw] ● (kieskeurig) fastidious, particular ● (fijngevoelig) ⟨persoon⟩ considerate, ⟨vraag⟩ delicate
kiesdeler quota
kiesdistrict constituency
kiesdrempel electoral threshold
kiesgerechtigd entitled to vote
kieskauwen pick at one's food
kieskeurig choosy, fastidious, particular, ⟨inf.⟩ pernickety
kiespijn toothache ★ ik kan hem missen als – I prefer his room to his company; I miss him like toothache ▾ hij lachte als een boer die ~ heeft he laughed on the wrong side of his mouth
kiesplicht compulsory voting
kiesrecht suffrage, franchise, right to vote ★ algemeen ~ universal suffrage ★ 't ~ krijgen be enfranchised; be given the vote
kiesschijf dial
kiestoon dialling tone

K

kietelen tickle

kieuw gill

Kiev Kiev

kievit pe(e)wit, lapwing ▾ lopen als een ~ run like a deer

kiezel I [de] pebble(stone) **II** [het] • (silicium) silicon • (grind) gravel, ‹op strand› shingle

kiezelsteen pebble(stone)

kiezen vote (for), ‹parlement, e.d.› elect ★ de nieuw gekozen president the president-elect ▾ je moet ~ of delen take it or leave it; you can't have it both ways

kiezer voter, constituent ★ 32% van de ~s bleef thuis 32% of the voters/electorate stayed at home

kiften quarrel, row

kijf ▾ buiten kijf beyond dispute

kijk • (uitzicht) ★ er is geen kijk op verbetering there is no prospect/hope of improvement • (het kijken) view • (inzicht) view, outlook, conception ★ kijk op 't leven outlook upon life ★ een juiste kijk geven op give an accurate insight into ★ ik begin er kijk op te krijgen I am beginning to see/ understand it ▾ iem. te kijk zetten expose s.o. ▾ te kijk staan be shown up ▾ met iets te kijk lopen show (s.th.) off

kijkcijfer viewing figures, rating

kijkdag view/show/open day

kijkdichtheid ratings

kijkdoos peepshow, ‹televisie› the box

kijken I [ov ww] ‹bekijken› ★ ~ naar een schilderij look at a painting ★ ~ naar de film watch a film ▾ klok ~ tell the time **II** [on ww] • (de ogen gebruiken) look, have a look ▾ ga eens ~ go and have a look ★ ~ staat vrij a cat may look at a king ▾ hij stond ervan te ~ it came as a surprise to him ‹er uitzien› bang ~ look frightened ▾ verbaasd ~ look surprised ▾ daar komt heel wat bij ~ that's quite a job ▾ hij komt pas ~ he has just come out of the shell ▾ kijk naar jezelf! look who's talking ▾ laat maar je ~ don't be silly/ridiculous ▾ iem. de woorden uit de mond ~ hang on a person's every word ▾ daar sta ik van te ~ that staggers me ▾ laat eens ~ ‹peinzend› let me see ▾ daar kijk ik niet op I'm not particular about that

kijker • (verrekijker) binoculars, ‹toneel› opera-glass(es) • (persoon) looker-on, spectator, ‹televisie› viewer ▾ ‹oog› ★ in de ~ lopen attract attention ★ ~s eyes; ‹inform.› peepers

kijkgedrag viewing habits

kijkgeld T.V. licence fee

kijkje look, glimpse ★ een ~ achter de schermen nemen take a glimpse behind the scenes ▾ hij zal een ~ nemen he will have a look

kijven brawl, quarrel, wrangle ★ tegen iem. ~ scold at s.o.

kik ★ ze gaf geen kik she didn't utter a sound

kikken ★ je hoeft maar te ~ you have only to say the word ▾ zij kikte er met geen woord over she did not breathe a word about it

kikkerbad wading pool

kikkerbilletjes frogs' legs

kikkerdril frog-spawn/jelly

kikkervisje tadpole

kikvorsman frogman

kil • (fris) chilly, cold, ‹weer› wintry, ‹weer, temperatuur› shivery ★ het voelt kil aan it is cold to the touch • (onhartelijk) chilly, frigid, cold

kilo kilo

kilobyte kilobyte

kilogram kilogram

kilometer kilometre

kilometervergoeding mileage (allowance)

kilometervreter roadhog, road maniac

kilowatt kilowatt

kilt kilt

kilte • (onhartelijkheid) chilliness, frigidity • (frisheid) chilliness, chill

kim horizon

kimono kimono

kin chin

kind • (nakomeling) ★ een kind krijgen bear/have a child ★ 'n kind verwachten expect a baby ★ geen kinderen hebben be childless • (jeugdig persoon) child, ‹inf.› kid, ‹zeer jong› baby ▾ het kind van de rekening zijn suffer the consequences ▾ kind noch kraai hebben have no one in the world; have not a soul in the world ▾ wie zijn kind liefheeft, kastijdt het spare the rod and spoil the child ▾ ergens kind aan huis zijn be one of the family; have the run of the place ▾ een kind van zijn tijd zijn be a child of one's time ▾ ik mag een kind krijgen als het niet waar is I'll eat my hat if it isn't true ▾ daar ben ik een kind bij I'm nowhere when it comes to that

kinderachtig • (niet welnig) ★ dat is niet ~ that's a tall order ★ die prijs is niet ~ the price is not to be sneezed at • (als kind) childlike • (flauw) childish, infantile ▾ doe niet zo ~ act your age; grow up

kinderarts children's doctor, paediatrician

kinderbescherming child care and protection ★ Raad voor Kinderbescherming Child Care and Protection Board; ‹Engeland› R.S.P.C.C.; Royal Society for the Prevention of Cruelty to Children

kinderbijbel children's Bible

kinderbijslag family allowance/credit, child benefit

kinderboek children's book

kinderboerderij children's farm

kinderdagverblijf crèche, ‹AE› day care centre

kinderjaren childhood(years)

kinderkaart children's ticket, half ticket

kinderkamer nursery

kinderlijk • (als een kind) childlike • (naïef) childlike, ‹pej.› childish

kinderlokker child molester

kinderloos childless ★ ~ sterven die childless; ‹jur.› die without issue

kindermeisje nanny

kinderopvang child/day care (centre), (day) nursery

kinderpostzegel stamp sold for the benefit of children

kinderrechter juvenile court magistrate

kinderschoen ▾ nog in de ~en staan be still in its infancy ▾ de ~en ontgroeid zijn be past the age of childhood

kinderslot childproof lock

kinderspel children's game, ‹fig.› child's play, a piece of cake

kinderstoel baby-chair, ‹aan tafel› high chair

kindertelefoon children's helpline

kindertijd childhood (days)

kinderverlamming ‹vero.› infantile paralysis, ‹med.› poliomyelitis, ‹inf.› polio

kindervriend children's friend, a p. who is good with children

kinderwagen ‹form.› perambulator, ‹inf.› pram, ‹AE› buggy

kinderwerk • (werk van kinderen) ‹lit.› child's/ children's work • (onbeduidend werk) fiddling about ★ dat is ~ that is of little importance/no consequence; that is the work of a child

kinderziekte • (beginmoeilijkheden) growing

pains, teething troubles ★ de –n van het nieuwe programma zijn verholpen they've got/ironed the bugs out of the new programme ● (ziekte) children's disease

kinderzitje baby/child's seat, ⟨op een fiets⟩ child's saddle

kinds doting, senile ★ ~ worden enter one's second childhood/dotage ★ ~ zijn be in one's dotage

kindsbeen ● van ~ af from childhood (on); from/ since one's infancy

kindsdeel ⟨jur.⟩ child's portion, statutory portion

kindsheid ● ⟨kinderjaren⟩ childhood, infancy ● ⟨het kinds zijn⟩ second childhood, dotage

kindvrouwtje child-wife

kinine quinine

kink ▼ er is een kink in de kabel there is a hitch somewhere

kinkel boor, lout

kinkhoest whooping-cough

kinnebak lower jaw, jawbone

kiosk kiosk, ⟨kranten⟩ newspaper stand

kip hen, chicken ▼ de kip met de gouden eieren slachten kill the goose that lays the golden eggs ▼ praten als een kip zonder kop talk through a hole in one's head ★ hij was er als de kippen bij he was quick to seize his chance

kipfilet chicken breast

kiplekker fit as a fiddle, on top of the world, as right as rain

kippenborst ● ⟨borst van kip⟩ chicken breast ● ⟨misvorming⟩ pigeon-breast/chest

kippenbout chicken drumstick

kippeneindje ★ dat is een ~ that is just around the corner

kippenfokkerij ● ⟨het fokken⟩ chicken/poultry farming ● ⟨fokbedrijf⟩ chicken/poultry farm

kippengaas chicken-wire

kippenhok hen/chicken house, ⟨fig.⟩ shack

kippenlever chicken liver

kippenren chicken run, henrun, coop

kippensoep chicken soup

kippenvel goose flesh/pimples ★ ik krijg er ~ van it makes my flesh creep; it gives me the creeps

kippig short-sighted

Kirgizië Kirghizia

kirren ⟨v. duiven⟩ coo, ⟨v. verliefden⟩ titter

kist ● ⟨bak, doos⟩ packing-case, box, ⟨meubel⟩ chest, ⟨viool, boeken⟩ case ● ⟨doodkist⟩ coffin

kisten ● ⟨in de kist leggen⟩ ⟨lay in a⟩ coffin ● ⟨van een kisting voorzien⟩ put in form work ▼ laat je niet – don't let them grind you down

kistje box, case ★ een ~ sigaren box of cigars

kistkalf boxed calf

kit ● ⟨kolenkit⟩ ⟨coal-⟩scuttle ● ⟨kroeg, kot⟩ den ● ⟨kleefmiddel⟩ ⟨afdekking⟩ lute, ⟨lijm⟩ ⟨adhesive⟩ glue, ⟨om lucht/waterdicht te maken⟩ sealant, ⟨voor gaten⟩ cement, ⟨voor tegels⟩ grouting

kitchenette kitchenette

kits O.K. ★ alles kits? everything O.K.?

kitsch kitsch

kittelaar clitoris

kittig smart, spirited

kiwi kiwi

klaagdicht lament

klaaglied lamentation(s)

klaaglijk piteous, plaintive

klaagzang lament(ation) ★ een ~ aanheffen raise one's voice in complaint

klaar ● ⟨helder⟩ clear, ⟨lit.⟩ limpid ★ klare onzin sheer/pure nonsense ● ⟨duidelijk⟩ clear ● ⟨afgewerkt⟩ finished ★ iets ~ hebben have

finished s.th. ★ ik ben ermee ~ I have finished with it; I'm through with it ★ ik ben ~ I am ready; I have finished ★ ik ben nog niet ~ met hem I'm not yet finished with him ● ⟨onvermengd, zuiver⟩ ★ klare jenever raw/straight Dutch gin ● ⟨gereed voor gebruik⟩ ready ★ ~? af! set? go!; ready, steady, go! ★ ~ terwijl u wacht made/done while you wait ▼ ~ is Kees and that's that; and Bob's your uncle

klaarblijkelijk evident, obvious

klaarheid clarity, clearness ★ iets tot ~ brengen clear up s.th. ★ ~ in een zaak brengen shrow/shed light on a matter

klaarkomen ● ⟨gereedkomen⟩ be finished, finish ● ⟨orgasme krijgen⟩ come

klaarlicht ▼ op ~e dag in broad daylight

klaarliggen be/lie ready

klaarmaken ● ⟨voorbereiden⟩ get ready, prepare, ⟨eten⟩ make, ⟨recept⟩ make up, ⟨slaatje⟩ mix, ⟨warm eten⟩ cook, make ● ⟨tot orgasme brengen⟩ bring s.o. to orgasm, ⟨inf.⟩ make s.o. come

klaar-over ⟨agent⟩ lollipop ⟨wo⟩man, ≈ ⟨in Engeland: volwassenen⟩ member of a school ⟨crossing⟩ patrol

klaarspelen ★ 't ~ manage; pull off

klaarstaan stand/be ready ★ hij staat altijd voor iedereen klaar he is always ready to oblige ★ zij moest altijd voor hem ~ she was at his beck and call

klaarstomen ★ iem. ~ voor een examen cram s.o. for an exam

klaarwakker wide awake, ⟨fig.⟩ alert

Klaas ▼ ~ Vaak the sandman

klacht ● ⟨uiting van misnoegen⟩ complaint ● ⟨aanklacht⟩ complaint ★ een ~ indienen bij file/lodge a complaint with ● ⟨ongemak, pijn⟩ complaint, ⟨med.⟩ symptom

klad I ⟨de⟩ ● ⟨smet⟩ stain, ⟨inkt⟩ blot, ⟨olie, e.d.⟩ smudge ● ⟨verval⟩ ★ de klad erin brengen spoil the trade ★ de klad is in de markt gekomen the bottom has fallen out of the market ▼ iem. bij de kladden pakken collar a person **II** ⟨het⟩ rough draft ★ een brief in het klad schrijven draft a letter ★ in het klad maken/schrijven make a rough copy

kladblaadje piece of scrap paper

kladblok ⟨BE⟩ scribbling-pad, ⟨AE⟩ scratch-pad

kladden I ⟨ov ww⟩ ● ⟨slordig doen⟩ doodle, ⟨schilderen⟩ daub, ⟨schrijven⟩ scrawl, scribble **II** ⟨on ww⟩ ● ⟨kliederen⟩ be messy, make stains ★ het papier kladt the paper blots

kladderen ⟨kladden⟩ splodge, smudge ● ⟨schilderen⟩ daub ⟨with paint⟩

kladje rough draught

kladpapier scribbling-paper, scrap paper

kladschrijver scribbler, ⟨~⟩ hack

klagen I ⟨ov ww⟩ ● ⟨als klacht uiten⟩ complain ★ iem. zijn nood ~ pour out one's troubles to a person **II** ⟨on ww⟩ ● ⟨een klacht uiten⟩ complain, ⟨weeklagen⟩ lament ★ ik heb niet te ~ I can't complain ★ ik heb niet over je te ~ I have no complaints to make of you ● ⟨jur.⟩ complain

klager ● ⟨iem. die klaagt⟩ complainer ● ⟨jur.⟩ complainant, plaintiff

klakkeloos I ⟨bnw⟩ unthinking, ⟨zonder reden⟩ gratuitous **II** ⟨bijw⟩ ★ iets ~ aannemen accept s.th. without thinking

klakken clack, cluck, ⟨make a⟩ click ★ met de tong ~ click one's tongue

klam clammy, damp, moist ★ met klamme handen with clammy hands

klamboe mosquito net

K

klamp • (verbindingsstuk) clasp • (haak) cleat
klandizie • (klanten) customers ★ ~ krijgen get customers • (het klant zijn) custom ★ iem. de ~ gunnen give one's custom to a person; patronize a person
klank • (wijze van klinken) sound, tone ★ dat instrument heeft een warme ~ that instrument has a warm tone ★ 'n andere ~ laten horen (fig.) strike a different note • (geluid) sound, (fig.) ring ★ uitgesproken met een 'sh'~ pronounced with a 'sh' sound ★ dat woord heeft een lelijke ~ that word has an ugly ring to it
klankbodem sound(ing) board
klankbord sound(ing) board ★ een ~ vormen (fig.) act as a sounding board
klankkast resonance-box, (v. snaarinstrument) soundbox
klankkleur timbre
klant • (koper) customer, client • (kerel) iem. de ~ ruwe ~ a rough customer ★ een vrolijke ~ a cheerful sort/customer • (bezoeker) patron
klantenbinding customer relations
klantenkring customers, clientele
klantenservice customer service
klap • (tel geluid) bang, (v. zweep) crack, (vnl. v. donder) clap • (slag) blow, slap ★ een lelijke klap krijgen get a nasty knock • (tegenslag) ★ de klap te boven komen get over s.th. ★ een zware klap krijgen be hard hit ★ in één klap all of a sudden; at one go ★ geen klap uitvoeren not do a stroke of work ★ ik heb er geen klap aan it's useless to me ▼ de eerste klap is een daalder waard the first blow is half the battle; it's the first step that counts
klapband blow-out, burst tyre
klapdeur spring-loaded door, swing/swinging door, saloon door
klaplopen sponge (on a person), (AE) freeload
klappen • (geluid maken) (met handen) clap ★ met een zweep ~ crack a whip ★ voor iem. ~ applaud s.o. • (uiteenspringen) ★ de achterband is geklapt the rear tyre has burst ★ uit elkaar ~ burst; explode
klapper • (register) index • (opbergmap) folder, file • (uitschieter) hit • (vuurwerk) squib, (groot) banger
klapperen (v. tanden) chatter, (v. zeil) flap
klappertanden ★ ik stond te ~ my teeth were chattering
klappertje cap
klaproos poppy
klapstoel folding-chair, (in theater) tip-up seat
klapstuk • (vlees) rib-piece • (hoogtepunt) crowning piece
klaptafel folding/drop-leaf table
klapwieken clap/flap the wings
klapzoen smacker, smacking kiss
klare ★ een glaasje oude ~ a glass of old Dutch gin
klaren • (helder maken) water ~ clarify/purify water • (in orde krijgen) ★ hij zal het wel ~ he'll manage
klarinet clarinet
klarinettist clarinettist
klas • (leerjaar) (BE) form, (AE) grade ★ tweede klassers second-formers/-graders ★ lagere/hogere klassen junior/senior forms/grades ★ voor de klas staan teach • (groep leerlingen) class • (lokaal) classroom • (rang, kwaliteit) class ★ eerste klas ticket first-class ticket
klasgenoot classmate
klasse class
***klassejustitie** (Wdl: klassenjustitie) class justice
klasseloos classless

klassement list of rankings, (sport) league table ★ bovenaan in het ~ at the top of the league
klassenavond class party
klassenvertegenwoordiger form captain/ prefect/monitor
klasseren classify ★ zich ~ qualify
***klassestrijd** (Wdl: klassenstrijd) class-struggle
klassiek • (de Oudheid betreffend) classical • (van duurzame waarde) classic • (traditioneel) classic(al) ★ ~e muziek classical music
klassieken classics
klassieker • (bekend werk) classic • (wedstrijd) classic
klassikaal (in) class ★ ~ onderwijs class teaching ★ iets ~ behandelen deal with s.th. in class
klateren splash
klatergoud tinsel
klauteren clamber ★ in een boom ~ clamber up a tree
klauw • (poot van roofdier) claw, (v. roofvogel ook) talon • (hand) claw, paw ★ in de ~en vallen van fall into the clutches of ▼ gierend uit de ~en lopen get completely out of hand; go wildly out of control
klauwhamer claw hammer
klavecimbel harpsichord
klaver • (plant) clover, (embleem v. Ierland) shamrock • (figuur in kaartspel) (alleen mv) clubs
klaverblad • (blad van klaver) cloverleaf • (wegkruising) cloverleaf
klaverjassen play (Klaber)jass
klavertjevier four-leaved/four-leaf clover
klavichord clavichord
klavier • (toetsenbord) keyboard • (instrument) piano
klavierinstrument keyboard instrument
kledder spatter, splash
kledderen slop, splash, spatter
kleddernat soaking/sopping (wet)
kleden dress, clothe ★ zich ~ dress ★ zich weten te ~ know how to dress; have a good dress sense ★ zich overdadig ~ overdress
klederdracht traditional/national costume/dress
kleding clothes, clothing, dress, (form.) apparel ★ gemakkelijk zittende ~ leisure/casual wear ★ ~ naar maat (clothing) made to measure
kledingverhuur (formal) dress hire
kledingzaak clothes/dress shop
kleed (tafelkleed) tablecloth, (vloerkleed) carpet, rug
kleedgeld clothing allowance
kleedhokje changing cubicle
kleedkamer (sport) changing room, (v. acteurs, e.d.) dressing room
kleedster dresser
kleefkruid cleavers, goosegrass
kleefpasta adhesive paste
kleefpleister sticking plaster
kleerborstel clothes brush
kleerhanger coat hanger
kleerkast wardrobe, (fig.) hunk of a man
kleermaker tailor
kleermakerszit ★ in de ~ zitten sit cross-legged
kleerscheuren ▼ er zonder ~ afkomen get off without a scratch; (zonder straf) get off scot-free
klef • (kleverig) sticky, (klam) sodden, clammy • (hinderlijk aanhalig) clinging
klei clay
kleiduif clay pigeon ★ kleiduiven schieten clay pigeon shooting
kleien work/model clay

klein I [bnw] • (jong) ∗ van ~ af aan *from a little boy/girl* • de ~e *the little one* • (benepen, min) ∗ iem. ~ houden *keep a person down* • (niet geheel) • een ~e tien gulden *a little under ten guilders* • (niet groot) *small, little,* (stap) *short* ∗ heel ~ *small; tiny; diminutive* ∗ ~ van stuk of *small build* ∗ ~e druk *small print* ∗ ~ eindje *small/short distance* ∗ ~e eter *small eater* ∗ ~ kansje *small chance* • de ~e lettertjes *the small print* ∗ ~e teen *little toe* ∗ ~e wijze *hour hand* ∗ ~ maar dapper *small but plucky/tough/game* ▼ ~ en groot *great and small* ▼ in het ~ beginnen *start on a small scale* **II** [bijw] ∗ ~ schrijven *write small*
kleinbedrijf *small business*
kleinbeeldcamera *35mm camera, miniature camera*
kleinburgerlijk *petty bourgeois,* (bekrompen) *narrow minded*
kleindochter *granddaughter*
kleinduimpje • (sprookjesfiguur) *Tom Thumb* • (klein ventje) *hop-o'-my-thumb*
kleineren *belittle, disparage* ∗ je moet je niet laten ~ *don't let yourself be put down*
kleingeestig *petty, narrow-minded*
kleingeld *small change, petty cash*
kleinhandel *retail trade*
kleinigheid • (geschenk) *little thing* • (bagatel) *trifle*
kleinkind *grandchild*
kleinkrijgen *subdue* ∗ iem. ~ *bring a person to his knees*
kleinmaken • (iets klein maken) *cut up,* (geld) *change* • (vernederen) *humble s.o.* • (geld wisselen) *change*
kleinood *jewel, gem, valuables* [mv]
kleinschalig *small-scale*
kleinsteeds *provincial, parochial*
kleintje • (klein mens of dier) *little one* • (klein ding) *small one, short one* ∗ een ~ pils *a small* (glass of) *beer; a half beer* ▼ hij is voor geen ~ vervaard *he is not easily scared* ▼ vele ~s maken één grote *many a little makes a mickle*
kleintjes • (petieterig) *tiny* • (klein en zwak) *puny*
kleinvee *small* (live) *stock*
kleinzerig • (bang voor pijn) *frightened of pain* • (lichtgeraakt) *touchy, over-sensitive*
kleinzielig *petty/narrow-minded*
kleinzoon *grandson*
kleitablet *clay tablet*
klem I [de] • (klemmend voorwerp) *clip,* (val) *trap,* (val ook) *catch* • (benarde situatie) ∗ in de klem zitten/raken *be in/get into a hole; get in a scrape/jam* • (nadruk) *emphasis, stress* ∗ met klem spreken *speak with emphasis* ∗ met klem op iets aandringen *urge s.th. strongly* **II** [bnw] • (vastzittend) *jammed, stuck* ∗ een auto klem rijden *jam a car* ▼ je helemaal klem vreten *eat yourself sick*
klemmen I [ov ww] • (drukken) *clasp,* (lippen) *tighten,* (v. vinger e.d.) *jam* ∗ de kiezen op elkaar ~ *clench one's teeth* **II** [on ww] • (knellen) *jam,* (v. deur) *stick* • (benauwen) *oppress* • (dwingen) *be conclusive, be cogent*
klemtoon *stress* • de ~ is op de eerste lettergreep *the first syllable is stressed*
klemvast • (zeer vast) *jammed, wedged* • (sport) *well-held* ▼ hij is niet erg ~ *he's got butterfingers*
klep • (deel van pet) *peak, bill* • (sluitstuk) *lid,* (v. fluit) *key,* (v. kachel) *damper,* (v. pomp, cilinder) *valve* • (flap) (v. zak, e.d.) *flap* • (mond) *trap* • (kletser) *chatterbox*
klepel (v. klok) *clapper, tongue*

kleppen • (klepperen) *clatter,* (v. klok) *toll* • (kletsen) *chatter*
klepper *rattle*
klepperen *clapper, rattle,* (v. ooievaar) *clatter*
kleptomaan *kleptomaniac*
kleptomanie *kleptomania*
klerelijer *rotter*
kleren • iem. in de ~ steken *clothe a person* ▼ ~ maken de man *the clothes make the man* ▼ dat gaat je niet in je kouwe ~ zitten *that takes the stuffing out of you*
klerenhanger • (hangertje) *coat/clothes hanger* • (kapstok) *coat/hat stand*
klerikaal *clerical*
klerk *clerk*
klets • (klap) *smack, slap* • (geklets) *twaddle, rot*
kletsen • (klinkend klappen) *splash* ∗ hij kletste zich op de dijen van het lachen *he slapped his thighs with laughter* • (babbelen) *chat(ter), have a chat,* (zwammen) *gas, talk rot* ∗ uit zijn nek ~ *talk through one's hat* ∗ (roddelen) *gossip* ∗ ~ over iem. *talk behind a person's back; bitch about a person*
kletskoek *rot, bilge, baloney, rubbish*
kletskous *chatterbox*
kletsnat *soaking* (wet)
kletspraat *twaddle, rot*
kletspraatje *small talk,* (idle) *gossip*
kleumen *shiver, freeze, chill/to the bone)*
kleur • (gelaatskleur) *complexion* • van ~ verschieten *change colour* • een ~ krijgen *colour; blush* • (politieke tendens) *persuasion* • (figuur in kaartspel) *suit* ∗ ~ bekennen *follow suit* ∗ ~ verzaken *revoke* ∗ iem. ~ doen bekennen *force a person into the open* • (kleurstof) *colour* • (wat het oog ziet) *colour* ▼ ~ bekennen *show one's hand; come out into the open*
kleurbad *colour bath,* (fotografie) *toning bath*
kleurboek *colouring/painting-book*
kleurdoos *paintbox*
kleurecht *fast-dyed, colour fast*
kleuren I [ov ww] • (kleur geven aan) *colour* • (overdrijven) *overstate* ∗ een gekleurde versie van de gebeurtenissen *a coloured version of the events* **II** [on ww] • (kleur krijgen) *colour* • (blozen) *blush* ∗ ~ tot achter zijn oren *blush deeply* • (~ bij) *match* ∗ die jas kleurt niet bij je broek *that jacket does not go with your trousers*
kleurenblind *colour blind*
kleurendruk *colour print(ing)*
kleurenfilm *technicolour film*
kleurenfoto *colour photo*
kleurenscala *range of colours*
kleurentelevisie *colour television*
kleurig *colourful*
kleurkrijt *coloured chalk*
kleurling *coloured person*
kleurloos *colourless*
kleurplaat *colouring picture*
kleurpotlood *coloured pencil, crayon*
kleurrijk • (met veel kleur) *rich in/with colour, colourful* • (afwisselend) *colourful*
kleurschakering *tinge, shade of colour*
kleurshampoo *colour rinse shampoo*
kleurspoeling *colour wash/rinse*
kleurstof *pigment,* (verf) *dye*
kleurtje • (potlood) (coloured) *pencils* • (blos) *colour*
kleurversteviger *colour rinse*
kleuter *tot, toddler*
kleuterdagverblijf *day centre for pre-school infants*

K

kleuterklas ≈ *infants' class*
kleuterleidster *nursery (school) teacher*
kleuterschool *infant/nursery school*
kleutertijd *infancy, pre-school age*
kleven I [ov ww] • (plakken op) *stick, glue* ∗ **plak een etiket op de doos** *stick a label on the box* II [on ww] • (blijven plakken) *stick/cling (to)* ∗ **het kleeft aan je vingers** *it sticks to your fingers* ∗ **er kleeft bloed aan** *there is blood on it;* ⟨fig.⟩ *it is tainted with blood* • (verbonden zijn) *stick* ∗ **er ~ nog enkele foutjes aan** *it still has a few shortcomings*
kleverig *sticky*
kliederboel *mess*
kliederen *make a mess, mess about*
kliek • (groep) *clique* • (etensrestjes) *scraps, leftovers*
kliekje *leftover*
klier ∗ (orgaan) *gland* • (akelig persoon) *pain in the neck,* ⟨AE, vulg.⟩ *pain in the ass*
klieren *be a pain in the neck, be a pest*
klieven *cleave*
klif *cliff, bluff*
klikken • (geluid maken) *click, snap* • (verklappen) *tell tales* ∗ **over iem. ~** *tell upon a person;* ⟨inf.⟩ *grass on a person* ∗ **(goed contact hebben)** ∗ **het klikt tussen hen** *they hit it off*
klikspaan *telltale, sneak,* ⟨inf.⟩ *grass*
klim *climb* ∗ **een hele klim** *a stiff climb*
klimaat *climate*
klimatologie *climatology*
klimmen • (toenemen) *climb, rise* ∗ **met het ~ der jaren** *with advancing years* • (klauteren) *climb,* ⟨op paard⟩ *mount* ∗ **in een boom ~** *climb (up) a tree*
klimmer *climber*
klimop *ivy* ∗ **met ~ begroeid** *ivy-grown*
klimpartij *climb*
klimplant *climbing-plant*
klimrek *climbing frame*
kling ∗ **over de ~ jagen** *put to the sword*
klingelen *tinkle, jingle*
kliniek *clinic, clinical hospital* ∗ **~ voor a.s. moeders** *antenatal clinic*
klinisch *clinical* ∗ **~ dood** *clinically dead*
klink (deur)*handle,* ⟨v. deel slot⟩ *latch* ∗ **op de ~ doen** *latch*
klinken I [ov ww] • (vastmaken) *rivet* II [on ww] • (geluid maken) *sound, ring* ∗ **vals ~** *sound out of tune* ∗ **'t klinkt bekend** *it has a familiar ring* ∗ **'t klonk hem vreemd in de oren** *it sounded strange to him* ∗ **een stem die klinkt als een klok** *a booming voice* • (toasten) ∗ **~ op** *drink to; toast*
klinker • (baksteen) *clinker* • (taalk.) *vowel*
klinkklaar *sheer, rank* ∗ **klinkklare onzin** *sheer nonsense*
klinknagel *rivet*
klip *rock, reef* ∗ **blinde klip** *sunken reef* ∗ **een gevaarlijke klip omzeilen** *steer clear of a dangerous rock; give s.th. a wide berth* ∗ **tegen de klippen op** ⟨liegen⟩ *outrageously;* ⟨drinken⟩ *immoderately;* ⟨eten⟩ *ravenously*
klipper *clipper*
klis *bur(r)*
klit • (klis) *bur(r)* • (knoop) *tangle* ∗ **aan iem. hangen als een klit** *stick to a person like glue/a bur*
klitten • (in de war zitten) *become/get entangled* • (erg veel samen zijn) *stick/hang together* ∗ **die twee ~ erg aan elkaar** *they are thick as thieves; those two are like leeches*
klittenband *Velcro* ®

klodder *clot, blob*
klodderen • (slecht schilderen) *daub* • (knoeien) *mess about/around*
kloek I [de] *mother-hen* II [bnw] • (kordaat) *bold* • (fors, flink) *sturdy,* ⟨volume⟩ *stout*
kloffie *rags, togs*
klojo *twit, wally, jerk*
klok • (uurwerk) *clock* ∗ **kun je al klok kijken?** *can you tell the time yet?* ∗ **op de klok af** *to the minute* • (bel) *bell* ∗ **hij heeft de klok horen luiden, maar weet niet waar de klepel hangt** *he has heard s.th. about it, but he does not know the rights of it* ∗ **iets aan de grote klok hangen** *broadcast s.th.*
klokgelui *bell-ringing, chiming*
klokhuis *core*
klokken I [ov ww] • (tijd opnemen) *time, clock* II [on ww] • (geluid maken) *chuck,* ⟨v. kalkoen⟩ *gobble,* ⟨v. kip⟩ *cluck,* ⟨v. water⟩ *gurgle* • (klokvormig zijn) ⟨v. rokken⟩ *flare* • (tijd vastleggen) ⟨bij aankomst op werk⟩ *clock in,* ⟨bij vertrek⟩ *clock out* ∗ **het ~ ergerde de arbeiders** *the clockings-in-and-out irritated the workers*
klokkenspel *chimes*
klokkenstoel *belfry*
klokkentoren *bell tower*
klokradio *clock radio*
klokslag *stroke of the clock* ∗ **om ~ acht** *on the stroke of eight*
klomp • (houten schoen) *wooden shoe, clog* • (brok) *lump, slug* ∗ **~ goud** *nugget of gold* ∗ **nou breekt mijn ~!** *well, I never!*
klompvoet *club foot*
klont (aarde) *clod,* ⟨suiker⟩ *lump,* ⟨verf⟩ *daub*
klonter *clot, lump*
klonteren *clot, curdle*
klonterig *clotted*
klontje • (suikerklontje) *sugar cube/lump* • (kleine klont) *lump,* ⟨boter⟩ *pat* ∗ **zo klaar als een ~** *as plain as day*
kloof • (spleet) *split, gap,* ⟨huid⟩ *chap,* ⟨in rots⟩ *crevice, cleft,* ⟨ravijn⟩ *chasm* • (verwijdering) *gulf, rift,* ⟨in regering⟩ *split*
klooien • (stuntelen) *bungle* • (luieren) *hang about/around* • (donderjagen) *monkey/fart about/around*
kloon *clone*
klooster *cloister, convent,* ⟨mannen⟩ *monastery,* ⟨vrouwen⟩ *nunnery*
kloostergemeenschap *cloistered community,* ⟨v. monniken⟩ *monastery,* ⟨v. nonnen⟩ *convent*
kloosterling ⟨man⟩ *monk,* ⟨vrouw⟩ *nun*
kloostermop ≈ *Roman brick*
kloosterorde *monastic order*
kloot *ball*
klootjesvolk *the petty bourgeois*
klootzak *bastard, son-of-a-bitch,* ⟨AE⟩ *mother-fucker* ∗ **stomme ~!** *you fucking idiot/moron!* ∗ **vuile ~!** *you mother-fucking son-of-a-bitch!*
klop *knock, tap* ∗ **iem. klop geven** *lick a person* ∗ **klop krijgen van** *be licked by*
klopboor *hammer drill*
klopgeest *rapping spirit, poltergeist*
klopjacht *battue,* ⟨korhoen⟩ *drive*
kloppartij *scuffle, scrap, free-for-all*
kloppen I [ov ww] • (slaan) *beat, knock,* ⟨ei⟩ *whisk,* ⟨room⟩ *whip* • (verslaan) *beat* ∗ **iem. geld uit de zak ~** *put a person to great expense; make a person fork up* II [on ww] • (een klop geven) *knock, tap, pat* • (overeenstemmen) *agree* ∗ **ja, dat klopt!** *yes, that's right!* ∗ **dat klopt met** *that tallies with;*

fits in with
klopper knocker
klos • (stukje hout) reel, spool • (spoel) coil ▼ de klos zijn be the sucker
klossen I [ov ww] • (op klos winden) wind **II** [on ww] • (plomp lopen) stump
klote bloody awful
klotsen slosh, splash
kloven I [ov ww] • (klieven) cleave, split **II** [on ww] • (barsten) split
klucht farce
kluchtig farcical
kluif • (been) knuckle, bone • (karwei) ★ het is een hele ~ it is a stiff job ▼ een lekker ~je a tit-bit
kluis safe, strong-room
kluisteren shackle, (fig.) fetter, (paard) hobble ▼ aan zijn bed gekluisterd bed-ridden
kluit • (groepje) bunch • (klont) clod, lump ▼ iem. met een ~je in het riet sturen fob a person off with fair promises ▼ hij is flink uit de ~en gewassen he is a strapping fellow
kluiven pick (a bone), gnaw at
kluizenaar hermit
klungel bungler, (vulg.) clumsy clod
klungelen • (rondhangen) dawdle • (knoeien) bungle
klungelig gawky, bungling, (AE) klutzy
kluns bungler, oaf
klus chore, small job, (zwaar) tough job ★ dat is een leuk klusje voor haar that's a nice little job for her
klusjesman handyman, odd-jobber
klussen • (repareren) do odd jobs • (zwart bijverdienen) moonlight
kluts ▼ de ~ kwijt raken get out of one's depth; become confused ▼ de ~ kwijt zijn be at a loss
klutsen (eieren) whisk, (room) whip
kluwen ball, clew
klysma enema
kmbo Short Senior Secondary Vocational courses
knaagdier rodent
knaak two guilders and fifty cent, (BE) ≈ quid, (AE) buck
knaap • (kanjer) a whopper • (jongen) lad, boy • (kleerhanger) coat-hanger
knabbelen nibble
knagen • (bijten) gnaw ★ ~ aan gnaw at • (kwellen) gnaw ★ ~de pijn nagging pain ★ ~d verdriet gnawing sorrow
knak • (geluid) crack • (knik) bend, twist • (verzwakking) ★ het gaf mijn zelfvertrouwen een knak it impaired my self-confidence
knakken I [ov ww] • (breken) break, crack ★ een geknakt leven a blighted/wasted life **II** [on ww] • (geluid maken) crack, (vingers) snap • (een knak krijgen) snap
knakworst hot dog (in brine), (AE) frankfurter
knal • (slag) ★ iem. een knal voor zijn kop geven sock/clout s.o. in the face • (geluid) crack, (v. geweer ook) report, (v. kurk) pop
knalbonbon (Christmas) cracker
knalkurk popping cork
knallen • (een knal geven) bang, (v. geweer, zweep) crack, (v. kurk) pop • (botsen) crash
knaller screamer
knalpot silencer
knap I [de] crack **II** [bnw] • (goed uitziend) handsome, good-looking • zij werd er niet knapper op she was losing her looks • (intelligent) clever ★ knap in iets clever at s.th. **III** [bijw] rather, quite, pretty
knappen • (breken) crack, (v. touw) snap • (geluid geven) crackle

knapperd • (schrander mens) clever fellow, (inf.) brain • (mooi mens) beauty
knapperen crackle
knapperig (v. brood) crusty, (v. groente) crisp, (v. koekje, e.d.) crunchy
knapzak haversack, knapsack
knarsen crunch, (v. rem) grate, (v. scharnier) creak, (v. tanden) grind
knarsetanden gnash/grind one's teeth
knauw • (harde beet) bite ★ een lelijke ~ krijgen get badly mauled; (fig.) get a nasty knock • (knak) blow, set back ★ dat gaf hem een lelijke ~ that dealt him a sharp blow
knauwen gnaw (at), munch
knecht servant, man
knechten enslave
kneden knead, (fig.) mould
kneedbom plastic explosive
kneep • (het knijpen) pinch • (handigheidje) dodge, trick ★ daar zit hem de ~ there's the sticking point ★ hij kent de knepen van het vak he knows the ropes
knel ★ in de knel zitten be in a scrape ★ knel zitten tussen (bekneld) be wedged between
knellen I [ov ww] • (stevig drukken) squeeze, press **II** [on ww] • (klemmen) squeeze, pinch
knelpunt bottleneck
knerpen (s)crunch
knersen creak, crunch, grind
knetteren crackle, (v. donder) crash
knettergek absolutely crackers, bonkers, stark raving mad, w(h)acky ★ ik word ~ van deze muziek! this music drives me up the wall!
kneuterig snug, cosy
kneuzen bruise • gekneusd ei cracked egg
kneuzing bruise
knevel moustache
knevelen • (onderdrukken) muzzle, oppress ★ de pers ~ muzzle the press • (binden, boeien) pinion, truss up
knibbelen haggle
knickerbocker (a pair of) knickerbockers
knie • (kromming) knee, elbow • (beengewricht) knee ★ tot aan de knieën knee-deep; up to one's knees ▼ iets onder de knie hebben have mastered s.th. ▼ door de knieën gaan knuckle under ▼ er zitten knieën in je broek your trousers are bagging at the knees ▼ een kind over de knie leggen take/put a child across one's knee; spank a child
knieband • (pees) hamstring • (kniebeschermer) knee protector/supporter
kniebroek knee breeches, (voor vrouwen) pedal-pushers
kniebuiging (gymnastiek) knee bend, (in kerk) genuflection, (v. vrouw) curts(e)y
knieholte hollow of the knee
kniekous knee stocking
knielaars knee/thigh(-length) boot
knielen kneel
knieschijf knee-cap, (med.) patella
kniesoor grump, grouch
knietje • (geblesseerde knie) injured knee • (duw met knie) knee ★ iem. een ~ geven knee s.o.
knieval genuflection ★ een ~ voor iem. doen go down on one's knees for a person
kniezen mope, fret, worry
knijpen pinch ▼ 'm ~ have/get the wind up
knijper (clothes-)peg
knijpkat dyno torch
knijptang pincers
knik • (knak) crack, twist, (in draad) kink

• (kromming) bend • (hoofdbuiging) nod
knikkebollen nod (off)
knikken I [ov ww] • (knakken) crack, snap, bend **II** [on ww] • (buigen) bend, buckle * met ~de knieën with shaky knees • (hoofdbeweging maken) nod * ja ~ nod yes
knikker • (stuiter) marble • (hoofd) nut ▾ het gaat niet om de ~s, maar om het spel it is not a matter of pence, but of principle
knikkeren I [ov ww] • (gooien) * iem. eruit ~ chuck s.o. out **II** [on ww] • (spelen) play (at) marbles
knip • (knippend geluid) click, snap • (geknipte opening) punch-(hole), clip • (grendeltje) catch * knip op de deur doen put the door on the catch • (sluiting) (tasje, sieraden) catch, (v. bijbel) clasp ▾ geen knip voor de neus waard not worth a toss/button
knipmes clasp-knife ▾ buigen als een ~ make a deep bow; kowtow
knipogen wink
knipoog wink
knippen I [ov ww] • (in-/afknippen) cut, (coupons) clip, (heg) trim, (kaartjes) punch, (nagels ook) pare * zich laten ~ have a hair-cut * kort geknipt haar close cropped hair **II** [on ww] • (snijden) cut • (knipperen) blink • (geluid maken) snip, (met de vingers) snap
knipperbol Belisha beacon ®
knipperen • (aan- en uitgaan van licht) flash, blink * met zijn lichten ~ flash one's lights • (knippen met ogen) blink ▾ zonder met zijn ogen te ~ without batting an eyelid
knipperlicht flashing light, flasher * automatische overwegbomen met ~beveiliging level crossing with automatic barrier and flashing light
knipsel • (uitgeknipt bericht) clipping, (AE) cutting • (wat uitgeknipt is) cut-out
knipselkrant collection of press cuttings
knisperen (vuur) crackle, (papier) rustle
KNO-arts E.N.T. specialist, Ear Nose and Throat specialist
knobbel • (natuurlijke aanleg) gift, talent * een talen~ a gift for languages • (verdikking) knob, (op het hoofd) bump * ~tje in de borst lump in the breast
knobbelig knotty, gnarled
knock-out knock-out
knoedel • (kluwen) ball • (haarknot) knot, bun
knoei * in de ~ zitten be in a jam/mess; be in a sorry pickle
knoeiboel • (smeerboel) mess • (bedrog) swindle
knoeien • (morsen) make a mess • (slordig bezig zijn) bungle * ~ met mess about with • (bedrog plegen) swindle, tamper (with)
knoeier • (slordig persoon) bungler • (bedrieger) swindler
knoeiwerk bungle, blunder
knoert whopper
knoest knot
knoet • (gesel) cat-o'-nine-tails • (haarknot) bun
knoflook garlic
knokig bony
knokkel knuckle
knokken scrap
knokpartij scuffle, tussle, fight
knokploeg gang of thugs/ruffians
knol • (worteldeel) tuber • (raap) turnip • (paard) jade ▾ iem. knollen voor citroenen verkopen sell a person a pup; pull the wool over s.o.'s eyes; swindle a person

knolgewas tuberous plant
knollentuin ▾ in zijn ~ zijn be in one's element
knolraap Swedish turnip, swede
knolselderie celeriac
knoop • (sluiting) button • (dichtgetrokken strik) * een ~ leggen tie a knot * het touw zit vol knopen the string/rope is all tangled up * uit de ~ halen unravel * in de ~ maken/raken knot; tangle up • (moeilijkheid) * daar zit 'm de ~ there's the sticking point • (scheepv.) knot ▾ de ~ doorhakken cut the knot
knooppunt (v. geluidsgolven) nodal point, (v. lijnen) knot, (v. spoorw.) junction
knoopsgat button-hole
knop • (drukknop) button, (v. elektr. licht) switch * op de knop drukken press the button • (deurknop) knob • (plant.) bud * in knop komen (come into) bud
knopen • (dichtknopen) button (up) • (een knoop leggen) tie, knot ▾ dat zal ik in mijn oor ~ I'll remember that
knorren • (geluid maken) grunt • (mopperen) grumble, scold * op iem. mopperen grumble at a person
knorrepot growler, grumbler
knorrig grumbling, peevish
knot • (kluwen) (wol, e.d.) skein • (haarknot) bun
knots club, bludgeon
knotten • (inperken) curtail • (van top ontdoen) top, (kegel) truncate, (v. takken) head, (wilg e.d.) poll(ard)
knotwilg pollard-willow
knudde totally useless, no good at all * dit is ~ met een rietje this is a total flop/washout
knuffel • (liefkozing) hug, cuddle • (speelgoedbeest) soft/cuddly toy
knuffelbeest cuddly toy/animal
knuffelen cuddle, hug
knuist fist * iem. in zijn ~en krijgen lay/get hold of a person
knul chap, guy, (sul) mug, (vent) fellow
knullig doltish
knuppel • (korte stok) cudgel, (stuurknuppel) joy-stick • (klungel) bungler ▾ de ~ in het hoenderhok gooien put the cat among the pigeons; flutter the dovecotes; drop a brick
knuppelen club, cudgel
knus snug, (inf.) comfy
knutselaar handyman
knutselen I [ov ww] • (in elkaar zetten) * in elkaar ~ put together; rig up **II** [on ww] • (uit liefhebberij maken) potter * ~ aan tinker at
knutselwerk odd/little job(s)
koala koala bear
kobalt cobalt
kobaltblauw cobalt blue
koddig droll
koe cow ▾ de koe bij de horens vatten take the bull by the horns * je moet geen oude koeien uit de sloot halen let bygones be bygones
koehandel horse trading
koeioneren bully, dragoon
koek gingerbread, ≈ cake * koekje biscuit; (AE) cookie ▾ dat is gesneden koek that is child's play ▾ het is koek en ei tussen hen they are as thick as thieves ▾ alles voor zoete koek slikken swallow everything ▾ oude koek ancient history
koekeloeren stare, gaze
koekenbakker bungler
koekenpan frying-pan
koek-en-zopie refreshment(s) stall on ice
koekoek cuckoo ▾ dat haal je de ~! (zal best) I

daresay!; I bet!; ‹mij niet gezien› *not on your life!*
koekoeksjong *young cuckoo*, ‹fig.› *cuckoo in the nest*

koekoeksklok *cuckoo clock*

koel ● ‹fris› *cool, cold, chilly* ★ het wordt koeler *it's getting cooler (fresher)* ● ‹niet hartelijk› *cool*, ‹zeer koeltjes› *chilly* ● een koel onthaal *cool/chilly reception* ● ‹bedaard› *cool, calm* ▼ zijn hoofd koel houden *keep one's head; keep cool*

koelapparaat *cooler, cooling apparatus*

koelbloedig I [bnw] *cold-blooded, imperturbable* **II** [bijw] *cold-bloodedly, in cold blood*

koelbox *cool box*

koelcel *refrigerator, cold store*

koelen I [ov ww] ● ‹koel maken› *cool*, ‹met ijsblokjes ook› *ice* ● ‹afreageren› ★ zijn woede ~ vent one's rage (on) **II** [on ww] *cool (down)*

koeler *cooler*, ‹auto› *radiator*

koelhuis *cold store*

koelie *coolie*

koeling *cooling*, ‹v. levensmiddelen› *refrigeration*

koelkast *refrigerator*, ‹inf.› *fridge*

koelte *coolness*

koeltjes ● ‹koud› *chilly* ● ‹onhartelijk› *coolly*, ‹erger› *coldly*

koelvitrine *refrigerated display (cabinet)*

koelwater *cooling water*

koemest *cow dung*

koen *bold* ★ koene ridder *gallant knight*

koepel ● ‹tuinhuisje› *summer house* ● ‹dak› *dome*

koepelkerk *domed church*

koepelorganisatie *umbrella organisation*

koeren *coo*

koerier *courier*

koeriersdienst *courier/messenger service*

koers ● ‹richting› *course* ★ ~ zetten naar *steer a course for* ★ uit de ~ raken *be driven out of one's course* ★ ~ houden *keep (on) one's course* ★ zijn ~ bepalen *shape one's course* ● ‹wisselwaarde› ‹effecten› *price*, ‹wisselkoers› ‹exchange› *rate* ★ tegen de ~ van *at the rate of* ● ‹snelheidswedstrijd› *race* ▼ een andere ~ inslaan *alter course*; ‹fig.› *veer round*

koerscorrectie *course correction*

koersdaling *fall in prices*

koersen ● ‹de koers richten› *steer a course (for)* ● ‹sport› *race*

koersnotering *quotation*

koest I [bnw] ● zich ~ houden *keep quiet/close* ★ houd je ~! *(keep) quiet!* **II** [tw] *quiet!*

koesteren ● ‹verwarmen› *nourish, warm* ★ zich in de zon ~ *bask in the sun* ● ‹behoeden› *cherish, foster* ★ illusies ~ *foster illusions* ★ vrijheid ~ *cherish freedom* ● ‹in zich hebben› ‹een mening› *entertain*, ‹grief› *nurse*, ‹liefde, hoop› *cherish*, ‹verdenking› *harbour* ★ vrees ~ *fear* ★ twijfel ~ *have/entertain doubts*

koets *coach, carriage*

koetshuis *coach house*

koetsier *driver, coachman*

koevoet *crowbar*

Koeweit *Kuwait*

koffer ● ‹reistas› ‹suit)case, brief case›, ‹grote koffer› *trunk* ● ‹bed› ★ de ~ induiken *jump in the sack; get between the sheets*

kofferbak *boot*, ‹AE› *trunk*

kofferlabel *luggage/baggage label/tag*

kofferruimte *boot*, ‹AE› *trunk*

koffie ● ‹drank› *coffee* ★ ~ verkeerd *white coffee* ★ ~ zonder melk *coffee without milk; black coffee* ★ sterke/slappe ~ *strong/weak coffee* ★ drie ~! *three coffees!* ● ‹koffiebonen› *coffee (beans)* ★ ~

branden *roast coffee* ● ‹het koffiedrinken› ★ na de ~ *after the coffee* ▼ dat is geen zuivere ~ *it looks fishy; there's s.th. fishy about it*

koffieautomaat *coffee-machine*

koffieboon *coffee bean*

koffiebroodje *currant bun*

koffieconcert *lunch time concert*

koffiedik *coffee grounds* ★ zo klaar als ~ *as clear as mud* ★ in ~ kijken *that's looking (too far) into the future; that's looking too far ahead*

koffiefilter *coffee filter, coffee percolator*

koffiehuis *cafe, coffee house*

koffiejuffrouw *tea lady*

koffiekamer *coffee room*, ‹v. schouwburg› *foyer*

koffieleut *coffee guzzler/freak*

koffiemelk *condensed/evaporated milk*

koffiemolen *coffee-mill, coffee grinder*

koffiepauze *coffee break*

koffieplantage *coffee plantation*

koffieshop *coffee shop*

koffietafel *light lunch, coffee and sandwiches*

koffiezetapparaat *coffee maker/percolator*

kogel ● ‹projectiel› ‹geweerkogel› *bullet*, ‹kanonskogel› *ball* ★ verdwaalde ~ *stray bullet* ★ iem. een ~ door het hoofd jagen *blow a person's brains out* ● ‹metalen bol› *ball* ▼ de ~ is door de kerk *the die is cast* ▼ de ~ krijgen *be shot*

kogellager *ball bearing*

kogelrond *spherical*

kogelstoten I [het] *shot-putting* **II** [onv ww] *put the shot*

kogelvrij *bulletproof*

kok ● *cook* ▼ 't zijn niet allen koks, die lange messen dragen *all are not hunters that blow the horn* ▼ te veel koks bederven de brij *too many cooks spoil the broth*

koken I [ov ww] ● ‹laten koken› *boil* ● ‹eten klaarmaken› *cook* ★ ~ op gas (e.d.) *cook with gas (etc.)* **II** [on ww] ● ‹op kookpunt zijn› *boil* ★ het water kookt *the kettle is boiling* ● ‹kokkerellen› *cook special things* ● ‹woest zijn› *seethe, fume* ★ inwendig ~ *simmer; smoulder*

kokendheet *piping/boiling hot*

koker ● ‹houder, huls› ‹pijlenkoker› *quiver*, ‹sigarettenkoker› *case*, ‹stortkoker› *chute*, ‹voor luchttoevoer› *shaft* ● ‹kookapparaat› *cooker*, ‹water ketel, enz› *(electric) kettle*

koket *coquettish*

koketteren ● *coquette, flirt*

kokhalzen ● ‹bijna gaan braken› *retch* ● ‹walgen› ★ ik moet ervan ~ *it's enough to make me sick; it's enough to turn my stomach*

kokkerellen *cook fancy things*

kokkin ‹in huis› *cook*, ‹in restaurant› ‹female› *chef*

kokmeeuw *black-headed gull*

kokos ● ‹vezel› *coconut fibre* ● ‹kokosnootvlees› *coconut*

kokosmat *cocomat*

kokosnoot *coconut*

koksmaat *galley boy*

koksschool *catering college*

kolder *giddy nonsense* ▼ hij had de ~ in z'n kop *he was in a mad fit*

kolen *coal, coals* ▼ op hete ~ zitten *have ants in your pants*

kolenboer *coalman*

kolendamp *carbon monoxide*

kolenhok *coal shed*

kolenmijn *coalmine*, ‹BE› *colliery*

kolenschop *coal shovel*

kolf ● ‹handvat van vuurwapen› *butt* ● ‹fles› ‹chem.› *receiver* ● ‹plant.› *cob*

K

K

kolibrie hummingbird
koliek colic, ⟨inf.⟩ gripes
kolk • (draaikolk) eddy, whirlpool • (sluisruimte) pool, ⟨sluiskolk⟩ chamber
kolken eddy, swirl
kolom • (pilaar) pillar, column • (vak met tekst/cijfers) column
kolonel colonel
koloniaal I [de] colonial soldier **II** [bnw] colonial ★ koloniale waren colonial produce
kolonialisme colonialism
kolonie colony
kolonisatie colonization
koloniseren colonize
kolonist colonist
kolos colossus
kolossaal colossal, huge ★ kolossale oogst bumper crop
kolven express milk
kom • (bak, schaal) bowl, ⟨voor pudding⟩ basin, ⟨waskom⟩ wash basin • (deel van gemeente) centre • bebouwde kom built up area • (gewrichtsholte) socket ★ de arm is uit de kom geschoten the arm has been dislocated
kornaan come on!
komaf descent ★ van hoge ~ high-born
kombuis caboose, galley
komediant • (acteur) comedian • (aansteller) play actor, pretender
komedie • (blijspel) comedy • (schijnvertoning) ★ 't is alles – it is all make-believe ★ ze speelt maar – she is only acting/play-acting • (schouwburg) theatre, ⟨gewoonlijk met naam⟩ playhouse ★ naar de ~ gaan go to the theatre
komeet comet
komen • (zich begeven) come ★ ik kom al I'm coming ★ ik kon er net bij – I could just reach it ★ ik kom direct bij u I'll be with you in a minute ★ kom er niet aan don't touch it ★ kom hier zitten come and sit here ★ kom je nu haast? are you coming? ★ ~ (af)halen call for; collect ★ door een stad ~ pass through a town ★ in Londen ~ come to London ★ in de hoogste kringen ~ move in the highest circles ★ (aankomen) ★ te laat ~ be late ★ ~ om come for ★ om geld moet je bij hem niet – he hates to be asked for money ★ hoe kom ik daar? how do I get there? ★ ~ bezoeken come and see ★ ze kwamen vaak bij elkaar they often met ★ thuis ~ come home • (veroorzaakt zijn) ★ hoe komt dat? how is that? ★ dat komt ervan, jongetje there you are, son, you've asked for it ★ hoe komt het dat... how is it that... ★ dat komt zo well, it's like this ★ zo komt het dat... that is why... • (gebeuren, beginnen) ★ er komt sneeuw we are going to have snow ★ daar komt niets van in that's out of the question ★ er komt nooit iets van it never gets done ★ als er ooit iets van de plannen komt if the plans ever come to anything; if the plans ever materialize ★ de dingen die gaan ~ things to come ★ hoe is het ooit zover kunnen ~? how did things ever get to this stage? • (in genoemde toestand raken) ★ om het leven ~ lose one's life; perish ★ tot zichzelf ~ come to one's senses • (bedenken) ★ ik kan er niet op ~ I can't remember it ★ op 'n onderwerp ~ get (round) to a subject ★ het komt op £ 1 per persoon it works out at £ 1 per person • (~ aan) ★ het komt er niet op aan it doesn't matter ★ hoe ben je hieraan ge~? how did you come by this?; how did you get hold of this? ★ aan een baan ~ get a job ★ daar ben ik goedkoop

aange~ I picked it up cheaply • (~ achter) ★ achter de waarheid ~ find out/get at the truth • (~ te + inf.) ★ iets te weten ~ find out s.th. ★ hij kwam te sterven he died ★ zij kwam te vallen she fell • (~ tot) ★ tot een vergelijk ~ come to an agreement ★ ik kan er niet toe ~ om... I cannot bring myself to... ★ hij is er of hij komt er he is always coming and going ★ ik kan er niet van ~ I can't get by on it ★ zo kom je er nooit in this way you will never make it/succeed ★ met huilen kom je er niet crying will get you nowhere ★ hoe kom je daarbij? whatever makes you think that?; how do you make that out? ★ hoe kwam hij erbij om dat te doen? why on earth did he do that? ★ ik kom er niet uit I can't figure it out ★ door een examen ~ get through/pass an examination
komfoor ⟨om te koken⟩ gas/spirit stove, ⟨om warm te houden⟩ hot plate
komiek I [de] comedian **II** [bnw] comical
komijn cum(m)in
komijnekaas cum(m)in cheese
komisch comic(al)
komkommer cucumber
komkommertijd quiet/dull/slack/silly season
komma comma
kommer distress, trouble, sorrow ★ ~ en kwel trouble and strife
kompas compass ★ op ~ varen steer by compass
kompasnaald compass needle
kompres compress
komst coming, arrival ★ de lente is op ~ spring is on the way/is coming ★ er is verandering op ~ a change is at hand; there's a wind of change coming
kond ★ iem. kond doen van iets notify a person of s.th.
konfijten preserve
Kongo Congo
kongsie ring, cartel, ⟨pejoratief⟩ clique
konijn rabbit, ⟨inf.⟩ bunny
konijnenhok rabbit hutch
koning king ★ de ~ te rijk zijn be as happy as a king
koningin queen ★ een ~ halen ⟨schaken⟩ queen a pawn
koningin-moeder queen-mother
Koninginnedag ⟨in GB⟩ Commonwealth Day, ⟨in NL⟩ Queen's Birthday
koningsblauw royal blue
koningschap kingship
koningsgezind royalist
koningshuis royal house
koningstijger Bengal tiger
koninklijk royal, ⟨houding e.d.⟩ regal ★ Koninklijk Besluit Royal Decree ★ ~e pracht regal splendour ★ van ~en bloede of royal blood ★ het Koninklijk Huis the Royal House(hold)
koninkrijk kingdom
konkelen intrigue
konkelfoezen • (smoezen) whisper • (samenzweren) plot, scheme
kont behind, bottom, rear(end), ⟨AD⟩ ass ★ de kont tegen de krib gooien dig one's feet/toes/heels in ★ in zijn blote kont bare-assed ★ je kunt hier je kont niet keren no room to swing a cat in ★ mopperkont grumpy guts ★ bofkont lucky dog
kontje bottom ★ iem. een ~ geven give s.o. a leg up
kontlikker brown-nose, ass-licker
kontzak back pocket
konvooi convoy
kooi • (dierenhok) cage, decoy, ⟨om eenden te vangen⟩ decoy, ⟨voor kippen⟩ coop, ⟨voor

schapen⟩ fold ● ⟨slaapplaats⟩ ⟨scheepv.⟩ berth, bunk ▼ naar kooi gaan turn in; hit the hay/sack

kooien *cage*

kook ∗ aan de kook brengen/komen *bring/come to the boil* ▼ van de kook zijn *be all abroad;* ⟨ontdaan⟩ *be quite upset*

kookboek *cookery book, cookbook*

kookkunst *art of cooking*

kookplaat ⟨elektrisch⟩ *hot plate,* ⟨gas⟩ *gas ring*

kookpunt *boiling-point*

kookwekker *kitchen timer*

kool ● ⟨groente⟩ *cabbage* ● ⟨steenkool⟩ *coal,* ⟨chem.⟩ *carbon,* ⟨houtskool⟩ *charcoal* ▼ iem. een kool stoven *play a person a trick* ▼ groeien als kool *grow very fast;* shoot up ▼ de kool en de geit sparen *run with the hare and hunt with the hounds*

kooldioxide *carbon dioxide*

koolhydraat *carbo-hydrate*

koolmees *coletit*

koolmonoxide *carbon monoxide*

koolraap *Swedish turnip, swede*

koolstof *carbon*

koolwaterstof *hydrocarbon*

koolwitje *cabbage-white*

koolzaad ● ⟨plant⟩ *rape* ● ⟨zaad⟩ *cole-seed*

koolzuur *carbonic acid*

koolzuurhoudend *carbonated*

koon *cheek*

koop *purchase, buying,* ⟨overeenkomst⟩ *bargain, deal* ▼ een koop sluiten *strike a bargain* ∗ te koop *for sale* ∗ te koop zetten *put up for sale* ∗ een goede koop doen *make a good bargain* ∗ te koop gevraagd *wanted to purchase* ∗ te koop staan *be for sale* ▼ op de koop toe *into the bargain* ▼ weten wat er in de wereld te koop is *know what life's (all) about* ▼ te koop lopen met parade; *show off*

koopakte *title deed*

koopavond ⟨late⟩ *shopping night*

koopcontract *contract of sale*

koophandel *commerce, trade*

koopje *bargain* ▼ op ~s uit zijn *be (out) bargain-hunting* ▼ op een ~ *on the cheap* ▼ iem. 'n ~ leveren *sell s.o. a pup*

koopkracht *purchasing power*

kooplust *inclination to buy*

kooplustig *eager to buy*

koopman *merchant,* ⟨op straat⟩ *seller, hawker*

koopmanschap *business sense*

koopmansgeest *commercial spirit,* ⟨afkeurend⟩ *commercialism*

koopsom *purchase price*

koopsompolis *single premium insurance policy*

koopvaarder *merchant vessel*

koopvaardij *merchant navy, mercantile marine*

koopwaar *merchandise*

koopwoning *owner-occupied property*

koopziek ∗ ~ zijn *be a compulsive buyer*

koor ⟨koorzang⟩ *chorus,* ⟨zangers⟩ *choir*

koord *cord, string* ▼ iem. op 't slappe ~ laten komen *put a person through his paces*

koorddansen *walk a tight rope*

koorddanser *rightrope walker*

koorknaap ● ⟨koorzanger⟩ *chorister* ● ⟨misdienaar⟩ *altar boy*

koorts *fever* ∗ ~ hebben/krijgen *have/get a fever*

koortsachtig *feverish*

koortsdroom *feverish dream*

koortsig *feverish*

koortsthermometer *clinical thermometer*

koortsuitslag *sweat rash*

koorzang ● ⟨het zingen⟩ *choral singing* ● ⟨lied⟩

choral song

koosjer *kosher*

koosnaam *pet name*

kootje *phalanx*

kop ● ⟨kom⟩ *cup* ● ⟨opschrift⟩ *headline* ● ⟨aanwezige⟩ ∗ twaalf koppen aan boord *twelve hands on board* ● ⟨hoofd⟩ *head,* ⟨inf.⟩ *nut, loaf* ∗ hij viel een gat in zijn kop *he split his head* ⟨open⟩ ● ⟨verstand⟩ ∗ knappe kop *brainbox* ● ⟨voorste deel⟩ *head,* ⟨v. vliegtuig⟩ *nose* ∗ kop van een golf *crest* ▼ de kop indrukken ⟨v. idee⟩ *suppress;* ⟨opstand⟩ *put down; quell* ▼ kop op! *chin up!* ▼ iem. op zijn kop geven ⟨slaan⟩ *lick s.o.;* ⟨fig.⟩ *give s.o. a dressing down* ▼ over de kop gaan *overturn; crash;* ⟨v. fietser⟩ *come a cropper;* ⟨failliet gaan⟩ *fold (up)* ▼ kop dicht! *shut your trap!* ▼ iets op de kop tikken *pick up; lay hold of s.th.* ▼ op de kop af *exactly* ▼ iem. een kopje kleiner maken *defeat/beat s.o.;* ⟨onthoofden⟩ *chop s.o.'s head off* ▼ mijn kop eraf! *I'll eat my hat!* ▼ hij heeft een goede kop *he has a clever head on his shoulders* ▼ iets direct de kop indrukken *nip a thing in the bud* ▼ het fascisme stak de kop op *fascism reared its head* ▼ de verkeerde bij de kop hebben *have got hold of the wrong man* ▼ al gaat hij op zijn kop staan *whatever he may say or do* ▼ hij liet zich niet op zijn kop zitten *he did not take any bullying* ▼ ik had me voor mijn kop kunnen slaan *I could have kicked myself* ▼ hij schoot zich voor zijn kop *he blew his brains out*

kopbal *header*

kopen *buy, purchase* ▼ wat koop ik ervoor? *where does it get me?* ▼ je koopt er niets voor it *gets you nowhere*

Kopenhagen *Copenhagen*

koper I [de] *buyer, purchaser* **II** [het] *copper, brass* ∗ geel~ *brass*

koperblazer *brass player*

koperdraad *copper/brass wire*

koperen ⟨geel koper⟩ *brass,* ⟨rood koper⟩ *copper* ∗ ~ kandelaar *brass candlestick*

koperglans I [de] *brassy/coppery shine* **II** [het] *copper sulphide, chalcocite*

kopergravure *copper-plate*

kopergroen *verdigris*

koperslager *coppersmith, brazier*

koperwerk *copperware, brassware*

kopgroep *leading group*

kopie ● ⟨duplicaat⟩ *copy, duplicate* ● ⟨fotokopie⟩ *(photo)copy*

kopieerapparaat *copying machine*

kopiëren *copy* ▼ 'n akte ~ *engross a deed*

kopij *copy*

kopje-onder ∗ hij ging ~ *he took a ducking* ∗ iem. ~ duwen *push s.o. under;* ⟨AE⟩ *dunk s.o.*

koplamp *headlight*

koploper *leader* ∗ ~ zijn *lead the field*

koppel I [de] *belt* **II** [het] ● ⟨paar⟩ *couple* ● ⟨groep⟩ *group,* ⟨v. patrijzen⟩ *covey,* ⟨vlucht vogels⟩ *flock,* ⟨voorwerpen⟩ *set* ● ⟨nat.⟩ *couple*

koppelaar *matchmaker*

koppelbaas *recruiter, labour broker*

koppelen *couple, join*

koppeling ● ⟨het koppelen⟩ *coupling, joining* ● ⟨overbrenging⟩ *clutch*

koppelingsplaat *clutch disk*

koppelteken *hyphen*

koppelverkoop *conditional sale*

koppelwerkwoord *copula*

koppen ∗ een bal ~ *head a ball*

koppensnellen ● ⟨onthoofden⟩ *headhunt* ● ⟨verantwoordelijken zoeken⟩ *headhunt*

K

• (krantenkoppen lezen) skim the headlines
koppig • (halsstarrig) obstinate • (sterk) heady
kopregel headline, ‹v.e. boek› header, running title
koprol forward roll
kopschuw shy ∗ ~ worden voor shrink from
kopspijker tack
kopstation terminus
kopstem falsetto voice
kopstoot butt (of the head)
kopstuk big man/shot, boss
Kopt Copt
koptelefoon headphone(s), earphone(s)
Koptisch Coptic
kopzorg worry
koraal • (muz.) choral • (bio.) coral
koralen coral(line)
koran Koran
kordaat resolute, firm
kordon cordon
koren corn ▼ dat is ~ op zijn molen that is grist to his mill; that is his cup of tea
korenaar ear of corn
korenbloem cornflower
korenschoof sheaf of corn
korenschuur granary
korf basket, ‹bijenkorf› hive
korfbal korfball
korfballen (play) korfball
Korfoe Corfu
korhoen black grouse, ‹mannetje› blackcock, ‹vrouwtje› greyhen
koriander coriander
korjaal dugout (canoe)
kornet cornet
kornuit comrade, crony
korporaal corporal
korps corps
korrel • (vizierkorrel) bead • (bolletje) grain, pellet ∗ geen ~(tje) not a grain ▼ iem. op de ~ nemen aim at s.o.; make a butt of s.o.
korrelig granular
korset corset
K
korst crust, (kaas) rind, ‹op wond› scab
kort I [bnw] ∗ (niet lang durend) short, brief ∗ tot voor kort until recently ∗ binnen de kortste keren before you can say knife ∗ kort geleden a short time ago ∗ kort voor shortly before ∗ sedert kort recently ∗ (niet lang) short ∗ kort en dik squat ∗ korter maken/worden shorten ∗ kort geknipt close-cropped • (beknopt) brief, short, ‹bits› curt ∗ kort en bondig short but to the point; in short ∗ om kort te gaan to cut a long story short ∗ kort maar krachtig short and snappy ∗ kort van stof brief ∗ in 't kort in brief ▼ iem. kort houden (geldelijk) keep a person short ▼ alles kort en klein slaan smash everything to bits **II** [bijw] ∗ iem. te kort doen wrong s.o. ∗ te kort schieten in be deficient in ∗ er is twee gulden te kort there are two guilders short ∗ de waarheid te kort doen do scant justice to the truth ∗ geld/slaap te kort komen lack money/sleep ▼ we komen nog één man te kort we are one man short ▼ jij komt er niets bij te kort you are not a loser over it ▼ hij zorgt wel dat hij niets te kort komt he has an eye to the main chance; he makes sure that he won't lose out
kortaangebonden short-tempered, curt
kortademig short of breath, short-winded, ‹v. paard› broken-winded
kortaf short, curt
korte golf shortwave ▼ hij luisterde altijd naar de ~ he used to listen (to the radio) on shortwave

kortegolfontvanger shortwave radio (receiver)
korten • (korter maken) shorten ∗ de tijd ~ beguile/shorten the time • (inhouden) cut (down)
kortharig short-haired
korting • (inhouding) cut (in), ‹v. loon› reduction (of) • (bedrag) ‹op kosten/tarieven› rebate, ‹op prijs› discount, ‹wegens beschadiging, e.d.› allowance ∗ ~ geven/krijgen give/get a discount
kortingkaart ‹vervoer› reduced-fare card/pass, ‹winkel› discount card
kortlopend short-term
kortom in short, in brief
kortsluiten short-circuit ▼ het overleg ~ short-circuit the meeting
kortsluiting short-circuit ∗ ~ maken short-circuit
kortstondig brief, ephemeral, short-lived ∗ ~e ziekte short illness
kortweg (kort gezegd) shortly, briefly • (eenvoudigweg) simply
kortwieken • (vleugel knippen) clip the wings • (beknotten) ‹macht, vrijheid, e.d.› curtail
kortzichtig short-sighted
korzelig crusty, ‹nijdig› testy, ‹ontstemd› grumpy
kosmisch cosmic
kosmologie cosmology
kosmonaut cosmonaut
kosmopoliet cosmopolitan
kosmopolitisch cosmopolitan
kosmos cosmos
Kosovo Kosovo
kost • (geldelijke uitgaven) cost, ‹uitgaven› expense(s) ∗ ten koste van at the cost/expense of ∗ op eigen kosten at one's own expense ∗ kosten maken incur expenses ∗ ten koste van mij at my expense ∗ veel geld ten koste leggen aan spend much money on ∗ op kosten jagen put a person to expenses ∗ 't gaat op mijn kosten I'm paying; ‹inf.› it's on me ∗ kosten van levensonderhoud cost of living/maintenance ∗ kosten van vervoer cost of transportation/carriage ∗ op hoge kosten zitten be heavily burdened ∗ hij werd in de kosten veroordeeld he was ordered/condemned to pay costs ∗ (levensonderhoud) living • de kost verdienen earn one's living ∗ werken voor de kost work for a living ∗ aan de kost komen make a living ∗ (voedsel) food • de kost geven feed • (dagelijkse voeding) ∗ kost en inwoning board and lodging ∗ zij is bij A. in de kost she boards with A ∗ in de kost doen put out to board ∗ in de kost nemen take in as a lodger/boarder ▼ dat is oude kost that is an old story ∗ hij is zijn kost waard he is worth his salt ∗ de kost gaat voor de baat uit outlay must precede returns
kostbaar • (duur) expensive • (veel waard) valuable, precious
kostbaarheden valuables
kostelijk splendid, precious, ‹lekker› exquisite ∗ die is ~! that's rich!; that's a good one!
kosteloos I [bnw] gratis, free **II** [bijw] gratis, free of charge
kosten cost ∗ wat kost dat? how much is it? ∗ dat gaat je geld ~ that is going to cost you ∗ die ~ twee gulden per stuk these are two guilders each ∗ het kost een bom duiten it runs into a lot of money; it costs a bomb ∗ het kostte haar het leven that killed her ▼ hoeveel mag het ~? what price do you have in mind? ▼ koste wat het kost at any cost
kostendekkend cost-effective
koster sexton, verger
kostganger boarder ∗ ~s houden take in lodgers/boarders ▼ onze Lieve Heer heeft rare ~s it takes

all sorts to make a world
kostgeld board
kosthuis boardinghouse
kostprijs cost price
kostschool boarding school
kostuum suit, (mantelpak) costume, suit
kostwinner bread-winner, wage earner
kostwinning livelihood
kot ● (krot) hovel, shack ● (hok) (voor schapen)
pen, (voor varkens) sty
kotelet cutlet, chop
kots puke
kotsen ● (braken) retch, puke ● (walgen) ★ ik kots
ervan it makes me sick
kotsmisselijk sick as a dog/cat
kotter cutter
kou ● (koude) cold ● (verkoudheid) cold ★ een kou
in het hoofd a cold in the head
koud ● (niet warm) cold, chilly ★ het koud
hebben/krijgen be/get cold ★ laat het niet koud
worden don't let it go cold ● (zonder gevoel) cold
★ dat laat me koud it leaves me cold ● (dood)
★ iem. koud maken do a person in ▼ koude
oorlog cold war ▼ dat valt me koud op 't lijf that
gives me quite a shock ▼ ik werd er koud van it
made me go cold all over ▼ het gaat je niet in de
koude kleren zitten that does you no good
whatsoever
koude → **kou**
koudvuur gangrene ★ door ~ aangetast gangrened
koudwatervrees fear of s.th. new, cold feet
koufront cold front
kougolf cold spell
koukleum (house)tomato, a p. who feels the cold
easily
kous ● (kledingstuk) stocking ★ op zijn kousen in
one's stockings ● (lampenpit) (gaslamp) mantle,
(olielamp) wick ▼ de kous op de kop krijgen be
given the brush off
kousenband garter ▼ Orde van de Kouseband
Order of the Garter
kousenvoet stockinged foot, (fig.) pussyfoot
kouvatten catch (a) cold
kouwelijk chilly
kozak Cossack
kozijn window frame
kraag collar ▼ bij de ~ pakken collar ▼ hij heeft
een stuk in zijn ~ he is tipsy
kraai crow
kraaien crow
kraaiennest ● (nest van kraai) crow's nest
● (scheepv.) crow's nest
kraaienpootjes crowsfeet
kraak ● (gekraak) crack ● (inbraak) break-in ★ een
~ zetten op a job ▼ er zit ~ noch smaak aan it's
neither fish nor fowl
kraakactie squat
kraakbeen cartilage, gristle
kraakbeweging squatter's movement
kraakhelder spick and span, immaculate, clean as
a whistle
kraakpand squat
kraal bead
kraam booth, stall ▼ dat kwam niet in zijn ~ te
pas that did not suit his purpose
kraamafdeling maternity ward
kraambed childbed
kraambezoek lying-in visit, visit to mother who
has given birth
kraamhulp ● (kraamverzorgster) maternity nurse
● (kraamverpleging) maternity nursing
kraamkamer delivery room

kraamkliniek obstetric/maternity clinic
kraamverpleegster maternity nurse, midwife
kraamverzorgster health visitor
kraamvrouw (bij bevalling) woman in childbed,
(na bevalling) new mother
kraan ● (tap) cock, tap, (AE) faucet ● (hijskraan)
crane, derrick ● (uitblinker) dab, crack, ace
▼ dweilen met de ~ open runing on the spot;
getting nowhere fast
kraandrijver crane driver/operator
kraanvogel crane
kraanwagen breakdown lorry, tow truck
kraanwater tap water
krab ● (schram) scratch ● (schaaldier) crab
krabbel ● (schram) scratch ● (korte notitie)
thumb-nail sketch ● (onduidelijk schrijfsel)
scrawl
krabbelen I [ov ww] ● (slordig schrijven) scrawl,
scribble **II** [on ww] ● (krabben) scratch
krabbeltje scribbled note
krabben scratch, (v. paard) paw ★ zich achter de
oren ~ scratch one's head
krabber scraper
krabcocktail crab cocktail
krach crash, collapse
kracht ● (fysiek vermogen) (die men bezit)
strength, (die men gebruikt) force, (v. motor)
power ★ in de ~ van zijn leven in his prime ★ op
~en komen recover one's strength ★ een man van
grote ~ a man of great strength ★ met volle ~
vooruit full speed ahead ★ z'n ~en beproeven
aan try one's hand at ★ al z'n ~ ergens aan geven
devote all one's strength/energy to s.th. ★ met ~
verdedigen defend strongly/stoutly ★ op eigen
~en aangewezen zijn be thrown on one's own
resources ★ op volle ~ werken work at full
strength ● (geldigheid) ★ van ~ zijn be in force
★ van ~ worden come into force/operation; take
effect ★ van ~ blijven remain in force
● (werkkracht) man, hand ▼ hij was uit zijn ~
gegroeid he had outgrown his strength
krachtbron source of power
krachtdadig energetic
krachteloos (zonder kracht) weak, (zonder
macht) powerless, impotent
krachtens by virtue of, on the strength of ★ ~ de
wet under (the operation of) the law
krachtig ● (kracht hebbend) strong, powerful ★ ~
gebouwd well/soundly/strongly built ● (werking
hebbend) powerful, effective
krachtmeting contest, trial of strength
krachtpatser bruiser
krachtproef zie krachtmeting
krachtsinspanning effort, exertion
krachtsport power sport
krachtterm expletive ★ ~en strong language
krachttoer feat of strength
krachtvoer concentrate(s)
krak crack
krakelen wrangle, squabble
krakeling cracknel
kraken I [ov ww] ● (huis bezetten) squatt in ★ een
huis ~ squat in a house ● (openbreken) (noot,
kluis, code) crack ● (inbreken) break into,
(comp.) hack **II** [on ww] ● (geluid maken) crack,
(s)crunch, (v. deur, schoenen) creak, (v. grind)
crunch, (v. sneeuw) crackle
kraker ● (succesnummer) smash, hit
● (chiropracticus) chiropractor ● (inbreker)
cracksman ● (huisbezetter) squatter
krakkemikkig rickety, shaky
kralengordijn bead curtain

K

kram staple, cramp
kramp cramp
krampachtig spasmodic, convulsive
kranig 〈houding〉 spirited, 〈moedig〉 plucky ∗ zich ~ houden acquit o.s. well; keep one's spirit (up) ∗ ~ voor de dag komen come out well
krankjorum crackers, bonkers ∗ hij is volslagen ~ he is flaming bonkers
krankzinnig ● 〈geestesziek〉 insane, mad ∗ ~ worden become insane; go mad ∗ iem. ~ verklaren certify a person ● 〈onzinnig〉 crazy, mad ∗ ~ verhaal crazy story
krankzinnigengesticht lunatic asylum, mental home
krans ● 〈gevlochten ring〉 wreath, 〈bloemen〉 garland ● 〈vriendenkring〉 circle
kranslegging laying of a wreath/wreaths
kransslagader coronary artery
krant (news)paper
krantenjongen news boy, paper boy
krantenknipsel press cutting
krantenkop (newspaper) headline ∗ schreeuwende ~pen screaming headlines
krantenwijk (news)paper round
krap I [bnw] ● 〈nauw〉 narrow, tight ● 〈niet ruim〉 ∗ krap bij kas zijn be short of cash ∗ zij hebben 't krap they are hard up **II** [bijw] ∗ iets krap berekenen cut s.th. very fine ∗ krap meten measure on the short side ∗ dat is krap aan barely enough
kras I [de] scratch **II** [bnw] ● 〈vitaal〉 strong, robust, strong, 〈taal〉 strong, 〈v. ouderen〉 hale and hearty ● 〈drastisch〉 drastic ∗ krasse maatregelen severe measures ∗ dat is kras! that's the limit! ∗ dat is wel wat al te kras that's a bit thick ∗ kras optreden (tegen) take a strong line (with) ∗ dat is kras gesproken that's putting it strongly ∗ een kras staaltje a glaring example ∗ 〈sterk〉 strong
krassen ● 〈geluid maken〉 〈v. kraai〉 caw, 〈v. persoon, slot〉 grate, 〈v. raaf〉 croak, 〈v. uil〉 hoot, screech 〈krassen maken〉 scratch, scrape **v** op de viool ~ scrape the violin
krat crate
krater crater
krats song, mere trifle ∗ ze kocht het voor een ~ she bought it for a song
krediet credit, 〈inf.〉 tick ∗ op ~ kopen buy on credit; 〈inf.〉 buy on tick ∗ blanco/doorlopend ~ unlimited/running credit ∗ ~ geven give/allow credit
kredietgarantie credit guarantee
kredietwaardig credit worthy, solvent
kredietwezen credit system
kreeft ● 〈schaaldier〉 crawfish, 〈rivierkreeft〉 crayfish, 〈zeekreeft〉 lobster ● 〈sterrenbeeld〉 cancer
kreeftskeerkring tropic of Cancer
kreek creek
kreet ● 〈loze bewering〉 empty slogan ● 〈gil〉 cry
krekel cricket
kreng ● 〈kadaver〉 carrion ● 〈loeder〉 swine, 〈vrouw〉 bitch, ↓ bastard
krenken offend, hurt
krenking hurt, offence
krent currant
krentenbol currant bun
krentenbrood currant-bread
krentenkakker miser, scrooge
krentenmik currant loaf
krenterig mean, stingy, niggling
Kreta Crete
kretologie slogan mongering, sloganeering

kreukel crease, wrinkle
kreukelig creased
kreukelzone crush zone
kreuken I [ov ww] ● 〈kreukels maken〉 crease, (c)rumple **II** [on ww] ● 〈kreukels krijgen〉 get/become creased/(c)rumpled ∗ linnen kreukelt verschrikkelijk linen creases terribly
kreukherstellend non-iron, drip-dry
kreukvrij crease-resistant
kreunen groan, moan
kreupel lame (of one leg) ∗ ~ lopen limp ∗ ~ worden go limp ∗ een ~e a cripple
kreupelhout thicket
krib ● 〈bedje〉 crib, cot ● 〈voederbak〉 manger **v** zijn kont tegen de krib gooien be obstinate/rebellious
kribbig peevish
kriebel itch **v** ik kreeg er de ~s van it gave me the creeps
kriebelen I [ov ww] ● 〈kietelen〉 tickle ● 〈klein schrijven〉 scribble **II** [on ww] ● 〈jeuken〉 itch
kriebelhoest tickling cough
kriebelig ● 〈klein geschreven〉 crabbed, 〈v. lijn〉 squiggly ● 〈kregel〉 nettled ∗ ik werd er ~ van it irritated me ● 〈kriebelend〉 ticklish
kriebelschrift spidery handwriting
kriegel touchy, testy ∗ het maakt me ~ it gets under my skin
kriek black cherry
kriel I [de] midget **II** [het] small potatoes [mv]
krielkip Bantam (fowl)
krijgen ● 〈getroffen worden door〉 〈schade〉 sustain, 〈verkoudheid〉 catch ∗ een ongeluk ~ have an accident; 〈form.〉 meet with an accident ∗ als je er wat aan krijgt... if anything happens to it... ● 〈grijpen〉 ∗ ik zal je nog wel ~ I'll get you ∗ iem. te pakken ~ lay (get) hold of a person ● 〈ontvangen〉 get, receive ∗ je krijgt er rillingen van it gives you the shivers ∗ hij kreeg een jaar he got a year ∗ hoeveel krijgt u van me? how much do I owe you? ● 〈in toestand komen〉 ∗ een kleur krijgen blush ∗ het koud/warm ~ begin to feel cold/hot ∗ regen ~ we are going to have rain ∗ ruzie ~ have an argument ● 〈verkrijgen〉 〈baby〉 have, 〈recht〉 secure, 〈reputatie, wetenschap〉 acquire, 〈rubber〉 obtain ∗ kan ik dhr. A. te spreken ~? can I see Mr. A.? ∗ het is te ~ it can be obained from ... ∗ het is met geen mogelijkheid te ~ it is not to be had for love or money ∗ geld bij elkaar ~ raise money ● 〈in toestand brengen〉 ∗ een vlek eruit ~ get out a stain ∗ ik krijg het wel gedaan/voor elkaar I shall get it done/fixed up **v** hij kreeg er genoeg van he got tired of it
krijger warrior
krijgertje ∗ ~ spelen play tag/tig
krijgsdienst military service
krijgsgevangene prisoner of war
krijgsgevangenschap captivity, imprisonment
krijgshaftig warlike
krijgslist stratagem
krijgsmacht (military) force
krijgsraad ● 〈militaire rechtbank〉 court-martial ∗ voor de ~ roepen court-martial ● 〈vergadering〉 council of war
krijgszuchtig bellicose, warlike, belligerent
krijsen scream, shriek, 〈v. dieren〉 screech
krijt ● 〈kalksteen〉 chalk ● 〈strijdperk〉 lists [mv] ∗ in het ~ treden voor iem. enter the lists on s.o.'s behalf **v** in het ~ staan be in the red
Krijt Cretaceous period
krijtje piece of chalk
krijtwit chalk-white

krik jack
krill krill
krimp shrinkage ▼ geen ~ hebben be wanting for
nothing ▼ geen ~ geven not give in
krimpen ● (draaien) (v. wind) back ● (kleiner
worden) shrink, (v. pijn) wince
krimpverpakking shrink-wrapping/wrapped
krimpvrij non-shrink
kring ● (cirkel) circle, ring, (v. ster) orbit ● (wal
onder oog) * ~en onder de ogen bags under
one's eyes ● (sociale groep) circle, company * in de
hoogste ~en in the highest circles
* welingelichte ~en well-informed circles
● (omgeving) circle, sphere * in besloten ~ in
private circle * in brede ~ opvallen attract wide
attention * in alle ~en in all walks of life
kringelen wreathe, coil
kringloop ● (het rondgaan) circular course, circle
● (cyclus) cycle
kringlooppapier recycled paper
kringspier sphincter muscle
krioelen (door elkaar bewegen) swarm, teem
● (~ van) teem with, bristle with, (fouten) be
riddled with * het krioelt er van ongedierte de
place is alive with vermin
kris creese, kris
kriskras criss-cross
kristal crystal
kristalhelder crystal-clear
kristallen crystal(line)
kristallisatie crystallization
kristallisatiepunt crystallization point
kristalliseren crystallize
kristalsuiker granulated sugar
kritiek I [de] criticism (of) * ~ (uit)oefenen op
criticize * beneden alle ~ below criticism; beneath
contempt **II** [bnw] ● (beslissend) crucial * op het
~e ogenblik at the crucial moment ● (hachelijk)
critical
kritiekloos uncritical * ~ slikken swallow whole
kritisch critical
kritiseren criticize, (v.e. boek) review
Kroaat Croatian, Croat * een Kroatische a
Croatian woman
Kroatië Croatia
kroeg public-house, pub
kroegbaas landlord, publican
kroegentocht pub-crawl * op ~ gaan go on a
pub-crawl
kroegloper pub-crawler
kroelen cuddle, caress, (inf.) canoodle
kroep croup
kroepoek prawn/shrimp crackers
kroes I [de] (mok) mug ● (smeltkroes) crucible
II [bnw] crisp, frizzy
kroeshaar frizzy/curly hair, afro
kroeskop curly-head, (neger) fuzzy-wuzzy
kroezen frizz
krokant crispy, crunchy
kroket croquette
krokodil crocodile
krokodillentranen crocodile tears
krokus crocus
krokusvakantie ≈ spring half-term
krols in heat
krom ● (gebogen) crooked, (lijn) curved, (neus)
hooked, (plank) warped, (rug) bent ● (gebrekkig)
* krom Engels bad English ▼ zich krom lachen
laugh one's head off ▼ zich krom werken work
one's fingers to the bone
kromliggen pinch and scrape
kromme curve

krommen curve, bend
kromming bend, curve
kromtaal double Dutch, gibberish
kromtrekken warp
kronen crown
kroniek chronicle
kroning coronation
kronkel twist, coil, (in touw, betoog) kink
kronkelen wiggle, wind, (v. rivier) meander
kronkelig winding, tortuous
kronkeling twist
kronkelweg twisting/winding road, crooked path
▼ langs allerlei ~getjes by all sort of devious
means/ways
kroon ● (hoofdbedekking) crown, (adellijke
kroon) coronet ● (munt) crown ● (kroonluchter)
chandelier ● (bovenste deel) crown, (v. boom) top
▼ naar de ~ steken rival ▼ de ~ op het werk
zetten crown it all ▼ iem. de ~ van het hoofd
stoten strip a person of his glory ▼ dat spant de ~
that tops everything; (inf.) that takes the cake
kroonblad petal
kroondocent professor (lector) reader
kroondomein royal demesne, estate of the crown
kroongetuige chief witness for the Crown
kroonjaar jubilee year
kroonkurk crown cap
kroonlid member appointed by the Crown
kroonluchter chandelier
kroonprins Crown Prince
kroonsteentje connector
kroos duckweed
kroost issue, offspring
kroot beet, beetroot
krop ● (stronk groente) head * een krop sla a
head of lettuce ● (voormaag) (v. vogel) crop
● (ziekte) goitre
kropgezwel goitre
kropsla cabbage lettuce
krot hovel
krottenwijk slum
kruid ● (plant) herb ● (specerij) spice ▼ daar was
geen ~ tegen gewassen there was no cure for that
kruiden season, spice
kruidenbitter bitters
kruidenboter herb butter
kruidenier ● (winkelier) grocer ● (winkel) grocery,
grocer's (shop) ● (krentenweger) petit bourgeois
kruidenierswaren groceries
kruidenthee herbal thee, infusion
kruidentuin herb garden, (voor de keuken)
kitchen garden
kruidig spicy
kruidje-roer-mij-niet ● (persoon) touchy/
thin-skinned person ● (plantje) touch-me-not
kruidkoek spiced gingerbread
kruidnagel clove
kruien I [ov ww] (vervoeren) wheel, trundle
II [on ww] ● (breken van ijs) drift, break up * het
ijs begint te ~ the ice is beginning to break up; the
ice is breaking up
kruier porter
kruik ● (kan) stone bottle, jar, (AE) pitcher
● (warmwaterzak) * warme ~ hot-water bottle
▼ de ~ gaat zo lang te water tot ze breekt the
pitcher goes so often to the well that it comes home
broken at last
kruim crumb
kruimel crumb
kruimeldief ● (persoon) petty thief, pilferer
● (handstofzuiger) dustbuster
kruimeldiefstal petty theft

K

kruimelen *crumble*
kruimelveger *carpet-sweeper*
kruimelwerk *odd jobs,* ⟨onbetekenend werk⟩ *tinkering about*
kruimig *crumbly, floury*
kruin • ⟨bovendeel hoofd⟩ *crown* • ⟨tonsuur⟩ *tonsure* • ⟨bovendeel⟩ ⟨heuvel⟩ *summit,* ⟨top v. golf⟩ *crest,* ⟨v. boom⟩ *top,* ⟨v. weg, dijk,⟩ *crown*
kruipen • ⟨zich voortbewegen⟩ ⟨v. mens, dier⟩ *creep, crawl,* ⟨v. plant⟩ *creep,* ⟨v. tijd⟩ *drag,* ⟨v. wurm⟩ *worm* ∗ *op handen en voeten ~ go on all fours* • ⟨onderdanig zijn⟩ *grovel,* ⟨angstig⟩ *cringe* ∗ *voor iem. ~ grovel/cringe for s.o.*
kruiper *toady, crawler*
kruiperig *cringing, servile*
kruipruimte *crawl space*
kruis • ⟨teken of bouwsel⟩ *cross* ∗ *aan het ~ slaan nail to the cross* • ⟨gebaar⟩ *cross* ∗ *een ~ slaan cross o.s.* • ⟨beproeving⟩ *cross, affliction* • ⟨lichaamsdeel⟩ *crotch* • ⟨deel van broek⟩ *crotch* • ⟨zijde van munt⟩ *heads or tails* • ⟨muz.⟩ ∗ *~en en mollen sharps and flats* ▾ *het Rode Kruis the Red Cross* ▾ *zijn ~ dragen bear one's cross*
kruisband *wrapper*
kruisbeeld *crucifix*
kruisbes *gooseberry*
kruisbestuiving *cross-pollination, cross-fertilization*
kruisboog • ⟨schietboog⟩ *crossbow* • ⟨bouwk.⟩ *ogive*
kruiselings *crosswise*
kruisen I [ov ww] • ⟨dwars voorbijgaan⟩ *cut across, intersect* ∗ *onze brieven kruisten elkaar our letters crossed each other* **II** [on ww] • ⟨laveren⟩ *cruise* ▾ *met cross swords* ▾ *de degens ~ met cross swords*
kruiser *cruiser*
kruisigen *crucify*
kruisiging *crucifixion*
kruising ⟨kruispunt⟩ *crossing* ∗ *ongelijkvloerse ~ flyover* ⟨bevruchting⟩ *crossbreeding* • ⟨hybride⟩ *hybrid*
kruiskerk • ⟨de Christelijke kerk⟩ *the Christian Church* • ⟨kerkgebouw⟩ *cruciform church*
kruiskopschroevendraaier *crosshead screwdriver,* ⟨handelsmerk⟩ *Philips/Pozidriv screwdriver*
kruispunt *intersection, railway-junction, junction,* ⟨verkeer⟩ *crossing*
kruisraket *cruise missile*
kruisridder *crusader*
kruissleutel *capstan wheel nut spanner, four-way wrench, wheel brace*
kruissnelheid *cruising speed*
kruisspin *garden spider*
kruissteek *cross-stitch*
kruisteken *sign of the cross* ∗ *een ~ slaan make the sign of the cross*
kruistocht *crusade*
kruisvaarder *crusader*
kruisvereniging *home-nursing association*
kruisverhoor *cross-examination* ∗ *een ~ afnemen cross-examine*
kruisweg *Stations of the Cross*
kruiswoordpuzzel *crossword* (puzzle)
kruit *powder, gunpowder* ▾ *hij heeft al zijn ~ verschoten he has shot his bolt* ∗ *zijn ~ verspillen waste powder and shot*
kruitdamp (gun)*powder-smoke*
kruiwagen • ⟨nuttige relatie⟩ *connection* • ∗ *~s hebben have a lot of pull* • ⟨kar⟩ (wheel)*barrow*

∗ *achter een ~ lopen trundle a wheelbarrow*
kruizemunt *spearmint,* ⟨watermunt⟩ *watermint*
kruk • ⟨sukkel⟩ *bungler* • ⟨steunstok⟩ *crutch* • ⟨klink⟩ *handle* • ⟨stoeltje⟩ *stool* • ⟨techn.⟩ *crank*
krukas *crankshaft*
krukkig • ⟨stumperig⟩ *clumsy* • ⟨sukkelend⟩ *ailing*
krul • ⟨houtsnipper⟩ *shaving* ∗ (hout)*krullen wood shavings* • ⟨haarlok⟩ *curl* • ⟨versiering⟩ *scroll*
krulhaar *curly hair*
krullen *curl*
krullenbol *curly head,* ⟨inf.⟩ *curly wurly*
krulspeld *curler*
krultang *curling tongs*
kst *shoo*
kubiek *cubic* ∗ *~e inhoud solid contents*
kubisme *cubism*
kubus *cube*
kuch (dry) *cough*
kuchen *cough*
kudde *herd,* ⟨schapen⟩ *flock*
kuddedier • ⟨persoon⟩ *one of the herd/mob* • ⟨dier⟩ *herd animal*
kuddegeest *herd instinct*
kuieren *stroll, amble*
kuif *forelock, cow's lick, crest, quiff,* ⟨v. vogel⟩ *tuft*
kuiken • ⟨persoon⟩ *ninny, simpleton* • ⟨kip⟩ *chicken*
kuil *pit, hole,* ⟨in weg⟩ *pot-hole,* ⟨uitholling⟩ *hollow* ▾ *wie een kuil graaft voor een ander, valt er zelf in be hoist with one's own petard*
kuiltje *dimple* ∗ *~s in de wangen hebben have dimpled cheeks; have dimples*
kuip *tub,* ⟨vat⟩ *barrel*
kuiperij • ⟨het kuipen⟩ *cooperage* • ⟨intrige⟩ *machination(s)*
kuipstoel *bucket seat*
kuis *chaste*
kuisen *censor, expurgate*
kuisheid *chastity*
kuisheidsgordel *chastity belt*
kuit • ⟨deel van onderbeen⟩ *calf* • ⟨klomp viseitjes⟩ *spawn*
kuitbeen *splint-bone*
kuitschieten *spawn*
kuitspier *calf muscle*
kukeleku *cock-a-doodle-doo*
kukelen *go flying, tumble* ∗ *naar beneden ~ tumble down*
kul ▾ *flauwekul nonsense; tomfoolery; twaddle*
kunde *knowledge*
kundig *able* ∗ *hij is ter zake ~ he is an expert*
kundigheid *ability*
kunne *sex* ∗ *de andere ~ the opposite sex*
kunnen I [het] *capacity, ability* **II** [ov ww] • ⟨het vermogen hebben⟩ *can, be able to* ∗ *ik kan er niet bij I can't reach it;* ⟨fig.⟩ *it is beyond me* ∗ *dat kan ik ook two can play at that game* ∗ *zij kan er niet over uit she's always on about it* ∗ *ik kon niet anders I had no choice* ∗ *hij kon niet meer he was spent/all in* ∗ *je kunt niets you are no good* ∗ *hij kon uren zitten dromen he would sit dreaming for hours* ∗ *ik kan er tegen I can stand/take it* • ⟨mogelijk zijn⟩ *may* ∗ *dat kan zo niet langer this can't go on* ∗ *dat kan morgen even goed tomorrow is just as good* ∗ *het kan ermee door it will do; it will get by* ∗ *'t kan niet anders there is no choice; it can't be helped* ∗ *het kan niet op there's more than enough* ∗ *zaterdag kan zij niet Saturday is imposssible for her* **III** [hww] ∗ *'t kan waar zijn it may be true* ∗ *hoe kon hij dat weten? how was he to know?* ∗ *zoiets kun je gewoon niet doen you simply can't do such a thing*

K

kunst • (creatieve activiteit) art * ~en en wetenschappen *arts and sciences* • (foefje) trick * dat is juist de ~ *that's the whole secret* * daar is geen ~ aan *that's no great feat* • (vaardigheid) * hij verstaat de ~ om *he knows how to*

kunstacademie school/academy of art(s)

kunstboek art book

kunstbont artificial/fake fur

kunstenaar artist

kunst- en vliegwerk * ergens met veel ~ in slagen *manage to do s.th. by pulling out all the stops*

kunstgebit (a set of) false teeth, denture

kunstgeschiedenis history of art

kunstgreep artifice

kunsthandel • (winkel) art shop • (handel) art dealing

kunstig ingenious

kunstijsbaan ice-/skating-rink

kunstje • (handigheidje) knack, trick • (truc) trick * ~s doen/vertonen *do/perform tricks*

kunstkenner art connoisseur, art expert

kunstlicht artificial light

kunstlievend art-loving

kunstmaan satellite

kunstmarkt art market

kunstmatig artificial * ~e ademhaling toepassen *apply artificial respiration*

kunstmest fertilizer

kunstnijverheid applied art

kunstrijden circus-riding, (op schaatsen) figure-skating

kunstschaats figure skate

kunstschilder painter, artist

kunststof I (de) plastic, synthetic material **II** [bnw] synthetic, plastic

kunststuk masterpiece, (gevaarlijk werk) stunt

kunstuitleen art library

kunstverlichting artificial lighting

kunstwerk work of art

kunstzinnig artistic

kuren quirks, (tijdelijk) moods * hij heeft altijd van die rare ~ (inf.) *he's always playing silly buggers* * hij zit vol vreemde ~ *he's a moody one*

kurk cork

kurkdroog bone-dry, quite dry

kurken I [bnw] cork **II** (ov ww) cork

kurkentrekker corkscrew

kus kiss

kushandje hand-kiss * 'n ~ geven *blow a kiss*

kussen I (het) cushion, (op bed) pillow **II** (ov ww) kiss

kussengevecht pillow-fight

kussensloop pillowcase

kust coast, shore * aan de kust *on the coast* * onder de kust varen *skirt/hug the coast* * te kust en te keur *spoilt for choice; galore; in plenty*

kustvaarder coaster

kustvaart coasting trade

kustwacht coastguard

kustwateren coastal waters

kut cunt

kuub cubic metre

kuur • (geneeswijze) cure * een kuur doen *take a cure* • (gril) caprice, whim

kuuroord health resort, (badplaats) spa

kwaad I [het] injury, evil, wrong, (nadeel) harm * van ~ tot erger vervallen *go from bad to worse* * 't kan geen ~ *there's no harm in that* * ik bedoel geen ~ *I mean no harm* * ~ denken van *think evil of* * hij kon geen ~ bij haar doen *he could do nothing wrong in her eyes* * ten goede of

ten kwade *for good or evil* * goed en ~ *good and evil* **II** [bnw] • (slecht) guilty, (dag, bedoelingen) evil, (hond) vicious, (kwaadaardig) malignant, (persoon, geweten) bad • (boos) angry * ~ worden *get angry* * ~ zijn *be angry (with)* * zich ~ maken *fly into a rage* * het te ~ krijgen met *get into trouble with;* (emoties) *be overcome by* ▼ het te ~ krijgen *break down* ▼ dat is niet ~ *that is not bad* **III** [bijw] badly

kwaadaardig (med.) malignant, (v. aard) malicious, ill-natured, (v. dier) vicious

kwaadheid anger

kwaadschiks unwillingly, with a bad grace

kwaadspreken talk scandal * ~ van *speak ill of; slander*

kwaadwillig malevolent

kwaal • (gebrek) trouble, problem • (ziekte) complaint, disease, (vnl. in samenstellingen) trouble, condition

kwab • (hersenkwab) lobe • (vet) flap

kwadraat * in het ~ verheffen *(raise to a) square*

kwajongen naughty boy, (dummel) lout, (ventje) urchin

kwajongensstreek monkey trick, practical joke, prank

kwak • (klodder) blob • (geluid) thud • (hoeveelheid) (modder, brij) dollop, (room, lijm,e.d.) blob, (verf) daub

kwaken (v. eenden) quack, (v. kikkers) croak

kwakkelen I [on ww] be sickly **II** [onp ww] (weer) be changeable, (winter) drag

kwakkelwinter fitful winter

kwakken I [ov ww] (smijten) dump, chuck **II** [on ww] • (vallen) bump, fall with a thud

kwakzalver quack

kwakzalverij quackery

kwal • (dier) jelly-fish • (engerd) * een kwal van een vent *a rotter*

kwalificatie qualification

kwalificatiewedstrijd qualification match, qualifying match

kwalificeren I [ov ww] • (benoemen) characterize, term, style • (geschikt maken) qualify * zich ~ als *qualify as* **II** [wkd ww] * zich ~ voor *qualify for*

kwalijk ill * neem me niet ~ *I beg your pardon; excuse me* * ik neem 't hem niet ~ *I don't blame him (for it)* * ~ nemen *take ill/amiss*

kwalitatief qualitative

kwaliteit • (eigenschap) quality, characteristic • (hoedanigheid) quality

kwantitatief quantitative

kwantiteit quantity

kwantum quantum, quantity

kwantumkorting quantity/volume discount

kwantummechanica quantum mechanics

kwark quark

kwarktaart cheesecake

kwart I (de) crotchet **II** [het] • (vierde deel) quarter, fourth part * een ~eeuw *a quarter of a century* • (kwartier) * ~ over/voor vijf *a quarter past/to five*

kwartaal quarter

kwartel quail

kwartet • (spel) happy families • (muz.) quartet(te)

kwartier • (kwart uur) quarter of an hour * vrij ~ break • (maanfase) * eerste/laatste ~ *first/last quarter* • (wijk) quarter • (huisvesting van militairen) quarters * ~ maken *prepare quarters*

kwartje 25 cents, (AE) quarter

kwarts quartz

kwartshorloge quartz watch

K

kwartsiet *quartzite*
kwartslag *quarter (of a) turn*
kwast ● (verfkwast) *brush* ∗ nodig een ~je
moeten hebben *need a fresh coat of paint*
● (franje) *tassel* ● (drank) *lemon-squash*
● (aansteller) ⟨arrogant, verwaand⟩ *smart alec*,
⟨pedant⟩ *prig* ● (noest) *knot*
kwebbel ● (kletskous) *chatterbox* ● (mond) *trap*,
face ∗ hou je ~! *shut your trap/face!*
kwebbelen *chatter*
kweek ● (het gekweekte) *culture, growth* ● (het
kweken) *cultivation*
kweekbak *seed/seedling tray*
kweekreactor *breeder (reactor)* ∗ snelle ~ *fast
breeder reactor*
kweekschool *teacher training (college)*
kwekeling *pupil teacher*
kweken ● (doen groeien) *grow*, ⟨dieren⟩ *raise*,
⟨gewassen⟩ *cultivate* ● (doen ontstaan) *breed*,
cultivate ∗ haat ~ *breed hatred*
kweker *grower*, ⟨bloemen, planten⟩ *nurseryman*,
⟨groenten⟩ *horticulturist*
kwekerij *nursery*
kwekken ● (kwaken) *quack*, ⟨kikvors⟩ *croak*
● (kwebbelen) *chatter, jabber*
kwelen ≈ ⟨v. mens⟩ *croon*, ⟨v. mens/vogel⟩ *warble*
kwelgeest *tormentor*
kwellen ● (pijn doen) *hurt*, ⟨sterk⟩ *torment*
● (benauwen) *trouble, worry, disturb* ∗ dat kwelt
me ↓ *that worries me* ∗ angst kwelde haar *she
was tormented by fear* ∗ gekweld door
geldgebrek ↓ *troubled by lack of money* ∗ ~de
herinneringen *haunting memories*
kwelling *vexation, torment*
kwestie *question*, ⟨zaak⟩ *issue, matter* ∗ de ~ is...
the point is... ∗ dat is de ~ niet *that is beside the
point*
kwetsbaar *vulnerable*
kwetsen ● (verwonden) *injure, wound* ● (grieven)
grieve, wound, offend
kwetsuur *injury, wound*
kwetteren ● (kwebbelen) *chatter* ● (geluid
maken) *twitter*
kwezel ● (kwezelaar) *sanctimonious person*,
mealy-mouthed person ● (sukkel) *simpleton*,
goody-goody
kwibus *weirdo*
kwiek *spry, sprightly*
kwijl *slaver*
kwijlen *slaver, drool, dribble*
kwijnen ∗ ~de belangstelling *flagging interest*
kwijt ● (verloren) ∗ ik ben mijn boek ~ *I have lost
my book* ● (verlost van) ∗ hij zei niet meer dan
hij ~ wou *he kept his own counsel* ▾ je bent je
verstand ~ *you are off your head* ▾ ik ben zijn
naam ~ *I forgot his name* ▾ zij zijn hem liever ~
dan rijk *they prefer his room to his company*
kwijten I [ov ww] ∗ een schuld ~ *pay a debt*
II [wkd ww] *acquit o.s. of*
kwijtraken ● (verliezen) *lose* ∗ ik ben in het
donker de weg kwijtgeraakt *I lost my way in the
dark* ● (bevrijd worden van) *get rid of*
● (verkopen) *sell*
kwijtschelden *remit*
kwik *mercury*
kwikstaart *wagtail* ∗ grote gele ~ *grey wagtail*
kwikzilver *mercury, quicksilver*
kwinkeleren *warble*
kwinkslag *witticism*
kwint *quint, fifth*
kwintessens *quintessence*
kwintet *quintet(te)*

kwispelen *wag*
kwistig *lavish, liberal* ∗ met ~e hand *with a lavish
hand*; *lavishly* ∗ ~ zijn met *be lavish of*
kwitantie *receipt*

L

l (the letter) L/l
la • (lade) zie lade • (muzieknoot) la
laadbak (open) container, (v. vrachtwagen)
(loading) platform • bestelwagen met open ~
pick-up (truck)
laadbrief bill of lading, ⟨AE⟩ waybill
laadklep (auto) tailboard, (veerboot) loading ramp
laadruim cargo hold, freight/cargo compartment
laadvermogen (v. schip) cargo capacity, tonnage
laag I [de] • (materiaal) layer, (geo.) stratum,
(beschermlaag) coating, (dun) film, (v. kolen)
seam, (v. verf) coat • (sociale klasse) class, section
★ de onderste lagen van de maatschappij the
lower ranks/strata of society ★ in brede lagen van
de bevolking in large sections of the population
▼ iem. de volle laag geven let a person have it
★ listen en lagen tricks and snares ▼ de volle laag
krijgen get it hot; get it full in the face **II** [bnw]
• (niet hoog) low • lager onderwijs primary
education ★ bij laag water at low tide • (gering)
★ de lagere dieren en planten the lower animals
and plants ★ zijn eisen lager stellen lower one's
demands ★ de prijzen zijn lager the prices are
down • (gemeen) base, mean ★ iem. laag
behandelen treat s.o. meanly
laag-bij-de-gronds pedestrian, banal,
commonplace
laagbouw low-rise (building)
laagfrequent low-frequency
laaghartig vile, mean
laagland lowland
laagseizoen low/slow season
laagte • (het laag zijn) lowness • (laag terrein)
depression, dip ★ naar de ~ gaan go down
laagvlakte lowlands
laaien blaze ▼ van verontwaardiging blaze/
burn with indignation
laaiend • (woedend) livid, hopping mad ★ zijn
moeder was ~ his mother was livid • (hevig)
excited, enthusiastic, wild ★ ~e ruzie a massive
argument ★ ~ enthousiasme wild enthusiasm
laakbaar reprehensible
laan avenue ▼ iem. de laan uitsturen send a person
packing ▼ hij moest de laan uit he got the sack
laars boot, (hoge laars) jackboot ▼ iets aan zijn ~
lappen ignore s.th. ▼ dat lapt hij aan zijn ~ a fat
lot he cares!
laat late ★ hoe laat is het? what's the time? ★ op de
late avond late in the evening ★ hoe laat heb je
't? what time do you make it? ★ kunt u mij
zeggen hoe laat het is? can you tell me the time?
★ tot laat in de nacht late into the night • beter
laat dan nooit better late than never ★ te laat
zijn/komen be late ★ de trein was een uur te
laat the train was an hour late/overdue
laatbloeier • (plant) late-bloomer • (persoon)
late-developer
laatdunkend conceited, disdainful, arrogant
laatkomer late arrival, latecomer
laatst I [bnw] • (achterste in tijd) latest, last ★ in
het ~ van november late in November; at the end
of November ★ morgen op zijn ~ tomorrow at
(the) latest ★ de ~e trein the last train ★ de ~e
dagen the last few days ★ in de ~e jaren the last
few years ★ (in) de ~e tijd of late; recently ★ de ~
aangekomene the last/latest to arrive
• (achterste in reeks) last ★ zijn ~e boek (vóór
zijn dood) his last book; (jongste) his latest book

★ de ~genoemde (v. aantal) the last named; the
last mentioned; (v. twee) the latter ★ (recent)
latest, most recent ★ de ~e berichten the latest
reports ★ de ~e mode the latest fashion ★ het ~e
nummer van de Guardian the most recent issue
of the Guardian ▼ ten ~e lastly; last ▼ de ~en
zullen de eersten zijn the last shall be the first
▼ op zijn ~ at (the) latest ▼ tot de ~e man to the
last man **II** [bijw] lately, the other day, recently
laatstleden ★ zondag ~ last Sunday
lab lab
label • (kaartje) (etiket) sticker, (voor adres)
address tag ★ van een ~ voorzien labelled
• (serienaam) label
labiel unstable, unbalanced
laborant lab(oratory) assistant
laboratorium laboratory, ⟨inf.⟩ lab
labyrint labyrinth
lach laugh, laughter, (brede glimlach) grin,
(glimlach) smile, (inwendig) chuckle ★ in de lach
schieten burst out laughing
lachbui fit of laughter
lachebek giggler
lachen laugh ★ in zichzelf ~ laugh to o.s. ★ ~ om
laugh at ★ in ~ uitbarsten burst out laughing
★ hij kon zijn ~ niet houden he could not help
laughing ★ dat maakte ons aan 't ~ that made us
laugh ★ dat is niet om te ~ that's no laughing
matter ★ 't is om te ~ it's ridiculous ★ ~ tegen
iem. smile at a person ▼ wie het laatst lacht,
lacht het best he who laughs last, laughs longest
▼ laat me niet ~! I don't make me laugh! ▼ ~ is
gezond laughter is the best medicine ▼ zich dood
(krom, slap, ziek, e.d.) ~ split one's sides (with)
laughing; double up with laughter
lacher ★ hij had de ~s op zijn hand he had the
laugh on his side
lacherig giggly
lachertje • (iets belachelijks) laugh, joke • (iets
makkelijks) cinch, doddle ▼ dat is een ~ that is a
ridiculous suggestion; you must be joking
lachfilm comedy
lachgas laughing gas
lachsalvo burst/wave/peals of laughter
lachspiegel distorting mirror
lachspieren ★ het werkte hem op de ~ it made
him burst out laughing; it made him double-up
with laughter
lachstuip fit of laughter
lachwekkend laughable, ridiculous, absurd
laconiek laconic
lacune gap, break ★ een ~ aanvullen fill up a gap
ladder • (klimtoestel) ladder • (haal in kous)
ladder, ⟨AE⟩ run ▼ de maatschappelijke ~ the
social ladder
ladderen ladder
ladderzat smashed, blind drunk, blotto, pissed (as
a newt)
lade drawer, (winkellade) till
ladekast chest of drawers, dresser
ladelichter petty thief, ⟨inf.⟩ a person with sticky
fingers
laden • (bevrachten) load • (voorzien van) (accu)
charge, (vuurwapen) load
lading • (last) cargo, load ★ ~ innemen take in
cargo • (elektrische lading) charge • (munitie,
explosief) charge
lady lady
ladykiller lady-killer
laf • (niet moedig) cowardly • (zonder zout)
saltless, flat • (flauw) insipid
lafaard coward, ⟨inf.⟩ chicken

L

lafenis *refreshment, comfort*
lafhartig *cowardly*
lafheid *cowardice, cowardliness*
lagedrukgebied *low pressure area, depression*
lager I [de] *bearing(s)* **II** [het] *lager*
lagerwal *lee shore* • **aan ~ raken** *be caught on the lee shore; ⟨fig.⟩ come down in the world*
lagune *lagoon*
lak *varnish, ⟨vernislak⟩ lacquer* ▾ **ik heb lak aan hem** *I don't care about him* ▾ **daar heb ik lak aan** *a fat lot I care*
lakei *footman, lackey, ⟨smalend⟩ flunkey*
laken I [het] • *⟨stof⟩ cloth* • *⟨bedekking⟩ ⟨v. bed⟩ sheet, ⟨v. tafel⟩ cloth* • **de ~s uitdelen** *boss/run the show* ▾ **van 't zelfde ~ een pak krijgen** *be served one's own medicine; get as good as one gives* **II** [ov ww] • *⟨berispen⟩ rebuke, blame* • *⟨afkeuren⟩ disapprove of, condemn* ★ **dat is zeer te ~** *that is reprehensible*
lakken *lacquer, varnish, ⟨nagels⟩ polish*
lakmoes *litmus*
lakmoesproef *litmus test*
laks *lax, slack*
laksheid *laxity, slackness*
lakverf *enamel paint*
lallen *jabber, gabble*
lam I [het] • *lamb* ★ **lammeren krijgen** *lamb* **II** [bnw] • *⟨verlamd⟩ paralysed* • *⟨stukgedraaid⟩ ⟨v. schroef, e.d.⟩ stripped* • *⟨vervelend⟩ awkward, annoying* ▾ **iem. lam slaan** *beat a person senseless; beat a person's brains out* ▾ **zich lam werken** *work one's fingers to the bone*
lama • *⟨dier⟩ llama* • *⟨priester⟩ lama*
lambrisering *wainscot(ting)*
lamel • *layer, strip, slat* ★ *⟨houten⟩ ~len van een luik* *(wooden) slats of Venetian blinds*
lamenteren *lament*
lamheid *paralysis*
lamleggen *bring to a standstill, paralyze* ★ **het verkeer werd lamgelegd** *the traffic was brought to a standstill; the traffic was paralysed*
lamlendig • *⟨lusteloos⟩ sluggish, lazy* • *⟨beroerd⟩ wretched*
lamme *paralysed/lame person* ▾ **de ~ leidt de blinde** *the blind is leading the blind*
lammeling *stinker, ratbag, bastard*
lamp • *⟨gloeilamp⟩ bulb* • *⟨verlichtingstoestel⟩ lamp* ▾ **tegen de lamp lopen** *get caught; get into trouble*
lampenkap *lamp shade*
lampetkan *ewer, (water) jug*
lampion *Chinese lantern*
lamsvlees *lamb*
lanceerbasis *launch(ing) site*
lanceren *⟨geruchten, plan⟩ start, ⟨raket, torpedo, e.d.⟩ launch* • **nieuwe voorstellen ~** *put forward new proposals* • **de raket is gelanceerd!** *we have lift-off!*
lancet *lancet*
land • *⟨platteland⟩ country* ★ **op 't land in the country** • **een meisje van 't land** *a country girl* • *⟨staat⟩ country* ★ **uit welk land kom je?** *what nationality are you?* • **uit het land zetten** *expel/deport a person* • **het Beloofde Land** *the Promised Land* • *⟨vaste grond⟩ land* ★ **aan land gaan** *go ashore* • **aan land komen** *land* • **over land** *by land* ★ **door land ingesloten** *landlocked* ★ **aan land zetten** *land; put on shore* • *⟨grond⟩ land* ★ **hij heeft veel land** *he owns a great deal of land* • *⟨akker⟩ field* ★ **op het land werken** *work on the land* ▾ **ergens het land aan hebben** *hate s.th.; be fed up with s.th.* ▾ **het land hebben over** *be/feel*

annoyed at ▾ **het land krijgen aan** *take a dislike to*
landaanwinning • *⟨land⟩ reclaimed land* • *⟨het aanwinnen⟩ land reclamation*
landaard *national character*
landbouw *agriculture*
landbouwbedrijf *farm, agriculture*
landbouwer *farmer*
landbouwhogeschool *agricultural college*
landbouwkunde *agriculture*
landbouwproduct *agricultural/farm product*
landbouwschool *agricultural school*
landbouwwerktuig *agricultural implement*
landdag *rally, ⟨v. organisatie of vereniging⟩ convention* ▾ **een Poolse ~** *bedlam; madhouse*
landelijk • *⟨plattelands⟩ rural* • *⟨nationaal⟩ national* ★ **~e verkiezingen** *general election*
landen *⟨v. vliegtuig, raket ook⟩ touch down*
landengte *isthmus*
land- en volkenkunde *anthropology* ★ **een museum voor ~** *an anthropology museum*
landenwedstrijd *international (match)*
landerig *listless, ⟨inf.⟩ blue*
landerijen *estates*
landgenoot *countryman, compatriot*
landgoed *(country) estate*
landhuis *country house*
landijs *permafrost*
landing • *⟨ontscheping⟩ landing, disembarkation* • *⟨het landen⟩ landing, touchdown*
landingsbaan *runway*
landingsgestel *landing gear, undercarriage*
landingsleger *landing force*
landingslicht *⟨v. vliegtuig⟩ landing lights, ⟨v. vliegveld⟩ approach lights*
landingsstrip *airstrip*
landingstroepen *landing forces, amphibious forces*
landingsvaartuig *landing craft*
landinwaarts *inland*
landjuweel *regional drama festival*
landkaart *map*
landklimaat *continental climate*
landloper *tramp, vagabond, vagrant, ⟨AE⟩ bum*
landloperij *vagrancy*
landmacht *land forces*
landman *country man*
landmeten *(land) surveying*
landmeter *surveyor*
landmijn *landmine*
landrot *landlubber*
landsbelang *national interest*
landschap *landscape*
landschapsschoon *natural/scenic beauty (of the landscape)*
landskampioen *national champion* ★ **hij is ~ tennis** *he is the national tennis champion*
landstreek *region, district*
landtong *spit (of land)*
landverhuizer *emigrant, migrant*
landverhuizing *emigration, migration*
landverraad *high treason, treason against the state*
landverrader *traitor (to one's country)*
landweg *⟨landelijke weg⟩ country road, ⟨route over land⟩ overland route*
landwijn *local wine*
landwind *land wind*
landwinning *land reclamation*
lang I [bnw] • *⟨van bepaalde lengte⟩ long, ⟨gestalte⟩ tall* ★ **de kamer is zeven meter lang** *the room is seven metres long* • **de jongens zijn even lang** *the boys are the same height* • *⟨van*

bepaalde tijd) long ∗ de tijd viel mij lang *time hung heavy on my hands* ∗ een tijd lang *for a time/while* ∗ vijf maanden lang *for a period of five months* ∗ mijn leven lang *all my life* ∗ lang van stof *long-winded* ∗ je lang na niet *not by a long chalk* II [bijw] *long* ∗ je had al lang in bed moeten liggen *you should have been in bed long ago; it's way past your bedtime* ∗ de trein had er al lang moeten zijn *the train is long overdue* ∗ hij is lang niet gek *he's far from being a fool* ∗ 't is lang niet slecht *not at all bad* ∗ lang niet zo goed *nothing like as good* ∗ je bent er nog lang niet *you still have a long way to go* ∗ je hebt het bij lange na niet geraden *your guess is wide of the mark* ∗ hij bleef lang weg *he took a long time coming* ∗ wat ben je lang weggebleven! *what a time you have been!* ∗ hij is al lang dood *he has been dead a long time* ∗ bij lange (na) niet *not nearly; not by a long way;* ⟨inf.⟩ *not by a long chalk* ▼ iets lang en breed bespreken *discuss a thing at great length* ∗ 't is zo lang als 't breed is *it's as broad as it's long*
langdradig *long-winded*
langdurig ⟨afwezigheid, verblijf⟩ *prolonged,* ⟨vriendschap⟩ *lasting,* ⟨zaak⟩ *lengthy*
langeafstandsvlucht *long-distance flight*
langgerekt ∗ ⟨lang en smal⟩ *elongated* ● ⟨te lang aangehouden⟩ *lengthy,* ⟨form.⟩ *protracted,* ⟨onderhandelingen⟩ *long-drawn-out*
langharig *long haired*
langlaufen *langlauf, cross-country skiing*
langlopend *long term*
langoestine *langoustine*
langparkeerder *long-term parker*
langs I [bijw] ∗ ⟨voorbij⟩ ∗ kom jij daar ~? *can you get past?* ∗ bij iem. ~ gaan *drop in on s.o.* ∗ voor~ *in front of* ∗ achter~ *behind* ∗ achter~ gaan *go by the backdoor* ● ⟨in de lengte naast⟩ ∗ de kerk ~ en dan rechts *past the church and then right* ▼ er van ~ krijgen *catch it; get what for* ▼ hij gaf ze er van ~ *he gave them what for; he gave them hell* II [vz] ∗ ⟨via⟩ *through, via* ∗ ~ het balkon *via the balcony* ∗ ~ een andere weg *by a different route* ● ⟨in de lengte naast⟩ ∗ ~ een kroeg ~ de weg *a pub by the roadside* ∗ ~ iets lopen *pass/skirt s.th.* ∗ dicht ~ de kust varen *hug the coast*
langsgaan *drop by/in/on, call on*
langslaper *late riser, lie-abed, late sleeper*
langspeelplaat *long-playing record, L.P., album*
langsrijden ∗ ⟨voorbij iets rijden⟩ ∗ hij reed met grote vaart langs *he drove past very fast;* ⟨auto⟩ *he drove past at great speed;* ⟨fiets⟩ *he rode past ...* ● ⟨toegaan naar⟩ ∗ rijd je even bij hem langs? *are you going his way?; are you dropping in on him?*
langst *longest* ∗ het kan op zijn ~ een uur duren *it will take an hour at the longest/most*
langszij *alongside*
languit ⟨at⟩ *full length*
langwerpig *oblong*
langzaam I [bnw] *slow* ▼ ~ maar zeker *slow but sure* ▼ ~ aan! *easy!; steady!* ▼ ~ aan, dan breekt 't lijntje niet *easy does it* II [bijw] ∗ ~ rijden *drive slowly;* ⟨waarschuwing⟩ *slow*
langzaam-aan-actie *go-slow, slow down*
langzamerhand *little by little, gradually*
lankmoedig *patient, long-suffering*
lans *lance, spear* ▼ een lans breken voor *break a lance for*
lantaarn *lantern,* ⟨fiets-, straatlantaarn⟩ *lamp* ▼ die moet je met een ~tje zoeken *they are very*

rare
lantaarnpaal *lamp-post*
lanterfanten *idle, loaf (about)*
Laos *Laos*
lap ● ⟨stuk stof⟩ *length,* ⟨afgescheurd⟩ *rag,* ⟨om te wrijven⟩ *cloth,* ⟨op kledingstuk⟩ *patch* ● ⟨plat stuk⟩ ⟨afgeknipt⟩ *cutting,* ⟨grond⟩ *patch,* ⟨vlees⟩ *slice* ∗ lappen ⟨bij opruiming⟩ *remnants* ∗ ouwe lap *old rag* ∗ de lappen hingen erbij *it was in rags* ∗ 't werkt als een rode lap op een stier *it's like a red rag to a bull*
Lap *Lapp, Laplander*
laparoscoop *laparoscope*
lapje ⟨om vinger, e.d.⟩ *rag,* ⟨vlees⟩ *steak* ∗ ~ grond *patch of ground* ▼ iem. voor het ~ houden *pull a person's leg*
lapjeskat *tortoiseshell cat*
Lapland *Lapland*
lapmiddel *expedient, makeshift*
lappen ● ⟨klaarspelen⟩ *pull off* ∗ hij heeft het hem gelapt *he has pulled it off; he has done it* ● ⟨herstellen⟩ *mend, repair,* ⟨kleren⟩ *patch* ● ⟨schoonmaken⟩ *clean* ▼ iem. erbij ~ *grass on s.o.;* ⟨klikken⟩ *tell/sneak on s.o.* ▼ wie heeft me dat gelapt? *who has played me that trick?* ▼ dat heb je 'm goed gelapt *good for you!; nice one!*
lappendeken ● ⟨deken⟩ *patchwork quilt* ● ⟨onsamenhangend geheel⟩ *patchwork*
lappenmand ▼ in de ~ zijn *be off colour;* ⟨in bed⟩ *be laid up*
lapwerk ● ⟨verstelwerk⟩ *repair work* ● ⟨knoeiwerk⟩ *makeshift (solution)*
lapzwans *berk,* ⟨AE⟩ *jerk*
laqué *varnish*
larderen *lard*
larie *bullshit, nonsense, rubbish,* ⟨AE⟩ *boloney*
larve *larva, grub*
las *joint, weld*
lasagne *lasagne*
lasbril *welding goggles*
laser *laser*
lassen *weld*
lasser *welder*
lasso *lasso,* ⟨AE⟩ *lariat* ∗ met een ~ vangen *lasso*
last ∗ ⟨vracht⟩ *load,* ⟨ook fig.⟩ *burden* ∗ bezwijken onder de last *break down under the burden* ● ⟨scheepslading⟩ *cargo, pay load* ∗ ⟨hinder⟩ *trouble, nuisance* ∗ last geven, veroorzaken *give trouble* ∗ ik heb last van het licht *the light is troubling me* ∗ heb je last van me? *am I in the way?* ∗ hij heeft last van zijn hart *he has heart-trouble* ∗ daar krijg je last van *that will get you into trouble* ● ⟨verplichting⟩ ∗ ten laste komen van *be chargeable to* ∗ ten laste van 't Rijk komen *be a national charge; come out of taxpayers' money/national purse* ∗ onkosten komen te uwen laste *charges are for your account; you must pay the bills/charges/overheads* ● ⟨beschuldiging⟩ ∗ iem. iets ten laste leggen *charge a person with s.th.* ● ⟨bevel⟩ *order* ∗ last hebben te *be instructed to* ● ⟨taak/zorg⟩ *burden* ∗ de last der jaren *the burden of years* ▼ dan is Leiden in last *then there will be the devil to pay*
lastdier *beast of burden*
lastendruk *regular costs/expenses* ∗ de ~ neemt elk jaar toe ⟨m.b.t. belasting⟩ *level of taxation rises every year;* ⟨m.b.t. economie⟩ *the cost of living rises every year*
lastenverlichting *reduction in the level of taxation*
laster *calumny, slander, defamation (of character), smear*
lasteraar *slanderer, libeller*

L

lastercampagne smear campaign
lasteren slander, defame, insult
lasterlijk slanderous
lasterpraat slander(ous talk), calumny
lastgever principal
lastig • (moeilijk) difficult, ‹v. persoon›
troublesome, ‹v. probleem› tricky ★ ~e leeftijd
awkward age ★ het iem. ~ maken make things
difficult for a person • (hinderlijk) ‹v. kind›
troublesome, unruly ★ iem. ~ vallen trouble a
person (for s.th.) ★ wat ben je ~! what a nuisance
you are!
lastpost nuisance
lat • (stuk hout) slat, lath ★ lange latten skis
• (mager persoon) broomstick • (sport) ★ de bal
kwam tegen de lat the ball hit the crossbar
★ onder de latten staan be in the goal
laten I [ov ww] • (toestaan) let, permit • (ertoe
brengen) make, have, get ★ ~ zien show • ik zal
het je ~ weten I shall let you know ★ hij liet mij
hard werken he made me work hard • een brug
~ bouwen have a bridge built; cause a bridge to be
built ★ iets ~ doen have s.th. done ★ ik kan het
iem. anders ~ doen I could get s.o. else to do it
★ ik heb achterin gordels ~ aanbrengen I got
safety belts fitted for the rear seats • (opdragen)
tell, order ★ hij liet me zijn boeken halen he told
me to get his books • (nalaten) leave off, refrain
from ★ het roken ~ give up smoking; stop
smoking • doe wat je niet ~ kunt do your worst
★ laat dat! stop it!; don't! ★ dat zal je wel ~ you'll
do nothing of the kind ★ ik kan het niet ~ I can't
help it • (in toestand laten) leave ★ in de steek ~
abandon; run out on s.o. ★ ik zal het daarbij ~ I'll
let it go at that; I'll leave it at that ★ laat het voor
hetgeen het is let it pass ★ het bij het oude ~
leave everything as it was • (achterlaten) leave
• (niet inhouden) ★ winden ~ break wind
★ tranen ~ shed tears ★ het laat me koud it leaves
me cold • laat maar don't bother; never mind
II [hww] let ★ ~ we gaan let us go • laat hij maar
oppassen he'd better watch out
latent dormant, latent
later I [bnw] later **II** [bijw] later, afterwards,
‹naderhand› later on
lateraal lateral
latertje • dat wordt een ~ it's going to be a late
night; we'll be late finishing
latexverf latex/emulsion paint
Latijn Latin
Latijns Latin
Latijns-Amerika Latin-America
Latijns-Amerikaans Latin-American
lat-relatie relationship in which the partners live
separately
latrine latrine
latwerk • (hekwerk) lattice, ‹v. bomen, planten›
trellis • (raamwerk) lathing
laurier laurel, bay
laurierblad bay leaf
lauw • (halfwarm) tepid • (mat) lukewarm,
halfhearted
lauweren laurels ▾ op zijn ~ rusten rest on one's
laurels
lauwerkrans laurel wreath
lava lava
laveloos dead/blind drunk
laven refresh, ‹dorst› quench
lavendel lavender
laveren • (wankelend lopen) reel, staggger (about)
• (schipperen) manoeuvre, steer a middle course
• (scheepv.) tack

lavo Elementary General Secondary Education
lawaai noise, tumult, shouting, ‹sterker› racket, din
lawaaierig noisy, clamourous, loud
lawaaischopper yob, rowdy
lawine avalanche
lawinegevaar danger/risk of avalanches
laxeermiddel laxative
laxeren purge
lay-outen lay out
lazaret military hospital
lazarus sloshed, loaded
lazer ▾ iem. op zijn ~ geven give s.o. what for; give
s.o. a good hiding ▾ op zijn ~ krijgen get a good
bawling out
lazeren [ov ww] • (smijten) fling, sling ★ alles
door elkaar ~ fling/sling everything about **II** [on
ww] • (vallen) fall ★ van de trap ~ fall head over
heels down the stairs • (donderjagen) ≈ be a (real)
nuisance/pest
lbo Junior Secondary Vocational Education
leadzanger lead singer
leaseauto leased car
leasen lease
leaseovereenkomst lease ★ een ~ sluiten met
make a lease with
lebberen lap/lick (up)
lector ‹v. universiteit› lecturer [v: lectrice], reader
lectuur reading (matter)
ledematen limbs
ledenadministratie membership records
ledenstop halt on recruitment of (new) members
ledental membership (figure)
ledenwerving membership recruitment (drive)
leder → leer
lederwaren leather goods/articles
ledigen empty
ledigheid idleness ▾ ~ is des duivels oorkussen
the devil will find work for idle hands to do
ledikant bedstead
leed grief, sorrow, ‹letsel› harm ★ er zal je geen
leed geschieden you won't suffer any harm
leedvermaak gloating, malicious enjoyment
leedwezen regret ★ zijn ~ betuigen extend one's
sympathies
leefbaar fit to live in, livable, habitable ★ een huis
~ maken make a house comfortable
leefbaarheid livability, quality of life
leefgemeenschap commune, community
leefklimaat social climate
leefmilieu environment, surroundings
leefregel regimen, ‹dieet› diet
leefruimte living-space, room to move (in), ‹v.e.
natie› Lebensraum
leeftijd age, ‹levensduur› lifetime ★ voor alle ~en
U; universal ★ op de ~ van at the age of ★ op ~
komen get on in years ★ boven/onder de ~ over/
under age ★ een vrouw op ~ an elderly woman
leeftijdsgrens age limit
leeftijdsklasse age group
leeftocht provisions
leefwijze lifestyle
leeg • (zonder inhoud) empty, ‹bladzijde› blank,
‹fietsband, accu› flat ★ met lege handen
empty-handed ★ met een lege maag on an empty
stomach • (onbezet) idle, empty • (uitgeput)
exhausted • (onbewoond) vacant, unoccupied
leeghalen empty, ‹huis, kast› clear out,
‹leegroven› ransack, ‹v. zakken› turn out
leeghoofd rattlebrain, featherbrain, ‹AE› airhead
leegloop • (wegtrekken) exodus (from/to) • (niet
produceren) standstill, under-utilization
leeglopen • (leegstromen) (become) empty, ‹v.

fietsband, accu⟩ go flat ∗ laten ~ ⟨ballon, band⟩ deflate; ⟨bad⟩ drain • ⟨nietsdoen⟩ idle, loaf ⟨about/around⟩

leegloper loafer, idler

leegstaan stand/be empty, be unoccupied

leegstand vacancy, lack of occupancy

leegte emptiness, void, ⟨fig.⟩ blank ∗ zij liet een grote ~ achter she left a great void

leek • ⟨niet-geestelijke⟩ layman ∗ de leken ⟨als groep⟩ the laity • ⟨niet-vakman⟩ layman

leem clay, ⟨grond⟩ loam

leemgroeve loam pit

leemte gap ∗ een ~ aanvullen fill up a gap

leengeld loan charge

leenheer feudal lord, liege lord

leenman vassal, liegeman

leenstelsel feudal system

leenwoord loan word

leep cunning

leer I [de] • ⟨doctrine⟩ doctrine, theory ∗ de leer van Karl Marx the teachings of Karl Marx • ⟨les⟩ lesson, apprenticeship ∗ in de leer zijn bij serve one's apprenticeship with ∗ in de leer doen bij apprentice to ▾ leer om leer tit for tat **II** [het] leather

leerboek textbook

leergang • ⟨cursus⟩ course ⟨of instruction⟩ • ⟨methode⟩ ⟨teaching/educational⟩ method

leergeld tuition fees ▾ – betalen learn ⟨a lesson⟩ the hard way

leergierig studious, eager to learn

leerjaar schoolyear, year's course, ⟨AE⟩ ≈ class ∗ leerjaren ⟨years of⟩ apprenticeship

leerkracht teacher

leerling • ⟨scholier⟩ pupil, student, ⟨bij baas⟩ apprentice • ⟨volgeling⟩ follower

leerling-verpleegster student nurse

leerlooien tan

leerlooier tanner

leermeester ⟨docent⟩ teacher, ⟨met volgelingen⟩ master

leermiddelen educational tools

leerplan curriculum

leerplicht compulsory education ∗ de ~ verlengen raise the school-leaving age

leerplichtig of school age ∗ ~e leeftijd school age

leerrijk instructive

leerschool school ▾ een harde ~ doorlopen learn the hard way

leerstelling doctrine

leerstoel chair, professorship ▾ een ~ bekleden hold a chair

leerstof subject matter

leertje piece of leather, ⟨kraan⟩ washer, ⟨schoen⟩ tongue

leervak ⟨theoretical⟩ subject

leerzaam instructive

leesbaar • ⟨aangenaam om te lezen⟩ readable • ⟨wat te lezen is⟩ legible

leesblind dyslexic, wordblind

leesboek • ⟨boek om te leren lezen⟩ reader • ⟨boek om te lezen⟩ recreational/light reading

leesbril reading glasses

leeslamp reading lamp

leeslint bookmark⟨er⟩

leesmoeder parent volunteer, reading helper

leespen lightpen, bar-code reader

leesportefeuille magazine-club selection of magazines

leest last ▾ op een andere ~ schoeien cast in a different mould; model on different lines

leesteken punctuation mark ∗ ~s plaatsen punctuate

leesvoer pulp literature

leeszaal reading room ∗ openbare ~ public library

leeuw • ⟨dier⟩ lion • ⟨sterrenbeeld⟩ Leo, the Lion

Leeuwarden Leeuwarden

leeuwenbek snapdragon

leeuwendeel lion's share

leeuwenmoed courage of a lion ∗ met ~ heroically; fearless

leeuwentemmer lion tamer

leeuwerik ⟨sky⟩lark

lef pluck, guts, ⟨branie⟩ swank ∗ daar heb je het lef niet toe you haven't got the guts for it ∗ heb het lef niet! don't you dare!

lefdoekje ↑ pocket handkerchief

lefgozer show-off

leg laying ∗ aan de leg zijn be laying ∗ de kip is van de leg the hen has stopped laying

legaal legal

legaat I [de] legate **II** [het] legacy

legaliseren legalize

legbatterij battery ⟨cage⟩

legen empty

legenda legend, key to symbols

legendarisch legendary

legende legend

leger • ⟨grote menigte⟩ host ∗ het groeiende ~ van de werklozen the growing ranks of the unemployed • ⟨rustplaats van dier⟩ ⟨v. beer, hert⟩ den, ⟨v. haas⟩ form, ⟨v. wild dier⟩ lair • ⟨mil.⟩ army, ⟨hele leger⟩ armed forces ▾ Leger des Heils Salvation Army

legéren • ⟨samensmelten⟩ alloy, amalgamate • ⟨legateren⟩ bequeath

légeren encamp, quarter

legering alloy, amalgam

legerkamp army camp

legerplaats camp

leges legal dues/charges

leggen • ⟨plaatsen⟩ put, place ∗ naast elkaar ~ put side by side • ⟨eieren leggen⟩ lay • ⟨maken⟩ lay, make ∗ een nieuwe vloer ~ lay a new floor

legio countless, legion ∗ ~ mensen countless people ∗ hun aantal is ~ their number is legion

legioen legion

legionair legionnaire

legitiem legitimate, rightful

legitimatie identification

legitimatiebewijs identity papers/card

legitimatiepapieren identification, proof of identity, identity card

legitimeren ⟨wettigen⟩ legitimize ∗ zich ~ identify o.s.; prove one's identity

legkast ⟨linen-⟩cupboard

lego ® Lego

legpuzzel ⟨jigsaw-⟩puzzle

leguaan iguana

lei I [de] slate ▾ met een schone lei beginnen start with a clean slate **II** [het] slate

leiband leading strings [mv] ∗ hij loopt aan de ~ van zijn moeder he is tied to his mother's apron strings ▾ iem. aan de ~ houden spoonfeed s.o.

leiden • ⟨aan het hoofd staan van⟩ lead ∗ een onderneming ~ to head a company/business • ⟨doorbrengen⟩ ∗ hij leidde haar bij de hand het led her by the hand • ⟨in een bepaalde richting gaan⟩ lead ∗ waar leidt dat heen? where does that lead ⟨to⟩? • ⟨voorstaan⟩ ∗ Oranje leidt met 2-1 Holland is leading 2-1

leider • ⟨iem. die leidt⟩ leader, ⟨v. reis⟩ guide, ⟨v. zaak⟩ manager ∗ de geestelijke ~ the spiritual leader • ⟨koploper⟩ leader

L

leiderschap leadership
leiding • (bestuur) management • (buis, kabel) ⟨buis binnen⟩ pipe, ⟨buis buiten⟩ mains, ⟨dikke draad, buiten⟩ cable, ⟨draad binnen⟩ wire • (het leiden/besturen) leadership, conduct, guidance * ~ geven aan ⟨geestelijke⟩ give guidance to; ⟨team⟩ lead; ⟨zaak⟩ manage * onder ~ van under the leadership of * ⟨kerk⟩dienst onder ~ van service conducted by * de vergadering stond onder ~ van the meeting was presided ⟨over⟩ by • (sport) de ~ hebben lead
leidinggevend executive, managerial, management * een ~e positie/functie an executive position/function
leidingwater tap water
leidmotief leitmotiv
leidraad • (richtsnoer) guide(line), guiding principle • (handleiding) guide, instructions
leien slate
leisteen slate
lek I [het] leak, ⟨fig.⟩ leak(age), ⟨v. band⟩ puncture * een lek krijgen spring a leak * een lek stoppen stop a leak II [bnw] leaky, ⟨v. band⟩ punctured * lek zijn ⟨v schip⟩ make water; leak * zo lek als een mandje/zeef leaky as a sieve; leak like a sieve * een lekke band hebben have a flat (tyre); have a puncture
lekenbroeder lay brother
lekenzuster lay sister
lekkage leak(age)
lekken leak, ⟨v. schip⟩ make water, leak * het dak lekt the roof is leaking * een ~de kraan a dripping tap ▾ de vlammen lekten langs de muren flames were licking the walls
lekker I [bnw] • (smakelijk) good, delicious, tasty * heb je ~ gegeten? did you enjoy your meal? * 't smaakt ~ it tastes nice; it's delicious * ~ vinden like; enjoy • (gezond) well * ik ben niet ~ I am out of sorts; ⟨AE⟩ sick * dat ruikt ~ that smells nice ▾ 't is wat ~s! ⟨iron.⟩ a nice job! II [bijw] * ~ rustig hier nice and quiet here ▾ ~ mis! missed!; ⟨AE⟩ sucks! * ~! ⟨net goed!⟩ serve you right!; ⟨verrukkelijk⟩ delicious ▾ iem. ~ maken make s.o.'s mouth water; rouse expectations in a person
lekkerbek gourmet
lekkerbekje fried fillet of haddock
lekkernij delicacy, tasty morsel
lekkers sweets
lel • (vel) ⟨deel v. oor⟩ lobe, ⟨v. haan⟩ wattle • (mep) clout, ⟨trap⟩ vicious kick
lelie lily
lelietje-van-dalen lily of the valley
lelijk • (niet mooi) plain, ⟨afstotend⟩ ugly * zo ~ als de nacht (as) ugly as sin • (kwalijk) ⟨daad⟩ ugly, ⟨vergissing⟩ bad, ⟨wond⟩ nasty * dat ziet er ~ uit ⟨fig.⟩ that looks pretty bad ▾ daar zal ze nog ~ van opkijken she is in for a very nasty surprise
lelijkerd • (lelijk persoon) ugly fellow/bloke • (gemeen persoon) brute, ⟨inf.⟩ ugly bastard * ~! ⟨kindertaal⟩ nasty man!
lellebel slut, hussy
lemen loam • ~ vloer an earthen floor ▾ een reus op ~ voeten a giant on feet of clay
lemma headword, ⟨AE⟩ main entry (word)
lemmet blade
lemming lemming
lende small part of the back, ⟨med.⟩ lumbar region, ⟨v. dier⟩ loin
lendebiefstuk sirloin steak
*lendedoek (Wdl: lendendoek) loin cloth
lenen • (uitlenen) lend (to) • (te leen krijgen) borrow (from) * zich ergens voor ~ lend o.s. to s.th. ▾ 't oor ~ aan lend (an) ear to

lengen lengthen * de dagen ~ the days are drawing out/lengthening
lengte • (langste kant) length * over de hele ~ van over the entire length of * doorknippen in de ~ cut through lengthwise • (afmeting in lengte) length, ⟨v. persoon⟩ height * in zijn volle ~ ⟨at⟩ full length * ter ~ van of the length of • ⟨geo.⟩ longitude * tot in ~ van dagen for many a long day ▾ het moet uit de ~ of uit de breedte it must come from somewhere
lengteas longitudinal axis
lengtecirkel meridian
lengtegraad degree of longitude
lengtemaat linear measure
lengterichting longitudinal/linear direction
lenig lithe, supple
lenigen relieve, ease
lening loan * een ~ uitgeven/plaatsen issue/place a loan * een ~ sluiten contract a loan
lens I [de] ⟨ooglens⟩ lens • ⟨contactlens⟩ lens * harde/zachte lenzen hard/soft lenses • ⟨nat.⟩ objective, lens II [bnw] ⟨leeg⟩ empty, dry • (krachteloos) weak * iem. lens slaan knock the stuffing out of a person
lente spring
lentemaand March, spring month
lepel spoon, ⟨lepelvol⟩ spoonful, ⟨soeplepel⟩ ladle
lepelen I [ov ww] • (eten, opscheppen) scoop/spoon (up), ⟨met opscheplepel⟩ ladle II [on ww] • (sport) chip, scoop
leperd slyboots, sly dog
lepra leprosy
lepralijder leper
leraar teacher * ~ in de klassieke talen classics teacher
leren I [bnw] leather II [ov ww] • (onderrichten) teach * de tijd zal het ~ time will tell • (kennis verwerven) learn * iets uit het hoofd ~ learn by heart; commit to memory * een vak ~ learn a trade • (studeren) study * voor dokter ~ study to be a doctor • (doen inzien) * dat zal je ~ that'll teach you ▾ iem. ~ kennen get to know s.o.
lering • (onderricht) instruction • (leer) lesson * ~ trekken uit learn (a lesson) from
les • (leerstof) lesson * zijn les opzeggen say one's lesson * zijn les kennen know one's work • (onderricht) lesson, class * les nemen bij take lessons from * van 9 tot 11 les hebben have lessons/class from 9 to 11 * les geven give lessons; teach * goed les geven be a good teacher * les krijgen get lessons ▾ iem. de les lezen lecture a person
lesauto ⟨BE⟩ learner car, ⟨AE⟩ driver trainer car
lesbisch lesbian
Lesotho Lesotho
lesrooster timetable
lessen quench
lessenaar desk, ⟨in kerk⟩ lectern
lest ▾ ten langen leste at long last ▾ lest best the last is the best
lesuur lesson, period
lesvliegtuig training plane, trainer
leswagen learner car
lethargie • (slaapzucht) lethargy • (apathie) lethargy, apathy
Letland Latvia
letsel injury * ernstig ~ oplopen sustain severe injuries * iem. ernstig lichamelijk ~ toebrengen inflict grievous bodily harm on a person

letten I [ov ww] • (beletten) *wat let me? what prevents me (from doing it)?* **II** [on ww] • (~ **op**) *pay attention to, mind,* (toezien op) *look after* • *gelet op considering* • *let op mijn woorden mark my words* • *zonder te ~ op heedless/ regardless of* • *let wel mind you; note*

letter • (letterlijke inhoud) *letter* • *naar de ~ van de wet within the letter of the law* • (teken) *letter,* (één letter) *character,* (drukletter) *type* • *grote ~ capital letter;* (druk) *upper case* • *kleine ~ small letter;* (druk) *lower case* • *met duidelijke ~ gedrukt printed in clear type* • *de zes en twintig ~s van het alfabet the twenty-six characters of the alphabet* • *het staat allemaal in de kleine ~tjes it's all there in the small print*

letteren (geesteswetenschappen) *humanities,* (taal- en letterkunde) *language and literature* • *~ studeren study language and literature;* (algemeen) *be an arts student*

lettergreep *syllable*

letterkunde *literature*

letterkundig *literary*

letterkundige *literary man/woman, man/woman of letters*

letterlijk I [bnw] • *een ~e vertaling a litteral translation* • *de ~e tekst the verbatim text* **II** [bijw] • (in woordelijke zin) *literally, verbally* • (volkomen) *er is ~ niets aan te doen there is literally nothing you can do about it*

letterslot *letter-lock, combination lock*

lettertang *device for embossing letters on a tape*

letterteken *character*

letterwoord *acronym*

leugen *lie,* (form.) *falsehood* • *~s verkopen tell lies* • *onschuldig ~tje white lie* • *een regelrechte ~ a bare-faced lie*

leugenaar *liar* • *voor ~ uitmaken give s.o. the lie*

leugenachtig *lying, false*

leugendetector *lie-detector*

leuk • (grappig) *amusing, funny* • *iets leuk vinden enjoy/like s.th.* • *dat is niet erg leuk that is not much fun* • *die is leuk! that's a good one!* • (aardig) *nice, pleasant* • *een leuke prijs voor iets krijgen get a good price for s.th.* • (aantrekkelijk) *nice, pretty* • *je haar zit leuk your hair looks pretty* • *het staat haar leuk it looks good on her*

leukemie *leuk(a)emia*

leukoplast ® (BE) *sticking plaster,* (AE) *bandaid*

leukweg *coolly, just like that*

leunen *lean* (on/against) • *je moet niet zo op hem ~* (fig.) *you should not rely on him so heavily*

leuning (armleuning) *arm rest,* (rugleuning) *back,* (v. trap) *rail, banisters*

leunstoel *arm chair*

leuren *hawk, peddle*

leus *slogan, catchword*

leut • (pret) *fun* • *voor de leut for fun* • (koffie) • *een bakkie leut ↑ a cup of coffee*

leuteren *drivel* • *je zit te ~ you're talking a load of twaddle*

leuterkous *driveller*

leven I [het] • (het bestaan) *life* [mv: lives] • *om het ~ komen be killed; perish* • *in ~ blijven live* • *nog in ~ zijn be still alive* • *een strijd op ~ en dood voeren wage a life-and-death struggle* • *zij rende alsof haar ~ ervan afhing she ran for dear life; she ran as if her life depended on it* • *zijn ~ laten voor lay down one's life for* • *het ~ schenken aan give birth to;* (begenadigen) *grant s.o. his life* • *~ voelen* (bij zwangerschap) *feel the baby move/kick* • *in ~ houden keep alive* • *'t ~*

laten lose one's life • (werkelijkheid) *life, reality* • *naar het ~ getekend drawn from life* • *in 't ~ roepen set up; call into existence* • (levensduur) *bij zijn ~ during his life* • *voor het ~ benoemd worden be appointed for life* • (manier van leven) *een druk ~ leiden lead a busy life* • *een nieuw ~ beginnen make a new/fresh start in life; turn over a new leaf* • *dan heb je geen ~ this life is not worth living* • (lawaai) *racket, row, noise* ▼ • *in de brouwerij brengen pep/liven things up* ▼ *bij ~ en welzijn all things being equal; if all is well* ▼ *nooit van mijn ~ never in all my life* ▼ *heb je ooit van je ~! well, I never!* **II** [on ww] • (in leven zijn) *live, be alive* • *lang ~ live long* • *naar iets toe ~ adapt one's life to s.th.; long for s.th.* • *op zichzelf ~ live all by o.s.; live all alone* • *van zijn rente ~ live on one's means* • *er goed van ~ do well for o.s.* • *daar kan ik niet van ~ I cannot live on that* • *volgens zijn beginselen ~ live up to one's principles* • (~ **van**) *zij heeft genoeg om van te ~ she has enough to get by* • *van de bijstand ~ live on social security* • (~ **met**) *met die man is niet te ~ you can't live with that man* ▼ *erop los ~ live from hand to mouth; lead a loose life* ▼ *~ en laten ~ live and let live* ▼ *leve de koningin! long live the Queen!* ▼ *lang zal hij ~! long life to him; long may he live* ▼ *die dan leeft, die dan zorgt all in good time; curiosity killed the cat*

levend *living,* (predikatief) *alive* • *in ~e lijve alive and well* • *meer dood dan ~ more dead than alive* • *de ~e talen the modern languages* • *de ~en en de doden the living and the dead* • *~ aas live bait*

levendig • (duidelijk) *clear,* (kleur, beschrijving) *vivid* • *ik kan het me ~ herinneren I remember it clearly* • (vol leven) *lively,* (persoon) *vivacious* • *een ~e handel a brisk trade*

levenloos *lifeless*

levensavond *evening of life,* (euf.) *twilight of one's days*

levensbehoefte *vital necessity* • *de eerste ~n first necessities of life*

levensbelang *vital interest*

levensbeschouwing *philosophy of/outlook on life*

levensbeschrijving *biography,* (bij overlijden) *obituary,* (bij sollicitatie) *curriculum vitae*

levensboom • (rel.) *tree of life* • (plant.) *arbor vitae*

levensduur *life (span)*

levensecht *lifelike, true to life*

levenseinde *declining/final years, end of one's life*

levenservaring *experience/knowledge of life*

levensfase *stage in life (cycle)*

levensgenieter *hedonist, pleasure lover*

levensgevaar *risk/danger to life, mortal danger* • *met ~ at the risk of one's life* • *buiten ~ out of danger*

levensgevaarlijk *perilous* • *met ~e snelheid at breakneck speed*

levensgezel *life companion, partner (in life)*

levensgroot *life-size, as large as life*

levenshouding *attitude to life*

levenskunst *social graces, art of living*

levenskunstenaar *expert in the art of living*

levenslang *lifelong* • *~ krijgen be sentenced to life (imprisonment)*

levenslicht *light (of day)* • *het ~ aanschouwen see the light (of day)*

levenslied *tear jerker*

levensloop *course of life,* (loopbaan) *career,* (overzicht) *curriculum vitae* • *haar ~ is net een avonturenroman her life story reads like an*

L

adventure novel * sollicitaties met vermelding van ~ applications accompanied by curriculum vitae; applications accompanied by c.v.; applications stating qualifications and previous employment

levenslustig high-spirited, full of life, ‹v. oude mensen› sprightly
levensmiddelen food(s), foodstuffs
levensmoe tired/weary of life
levensonderhoud support, sustenance, ‹kost› living * kosten van ~ cost of living * in zijn eigen ~ voorzien support o.s.
levenspad path/course of s.o.'s life
levenspeil standard of living, living standard
levensstandaard standard of living
levensteken sign of life
levensvatbaar viable
levensverhaal life story
levensverwachting • ‹te verwachten duur› life expectancy • ‹toekomstverwachting› what one expects from life
levensverzekering life insurance * een ~ sluiten take out a life insurance (policy)
levensvraag vital question
levensvreugde joy of living
levenswandel conduct * een onbesproken ~ an irreproachable life
levenswerk life's work, lifework
lever liver * 't aan de ~ hebben have liver trouble * fris van de ~ off the cuff
leverancier purveyor, ‹algemeen› supplier, ‹winkelier› tradesman * van ~ veranderen take one's business elsewhere
leverantie • ‹koopwaar› supply • ‹levering› delivery, supply
leverbaar ready for delivery, available * beperkt ~ zijn be in short supply
leveren • ‹aandoen› dat zal hij mij niet weer ~ he won't try that on me again • ‹afleveren› supply, deliver * melk aan restaurants ~ deliver milk to restaurants * ze ~ alleen aan de groothandel they only supply wholesalers * prachtig werk ~ do splendid work • ‹bezorgen› provide, give, furnish * het bewijs ~ furnish proof * een geldelijke bijdrage ~ give financial support * commentaar ~ give comment * stof voor een verhaal ~ provide material for a story • ‹klaarspelen› * hij zal het 'm wel ~ he'll bring it off
levering supply, delivery
leveringstermijn → levertijd
leveringsvoorwaarde delivery conditions, terms of delivery
leverpastei liver pie
levertijd delivery period/time
levertraan cod-liver oil
leverworst liver sausage
lexicograaf lexicographer
lexicon lexicon
lezen • ‹tekst doornemen› read, ‹vluchtig› skim through * dat boek laat zich goed ~ that book is a good read * over iets heen ~ overlook/miss s.th. • ‹interpreteren› * angst stond op zijn gezicht te ~ fear was written all over his face * iets verkeerd ~ misread s.th.
lezer reader * dit blad telt 20.000 ~s this magazine has a readership of 20,000
lezing • ‹het lezen› reading • ‹verhandeling› lecture * een ~ houden over give a lecture on • ‹interpretatie› version
liaan liana, liane
Libanon Lebanon

libel dragon fly
liberaal I [de] Liberal **II** [bnw] liberal
liberaliseren liberalize
liberalisme liberalism
Liberia Liberia
libero sweeper
libido libido
Libië Libya
libretto libretto
licentiaat I [de] ≈ master of arts/philosophy/ science **II** [het] ≈ master's degree
licentie licence * in ~ gebouwd built under licence
licentiehouder licensee
lichaam • ‹lijf› body * naar ~ en geest in body and mind • ‹vereniging› body, corporation
lichaamsbeweging (physical) exercise
lichaamsbouw physique, build
lichaamsdeel part of the body
lichaamsholte body cavity
lichaamskracht physical strength
lichaamswarmte body heat
lichamelijk bodily, ‹straf› corporal * ~e oefening physical exercise
licht I [het] • ‹schijnsel› light * ~ geven give light * ~ maken turn on the light * ga uit het ~ stand out of the light • ‹lichtbron› light • ‹intelligent mens› * hij is ook geen ~ he's no genius • ‹openbaarheid› * aan het ~ komen come to light * feiten aan het ~ brengen bring facts to light • ‹opheldering, inzicht› * ~ brengen in een zaak clear a matter up * er gaat mij een ~ op I'm beginning to see the light; the penny has dropped * ~ werpen op throw/shed light on • ‹invalshoek› * in dat ~ gezien viewed in that light * zijn ~ opsteken bij iem. go to s.o. for information * iem. het ~ in de ogen niet gunnen hate s.o.'s guts **II** [bnw] • ‹niet donker› bright, light * zo lang het ~ is as long as there is day light • ‹niet zwaar› * zij is te ~ she is underweight * een ~ gewicht a light weight • ‹gemakkelijk› light, easy, ‹muziek, maal› light, ‹sigaar› mild * het is ~ te begrijpen it's easy to understand • ‹soepel› light * met ~e tred light-footed • ‹onbeduidend› slight * een ~e hartaanval mild heart attack • ‹lichtzinnig› * ~e vrouw loose woman * ~ in het hoofd light-headed; giddy **v** te ~ bevonden found wanting **III** [bijw] slightly, easily * ~ gezouten slightly salted * ~ alcoholisch light alcoholic * dat zal niet ~ gebeuren that won't easily happen; that is not likely to happen * iets ~ opvatten take things lightly; make light of things * het leven ~ opvatten take life as it comes
lichtbak light trough, ‹voor stropers› jacklight
lichtbeeld slide * lezing met ~en lecture with slides
lichtboei signalling buoy, beacon
lichtbron source of light
lichtbundel pencil/shaft/beam of light
lichtdruk photo type
lichtekooi prostitute, loose woman, hussy
lichtelijk slightly
lichten I [ov ww] • ‹optillen› lift, ‹anker› weigh, ‹schip› lift, raise • ‹ledigen› * een schip ~ lighten a ship * de bus ~ collect the letters/post; empty the letter box * iem. van het bed ~ arrest s.o. in his bed **v** de hand ~ met werk scamp **v** de hand ~ met de waarheid trifle/palter with the truth; be economical with the truth **II** [on ww] • ‹licht geven› light (up), glow, ‹v. zee› phosphoresce
lichterlaaie * ‹in› ~ ablaze
lichtflits flash (of light)

L

lichtgelovig credulous, gullible
lichtgeraakt touchy
lichtgevend luminous
lichtgevoelig photosensitive
lichtgewicht I [bnw] lightweight II [de/het]
lightweight
lichting ● (rekrutering) conscription
● (opgeroepen soldaten) class ● (postlichting)
collection
lichtinstallatie lighting
lichtjaar light-year
lichtjes ● (zonder drukken) lightly * ergens ~
over heen gaan go over s.th. lightly ● (luchtig)
lightly, airily ● (in geringe mate) slightly * ~
beschadigd slightly damaged
lichtkogel flare
lichtkrant illuminated news trailer
lichtmast lamppost, light tower
lichtmatroos ordinary seaman
lichtnet (electric) mains
lichtpunt power point, socket, (fig.) bright spot
lichtreclame (reclame) illuminated
advertisement, (reclame bord) sky-sign
lichtschip lightship
lichtsterkte brightness, intensity of light
lichtstraal ray/beam of light
lichtvaardig rash
lichtval incidence/play of light
lichtvoetig fleet-footed, nimble
lichtzinnig frivolous, (positief) light-hearted, (v.
zeden) loose
lid ● (deel) (v. insect) articulation, (v. vergelijking)
term, (v. vinger) phalanx ● (lichaamsdeel)
(lidmaat) limb, (v. oog) lid * mannelijk lid male
member * iets onder de leden hebben have a
disease * over al zijn leden beven tremble in
every limb ● (gewricht) joint * uit het lid out of
joint * uit het lid vallen dislocate * een arm in
het lid zetten reduce a dislocated arm; put back a
dislocated arm ● (persoon) member * lid worden
van join * lid zijn van een comité be on a
committee * bedanken als lid resign one's
membership
lidmaat church member
lidmaatschap membership
lidstaat member state
lidwoord article
Liechtenstein Liechtenstein
lied song, (kerklied) hymn
lieden people, folk
liederenbundel anthology (of songs), songbook,
(kerk) hymn book
liederlijk (v. persoon) debauched, (v. taal) obscene,
vulgar
liedje song, tune ▼ 't is het oude – it's the old story
lief I [het] sweetheart ▼ lief en leed delen share life's
joys and sorrows II [bnw] ● (dierbaar) dear,
treasured, valued * dat gaat een lieve cent
kosten that's going to cost a pretty penny; that's
going to cost a fortune * iets voor lief nemen put
up with s.th. ● (gewenst, graag) fond * mijn
liefste hoop/wens my dearest/fondest/greatest
hope/wish * meer dan me lief is more than I care
for ● (geliefd) dear * mijn lieve jongen! my dear
boy! * Onze-Lieve-Heer Our Lord * zijn liefste
vak his favourite subject ● (aardig) sweet, nice
* een lieve vrouw a sweet woman * een lief
tuintje a nice little garden III [bijw] ● (aardig)
sweet, dear * lief kan be sweet ● (graag) * ik zou
het zo lief niet doen I'd just as soon not do it
liefdadig charitable
liefdadigheid charity

liefde ● (het beminnen) love, love making * ~
bedrijven make love; have sex ● (genegenheid)
love, affection * met – with pleasure * ~
opvatten voor iem. fall in love with s.o.
* kinderlijke ~ childish love; (tussen kind en
ouders) filial love * onbeantwoorde/
ongelukkige ~ unrequited love * iets doen uit –
do s.th. for love ● (belangstelling) love, devotion
* de ~ tot, voor love of * muziek was zijn grote
~ music was his great love; music was his passion
▼ oude ~ roest niet old love never dies
liefdeleven love life
liefdeloos loveless
liefderijk → liefdevol
liefdesbrief love letter, billet-doux
liefdesgeschiedenis ● (verhouding) love affair
● (roman) love story
liefdeslied love song
liefdesscène love scene
liefdesverdriet the pangs of love * hij heeft – he
is feeling broken-hearted
liefdevol loving
liefdewerk work of charity, (bezigheid) charitable
work ▼ het is ~ oud papier it's for love
liefelijk lovely, charming, sweet
liefhebben love
liefhebber ● (gegadigde) lover, enthusiast * er
waren geen ~s voor de baan the job went
begging * er zijn geen ~s voor dat artikel there
are no customers for that article
● (geïnteresseerde) lover * groot ~ van
wandelen keen walker * groot ~ van
architectuur devotee of architecture * muziek~
music lover/enthusiast ● (amateur) enthusiast,
(pej.) dabbler
liefhebberij hobby * uit ~ as a hobby; for pleasure
* er is grote ~ voor it is greatly sought after; there
is a great demand for it
liefje ● (aanspreekvorm) darling ● (geliefde)
sweetheart, (minnares) mistress
liefjes sweetly, tenderly
liefkozen caress, fondle
liefkozing caress
lieflijk sweet, charming, lovely
liefst preferably * welke heb je 't ~? which do you
prefer? * ~ niet rather not
liefste ● (geliefde) sweetheart ● (aanspreekvorm)
* mijn – my love/dear(est)
lieftallig sweet, pretty
liegbeest storyteller, (kind.) fibber
liegen lie, tell a lie * dat is gelogen that's a lie ▼ als
ik lieg, lieg ik in commissie I'm telling you this
for what it is worth ▼ je liegt of 't gedrukt staat
you're lying through your teeth
lier ● (muziekinstrument) lyre ● (hijswerktuig)
winch ▼ zijn lier aan de wilgen hangen hang up
one's boots ▼ het brandt als een lier it burns like
matchwood
lies groin
liesbreuk (groin) rupture, hernia
lieslaars wader
lieveheersbeestje lady bird
lieveling darling, pet
liever rather, sooner * hij ~ dan ik better him than
me * ik wens niets ~ I'd like nothing better * hoe
meer, hoe ~ the more the better * zou je nu niet
~ gaan? hadn't you better go now? * ik zou veel
~ willen dat hij bleef I'd rather he stayed * ik
heb – thee dan koffie I prefer tea to coffee
lieverd darling
lieverdje * zij is geen ~ she's no angel/sweetheart
lieverlede * van ~ gradually

L

lievig insincere, ‹toon, maniertjes› smooth, ‹woorden› sugary
liflafje tidbit(s), dainty dish
lift • ‹hijstoestel› lift, elevator • ‹het meerijden› lift ∗ een lift vragen hitch a lift/ride ▼ in de lift zitten be on the way up
liften hitchhike
lifter hitchhiker
liftkoker lift shaft
liga league
ligbad bath(tub)
ligbank couch
liggeld harbour-dues
liggen • ‹uitgestrekt rusten› ∗ gaan ~ lie down; ‹v. wind› drop ∗ op de grond ~ lie on the floor ∗ op sterven ~ be dying ▼ blijven ~ stay in bed; sleep in ▼ hij lag met griep te bed he was laid up with the flu ∗ hij had het geld ~ he had the money ready ∗ het werk is blijven ~ the work has been left over ∗ iets laten ~ leave s.th. ∗ ik heb nog een flesje wijn ~ I have a bottle of wine left • ‹zich bevinden, zijn› lie, be situated ∗ de kamer ligt op het westen the room faces West ∗ dat ligt nu heel anders things are quite different now ∗ het ligt voor je neus it's staring you in the face ∗ (~ aan) depend (on) ∗ waar ligt het aan? what is the cause of it? ∗ het ligt aan jou it is your fault; you are to blame ∗ dat ligt geheel aan u that lies/rests entirely with you ∗ dat ligt mij niet that is not in my line; that does not suit me ▼ eruit ~ be out of favour; be in the doghouse ▼ hij heeft het lelijk laten ~ he has botched things up
ligging situation, position
ligplaats berth
ligstoel reclining chair
Ligurische Zee Ligurian Sea
liguster privet
ligweide sun terrace, sunbathing area
lij lee ∗ aan lijzijde on the lee side
lijdelijk passive, resigned ∗ ~ verzet passive resistance
lijden I [het] suffering(s) ∗ iem. uit zijn ~ helpen put a person out of his misery **II** [ov ww] • ‹ondervinden› suffer, endure, bear, ‹honger› starve ∗ een verlies ~ sustain/suffer a loss • ‹verdragen› ‹gevoel, zaken› endure, ‹mens, gevoel, zaken› stand ∗ ik kan hem niet ~ I can't stand him ∗ ik mag ~ dat het waar is I hope it will be true III [on ww] • ‹(last hebben)› suffer ‹from› zijn gezondheid leed eronder his health was affected by it ∗ (~ aan) ∗ ~ aan een kwaal suffer from a disease/complaint
lijdend ∗ ~ voorwerp direct object ∗ ~e vorm passive voice
lijdensweg agony, ‹v. Christus› Way of the Cross
lijder patient
lijdzaam • ‹geduldig› patient, resigned • ‹passief› passive ∗ ~ toezien stand by and watch
lijdzaamheid patience ▼ zijn ziel in ~ bezitten possess one's soul in patience
lijf • ‹lichaam› body ∗ in levenden lijve in person ∗ hij had geen hemd aan 't lijf he hadn't a shirt to his back ∗ hij ondervond 't aan den lijve he found it to his cost ∗ iem. te lijf gaan go for a person ∗ iem. tegen 't lijf lopen run across/into a person ∗ blijf me van 't lijf! don't touch me! • ‹deel van kledingstuk› bodice ▼ niet veel om 't lijf hebben there's nothing to it ▼ onverhoeds op 't lijf vallen catch a person off his guard
lijfarts personal physician, ‹hofarts› court-physician

lijfblad favourite paper
lijfeigene serf
lijfelijk bodily, physically
lijfrente annuity
lijfsbehoud preservation of life ∗ op ~ bedacht anxious to save one's life
lijfspreuk motto
lijfstraf corporal punishment
lijfwacht body guard
lijk corpse, dead body ∗ zo wit als een lijk as white as a sheet ▼ over mijn lijk over my dead body
lijkauto hearse
lijkbleek deathly pale, ashen
lijken • ‹aanstaan› suit ∗ dat lijkt mij niets I don't like it at all • ‹overeenkomen› resemble, look like ∗ hij lijkt op zijn broer he is like his brother ∗ zij lijkt sprekend op hem she is his spitting image ∗ dat begint er op te ~ that's more like it ∗ dat lijkt nergens op/naar that's ridiculous • ‹schijnbaar zijn› seem, appear ∗ dat lijkt me niet I don't think so ∗ je lijkt wel gek you must be mad ‹dunken› suit, fit ∗ dat lijkt me wel wat that sounds like a good idea ∗ dat zou me wel ~ that would suit me fine ∗ dat lijkt nergens naar that's absolutely hopeless
lijkenhuis mortuary, morgue
lijkenpikker • ‹hospik› medical orderly • ‹profiteur› ghoul, vulture
lijkkist coffin
lijkrede funeral oration
lijkschennis desecration/violation of a corpse
lijkschouwer coroner
lijkschouwing autopsy, post-mortem examination, ‹jur.› inquest
lijkstijfheid rigor mortis
lijkwade shroud
lijkwagen hearse
lijm glue
lijmen • ‹plakken› glue • ‹overhalen› talk round ∗ iem. ~ rope s.o. in
lijmtang ‹glueing› clamp
lijn • ‹linie› ∗ op één lijn met in line with ∗ op één lijn liggen/staan met ‹bomen, huizen, e.d.› in line with; ‹fig.› be on a par/a level with ∗ iem. op één lijn stellen met rank a person with ∗ over de hele lijn all along the line ∗ ‹touw› line, ‹v. hond› lead, leash ∗ de hond aan de lijn houden keep the dog on the lead/leash ∗ ‹streep› line ∗ lijn van schaakbord ‹horizontaal› row; ‹verticaal› file ∗ ‹omtrek› in grote lijnen broadly speaking • ‹verbinding› line ∗ lijn acht ‹v. bus› number eight • ‹beleidslijn› ∗ één lijn trekken pull together ∗ dat ligt niet in mijn lijn that is not in my line (of business) ▼ aan de lijn doen be on a diet
lijndienst regular/scheduled service
lijnen go on a diet
lijnfunctie line management post
lijnfunctionaris line manager
lijnolie linseed oil
lijnrecht I [bnw] ‹dead› straight **II** [bijw] • ‹volkomen› flatly ∗ ~ staan tegenover be diametrically opposed to ∗ ~ in strijd met in flat contradiction with/to • ‹in een rechte lijn› straight
lijnrechter linesman
lijntoestel air liner, scheduled plane
lijnvlucht scheduled flight
lijnzaad linseed
lijs • ‹slome› slowcoach • ‹slungel› slowcoach, slug
lijst • ‹rand› cornice • ‹opsomming› list, ‹school, etc.› register ∗ iem. op de zwarte ~ zetten blacklist s.o. • ‹omlijsting› frame ∗ in een ~

L

zetten frame
lijstaanvoerder • (lijsttrekker) no 1 candidate,
   ≈ party leader • (sport) leader
lijster thrush
lijsterbes • (vrucht) rowan(-berry) • (boom)
   rowan, mountain ash
lijsttrekker person heading the list of (political)
   candidates
lijvig (gezet) corpulent, (omvangrijk) bulky
lijzig drawling ★ ~ spreken drawl
lijzijde lee side
lik • (het likken) lick • (nor) clink, nick ▾ iem. een
   lik uit de pan geven tick s.o. off sharply
likdoorn corn
likeur liqueur
likkebaarden smack/lick one's lips, (fig.) lick one's
   lips
likken • (vleien) toady, soft soap • (met tong
   bewegen) lick ▾ lik me reet! bugger off!; kiss my
   ass!
likmevestje ★ een kwaliteit van ~ (piss) poor
   quality • een boek van ~ a crummy/lousy book
lila lilac
lilliputter midget
limerick limerick
limiet limit
limiteren limit
limoen lime
limonade lemonade, (priklimonade) fizzy
   lemonade
limousine limousine
linde lime (tree)
lineair linear, lineal ★ ~e vergelijking linear
   equation
linea recta straight
lingerie lingerie, women's underwear
linguïst linguist
linguïstiek linguistics
liniaal ruler
linie • (verwantschap) ★ mannelijke ~ male line
   • (mil.) line (of defences) ▾ over de hele ~ right
   down the line
liniëren line, rule
link I [de] link, connection, relationship ★ een link
   leggen tussen twee voorvallen link two incidents
   II [bnw] sly, cunning, craftly ▾ hij is zo link als
   een looie deur he's as bent as a corkscrew; he's as
   sly/crafty as a fox
linker left, left-hand ▾ met 't ~been uit bed
   stappen get out of bed on the wrong side
linkerhand left hand ▾ hij heeft twee ~en he's all
   fingers and thumbs
linkervleugel left wing
links I [bnw] • (aan de linkerkant) on the left hand
   side • (onhandig) awkward • (pol.) left-wing,
   leftist ★ ~ the left **II** [bijw] • (aan de linkerkant)
   to/on/at the left ★ uiterst ~ rijden drive well to
   the left; (inf.) hug the left ★ ~ stemmen
   vote for the left ▾ iem. ~ laten liggen ignore a
   person
linksaf to the left ★ ~ slaan turn (to the) left
linksback left-back
linksbuiten outside left, left winger
linksdraaiend laevorotatory
linkshandig left-handed
linksom left ★ (mil.) ~ keert! turn... left!
linnen I [het] linen **II** [bnw] linen ★ in ~ band in
   cloth
linnengoed linen
linnenkast linen cupboard
linoleum linoleum
lint ribbon

lintje ribbon, (onderscheiding) decoration
lintjesregen rain of titles (on the monarch's
   birthday), (BE) Birthday Honours (List)
lintworm tapeworm
linze lentil ▾ voor een schotel ~n for a mess of
   pottage
lip lip ★ geen woord kwam over zijn lippen not a
   word passed his lips ★ zij zou het niet over haar
   lippen kunnen krijgen she couldn't bring herself
   to say such a thing ▾ aan iemands lippen hangen
   hang on s.o.'s lips; hang on s.o.'s every word
liplezen I [het] lipreading **II** [onv ww] lip-read,
   read s.o.'s lips
lippencrème lip cream
lippendienst lip-service
lippenstift lipstick
liquidatie liquidation, winding-up,
   (effectenbeurs) settlement ★ bevel tot ~
   winding-up order
liquide liquid ★ ~ middelen liquid assets
liquideren • (opheffen) liquidate, wind up, go into
   liquidation • (uit de weg ruimen) eliminate
   • (afwikkelen) settle
liquiditeit liquid/fluid assets
lire lira [mv: lire]
lis iris, (wilde lis) flag
lispelen I [ov ww] • (fluisteren) lisp **II** [on ww]
   • (slissen) (speak with a) lisp
Lissabon Lisbon
list stratagem, (truc) trick
listig • (slim) clever • (sluw) cunning, crafty
litanie litany
liter litre
literair literary
literatuur literature
literatuurlijst • (boeken) reading list • (lijst
   titels) bibliography
literatuuronderzoek literature search
literatuurwetenschap literary theory
   ★ algemene ~ general literature
literfles litre bottle
lithografie lithography
litotes litotes, understatement
Litouwen Lithuania
litteken scar
littekenweefsel scar tissue
liturgie liturgy
live live ★ liveoptreden live performance
livrei livery
lob • (sport) lob • (med.) lobe
lobbes • (hond) big friendly dog, good natured dog
   • (persoon) good/kind soul ★ een goeie ~ a good
   soul
lobby • (pressiegroep) lobby • (hal) lobby, (hotel
   ook) lounge
lobbyen lobby(ing)
loco-burgemeester deputy mayor
locomotief engine, locomotive
lodderig drowsy
loden I [het] loden **II** [bnw] lead, leaden, (fig.)
   leaden ★ ~ jas loden coat **III** [ov ww] sound, plumb
loeder (man) brute, (vrouw) bitch
loef luff ▾ iem. de loef afsteken outwit a person
loefzijde weather side
loeien • (huilen) howl, whine, (v. sirene) shriek,
   wail, (v. vlammen) roar • (koeiengeluid maken)
   (v. koe) low, (v. stier) bellow
loeihard • (snel) full tilt/speed • (oorverdovend)
   ★ de stereo staat ~ (aan) the stereo is blaring/
   booming
loempia (AE) ≈ egg roll, spring/pancake roll
loens squinting, cross-eyed ▾ hij is ~ he has a cast in

his eye
loensen squint
loep magnifying glass, loupe ▼ onder de loep nemen scrutinize
loepzuiver flawless, faultless
loer ▼ iem. een loer draaien play s.o. a nasty trick
loeren ● (scherp uitkijken) leer (at), spy ● (~ op) ⟨kans⟩ be on the look-out for, ⟨persoon⟩ lie in wait for
lof I [de] ● (lofbetuiging) praise ★ boven alle lof verheven above all praise ★ iem. lof toezwaaien speak highly of s.o. ★ zijn eigen lof verkondigen blow one's own trumpet ★ iemands lof verkondigen sing s.o.'s praises ★ met lof slagen pass with distinction ● (godsdienstoefening) benediction ▼ eigen lof stinkt self-praise is no recommendation **II** [het] chicory
loffelijk laudable ★ ~ spreken over speak in flattering terms of ★ ~ streven laudable persuit
loflied hymn/song of praise
lofrede eulogy
loftrompet ▼ de ~ steken over sound the praises of
loftuiting ⟨words of⟩ praise
lofzang ode ★ een ~ op iem. houden extol s.o.
log I [de] log **II** [bnw] ⟨instrument⟩ unwieldy, ⟨tred⟩ heavy, ⟨wagen⟩ lumbering
logaritme logarithm
logboek log (book)
loge ● (portiershokje) porter's lodge ● (afdeling van vrijmetselaars) (Freemasons') lodge ● (zitplaats) box
logé guest, visitor
logeerbed spare bed
logeerkamer visitor's room, spare room
logement lodging-house
logen steep in lye
logenstraffen give the lie (to s.o.), ⟨hoop⟩ belie
logeren stay, ⟨inf.⟩ stop ★ bij iem. ~ stay with a person ★ blijven ~ stay the night
logger lugger
logica logic
logies accommodation, lodging(s), ⟨scheepv.⟩ living quarters ★ ~ met ontbijt bed and breakfast
logisch logical, rational ★ dat is nogal ~ that is clear; obviously
logistiek I [de] logistics **II** [bnw] logistic
logo logo
logopedie speech therapy
logopedist speech therapist
lok lock
lokaal I [het] room **II** [bnw] local
lokaas bait, ⟨fig.⟩ lure
lokaliseren ● (plaats bepalen) locate ● (tot plaats beperken) localize
lokaliteit room, hall, premises [mv]
***lokatie** (Wdl: locatie) location
loket ● (informatie-/verkooppunt) ⟨in station e.d.⟩ ticket window, booking office, ⟨v. kantoor⟩ counter, ⟨v. schouwburg⟩ booking/box office ● (opbergvakje) pigeon hole, box
lokettist ticket/booking-clerk, ⟨AD⟩ teller, ⟨op postkantoor, bank⟩ counter clerk
lokken ● (aanlokken) entice, lure ● (bekoren) tempt, entice ▼ in de val ~ lure into a trap; trap
lokkertje bait
lokroep call (note)
lokvogel decoy
lol fun, laugh ★ lol maken mess about; fool around ★ voor de lol for fun; for a laugh ★ reuze lol hebben have great fun ★ zij kan haar lol wel op she's in for a tough time; ⟨ironie⟩ she's in for one hell of a mess

lolbroek clown, buffoon, joker
lolletje lark, bit of fun
lollig funny ★ de ~ste thuis the family joker
lolly lollipop
lommerd pawnshop ★ naar de ~ brengen take to the pawnshop; pawn
lomp I [de] rag, tatter **II** [bnw] ● (plomp) ungainly, ⟨schoenen⟩ clumsy ● (onhandig) clumsy ● (onbehouwen) rude
lomperd boor
lom-school remedial school, special school for children with learning and behavioural problems
Londen London
lonen be worth, pay ★ 't loont de moeite it is worth the trouble
long lung
longdrink longdrink
longkanker lung cancer
longontsteking pneumonia
lonken ogle ★ naar iem. ~ ogle a person; to make eyes at a person
lont fuse ▼ lont ruiken smell a rat ▼ de lont in het kruitvat werpen put the spark to the tinder
loochenen deny
lood ● (metaal) lead ● (schietlood) plummet, plumb line ★ uit 't lood out of plumb/true ▼ het is lood om oud ijzer it is six of one and half a dozen of the other ▼ met lood in de schoenen reluctantly ▼ uit het lood geslagen bewildered; unbalanced
loodgieter plumber
loodgrijs leaden/smoky grey
loodlijn ● een ~ oprichten/neerlaten erect/drop a perpendicular
loodrecht perpendicular
loods ● (persoon) pilot ● (keet) shed, ⟨v. vliegtuig⟩ hangar
loodsboot pilot boat
loodsen ● (leiden) pilot, guide ● (scheepv.) pilot
loodsmannetje pilot fish
loodswezen pilot(age) service
loodvergiftiging lead-poisoning
loodvrij lead-free ★ ~e benzine lead-free petrol
loodzwaar leaden, heavy (as lead) ★ die koelkast is ~ this refrigerator weighs a ton
loof foliage
loofboom deciduous tree
loofbos deciduous forest
loofhout hardwood
loog lye
looien tan
looier tanner
look I [de] look **II** [het] allium, ⟨knoflook⟩ garlic
loom ⟨futloos⟩ languid, listless, ⟨markt⟩ dull, ⟨traag⟩ heavy ★ met lome schreden dragging one's feet
loon ● (salaris) wages, pay ★ loon trekken draw wages ★ met behoud van loon with full pay ● (beloning) reward ▼ dat is zijn verdiende loon! it serves him right!
loonadministratie wages administration/records
loonbelasting P.A.Y.E., pay as you earn, income-tax
loondienst paid/salaried employment ★ in ~ zijn bij be employed by; be on the payroll of
looneis wage demand
loongrens ● (grens van het loonbedrag) pay limit ● (welstandsgrens) maximum wage level (for entitlement to national health insurance)
loongroep pay/wage group
loonkosten labour costs
loonlijst payroll

loonpauze *pause in wage movements*
loonpeil *wage level*
loonplafond *wage ceiling, maximum wage*
loonronde *wage round*
loonschaal *scale of wages, pay/wage scale*
 ★ glijdende ~ *sliding scale of wages*
loonstop *wage freeze*
loonstrookje *pay slip*
loonsverhoging *wage/pay rise*
loonsverlaging *wage cut*
loontrekker *wage earner*
loonzakje *pay packet*
loop • (voortgang) *course, development* ★ in de
 loop der jaren *in the course of years* ★ de vrije
 loop laten *give free rein to* ★ het recht moet zijn
 loop hebben *the law must take its course* ★ de
 loop der gebeurtenissen *the course/march of
 events* • (het lopen) *walk, gait,* ⟨hard⟩ *run* ★ op de
 loop gaan *bolt* ★ op de loop zijn *be on the run*
 • (deel van wapen) *barrel*
loopafstand *walking distance* ★ op ~ *within
 walking distance*
loopbaan *career*
loopbrug • (brug) *footbridge* • (loopplank)
 gangway
loopgraaf *trench*
loopje (muz.) *run* ▼ een ~ nemen met *fool a
 person; poke fun at s.th.*
loopjongen *errand boy*
looplamp *inspection lamp*
loopneus *runny nose*
looppas *run, jog* ★ in de ~ *at a jog;* (mil.) *at the
 double*
loopplank (v. schip) *gangway*
loops *in heat*
looptijd *term*
loos • (leeg) *empty* ★ loos gebaar *empty gesture*
 • (onecht) *false* ★ loos alarm *false alarm* • (sluw)
 crafty, sly, cunning ▼ wat is er loos? *what's up?;
 what's going on?*
loot • (scheut) *shoot* • (telg) *(off)shoot,* (form.) *scion*
lopen • (te voet gaan) *walk, go, run* ★ heen en
 weer ~ *pace/walk to and fro* ★ het is een uur ~ *it
 is an hour's walk* ★ af en aan ~ *come and go*
 ★ iem. in de weg ~ *get in s.o.'s way* ★ 't op een ~
 zetten *take to one's heels* • (verlopen) ★ het boek
 loopt goed *the book sells well* ★ het liep heel
 anders *it turned out quite differently* ★ ik zal zien
 hoe het loopt *I'll wait and see* ★ de twist liep
 hoog op *the quarrel ran high* ★ de zaken maar
 laten ~ *let things slide* ★ zij loopt tegen de
 vijftig *she is getting on for fifty* ★ die zaken ~
 over hem *those matters are handled by him* ★ het
 moet gek ~ als hij niet komt *he is sure to come*
 • (zich voortbewegen) ★ de wind liep naar het
 noorden *the wind shifted to the North* • (zich
 uitstrekken) ★ deze weg loopt naar A *this road
 leads/goes to A* ★ de weg liep langs de rivier *the
 road skirted/followed the river* • (functioneren)
 ★ de auto liep 90 mijl per uur *the car was doing
 90 miles an hour* ★ deze auto loopt 1 op 7 *this car
 does 7 kilometres to the litre* • (van kracht zijn)
 ★ dit project loopt over drie jaar *this project will
 take three years to complete* ▼ erin ~ *walk right
 into it* ▼ och, loop heen! *oh, get along with you!*
 ▼ over iets heen ~ *pass lightly over s.th.*
lopend • (voortgang hebbend) ★ ~e schulden
 running debts ★ ~e zaken afdoen *settle current
 affairs* ★ ~e orders *standing orders*
 • (voortbewegend) *running* ★ productie aan de
 ~e band *assembly line production* ★ aan de ~e
 band gemaakt *mass-produced* ★ ~ schrift

running script ★ ~e band *conveyor belt;* ⟨systeem⟩
 assembly-line ▼ zich als een ~ vuurtje
 verbreiden *spread like wild-fire*
loper • (boodschapper) *runner,* ⟨v. bank, e.d.⟩
 messenger • (sleutel) *master key* • (tapijt) *carpet*
 • (schaakstuk) *bishop*
lor • (vod) *rag* ★ een lor (v. een ding) *a dud* • (prul)
 (a piece of) junk ▼ 't kan me geen lor schelen *I
 couldn't care less;* ↓ *I couldn't give a shit*
lord *lord*
lorgnet (pair of) *pince-nez*
lorrie *lorry, trolley*
los • (niet vast) *loose* ★ met de handen los rijden
 ride (with) no hands • (apart) *detachable* ★ los
 geld *loose change* ★ los werkman *casual worker*
 ★ losse lading *bulk cargo* ★ los van al het andere
 apart from everything else ★ los van vooroordeel
 free from prejudice ★ losse aantekeningen *stray
 notes* ★ losse exemplaren *single copies* ★ een losse
 houding *a relaxed attitude* ★ losse stijl *easy style*
 • (ongedwongen) (zeden) *loose, lax* • (niet strak)
 loose, slack ★ met losse teugel *with a loose rein*
 ▼ erop los schieten *blaze away* ▼ hij steelt alles
 wat los en vast zit *he steals everything he can lay
 hands on* ▼ en nu erop los! *now for it!* ▼ erop los
 kopen *buy left, right and centre*
losbandig *lawless, loose, licentious*
losbarsten *break out, burst (out)* ★ in lachen ~
 burst out laughing
losbladig *loose-leaf*
losbol *loose/fast liver*
losbranden *fire/blaze away*
losbreken • (uitbarsten) *burst out* ★ het onweer
 brak los *the thunderstorm broke* • (vrijkomen) ⟨v.
 gevangene⟩ *break out,* ⟨v. touw, e.d.⟩ *break loose*
losgaan *come loose,* ⟨haar⟩ *come undone*
losgeld *ransom*
losgooien *loose,* ⟨v. schip⟩ *cast off*
losjes • (niet vast) *loosely* • (luchthartig) *airily,
 light heartedly* • (luchtig) *loosely*
loskomen • (los raken) *come loose/off,* ⟨vliegtuig
 etc.⟩ *get off the ground* • (zich uiten) *let o.s. go,
 express o.s.* • (vrijkomen) *be set free*
loskopen *buy out, ransom,* ⟨op borgtocht⟩ *bail
 (out)*
loskoppelen *detach, uncouple, disconnect*
loskrijgen • (in bezit krijgen) *secure,* ⟨inf.⟩ *wangle*
 ★ geld van iem. ~ *get money out of s.o.* • (los/vrij
 weten te krijgen) *get loose/undone,* ⟨gevangene⟩
 get released
loslaten I [ov ww] • (vrijlaten) *let loose, set free,*
 ⟨iem. of iets⟩ *let go (of)* ★ laat los! *let go!* ★ laat
 me los! *let go of me!* • (mededelen) ★ hij laat
 niets los *he does not give away anything* • (met
 rust laten) ★ de gedachte liet hem niet los *the
 thought haunted him* II [on ww] • (losgaan) *come
 off/unstuck* ★ de lijm heeft weer losgelaten *the
 glue has come unstuck again*
loslippig *indiscreet*
loslopen *walk about freely,* ⟨v. honden⟩ *run free*
 ▼ dat is te gek om los te lopen *that's too absurd
 for words* ▼ dat zal wel ~ *that is sure to come right*
losmaken • (maken dat iets/iem. los wordt)
 unfasten, ⟨v. boeien⟩ *release,* ⟨v. grond⟩ *loosen,* ⟨v.
 knoop⟩ *untie* ★ ~ van *detach from* ★ zijn veters ~
 untie one's shoelaces ★ zich ~ van *break away
 from* ★ ik kan me niet ~ van het idee *I cannot get
 rid of the idea* • (oproepen) *stir up interest*
losprijs *ransom*
losraken *get loose, come undone,* ⟨v. ijs⟩ *break up*
losrukken *tear loose*
löss *loess*

L

losscheuren I [ov ww] ● (losmaken) tear loose
★ zich ~ tear o.s. away II [on ww] ● (losgaan) be
torn loose
losschieten come loose, become detached
losschroeven unscrew, screw off
lossen ● (uitladen) unload ● (afschieten)
discharge, fire
los-vast half-fastened, (fig.) informal, casual
losweg loosely, carelessly
losweken soak off, (door stoom) steam open
★ zich ~ van de oude omgeving detach o.s. from
one's old milieu
loswerken extract, extricate ★ zich ~ free o.s.
loszitten be loose
lot ● (lotsbestemming) fate, lot ★ zijn lot
verbinden aan throw one's lot in with ★ zijn lot
was bezegeld his fate was sealed ● (loterijbriefje)
(lottery) ticket ★ een lot uit de loterij trekken
draw a lucky number ★ door het lot aanwijzen
appoint/determine by lot
loten I [ov ww] draw lots (for) II [on ww] draw lots
loterij lottery
lotgenoot partner in distress, fellow-sufferer
lotgeval adventure, fortune
loting drawing lots, draw ★ bij ~ aanwijzen
appoint/assign by lot
lotion lotion, wash
lotto lottery
lottoformulier Lotto entry form
lotus lotus
lotuszit lotus position
louche shady, louche
lounge lounge
louter I [bnw] sheer ★ ~ onzin sheer nonsense
II [bijw] only, purely ★ ~ bij toeval by mere chance
louteren purify, chasten
loutering purification, chastening
loven praise, commend ★ iem. om iets prijzen
praise s.o. for s.th.
lover foliage
loyaal loyal
loyaliteit loyalty
lozen ● (ontdoen van) get rid of, dump ★ iem. ~
get rid of s.o. ● (afwateren) drain, empty
lozing draining, discharge
lp LP, album
L **LPG** LPG, LP (Long Playing) gas
lubberen hang loose, slacken ★ uitgelubberd worn
out
lucht ● (atmosfeer) air ★ er zit onweer in de ~
there is a storm brewing ★ in de ~ zijn (v. radio
e.d.) be on the air ★ in de ~ vliegen be blown up
★ in de ~ laten vliegen blow up ● (hemel) sky
★ de ~ betrekt the sky is becoming overcast
● (geur) smell ★ een speurhond ~ geven give
scent to ● (niets) ★ dat is uit de ~ gegrepen that
is without any foundation ★ het kwam plotseling
uit de ~ vallen it appeared out of the blue
● (adem) air ★ naar ~ happen gasp for air ★ ~
krijgen get air ★ er hangt iets in de ~ there's s.th.
brewing ★ dat zit in de ~ it's in the air ▼ men kan
van de ~ niet leven (one) cannot live on air
▼ gebakken ~ hot air
lucht- air-
luchtaanval air attack
luchtafweer anti-aircraft defence(s)
luchtalarm air-raid alarm
luchtballon (hot-air) balloon
luchtband pneumatic tyre
luchtbed air-bed, Lilo
luchtbel air bubble
luchtbrug ● (loopbrug) overhead bridge

● (vliegtuigverbinding) air lift
luchtcirculatie air circulation
luchtdicht airtight
luchtdruk (door lucht uitgeoefend) air pressure,
(m.b.t. dampkring) (atmospheric) pressure
luchten ● (ventileren) air, ventilate ★ het huis ~
air/ventilate the house ● (uiten) vent ★ zijn hart
~ unburden o.s.
luchter ● (kroonluchter) chandelier ● (kandelaar)
candelabrum
luchtfoto aerial photograph
luchtgekoeld air-cooled
luchthartig light-hearted
luchthaven airport
luchtig I [bnw] ● (fris) light ★ ~ gekleed lightly
dressed ● (licht) light, airy ★ ~ gebak light pastry
II [bijw] airy, light-hearted ★ iets ~ opvatten
make light of s.th.
luchtkasteel castle in the air, illusion
★ luchtkastelen bouwen build castles in the air
luchtkoeling air cooling
luchtkoker air shaft
luchtkussen air cushion
luchtlaag layer of air
luchtlandingstroepen airborne troops
luchtledig vacuous, void of air ★ een ruimte ~
maken create a vacuum ★ ~e ruimte vacuum
luchtledige vacuum ★ in het ~ praten speak for
deaf ears
luchtmacht air force
luchtpijp windpipe, (med.) trachea
luchtpost airmail
luchtreclame aerial advertisement
luchtreis flight
luchtruim airspace, (dampkring) atmosphere
luchtschip airship
luchtslag air battle
luchtspiegeling mirage
luchtsprong ★ een ~ maken van vreugde jump
(in the air) for joy
luchtstreek zone
luchtvaart aviation
luchtvaartmaatschappij air line (company)
luchtverdediging air defence
luchtverfrisser air freshener
luchtverkeer air traffic
luchtverontreiniging air pollution
luchtverversing ventilation
luchtvochtigheid humidity
luchtvracht air freight/cargo
luchtweerstand drag, air resistance
luchtwortel aerial root
luchtzak air pocket
luchtziek airsick
lucide lucid
lucifer match
lucratief lucrative
ludiek playful, frivolous
luguber lugubrious
lui I [de] people, folk II [bnw] lazy, idle ★ luie stoel
easy chair ★ hij is liever lui dan moe he was born
tired; he's bone idle
luiaard ● (persoon) lazy-bones ● (dier) sloth
luid loud ★ spreek luider speak up
luiden I [ov ww] ● (geluid maken) ring, (v.
doodsklok) toll II [on ww] ● (klinken) ring, peal
● (behelzen) read, run ★ het antwoord luidt nee
the answer is no
luidkeels at the top of one's voice, loudly
luidruchtig clamorous, noisy
luidspreker loudspeaker
luier nappy, (AE) diaper ★ een schone ~ aandoen

change baby's nappy/diaper
luieren be idle/lazy
luifel porch, ⟨groot⟩ awning
luik ⟨in vloer⟩ trap-door, ⟨v. ruim, e.d.⟩ hatch, ⟨voor raam⟩ shutter
luilak lazybones
luilekkerland ⟨land of⟩ Cockaigne, land of plenty
luim ● ⟨humeur⟩ mood, humour ● ⟨gril⟩ caprice, whim
luipaard leopard
luis louse [mv: lice]
luister lustre ∗ ~ bijzetten aan add lustre to
luisteraar listener
luisterdichtheid listening ratings
luisteren ● ⟨gehoorzamen⟩ listen ∗ ~ naar 't roer ~ respond to the helm ● ⟨toehoren⟩ listen ⟨to⟩, ⟨afluisteren⟩ eavesdrop ∗ ~ of men ook geluid hoort listen for a sound ● ⟨~ naar⟩ ∗ ~ naar de naam van answer to the name of ∗ dat luistert nauw it requires great precision
luistergeld radio/TV licence fee
luisterlied chanson
luisterrijk glorious, magnificent
luistervaardigheid listening comprehension
luistervink eavesdropper
luit lute
luitenant ∗ eerste ~ lieutenant ∗ tweede ~ second lieutenant
luitenant-generaal lieutenant-general
luitenant-kolonel ⟨luchtmacht⟩ wing commander
luitjes people, folk ∗ de mazzel, ~! see you later, gang!
luiwagen scrubbing-brush
luiwammes lazybones
luizen louse ∗ iem. erin ~ trick s.o. into s.th.; take s.o. for a ride
luizenbaan soft/easy job
lukken succeed
lukraak I [bnw] random, haphazard **II** [bijw] haphazardly
lul ● ⟨penis⟩ cock, prick ∗ een stijve lul hebben have a hard-on ● ⟨persoon⟩ sod, prick
lulkoek bullshit, rot, † twaddle, hot air
lullen ⟨talk⟩ bullshit
lullig ● ⟨klungelig⟩ shitty ∗ het is een ~ gezicht it looks stupid ● ⟨onaangenaam⟩ rotten, shitty, lousy ∗ doe niet zo ~ don't be a jerk/idiot
lumineus ∗ een ~ idee a brain wave; a splendid idea
lummel lout, oaf
lummelen hang about
lummelig loutish, oafish
lunapark fun-fair
lunch lunch⟨eon⟩
lunchconcert lunch⟨eon⟩ concert
lunchen lunch, have lunch
lunchpakket packed lunch
lunchroom tearoom
luren ∗ iem. in de ~ leggen take s.o. in; take s.o. for a ride
lurken suck noisily
lurven ∗ iem. bij de ~ pakken have s.o. by the short and curlies
lus loop, ⟨in tram⟩ strap, ⟨v. touw⟩ noose
lust ● ⟨zin⟩ desire ● ⟨verlangen⟩ desire, interest ∗ tijd en lust ontbreken haar she has neither the time nor the energy ∗ ik heb grote lust om I've a great mind to ● ⟨plezier⟩ delight ∗ een lust voor de ogen it is a feast for the eyes ∗ werken dat 't een lust is work with a will ∗ het is zijn lust en zijn leven it's his ruling passion ∗ het beneemt

me alle lust it takes away all my pleasure ● ⟨wellust⟩ lust ∗ wel de lusten en niet de lasten willen dragen want to have the fun but not the trouble
lusteloos listless
lusten like, enjoy ∗ ik zou wel een sigaretje ~ I could do with a cigarette ∗ ik lust niet meer I can't eat any more ∗ ik lust hem rauw! let me just get my hands on him! ∗ hij zal ervan ~ he'll catch it ∗ iem. ervan laten ~ take it out on a person
lusthof ● ⟨tuin⟩ pleasure garden ● ⟨paradijs⟩ ⟨garden of⟩ Eden
lustig ● ⟨monter⟩ cheerful ● ⟨flink⟩ lusty ∗ zij praatte er ~ op los she talked away lustily
lustmoord sex murder
lustmoordenaar sex murderer
lustobject sex object
lustrum ● ⟨viering⟩ fifth, etc., anniversary ● ⟨vijfjarig bestaan⟩ lustrum
luthers Lutheran
luttel little, few ∗ voor het ~e bedrag van twaalf gulden for a paltry/measly sum of twelve guilders
luw ● ⟨uit de wind⟩ sheltered ● ⟨vrij warm⟩ warm
luwen ⟨v. ijver⟩ flag, ⟨v. vriendschap⟩ cool down, ⟨v. wind, boosheid⟩ die down
luwte lee, shelter ∗ in de ~ van in/under the lee of
luxaflex ® venetian blind(s)
luxe luxury
Luxemburg Luxemburg
Luxemburger Luxemburger ∗ een Luxemburgse a Luxemburger woman
Luxemburgs I [het] Luxemburgian **II** [bnw] Luxemburgian
luxueus sumptuous, luxurious
lyceïst ⟨AE⟩ ≈ high school student, grammar school student/pupil
lyceum ⟨AE⟩ ≈ high school, grammar school
lychee litchi, lychee
lymfeklier lymph node/gland
lynchen lynch
lynx lynx
lyriek lyric poetry
lyrisch lyric(al)

L

M

m (the letter) M/m

ma mum, mummy, mama

maag stomach, (inf.) tummy ▾ zwaar op de maag liggen lie heavy on the stomach ▾ iem. iets in zijn maag splitsen palm s.th. off on a person ▾ hij zat ermee in zijn maag he did not know what to do about it; (met goederen) he was saddled with them

maagbloeding gastric h(a)emorrhage

maagd ● (sterrenbeeld) the Virgin, (astrol.) Virgo ● (vrouw) virgin ★ de Heilige Maagd the Virgin

maagdelijk ● (van een maagd) virginal ● (zuiver) virgin(al) ★ ~ gebied virgin territory

maagdelijkheid virginity, maidenhood

maagdenvlies hymen, maidenhead

maagklacht stomach disorder ★ ~en hebben have a stomach complaint

maagkwaal stomach-complaint

maagpatiënt gastric patient ★ zij is een ~ she has stomach trouble

maagpijn stomachache, (inf.) tummy-ache

maagsap gastric juice

maagvulling s.th. to fill/fill one's stomach

maagwand stomach wall

maagzuur gastric acid, stomach acid

maagzweer gastric ulcer

maaien mow, (v. gras) cut, (v. koren) reap

maaier mower, reaper

maaimachine mowing-machine, (voor grasveld) lawnmower, (voor koren) reaping-machine

maak be under repair/construction ★ in de maak zijn (nieuw maken) be in the making

maakbaar feasible ★ dat was een maakbare bal that was a genuine chance

maakloon cost of making

maaksel ● (product) product ● (manier waarop iets gemaakt is) make, manufacture

maakwerk work made to order

maal I [de] time ★ te enen male onmogelijk utterly impossible ★ twee maal drie is zes twice three is six; two times three is six ★ lengte maal breedte length times/by width **II** [het] meal, (v. dier) feed ★ een stevig maal a square meal

maalstroom whirlpool, maelstrom, (fig.) vortex

maalteken multiplication sign

maaltijd meal ★ aan de ~ zijn be at table

maan moon ▾ volle maan full moon ▾ loop naar de maan! go to the devil! ▾ naar de maan gaan be ruined

maand month ★ de 15e dezer ~ the 15th inst.

maandabonnement (v. krant) monthly subscription, (v. trein) monthly season ticket

maandag Monday ▾ een blauwe ~ a short while

maandags I [bnw] Monday ★ de ~e post the Monday mail **II** [bijw] on Mondays

maandblad monthly (review/magazine)

maandelijks monthly

maandenlang for months (on end), months long

maandgeld monthly pay/allowance

maandkaart (BD monthly (season) ticket, (AE) (monthly) commutation ticket

maandsalaris monthly salary

maandverband sanitary towel

maanlander lunar module

maanlanding landing on the moon

maanlicht moonlight

maansverduistering eclipse of the moon

maanzaad poppyseed

maar I [het] but ★ geen maren no buts **II** [bijw]

● (slechts) but, only ★ als ik maar kon if only I could ★ zo snel als hij maar kon as fast as ever he could ★ maar al te duidelijk only too clear ★ maar net only just ● (toch) only, just ★ dat gaat zo maar niet you can't do a thing like that ★ hij komt maar al te graag he'd be only too happy to come ★ ze lachte maar she laughed and laughed ★ was Jan maar hier if only John were here ★ wist ik het maar if only I knew ★ zij weet het maar al te goed she knows only too well ★ wacht maar! just wait! ★ (waarom deed je dat?) zo maar! for no reason at all!; because! **III** [vw] but ★ ik had het je willen zeggen, maar ... I would have told you, but ... ★ maar ja, wat kun je ermee doen? but then, what can you do with it?

maarschalk marshal

maart March ▾ ~ roert zijn staart March brings gales

maarts (of) March ★ ~e buien ≈ April showers

maas mesh, (v. wet) loophole

Maas Meuse

maat ● (makker) mate, comrade, (inf.) chum ★ dikke maat(je)s great pals ● (meeteenheid) ★ maten en gewichten weights and measures ● (iets waarmee men meet) measure ★ met twee maten meten measure by two standards ● (afmeting) measure, (v. kleding) size ★ iem. de maat nemen take s.o.'s measure ★ op maat gemaakt made to measure ★ kleine/grote maat small/large size ★ hij heeft een kleine maat schoenen he takes a small size in shoes ★ schoenen in extra grote maten outsize shoes ● (gematigdheid) ★ maat houden keep within bounds ★ met mate in moderation ★ hij weet geen maat te houden he does not know when to stop; he does not know where to draw the line ★ alles met mate everything in reason ● (muz.) measure, time, (op muziekbalk) bar ★ uit de maat out of time ★ de maat slaan beat time ★ maat houden keep time ★ in de maat in time ★ op de maat der muziek in time to the music ★ de eerste maat the first bar ▾ in hoge mate in a large measure; to a degree; highly ▾ in de hoogste mate in the extreme ▾ in meerdere of mindere mate more or less; to a greater or lesser extent ▾ de maat is vol the cup is full

maatbeker measuring cup/jug

maatgevend decisive

maatgevoel sense of rhythm

maatglas measuring-glass, (chem.) graduated cylinder

maathouden keep time, draw the line

maatje ● (vriend) mate, chum ★ goede ~s zijn be the best of friends ● (deciliter) decilitre

maatjesharing raw herring

maatkleding made-to-measure clothes, tailor-made clothes

maatkostuum suit to measure

maatregel measure ★ Algemene Maatregel van Bestuur Order in Council

maatschap partnership

maatschappelijk social ★ ~ werk social/welfare work ★ ~ werker welfare/social worker

maatschappij ● (samenleving) society ● (genootschap) society, (handel) company

maatschappijleer social science

maatstaf standard, norm ★ een ~ aanleggen apply a standard ★ naar die ~ by that standard

maatstok ● (meetlat) rule, measure, measuring-rod ● (dirigeerstok) baton

maatstreep graduation, (muz.) bar(-line), (AE) measure

maatwerk *goods made to measure*
macaber *macabre*
macadam *macadam*
macaroni *macaroni*
Macau *Macau*
Macedonië *Macedonia*
Macedoniër *Macedonian* * *een Macedonische a Macedonian woman*
Macedonisch *Macedonian*
mach *Mach* * *getal van mach Mach (number)* * *twee mach vliegen fly at Mach two*
machinaal ● *(met machines) mechanical* * *~ vervaardigd machine-made* * *het gaat ~ it is mechanized* ● *(werktuiglijk) mechanical*
machinatie *machination*
machine *machine*
machinebankwerker *engineering fitter*
machinegeweer *machinegun*
machinekamer *engine-room*
machinepark *machinery*
machinepistool *submachine gun*
machinerie *machinery, (fig.) machine*
machinist *engine driver, (v. schip) (ship's) engineer, (v. trein) driver*
macho *macho*
macht ● *(vermogen) power, might* * *bij ~e able* * *boven mijn ~ above my strength* * *buiten mijn ~ beyond my control* * *ik heb het niet in mijn ~ it is not in my power* * *met/uit alle ~ with might and main* ● *(heerschappij) power, authority* * *in zijn ~ krijgen get into one's power; get a hold on* * *de ~ in handen hebben be in power* * *(een partij) aan de ~ brengen lead (a party) into power* * *hij verloor de ~ over het stuur he lost control of the car; the car went out of control* * *uit de ouderlijke ~ ontzetten deprive of parental rights* ● *(leger) force(s)* * *de gewapende ~ the armed forces* ● *(gezag) dominion, power* * *wereldlijke/geestelijke ~ temporal/spiritual power* ● *(wisk.) power* * *tot de n-de ~ verheffen raise to the nth power/degree* ▼ *de ~ der gewoonte the force of habit*
machteloos *powerless, helpless*
machthebber ● *(persoon met macht) ruler, man in power* ● *(gevolmachtigde) attorney*
machtig I [bnw] *(veel macht hebbend) powerful, mighty, tremendous* ● *(beheersend) competent in* * *ik ben die taal niet ~ I have not mastered that language* ● *(moeilijk te verteren) rich, filling* ● *(indrukwekkend) tremendous, enormous* * *een ~e menigte was op de been an enormous crowd was milling about* * *het was een ~ schouwspel it was a tremendous spectacle* * *dat is mij te ~ that's too much for me; that's more than I can bare* ▼ *het werd haar te ~ she was overcome by her feelings; she was swamped by emotion* **II** [bijw] *powerfully* * *(inf.) ~ mooi mighty fine*
machtigen *authorize*
machtiging *authorization* * *~ verlenen authorize*
machtsevenwicht *balance of power*
machtsmiddel *weapon, means of power*
machtsmisbruik *abuse of power*
machtspositie *position of power*
machtsstrijd *power struggle*
machtsverheffen *raise to a higher power*
machtsverheffing *involution*
machtsverhouding *balance of power*
machtsvertoon *display of power*
machtswellust *lust for power*
macramé *macramé*

macrobiotiek *macrobiotics*
macrobiotisch *macrobiotic*
macrokosmos *macrocosm*
Madagaskar *Madagascar*
madam ● *(bordeelhoudster) madam* ● *(vrouw) (pej.) woman, (iron.) lady*
made *maggot, grub*
madeliefje *daisy*
madera *Madeira*
madonna *Madonna*
Madrid *Madrid*
madrigaal *madrigal*
maf *nuts, crackers, crazy*
maffen * *~ gaan – hit the sack/hay; turn in*
maffia *Mafia, (maffia-achtige groepen) mafia* * *drugs~ drug mafia*
mafkees *nut, goofball*
magazijn ● *(opslagplaats) warehouse, storehouse* ● *(winkel) department store, (AE) store(s)* ● *(patroonruimte van geweer) magazine*
magazijnbediende *store-man, (AE) warehouse-clerk*
magazijnmeester *storekeeper*
magazine ● *(tijdschrift) magazine, (maandblad) monthly, (weekblad) weekly* ● *(rubriek) current affairs*
mager ● *(dun) thin, slim* * *zo ~ als een lat as thin as a rake* * *~ worden get/grow thin; lose flesh* ● *(pover) feeble, poor* * *~ resultaat poor result* ● *(niet vet) lean, meagre, (v. vlees) lean* * *~e kaas/melk low fat cheese/milk* * *~e jaren lean years*
magertjes *thin, lean* * *de opkomst vanavond was een beetje ~ the turnout was a bit thin tonight*
maggiblokje ® *stock cube*
magie *magic*
magiër *magician*
magisch *magic(al)*
magistraal *masterly*
magistraat *magistrate*
magistratuur *magistracy*
magma *magma*
magnaat *magnate, (inf.) tycoon*
magneet *magnet, (v. motor) magneto*
magneetnaald *magnetic needle*
magneetschijf *magnetic disk*
magnesium *magnesium*
magnetisch *magnetic*
magnetiseren *magnetize*
magnetiseur *mesmerist*
magnetisme *magnetism*
magnetron *microwave*
magnifiek *magnificent*
magnolia *magnolia*
mahonie I [het] *mahogany* **II** [bnw] *mahogany*
mailing *mailing*
maillot *tights, panty hose*
maïs *maize, (AE) (sweet) corn*
maïskolf *maize-ear, corncob*
maisonnette *maison(n)ette*
maîtresse *mistress*
maïzena *cornflour, maizena*
majesteit *majesty*
majesteitsschennis *lèse-majesté, lese-majesty*
majestueus *majestic*
majeur *major*
majoor *major*
majordomus *major-domo*
majorette *(drum) majorette, marching-girl*
majuskel *majuscule, capital (letter)*
mak *tame, gentle* * *zo mak als een schaap as quiet as a lamb*

M

makelaar broker ∗ ~ in effecten stockbroker ∗ ~ in vaste goederen (real) estate agent
makelaardij ● (bedrijf) estate/house agent ● (beroep) brokerage
makelaarsloon estate agent's fee, (formeel) brokerage
makelij make
maken ● (doen ontstaan) render, make ∗ ik zal het wel goed met haar ~ I'll make it all right with her ∗ we moeten ervan ~ wat we kunnen we must do the best we can ∗ hij maakte er maar wat van he made a poor job of it ● (vervaardigen) make ● (herstellen) repair, mend ● (doen) do ∗ je hebt het er naar gemaakt you have only yourself to blame ● het maakt niets uit it makes no difference; it does not matter ● (verkrijgen) make, earn ∗ veel geld ~ make a lot of money ● (veroorzaken) ∗ iem. aan het lachen ~ make a person laugh ▼ hij zal het niet lang meer ~ he won't last much longer ▼ hoe maak je het? how are you doing? ▼ ik maak het goed I'm (doing) well ▼ sommen/opdrachten ~ do sums/exercises ▼ maak dat je weg komt! get out! ▼ hij kan me niets – he cannot touch me ▼ je hebt hier niets te – you have no business here ▼ hij kan je – en breken he can make mincemeat of you; he can run/make rings round you ▼ wat heeft zij ermee te – where does she come in? ▼ daar heb ik niets mee te – that's none of my business; I've nothing to do with that ▼ ik wil niets meer met hem te – hebben I want nothing more to do with him; (AE) I'm through with him ▼ ik wil niets meer met die zaak te ~ hebben I wash my hands of the whole affair
maker (v. boek) author, (v. kunstwerk) artist
make-up make-up
makker comrade, mate
makkie piece of cake ∗ ik heb een ~ vandaag I've got an easy job today
makreel mackerel
mal I [de] mould **II** [bnw] foolish, silly ∗ ben je mal! don't be silly! ∗ doe niet zo mal don't be so silly
malafide in bad faith, (jur.) mala fide
malaise slump, depression
malaria malaria
Malawi Malawi
Maledïven Maldive Islands, Maldives
Maleis Malay(an)
Maleisië Malaysia
malen I [ov ww] ● (fijnmalen) grind **II** [on ww] ● (piekeren) worry, care ∗ wat maal ik erom? what do I care? ∗ dat maalt mij steeds door 't hoofd it keeps running in my head ● (raaskallen) ∗ aan 't ~ zijn be off one's rocker
Mali Mali
maliënkolder coat of mail
maling ▼ ik heb ~ aan hem he may go hang ▼ iem. in de ~ nemen make a fool of a person; pull s.o.'s leg
mallemoer ▼ die fiets is naar z'n ~ that bicycle is destroyed ∗ het interesseert me geen ~ it doesn't interest me a damn bit
mallemolen merry-go-round
malligheid nonsense, rubbish, tosh
malloot idiot
mals (v. regen) soft, (v. vlees) tender, (v. weide) lush ∗ hij is lang niet mals he is very severe
Malta Malta
maltraiteren maltreat, mistreat, abuse
malversatie malversation
mam ● (mamma) (BE) Mum(my), (AE) Mom(my)

● (borstklier) mamma
mama mama
mammoet mammoth
mammoettanker super tanker
mammon mammon, mammon ∗ de ~ dienen serve Mammon
man ● (mannelijk persoon) man ∗ gevecht van man tegen man hand-to-hand fight ● (mens) person ∗ als één man as one man ∗ op de man af point-blank ∗ hij is er de man niet naar om ... he's not the sort of man who would ... ∗ tot de laatste man to a man ∗ goederen aan de man brengen sell goods ∗ hij staat zijn mannetje he can hold his own ∗ hij heeft zijn man gevonden he has found his match ∗ met man en muis with all hands ∗ met man en macht with might and main ∗ zoveel per man so much a head ● (echtgenoot) husband ∗ een dochter aan de man brengen marry off a daughter ▼ een man een man, een woord een woord a bargain's a bargain! ▼ een man uit één stuk a sound man
management management
manager manager
manche (sport) heat, (whist) game
manchet cuff
manchetknoop link, cuff link
manco (gebrek) shortcoming, (m.b.t. gewicht) short weight, (m.b.t. maat) short measure, (wat ontbreekt) deficit, shortage
mand basket, pannier ▼ door de mand vallen make a clean breast of it
mandaat ● (volmacht) power of attorney, (tot betaling) pay-warrant ∗ iem. een blanco ~ geven give a person a free hand ● (opdracht) mandate ∗ zijn ~ neerleggen resign ∗ een bindend ~ meekrijgen receive a binding mandate
mandarijn ● (vrucht) mandarin, tangerine ● (Chinese staatsambtenaar) mandarin
mandekking man-to-man marking
mandoline mandolin
manege riding-school, manège
manen I [de] mane **II** [ov ww] ● (herinneren) dun ∗ iem. om geld ~ dun s.o. for money ● (aansporen) urge ∗ dit maant tot voorzichtigheid this requires caution
maneschijn moonlight
mangaan manganese
mangat manhole
mangel mangle, wringer ▼ iem. door de ~ halen put s.o. through the wringer
mangelen mangle
mango mango
mangrove mangrove
manhaftig manly
maniak maniac, fiend
maniakaal fanatical, maniacal
manicure ● (handverzorger) manicurist ● (handverzorging) manicure
manicuren manicure
manie mania, rage, craze, fad
manier (wijze) manner, fashion, way ∗ op de een of andere ~ somehow; one way or (an)other ∗ op deze ~ in this way ∗ dat is geen ~ van doen that is not the way you mean ∗ oh, op zo'n ~ ah, I see what you mean ∗ ~ van doen manner ∗ op zijn ~ after his fashion ∗ op alle mogelijke ~en in every ⌐⌐⌐ible way ● (omgangsvormen) manner ∗⌐ ij heeft geen ~en she has no manners ∗ dat zijn geen ~en! what kind of behaviour is that!
maniërisme mannerism

maniertje • (foefje) trick, knack
  • (gekunsteldheid) air * ~s hebben have an air
manifest I [het] • (verklaring) manifesto
  • (scheepv.) manifest **II** [bnw] manifest
manifestatie demonstration
manifesteren I [ov ww] • (kenbaar maken)
  manifest * zich kenbaar maken manifest o.s.
  II [on ww] • (betoging houden) demonstrate
manipuleren manipulate
manisch manic * ~-depressief manic-depressive
manjaar man-year
mank lame, crippled * hij loopt mank he is lame;
  he has a limp v de vergelijking gaat mank the
  comparison is faulty; the comparison does not go
  on all fours
mankement defect, fault * ~ aan de motor
  engine trouble
mankeren • (ontbreken) be missing, be absent
  * er mankeert een gulden aan there is a guilder
  short * dat mankeerde er nog maar aan! that's
  all I/we needed! * (schelen) be wrong, be the
  matter * wat mankeert je? what's the matter
  with you?; what's up with you? * ik mankeer
  niets I'm all right; I'm fine * we komen zonder ~
  we'll be there without fail; we'll be there, never fear
mankracht manpower, (manual) labour
manmoedig manly, manfully
mannelijk • (niet vrouwelijk) male • (als van een
  man) masculine, (flink) manly • een ~ gezicht a
  masculine face • (taalk.) masculine
mannengek trouser-chaser, man-chaser * zij is
  een ~ she is man-crazy
mannenkoor male (voice) choir, men's choir
mannentaal strong language * dat is ~! spoken
  like a man!
mannequin mannequin
mannetje • (kleine man) little fellow/man
  • (dier) male, (v. hert) stag, (v. knaagdieren)
  buck, (v. runderen) bull * ~ en wijfje male and
  female v ~ aan ~ shoulder to shoulder
mannetjesputter • (man) he-man, tough guy
  • (manwijf) she-man
manoeuvre manoeuvre
manoeuvreren manoeuvre
manometer pressure gauge, manometer
mans * ik ben mans genoeg om... I am man
  enough to...
manschappen (mil.) men, (v. marine) (naval)
  ratings
manshoog man-size(d)
manspersoon male, man
mantel jacket, (damesmantel) coat, (zonder
  mouwen) cloak • onder de ~ van under the cover/
  cloak of v iem. de ~ uitvegen give s.o. a good
  dressing down v iets met de ~ der liefde
  bedekken draw a veil over s.th.
mantelpak coat and skirt, lady's suit
manueel manual
manufacturen drapery, dry goods
manuscript manuscript
manusje-van-alles jack of all trades, factotum
manuur man-hour
manwijf she-man, (form.) virago
manziek man-mad * zij is ~ she is a
  nymphomaniac
map (schrijfmap) writing case, (voor brieven)
  folder, (voor tekeningen) portfolio
maquette model
maraboe marabou
marathon marathon
marathonzitting extended meeting, marathon
  session

marchanderen bargain, haggle
marcheren march v de zaak marcheert prachtig
  things are going on swimmingly
marconist wireless operator
mare • (bericht) report, tidings • (gerucht)
  rumours
marechaussee military police
maren raise objections * altijd iets te ~ hebben
  always having objections * geen gemaar no buts
maretak mistletoe
margarine margarine, (inf.) marge
marge margin
marginaal marginal
margriet oxeye daisy, marguerite
Maria Maria, Mary
marihuana marihuana, (inf.) pot, grass
marinade marinade
marine navy, (deel v. samenstelling) naval
marinebasis naval base
marineblauw navy blue
marineren marinate, marinade
marinier marine v korps ~s marine corps
marionet marionette, puppet
marionettenregering puppet regime/
  government
maritiem maritime
marjolein marjoram
markant striking, outstanding
markeren mark
marketing marketing
markies • (edelman) marquis, marquess
  • (zonnescherm) awning
markt • (verkoopplaats) market • (handel) • de ~
  bederven spoil the market • op de ~ gooien
  launch on the market • (marktprijs) • onder de ~
  verkopen sell below market price(s); undersell
  • (afzetmogelijkheid) market v hij is van alle
  ~en thuis he can turn his hand to anything
marktaandeel market sector
marktkoopman market vendor
marktkraam (market) stall
marktleider market leader
marktmechanisme market forces, free market
marktonderzoek market research
marktprijs market price, market rate
marktverkenning market(ing) research
marktwaarde market-value
marmelade marmalade
marmer marble
marmeren I [bnw] marble **II** [ov ww] marble,
  grain
marmot marmot, woodchuck, (kleine marmot)
  guinea-pig v slapen als een ~ sleep like a log
Marokkaan Moroccan v een ~se a Moroccan
  woman
Marokko Morocco
mars I [de] • (voettocht) march * op mars gaan
  march; set out • (muz.) march v hij heeft niet
  veel in zijn mars he isn't much good v zij heeft
  heel wat in haar mars she has a good headpiece
  II [tw] * mars!, weg! away with you!
Mars Mars
Marsbewoner Martian
marsepein marzipan
Marshalleilanden Marshall Islands
marskramer pedlar, hawker
marsmannetje (fig.) martian
marsorder marching-orders
martelaar martyr
martelaarschap martyrdom
marteldood martyrdom * de ~ sterven suffer
  martyrdom; die a martyr's death

M

martelen • (tobben) torment, torture • (folteren) torture ★ iem. dood~ torture s.o. to death
martelgang agony
marteling torture, torment
marteltuig instrument(s) of torture
marter marten
martiaal martial
marxisme Marxism
marxist Marxist
marxistisch Marxist
mascara mascara
mascotte mascot
masker mask, ⟨bij schermen⟩ face-guard ★ iem. 't ~ afrukken unmask a person ★ onder 't ~ van under the cloak of
maskerade masquerade
maskeren mask, hide
masochisme masochism
masochist masochist
masochistisch masochistic
massa • (grote hoeveelheid) mass, loads ★ bij ~'s in large quantities ★ een ~ dingen loads of things, a lot of things, a mass of things ★ een ~ geld pots of money ★ een ~ water tons of water, a mass of water ★ een ~ fouten piles of errors • (volk) mass, crowd ★ de (grote) ~ the masses ★ met de ~ meedoen follow the crowd • (nat.) mass ★ inerte ~ dead-weight
massaal • (een groot geheel vormend) ⟨v. gebouw, e.d.⟩ massive, ⟨vernietiging⟩ wholesale • (in massa) massive ★ massale aanval mass attack ★ zij schaarden zich ~ achter hem they rallied solidly behind him
massacommunicatie mass communication
massacultuur popular culture
massage massage
massagraf mass grave
massamedium mass medium
massamoord mass murder
massaproductie mass production
massaregie direction of crowd scenes
masseren massage
masseur masseur
massief • (niet hol) solid • (stevig) massive
mast • (paal) mast, ⟨voor hoogspanningskabels, e.d.⟩ pylon • (scheepsmast) mast ★ vóór de mast before the mast
masturbatie masturbation, onanism
masturberen masturbate
mat I [de] • (kleed) door-mat, mat • (schaakmat) mate ★ je staat mat (check)mate! ★ ondekbaar mat forced mate **II** [bnw] • (dof) ⟨v. glas⟩ non-reflective/frosted glass, ⟨v. goud⟩ mat, ⟨v. licht⟩ dim, ⟨v. ogen, kleur⟩ dull, ⟨v. stem⟩ flat • (moe) weary, languid
matador • (uitblinker) crack (at/in), past master (in) • (stierenvechter) matador
mate measure
mateloos unlimited
materiaal • (stof) material(s) • (benodigdheden) material
materialisme materialism
materialist materialist
materialistisch materialistic
materie matter
materieel I [het] materials ★ rollend ~ rolling-stock **II** [bnw] material
matglanzend mat(-finished)
matglas frosted glass
matheid • (dofheid) dullness • (vermoeidheid) lethargy, weariness
mathematicus mathematician

mathematisch mathematical
matig • (sober) moderate • (middelmatig) moderate, mediocre ★ hij vond het maar ~ he did not think much of it; he was none too pleased about it
matigen • (intomen) moderate • (verzachten) mitigate
matiging moderation, mitigation
matinee matinée
matje table-mat ▼ iem. op het ~ roepen have s.o. on the carpet; tell s.o. off
matras mattress
matriarchaal matriarchal
matriarchaat matriarchy
matrijs matrix
matrix matrix [mv: matrices/-xes]
matrixprinter matrix/dot printer
matrone matron
matroos sailor ★ licht ~ ordinary seaman ★ vol ~ able-bodied seaman ★ ~ 1e klas leading seaman
matrozenpak sailor suit
matse matzo(th)
matsen fix, lend a (helping) hand, ⟨m.b.t. baantje⟩ wangle ★ ik heb hem gematst I did him a favour; I helped him out ★ ik zal je wel ~ I'll wangle it for you
matten I [ov ww] • (met matten beleggen) cane ★ stoelen ~ cane chairs **II** [on ww] • (vechten) fight ★ wou je ~? are you looking for trouble?
mattenklopper carpet-beater
Mauritanië Mauritania
Mauritius Mauritius
mausoleum mausoleum
mauve mauve
mauwen mew
mavo General Secondary Education
maxi-jurk maxi(-dress)
maximaal I [bnw] maximum, top **II** [bijw] at most
maximaliseren maximize
maximum maximum ★ hij staat op zijn ~ he is on/at his maximum
maximumsnelheid ⟨toegestaan⟩ speed limit, ⟨v. voertuig⟩ top speed
mayonaise mayonnaise
mazelen measles
mazen darn
mazzel stroke/piece of luck ★ de ~! catch you later!
mazzelen be in luck
mbo Senior Secondary Vocational Education
me me ★ dat is me een toestand that's what I call a mess
ME riot police, ≈ Special Patrol Group, SPG
meander meander
meao Senior Secondary Commercial Education
mecanicien mechanic
mecenaat patronage
mecenas Maecenas
mechanica mechanics
mechaniek mechanism, ⟨v. geweer, piano, instrument⟩ action ★ speelgoed met ~ clockwork toys
mechanisch mechanical
mechaniseren mechanize
mechanisme mechanism, ⟨v. geweer, piano, instrument⟩ action
medaille medal, medallion
medaillon locket
mede also ★ mede namens mijn man also on behalf of my husband ★ mede mogelijk gemaakt door sponsored by
mede- co-, joint
medebeslissingsrecht right of consultation

medeburger *fellow citizen*
medeelzaam *communicative* ★ ~ worden *expand*
mededeling *(piece of) information, announcement* ★ een ~ doen *make an announcement*
mededelingenbord *notice board*
mededinger *rival*, ⟨sport⟩ *competitor*
mededinging *competition*
mededogen *compassion*
medeklinker *consonant*
medeleven *sympathy* ★ ons ~ gaat uit naar ... *our sympathy lies with ...* ★ iem. ~ betonen met het overlijden van ... *express sympathy to s.o. on the loss of ...*; *condole s.o. on the loss of ...*
medelijden *pity, compassion* ★ om ~ mee te hebben *pitiable* ★ ~ hebben met *have pity on* ★ uit ~ *out of pity (for)*
medelijdend *compassionate*
medemens *fellow-man*
medemenselijkheid *humanity, solidarity* ★ iem. uit ~ helpen *help s.o. out of solidarity*
medeplichtig *accessory (to)*
medeplichtige *accomplice*, ⟨bij echtscheidingsproces⟩ *co-respondent*
medestander *supporter*
medewerker *co-worker, fellow-worker*, ⟨aan tijdschrift⟩ *contributor*
medewerking ● (het meewerken) *co-operation, collaboration* ● (hulp) *assistance* ★ met ~ van *with the assistance/co-operation of; assisted by*
medeweten ★ met ~ van *with the knowledge of*
medezeggenschap *workers' participation* ★ ~ hebben *have a voice/say in the matter*
media *media* ★ aandacht van/in de ~ *media coverage*
mediatheek *multimedia centre*
medicament *medicament, medicine*
medicatie *medication*
medicijnflesje *medicine bottle*
medicijnkastje *medicine chest*
medicijnman *medicine-man*
medicinaal *medicinal*
medicus *medical man, doctor, physician*
mediëvistiek *medieval studies*
medio *in the middle of, mid-* ★ ~ september *in mid-September*
medisch *medical* ★ ~ adviseur *medical adviser*
meditatie *meditation*
mediteren *meditate*
mediterraan *Mediterranean*
medium *medium*
mee ⟨met, samen⟩ *(with)* ★ hij gaat met ons mee *he'll join us* ★ daar spreekt u mee *speaking* ★ dat heeft er totaal niets mee te maken *that has nothing to do with it whatsoever* ★ dat kan er nog net mee door *it'll just about do* ★ ⟨ten gunste⟩ ★ de wind mee hebben *have a tail wind*; ⟨fig.⟩ *ride on the crest of the wave* ★ zij heeft alles mee *she has got every advantage* ★ het zit ons niet mee *things aren't going our way*
meebrengen ● (meenemen) *bring along/around* ● (inherent zijn aan) *involve, entail* ★ de problemen die dit met zich meebracht *the problems ensuing/resulting from this*
medeelen I ⟨ov ww⟩ ● (laten weten) *inform (of), let know*, ⟨form.⟩ *notify* ★ iem. iets voorzichtig ~ *break the news to s.o. gently* ★ tot onze spijt moeten wij u ~ *we regret to inform you* ★ hierbij deel ik u mee dat ... *I am writing to inform you that ...* II ⟨on ww⟩ ● (deel hebben) *share (in), participate (in)* ★ iem. laten ~ *give s.o. a share of*

meedingen ★ ~ naar de wereldcup *compete for the World Cup*
meedoen *join (in)*, ⟨aan examen⟩ *go in for*, ⟨aan race⟩ *compete* ★ niet ~ *opt out*; *stand out* ★ ik doe mee *I'm on*
meedogend *compassionate*
meedogenloos *pitiless, ruthless*
meedraaien ● (meedoen) *work (with)* ★ hij draait al een tijd mee *he's worked here for quite a while* ● (samen draaien) *turn (with)*
meedragen *carry* ★ hij droeg een geheim met zich mee *he bore a secret*
mee-eter *blackhead*, ⟨med.⟩ *comedo* [mv: *comedones*]
meegaan ● (overeenstemmen) ★ met zijn tijd ~ *keep up with the times; move with the times* ★ ik ga met je mee *I go along with your views* ★ met een voorstel ~ *agree/subscribe to a proposal* ● (bruikbaar blijven) *last* ★ lang ~ *wear well* ● (vergezellen) *accompany, go with* ★ ga je mee? *are you coming?*
meegaand *accommodating, compliant*
meegeven I ⟨ov ww⟩ ● (geven) *give, provide (with)* II ⟨on ww⟩ ● (geen weerstand bieden) *give (way), yield* ★ de deur gaf een beetje mee *the door gave way a little*
meehelpen *help (with/in), assist (with/in), lend a hand (with)*
meekomen ● (bijblijven) *keep up* ★ hij kan niet ~ *he can't keep up with the others* ● (samen komen) *come (along with)*
meekrijgen ● (op de hand krijgen) *win over* ★ hij kreeg z'n toehoorders mee *he carried his audience with him; he won over his audience* ● (ontvangen) *get, receive* ★ ik kreeg het geld mee *I was given the money* ● (overhalen) *persuade to go*
meel ⟨v. graan⟩ *flour*
meeldauw *mildew*
meeldraad *stamen*
meeleven *empathize/sympathize with s.o.*
meelijwekkend *piteous, pathetic*
meelokken *entice, lure*
meelopen ● (meegaan) *walk along, accompany (s.o.)* ● (gunstig verlopen) ★ alles loopt hem mee *he is always lucky*
meeloper *hanger-on*, ⟨pol.⟩ *fellow-traveller*, ⟨algemeen⟩ *follower*
meemaken ★ zij heeft veel meegemaakt *she's been/gone through a lot*
meenemen *take along/with* ★ een goede opinie van iets/iem. ~ *carry away a good opinion of s.th./s.o.* ★ dat is mooi meegenomen *that is so much to the good; all the better*
meepikken ● (stelen) *pinch*, ⟨inf.⟩ *nick* ● (iets extra doen) *include, take in* ★ dat cursusje pik ik ook nog wel even mee *I'll include/do that course as well*
meepraten ● (napraten) *go along with* ★ met iem. ~ ⟨vleierig⟩ *play up to a person* ● (samen praten) *join in the conversation, put in a word* ▼ daar kan ik van ~ *I know s.th. about that*
meer I [het] *lake* II [onb vnw] ● *onder meer amongst others* ★ zonder meer *without more ado; simply; merely* ★ zonder meer *just like that* III [bijw] ● (verder) *more* ★ hij had geen kracht meer *he had no strength left* ★ hij woont hier niet meer *he doesn't live here any more* ★ ik hoop hem meer te zien *I hope to see more of him* ★ niets meer of minder dan *nothing less than* ★ niet meer dan billijk *only fair* ★ nooit meer *never more/again* ★ te meer daar *the more so as*

M

* een gevaar te meer *an added danger* • (veeleer)
* hij is meer verdrietig dan beledigd *he is sad rather than offended* • (in hogere mate) * zij is geen kind meer *she is no longer a child* * het is meer dan erg *it's too bad for words* **IV** [telw] *more* * er kan nog veel meer bij *there's room for plenty more* * geen woord meer *not another word* * hij wil steeds meer *he wants to have more and more* * er zijn dit jaar meer toeristen hier *there are more tourists here this year* * meer dan eens heb ik hem gewaarschuwd *I warned him more than once*

meerdelig *multipartite, in several parts/volumes*
meerdere *superior,* ⟨mil.⟩ *superior in rank* * ik moet in hem mijn ~ erkennen *I have to acknowledge his superiority*
meerderen *increase*
meerderheid • (groter aantal) *majority* * in de ~ zijn *be in the majority* * de zwijgende ~ *the silent majority* • (overwicht) *superiority*
meerderheidsbelang *majority shareholding, controlling interest*
meerderjarig *of age* * ~ worden *come of age*
meerijden *drive/ride along with a person* * iem. laten ~ *give a person a lift*
meerjarenplan *long-range plan*
meerjarig *of more than one year* * ~e planten *perennials*
meerkeuzetest *multiple choice exam/test*
meerkeuzetoets *multiple-choice exam/test*
meerkeuzevraag *multiple-choice question*
meerkoet *coot*
meermaals *several times, repeatedly, more than once*
meeropbrengst *marginal output, marginal return,* ⟨landb.⟩ *surplus, increased yield*
meerstemmig *arranged for several voices* * ~ gezang *part-singing* * ~ zingen *sing in parts*
meervoud *plural*
meervoudig *plural* * ~ kiesrecht *plural vote*
meerwaarde *surplus value*
mees *titmouse*
meesjouwen *lug (about), bear* * een zware last ~ *bear a heavy load;* ⟨fig.⟩ *carry a heavy burden*
meeslepen (meenemen) *drag along,* ⟨v. water⟩ *sweep away* * ik moest hem gewoon ~ naar het stuk *I simply had to drag him to the play* * (in vervoering brengen) *carry away* * laat je toch niet ~ *don't get carried away*
meeslepend *stirring, rousing*
M **meesmuilen** *smile ironically*
meespelen • (meedoen) *join in the game, play with (s.o.), take part in a game* • (van belang zijn) *play a part*
meespreken • (meedoen aan gesprek) *take part in a conversation* • (meetellen) * dat spreekt ook een woordje mee *that also counts for s.th.; that must also be taken into consideration* * ervaring made itself felt * (meebeslissen) * mag ik ook een woordje ~? *may I put in a word?; may I have a say in the matter?*
meest I [onb vnw] * het ~e geld/water *most money/water* * het ~e *most* * de ~en *most people* **II** [bijw] *mostly* * op zijn ~ *at (the) most* * dat wens ik 't ~ *that I wish most* * het ~ gelezen tijdschrift *the most widely read magazine* * het ~e houden van *like most/best* **III** [telw] *most* * de ~e auto's/boeken/mensen *most cars/books/men*
meestal *mostly*
meestbiedende *highest bidder*

meester • (baas) *master* * zichzelf niet langer ~ zijn *lose control of o.s.* * zich ~ maken van *take possession of* * zichzelf ~ zijn *be master of o.s.* * men is de toestand ~ *the situation is well in hand/under control* * men is de toestand niet meer ~ *the situation has got out of control* * iets ~ worden/zijn *master s.th.;* ⟨v. brand⟩ *conquer* * zichzelf weer ~ worden *regain control of o.s.* * zijn ~ vinden *meet one's master* * het Engels volkomen ~ zijn *have a thorough command of English* • (groot kunstenaar) *master* • (onderwijzer) *teacher* • (afgestudeerd jurist) *Master of Laws*
meesterbrein *mastermind*
meesteres *mistress*
meesterhand *master-hand* * (dit verraadt) de ~ *(this betrays) the master's hand*
meester-kok *master chef*
meesterlijk *masterly*
meesterproef *master piece*
meesterschap *mastership, mastery*
meesterstuk *masterpiece*
meesterwerk *masterpiece*
meet *starting-line* * van meet af (aan) *from the start*
meetapparatuur *measuring equipment*
meetbaar *measurable*
meetellen I [ov ww] • (erbij rekenen) *include, count in* **II** [on ww] • (van belang zijn) *count* * niet meer ~ *no longer count;* ⟨inf.⟩ *be off the map* * ieder die ook maar enigszins meetelt *everybody who is anybody* * de leeftijd gaat bij hem ~ *age is telling on him*
meetkunde *geometry*
meetkundig * ~e plaats *locus*
meetlat *measuring rod/rule*
meetlint ⟨BE⟩ *tape measure,* ⟨AE⟩ *measuring tape*
meetronen *coax along, entice away*
meeuw *gull, sea-gull*
meevallen *exceed one's expectations* * 't valt nogal mee *it might have been worse* * 't valt niet mee *it takes some doing* * hij valt mee bij kennismaking *he improves upon acquaintance* * ('t stuk) viel niet mee *(the play) was rather disappointing*
meevaller *piece/stroke of luck* * een financiële ~ *windfall*
meevoelen *feel/sympathize with a person* * hij voelde erg met ons mee *he was very sympathetic*
meewarig *compassionate*
meewerken • (samenwerken) *co-operate, collaborate* • (bijdragen aan) *assist, contribute (to)*
meezinger *memorable song, singalong tune*
meezitten *be favourable* * alles zit ons mee vandaag *we are having a lucky streak today* * het zit je niet mee vandaag, hè? *luck seems to be against you today, doesn't it?* * als alles meezit *if all goes well/smoothly*
megabyte *megabyte*
megafoon *megaphone*
mei *May*
meid • (meisje) *girl* • (dienstbode) *servant, maid/-servant)*
meidengek *girl-mad/crazy,* ⟨scherts⟩ *skirt chaser*
meidoorn *hawthorn*
meier *hundred-guilder note*
meikever *cockchafer*
meineed *perjury* * ~ plegen *commit perjury; forswear o.s.*
meisje • (jonge vrouw) *girl* • (verloofde) *fiancée, girl-friend,* ⟨inf.⟩ *sweetheart*
meisjesachtig *girlish*

meisjesboek *girl's book*
meisjesnaam ● (voornaam) *girl's name* ● (familienaam) *maiden name*
mekaar → **elkaar**
Mekka *Mecca*
mekkeren ● (blaten) *bleat* ● (zaniken) ‹over iets› *keep/go on about s.th.,* ‹tegen iem.› *keep/go on at s.o.* ∗ *loop niet zo te ~! oh stop whining!*
melaats *leprous*
melaatsheid *leprosy*
melancholie *melancholy*
melancholiek *melancholy, sombre*
melange *blend, mixture*
melden I [ov ww] *mention, report, state* ∗ *ik zal het u ~ I shall let you know* **II** [wkd ww] *report* ∗ *zich ziek ~ report sick*
melding ● (vermelding) *mention* ∗ *~ maken van mention* ● (aanmelding) *reporting*
meldingsplicht *duty to report (to/at)*
meldkamer ∗ *~ voor noodgevallen incident room; emergency centre*
melig ● (meelachtig) *mealy* ● (flauw) *corny*
melk *milk* ● (magere/halfvolle melk *low-fat milk* ∗ *volle melk whole milk* ● *de koe gaf goed melk the cow was a good milker; the cow milked well* ● *land van melk en honing land of milk and honey* ● *iets in de melk te brokkelen hebben have a finger in the pie; have a say in the matter*
melkachtig *milky*
melkboer *milkman*
melkbrood *bread (made with milk), milk-loaf*
melkchocola *milk chocolate*
melken I [ov ww] ● (van melk ontdoen) *milk* ● (fokken) ‹duiven› *keep/breed* **II** [on ww] ● (zeuren) *moan, go on about s.th.*
melkfabriek *dairy factory, creamery*
melkfles *milk-bottle*
melkgebit *milk teeth*
melkglas ● (drinkglas) *milk-glass* ● (glassoort) *opal glass*
melkkies *milk tooth*
melkkoe *dairy-cow, milch cow*
melkmuil *milksop*
melkpoeder *powdered milk, dried milk* ∗ *magere ~ low-fat milk-powder*
melkproduct *milk/dairy product*
melktand *milk tooth*
melkvee *dairy cattle*
melkweg *Milky Way*
melodie *melody*
melodieus *melodious, tuneful*
melodisch ● (melodie betreffend) *melodic* ● (welluidend) *melodious, sweet-sounding*
melodrama *melodrama*
melodramatisch *melodramatic*
meloen *melon*
membraan *membrane*
memo ● (notitieblaadje) *note paper* ● (korte nota) *memo(randum)*
memoires *memoirs*
memorandum ● (nota) *memorandum* ● (notitieboek) *note book*
memoreren *recall to memory, mention*
memorie ● (geheugen) *memory* ∗ *kort van ~ zijn have a short/poor memory* ● (geschrift) *memorandum, statement* ∗ *~ van toelichting explanatory memorandum*
memoriseren *commit to memory, learn by heart*
men *a man, people, they, we, you, one* ∗ *men zegt it is said; they/people say* ∗ *men zegt dat hij... he is said to...* ∗ *dat doet men niet that is not done* ∗ *dat zegt men niet you can't say such a thing*

∗ *men wordt verzocht* ‹(vaak vert. door lijdende vorm)› *the public are requested*
menagerie *menage, menagerie*
meneer *Mr. (A)* ∗ *ja, ~ yes Sir*
menen ● (denken) *think, fancy* ∗ *ik meende dat ik het haar moest zeggen I felt I ought to tell her* ● (bedoelen) *mean* ∗ *iem. die het goed met u meent a well-wisher* ∗ *'t was niet kwaad gemeend no harm was meant* ∗ *hij meent het goed (met je) he means well (by you)*
menens ∗ *'t is ~ it is serious; the gloves are off*
mengeling *mixture*
mengelmoes *medley, jumble, farrago*
mengen I [ov ww] *mix, mingle,* ‹v. metalen› *alloy,* ‹v. thee› *blend* ● *zich onder de menigte ~ mingle with the crowd* **II** [wkd ww] *interfere in, join in* ∗ *zich ongevraagd in iets ~ barge into s.th.; butt in s.th.* ∗ *als ik mij er in mag ~ if I may butt in* ∗ *zich in een gesprek ~ join in the conversation*
mengkleur *mixed colour, blended shade*
mengkraan *mixing tap,* (AE) *mixing faucet*
mengpaneel *mixing console/desk*
mengsel *blend, mixture*
mengsmering *two-stroke mixture*
menhir *menhir*
menie *red-lead, minium*
meniën *paint with red-lead*
menig *many (a)* ∗ *in ~ opzicht in many ways*
menigeen *many a man*
menigmaal *many a time*
menigte *crowd, multitude* ∗ *in ~ plentifully*
mening *opinion* ∗ *bij zijn ~ blijven stick to one's opinion* ∗ *van ~ zijn dat be of opinion that* ∗ *de openbare ~ public opinion* ∗ *ik geef mijn ~ gaarne voor een betere I am open to correction* ∗ *in de ~ dat in the belief that; under the impression that* ∗ *naar/volgens mijn ~ in my opinion*
meningsverschil *disagreement, difference of opinion*
meniscus *meniscus* [mv: menisci]
mennen *drive*
menopauze *menopause*
mens I [de] *human being, man* ∗ *mensen men; people* ∗ *veel mensen many people* ∗ *ik ben ook maar een mens I'm only human* ∗ *de inwendige mens the inner man* ∗ *een mens maken van make a man of;* ‹inf.› *lick into shape* ∗ *door mensen gemaakt man-made* ∗ *mens worden become human* ∗ *daar heb ik mijn mensen voor I've got people to do that* ▼ *de mens wikt, God beschikt man proposes, God disposes* ▼ *de inwendige mens versterken strengthen/refresh the inner man* ▼ *ik ben geen half mens meer I am dead beat* **II** [het] ∗ *'t arme mens the poor soul* ∗ *wie is dat mens? who is that person?* ∗ *dat mens van Smit that Smit woman*
mensa (university) *cafeteria/restaurant,* ‹vero.› *refectory*
mensaap *man-ape,* ‹bio.› *primate, anthropoid (ape)*
mensdom *mankind*
menselijk *human*
menselijkerwijs *humanly*
menselijkheid *humanity*
menseneter *man-eater*
mensengedaante *human shape*
mensenhand *the hand of man*
mensenhater *misanthrope*
mensenheugenis ∗ *sinds ~ within living memory*

M

mensenkennis knowledge of human character
mensenkinderen goodness gracious
mensenleven human life * verlies van ~s loss of life
mensenrechten human rights
mensenschuw unsociable
mensensmokkel smuggling illegal aliens, smuggling refugees
mensenwerk work of man
mensheid humanity, mankind
mensjaar person-year
menskunde • (mensenkennis) insight into human nature/character • (bio.) human biology
menslievend humane, philanthropic, charitable
mensonterend degrading
mensonwaardig degrading
menstruatie menstruation
menstruatiecyclus menstrual cycle
menstruatiepijn period pain
menstrueren menstruate
menswaardig worthy of a human being, decent
menswetenschappen ‹biologie, antropologie, e.d.› life sciences, ‹economie, politiek, e.d.› social sciences
mentaal mental
mentaliteit mentality
menthol menthol
mentor mentor
menu menu
menuet minuet
menukaart menu
mep blow, crack, slap
meppen slap
merchandising merchandising
Mercurius Mercury
merel blackbird
meren moor
merendeel * 't ~ the greater part/number
merendeels for the greater part, largely
merg • (bio.) (bone) marrow • (plant.) pith ▼ dat geluid gaat je door merg en been that noise sets your teeth on edge
mergel marl
mergpijp marrow-bone
meridiaan meridian
merk • (herkenningsteken) mark, ‹bij keuring› hall-mark, ‹fabrikaat› make, ‹soort› brand • (handelsmerk) trade-mark
merkartikel proprietary brand/item
merkbaar noticeable
merken • (bemerken) perceive, notice * zonder iets te laten ~ without giving anything away; without letting on • (van merk voorzien) stamp, brand, ‹goederen› mark
merknaam brand name
merkteken mark, sign
merkwaardig remarkable
merkwaardigerwijs oddly/strangely enough
merkwaardigheid ‹abstract› remarkableness, ‹concreet› curiosity
merrie mare
mes knife ▼ 't mes snijdt aan twee kanten it cuts both ways ▼ 't mes erin zetten apply the axe ▼ ‹med.› onder 't mes gaan be closely examined; undergo surgery
mesjoche crazy, nuts
mespunt pinch * een ~je zout a pinch of salt
mess mess hall/room
messcherp razor sharp * ~e kritiek caustic criticism
messentrekker knife fighter
Messias Messiah

messing I [de] tongue * ~ en groef tongue and groove joint **II** [het] brass
messteek knife-thrust
mest dung, manure
mesten • (bemesten) fertilize, manure • (vetmesten) fatten
mesthoop dung-hill
mestkever dung-beetle
mestvaalt dung-hill
mestvee fatting-cattle, store-cattle
mestvork dung-fork
met • (op zekere wijze) with * met lof with honours * met genoegen with pleasure • (in gezelschap van) * zij gaat met hem op vakantie she's going on holiday with him * wij zijn met z'n zevenen we're seven • (op zeker tijdstip) at, in * met een week of twee in a week or two * met de jaren over the/after years * met kerst at Christmas • (voor wat betreft) * stoppen met roken give up smoking • (voorzien van) with * iem. met lef s.o. with pluck * patat met chips with mayonnaise • (door middel van) by, with * hakken met een bijl chop with an axe * met inkt geschreven written in ink ▼ met ijzeren vuist with an iron hand ▼ met de hand op mijn hart cross my heart (and hope to die)
metaal metal
metaalachtig metallic
metaaldraad I [de] wire, ‹v. lamp› filament **II** [het] wire
metaalindustrie metal(lurgical) industry
metaalmoeheid metal fatigue
metaalnijverheid metal(lurgical) industry
metafoor metaphor
metaforisch metaphoric
metafysica metaphysics
metalen metal
metamorfose metamorphosis
metastase metastasis
meteen • (tegelijk) at the same time • (direct erna) at once * ik kom zo ~ I'm coming in a minute
meten I [ov ww] • (afmeting bepalen) measure, ‹land› survey * zich met iem. ~ measure one's strength against * hij kan zich niet met u ~ he is no match for you * met de ogen ~ measure by eye **II** [on ww] • (afmeting hebben) measure
meteoor meteor
meteoriet meteorite
meteorietinslag meteorite strike
meteorologie meteorology
meteorologisch meteorological * ~ instituut meteorological station; ‹BE› Meteorological Office
meter • (lengtemaat) metre • (meettoestel) meter * parkeer~ (parking)meter • (peettante) godmother
meterkast meter cupboard, ‹AE› meter closet
meteropnemer (gas)meter reader
meterstand meter reading * de ~ opnemen read the meter; take the meter reading
metgezel companion, fellow
methadon methadone
methode method
methodiek methodology
methodisch methodical
methodologie methodology
methodologisch methodological
Methusalem Methuselah
metier métier
meting measurement, measuring
metonymie metonymy
metriek I [de] metre **II** [bnw] metric * ~ stelsel

metric system
metrisch *metric*
metro *underground (railway), metro,* ⟨AE⟩ *subway,*
⟨inf.⟩ *tube* ∗ de ~ nemen *take the underground;*
⟨AE⟩ *ride the subway*
metropool *metropolis*
metrostation *underground station,* ⟨AE⟩ *subway*
station, ⟨inf.⟩ *tube station*
metrum *metre*
metselaar *bricklayer, mason*
metselen *lay bricks*
metselwerk *masonry,* ⟨v. bakstenen⟩ *brickwork*
metten *matins* ∨ korte ~ maken met *make short*
work of ∨ hij maakt korte ~ he *is a fast worker*
metterdaad *actually*
mettertijd *in course of time*
metworst *German sausage*
meubel *piece/article of furniture* [mv: furniture]
meubelmaker *cabinet-maker*
meubelplaat *blockboard*
meubilair *furniture*
meubileren *furnish*
meubilering ● (meubilair) *furniture* ● (het
meubileren) *furnishing*
meug ∗ ieder zijn meug *every man to his taste*
meute ⟨troep mensen⟩ *crowd* ● ⟨troep honden⟩
pack (of hounds)
mevrouw *Mrs., lady, Madam* ∗ er is een ~ voor u
there's a lady to see you ∗ gaat u zitten, ~ *please*
sit down, Madam ∗ Mevrouw Johnson *Mrs*
Johnson ∗ is ~ thuis? *is the lady of the house at*
home?
Mexico *Mexico*
mezelf *myself, me*
mi ● (Chinese vermicelli) *chinese noodles*
● (muzieknoot) *mi*
miauw *miaou, miaow, meow*
miauwen *miaow, mew*
mica *mica*
micro- *micro-*
microbe *microbe*
microfilm *microfilm*
microfoon *microphone* ∗ verborgen ~ *hidden*
microphone; ⟨inf.⟩ *bug* ∗ een verborgen ~
installeren in een kamer *bug a room* ∗ voor de ~
komen *come to the microphone;* ⟨op radio
komen⟩ *broadcast*
microkosmos *microcosm*
microscoop *microscope*
microscopisch *microscopic*
middag ● (namiddag) *afternoon* ∗ 's ~s *in the*
afternoon ∗ heden~ this *afternoon* ● (midden
van de dag) *midday, noon* ∗ voor de ~ *before noon*
middagdutje (afternoon/after lunch) *nap, siesta*
middageten *midday meal, lunch*
middagpauze *lunch break/interval*
middaguur *noon(tide)*
middel ● (taille) *waist* ● (hulpmiddel) *means,*
expedient, device ∗ door ~ van *by means of* ∗ het
is een ~, geen doel *it is a means to an end*
● (geldmiddelen) *means, resources* ∗ ~en van
bestaan *means of subsistence* ∗ eigen ~en
hebben *have private means* ∗ mijn ~en laten dit
niet toe *I can't afford this* ● (geneesmiddel)
remedy, medecin ∗ pijnstillende ~en *painkillers*
middelbaar *medium, average* ∗ van middelbare
leeftijd *middle-aged* ∗ middelbare school
secondary school ∗ op middelbare leeftijd *at*
middle age
Middeleeuwen *middle ages*
middeleeuws *medi(a)eval*
middelen I [ov ww] ● (gemiddelde berekenen)

average **II** [on ww] ● (bemiddelen) *mediate*
middelgroot *medium-sized*
Middellandse Zee *Mediterranean Sea*
middellang *medium (length/height)*
middellijn *diameter*
middelmaat *medium size*
middelmatig ● (gemiddeld) ⟨v. lengte⟩ *medium,*
⟨v. maat⟩ *middling,* ⟨v. prijs⟩ *moderate* ● (niet
bijzonder) *mediocre*
middelmatigheid *mediocrity*
*Middel-Nederlands (Wdl: Middelnederlands)
Middle Dutch
middelpunt *centre* ∗ in 't ~ der belangstelling
staan *be the centre of interest; be in the limelight*
middelpuntvliedend *centrifugal*
middels *by means of*
middelst *middle*
middelvinger *middle finger*
midden I [het] *middle, midst,* ⟨v. stad e.d.⟩ *centre*
∗ in ons ~ *in our midst* ∗ te ~ van ⟨vrienden⟩
among; ⟨de vijand, gevaar⟩ *in the midst of* ∗ een
uit hun ~ *one from their midst* ∗ het ~ houden
tussen uitersten *preserve the happy mean
between extremes* ∗ dit houdt het ~ tussen *this is
midway between* ∗ in het ~ van de oceaan *in
mid-Ocean* ∗ op het ~ van de dag *in the middle
of the day* ∗ het juiste ~ the *happy mean* ∨ iets in
het ~ brengen *put forward s.th.* ∨ iets in het ~
laten *leave s.th. an open question* ∨ de waarheid
ligt in het ~ *truth lies midway* **II** [bijw] *in the
middle of* ∗ ~ in de rivier *in the middle of the river*
∗ zij is ~ in de dertig *she is in her mid(dle) thirties*
middenberm *central reservation,* ⟨AE⟩ *median*
middendoor *in two* ∗ ~ delen *bisect*
middengolf *medium wave*
middenin *in the middle/centre*
middenkader *middle management*
middenklasse ⟨m.b.t. maat⟩ *medium size,* ⟨m.b.t.
prijs⟩ *medium price* ∗ auto uit de ~ *medium
sized/priced car*
middenmoot *middle bracket*
middenoor *middle ear*
Midden-Oosten *Middle-East*
middenpad *centre path,* ⟨in kerk⟩ *centre aisle*
middenrif *midriff, diaphragm*
middenschip *nave*
middenschool *comprehensive school*
middenstand *middle classes*
middenstander *shopkeeper, tradesman, retailer*
∗ kleine ~ *small businessman*
middenstandsdiploma *shopkeeper's diploma*
middenveld ● (deel van sportveld) *midfield,
centrefield* ● (spelers) *midfielders, linkmen*
middenweg *middle course* ∗ de ~ bewandelen
steer a middle course ∗ de gulden ~ bewandelen
strike the golden mean; strike a happy medium
middernacht *midnight*
middernachtelijk *midnight*
midgetgolf *midget golf*
midscheeps *amidship(s)*
midvoor *centre forward*
midweek *midweek*
midwinter *midwinter*
midzomer *midsummer*
mie *Chinese noodles*
mier *ant*
mieren ● (peuteren) *fiddle, tinker* ● (zeuren) *go/
keep on about, nag*
miereneter *ant-eater*
mierenhoop *ant-hill*
mierenneuker *nitpicker, finicky person*
mierikswortel *horseradish*

M

mierzoet *saccharine, cloyingly sweet, rich*
mieter ♦ *iem. op z'n ~ geven give s.o. a good shakeup; give s.o. a good talking to ♦ het kon hem geen ~ schelen he did not care a hoot/damn*
mieteren I [ov ww] ♦ (gooien) *fling, chuck (out)* **II** [on ww] ♦ (zeuren) *keep/go on (about), nag*
mieters (vero.) *smashing ♦ een ~ auto a smashing car ♦ dat is ~ that's brilliant*
mietje ♦ (homo) *pansy, poofter ♦* (slappeling) *cream puff ♦ laten we elkaar geen ~ noemen let us call a spade a spade*
miezeren *drizzle*
miezerig ♦ (druilerig) *drizzly, dull, dreary ♦* (nietig) *tiny, measly*
migraine *migraine*
migrant *migrant*
migratie *migration*
mihoen (thin) *Chinese noodles*
mij *me ♦ dat is van mij that's mine ♦ een vriend van mij a friend of mine*
mijden *avoid, shun*
mijl *mile ♦ mijlen uiteen* (fig.) *poles apart ♦ een mijl op zeven a roundabout way*
mijlenver *for miles (and miles), miles away ♦ ~ in de omtrek for miles around ♦ ~ boven iets/iem. uitsteken be streets ahead of s.th./s.o.*
mijlpaal ♦ (kilometerpaal) *milestone ♦* (keerpunt) *land-mark*
mijmeren *muse*
mijmering *musing, day-dreaming*
mijn I [de] ♦ (bom) *mine ♦ op 'n mijn lopen strike a mine ♦* (winplaats) *mine, pit* **II** [bez vnw] *my ♦ ik en de mijnen I and mine ♦ ik denk er 't mijne van I have my own opinion about it ♦ ik zei er 't mijne van I had my say about it ♦ het mijn en dijn mine and thine*
mijnbouw *mining*
mijnbouwkunde *mining (engineering)*
mijnenlegger *minelayer*
mijnenveger *minesweeper*
mijnenveld *minefield*
mijnerzijds *on my part*
mijnheer *Mr., mister, Sir, gentleman ♦ is ~ thuis? is your master in? ♦ ~ de voorzitter Mr. Chairman ♦ ~ A. Mr. A. ♦ ja, ~ yes Sir*
mijnschacht *mineshaft*
mijnstreek *mining-district*
mijnwerker *miner*
mijt ♦ (insect) *mite ♦* (stapel) *stack, pile*
mijter *mitre*
mijzelf→ mezelf

mik *loaf (of rye-bread) ♦ het is dikke mik tussen die twee jongens these two boys are as thick as thieves*
mikado I [de] *emperor of Japan* **II** [het] *jackstraws*
mikken I [ov ww] ♦ (gooien) *chuck, fling* **II** [on ww] ♦ (richten) (take) *aim (at) ♦* (streven naar) *aim (for)*
mikmak *trouble ♦ de hele ~ the whole caboodle*
mikpunt *aim, target,* (fig.) *butt*
mild ♦ (zachtaardig) *mild ♦* (zacht) *gentle ♦* (gul) *liberal, generous*
mildheid ♦ (welwillendheid) *mildness, gentleness ♦* (zachtheid) *mildness ♦* (gulheid) *liberality, generosity*
milieu I [het] ♦ (sociale kring) *milieu, social environment/background ♦ uit een ander ~ from a different social background ♦* (leefklimaat) *environment* **II** [voorv] *environmental*
milieubeheer (nature) *conservation*
milieubewust (v. handeling) *ecological,* (v. personen) *environmentalist, environment-minded*
milieugroep *ecology group, environmentalists*
milieuheffing *pollution tax, effluent levy*
milieuhygiëne ♦ (milieuzorg) *environmental protection ♦* (toestand van het milieu) *state of the environment, environmental state*
milieuramp *environmental disaster, ecodisaster*
milieuverontreiniging *environmental pollution*
milieuvriendelijk *not harmful to the environment*
militair I [de] *military man, soldier* [mv: the military] **II** [bnw] *military*
militant *militant*
militarisme *militarism*
militaristisch *militarist*
military *three-day event*
militie *militia*
miljard *a thousand millions,* ⟨AE⟩ *billion*
miljardair *multi-millionaire,* ⟨AE⟩ *billionaire*
miljoen (a/one) *million*
miljoenennota *budget*
miljonair *millionaire*
milkshake *milkshake*
mille (one) *thousand ♦ hij verdient zestig ~ per jaar he earns/makes sixty thousand a year*
millennium *millenium* [mv: milleniums, millenia]
millibar *millibar*
milligram *milligramme*
milliliter *millilitre*
millimeter *millimetre*
millimeteren *crop (close)*
milt *spleen, milt*
mime *mime ♦ mimespeler mime (artist)*
mimiek *mimic art, mimicry*
mimosa *mimosa*
min I [de] ♦ (voedster) (wet-)*nurse ♦* (liefde) *love ♦* (minteken) *minus* **II** [bnw] ♦ (onbeduidend) *poor ♦ dat is mij te min that's beneath me ♦ daar moet je niet zo min over denken that is not to be underestimated ♦* (gemeen) *mean* **III** [bijw] *♦ min of meer more or less ♦ zes min drie six minus three*
minachten *disdain, slight*
minachtend *disdainful, contemptuous ♦ ~ neerkijken op look upon with contempt*
minachting *contempt for/of ♦ uit ~ voor in contempt of*
minaret *minaret*
minder I [bnw] ♦ (geringer) *less ♦ ~ worden decrease; fall off; lessen; decline ♦* (inferieur) *inferior ♦ de ~e goden the lesser gods* **II** [onb vnw] *less ♦ in ~ dan geen tijd in less than no time ♦ ~ tijd less time* **III** [bijw] *less ♦ dat doet er ~ toe that is of lesser importance ♦ hoe ~ je ervan zegt hoe beter least said soonest mended* **IV** [telw] *fewer ♦ ~ vrienden fewer friends ♦ ~ dan less/fewer than*
mindere *inferior ♦ de ~n* (in marine) *the ratings;* (in leger) *the rank and file*
minderen I [ov ww] ♦ (verminderen) *diminish, decrease ♦ vaart ~ slow down; reduce speed* **II** [on ww] ♦ (minder worden) *diminish,* (ook v. breiwerk) *decrease*
minderhedenbeleid *minorities policy, policy towards minorities*
minderheid *minority*
minderheidsgroep *minority group*
minderheidskabinet *minority goverment*
minderheidsstandpunt *minority view(point)*
mindering *decrease ♦ in ~ brengen deduct (from)*
minderjarig *under age*
minderjarigheid *minority,* (jur.) *infancy*
minderwaardig (geestelijk minderwaardig) *mentally deficient,* (v. kwaliteit) *inferior ♦ ~e*

praktijken *shady practices*
minderwaardigheid *inferiority*
minderwaardigheidscomplex *inferiority complex*
minderwaardigheidsgevoel *feeling/sense of inferiority*
mineraal I [het] *mineral* **II** [bnw] *mineral*
mineraalwater *mineral water*
mineur ● *(stemming) minor key* **●** *(muz.) minor* ★ a – A minor
mini *mini*
miniatuur *miniature*
miniatuurformaat *miniature*
miniem *slight, insignificant*
minigolf *midget golf*
minima *minimum-wage earners*
minimaal *minimum, minimal*
minimaliseren *minimalize*
minimum *minimum* ★ in een ~ van tijd *in less than no time*
minimumeis *minimum claim*
minimuminkomen *minimum income*
minimumleeftijd *minimum age*
minimumlijder ● *(lijntrekker) minimalist* **●** *(iem. met een minimuminkomen) minimum wage-earner*
minimumloon *minimum-wage*
minirok *miniskirt*
miniseren *cut down on, cut back*
minister *minister*, ⟨GB: sommigen⟩ *secretary of state*, ⟨USA⟩ *secretary* ★ eerste ~ *Prime Minister; Premier* ★ ~ van binnenlandse zaken *Minister of the Interior; Home Secretary;* ⟨GB⟩ *Secretary of State for Home Affairs;* ⟨USA⟩ *Secretary of the Interior* ★ ~ van buitenlandse zaken *Minister for Foreign Affairs;* ⟨GB⟩ *Secretary of State for Foreign Affairs;* ⟨USA⟩ *Secretary of State;* ↓ *Foreign Secretary* ★ ~ van defensie *Minister of Defence;* ⟨GB⟩ *Secretary of State for Defence;* ⟨USA⟩ *Secretary of Defence* ★ ~ van economische zaken *Minister for Economic Affairs;* ⟨GB⟩ *Secretary of State for Trade and Industry* ★ ~ van landbouw en visserij *Minister of Agriculture, Nature Management and Fisheries;* ≈ ⟨GB⟩ *Minister of Agriculture, Fisheries and Food* ★ ~ van staat *Minister of State* ★ ~ van justitie *Minister of Justice;* ≈ ⟨GB⟩ *Lord (High) Chancellor;* ⟨USA⟩ *Attorney General* ★ ~ van onderwijs en wetenschappen *Minister of Education and Science;* ⟨USA⟩ *Secretary of Education;* ≈ ⟨GB⟩ *Education Secretary* ★ ~ van verkeer en waterstaat *Minister of Transport and Public Works;* ≈ ⟨USA⟩ *Secretary of Transportation;* ⟨GB⟩ *Secretary of State for Transport* ★ ~ voor ontwikkelingssamenwerking *Minister for Overseas Development* ★ ~ van sociale zaken en werkgelegenheid *Minister for Social Services and Employment* ★ ~ van financiën *Minister of Finance;* ⟨GB⟩ *Chancellor of the Exchequer;* ⟨USA⟩ *Secretary of the Treasury* ★ ~ van volkshuisvesting, ruimtelijke ordening en milieu *Minister for Housing, Regional Development and the Environment* ★ ~ van welzijn, volksgezondheid en cultuur *Minister of Welfare, Health and Cultural Affairs;* ⟨GB⟩ *Secretary of State for Social Services; Secretary of Health and Human Services*
ministerie ● *(departement) ministry, department, office* ★ ~ van binnenlandse zaken *Ministry/Department of the Interior;* ⟨GB⟩ *Home Department;* ↓ *Home Office* ★ ~ van buitenlandse zaken *Ministry of Foreign Affairs;*

⟨GB⟩ *Foreign Office;* ⟨USA⟩ *State Department* ★ ~ van defensie *Ministry of Defence;* ⟨USA⟩ *Department of Defence* ★ ~ van economische zaken *Ministry of Economic Affairs;* ≈ ⟨GB⟩ *Department of Trade and Industry;* ⟨USA⟩ *Department of Commerce* ★ ~ van financiën *Ministry of Finance;* ⟨GB⟩ *Treasury;* ⟨USA⟩ *Treasury Department* ★ ~ van justitie *Ministry of Justice* ★ ~ van landbouw, natuurbeheer en visserij *Ministry of Agriculture, Nature Management and Fisheries;* ≈ ⟨GB⟩ *Ministry of Agriculture, Fisheries and Food* ★ ~ van onderwijs, cultuur en wetenschappen *Department of Education;* ≈ ⟨GB⟩ *Ministry of Education and Science* ★ ~ van verkeer en waterstaat *Ministry of Transport and Public Works;* ≈ ⟨GB⟩ *Ministry of Transport;* ⟨USA⟩ *Department of Transportation* ★ ~ van volkshuisvesting, ruimtelijke ordening en milieubeheer *Ministry for Housing, Regional Development and the Environment* ★ ~ van welzijn, volksgezondheid en cultuur *Ministry of Welfare, Health and Cultural Affairs;* ≈ ⟨GB⟩ *Department of Health and Social Security;* ⟨USA⟩ *Department of Health and Human Services* ★ ~ van ontwikkelingssamenwerking *Ministry for Overseas Development* ★ het Openbaar Ministerie werd waargenomen door ... *The Director of Public Prosecutions was represented by ...* ★ Openbaar Ministerie ≈ *the Public Prosecutor* **●** *(gezamenlijke ministers) the Cabinet*
ministerieel *ministerial* ★ ministeriële crisis *cabinet crisis*
minister-president *Premier, Prime Minister*
ministerraad *council of ministers* ★ vergadering van de ~ *Cabinet meeting*
mink *mink*
minnaar *lover*
minnedicht *love poem*
minnekozen *bill and coo, make love*
minnen *love*
minnetjes *poorly*
minpool *negative pole*
minpunt *disadvantage*
Minsk *Minsk*
minst I [bnw] *least, slightest* ★ ten ~e *at least* ★ in 't ~ *(niet) (niet) in the least* ★ niet de ~e fout maken *not make the slightest mistake* ★ op z'n ~ *at the least* **II** [onb vnw] *least* ★ hij heeft het ~e tijd *he has the least time* **III** [bijw] *least* **IV** [telw] *fewest* ★ zij heeft de ~e vrienden *she has the fewest friends*
minstens *at (the) least* ★ zij is ~ 30 *she is 30, if she's a day*
minstreel *minstrel*
minteken *minus sign*
minus I [het] **●** *(tekort) deficit* **●** *(minteken) minus* **II** [vz] *minus, less*
minuscuul *minuscule*
minuskel *minuscule*
minutieus *minute*
minuut *minute* ★ op de ~ *af to the minute*
minzaam *affable, bland*
miraculeus *miraculous*
mirakel *miracle*
mirre *myrrh*
mis I [de] *mass* ★ stille mis *low mass* ★ gezongen mis *choral mass;* sung mass ★ de mis opdragen *read/celebrate mass* **II** [bnw] **●** *(niet raak) out* ★ mis is mis *a miss is as good as a mile* ★ het schot was mis *the shot went wide (of the mark)* ★ hij schoot mis ⟨sport⟩ *he shot wide* **●** *(onjuist)*

M

wrong, amiss ∗ je hebt het mis *you've got it wrong* ∗ er is iets mis met hem *there is s.th. amiss with him* ∗ 't is weer mis met haar *things are wrong again with her* • (gering) ∗ hij is lang niet mis *he is no fool* ∗ dat is lang niet mis *that is not half bad*

misantroop misanthrope, misanthropist

misbaar clamour, uproar ∗ groot ~ maken *raise an outcry*

misbaksel • (wanproduct) waster, ⟨v. aardewerk⟩ misfire • (naarling) bastard

misbruik abuse • ∗ ~ van vertrouwen *abuse of confidence; breach of trust* ∗ ~ maken van (goedheid) *take advantage of (goodness)*; abuse

misbruiken (verkeerd gebruiken) abuse, misuse • (verkrachten) rape

misdaad crime

misdadig criminal, wicked

misdadiger criminal

misdeeld poor, destitute, ⟨geestelijk⟩ mentally deficient, ⟨lichamelijk⟩ physically defective ∗ de maatschappelijk ~en *the underdogs*

misdienaar server, acolyte

misdoen do wrong(ly)

misdragen misbehave

misdrijf criminal offence, misdemeanour

misdrijven do wrong

misdruk misprint, mackle, ⟨m.b.t. boek⟩ bad/reject copy

miserabel miserable, wretched

misère misery ∗ in de ~ zitten *be under the weather*

misgaan go wrong

misgreep mistake

misgrijpen (fig.) fail, (letterlijk) miss one's hold

misgunnen (be)grudge

mishagen displease

mishandelen ill-treat, manhandle

mishandeling ill-treatment

miskennen • (niet erkennen) ignore, disown • (onderwaarderen) misjudge, neglect

miskenning misjudgment, neglect

miskleun blunder, clanger

miskleunen slip up, blunder ∗ hij heeft zwaar misgekleund *he has slipped up badly*

miskoop bad buy/investment

miskraam miscarriage

misleiden deceive, mislead

misleiding deception

mislopen I [ov ww] • (niet krijgen) miss ∗ hij is zijn carrière misgelopen *he has mistaken his vocation* ∗ hij is zijn straf misgelopen *he got off scotfree* **II** [on ww] • (mislukken) go wrong

mislukkeling failure, ⟨v. man⟩ misfit

mislukken miscarry, fail, ⟨v. plan, opzet, e.d.⟩ fall through ∗ mislukt ⟨student⟩ unsuccessful; ⟨poging⟩ abortive • doen ~ wreck

mislukking failure, flop, break-down • de hele voorstelling was één grote ~ *the performance was a complete failure/flop*

mismaakt deformed

mismoedig dejected, disheartened

misnoegd displeased (at/with)

misnoegen displeasure

misoogst bad harvest

mispel • (boom) medlar (tree) • (vrucht) medlar ▼ die appel is zo rot als een ~ *that apple is rotten through (and through)*

misplaatst mistaken ∗ ~ optimisme *misplaced/mistaken optimism* ∗ dat is ~ *that is out of place*

misprijzen disapprove of ∗ een ~de blik a

disapproving look; a look of disapproval

mispunt rotter

misrekenen miscalculate ∗ zich in iets ~ *slip up on s.th.*

misrekening • (fout) miscalculation • (teleurstelling) miscalculation, disappointment

miss (aanhef v. brief) Miss, ⟨aanspreekvorm⟩ miss, ⟨schoonheidskoningin⟩ beauty queen ∗ een missverkiezing *a beauty queen contest*

misschien perhaps, maybe ∗ zoals je ~ weet *as you may know* ∗ ken je hem ~? *do you know him by any chance?*

misselijk • (onpasselijk) sick ∗ zo ~ als een hond *as sick as a cat* • (walgelijk) disgusting, revolting, ⟨grap⟩ sick, ⟨streek⟩ nasty ∗ ~ makende stank *sickening stench*

misselijkheid nausea, sickness

missen I [ov ww] • (niet treffen) miss ∗ zijn uitwerking ~ *be ineffective* ∗ zijn woorden misten hun uitwerking niet *his words struck home; had a marked effect* • (ontberen) lack, ⟨afstaan⟩ spare ∗ kun je het ~? *can you spare it?* ∗ wij kunnen hem slecht ~ *we can ill-spare him* • (gemis voelen) miss ∗ ik zal je ~ *I'll miss you* **II** [on ww] • (ontbreken) miss, be missing ∗ het schot miste *the shot went wide* ∗ dat kan niet ~ *that cannot fail* ∗ er ~ er tien *ten are missing*

misser • (mislukte poging) fiasco • (sport) miss, ⟨bij biljart⟩ miscue, ⟨schot⟩ bad shot

missie mission

missionaris missionary

misslag • (niet-rake slag) miss • (vergissing) error

misstaan • (niet betamen) be unbecoming • (niet goed staan) ⟨v. kleding⟩ not suit ∗ geel misstaat je niet *yellow suits you*

misstand abuse

misstap • (verkeerde stap) misstep • (vergissing) false step, lapse ∗ een ~ begaan *make a slip*

misstappen miss one's footing

mist fog, ⟨nevel⟩ mist • een dikke/dichte mist *a thick/dense fog* ∗ we werden in Newcastle door de mist opgehouden *we were fogbound in Newcastle* ▼ de mist ingaan *come to nothing; flop*

mistbank fogbank

misten be foggy ∗ 't mist erg *it is very foggy*

misthoorn foghorn, siren

mistig foggy

mistlamp fog lamp

mistletoe mistletoe

mistlicht fog light(s)

mistroostig dejected

misvatting misconception

misverstaan misunderstand, misconstrue

misverstand misunderstanding

misvormd deformed

misvormen deform

misvorming disfigurement

miszeggen ∗ daaraan heb je niets miszegd *there's nothing wrong in what you said*

mitella sling

mitrailleur machine-gun

mits provided (that)

mix mix

mixen mix

mixer mixer

mmm mm

mobiel mobile ∗ ~ maken *mobilize*

mobilisatie mobilization

mobiliseren mobilize

mobiliteit mobility

mobilofoon radiotelephone

modaliteit • (fil.) mode • (taalk.) modality

modder *mud*, ⟨sneeuwmodder⟩ *slush* ∗ onder de ~ *zitten be plastered with mud*
modderen ● ⟨baggeren⟩ *dredge* ● ⟨knoeien⟩ *mess about, muddle along/through*
modderfiguur ▾ een ~ *slaan look foolish*
modderig *muddy*
moddervet *bloated, gross*
mode *fashion, style* ∗ uit de mode raken *go out of fashion* ∗ in de mode komen *come into fashion* ∗ in de mode brengen *bring into fashion* ∗ mode worden *become the fashion* ∗ met de mode meedoen *follow the fashion* ● de mode aangeven *set the fashion* ∗ in de mode zijn *be in fashion* ∗ naar de nieuwste mode *after/in the latest fashion*
modeartikel *fancy-article*
modeblad *fashion-paper, fashion-magazine*
modegril *freak of fashion*
modehuis *fashion-house, dress shop*
model *model* ∗ ~ staan ⟨poseren⟩ *sit/model (for)*; ⟨als voorbeeld dienen⟩ *serve as a model for* ∗ het nieuwste ~ cd-speler *the latest model in CD players*
modelactie ● ⟨voorbeeldige actie⟩ *model action* ● ⟨protestactie⟩ *work-to-rule*
modelbouw *model-building*
modelleren *model* ∗ iets ~ naar ... *model s.th. after/on ...*
modelwoning ● ⟨ideale woning⟩ *model home* ● ⟨woning als voorbeeld⟩ *show house*
modem *modem*
modeontwerper *fashion designer, couturier*
modepop ⟨man⟩ *fop, dandy*, ⟨vrouw⟩ *doll*
modern *modern, modernist*
moderniseren *modernize*
modeshow *fashion show/parade*
modeverschijnsel *fashion, fad, craze* ∗ het is een ~ *it's a (new) fashion/fad*
modewoord ⟨inf.⟩ *buzz word*
modezaak *fashion store*
modieus *fashionable, stylish*
modificatie *modification, alteration*
moduleren *modulate*
modus *mode* ∗ we moeten een ~ vinden om het op te lossen *we must work out a way to solve the problem*
moe [de] *mum*, ⟨AE⟩ *mom* **II** [bnw] *tired, weary* ▾ zich moe lopen *tire o.s. (out) with walking* ∗ 't leven moe *weary of life* ∗ moe in de benen *leg-weary* ∗ moe maken *tire (out)* ∗ zo moe als een hond *dog-tired*
moed ● ⟨dapperheid⟩ *courage* ∗ moed bijeenrapen *muster courage* ∗ moed geven *hearten* ∗ hij had de euvele moed om ... *he had the audacity to ...* ● ⟨goede hoop⟩ *courage* ∗ de moed verliezen *lose courage/heart* ∗ moed houden *keep (a good) heart* ∗ houd (goede) moed! *cheer up!* ∗ de moed erin houden *keep up one's courage* ∗ take heart ▾ blij te moede *in high spirits* ▾ droef te moede *sad at heart*
moedeloos *despondent*
moeder *mother* ∗ ~ de vrouw *the wife*; ⟨inf.⟩ *the missus* ▾ zo ~, zo dochter *like mother, like daughter* ▾ ~ worden *become a mother*
moederbedrijf *parent company*
moedercomplex *Oedipus complex*
moederdag *Mother's Day*
moederinstinct *maternal instinct*
moederkoek *placenta*
moederlijk *maternal, motherly*
moedermavo *secondary education for adults, esp.*

women, ≈ *general secondary courses for adults*
moedermelk *mother's/breast milk*
moeder-overste *Mother superior*
moederschap *motherhood*
moederskant *on the mother's side, maternal* ∗ oom van ~ *maternal uncle*
moederskind ● ⟨lievelingskind⟩ *mother's child* ● ⟨papkindje⟩ *mother's boy/girl*
moedertaal *mother tongue, native language*
moedervlek *birthmark*
moederziel ∗ ~ alleen *quite alone; all forlorn*
moedig *plucky, brave, courageous*
moedwil *wantonness, (opzet) wilfulness* ∗ met ~ *on purpose* ∗ uit ~ *wantonly*
moedwillig *wanton, (opzettelijk) wilful*
moeheid ● ⟨het moe zijn⟩ *weariness, fatigue* ● ⟨materiaalmoeheid⟩ *fatigue*
moeien ∗ iem. in iets ~ *involve a person in s.th.* ∗ zich in iets ~ *take up a matter*
moeilijk I [bnw] *difficult*, ⟨taak⟩ *arduous*, ⟨tijden⟩ *hard, trying* ∗ wij hebben 't ~ gehad *we've been hard put to it* ∗ het is ~ te zeggen *it's hard to say* **II** [bijw] ⟨bezwaarlijk⟩ *hardly*, ⟨met moeite⟩ *with difficulty* ∗ ik kan toch ~ met hen mee *I can hardly come with them* ∗ ~ opvoedbare kinderen *problem children*
moeilijkheid *trouble, difficulty* ∗ iem. in moeilijkheden brengen *get a person into trouble*; land a person in difficulties ∗ in ~ raken/zitten *get into trouble/be in trouble*
moeite ● ⟨inspanning⟩ *trouble, pains* ∗ ~ doen *take pains* ∗ de ~ waard *worth while* ∗ de ~ waard om te gaan *worth going* ∗ 't is nauwelijks de ~ *don't mention it!; no trouble (at all!)* ∗ vergeefse ~ doen *try in vain (to)* ∗ doe geen ~! *don't bother; don't trouble!* ● ⟨last⟩ *difficulty, trouble* ∗ hij had de grootste ~ om ernstig te blijven *it was all he could do to keep a straight face* ∗ ik had de grootste ~ om hem te overtuigen *I had my work cut out in convincing him* ∗ dat gaat bij hem in één ~ door *he takes it in his stride* ∗ ik kon mij slechts met de grootste ~ goed houden *it was all I could do to keep a straight face* ∗ de ~ nemen *take the trouble to* ∗ dat gaat in één ~ door *that can be done at the same time* ∗ met ~ *with difficulty* ∗ ~ hebben *met have difficulty with* ∗ iem. heel wat ~ geven *cause a person a great deal of trouble* ∗ ~ hebben te *find it difficult to*
moeiteloos *effortless*
moeizaam *laborious*
moer ● ⟨bezinksel⟩ *lees* ● ⟨schroefmoer⟩ *nut*
moeras *marsh, bog, swamp*
moerassig *swampy, marshy*
moerbei ● ⟨boom⟩ *mulberry (tree)* ● ⟨moerbes⟩ *mulberry*
moeren *mawl*
moersleutel *spanner*
moerstaal *native language,* † *mother tongue* ∗ spreek je ~ *speak plain English*
moes *pulp*
moesappel *cooking apple*
moesson *monsoon*
moestuin *kitchen garden*
moeten I [ov ww] ∗ ik moet die vent niet *I don't like that man; I can't stand that man* **II** [hww] ● ⟨noodzakelijk zijn⟩ *must* ∗ het móet it *must be done* ∗ dit plan moet wel mislukken *this plan is bound to fail* ∗ ze ~ dit wel opmerken *they can't fail to notice this; it cannot fail to attract notice* ∗ ik moest wel lachen, of ik wou of niet *I couldn't help laughing* ● ⟨verplicht zijn⟩ *must,*

M

have to, be obliged to, ⟨afspraak, bevel⟩ be to ★ daar staan the niets van hebben I'll have none of it ★ ik weet niet hoe ik ermee aan moet I don't know how to set about it ★ ik moet nog zien dat het gebeurt I have yet to see it happen; that'll be the day! ★ jij moet your turn ● ⟨aannemelijk zijn⟩ must ★ de stad moet ⟨naar men zegt⟩ in brand staan the town is reported to be on fire ★ ze moet erg rijk zijn she is said to be very rich; she must be very rich ★ ⟨willen⟩ want ★ wat moet je hier? what do you want?; what is your business? ★ wat moet dat? what's the idea? ★ wat moet dat voorstellen? what is that supposed to be? ★ hij moest naar huis he had to go home ★ ik moet ervandoor I must be off ⟨home⟩ ● ⟨behoren⟩ should, ought to ★ het moet regelmatig schoongemaakt worden it requires cleaning regularly ★ dat moest de politie eens weten if only the police knew ★ de kamer moet eens schoongemaakt worden the room wants cleaning

moetje shotgun wedding

mof ● ⟨bonten huls⟩ muff ● ⟨Duitser⟩ Hun, Kraut, ⟨mil.⟩ Jerry

mogelijk possible, perhaps ★ zo ~ if possible; as best as I can ★ zo goed ~ to the best of my ability ★ zo spoedig ~ as soon as possible ★ al het ~e all that is possible ★ bij ~e moeilijkheden in case of difficulties ★ het énig ~e the only possible thing ★ best ~ quite possible ★ op alle ~e manieren in every possible way

mogelijkerwijs possibly, perhaps, maybe

mogelijkheid possibility ★ ik kan met geen ~ komen I can't possibly come

mogen I [ov ww] like ★ ik mag hem wel I rather like him ▾ 't mocht wat! ⟨honest⟩ indeed!; nothing doing! **II** [hww] ● ⟨kunnen⟩ may, be allowed ★ hij mag wel oppassen he had better be careful ★ je had hem wel eens ~ helpen you ought to have helped him ● ⟨toestemming hebben⟩ be allowed ★ hij mag niet van zijn vader his father won't let him ★ dat mag ik niet van de dokter my doctor forbids it ● ⟨wenselijk zijn⟩ should ★ mocht hij blijven… should he stay…

mogendheid power

mohair mohair, angora wool

mohammedaan Mohammedan, Muhammedan, Muslim

mohammedaans Muhammedan, Mohammedan, Muslim

mok mug

moker sledge

mokka mocha

mokkel fat woman, baby, ⟨inf.⟩ dame

mokken sulk

mol ● ⟨dier⟩ mole ● ⟨muz.⟩ flat

Moldavië Moldavia

moleculair molecular

molecule molecule ▾

molen mill ▾ ambtelijke ~s malen langzaam the mills of government grind slowly

molenaar miller

molensteen millstone ▾ als een ~ om de nek like a millstone round my neck

molenwiek wing/sail of a mill

molesteren importune, molest

molestverzekering war-damage insurance

molière lace-up(s)/shoes

mollen ⟨kapotmaken⟩ break ⟨s.th.⟩, wreck ● ⟨doden⟩ do ⟨s.o.⟩ in

mollig plump, chubby

molm ⟨turfmolm⟩ peat ⟨dust⟩, ⟨vergaan hout⟩ mouldered wood, ⟨vermolming in hout⟩ wood rot

molshoop mole-hill

molton flannel ★ ~ deken flannel blanket

Molukken Moluccas

Molukker Moluccan ★ een Molukse a Moluccan woman

Moluks Molucca

mom mask ▾ onder 't mom van under the cloak of

mombakkes mask

moment moment

momenteel I [bnw] ● ⟨huidig⟩ present, current ● ⟨kortstondig⟩ momentary **II** [bijw] at the moment, right now

momentopname snapshot

moment suprême sublime/supreme moment

mompelen mutter

Monaco Monaco

monarch monarch

monarchie monarchy

monarchist monarchist

mond ● ⟨orgaan⟩ mouth ★ hou je mond! hold your tongue!; shut up! ▾ dapper met de mond brave in words ▾ met open mond naar iem. kijken gape at s.o. open-mouthed ▾ zij deed geen mond open she never said a word ▾ zijn mond stond geen ogenblik stil his tongue was going all the time; he talked non-stop ▾ ⟨monding⟩ ⟨rivier⟩ mouth, ⟨v. vuurwapen⟩ muzzle ▾ van mond tot mond from mouth to mouth ▾ een grote mond hebben talk big ▾ iem. naar de mond praten ⟨AE⟩ soft-sawder s.o.; play up to a person ▾ je neemt me de woorden uit de mond you take the words out of my mouth ▾ iets uit zijn mond sparen save s.th. out of one's mouth ▾ wat hem voor de mond komt whatever comes into his head ▾ met twee monden spreken be two-faced; blow hot and cold ▾ een grote mond tegen iem. opzetten bully a person; bluster at a person ▾ nou heb ik mijn mond voorbijgepraat now I've put my foot in it ▾ ieder had er de mond vol van it was in everybody's mouth ▾ bij monde van from the lips/ mouth of ▾ hij stond met de mond vol tanden he had not a word to say for himself ▾ zij weet haar mondje te roeren she has the gift of gab; she has a tongue in her head

mondain fashionable, mundane

monddood ★ iem. ~ maken silence s.o.

mondeling I [het] oral, viva **II** [bnw] verbal, ⟨overlevering⟩ oral ★ ~ examen oral/viva voce examination; viva voce **III** [bijw] orally, by word of mouth

mond- en klauwzeer foot-and-mouth disease

mondharmonica mouth-organ

mondhoek corner of the mouth

mondholte mouth-cavity

mondhygiënist dental hygienist

mondiaal mondial, world-wide

mondig ● ⟨meerderjarig⟩ of age ● ⟨zelfstandig⟩ mature, independent, ⟨m.b.t. een gemeenschap⟩ emancipated

monding mouth

mondje ★ ~ dicht! mum is the word! ▾ 'n aardig ~ Engels spreken speak English fairly well

mondjesmaat in dribblets, scantily

mond-op-mondbeademing mouth-to-mouth resuscitation ★ ~ geven apply mouth-to mouth resuscitation; ⟨inf.⟩ give the kiss of life

mondstuk ● ⟨deel⟩ ⟨v. pijp/muziekinstrument⟩ mouthpiece, ⟨v. sigaret⟩ tip ★ zonder ~ plain ● ⟨bit⟩ bit

mond-tot-mondreclame advertisement by word of mouth, word-of-mouth advertising

mondvol mouthful

mondvoorraad *provisions*
monetair *monetary*
Mongolië *Mongolia*
mongolisme *mongolism,* ⟨med.⟩ *Down's Syndrome*
mongoloïde *mongoloid*
mongool *person suffering from Down's Syndrome*
monitor *monitor*
monnik *monk* ▾ *gelijke* ~en, *gelijke kappen (what is) sauce for the goose is sauce for the gander*
monnikenwerk *drudgery*
mono *mono*
monochroom *monochrome*
monocle *monocle, eye-glass*
monogaam *monogamous*
monogamie *monogamy*
monogram *monogram*
monokini *monokini*
monolithisch *monolithic*
monoloog *monologue*
monomaan *monomaniac*
monomanie *monomania*
monopolie *monopoly*
monorail *monorail*
monotoon *monotonous*
monster ● ⟨gedrocht⟩ *monster, freak* ● ⟨proefstuk⟩ *sample* ★ *op* ~ *kopen buy from sample* ★ ~ *zonder waarde sample without (commercial) value*
monster- *monster, mammoth* ★ *monsterscore record score* ★ *monstervergadering mass meeting*
monsterachtig *monstrous*
monsterboekje *sample/pattern book*
monsteren ● ⟨keuren⟩ *inspect* ● ⟨scheepv.⟩ *sign on*
monsterlijk *monstrous, hideous*
monstrueus *monstrous*
monstruositeit *monstrosity*
montage *assembling, mounting,* ⟨v. film⟩ *montage*
montagefoto ⟨i.v.m. opsporing⟩ *photofit (picture),* ⟨m.b.t. bestaande foto's⟩ *photomontage*
montagetafel *film-editing table*
Montenegrijn *Montenegrin* ★ *een* ~se *a Montenegrin woman*
Montenegrijns *Montenegrin*
Montenegro *Montenegro*
monter *brisk, lively, sprightly*
monteren ⟨film⟩ *edit, cut,* ⟨foto⟩ *assemble,* ⟨in elkaar zetten⟩ *assemble, install*
montessorischool *Montessori school*
monteur *mechanic,* ⟨luchtvaart⟩ *rigger*
montuur *frame, mount,* ⟨v. steen⟩ *setting* ★ *bril met hoornen* – *hornrimmed spectacles*
monument *monument*
monumentaal *monumental*
monumentenzorg ≈ *Department of the Environment Historic Buildings Bureau*
mooi I [bnw] ● ⟨aangenaam aandoend⟩ *beautiful, handsome, fine, pretty* ★ *zich mooi maken dress up* ★ *mooi weer fine/fair weather* ★ *zijn mooie kleren his Sunday best* ★ *mooie woorden fine words* ★ *mooi vroeg nice and early* ★ *wat een mooie! what a beauty!* ★ *maar het mooiste komt nog but the funniest part is yet to come* ★ *er op zijn mooist uitzien look one's best* ★ *'t mooist van alles is dat ... the cream of the story is that ...* ● ⟨iron.⟩ ★ *een mooie manier van doen that's a fine way of carrying on* ★ *mooie vrienden zijn dat they are nice pack of friends they are* ★ *daar zijn we mooi mee! that's a pretty pickle we are in!; that's a fine mess!* ★ *daar kun je lang mooi mee zijn that may be a long story* ★ *jij bent ook een mooie! you're a nice one!* ★ *dat is me wat moois! that's a nice business!* ★ *wel nu nog mooier! well*

I never! **II** [bijw] ● ⟨op mooie wijze⟩ ★ *mooi zo! good!; that's right!* ★ *mooi zitten* ⟨v. hond⟩ *beg* ● ⟨iron.⟩ ★ *dat is mooi meegenomen that's so much to the good* ★ *jullie hebben mooi praten, maar ... it's all very well for you, but ...*
mooipraten *humbug*
moonboot *moon boot*
Moor *Moor*
moord *murder,* ⟨sluipmoord⟩ *assassination* ▾ ~ *en brand schreeuwen raise a hue-and-cry; raise an outcry;* ⟨fig.⟩ *cry blue murder*
moordaanslag *attempted murder* ★ *een* ~ *plegen attempt to murder a person*
moorddadig ● ⟨moordend⟩ *murderous* ● ⟨erg⟩ *terrific*
moorden ⟨commit⟩ *murder, kill*
moordenaar *murderer, killer*
moordend ● ⟨moorddadig⟩ *murderous, killing* ● ⟨slopend⟩ ★ ~e *competitie/concurrentie cutthroat competition*
moordgriet *super girl*
moordkuil ▾ *hij maakt van zijn hart geen* ~ *he wears his heart upon his sleeve*
moordpartij *massacre*
moordwapen *murder weapon*
moorkop ● *chocolate éclair*
moot *slice,* ⟨v. vis⟩ *chunk*
mop *joke, hoax* ★ *moppen tappen crack jokes* ★ *ouwe mop chestnut* ▾ *een mop met een baard a hoary old joke*
mopperaar *grumbler*
mopperen *grumble about/at*
mopperpot *grumbler,* ⟨AE⟩ *grouch*
mopsneus *pug-nose*
moraal ● ⟨zedenleer⟩ *morality, ethics* ★ *de Christelijke* ~ *Christian ethics* ● ⟨wijze les⟩ *moral*
moraliseren *moralize*
moralist *moralist*
moratorium *moratorium*
morbide *morbid, unwholesome*
moreel I [het] *morale* **II** [bnw] *moral*
morel *morello* ⟨cherry⟩
mores ▾ *iem.* ~ *leren teach a person manners*
morfine *morphia, morphine*
morfologie *morphology*
morgen I [de] *morning* **II** [bijw] *tomorrow* ★ ~ *over acht dagen tomorrow week* ★ 's ~s *in the morning* ★ *op een* ~ *one morning* ★ *tot* ~! *till tomorrow!* ★ *van* ~ *this morning*
morgenavond *tomorrow evening*
morgenland *the East/Orient* ★ *de wijzen uit het* ~ *the Wise Men of the East*
morgenmiddag *tomorrow afternoon*
morgenochtend *tomorrow morning*
morgenrood *red morning-sky*
morgenster *morning star*
morgenstond *early morning* ▾ *de* ~ *heeft goud in de mond the early bird catches the worm*
mormel *monster*
mormoon *Mormon*
morrelen *fumble*
morren *grumble (at)*
morsdood *stone-dead*
morse *Morse* ⟨code⟩
morsen I [ov ww] ● ⟨laten vallen⟩ *mess* **II** [on ww] ● ⟨knoeien⟩ *spill*
morseteken *Morse character*
morsig *dirty, grubby*
mortel *mortar*
mortier *mortar*
mortuarium *mortuary, morgue*
mos *moss*

M

mosgroen moss-green
moskee mosque
Moskou Moscow
mossel mussel
mosselbank mussel bed/bank
most must
mosterd mustard ▾ 't is ~ na de maaltijd it's come too late to be of any use
mosterdgas mustard gas
mot (insect) moth ⋆ de mot zit erin it is moth-eaten • (ruzie) tiff, scrap ⋆ zij hebben mot they have fallen out
motel motel
motie motion, vote ⋆ ~ van wantrouwen vote of no confidence ⋆ ~ van afkeuring vote of censure
motief • (beweegreden) motive • (patroon) design, pattern • (muz.) motif
motivatie motivation
motiveren • (beredeneren) explain, state reasons/motives (for) • (stimuleren) motivate, stimulate
motivering motivation
motor • (machine) motor, (v. vliegtuig, auto) engine ⋆ met 1/2/4 ~(en) single-/twin-/four-engined • (motorfiets) motorbike ⋆ ~ met zijspan motorcycle combination
motoragent motorcycle policeman, (inf.) speed cop, (AE) motor cop
motorboot motorboat, motor launch
motorcross moto-cross
motorfiets motor bicycle, motorbike
motoriek (bewegingen) locomotion, (m.b.t. systeem) (loco)motor system
motorisch motorial
motoriseren motorize
motorkap bonnet, (AE) hood, (v. vliegtuig) cowling
motorpech engine trouble
motorrijder motorcyclist
motorrijtuig motor vehicle
motorrijtuigenbelasting roadtax, car tax
motorvoertuig motor vehicle
motregen drizzle
motregenen drizzle
mottenbal moth ball ▾ iets uit de ~len halen dig s.th. up; dust s.th. off
mottig moth-eaten
motto device, motto ⋆ brieven onder 't ~ ... letters marked ...
mountainbike mountain bike
mousse mousse
mousseren effervesce
mout malt
mouw sleeve ▾ iem. iets op de mouw spelden (inf.) kid s.o. (on); take s.o. for a ride ▾ ergens een mouw aan weten te passen manage to do s.th. ▾ hij schudt ze maar zo uit de mouw he just knocks them off
moven get lost ⋆ ~, joh! ↓ beat it!
mozaïek mosaic
Mozambique Mozambique
mts intermediate technical school
mud hectolitre
mudvol jam-packed, chock-full, cram-full
muf (geur) musty, (v. kamer) stuffy
mug gnat, mosquito ▾ van een mug een olifant maken make a mountain out of a mole-hill
muggenbeet mosquito bite
muggenbult mosquito bite
muggenolie insect repellant
muggenziften split hairs
muggenzifter hair-splitter
muil • (bek) muzzle • (schoen) slipper
muildier mule

muilezel hinny
muilkorf muzzle
muilkorven • (muilkorf aandoen) muzzle • (monddood maken) muzzle, gag
muilpeer box on the ear
muis • (dier) mouse [mv: mice] • (deel van hand) ball of the thumb • (comp.) mouse
muisje little mouse • beschuit met ~s rusk(s) with aniseed comfits ▾ dat ~ zal een staartje hebben it won't end here; this is not the end of it/the matter
muisstil as still as a mouse
muiten rebel, mutiny ⋆ aan 't ~ slaan mutiny
muiter mutineer
muiterij mutiny
muizenis care, worry, trouble ⋆ zich ~sen in het hoofd halen have a lot on one's mind
muizenval mouse-trap
mul loose
mulat mulatto
multifunctioneel multifunctional
multimediaal multimedia
multimiljonair multimillionaire
multinational multinational
multipel multiple
multiplechoicetest multiple-choice test
multiple sclerose multiple sclerosis
multomap ringbinder
mum ▾ in een mum van tijd in no time; in a jiffy
mummelen mumble
mummie mummy
mummificeren mummify
munitie ammunition, munition
munt • (geldstuk) coin ⋆ munt slaan uit cash in on; make capital out of • (waardestempel) mintage • (muntgebouw) the (Royal) Mint • (munteenheid) currency, coinage • (penning) token • (plant) mint ▾ iem. met gelijke munt betalen pay a person (back) in his own coin
muntbiljet currency note, treasury note
munten • (tot munt slaan) mint, coin • (~ op) ⋆ het op iem. gemunt hebben have it in for s.o.; be after s.o.
muntstuk coin
murmelen murmur, (v. stroompje) babble
murw tender, soft ▾ iem. murw slaan beat a person to a jelly ⋆ murw maken soften up
mus sparrow ▾ hij maakt zich blij met een dode mus he has found a mare's nest
museum museum, gallery
museumbezoek museum visit/attendance
museumstuk museum piece
musiceren make music
musicus musician
muskaat • (noot) nutmeg • (wijn) muscat, muscatel
musket musket
musketier musketeer
muskiet mosquito
muskietennet mosquito-net
muskus musk
müsli (BE) muesli, (AE) granola
must a must
mutatie • (verandering) mutation, (personeel) turnover • (bio.) mutation
muts cap, bonnet ▾ daar staat me de muts niet naar I'm not in the mood for it
muur wall ⋆ de muren hebben oren walls have ears
muurbloempje wall flower
muurkrant wallposter
muurschildering mural painting
muurvast (fig.) deep-rooted, (letterlijk) as firm as

a rock
muzak muzak
muze muse
muziek music, ‹muzikanten› band ∗ op ~ zetten
set to music ∗ met ~ with the band playing ∗ op
de ~ to the music ∗ er zit ~ in it goes with a swing
muziekbibliotheek music library
muziekcassette music cassette
muziekdoos musical box
muziekgezelschap music club/ensemble
muziekinstrument musical instrument
muziekkapel band
muziekkorps band
muzieknoot ‹musical› note
muziekschool school of music
muziekstandaard music stand
muziektent band stand
muziektheater music theatre
muzikaal musical ∗ een ~ gehoor hebben have
an ear for music
muzikant musician
mysterie mystery
mysterieus mysterious
mysticus mystic
mystiek I [de] mysticism **II** [bnw] mystic(al)
mystificatie mystification
mythe myth
mythisch mythical
mythologie mythology
mytylschool school for physically handicapped
children
myxomatose myxomatosis

n ‹the letter› N/n
na I [bijw] ● ‹later/toe› after ∗ hij nam fruit na he
had fruit for dessert ● ‹na-/dichtbij› ∗ zij stond
hem zeer na she was very dear to him ● (behalve)
∗ op twee na de grootste the third biggest ∗ de
laatste op een na the last but one ∗ op een
gulden na less one guilder ▼ iem. op de tenen
tread on s.o.'s toes ∗ het ligt mij na aan het hart
it's close to my heart ▼ de goeden niet te na
gesproken the good ones excepted ▼ het is haar
eer te na she would be piqued **II** [vz] ● ‹later dan/
achter› after ∗ na u! after you! ∗ de een na de
ander the one after the other ● (over) after ∗ na
een jaar after a year ∗ zij blijft tot na Kerstmis
she's staying over Christmas ▼ mosterd na de
maaltijd too late in the day
naad seam, ‹v. wond› suture ▼ zich uit de naad
lopen run o.s. off one's legs ▼ 't naadje van de
kous weten know the ins and outs of the matter
naadloos seamless, ‹fig.› smooth, imperceptible
naaf hub
naaidoos sewing box
naaien ● (met draad vastmaken) sew, ‹v. wond›
stitch ● (neuken) screw ● (belazeren) screw
naaimachine sewing machine
naaister needlewoman, ‹als beroep› seamstress
naakt I [het] nude **II** [bnw] bare, naked, ‹v.
persoon ook› nude ∗ ~ zwemmen swim in the
nude; ‹inf.› skinny-dip ∗ ~figuur nude ∗ (zich) ~
uitkleden strip (to the skin) ▼ ~e feiten bare facts
naaktfoto nude photo
naaktloper nudist, naturist
naaktstrand nudist beach
naald ● (wijzer) needle ● (deel van pick-up) needle,
stylus ● (gereedschap) needle ● (plant.) needle
▼ heet van de ~ with the ink still wet; ‹v. nieuws›
up-to-the-minute ▼ door 't oog van de ~ kruipen
have a narrow escape
naaldboom conifer((ous) tree)
naaldbos pine forest
naaldenboekje packet of needles, needle book
naaldhak stiletto heel
naaldhout ● (boomsoort) conifers ● (hout)
softwood
naaldkunst needlecraft
naam ● (benaming) name ∗ uit naam van on
behalf of ∗ aandeel op naam registered share ∗ op
zijn naam gekocht bought in his name ∗ vrij op
naam no legal charges ∗ hoe is uw naam? what is
your name? ∗ in naam in name; nominal(ly) ∗ uit
mijn naam from me; in my name ∗ iem. van
naam kennen know a person by name ∗ met
name particularly ∗ bij naam noemen mention
by name ∗ bekend staan onder de naam go by
the name of ● (reputatie) name, reputation ∗ van
naam distinguished ∗ een goede/slechte naam
hebben have a good/bad name ∗ naam krijgen/
maken make a name (for o.s.) ▼ mijn naam is
haas I don't know the first thing about it ▼ te
goeder naam (en faam) bekend staan have a
good reputation
naamdag name day
naamgenoot namesake
naamkaartje visiting card, ‹zakelijk› business card
naamkunde onomastics
naamloos nameless, anonymous ▼ naamloze
vennootschap limited (liability) company
naamsverwarring confusion about/over names

naamval *case*
naamwoord *noun*
naamwoordelijk *nominal* ● *het ~ deel van het gezegde subject complement*; ⟨vero.⟩ *the nominative element*
na-apen *ape, mimic*
naar I [bnw] ● (akelig) *nasty, unpleasant* ∗ *een nare kerel a nasty piece of work* ● (beroerd) *ik werd er helemaal naar van it made me (feel) sick* ∗ *zij was er naar aan toe she was in a bad way* **II** [vz] ● (in de richting van) ∗ *naar huis lopen walk home* ∗ *naar Frankrijk vertrekken leave for France* ∗ *naar Londen gaan go to London* ∗ *naar de dokter gaan see the doctor* ∗ *naar beneden/ boven brengen take down(stairs)/up(stairs)* ● (volgens) *from* ∗ *naar de natuur geschilderd painted from nature* ∗ *naar waarheid in truth* ∗ *is alles naar wens? is everthing to your liking?* ▼ *hij is er niet de man naar om ... it's not like him to ...* ▼ *de dorst naar opwinding the thirst for excitement* **III** [vw] ∗ *naar verluidt rumour has it (that)* ∗ *naar men zegt/hoopt it is said/hoped* ∗ *naar wij vernemen it is reported (that)* ∗ *naar u verkiest as you choose/wish*
naargeestig *gloomy*
naargelang *according to, as*
naarling *nasty fellow*
naarmate *as, as according to*
naarstig *industrious*
naast I [bnw] ● (intiemst) *closest* ∗ *~e familie next of kin* ● (dichtst bij) *nearest* ∗ *~e medewerkers closest colleagues* ∗ *de ~e toekomst the very near future* ∗ *in de ~e omgeving in the immediate surroundings* ▼ *haar is zichzelf het ~ blood is thicker than water; charity begins at home* ▼ *ten ~e bij approximately* ▼ *die opmerking was er ~ that was beside the point* **II** [bijw] ∗ *de keeper greep ~ the goalkeeper missed the ball* **III** [vz] ● (terzijde van) ∗ *~ elkaar side by side* ∗ *de vrouw ~ haar the woman next to her* ● (behalve) *as well as* ∗ *~ het een ook het ander this as well as that*
naaste *fellow man* ▼ *heb uw ~ lief love thy neighbour*
naastenliefde *neighbourly love*, ⟨bijbels⟩ *charity*
nabehandeling *follow-up treatment, post-operative treatment*
nabeschouwing *commentary, review*, ⟨mil., diplomatiek⟩ *debriefing* ∗ *een ~ houden hold a review*
nabestaande *relation*, (surviving) *relative* ∗ *de ~n the next of kin*
nabestellen *put on back order, reorder*
nabezorging (te laat) *late delivery*, (v. uitstaande bestelling) *back order delivery*
nabij I [bnw] ∗ *in de ~e toekomst in the near future* ∗ *het Nabije Oosten the Near East* ∗ *iem. van ~ kennen know s.o. intimately* **II** [vz] ∗ *de dood ~ zijn be at death's door*
nabijgelegen *neighbouring, adjacent*
nabijheid *nearness*
nablijven *stay behind*
nablussen *dampen down* ∗ *het ~ duurde tot de ochtend it was morning before the fire was completely extinguished*
nabootsen *imitate, copy*
nabootsing *imitation, mimicry*
naburig ● (in de buurt) *nearby* ● (aangrenzend) *neighbouring*
nachecken *recheck*
nacht *night* ∗ *'s ~s at night* ∗ *bij het vallen van de ~ at nightfall* ∗ *de afgelopen ~ last night* ∗ *de*

komende *~ tonight* ∗ *de hele ~ doorfeesten make a night of it* ∗ *er een ~je over slapen sleep on s.th.* ∗ *gedurende/in de ~ during/in the night* ∗ *dag en ~ night and day* ∗ *de ~ van zaterdag op zondag Saturday night* ▼ *de eeuwige ~ eternal night* ▼ *niet over één ~ ijs gaan take no risks* ▼ *bij ~ en ontij at any time of the day or night*
nacht- *night*
nachtblind *night-blind*
nachtbraken ● ('s nachts feesten) *make a night of it* ∗ ('s nachts werken) *burn the midnight oil*
nachtbraker (m.b.t. uitgaan) *night-reveller*, (m.b.t. werken) *night owl*
nachtclub *nightclub*
nachtdienst (op fabriek) *night shift*, (v. boot, e.d.) *night service*, (v. personeel) *night duty*
nachtdier *nocturnal animal*
nachtegaal *nightingale*
nachtelijk *nightly*, ⟨form.⟩ *nocturnal* ∗ *een ~e aanval a night attack*
nachtfilm *late film*
nachthemd (v. mannen) *nightshirt*, (v. vrouwen) *nightdress*
nachtkaars ▼ *als een ~ uitgaan peter/fizzle out*
nachtkastje *night/bedside table*, ⟨AE⟩ *nightstand*
nachtkijker *nightsight*
nachtkleding *nightwear*
nachtleven *nightlife*
nachtmens *night person*
nachtmerrie *nightmare*
nachtmis *midnight mass*
nachtploeg *night shift*
nachtpon *nightdress*, ⟨inf.⟩ *nightie*
nachtrust *night's rest*
nachtslot *double lock* ∗ *op 't ~ doen double-lock*
nachtstroom *off-peak rate electricity*
nachttarief *night tariff/rate*
nachtvlinder *moth*, (persoon) *night owl, nighthawk*
nachtvorst *night frost*, (aan de grond) *ground frost*
nachtwaker *night watchman/guard*
nachtwerk *nightwork* ∗ *er ~ van maken* (m.b.t. studie/werk) *burn the midnight oil*; (m.b.t. uitgaan) *make a night of it*
nachtzoen *goodnight kiss*
nachtzuster *night nurse*
nadagen *declining/latter days/years*
nadat *after*
nadeel *disadvantage, drawback*, (schade) *damage, harm*, (verlies) *loss* ∗ *ten nadele van be detrimental to* ∗ *het enige ~ ervan is ... the only drawback is ...* ∗ *zijn leeftijd was in zijn ~ his age counted against him* ∗ *in 't ~ zijn be at a disadvantage*
nadelig *disadvantageous*, (schadelijk) *injurious, harmful* ∗ *~ werken op be harmful to*
nadenken *think (about), reflect (upon), consider* ∗ *als je er goed over nadenkt when you (come to) think of it*
nadenkend *thoughtful*
nader I [bnw] ● (dichterbij) *nearer, closer* ● (preciezer) *closer*, (bijzonderheden) *further* ∗ *bij ~ inzien on second thought(s)* ∗ *tot ~ aankondiging/order until further notice/orders* **II** [bijw] ● (dichterbij) *nearer* ● (uitvoeriger) ∗ *~ leren kennen get better acquainted with* ∗ *iets ~ bekijken take a closer look at s.th.* ∗ *er ~ van horen hear more of it* ∗ *~ op iets ingaan go into s.th. in more detail* ∗ *~ aanduiden specify*
naderbij *closer, nearer*
naderen *approach, draw near*

naderhand *afterwards, later on*

nadien *since*

nadoen *imitate* ∗ *doe me dat maar eens na can you beat that?*

nadorst *dry throat*

nadruk ● (accent) *emphasis, stress* ∗ de ~ *leggen op stress; emphasize* ● (herdruk) *reprint* ∗ ~ *verboden (under) copyright; all rights reserved*

nadrukkelijk *emphatic*

nagaan ● (volgen) *follow* ∗ *een misdadiger* ~ *keep track of a criminal* ● (concluderen) *work out* ∗ *voor zover we kunnen* ~ *as far as we can gather* ● (controleren) *check (up on)* ∗ *wil je dat even* ~? *will you check up on it?* ● *een ontwikkeling* ~ *follow a development* ∗ *iemands werk* ~ *check a person's work* ∗ *als ik dat alles naga when I consider all that* ▾ *kun je* ~*! just imagine!*

nagalm *reverberation, echo*

nageboorte *afterbirth*

nagedachtenis *memory* ∗ *ter* ~ *van in memory of*

nagel ● (verhoornde huid) *nail*, (v. dier) *claw* ● *op zijn* ~s *bijten bite one's nails* ● (spijker) *nail* ▾ *een* ~ *aan mijn doodkist a nail in my coffin*

nagelbed *quick* ∗ *tot op het* ~ *afgekloven bitten down to the quick*

nagelbijten *bite one's nails*

nagelgarnituur *manicure set*

nagelkaas *clove cheese*

nagellak *nail polish*

nagelriem *cuticle*

nagelschaar (pair of) *nail scissors*

nagelvijl *nail file*

nagenieten *enjoy/relish the memory of, remember with pleasure/enjoyment*

nagenoeg *almost, nearly*

nagerecht *dessert*

nageslacht ● (nakomelingen) *offspring* ● (latere geslachten) *posterity* ∗ *voor het* ~ *bewaard preserved for posterity*

nageven ∗ *dat moet ik hem (tot zijn eer)* ~ *I'll say that (much) for him; I'll give him that*

naheffing *retrospective collection (of taxes)*

naïef *naive*

naïeveling *naïve, simpleton*

naijver *jealousy, envy*

naïviteit *naivety*

najaar *autumn*, ⟨AE⟩ *fall* ∗ *in het* ~ *in autumn*

najagen I [het] *pursuit* II [ov ww] ● (vervolgen) *chase, hunt, run after* ● (nastreven) *pursue*, ⟨geluk⟩ *search for*

nakaarten *have a post-mortem, talk things over afterwards*

nakie ▾ *in zijn* ~ *in the nude; in the altogether*

nakijken ● (controlerend nagaan) *correct, check, have look at*, (v. leerstof) *look over*, (v. motor) *overhaul* ∗ *een proefwerk* ~ *mark a paper* ● (kijken naar) *watch s.o. go, follow with one's eyes* ▾ *dan heb je het* ~ *then you've had it*

nakomeling *descendant*

nakomen I [ov ww] ● (naleven) (v. belofte) *keep*, (v. bevel) *obey*, (v. contract, regel) *observe* II [on ww] ● (later komen) *follow*

nakomertje *afterthought, late arrival*

nalaten ● (achterlaten) *leave (behind)* ∗ *nagelaten werken posthumous works* ● (niet doen) *refrain from*, (verplichtingen) *neglect*, (verzuimen) *omit* ∗ *ik kan niet* ~ *te denken I can't help thinking*

nalatenschap *inheritance*, (boedel) *estate*

nalatig *negligent*

nalatigheid *negligence*

naleven *observe, live up to*, (principes) *live up to*,

(v. contract) *fulfil*, (v. regels) *observe*

naleving *fulfilment, observance*

nalezen ● (overlezen) *read again* ● (nazoeken) *read/go through*

nalopen ● (achterna lopen) *run after, follow* ● (controleren) *check* ∗ *ik kan niet alles* ~ *I cannot take care of everything*

namaak *imitation, copy*, (geld, e.d.) *counterfeit*, (v. handtekening, e.d.) *forgery* ∗ *dat is* ~ *it's imitation*; (inf.) *it's a fake*

namaken ● (imiteren) *copy, imitate* ● (vervalsen) *counterfeit, forge*

name ∗ *met name especially; particularly* ∗ *ten name van in the name of*

namelijk ● (te weten) *namely* ● (immers) ∗ *ik heb* ~ *geen geld the fact is, I have no money; as it happens, I have no money*

nameloos *indescribable, untold* ∗ ~ *verdriet untold misery*

namens *on behalf of* ∗ *ik spreek ook* ~ *de anderen I'm also speaking for/on behalf of the others*

nameten *check, verify*

Namibië *Namibia*

namiddag *afternoon* ∗ *in de* ~ *in the afternoon*

naoorlogs *post-war*

nap *bowl*

NAP *Normal Amsterdam Level*

napalm *napalm*

napluizen *investigate, sift*

nappa I [het] *sheepskin* II [bnw] *sheepskin*

napraten I [ov ww] ● (praten in navolging van) *repeat, echo* II [on ww] ● (na afloop blijven praten) *stay and talk (over)*

napret *afterglow*

nar *jester, fool*

narcis *daffodil*

narcisme *narcissism*

narcose *narcosis, anaesthesia* ∗ *onder* ~ *brengen anaesthetize*

narcoticabrigade *drug squad*

narcoticum *narcotic*

narcotiseren *anaesthetize*

narcotiseur *anaesthetist*

narekenen *check*

narigheid *trouble*

naroepen *call after*, (najouwen) *jeer at*

narrig *peevish*

nasaal I [de] *nasal* II [bnw] *nasal*

nascholing *refresher course, continuing education*

naschrift (v. boek) *epilogue*, (v. brief) *postscript*

naseizoen *late season, end of season*

nasi ∗ *nasi goreng ≈ fried rice with pieces of meat and vegetables*

nasibal ≈ *deep-fried rice-balls*

naslaan (in naslagwerk) *consult*, (v. woord) *look up* ∗ *er een woordenboek op* ~ *consult a dictionary*

naslagwerk *reference book*

nasleep *aftermath*

nasmaak *aftertaste* ∗ *het heeft een bittere* ~ *it leaves a bitter taste (in the mouth)*

naspel ● (stuk na afloop) *postlude*, (toneel) *afterpiece* ● (liefdesspel) *afterplay* ● (nasleep) *aftermath*

naspelen *play after s.o.* ∗ *op het gehoor* ~ *play by ear*

naspeuren *investigate*, (oorzaak) *trace*

nastaren *stare at, gaze after*

nastreven ● (streven naar) *strive for, pursue* ● (evenaren) *emulate*

nasynchroniseren *dub*

N

nat I [het] moisture, liquid **II** [bnw] • (niet droog) wet, (vochtig) damp ★ nat maken wet ★ nat (opschrift) wet paint • (regenachtig) rainy, wet
natafelen linger at table (after dinner)
natekenen copy, (overtrekken) trace
natellen check, count over
natie nation
nationaal national
nationaal-socialisme national socialism, Nazism
nationalisatie nationalization
nationaliseren nationalize
nationalisme nationalism
nationalist nationalist
nationalistisch nationalist(ic)
nationaliteit nationality
nationaliteitsbeginsel right of self-determination
natje drink ★ zijn ~ en zijn droogje his food and drink
natmaken moisten
natrappen kick s.o. while they are down, add insult to injury, kick a man when he's down
natrekken • (nagaan) check, verify ★ een zaak ~ investigate a matter • (overtrekken) trace, copy
natrium sodium
nattevingerwerk guesswork
nattig damp, wettish
nattigheid • (vocht) damp, moisture • (vochtigheid) dampness ▼ ~ voelen smell a rat
natura ★ in ~ in kind
naturalisatie naturalization
naturaliseren naturalize
naturalisme naturalism
naturel natural
naturisme naturism, nudism
naturist naturist, nudist
natuur • (aard) nature ★ van nature naturally; by nature ★ een ernstige ~ a serious nature ★ een tweede ~ second nature • (natuurlijke omgeving) nature, (landschap) scenery ★ in de vrije ~ in the countryside ★ naar de ~ getekend drawn from nature
natuurbad open-air (swimming) pool
natuurbehoud (nature) conservation
natuurbescherming (nature) conservation
natuurgebied wildlife area, beauty spot, (m.b.t. natuurleven) nature reserve, (m.b.t. natuurschoon) area of scenic beauty
natuurgeneeskunde naturopathy, natural medicine
natuurgeneeswijze natural cure
natuurgenezer natural healer, naturopath
natuurgetrouw true to nature
natuurkunde physics
natuurkundige physicist
natuurlijk I [bnw] natural, (v. tekening e.d.) true-to-nature/life ★ ~e grootte (tekening) life-size ★ een ~e zaak a matter of course **II** [bijw] of course, naturally
natuurmens (mens in natuurstaat) natural man • (natuurvriend) nature lover
natuurmonument nature reserve ★ Vereniging tot Behoud van Natuurmonumenten ≈ National Trust
natuurproduct product of nature, product made with natural ingredients
natuurreservaat nature reserve
natuurschoon scenery, natural/scenic beauty
natuursteen (natural) stone
natuurtalent gift, born talent
natuurverschijnsel natural phenomenon

natuurwetenschap science
nautisch nautical
nauw I [het] • (zeestraat) narrows, strait(s) ★ het Nauw van Calais the Straits of Dover • (moeilijkheid) tight spot ★ in het nauw zitten be in a fix ★ iem. in 't nauw brengen corner a person **II** [bnw] • (krap) narrow, tight ★ nauw opeen close together • (innig) ★ nauwe banden close relations • (nauwgezet) ★ 't nauw nemen be very particular ★ nauw van geweten scrupulous
nauwelijks • (net) ★ ~... of scarcely/hardly... when; no sooner ... than • (bijna niet) hardly, scarcely ★ het was ~ te lezen it was barely readable
nauwgezet scrupulous, painstaking
nauwkeurig accurate, precise ★ tot op de millimeter ~ to a millimetre ★ ~ overeenstemmen agree completely
nauwlettend close, (plichtsgetrouw) conscientious, (zorgvuldig) careful ★ ergens ~ op toezien keep a strict watch on s.th.
nauwsluitend close/tight fitting
navel navel, (kind.) belly button
navelsinaasappel navel orange
navelstreng umbilical cord
navenant in keeping (with)
navertellen retell, repeat ▼ zij zal het niet meer ~ she won't live to repeat it
navigatie navigation
navigator navigator
navigeren • (besturen) navigate • (schipperen) give and take, compromise
NAVO NATO, North Atlantic Treaty Organization
navolgen imitate, (v. voorbeeld) follow
navolging imitation ★ ~ vinden be copied
navordering retrospective/supplementary demand
navraag inquiry ★ ~ doen naar make inquiries about/into ★ bij ~ on inquiry
navragen inquire (about/into)
navrant heart-rending, distressing
naweeën (pijn achteraf) afterpains • (vervelend gevolg) aftermath, after effects
nawerken • (zijn werking doen gelden) have a lasting effect ★ zijn invloed werkt nog na his influence is still felt • (overwerken) work overtime
nawerking aftereffect
nawijzen point at
nawoord epilogue
nazaat descendant
nazeggen repeat, say after ▼ dat kun je mij niet ~ that is more than you can say
nazenden send on
nazi Nazi
nazien • (nagaan, uitzoeken) check, (v. leerstof) look over, (v. motor) overhaul, (v. repetitie) correct • (volgen met de blik) follow with one's eyes
nazisme Nazism
nazitten chase, hunt, pursue
nazoeken • (opzoeken) look up, (v. fout) trace • (onderzoeken) search
nazomer late summer, (mooie nazomer) Indian summer
nazorg aftercare
Neanderthaler Neanderthal
necrologie obituary notice, necrology, (lijst v. gestorvenen) necrology
necropolis necropolis
nectar nectar
nectarine nectarine
nederig humble

nederigheid humility
nederlaag defeat, ⟨omverwerping⟩ overthrow
Nederland the Netherlands
Nederlander Dutchman ★ een Nederlandse a
Dutchwoman
Nederlands I [het] Dutch **II** [bnw] Dutch
Nederlandse Antillen Netherlands Antilles
Nederlands-Indië Netherlands/Dutch East
Indies
Nederlandstalig ● ⟨Nederlands sprekend⟩
Dutch-speaking ● ⟨in het Nederlands⟩ Dutch
(language)
nederzetting settlement
nee ★ daar zeg ik geen nee tegen I won't say no to
that ★ nee schudden shake one's head ★ nee
maar! I say!; you don't say! ★ geen nee kunnen
zeggen not be able to say no; not be able to refuse
neef ● ⟨zoon van oom (of tante)⟩ cousin ★ ze zijn
neef en nicht they are cousins ● ⟨zoon van broer
of zus⟩ nephew
neer down
neerbuigend condescending
neerdalen descend
neergaan go down, ⟨bokser⟩ be knocked out
neergang decline
neergooien ● ⟨naar beneden gooien⟩ throw down
● ⟨ophouden⟩ ★ de boel er bij ~ chuck it; ⟨bij
staking⟩ down tools
neerhalen ● ⟨naar beneden halen⟩ take/pull
down, ⟨v. vlag⟩ lower, ⟨v. zeil⟩ strike ● ⟨slopen⟩
pull down ● ⟨afkammen⟩ run down
● ⟨neerschieten⟩ ★ een vliegtuig ~ bring down a
plane
neerkijken ● ⟨naar beneden kijken⟩ look down
● ⟨~ op⟩ ★ op iem. ~ look down on s.o.
neerkomen ● ⟨dalend terechtkomen⟩ come
down, descend, land ★ doen ~ bring down ● ⟨tot
last komen van⟩ ★ alles komt op mij neer I have
to do everything ● ⟨betekenen⟩ come/boil down to
★ het komt op 't zelfde neer it comes to the same
thing ★ daar komt 't op neer that's what it boils
down to
neerlandicus authority on Dutch, expert in Dutch
neerlandistiek study of the language and
literature of the Netherlands/Low Countries
neerlaten let down, lower
neerleggen ● ⟨op iets leggen⟩ lay/put down
● ⟨neerschieten⟩ shoot, kill ● ⟨vastleggen⟩ set
down ★ het werk ~ go on strike ● ⟨afstand doen
van⟩ lay down ★ de wapens ~ lay down arms ★ de
⟨voorzitters⟩hamer ~ vacate the chair ▼ een
bevel naast zich ~ ignore/disregard an order
▼ zich ergens bij ~ put up with s.th.; resign o.s. to
s.th.
neerploffen flop/plump down ★ in een stoel ~
flop down in a chair
neerschieten I [ov ww] ● ⟨dood-/neerschieten⟩
shoot down/dead **II** [on ww] ● ⟨omlaag storten⟩ dive/
dash down, ⟨v. roofvogel⟩ swoop down
neerslaan I [ov ww] ● ⟨tegen de grond slaan⟩
knock down, ⟨opstand⟩ crush, put down ● ⟨omlaag
doen⟩ ⟨v. gewas⟩ flatten, ⟨v. kraag⟩ turn down, ⟨v.
ogen⟩ lower **II** [on ww] ● ⟨naar beneden vallen⟩
fall down ● ⟨chem.⟩ be precipitated
neerslachtig dejected, depressed
neerslag ● ⟨bezinksel⟩ sediment, deposit, ⟨chem.⟩
precipitation ● ⟨regen⟩ rainfall, ⟨na nucleaire
explosie⟩ fallout, ⟨regen⟩ rain, ⟨weerkundig⟩
precipitation
neersteken stab
neerstorten I [ov ww] hurl down, dump **II** [on
ww] plunge down, ⟨v. vliegtuig⟩ crash

neerstrijken ● ⟨neerdalen⟩ alight ● ⟨zich
vestigen⟩ settle (on) ● ⟨gaan zitten⟩ descend (on)
★ we streken op een terrasje neer we settled
down on a terrace
neertellen count down, ⟨inf.⟩ fork out
neervallen fall down, drop ★ werken tot je er bij
neervalt work o.s. to death
neervlijen lay down ★ zich ~ lie down
neerwaarts downward(s) ★ ~e beweging
downward movement
neerwerpen cast/throw down
neerzetten ● ⟨plaatsen⟩ put/lay down, ⟨v. huis⟩
build, erect ★ zich ~ sit down ● ⟨uitbeelden⟩ create
neerzien ● ⟨naar beneden kijken⟩ look down
● ⟨~ op⟩ look down (up)on
neet nit ▼ kale neet a down-and-out ▼ zo lui als de
neten be lazy as they come
negatie ● ⟨ontkenning⟩ negation ● ⟨loochening⟩
denial, renunciation ● een ~ van haar principes
a denial of her principles
negatief I [het] negative **II** [bnw] negative ★ ~
beantwoorden answer in the negative ★ waarom
doe je altijd zo ~? why are you always so negative
negen I [de] nine **II** [telw] nine → acht
negende I [bnw] ninth **II** [telw] ninth → achtste
negentien nineteen ★ we waren met zijn ~en
there were nineteen of us → acht
negentiende ninteenth ★ het is vandaag de ~ it's
the nineteenth today → achtste
negentig ninety → acht, twintig
negentigste I [bnw] ninetieth **II** [telw] ninetieth
→ achtste, twintigste
neger black, ⟨gesch.⟩ negro [v: negress], ⟨bel.⟩ nigger
negeren ignore
negerij hole, dump → negorij
negerzoen ≈ chocolate éclair
negligé negligee
negotie ● ⟨nering⟩ trade ● ⟨kleine koopwaar⟩
⟨pedlar's⟩ ware
negroïde Negro(id)
neigen ● ⟨hellen⟩ incline ● ⟨tenderen⟩ incline/tend
(to/towards) ★ tot het katholicisme ~ incline/
gravitate towards Catholicism
neiging inclination, leaning, tendency ★ ik heb
geen enkele ~ om ... I am not at all inclined to ...
nek neck ★ iem. de nek breken break a person's
neck ▼ iem. de nek omdraaien wring a person's
neck ▼ iem. met de nek aankijken cold-shoulder
a person ▼ zijn nek uitsteken stick one's neck out
▼ over zijn nek gaan puke ▼ uit zijn nek kletsen
talk rubbish ▼ dat zal hem de nek breken that'll
be the end of him; that'll finish him off
nek-aan-nekrace neck-and-neck race
nekken ● ⟨doden⟩ kill ⟨s.o.⟩ ● ⟨kapotmaken⟩ wreck,
ruin ★ een plan ~ wreck a plan ★ de handel ~
deal the deathblow to commerce ★ dat nekte hem
that finished him
nekkramp spotted fever, ⟨med.⟩ cerebro-spinal
meningitis
nekslag deathblow, final blow
nekvel scruff of the neck
nemen ● ⟨pakken⟩ get, take (out) ★ iem. bij de
hand ~ take s.o. by the hand ★ iets ter hand ~
take s.th. in hand ★ een verzekering ~ take out a
policy ★ een hond ~ get a dog ● ⟨gebruiken⟩ have
★ voedsel tot zich ~ take s.th. to eat
● ⟨aanvaarden⟩ ★ dat neem ik niet I won't stand
for it ● ⟨opvatten⟩ ★ strikt genomen strictly
speaking ★ alles bij elkaar genomen all things
considered ★ iets niet zo nauw ~ not take things
too seriously ★ ter harte ~ take to heart
● ⟨overwinnen⟩ ★ een hindernis ~ overcome an

N

obstacle ● een schaakstuk ~ take/capture a piece ● (beetnemen) * iem. ertussen ~ pull s.o.'s leg ● ik voel me genomen I feel I have been taken ● (tot stand brengen) take * maatregelen ~ take measures ● afscheid ~ say goodbye v het er goed van ~ do o.s. proud; live well v iets op zich ~ take s.th. (up)on o.s.; take s.th. on v het is een kwestie van geven en ~ it is a question of give and take v jij neemt 't ervan! you are going it! v iem. ertussen ~ pull s.o.'s leg; take s.o. in

neoclassicisme neoclassicism
neolithisch neolithic
neologisme neologism
neon neon
neonbuis neon tube/lamp
neonlicht neon light
nep ● (bedrog) sham, fake ● het is allemaal nep it's bogus ● (iets dat waardeloos is) junk
Nepal Nepal
nepotisme nepotism, favouritism
neppen swindle, ⟨inf.⟩ bamboozle * ze hebben je flink genept met die auto they really ripped you off with that car
Neptunus Neptune
nerf ● (houtvezel) grain ● (plant.) ⟨v. blad⟩ rib, vein
nergens ● (op geen enkele plaats) nowhere * zonder woordenboek ben ik ~ I'm lost without a dictionary ● (niets) * hij geeft ~ om he cares for nothing * ~ goed voor good for nothing * hij staat ~ voor he sticks at nothing
nering ● (handel) (retail) trade * ~ doen keep a shop ● (klandizie) custom v men moet de tering naar de ~ zetten cut your coat according to your cloth
neringdoende tradesman, shopkeeper
nerts mink
nerveus nervous
nest ● (broedplaats) nest, ⟨v. roofvogel⟩ eyrie * nesten uithalen go (bird-)nesting ● (worp) litter, ⟨v. vogels⟩ brood ● (bed) bunk, sack * naar zijn nest gaan turn in; hit the sack ● (familie) * zij komt uit een goed nest she comes from a good family; she is of good stock ● (nuffig meisje) chit (of a girl) * verwend nest spoilt brat v het eigen nest bevuilen to foul one's own nest v in de nesten zitten be in a spot/fix
nestelen I [on ww] nest II [wkd ww] lodge, nestle, ensconce o.s. * zij nestelde zich (in een hoekje) bij het vuur she ensconced herself (in a corner) by the fire
nesthaar down
nestor grand old man, ⟨pol.⟩ elder statesman
nestwarmte family affection
net I [het] ● (weefsel met mazen) net, ⟨bagagenet⟩ rack ● (netwerk) network, system, ⟨elektrisch⟩ mains * net van wegen road system ● (televisiezender) channel ● (niet klad) fair copy * in het net schrijven make a fair copy v achter het net vissen miss the boat II [bnw] ● (proper) tidy, clean ● (keurig) neat, smart ● (fatsoenlijk) decent, nice * nette manieren nice manners * een nette man a decent man III [bijw] ● (precies) just * we hebben nog net tijd om dat te doen we've just got time to do it * dat is net wat voor jou that is the very thing for you * net gepast the exact money * net toen ik viel just when I fell * net zo just like that ● (zojuist) just * ik ben net klaar I am just ready v net goed serves you right!
netel nettle
netelig thorny * een –e situatie a tricky situation
netelroos nettle rash, hives
netheid ● (ordelijkheid) neatness, cleanliness

● (fatsoenlijkheid) respectability
netjes I [bnw] ● (ordelijk) tidy, neat, clean * 't ~ houden keep it clean ● (fatsoenlijk) decent, proper * dat is niet ~ that is bad manners * zich ~ gedragen behave properly II [bijw] ● (fatsoenlijk) properly * ~ gezegd neatly put ● (ordelijk) neatly, ⟨zindelijk⟩ cleanly
netkous fishnet stocking
netnummer dialling code, ⟨AE⟩ area code
netspanning mains voltage
netto net(t), after tax * ~-gewicht net weight * ~-inkomen net income
netvlies retina
netwerk network
neuken screw, fuck * hij/zij kan lekker ~ he/she is a good fuck/lay
neuriën hum, croon
neurologie neurology
neuroloog neurologist * naar de ~ gaan see a neurologist
neuroot neurotic (person)
neurose neurosis
neurotisch neurotic
neus ● (reukorgaan) nose ● door de neus spreken speak in a nasal tone ● de deur voor iemands neus dichtdoen shut the door in a person's face * de neus ophalen sniff; sniffle ● (reukzin) nose, scent ● (punt) nose, ⟨v. schoen⟩ toe v op zijn neus kijken look foolish v iem. bij de neus nemen pull a person's leg; wie zijn neus schendt, schendt zijn aangezicht it's an ill bird that fouls its own nest v het neusje van de zalm the pick of the bunch v iem. iets door de neus boren cheat/ defraud a person of s.th. v met zijn neus in de boter vallen be in luck v doen alsof zijn neus bloedt act dumb v hij kijkt niet verder dan zijn neus lang is he can't see beyond his own nose v dat zal ik jou niet aan je neus hangen it's none of your business v langs zijn neus weg casually v het iem. onder de neus wrijven cast it in a person's teeth v hij heeft een fijne neus voor zo iets he has a nose/flair for that sort of thing v het komt me de neus uit I'm fed up to the back teeth with it v een wassen neus an empty formality v een lange neus maken tegen cock a snook at v overal zijn neus in steken poke one's nose into everything; be a nosy parker v dat gaat je neus voorbij you can whistle for it v zijn neus voor iets ophalen turn up one's nose at s.th.
neusbeen nasal bone
neusdruppels nose drops
neusgat nostril
neusholte nasal cavity
neushoorn rhinoceros
neusklank nasal sound
neuslengte ● met een ~ voorsprong winnen win by a hair's breadth; win by a whisker
neusstem nasal voice, twang
neusverkouden have a (head) cold, suffer from a (head) cold
neusverkoudheid cold
neusvleugel nosewing, nostril
neut drop, snorter
neutraal ● (onpartijdig) neutral, ⟨v. onderwijs⟩ non-denominational * een neutrale opmerking a noncommittal remark ● (niet opzichtig) neutral * neutrale kleur neutral colour
neutraliseren neutralize
neutraliteit neutrality
neutron neutron
neutronenbom neutron bomb
neutrum neuter

neuzelen • (door de neus praten) talk through one's nose • (onzin uitkramen) talk through one's hat

nevel • haze, (dichte nevel) mist ▼ zich in ~en hullen wrap o.s in mystery

nevelig • (onduidelijk) misty, hazy, vague • (met nevel) misty, hazy

nevenfunctie additional job/function

nevengeschikt coordinate

nevenschikkend coordinating

Nicaragua Nicaragua

nicht • (homoseksueel) queer • (dochter van oom/tante) cousin • (dochter van broer/zus) niece

nichterig fairy, poofy

Nicosia Nicosia

nicotine nicotine

niemand nobody, no one, none • ~ minder dan no less (a person) than * ~ anders dan none other than

niemandsland no man's land

niemendal nothing at all

niemendalletje (boek, toneel, e.d.) light book/play, (kledingstuk) scanty (piece of) clothing

nier kidney

nierbekken renal pelvis

nierdialyse dialysis, (med.) haemodialysis

niersteen kidney stone

niesbui sneezing fit, fit of sneezing

niespoeder sneezing powder

niet I [de] blank * een niet trekken draw a blank **II** [het] nothingness * uit 't niet te voorschijn roepen conjure (up) out of thin air * in het niet vallen pale into insignificance **III** (onb vnw) nothing * om niet spelen play for love * te niet doen neutralize; (v. contract) annul; (v. resultaten) offset **IV** [bijw] not * niet eens not even * niet dat het waar is not that it is true * hoe vaak heb ik dat niet gezegd! how often have I told you! * was dat niet mooi! wasn't that wonderful!

niet-aanvalsverdrag non-aggression pact

nieten staple

nietes 'tisn't • welles! ~! 'tis! 'tisn't!

niet-gebonden * de ~ landen non-aligned countries

nietig • (onbeduidend) insignificant, paltry, (schriel) diminutive, puny, (v. reden) futile, (v. zaak) trivial • (niet van kracht) invalid, null (and void) * ~ verklaren declare null and void

nietigverklaring nullification

nietje staple

nietmachine stapler

nietpistool staple gun

niet-roker non-smoker

niets I [het] nothingness, (leegte) void * in het ~ verdwijnen disappear into thin air **II** (onb vnw) nothing * ~ nieuws nothing new * ~ daarvan! nothing of the sort! * er kwam ~ van came of it * verder ~? is that all? * dat is ~ vergeleken bij... it is (as) nothing compared with... * 't is ~ gedaan it's no good * ~ wijzer dan te voren no wiser than before * ~ dan klachten nothing but complaints * ik heb er ~ aan it's no good to me * 't is ~ voor jou om... it's not like you to... * niet voor ~ not for nothing * ~ te veel none too many * om/voor ~ for nothing * iem. voor ~ laten lopen send a person on a fool's errand * ik zou het nog niet voor ~ willen hebben I wouldn't have it as a gift **III** [bijw] not at all * 't lijkt er ~ op it's nothing like it * 't bevalt mij ~ I don't like it at all

nietsdoen idleness

nietsnut good-for-nothing

nietsvermoedend unsuspecting(ly), unsuspiciously

nietszeggend meaningless * ~e woorden/toespraak empty words; pointless speech * ~ gezicht blank expression

niettegenstaande notwithstanding, in spite of, despite

niettemin nevertheless, nonetheless

nietwaar * hij gaat mee, ~? he is going, isn't he?

nieuw • (pas ontstaan) new * ~e poging/moed fresh attempt/courage * de ~ste mode the latest fashion * iets ~s s.th. new * (volgend op iets/iem.) new, modern * de ~e president the new/next president * ~e geschiedenis modern history

nieuwbakken • (vers) fresh, freshly baked • (pas geworden) new, (pas aangesteld) newly appointed * ~ echtgenoot newly-wed husband

nieuwbouw • (nieuwe gebouwen) newly-built houses * in de ~ wonen live on a new housing estate • (het bouwen) building of new houses

nieuwbouwwijk new housing estate/development

nieuwbouwwoning new house (development)

nieuweling newcomer, (beginneling) novice

nieuwerwets new-fashioned, (pej.) new-fangled

nieuwigheid • (het nieuwe) novelty • (iets nieuws) innovation, new departure * een ~ op het gebied van ... the latest thing in ...; the last word in ...

nieuwjaar New Year * een gelukkig ~ a Happy New Year

nieuwjaarsdag New Year's Day

nieuwjaarskaart New Year card

nieuwkomer (pas aangekomen) newcomer, (zonder ervaring) novice

nieuwlichter modernist

nieuwprijs original/purchase price

nieuws • (nieuwsuitzending) news * wil je het ~ nog zien? do you want to watch the news? • (berichten) news * wat is er voor ~? what('s the) news?

nieuwsagentschap news/press agency

nieuwsbericht news item/bulletin

nieuwsblad newspaper

nieuwsbrief newsletter

nieuwsdienst news service, press agency, news agency

nieuwsgaring gathering/collection of news

nieuwsgierig inquisitive, curious, (inf.) nosey * ik ben ~ wat hij zal doen I wonder what he will do * ~ te weten curious/anxious to know

nieuwsgierigheid curiosity, inquisitiveness

nieuwslezer newsreader, newscaster

nieuwsmedium news medium

nieuwtje • (nieuwigheid) novelty * het ~ gaat er gauw af the novelty soon wears off • (actueel bericht) news (item)

nieuwwaarde replacement value * iets tegen ~ verzekeren insure for (the) replacement value

Nieuw-Zeeland New Zealand

niezen sneeze

Niger Niger

Nigeria Nigeria

niging • (het ontdoen van vuil) cleaning, (wond) cleansing • (het zuiveren) redemption

nihil nil

nihilisme nihilism

nijd • (afgunst) envy, jealousy • (woede) malice, spite ▼ haat en nijd hatred and malice

nijdas crosspatch

nijdig • (boos) angry, cross, (inf.) huffy • (venijnig) mean, nasty * ~e blik mean look

N

nijgen bow, curts(e)y
nijging bow, curts(e)y
nijlpaard hippopotamus [mv: hippopotami], ⟨inf.⟩ hippo
Nijmegen Nijmegen
nijpend biting * ~ tekort acute shortage
nijptang (pair of) pincers
nijver industrious
nijverheid industry
nikkel nickel
niks nothing * dat is niet niks that's not to be sneezed at * 'n vent van niks dead loss * 'n ding van niks a flimsy affair
niksen lie about, lounge about
niksnut good-for-nothing, worthless person
nimf nymph
nimmer never
nippel nipple
nippen sip/nip (at)
nippertje • op 't ~ ⟨net op tijd⟩ in the nick of time; ⟨nog net goed⟩ a close shave ▼ op 't ~ komen cut it fine
nipt narrow * een nipte overwinning a win by a short lead
nirwana nirvana
nis niche
nitraat nitrate
nitriet nitrite
nitwit twit, nitwit, silly person, nit
niveau level
nivelleren level (out/off)
nobel high-minded, noble
Nobelprijs Nobel prize
noch nor, neither * noch A noch B neither A nor B
nochtans nevertheless
nocturne nocturne
node • node vertrekken go reluctantly ▼ we hebben je node gemist we were sorry you couldn't be there
nodeloos unnecessary, needless
noden • ⟨uitnodigen⟩ invite, bid • ⟨tot iets uitlokken⟩ ask for
nodig I [het] what is necessary * het ~e verrichten do the needful * 't enig ~e the only thing needed **II** [bijw] • ⟨noodzakelijk⟩ necessary, needful * ~ maken necessitate * ~ zijn be necessary/needed * er is grote moed voor ~ om... it requires great courage to... ▼ zo ~ if necessary * de ~e aandacht due attention • iets ~ hebben need/require s.th. * ik had niet lang ~ om... it did not take me long to... • ⟨dringend⟩ necessarily * ik moet ~ weg it is high time I went; I really have to go; I must go * het moet ~ hersteld it badly needs repairing * dat moet jij ~ zeggen ⟨iron.⟩ look who's talking
nodigen invite
noedels noodles
noemen • ⟨een naam geven⟩ name, call * hoe noem je dat? what do you call that? * de dingen bij hun naam ~ call a spade a spade • ⟨met name vermelden⟩ mention * ik noem geen namen I'll mention no names
noemenswaardig worthy of mention, worth mentioning, considerable * het verschil is niet ~ the difference is not worth mentioning; there's no difference to speak of
noemer denominator * onder één ~ brengen reduce to a common denominator
noest I [de] knot **II** [bnw] diligent, industrious * ~e vlijt unflagging industry
nog • ⟨tot nu⟩ ▼ tot nog toe so far; as yet * nog altijd still ▼ zelfs nu nog even now; to this day

* nog steeds niet still not • ⟨vanaf nu⟩ * nog slechts twee dagen only two more days * hoe lang nog? how much longer? • ⟨bovendien, meer⟩ yet, still * nog eens once more * nog ouder even older * nog een is another egg * nog vele jaren many happy returns * ⟨wil je⟩ nog thee? more tea? * is er nog melk? is there any milk left? * nog eens zoveel as much/many again * nog iem. somebody else ▼ gisteren nog only yesterday ▼ nog diezelfde dag that very day ▼ en dat nog wel vandaag! and that today of all days! ▼ al weet hij nog zoveel though he knows ever so much ▼ dat is nog eens een man! there's a man for you!
noga nougat
nogal rather, ⟨inf.⟩ pretty
nogmaals once more/again
no-iron non-iron, drip dry
nok • ⟨deel van dak⟩ ridge • ⟨scheepv.⟩ yardarm ▼ tot de nok toe gevuld crammed; packed to the gunnels
nomade nomad
nomenclatuur nomenclature
nominaal nominal * nominale waarde face value
nominatie • ⟨benoeming⟩ appointment * op de ~ staan voor be short-listed for; be a candidate for • ⟨kandidatenlijst⟩ nomination
non nun
non- non-
non-actief laid off, suspended, ⟨mil.⟩ not on active service
nonchalance nonchalance
nonchalant nonchalant, careless, off-hand
non-conformistisch nonconformist
no-nonsense no-nonsense * ~ politiek no-nonsense politics
non-profit non-profit * een ~ organisatie a non-profit organization
nonsens nonsense, rot * ~! rubbish!
non-stop non-stop * ~ muziek non-stop music
non-verbaal non-verbal
nood • ⟨behoefte⟩ need • iem. uit de nood helpen set a person on his legs • ⟨gevaar⟩ distress * in nood verkeren be in distress * geen nood! no fear! • ⟨dringende omstandigheid⟩ necessity ▼ van de nood een deugd maken make a virtue of necessity ▼ nood breekt wet necessity knows no law ▼ als de nood 't hoogst is, is de redding nabij the darkest hour is (that) before the dawn ▼ in de nood leert men zijn vrienden kennen a friend in need is a friend indeed ▼ nood maakt vindingrijk necessity is the mother of invention
nood- emergency
noodaggregaat stand-by/emergency power unit
noodbrug temporary bridge
nooddruftig indigent
noodgang → **bloedgang**
noodgebied • ⟨rampgebied⟩ disaster area • ⟨noodlijdend gebied⟩ depressed/deprived area
noodgedwongen out of/from necessity, ⟨form.⟩ perforce
noodgeval (case of) emergency
noodhulp emergency aid/relief
noodkerk makeshift chapel
noodklok alarm (bell)
noodkreet cry of distress
noodlanding forced/emergency landing
noodlijdend • ⟨behoeftig⟩ distressed, destitute • ⟨niet renderend⟩ ~e fondsen defaulted securities * ~e wissel dishonoured bill
noodlot fate, destiny
noodlottig fatal

N

noodplan *disaster (action) plan*
noodrantsoen *emergency ration*
noodrem *emergency brake* ★ aan de ~ trekken *pull the communication cord;* ⟨fig.⟩ *take desperate measures*
noodsprong *leap for safety,* ⟨fig.⟩ *desperate move/ manoeuvre/measure*
noodstop *emergency stop*
noodtoestand *state of emergency*
nooduitgang *emergency exit*
noodvaart breakneck speed ★ met een ~ *at breakneck speed;* ⟨inform.⟩ *like a scalded cat*
noodverband *first aid dressing*
noodverlichting *emergency lighting*
noodvulling *temporary filling*
noodweer I [de] *self-defence* ★ uit ~ handelen *act in self-defence* **II** [het] *heavy weather*
noodzaak *necessity*
noodzakelijk ● (beslist nodig) *necessary* ● (onontkoombaar) *unavoidable*
noodzakelijkerwijs *necessarily, inevitably,* ⟨form.⟩ *perforce*
noodzaken *compel, force* ★ zich genoodzaakt zien om *be forced to*
nooit *never* ★ ~ ofte nimmer *never ever* ★ bijna ~ *hardly ever*
Noor *Norwegian* ★ een Noorse *a Norwegian woman*
noord *north*
Noord-Amerika *North America*
Noord-Amerikaan *North American* ★ een ~se *a North American woman*
Noord-Amerikaans *North American*
noordelijk *northern,* ⟨v. wind⟩ *northerly* ★ ~ van *north of*
noorden ● (windstreek) *north* ★ ten ~ van (to the) *north of* ● (noordelijke gebieden) *North*
noordenwind *north wind*
noorderbreedte *north latitude*
noorderkeerkring *tropic of Cancer*
noorderlicht *northern lights*
noorderling *northerner*
noorderzon ▼ met de ~ vertrekken *run off; take French leave;* ⟨inf.⟩ *do a bunk/do a (moonlight) flit*
Noord-Europa *Northern Europe*
Noord-Europees *Northern European*
Noord-Ierland *Northern Ireland*
Noord-Korea *North Korea*
noordkust *north(ern) coast*
noordpool *North Pole*
noordpoolcirkel *arctic circle*
noords *northerly,* ⟨v. volkeren⟩ *Nordic*
noordwaarts I [bnw] *northward* **II** [bijw] *northward(s)*
Noordzee *North Sea*
Noorman *Norseman, Viking*
Noors I [het] *Norwegian* **II** [bnw] *Norwegian*
Noorwegen *Norway*
noot ● (nootvrucht) *nut* ● (muzieknoot) *note* ● (aantekening) *note* ▼ veel noten op zijn zang hebben *be hard to please*
nootmuskaat *nutmeg*
nop ⟨dopje⟩ *stud,* ⟨in weefsel⟩ *burl,* ⟨stip⟩ *polka dot,* ⟨v. matras⟩ *tuft*
nopen *compel, induce*
nopjes ▼ in zijn ~ zijn *be as pleased as Punch; be over the moon*
noppes *nothing,* ⟨AE⟩ *zilch* ★ voor ~ *for nothing*
nor *slammer, clink* ★ in de nor zitten *be doing time*
noren *racing skates*
norm *norm, standard*
normaal I [de] ● (loodlijn) *normal* ● (normale*

waarde) standard, normal **II** [bnw] *normal* ★ beneden/boven ~ *below/above normal*
normalisatie *regulation, normalization*
normaliseren ● (regelmatig maken) *normalize* ★ een rivier ~ *regulate a river* ● (standaardiseren) *standardize*
normaliter *normally*
normatief *normative* ★ normatieve kracht *legal force*
normbesef *sense of standards/values*
normvervaging *declining standards, changing social values*
nors *gruff, surly*
nostalgie *nostalgia*
nostalgisch *nostalgic(ally)*
nota ● (geschrift) *note, memorandum* ● (rekening) *bill, invoice* ▼ (goede) nota nemen van *take (due) note of*
nota bene *N.B., (please) note*
notariaat ● (ambt) *profession of notary* ● (praktijk) *notary's practice*
notarieel *notarial* ★ notariële akte *notarial deed* ★ notariële volmacht *power of attorney*
notaris *notary*
notatie *notation*
noten ● (van notenhout) *walnut* ● (nootkleurig) *nutbrown*
notenbalk *staff* [mv: staves]
notenbar *nut counter/shop/stall*
notendop *nutshell* ▼ in een ~ *in a nutshell*
notenhout *walnut*
notenkraker *nutcracker, a pair of nutcrackers*
notenschrift ⟨musical⟩ *notation*
noteren ● (aantekenen) *note (down)* ● (opgeven/ vaststellen) *quote, list*
notering ⟨v. effecten⟩ *price,* ⟨v. prijs⟩ *quotation*
notie ▼ geen flauwe ~ *not the faintest notion*
notitie *note* ▼ neem er geen ~ van *take no notice of it*
notoir *notorious, well known*
notulen *minutes* ★ in de ~ opnemen *place on record* ★ de ~ maken *take the minutes* ★ de ~ goedkeuren *adopt the minutes* ★ de ~ arresteren *prove/accept the minutes*
notuleren I [ov ww] ● (in notulen opnemen) *enter in the minutes* **II** [on ww] ● (notulen maken) *minute, take minutes*
notulist *secretary*
nou I [bijw] *now* ★ wat moeten we nou doen? *what do we do now?* **II** [tw] ★ nou en of! *you bet!* ▼ nou en? *so what?*
novelle *short story*
november *November*
novice *novice*
noviciaat *noviciate*
noviteit *novelty*
novum *novelty*
nozem *yob*
nu I [bijw] *now, at present* ★ tot nu toe *so far* ★ nu en dan *now and then; occasionally* ★ nu of nooit *now or never* ★ nu niet *not now* ★ nu nog niet *not yet* ★ wat nu? *what next?* ★ nu pas *only now* ★ maar/en nu eerst *but first* ★ van nu af *from now (on)* ★ nu eens..., dan weer... *now..., now...* ★ nu eens 'n ander *now another one* ★ zelfs nu nog *even now* **II** [vw] *now that* **III** [tw] *now, well*
nuance ● (onderscheid) *nuance, shade of meaning* ● (kleurschakering) *shade*
nuanceren *shade, modify, nuance*
nuanceverschil *difference in nuance, minor/slight difference*
nuchter ● (niet dronken) *sober* ★ hij was nog ~ *he*

N

was still sober ★ ~ worden sober up ● (nog niet
gegeten hebbend) ★ hij was nog ~ he had not
had any breakfast ★ op de ~e maag on an empty
stomach ● ~ kalf newborn calf; ⟨AE, fig.⟩ greenhorn
● (realistisch) sensible, sober, matter-of-fact ★ de
~e feiten the hard facts ★ de ~e waarheid the
plain truth
nucleair nuclear
nudisme nudism, naturism
nudist nudist, ⟨aanhanger v. naturisme⟩ naturist
nuf prim/conceited girl
nuffig affected, haughty, conceited
nuk whim, caprice
nukkig whimsical, capricious
nul I [de] ● (cijfer) zero, nought ★ je moet eerst een
nul draaien you have to dial a nought/zero first
● (onbeduidend persoon) nobody ★ hij is een
nul he's just a nobody **II** [bnw] ▾ van nul en
gener waarde zijn be utterly worthless **III** [telw]
nil, zero, nought ★ zes-nul six (to) nil ★ tien
graden onder nul ten degrees below zero → **acht**
nulmeridiaan prime meridian
nulnummer trial issue
nulpunt zero ▾ het absolute ~ bereiken reach an
all-time low
numeriek numerical
numero number
numerus fixus numerus clausus ★ een ~ bepalen
voor een studierichting determine a numerus
clausus for a field of study
numismatiek numismatics
nummer ● (persoon) character ★ 'n mooi ~ a fine
specimen ● (programmaonderdeel) number,
item, ⟨sport⟩ event, ⟨v. circus, variété⟩ turn, act
● (liedje) number, ⟨v. cassette⟩ track ● (cijfer,
getal) number ★ een ~ draaien dial a number
▾ iem. op zijn ~ zetten put a person in his place
nummerbord number plate, ⟨AE⟩ license plate
nummeren number
nummering numbering
nummertje ● (volgnummer) number, ticket
★ een ~ trekken draw/take a number
● (geslachtsgemeenschap) ★ een ~ maken screw;
fuck ● (staaltje) sample
nuntius nuncio
nurks I [de] grumbler **II** [bnw] surly
nut use, benefit, profit ★ zich iets ten nutte maken
avail o.s. of ★ het heeft geen nut erheen te gaan
it is no use going there ★ ten nutte van for the
benefit of ★ van groot nut of great value ★ zij ziet
er het nut niet van in she doesn't see the point of
it
nutsbedrijf (public) utility
nutteloos ● (onbruikbaar) useless, pointless
● (vergeefs) fruitless, futile
nuttig useful ★ ~ effect useful effect ★ het ~e met
het aangename verenigen combine business with
pleasure ★ zich ~ maken make o.s. useful
nuttigen take, consume, ⟨form.⟩ partake of
nylon nylon
nymfomane nymphomaniac, ⟨inf.⟩ nympho

o I [de] (the letter) O/o **II** [tw] oh! ★ o zo! so there!
★ zij is o zo mooi she is ever so beautiful ★ o ja? oh
really? ★ o jee! oh dear!; dear me!
oase oasis
obelisk obelisk
o-benen bandy-legs
ober waiter
object object, ⟨mil.⟩ objective
objectief objective
objectiveren objectify
objectiviteit objectivity
obligaat obligatory ★ het obligate geschenkje the
necessary sweetener
obligatie bond, debenture
obligatiehouder bond-holder
obligatielening secured loan
oblong oblong
obsceen obscene
obsceniteit obscenity
obscurantisme obscurantism
obscuur ● (dubieus) ★ een ~ zaakje a shady
business ● (duister) obscure
obsederen obsess
observatie observation
observatiepost observation-post
observatorium observatory
observeren observe
obsessie obsession
obstakel obstacle, hindrance
obstinaat obstinate
obstipatie constipation
obstructie obstruction ★ ~ voeren obstruct
occasie bargain, second-hand, ⟨v. auto⟩ used ★ bij/
per ~ by chance
occasion ● (tweedehands auto) used car
● (koopje) bargain
occult occult
oceaan ocean
oceaandepressie oceanic depression
och oh! ★ och kom! really?; oh, come on! ★ och
arme! poor thing!
ochtend morning ★ 's ~s in the morning
ochtendblad morning paper
ochtendeditie early/morning edition
ochtendgloren daybreak, break of dawn ★ bij het
eerste ~ at peep of day; at the break of day
ochtendgymnastiek morning exercise(s)
ochtendhumeur (early) morning mood ★ een ~
hebben have got out of the wrong side of the bed
ochtendjas dressing gown
ochtendkrant morning paper
ochtendmens early bird/riser
ochtendploeg morning shift
ochtendspits morning rush hour
octaaf octave
octaan octane
octaangehalte octane number/rating
octet octet
octopus octopus
octrooi (machtiging) charter, ⟨op uitvinding⟩
patent
octrooigemachtigde patent agent
ode ode ★ een ode brengen aan pay a tribute to
odyssee odyssey
oecumene ecumenicalism, ecumenicism
oecumenisch ecumenic(al)
oedeem oedema
oedipaal Oedipal

N

Oedipuscomplex *Oedipus complex*
oef *phew*
oefenen ● (vaardig maken) *practise, rehearse,* ⟨trainen⟩ *train* ★ zich in iets ~ *practise s.th.* ★ zich regelmatig ~ *keep one's hand in practice* ● (in praktijk brengen) *exercise* ● geduld ~ *exercise patience*
oefengranaat *dummy*
oefening *practice,* ⟨opgave ook⟩ *exercise* ★ lichamelijke ~ *physical education* ★ ~en voor arm- en beenspieren *exercises for arm and leg muscles* ▾ ~ baart kunst *practice makes perfect*
oefenmateriaal ● (materiaal) *practice/exercise material* ● (lessen) *teaching aids*
oefenmeester *trainer, coach*
Oeganda *Uganda*
oei ⟨bij pijn⟩ *ouch!,* ⟨bij schrik, verrassing⟩ *oh!*
oekaze *ukase*
Oekraïne *Ukraine*
oelewapper *nincompoop, blockhead*
oen *nerd, blockhead*
oer-Hollands *really/truly Dutch*
oerknal *Big Bang*
oermens *primitive man*
oeroud *ancient*
oersaai *dull (as ditchwater)*
oertaal *protolanguage*
oertijd *prehistoric times*
oerwoud *primaeval forest* ▾ een ~ van voorschriften *a labyrinth of regulations*
OESO *Organisation for Economic Co-operation and Development, O.E.C.D.*
oester *oyster*
oesterbank *oyster bed*
oestervisserij *oyster gathering*
oesterzaad *oyster seed/brood*
oesterzwam *oyster mushroom*
oestrogeen *oestrogen,* ⟨AE⟩ *estrogen*
oeuvre *oeuvre,* (complete) *works* ★ een omvangrijk/indrukwekkend ~ *a vast/impressive body of works*
oever ⟨v. rivier⟩ *bank,* ⟨v. zee, meer⟩ *shore* ★ de rivier is buiten haar ~s getreden *the river has flooded/burst its banks*
oeverloos *endless, boundless* ★ een oeverloze discussie *an endless/interminable discussion* ★ ~ geleuter *babble*
oeverplant *littoral plant*
oeververbinding *cross-river/channel connection*
Oezbekistan *Uzbekistan*
of ● (bij tegenstelling) *or* ★ goed of fout *right or wrong* ● (ongeacht) *whether* ★ (ik doe het) of je het goedvindt of niet *whether you like it or not* ● (bij twijfel) *if, whether* ★ ik vraag je of … *I'm asking you if/whether …* ● (alsof) *as if* ★ hij doet net of hij gek is *he pretends he is mad* ● (bevestigend) ★ nou, en of! *rather!; you bet!* ● (na ontkenning) *but* ★ 't duurde niet lang, of … *it was not long before …* ▾ een minuut of twintig *some twenty minutes*
offensief I [het] *offensive* ★ tot het ~ overgaan *go on the offensive* **II** [bnw] *offensive*
offer ● (offerande) *sacrifice* ● (opoffering) *sacrifice* ★ zich ~s getroosten *make sacrifices* ● (slachtoffer) *victim* ★ ten ~ vallen aan *fall victim to*
offerande ● (offer) *offering, sacrifice* ● (dankgebed) *offertory*
offeren *sacrifice*
offergave *offering*
offerte *quotation* ★ een ~ doen *quote (for)*
officieel ● (erkend) *official, formal* ★ officiële

feestdag *public holiday* ● (formeel) *formal* ★ officiële gelegenheid *official occasion*
officier *officer* ★ ~ van Justitie *public prosecutor* ★ Officier in de Orde van … *Knight in the Order of …*
officieus *unofficial*
off line *off-line*
offreren *offer*
offset *offset*
offshore *offshore*
ofschoon (al)though
oftewel *also known as, i.e., or, that is*
ogen (goed staan) *look (nice/good)* ★ zij oogt nog erg jong *she still looks very young*
ogenblik ● (korte tijd) *moment, instant* ★ in een ~ *in a moment* ★ een ~, s.v.p. *just a/one moment, please* ● (tijdstip) *moment* ★ op 't/dit ~ *at the moment* ★ voor 't ~ *for the moment*
ogenblikkelijk I [bnw] *immediate* **II** [bijw] *immediately, at once*
ogenschijnlijk *apparent, seeming*
ogenschouw ★ in ~ nemen *inspect;* ⟨situatie⟩ *review*
ohm *ohm*
okay *o.k., okay*
oker *ochre*
oksel ● (lichaamsdeel) *armpit* ● (plant.) *axil*
okselhaar *underarm hair*
oktober *October*
oldtimer ⟨vnl. tussen 1919 en 1930⟩ *vintage car,* ⟨voor 1918⟩ *veteran car*
oleander *oleander*
olie *oil* ★ ruwe olie *crude (oil)* ★ olie verversen *change the oil* ★ olie innemen ⟨schip, e.d.⟩ *oil* ▾ olie op het vuur gieten *add fuel to the flames* ▾ hij is in de olie *he is well oiled*
oliebol *doughnut ball*
oliebollenkraam *oliebollen stall/stand*
oliebron ● (vindplaats) *oil well* ● (hoeveelheid) *source of oil*
olieconcern *oil company*
oliecrisis *oil crisis*
oliedom *as thick as a brick, as dumb as an ox*
olie-en-azijnstel *cruet (set)*
oliefilm *oil film*
oliefilter *oil filter*
oliejas *oilskin (coat)*
oliekachel *oil stove/heater*
olieland *oil-producing country*
oliën *oil,* (form.) *lubricate* ● een goed geolied bedrijf *a well-run firm*
olieraffinaderij *oil refinery*
oliesel *unction* ★ iem. het laatste ~ toedienen *administer the last rites to a person*
olieslagerij *oil mill, oil-press*
olieveld *oilfield*
olieverf *oil paint*
olievlek *oil stain,* ⟨op water⟩ *oil slick* ▾ zich als een ~ uitbreiden *spread unchecked*
oliewinning *oil production*
olifant *elephant*
olifantshuid *elephant hide/skin* ▾ een ~ hebben *have a hide like a rhinoceros; have a thick skin*
oligarchie *oligarchy*
olijf ● (boom) *olive (tree)* ● (vrucht) *olive*
olijfolie *olive oil*
olijftak *olive branch*
olijk *shy, roguish*
olm *elm*
olympiade *Olympiad*
olympisch *Olympic,* ⟨m.b.t. mythologie⟩ *Olympian* ★ de ~e spelen *the Olympic games*

O

▼ een ~e kalmte bewaren *keep a cool head*
om I [bnw] • (in omgekeerde richting) ★ de
directeur is om *the manager has come round*
• (langer/meer) ★ dat is minstens een uur om
that's at least an hour longer • (voorbij/langs)
★ de tijd is om *time is up* ★ nog voor de week om
is *before the week is out* **II** [vz] • (rond(om)) *round,
about* ★ om de tafel about/round the table ★ een
blokje om *round the block* • (op zeker tijdstip) at
★ om vier uur *at four (o'clock)* • (vanwege) *on
account of, because, for* ★ ergens om bekend
staan *be famous for s.th.* ★ om die reden *for that
reason* • (afwisselend) ★ om de dag *every other
day* ★ om de beurt *in turn; by turns* • (met als
doel) *to, in order to, so as to* ★ daar gaat het (mij)
niet om *that's not the (my) point* ★ dat doet hij
om op te vallen *that's because he wants to attract
attention*
oma *grandma, granny*
Oman *Oman*
omarmen • (graag aannemen) *accept/greet with
open arms* • (de armen slaan om) *embrace, hug*
ombouw *surround(s), housing*
ombouwen *reconstruct, (veranderen) rebuild,
(voor ander doel) convert* ★ ~ tot *convert into*
ombrengen *kill, murder*
ombudsman *ombudsman*
ombuigen I [ov ww] • (verbuigen) *bend*
• (veranderen) *adjust* ★ het beleid ~ *reorganize/
adjust the policy* **II** [on ww] • (buigen) *bend (over)*
ombuiging • (het ombuigen) *bending*
• (beleidswijziging) *restructuring*
omcirkelen *circle*
omdat *because*
omdoen *put on* ★ doe je sjaal om *put on your scarf*
omdopen *rename*
omdraaien I [ov ww] • (van stand doen
veranderen) ★ zich ~ *turn round* **II** [on ww]
• (draai maken) *turn* ★ de hoek ~ *turn the corner*
• (omkeren) *turn back, (v. personen) swing/turn
around, (v. wind) shift*
omduwen *push over, (ongewild) knock over, upset*
omega *omega*
omelet *omelette*
omfloerst *shrouded, veiled, muffled* ★ ~ zonlicht
hazy sunlight ★ een ~e stem *a muffled voice*
omgaan • (rondgaan) *go round* ★ een hoek ~
turn a corner • (zich afspelen) *happen* ★ er gaat veel
om in die zaak *they do a lot of business* • (van
mening veranderen) *swing round* • (verstrijken)
pass • (~ met) *mix with, (mensen) associate with*
★ met mensen weten om te gaan *know how to
get on with people* ★ vertrouwelijk met iem. ~ *be
on familiar terms with s.o.* ★ met gereedschap ~
handle tools ▼ wat gaat er in hen om? *what are
they thinking about?*
omgaand ★ verzoeke ~ bericht *please reply by
return (of post)*
omgang • (sociaal verkeer) *association, contact,
(geslachtelijk) intercourse* ★ ~ hebben met
associate with ★ seksuele ~ hebben met iem.
have sexual intercourse with s.o.; have sex with s.o.
★ prettig in de ~ *nice to get on with* • (processie)
procession
omgangsrecht *parental access rights*
omgangsregeling *arrangements concerning
parental access*
omgangstaal *everyday speech, (form.) colloquial
language*
omgangsvormen *manners*
omgekeerd • (omgedraaid) *upside down*
• (tegenovergesteld) *reverse(d)* ★ de ~e wereld

the world turned upside down; a topsy-turvy world
★ in ~e volgorde *in reverse order* ★ ~ evenredig
zijn met *be inversely proportional to*
omgeven *surround, envelop* ★ zich ~ met
surround o.s. with
omgeving • (kring van mensen) *environment,
acquaintances* • (omstreken) *neighbourhood,
vicinity*
omgooien • (omvergooien) *overturn, upset*
• (vlug draaien) *shift* ★ het roer ~ *put over the
helm; (fig.) change course/tack* • (veranderen)
change ★ de tactiek ~ *change tactics* • (omdoen)
throw… round ★ een jas ~ *throw a cloak round o.s.*
omhaal • (wijdlopigheid) *wordiness* ★ met veel ~
van woorden *with a great show of words*
• (nodeloze drukte) *fuss, ado, ceremony* ★ zonder
veel ~ *without much ceremony* ★ maken make a
fuss • (sport) *overhead kick*
omhakken *fell, cut down*
omhangen *drape (around), hang on/round*
omheen *round (about), around* ★ je kunt er niet ~
you can't get away from it ★ ergens ~ draaien
beat about the bush
omheining *fence*
omhelzen *embrace*
omhelzing *embrace*
omhoog • (in de hoogte) *up* • (naar boven)
up(wards) ★ handen ~! *hands up!*
omhoogschieten • (snel groeien) ★ de planten
schoten omhoog *the plants shot up* • (snel
omhooggaan) ★ de raket schoot omhoog *the
rocket shot up (into the air)*
omhoogzitten *be in a fix, (fig.) be stuck* ★ ik zit
omhoog wat geld betreft *I'm hard-pressed for
cash/money* ★ zij zit er erg mee omhoog *she's
really in a jam with it*
omhullen *wrap up, (form.) envelop*
omhulsel *covering, wrapping, casing* ▼ 't stoffelijk
~ *the mortal remains*
omissie *omission*
omkeerbaar *reversible*
omkeren I [ov ww] • (omdraaien) *turn, (hooi,
kaart) turn over, (zakken) turn out* ★ zich ~ *turn
(round)* ▼ ieder dubbeltje ~ *look twice at every
penny* **II** [on ww] • (keren) *turn back/round*
omkijken • (achter zich kijken) *look back/round*
• (zoeken) *look round/out* • (~ naar) *look after,
worry about* ★ je hebt er geen ~ naar *it doesn't
need looking after* ★ hij kijkt niet naar zijn
kinderen om *he doesn't look after his children*
omkleden *change (clothing)*
omklemmen *hug, clasp*
omkomen • (ergens omheen komen) *come
round* ★ hij kwam de hoek om *he came round the
corner* • (sterven) *die, be killed, (v. honger) starve*
★ bij een ongeluk ~ *be killed in an accident* ★ van
de kou ~ *freeze to death*
omkoopbaar *corruptible*
omkopen *bribe, corrupt*
omkoperij *bribery, corruption*
omlaag • (beneden) *below, down* ★ van ~ *from
below* ★ ~ houden *keep down* • (naar beneden)
down(wards) ★ ~ gaan *go down*
omlaaghalen • (neerhalen) *bring down* • (in
aanzien doen dalen) *drag down, run down* ★ het
haalde zijn reputatie omlaag *it brought his
reputation down*
omleggen • (anders leggen) *(verkeer) divert,
(wissel) shift* • (om iets leggen) *put round,
(verband) put on, apply*
omlegging *diversion*
omleiden *re-route, divert*

omleiding *diversion*
omliggend *neighbouring, surrounding*
omlijnen *outline* ∗ scherp omlijnd plan *clear cut plan; well defined plan*
omlijsten *frame*
omlijsting • (het omlijsten) *framing* • (kader) *frame, fig.) setting*
omloop • (circulatie) *circulation* ∗ in ~ brengen *circulate;* (gerucht) *spread* • (omwenteling) *revolution, orbit*
omloopsnelheid *rotation speed, rate of circulation,* (v. planeten) *orbital velocity*
omlopen I [ov ww] • (omverlopen) *knock over* **II** [on ww] • (omweg maken) *walk/go round* ∗ dat loopt om *that's a long way round* • (rondlopen) *go round* ∗ een straatje ~ *go for a turn*
ommekeer *turn about, change*
ommetje *stroll* ∗ een ~ maken *take a stroll*
ommezien *moment* ∗ in een ~ *in a jiffy*
ommezijde *back* ∗ zie ~ (please) *turn over* ∗ aan ~ (form.) *overleaf*
ommezwaai *about-turn/face, reversal,* (politiek) *U-turn*
ommuren *wall (in)*
omnibus *omnibus*
omnivoor *omnivore*
omploegen *plough*
ompraten *talk/bring round*
omrekenen *convert*
omrekening *conversion*
omrijden I [ov ww] • (omverrijden) *run/knock down* **II** [on ww] • (omweg maken) *make a detour, take the long way round* ∗ zo rijden we om *we're going a long way round* • (rondrijden) (m.b.t. auto) *drive about,* (m.b.t. fiets) *ride about* ∗ eindje gaan ~ *go for a drive/ride* • (ergens omheen rijden) (met auto) *drive round,* (met fiets, e.d.) *ride round*
omringen *surround, enclose,* (met gevaar) *beset*
omroep • (het uitzenden) (radio) *broadcast(ing)* • (omroepvereniging) *broadcasting corporation*
omroepbestel *broadcasting system*
omroepen • (oproepen) *call,* (in zaak, hotel) *page* • (uitzenden) *broadcast*
omroeper *announcer*
omroepgids (radio and) t.v. *guide*
omroeporganisatie *broadcasting corporation/ company,* (AE) *network*
omroepsatelliet *broadcasting satellite*
omroepvereniging *broadcasting company/ corporation*
omroeren *stir (up)*
omschakelen • (in andere stand schakelen) *change/switch over* • (aanpassen) *change (to), switch over (to)*
omschakeling *change over, shift, switch*
omscholen *retrain*
omscholing *retraining*
omschrijven • (beschrijven) *describe* • (bepalen) *define*
omschrijving • (definitie) *definition* • (beschrijving) *description*
omsingelen *surround, besiege*
omslaan I [ov ww] • (omverslaan) *knock down* • (omdraaien) (v. bladzij) *turn over,* (v. broekspijp) *turn up,* (v. mouwen) *tuck up* • (omhangen) *wrap round one, put on* ∗ een sjaal ~ *put on a scarf* • (verdelen) *divide, apportion* **II** [on ww] • (veranderen) (v. stemming) *turn,* (v. weer) *break* • (kantelen) *overturn,* (v. boot) *capsize* • *doen* ~ *upset* • (om iets heen gaan)*

turn, (v. boei) *round* ∗ de hoek ~ *turn (round) the corner*
omslachtig *roundabout, long-winded,* (formeel) *discursive* ∗ ~ systeem *cumbersome system*
omslag • (verandering) *turn,* (v. weer) *break* • (omhaal) *fuss, ceremony* • (verdeling van kosten) *apportionment* ∗ hoofdelijke ~ *capitation* • (omgeslagen rand) (v. broek) *turn-up,* (v. mouw) *cuff* • (kaft) (los) *jacket,* (v. boek) *cover*
omslagartikel *cover story*
omslagdoek *shawl*
omslagontwerp *jacket design*
omsluiten • (omvatten) *enclose, contain* ∗ omsloten ruimte *enclosed area* • (geheel insluiten) *enclose, surround* ∗ door land omsloten haven *landlocked harbour*
omsmelten *melt down*
omspannen *span, enclose,* (strak) *fit tightly around/over*
omspitten *dig up*
omspoelen *wash away*
ómspoelen • (schoonspoelen) *rinse (out), wash, bathe* ∗ met koud water ~ *rinse with/in cold water* • (op andere spoel zetten) *rewind*
omspringen ∗ met iem./iets weten om te springen *know how to manage a person/s.th.*
omstander *bystander*
omstandig I [bnw] *detailed, circumstantial* **II** [bijw] *in detail*
omstandigheid • (toestand) *circumstance* ∗ naar omstandigheden redelijk wel *fairly well/not too bad, all things considered* ∗ onder de heersende omstandigheden *in/under the present conditions* ∗ onder geen ~ *on no account* • (breedvoerigheid) *elaborateness*
omstoten *upset, knock over*
omstreden *disputed, contested* ∗ veel ~ *vraag a matter of dispute*
omstreeks *about, round (about)* ∗ een man van ~ dertig jaar *a man of about thirty* ∗ ~ kerst *round about Christmas*
omstreken *surroundings* ∗ Lelystad en ~ *Lelystad and environs*
omstrengelen • (omhelzen) *embrace, entwine* • (omvatten) *wind/twist about/around*
omtoveren *transform, change, convert* ∗ de zolder in een studeerkamer ~ *convert the loft into a study*
omtrek • (contour) *outline* • (omgeving) *vicinity, neighbourhood* ∗ in de ~ *in the neighbourhood* ∗ mijlen in de ~ *for miles around* • (afmeting) (v. cirkel) *circumference,* (v. veelhoek) *perimeter* ∗ in ~ *circumference*
omtrekken I • (omvertrekken) *pull down* • (ergens omheen trekken) *turn, round,* (mil.) *outflank*
omtrent I [bijw] • (nabij) *about* • (ongeveer) *approximately, about* **II** [vz] • (omstreeks) *round (about)* ∗ ~ Pasen *round about Easter* • (betreffende) *about, concerning,* ∗ ~ geen mededelingen doen ~ een ongeluk *be tight-lipped about an accident*
omturnen *bring round, win over*
omvallen *fall over/down* ▾ ~ van verbazing *be thunderstruck*
omvang • (omtrek) *circumference,* (v. borstkas) *width,* (v. lichaam, boom) *girth* • (grootte) *dimension, size,* (v. ding) *size,* (v. schade) *extent,* (v. stem) *range,* (v. taak) *magnitude* ∗ het had een grote ~ aangenomen *it had assumed large proportions* ∗ zijn geweldige ~ *his enormous bulk*

O

omvangrijk • sizeable, extensive, ‹groot en zwaar› bulky

omvatten • (inhouden) include, comprise ★ alles ~d all-embracing • (omsluiten) enclose

omver down, over

omverwerpen • (omgooien) topple, overturn, upset • (een einde maken aan) ★ een regering ~ overthrow/bring down a government/regime

omvliegen • (om iets heen vliegen) fly/tear round • (snel verstrijken) fly (by)

omvormen convert, transform

omvouwen double, fold/turn down

omweg • (langere weg) roundabout way, detour • (omslachtigheid) ★ zonder ~en point-blank; straight out

omwentelen I [ov ww] • (ronddraaien) rotate • (omkeren) turn (round) **II** [on ww] • (om as draaien) rotate, revolve, (satelliet) orbit

omwenteling • (ommekeer) revolution • (draaiing) revolution, rotation

omwentelingstijd rotation time/period

omwerken • (herzien) rewrite, ‹wettekst e.d.› redraft • (omploegen) dig up

omwerpen • (verwoesten) destroy • (omgooien) topple

omwikkelen wrap (around/in)

omwille ★ ~ van for the sake of

omwisselen change

omwonend neighbouring ★ ~en neighbours

omzeilen get round, ‹obstakel› bypass, ‹vraag› sidestep ★ moeilijkheden ~ skirt around problems

omzet • (opbrengsten) sales, returns ★ een vlugge ~ vinden sell readily

omzetbelasting purchase tax, V.A.T.

omzetsnelheid rate of turnover, ‹scheikunde› conversion rate

omzetten I [ov ww] • (veranderen) turn/convert (into) • in geld ~ convert into money • (anders zetten) change, (letters) transpose, (meubels) shift • (verhandelen) turn over • (in andere stand zetten) turn over, (motor) reverse **II** [on ww] • (snel om iets gaan/lopen) ★ de hoek komen ~ come running/tearing round the corner

omzichtig cautious, wary

omzien • (omkijken) look back • (uitkijken naar) look out ★ naar beter werk ~ look out for a better job • (zorgen voor) look after, take care of

omzomen border, fringe, surround

omzoomd hem, edge/border with ★ met stiksels omzoomd bordered with embroidery

omzwaaien • (van studie veranderen) change one's subject ★ van Engels naar Duits ~ switch over from English to German • (van standpunt veranderen) swing round

omzwerving wandering, ramble

onaandoenlijk impassive

onaangedaan unmoved

onaangediend unannounced

onaangekondigd unannounced ★ ~ bezoek a surprise visit

onaangenaam unpleasant, disagreeable

onaangepast unadapted, maladjusted ★ ~ gedrag maladjusted behaviour

onaangeroerd untouched

onaangetast unaffected, intact, unimpaired

onaantastbaar • (onbetwistbaar) inviolable • (ongenaakbaar) unassailable

onaanvaardbaar unacceptable

onaanzienlijk • (gering) insignificant, ‹som geld› inconsiderable • (zonder aanzien) modest, ‹komaf› humble

onaardig • (onvriendelijk) unpleasant, unkind • (onbeleefd) unpleasant, nasty ▾ niet ~ not bad

onachtzaam inattentive, careless

onaf unfinished, incomplete

onafgebroken continuous, unbroken

onafhankelijk independent (of)

onafhankelijkheid independence

onafhankelijkheidsverklaring declaration of independence

onafscheidelijk inseparable

onafwendbaar inevitable

onafzienbaar vast, immense

onaneren masturbate

onbaatzuchtig disinterested, unselfish

onbarmhartig merciless

onbeantwoord unanswered ★ ~e liefde unrequited love

onbedaarlijk uncontrollable

onbedachtzaam thoughtless, rash ★ ~ handelen act rashly

onbedekt • (niet bedekt) uncovered, bare • (openlijk) open

onbedorven • (onschuldig) innocent, unspoilt • (gaaf) unspoilt

onbeduidend • (gering) trifling ★ ~ bedrag trifling sum of money • (onbelangrijk) ‹ook persoon› insignificant, ‹reden› trivial

onbegaanbaar impassable

onbegonnen • een ~ werk a hopeless task

onbegrensd unlimited

onbegrijpelijk • (niet te begrijpen) incomprehensible • (onvoorstelbaar) incredible

onbegrip incomprehension, lack of understanding

onbehaaglijk • (onaangenaam) unpleasant ★ ~ gevoel uncomfortable feeling • (niet op zijn gemak) ill at ease

onbehagen discomfort (about), unease (about)

onbeheerd abandoned ★ ~ staand unattended

onbeheerst unrestrained

onbeholpen awkward

onbehoorlijk improper, unseemly

onbehouwen boorish

onbekend ignorant (of), unacquainted (with), ‹niet bekend› unknown ★ ik ben hier ~ I'm a stranger here ★ ~ met de feiten ignorant of the facts ★ het was me ~ of ... I didn't know whether ...

onbekende unknown

onbekendheid unfamiliarity (with), ‹onwetendheid› ignorance (of)

onbekommerd unconcerned, carefree

onbekookt ill-considered

onbekwaam • (incompetent) incompetent, incapable • (dronken) incapacitated

onbelangrijk unimportant, insignificant

onbelast • (vrij van lasten) ‹belasting› tax exempt/free, ‹invoer› duty free • (vrij van gewicht) unburdened, unloaded

onbeleefd impolite

onbeleefdheid rudeness, impoliteness, ‹uiting› incivility

onbelemmerd unobstructed, unimpeded

onbemand unmanned

onbemiddeld without means, ‹form.› impecunious

onbemind unpopular

onbenul • een stuk ~ dimwit; featherbrain

onbenullig • (dom) vapid, inane • (onbeduidend) trivial

onbepaald • (onbegrensd) indefinite ★ voor ~e tijd indefinitely; permanently • (vaag) vague, uncertain • (taalk.) indefinite

onbeperkt • (onbegrensd) unlimited, unrestricted ★ ~ vertrouwen implicit faith/trust

● (onblemmerd) *unrestricted*

onbeproefd *untried*

onberaden *ill-advised*

onbereikbaar *inaccessible,* ⟨fig.⟩ *unattainable*

onberekenbaar ● (niet te berekenen) *incalculable* ● (wisselvallig) *unpredictable*

onberispelijk *irreproachable, faultless*

onberoerd ● (onaangedaan) *unperturbed, unaffected* ● (niet aangeraakt) *untouched*

onbeschaafd ● (zonder beschaving) *uncivilized* ● (onbeleefd) *rude, uneducated*

onbeschaamd *insolent, impudent*

onbescheiden (niet bescheiden) *immodest,* ⟨vrijpostig⟩ *indiscreet*

onbeschoft *impudent*

onbeschreven *blank*

onbeschrijfelijk *indescribable*

onbeslist *undecided* ★ de wedstrijd eindigde ~ *the match ended in a draw*

onbespoten *unsprayed, untreated, free of pesticides*

onbesproken ● (onberispelijk) *irreproachable, blameless* ● (niet behandeld) *undiscussed* ★ iets ~ laten *pass s.th. over* ● (niet gereserveerd) *not reserved, not booked*

onbestelbaar ● een onbestelbare brief *a dead letter* ● indien ~, gelieve terug te zenden aan... *if undelivered, please return to...*

onbestemd *vague, indefinable*

onbestendig ● (wispelturig) *unsteady, fickle,* ⟨v. geluk, liefde⟩ *inconstant* ● (veranderlijk) *unsettled,* ⟨v. weer⟩ *variable*

onbesuisd *rash, reckless*

onbetaalbaar ● (niet te betalen) *prohibitive,* ⟨schuld⟩ *unpayable* ● (kostelijk) *priceless*

onbetamelijk *improper, unseemly*

onbetekenend *insignificant, trivial*

onbetrouwbaar *unreliable, untrustworthy, shady* ★ een ~ sujet *a shady character*

onbetuigd ★ zich niet ~ laten *keep one's end up; be quick to respond;* ⟨aan tafel⟩ *do justice to a meal*

onbetwist *undisputed*

onbetwistbaar *indisputable*

onbevangen ⟨vrijmoedig⟩ *uninhibited, frank,* ⟨zonder vooroordeel⟩ *open-minded, unprejudiced* ★ geheel ~ staan tegenover iets *have a completely open mind on s.th.*

onbevlekt *unstained* ★ de ~e ontvangenis *the Immaculate Conception*

onbevoegd *unauthorized,* ⟨zonder getuigschrift⟩ *unqualified* ● geen toegang voor ~en *no admittance to unauthorized persons*

onbevooroordeeld *unprejudiced*

onbevredigd *unsatisfied, unappeased*

onbewaakt *unguarded* ★ ~e overweg *unguarded level crossing*

onbeweeglijk ● (roerloos) *motionless* ● (onwrikbaar) *immovable*

onbewogen ● (onaangedaan) *unmoved* ★ met ~ gezicht *straightfaced* ● (onbeweeglijk) *motionless*

onbewoonbaar *uninhabitable* ★ ~ verklaren *condemn a house*

onbewust ● (niet bewust) *unconscious* ● (onwillekeurig) *unwitting, unintentional*

onbezoldigd *unpaid* ★ ~ secretaris *honorary secretary*

onbezonnen *rash*

onbezorgd ● (zonder zorgen) *carefree* ● (niet besteld) *undelivered*

onbillijk *unjust, unfair*

onbreekbaar *unbreakable*

onbruik *disuse* ★ in ~ geraken *fall into disuse*

onbruikbaar *useless,* ⟨v. weg⟩ *unusable*

onbuigzaam ● (niet te buigen) *inflexible* ● (koppig) *unbending, uncompromising*

onchristelijk ● (niet christelijk) *unchristian* ● (ergerlijk) *ungodly* ★ op een ~ vroeg tijdstip *at an ungodly/unholy hour*

ondank *ingratitude* ▼ ~ is 's werelds loon *reward* ⟨s.o.⟩ *with ingratitude*

ondankbaar ● (ongrateful) ★ een ~ karwei *an unrewarding task*

ondanks *despite, in spite of*

ondeelbaar ● (niet deelbaar) *indivisible* ★ ~ getal *prime number* ● (zeer klein) *infinitesimal*

ondefinieerbaar *indefinable*

ondenkbaar *inconceivable, unthinkable*

onder I [bijw] *underneath, below* ★ zij woont ~ *she lives downstairs* ★ van ~ naar boven *from the bottom upward(s)* ★ ten ~ gaan *come to grief; be ruined* ● de zon gaat/is ~ *the sun is setting/has set* ★ iem. kopje ~ duwen *give s.o. a ducking* ▼ ik zat ~! *I was covered!* ▼ van ~ af *aan beginnen start from scratch* **II** [vz] *under* ★ ~ het huis *under the house* ★ ~ dak *under cover; indoors* ★ ~ water staan *be flooded* ● (tijdens) *during* ★ ~ het rijden viel hij in slaap *while driving, he dropped off* ● (te midden van) *among(st)* ★ ~ de mensen komen *mix with people* ★ zij zaten ~ elkaar te praten *they were talking among themselves* ★ ~ andere *among other things* ● (tussen (personen)) ⟨(meer dan twee) among,⟩ ⟨(twee) between⟩ ★ ~ ons gezegd *between you and me (and the gatepost)* ● (minder/lager dan) *under* ★ ~ de prijs *under the price* ★ ~ de twaalf kinderen ~ de twaalf *children under twelve* ● (vergezeld van) ★ ~ luide bijval *to the applause* ★ ~ een kopje koffie *over a cup of coffee* ● (dicht bij) *nearby* ★ ~ de kust van Noorwegen *off the coast of Norway*

onderaan *at the foot of*

onderaanzicht *view from below*

onderaards *subterranean, underground*

onderaf ★ zich van ~ opwerken *work one's way up from the bottom of the ladder*

onderarm *forearm*

onderbeen *leg,* ⟨kuit⟩ *calf,* ⟨voorkant⟩ *shin*

onderbelichten *underexpose*

onderbesteding *underspending*

onderbetalen *underpay*

onderbewust *subconscious, unconscious*

onderbewustzijn *subconscious*

onderbezet *undermanned, understaffed*

onderbouw ● (lagere klassen op school) *lower forms (of a school)* ● (basis bouwwerk) *substructure*

onderbouwen *build, found*

onderbreken *interrupt*

onderbreking ● (het onderbreken) *interruption* ★ zonder ~ *without interruption* ● (pauze) *break,* ⟨film, toneel⟩ *intermission*

onderbrengen ● (onderdak verlenen) *lodge, house,* ⟨misdadigers⟩ *harbour,* ⟨vluchtelingen⟩ *shelter* ● (indelen) *class (under)* ★ zich nergens laten ~ *not fit in anywhere*

onderbroek *underpants*

onderbroekenlol *lavatorial humour*

onderbuik *abdomen*

onderdaan ● (staatsburger) *subject* ● (been) *limb, pins* [meestal mv]

onderdak *shelter, accommodation* ★ ~ verschaffen *accommodate*

onderdanig *submissive*

onderdeel ● (deel van geheel) *part,* (sub)*division,* ⟨v. seconde⟩ *fraction* ● in een ~ van een seconde *in a split second* ● (afdeling) *branch,* ⟨sport⟩

O

discipline, ⟨v. leger⟩ unit ● ⟨techn.⟩ ⟨deel v. machine⟩ component, ⟨reservedeel⟩ spare part
onderdeurtje peewee, shorty
onderdirecteur assistant director/manager, ⟨v.e. school⟩ assistant/deputy head
onderdoen I [ov ww] ● ⟨aantrekken⟩ put/tie on **II** [on ww] ● ⟨de mindere zijn⟩ be inferior (to) * voor niemand ~ be second to none * niet ~ voor hold one's own with
onderdompelen immerse
onderdoor under, underneath
onderdoorgang ● ⟨voetgangerstunnel⟩ subway ● ⟨weg⟩ underpass
onderdrukken ● ⟨ondergeschikt houden⟩ oppress ● ⟨bedwingen⟩ ⟨gevoel⟩ suppress, ⟨lachen, geeuw, schandaal⟩ smother, stifle, ⟨opstand⟩ crush, ⟨snik, tranen⟩ choke back, ⟨woede, teleurstelling⟩ fight down * niet te ~ irrepressible
onderdrukker oppressor
onderdrukking oppression
onderduiken ● ⟨duiken⟩ dive, take a nosedive ● ⟨zich schuilhouden⟩ go underground, go into hiding
onderduiker person in hiding
onderen down(ward) ▾ van ~! timber!; watch out below!
ondergáán undergo, endure * een operatie ~ undergo an operation
óndergaan go down, sink, ⟨zon, maan⟩ set
ondergang ⟨down⟩fall, setting * dat was zijn ~ that was his undoing
ondergeschikt ● ⟨van minder belang⟩ * van ~ belang of minor importance * een ~e rol spelen play second fiddle ● ⟨onderworpen aan⟩ subordinate, inferior (to) * ~ maken (aan) subordinate (to)
ondergeschikte subordinate, inferior
ondergeschoven supposi(ti)tious * een ~ kind a changeling
ondergetekende * ⟨de⟩ ~ the undersigned; ⟨scherts⟩ yours truly
ondergoed underwear
ondergraven undermine
ondergrens lower limit, minimum
ondergrond ● ⟨onderliggende laag⟩ sub-soil ● ⟨grondslag⟩ foundation ● ⟨achtergrond⟩ (back)ground
ondergronds ● ⟨onder de grond⟩ underground ● ⟨clandestien⟩ * de ~e beweging the resistance movement
ondergrondse ● ⟨metro⟩ underground, ⟨inf.⟩ tube, ⟨AE⟩ subway ● ⟨verzetsbeweging⟩ underground, resistance
onderhand meanwhile, in the meantime
onderhandelaar negotiator
onderhandelen negotiate
onderhandeling negotiation * ~en aanknopen enter into negotiations
onderhands ● ⟨zonder tussenpersoon⟩ private ● ⟨niet bovenhands⟩ underhand ● ⟨geheim⟩ secret * een ~ verdrag a secret treaty
onderhavig * 't ~e geval the present case
onderhemd vest
onderhevig liable/subject (to) * aan twijfel ~ open to question
onderhorig ● ⟨ondergeschikt⟩ subordinate ● ⟨afhankelijk⟩ dependent
onderhoud ● ⟨verzorging⟩ maintenance, upkeep * in goede staat van ~ in a good state of repair * in slechte staat van ~ in bad repair ● ⟨levensonderhoud⟩ maintenance, keep * in eigen ~ voorzien support o.s.; be self supporting

● ⟨gesprek⟩ interview * een ~ met iem. hebben have an interview with s.o.
onderhóúden ● ⟨verzorgen⟩ maintain * een gezin ~ support a family ● ⟨naleven⟩ observe * de wet ~ obey the law ● ⟨in stand houden⟩ maintain * zijn huis goed ~ keep one's house in a good state of repair ● ⟨bezighouden⟩ entertain ● ⟨iem. toespreken⟩ speak to
ónderhouden keep under
onderhoudend entertaining
onderhoudsbeurt overhaul, service
onderhoudswerkzaamheden maintenance work
onderhuids subcutaneous * ~e inspuiting hypodermic injection
onderhuren sublet
onderhuur sublet
onderhuurder subtenant
onderin at the bottom
onderjurk slip, petticoat
onderkaak lower jaw
onderkant bottom
onderkennen ● ⟨herkennen⟩ recognize, distinguish ● ⟨beseffen⟩ recognize, realize
onderkin double chin
onderkoeld ● ⟨afgekoeld⟩ ⟨nat.⟩ supercooled, ⟨med.⟩ hypothermal ● ⟨zonder emoties⟩ cool, unemotional
onderkomen shelter
onderkruiper blackleg, scab
onderkruipsel shorty, shrimp, ⟨kind⟩ mite
onderlaag ● ⟨steunlaag⟩ foundation ● ⟨onderste laag⟩ bottom layer, ⟨verf⟩ undercoat
onderlangs along the bottom, underneath
onderlegd * goed ~ zijn in have a good grounding in
onderlegger ⟨onder tapijt⟩ underlay, ⟨op matras⟩ underblanket, ⟨op tafel⟩ table/place mat, ⟨vloeipapier⟩ blotting-paper
onderliggen ● ⟨de mindere zijn⟩ be the underdog ● ⟨liggen⟩ * het boek ligt onder the book is underneath/at the bottom
onderlijf lower part of the body
onderling * met ~ goedvinden with mutual consent * de ~e positie the relative position * ~e strijd infighting * ~ beraadslagen consult one another
onderlip lower lip
onderlopen be flooded/swamped
ondermaans sublunary, earthly, terrestrial * dit ~e this earthly existence
ondermaats ● ⟨te klein⟩ undersized ● ⟨van mindere kwaliteit⟩ substandard, inferior, below par
ondermijnen undermine
ondernemen undertake
ondernemend enterprising
ondernemer employer, ⟨in zaken⟩ entrepreneur
onderneming ● ⟨bedrijf⟩ business, concern ● ⟨karwei⟩ undertaking
ondernemingsraad works/company council
onderofficier non-commissioned officer
onderonsje ● ⟨gesprek⟩ tête-à-tête, informal chat ● ⟨kleine kring⟩ small circle, ⟨ongunstig⟩ clique
onderontwikkeld underdeveloped
onderop at the bottom
onderpand pledge, security
onderricht instruction
onderrichten instruct
onderschatten underrate
onderscheid ● ⟨inzicht⟩ distinction * jaren des ~s age of discretion ● ⟨verschil⟩ difference * ~

maken tussen *distinguish between; make a distinction between* ★ allen zonder ~ *all and sundry*

onderscheiden I [bnw] *different/distinct from,* ⟨uiteenlopend⟩ *various,* ⟨v. aantal⟩ *several* **II** [ov ww] ● (als ongelijksoortig bezien) *distinguish* ★ niet te ~ van *indistinguishable from* ● (een onderscheiding verlenen) *decorate* ● (waarnemen) *discern* **III** [wkd ww] ★ zich ~ *distinguish o.s.*

onderscheiding ● (ereteken) *decoration* ● (het onderscheiden) *distinction* ● (eerbewijs) *distinction, esteem*

onderscheidingsteken ● (ereteken) *decoration* ● (herkenningsteken) *distinguishing mark*

onderscheidingsvermogen *discrimination, discernment*

onderscheppen *intercept*

onderschikkend *subordinate*

onderschikking *subordination*

onderschrift *caption, legend,* ⟨v. film⟩ *subtitle*

onderschrijven *subscribe to, endorse*

ondershands ● (niet openbaar) *privately* ● (in het geheim) *secretly*

ondersneeuwen ● (door sneeuw bedekt worden) *be snowed under* ● (uit de belangstelling geraken) *be overlooked*

onderspit ★ 't ~ delven *get the worst of it*

onderstaand *below, hereunder*

ondersteboven ● (overhoop) ★ ~ gooien *overturn; upset* ★ ~ halen *turn upside down* ● (overstuur) *upset* ★ ergens ~ van zijn *be upset about s.th.* ● (op z'n kop) *upside down*

onderstel *undercarriage*

ondersteunen (steun geven) ⟨gebouw, e.d.⟩ *prop (up)* ● (onderschrijven) *support,* ⟨voorstel⟩ *back up* ● (helpen) *support, back up* ★ de armen ~ *help the poor* ★ financieel ~ *support financially*

ondersteuning ● (het steun geven) *support* ● (hulp) *support, relief* ★ geldelijke ~ *financial relief*

onderstrepen ● (streep zetten onder) *underline* ● (met nadruk zeggen) *stress*

onderstuk *lower part, base*

ondertekenaar *signer,* ⟨v. verdrag e.d.⟩ *signatory*

ondertekenen *sign*

ondertekening ● (handtekening) *signature* ● (het ondertekenen) *signing*

ondertitel ● (onderschrift) *sub-title* ● (tweede titel) *sub-heading*

ondertitelen *subtitle* ★ zij ondertitelt Zweedse films *she provides (the) subtitles to Swedish films*

ondertiteling *subtitles*

ondertoon ● (toon) *undertone* ● (bijbetekenis) *overtone, undercurrent* ★ er zat een ~ van wrok in *it carried a ring of resentment*

ondertrouw ★ in ~ gaan ⟨kerkelijk huwelijk⟩ *have the banns published;* ⟨burgerlijk huwelijk⟩ *take out a marriage license*

ondertussen ● (intussen) *meanwhile* ● (toch) *yet*

onderuit *sprawling, sprawled* ★ ergens ~ proberen te komen *try to get/wriggle out of s.th.*

onderuitgaan ● (vallen) *topple over,* ⟨struikelen⟩ *trip,* ⟨uitglijden⟩ *slip* ● (falen) *fall flat on one's face*

onderuithalen ● (verbaal verslaan) *wipe the floor with* ⟨s.o.⟩ ● (tackelen) *tackle*

ondervangen *overcome,* ⟨gevaar, moeilijkheid⟩ *remove,* ⟨v. bezwaren ook⟩ *meet*

onderverdelen (sub)divide

onderverhuren *sublet*

ondervertegenwoordigd *underrepresented*

ondervinden ⟨ervaren⟩ *experience*

● (verkrijgen) *meet with, encounter* ▼ aan den lijve ~ *find to one's cost*

ondervinding *experience* ★ spreken uit ~ *speak from experience*

ondervoed *undernourished*

ondervoeding *malnutrition*

ondervragen *question, examine*

ondervraging *interrogation, examination*

onderwaarderen *underrate, underestimate*

onderweg *on the way* ★ ~ zijn *head/make for*

onderwereld *underworld*

onderwerp ● (wat behandeld wordt) *subject, topic* ★ blijf bij het ~ *stick to the point* ★ nu we het toch over dat ~ hebben *since we are on the subject* ● (taalk.) *subject*

onderwerpen ● (onder gezag brengen) *subject to* ★ zich ~ aan *submit to;* ⟨aan zijn lot⟩ *resign o.s. to* ● (blootstellen aan) *subject to* ● (voorleggen) *submit (to)*

onderwijs *education, instruction* ★ ~ geven *teach* ★ schriftelijk ~ *correspondence course* ★ bijzonder/hoger/lager/middelbaar ~ *denominational/higher/primary/secondary education* ★ bij 't ~ zijn *be a teacher*

onderwijsinspectie *schools inspectorate*

onderwijskunde *didactics, pedagogy*

onderwijzen *teach*

onderwijzer (school)teacher

onderwijzersakte *teacher's certificate*

onderworpen ● (ondergeschikt) *subject, subordinate* ● (onderdanig) *submissive* ★ een ~ houding *a submissive attitude* ● (onderhevig) ★ ~ aan *subject to*

onderzeeboot *submarine* ★ ~ met kernaandrijving *nuclear (powered) submarine*

onderzeebootjager *submarine hunter*

onderzetter ⟨voor glas, fles⟩ *coaster,* ⟨voor pannen⟩ *table-mat*

onderzoek ● (het onderzoeken) *examination, investigation,* ⟨door politie, e.d.⟩ *inquiry,* ⟨v. land⟩ *exploration,* ⟨wetenschappelijk⟩ *research* ★ (de zaak) is in ~ *(the matter) is under investigation* ★ bij (nader) ~ *on (closer) examination* ★ ⟨jur.⟩ een ~ instellen *investigate a matter* ★ ⟨med.⟩ *check-up,* ⟨bloedonderzoek⟩ *test* ★ geneeskundig ~ *medical examination*

onderzoeken ● (nagaan) *examine, investigate,* ⟨wetenschappelijk⟩ *research, study* ★ ~ op *test for* ● (med.) *test*

onderzoeker *investigator,* ⟨v. mijnbouw⟩ *prospector,* ⟨wetenschap⟩ *researcher, research worker*

onderzoeksresultaat *research/test results*

ondeugd ● (ondeugendheid) *mischief* ● (slechte eigenschap) *vice* ● (persoon) *scamp*

ondeugdelijk ● (van slechte kwaliteit) *inferior, faulty* ● (gebrekkig) *unsound, invalid*

ondeugend *naughty, mischievous*

ondiep *shallow*

ondiepte *shallow, shoal*

ondier *monster*

onding ● (prul) *trash* ● (iets onmogelijks) *absurdity*

ondoelmatig *inefficient, ineffective*

ondoenlijk *unfeasible* ★ dat is ~ *it can't be done*

ondoordacht *thoughtless(ly), rash(ly)* ★ een ~e opmerking *an ill-considered remark* ★ een ~e keuze *a rash choice*

ondoorgrondelijk *inscrutable*

ondraaglijk *unbearable*

ondubbelzinnig *unequivocal*

onduidelijk *indistinct,* ⟨v. betekenis⟩ *obscure*

O

onecht • (niet echt) not genuine, spurious, false, counterfeit • (onwettig) illegitimate (child)
oneens * 't ~ zijn met disagree with * hij was 't met zichzelf ~ he couldn't make up his mind
oneerbaar indecent
oneerlijk dishonest, unfair
oneffen uneven, rough
oneffenheid roughness
oneigenlijk • (onecht) * ~ gebruik van iets improper use of s.th. • (figuurlijk) metaphoric
oneindig • (buitengewoon) infinite • (zonder einde) infinite * tot in 't ~e indefinitely
oneindigheid infinity
onenigheid • (ruzie) argument, conflict, quarrel * ~ hebben have a quarrel/conflict * ~ krijgen fall out • (meningsverschil) discord, disagreement
onervaren inexperienced
onervarenheid inexperience
onesthetisch unaesthetic
oneven odd
onevenredig disproportionate
onevenwichtig unbalanced
onfatsoenlijk indecent, bad mannered
onfeilbaar infallible, foolproof, ⟨AE, inf.⟩ sure-fire
onfortuinlijk unfortunate(ly), unlucky(ly)
onfris • (niet fris) ⟨bedompt⟩ stuffy, ⟨oud⟩ stale • (dubieus) unsavoury, fishy
ongaarne unwillingly, reluctantly
ongans unwell * zich ~ eten stuff o.s.; to gorge o.s. (with)
ongeacht I [bnw] unesteemed II [vz] irrespective/ regardless of * ~ de kosten irrespective of cost
ongebonden • (vrij) free, unfettered, ⟨zonder verplichtingen⟩ unattached, without ties * een ~ leven a free and unfettered life • (losbandig) dissolute
ongeboren unborn
ongebreideld unbridled
ongebruikelijk unusual
ongecompliceerd simple, uncomplicated
ongedaan undone * ~ maken undo; ⟨contract⟩ cancel
ongedeerd unhurt
ongedierte vermin * vol ~ infested, flea-ridden
ongeduld impatience
ongeduldig impatient
ongedurig fidgety, restless
ongedwongen • (losjes) natural, easy • (vrijwillig) unconstrained
ongeëvenaard unequalled, unrivalled
ongegeneerd unashamed
ongegrond unfounded
ongehinderd unhindered, unhampered
ongehoord • (buitensporig) unprecedented, unheard-of • (niet gehoord) unheard • (vreemd) strange
ongehoorzaam disobedient
ongehoorzaamheid disobedience
ongekend unprecedented
ongekunsteld unaffected, artless
ongeldig invalid * ~ verklaren declare ⟨null and⟩ void * ~ maken invalidate
ongelegen inconvenient * 't komt mij ~ it is inconvenient to me * kom ik u ~? am I intruding?
ongeletterd • (analfabeet) illiterate • (zonder onderricht) uneducated, ⟨lit.⟩ unlettered
ongelijk I [het] * ~ hebben be ⟨in the⟩ wrong * ik geef je geen ~ I can't/don't blame you II [bnw] • (onregelmatig) uneven • (verschillend) unequal, ⟨niet gelijkend⟩ different from • (oneffen) uneven
ongelijkheid • (het ongelijk zijn) disparity,

inequality • (oneffenheid) unevenness
ongelijkmatig unequal, uneven
ongelijkvloers on different levels * een ~e kruising ⟨BE⟩ fly-over; ⟨AE⟩ overpass
ongelikt uncouth, rude * ~e beer a lout
ongelimiteerd unlimited
ongelofelijk incredible, unbelievable
ongeloof disbelief, ⟨rel.⟩ unbelief
ongeloofwaardig incredible, implausible
ongelovig • (niet gelovig) unbelieving • (iets niet gelovend) incredulous
ongeluk • (ongeval) accident * bij/per ~ by accident; accidentally • (tegenspoed) misfortune * 't ~ wilde as ⟨ill-⟩luck would have it ▼ zich een ~ lachen fall about laughing ▼ een ~ komt zelden alleen misfortunes never come singly ▼ een ~ zit in een klein hoekje accidents will happen ▼ zich een ~ eten eat till one is fit to burst ▼ geen ~ zo groot of er is een gelukje bij it is an ill wind that blows nobody ⟨any⟩ good ▼ een stuk ~ a pain in the neck
ongelukje • (onvoorzien kind) mistake, accident • (klein ongeluk) mishap, slight/little accident
ongelukkig • (niet gelukkig) unhappy • (jammerlijk) unfortunate, ⟨door pech⟩ unlucky * ~e liefde unhappy love-affair • (met lichaamsgebrek) handicapped
ongeluksgetal unlucky number
ongeluksvogel unlucky/jinxed person, accident-prone person
ongemak • (hinder) discomfort, inconvenience * ~ bezorgen cause inconvenience • (lichamelijke kwaal) ailment
ongemakkelijk • (lastig) difficult • (ongerieflijk) awkward, uncomfortable * zich ~ voelen feel uncomfortable
ongemanierd ill-mannered
ongemeen • (buitengewoon) extraordinary • (ongewoon) uncommon
ongemerkt I [bnw] • (niet bemerkt) unnoticed • (zonder merk) unmarked II [bijw] imperceptibly
ongemoeid undisturbed
ongenaakbaar unapproachable
ongenade disgrace * in ~ vallen fall into disfavour
ongenadig merciless
ongeneeslijk incurable * ~e ziekte terminal disease/illness
ongenietbaar ⟨v. eten, drinken⟩ indigestible, ⟨v. persoon⟩ disagreeable
ongenoegen • (misnoegen) displeasure * iemands ~ op de hals halen incur s.o.'s displeasure • (onenigheid) * ~ hebben be at odds (with)
ongeoorloofd unlawful, illicit
ongepast • (onbehoorlijk) improper, unbecoming • (misplaatst) inappropriate
ongepastheid • (het misplaatst zijn) inappropriateness • (onbehoorlijkheid) impropriety
ongerechtigheid • (onvolkomenheid) flaw • (onrechtvaardigheid) injustice, iniquity
ongerede * in het ~ raken ⟨stuk⟩ break down; go wrong; ⟨zoek⟩ get lost/mislaid; ⟨in de war⟩ get mixed up
ongeregeld • (niet geregeld) irregular, ⟨studie⟩ haphazard * op ~e tijden at odd times * ~e klanten chance customers * zootje ~ ⟨zaken⟩ a mixed bag; ⟨personen⟩ a mixed bunch • (wanordelijk) disorganized, ⟨leven⟩ disorderly
ongeregeldheden • (oproer) riots, disturbances • (wanordelijkheden) irregularities
ongeremd unrestrained

ongerept ● (onbedorven) intact ● (onaangeraakt) ⟨natuur, schoonheid⟩ unspoilt, ⟨woud⟩ virgin
ongerief inconvenience
ongerijmd absurd
ongerust uneasy, anxious ★ zich ~ maken worry (about)
ongerustheid uneasiness, anxiety
ongeschikt ● (niet geschikt) unsuitable, ⟨m.b.t. gezondheid⟩ unfit ★ ~ maken voor render unfit for ★ iem. ~ verklaren declare s.o. unfit; disqualify s.o. ● (onaardig) ★ zij is niet ~ she is not a bad sort
ongeschonden undamaged
ongeschoold untrained, unskilled ★ ~e arbeid unskilled labour
ongeslagen unbeaten
ongesteld ● (onwel) unwell, indisposed ● (menstruerend) ★ zij is ~ she is having her period
ongesteldheid ● (onwel zijn) indisposition ● (menstruatie) menstrual period
ongestoord undisturbed
ongestraft unpunished
ongetwijfeld undoubtedly, doubtless
ongeval accident
ongevallenverzekering accident insurance
ongeveer about, roughly
ongeveinsd unfeigned
ongevoelig ● (onaangedaan) insensitive, callous ★ ~ voor kritiek indifferent to criticism ● (verdoofd) ⟨voor kou, pijn, e.d.⟩ insensible (to)
ongevraagd ⟨advies, e.d.⟩ uncalled-for, ⟨gast⟩ uninvited
ongewapend ● (zonder versterking) not reinforced ● (zonder wapen) unarmed
ongewenst undesirable, ⟨kind⟩ unwanted
ongewild ● (onbedoeld) unintentional, not intended ● (ongewenst) unwanted
ongewisse uncertainty ★ in het ~ verkeren be in a state of uncertainty ★ iem. in het ~ laten keep s.o. dangling/hanging
ongewoon ● (zeldzaam) unusual, uncommon ● (niet gewoon) unusual, unaccustomed
ongezeglijk disobedient, unruly
ongezellig ⟨kamer⟩ cheerless, ⟨persoon⟩ unsociable
ongezien ● (niet gezien) unseen, unnoticed ★ ~ wegsluipen sneak away unnoticed/unobserved ● (zonder te zien) sight unseen ★ iets ~ kopen buy s.th. sight unseen ● (zonder aanzien) unrespected, unesteemed
ongezond ● (niet gezond) unhealthy, unwholesome ● (niet heilzaam) unwholesome, unhealthy ★ een ~e situatie unhealthy situation
ongezouten ● (zonder zout) unsalted ● (onverbloemd) straight ★ ik zei hem ~ de waarheid I gave him a piece of my mind
ongrijpbaar elusive, impalpable, ⟨fig.⟩ intangible
ongrondwettig unconstitutional
ongunstig ● (ongeschikt) unfavourable ● (slechte indruk gevend) unprepossessing, unfavorable ★ iem. in een ~ daglicht stellen put s.o. in an unfavorable/adverse light ★ zich ~ over iets uitlaten make unfavourable comments about s.th.
onguur ● (ruw) unsavoury, disreputable ● (ongunstig uitziend) sinister
onhandelbaar unmanageable
onhandig clumsy, awkward
onhebbelijk rude, offensive
onheil disaster, calamity ★ ~ stichten make mischief
onheilspellend ominous
onheilsprofeet prophet of doom, doomsayer
onherbergzaam inhospitable

onherkenbaar unrecognizable
onherroepelijk irrevocable
onherstelbaar irreparable, irretrievable
onheuglijk immemorial ★ sedert ~e tijden from time immemorial
onheus discourteous, unkind, ungracious ★ iem. ~ bejegenen snub a person
onhoudbaar ● (niet te verdedigen) untenable ● (niet te harden) unbearable ● (sport) unstoppable
onjuist incorrect
onjuistheid ● (fout) error ● (het onjuist zijn) incorrectness
onkies indelicate
onklaar out of order ★ ~ raken break down; be put out of action; ⟨inf.⟩ conk out
onkosten charges, expenses ★ algemene ~ overhead expenses; overheads
onkreukbaar ● (niet kreukend) uncrushable ● (integer) honest, incorruptible
onkruid weeds v ~ vergaat niet turn up like a bad penny
onkuis unchaste
onkunde ignorance
onkundig ignorant
onlangs recently, the other day
onledig ★ zich ~ houden met be engaged in
onleesbaar ⟨v. roman⟩ unreadable, ⟨v. schrift⟩ illegible
on line on-line
onlogisch illogical
onloochenbaar undeniable
onlosmakelijk inextricable, inseparable ★ ~ met iets verbonden zijn inextricably bound up with
onlust ● (onbehagen) unease ● (ongeregeldheden) riots
onmacht ● (machteloosheid) impotence ● (flauwte) faint ★ in ~ vallen faint
onmachtig impotent, powerless
onmatig I [bnw] immoderate II [bijw] ★ ~ drinken drink to excess
onmens brute
onmenselijk inhuman
onmetelijk I [bnw] immense, immeasurable II [bijw] immeasurably ★ ~ groot immense
onmiddellijk I [bnw] ● (zonder tussenruimte) immediate, close ★ in de ~e nabijheid van in close proximity of ● (meteen) immediate ★ ik kom ~ I'm coming straightaway ● (rechtstreeks) immediate, direct II [bijw] immediately, at once, straightaway
onmin discord ★ in ~ leven met be at odds/variance with
onmisbaar indispensable
onmiskenbaar unmistakable
onmogelijk I [bnw] ● (onverdraaglijk) intolerable, impossible ★ zich ~ maken make o.s. impossible ● (potsierlijk) impossible, preposterous ★ een ~e hoed a ridiculous hat ● (niet mogelijk) impossible ★ het ~e eisen demand the impossible ★ een ~ verhaal an impossible story II [bijw] impossibly, not possibly ★ ik kan dat ~ van haar vragen I cannot possibly ask her that
onmogelijkheid impossibility
onmondig ● (niet mondig) ★ ~ houden keep in a state of dependence/tutelage ● (minderjarig) under age
onnadenkend thoughtless ★ iets ~ doen do s.th. without thinking
onnatuurlijk ● (niet natuurlijk) unnatural ● (gekunsteld) affected
onnavolgbaar inimitable

onneembaar impregnable
onnodig unnecessary, needless ★ ~ op te merken dat ... needless to state that ...
onnoemelijk infinite(ly), immense(ly)
onnozel ● (argeloos) naïve, (lichtgelovig) gullible, (onervaren) green ● (dom) stupid, silly ★ ~e hals sucker; mug ★ zie je me voor ~ aan? what kind of sucker do you think I am?
onomatopee onomatopoeia
onomkeerbaar irreversible, irrevocable
onomstotelijk incontrovertible
onomwonden outspoken, frank
onontbeerlijk indispensable
onontkoombaar inevitable
onooglijk unsightly
onopgemerkt unnoticed
onophoudelijk unceasing, continuous
onoprecht insincere
onopvallend nondescript, (figuur) inconspicuous
onopzettelijk unintentional
onovergankelijk intransitive
onoverkomelijk insuperable
onovertroffen unsurpassed
onoverzichtelijk badly organized, unmethodical, (stijl) not clear, confused, obscure
onpartijdig impartial
onpas ★ te pas en te ~ out of season
onpasselijk sick ★ ik word daar ~ van it makes me sick
onpeilbaar ● (niet te doorgronden) inscrutable ● (niet te peilen) unfathomable
onpersoonlijk impersonal
onplezierig unpleasant
onpraktisch ● (stuntelig) impractical, not practical ● (niet goed bruikbaar) impractical
onraad danger ★ ~ ruiken scent danger; smell a rat
onrecht wrong, injustice ★ ten ~e wrongly ★ iem. ~ aandoen wrong a person
onrechtmatig unlawful, illegal, wrongful ★ ~ beschuldigd wrongfully accused
onrechtvaardig unjust
onredelijk ● (onbillijk) unreasonable, unfair ● (zonder rede) unfounded
onregelmatig irregular ★ ~e busdienst irregular bus service
onregelmatigheid irregularity
onrein unclean
onrijp ● (niet rijp) unripe ● (onervaren) immature
onroerend ★ ~e goederen real estate; (jur.) immovables
onroerendgoedbelasting (BE) ≈ council tax, community tax
onrust ● (beroering) unrest, agitation ● (gemis van rust) restlessness ● (uurwerkwieltje) balance wheel
onrustbarend alarming
onrustig ● (ongedurig) restless ● (niet kalm) agitated, (v. slaap) fitful, uneasy
onruststoker trouble-stirrer
ons I [het] 100 grammes, hectogram, (Engels ons) ounce **II** [pers vnw] us ★ bij ons vind je dat niet you won't find that where we come from **III** [bez vnw] our ★ dat is van ons that's ours
onsamenhangend (conversation) scrappy, (v. taal) incoherent, (v. zinnen) disjointed
onschadelijk harmless ★ ~ maken render harmless; (doden) eliminate; do away with s.o.; (v. bom) defuse
onschatbaar invaluable
onschendbaar ● (niet te schenden) inviolable ● (immuun voor rechtsvervolging) immune ★ de koning is ~ the king can do no wrong

onschuld ● (het niet schuldig zijn) ★ zijn handen in ~ wassen have clean hands ● (argeloosheid) innocence ▼ de vermoorde ~ spelen act the injured/innocent party
onschuldig ● (niet schuldig) innocent (of) ● (argeloos) ★ zo ~ als een pasgeboren kind as innocent as a newborn babe ● (onschadelijk) harmless
onsmakelijk ● (niet smakelijk) distasteful, unappetizing ● (stuitend) unsavoury, distasteful ★ ~e bijzonderheden unsavoury/lurid details
onsportief ● (geen sport beoefenend) unathletic ● (unfair) unsporting
onstandvastig unstable
onsterfelijk ● (niet sterfelijk) immortal ● (eeuwigdurend) immortal, everlasting ★ zich ~ belachelijk maken make an absolute fool of o.s.
onsterfelijkheid immortality
onstilbaar insatiable ★ een onstilbare honger naar iets hebben to have an insatiable appetite for s.th.
onstuimig ● (hartstochtelijk) passionate, impetuous ● (woest) turbulent
onstuitbaar unstoppable, (ziekten, misdaad) rampant
onsympathiek uncongenial
onszelf I [pers vnw] us **II** [wkd vnw] ourselves
ontaard degenerate ★ een ~e vader an unnatural father
ontaarden degenerate ★ het feest ontaardde in een braspartij the party degenerated into an orgy of eating and drinking
ontberen lack ★ ik kan het niet ~ I can't do without it
ontbering ● (gebrek) deprivation ● (ellende) hardship
ontbieden summon
ontbijt breakfast
ontbijten have breakfast
ontbijtkoek (Dutch) spice cake
ontbijtspek bacon
ontbinden ● (ontleden) resolve ★ in factoren ontleden resolve into factors ● (opheffen) (huwelijk, parlement e.d.) dissolve, (leger) disband
ontbinding ● (het opheffen) dissolution, (v. leger) disbandment ● (bederf) decomposition ★ tot ~ overgaan decompose ● (ontleding) resolution
ontbloot ● (naakt) naked, bare ● (~ van) devoid of ★ van alle grond ~ (utterly) unfounded; groundless
ontbloten ● (bloot maken) bare ● (~ van) strip (off)
ontboezeming outpouring, unburdening
ontbossen deforest, clear
ontbossing deforestation
ontbranden ● (beginnen te branden) ignite, flare up ● (ontsteken) fire ★ oorlog doen ~ spark off war
ontbreken be absent, be missing ★ dat ontbrak er nog maar aan! that's the last straw! ★ 't ontbreekt me aan geld I don't have enough money ★ 't ~de the deficiency; the balance
ontcijferen decipher
ontdaan dismayed, upset
ontdekken discover, (v. fout) detect
ontdekker discoverer
ontdekking discovery ★ hij kwam tot de ~ dat ... he found/discovered that ...
ontdekkingsreis voyage of discovery
ontdoen I [ov ww] strip ★ zich ~ van zijn jas take off one's coat **II** [wkd ww] dispose of, get rid of ★ zich ~ van een tegenstander get rid of an

opponent/adversary

ontdooien I [ov ww] • (ijsvrij maken) thaw (out), defrost • de koelkast ~ *defrost the refrigerator* ★ de waterleiding ~ *thaw out the water pipes* **II** [on ww] • (smelten) thaw, ⟨ingevroren voedsel⟩ defrost, ⟨sneeuw⟩ melt • (minder stijf worden) thaw, relax

ontduiken • (zich onttrekken aan) evade, ⟨v. belasting⟩ dodge, ⟨v. plicht⟩ shirk, ⟨v. wet⟩ evade • (bukkend ontgaan) evade, dodge

ontegenzeglijk unquestionable

onteigenen expropriate

onteigening expropriation

ontelbaar countless, innumerable

ontembaar indomitable

onterecht unjust, ⟨straf, ongeluk⟩ undeserved

onteren • (verkrachten) rape, violate • (van eer beroven) dishonour

onterven disinherit

ontevreden discontented (with), dissatisfied (with)

ontevredenheid discontent

ontfermen • (voor zijn rekening nemen) take care of • (medelijden tonen) ★ zich ~ over take pity on

ontfutselen ★ iem. iets ~ *filch/pilfer s.th. from s.o.*

ontgaan escape ★ het begin/de kans ontging mij *I missed the beginning/my chance* ★ 't verschil ontgaat me *I fail to see the difference*

ontgelden ★ hij moest het ~ *he had to pay for it*

ontginnen ⟨fig.⟩ explore, ⟨v. bos⟩ clear, ⟨v. land⟩ reclaim, ⟨v. mijn⟩ exploit

ontginning ⟨v. bos⟩ clearing, ⟨v. land⟩ reclamation, ⟨v. mijn⟩ exploitation

ontglippen slip from one's hands, ⟨v. zucht⟩ escape ★ hij ontglipte mij *he gave me the slip* ★ het woord ontglipte mij *the word slipped out*

ontgoochelen disillusion

ontgoocheling disillusionment

ontgroeien outgrow

ontgroenen = initiate, rag

ontgroening initiation

onthaal reception

onthalen • (ontvangen) welcome ★ iem. warm ~ *give s.o. a warm welcome* • (~ op) treat (to), regale (with), ⟨inf.⟩ do (s.o.) proud

onthand inconvenienced

ontharen remove hair, depilate

ontheemd • (weg uit vaderland) homeless, uprooted • (ontworteld) uprooted ★ zich ~ voelen feel unrooted/out of place

ontheffen • (ontslaan) discharge, dismiss ★ iem. ~ uit zijn functie relieve s.o. of his office • (vrijstellen) release ★ van een verplichting ~ exempt from an obligation

ontheffing • (vrijstelling) exemption ★ ~ verlenen van grant exemption from • (ontslag) discharge

ontheiligen desecrate, profane

onthoofden behead

onthouden I [ov ww] • (niet vergeten) remember ★ help 't mij ~ *remind me (of it)* • iets goed kunnen ~ *have a good memory for s.th.* • (achterhouden) ★ iem. iets ~ *deny s.o. s.th.* **II** [wkd ww] ⟨v. kritiek, alcohol⟩ abstain from, ⟨v. lachen⟩ refrain from

onthouding • (het zich onthouden) abstinence, ⟨vnl. v. seksueel verkeer⟩ continence • (het blanco stemmen) abstention

onthullen • (inwijden) unveil • (bekendmaken) reveal

onthulling • (inwijding) unveiling • (bekendmaking) revelation

onthutst bewildered, disconcerted, flustered ★ ~ reageren (op) be dismayed/appalled (by)

ontiegelijk immensely, terribly

ontijdig untimely, premature

ontkennen deny ★ 't valt niet te ~ dat ... *there is no denying that ...*

ontkennend negative ★ hij moest daarop ~ antwoorden *he had to answer in the negative*

ontkenning • (het ontkennen) denial, ⟨form.⟩ negation • (taalk.) negation

ontketenen • (doen losbreken) ⟨v. aanval⟩ launch, ⟨v. oorlog, reactie⟩ spark off • (ketenen verbreken) unchain, unleash

ontkiemen germinate, sprout

ontkleden undress

ontknoping dénouement, outcome

ontkomen • (ontsnappen aan) escape, get away from ★ daar kun je niet aan ~ *there's no getting away from it* • (zich onttrekken aan) elude, evade

ontkoppelen • (loskoppelen) uncouple, ⟨fig.⟩ disconnect • (debrayeren) release the clutch, declutch

ontkoppeling disconnection, separation

ontkrachten enfeeble, weaken ★ een argument/ bewering ~ *weaken an argument/a claim*

ontkurken uncork

ontladen I [ov ww] • (van lading ontdoen) unload • (nat.) discharge **II** [wkd ww] be released

ontlading • (het zich ontladen) release • (nat.) discharge

ontlasten I [ov ww] • (ontdoen van last) unburden, relieve, ⟨v. onweer⟩ burst, break • (verlichten) unburden, relieve • (ontheffen) exempt, relieve ★ iem. van zijn taak ~ *relieve s.o. of his duty* **II** [wkd ww] defecate, empty one's bowels

ontlasting • (uitwerpselen) stools, faeces ★ ~ hebben relieve o.s. ★ voor goede ~ zorgen keep the bowels open • (het ontlasten) discharge, relief • (stoelgang) motion, defecation

ontleden • (chem.) analyse • (taalk.) ⟨redekundig⟩ analyse, ⟨taalkundig⟩ parse • (anat.) dissect

ontleding • (anat.) dissection • (chem.) analysis • (taalk.) parsing

ontlenen • (te danken hebben aan) derive from • een recht ~ aan derive a right from • (overnemen uit) borrow/take from ★ een woord ~ aan het Frans borrow a word from French

ontlokken elicit/draw (from)

ontlopen • (mijden) avoid (s.o.) • (verschillen) ★ zij ~ elkaar niet veel *there is not much difference between them*

ontluiken • (uit de knop komen) open • (ontstaan) bud ★ ~d talent budding talent

ontluisteren tarnish, taint, sully, defile

ontmaagden deflower

ontmannen emasculate, ⟨fig.⟩ unman

ontmantelen dismantle

ontmaskeren unmask, ⟨fig.⟩ unmask, expose

ontmoedigen discourage

ontmoeten • (tegenkomen) meet, ⟨per toeval⟩ come across, run into, happen on ★ waar zullen we elkaar ~? *where shall we meet?* • (ondervinden) encounter

ontmoeting meeting, encounter

ontnemen take (away) from, deprive of

ontnuchteren • (nuchter maken) sober up • (ontgoochelen) disenchant

ontnuchtering • (ontgoocheling) disenchantment • (het nuchter worden) sobering up

ontoegankelijk inaccessible
ontoelaatbaar inadmissible
ontoereikend inadequate
ontoerekeningsvatbaar not responsible (for one's actions), (jur.) non compos mentis ∗ iem. ~ verklaren declare s.o. to be of unsound mind
ontplofbaar explosive
ontploffen explode ∗ doen ~ explode; detonate
ontploffing explosion, detonation ∗ tot ~ brengen explode; detonate
ontplooien ● (ontvouwen) unfold, (v. vlag, zeilen) unfurl ● (ontwikkelen) unfold, (mil.) deploy, (v. zaak) expand ∗ zich ~ (persoon) open out
ontplooiing ● (het ontvouwen) unfolding ● (ontwikkeling) development
ontpoppen ● (blijken te zijn) turn out (to be), reveal o.s. (as) ● (bio.) emerge
ontraadselen unravel, unriddle, solve
ontraden advise against, dissuade from ∗ iets ten sterkste ~ strongly advise against s.th.
ontrafelen unravel, disentangle
ontredderd upset, shattered, broken down
ontreddering (v. persoon) desperation, (v. situatie) upheaval, disorder ∗ er heerste complete ~ there was complete chaos
ontregelen disorder, disrupt, disorganize
ontrieven inconvenience
ontroeren move, touch
ontroerend moving, touching
ontroering emotion
ontrollen ● (zich tonen) ∗ een weids panorama ontrolde zich a broad landscape unfolded ● (open rollen) unroll, unfurl, open out
ontroostbaar inconsolable
ontrouw I [de] unfaithfulness **II** [bnw] ● (niet trouw) disloyal ∗ zijn woord ~ worden go back on one's word ● (overspelig) unfaithful
ontroven rob
ontruimen ● (verlaten) clear, vacate ● (doen verlaten) evacuate, clear
ontruiming (het verlaten) evacuation, (uitzetting) eviction
ontrukken snatch/wrest from
ontschepen (goederen) discharge, (passagiers) disembark
ontschieten ● (ontglippen) escape, slip out ● (vergeten) ∗ het is mij ontschoten it slipped my memory
ontsieren mar, disfigure
ontslaan ● (laten gaan) (uit de gevangenis) release, (uit het ziekenhuis) discharge ● (ontheffen) ∗ iem. van een verplichting ~ release s.o. from an obligation ∗ van rechtsvervolging ~ discharge a defendant ● (ontslag geven) dismiss, (inf.) fire, sack, (uit baan) discharge (from), (v. werknemers) lay off
ontslag ● (het ontslaan) discharge, dismissal ∗ zijn ~ indienen submit one's resignation; (v. officier) resign one's commission ∗ iem. ~ geven dismiss s.o. ∗ ~ nemen resign from ● (het vrijlaten) (uit de gevangenis) release, (uit het ziekenhuis) discharge
ontslagaanvraag (v. werkgever) application for dismissal, (v. werknemer) letter of resignation
ontslapen pass away ∗ de ~e the deceased
ontsluieren unveil, reveal
ontsluiten ● (openen) open, unlock ● (toegankelijk maken) open (up)
ontsluiting opening up, unlocking, (bij bevalling) dilatation
ontsluitingswee labour pains

ontsmetten disinfect
ontsmetting disinfection
ontsnappen ● (wegkomen) escape, get away ∗ aan een gevaar ~ escape from a danger ∗ aan de aandacht ~ escape attention ● (ontglippen) escape, slip out ∗ dat woord ontsnapte me that word just slipped out
ontsnapping escape, getaway
ontsnappingsclausule escape clause
ontspannen I [bnw] relaxed, easy **II** [ov ww] ● (minder strak maken) unbend, ease, (v. spier) relax, (v. veer) release ● (tot rust laten komen) relax ∗ zich ~ relax
ontspanning ● (het ontspannen) unbending, (v. spier) relaxation, (v. veer) release ● (verpozing) diversion, relaxation ● (pol.) détente
ontspiegelen make non-reflective ∗ ontspiegeld glas non-reflecting glass
ontspinnen ∗ er ontspon zich een debat/ discussie a debate/discussion arose
ontsporen be derailed, (fig.) go off the rails ∗ doen ~ derail
ontsporing derailment
ontspringen ● (oorsprong hebben) rise ● (ontkomen) escape
ontspruiten (uitspruiten) sprout ● (afkomstig zijn) arise (from)
ontstaan I [het] origin **II** [ov ww] ● (beginnen te bestaan) come into being, arise ∗ doen ~ cause; bring about ∗ de brand ontstond in de garage the fire started in the garage ● (voortkomen) originate (in), start ∗ ~ uit arise/stem from ∗ ~ door be caused by
ontstaansgeschiedenis genesis
ontstaanswijze method of creation/generation
ontsteken I [ov ww] ● (doen ontbranden) kindle, light, (techn.) ignite ∗ de lichten ~ switch on the lights **II** [on ww] ● (ontbranden) kindle ∗ in woede ~ fly into a rage ● (med.) become inflamed
ontsteking ● (techn.) ignition ● (med.) inflammation
ontstekingsmechanisme (v. explosieven) detonator, (v. vuurwapen) firing mechanism
ontsteld alarmed, dismayed
ontstellend ● (schokkend) disconcerting ∗ een ~ bericht shocking/alarming news ● (zeer erg) appalling, outrageous
ontsteltenis alarm, dismay, confusion
ontstemd ● (misnoegd) put out, annoyed ● (muz.) out of tune
ontstemmen ● (ergeren) displease, put out ● (muz.) go out of tune
ontstemming displeasure
ontstentenis ∗ bij ~ van in default of
ontstijgen ● (uitstijgen boven) rise (above), transcend ● (opstijgen uit) rise up
ontstoken inflamed
onttrekken I [ov ww] withdraw (from) ∗ aan het oog ~ hide from view **II** [wkd ww] shirk, back out of ∗ zich aan zijn plicht ~ shirk one's duty
onttronen dethrone
ontucht vice, (bijbel) fornication ∗ ~ plegen commit a sexual offence; (met minderjarigen) commit a sexual abuse
ontuchtig lewd, lascivious
ontvallen ● (ongewild gezegd worden) ∗ het ontviel me it just slipped out ● (verloren gaan) ∗ zijn moeder is hem ~ he has lost his mother
ontvangen ● (krijgen) receive ∗ in dank ~ received with thanks ● (innen) collect, (salaris) draw ● (onthalen) receive, welcome ∗ het ~de land the

host country ● (telecom.) receive ∗ **we kunnen radio Hilversum hier niet ~** *we can't get Hilversum on the radio here*

ontvanger ● (iem. die ontvangt) *receiver* ● (belastingontvanger) *tax collector* ● (ontvangtoestel) *receiver*

ontvangst ● (het ontvangen) *receipt* ∗ **in ~ nemen** *receive;* (v. salaris) *draw* ∗ **bij/na ~ on** *receipt (of)* (onthaal) *reception, welcome* ∗ **commissie van ~** *reception committee* ● (inkomsten) *takings* ● (telecom.) *reception*

ontvankelijk ● (openstaand) **/ ~ voor** *susceptible to;* **open to** (jur.) *susceptible* ∗ **zijn eis werd (niet) ~ verklaard** *his claim was admitted (dismissed)*

ontvellen *graze*

ontvetten ● (schoonmaken) *degrease,* (wol) *scour* ● (vet onttrekken) *defat*

ontvlambaar ● (brandbaar) *inflammable* ● (temperamentvol) *fiery*

ontvlammen (ook fig.) *inflame*

ontvluchten *escape* ∗ **het ouderlijk huis ~** *run away from home*

ontvoerder *kidnapper*

ontvoeren *carry off, kidnap*

ontvoering *abduction, kidnapping*

ontvolken *depopulate*

ontvolking *depopulation*

ontvouwen ● (uitvouwen) *unfold* ● (uiteenzetten) *unfold*

ontvreemden *steal*

ontwaken ● (tot besef komen) *awaken* ● (wakker worden) *awake, wake up*

ontwapenen *disarm* ∗ **een ~de glimlach** *a disarming smile*

ontwapening *disarmament*

ontwaren *perceive, discern*

ontwarren ● (uit de war halen) *disentangle, unravel* ● (ophelderen) *straighten out*

ontwennen I [ov ww] *break a habit,* (v. alcohol) *dry out* ∗ **iem. iets ~** *wean s.o. off; break s.o.'s habit* **II** [on ww] ∗ **iets ~** *get out of the habit*

ontwenning *withdrawal*

ontwenningskliniek (alcohol/drug) *rehabilitation centre*

ontwenningskuur *cure for addiction* ∗ **(een) ~ (doen)** (undergo/go into) *detoxification*

ontwenningsverschijnsel *withdrawal symptoms*

ontwerp ● (plan) *plan, project, plan* ● (schets) *draft,* (v. rapport) *design,* (v. wet) *bill* ∗ **volgens ~** *according to design*

ontwerpen ● (opstellen) *devise,* (document) *draw up,* (v. wet) *prepare* ● (schetsen) *design, draft,* (v. meubel, kleding) *design*

ontwerper *designer*

ontwerp-nota *draft document*

ontwijken *evade, avoid,* (v. slag, vraag) *dodge,* (v. vraag) *side-step*

ontwikkelaar *developer*

ontwikkeld ● (economisch op niveau) *developed* ● (geestelijk gevormd) *educated* ● (foto.) *developed*

ontwikkelen ● (uitwerken) *develop,* (v. theorie) *evolve* ● (geleidelijk vormen) *develop* ● (kennis bijbrengen) *educate* ● (voortbrengen) (v. hitte, rook) *generate,* (v. kracht) *put forth* ● (foto.) *develop*

ontwikkeling ● (groei) *development* ∗ **tot ~ brengen/komen** *develop* ● (het ontwikkeld zijn) *education* ∗ **algemene ~** *general knowledge* ● (voortgang) *development* ∗ **er zit helemaal**

geen ~ in die zaak *there's no movement whatsoever in the affair*

ontwikkelingsgebied *development area,* (land) *developing country*

ontwikkelingshulp *development aid*

ontwikkelingskosten *development costs*

ontwikkelingsland *developing country*

ontwikkelingspsychologie *developmental psychology*

ontwikkelingsroman *Bildungsroman*

ontwikkelingssamenwerking *development co-operation*

ontwikkelingswerk *development work*

ontwikkelingswerker *development-aid worker*

ontworstelen *wrest from* ∗ **zich ~ aan** *break away from*

ontwortelen *uproot*

ontwrichten ● (ontregelen) *unsettle* ∗ **de economie ~** *disrupt the economy* ● (med.) *dislocate*

ontzag *respect, awe* ∗ **~ inboezemen** *have authority* ∗ **~ hebben voor** *stand in awe of*

ontzaglijk ● (ontzagwekkend) *awesome* ● (zeer groot) *enormous*

ontzagwekkend *awe-inspiring*

ontzeggen I [ov ww] ● (weigeren) *deny* ∗ **iem. de toegang ~** *deny s.o. admission* ● (iets niet toekennen) *deny* ∗ **gevoel voor humor kan men hem niet ~** *it can't be denied that he has a sense of humour* **II** [wkd ww] ∗ **zich elk genoegen ~** *deny o.s. all pleasure*

ontzenuwen *refute*

ontzet I [het] *relief* **II** [bnw] ● (ontsteld) *aghast, appalled* ● (ontwricht) (uit verband) *dislocated,* (v. metaal) *buckled*

ontzetten ● (ontheffen) ∗ **uit de ouderlijke macht ~** *deprive of parental rights* ● (verbijsteren) *appal, horrify* ● (bevrijden) (persoon) *rescue,* (stad) *relieve* ● (ontwrichten) *dislocate,* (v. metaal) *buckle*

ontzettend ● (vreselijk) *dreadful, appalling, awful* ● (geweldig) *tremendous, terrific*

ontzetting ● (ontheffing) *removal,* (uit ambt) *expulsion* ● (verbijstering) *dismay* ● (bevrijding) (persoon) *rescue,* (stad) *relief* ● (ontwrichting) *dislocation*

ontzien *spare,* (v. persoon, rechten) *respect* ∗ **zich ~** *take care of o.s.* ∗ **niets ~d** *ruthless*

ontzuiling *removal/breaking down of traditional religious and socio-political barriers in the Netherlands*

onuitputtelijk *inexhaustible*

onuitroeibaar *ineradicable, indestructible*

onuitspreekbaar *unpronounceable*

onuitsprekelijk *unspeakable, inexpressible*

onuitstaanbaar *insufferable*

onvast ● (niet vast) *unsteady* ∗ **~e gang** *unsteady gait* ● (wankel) *unsteady, insecure*

onveilig *unsafe* ∗ **~ sein** *danger signal* ▼ **~ maken** *make unsafe;* (de buurt) *infest*

onveranderlijk I [bnw] *unchanging* **II** [bijw] *invariably*

onverantwoord *unwarranted, irresponsible,* (zonder verklaring) *unaccounted for*

onverantwoordelijk (v. gedrag) *inexcusable,* (v. persoon) *irresponsible*

onverbeterlijk ● (niet te verbeteren) *unsurpassable* ● (verstokt) *incorrigible*

onverbiddelijk ● (onvermurwbaar) *inexorable* ● (onvermijdelijk) *unrelenting*

onverbloemd *plain*

onverbrekelijk I [bnw] *unbreakable, indissoluble*

* ~ met elkaar verbonden bound by indissoluble ties II [bijw] indissolubly, inseparably
onverdeeld • (niet verdeeld) undivided • (volledig) ‹v. aandacht› undivided, ‹v. goedkeuring› unqualified
onverdienstelijk • niet ~ not without merit
onverdraaglijk unbearable, intolerable
onverdraagzaam intolerant
onverdroten indefatigable
onverenigbaar incompatible
onvergankelijk everlasting, ‹niet vergaand› imperishable
onvergeeflijk unforgivable, unpardonable
onvergelijkbaar incomparable, incommensurable
onvergelijkelijk incomparable
onvergetelijk unforgettable
onverhoeds unexpected
onverholen I [bnw] unconcealed II [bijw] candidly, openly
onverhoopt I [bnw] unexpected II [bijw] in the unlikely event that * mocht het ~ gaan regenen ... if it should begin to rain, ... * mocht zij ~ besluiten ... if, against all expectation, she should decide...
onverkort • (niet ingekort) unabridged • (integraal) uncurtailed * zijn standpunt ~ handhaven refuse to compromise
onverkwikkelijk distasteful, unpalatable, ‹onderwerp› unsavoury
onverlaat wretch, villain, ruffian
onvermijdelijk inevitable
onvermoeibaar indefatigable
onvermogen • (onmacht) impotence, incapacity, ‹om te handelen› inability • (insolventie) insolvency
onvermurwbaar inexorable
onverricht undone * ~er zake empty-handed; with nothing achieved
onversaagd undaunted
onverschillig • (geen verschil uitmakend) * ~ wie no matter who * 't is mij ~ it's all the same to me * (ongeïnteresseerd) indifferent (to), careless * op een ~e manier in a careless manner
onverschilligheid indifference
onverschrokken fearless, undaunted
onversneden ‹v. vaste stoffen› unadulterated, ‹v. vloeistof› undiluted
onverstaanbaar unintelligible
onverstandig unwise
onverstoorbaar imperturbable
onvertogen improper * er is geen ~ woord gevallen the matter was handled with great delicacy
onvervaard undaunted, fearless
onvervalst pure, unadulterated, unalloyed
onvervreemdbaar inalienable
onverwacht unexpected
onverwachts suddenly, unexpectedly * die brief kwam niet ~ this letter did not come as a surprise
onverwijld I [bnw] immediate II [bijw] straightaway, immediately
onverwoestbaar indestructible, ‹humeur› irrepressible, ‹vloerbedekking› durable
onverzadigbaar insatiable
onverzadigd • (niet voldaan) not satiated, unsatisfied • (chem.) unsaturated * meervoudig ~ polyunsaturated
onverzettelijk inflexible, immovable
onverzoenlijk implacable, ‹niet tot compromis bereid› intransigent, ‹v. vijand› irreconcilable
onverzorgd • (zonder verzorging) * ~ achterblijven be left unprovided for • (slordig)

unkempt, ‹niet verzorgd› untidy, slovenly
onvindbaar untraceable, not to be found
onvoldaan • (onbevredigd) unsatisfied • (niet betaald) unpaid, ‹schulden› outstanding
onvoldoende I [de] unsatisfactory mark, fail * een ~ voor biologie halen fail/flunk biology; get an unsatisfactory mark in biology II [bnw] insufficient(ly), unsatisfactory(ly) * ~ betaald underpaid * ~ zijn fall short; be below standard
onvolkomen • (onvolledig) incomplete • (onvolmaakt) imperfect
onvolkomenheid • (gebrek) imperfection • (tekortkoming) inadequacy, deficiency
onvolprezen one and only, unsurpassed, unparalleled
onvoltooid unfinished * ~ verleden tijd simple past tense; imperfect * ~e tijden imperfect tenses
onvolwaardig • (niet volwaardig) imperfect • (gehandicapt) handicapped, ‹arbeidskrachten› partially disabled * geestelijk ~ mentally handicapped
onvoorstelbaar inconceivable, unimaginable
onvoorwaardelijk ‹gezag› absolute, ‹v. overgave› unconditional, ‹v. vertrouwen› implicit
onvoorzichtig careless, imprudent
onvoorzichtigheid carelessness, imprudence
onvoorzien unforeseen
onvrede • (onbehagen) dissatisfaction (with), discontent(ment) • (ruzie) discord, strife * in ~ leven met be at variance with; be at loggerheads with
onvriendelijk unkind, ‹optreden› unfriendly
onvruchtbaar infertile, barren * ~ maken sterilize
onwaar untrue, false
onwaarachtig • (niet echt) untruthful • (onoprecht) insincere
onwaardig • (verachtelijk) undignified • (iets niet waard zijnd) unworthy
onwaarheid • (het onwaar zijn) untruthfulness • (leugen) lie, untruth
onwaarschijnlijk improbable, unlikely * ik acht het hoogst ~ I consider it highly unlikely * haar verklaring lijkt erg ~ her explanation seems highly improbable
onwankelbaar unshak(e)able, ‹geloof› firm, ‹toewijding› unfaltering
onweer thunderstorm * er zit ~ in de lucht there is a storm brewing
onweerlegbaar irrefutable, unanswerable
onweersbui thundery rain
onweersproken uncontested * ~ bewering unchallenged allegation
onweerstaanbaar irresistible
onweerswolk thundercloud
onwel unwell
onwennig unaccustomed * zich nog wat ~ voelen still feel a bit strange
onweren thunder * het onweerde there was a thunderstorm
onwerkelijk unreal
onwetend • (iets niet wetend) ignorant • (onbewust) unknowing
onwetendheid ignorance
onwettig illegal, unlawful, ‹v. kind› illegitimate
onwezenlijk unreal, ethereal, imaginary
onwijs I [bnw] unwise, foolish II [bijw] extremely * ~ gaaf brill; great
onwil unwillingness
onwillekeurig I [bnw] involuntary II [bijw] in spite of o.s., inadvertently * hij moest ~ denken ... he couldn't help thinking ...
onwillig unwilling

onwrikbaar firm, unshakable, ‹niet te bewegen› immovable

onyx onyx

onzacht rough, rude

onzedelijk ‹immoreel› immoral ● ‹onzedig› indecent, obscene

onzedig immodest

onzeker ‹niet zeker› uncertain, ‹v. bestaan› precarious, ‹v. weer› unsettled ★ iem. in 't ~e laten leave s.o. in doubt ★ in 't ~e zijn omtrent be in the dark/uncertain as to ● ‹onvast› shaky, unsteady, ‹v. ijs› unsafe ● ‹niet zelfverzekerd› uncertain, insecure

onzekerheid ● ‹onzekere zaak› uncertainty, insecurity ● ‹onvastheid› unsteadiness ● ‹twijfel› uncertainty ★ iem. in ~ laten leave s.o. in a state of suspense

onzelieveheersbeestje ladybird

onzent ★ te ~ at our house ★ om ~ wil for our sake

onzerzijds on our part

onzichtbaar invisible

onzijdig ● ‹neutraal› neutral ● ‹taalk.› neuter

onzin ‹dwaasheid› nonsense, folly ● ‹dwaze taal› nonsense ★ ~ uitkramen talk nonsense

onzindelijk ‹vies› ‹v. dier› not housetrained, ‹v. kind› not toilet-trained, ‹vuil› unclean ● ‹niet ethisch› offensive

onzinnig absurd

onzorgvuldig careless, inaccurate

onzuiver ● ‹niet zuiver› impure ● ‹afwijkend van iets› inaccurate, ‹beeld› false, ‹v. toon› out of key/tune, ‹v. weegschaal› not true ★ ~e waarneming inaccurate observation ★ deze weegschaal is ~ these scales give a false reading ● ‹bruto› gross ● ‹onoprecht› false

ooft fruit

oog ● ‹gezichtsorgaan› eye ● blind aan één oog blind in one eye ★ kijk uit je ogen! look where you are going! ● ‹blik› ★ oog hebben voor have an eye for; be alive to ★ met het oog op ‹in overweging genomen› in view of; ‹ten einde› with a view to ★ iem. iets onder het oog brengen point out s.th. to s.o. ★ hij durft mij niet onder de ogen te komen he daren't face me ★ op het oog outwardly; on the face of it ★ in het oog vallend striking; ‹opvallend› conspicuous; ‹overduidelijk› glaring ‹gezichtsveld› ★ uit het oog verliezen lose sight of ★ ga uit mijn ogen! get out of my sight! ★ in het oog krijgen catch sight of; spot ★ in het oog houden keep an eye on; ‹fig.› bear in mind ● ‹gat› eye ● haken en ogen hooks and eyes ● ‹stip op dobbelsteen› pip, spot ● ‹vetoog› globule ● ‹plant.› eye ● onder vier ogen face to face; privately ▼ zijn ogen de kost geven keep one's eyes open ▼ in het oog lopend conspicuous ▼ oog om oog, tand om tand an eye for an eye, a tooth for a tooth ▼ de ogen sluiten voor shut one's eyes to ▼ iem. de ogen openen open s.o.'s eyes (to) ▼ iem. naar de ogen zien fawn upon s.o.; dance attendance to s.o. ▼ met lede ogen aanzien look upon with envious eyes ▼ op het oog hebben have in mind ▼ door het oog van de naald kruipen have a narrow escape ▼ tracht je dit eens voor ogen te stellen try to visualize this ▼ geen oog dichtdoen not sleep a wink ▼ hij heeft zijn ogen niet in zijn zak he is wide awake ▼ een en al oog zijn be all eyes ▼ onderhoud onder vier ogen private interview ▼ ik kan geen hand voor ogen zien I can't see my hand in front of my face ▼ onder ogen zien face; ‹v. problemen, de dood› face ▼ met dit doel voor ogen with that end in view; to that end ▼ met de dood voor ogen

with death staring one in the face ▼ iets voor ogen houden bear s.th. in mind

oogappel ● ‹deel van oog› iris, pupil ● ‹lieveling› apple of one's eye ★ zij is mijn ~ she is the apple of my eye

oogarts eye-specialist, ophthalmic surgeon

oogbal eyeball

oogdruppels eye drops

ooggetuige eyewitness

ooggetuigenverslag eyewitness account, ‹sport› running commentary

ooghoek corner of the eye

ooghoogte ★ op ~ at eye level

oogje ▼ een ~ hebben op have designs on; ‹een meisje/jongen› have one's eyes on ▼ een ~ in het zeil houden keep one's weather-eye open ▼ een ~ houden op keep an eye on ▼ een ~ dichtdoen voor iets turn a blind eye to s.th.

oogklep blinker

ooglid eyelid

oogluikend ★ ~ toelaten ignore

oogmerk intention, design ★ met 't ~ om ... with a view to ...; ‹jur.› with intent to ...

oogopslag look, glance ★ bij de eerste ~ at a glance

oogpotlood eyeliner pencil

oogpunt point of view, angle ★ uit het ~ van from the point of view of ★ uit verschillende ~en bekijken view from different angles

oogschaduw eyeshadow

oogst ● ‹het oogsten› harvesting ● ‹opbrengst› harvest, yield ● ‹het geoogste› harvest, crop(s)

oogsten ● ‹verwerven› ‹v. bijval› win, ‹v. dank› earn, ‹v. eer, beloning› reap ★ ondank ~ get little thanks ● ‹binnenhalen› reap, harvest

oogstmaand harvest time

oogverblindend dazzling

oogwenk twinkling (of an eye), moment, instant

ooi ewe

ooievaar stork ▼ de ~ heeft het gebracht the stork brought it

ooit ever, at any time ▼ heb je ooit van je leven! well, I never!

ook ● ‹bovendien› moreover, also ★ zij dacht er niet aan en ik trouwens ook niet she forgot about it and so did I for that matter ● ‹zelfs› even ★ ook de armsten even the poorest people ● ‹immers› thus, therefore ★ hij is ook zo jong niet meer he is none too young either ★ het valt dan ook niet te verwonderen there's nothing amazing in that ● ‹misschien› perhaps, by any chance ★ hebt u ook eieren? have you any eggs? ● ‹evenzo› also, as well, too ★ volgende week kan ook nog wel next week will do as well ● ‹als versterking› again, whatever ★ wie ook maar whoever ★ hoe heet je ook weer? what is your name again? ★ jij bent ook een mooie! you are a one! ● ‹dienovereenkomstig› therefore

oom uncle ▼ hoge ome big shot; bigwig ▼ naar ome Jan brengen pawn

oor ● ‹gehoororgaan› ear ● ‹oorschelp› ear ● ‹ezelsoor› dog's ear ● ‹handvat› handle ▼ een en al oor zijn be all ears ▼ het is ons ter ore gekomen it has come to our attention ▼ het is op een oor na gevild it is almost finished ▼ iem. een oor aannaaien make a fool of s.o. ▼ iem. de oren van het hoofd eten eat s.o. out of house and home ▼ geen oor hebben voor talen have no ear for languages ▼ een open oor hebben voor iets have an ear open for s.th. ▼ ik heb er wel oren naar I rather like the idea ▼ zijn oor te luisteren leggen keep one's ear to the ground ▼ met een half oor

O

luisteren listen with half an ear ▾ zijn oren
sluiten voor turn a deaf ear to ▾ hij ligt nog op
een oor he's still in bed ● de oren opsteken/
spitsen prick up one's ears ▾ iem. om zijn oren
slaan box s.o.'s ears ▾ tot over de oren verliefd
head over heels in love
oorarts ear specialist
oorbel earring
oord region, place, ⟨verblijf⟩ residence
oordeel ● (mening) judgment, opinion ★ ~
zijn dat be of (the) opinion that ★ een helder ~ a
clear judgement ★ naar/volgens mijn ~ in my
judgment/opinion ● (vonnis) judgment, sentence
★ het laatste ~ the last judgment ★ een ~ vellen
pass/pronounce judgment on ▾ er ontstond een
leven als een ~ pandemonium broke out
oordelen I [ov ww] ● (menen) deem, judge II [on
ww] ● (rechtspreken) judge, pass judgement
● (concluderen) judge ★ te ~ naar judging from
★ naar de schijn ~ judge by appearances
oordopje earplug
oordruppels ear drops
oorkonde document, charter
oorlam dram, shot (of liquor)
oorlel earlobe
oorlog war ★ ~ voeren wage war against/on ★ de
~ verklaren declare war on ★ in staat van ~ in a
state of war ★ ten ~ trekken tegen 'n land go to
war with a country
oorlogsbodem warship
oorlogscorrespondent war correspondent
oorlogsfilm war film
oorlogsheld war hero
oorlogsinvalide war invalid
oorlogsmisdadiger war criminal
oorlogsmonument war memorial
oorlogspad warpath
oorlogsschip warship, ⟨gesch.⟩ man-of-war
oorlogsverklaring declaration of war
oorlogzuchtig warlike
oorlogvoering warfare, conduct of war
oormerk earmark
oorsprong ● (begin) origin, source ★ de ~ van de
Theems the source of the Thames ● (afkomst)
origin ★ zijn ~ hebben in have its origins in
oorspronkelijk ● (aanvankelijk) original ★ ~e
bewoners original inhabitants; indigenous
people(s); ⟨v. Australië⟩ Aborigines ● (origineel)
innovative ★ in 't ~e lezen read in the original
(version)
oorveeg clip on the ear
oorverdovend deafening
oorvijg box/cuff on the ear(s)
oorworm earwig ▾ een gezicht als een ~ zetten
have a long face
oorzaak cause, origin ★ ~ en gevolg cause and
effect ★ kleine oorzaken hebben grote gevolgen
little strokes fell great oaks
oorzakelijk causal ★ ~ verband causal
relationship
oost I [de] east ▾ oost west, thuis best east west,
home's best II [bnw] east, easterly ★ de wind is
oost the wind is easterly III [bijw] easterly
Oost East
Oostblok eastern Europe, the East bloc ★ de
voormalige ~landen the former communist
countries of eastern Europe
Oost-Duits East German
Oost-Duitsland East Germany, German
Democratic Republic
oostelijk ● (in het oosten gelegen) eastern ★ de
~e bergketen the eastern mountain ridge

● (gericht naar het oosten) easterly
oosten ● (windstreek) east ★ ten ~ van (to the)
east of ★ het huis ligt op het ~ the house faces
east ● (gebied) East
Oostenrijk Austria
Oostenrijker Austrian ★ een Oostenrijkse an
Austrian woman
Oostenrijks Austrian
oostenwind east wind
oosterlengte eastern longitude, longitude east
oosterling Oriental
oosters eastern, oriental ★ ~e talen oriental
languages
Oost-Europa Eastern Europe
Oost-Europees Eastern European
Oost-Indisch East Indian ★ ~e Compagnie East
India Company ▾ ~ doof zijn play deaf ▾ ~e inkt
Indian ink ▾ ~e kers nasturtium
oostkust east coast
oostwaarts eastward(s)
Oostzee Baltic Sea
ootje ▾ iem. in het ~ nemen make fun of s.o.; have
a dig at a person
ootmoed humility
ootmoedig humble
op I [bijw] ● (uit bed) up (and about) ★ ben je al
op? are you up (and about) yet? ● (verbruikt)
★ het water is op we've run out of water ★ op is op
finished means finished ★ mijn geduld raakte op
my patience gave out ● (uitgeput) exhausted, all
in ★ hij was helemaal op he was dead beat
● (omhoog) ★ op en neer up and down ★ trap op,
trap af up and down the stairs ▾ het is er op of er
onder it is kill or cure ▾ vraag maar op! ask away!
II [vz] ● (boven(op)) on ★ de kat zit op tafel the
cat is on the table ● (in) in ★ op straat in the street
● (verwijderd van) ★ op drie km afstand at three
kilometers' distance ● (tijdens) on ★ op maandag
on Monday ★ op zekere dag one day ★ op
vakantie on holiday ★ later op de dag later in the
day ★ op dit tijdstip at this moment ● (volgens
een bepaalde manier) at ★ op z'n gemak at ease
★ op z'n Engels in the English way
● (uitgezonderd) ★ allemaal op twee na all but
two ● (met) ★ op gas koken cook with gas ★ op
waterstof lopen run on hydrogen ● (in de
richting van) on, at ★ op het noorden to the
North; facing North ★ op z'n elfendertigst at a
snail's pace ★ op zijn hoede on one's guard/the
alert ▾ iem. op zijn woord geloven take s.o. at
their word ▾ op heterdaad betrapt catch
red-handed/in the act
opa grandpa, gran(d)dad
opaal opal
op-art op(tical) art
opbakken refry, recook
opbaren lay out ★ opgebaard liggen lie in state
opbellen call/phone/ring up, give (s.o.) a ring
opbergen put away, ⟨aantekeningen⟩ file, ⟨in
pakhuis⟩ store (away)
opbeuren ● (optillen) lift up ● (opvrolijken) cheer
(up)
opbiechten confess, own up ★ zijn fouten ~ own
up to one's mistakes
opbieden ★ ~ tegen outbid; bid against
opbinden bind/tie up ★ het haar ~ do one's hair up
opblaasbaar inflatable ★ opblaasbare boot
inflatable dinghy
opblaaspop inflatable/blow-up doll
opblazen ● (doen zwellen) blow up, ⟨v. wangen⟩
puff out ● (doen ontploffen) blow up ★ een huis/
brug ~ blow up a house/bridge ● (aandikken)

exaggerate
opblijven *stay up*
opbloei *flourishing, revival*
opbloeien *flourish, prosper, revive*
opbod ● (het opbieden) ★ bij ~ verkopen *sell by auction* ● (hoger bod) *higher bid*
opboksen *compete* ★ we moeten ~ tegen de Fransen *we must compete against the French*
opborrelen *bubble up*
opbouw ● (bouw erbovenop) *superstructure* ● (het opbouwen) *building, construction* ● (samenstelling) *structure*
opbouwen ● (tot stand brengen) *set/build up* ★ een nieuw bestaan ~ *build a new life* ● (bouwen) *build up, construct* ★ weer ~ *reconstruct; rebuild*
opbouwend ★ ~e kritiek/beleid *constructive criticism/policy*
opbouwwerk *community work*
opbranden I (ov ww) ● (branden) *burn up* II (on ww) ● (verbranden) *be burnt up/down*
opbreken I (ov ww) ● (openbreken) *dig up, (v. straat) break up* ● (afbreken) *break up, take down* ★ een kamp ~ *strike/break camp* ● (beëindigen) (v. beleg) *raise* II (on ww) ● (vertrekken) *leave* ● (slecht bekomen) *regret* ★ dat zal hem ~ *he'll regret that* ● (oprispen) *come up*
opbrengen ● (opleveren) *bring in, yield* ★ een goede prijs ~ *fetch a good price* ● (betalen) *pay* ★ dat kan ik niet ~ *I can't afford that* ★ onkosten ~ *defray the cost* ● (tonen) *yield* ★ begrip ~ *show understanding* ★ moed ~ *muster courage* ● (als overtreder meevoeren) *run/take in* ● (aanbrengen) ★ de verf met een kwast ~ *apply the paint with a brush*
opbrengst ● (oogst) *yield, produce, crop* ● (rendement) *yield, proceeds, (v. belasting) revenue* ★ de ~ van de tentoonstelling *the proceeds of the show/exhibition*
opdagen *turn up*
opdat *so that, in order that* ★ ~ niet (form.) *lest*
opdienen *serve (up)*
opdiepen ● (opsporen) *dig up, unearth* ● (omhoog halen) *dig up*
opdirken *dress up*
opdissen *serve/dish up*
opdoeken I (ov ww) ● (opheffen) *do away with, (zaak) shut up shop* II (on ww) ● (weggaan) *clear out*
opdoemen *loom (up)*
opdoen ● (verkrijgen) *acquire, (v. ervaring) gain* ● (oplopen) *catch, contract* ★ waar heb je je Engels opgedaan? *where did you pick up your English?* ● (aanbrengen) ★ parfum ~ *put on perfume* ● (opzetten) *put on*
opdoffer ★ iem. een ~ geven *give s.o. a punch/knuckle sandwich; belt s.o.*
opdonder ● (tegenslag) *setback* ● (stomp) *punch, sock* ● (klein persoon) *squirt* ★ een klein ~tje *little squirt*
opdonderen ★ donder op! *beat it!; scram!; get lost!*
opdraaien I (ov ww) ● (opwinden) *wind up* II (on ww) ● (~ voor) ★ ergens voor ~ *suffer for it* ★ hij liet mij ervoor ~ *I was left holding the baby*
opdracht ● (opdracht in boek) *dedication* ● (order, taak) *assignment, task, order, instruction* ★ ~ geven *instruct/order* ★ ~ hebben... *be instructed/ordered to...* ★ in ~ handelen *act under orders* ★ in ~ van *by order of; (toneelstuk, kunst) commissioned by*
opdrachtgever (jur.) *principal, (v. aannemer*

etc.) *customer, client*
opdragen ● (opdracht geven tot) *charge, instruct, commission* ★ iem. de zorg voor iets ~ *put s.o. in charge of s.th.* ★ iem. werk ~ *give s.o. a task* ● (toewijden) *dedicate* ★ een roman aan iem. ~ *dedicate a novel to s.o.* ▼ de mis ~ *celebrate/say mass*
opdraven ● (dravend gaan) *trot up (to)* ● (op bevel komen) *present o.s., put in an appearance*
opdreunen *rattle off*
opdrijven ● (voortdrijven) *drive* ● (doen stijgen) *force up* ★ de prijs ~ *force up the price*
opdringen I (ov ww) ● (opleggen) ★ iem. iets ~ *force s.th. on s.o.; ram s.th. down s.o.'s throat* II (on ww) ● (naar voren dringen) *press forward* III (wkd ww) ★ zich ~ aan *force/inflict o.s. on*
opdringerig *obtrusive, intrusive*
opdrinken *empty, drink (up), finish*
opdrogen I (ov ww) ● (droogmaken) *dry* II (on ww) ● (droog worden) *dry (up)*
opdruk *print* ★ postzegel met ~ *overprint*
opdrukken ● (erop drukken) *impress on* ● (omhoog-/voortdrukken) *press up, (sport) do press/push-ups*
opduikelen *dig/pick up, unearth*
opduiken I (ov ww) ● (opduikelen) *unearth* ● (naar boven halen) *dive for* II (on ww) ● (boven water komen) *emerge, (v. onderzeeboot) surface* ● (te voorschijn komen) *turn up*
opduvel *wallop*
opduvelen *push off, get lost* ★ duvel op, man! *scram!*
OPEC *Organisation of Petroleum Exporting Countries, O.P.E.C.*
opeen *together, (boven op elkaar) one on top of another*
opeenhoping (v. mensen) *crowd, mass, (v. sneeuw) snowdrift, (v. verkeer) congestion, (v. werk) accumulation*
opeens *all at once, suddenly*
opeenvolgend *successive*
opeenvolging *succession*
opeisen *claim, demand*
open ● (niet dicht) *open, (niet op slot) unlocked, (v. kraan) on* ★ open dak *sunroof* ★ open haard *open fire* ★ de deur wil niet open *the door won't open* ★ op de open zee *on the high seas* ● (niet bedekt) ★ open been *sore leg* ★ open riool *open drain/sewer* ● (niet bezet) *vacant, open* ★ de betrekking is nog open *there is still a vacancy; the job is still vacant* ● (toegankelijk) ★ de winkel gaat om acht uur open *the shop opens at eight* ★ open tot vijf uur open *till five* ● (niet ingevuld) *open* ★ een open plek in het bos *a clearing in the woods* ● open en bloot *openly*
openbaar ● (publiek) ★ in het ~ *in public* ● (bekend) *public* ★ ~ maken *make public; disclose* ● (van de overheid) ★ openbare school *state(run) school* ● (toegankelijk) *public* ★ een openbare weg *a public road*
openbaarheid *publicity*
openbaren I (ov ww) *reveal, disclose* II (wkd ww) *reveal/manifest itself*
openbaring ● (het openbaren) *disclosure* ● (het geopenbaarde) *revelation* ★ de Openbaring van Johannes *the Revelation of St. John*
openblijven *remain/stay open*
openbreken I (ov ww) ● (wijzigen) ★ een contract ~ *lay a contract on the table* ● (openen) *break/force open, (v. deksel) prize off, (v. slot) break* II (on ww) ● (zich openen) *burst open*
opendoen *open* ★ de deur ~ *(na bellen) answer*

the door

openen I [ov ww] • (openstellen) open (up) * een tentoonstelling ~ open an exhibition • (openmaken) open, ‹deksel› unscrew, ‹kraan› turn on • (beginnen) open, start * een zaak ~ start/open a business * 't vuur ~ op open fire on **II** [on ww] • (beginnen) open, start * hij opent (de winkel) om negen uur he starts business at nine • (beginnen) open, begin

opener opener

opengaan open

openhartig outspoken, frank

openhartoperatie open-heart surgery

openheid openness, frankness

openhouden • (niet dicht laten gaan) keep open * zij hield de deur voor me open she held the door for me • (vrijhouden) keep open, reserve * een baantje voor iem. ~ keep a job open for s.o.

opening • (begin) beginning, opening • (het openen) opening * ~ van zaken geven disclose the state of affairs • (feestelijke) ~ official opening • (toenadering) opening • (gat) opening, ‹in 'n heg› gap

openingsbod opening bid

openingskoers opening price

openingszet opening move

openlaten • (niet af-/uitsluiten) leave open * de mogelijkheid ~ leave the option open * ‹geopend laten› leave open, ‹v. kraan› leave on • (niet invullen) leave blank * steeds een regel ~ write on alternate lines

openleggen • (uiteenzetten) lay open, disclose • (open neerleggen) lay open • (toegankelijk maken) lay open

openlijk open, ‹in het openbaar› public

openlucht- open-air

openluchtbad open-air (swimming) pool

openmaken ‹v. deur› open, unlock, ‹v. pakje› undo

openslaan * een boek ~ open a book

opensperren open wide

openspringen burst (open), ‹v. huid/lippen› chap

openstaan • (geopend zijn) be open • (nog te betalen) be unpaid, outstanding • (vacant zijn) be open/vacant * die betrekking is nog open that job is still vacant • (~ **voor**) be open to * ~ voor nieuwe ideeën be open/receptive to new ideas

openstellen open * voor het publiek ~ ‹throw› open to the public

op-en-top * ~ 'n heer every inch a gentleman

openvallen • (opengaan) fall open • (vacant raken) fall vacant

openzetten open

opera opera

operabel operable

operateur operator

operatie • (mil.) operation • (hand.) operation • (med.) operations, surgery

operatief operative * ~ ingrijpen perform an operation

operatiekamer (operating) theatre

operatiezuster theatre sister/nurse

operationaliseren make operational, put into operation

operationeel operational

operator operator

opereren I [on ww] • (werken) work * op een bepaald gebied ~ operate in a particular field **II** [ov + on ww] • (med.) operate * iem. ~ operate on s.o. * zij is geopereerd aan de blindedarm she has had an operation for an appendicitis

operette operetta, musical comedy

opeten • (verkwisten) eat (up), consume • (eten)

eat (up), finish

opfleuren brighten (up), cheer up

opfokken • (grootbrengen) breed, rear • (motor opvoeren) soup up • (opgewonden maken) work up * laat je toch niet ~ don't get worked up

opfrissen I [ov ww] • (fris maken) refresh, brush up • zich wat ~ have a wash and brush-up **II** [on ww] • (fris worden) freshen (up) * daar zul je van ~ that will refresh you; ‹fig.› that'll make you sit up

opgaan • (omhooggaan) go up, ‹v. trap, heuvel› climb, go up, ‹v. zon› rise • (juist zijn) hold good * dat argument gaat niet op that argument is irrelevant; that argument won't hold * dat gaat niet altijd op that doesn't always follow • (gaan naar) * we gaan allen dezelfde kant op we all go the same way • ze gaan de verkeerde kant op they go wrong; they go the wrong way • (examen doen) sit for • (geheel op raken) be finished • de wijn was helemaal opgegaan the wine was all gone • (~ **in**) be absorbed in * geheel in zijn werk~ be wholly absorbed in one's work * beide banken zijn in elkaar opgegaan the two banks have merged

opgang • (het opgaan) rise • (trap) staircase * een appartement met een eigen ~ an apartment with private access * grote ~ maken become very popular; be a great success

opgave • (vermelding) statement * zonder ~ van reden without reason give • (vraagstuk) exercise, assignment, ‹examenvraag› question * schriftelijke ~ written assignment • (taak) task, ‹bij examen› paper * het was een hele ~ it was a tall order; quite a task

opgeblazen • (gezwollen) puffy, swollen • (verwaand) puffed up, conceited

opgefokt het up

opgelaten embarrassed, ill at ease, awkward

opgeld agio, premium ▼ • doen be in vogue; be highly successful

opgelucht relieved * ~ ademhalen heave a sigh of relief

opgeprikt dolled-up, in one's Sunday best

opgeruimd • (netjes) tidy, neat • (vrolijk) cheerful, bright

opgeschoten lanky, gangling * ~ jongen lanky youth

opgeschroefd inflated * ~e verwachtingen unrealistic expectations

opgesmukt gaudy

opgetogen elated, delighted

opgeven I [ov ww] • (prijsgeven) give up, ‹bij schaken› abandon (a game), ‹v. hoop› abandon * Zwart geeft 't op Black resigns * zij heeft het roken op moeten geven she's had to give up smoking • (melden) give, state, ‹v. inkomen› return, declare * als reden ~ state as one's reason • (aanmelden) enter * zich ~ als lid apply for membership * zich ~ voor ... enrol for ...; enter one's name for • (opdragen) give, set, ‹v. raadsel› ask, ‹v. taak› set • (braken) spit, bring up, vomit **II** [on ww] • (roemen) * hoog ~ van speak highly of; make much of

opgewassen * ~ zijn tegen ‹iem.› be a match for; ‹een taak› be equal to * zich tegen de moeilijkheden ~ tonen rise to the occasion * hij is er niet tegen ~ he can't cope with it

opgewekt cheerful

opgewonden excited, worked up, ‹boos› in a state, ‹zenuwachtig› agitated * een ~ discussie a heated argument

opgooien • (tossen) toss (up) • (gooien) toss/throw (up)

opgraven dig up, unearth, ⟨v. lijk⟩ exhume, ⟨v. oudheden⟩ excavate

opgraving excavation, ⟨plaats⟩ excavation (site), ⟨v. lijk⟩ exhumation

opgroeien grow up ★ ~ tot grow up into

ophaalbrug drawbridge

ophalen ● (omhooghalen) draw up, pull up, ⟨v. anker⟩ weigh, ⟨v. brug⟩ draw up, ⟨v. neus⟩ sniff, ⟨v. sokken, rolgordijn⟩ pull up ● (inzamelen) collect ★ huisvuil ~ collect refuse ● (afhalen) collect, fetch ★ iem. ~ call for s.o. ★ kom me bij het station ~ meet me at the station ★ ik kom je met de auto ~ I'll come and collect you in my car ● (verbeteren) pick up ★ zijn cijfers ~ improve one's marks ● (in herinnering roepen) recall, bring back/up ★ oude herinneringen ~ revive old memories ★ zijn schouders ~ shrug one's shoulders

ophanden at hand ★ het ~ zijnde feest the coming festival

ophangen I [ov ww] ● (erop/eraan hangen) hang (up), (aan plafond) suspend (from) ★ een schilderij ~ put up a picture (aan de galg hangen) hang ● (opdissen) ★ een verhaal ~ spin a yarn ★ een somber verhaal ~ van paint a gloomy picture of ● (~ aan) ★ iem. aan zijn woorden ~ make s.o. answer for his words; keep s.o. to his words II [on ww] ● (telefoongesprek beëindigen) hang up, ring off

ophanging ● (het ophangen) hanging ★ (techn.) suspension

ophebben ● (dragen) wear, have on ● (genuttigd hebben) ⟨v. drank⟩ have drunk, ⟨v. eten⟩ have eaten ★ hij had te veel op he had had a drop too much ● (~ met) ★ teniet doen ~ met iem. be fond of s.o. ★ ik heb niet veel op met die maatregel I don't hold with this measure

ophef fuss, song and dance

opheffen ● (optillen) lift (up), raise ★ zijn hand ~ tegen raise one's hand against ● (beëindigen) discontinue, ⟨v. partij, zaak⟩ liquidate, ⟨v. school⟩ close, ⟨v. staking⟩ call off, ⟨v. wet⟩ abolish ★ een verbod ~ lift a ban ★ (teniet doen) ★ die dingen heffen elkaar op these things cancel each other out

opheffing cancellation, ⟨v. dienst, zaak⟩ removal, ⟨v. praktijken, verbod, wet⟩ abolition, ⟨v. sancties⟩ lifting ★ uitverkoop wegens ~ closing-down sale

opheffingsuitverkoop closing-down sale, ⟨AE⟩ close out

ophelderen I [ov ww] ● (toelichten) clear up, explain, clarify II [on ww] ● (weer helder worden) clear (up), ⟨v. gelaat, lucht⟩ brighten

opheldering ● (uitleg) explanation ● (opklaring) brightening

ophemelen extol

ophijsen hoist/pull up ★ zijn broek ~ hitch up one's trousers

ophitsen incite, stir up ★ ~de woorden provocative words ★ een hond ~ set a dog on ★ mensen tegen elkaar ~ set people at one another's throats

ophoepelen get lost ★ hoepel op! hop it!; get lost!; scram!

ophoesten ● (spuwen) cough up ★ slijm ~ cough up phlegm ● (te voorschijn toveren) turn out, ⟨inf.⟩ cough up ★ geld/jaartallen ~ cough up money/dates

ophogen raise

ophopen heap/pile up, accumulate

ophouden I [ov ww] ● (omhoog houden) hold up ★ zijn hand ~ hold up one's hand ● (op het lichaam houden) keep on ● (hoog houden)

uphold ★ zijn eer ~ uphold one's honour ★ de schijn ~ keep up appearances ● (tegenhouden) hold up ★ het werk ~ hold up work ★ zij werd opgehouden she was delayed II [on ww] ● (stoppen) stop, come to an end ★ zonder ~ without stopping; continuously ★ houd op! stop (it)! ★ daar houdt alles mee op there's nothing more to be said III [wkd ww] ● (ergens zijn) stay, (rondhangen) hang around ★ waar houdt hij zich op? where is he staying? ★ zich verdacht ~ loiter with intent ● (zich bezighouden met) ★ zich ~ met (slecht gezelschap) keep bad company; (leugens) deal in lies ★ daar kan ik me niet mee ~ I can't be bothered with it

opiaat opiate

opinie opinion ★ naar mijn ~ in my opinion

opinieblad newsmagazine

opinieonderzoek opinion poll

opium opium

opiumkit opium-den

opjagen ● (voortjagen) ⟨stof, e.d.⟩ blow up, raise, ⟨v. persoon⟩ hunt, chase, ⟨v. wild⟩ put/beat up ● (opdrijven) force up ● (tot haast aanzetten) rush ★ jaag me niet zo op stop hassling me; don't rush me

opjutten egg on, incite

opkal(e)fateren patch up

opkijken ● (omhoogkijken) look up (at) ★ zonder op of om te kijken oblivious to everything ● (verbaasd zijn) surprise ★ daar zal hij van ~ that will be a surprise for him; that will make him sit up ▾ tegen iem. ~ look up to s.o. ▾ tegen een examen ~ not look forward to an exam

opkikkeren I [ov ww] ● (doen opfleuren) buck/cheer up ★ van een kop koffie zal je ~ a cup of coffee will do you good II [on ww] ● (opfleuren) perk up

opkikkertje (iets dat opkikkert) boost ★ een ~ nodig hebben need a bit of cheering up ● (borrel) pepper-upper, pick-me-up

opklapbaar ⟨bed⟩ foldaway, ⟨stoel⟩ tip-up, ⟨tafel⟩ drop leaf

opklapbed foldaway bed

opklappen fold up

opklaren clear/brighten up ★ de lucht klaart op the sky's clearing up

opklaring bright interval/period

opklimmen ● (omhoog klimmen) climb (up), mount ★ ~ tegen climb up ● (in rang stijgen) rise ★ van onderaf aan ~ rise from the ranks

opkloppen ● (doen rijzen) beat, fluff up ★ het eiwit ~ met een vork fluff up/beat the egg-white with a fork ● (overdrijven) exaggerate, ⟨inf.⟩ blow up ★ een opgeklopt verhaal a tall story

opknapbeurt redecoration, ⟨inf.⟩ touch up ★ het huis een ~ geven redecorate the house

opknappen I [ov ww] ● (verrichten) fix, carry out ★ een karweitje ~ fix a job ● (netjes maken) tidy up, smarten up, ⟨v. kleren⟩ patch up ★ zich ~ tidy o.s. up ● (straf uitzitten) do time ● (~ met) ★ hij wou mij ermee ~ he wanted to pass it onto me II [on ww] ● (beter worden) ⟨v. gezondheid, weer, uiterlijk⟩ improve, ⟨v. patiënt⟩ be on the mend ★ je zult ervan ~ it will pick you up

opknopen ● (omhoog knopen) tie up ● (ophangen) string up ★ zich ~ hang o.s.

opkomen ● (omhoogkomen) rise, ⟨getij⟩ come in, ⟨v. plant⟩ come up ● (verschijnen) turn up ★ slechts twaalf leden waren opgekomen only twelve members had turned up ● (ontstaan) ⟨v. koorts⟩ set in, ⟨v. onweer⟩ come on, ⟨v. pokken⟩ come out, ⟨v. wind⟩ rise ● (in gedachten komen) occur, (vraag) arise, crop up * de gedachte kwam bij mij op the idea crossed my mind; it occurred to me * dat zou nooit bij haar opgekomen zijn she would never have thought of such a thing; it would never have occured to her • (op toneel komen) come on (stage) • (op raken) run out * de drank zal wel ~ we'll get through the drink • (mil.) join up • (~ tegen) stand up against * tegen iets ~ protest against s.th.; object to s.th. • (~ voor) stand up for * voor zichzelf ~ stand up for o.s. * voor een zaak ~ plead a cause * voor elkaar ~ stick together ▾ kom maar op! come on!

opkomst • (opgang) rise * de ~ van de nieuwe politieke partijen the rise of the new political parties • (komst na oproep) (bij vergadering) attendance, (bij verkiezingen) turnout • (mil.) enlistment

opkopen buy up

opkoper wholesale buyer, (v. oude rommel) junk dealer

opkrabbelen • (krabbelend opstaan) scramble to one's feet • (zich herstellen) recover, pick up

opkrassen beat it

opkrikken • (krikken) jack up • (opvijzelen) pep up

opkroppen bottle up * opgekropte woede pent-up rage

oplaaien flare/blaze up

opladen • (elektrisch laden) charge, (fig.) get up steam • (laden) load (up)

oplage circulation

oplappen patch up

oplaten fly * een vlieger ~ fly a kite

oplawaai clout, thump

oplazeren bugger/sod/piss off

opleggen • (op iets leggen) lay on • (belasten met) (v. belastingen, boete) impose, (v. straf) inflict * zijn wil aan iem. ~ impose one's will on s.o. • (scheepv.) lay up ▾ er een gulden ~ raise the price by one guilder

oplegger trailer, (voor tanks, auto's) transporter * truck met ~ articulated lorry; (AE) trailer truck

opleiden train, educate, school * voor een examen ~ coach for an examination

opleiding training, education

opleidingscentrum training centre

oplepelen • (opeten) spoon up/out * zijn soep ~ spoon up one's soup • (vlot opzeggen) dish out

opletten pay attention, attend (to) * opgelet! attention, please!

oplettend attentive

opleven revive • (herleven) ~ revive

opleveren • (opbrengen) yield, bring in * verlies ~ cause a loss * niets ~ be unprofitable * schrijven levert weinig op writing doesn't bring in much • (afleveren) deliver • (voortbrengen) furnish, produce * niets ~d futile; getting nowhere

oplevering (v. huis) completion, (v. werk) delivery

opleving revival, (econ.) recovery

oplichten I [ov ww] • (optillen) lift (up), raise • (bedriegen) swindle **II** [on ww] • (helder worden) lighten

oplichter fraud, swindler, con (wo)man/artist

oplichterij swindle

oplichting • (het optillen) lifting • (oplichterij) fraud, (inf.) rip-off * beschuldigd van ~ charged with fraud

oploeven luff (up)

oploop crowd * er was een ~ a crowd had gathered

oplopen I [ov ww] • (ongewild krijgen) catch, get, (v. schade) sustain, (v. straf) incur **II** [on ww]

• (naar boven lopen) go/walk up, (trap) mount
• (naar boven gaan) rise, (schuin) slope up
• (toenemen) rise, (prijzen) increase, (v. spanning) mount • (gaan) ~ samen een eindje ~ walk part of the way together ▾ tegen iem. ~ bump/run into s.o.

oplosbaar soluble, (fig.) solvable

oploskoffie instant coffee

oplosmiddel solvent

oplossen I • (de uitkomst vinden) solve, (v. probleem) (re)solve * een vergelijking ~ solve an equation • (chem.) dissolve **II** [on ww] • (verdwijnen) * zich ~ dissolve • (chem.) dissolve

oplossing • (uitkomst) solution, answer • (chem.) solution

opluchten relieve

opluchting relief

opmaak • (lay-out) layout • (make-up) make-up

opmaat • (begin) overture • (muz.) upbeat

opmaken • (verbruiken) consume, (v. geld) spend, (v. voedsel) eat, (v. voorraad) use up • (in orde maken) (v. bed) make, (v. haar) dress, (v. schotel) garnish * zich ~ put on one's make-up * zich ~ voor een reis get ready for a journey • (typografisch indelen) lay out • (concluderen) gather * ik maak hieruit op dat ... from this I gather ... * je kunt er niet veel uit ~ there's not a lot to go by/on • (opstellen) (v. contract, plan) draw up, (v. rekening) make out

opmars • (het opmarcheren) march, advance • (vooruitgang) advance

opmerkelijk striking

opmerken • (waarnemen) note, notice * iem. iets doen ~ point s.th. to s.o. * niet opgemerkt worden pass unnoticed • (aandacht vestigen op) note, remark • (opmerking maken) observe, remark * terloops ~ mention in passing

opmerking observation, remark, comment * aanleiding geven tot ~en call for comment

opmerkingsgave power of perception

opmerkzaam attentive, observant * iem. ~ maken op draw s.o.'s attention to

opmeten measure, (v. land) survey

opmonteren cheer up

opnaaien • (vastnaaien) sew on • (opjutten) needle * laat je niet ~ keep your shirt on; don't let them take the mickey out of you

opname • (het opnemen) admission • (registratie) recording

opnamestudio recording/film studio

opnemen • (oppakken) lift (up), (fig.) take up * de pen ~ take up the pen * de draad weer ~ resume/take up the thread again • (telefoon beantwoorden) answer • (schoonvegen) mop up, wipe up • (van tegoed halen) take up, withdraw • (beschouwen) * je neemt 't nogal kalm/ makkelijk op you are taking it calmly; you are taking it rather lightly * zoiets neem ik hoog op I take that very seriously • (een plaats geven) (v. artikel) insert, (v. gasten) take in, (v. patiënt) admit * als compagnon ~ take into partnership * iem. in de regering ~ bring s.o. into the government • (absorberen) absorb * 't neemt geen warmte op it does not absorb heat • (vastleggen) record, (v. film) shoot • (noteren) (opschrijven) take down, (v. bestelling) take, (v. stemmen) collect • (meten) (v. land) survey, (v. temperatuur) take * iemands tijd ~ time s.o. • (bekijken) size up, survey * iets goed ~ have a good look at s.th. * iets goed in zich ~ take s.th. in ▾ ik kan het tegen jou niet ~ I'm no match for

O

you ▼ hij nam het voor mij op *he took my part*
opnieuw *again, once more*
opnoemen *name, mention* ▼ ... noem maar op ...
and all that; ... you name it
opoe ● (oma) *gran(ny)* ● (oud vrouwtje) *granny*
opofferen *sacrifice*
opoffering *sacrifice* ★ met ~ van *at the sacrifice of*
opofferingsgezind *self-sacrificing*
oponthoud ● (vertraging) *delay* ★ zonder ~
without delay ★ ~ hebben *be delayed* ● (verblijf)
stay ★ plaats van ~ *whereabouts*
oppakken ● (optillen) *take/pick up* ● (arresteren)
run in
oppas *baby-sitter*
oppassen I [ov ww] ● (zorgen voor) *take care of,
nurse, babysit* II [on ww] ● (opletten) *be careful,
look out* ★ pas op! *watch/look out!* ★ ~ voor *guard
against* ★ pas goed op je zelf *take care* ● pas op
voor de hond *beware of the dog* ● (zich gedragen)
behave well
oppasser ● (toezichthouder) *caretaker*
● (verzorger) (in dierentuin) *keeper*
oppeppen *pep up*
oppepper *boost,* ↓ *pick-me-up*
opperbest *excellent*
opperbevel *supreme command*
opperbevelhebber *commander-in-chief*
opperen *propose, suggest* ★ bezwaren ~ *raise
objections*
opperhoofd *chief(tain)*
opperhuid *epidermis*
oppermachtig *supreme*
opperst ● (hoogst liggend) *uppermost, top*
● (machtigst) *supreme, superior* ★ de ~e macht
supreme power ● (belangrijkst) *supreme, complete*
★ ~e wanhoop *ultimate despair* ★ ~e verwarring
utter/complete confusion
oppervlak *surface*
oppervlakkig *superficial* ★ ~ beschouwd *on the
face of it*
oppervlakte ● (bovenkant) *surface*
● (uitgestrektheid) (afmeting) *surface area,*
(gebied) *area*
oppervlaktemaat (measured) *surface area, area
measure*
opperwezen *supreme being, divinity, godhead*
oppeuzelen ★ een appel/noten ~ *munch an
apple/nuts*
oppiepen *bleep*
oppikken ● (meenemen) *pick up* ● (leren) *pick up,
catch on to* ● (met snavel pakken) *peck/pick at*
oppoetsen *polish,* (fig.) *brush up* ★ iets een beetje
~ *give s.th. a rub*
oppompen ● (omhoog pompen) *pump (up)* ● (vol
lucht pompen) *pump up, inflate*
opponent *opponent*
opponeren I [ov ww] ● (plaatsen tegenover)
oppose (to) II [on ww] ● (zich verzetten) *oppose,
raise objections*
opporren ● (oprakelen) *stir/poke up*
● (aansporen) *rouse, prod*
opportunisme *opportunism*
opportuun *opportune*
oppositie *opposition*
oppositieleider *leader of the opposition*
oppotten *hoard, salt away*
oprakelen ● (ophalen) *drag/rake u p* ● (vuur
opstoken) *rake/stir up* ★ een oud twistpunt ~
rake up an old quarrel
oprapen *pick up* ▼ 't geld ligt niet voor 't ~ *money
does not grow on trees*
oprecht *sincere*

oprechtheid *sincerity*
oprichten ● (overeind zetten) *set up (right), raise
(up)* ★ zich ~ *draw o.s. up;* (in bed) *sit up*
● (stichten) *establish,* (v. club) *start* ● (bouwen)
erect
oprichter *founder*
oprichting ● (stichting) *foundation,* (v. zaak)
establishment ● (bouw) *erection*
oprijden (met auto) *drive up,* (met fiets, paard)
ride up ★ 't trottoir ~ *mount the pavement*
oprijlaan *drive, sweep*
oprijzen (omhoogkomen) *rise* ★ hoog ~d boven
towering over/above ● (zich voordoen) *arise*
oprisping *belch*
oprit (oprijlaan) *drive,* (v. brug) *approach,* (v. dijk)
ramp, (v. snelweg) *access*
oproep (om hulp) *call, appeal,* (per telefoon) *call,*
(v. politie, e.d.) *summons,* (voor betrekking)
notice ● een ~ doen tot het volk *make an appeal
to the nation*
oproepen ● (opwekken tot) *exhort, incite*
● (ontbieden) *summon,* (v. getuige, soldaat) *call
up* ★ (te voorschijn roepen) *call up,* (v. geesten)
conjure up, (v. herinnering) *recall, evoke*
oproer ● (opstand) *rebellion, revolt* ● (heftige
beroering) *tumult*
oproerkraaier *agitator, rioter*
oproerpolitie *riot police*
oprollen ● (in elkaar rollen) *roll up*
● (onschadelijk maken) *round up*
oprotpremie † (bij ontslag) *severence pay,* (bij
remigratie) *repatriation bonus*
oprotten *absquatulate,* (inf.) *piss/sod/fuck off* ★ ~!
bugger/naf off!
opruien *incite, stir up*
opruimen ● (netjes maken) (rommel) *clear away,*
(v. kast) *clear* ● (wegdoen) *get rid of*
● (uitverkopen) *sell out, clear*
opruiming (uitverkoop) *clearance (sale)* ★ ~
houden *hold a clearance sale* ● (het opruimen)
clearing away/up ★ ~ houden onder *make a
clean sweep of*
oprukken *advance (on)*
opscharrelen *pick up, hunt out*
opschepen ★ iem. met iets ~ *saddle s.o. with s.th.;
inflict s.th. on s.o.*
opscheppen I [ov ww] ● (scheppend opdoen)
ladle out, dish out II [on ww] ● (pochen) *show off,
brag*
opschepper *show off*
opschepperig *boastful*
opschepperij *boasting*
opschieten ● (groeien) *shoot up* ● (zich haasten)
hurry up ★ schiet op! *hurry up!;* (ga weg) *hop it!*
● (vorderen) ★ hoe schiet je op? *how are you
getting on?* ★ flink ~ *make good progress* ★ de tijd
begint op te schieten *time is running short*
● (~ met) *get on/along* ★ zij kunnen niet met
elkaar ~ *they do not get on together* ▼ daar schiet
je niets mee op *that will get you nowhere*
opschik *adornment*
opschikken I [ov ww] ● (in orde brengen)
arrange ● (versieren) *dress up* II [on ww]
● (opschuiven) *move up*
opschorten (v. beslissing) *postpone,* (v. oordeel)
reserve, (v. vergadering) *adjourn*
opschrift (titel) (v. artikel) *heading,* (v.
krantenbericht) *headline* ★ (tekst ergens op)
(gebouw, standbeeld) *inscription,* (v. munt)
legend
opschrijven *note/write down,* (bij spel) *score*
★ kun je het voor me ~? *can you write it down for*

me?; (rekening) can you put it on my account?
opschrikken I [ov ww] • (doen schrikken) startle
II [on ww] • (van schrik opspringen) start
opschroeven • (overdrijven) force up, inflate
• (opdrijven) drive up * de prijs – force up the
price • (iets ergens op schroeven) screw up
opschudden shake, stir
opschudding commotion, stir * in ~ brengen
cause a commotion * ~ veroorzaken cause a
sensation
opschuiven I [ov ww] • (opzij schuiven) shift,
push up • (uitstellen) put off **II** [on ww]
• (opschikken) move up/over
opslaan I [ov ww] • (omhoog slaan) (v. kraag)
turn up, (v. mouwen) roll back, (v. ogen) raise
• (openslaan) (v. bladzijde) turn up, (v. boek)
open • (verhogen) raise * de lonen ~ increase
wages • (bergen) (in pakhuis) store, (v. voedsel)
lay in • (opzetten) (kamp) pitch, (tent) put up
• (sport) serve **II** [on ww] • (duurder worden) go
up * de melk is opgeslagen milk has gone up
opslag • (loonsverhoging) rise * iem. ~ geven
give s.o. a rise • (berging) (plaats) warehouse,
depot, (v. goederen) storage • (muz.) up-beat
• (sport) service
opslagplaats warehouse, store
opslokken swallow
opslorpen • (in beslag nemen) absorb * door je
bezigheden opgeslorpt worden be absorbed in
one's work • (slurpend opdrinken) lap up
opsluiten lock/shut up, (v. dier) cage, (v.
misdadiger) lock up * in 'n kleine ruimte ~
confine to a small space * opgesloten zitten in
huis be cooped up in one's house ▼ dat ligt erin
opgesloten that is implied in it
opsluiting confinement
opsmuk finery * verhaal zonder ~ plain/
unadorned story
opsnijden I [ov ww] • (snijden) cut up **II** [on ww]
• (opscheppen) boast
opsnorren hunt out
opsnuiven inhale, sniff
opsodemieteren piss/fuck/bugger off
opsommen sum up, enumerate
opsomming enumeration, summing up
opsparen save up
opspelden pin on
opspelen kick up a row
opsporen trace, find out, track (down), (v.
misdadigers) run to earth, (v. vermisten) locate
opsporing tracing, location * ~ verzocht van ...
the police are anxious to establish/trace the
whereabouts of ...
opsporingsbericht police notice/announcement,
(v. misdadiger) wanted notice, (v. vermiste)
missing person notice
opsporingsdienst criminal investigation
department, C.I.D.
opspraak scandal * in ~ brengen compromise
* in ~ komen compromise o.s. * ~ verwekken
cause a scandal
opspringen jump up, (v. bal) bounce
opstaan (gaan staan) get up, stand up, rise * van
tafel ~ get up from the table * doen ~ raise • (uit
bed komen) get up * altijd vroeg ~ be an early
bird/riser • (in opstand komen) rise, rebel
• (verschijnen) arise • (verrijzen) * uit de dood
~ rise from the dead • (op het vuur staan) * 't
eten staat op dinner is cooking
opstalverzekering bricks and mortar insurance,
(exclusief inboedel) building insurance, (privé)
house insurance

opstand (up)rising, rebellion, revolt * in ~ komen
tegen revolt against; (fig.) revolt at * in ~ zijn be
in revolt
opstandeling rebel, insurgent
opstandig rebellious
opstanding resurrection
opstap step
opstapelen pile up, (v. borden) stack * zich ~ pile
up
opstapje step, (fig.) leg up
opstappen • (weggaan) go away, push off,
(ontslag nemen) resign * ik moet nu ~ I must be
off now • (op iets stappen) (de weg) walk into,
(op fiets) get on, (treden) walk up
opstarten start up
opsteken I [ov ww] • (omhoogsteken) (haar) pin
up, (v. hand) put up • (aansteken) light (up)
* wil je eens ~? do you want a smoke? • (te
weten komen) learn, pick up * weinig ~ van iets
not learn much from s.th. **II** [on ww] • (gaan
waaien) rise, get up * de wind steekt op the wind
is rising
opsteker windfall
opstel essay, paper * een ~ maken write an essay
opstellen I [ov ww] • (plaatsen) (kanon) mount,
(materiaal) set up, (raketten, leger) deploy,
(troepen) line up • (ontwerpen) draw up, draft
* een plan ~ draw up a plan **II** [wkd ww] (fig.)
adopt an attitude, take up a position, (in
formatie) line up * zich keihard ~ take a hard
line
opstelling • (plaatsing) placing, (mil.)
deployment, formation, (sport) line-up
• (houding) attitude
opstijgen • (omhoogstijgen) rise, ascend,
(ruimtevaart) lift off, (v. vliegtuig) take off • (te
paard klimmen) mount
opstoken • (harder stoken) stir/poke (up)
• (verbranden) burn (up) • (ophitsen) incite
* kinderen tegen elkaar ~ set children against
each other
opstootje disturbance
opstopping stoppage, (v. verkeer) congestion,
traffic jam
opstrijken • (gladstrijken) iron • (innen) rake in
* de winst ~ reap the profits
opstropen ruck up
opsturen send, post
optater wallop, punch
optekenen record, note down
optellen add (up)
optelling addition
optelsom addition sum
opteren opt (for)
opticien optician
optie • (keuzemogelijkheid) option • (vrije
keuze) * iets in ~ hebben have first refusal of
s.th.; have an option on s.th.
optiebeurs options market
optiek point of view * vanuit deze ~ from this
point of view
optillen lift up
optimaal optimum
optima forma * in ~ in top/tip-top form
optimaliseren optimize
optimisme optimism
optimist optimist
optimistisch optimistic
optioneel optional
optisch optical * ~ bedrog optical illusion
optocht procession, (gesch.) pageant
optornen * ~ tegen cope/battle with

optreden I [het] • (opvoering) *appearance*
★ eerste ~ *first appearance* • (handelwijze)
⟨houding⟩ *attitude, manner,* ⟨politie⟩ *action,*
⟨voorkomen⟩ *bearing* **II** [on ww] • (handelen)
★ als verdediger ~ ⟨jur.⟩ *appear for the defendant*
★ flink ~ tegen *take strong action against*
★ gewapend ~ tegen *take armed action against*
★ voor iem. ~ *act on behalf of s.o.; deputize for s.o.*
• (een rol spelen) *appear, make one's appearance*
★ voor de eerste maal ~ *make one's first
appearance* ★ in 'n film ~ *appear in a film* • (zich
voordoen) *appear* ★ er trad een verbetering op
in zijn toestand *his condition improved*
optrekje (holiday) *cottage*
optrekken I [ov ww] • (omhoogtrekken) *pull up,
raise,* ⟨v. schouders⟩ *shrug,* ⟨v. wenkbrauwen⟩
raise, lift • (opbouwen) *put up* ★ een muur ~ *put
up a wall* • (verhogen) *raise* ★ de lonen ~ *raise
wages* **II** [on ww] • (opstijgen) *lift* ★ de mist
trekt op *the fog is lifting* • (oprukken) *advance*
• (omgaan met) ★ ik heb heel wat met hem
opgetrokken *we've been around together a great
deal* • (accelereren) *pick up speed,* ⟨v. motor⟩
accelerate
optrommelen *get together*
optuigen • (van tuig voorzien) ⟨v. paard⟩ *harness,*
⟨v. schip⟩ *rig* • (versieren) ★ de kerstboom ~
decorate the Christmas tree
optutten ⟨inf.⟩ *doll/tart up*
opus *opus* [mv: opuses, opera]
opvallen *attract attention, strike* ★ het valt mij op
dat *it strikes me that* ★ doen ~ *make conspicuous*
★ het valt niet op *it doesn't show*
opvallend *striking, marked*
opvang *emergency measures,* ⟨bij noodgevallen,
rampen⟩ *relief* ★ kinder~ *day nursery; creche;* ⟨AE⟩
day care center
opvangcentrum *shelter,* ⟨hulpverlening⟩ *crisis
centre,* ⟨v. daklozen⟩ *centre for the homeless,* ⟨v.
vluchtelingen⟩ *reception/refugee centre*
opvangen • (helpen) *take care of* ★ vluchtelingen
~ *receive refugees* • (ondervangen) ⟨botsing⟩
cushion, ⟨schok⟩ *absorb,* ⟨slag⟩ *intercept,* ⟨verlies⟩
meet ★ (vangen) *catch, receive* ★ een stoot ~
receive a blow ⟨vergaren⟩ *catch, collect* ★ water
~ *catch water* • (horen) *pick up,* ⟨v. gesprek⟩
overhear ★ een blik van iem. ~ *catch s.o.'s eye*
opvarende *person on board,* ⟨bemanningslid⟩
crew member, ⟨passagier⟩ *passenger*
opvatten • (opnemen) *take up* ★ de draad van
het verhaal weer ~ *take up the thread of the story*
★ zijn taak weer ~ *resume one's task*
• (beschouwen) *understand, conceive* ★ iets
verkeerd ~ *misunderstand s.th.* ★ iets te licht/te
somber ~ *take too light/too gloomy a view of s.th.*
• (gaan koesteren) *conceive* ★ haat ~ voor iem.
develop a hatred for s.o.
opvatting *opinion, notion, idea* ★ achterhaalde
~en *outmoded views* ★ ruim van ~ *broadminded*
opvijzelen • (opkrikken) *jack up* • (verbeteren)
boost ★ het zelfvertrouwen wat ~ *boost/bolster
self-confidence*
opvissen • (uit water halen) *dredge up,* ⟨inf.⟩ *fish
up* • (opdiepen) *dig/fish up, hunt out*
opvliegen • (omhoogvliegen) *fly up* ★ de trap ~
dash up the stairs • (driftig worden) *flare up*
opvliegend *short-tempered*
opvoeden • (grootbrengen) *bring up, raise*
• (vormen) *educate* ★ goed/slecht opgevoed *well/
badly brought up*
opvoeding • (vorming) *education* ★ lichamelijke
~ *physical training; P.T* ★ iem. met een goede ~

well-educated person; well-brought up person
• (het grootbrengen) *upbringing*
opvoedingsgesticht *borstal, approved school*
opvoedkunde *pedagogy*
opvoedkundig *pedagogic(al)*
opvoeren • (vertonen) *perform, present* ★ een
stuk ~ *put on a play* • (groter/krachtiger
maken) ⟨v. motor⟩ *tune up,* ⟨v. productie⟩ *step
up, increase* ★ de capaciteit ~ *increase the capacity*
• (opdrijven) ⟨v. prijs⟩ *raise* ★ het peil ~ *raise the
standard* • (voeren) *feed* ★ het brood ~ aan de
vogels *feed the bread to the birds*
opvoering • (vertoning) *performance*
• (verhoging) *increase,* ⟨v. snelheid⟩ *acceleration*
opvolgen I [ov ww] • (gevolg geven aan) ⟨v.
advies⟩ *follow,* ⟨v. bevel⟩ *obey,* ⟨v. regels⟩ *observe*
II [on ww] • (volgen op) *succeed* ★ zijn vader ~
succeed one's father
opvolger *successor*
opvouwbaar *folding,* ⟨v. bed⟩ *collapsible*
opvouwen *fold up*
opvragen *claim, ask for, reclaim,* ⟨gegevens⟩
retrieve, ⟨v. hypotheek⟩ *recall,* ⟨van geld v.
rekening⟩ *withdraw*
opvreten I [ov ww] *eat up, devour* ▼ hij wordt
opgevreten van de zenuwen *he is a nervous
wreck* **II** [wkd ww] ★ zich ~ van afgunst *be
consumed with jealousy*
opvrijen • (vleien) *butter s.o. up* • (seksueel
prikkelen) *arouse s.o.*
opvrolijken *cheer (up), enliven*
opvullen *fill up,* ⟨v. kleren⟩ *pad,* ⟨v. kussen,
kalkoen⟩ *stuff*
opwaaien I [ov ww] • (omhoog brengen) *blow up*
II [on ww] • (omhoog gaan) *be/get blown up*
opwaarderen *upgrade, revalue*
opwaarts *upward(s)* ★ ~e druk *upward pressure;*
⟨in vloeistof⟩ *buoyancy*
opwachten *wait for,* ⟨met vijandige bedoeling⟩
waylay
opwachting ★ zijn ~ maken bij *pay one's respect
to;* ⟨lit.⟩ *wait on*
opwarmen I [ov ww] • (opnieuw verwarmen)
heat/warm up **II** [on ww] • (warm worden)
warm up
opwegen *be equal to* ★ ~ tegen ⟨counter⟩*balance;
offset* ★ hij weegt niet tegen haar op *he is no
match for her*
opwekken • (doen herleven) *revive* ▼ (aansporen)
urge on, stimulate • (doen ontstaan) *arouse,*
⟨energie⟩ *generate,* ⟨gevoelens⟩ *evoke,* ⟨v. eetlust⟩
stimulate ★ argwaan ~ *arouse suspicion* ▼ uit de
dood ~ *raise from the dead*
opwekkend • (opvrolijkend) *cheerful, heartening*
• (stimulerend) *stimulating* ★ ~ middel *tonic;
stimulant*
opwellen *well up* ★ ~de tranen *gathering tears*
opwelling *fit,* ⟨jaloezie⟩ *stab,* ⟨v. enthousiasme⟩
burst, ⟨v. woede⟩ *surge, fit* ★ in een ~ handelen
do s.th. in an impulse ★ in een ~ van drift *in a fit
of temper* ★ in de eerste ~ *on the first impulse*
opwerken I [ov ww] • (bruikbaar maken) *touch
up* • (naar boven brengen) *work up* **II** [wkd ww]
work one's way up
opwerpen I [ov ww] • (omhoog werpen) *throw/
toss up* • (aanleggen) *erect* • (opperen) *raise* ★ een
idee ~ *put forward/suggest an idea* **II** [wkd ww]
★ zich ~ als *set o.s. up as*
opwinden I [ov ww] • (optrekken) *winch up, reel
in/up* • (oprollen) *wind* ⟨draaiend spannen⟩
wind (up) • (heftige gevoelens veroorzaken)
excite, ⟨seksueel⟩ *arouse,* ⟨v. woede⟩ *get enraged*

O

(at) **II** [wkd ww] get excited ★ zich hevig ~ work
o.s. into a lather
opwindend exciting
opwinding excitement
opzadelen ● (opschepen) saddle, burden ★ iem.
met iets ~ saddle s.o. with s.th. ● (zadel opdoen)
saddle up
opzeggen ● (voordragen) read out, (v. gedicht,
les) recite ● (beëindigen) ⟨betrekking⟩ resign, ⟨v.
abonnement⟩ withdraw, ⟨v. contract⟩ terminate
★ een krant ~ discontinue a paper
★ lidmaatschap ~ resign ▼ zeg op! speak out!
opzet I [de] planning, idea, plan ★ de ~ was om ...
the idea was ... **II** [het] intention, purpose ★ met ~
on purpose; wilfully ★ zonder ~ unintentionally
★ boos ~ ⟨jur.⟩ criminal intent ★ met het ~ om
with intent to
opzettelijk deliberate, intentional, ⟨belediging⟩
calculated, ⟨verwaarlozing⟩ wilful
opzetten I [ov ww] ● (opstoken) set on ★ ~ tegen
set against ★ tegen elkaar ~ set people against
each other ● (beginnen) set up, start ★ een zaak ~
start a business ● (prepareren) stuff ★ een
opgezette uil a stuffed/mounted owl ● (overeind
zetten) set up, put up, ⟨recht overeind⟩ stand up,
⟨v. kraag⟩ turn up, ⟨v. paraplu⟩ put up ● (opdoen)
put on ● (op het vuur zetten) put on ★ water ~
put the kettle on **II** [on ww] ● (opkomen)
★ komen ~ ⟨v. onweer⟩ come on; ⟨v. mist⟩ set in
● (zwellen) swell (up) ★ de wind komt ~ the wind
is getting up
opzicht ● (toezicht) supervision ● (aspect) ★ in dit
~ in this respect ★ ten ~e van with regard to ★ in
zeker ~ in a way
opzichter overseer, supervisor, ⟨v. park⟩ keeper
opzichtig ⟨v. kleren⟩ flamboyant, showy, ⟨v.
kleuren⟩ loud
opzichzelfstaand isolated, individual ★ iets ~s a
one-off; a thing apart
opzien I [het] ★ ~ baren cause a sensation; make a
splash **II** [on ww] ● (opkijken) look up
● (bewonderen) look up (at) ★ ~ tegen iem. think
highly of s.o. ● (vrezen) not being able to face ★ ~
tegen de kosten shrink from the costs ★ ik zie er
tegen op om het hem te zeggen I am shy of
telling him
opzienbarend sensational
opziener inspector
opzij ★ ~ daar! out of the way! ★ met zijn hoofd
een beetje ~ with his head a little on one side ★ ~
zetten put on one side ★ ~ van de weg set back
from the road ★ een foto van ~ a side view ★ (naar
de zijkant) aside, out of the way ★ (terzijde) at/on
one side
opzijleggen put/set aside ★ geld ~ lay aside
money; put money by
opzitten ● (overeind zitten) sit up, ⟨v. hond⟩ sit
up (and beg) ● (opblijven) stay up ▼ er zal wat
voor hem ~ he'll catch it
opzoeken ● (zoeken) look for, ⟨een woord⟩ look up
● (bezoeken) look up, call on ★ kom me eens ~
come and see me some time
opzuigen ● (absorberen) absorb ● (naar boven
zuigen) suck in/up, ⟨met stofzuiger⟩ hoover
opzwellen swell (up) ★ doen ~ swell
opzwepen ● (aanvuren) whip/stir up
● (voortdrijven) whip on
oraal I [het] oral, verbal ★ orale geschiedenis oral
history **II** [bijw] orally ★ medicijnen ~
toedienen give medicine orally
orakel oracle
orang-oetan orang-utan

oranje I [het] orange, ⟨v. verkeerslichten⟩ amber
II [bnw] orange
oranjebitter orange bitters
Oranjehuis House of Orange
Oranjeteam the Dutch (national) team
oratie oration
oratorium oratorio
orchidee orchid
orde ● (volgorde) ★ 'n zaak aan de orde stellen
raise a matter ★ aan de orde komen come up for
discussion ★ dat is aan de orde van de dag that is
the order of the day ★ (klasse) order ★ in die orde
van grootte in that order of magnitude
● (genootschap) order ● (geregelde toestand)
order ★ ik ben weer helemaal in orde I'm quite
all right again ★ zie zo, dat is in orde well, that's
that ★ er is iets niet in orde there is s.th. wrong
★ de openbare orde verstoren disturb the peace
★ goede orde hebben ⟨v. leraar⟩ be good at
keeping order ★ orde houden keep order ★ in
orde! all right!; righto! ★ iem. tot de orde roepen
call s.o. to order; bring s.o. into line ★ voor de
goede orde for the sake of order ★ orde scheppen
in put (s.th.) in order ★ orde op zaken stellen put
one's affairs in order ★ zodra we geheel op orde
zijn as soon as we are quite settled/sorted out
● (bio.) order
ordedienst (body of) officials responsible for order
ordelievend orderly, law-abiding
ordelijk I [bnw] orderly **II** [bijw] in good order
ordeloos disorderly
ordenen ● (rangschikken) put s.th. in order ★ zijn
gedachten ~ collect one's thoughts ● (regelen)
order, arrange ★ geordende economie planned
economy
ordening ● (het rangschikken) arrangement
● (het regelen) planning, regulation
★ ruimtelijke ~ regional planning
ordentelijk ● (fatsoenlijk) decent ● (billijk) fair,
reasonable
order ● (bevel) order, command ★ tot nader ~ until
further notice ● (bestelling) order
orderportefeuille order portfolio
ordeverstoorder disturber of the peace, agitator,
⟨inf.⟩ hooligan
ordinair ● (gewoon) common, ordinary
● (onbeschaafd) common, vulgar
ordonnans messenger, courier, ⟨mil.⟩ orderly
oregano oregano
oreren ● (redevoering houden) deliver a speech
● (hoogdravend praten) declaim, hold forth
orgaan organ ★ een ambtelijk ~ an official body
organisatie organization
organisatiedeskundige management consultant
organisator organizer
organisatorisch organizational ★ ~e fout flaw in
the organization
organisch organic
organiseren organize
organisme organism
organist organist, organ-player
organogram ● (organisatieschema) organization
chart ● (med.) organography
orgasme orgasm
orgel ● (toetsinstrument) organ ● (draaiorgel)
(barrel) organ ★ een ~ draaien grind an organ
orgelbouwer organ builder
orgelconcert organ concert
orgelman organ-grinder
orgelpijp organ pipe
orgie orgy
Oriënt the Orient

oriëntaals oriental
oriëntalist orientalist
oriëntatie orientation
oriëntatievermogen sense of direction
oriënteren • (zijn positie bepalen) ∗ zich ~ get
one's bearings; orient/orientate o.s. ∗ zich ~ naar
gravitate towards • (informeren) familiarize
with, look around
oriënteringsvermogen sense of direction
originaliteit originality
origine origin
origineel I [het] original **II** [bnw]
• (oorspronkelijk) original • (apart) strange,
original
orkaan hurricane
orkaankracht hurricane force
orkest orchestra
orkestraal orchestral
Orkney eilanden Orkney Islands
ornaat ∗ in vol ~ in state; (v. priester) in full
vestments
ornament ornament
ornithologie ornithology
orthodontie orthodontics
orthodontist orthodontist
orthodox orthodox
orthopedagogiek remedial education (studies)
orthopedisch orthopaedic
orthopedist orthopaedic specialist
os ox [mv: oxen] ▾ hij sliep als een os he slept like a
log
oscilloscoop oscilloscope
Oslo Oslo
osmose osmosis
Osseet Osset
ossenhaas fillet of beef
ossenstaartsoep oxtail soup
ostentatief ostentatious
otter otter
OU Open University
oubollig corny
oud • (allang bestaand) old, (v. brood) stale ∗ oud
maken age ∗ oud worden grow old; age ∗ oud en
nieuw vieren see the new year in • (van zekere
leeftijd) old • (voormalig) former, ex- • (als
vroeger) old, former • (uit klassieke oudheid)
ancient ∗ de oude talen the classical languages
▾ jong en oud young and old
oud- ex-, former
oudbakken • (niet vers) stale • (ouderwets) stale,
trite
oudedagsvoorziening private pension scheme,
provisions for old age
oudejaar New Year's Eve, (in Schotland)
Hogmanay
oudejaarsavond New Year's Eve
oudejaarsnacht New Year's Eve
ouder parent ∗ mijn ~s my parents ∗ van ~ tot/op
~ overgaan be handed down from generation to
generation
ouderavond parent evening
oudercommissie ≈ parents' committee
ouderdom • (leeftijd) age ∗ een hoge ~ bereiken
live to a great age • (hoge leeftijd) old age
ouderdomskwaal infirmity of old age
ouderdomsverschijnsel sign of old age
oudere elderly people, the elderly
ouderejaars senior student
ouderejaarsstudent senior student, 2nd/3rd/
(etc.)-year student
ouderlijk parental
ouderling elder

ouderraad parents' council
ouderschap parenthood
ouderschapsverlof maternity/parental leave
ouderwets I [bnw] • (uit de mode) old-fashioned,
out of date ∗ het was weer ~ it was just like the
old days • (degelijk) proper **II** [bijw] in an
old-fashioned way
oudgediende • (ex-militair) veteran,
ex-serviceman • (oude rot) old hand, (inf.)
old-timer
Oud-Grieks ancient Greek
oudheid antiquity
oudheidkunde archaeology
oudje • (persoon) old man/woman ∗ de ~s the old
folks • (voorwerp) museum piece
oudoom great uncle
oudsher ∗ van ~ of old; from time immemorial
oudste oldest, eldest, (in rang) (most) senior ∗ wie
is de ~ van jullie tweeën which of you is older/the
elder ∗ hij is de ~ van de twee he is the elder of
the two
oudtante great-aunt
oudtestamentisch Old Testament
outfit outfit
outillage equipment
ouverture • (inleiding) prelude, introduction
• (muz.) overture
ouvreuse usherette
ouwehoer windbag, gasbag
ouwehoeren bullshit, (BE) waffle on
ouwel wafer
ouwelijk oldish, elderly
ovaal I [het] oval **II** [bnw] oval
ovatie ovation ∗ een ~ brengen give an ovation
oven oven, (hoogoven) furnace, (steenoven) kiln
ovenschaal ovenware
ovenschotel oven dish
ovenstand oven temperature
ovenvast heat-resistant, oven-proof
over I [bijw] • (afgelopen) over, finished ∗ en nu is
het over! and now it's done/finished ∗ hun
vriendschap was over their friendship was at an
end • (resterend) left ∗ hoeveel is er nog over?
how much have we got left? • (opnieuw) again
∗ lees die zin nog eens over read that sentence
again • (van/naar een andere plaats) across, over
∗ zij liep de gang over she walked down the
corridor ∗ ga jij dit jaar over? will you move up
this year? ∗ dwars over straight across ▾ zij heeft
iets over zich there is s.th. about her **II** [vz] • (via)
by way of, via ∗ ik rijd over Parijs I'm driving via
Paris ∗ over land en zee by land and by sea
• (meer/langer dan) over, past ∗ bewijzen te
over plenty of evidence ∗ zij is ver over de dertig
she's well over thirty ∗ een beetje over zijn toeren
a bit upset • (na) ∗ over een minuut ben ik bij je
I'll be with you in a minute ∗ het is over enen it's
past one ∗ over enige tijd after some time
∗ vandaag over een week a week today
• (betreffende) about, concerning ∗ over wie gaat
het? who is it about? ∗ over de doden niets dan
goeds do not speak ill of the dead • (van/naar een
andere plaats) across, over ∗ over de brug over
the bridge ∗ over de grens over/across the border
• (bovenop/-langs) across, over ∗ over het hek
over the fence ∗ over de knie leggen put across
one's knees ▾ over en weer back and forth
overal • (op alle plaatsen) everywhere, (inf.) all
over the place ∗ ~ waar wherever • (alles) ∗ hij
weet ~ van he knows all about it
overall coverall(s)
overbekend widely known ∗ die naam is ~ it's a

o

household name
overbelasten overburden, ⟨v. machine⟩ overload
overbelichten ⟨fig.⟩ overdo, overplay, ⟨fotografie⟩ overexpose
overbemesting over-fertilisation
overbesteding overspending
overbevolking overpopulation
overbevolkt overpopulated, ⟨buurt⟩ overcrowded
overbezet overcrowded
overblijfsel remnant, ⟨afval, restanten⟩ remains, ⟨na brand e.d.⟩ debris, wreckage, ⟨vnl. etenspijzen⟩ left-overs [mv]
overblijven ● ⟨resteren⟩ be left, remain ∗ er blijft niets anders over dan te gaan there is nothing for it but to go ∗ 't ~de the remainder/rest; ⟨bedrag⟩ the balance ● ⟨op school blijven⟩ stay for/over the lunch break
overbluffen ● ⟨verwarren⟩ dumbfound ● ⟨overdonderen⟩ confound
overbodig superfluous
overboeken transfer
overboord overboard, ⟨fig.⟩ overboard ∗ ~ slaan fall overboard ∗ de plannen ~ gooien throw the plans overboard
overbrengen ● ⟨verplaatsen⟩ bring, take, move, ⟨v. goederen⟩ transport ∗ iem. naar het hospitaal brengen take s.o. to hospital ● ⟨overdragen⟩ transfer ● ⟨overdragen⟩ carry, ⟨techn.⟩ transmit ∗ iets op iem. ~ pass s.th. on to s.o. ● ⟨vertalen⟩ translate, render ● ⟨doorgeven⟩ ⟨boodschap⟩ take, ⟨groeten⟩ give, ⟨opmerkingen⟩ pass on, report
overbrenging ● ⟨het overbrengen⟩ transport, transfer, removal ● ⟨techn.⟩ transmission
overbrieven tell, repeat, ⟨inf.⟩ blab
overbruggen ● ⟨met brug overspannen⟩ bridge ● ⟨ondervangen⟩ ⟨m.b.t. tijd⟩ tide over, ⟨verschil, e.d.⟩ bridge
overbrugging ● ⟨middel⟩ bridging (of), bridge (over) ● ⟨het overbruggen⟩ bridging ∗ ter ~ ... to tide over ...
overbruggingsregeling transitional arrangement
overbuur opposite neighbour
overcompleet surplus ∗ ik ben hier kennelijk ~ I know when I'm not wanted
overdaad excess ∗ ~ schaadt enough is as good as a feast
overdadig excessive, ⟨m.b.t. eten en drinken⟩ lavish
overdag during the day, in the daytime
overdekken cover (over)
overdekt covered, ⟨zwembad⟩ indoor
overdenken reflect on, consider
overdenking reflection, consideration
overdoen ● ⟨opnieuw doen⟩ do (s.th.) over again, ⟨examen⟩ resit ● ⟨verkopen⟩ sell (off) ● ⟨overgieten⟩ transfer
overdonderen browbeat
overdosis overdose
overdraagbaar ● ⟨over te dragen⟩ transferable ● ⟨med.⟩ contagious, ⟨seksueel⟩ transmittable
overdracht ⟨v. bezit, wissel⟩ transfer, ⟨v. eigendom⟩ conveyance, ⟨v. gezag⟩ devolution, delegation
overdrachtelijk metaphorical ∗ in ~e zin in a metaphorical sense
overdrachtsbelasting ⟨v. onroerend goed⟩ conveyance tax, ⟨v. waardepapieren⟩ stamp duty
overdrachtskosten conveyancing costs
overdragen ● ⟨overboeken⟩ transfer ● ⟨overbrengen⟩ pass on, transmit ∗ kennis ~

pass on knowledge ● ⟨overgeven⟩ hand over, ⟨taak⟩ delegate, assign ∗ aan de politie ~ hand over to the police
overdreven exaggerated, gushing ∗ ~ nauwgezet meticulous ∗ ~ edelmoedig generous to a fault
overdrijven ● ⟨geen maat houden⟩ overdo s.th., go too far ● ⟨iets overdreven voorstellen⟩ exaggerate ∗ overdrijf niet zo don't pile it on
óverdrijven blow over
overdrive overdrive
overdruk ⟨extra afdruk⟩ offprint ● ⟨overgedrukte tekst⟩ overprint, ⟨postzegel⟩ overprint ● ⟨nat.⟩ overpressure
overdrukken ● ⟨opnieuw drukken⟩ reprint ● ⟨ergens overheen drukken⟩ overprint
overduidelijk manifest, obvious
overdwars across, crosswise
overeenkomen I [ov ww] ● ⟨afspreken⟩ agree (on) ∗ iets ~ agree on s.th. **II** [on ww] ● ⟨gelijk zijn⟩ correspond (to) ∗ ~ met de verklaringen be consistent with the statements ● ⟨bij elkaar passen⟩ go together, match
overeenkomst ● ⟨gelijkheid⟩ match ● ⟨gelijkenis⟩ similarity, correspondence, resemblance ∗ ~ vertonen resemble ∗ geen enkele ~ vertonen show not the slightest similarity/resemblance ● ⟨afspraak⟩ agreement, ⟨verdrag⟩ treaty, pact ∗ een ~ treffen enter into an agreement
overeenkomstig I [bnw] similar, corresponding ∗ ~e cijfers corresponding figures **II** [vz] in accordance with, consistent with ∗ ~ de feiten in accordance/keeping with the facts ∗ ~ onze afspraak consistent with our agreement; conforme a lo que hemos convenido
overeenstemmen ● ⟨overeenkomst vertonen⟩ correspond to ∗ ~ met fit in with ● ⟨gelijkgestemd zijn⟩ agree (with)
overeenstemming ● ⟨gelijkenis⟩ similarity, resemblance ● ⟨harmonie⟩ harmony, agreement ∗ volkomen in ~ zijn met be in complete agreement with ● ⟨eensgezindheid⟩ agreement ∗ tot ~ komen come to terms; reach an understanding ∗ stilzwijgende ~ tacit understanding
overeind ● ⟨rechtop⟩ upright, on end ∗ ~ komen get up ∗ ~ gaan zitten sit up (straight) ∗ ⟨van kracht⟩ ∗ van zijn beweringen bleef niets ~ his arguments did not stand up ▼ dat houdt hem ~ that keeps him on his feet
over-en-weer ∗ beschuldigingen ~ mutual recriminations ∗ ~ gepraat palaver
overerven I [ov ww] ● ⟨meekrijgen⟩ inherit **II** [on ww] ● ⟨overgaan op⟩ pass down, be handed down
overgaan ● ⟨oversteken⟩ cross ● ⟨v. bezitter veranderen⟩ transfer, pass ∗ in andere handen ~ change hands/ownership ● ⟨bevorderd worden⟩ move up ∗ naar de vierde ~ move up to the fourth form; ⟨AE⟩ move up to the fourth grade ● ⟨voorbijgaan⟩ ⟨v. bui⟩ blow over, ⟨v. gevoelens ook⟩ wear off, ⟨v. pijn⟩ pass off/away ● ⟨veranderen⟩ ∗ ~ in pass into ∗ geleidelijk in elkaar ~ blend into one another ● ⟨beginnen⟩ ∗ ~ tot proceed to ∗ tot de aanval ~ start an attack ● ⟨zich voegen bij⟩ change over ∗ tot een godsdienst ~ embrace a religion ● ⟨~ op⟩ go on to, pass to ∗ op een ander onderwerp ~ move to the next topic
overgang ● ⟨het overgaan⟩ ⟨op school⟩ promotion ● ⟨tussenfase⟩ link, ⟨v. toestand⟩ transition, changeover ● ⟨menopauze⟩ change of life, menopause ● ⟨oversteekplaats⟩ ⟨spoorlijn⟩

(level)crossing, ‹v. rivier› crossing
overgangsbepaling temporary provision
overgangsfase transitional/interim phase/stage
overgangsjaren • (menopauze) menopause, change of life, ‹med.› climacteric
• (overgangsperiode) transition(al) period, transitional years
overgankelijk transitive
overgave • (capitulatie) surrender • (toewijding) devotion, dedication
overgeven I [ov ww] • (overhandigen) hand (over), pass, ‹v. stad› surrender • (toevertrouwen) entrust **II** [on ww] • (braken) vomit • moeten ~ be sick **III** [wkd ww] • (capituleren) surrender
• (zich wijden aan) dedicate o.s. (to) • (verslaafd raken) take to, indulge in ★ hij gaf zich helemaal over aan drank he indulged heavily in drink
overgevoelig • (zeer gevoelig) oversensitive, hypersensitive • (allergisch) ‹ook fig.› allergic
overgewicht overweight, excess weight
overgieten • (opnieuw gieten) recast
• (inschenken) pour into • (begieten) pour over, dowse, sprinkle ★ zonovergoten bathed in sunshine; sunlit ★ van/met hetzelfde nat overgoten zijn be tarred with the same brush
overgooier pinafore (dress)
overgordijn curtain
overgrootmoeder great-grandmother
overgrootvader great-grandfather
overhaast rash, hurried ★ een ~e beslissing a rash decision
overhaasten ★ (zich) ~ hurry
overhalen • (overreden) persuade, talk (s.o.) into ★ zich laten ~ be persuaded • (trekken aan) pull ★ de trekker ~ pull the trigger
overhand ★ de ~ hebben have the upper hand; prevail
overhandigen hand (over), deliver
overhangen hang over
overheadkosten overheads, fixed costs
overheadprojector overhead projector
overhebben • (overhouden) have (s.th.) left ★ een kamer ~ have a spare room • (willen missen) ★ dat heb ik er wel voor over I don't mind; it's worth it ★ ik heb er geen cent voor over I'm not spending any money on it ★ hij heeft niets voor je over he won't do anything for you
overheen • (over iets) over, across, on top ★ ergens ~ stappen step over s.th.; ‹fig.› pass over
• (voorbij) ★ ik liet er geen tijd ~ gaan I lost no time (in) ★ daar kunnen nog jaren ~ gaan it may take years ▼ zich ergens ~ zetten get over s.th. ▼ daar ben ik ~ I've got over it ▼ ik kan er niet ~ (komen) I can't get over it ▼ ik zal er maar ~ stappen I'll let it go at that
overheersen • (heersen over) rule over
• (domineren) dominate ★ een ~de factor a predominant factor
overheersing • (dominantie) dominance
• (heerschappij) rule, oppression
overheid government ★ plaatselijke ~ local authorities
overheidsbedrijf publicly owned company, state enterprise
overheidswege ★ van ~ by the authorities ★ van ~ wordt verklaard the authorities announce
overhellen • (hellen) lean over, ‹v. schip› list, ‹v. vliegtuig› bank • (neigen) incline ★ ~ naar/tot lean/gravitate towards
overhemd shirt

overhevelen • (overbrengen) transfer • (met hevel overbrengen) siphon into
overhoop in disorder, ‹fig.› at odds ★ ~ steken stab ★ ~ gooien upset
overhoophalen turn upside down/inside out, ‹fig.› mix up
overhoopliggen • (in de war liggen) be in a mess ★ mijn hele leven ligt overhoop my whole life is (in) a mess • (onenigheid hebben) be at loggerheads/at odds (with)
overhoopschieten shoot down, ‹inf.› blow away
overhoren test
overhouden • (als overschot hebben) have left, be left with • (in leven houden) keep ★ aardappelen de winter ~ keep potatoes through the winter
overig • (overblijvend) remaining ★ voor 't ~e for the rest ★ de ~e dagen the remaining days
• (ander) ★ de ~e mensen the other people
overigens • (voor het overige) for the rest ★ ~ een goed man an otherwise good man • (trouwens) for that matter, indeed
overijld rash, hasty, hurried
overjas overcoat
overkant opposite/far side ★ aan de ~ van beyond; across ★ naar de ~ across
overkapping covering, roof
overkill overkill
overkoepelen cover, ‹fig.› coordinate ▼ ~de organisatie umbrella organisation
overkoken boil over
overkomen happen to ★ dat kan ook alleen hem ~ it could only happen to him
overláden • (overstelpen) shower, heap on ★ overladen met geschenken shower with gifts
• (te zwaar belasten) overload ★ een wagen overladen overload a car
overlangs I [bnw] lengthwise, ‹in wetenschap› longitudinal **II** [bijw] lengthwise
overlappen overlap
overlast annoyance, nuisance ★ iem. ~ bezorgen cause s.o. inconvenience
overlaten • (toevertrouwen) leave ★ ik moet u even aan uzelf ~ I'll have to leave you to your own devices • (niets aan het toeval ~ leave nothing to chance • (doen overblijven) leave • (erover laten gaan) let go over
overleden dead, deceased ★ de ~e the deceased
overleg • (bedachtzaamheid) discretion, judgement ★ met ~ te werk gaan act with discretion • (beraadslaging) deliberation, ‹bespreking› consultation ★ ~ plegen over iets confer on s.th. ★ in ~ met in consultation with ▼ ~ is 't halve werk look before you leap
overleggen consult, confer, deliberate ★ met iem. ~ over iets confer with s.o. about s.th.; consult s.o. about s.th. ★ ik wil nog even ~ I want/need to give it some further thought
overlegorgaan consultative body
overleven • (blijven leven) survive • (langer leven) outlive
overlevende survivor
overleveren • (overdragen) hand over ★ overgeleverd zijn aan ‹fig.› be at the mercy of
• (doorgeven) hand down
overlevering tradition
overlezen • (opnieuw lezen) reread • (doorlezen) read over/through
overlijden I [het] death, ‹form.› decease **II** [on ww] die, pass away
overlijdensadvertentie death announcement
overlijdensakte death certificate

overlijdensbericht *obituary notice, death announcement* ∗ ~ *en lezen read the obituaries*
overlijdensverzekering *life insurance*
overloop ● *(het overstromen) flooding*
● *(bovenportaal) landing* ● *(overloopbuis) overflow*
overlopen ● *(lopen over) walk across, cross* ∗ *de brug* ~ *cross the bridge* ● *(overstromen) run over,* ⟨fig.⟩ *brim over* ∗ *de gootsteen loopt over the sink is running over* ● *(naar andere partij gaan) defect, desert* ∗ ~ *naar de vijand go over to the enemy* ● *(~ van) brim over* ∗ ~ *met enthousiasme brim over with enthusiasm*
overloper *deserter, defector, turncoat*
overmaat *excess* ∗ *tot* ~ *van ramp to crown it all; on top of all that*
overmacht ● *(grotere macht) superior forces/ numbers* ● ⟨jur.⟩ *circumstances beyond one's control, an Act of God*
overmaken ● *(opnieuw maken) redo, do over again* ● *(overschrijven) (v. geld) transfer, remit*
overmannen *overpower*
overmatig *excessive* ∗ ~ *drinken drink to excess*
overmeesteren *overcome, overpower*
overmoed *recklessness*
overmoedig *reckless*
overmorgen *the day after tomorrow*
overnaads *clinker-built*
overnachten *stay the night*
overnachting *night* ∗ ~ *met ontbijt bed and breakfast* ∗ *het aantal ~en the number of nights (spent at a hotel)*
overname *taking over, takeover* ∗ *ter* ~ *aangeboden (offered) for sale* ∗ *ter* ~ *gevraagd wanted*
overnemen ● *(uit handen nemen) take over* ∗ *de leiding* ~ ⟨sport⟩ *take over the lead* ● *(kopen) buy* ● *(navolgen) adopt* ∗ *'n amendement* ~ *adopt an amendement* ● *(kopiëren) copy*
overnieuw *again, (all) over again*
overpad ∗ *recht van* ~ *right of way*
overpeinzen *ponder (on), meditate*
overpeinzing *meditation,* ⟨het overdachte⟩ *reflection*
overplaatsen *transfer*
overplaatsing *transfer*
overproductie *over-production*
overreden *persuade*
overredingskracht *power of persuasion*
overrijden *run over, knock down*
óverrijden *drive over,* ⟨op fiets⟩ *ride over*
overrompelen *(take by) surprise*
overrulen ● *(beslissen) overrule* ● *(verslaan) outclass*
overschaduwen ● *(schaduw werpen op) overshadow* ● *(overtreffen) eclipse*
overschakelen ● *(andere verbinding maken) switch over* ● *(overstappen op) switch over* ∗ ~ *op gas convert to gas* ● *(in andere versnelling gaan) change gear* ∗ *naar de hoogste versnelling* ~ *change into top gear*
overschatten *overrate*
overschieten ● *(resteren) remain, be left* ● *(snel gaan over) dash across/over* ∗ *de jongen schoot de weg over the boy darted/dashed across the road*
overschoen *galosh*
overschot ● *(restant) remainder,* ⟨aan geld⟩ *balance* ∗ *het stoffelijk* ~ *the (mortal) remains* ● *(teveel) surplus*
overschreeuwen ∗ *iem.* ~ *shout s.o. down*
overschrijden *(stappen over) cross* ∗ *(te buiten gaan) exceed* ∗ *zijn verlof* ~ *overstay one's leave*

overschrijven ● *(naschrijven) copy (out),* ⟨in 't net⟩ *make a fair copy* ● *(opnieuw schrijven) copy out, write again* ● *(overboeken) transfer* ● *(op andere naam zetten) put in s.o.'s name, transfer*
overschrijving ● *(het overschrijven) transcription* ● *(overboeking) remittance* ● *(het op andere naam zetten) transfer*
oversized *oversized*
overslaan I [ov ww] ● *(laten voorbijgaan) omit, miss (out),* ⟨bij uitdeling⟩ *pass over,* ⟨verzuimen⟩ *miss* ∗ *je hebt één woord overgeslagen you've missed out one word* ● *(overladen) transfer II* [on ww] ● *(op iets anders overgaan) jump over, spread to* ∗ *de vlammen sloegen over op de schuur the flames spread to the barn* ● *(uitschieten) (v. stem) break, catch* ● *(snel veranderen) swing round*
overslag ● *(omgeslagen rand) (rand, omslag) turnover,* ⟨v. enveloppe⟩ *flap,* ⟨v. jas⟩ *overlap* ● *(het overslaan van goederen) transfer*
overslagbedrijf *trans(s)hipment company*
overspannen I [bnw] ● *(te gespannen) overstrained* ∗ ~ *verwachtingen unrealistic expectations* ∗ ~ *arbeidsmarkt overstrained labour market* ● *(overwerkt) overwrought II* [ov ww] ● *(overdekken) span* ∗ *een rivier* ~ *span a river* ● *(te sterk spannen) overstrain* ∗ *zich* ~ *drive onself too far*
overspanning ● *(reikwijdte van brug) span* ● *(spanning) over-exertion* ● *(stress) nervous exhaustion*
overspel *adultery* ∗ ~ *plegen commit adultery*
overspélen ⟨sport⟩ *outplay, outclass* ∗ *zijn hand* ~ *overplay one's hand*
óverspelen ● *(opnieuw spelen) replay* ● *(sport) pass*
overspelig *adulterous*
overspoelen *flood, swamp, wash over* ∗ *met vragen overspoeld worden be flooded with questions*
overspringen *jump/leap over* ∗ *hij sprong op een nieuw onderwerp over he leapt on to a new subject*
overstaan ∗ *ten* ~ *van before; in the presence of*
overstag ∗ ~ *gaan tack;* ⟨fig.⟩ *change tack*
overstappen ● *(van vervoermiddel wisselen) change* ∗ *reizigers voor Utrecht hier* – *change here for Utrecht* ● *(overgaan op) change over* ∗ *op iets anders* ~ *move on to s.th. else*
overste ● *(rel.) prior* [v: *prioress*] ● *(mil.) lieutenant-colonel*
oversteek *crossing* ▾ *de grote* ~ *maken cross the Atlantic*
oversteekplaats *crossing* ∗ ~ *voor voetgangers pedestrian crossing*
oversteken I [ov ww] ● *(ruilen) exchange* ∗ *gelijk* ~ *make an equal exchange; hand over simultaneously II* [on ww] ● *(naar overkant gaan) cross* ∗ *naar Engeland* ~ *cross over to England*
overstelpen ● *(bedelven) shower, heap, swamp* ∗ *overstelpt met werk snowed under with work* ● *(overweldigen) overwhelm, overcome*
overstemmen ● *(meerderheid van stemmen halen) outvote* ● *(meer lawaai maken) drown out*
óverstemmen *vote again*
óverstromen ● *(overlopen) overflow* ● *(stromen over) flood, flow over* ∗ *(~ van) overflow (with), brim (with)*
overstroming *flood*
overstuur *upset* ∗ ~ *maken upset*
overtékenen *oversubscribe*

óvertekenen • (natekenen) *copy* • (opnieuw tekenen) *draw again*
overtocht *passage, crossing*
overtollig *superfluous*
overtreden *break, infringe,* ⟨form.⟩ *offend against*
overtreder *offender, trespasser*
overtreffen *exceed, surpass, outstrip* ★ *zichzelf ~ surpass o.s.* ★ *~de trap superlative* ★ *dat overtreft alles that beats everything* ★ *in aantal ~ outnumber*
overtrek *cover*
overtrékken • (bekleden) *cover* • (overdrijven) *exaggerate*
óvertrekken I [ov ww] • (overtekenen) *trace* ★ *met inkt ~ trace in ink* **II** [on ww] • (gaan over) *cross* • (voorbijtrekken) *pass (over), blow over* ★ *een ~de bui a passing storm*
overtroeven • (aftroeven) *overtrump* • (overtreffen) *outdo, outwit*
overtuigen *convince, satisfy* ★ *overtuigd christen confirmed christian* ★ *'n overtuigd voorstander van a firm believer in*
overtuigend *convincing* ★ *wettig en ~ bewijs legal proof*
overtuiging *conviction* ★ *in de ~ dat in the conviction that* ★ *naar mijn ~ ... it's my conviction that ...* ★ *uit ~ from conviction*
overtuigingskracht *persuasiveness, power of persuasion*
overuur *overtime, extra hour* ★ *overuren maken put in extra hours; put in overtime; work overtime*
overval *surprise attack,* ⟨persoon⟩ *assault,* ⟨v. politie⟩ *raid* ★ *een ~ plegen op een bank rob a bank*
overvalcommando *police assault squad*
overvallen • (aanvallen) ⟨beroven⟩ *hold up,* ⟨v. personen⟩ *assault,* ⟨v. vijand⟩ *surprise* • (verrassen) ⟨storm⟩ *overtake,* ⟨v. emoties⟩ *come over* ★ *iem. ~ met een vraag spring a question upon s.o.* ★ *door een storm ~ worden be caught in a storm*
overvalwagen *police van*
overvaren I [ov ww] • (overzetten) *ferry/take/put across* **II** [on ww] • (varen over iets) *cross (over), sail across*
oververhit *overheated,* ⟨nat.⟩ *superheated* ▼ *de gemoederen raakten ~ feelings ran high*
oververmoeid *overtired, run down*
oververtegenwoordigd *overrepresented*
overvleugelen *outstrip*
overvliegen *fly over*
overvloed *abundance, plenty, profusion* ★ *tijd in ~ plenty of time* ★ *in ~ voorkomen abound* ★ *misschien ten ~e ... (it is) perhaps unnecessary (to say) ...*
overvloedig *abundant, plentiful, copious*
overvloeien • (overstromen) *overflow* • (in elkaar overlopen) *flow over* • (~ **van**) *brim (with)*
overvoeren • (overladen) *glut, oversupply* • (te veel voeren) *overfeed*
overvol *crowded, overcrowded, crammed (with)*
overwaaien • (overtrekken) *blow over* ★ *de regenbui zal wel ~ the shower will blow over* • (voorbijgaan) *pass, blow over* ★ *zijn sombere bui zal wel ~ his gloomy mood will blow over; his gloomy mood will pass* • (van elders komen) ★ *hij kwam even ~ he dropped in*
overwaarderen *overvalue,* ⟨fig.⟩ *overvalue,* ⟨fig.⟩ *overrate*
overwég ★ *zij kan ermee ~ she knows how to handle it* ★ *ze kunnen goed met elkaar ~ they get along fine*

óverweg *level crossing*
overwégen • (de doorslag geven) *prevail* • (nadenken) *consider, weigh* ★ *alles overwogen all things considered* ★ *ik overweeg een huis te kopen I'm thinking of buying a house*
overwegend I [bnw] *paramount* ★ *van ~ belang is all-imporant* **II** [bijw] *predominantly, mainly*
overweging • (overdenking) *consideration* ★ *in ~ geven suggest* ★ *in ~ nemen take into consideration* ★ *'n punt van ~ uitmaken be a matter for consideration* • (beweegreden) *ground, reason* ★ *uit ~ van in consideration of; in view of*
overweldigen • (overmeesteren) ⟨land⟩ *conquer,* ⟨persoon⟩ *overpower* • (overstelpen) *overwhelm*
overweldigend ⟨meerderheid⟩ *overwhelming,* ⟨schouwspel⟩ *thrilling*
overwerk *overtime (work)*
overwérken *drive o.s. too hard, overwork o.s.*
óverwerken *work overtime*
overwerkt *overworked*
overwicht • (hoger gewicht) *overweight* • (meerdere macht) *preponderance* ★ *een natuurlijk ~ hebben op have a natural authority over* ★ *zedelijk ~ prestige;* ⟨form.⟩ *moral ascendancy*
overwinnaar *victor, conqueror*
overwinnen • (zege behalen) *gain the victory, conquer* • (te boven komen) *overcome*
overwinning *victory,* ⟨sport⟩ *win*
overwinningsroes *flush of victory*
overwinteren *winter, hibernate*
overwoekeren *overgrow, overrun*
overzees *overseas*
overzetten • (naar overkant brengen) *take across,* ⟨met veer⟩ *ferry (across)* • (vertalen) *translate*
overzicht • (samenvatting) *summary* • (het overzien) *survey*
overzichtelijk *well-organized, clear* ★ *~ gerangschikt conveniently arranged*
overzien ★ *met één blik overzien take in at a glance* ★ *niet te overzien incalculable* ★ *de gevolgen waren niet te overzien the consequences were incalculable* ★ *de toestand overzien take stock of the situation*
ovulatie *ovulation*
oxidatie *oxidation*
oxide *oxide*
oxideren *oxidize*
ozon *ozone*
ozonlaag *ozone layer*

O

P

p (the letter) P/p ▾ ik heb de p aan hem I can't stand him
pa pa, dad
paadje path
paaien I (ov ww) ● (voor zich winnen) win a person over, jolly a person along **II** (on ww) ● (paren) spawn
paal ● (lang voorwerp) post, (heipaal) pile, (telefoon) pole ● (stijve penis) hard on ▾ voor paal staan look a complete fool ▾ paal en perk stellen aan put a check on s.th. ▾ dat staat als een paal boven water that is indisputable
paalsteek bowline (knot)
paalwoning pile dwelling, (moderne architectuur) cube-shaped house on concrete pillars
paap (pej.) papist
paaps papist(ic), Roman Catholic
paar ● (koppel) couple, pair ▾ het jonge paar the young couple ★ een vrijend paartje two lovers ● (klein aantal) couple ★ een paar dagen/dingen, e.d. a couple of days/things, etc. ▾ niet ieder paar hoort bij elkaar every couple is not a pair
paard ● (dier) horse ★ te ~ on horseback ★ ~ rijden ride (a horse) ★ te ~ springen vault into the saddle ★ van 't ~ stijgen dismount ● (turntoestel) (vaulting) horse ● (schaakstuk) knight ▾ het ~ achter de wagen spannen put the cart before the horse. ▾ op het verkeerde ~ wedden back the wrong horse ▾ het beste ~ struikelt wel eens it's a good horse that never stumbles ▾ men moet een gegeven ~ niet in de bek zien do not look a gift horse in the mouth ▾ hij is over het ~ getild he is swollen-headed; they have made too much of him
*paardenbloem (Wdl: paardebloem) dandelion
paardenkracht horsepower
paardenmiddel drastic/desperate remedy
paardensport equestrian/hippic sport
paardensprong (schaken) knight's move, (turnen) vault
paardenstaart ponytail
paardenstal stable ▾ het lijkt hier wel een ~ this place looks like a pigsty
paardenvijg (ball of) horse-dung ★ ~en horse-droppings
paardjerijden ride on s.o.'s knee
paardrijden ride (horseback)
paardrijkunst horsemanship, equestrianism
paarlemoer mother-of-pearl
paarlemoeren mother-of-pearl
paars purple
paarsgewijs in pairs
paartijd mating season, (v. vogels) pairing time
paasbest Sunday best ★ op zijn ~ zijn be all dressed up
paasdag Easter Day
paasei Easter egg
paasfeest Easter, (joods) Passover
paashaas Easter bunny
paasmaandag Easter Monday
paasvakantie Easter holidays
paaszondag Easter Sunday
pabo Teacher training college (for primary education)
pacemaker pacemaker
pacht ● (huurovereenkomst) lease ★ in ~ geven let out on lease ★ in ~ hebben have on lease; rent ● (pachtgeld) rent ★ vrij van ~ free of rent ▾ hij denkt dat hij de wijsheid in ~ heeft he thinks he has a monopoly on wisdom
pachten rent ★ de visserij van een landgoed ~ (aan iem.) rent out the fishing on an estate; (v. iem.) rent the fishing on an estate
pachter leaseholder, lessee, (v. boerderij) tenant
pacificatie pacification
pacifisme pacifism
pacifist pacifist
pacifistisch pacifist
pact pact, treaty
pad I (de) toad **II** (het) path, (niet aangelegd) track, (v. tuin ook) walk ▾ vroeg op pad zijn be abroad early ▾ op het rechte pad blijven keep to the straight and narrow ▾ 't slechte pad opgaan fall into evil ways
paddestoel ● (zwam) fungus, (altijd giftig) toadstool, (eetbaar) mushroom ● (wegwijzer) road marker
paddestoelwolk mushroom cloud
padvinder (jongen) (boy) scout, (meisje) girl guide, (AE) girl scout
padvinderij (boy) scout movement
paella paella
paf ★ daar sta ik paf van I'm staggered
paffen ● (schieten) pop ● (roken) puff
pafferig puffy, (dik) flabby
pagaai paddle
page page
pagina page
paginagroot full-page
pagineren page
pagode pagoda
pais ▾ alles is weer pais en vree peace reigns again; the dust has settled
pak ● (pakket) package, (baal) bale, bundle, (klein) packet, parcel ★ pak sinaasappelsap carton of orange juice ● (vracht) ★ een pak sneeuw heavy snowfall ★ een pak slaag a thrashing ● (kostuum) suit ▾ hij kreeg een nat pak he got a wetting ▾ bij de pakken neerzitten throw in the towel ▾ er viel een pak van mijn hart a load was lifted off my mind ▾ niet bij de pakken neerzitten never say die
pakbon packing slip, packer's number
pakezel pack mule
pakhuis warehouse
pakijs pack (ice)
Pakistan Pakistan
pakje ● (doosje) parcel ● (pakket) packet
pakjesavond evening of December 5, on which gifts are exchanged within the family
pakkans chance/risk of being caught/arrested
pakken I (ov ww) ● (inpakken) pack, do up ★ zijn boeltje ~ pack up ● (betrappen) catch, seize ★ de verkeerde te ~ hebben have got hold of the wrong person; have the wrong sow by the ear ★ iem. ~ op het bezit van drugs get s.o. on possession of drugs ● (boeien) grip, hold ★ zij heeft het lelijk te ~ van hem she is head over heels in love with him ● (beetpakken) catch, (omhelzen) hug ★ hij pakte me bij de arm he grabbed my arm ★ (te voorschijn halen) get, fetch, take ★ even mijn pen ~ just let me get my pen ★ een schone handdoek uit de kast ~ get a clean towel from the cupboard ★ te ~ krijgen get hold of ▾ iem. te ~ nemen pull a person 's leg **II** (on ww) ● (houvast vinden) (v. rem) grip, (v. sleutel) bite, (v. sneeuw) ball, (v. verf) take
pakkend (melodie) catchy, (reclame) catching, (reclame, krantenkop) arresting, (titel) snappy,

⟨verhaal⟩ *thrilling*
pakkerd *hug, kiss, smack*
pakket *parcel, packet* ∗ een ~ maatregelen *package of measures*
pakketpost • (postafdeling) *parcel post office* • (pakket) *parcel post*
pakking *packing, gasket*
pakpapier *wrapping paper*
pakweg *roughly* ∗ ~ duizend gulden *about/around a thousand guilders*
pal I [de] *catch* **II** [bijw] • (onwrikbaar) *firmly* ∗ pal staan *stand firm* • (precies) *directly* ∗ pal voor de vakantie *immediately/right before the holidays* ∗ pal noord *due north*
paleis *palace*
paleisrevolutie *palace revolution*
paleografie *paleography*
paleontologie *palaeontology*
Palestijn *Palestinian*
Palestijns *Palestinian*
Palestina *Palestine*
palet *palette*
palimpsest *palimpsest*
palindroom *palindrome*
paling *eel* ∗ gestoofde ~ *eel stew*
palissade *palisade, stockade*
palissander *rosewood*
paljas *buffoon, clown*
pallet *pallet*
palm • (handpalm) *palm* • (boom) *palm* ▾ de palm wegdragen *carry off the palm*
palmboom *palm (tree)*
palmolie *palm oil*
Palmpasen *Palm Sunday*
palmzondag *Palm Sunday*
pamflet *pamphlet,* ⟨schotschrift⟩ *lampoon*
pampa *pampas*
pampus ▾ voor ~ liggen *be dead to the world; be out for the count;* ⟨dronken⟩ *be out cold*
pan • (kookpan) *pan* • (dakpan) *tile* • (duinpan) *hollow, dip* ▾ de pan uit rijzen *shoot up* ▾ onder de pannen zijn *be out of harm's way;* ⟨gehuisvest⟩ *have a roof over one's head*
pan- pan- ∗ pan-Amerikaans *pan-American*
panacee *panacea*
Panama *Panama*
pand • (gebouw) *property, building,* ⟨huis en erf⟩ *premises* • (onderpand) *pledge, security, forfeit* • (slip van jas) *panel,* ⟨v. rokkostuum⟩ *tail* • (onderdeel van kleding) *panel*
panda *panda*
pandbrief *mortgage bond*
pandemonium *uproar, pandemonium*
pandjeshuis *pawn shop*
pandjesjas *tailcoat*
pandverbeuren *game of forfeits*
paneel *panel*
paneermeel *breadcrumbs*
panel *panel*
paneren *coat with breadcrumbs*
panfluit *panpipes*
paniek *panic, scare* ∗ in ~ raken *panic* ∗ door ~ bevangen *panic-stricken*
paniekerig *panicky*
paniekvoetbal *panic measures, hasty action*
paniekzaaier *alarmist, scaremonger*
panisch *frantic, panic*
panklaar • (gereed voor de pan) *ready for cooking, oven-ready* • (direct toepasbaar) *ready-made* ∗ geen panklare oplossing hebben *have no instant solution*
panne *breakdown* ∗ ~ hebben *have engine trouble;*

have a breakdown
pannendak *tiled roof*
pannenkoek *pancake*
pannenlap *oven cloth*
pannenlikker *scraper*
pannenspons *scouring pad, wire wool,* ⟨merknaam⟩ *Brillo pad*
panorama *panorama*
pantalon *trousers,* ⟨AE⟩ *pants*
panter *panther*
pantheïsme *pantheism*
pantheon *pantheon*
pantoffel *slipper* ▾ op ~s *in slippers*
pantoffeldiertje (bio.) *paramecium*
pantoffelheld • (man onder de plak) *henpecked husband* • (lafaard) *coward*
pantomime *dumb show, mime*
pantser • (stalen bescherming) *armour-plating,* ⟨voor borst en rug⟩ *cuirass* • (huidlaag) *armour,* ⟨v. schaaldier⟩ *shell*
pantseren *armour, steel* ▾ zich ~ tegen *guard against*
pantserglas *bullet-proof glass*
pantsertroepen *armoured (troops) division*
pantservoertuig *armoured car/vehicle*
pantserwagen *armoured car*
panty *tights, panty hose*
pap • (voedsel) *porridge* • (mengsel) ⟨geneesmiddel⟩ *poultice,* ⟨v. sneeuw⟩ *slush*
papa *dad(dy)*
papaja *papaya*
papaver *poppy*
papegaai *parrot*
paperassen *papers*
paperback *paperback*
paperclip *paperclip*
papeterie • (waren) (gift) *stationery* • (winkel) *stationers, card shop*
Papiamento *Papiamento*
papier • (schrijfpapier) *paper* ∗ op ~ zetten *put on paper* • (document) *paper* [meestal mv] ∗ ~en *papers* ∗ goede ~en hebben *have good testimonials* ∗ (geldswaardig stuk) *paper,* (effecten) *stock(s)* ∗ zijn ~en stijgen *his stock is rising* ▾ 't loopt in de ~en *it runs into a lot of money*
papieren • (van papier) *paper* ∗ ~ servetten *paper napkins* • (in theorie) *paper* ∗ ~ maatregelen *paper measures*
papiergeld *paper money, banknotes*
papier-maché *papier-mâché*
papierwinkel • (winkel) *stationer's (shop)* • (veel paperassen) *a pile of paperwork*
papillot *curl(ing) paper* ∗ ~ten zetten *put one's hair in curling papers*
papkind *spoilt child*
Papoea *Papua New Guinean, Papuan*
Papoeaas *Papuan, Papua New Guinean*
Papoea-Nieuw-Guinea *Papua New Guinea*
pappa *papa, dad(dy)*
pappen (med.) *poultice,* ⟨v. stoffen⟩ *dress* ▾ ~ en nat houden *stick it out*
pappenheimer ▾ ik ken mijn ~s *I know who I'm dealing with*
paprika • (vrucht) *pepper, paprika* • (plant) *paprika*
papyrus *papyrus*
papzak *fatty*
para • (munteenheid in voormalig Joegoslavië, Turkije) *para* • (militaire parachutist) *paratrooper*
paraaf *initials*

P

paraat ready, prepared ★ parate troepen *troops on stand-by; troops at the ready* ★ (jur.) parate kennis *ready knowledge*
parabel *parable*
parabool *parabola*
parachute *parachute*
parachuteren ● (aan parachute neerlaten) *parachute* ● (buitenstaander aanstellen) *appoint unexpectedly*
parachutespringen (make a) *parachute jump*
parachutist *parachutist*, (mil.) *paratrooper*
parade *review, parade* ★ ~ houden *hold a parade* ★ ~ afnemen *take the salute* ▼ alleen om ~ te maken *only for (the) show*
paradepaard ● (paard) *parade horse* ● (pronkstuk) *showpiece*
paradepaardje *showpiece*
paraderen ● (parade houden) *parade* ● (pronken) *show off, make a show of*
paradigma *paradigm*
paradijs *paradise*
paradijsvogel *bird of paradise*
paradox *paradox*
paradoxaal *paradoxical*
paraferen *initial*
parafernalia *paraphernalia*
paraffine *paraffin*
parafrase *paraphrase*
parafraseren *paraphrase*
paragnost *psychic, medium*
paragraaf ● (deel van een tekst) *section* ● (paragraafteken) *paragraph*
Paraguay *Paraguay*
parallel I [de] *parallel* II [bnw] *parallel* ★ ~ lopen (aan) *run parallel (to/with)*
parallellie *parallelism*
parallellogram *parallelogram*
parallelweg *parallel road*
paramedisch *paramedical* ★ ~e beroepen *paramedical professions*
paramilitair *paramilitary*
paranoia *paranoia*
paranoïde *paranoid*
paranoot *Brazil nut*
paranormaal *paranormal, supernatural*
paraplu *umbrella*
paraplubak *umbrella stand*
parapsychologie *parapsychology*
parasiet ● (klaploper) *sponger* ● (bio.) *parasite*
parasiteren *parasitize* ▼ op iem. ~ *sponge on/off a person*
parasol *parasol, sunshade*
paratroepen *paratroops*
paratyfus *paratyphoid (fever)*
parcours *course, circuit*
pardoes *bang, slap, smack*
pardon I [het] *pardon* ★ zonder ~ *ruthlessly; without mercy* ★ geen ~ geven *give no quarter* II [tw] ★ ~! (I beg your) *pardon!; pardon me!*
parel ● (sieraad) *pearl* ● (kostbaar iets, iem.) *jewel* ▼ ~s voor de zwijnen werpen *cast pearls before swine*
parelen *pearl, bead* ★ het zweet parelde mij op het voorhoofd *beads of perspiration stood on my brow; my brow was beaded with sweat*
parelhoen *guinea fowl* [v: *guinea hen*]
pareloester *pearl oyster*
parelsnoer *pearl necklace, string of pearls*
paren I [ov ww] ● (koppelen) *couple (with), combine (with)* ● gepaard gaan met *go hand in hand with* II [on ww] ● (copuleren) *mate with, copulate*

pareren *parry, ward off*
parfum *perfume*, (geur) *scent*
parfumeren *scent, perfume*
parfumerie *perfumery*
pari I [het] *par* ★ beneden pari *below par; at a discount* ★ tegen pari uitgeven *issue at face value* ★ boven pari *above par; at a premium* II [bijw] *par* ★ à pari *at par*
paria *pariah*
Parijs *Paris*
paring *mating, copulation*
pariteit *parity*
park *park* ★ nationaal park *national park*
parka *anorak*, (AE) *parka*
parkeerautomaat *ticket machine in a car park*
parkeerbaan *parking orbit*
parkeerbon *parking ticket*
parkeergarage *multistorey/underground car park*
parkeergelegenheid *parking facilities, parking space*
parkeerhaven *lay-by*
parkeerlicht *parking light*
parkeermeter *parking meter*
parkeerplaats ● (parkeerterrein) *car park*, (AE) *parking lot* ● (parkeervak) *parking place*, (langs weg) *lay-by*
parkeerpolitie *traffic warden(s)*
parkeerruimte *parking space*
parkeerschijf *parking disc*
parkeerstrook *parking lane*
parkeertegel (bicycle) *parking tile*
parkeerterrein *car park*, (AE) *parking lot*
parkeerwachter *car-park attendant*
parkeerzone (controlled) *parking zone*
parkeren *park* ★ verboden te ~ *no parking*
parket ● (houten vloer) *parquet floor* ● (rang in theater) *parquet* ● (Openbaar Ministerie) *office of the Public Prosecutor* ▼ in een lastig ~ zitten *be in an awkward predicament*
parketvloer *parquet floor*
parketwacht *court police officer*
parkiet *parakeet, budgerigar*
parlement *parliament*
parlementair ● (beleefd) *parliamentary, civil* ● (m.b.t. parlement) *parliamentary*
parlementariër *parliamentarian, member of parliament, MP*
parlementslid *Member of Parliament, MP*
parmantig *jaunty*
parochiaal *parochial*
parochiaan *parishioner*
parochie *parish* ▼ voor eigen ~ preken *preach to the converted*
parodie *parody* ★ een ~ op a *parody on/of*
parodiëren *parody*
parool ● (wachtwoord) *password* ● (leus) *slogan*
part I [de] ★ je geheugen speelt je parten *your memory is playing tricks on you* II [het] *part, share* ▼ voor mijn part *for all I care* ▼ part noch deel hebben aan *have nothing to do with*
parterre ● (begane grond) *ground floor*, (AE) *first floor* ● (rang in schouwburg) *pit*
participatie *participation*
participeren *participate*
particulier I [de] *private person* II [bnw] *personal*, (v. secretaresse, school, e.d.) *private* ★ in ~ bezit *privately owned*
partieel *partial*
partij ● (groep) *party* ★ politieke ~ *political party* ● (contractant) *(contracting) party* ● (procesvoerder) (aangeklaagde) *defendant*, (eisende) *plaintiff* ● (spel) *game* ● (feest) *party*

● (hoeveelheid) set, bunch, ‹een zending›
shipment, ‹v. goederen› lot, parcel ★ bij ~en
verkopen sell in lots ● (huwelijkspartner) match
★ een goede ~ doen make a good/desirable match
● (voordeel) ★ ~ trekken van take advantage of
● (handeling, gebeurtenis) ★ een ~tje vechten a
bout of fighting ● (deelhebber) party ★ boven de
~en staan be above party ★ beide ~en te vriend
houden run with the hare and hunt with the
hounds ★ ~ kiezen take sides ▼ (muz.) part ★ zijn
~ spelen play one's part; (fig.) pull one's weight
▼ van de ~ zijn be a member of the party; be in on
it ▼ de wijste ~ kiezen take the wisest course
▼ zijn ~ vinden find one's match ▼ goed ~ geven
play well

partijbonze party boss
partijdig partial, bias(s)ed
partijganger party follower, party stalwart
partijgenoot party-member
partijkader party officials
partijleider party leader
partijpolitiek party politics ★ de officiële ~ the
party line
partijraad party council
partijtop party leaders/leadership
partituur score
partizaan partisan
partner partner
partnerruil swapping partners, wife-swapping
parttime part-time
parttimebaan part-time job
parvenu upstart, parvenu
pas I [de] ● (stap) step, pace ★ in de pas lopen/
marcheren walk/march in step ★ gewone pas!
quick march! ● (bergpas) pass
● (legitimatiebewijs) pass, ‹paspoort› passport
▼ de pas erin houden keep up a steady pace ▼ de
pas erin zetten step out briskly ▼ pas op de plaats
maken mark time **II** [het] ▼ dat geeft geen pas
that won't do ▼ je komt juist van pas you are the
very man I want ▼ vandaag komt het niet erg
van pas today it will not be very convenient ▼ deze
opmerking was zeer van pas this remark was very
apt ▼ te pas en te onpas in (season) and out of
season ▼ dat komt goed te pas that comes in very
useful ▼ het kwam zo in het gesprek te pas it
cropped up in the course of the conversation ▼ er
komt meer bij te pas there's more to it **III** [bnw]
● (passend) fit ● (waterpas) level **IV** [bijw] ● (nog
maar net) ★ pas was hij thuis of hardly/scarcely
was he home when ● (niet meer/eerder/verder
dan) ★ pas twee jaar oud only two years old
★ pas toen hij wegging not until he left ● (in
hogere mate) ★ dat is pas lekker that's really
delicious!

pascontrole passport control
Pasen Easter, ‹joods› Passover
pasfoto passport photo
pasgeboren newborn
pasgetrouwd just married ★ ~ stel newly weds
pasje ● (legitimatiebewijs) pass, identity/I.D. card
● (stapje) step
paskamer fitting room
pasklaar made to measure ★ iets ~ maken voor
adapt s.th. to ★ een pasklare oplossing a cut and
dried solution
pasmunt change
paspoort passport, ‹mil.› pass
paspop tailor's dummy
pass pass
passaat trade wind
passage ● (deel van tekst) passage ● (overtocht)

passage ★ ~ bespreken book a passage
● (doorgang) passage, ‹in de bergen› pass, ‹in
winkelgalerij› arcade ● ‹winkelgalerij› mall
passagier passenger, ‹in taxi› fare
passagieren go on/take shore leave
passagiersschip passenger liner/ship
passagiersvliegtuig passenger plane
passant passer-by
passé outmoded, passé
passen I [ov ww] ● (afpassen) fit ★ ik kan 't niet ~
I don't have the exact sum ● (juiste maat
proberen) try on, fit ▼ (juist plaatsen) ★ aan/in
elkaar ~ fit together/in **II** [on ww] ● (beurt
overslaan) pass ★ ik pas pass ● (op maat zijn) fit
★ dat past precies it fits like a glove ★ op een slot
~ fit a lock ● (fatsoenlijk zijn) become ★ het past
niet om it isn't proper to ● (gelegen komen) suit
● (~ op) mind, look after ★ pas op het opstapje
mind the steps ★ op de baby ~ take care of the
baby ● (~ bij) fit, match, suit, become ★ dat past
er niet bij that does not match ★ goed bij elkaar
~ (v. persoon) be suited to each other ▼ ik pas er
voor om... I refuse to...
passend ● (gepast) proper, appropriate ● (erbij
passend) fit, suitable ★ 'n erbij ~e das a tie to
match ★ ~e uitdrukking appropiate term ★ ~e
arbeid suitable work
passe-partout ● (lijst) passe-partout
● (toegangskaart) pass
passer compass, ‹pair of› compasses
passerdoos box of compasses
passeren I [ov ww] ● (voorbijgaan) pass (by),
‹inhalen› overtake ★ mag ik even ~ would you
excuse me, please ● (door-/overtrekken) pass
through, cross ★ hij is de 40 gepasseerd he is on
the wrong side of 40 ● (bekrachtigen) execute
★ een akte ~ execute a deed ● (overslaan) pass
over ● (doorbrengen) pass ★ de tijd ~ pass/kill
the time **II** [on ww] ● (gebeuren) pass
passie ● (hartstocht) passion ● (het lijden van
Christus) Passion
passiebloem passion-flower
passief ● (niet actief) passive ● (hand.) adverse
● (taalk.) passive
passievrucht passion fruit
passiviteit passivity
passpiegel full-length mirror
pasta ● (mengsel) paste ● (deegwaar) pasta
pastei pie
pastel pastel
pasteltint pastel colour
pasteuriseren pasteurize
pastiche pastiche
pastille pastille
pastoor priest ★ meneer ~ Father
pastor pastor
pastoraal pastoral ★ ~ werk pastoral work
pastoraat ● (pastoorschap) priesthood
● (zielzorg) pastoral care
pastorale pastoral ‹piece/song/poem/play›,
pastorale
pastorie ‹Schots› manse, ‹protestants› vicarage,
parsonage, ‹rooms-katholiek› presbytery
pasvorm fit
pat I [de] tab **II** [bnw] stalemate ★ pat zetten
stalemate
patat chips
patatje ‹portion of› chips, ‹portion of› French fries
patatkraam chip shop, ≈ fish and chips stand
patchwork patchwork
paté pâté
patent I [het] ‹voor bedrijf› licence, ‹voor

P

uitvinding) (letters) patent ∗ ~ aanvragen apply for a patent ▼ daar heeft hij het ~ op that's his trademark II [bnw] excellent, first-rate ∗ er ~ uitzien look very fit; look great
patenteren patent
pater father
paternalisme paternalism
paternalistisch paternalistic
paternoster I [de] rosary II [het] paternoster, Lord's Prayer
paternosterlift paternoster
pathetisch pathetic
pathologie pathology
pathologisch pathological
patholoog-anatoom pathologist
pathos pathos
patience patience
patiënt patient
patio patio
patiowoning dwelling with a patio
patisserie pastry/cake shop, patisserie
patjepeeër boor
patriarch patriarch
patriarchaal patriarchal
patriarchaat (rechtstoestand) patriarchy, (waardigheid, gebied) patriarchate
patriciër patrician
patrijs partridge
patrijspoort porthole
patriot patriot
patriottisch patriotic
patriottisme patriotism
patronaat patronage
patroon I [de] • (beschermheer) patron • (beschermheilige) patron saint • (baas) employer, master • (huls met lading) cartridge ∗ losse ~ blank cartridge ∗ scherpe ~ live cartridge II [het] • (model) pattern • (dessin) pattern, design
patroonheilige patron saint
patrouille patrol
patrouilleren patrol
pats wham
patser bounder
patstelling • (stelling in schaakspel) stalemate • (impasse) stalemate, deadlock
pauk kettledrum ∗ de pauk(en) slaan play the kettledrum(s)
paukenist kettledrummer
pauper pauper
paus pope ▼ hij is roomser dan de paus he has a holier-than-thou attitude
pauselijk papal, pontifical
pauw peacock [v: peahen]
pauze pause, (in schouwburg, e.d.) interval, (AE) intermission, (in wedstrijd) half-time, (op school) break
pauzefilm intermission (film)
pauzeren pause, stop, have a break
paviljoen • (bijgebouw) outbuilding • (buitenverblijf) pavilion
PCB PCB
pech • (tegenspoed) bad luck • (panne) trouble, breakdown
pechlamp breakdown lamp
pechvogel unlucky person
pedaal pedal
pedaalemmer pedal bin
pedagogisch pedagogic(al), (opvoedend) educational ∗ ~e academie teacher(s') training college
pedagoog (onderwijzer) pedagogue,

(opvoedkundige) educationalist
pedant • (wijsneuzig) pedantic • (verwaand) priggish, conceited
pedanterie pedantry
peddel paddle
peddelen • (roeien) paddle • (fietsen) pedal
pedel registrar, beadle
pediatrie paediatrics
pedicure • (verzorging) pedicure • (persoon) chiropodist
pedofiel paedophile
pedologie • (bodemkunde) pedology • (kinderpsychiatrie) paedology
pedometer pedometer
pee ∗ de pee in hebben be in a huff ∗ de pee hebben aan hate
peen carrot ∗ witte peen parsnip
peepshow peep show
peer • (vrucht) pear • (lamp) bulb • (boom) pear (tree) • (vent) guy, bloke ▼ met de gebakken peren zitten be left holding the baby
pees tendon, sinew
peeskamertje [†] bedroom in a brothel
peetoom godfather
peettante godmother
peetvader • (peter) godfather • (geestelijke vader) spiritual father
pegel • (ijskegel) icicle • (gulden) guilder
peignoir peignoir, dressing gown
peil level, mark, (fig.) level, standard, (v. water) watermark ∗ beneden peil not up to the mark; (v. water) below the usual level ∗ op peil up to the mark ▼ op hoger peil brengen raise to a higher level ▼ daar kan men geen peil op trekken that is quite unpredictable
peildatum set date/day, reference date
peilen • (bepalen) (v. diepte) sound, fathom, (v. gehalte, inhoud) gauge, (v. positie) take (one's) bearings • (doorgronden) (v. gedachten) fathom, probe, sound out, (v. kennis) test, gauge
peilglas gauge, gauge-glass
peiling (ter oriëntatie) bearing, (v. gehalte) gauging, (v. hoogte, diepte) sounding ∗ ~en doen (v. hoogte, diepte) take soundings; (ter oriëntatie) take bearings ▼ ik heb je in de ~ I've got you taped
peillood plumb line
peilloos unfathomable
peilstok dipstick, (voor water) sounding rod, (voor wijn) gauging-rod
peinzen ponder, meditate, muse (on), (somber peinzen) brood ▼ ik peins er niet over no way
pek pitch
pekel • (oplossing) brine, pickle • (strooizout) salt
pekelen • (in pekel inleggen) pickle • (bestrooien) salt
pekelvlees salt(ed) meat
Peking Beijing, Peking
pekingeend Peking duck
pelgrim pilgrim
pelgrimage pilgrimage
pelikaan pelican
pellen peel, (v. noten) shell, (v. rijst) husk
peloton • (mil.) platoon • (sport) pack
pels • (bont) fur • (vacht) pelt
pelsdier furred animal
pelsjager trapper
peluw bolster
pen • (vogelveer) feather, (slagpen) pinion • (schrijfpen) pen, (ganzenpen) quill ∗ in de pen klimmen put pen to paper ∗ de pen opnemen take pen in hand ∗ de pen vlot hanteren have a

facile pen • (lang, puntig voorwerp) pin,
⟨breiⁿen⟩ knitting needle ▼ iem. de pen op de
neus zetten *take s.o. to task* ▼ 't zit in de pen it is
on the stocks; it's at/in the planning stage ▼ heel
wat pennen in beweging brengen *arouse a good
deal of controversy* ▼ een werk in de pen hebben
have a work in hand

penalty *penalty (kick/shot)*
penaltystip *penalty spot*
penarie ▼ in de ~ zitten *be in the soup/a mess*
pendant *pendant, counterpart, opposite number*
pendel • ⟨hanglamp⟩ *hanging lamp* • (het
pendelen) *commuting, shuttling*
pendelaar *commuter*
pendelbus *shuttle bus (service)*
pendeldienst *shuttle service*
pendelen *commute*
pendule *clock,* ⟨form.⟩ *timepiece*
penetrant *penetrating*
penetratie *penetration*
penetreren *penetrate*
penibel *awkward*
penicilline *penicillin*
penis *penis*
penisnijd *penis envy*
penitentie *penance*
pennen *pen, scribble, jot down*
pennenlikker *penpusher, inkslinger*
pennenmes *penknife*
pennenstreek *penstroke, stroke of the pen*
pennenstrijd *controversy*
pennenvrucht *product of one's pen*
penning • ⟨geld⟩ *penny* • ⟨muntstuk⟩ *penny*
• ⟨medaille⟩ *medal,* ⟨v. koffieautomaat, e.d.⟩
token, ⟨v. politieagent⟩ *badge* ▼ hij is erg op de ~
he is very tight-fisted ▼ 's lands ~en *the public
funds*
penningmeester *treasurer*
penoze *underworld, world of crime*
pens • ⟨voormaag⟩ *paunch,* ⟨voor consumptie⟩
tripe • ⟨buik⟩ *paunch*
penseel *brush*
pensioen *retirement pay, pension* ★ met ~ gaan
retire (on pension) ★ recht op ~ *pension rights;
pension entitlement* ★ met vervroegd ~ gaan *take
an early retirement* ★ een ambtenaar met ~ *a
retired civil servant*
pensioenbreuk *break in pension contributions*
pensioenfonds *pension fund*
pensioengerechtigd *pensionable* ★ ~e leeftijd
pensionable/superannuation age
pension • ⟨kostgeld⟩ *board* • ⟨kost en inwoning⟩
bed and board ★ in ~ zijn *be at board with*
• ⟨kosthuis⟩ *boarding house,* ⟨voor dieren⟩ *kennel*
pensionaat *boarding school*
pensioneren *pension off, place on the retired list*
pensionering *retirement*
pensionhouder *landlord*
penvriend *pen-friend,* ⟨inf.⟩ *pen-pal*
pep • ⟨fut⟩ *pep, energy* • ⟨pepmiddel⟩ *pep pill,*
⟨med.⟩ *amphetamine*
peper *pepper*
peperbus *pepper pot*
peperduur *very expensive*
peperen *pepper*
peper-en-zoutstel *salt cellar and pepper pot,
cruet stand, salt and pepper pots*
peperkoek ≈ *gingerbread*
peperkorrel *peppercorn*
pepermolen *pepper-mill*
pepermunt *peppermint*
pepernoot ≈ *gingernut*

pepmiddel *pep pill*
peptalk *pep talk*
per • ⟨vanaf⟩ *from* ★ per 1 augustus *from August
1st onwards* ★ ⟨door middel van/met⟩ *by* ★ per
fiets/boot/trein/vliegtuig *by bike/boat/train/
plane* • ⟨in/voor⟩ *per, by* ★ per stuk *by the piece;
singly* ★ per vierkante meter *per square metre*
★ honderd km per uur *one hundred kilometres an
hour* ★ vijf gulden per persoon *five guilders each/
a head* ★ per dag *per day*
perceel • ⟨stuk land⟩ *parcel, plot,* ⟨kaveling⟩ *lot*
• ⟨pand⟩ *property*
percent *per cent* ★ tegen twee ~ uitstaan *be put
out at two per cent*
percentage *percentage*
percentsgewijs *percentagewise, in terms of
percentage*
perceptie *perception*
percolator *percolator*
percussie *percussion*
perenboom *pear tree*
perfect *perfect*
perfectie *perfection* ★ in de ~ *perfectly; to
perfection*
perfectioneren *perfect, bring to perfection*
perfectionist *perfectionist, stickler for perfection*
perfide *perfidious, treacherous*
perforatie *perforation*
perforator *perforator, punch*
perforeren *perforate*
pergola *pergola*
perifeer *peripheral* ★ het perifere zenuwstelsel
the peripheral nervous system
periferie *periphery, perimeter* ★ aan de ~ van de
stad *on the periphery/outskirts of town*
perikelen ⟨gevaren⟩ *perils* • ⟨avonturen⟩
adventures [mv]
periode *period*
periodiek I [bnw] *periodical* ★ ~e onthouding
rhythm method ★ ~e overschrijving *payment by
standing order* ★ ~e verhogingen *increments*
II [de/het] • ⟨salarisverhoging⟩ *increment*
• ⟨tijdschrift⟩ *periodical*
periodiseren *divide into periods/phases/stages*
periscoop *periscope*
peristaltisch *peristaltic* ★ ~e beweging *peristalsis*
perk • ⟨vlak in een tuin⟩ *bed, flowerbed*
• ⟨begrenzing⟩ *bound, limit* ★ binnen de perken
der wet blijven *keep within the law*
perkament *parchment,* ⟨v. boeken⟩ *vellum*
permafrost *permafrost*
permanent I [het] *permanent (wave)* ★ een ~
laten zetten *have one's hair permed* **II** [bnw]
permanent
permanenten *give a permanent wave,* ⟨inf.⟩ *perm*
permissie *permission, leave* ★ met ~ *by your leave*
permitteren *allow, permit* ★ zich de vrijheid ~
om *take the liberty to* ★ ik kan me die weelde
niet ~ *I can't afford that luxury*
perpetuum mobile ⟨muz.⟩ *perpetuum mobile,*
⟨machine⟩ *perpetual motion*
perplex *perplexed, baffled* ★ iem. ~ doen staan
perplex a person
perron *platform*
pers • ⟨drukpers⟩ ⟨printing⟩ *press* ★ ter perse gaan
go to press • ⟨nieuwsbladen en journalisten⟩
press ★ een goede pers hebben *have a good press*
★ iem. van de pers *newspaper man* ★ ⟨toestel om
te persen⟩ *press* • ⟨tapijt⟩ *Persian carpet/rug*
persagentschap *press/news agency*
persbericht • ⟨bericht aan de pers⟩ *press release*
• ⟨bericht in de pers⟩ *press/newspaper report*

P

persbureau news agency
perschef press officer
persconferentie press conference
per se at any price, definitely ★ hij wilde er ~ heen he wanted to go there by hook or by crook ★ dit hoeft niet ~ waar te zijn this is not necessarily true
persen I [ov ww] ● (iets krachtig drukken) ⟨hooi, spaanders⟩ compress, ⟨staal, papier,⟩ press ● (gladstrijken) press ● (uitpersen) ⟨citrusvruchten⟩ squeeze, ⟨olijf, druif⟩ press ★ zich ergens doorheen ~ squeeze o.s. through s.th. **II** [on ww] ● (drukken) push
persfotograaf press photographer
persiflage persiflage
perskaart press pass
persklaar ready to go to press, ready for the press
persmuskiet press hound
personage ● (persoon) person ● (rol, figuur) personage, character
personalia personal particulars/details, ⟨opschrift v. rubriek in krant⟩ personalia
personeel I [het] personnel, staff, ⟨werknemers⟩ employees ★ te weinig/te veel ~ hebben be understaffed/overstaffed **II** [bnw] personal ★ personele belasting property tax; ⟨BE⟩ local rate ★ personele unie personal union
personeelsadvertentie recruitment ad(vertisement)
personeelslid member of staff
personeelsstop freeze on personnel/staff recruitment
personeelszaken ● (aangelegenheden) staff matters ● (afdeling) personnel department
personenauto passenger car
personenlift passenger lift
personenregister register of births, marriages and deaths
personentrein passenger train
personificatie personification
personifiëren personify
persoon ● (individu) person ★ per ~ a head; each ★ in (eigen) ~ in person; personally ★ de gierigheid in ~ avarice personified ● (taalk.) person ★ derde ~ enkelvoud third person singular
persoonlijk I [bnw] ● (van/voor een persoon) personal, private ★ strikt ~ (strictly) private ● (met eigen karakter) personal, individual ★ 't ~e in haar beschrijvingen the personal/human touch in her descriptions ● (in eigen persoon) personal ● (taalk.) personal ★ ~ voornaamwoord personal pronoun **II** [bijw] personally ★ iem. ~ kennen know s.o. personally
persoonlijkheid ● (aard) personality, character ● (persoon) personality
persoonsbewijs identity card, ID
persoonsgebonden personal, individual
persoonsregister register of births, marriages, and deaths
perspectief I [de] perspective ★ in ~ tekenen draw in perspective **II** [het] ● (gezichtspunt) perspective, point of view ● (vooruitzicht) perspective, prospect ● (context) perspective, context ★ dingen in het juiste ~ zien look at things in their proper perspective/context
perspectivisch perspective
perspex (made of) perspex, ⟨AE⟩ (made of) plexiglass
persvrijheid freedom of the press
perswetenschap journalism
pertinent ● (beslist) positive, definite ★ dat is ~ gelogen that's a definite/downright lie ★ ik weet het ~ zeker I am positive ● (ter zake dienend) pertinent, relevant

Peru Peru
pervers perverse
perversie perversion, degeneration
perzik ● (vrucht) peach ● (boom) peach (tree)
perzikhuid soft/peachy/creamy skin
pessarium pessary, diaphragm
pessimisme pessimism
pessimist pessimist
pessimistisch pessimistic
pest ● (iets schadelijks) pest, blight ● (ziekte) plague ▼ hij is in een pesthumeur he is in a foul mood ▼ ik heb er de pest aan I hate it like poison ▼ dat is de pest voor ... it plays hell with ...; it plays the devil with ...
pestbui rotten mood/temper
pesten plague, badger, pester ★ een leraar ~ rag a teacher
pesterij pestering, harassment ★ gemene ~tjes sly digs
pesthumeur lousy/bad mood
pesticide pesticide
pestkop bully, tormentor
pet I [de] (peaked) cap ▼ dat gaat boven mijn pet(je) that is beyond me ▼ gooi het maar in mijn pet search me ▼ met de pet rond gaan pass the hat round **II** [bnw] lousy ★ dat is pet that's awful
petekind godchild
peter godfather
peterselie parsley
petieterig tiny ★ een ~ kamertje a poky room
petitie petition
petrochemie petrochemistry
petrochemisch petrochemical
petroleum ⟨gezuiverd⟩ paraffin, ⟨AE⟩ kerosene, ⟨ruw⟩ petroleum
pets cuff, whack
petticoat petticoat
petto ★ iets in ~ houden have/keep s.th. in reserve
petunia petunia
peuk ● (stompje sigaret) butt, stub ● (sigaret) fag
peul ● (peulvrucht) legume ● (peulenschil) pod
peulenschil ● (kleinigheid) trifle ★ dat is een ~ voor me that is a mere trifle for me ● (schil van een peul) pea pod
peulvrucht ● (erwt, boon) dried peas and beans ● (plant) leguminous plant ● (vrucht) legume
peut ● (petroleum) oil, paraffin ● (terpentine) turps ● (klap) dig
peuter toddler
peuteren ● (pulken) pick ★ in je neus/tanden ~ pick one's nose/teeth ● (friemelen) fumble, fiddle, tamper (with)
peuterig ● (prutserig) slapdash ● (klein) tiny, diminutive ● (pietepeuterig) finicky
peuterleidster nursery school/kindergarten teacher
peuterspeelzaal ≈ playgroup
peuzelen munch, nibble
pezen ● (hard rijden) speed, put one's foot down ● (tippelen) hustle, ⟨AE⟩ turn a trick ● (hard werken) slog (away at) ● (neuken) screw, fuck
pezig ● (taai) wiry, tough ● (met krachtige pezen) sinewy
pH pH
pi pi
pianist pianist, piano player
piano piano
pianoconcert ● (muziekstuk) piano concerto ● (uitvoering) piano recital
pianola pianola
pianoles piano lesson

pianostemmer *piano tuner*
pias *clown, buffoon, fool,* ‹trekpop› *jumping jack* ∗ de pias uithangen *clown about*
piccolo ● ‹hotelbediende› *bellboy,* ‹AE› *bellhop* ● ‹kleine fluit› *piccolo*
picknick *picnic*
picknicken ‹go for a› *picnic*
picknickmand *picnic basket*
pick-up ● ‹platenspeler› *record player* ● ‹bestelauto› *pickup* ‹truck›
picture ∗ in de ~ komen *come to the fore*
pied-à-terre *pied-à-terre*
piëdestal *pedestal*
pief *type, sort* ∗ een hoge pief *a nob; a big cheese*
piek ● ‹wapen› *pike* ● ‹bergtop› *peak, summit* ● ‹gulden› *guilder* ● ‹hoogtepunt› *summit, peak, zenith* ● ‹haarlok› *wisp*
piekeraar *puzzle-head, worrier*
piekeren *puzzle over, brood, worry, fret* ∗ zich suf ~ *puzzle one's head off*
piekfijn ● ‹erg goed› *A-1, first class* ∗ ~ in orde in *tip-top order/shape* ● ‹keurig› ‹v. uiterlijk› *spruce, natty*
piekhaar *spiky hair*
piekuur *peak hour,* ‹vnl. v. drukte› *rush hour*
pielen *fiddle, play about*
piemel *willie, peter,* ‹AE› *pecker*
pienter *bright, clever, smart*
piepen ● ‹klagen› *whine* ● ‹geluid maken› ‹v. adem› *wheeze,* ‹v. muizen› *squeak,* ‹v. scharnier› *creak* ▼ dan piept hij wel anders *he'll change his tune*
pieper ● ‹apparaatje› *bleeper* ● ‹aardappel› *spud*
piepjong *extremely young*
piepklein *teeny, tiny* ∗ een ~ huisje, kamertje, tuintje, e.d. *a tiny house, room, garden, etc.*
piepkuiken *spring chicken*
piepschuim *polystyrene foam*
piepzak ∗ in de ~ zitten *be in a blue funk*
pier ● ‹loopbrug› *pier* ● ‹worm› *earthworm* ● ‹wandelpan› *pier,* ‹golfbreker› *jetty* ▼ zo dood als een pier *as dead as a doornail* ▼ ik ben altijd de kwaaie pier *I always get the blame*
pierement *barrel organ*
∗pierenbad ‹Wdl: pierebad› *paddling pool*
pierewaaien *be on a spree*
pies *pee, piss*
piesen *pee, piss*
piet ● ‹vent› *chap* ∗ een saaie piet *a dry old stick* ● ‹belangrijk persoon› ∗ een hele piet *quite a guy* ● ‹speelkaart› ∗ de zwarte piet *the jack of spades* ● ‹kanarie› *canary* ▼ iem. de zwarte piet toespelen *leave s.o. to hold the baby*
Piet ▼ een saaie Piet *a dull dog; a terrible bore* ▼ voor Piet Snot staan *look silly; look like a fool*
piëteit *piety*
pietepeuterig ● ‹klein› *minute, diminutive* ● ‹pietluttig› *finicky, punctilious*
piëtisme *pietism*
pietlut *niggler*
pietluttig *niggling, petty*
pigment *pigment*
pigmentatie *pigmentation*
pigmentvlek *mole,* ‹moedervlek› *birthmark,* ‹sproet› *freckle*
pij ‹monk's› *habit*
pijl *arrow,* ‹klein› *dart* ∗ pijl en boog *bow and arrow(s)* ▼ als een pijl uit de boog *like a rocket/shot*
pijler *pillar, column,* ‹v. brug› *pier*
pijlkruid *arrowhead*
pijlsnel ‹as› *swift as an arrow*

pijn ● ‹verdriet› *distress, pain* ∗ iem. pijn doen *hurt a person* ● ‹moeite› *pains, effort* ● ‹lichamelijk lijden› *ache, pain,* ‹plotseling› *pang* ∗ stekende pijn *stabbing/sharp pain* ∗ pijn in de keel hebben *have a sore throat* ∗ mijn hoofd doet pijn *my head aches*
pijnappel *pinecone,* ‹v. spar› *fir cone*
pijnappelklier *pineal gland*
pijnbank *rack* ▼ iem. op de ~ leggen *put a person on the rack*
pijnboom *pine* ‹tree›
pijndrempel *pain threshold*
pijngrens *pain threshold/level*
pijnigen *torment* ▼ zijn hersens ~ *rack one's brains*
pijnlijk ● ‹nauwgezet› *painstaking* ∗ met ~ zorg *with meticulous care* ● ‹onaangenaam› *awkward* ∗ een ~e situatie *an embarassing situation* ● ‹pijn doend› *painful* ∗ ~e keel/voeten *sore throat/feet*
pijnloos *painless*
pijnpunt ● ‹discussiepunt› *painful subject* ● ‹pijnlijke plek› *painful area*
pijnscheut *stab* ‹of pain›, *twinge, shooting pain*
pijnstillend *soothing* ∗ ~ middel *sedative*
pijnstiller *painkiller,* ‹med.› *analgesic*
pijp ● ‹broekspijp› *leg* ● ‹staafje› *stick* ∗ een pijp kaneel *a stick of cinnamon* ● ‹schoorsteenpijp› *chimney pot,* ‹schip› *funnel* ● ‹rookgerei› *pipe* ● ‹buis› *tube,* ‹v. brandslang› *nozzle,* ‹v. orgel› *pipe* ▼ een lelijke pijp roken *have a hard time of it* ▼ de pijp uitgaan *kick the bucket* ▼ naar iemands pijpen dansen *dance to s.o.'s tune* ▼ de pijp aan Maarten geven *opt out*
pijpen *blow, suck off*
pijpenkrul *corkscrew curl*
pijpenla *pipe drawer,* ‹fig.› *long (and) narrow room/house*
pijpenrager *pipe cleaner*
pijpensteel *stem of a pipe* ▼ het regent pijpenstelen *it's coming down in bucketfuls*
pijpje ● ‹pilsflesje› *small beer bottle* ● ‹kleine pijp› *small pipe*
pijpkaneel ‹stick of› *cinnamon*
pijpleiding *pipeline*
pijpsleutel *barrelspanner,* ‹AE› *socket wrench*
pik ● ‹prik› *peck* ● ‹penis› *prick, cock* ● ‹houweel› *pick(axe)*
pikant ● ‹gewaagd› *salty, racy* ∗ ~ verhaal *racy story* ∗ ~e bijzonderheden *juicy details* ● ‹scherp› *piquant, savoury*
pikdonker I ‹het› *pitch darkness* **II** ‹bnw› *pitch-dark*
pikeren *nettle, pique*
piket I ‹de› *picket* **II** ‹het› *picket* ▼ officier van ~ *picket officer*
pikeur ● ‹ruiter› *horseman* ● ‹paardenafrichter› *riding-master,* ‹in circus› *ringmaster*
pikhouweel *pickaxe*
pikkedonker I ‹het› *pitch-darkness* **II** ‹bnw› *pitch-dark, pitch-black*
pikken ● ‹prikken, steken› *prick, pick* ● ‹pakken› *pinch, lift, grab* ● ‹dulden› *take* ∗ dat zou ik niet ~ *I wouldn't take it if I were you*
pikzwart *pitch-black*
pil ● ‹geneesmiddel› *pill* ∗ pillen draaien *roll pills* ● ‹anticonceptiepil› ‹the› *pill* ∗ de pil slikken *take the pill; be on the pill* ● ‹iets diks› ‹boek› *tome,* ‹boterham› *chunk* ‹of bread›
pilaar *pillar, column*
piloot *pilot* ∗ tweede ~ *co-pilot*
pilotstudie *pilot study*
pils I ‹de› ∗ een pilsje graag *a glass/pint of lager,*

P

please II [het] (Pilsener) beer, lager
piment allspice
pimpelaar boozer, tippler
pimpelen booze, tipple
pimpelmees blue tit
pimpelpaars purple
pin ● (staafje) peg, pin ● (pinnig mens) shrew
pincet (pair of) tweezers
pincode PIN
pinda peanut
pindakaas peanut butter
pineut v de ~ zijn be the dupe
pingelaar haggler
pingelen ● (afdingen) haggle (about), chaffer, dicker (over) ● (tingelen) strum ● (tikken van motor) pink ● (sport) dribble
pingpongbal ping-pong ball, table tennis ball
pingpongen play ping-pong
pinguïn penguin
pink ● (vinger) little finger ● (kalf) yearling v hij is bij de pinken he is all there
pinken I [ov ww] ● (wegnemen) ★ een traantje weg – brush away a tear II [on ww] (pinkelen) twinkle ● (met ogen knipperen) blink, (knipogen) wink
pinksterbeweging Pentecostal movement
pinksterbloem (gele iris) yellow iris, (koekoeksbloem) campion, (veldkers) cuckoo flower
Pinksteren Whitsun(tide), (zondag) Pentecost
pinkstervakantie Whitsun(day), Whit
pinnig ● (vinnig) sharp, tart ● (gierig) stingy, mingy
pint ● (glas bier) pint ● (inhoudsmaat) pint
pioen peony v een hoofd als een ~ blushing scarlet/ as red as a rose
pion counter, (bij schaken) pawn
pionier pioneer
pionieren pioneer
pioniersgeest pioneer(ing) spirit
pionierswerk pioneering v ~ verrichten be in the vanguard
pipet pipette
pips off colour
piraat ● (zender) pirate (station) ● (zeerover) pirate
piramide pyramid
piranha piranha
pirateneditie pirate edition
piratenzender pirate (radio station)
pirouette pirouette
pis piss, ↑ urine
pisang banana v de ~ zijn be the dupe
pisbak urinal
piscine (teeltvijver) artificial fish pond/lake ● (waterbassin) bath(s)
pisnijdig livid, hopping mad, pissed-off
pispaal butt
pispot piss-pot
pissebed woodlouse [mv: woodlice]
pissen piss, ↑ make water
pissig pissed-off(at), ↑ angry (with)
pistache pistachio
piste (skipiste) (ski) run, (v. circus) ring, (wielerbaan) track
piston ● (muziekinstrument) cornet ● (ventiel) valve ● (zuiger) piston
pistool pistol v hij zette mij het ~ op de borst he put a pistol to my breast; (fig.) he put a pistol to my head
pit ● (brander) burner ★ gasstel met 3 pitten gascooker with three rings ● (kern van vrucht) (eetbaar) kernel, (v. appel) pip, (v. kers, perzik,

e.d.) stone ★ van pitten ontdoen stone ● (lont) (v. kaars, olielamp) wick ● (elan) spirit ★ hij heeft pit he is full of (get-up-and-)go
pitje low-flame v iets op een laag ~ zetten give s.th. a low profile v de centrale verwarming op een laag ~ zetten keep the central heating ticking over
pitriet pulp cane
pitten I [ov ww] ● (van pit ontdoen) stone II [on ww] ● (slapen) sleep, (inf.) snooze ★ ik ga – I'm turning in
pittig ● (energiek) lively, (v. persoon, toespraak) spirited, (v. stijl) pithy, (v. taal) racy ★ een – gesprek a meaty discussion ● (kruidig) spicy, (v. sigaar, wijn) full-flavoured
pittoresk picturesque, scenic
pizza pizza
pizzeria pizzeria
plaag ● (bezoeking) plague, curse, pest ● (ziekte) plague
plaaggeest tease(r)
plaagstoot playful blow, (fig.) tease, (fig.) dig (at) ★ een ~je uitdelen deal a teasing blow; (fig.) dig at s.o.
plaagziek teasing
plaat ● (plat, hard stuk) (v. beton, marmer) slab, (v. glas, metaal) plate, (v. ijzer) sheet ● (prent) picture, plate ● (grammofoonplaat) record ● (zandbank) sandbank, shallow(s) v de ~ poetsen sling one's hook; bolt; clear out
plaatje ● (kleine plaat) ★ metalen ~ metal disc/ tag ★ (tandprothese) (dental) plate ● (afbeelding) picture, (foto.) snapshot ★ ~s schieten take photos ● (iets moois) picture
plaats ● (functie) post, place, (v. predikant) living ★ een ~ in het bestuur a seat on the board ★ iemands ~ innemen take a person's place; (tijdelijk) deputize for a person ● (waar iem./iets zich bevindt) place, position ★ ter ~e on the spot ★ op de ~ rust! stand easy! ★ de ~ van handeling the scene of action ★ ~ bepalen locate; (scheepv.) fix the position ● (woonplaats) town, (dorp) village ★ hier ter ~e in our town ● (ruimte) room, space, (zitplaats) seat ★ ~ maken voor make room for; (fig.) give way to ★ ~ nemen take a seat ★ tot de laatste ~ bezet absolutely packed; filled to capacity ● (binnenplaats) court, yard, courtyard ● (positie) position ★ zijn ~ innemen take up one's position ● (passage in geschrift) passage v in de ~ stellen van substitute for v in de eerste ~ in the first place; first of all; primarily v iem. op zijn ~ zetten put a person in his place v zijn ~ weten know one's place v dit is niet op zijn ~ this is out of place; this is uncalled for
plaatsbespreking booking
plaatsbewijs ticket
plaatselijk I [bnw] ★ ~e tijd local time ★ ~ bestuur local government; local authority ★ ~e verordening by(e)-law II [bijw] ● (ter plaatse) locally ★ ~ bekend als ... locally known as ... ● (hier en daar) in some places ★ ~ regen local showers
plaatsen I [ov ww] ● (een plaats geven) place, put, (sport) rank, (stationeren) station, post ★ een advertentie ~ insert/put an ad in the paper ★ hij is als eerste geplaatst he is ranked first ● (beleggen) (v. kapitaal) invest, (v. orders, lening) place ● (in dienst nemen) appoint (to) ★ een officier bij een regiment ~ attach an officer to a regiment II [wkd ww] qualify (for) v dit kan ik niet ~ I can't place this
plaatsgebrek lack of space

plaatsing ● (het plaatsen) placing, ⟨stationering⟩ attachment ● (aanstelling) posting, appointment ● (belegging) investment ● (klassering) ranking
plaatsnaam place-name
plaatsruimte room, accommodation
plaatsvervangend substitute ★ ~ lid deputy member ★ ~ chef acting manager
plaatsvervanger replacement, substitute, deputy, ⟨v. acteur⟩ understudy, ⟨v. dokter⟩ locum (tenens)
plaatsvinden take place, happen
plaatwerk ● (boek) illustrated work ● (plaatmetaal) plating
placebo placebo
placemat place mat
placenta placenta
plafond ● (kamerplafond) ceiling ● (bovengrens) ceiling, limit ★ hij heeft zijn ~ bereikt he has reached his limits
plafonnière ceiling light
plag sod ⟨of grass/peat⟩, (piece of) turf
plagen (pesten) tease, ⟨scherts⟩ chaff ★ hij plaagt maar wat he's just teasing ★ hij plaagde mij met... he chaffed me about... ● (hinderen) trouble, worry, bother ★ door muggen geplaagd tormented by mosquitoes ★ door schuldgevoel geplaagd troubled by one's conscience ▼ mag ik u even ~ excuse me
plagerig ● (plaagziek) fond of teasing ● (plagend) teasing
plagerij teasing, chaff, banter(ing)
plaggenhut turf hut
plagiaat plagiarism, plagiary ★ ~ plegen plagiarize; crib
plagiëren plagiarise, pirate
plaid plaid
plak ● (schijf) slice, ⟨v. chocola⟩ slab, ⟨v. spek⟩ rasher ● (medaille) medal ● (tandaanslag) (dental) plaque ▼ hij zit onder de plak ⟨van zijn vrouw⟩ he is henpecked ▼ ze onder de plak hebben have them under one's thumb
plakband adhesive, sticky tape
plakboek scrapbook
plakkaat ● (vlek, klodder) blob, blotch ● (aanplakbiljet) placard, poster
plakkaatverf poster colour/paint
plakken I [ov ww] ● (lijmen) paste (on/to), stick (on/to), glue (on/to) II [on ww] ● (kleven) stick ★ 't plakt niet it won't stick ● (lang blijven) stay on, stick around ★ zij blijft altijd ~ she never knows when to go
plakker ● (aanplakker) paster, ⟨v. aanplakbiljetten⟩ (bill)sticker ★ ⟨iem. die lang blijft⟩ ze onder de plak ⟨sticker, lingerer ● (sticker) sticker
plakkerig sticky, tacky
plakletter self-adhesive letter
plakplastic adhesive plastic
plaksel adhesive, glue, ⟨v. behang⟩ paste
plamuren fill
plamuur filler
plamuurmes filling-knife
plan ● (ontwerp) plan, design, scheme, project ★ een plan maken make a plan ★ volgens plan according to plan ★ ⟨voornemen⟩ design, plan ★ met 't plan om... with the intention of... ★ ik ben niet van plan om... I am not going to... ● (plattegrond) ⟨v. gebouw⟩ ground plan, ⟨v. stad⟩ map ● (niveau) plane ★ van het eerste/tweede plan first-rate/second-rate
planchet shelf
plan de campagne plan of action, ⟨mil.⟩ plan of campaign
planeconomie planned economy

planeet planet
planetarium planetarium
plank plank, ⟨dun⟩ board ★ zet het maar op de onderste ~ put it on the bottom shelf ▼ de ~ misslaan be beside the mark ▼ van de bovenste ~ first-rate ▼ op de ~en brengen/staan put/be on the stage
plankenkoorts stage fright
plankgas ★ ~ geven step on the gas ★ ~ rijden drive flat out
plankier platform
plankton plankton
plankzeilen windsurfing
planmatig systematic
plannen plan
planning plan(ning) ★ ~ op lange termijn long-term planning
planologie town and country planning
planologisch planning ★ ~ bureau planning bureau
planoloog (town) planner
plant plant
plantaardig vegetable
plantage plantation, estate
planten plant
planteneter herbivore
plantengroei vegetation
plantenrijk vegetable kingdom
planter ● (iem. die plant) planter ● (eigenaar van plantage) planter
plantkunde botany
plantkundig botanical
plantsoen public garden(s)
plas ● (regenplas) pool, puddle ● (watervlakte) ⟨meer⟩ lake ● (urine) ★ een plas doen go to the bathroom/toilet; ⟨inf.⟩ go to the loo; take a leak ● (plens) puddle ▼ de grote/zilte plas the briny
plasma plasma
plaspil ↑ diuretic
plassen ● (spatten) splash ★ met water ~ splash water ● (urineren) make/pass water ★ in bed ~ wet the bed
plasser willie
plastic I [het] plastic II [bnw] plastic ★ ~ zak polythene bag; plastic bag
plastiek ● (kunst) plastic art(s), ⟨beeldhouwen⟩ sculpture ● (voorwerp) ⟨gebeeldhouwd⟩ sculpture, ⟨geboetseerd⟩ model
plastificeren plasticize
plastisch plastic ★ ~e chirurgie plastic surgery
plat I [het] ● (plat dak) sun roof, terrace(roof) ● (plat vlak) plateau, shelf, flat ★ continentaal plat shelf ★ vals plat deceptive gradient II [bnw] ● (niet in bedrijf) closed, shut down ● (vlak, ondiep) flat, low, shallow, ⟨horizontaal⟩ flat, level ★ plat drukken crush ★ zo plat als een dubbeltje as flat as a pancake ★ plat maken/rijden/worden flatten ★ plat bord dinner plate ● (platvloers) coarse, vulgar ● (dialectisch) ★ plat praten speak with a broad dialect/accent
plataan plane (tree)
platbodem flat(-bottomed) boat
platbranden burn to the ground
plateau ● (hoogvlakte) plateau, tableland ● (presenteerblad) tray, ⟨voor kaas⟩ platter, ↑ plateau
plateauzool platform sole/shoe
platenalbum ● (album met plaatjes) illustrated album ● (album voor grammofoonplaten) record album
platenbon record voucher
platenmaatschappij record(ing) company

platenspeler *record player*
platenzaak *record shop*
platform • (verhoogd vlak) *platform*, ⟨v. vliegveld⟩ *apron* • (kader voor overleg) *platform*
platheid • (het vlak zijn) *flatness* • (platvloersheid) *vulgarity, banality, coarseness*
platina *platinum*
platinablond *platinum blonde*
platje *crab-louse*
platleggen • (plat neerleggen) *lay flat* • (stilleggen) *bring to a standstill* ▼ iem. ~ *knock s.o. flat*
platliggen • (ziek op bed liggen) *be/lie flat on one's back* • (stilliggen door staking) *be strikebound, be at a standstill*
platonisch *Platonic*
platslaan *beat flat/down*
platspuiten (heavily) *sedate*
plattegrond ⟨v. gebouw⟩ *floor/ground plan*, ⟨v. stad, straten⟩ *street plan/map*
platteland *country(side)* ★ op het ~ *wonen live in the country*
plattelander *countryman/woman*
platvis *flatfish* [mv: *flatfish(es)*]
platvloers *coarse, vulgar*
platvoet *flat foot*
platwalsen • (pletten) *flatten* • (overbluffen) *flatten, steamroller, bulldoze*
platweg *bluntly, straight out* ★ ~ weigeren *flatly refuse*
platzak *broke*
plausibel *plausible*
plaveien *pave*
plaveisel *pavement*
plavuis *tile*, ⟨v. steen⟩ *flag(stone)*
playback *lip-sync(h), miming*
playbacken *lip-sync(h), mime*
playboy *playboy*
plebejer *plebeian*
plebs *rabble, riff raff*
plecht ⟨achter⟩ *after deck*, ⟨voor⟩ *forward deck*, ⟨voor en verhoogd⟩ *fo'c'sle*
plechtig *solemn, stately, ceremonious* ★ ~ openen *open in state* ★ ~ verklaren *solemnly declare*
plechtigheid • (ceremonie) *solemnity, ceremony* • (stemmigheid) *solemnity*
plechtstatig *solemn, stately*
plectrum *plectrum*
plee *loo* ★ hij is op de plee *he's in the loo*
pleeggezin *foster home/family*
pleegkind *foster child*
pleegouders *foster parents*
pleepapier *loo paper*
plegen I [ov ww] • (uitvoeren) *do, perform, commit,* ⟨iets ongeoorloofds ook⟩ *perpetrate* ★ verzet ~ *resist* ★ zelfmoord ~ *commit suicide* **II** [on ww] • (~ te) *be in the habit of, be used to, tend to* ★ hij pleegt vroeg te komen *he tends to be early*
pleidooi *plea(ding)* ★ een ~ houden (voor) *make a plea (for)*
plein *square*
pleinvrees *agoraphobia*
pleister I [de] (sticking) *plaster*, ⟨AE⟩ *band-aid* ▼ een ~ op de wond leggen *soften the blow* **II** [het] *plaster*
pleisteren *plaster*
pleisterplaats *stopping place*
pleisterwerk *plaster work, stucco*
pleit • (geschil) *dispute, argument* ★ het ~ winnen *carry one's point; carry the day* ★ het ~ is beslecht *that's settled* ★ het ~ is beslist *it's all over*

• (pleidooi) ⟨pleitend betoog⟩ *plea,* ⟨verdedigend betoog⟩ *defence*
pleitbezorger *advocate*
pleiten I [ov ww] • (bepleiten) *plead, argue* **II** [on ww] • (een pleidooi houden) *plead* ★ dat pleit voor je *that is to your credit* ★ ~ voor iets argue *in favour of s.th.*
pleiter *counsel,* ⟨voorstander⟩ *supporter*
plek • (plaats) *spot, place* • (vlek) *stain* ★ zwakke plek *soft spot* ★ blauwe plek *bruise*
plenair *plenary* ★ ~e vergadering *plenary (meeting)*
plens *splash, gush*
plensbui *downpour*
plenzen I [ov ww] • (uitstorten) *gush, splash* **II** [on ww] • (gutsen) *pour, gush* **III** [onp ww] *pour, bucket down*
pletten *flatten,* ⟨fruit⟩ *squash,* ⟨koolzaad, druiven e.d.⟩ *crush,* ⟨metaal⟩ *roll*
pletter ★ te ~ vallen ⟨v. persoon⟩ *be smashed to death; crash;* ⟨v. vliegtuig⟩ *plunge to (one's) death* ★ te ~ slaan *smash* ★ zich te ~ vervelen *be bored to tears*
pleuren *chuck, fling* ★ pleur op *piss off; eff off*
pleuris *pleurisy* ▼ zich de ~ schrikken *be scared stiff*
plexiglas *plexiglass*
plezieren *please*
plezierig *pleasant*
plezierjacht *pleasure yacht*
pleziervaartuig *pleasure craft/boat*
plicht *duty, obligation* ★ zijn ~ doen *do one's duty* ★ het is niet meer dan je ~ *... om you are in duty bound to* ★ uit ~ *tegenvoor ... in duty to ...*
plichtmatig *dutiful* ★ louter ~ *perfunctory*
plichtpleging *ceremony, compliment* ★ zonder verdere ~en *without ceremony*
plichtsbesef *sense of duty*
plichtsbetrachting *devotion to duty*
plichtsgetrouw *dutiful*
plichtsverzuim *neglect of duty*
plint *skirting board*
plissé *plissé*
plisseren *pleat*
PLO *PLO*
ploeg • (landbouwwerktuig) *plough* • (groep) *team,* ⟨mil.⟩ *squad,* ⟨sport⟩ *team, side,* ⟨arbeiders ook⟩ *gang,* ⟨bij examen⟩ *batch (of candidates),* ⟨in ploegendienst⟩ *shift, relay* ★ roei~ *crew* ▼ de hand aan de ~ slaan *put (set) one's hand to the plough*
ploegbaas *foreman, overseer*
ploegen I [ov ww] • (met ploeg omwerken) *plough* **II** [on ww] • (voortzwoegen) *plough, plod* ★ door het zand ~ *plod through the sand*
ploegendienst *shift work* ★ in de ~ werken/zitten *be on shifts/shift work*
ploegenstelsel *shift/rota/roster system*
ploert *cad, bastard*
ploertendoder *bludgeon,* ⟨AE⟩ *black-jack*
ploertenstreek *dirty trick*
ploeteraar *plodder,* ⟨pej.⟩ *drudge*
ploeteren *toil, plod* ★ ~ aan *slave away at; peg away at*
plof *thud, flop*
ploffen I [ov ww] • (doen vallen) *dump, chuck* **II** [on ww] • (vallen) *thud, flop* ★ neer~ *plump down* ★ in het water ~ *plop (into the water)* • (geluid geven) *pop, bang* • (ontploffen) *explode, burst*
plomberen *fill*
plomp I [de] • (plons) *thud, flop* • (waterplant)

waterlily • (water) ditch II [bnw] • (log) plump, ‹mens› squat • (lomp) clumsy, rude, blunt
plompverloren bluntly
plons splash
plonzen splash
plooi • (vouw) ‹in broek› crease, ‹in stof› pleat, fold ∗ valse ~ ruck • (rimpel) wrinkle, line ▼ hij komt nooit uit de ~ he never unbends
plooibaar pliable
plooien • (plooien maken) ‹in stof› fold, pleat, ‹kreuken› crease, ‹m.b.t. gezicht› wrinkle, crease • (schikken) arrange ∗ een zaak ~ arrange matters
plooirok pleated skirt
plot plot, storyline
plotseling I [bnw] sudden, unexpected, abrupt ∗ een ~e dood a sudden death II [bijw] suddenly
plotsklaps all of a sudden, suddenly
plotter plotter
pluche plush
plug • (stop) plug, ‹in vat› bung • (stekkertje) plug • (schroefbout) screw plug
pluggen plug, promote
pluim • (pluimbos) plume, ‹klein› tuft • (vogelveer) feather, plume ▼ dat is een ~ op je hoed that is a feather in your cap
pluimage plumage ▼ vogels van diverse ~ all sorts and conditions of men
pluimpje tuft, wisp
pluimvee poultry
pluimveehouderij • (bedrijf) poultry farm • (het fokken) poultry farming
pluis I [de] fluff II [bnw] ▼ het is niet ~ there is s.th. fishy about it
pluizen I [ov ww] • (uitrafelen) fluff ∗ touw ~ pick oakum II [on ww] • (gaan rafelen) become fluffy, fluff up
pluizig fluffy
pluk • (bosje) tuft • (oogst) pickings, crop
plukken I [ov ww] • (grijpen) pluck ∗ een bal uit de lucht ~ pluck the ball from the air • (oogsten) gather, pick • (van veren ontdoen) pluck • (afhandig maken) pluck, fleece ∗ kaal ~ clean out; strip bare II [on ww] • (peuteren) pull (at), pick/pluck (at)
plumeau feather duster
plunderaar plunderer
plunderen plunder, loot ∗ een stad ~ sack a town
plundering plundering, looting
plunje duds, togs, ‹bagage› kit, gear ∗ zijn beste ~ his Sunday best
plunjezak kit bag
pluralis plural ∗ ~ majestatis the royal 'we'
pluralisme pluralism
pluriform multiform
plus I [de/het] • (plusteken) plus • (waardering) plus(point) II [bijw] plus, over III [vz] plus ∗ drie plus vier is zeven three plus/and four is seven
plusminus approximately, about
pluspool positive/plus pole
pluspunt advantage
plusteken plus sign
plutonium plutonium
pneumatisch pneumatic
po chamber pot, ‹inf.› po, ‹voor kinderen› potty
pochen boast, brag
pocheren poach
pochet breast-pocket handkerchief
pocket paperback ∗ als ~ verkrijgbaar available in paperback
pocketcamera pocket camera
podium platform, dais, ‹v. toneel› stage

poedel • (hond) poodle • (misgooi, -stoot) missthrow, ‹biljart› misscue
poedelen bath, wash ∗ zich ~ have a wash
poedelnaakt stark naked
poedelprijs booby prize
poeder I [de] powder II [het] powder ∗ tot ~ malen grind to powder; pulverize
poederdoos (powder) compact
poederen powder
poederkoffie granulated coffe
poedermelk powdered milk
poedersneeuw powder snow
poedersuiker powdered sugar, icing sugar
poef hassock
poeha fuss
poel • (plas) pool, ‹op straat› puddle • (broeiplaats) cesspool ∗ poel van verderf cesspit of vice
poelet soup meat
poelier poulterer
poema puma
poen • (geld) dough, bread • (patser) flash Harry ∗ een echte poen s.o. who flashes his money about
poenig flashy
poep • (uitwerpselen) dirt, crap, ‹v. hond, e.d.› mess, ‹v. koe› dung • (wind) fart ▼ iem. een poepje laten ruiken show s.o. a trick or two
poepen (have a) crap/shit, ‹kind› do a jobby, ↑ relieve o.s.
poeperd bottom, behind
poes • (kat) (pussy)cat ∗ poes!, poes! puss!, puss! • (mooie meid) pussycat • (vagina) pussy ▼ dat is niet voor de poes that is not to be sneezed at; that's no kids' stuff ▼ hij is niet voor de poes he is not to be trifled with
poeslief smooth, ‹glimlach, woorden› sugary, ‹woorden› honeyed
poespas fuss, song and dance
poesta puszta
poet loot, swag ▼ de poet is binnen we've got the loot/swag
poëtica poetics
poëtisch poetic(al)
poets trick, prank ▼ iem. een ~ bakken play a trick on a person
poetsen • (glimmend wrijven) polish, ‹schoenen ook› shine • (reinigen) clean, ‹v. tanden› brush
poetskatoen waste cotton
poëzie poetry
poëziealbum album of verse
pof ▼ op de pof kopen buy on tick
pofbroek knickerbockers [mv]
poffen I [ov ww] • (in schil gaar stoven) roast, ‹maïs› pop ∗ gepofte aardappels jacket potatoes II [on ww] • (op de pof kopen) buy on credit/tick • (op de pof verkopen) sell on credit
poffertje ≈ tiny puff-pancakes
pofmouw puff sleeve
pogen endeavour, try, attempt
poging attempt, ‹met inspanning› effort ∗ een ~ wagen have a try; have a go
pogrom pogrom
pointe point
pointer pointer
pok • (litteken) pock mark ∗ valse pokken/waterpokken chicken pox ∗ inenting tegen de pokken smallpox vaccination • (zweer) pock ▼ krijg de pokken! drop dead! ▼ zich de pokken werken work o.s. to death; ‹AE› work one's butt/ass off
pokdalig pock marked ∗ een ~ gezicht a pockmarked face

P

poken poke * in 't vuur ~ poke the fire
pokeren play poker
pokersteen poker dice
pokkeweer foul/nasty/lousy weather
pol clump, tussock
polair polar
polarisatie polarization
polariseren polarize
polariteit polarity
polaroid polaroid
polder polder
polderlandschap polder landscape
polemiek polemic(s), controversy
polemisch polemic(al), controversial
polemiseren carry on a controversy
polemologie polemology
Polen Poland
poliep • (dier) polyp • (med.) polyp
polijsten • (glad maken) polish, (met schuurpapier) sand(paper) • (verfijnen) polish, refine
polikliniek polyclinic, out-patients' clinic
poliklinisch * ze wordt ~ behandeld she is being treated as an outpatient
polio polio
polis policy * een ~ sluiten take out a policy * voorlopige ~ cover note
politbureau politburo
politicologie political science
politicoloog political scientist
politicus politician
politie police, (in burgerkleding) plain clothes * bereden ~ mounted police * hij is bij de ~ he is in the police (force)
politieagent policeman, constable * vrouwelijke ~ policewoman
politiebericht announcement by the police
politiebureau police station
politiek I [de] • (overheidsbeleid) politics * in de ~ gaan/zijn go into/be in politics • (tactisch beleid) policy **II** [bnw] • (m.b.t. overheidsbeleid) political • (tactisch) politic, diplomatic
politiemacht police force * er was een grote ~ op de been the police were there in force
politieman police officer, policeman
politiepenning police identification (badge)
politierechter magistrate
politiestaat police state
politieverordening police regulation, by(e)law
politiseren politicize
polka polka
pollen pollen
pollepel ladle
polo • (balspel voor ruiters) polo • (shirt) sports shirt
polohemd polo shirt, sports shirt
polonaise conga ▼ aan mijn lijf geen ~ I'm not having any
pols • (polsgewricht) wrist • (polsslag) pulse * iem. de pols voelen feel/take a person's pulse * een snelle pols a rapid pulse * zijn pols jaagt his pulse is racing ▼ uit de losse pols off the cuff; straight out of one's head
polsen * iem. (over iets) ~ sound s.o. out (about s.th.)
polshorloge wristwatch
polsslag pulse * de ~ meten measure the pulse rate
polsstok jumping/vaulting pole
polsstokhoogspringen pole vault
polyamide polyamide
polyester polyester
polyether polyether

polyfoon polyphonic
polygaam polygamous
polygamie polygamy
polymeer I [het] polymer **II** [bnw] polymeric
polytheïsme polytheism
polyvalent polyvalent
pommade (v. haar) pomade, (v. huid) cream
pomp • (werktuig) pump • (tankstation) petrol station, (vnl. langs autoweg) service station ▼ loop naar de pomp! go to hell!
pompbediende petrol/service station attendant
pompelmoes grapefruit
pompen pump ▼ het is ~ of verzuipen it is sink or swim
pompeus pompous, (inf.) stuffed
pomphouder petrol station owner, (AE) gasoline station owner
pompoen pumpkin
pompon pom-pom
pompstation • (tankstation) filling/service station • (gebouw voor oppompen van water) pumping-station
poncho poncho
pond • (gewichtseenheid) pound • (munteenheid) pound * pond sterling pound sterling ▼ het volle pond betalen pay the full price ▼ 't volle pond eisen exact one's pound of flesh
ponem • (gezicht) mug • (neus) conk
poneren postulate, put forward
ponsen punch
ponskaart punch(ed) card
pont ferryboat
pontificaal pontifical * in ~ in full pontificals; (iron.) in full feather
pontificaat pontificate
ponton pontoon
pony • (dier) pony • (haardracht) fringe, bang
pooier pimp
pook • (vuurpook) poker • (versnellingshendel) (gear)stick
pool • (uiteinde) pole • (poolstreek) pole • (opstaande haren van stoffen) pile
pool- polar
Pool Pole * een Poolse a Polish woman
poolcirkel polar circle
poolen I [ov ww] • (in één pot doen) pool **II** [on ww] • (carpoolen) carpool • (biljarten) play pool/billiards
poolexpeditie polar expedition
poolklimaat arctic climate
poolreiziger arctic explorer
Pools I [het] Polish **II** [bnw] Polish
poolshoogte latitude * ~ nemen see how the land lies
Poolster polar star
poolzee polar sea
poon gurnard
poort • (ingang) gate • (doorgang) gate(way), (nauw) alley(way) * zijn ~en sluiten (voor) shut/close your doors (to)
poorter burgess, burgher
poos while, time * een hele poos a good while; quite a while
poot • (ledemaat van dier) leg, (v. dier) paw, foot * een poot geven give a paw • (ledemaat van mens) (been) leg, (hand) paw * geen poot uitsteken not lift a finger * blijf er met je poten af keep your paws off • (steunsel) leg ▼ op zijn poot spelen raise Cain ▼ poot aan spelen be up and doing; slog away
pootgoed seeds

pootjebaden paddle
pootmachine (potato) planter
pop ● (speelgoed) doll ● (larve) pupa ● (gulden) guilder ● (popmuziek) pop ● (marionet) puppet ▼ toen had je de poppen aan het dansen then the fat was in the fire
pop-art pop art
popconcert pop/rock concert
popcorn popcorn
popelen be anxious to ∗ zij ~ om aan de slag te gaan they are itching to get down to work
popfestival pop festival
popgroep popgroup
popmuziek popmusic
poppenhuis doll's house
poppenkast ● (overdreven gedoe) (tom)foolery ● (poppenspel) Punch and Judy show, puppet show, (kast) puppet theatre
poppenspel puppet show
poppenspeler puppeteer
popperig doll-like
popster pop star
populair ● (geliefd) popular ∗ razend ~ all the rage ● (begrijpelijk) popular
populariseren popularize
populariteit popularity
populatie population
populier poplar
populistisch populist
popzender pop (music) (radio) station
por prod, poke, (met mes) stab
poreus porous
porie pore
porno porno
pornoblad porn(ographic) magazine
pornografie pornography
pornografisch pornographic
porren I [ov ww] ● (aanzetten) prod, push ● (duwen) prod, poke, (met mes) stab ▼ daar ben ik altijd voor te ~ I won't take much persuading **II** [on ww] ● (poken) poke
porselein china, porcelain
porseleinen china, porcelain ∗ ~ servies china/porcelain service
porseleinkast china cabinet
port I [de] port(-wine) **II** [het] postage
portaal ● (hal) porch, hall, (v. kerk) portal ● (overloop) landing
portee purport, import
portefeuille ● (opbergmap) portfolio ∗ in ~ houden keep in portfolio ● (taak) portfolio ∗ minister zonder ~ minister without portfolio ● (portemonnee) wallet
portemonnee purse
portie portion, (aandeel) share, (v. eten aan tafel) helping ∗ een ~ ijs an ice ▼ geef mijn ~ maar aan Fikkie count me out
portiek (uitbouw) porch
portier I [de] doorkeeper, gatekeeper, (hotel) porter **II** [het] door
porto postage
portofoon walkie-talkie, walky-talky
portret ● (afbeelding) portrait, photo(graph) ∗ zijn ~ laten maken have one's photo taken; have one's portrait painted ● (beschrijving) portrait ▼ een lastig ~ a handful
portretschilder portrait painter, portraitist
portrettengalerij portrait gallery
portretteren portray ∗ iem. ~ paint a person's portrait
Portugal Portugal
Portugees I [de] Portuguese ∗ een Portugese a

Portuguese woman **II** [het] Portuguese **III** [bnw] Portuguese
portvrij postage free, (AE) postpaid
pose pose, attitude
poseren sit (for one's portrait), pose ∗ ~ als pose/masquerade (as)
positie ● (houding) position, posture ∗ ~ kiezen/nemen tegen make a stand against ● (ligging) position ● (toestand) situation ● (betrekking) position, post ● (maatschappelijke stand) position ∗ zijn ~ verbeteren better o.s. ▼ in ~ zijn be in the family way
positief ● (bevestigend) positive, (antwoord) affirmative, (stellig) definite ● (opbouwend) positive, favourable ∗ positieve discriminatie positive discrimination ● (niet negatief) positive ∗ positieve pool positive pole
positiejurk maternity dress
positiekleding maternity clothes
positieven ▼ weer bij zijn ~ komen regain consciousness ▼ ze heeft haar ~ goed bij elkaar she has all her wits about her
positivisme positivism
positivist positivist
post ● (postdienst) postal services, post, (kantoor) post office ∗ met de post verzenden send by post ∗ een brief op de post doen post a letter ∗ per kerende post by return of post ● (poststukken) mail, post ∗ is er post? is there any post? ● (bedrag) item, entry ∗ een post boeken make an entry ● (deur-/raamstijl) post ● (standplaats) station, post ∗ op post staan stand sentry; be stationed ∗ zijn post verlaten desert one's post ● (betrekking) post, position, place
post- post
postacademisch postgraduate
postadres postal address
postagentschap sub post office
postbeambte post office/postal worker
postbestelling postal delivery
postbode postman
postbus post(office) box
postcheque giro cheque
postcode postcode, (AE) zip code
postdoctoraal postgraduate
postduif carrier/homing pigeon
postelein purslane
posten I [ov ww] ● (op de post doen) post **II** [on ww] ● (op wacht staan) stand guard, (v. stakers) picket
poster ● (affiche) poster ● (persoon) picket(er)
posteren post, station ∗ zich ~ bij take up one's position at
poste restante poste restante
posterijen postal services, the Post Office
postgiro post office giro, national giro
postindustrieel post-industrial
postkamer post room
postkantoor post office
postkoets post carriage
postmerk post mark
postmodern post-modern
postmodernisme post-modernism
postorderbedrijf mail order firm
postpakket postal parcel ∗ als ~ verzenden send by parcel post
postpapier stationery, writing paper
postscriptum postscript
poststempel postmark
poststuk postal packet/parcel
postuleren I [ov ww] ● (vooronderstellen) postulate **II** [on ww] ● (solliciteren) apply

P

postuum *posthumous*

postuur ● (gestalte) *figure, build* ● (houding) *posture*

postvak *pigeon hole*

postwissel *postal/money order*

postzegel (postage) *stamp*

postzegelautomaat *stamp* (vending) *machine*

postzegelverzamelaar *stamp collector, philatelist*

pot ● (bak, kan) *pot*, ⟨v. glas⟩ *jar* ● (po) (chamber) *pot* ● (spelinzet) *pool, stakes* ● (kookpot) *saucepan, cooking pot* ∗ eten wat de pot schaft *take potluck* ∗ de gewone pot *plain cooking* ● (lesbienne) *dike, dyke* ▼ de pot verwijt de ketel dat hij zwart ziet *they are tarred with the same brush* ▼ de pot verteren *squander money* ▼ dat is één pot nat *you can't tell the difference* ▼ hij kan de pot op *he can get stuffed*

potaarde *potting compost*

potdicht *locked, sealed, hermetically closed,* ⟨eigenschap v. iem.⟩ *as closed as an oyster*

poten ● (planten) *plant, set* ● (neerzetten) *clap down*

potenrammer *queer-basher*

potent *potent*

potentaat *potentate*

potentie ● (macht) *potency, power* ● (seksueel vermogen) *potency, virility*

potentieel I [het] *potential, capacity* II [bnw] *potential* ∗ potentiële klanten *prospective customers*

potgrond *potting compost*

potig *burly, robust, husky*

potje ● (kleine pot) (little) *pot* ● (partijtje) *game* ∗ een ~ voetballen *have a game of football* ● (spaarpotje) *nest egg* ∗ het geld in 'n ~ doen *pool the money* ∗ zijn eigen ~ koken *do one's own cooking*; (fig.) *fend for o.s.* ▼ kleine ~s hebben grote oren *little pitchers have long ears*

potjeslatijn *dog Latin*

potkachel *potbelly stove*

potlood *pencil*, ⟨grafiet⟩ *black lead*

potloodventer *flasher*

potplant *pot plant*

potpourri *potpourri*, ⟨muz.⟩ *medley*

potsierlijk *clownish, grotesque*

potten ● (sparen) *hoard* ● (in potten doen) *pot*

pottenbakker *potter*

pottenbakkerij *pottery*

pottenbakkersschijf *potter's wheel*

pottenkijker *nosy parker, snooper*

potteus *butch,* † *lesbian*

potverteren *squander money*

potvis *sperm whale*

poule *group*

pousseren ● (vooruithelpen) *push* ● (onder de aandacht brengen) *promote*

pover ⟨kleren⟩ *shabby,* ⟨resultaat⟩ *poor* ∗ een ~ figuur slaan *cut a sorry figure*

povertjes *poor, indifferent*

Praag *Prague*

praaien ● (aanklampen) *accost, buttonhole* ● (scheepv.) *hail*

praal *pomp, splendour*

praalwagen *float*

praam *barge,* ≈ *flatboat*

praat ● (wat gezegd wordt) *talk* ● (het spreken) *talk* ∗ aan de ~ raken met *get talking to s.o.* ∗ iem. aan de ~ krijgen *get a person to talk* ▼ veel ~s hebben *talk big* ▼ zijn auto aan de ~ krijgen *get one's car going* ▼ je krijgt te veel ~s *you are getting too big for your boots*

praatgraag *talkative*

praatgroep *discussion group*

praatje ● (voordracht) *talk* ∗ een ~ houden over... *give a talk on...* ● (gesprekje) *talk, chat* ∗ 'n ~ maken *have a chat* ● (gerucht) *rumour, story* ∗ geen ~s! *no backchat!* ∗ mooie ~s *fine talk* ∗ zonder ~s *without further ado* ▼ ~s vullen geen gaatjes *words are cheap*

praatjesmaker *gasbag, boaster*

praatpaal ● (telefoon) *emergency telephone* ● (persoon) *confidant*

praatprogramma *chat show*

praatstuk ● (toneelstuk) *problem play, kitchen-sink drama* ● (discussiestuk) *working paper*

praatziek *talkative, chatty*

pracht ● (schoonheid) *splendour, magnificence* ● (prachtig exemplaar) *beauty*

prachtig (mooi) *splendid, magnificent* ● (goed) *fine, wonderful* ∗ een ~e gelegenheid *a marvellous opportunity*

practicum ⟨ruimte⟩ *lab(oratory),* ⟨werk⟩ *practical work*

pragmatisch *pragmatic, practical*

prak *hash, mash* ▼ een auto in de prak rijden *smash up a car*

prakken *mash*

prakkiseren ● (denken) *muse* ∗ ik prakkiseer me suf *I'm thinking until I can't see straight* ● (piekeren) *brood* ∗ zij prakkiseert er niet over *she won't even consider it*

praktijk ● (toepassing) *practice* ∗ in ~ brengen *put into practice* ∗ de ~ is heel anders *in practice it's quite different* ● (werkzaamheid) *practice* ∗ de ~ neerleggen *retire from practice* ∗ de ~ uitoefenen *practise* ∗ (manier van doen) *practice* ∗ kwade ~en *evil practices*

praktijkervaring *practical science, practical experience*

praktijkjaar *practical year*

praktijkvoorbeeld *practical example*

praktisch I [bnw] *practical* II [bijw] *practically, almost*

praktiseren *practise* ∗ ~d geneesheer *medical practioner*

pralen *parade, flaunt* ∗ met zijn kennis ~ *show off one's knowledge; parade one's knowledge*

praline *chocolate truffle*

pram *boob, tit*

prat *proud* ▼ prat gaan op *pride o.s. on; glory in*

praten *talk* ∗ ~ over *talk of/about* ∗ daar is al heel wat over gepraat *there has been a great deal of talk about it* ∗ iem. iets uit zijn hoofd ~ *talk a person out of s.th.* ∗ langs elkaar heen ~ *be/talk at cross-purposes* ∗ er valt met hem niet te ~ *he won't listen to reason* ∗ om de zaak heen ~ *beat about the bush; prevaricate* ∗ daar valt (niet) over te ~ *that admits of (no) discussion* ∗ praat me niet van ... *don't talk to me of...* ▼ langs elkaar heen ~ *be/talk at cross-purposes* ▼ er maar op los ~ *talk nineteen to the dozen* ▼ honderduit ~ *talk nineteen to the dozen* ▼ hij kan ~ als brugman *he has the gift of the gab*

prater *talker,* † *conversationalist*

preambule *preamble*

precair *precarious*

precedent *precedent* ∗ dit zou een ~ scheppen *this would create/set (up) a precedent*

precies ● (juist) *precise, exact* ∗ hij is ~ zijn broer *he is just like his brother* ● (nauwgezet) *precise, meticulous* ∗ ~ op tijd *right on time* ∗ ~ in het midden *right smack in the middle* ∗ om tien uur

~ **at ten** precisely/sharp
precieus affected
preciseren define, state precisely, specify
precisie precision, accuracy ★ **met de uiterste ~** with clockwork precision
precisie-instrument precision instrument
predestinatie predestination
predikaat designation, predicate
predikant ⟨Anglicaans⟩ vicar, ⟨protestant⟩ clergyman, ⟨rooms-katholiek⟩ preacher
prediken preach
prediker preacher
preek sermon, ⟨vermaning⟩ lecture ★ **een ~ houden** deliver a sermon; ⟨iron.⟩ preachify ★ **iem. een ~ geven** give s.o. a lecture; ⟨stevige uitbrander⟩ read s.o. the Riot Act
preekstoel pulpit
prefab prefab ★ **~ huizen** prefabs; prefab houses
prefect prefect
preferent preferred, preferential ★ **~e aandelen** preference shares/stock
prefereren prefer
pregnant ● ⟨met versterkte betekenis⟩ pregnant ● ⟨kernachtig⟩ succinct
prehistorie prehistory
prehistorisch prehistoric
prei leek
prelaat prelate
prelude prelude
prematuur premature
premie ● ⟨beloning⟩ premium, bonus ● ⟨verzekeringspremie⟩ premium, ⟨m.b.t. sociale verzekering⟩ contribution ★ **sociale ~** social security/insurance contribution
premier premier, prime minister
première first night, premiere, ⟨v. toneelstuk⟩ opening night
premierschap premiership, office of Prime Minister
premiewoning subsidized (private) house/flat
premisse premise
prenataal antenatal, ⟨AE⟩ prenatal
prent ● ⟨pootafdruk⟩ track, trail ● ⟨afbeelding⟩ print, picture
prentbriefkaart picture postcard
prenten impress, fix ★ **iets in het geheugen ~** impress s.th. on the memory/mind; fix s.th. in the memory/mind
prentenboek picture book
preoccupatie preoccupation
preparaat preparation
prepareren ● ⟨voorbereiden⟩ prepare ★ **zich (op/voor iets) ~** prepare o.s. (for s.th.) ● ⟨duurzaam maken⟩ prepare, ⟨v. huiden⟩ dress ● ⟨dieren opzetten⟩ stuff
present I [het] present **II** [bnw] present ★ **~! here!**
presentabel presentable, respectable
presentatie presentation ★ **de ~ was in handen van ...** the show was presented/hosted by...
presentator anchor man, ⟨v. nieuws⟩ presenter, ⟨v. tv⟩ host [v: hostess]
presenteerblad salver, tray ★ **iets op een presenteerblaadje aanreiken** hand s.th. on a silver platter
presenteren ● ⟨voorstellen⟩ present, introduce ★ **zich ~** present o.s. ● ⟨introduceren op tv⟩ host ● ⟨aanbieden⟩ present, ⟨v. voedsel e.d.⟩ offer ★ **het geweer ~** present arms
presentexemplaar ⟨als geschenk⟩ presentation copy, ⟨extra⟩ free copy
presentie presence
presentielijst roll, attendance list/register

preses chairman, president
president ● ⟨voorzitter⟩ president, chairman ● ⟨staatshoofd⟩ President
presidentschap presidency
presideren preside (over), chair (a meeting)
pressen press
presse-papier paperweight
pressie pressure ★ **~ uitoefenen op** exert/put pressure on ★ **onder ~ staan van** be under pressure from
pressiegroep pressure group
prestatie achievement, performance
prestatiedwang pressure to perform/achieve
prestatiegericht achievement oriented
presteren achieve, perform
prestige prestige ★ **zijn ~ ophouden** maintain one's prestige ★ **~ verliezen** lose face
pret fun, pleasure ★ **pret maken** have a great time ★ **dat mag de pret niet drukken** never mind ★ **pret hebben om/over** be amused at ★ **'t is uit met de pret** the fun is over ★ **zomaar voor de pret** just for fun
pretenderen pretender
pretenderen pretend (to be)
pretentie pretension, ⟨aanspraak⟩ claim ★ **zonder ~s** without pretentious
pretentieus pretentious
pretje bit of fun ★ **hij houdt wel van een ~** he likes a bit of fun ★ **dat is bepaald geen ~** that's no picnic
pretogen twinkling/laughing eyes
pretpakket combination of lazy examination subjects
pretpark amusement park, funfair
prettig pleasant, nice ★ **iets ~ vinden** like s.th.; find s.th. pleasant
preuts prudish, prim
prevaleren prevail
prevelen mutter
preventie prevention
preventief preven(ta)tive, precautionary
prieel summerhouse, gazebo
priegelen do fine/delicate/detailed work
priegelwerk delicate/fiddly work
priem awl, bodkin
priemen pierce
priemgetal prime number
priester priest [v: priestess] ★ **~ worden** take (holy) orders; enter the Church
priesterschap priesthood
priesterwijding ordination ★ **de ~ ontvangen** be ordained
prietpraat twaddle, hot air, poppycock
prijken figure ★ **~ met parade**; show off ★ **op het menu ~** appear on the menu
prijs ● ⟨koopsom⟩ price, ⟨prijskaartje⟩ price (tag) ★ **voor een zacht ~je** at a low price/a bargain ★ **tegen de ~ van** at the price of ★ **onder de ~ verkopen** undersell ★ **van lage ~** low-priced ★ **voor geen ~** doe ik hier afstand van I won't part with it at any price ★ **tot elke ~** at any price; at all costs ● ⟨beloning⟩ prize, award, ⟨uitgeloofd⟩ reward ★ **de eerste ~** the first prize ★ **een ~ op iemands hoofd zetten** set/put a price on a person's head ● ⟨buit⟩ prize ★ **ik stel er ~ op te verklaren** I wish to state
prijsbewust cost-conscious
prijscompensatie indexation, index-linking
prijsgeven abandon, give up, ⟨geheimen⟩ divulge ★ **terrein ~** concede ground
prijskaartje price tag ★ **er hangt wel een ~ aan** there is a price to it; there is a price tag on it

P

prijsklasse price-class, price range/bracket
prijslijst price list
prijsmaatregel price control measure
prijsopdrijving forcing up of prices
prijsopgave (offerte) quotation, (schatting) estimate ★ ~ vragen voor make inquiries for; request a quotation ★ ~ doen make/give a quotation; quote a price
prijspeil price level
prijsstop price freeze
prijsvraag prize contest, competition ★ een ~ uitschrijven offer a prize; open a competition
prijzen (loven) praise, commend ● (van prijs voorzien) price, ticket ★ ik prijs mij gelukkig dat... I consider myself fortunate that...
prijzengeld prize money, purse
prijzenslag price war
prijzenswaardig praiseworthy, commendable, laudable
prijzig expensive, (inf.) pricey
prik (steek) prick, stab ● (injectie) injection ● (limonade) pop, fizz
prikactie lightning strike
prikbord pin-board, notice board
prikkel (stekel) prickle ● (aansporing) incentive, stimulus, spur ● (prikkeling) tingle, (bio.) stimulus
prikkeldraad barbed wire
prikkelen (ergeren) irritate, nettle ● (stimuleren) stimulate, excite ★ iem. ~ tot (grotere inspanningen) stimulate a person to; (woede, verzet) goad a person into ● (prikkelend gevoel geven) tingle
prikkeling (stimulans) stimulation ● (irritatie) irritation
prikken I [ov ww] ● (steken) prick ★ een foto op de deur ~ stick/pin a photo to the door ● (injectie geven) inject ● (vaststellen) set, fix ★ een datum ~ zet/fix a date **II** [on ww] ● (prikkelen) tingle
prikkie ★ iets voor een ~ kopen buy s.th. for next to/practically nothing
prikklok time clock
prikpil contraceptive injection
prikstaking selective strike action
pril early, tender ★ in haar prille jeugd in her early youth ★ het prille groen the tender green
prima first-class, great, first-rate ★ 't is ~ it's tip-top; (inf.) it's A-1
primaat I [de] ● (geestelijke) primate ● (zoogdier) primate **II** [het] primacy
prima donna prima donna
primair primary
prime time prime time
primeur s.th. new, (v. journalist) scoop ★ de ~ hebben be the first to get/see/hear s.th.
primitief primitive
primula primrose, primula
primus primus (stove)
principe principle ★ uit ~ on principle ★ in ~ in principle
principebesluit ≈ basic decision
principieel essential, fundamental ★ een principiële beslissing a principled decision ★ ~ onderscheid fundamental difference ★ ~ tegenstander opponent on principle ★ om principiële redenen on principle
prins prince ▼ van de ~ geen kwaad weten be as innocent as a new-born baby
prinselijk princely
prinses princess
prins-gemaal prince consort
prinsheerlijk like a lord, sumptuous

prinsjesdag ≈ day of the Queen's speech
print ● (computeruitdraai) print(-)out, hard copy ● (afdruk) print
printen print
printer printer, printer
print-out print out
prior prior
prioriteit priority
prioriteitsaandeel preference share/stock
prisma prism
privaat I [het] privy, toilet **II** [bnw] private
privaatrecht private law
privacy privacy
privatiseren privatize, denationalize
privé private, personal
privérekening private account
privésfeer ★ uitgaven in de ~ personal expenditure; private expenditures
privilege privilege
pro pro ★ het pro en contra the pros and cons
probaat approved, effective ★ een ~ geneesmiddel a sovereign remedy
probeersel experiment
proberen ● (iets beproeven) test, try (out), (v. wijn) sample ● (een poging doen) try, attempt ★ laat mij het eens ~ let me have a try/go/bash (at it) ★ probeer 't nog eens give it another try
probleem problem ★ het ~ met haar is ... the trouble with her is ... ★ we maken er geen ~ van we won't make a point of it
probleemgeval problematical case, problem
probleemgezin problem family
probleemkind problem child
probleemloos trouble-free, uncomplicated
probleemstelling formulation/definition of the/a problem
problematiek problem(s), question at hand
problematisch problematic(al)
procédé process
procederen take legal action, litigate ★ gaan ~ go to court
procedure ● (proces) suit, lawsuit, action ● (werkwijze) procedure ★ de juiste ~ the proper procedure
procent per cent ★ tegen acht ~ uitstaan be put out at eight per cent ★ voor de volle honderd ~ zeker dead certain
procentueel in terms of percentage
proces ● (rechtszaak) action, (strafrecht) (law)suit, trial ★ een ~ voeren (v. advocaat) conduct a case; (door eiser) prosecute an action ★ iem. een ~ aandoen bring an action against a person ★ in een ~ gewikkeld zijn be involved in a lawsuit ● (wijze waarop iets verloopt) process
procesgang progress (of a (production) process)
processie procession
processor microprocessor, central processing unit
proces-verbaal (bekeuring) charge, ticket ★ een ~ krijgen be booked ● (verslag) official report, (v. rechtzitting) minutes
proclamatie proclamation
proclameren proclaim
procuratiehouder confidential clerk, deputy manager
procureur solicitor, attorney
procureur-generaal attorney general
pro Deo free (of charge), gratis
pro-Deoadvocaat legal aid counsel
producent producer
producer producer
produceren produce, (warmte, e.d.) generate
product product

P

productie production, ⟨opbrengst⟩ output
productief productive, ⟨schrijver⟩ prolific ★ zijn
kennis ~ maken turn one's knowledge to account
productielijn production ⟨line⟩
productiemiddel production means
productiviteit productivity
proef • ⟨bewijs⟩ test, proof ★ dat is de ~ op de som
that settles it • proeven van bekwaamheid
afleggen pass a proficiency test • ⟨onderzoek⟩ test
★ de ~ doorstaan stand the test • de ~ op de som
nemen put to the test ★ op – on trial; on
probation • ⟨experiment⟩ test, experiment
★ proeven nemen experiment; carry out
experiments • een ~ ermee nemen give it a trial/
try-out • proeve van bewerking specimen page
proefabonnement trial subscription
proefballon pilot balloon, ⟨fig.⟩ ⟨trial⟩ kite ★ een ~
oplaten fly a kite; test the water
proefboring test/trial drill
proefdier laboratory animal, ⟨fig.⟩ guinea pig
proefdraaien ⟨give a⟩ trial/test run
proefdruk proof
proefkonijn laboratory rabbit, ⟨fig.⟩ guinea pig
proeflokaal bodega, bar
proefneming experiment
proefnummer specimen copy
proefondervindelijk • ⟨empirisch⟩ empirical
• ⟨experimenteel⟩ experimental
proefpersoon ⟨experimental/test⟩ subject
proefrit trial run, test drive
proefschrift thesis ★ 'n ~ verdedigen uphold/
defend a thesis
proefterrein proving ground, ⟨v. wapens⟩ test
range
proeftijd probation ★ iem. aanstellen met een ~
van één jaar appoint s.o. on one year's probation
proefverlof probationary/trial rehabilitation
period
proefvlucht test flight
proefwerk test paper
proesten • ⟨niezen⟩ sneeze • ⟨lachen⟩ snort,
splutter ★ ~ van 't lachen explode/snort with
laughter • ⟨snuiven⟩ snort
proeven • ⟨op smaak keuren⟩ taste, sample
• ⟨bespeuren⟩ sense ★ ik proef afkeuring in je
woorden I sense disapproval in your words
prof • ⟨hoogleraar⟩ prof • ⟨professional⟩ pro
profaan profane
profeet prophet [v: prophetess]
professie profession, trade ★ van ~ by profession
professioneel professional
professor professor ★ een verstrooide ~ an
absent-minded professor
profetie prophecy
profetisch prophetic
proficiat congratulations
profiel • ⟨zijaanzicht⟩ profile • ⟨insnijding op
band⟩ tread • ⟨typering⟩ profile
profielschets profile
profijt profit, gain ★ ~ trekken van benefit from
profijtbeginsel principle of consumer-paid
services, direct benefit principle
profijtelijk profitable
profileren • ⟨profiel aanbrengen⟩ profile, mould
• ⟨karakteriseren⟩ characterize, make known
★ zich ~ als present o.s. as
profiteren profit ⟨by/from⟩, benefit ⟨by/from⟩,
avail o.s. of, take advantage ⟨of⟩ ★ zoveel
mogelijk van onze tijd ~ make the most of our
time
profiteur profiteer
pro forma pro forma

profspeler pro⟨fessional⟩
prognose prognosis
program programme, ⟨pol.⟩ platform
programma • ⟨opsomming⟩ programme ★ een
druk ~ hebben have a busy schedule
• ⟨uitzending⟩ programme, broadcast • ⟨comp.⟩
program⟨me⟩ • ⟨pol.⟩ programme, platform
programmablad ⟨AE⟩ TV Guide, ⟨BBC⟩ Radio
Times
programmaboekje programme
programmamaker programme maker/producer
programmatuur software
programmeertaal computer language, machine
code
programmeren • ⟨programma opstellen⟩
program, schedule • ⟨comp.⟩ program
★ geprogrammeerde instructie programmed
instruction
programmering programming
programmeur programmer
progressie • ⟨toeneming⟩ progression
• ⟨vooruitgang⟩ progress
progressief • ⟨voortgaand⟩ progressive
• ⟨vooruitstrevend⟩ progressive, liberal
project project
projecteren project
projectie projection
projectiel missile, projectile ★ geleide ~en guided
missiles
projectiescherm screen
projectonderwijs project learning
projectontwikkelaar property/real estate
developer
projector projector, ⟨v. dia's⟩ slide projector
proleet vulgarian, cad
proletariaat proletariat
proletariër proletarian
proletarisch proletarian
proliferatie proliferation
prolongeren prolong, extend, ⟨film⟩ continue, ⟨v.
lening⟩ renew
proloog prologue
promenade ⟨weg⟩ promenade, ⟨winkelstraat⟩
shopping precinct
promenadeconcert promenade concert
promenadedek promenade deck
promesse promissory note
promillage permillage
promille per mille
prominent prominent
promiscue promiscuous
promiscuïteit promiscuity
promoten promote, push
promotie • ⟨bevordering⟩ promotion, rise ★ ~
maken get promotion • ⟨doctorsgraad behalen⟩
taking one's Ph.D./doctor's degree
• ⟨verkoopbevordering⟩ promotion • ⟨sport⟩
promotion
promotor • ⟨belangenbehartiger⟩ promoter
• ⟨hoogleraar⟩ ≈ supervisor of a Ph.D. student
promovendus doctoral student, Ph.D. student
promoveren I [ov ww] • ⟨doctorstitel verlenen⟩
doctor, confer a degree of doctor on **II** [on ww]
• ⟨doctorstitel verwerven⟩ take a doctor's degree
• ⟨sport⟩ be promoted
prompt I [bnw] • ⟨vlot⟩ prompt, quick • ⟨stipt⟩
punctual, prompt ★ ~ op tijd punctual ★ iets ~
kennen have it pat **II** [bijw] promptly, at once
pronken show ⟨o.s./s.th.⟩ off, flaunt ⟨o.s./s.th.⟩
pronkstuk showpiece
pront • ⟨flink⟩ lively, fine • ⟨onmiddellijk⟩ prompt
prooi • ⟨buit⟩ prey • ⟨slachtoffer⟩ prey, victim ★ ten

P

~ zijn aan be prey to

proost (inf.) bottoms up!, (bij drinken) cheers!, (bij niezen) bless you!

proosten toast

prop • (samengedrukte bol) ball, wad, (in de mond) gag, (klein) pellet ∗ ik had een prop in de keel I had a lump in my throat • (persoon) pudge ▼ op de proppen komen met come out with

propaan propane

propaganda propaganda

propagandamateriaal propaganda material

propagandistisch propagandist(ic)

propageren propagate

propedeuse foundation course

propedeutisch ∗ ~ examen first-year examination

propeller propeller

proper clean, (netjes) neat

proportie proportion, dimension

proportioneel proportional

propositie • (voorstel) proposition • (stelling) postulate

proppen stuff, cram ∗ zijn eten naar binnen~ stuff one's food into one's mouth

propvol chock-full, packed, chock-a-block ∗ de trein was ~ the train was packed (to capacity)

prospectus prospectus

prostaat prostate (gland)

prostituee prostitute, (op straat) streetwalker

prostitueren prostitute

prostitutie prostitution

protagonist protagonist

protectie protection, (steun) influence

protectionisme protectionism

protectoraat protectorate

protégé protégé [v: protégée]

proteïne protein

protest protest ∗ ~ aantekenen tegen lodge a protest against ∗ een ~ laten horen raise a protest ∗ onder ~ under protest ∗ uit ~ in protest

protestactie demonstration, protest (action)

protestant Protestant

protestantisme Protestantism

protestants Protestant

protesteren protest ∗ zonder ~ without protest

protestmars protest march

proteststaking protest strike

protestzanger protest singer

prothese prosthesis, (v. ledemaat) artificial limb, (v. tanden) dentures, false teeth

protocol • (verslag) protocol, record • (etiquette) protocol

protocollair formal, according to protocol, ceremonial

proton proton

prototype prototype

protserig showy, flashy, gaudy

proviand provisions

provinciaal I [de] provincial ∗ de Provinciale Staten the Provincial States; ≈ the County Council II [bnw] • (van de provincie) provincial • (kleinsteeds) parochial, provincial

provincie province • iem. uit de ~ s.o. from the country

provisie • (commissieloon) commission, (makelaar) brokerage • (voorraad) provisions, stock of food

provisiekast pantry, larder

provisorisch provisional

provo young person out to provoke the authorities

provocateur agent provocateur

provocatie provocation

provoceren provoke

proza prose

prozaïsch prosaic

pruik • (vals haar) wig • (haardos) mop of hair

pruikentijd the Regency period

pruilen pout, sulk

pruillip pouting mouth, pout ∗ een ~ trekken pout

pruim • (vrucht) plum ∗ gedroogde ~en prunes • (boom) plum (tree) • (tabakspruim) quid

pruimen • (tabak kauwen) chew tobacco • (verdragen) ∗ ik kan die man niet ~ I can't stand that man

pruimenmond pursed lips ∗ een ~je trekken purse one's lips

pruimtabak chewing tobacco

Pruis Prussian

Pruisisch Prussian

prul • (ding) trash, gimcrack, (v. krant) rag ∗ een prul van 'n ding (piece of) junk • (mens) ∗ een prul van 'n vent a nonentity

prullaria rubbish

prullenbak wastepaper basket, (AE) waste-basket

prullenmand wastepaper basket, (AE) waste-basket

prulschrijver scribbler

prut • (eenpansgerecht) mash, stew • (bezinksel) (v. koffie) grounds • (drab) mud, mire

prutsding piece of trash, piece of rubbish

prutsen • (knutselen) tinker (about/with), mess about with ∗ in elkaar ~ put together; fix; rig (up) ∗ er tussen ~ fiddle with s.th. until it fits • (klungelen) bungle

prutser • (klungelaar) bungler • (knutselaar) tinker(er)

prutswerk • (knoeiwerk) shoddy work, botch(-up) • (peuterwerk) finicky work

pruttelen • (koken) simmer, (koffie) percolate • (mopperen) grumble

psalm psalm

psalmboek psalm book

psalmbundel psalter

pseudo- pseudo-

pseudoniem pseudonym

psoriasis psoriasis

pst pst

psyche psyche

psychedelisch hallucinogenic, psychedelic

psychiater psychiatrist, (ironisch) shrink

psychiatrie psychiatry

psychiatrisch psychiatric

psychisch psychic(al)

psychoanalyse psychoanalysis

psychologie psychology

psychologisch psychological

psycholoog psychologist

psychoot psychotic

psychopaat psychopath

psychose psychosis

psychosociaal psychosocial

psychosomatisch psychosomatic

psychotherapie psychotherapy

psychotisch psychotic

PTT P.O., (BE) Post Office, (AE) U.S.P.O., United States Post Office ∗ bij de PTT werken work for the Post Office

puber adolescent

puberaal adolescent, juvenile

puberteit puberty

publicatie publication

publiceren publish

publicist publicist, writer on current affairs, journalist

P

publicitair (m.b.t. media) *advertising*, (m.b.t. reclame) *publicity*
publiciteit *publicity* ∗ ~ geven aan *give publicity to; advertise* ∗ in de ~ brengen *bring to public notice*
publiciteitscampagne *publicity campaign*
publiciteitsstunt *publicity stunt*
public relations *public relations*
publiek I [het] *public*, (v. culturele gebeurtenis) *audience*, (v. sport) *crowd* ∗ 't grote ~ *the general public* **II** [bnw] (algemeen) *public* ∗ ~ geheim *open secret* ∗ ~ worden *become known* ● (voor iedereen) ∗ ~e vrouw *prostitute* ∗ ~e zitting *open court* ∗ ~e werken *public works*
publiekelijk *openly, publicly, in public*
publieksfilm *popular film*
publiekstrekker *crowd puller*, (box-office) *draw/attraction*
pudding *pudding*
puf *energy* ∗ ik heb er geen puf in *I don't feel up to it; I can't be bothered (with it)*
puffen *puff, pant* ∗ ~ van de hitte *pant with the heat*
pui *front*, (v. winkel) *shopfront*
puik *choice* ∗ hij ziet er puik uit *he looks great*
puikje *pick (of the bunch)* ∗ 't ~ van ... *the pick of...*
puilen *bulge* ∗ de ogen puilden hem uit het hoofd *his eyes popped out (of) their sockets*
puimsteen *pumice*
puin *debris, rubbish, rubble* ∗ in puin vallen *fall to pieces* ∗ puin storten *shoot rubble* ∗ in puin liggen *lie in ruins* ▼ zijn auto in puin rijden *smash up one's car*
puinhoop (hoop puin) *heap of rubble/rubbish* ● (warboel) *mess*
puist *pimple, spot*, (med.) *pustule*
puk *mite, tiny tot*
pukkel ● (puist) *pimple, spot*, (AE, inf.) *zit* ● (tas) *satchel*
pul ● (bierpul) *tankard* ● (vaas) *vase, jug*
pulken *pick* ∗ in de neus ~ *pick one's nose*
pulli *turtleneck*
pulp ● (brij) *pulp* ● (slecht product) *pulp*, (m.b.t. boeken) *junk reading*
pulseren *pulsate, throb*
pummel *lout*
pump *court shoe*
punaise *drawing pin*, (AE) *thumbtack*
punch *punch*
punctie *puncture*
punctueel *punctual*
punk ● (subcultuur) *punk* ● (punker) *punk rocker*
punniken (frunniken) *fiddle with, pick at* ● (breien) *French knitting*
punt I [de] ● (uiteinde) *tip, point*, (v. kaas e.d.) *wedge-shaped piece*, (v. zakdoek, tafel) *corner* ● (stip) *dot*, (decimaalpunt) *decimal (point)*, (leesteken) *period, full stop*, (v. letterkorps) *point* ∗ dubbele punt *colon* ∗ punten en strepen *dots and dashes* ∗ ergens een punt achter zetten (m.b.t. werk) *call it a day* **II** [het] ● (moment) *point* ∗ op 't punt staan om... *be on the point of...; be about to...* ● (onderdeel, kwestie) *point, item*, (gezichtspunt) *point of view*, (v. dagvaarding) *count* ∗ punt voor punt *point by point* ∗ een punt van belang *an important point* ∗ een punt van bespreking *subject for discussion* ∗ dit vormt een punt van overweging *this is a subject for consideration; this is a point to be considered* ● (waarderingseenheid) *point, mark* ∗ op punten winnen *win on points* ● (plaats) *point*
puntbaard *pointed beard*

puntbroodje ≈ (soft) *roll*
puntdicht *epigram*
punten ● (een punt maken aan) *point, sharpen* ● (afknippen) *trim*
puntenschaal *point scale*
puntenslijper *pencil sharpener*
punter ● (boot) *punt* ● (sport) *toe-kick/-shot*
puntgaaf *flawless, perfect* ∗ een ~ exemplaar *a perfect specimen; a specimen in mint condition*
punthoofd ∗ ik krijg hier een ~ van *this just drives me up the wall*
puntig ● (spits) *pointed, sharp* ● (kernachtig) *pointed, sharp, witty*
puntje ● (kleine punt) *tip, dot* ∗ de ~s op de i zetten *dot the i's and cross the t's* ∗ iets tot in de ~s kennen *know s.th. to perfection* ● (broodje) *roll* ▼ als ~ bij paaltje komt *when it comes to the point* ▼ de ~s op de i zetten *dot the i's and cross the t's* ▼ tot in de ~s verzorgd (v. mensen) *highly groomed;* (v. dingen) *highly finished* ▼ er in de ~s uitzien *look spick and span* ▼ daar kun je een ~ aan zuigen *that takes the shine out of you* ▼ het ligt op het ~ van mijn tong *it's on the tip of my tongue*
puntkomma *semi-colon*
puntmuts *pointed cap/hat*
puntschoen *pointed shoe*, (inf.) *winkle-picker*
puntsgewijs *point by point*
puntzak *cone(-shaped bag)*
pupil ● (kind) *pupil, ward* ● (leerling) *pupil, student* ● (oogpupil) *pupil* ● (sport) *junior*
puppy *pup(py)*
puree *puree* ∗ aardappel~ *mashed potatoes* ∗ in de ~ zitten *be in trouble*
pureren *puree*
purgeermiddel *purgative, laxative*
purisme *purism*
purist *purist*
puritein *puritan*, (in Engeland) *Puritan*
puriteins *puritanical*
purper *purple*
purperrood *purplish-red, crimson*
purser *purser*
pus *pus*
pushen ● (aanzetten) *push/urge (on), drive (on), push* ● (promoten) *push, back*
put (kuil) *pit*, (v. water, gas, olie) *well* ∗ 'n put graven *sink a well* ▼ in de put zitten *be down-hearted* ▼ je geld in een bodemloze put gooien *pour/throw your money down the drain*
putsch *putsch, coup (d'état)*
putten ● (water ophalen) *draw* ● (ontlenen) *draw (from/on)* ∗ uit eigen ervaring ~ *draw from one's own experience*
puur *pure*, (v. alcoholische dranken) *neat*, (v. chocola) *plain*, (v. nonsens) *sheer*
puzzel ● (probleem) *puzzle, riddle* ● (legpuzzel) *puzzle, jigsaw (puzzle)*
puzzelaar *puzzler*
puzzelen ● (puzzels oplossen) *solve/do (crossword/jigsaw etc.) puzzles* ● (diep nadenken) *puzzle*
puzzelrit (per auto) *treasure rally*, (per fiets en voet) *treasure hunt/-trail*
puzzelwoordenboek *crossword dictionary*
pvc *PVC*
pygmee *pygmy*
pyjama *(pair of) pyjamas*
pyromaan *pyromaniac*
Pyrrusoverwinning *Pyrrhic victory*

P

Q

q (the letter) Q/q
qua qua, as for
quadrafonie quadraphony
quarantaine quarantine ∗ in ∼ liggen be (put) in quarantine
quartair quaternary ∗ ∼ gesteente Quaternary formation ● de ∼e sector public sector
Quartair (the) Quaternary
quasi quasi, pseudo, mock ∗ ∼ academisch quasi-academic
quatre-mains ∗ à ∼ for four hands ● een ∼ a (piano) duet ∗ ∼ spelen play (piano) duets
quatsch nonsense, rubbish
queeste quest
querulant querulous person, (inf.) grouser
quiche quiche
quitte quits ∗ we zijn ∼ we are quits ∗ ∼ spelen break even
qui-vive ▾ op zijn ∼ zijn be on the alert
quiz quiz
quizmaster quizmaster
quorum quorum
quota quota, contingent, share
quote quota
quoteren quote
quotiënt quotient ∗ intelligentie ∼ intelligence quotient

R

r (the letter) R/r
ra yard ∗ grote ra main yard
raad ● (advies) advice, counsel ∗ op raad van on the advice of ∗ bij iem. te rade gaan consult a person ∗ luister naar mijn raad listen to my advice; listen to me ∗ iem. raad geven advise/counsel a person ∗ met raad en daad in word and deed ● (uitweg) ∗ hij weet altijd raad he is never at a loss ∗ daar weet ik wel raad mee I can manage that ● (adviserend college) council, (vnl in besloten organisatie) board ∗ de Raad van State Council of State; (BE) Privy Council; ≈ (AE) National Security Council ∗ Raad van Arbeid Labour Council ∗ Raad van Beheer/Commissarissen Board of Directors ∗ Raad van Europa Council of Europe ∗ Raad van Toezicht Supervisory Board ▾ goede raad was duur here was a dilemma
raadgever adviser
raadgeving advice, (officieel) notification
raadhuis town hall, (v. stad) city hall
raadpensionaris Grand Pensionary
raadplegen consult, seek advice ∗ een arts ∼ see a doctor
raadsbesluit council decision, (v. gemeenteraad) ordinance ∗ de ∼en van God the dispensations of Providence
raadscommissie council committee
raadsel ● (iets onbegrijpelijks) mystery, puzzle, enigma ∗ het is voor mij een ∼ it is a mystery to me ● (opgave) riddle
raadselachtig enigmatic, mysterious ∗ een ∼ persoon an enigmatic person ∗ een ∼ toeval an odd coincidence
raadsheer ● (schaakstuk) bishop ● (rechter) councillor
raadslid councillor
raadsman ● (raadgever) adviser, (jur.) counsel ● (advocaat) counsel
raadzaal council chamber
raadzaam advisable, wise ∗ het is ∼ om te it would be wise to
raaf raven ▾ hij steelt als de raven he has sticky fingers
raak ● (doel treffend) ∗ raak schieten hit the mark ∗ die klap was raak that blow went home ● (juist) to the point ∗ raak antwoord a quick retort ▾ maar raak praten talk at random; talk away
raaklijn tangent
raakpunt point of contact, juncture
raakvlak ● (gemeenschappelijk gebied) interface ● (wisk.) tangent plane
raam ● (venster) window ∗ de kat zat voor het raam the cat sat in the window ∗ hij stond voor het raam he stood at the window ● (kader) context, frame ● (lijst) frame
raamadvertentie window card
raamkozijn window frame
raamvertelling frame story
raamwerk ● (houtwerk) frame ● (globale opzet) outline, framework
raamwet skeleton law, legislative framework
raap turnip ▾ recht voor zijn raap straightforward
raar ● (vreemd) strange, odd, weird ∗ een raar mens a queer fish ● (onwel) ∗ zich raar voelen feel strange; feel out of sorts
raaskallen rave, talk gibberish
raat honeycomb

rabarber *rhubarb*
rabat *discount, rebate*
rabbijn *rabbi*
rabiës *rabies*
race *race*
racebaan *race track*, ⟨AE⟩ *racecourse*, ⟨autosport ook⟩ *circuit*, ⟨vnl. motorsport⟩ *speedway*
racefiets *racing bicycle*
racen ● ⟨zeer snel gaan⟩ *speed* ● ⟨aan een race deelnemen⟩ *race*
racewagen *racing car*
raciaal *racial, ethnic* ⋆ *raciale onlusten race riots*
racisme *racism*
racist *racist*
racistisch *racist*
racket *racket*
rad I [het] *wheel* ▼ *iem. een rad voor ogen draaien throw dust in a person's eyes* ▼ *rad van avontuur wheel of fortune* **II** [bnw] *swift, glib* ⋆ *rad van tong zijn have the gift of the gab; always ready with a quick retort*
radar *radar*
radarscherm *radar screen*
radbraken ● ⟨martelen⟩ *break upon the wheel* ● ⟨verhaspelen⟩ *mutilate/ruin a language* ▼ *ik was geradbraakt I was exhausted; I was dead beat*
raddraaier *ringleader*
radeermesje *erasing knife*
radeloos *desperate*
radeloosheid *despair, desperation*
raden ● ⟨gissen⟩ *guess* ⋆ *goed/mis ~ guess right/ wrong* ⋆ *~ naar guess at* ⋆ *ik geef je te ~ wie guess who* ● ⟨raadgeven⟩ *advise, counsel* ⋆ *het is je ge~ ermee op te houden you'd better be adviced to stop doing that* ⋆ *dat is je ge~ ook you'd better*
raderboot *paddle-boat*
raderen ● ⟨afkrabben⟩ *erase*, ⟨met gummetje⟩ *rub out*, ⟨met mesje⟩ *scratch off* ● ⟨etsen⟩ *engrave, etch* ● ⟨overtrekken⟩ *trace*
raderwerk *wheels*, ⟨v. klok⟩ *clockwork*
radiator *radiator*
radicaal I [de] *radical* **II** [bnw] *radical, drastic*
radicalisme *radicalism*
radijs *radish*
radio ● ⟨uitzending⟩ *radio* ⋆ *voor de ~ spreken/ optreden broadcast* ● ⟨toestel⟩ *radio*
radioactief *radioactive*
radioactiviteit *radioactivity*
radiobesturing *radio control*
radiocassetterecorder *radio-cassette-recorder*
radiografie *radiography*
radiografisch *radiographic*
radioloog *radiologist*
radionieuwsdienst ● ⟨uitzending⟩ *radio news (broadcast)* ● ⟨dienst⟩ *radio news service*
radio-omroep *broadcasting service*
radioprogramma *radio programme*
radioscopie *radioscopy*
radiostation *radio station*
radiotoestel *radio (set)*
radiowekker *clock-radio*
radiozender *radio transmitter*
radium *radium*
radius *radius*
radja *rajah*
radslag *cartwheel* ⋆ *een ~ maken turn a cartwheel*
rafel *frayed end, loose end* ⋆ *knip de ~s er af cut off the loose threads*
rafelen I [ov ww] ● ⟨losmaken⟩ *unravel* **II** [on ww] ● ⟨losraken⟩ *fray*
rafelig *frayed, unravelled*
raffia *raffia*

raffinaderij *refinery*
raffinement *refinement*, ⟨geraffineerdheid⟩ *subtlety*
raffineren *refine*
rag *cobweb*
rage *craze, rage, trend*
ragebol ● ⟨borstel⟩ *broom* ● ⟨haardos⟩ *mop of hair*
ragfijn *filmy, gossamer* ⋆ *het was ~ it was filmy*
ragout *ragout*
rail ● ⟨roede⟩ *rail* ● ⟨spoorstaaf⟩ *rail* ⋆ *uit de rails lopen be derailed; come off the rails* ▼ *de zaken op de rails zetten put things back on the rails*
railvervoer *rail(road) transport(ation)*
rakelings ⋆ *iem./iets ~ voorbijgaan brush past a person/a thing*
raken I [ov ww] ● ⟨ontroeren⟩ *move, touch* ⋆ *het heeft mij diep geraakt it touched me deeply; it moved me* ● ⟨betreffen⟩ *concern, affect* ● ⟨aanraken⟩ *touch* ● ⟨treffen⟩ *hit* ⋆ *de schijf/het doel ~ hit the target* **II** [on ww] ● ⟨geraken⟩ ⋆ *aan de praat ~ begin a conversation* ⋆ *in moeilijkheden ~ get into difficulties; fall on hard times*
raket *rocket*
rakker *rascal, scamp*
rally *rally*
ram ● ⟨mannetjesschaap⟩ *ram* ● ⟨sterrenbeeld⟩ *Aries, the Ram* ⋆ *ik ben een ram I am an Aries* ● ⟨stormram⟩ *battering ram*
RAM *RAM, random access memory*
ramadan *Ramadan*
ramen *estimate* ⋆ *de kosten werden geraamd op the costs were estimated at*
raming *estimate*
rammelaar ● ⟨speelgoed⟩ *rattle* ● ⟨mannetjeskonijn⟩ *buck rabbit*
rammelen I [ov ww] ● ⟨door elkaar schudden⟩ *shake* **II** [on ww] ● ⟨geluid maken⟩ *rattle*, ⟨v. geld⟩ *jingle* ● ⟨gebrekkig in elkaar zitten⟩ *be ramshackle, be shaky* ▼ *ik rammel van de honger I am famished*
rammelkast ● ⟨piano⟩ *ramshackle old piano* ● ⟨voertuig⟩ *jalopy*
rammen *ram*
rammenas *winter radish*
ramp *catastrophe, disaster*
rampenplan *contingency plan*
rampgebied *disaster area, distressed area*
rampspoed *adversity, misfortune*
ramptoerisme *morbid sightseeing, following a disaster*
rampzalig *disastrous* ⋆ *~ jaar disastrous year*
ramsj ● ⟨handel⟩ *trade in second-hand/remaindered stock* ⋆ *een boek in de ~ gooien remainder a book* ● ⟨rommel⟩ *seconds, junk, rejects*
ramsjpartij *batch of rejects/seconds*
ranch *ranch*
rancune *rancour* ⋆ *sans ~ no ill feeling; without rancour*
rancuneus *rancorous, spiteful*
rand ● ⟨omtrek, grens⟩ *edge*, ⟨richel⟩ *ledge*, ⟨v. bloemen, gras⟩ *border*, ⟨v. bos, tafel, water⟩ *edge*, ⟨v. hoed⟩ *brim*, ⟨v. volume⟩ *brim*, ⟨v. kopje⟩ *rim* ⋆ *aan de rand van de stad on the outskirts/periphery of town* ⋆ *aan de rand van het water at the edge of the water* ⋆ *tot de rand vol filled to the brim; brimful* ● ⟨uiterste rand⟩ *verge*, ⟨v. afgrond⟩ *brink* ⋆ *aan de rand van de ondergang on the verge of ruin*
randapparatuur *peripheral equipment*
randfiguur *background/minor figure*
randgebied ⟨geo.⟩ *outlying area*, ⟨v. denkwijze,*

R

maatschappij) *on the fringes of*
randgemeente ≈ *satellite town*
randgroep ⟨m.b.t. samenleving⟩ *fringe group,* ⟨m.b.t. welvaartsniveau⟩ *subsistence level group*
randgroepjongere *drop-out*
randschrift *legend*
randstad *urban conglomeration, conurbation*
randstoring *secondary depression*
randverschijnsel *marginal/peripheral phenomenon*
randvoorwaarde *essential pre-condition, prerequisite constraint*
rang ● (plaats in hiërarchie) *rank, position* ∗ van de eerste rang *first-class* ∗ in rang boven/onder iem. staan *rank above/below s.o.*
● (maatschappelijke stand) *rank* ∗ mensen van alle rangen en standen *people of all ranks and classes* ● (plaats in schouwburg) ∗ eerste rang *dress circle*
rangeerder *shunter*
rangeerterrein *marshalling yard*
rangeren *shunt*
ranglijst *list*
rangnummer *serial number*
rangorde *order of rank, hierarchy*
rangschikken ● (ordenen) *order, arrange*
● (indelen) *range,* ⟨in categorie⟩ *class,* ⟨m.b.t. rangorde⟩ *classify* ∗ ~ onder *classify under*
rangschikking ● (ordening) *arrangement*
● (indeling) *classification*
rangtelwoord *ordinal*
ranja *orangeade*
rank I [de] *tendril* **II** [bnw] *slender*
ranonkel *ranunculus*
ransel *knapsack* ∗ een goed pak ~ krijgen *get a good hiding*
ranselen *thrash, flog, beat*
ransuil *long-eared owl*
rantsoen *ration* ∗ op ~ stellen *ration*
rantsoeneren *ration*
ranzig *rancid*
rap *quick, agile,* ⟨v. beweging, verstand⟩ *nimble* ∗ hij is nog rap ter been *he is still agile*
rapen *pick up*
rappelleren ● (terugroepen) *recall* ● (aanmanen) *remind*
rappen *rap*
rapport *report* ∗ ~ maken van *report*
rapportage *report(age)*
rapportcijfer *mark,* ⟨AE⟩ *grade*
rapporteren *report*
rapsodie *rhapsody*
rariteit *curiosity*
rariteitenkabinet *collection of curiosities*
ras I [het] ⟨v. dieren⟩ *breed,* ⟨v. mensen⟩ *race,* ⟨v. planten⟩ *variety* **II** [bnw] *quick, swift* ∗ met rasse schreden *swiftly*
rasecht ⟨raszuiver⟩ *thoroughbred* ● ⟨echt⟩ *born* ∗ een ~e toneelspeler *a born actor*
rasegoïst *arch egoist*
rashond *pedigree dog*
rasp *grater*
raspen *grate*
rassendiscriminatie *racial discrimination*
rassenhaat *racial hatred*
rassenvraagstuk *race/racial problem*
rasta *rasta, rastafarian*
raster ● (hekwerk) *fence,* ⟨v. hout⟩ *picket fence*
● (puntenpatroon) *screen*
rasterfoto *halftone photo*
raszuiver *thoroughbred*
rat *rat*

rataplan ▾ de hele ~ *the whole caboodle*
ratatouille *ratatouille*
ratel ● (persoon) *chatterbox,* ⟨pej.⟩ *blabbermouth* ∗ zijn ~ staat geen ogenblik stil *his tongue is always wagging* ∗ hou je ~! *shut your trap!*
● (instrument) *rattle*
ratelen ● (geluid maken) *rattle,* ⟨v. donder⟩ *crash*
● (druk praten) *chatter*
ratelslang *rattlesnake*
ratificatie *ratification*
ratificeren *ratify*
ratio *reason*
rationaliseren *rationalize*
rationalistisch *rationalist(ic)*
rationeel *rational*
ratjetoe ● (stamppot) *hotch-potch* ● (allegaartje) *hash, hotch-potch* ∗ een ~ van stijlen *a medley of styles*
rato ▾ naar rato *pro rata; in proportion (to)*
rats ▾ vreselijk in de rats zitten *have one's heart in one's mouth; be panic stricken*
rauw ● (ongekookt) *raw* ● (schor) *raucous*
● (ontveld) *open,* ⟨v. wond⟩ *raw* ● (grof) *rough* ▾ dat viel me rauw op m'n dak *that was an unpleasant surprise*
rauwkost *raw/uncooked food, raw vegetables,* ⟨salade⟩ *vegetable salad*
ravage *havoc, devastation*
ravijn *ravine, gorge*
ravotten *romp*
rayon ● (werkgebied) *area* ● (kunstzijde) *rayon*
razen ⟨tekeergaan⟩ *rage, rave* ● (zoeven) *race*
razend ● (woedend) *furious* ∗ iem. ~ maken *drive s.o. mad; infuriate s.o.* ∗ 't is om ~ te worden *it's enough to drive you mad/crazy* ● (hevig) ∗ ~e honger *ravenous appetite* ∗ ~ verliefd *madly in love*
razendsnel *rapid, quickly, like a flash/shot*
razernij *frenzy, rage,* ⟨krankzinnigheid⟩ *madness*
razzia *raid, round-up,* ⟨gesch.⟩ *razzia*
re *re*
reactie *reaction* ∗ in ~ op *in response to*
reactiesnelheid *reaction rate*
reactionair I [de] *reactionary* **II** [bnw] *reactionary*
reactor *reactor*
reactorvat *reactor/reaction vessel*
reader *reader*
reageerbuis *test tube*
reageerbuisbaby *test-tube baby*
reageerbuisbevruchting *in vitro fertilization*
reageren *react* ∗ ~ op *react to*
realisatie *realization*
realiseren I [ov ww] *realize* **II** [wkd ww] *realize*
realisering ● (besef) *realization, awareness*
● (verwezenlijking) *realization, execution, completion*
realisme *realism*
realist *realist*
realistisch *realistic*
realiteit *reality*
realpolitik *realpolitik*
reanimatie *resuscitation, reanimation, bringing to*
reanimeren *resuscitate, reanimate*
rebel *rebel*
rebelleren *rebel*
rebellie ● (opstand) *rebellion* ● (opstandigheid) *rebelliousness*
rebels *rebellious*
rebus *rebus*
recalcitrant *recalcitrant*
recapituleren *recapitulate*
recensent *reviewer, critic*

recenseren review, ⟨beknopt⟩ notice
recensie review, criticism ★ goede ~s rave reviews
recensie-exemplaar review copy
recent recent
recentelijk recently, of late, lately ★ ik heb hem ~ gezien I saw him recently
recept ● ⟨keukenrecept⟩ recipe ● ⟨doktersrecept⟩ prescription
receptie ● ⟨ontvangst⟩ reception ★ een ~ houden give a reception ● ⟨balie⟩ reception ⟨desk⟩
receptionist receptionist
reces recess ★ op ~ gaan go into recess
recessie recession
recette receipts, takings, ⟨sport⟩ gate, gate-money
rechaud hot plate
recherche criminal investigation department
rechercheur detective
recht I [het] ● ⟨overheidsvoorschriften⟩ law ● ⟨rechtsgeleerdheid⟩ ⟨inf.⟩ law, ⟨form.⟩ jurisprudence ● ⟨rechtspleging⟩ ★ iem. in ~e aanspreken take s.o. to court; ⟨vnl. voor vergoeding⟩ sue a person ● ⟨gerechtigheid⟩ right, justice ★ zich ~ verschaffen procure justice ★ het ~ in eigen hand nemen take the law into one's own hands ★ in zijn ~ zijn be within one's rights ★ ~matig rightful ● ⟨bevoegdheid, aanspraak⟩ right, ⟨auteursrechten⟩ copyright ★ ~ hebben op have a right to ★ op zijn ~ staan stand on one's right ★ ~ van spreken hebben have a say in the matter ★ ~ geven op entitle to ★ ~ van vereniging en vergadering right of free assembly ★ 't ~ van de sterkste the law of the jungle ★ ~ van beroep right of appeal ● ⟨belasting⟩ duty, ⟨op documenten⟩ fee, ⟨te betalen⟩ duties ★ vrij van ~en duty-free ▼ tot zijn ~ komen show to full advantage ▼ ~ doen do justice ▼ ik weet er het ~e niet van I don't know the rights of it **II** [bnw] ● ⟨niet gebogen⟩ straight ★ ~ van lijf en leden straight-limbed; able-bodied ★ ~ zetten adjust; ⟨fig.⟩ put straight; rectify ★ het bij her ~e eind hebben be right; have the right end of the stick ★ de vraag blijft ~ overeind staan the question remains unsolved ● ⟨loodrecht⟩ ★ ~e hoek right angle **III** [bijw] quite, straight, right ● ⟨niet gebogen⟩ straight ★ ~ afgaan op make straight for; make a bee-line for ★ ⟨rechtop, loodrecht⟩ straight ⟨up⟩, upright ★ ⟨precies⟩ ★ iem. ~ in het gezicht kijken look a person full in the face
rechtbank ● ⟨college van rechters⟩ law court, court of justice ● ⟨gerechtsgebouw⟩ court
rechtdoor straight on/ahead
rechtdoorzee straightforward, candid
rechteloos without rights, ⟨gesch.⟩ outlawed
rechten bend straight, straighten ⟨out⟩
rechtens by right(s)
rechter I [de] judge ★ ~ van instructie examining magistrate ▼ eigen ~ spelen take the law into one's own hands **II** [bnw] right(-hand) ★ de ~ voet the right foot
rechter-commissaris examining judge/magistrate
rechterhand right hand ★ tegenover het gebouw aan je ~ opposite the buildig on your right ▼ zij heeft twee ~en she is very good with her hands
rechterkant right(-hand) side ★ auto met stuur aan ~ right-hand drive car ★ aan de ~ ⟨auto, enz.⟩ on the right(-hand) side; ⟨BE, verkeer⟩ on the offside
rechterlijk judicial ★ de ~e macht judiciary ★ ~e uitspraak ⟨v. adviseur⟩ legal judgement; ⟨v. rechter en jury⟩ verdict

rechtervleugel right wing
rechtgeaard right-minded
rechthebbende ⟨rightful⟩ claimant
rechthoek rectangle
rechthoekig ● ⟨met rechte hoeken⟩ right angled ★ ~ staan op be at right angles to ● ⟨met rechthoekige vorm⟩ rectangular
rechtlijnig ● ⟨logisch⟩ ★ ~ denken think along fixed lines ● ⟨wisk.⟩ rectilinear
rechtmatig rightful, legitimate ★ de ~e erfgenaam the legitimate heir
rechtop upright, erect ★ ~ gaan zitten sit up ★ ~ zitten sit straight
rechtopstaand vertical, erect, upright, on end
rechts ● ⟨aan de rechterkant⟩ on/to/at the right ★ ~ inhalen pass/overtake on the nearside ★ goed ~ rijden drive well on the right; ⟨inf.⟩ hug the curb/right ★ met het stuur ~ with right-hand drive ● ⟨rechtshandig⟩ right-handed ● ⟨pol.⟩ right-wing
rechtsaf to the right
rechtsback right back
rechtsbeginsel legal principle
rechtsbijstand legal aid
rechtschapen righteous, honest
rechtsdraaiend dextrorotatory
rechtsgang court procedure, judicial process
rechtsgebied jurisdiction
rechtsgeding lawsuit
rechtsgeldig legal, valid ★ een ~ contract a valid contract ★ een ~ argument a legal argument
rechtsgeleerde jurist, ⟨inf.⟩ lawyer
rechtsgeleerdheid jurisprudence ★ de faculteit der ~ the faculty of law
rechtsgelijkheid equality before the law
rechtsgevoel sense of justice
rechtsgrond legal ground
rechtshandeling act of law, legal act/transaction
rechtshandig right-handed
rechtshulp legal aid/assistance
rechtskracht legal force, force of law
rechtskundig legal ★ ~ adviseur legal adviser
rechtsom to the right
rechtsomkeert about turn ★ ~ maken do an about-face/about-turn; ⟨fig.⟩ turn on one's heel
rechtsorde legal system
rechtspersoon legal body, statutory body, ⟨vereniging⟩ corporation ★ als ~ erkend worden be incorporated
rechtspleging administration of justice
rechtspositie legal status
rechtspraak ● ⟨rechtspleging⟩ jurisdiction ● ⟨jurisprudentie⟩ jurisprudence
rechtspreken administer justice
rechtsstaat constitutional state
rechtsstelsel legal system, system of law
rechtstandig perpendicular
rechtstreeks ● ⟨zonder omwegen⟩ direct ★ zij ging ~ naar de kroeg she went straight to the pub ● ⟨live⟩ ★ ~e uitzending live broadcast
rechtsvervolging prosecution ★ iem. van ~ ontslaan dismiss the case against a person
rechtsvordering ● ⟨vordering⟩ legal action ★ een ~ tegen iem. instellen take legal action against s.o. ● ⟨procesrecht⟩ procedural law
rechtswege ★ van ~ by law; legally
rechtswetenschap jurisprudence
rechtswinkel law centre
rechtszaak lawsuit
rechtszaal courtroom
rechtszekerheid ⟨form.⟩ legal protection, ⟨inf.⟩ legal cover ★ hebben wij ~? are we legally covered?

R

rechtszitting session in court, court case
rechttoe * ~, rechtaan straightforward; outright
rechtuit • (rechtdoor) straight on • (ronduit) outright
rechtvaardig just, (v. persoon, actie) righteous
rechtvaardigen justify, warrant * niet te ~ unjustifiable * gerechtvaardigd justifiable; legitimate
rechtvaardigheid justice, (v. persoon, actie) righteousness
rechtzetten • (overeind zetten) set/put up, (in goede stand) adjust • (ophelderen) rectify
rechtzinnig orthodox
recidive • (misdaad) recidivism • (ziekte) relapse
recidivist recidivist, backslider, (m.b.t. misdrijf) hardened offender
recipiëren receive (guests), give a reception
recital recital
reciteren recite, (met passie) declaim
reclame • (aanprijzing) advertising, publicity * ~gevoelig publiek admass * veel ~ maken voor iets promote s.th. • (middel, voorwerp) neon sign, (advertentie) advertisement, (radio, tv) spot • (bezwaar) protest, (tegen belasting) appeal • (aanbieding) * in de ~ on sale; on special offer
reclamebureau advertising agency
reclamecampagne advertising campaign
reclameren • (terugvorderen) reclaim, claim back • betaling ~ request a refund * ~ bij afzender demand remittance • (bezwaar indienen) protest, complain (about)
reclamespot advertisement
reclamestunt publicity stunt
reclamezuil advertising column
reclasseren rehabilitate
reclassering rehabilitation of discharged prisoners, (BE) probation and after-care services
reconstructie reconstruction
reconstrueren • (herstellen) reconstruct • (opnieuw voorstellen) reconstitute
record record
recordaantal record number
recorder recorder
recordhouder record-holder
recordtijd record time
recreant holiday-maker
recreatie recreation
recreatief recreational
recreatiegebied recreation area
recreatiepark recreation ground/park
recreatiesport (leisure) sport
recreatiezaal recreation room
rectificatie rectification
rectificeren rectify
rector • (voorzitter) rector • (hoofd van school) headmaster
rectum rectum
reçu receipt, slip, (v. bagage, kleding) check, (v. postzending) proof of posting
recupereren I [ov ww] • (terugwinnen) recycle **II** [on ww] • (zich herstellen) recuperate, recover
recyclen recycle
recycling recycling
redacteur editor

redactie • (de redacteuren) editors, (afdeling) editorial office • (het redigeren) editorship
redactioneel editorial
reddeloos irretrievable, beyond repair * ~ verloren irretrievably lost
redden I [ov ww] • (in veiligheid brengen) save, rescue * niet meer te ~ past saving • (voor elkaar krijgen) manage • iem. uit een moeilijkheid ~

get a person out of difficulty **II** [wkd ww] * ik kan me met 10 gulden ~ ten guilders will help me out; I can make do with ten guilders * hij zal zich wel weten te ~ he'll manage * hij redt zichzelf he can look after himself ▼ zijn figuur trachten te ~ try to save one's face
redder • (verlosser) saviour * de Redder the Saviour • (iem. die redt) rescuer
redderen put in order, arrange
redding • (het redden) rescue • (verlossing) deliverance, salvation
reddingsactie rescue operation
reddingswezen rescue work
rede • (verstand) reason, sense * iem. tot rede brengen bring a person to his senses * naar rede luisteren listen to reason • (toespraak) speech • (het spreken) * iem. in de rede vallen interrupt a person • (ankerplaats) roadstead [mv: roads]
redelijk I [bnw] • (met verstand) rational, (verstandig) sensible • (billijk) reasonable, fair * wees ~ be reasonable • (vrij goed) passable, tolerable **II** [bijw] rather * het is ~ ver it is rather far
redelijkerwijs • (logisch beschouwd) reasonably • (volgens billijkheid) in fairness
redelijkheid • (billijkheid) fairness • (verstandigheid) reasonableness
redeloos • (zonder verstand) irrational, senseless • (dwaas) unreasonable, (zinloos) senseless
reden • (beweegreden) reason, motive * ~ te meer all the more reason * 't geeft ~ tot praatjes it gives rise to gossip * en met ~ and with (good) reason * er is alle ~ om... there is every reason to... * zonder geldige ~ without valid/good reason * ~ tot dankbaarheid hebben have reason to be thankful • (aanleiding) ground, cause * ~ geven voor ongerustheid give cause for alarm * dat is de ~ waarom that's the reason why * zonder opgaaf van ~en without stating reasons * een besluit met ~en omkleden state reasons/ grounds for a decision
redenaar orator
redenatie argument
redeneren reason, argue * daar is niet tegen te ~ there's no arguing with that
redenering • (gedachtegang) reasoning, argument • (betoog) argument, (form.) discourse * zijn ~ was... his point was...
reder ship owner
rederij shipping company, (v. goederenvervoer) merchant shipper, (v. passagiersvervoer) shipping line
rederijker rhetorician
redetwist dispute
redetwisten dispute
redevoering speech
redigeren • (opstellen) draw up, draft * een document ~ draw up a document * een wetsartikel ~ draft a bill • (redactie voeren) edit
redmiddel remedy * het laatste ~ the last resort
reduceren • (verminderen) reduce * tegen gereduceerd tarief at cut/reduced rate • (herleiden) reduce, (v. munten) devalue
reductie reduction
redundant redundant, superfluous
ree roe(-deer), (vrouwelijk) doe
reeds already
reëel • (werkelijk) real • (realistisch) realistic
reefer reefer, stick
reeks • (serie) row, series, (woorden, cijfers) string * een ~ huizen a row of houses * een ~ bergen a range of mountains • (wisk.) progression

reep ● (strook) *strip* ● (plak chocola) *bar*
reet ● (spleet) *crack, chink, fissure* ● (achterwerk) *arse*
referaat ● (voordracht) *lecture* ● (verslag) *report*
referendaris *senior government official*
referendum *referendum*
referent ● (verslaggever) *reporter, reviewer* ● (spreker) *speaker*
referentie ● (verwijzing) *reference*, (taalk.) *referent* ● (opgave van personen) *reference, referee*
referentiekader *frame of reference*
referentiepunt *point of reference, benchmark*
refereren ● (verslag uitbrengen) *report* ● (~ **aan**) *refer* ★ (zich) ~ *aan iets refer to s.th.*
reflectant *prospective buyer,* (sollicitant) *applicant*
reflecteren ● (weerkaatsen) *reflect* ● (~ **op**) *answer*
reflectie *reflection*
reflector *reflector*
reflex *reflex*
reflexbeweging *reflex action*
reflexcamera *reflex camera*
reflexief ● (bespiegelend) *reflective, contemplative* ● (taalk.) *reflexive* ★ ~ **voornaamwoord** *reflexive pronoun*
reform *reform*
reformatie *reformation*
reformatorisch *reformational*
reformeren *reform*
reformvoeding *health food, wholefood*
reformwinkel *health food shop*
refrein *refrain, chorus*
refter *refectory*
regeerakkoord *coalition agreement*
regel ● (tekstregel) *line* ★ **tussen de –s** *between the lines* ● (voorschrift) *rule*, (v. spel) *law* ★ **zich tot ~ stellen** *make it a rule (to)* ★ **volgens de –en der kunst** *according to the rules* ● (gewoonte) *rule, habit* ★ **in de ~** *as a rule*
regelaar ● (organisator) *organizer* ● (deel van werktuig) *regulator*
regelafstand *line spacing*
regelbaar *adjustable* ★ **regelbare verwarming** *adjustable heating*
regelen ● (in orde brengen) *order, arrange*, (techn.) *regulate*, (klok) *adjust*, (verkeer) *regulate, control* ★ **zich ~ naar** *conform to;* (inf.) *fall in line with* ★ **zijn zaken ~** *sort out/order one's affairs* ● (bepalen) *regulate, lay down rules* ★ **geregeld bij de wet** *provided for by the law*
regelgeving ● (gestelde regels) *rules* ● (stellen van regels) *issuing/giving of rules*
regeling ● (het regelen) *arrangement, regulation*, (v. apparaat) *adjustment* ● (geheel van regels) *regulation, control* ● (schikking) *settlement, arrangement* ★ **~en treffen** *make arrangements*
regelkamer *control room*
regelmaat *regularity*
regelmatig *regular*
regelneef *organizer*
regelrecht I [bnw] ● (rechtstreeks) *straight* ★ **~ naar huis komen** *come straight home* ● (ronduit) ★ **een ~e leugen** *a downright lie* **II** [bijw] *straight*
regen ● (neerslag) *rain* ● (grote hoeveelheid) *rain, shower* ★ **een ~ van kogels** *a hail of bullets* ★ **van de ~ in de drup komen** *leap out of the frying pan into the fire; get from bad to worse* ▼ **na ~ komt zonneschijn** *every cloud has a silver lining*
regenachtig *rainy*
regenboog *rainbow*
regenboogtrui *rainbow-coloured jersey*
regenbroek *waterproof/showerproof trousers*

regenbui *shower* ▼ **het regent dat het giet** *it's pelting down; it's pouring (with rain)*
regenen ● (vallen van regen) *rain* ● (veel voorkomen) ★ **'t regende klachten** *complaints poured in*
regeneratie *recycling, regeneration*
regenereren *regenerate*
regenfront (weather)*front, warm front, cold front*
regeninstallatie *sprinkler*
regenjas *raincoat, mackintosh*
regenkleding *showerproof clothing*
regenmeter *rain gauge*
regenpak *waterproof outfit*
regenpijp *drainpipe*
regenrijk *rainy, wet*
regent ● (bestuurder) *dictator* ● (waarnemend vorst) *regent*
regentijd *rainy season*
regenton *water butt*
regentschap *rule,* (v. vorst) *reign*
regenval *rainfall*
regenverlet *lay-off due to rain, wet-time*
regenverzekering *rain insurance*
regenvlaag *squall*
regenwater *rainwater*
regenworm *earthworm*
regenwoud *rain-forest*
regeren ● (besturen) *rule,* (v. ministers) *govern*, (v. vorst) *reign* (over) ● (beheersen) *rule, control*
regering ● (landsbestuur) *government* ★ **onder de ~ van** (v. vorst) *in/under the rule/reign of* ● (het regeren) *government*, (v. vorst) *reign* ★ **aan de ~ komen** (v. vorst) *come to the throne;* (v. partij) *come into power*
regeringsfunctionaris *government official*
regeringskringen *government circles*
regeringsverklaring *government statement*
regeringsvorm *form of government*
regeringswege ★ **van ~** *officially; by the government*
reggae *reggae (music)*
regie *direction, production*
regime ● (staatsbestel) *regime* ● (leefregels) *regimen*
regiment *regiment*
regio *region, area, district*
regionaal *regional*
regionen *regions, spheres* ★ **in hogere ~** *in higher spheres;* (fig.) *on cloud nine*
regisseren *direct* ★ **een stuk ~** *direct a play*
regisseur *director*
register ● (lijst) *register* ● (inhoudsopgave) *index* ● (orgelpijpen) (organ) *stop* ▼ **alle ~s opentrekken** *pull out all the stops*
registratie *registration*
registratienummer *registration number*
registratierecht *registration fee*
registreren ● (inschrijven) *register* ● (vastleggen) *register* ● (waarnemen) *register, notice*
reglement *regulations, rules* ★ **~ van orde** *code of order*
reglementair I [bnw] *prescribed* ★ **~e bepaling** *a ruling; the stipulations of the rules* ★ **niet ~** *not permitted by the rules* **II** [bijw] *as prescribed in the rules/regulations, as laid down in the rules/ regulations, according to the regulations/rules* ★ **~ voorgeschreven verlichting** *regulation lights*
reglementeren *regulate*
regressie *regression*
reguleren *regulate,* (klok, machinerie) *adjust*
regulier *regular*

rehabilitatie *rehabilitation*
rehabiliteren *rehabilitate*
rei *chorus*
reiger *heron* ∗ blauwe ~ *grey heron*
reiken I [ov ww] ● (aanreiken) *pass* ∗ elkaar de hand ~ *hold out a hand to each other* **II** [on ww] ● (zover komen) *reach*, ⟨v. macht⟩ *extend*, ⟨v. stem⟩ *carry* ∗ zo ver 't oog reikt *as far as the eye can see* ● (hand uitstrekken) *reach* ∗ ~ naar *reach (out) for*
reikhalzen ∗ ~ naar *long for*
reikwijdte *range, reach*, ⟨fig.⟩ *implication* ∗ buiten ~ *out of reach* ∗ binnen ~ *within range*
reilen v *zoals het reilt en zeilt* lock, stock and barrel ∗ het ~ en zeilen *the ins and outs (of)*
rein ● (schoon) *clean, spotless* ● (zuiver) *pure, sheer* ∗ de reinste dwaasheid *sheer/utter folly*
reïncarnatie *reincarnation*
reinigen ● (schoonmaken) *clean*, ⟨wond⟩ *cleanse* ∗ chemisch ~ *dry-clean* ● (zuiveren) *purify, cleanse*
reinigingsdienst *sanitation department*
reinigingsrecht *refuse collection rate(s)*, ⟨AE⟩ *garbage collection rate(s)*
reis *journey*, ⟨op zee⟩ *voyage*, ⟨plezierreis⟩ (pleasure)trip, ⟨rondreis⟩ *tour, trip*, ⟨tochtje⟩ *trip* ∗ op reis gaan *go on a journey* ∗ goede reis! *have a pleasant journey/trip* ∗ een reis om de wereld maken *take a trip round the world*
reisapotheek *medicine kit, first-aid kit*
reisbeschrijving *travel story*, ⟨film, lezing⟩ *travelogue*
reisbeurs *travelling scholarship/grant*
reisbureau *tourist office, travel bureau/agency*
reischeque *traveller's cheque*
reisgenoot *travelling companion*
reisgezelschap *party (of travellers)*
reisgids ● (boek) *guide book*, (travel) guide ● (persoon) *guide*
reiskosten *travelling expenses*
reiskostenvergoeding *travelling costs, reimbursement of travelling expenses*
reisleider *tour guide*
reisvaardig *ready to start*
reisverzekering *travel insurance*
reiswekker *travelling alarm (clock)*
reiswieg *carrycot*
reizen *travel, journey*, ⟨op zee⟩ *make a voyage* ∗ vrij ~ *hebben get a free trip*
reiziger *traveller*
rek I [de] *elasticity*, ⟨fig.⟩ *flexibility* ∗ er zit geen rek in *it does not stretch* ∗ de rek is eruit *the options are limited* **II** [het] ● (opbergrek) ⟨v. bagage, e.d.⟩ *rack*, ⟨v. handdoek⟩ *towel-horse*, ⟨v. kleren⟩ *clothes-horse* ● (gymrek) *climbing frame*
rekbaar *elastic*
rekel ● (deugniet) ∗ kleine ~ *little rascal* ● (mannetjesdier) *male dog/fox/wolf/badger*
rekenaar *calculator, arithmetician*
rekencentrum *computing/computer centre*
rekenen I [ov ww] ● (tellen) *count* ∗ bij elkaar ~ *add up* ∗ het pond ~ op *calculate the pound at* ● (als betaling vragen) *charge* ∗ er niets voor ~ *make no charge for it* ∗ iem. te veel ~ *overcharge a person* ● (in aanmerking nemen) ∗ je moet ~ dat... *you must take into account that...* ∗ reken maar! *you bet!* ● (achten) *consider* ● (meetellen) ∗ iem. ~ tot *count a person among* **II** [on ww] ● (cijferen) *calculate, reckon*, ⟨sommen maken⟩ *do sums* ∗ uit het hoofd ~ *work it out in one's head* ∗ goed/slecht in ~ *good/bad at figures* ∗ have a/no head for figures ● (~ op) *depend/count*

(on) ∗ reken er maar niet op *don't bank/count on it* ∗ reken niet op hem *count him out*
rekening ● (nota) *account, bill* ∗ in ~ brengen *charge* ∗ voor ~ van *to the account of* ∗ ~en maken *run up bills* ∗ ~en schrijven *make out accounts* ∗ op ~ kopen *buy on credit* ∗ volgens ~ *as per account* ● (bankrekening) *(bank)account* ∗ lopende ~ *current account* ∗ een ~ hebben/ openen bij een bank *have/open an account with a bank* ∗ een bedrag op iemands ~ schrijven *pay an amount into s.o.'s account* ∗ voor gezamenlijke ~ *on joint account* ● (het rekenen) *calculation, reckoning* v ~ en verantwoording afleggen *render an account (of)* v op iemands ~ schrijven *put down to s.o.*; *chalk up to s.o.* v ~ houden met *consider; take into account* v ~ houden met iemands leeftijd *make allowance for s.o.'s age* v deze uitlating blijft voor zijn ~ *he must account for his remark* v dat neem ik voor mijn ~ *I'll take charge of that*
rekening-courant *current account* ∗ in ~ staan met *have a current account with*
rekeninghouder *account holder*
rekeningnummer *account number*
Rekenkamer *Audit/auditor's office*
rekenkunde *arithmetic*
rekenkundig *arithmetical*
rekenliniaal *slide rule*
rekenmachine *calculator*
rekenschap *account* ∗ zich ~ geven van *realize; appreciate* ∗ ~ afleggen van *give an explanation of* ∗ iem. ~ vragen *ask a person to explain himself*
rekensom *sum, arithmetical problem*
rekest *petition* ∗ nul op het ~ krijgen *be turned down; be told off* ● een ~ opstellen/indienen *present/file/submit a petition* v nul op het ~ krijgen *meet with a refusal*
rekken I [ov ww] ● (lang aanhouden) *prolong, spin out, protract* ● (langer maken) *draw out*, ⟨linnen, nek⟩ *stretch* ∗ zich ~ *stretch o.s.* **II** [on ww] ● (langer worden) *stretch*
rekruteren *recruit*
rekruut *recruit*, ⟨AE⟩ *draftee*
rekstok *horizontal bar*
rekverband *elastic bandage*
rekwireren *requisition*, ⟨jur.⟩ *demand*
rekwisiet *stage property, prop*
rel *riot, row*, ⟨over een kleinigheid⟩ *hullabaloo*
relaas *story*
relais *relay*
relateren *relate (to)*
relatie ● (kennis) *business aquaintance/contact* ● (onderlinge betrekking) *relationship, connection* ● (liefdesverhouding) *relationship, (love) affair*
relatief *relative*
relatiegeschenk *business gift/present*
relatietherapie *relational therapy*
relationeel *relational*
relativeren *relativize, put in perspective*
relativiteit *relativity*
relativiteitstheorie *theory of relativity*
relaxed *relaxed*, ⟨inf.⟩ *cool*
relaxen *relax, take it easy*
relevant *relevant*
relict *relic*
reliëf *relief* ∗ en relief *in relief* ∗ ~ geven aan ⟨fig.⟩ *emphasize*; ⟨kaart of kunstwerk⟩ *throw into relief* ∗ in ~ brengen *raise*
reliek *relic*
religie *religion*
religieus *religious*

relikwie relic
reling rail(ing)
relletje row, disturbance
relschopper rioter, troublemaker
rem brake, ‹fig.› hindrance, drag ★ aan de rem trekken apply the brakes ▼ alle remmen losgooien shake off all restraints
rembekrachtiging power brakes
remblok brake block, shoe
rembours ★ iets onder ~ zenden send s.th. C.O.D.; send s.th. cash on delivery
remedie remedy
remigrant remigrant
remigratie remigration
remigreren remigrate
remise ● (loods) depot ● (onbesliste partij) draw ★ ~ spelen (come to a) tie; come to a draw
remissie ● (korting) reduction ● (gratie) remission
remkabel brake cable
remleiding brake circuit ★ uitgerust met gescheiden —en equipped with twin independent brake circuits/systems
remlicht stoplight, brake light
remmen I ‹ov ww› ● (belemmeren) inhibit, check, hinder ★ ontwikkelingen ~ be a drag on further developments; impede developments ★ te geremd om er over te praten too inhibited to talk about it ★ een —de factor a restraining factor ★ het belemmert mij it's holding me back **II** ‹on ww› ● (afremmen) put on the brake(s), brake ★ uit alle macht ~ slam on the brakes; ‹inf.› stand on the brakes
remmer brakesman
remming restraint, inhibition
remonstrants remonstrant
remproef brake test
remschijf brake disc
remspoor skid marks
remweg braking distance
ren ● (wedren) race ● (kippenren) chicken-run ● (snelle loop) run, race
renaissance renaissance
renbaan race track, ‹autosport ook› circuit, (paardensport) racecourse, ‹vnl. motorsport› speedway
rendabel paying, profitable ★ 'n zaak ~ maken make a business pay
rendement ● (opbrengst) return, yield ● (nuttig effect) ‹v. machine› output, ‹v. motor› performance
renderen pay (its way)
rendez-vous rendez-vous
rendier reindeer
renegaat renegade
rennen run, ‹haast hebben› rush, ‹hard› race
renner ‹coureur› racing driver, ‹te voet› runner
renovatie renovation
renoveren renovate, ‹v. gebouw, wijk› redevelop, renovate
renpaard racehorse
rensport racing
renstal racing stable
rentabiliteit earning capacity, ‹econ.› return
rente interest ★ op ~ zetten put out at interest ★ een behoorlijke ~ maken van je geld obtain a fair return on your capital
rentedragend ● (rente oplevert) profitable ● (waar rente op gegeven wordt) interest-bearing
rentegevend interest-bearing
renteloos interest-free ★ ~ voorschot interest-free advance ★ ~ kapitaal idle capital
rentenier person living off of his/her own

investments
rentenieren live of one's investments ★ gaan ~ retire and lead a life of leisure
rentevoet rate of interest
rentmeester manager, steward, estate agent
rentree come-back, re-entry ★ zijn ~ maken make his come-back
renvooieren ● (doorzenden) deliver ★ stukken ~ deliver documents ● (jur.) refer (to a judge)
reorganisatie reorganization
reorganiseren reorganize
rep ▼ in rep en roer brengen cause a commotion; throw into confusion
reparateur repairman
reparatie repair(s) ★ in ~ under repair
repareren fix, mend, repair ★ een auto ~ fix/ repair a car
repatriëren repatriate
repatriëring repatriation
repercussie repercussion
repertoire repertoire, repertory
repeteergeweer repeating rifle, repeater
repeteerwekker repeating alarm (clock)
repeteren I ‹ov ww› ● (herhalen) rehearse ● (instuderen) ★ een toneelstuk ~ rehearse a play **II** ‹on ww› ● (zich herhalen) repeat ★ ~de breuk recurring decimal
repetitie ● (herhaling) repetition ● (proefwerk) test ● (proefuitvoering) rehearsal ★ generale ~ dress rehearsal
repetitor coach, private tutor
replica replica, reproduction
repliceren reply
repliek ● (weerwoord) retort ★ iem. van stevig ~ dienen tell s.o. where to get off; put s.o. in his place ● (jur.) reply, replication
reportage report, commentary ★ rechtstreekse ~ live/running commentary
reportagewagen mobile broadcasting unit
reporter reporter
reppen I ‹on ww› mention ★ hij rept er niet over he daren't breathe a word about it **II** [wkd ww] hurry
represaille reprisal, retaliation ★ ~s nemen (tegen) retaliate against; take reprisals against
representant representative
representatie representation
representatief representative (of) ★ ~ voor zijn oeuvre typical of his work
representatiekosten entertainment expenses
representeren represent
repressie ● (verdringing) repression ● (onderdrukking) repression
repressief repressive
reprimande reprimand, rebuke
reprise repeat performance, revival, ‹toneel› rerun
reproduceren reproduce
reproductie reproduction
reproductievermogen reproductive/procreative power, fertility
reprorecht copyright law, implementation/ enforcement of copyright law
reptiel reptile
republiek republic
republikein republican
republikeins republican ★ de —e partij the Republican party ★ de —e kalender the Revolutionary Calendar
reputatie reputation ★ zijn ~ waarmaken live up to one's reputation
requiem Requiem (mass)
requisitoir indictment, ‹v. openbare aanklager›

closing speech

research *research*
reservaat *reserve* * indianen~ *Indian reservation*
reserve • (noodvoorraad) *reserve* * in ~ *houden hold in reserve* • (voorbehoud) *reservation* * zonder ~ *without reserve/reservations* * onder ~ *aannemen accept with reservations* • (plaatsvervanger) *standby, substitute,* (sport) *reserve/substitute (player)*
reservebank *reserve('s) bench*
reserveren • (bespreken) *book* • (in reserve houden) *reserve, set aside*
reservering *reservation*
reservewiel *spare wheel*
reservoir *reservoir, tank*
resident *resident*
residentie *(royal) residence,*
resideren *reside*
residu *residue,* (chem.) *residuum*
resigneren I [on ww] *resign* **II** [wkd ww] *resign o.s. to, submit to*
resistent *resistent (to)*
resistentie *resistance*
resolutie *resolution*
resoluut *resolute*
resonantie *resonance*
resoneren *resonate, reverberate*
respect *respect, regard* * uit ~ *voor out of respect/consideration for*
respectabel • (eerbiedwaardig) *respectable* • (aanmerkelijk) *considerable* * een ~ *aantal a considerable number*
respecteren • (achten) *respect* • (naleven) *observe*
respectievelijk *respectively*
respijt *respite, delay* * een paar dagen ~ *a few days' grace* * zonder ~ *without respite; without a break*
respondent *respondent*
respons *response, reply, reaction*
ressentiment *resentment, spite*
ressort *jurisdiction*
ressorteren * ~ *onder come under* * *dat ressorteert niet onder ons that's outside our province*
rest (het overblijvende) *remainder,* (restant) *rest* * de stoffelijke resten the (mortal) remains* * voor de rest doet het er niet toe for the rest, it makes no difference*
restant *remainder, remnant* * uitverkoop van ~en *remnant sale*
restaurant *restaurant*
restaurateur • (hersteller) *restorer* • (restauranthouder) *restaurateur*
restauratie • (het herstellen) *restoration* • (eetgelegenheid) *restaurant,* (trein, station, luchthaven) *buffet*
restauratiewagen *dining car*
restaureren *restore*
resten *remain, be left* * er restte hem niets anders dan te gaan he had no choice but to go*
resteren *remain, be left,* (v. geld) *remain* * het ~de bedrag the outstanding amount; the balance* * 't ~de the remainder; the balance*
restitueren (geld) *refund, repay,* (goederen) *return*
restitutie *restitution*
restrictie *restriction*
restrictief *restrictive, conditional*
restwaarde *scrap value,* (econ.) *residual value*
restzetel *residual seat*
resultaat *result* * als/tot ~ *hebben result in*
resulteren • (voortvloeien uit) *result (from)*

• (~ in) *lead up to, result in*
resumé *résumé, summary,* (v. rechter) *summing-up*
resumeren *sum up*
resusfactor *rhesus factor*
retina *retina*
retorica *rhetoric, oratory,* (bombast) *grandiloquence*
retoriek *rhetoric*
retorisch *rhetorical*
retort *retort*
retoucheren *retouch, touch up*
retour I [de] *return* **II** [het] *return (ticket)* * ~ *tweede klas Arnhem second class return to Arnhem* **III** [bijw] * ~ *afzender return to sender*
retourbiljet *return ticket*
retourenvelop *stamped-addressed/self-addressed envelope, SAE*
retourneren *return*
retourtje *return (trip)*
retourvlucht *return flight*
retourvracht • (retourlading) *return cargo/freight* • (prijs) *return charges*
retraite *retreat* * in ~ *zijn be in retreat*
retrospectief I [het] *retrospect* * in ~ *in retrospect* **II** [bnw] *retrospective*
return • (sport) *return match* • (comp.) *return* * harde/zachte ~ *hard/soft return*
reu (he-) *dog*
reuk • (zintuig) *smell,* (v. dier) *smell, scent* • (geur) *scent, smell, odour,* (v. lichaam) *odour* ▪ in een kwade reuk staan be in bad odour (with); be in disrepute*
reukloos (bloem) *scentless,* (gas) *odourless*
reukorgaan *olfactory/nasal organ*
reukwater *scent, perfume*
reukzin *(sense of) smell, olfactory sense*
reuma *rheumatism*
reumatiek *rheumatism*
reumatisch *rheumatic*
reünie *reunion*
reus *giant*
reusachtig I [bnw] • (zeer groot) *gigantic, huge* • (zeer goed) *grand, great* **II** [bijw] *immensely, enormously*
reut *caboodle* * de hele reut the whole caboodle*
reutelen *rattle*
reuze I [bnw] • (zeer groot) *smashing, great* * hij had ~ *honger he was simply starving* * ~ *lol great fun* * ~ *geluk smashing stroke of luck* • (zeer goed) *great, smashing* * dat is ~I that is great!* **II** [bijw] *enormously, immensely* * ~ *veel an awful lot*
reuze- (als bijwoord) *immensely, enormously, awfully,* (als bnw) *giant*
reuzel *lard*
reuzenrad *big wheel,* (AE) *ferris wheel*
revalidatie *rehabilitation*
revaluatie *revaluation*
revalueren *revalue*
revanche *revenge* * ~ *nemen op (genoegdoening) get even with;* (wraak) *take revenge on*
revancheren *revenge o.s. upon s.o.*
reveil *revival*
revelatie • (ontdekking) *discovery* • (openbaring) *revelation*
reven *reef, take in a reef*
revers *lapel*
reviseren *overhaul*
revisie • (herziening) (tekst) *revision,* (v. vonnis) *review* • (controlebeurt) *overhaul*

revisor ● (corrector van rekeningen) reviser ● (corrector) proofreader
revival revival
revolte insurgence, revolt, uprising
revolutie revolution
revolutionair revolutionary
revolver revolver
revolverheld gunslinger
revolvertang revolving punch
revue revue ▼ iets de ~ laten passeren review s.th.
revueartiest artiste
Reykjavik Reykjavik
RIAGG Regional Institute for Mental Welfare
riant delightful, (ruim) ample ∗ een huis met een ~ uitzicht a house with a splendid view ∗ een ~e woonkamer a spacious living-room
rib ● (bot) rib ● iem. een por tussen de ribben geven poke s.o. in the ribs ● (balk) joist ▼ dat is een rib uit mijn lijf that makes a hole in my pocket ▼ je kunt zijn ribben tellen he is a bag of bones
ribbel rib, (verhoging) ridge
ribbenkast ribcage
ribbroek corduroy trousers, corduroys, (AE) corduroy pants
ribes Ribes
ribfluweel cord(uroy)
ribkarbonade rib chop
riblap rib
richel ● (rand) ledge, (opstekend rand) ridge ● (lat) lath
richten I [ov ww] ● (instellen op een doel) (v. camera) point (at), (v. kijker) train (on), (v. wapen) aim, level (at) ∗ 't oog ~ op fix one's eye upon ● (in richting doen gaan) direct ∗ zijn schreden ~ naar direct one's steps towards ● (sturen) direct, address ∗ kritiek ~ op level criticism at ∗ een vraag ~ tot iem. direct a question to s.o. **II** [wkd ww] ● (~ tot) address ∗ zich ~ tot iem. address s.o.; (met een verzoek) appeal to s.o. ● (~ naar) conform to, be guided by ∗ zich ~ naar iemands wensen conform to a person's wishes
richtgetal target (figure)
richting ● (bepaalde kant) direction, (gesprek) trend ∗ ~ aangeven signal; indicate direction ● (gezindheid) school, (geloof, politiek) creed, persuasion ● de moderne ~ in de muziek the modern school of music
richtingaanwijzer indicator
richtingbord signpost
richtinggevoel sense of direction
richtlijn ● (voorschrift) guideline ∗ ~en aangeven give directions; provide guidelines ● (lijn waarlangs men richt) (horizontaal) line, (verticaal) plumb line ● (wisk.) directrix
richtprijs recommended retail price
richtsnoer guide ∗ tot ~ dienen serve as a guide ∗ een ~ geven give a lead
ridder ● (lid van de ridderstand) knight ∗ iem. tot ~ slaan knight a person ● (lid van ridderorde) knight ∗ ~ in de Orde van de Kouseband knight of the Garter ▼ ~ zonder vrees of blaam knight without fear or reproach
ridderen ● (tot ridder slaan) knight, confer knighthood on ● (decoreren) ∗ geridderd worden receive a knighthood
ridderlijk chivalrous
ridderorde ● (onderscheiding) decoration ● (ridderstand) knighthood
ridderroman romance (of chivalry)
ridderslag accolade

ridderspoor delphinium, larkspur
ridderstand knighthood
riddertijd age of chivalry
ridderzaal (great) hall, Knights Hall
ridicuul ridiculous
riedel ● (klankenreeks) tune, jingle ● (slagzin) slogan, catchphrase
riek (three-/four-pronged) fork
rieken ● (geur afgeven) reek ● (~ naar) smack/smell of
riem ● (band) strap, (om middel) girdle, belt, (v. fototoestel, geweer, e.d.) sling, (v. hond) leash, lead, (v. zweep) thong ● (roeiriem) oar ● (hoeveelheid papier) ream ● (drijfriem) (transmission) belt ▼ je moet roeien met de riemen die je hebt one must make do with what one has got
riet ● (grassoort) reed, (suikerriet) (sugar) cane ● (stengel) reed, (dik) cane ● (muz.) reed
rietdekker thatcher
rieten reed ∗ ~ stoel cane/wicker chair ∗ ~ dak thatched roof ∗ ~ mat rush mat
rietje straw
rietkraag reed border
rietsuiker cane sugar
rif reef
Riga Riga
rigide stiff, (fig.) rigid, formal
rigoureus rigorous
rij ● (reeks in rechte lijn) (achter elkaar wachtend) queue, (mensen achter elkaar ook) file, (vnl. achter elkaar) line, (vnl. naast elkaar) row ∗ de rij sluiten bring up the rear ∗ in een rij in a row ∗ in de rij gaan staan queue up; (AE) stand in line ● (reeks) (v. getallen naast elkaar) row, series, (v. getallen onder elkaar) column ● (volgorde) ∗ op de rij af in order; in sequence ▼ hij heeft ze niet allemaal op een rijtje he's not all there; he has a screw loose
rijbaan roadway, (rijstrook) lane ∗ weg met gescheiden rijbanen dual carriageway
rijbevoegdheid driving licence, (AE) driver's license
rijbewijs (driving) licence, (AE) driver's license ∗ ~ halen pass one's driving test ∗ een ~ (tijdelijk) intrekken suspend a driving licence
rijden I [ov ww] ● (besturen) (auto, bus, e.d.) drive, (v. fiets, paard) ride ∗ door rood licht ~ go through a red light; jump the lights; (v. trein) pass the halt/stop signal ∗ iem. klem ~ force s.o. off the road ● (vervoeren) drive **II** [on ww] ● (schaatsen) skate ● (op en neer bewegen) ∗ zitten te ~ fidget (about) ● (zich voortbewegen) ride, taxi ∗ de bussen ~ vaak the buses run frequently ● gaan ~ go out for a ride/drive ∗ met de bus/trein ~ go by bus/train ∗ op benzine ~ run on petrol
rijdier mount
rijexamen driving test
rijgedrag handling, performance, (weggedrag) way of driving
rijgen ● (aan een snoer doen) thread, string ● (dichtmaken) lace ● (naaien) baste, tack ▼ iem. aan de degen ~ run a person through with one's sword
rijglaars lace-up boot
rijgnaald bodkin
rijgsnoer string
rij-instructeur driving instructor
rijk I [het] ● (staat) state, (internationaal) empire, (koninkrijk) kingdom ∗ 't Britse rijk the British Empire ● (heerschappij) ∗ zijn rijk is uit his rule is over ● (sfeer) ∗ 't rijk der fantasie (bedrieglijk) the realm of fancy; (bekoorlijk) fantasy world ∗ 't

rijk der letteren *the republic of letters* ▾ naar het rijk der fabelen verwijzen *dismiss as a myth* II [bnw] • (vermogend) *rich, wealthy, well-to-do, well off* ∗ stinkend rijk zijn *be filthy rich* • (overvloedig) *abundant, rich,* ⟨v. maaltijd⟩ *lavish, sumptuous* ∗ rijke oogst *a bumper crop* • (~ aan) ∗ rijk aan vitaminen *rich in vitamins*
rijkaard *rich/wealthy person*
rijkdom • (overvloed) *abundance, richness, wealth* • (kostbaar bezit) *riches* ∗ natuurlijke ~men *natural resources* • (het rijk zijn) *affluence, wealth*
rijkelijk • (overvloedig) *rich(ly)* ∗ ~ gezegend *richly blessed* ∗ ~ belonen *reward amply/handsomely* • (in ruime mate) *excessive, ample* ∗ hij heeft zichzelf ~ voorzien *he helped himself to an excessive amount*
rijkelui *rich/wealthy people,* ⟨AE, inf.⟩ *fat cats*
rijkeluiskind *rich kid*
rijkostuum *riding outfit,* ⟨v. amazone⟩ *riding habit*
rijks- *national, state*
rijksacademie *state/national academy*
rijksadvocaat *government lawyer*
rijksambtenaar *public servant, government official*
rijksbegroting *national budget,* ⟨voorlopige⟩ *government estimates*
rijksbouwmeester *government architect*
rijksdaalder *two-and-a-half guilder coin*
rijksdeel *territory* ⟨overseas⟩, ⟨autonoom⟩ *dominion*
rijksdienst *public service*
rijksgenoot *fellow citizen*
rijksinstituut *national/state/government institution*
rijksluchtvaartdienst *Netherlands Department of Civil Aviation*
rijksmunt • (gebouw) *Royal Mint* • (nationale munt) *national coinage,* ⟨officieel⟩ *coin of the realm*
rijksmuseum *national museum*
rijksoverheid *central/national government*
rijkspolitie *national/state police (force),* ⟨AE⟩ *Federal Police*
rijksuniversiteit *state university*
rijksvoorlichtingsdienst *Netherlands Information Service*
rijkswaterstaat *Directorate-General for public works and water management*
rijksweg *national trunkroad,* ⟨AE⟩ *state highway,* ⟨jur.⟩ *national highway*
rijkswege ∗ van ~ *by authority of the government;* ⟨AE⟩ *by/from the state*
rijkunst *horsemanship*
rijlaars *riding boot*
rijles ⟨auto⟩ *driving lesson,* ⟨te paard⟩ *riding lesson*
rijm • (het rijmen) *rhyme* • (versregel) *verse* ∗ iets op rijm zetten *put s.th. into verse*
rijmelaar *poetaster, rhymester, versifier*
rijmelarij *doggerel (verse)*
rijmen I [ov ww] • (in overeenstemming brengen) *reconcile* ∗ hoe valt dit te ~ met...? *how can you reconcile this with...?* II [on ww] • (rijmen maken) *rhyme* • (rijm hebben) *rhyme* ∗ ~ op *rhyme with* • (~ met) *be in accordance with, be consistent with*
R Rijn *Rhine*
rijnaak *Rhine barge*
rijnwijn *Rhine wine*
rijp I [de] (white) *frost, hoarfrost* ∗ het is wit van de rijp *it is white with frost* II [bnw] • (eetbaar) ⟨gewassen, vruchten⟩ *ripe,* ⟨kaas, wijn⟩ *mature,* ⟨vnl. sappig⟩ *mellow* ∗ rijp worden/maken

mature; ripen • (volwassen) *mature, adult* • (goed overdacht) ∗ na rijp beraad *after due consideration* • (~ voor) *fit/ready/ripe for*
rijpaard *mount, (riding) horse*
rijpen I [ov ww] • (rijp maken) *ripen, mature* II [on ww] ⟨personen, zaken⟩ *mature,* ⟨vruchten⟩ *ripen* ∗ mijn plan is aan het ~ *my plan is developing/maturing* III [onp ww] ∗ het heeft gerijpt *there has been a (hoar)frost*
rijpheid *maturity, ripeness*
rijping *ripening, maturing*
rijproef *driving test*
rijrichting *direction of (the) traffic (flow)*
rijs • (rijshout) *brushwood* • (twijg) *sprig, twig*
rijschool • (manege) *riding school* • (autorijschool) *driving school*
rijshout *brushwood,* ⟨v. wilgen⟩ *osier*
rijst *rice* ∗ gepelde ~ *polished rice*
rijstbouw *cultivation of rice*
rijstebrij *rice pudding*
rijstevlaai *rice flan/tart*
rijstijl *style of driving*
rijstrook *lane*
rijsttafel (Indonesian) *rice table*
rijten *rip, tear*
rijtjeshuis *terraced house,* ⟨AE⟩ *row house*
rijtoer *drive* ∗ een ~ maken *go for a drive*
rijtuig • (koets) *carriage* • (treinstel) *carriage*
rijvaardigheid *driving proficiency*
rijverbod *driving ban*
rijvlak *tread*
rijweg *carriageway, road(way)*
rijwiel *bicycle*
rijwielhandel *bicycle shop*
rijwielpad *bicycle path, cycle track*
rijwielstalling (bi)*cycle racks,* ⟨inf.⟩ *bike/cycle shed,* ⟨binnen⟩ *cycle lock-up*
rijzen • (omhoogkomen) *rise* • (ontstaan) *arise, occur* ∗ de vraag rijst of ... *the question arises whether ...* ▾ de kosten ~ de pan uit *costs are soaring*
rijzig *tall*
rijzweep (riding) *crop, riding whip*
rikketik I [de] *ticker* II [tw] ∗ zijn hartje ging van ~ *his heart went pit-a-pat*
riksja *rickshaw*
rillen *shiver,* ⟨v. angst ook⟩ *shudder*
rillerig *shivery*
rilling *shiver,* ⟨v. angst ook⟩ *shudder* ∗ ik kreeg er koude ~en van *it sent shivers down my spine*
rimboe • (afgelegen gebied) *back of beyond, wilds* • (wildernis) *jungle*
rimpel • (plooi) *wrinkle,* ⟨diep⟩ *furrow* • (golving op water) *ripple*
rimpelen • (rimpels doen krijgen) ⟨v. gezicht⟩ *wrinkle* • (doen golven) *ripple, ruffle*
rimpelig (gekreukeld) *creased,* ⟨v. gezicht⟩ *wrinkled, lined*
rimpeling *rippling,* ⟨golfje⟩ *ripple,* ⟨het rimpelen⟩ *wrinkling*
rimpelloos *smooth, calm, untroubled*
ring • (voorwerp) *ring, band, circle(t),* ⟨on vat⟩ *hoop* • (ringweg) *ring road* • (boksring) *boxing ring* • (sieraad) *ring*
ringbaard *fringe of beard*
ringband *ring binder*
ringdijk *ring/encircling dike*
ringeloren *bully* ∗ ik laat me door hem niet ~ *I won't allow myself be pushed around/bullied by him*
ringen *ring*
ringlijn *circle/circular line*

ringslang *grass snake*
ringsleutel *ring spanner*
ringsteken *tilt at the ring*
ringvaart *ring canal*
ringvinger *ring finger*
ringweg *ring road*, ‹AE› *belt-way*
ringwerpen *play quoits*
ringworm • ‹bio.› *annelid* • ‹med.› *ringworm*
rinkelen *jingle, tinkle,* ‹glas, metaal› *rattle,* ‹v. bel, telefoon› *ring*
rins *sourish*
Rio de Janeiro *Rio de Janeiro*
riolering *sewerage, sewer system*
riool *sewer,* ‹vanaf huis› *drain*
riooljournalistiek *gutter journalism*
ris • ‹hoeveelheid› *bunch* • ‹aaneengeregen voorwerpen› *string, rope* * *een ris uien a string of onions*
risee *laughing stock, butt*
risico *risk* * *voor ~ van at the risk of* * *op eigen ~ at one's own risk* * *~ lopen run a risk* * *geen ~ nemen take no chances*
risicodekking *risk cover*
risicodragend *risk bearing*
risicofactor *risk factor*
risicogroep *high-risk group*
riskant *risky*
riskeren • ‹gevaar lopen› *run the risk of* • ‹op het spel zetten› *risk* * *zijn leven ~ risk one's neck/life*
rit ‹in auto› *drive,* ‹in trein, bus› *ride,* ‹v. trein› *run* * *een ritje maken go for a ride/drive*
rite *rite, ritual*
ritme *rhythm*
ritmeester *troop captain*
ritmesectie *rhythm section*
ritmisch *rhythmic(al)*
rits • ‹ritssluiting› *zip,* ‹AE› *zipper* * *kun je mijn rits even dichtdoen? could you zip me up?* • ‹reeks› *bunch, string*
ritselen **I** [ov ww] • ‹regelen› *fix, wangle* **II** [on ww] • ‹geluid maken› *rustle*
ritssluiting *zip,* ‹AE› *zipper*
ritueel **I** [het] *ritual* **II** [bnw] *ritual*
ritus *rite*
rivaal *rival*
rivaliseren *vie/contend/compete with s.o.*
rivaliteit *rivalry*
rivier *river* * *aan de ~ on the river* * *de ~ op/af varen go up/down the river* * *de ~ de Rijn the River Rhine*
rivierklei *river clay*
riviermond *river mouth, mouth of the river,* ‹breed› *estuary*
rivierpolitie *river police*
rivierslib *river silt*
rob *seal*
robbedoes ‹jongetje› *wild boy,* ‹meisje› *hoyden, tomboy*
robe • ‹japon› *gown* • ‹toga› *robe*
robijn *ruby*
robot *robot*
robuust *robust,* ‹v. gestalte› *sturdy*
rochel • ‹fluim› *spit, phlegm,* ‹vulg.› *gob* • ‹reutel› *rasp,* ‹v. stervende› *rattle*
rochelen • ‹fluim opgeven› *spit, hawk, cough, clear one's throat,* ‹reutelen› *rasp,* ‹v. stervende› *rattle*
rock *rock*
rockgroep *rock group*
rock-'n-roll *rock and roll, rock 'n roll*
rococo *rococo*
roddel *gossip, rumour* * *~ en achterklap malicious*

gossip
roddelaar *backbiter, gossip*
roddelblad *gossip magazine, rag*
roddelen *gossip, backbite*
roddelpers *gossip press*
roddelpraat *idle talk, gossip*
rodehond *German measles, rubella*
rodekool *red cabbage*
Rode Kruis *Red Cross*
rodeo *rodeo*
rododendron *rhododendron*
roebel *rouble*
roede • ‹staaf› *rod* • ‹gard› (birch) *rod* * *met de ~ krijgen be caned*
roedel *herd,* ‹v. wolven/honden› *pack*
roeiboot *rowing boat*
roeien *row,* ‹sport› *scull* * *gaan ~ go for a row* * *goed/slecht ~ pull a good/bad oar*
roeier *oarsman* [v: *oarswoman*], *rower*
roeiriem *oar,* ‹licht en ook voor gebruik achter› *scull*
roeivereniging *rowing club*
roeiwedstrijd *boat race, rowing race,* ‹grote opzet› *regatta*
roek *rook*
roekeloos *reckless, rash*
roekoeën *coo*
roem • ‹eer› *fame, glory* * *roem vergaren reap fame* • ‹kaartencombinatie› *meld* ▼ *op zijn roem teren rest on one's laurels*
Roemeen *Romanian* * *een ~se a Romanian woman*
Roemeens **I** [het] *Romanian* **II** [bnw] *Romanian*
roemen **I** [ov ww] • ‹prijzen› *praise, speak highly of* **II** [on ww] • ‹~ op› *boast of*
Roemenië *Romania*
roemer *rummer*
roemloos *inglorious*
roemrijk *glorious*
roemrucht *illustrious, renowned, famous*
roep • ‹het roepen› *call,* ‹vogel› *cry, call* • ‹dringend verzoek› *demand* • ‹reputatie› *reputation, fame*
roepen **I** [ov ww] • ‹ontbieden› *call (s.o.)* * *er een vakman bij ~ call in an expert* * *een dokter ~ send for a doctor* • ‹in bepaalde toestand brengen› *call* * *zich iets voor de geest ~ recall s.th.* * *zich ge~ voelen om feel called upon to* * *in het leven ~ call into being; create* **II** [on ww] • ‹luid spreken› *call (out), cry (out), shout* • ‹~ om› *call for* • ‹~ over› *over iem. ~ speak highly of a person*
roepia *rupee*
roeping *call(ing), vocation,* ‹levenstaak› *mission* * *hij heeft zijn ~ gemist he has missed his vocation*
roepnaam *first name, name by which s.o. is generally known*
roepstem *inner voice*
roer *rudder,* ‹stuurmiddel› *helm* * *uit 't roer lopen sheer* * *'t roer in handen nemen take the helm;* ‹fig.› *take control* * *'t roer omgooien put over the helm;* ‹fig.› *change tack* * *nu je roer recht! steady!* * *aan 't roer komen come into power*
roerdomp *bittern*
roerei *scrambled eggs*
roeren **I** [ov ww] • ‹mengen› *stir, mix* • ‹ontroeren› *move, touch* * *tot tranen geroerd moved to tears* • ‹in beweging brengen› *stir, move* **II** [on ww] • ‹draaiend bewegen› * *~ in stir* * *goed ~ stir well* **III** [wkd ww] • ‹in

R

beweging komen) move, stir ● (in verzet komen) rise ▼ zich goed kunnen ~ be well off

roerend ● (ontroerend) moving, touching ● (niet vast) ★ ~e goederen movables; personal property ▼ daar ben ik het ~ mee eens I couldn't agree more

roerganger helmsman

roerig ● (oproerig) turbulent, ⟨massa⟩ riotous ● (beweeglijk) lively, restless

roerloos motionless

roersel motive

roes ● (opgewondenheid) ★ de roes der overwinning the flush of victory ● (bedwelming) intoxication, ⟨v. drank, drugs⟩ high ▼ zijn roes uitslapen sleep it off

roest rust ★ oud ~ scrap iron

roestbruin I [het] rust (colour) **II** [bnw] rust-coloured

roesten rust

roestig rusty

roestvrij rustproof ★ ~ staal stainless steel

roet soot ▼ je moet geen roet in 't eten gooien don't be a spoilsport; don't throw a spanner in the works

roetsjen slide, coast

roetzwart black as soot

roezemoezen ● (druk zijn) do odd jobs ● (dof gonzen) buzz

roezemoezig noisy

roffel roll ★ 'n ~ slaan beat/give a roll

roffelen roll ★ op een trommel ~ give a roll on the drum

rog ray

rogge rye

roggebrood rye bread

rok ● (dameskleding) skirt ● (herenjas) dress coat, ⟨inf.⟩ tails ★ in rok in evening dress

roken I [ov ww] ● (tabak gebruiken) smoke ● (in de rook hangen) smoke, ⟨etenswaren ook⟩ cure **II** [on ww] ● (rook afgeven) smoke ★ er rookt hier iets there is s.th. smoking here

roker smoker

rokerig smoky

rokershoest smoker's cough

rokertje smoke

rokkenjager womanizer, lady-killer

rokkostuum dress suit

rol ● (opgerold iets) roll, ⟨perkament⟩ scroll, ⟨touw⟩ coil ● (cilindervormig voorwerp) cylinder, ⟨onder stoelpoot e.d.⟩ castor, ⟨v. deeg⟩ rolling pin ● (toneelrol) part, role ★ een rol bezetten act a part ● (eigen aandeel) ★ een rol spelen play a part ● (naamlijst) list, roll, ⟨jur.⟩ cause list ★ ⟨jur.⟩ een zaak op de rol plaatsen set a case down for hearing ▼ aan de rol zijn be on the razzle; ⟨inf.⟩ be out on the town ▼ in de rol blijven keep in character ▼ uit de rol vallen act out of character ▼ de rollen zijn omgekeerd the tables are turned

rolberoerte fit ★ we lachten ons een ~ we nearly split our sides laughing

rolbevestigend role-reinforcing

rolbezetting cast

rolconflict conflict of roles

roldoorbrekend breaking social conventions/set patterns, unconventional

rolgordijn (roller) blind, ⟨AE (window) shade

rollade meat roll

rollen I [ov ww] ● (voortbewegen) roll ● (met een rol pletten) roll ● (oprollen) roll ★ een sjekkie ~ roll a cigarette ● (bestelen) ★ iemands zakken ~

pick a person's pocket **II** [on ww] ● (zich voortbewegen) roll, ⟨v. vliegtuig⟩ taxi ● (vallen) tumble, fall ▼ van z'n fiets ~ fall/tumble off one's bicycle ● (roffelend geluid maken) roll ★ ~de donder rolling thunder ▼ de zaak aan het ~ brengen get the ball rolling ▼ geld moet ~ money is there to be spent

rollenspel role-playing, role play

roller ● (golf) roller ● (rollend geluid) trill

rolluik roll-down shutter

rolmops ≈ collared and pickled herring

rolpatroon role pattern

rolprent film

rolschaats roller skate

rolschaatsen roller-skate

rolstoel wheelchair

roltrap escalator

rolverdeling cast

ROM ROM, read only memory

Romaans ⟨taalk.⟩ Romance, ⟨kunst⟩ Romanesque ★ ~e talen Romance languages

roman novel

romance romance

romancier novelist

romanist student of Romance languages, Romanist

romanschrijver novelist

romanticus (aanhanger v.d. romantiek) romanticist, ⟨gevoelsmens⟩ romantic

romantiek ● (gevoel) romance ● (kunststroming) Romanticism

romantisch romantic

romantiseren ● (romantisch voorstellen) romanticize ● (tot een roman verwerken) fictionalize

Rome Rome ★ het oude Rome ancient Rome

Romein Roman

Romeins Roman

romig creamy

rommel ● (wanorde) mess, ⟨achtergelaten rommel⟩ litter ★ ~ maken make a mess ● (waardeloze prullen) rubbish, junk ★ oude ~ old junk ▼ de hele ~ the whole lot/caboodle

rommelen ● (ordeloos zoeken) rummage ● (dof rollend klinken) rumble, roll ● (sjacheren) wangle, fix up ● (prutsen) mess/fart about/around

rommelig messy, untidy

rommelkamer lumber/junk room

rommelmarkt jumble sale, ⟨AE⟩ rummage sale

rommelzolder attic (used as a junk room)

romp ● (lijf) trunk ● (casco) body, ⟨v. afgebrand gebouw⟩ shell, ⟨v. schip⟩ hull, ⟨v. vliegtuig⟩ fuselage

rompkabinet rump cabinet

rompslomp bother, fuss

rond I [het] round ★ in het rond draaien/kijken turn/look (a)round **II** [bnw] ● (bol-/cirkelvormig) round ● (afgerond) round ★ ronde cijfers/getallen round figures ● (gevuld) ★ ronde vormen rounded shapes ▼ zijn buikje rond eten eat one's fill **III** [bijw] ⟨voltooid⟩ completed ★ de wereld rond around the world ★ zij ging de kring rond she went around the circle (of guests) ★ het gerucht ging rond rumour had it ★ de zaak is rond it is all fixed up ▼ hij kwam er rond voor uit he told me straight out **IV** [vz] ● (om(heen)) (a)round ★ rond de haard round the fire ● (ongeveer, in de buurt van) around ★ rond een uur of zes round about six (o'clock) ★ rond de twintig mensen some twenty people ★ zij is rond de vijftig she's fiftyish; she's about fifty

rondbazuinen trumpet, noise abroad, broadcast

rondborstig candid, frank

rondbrengen deliver
ronddelen hand/pass round
ronddolen wander about/around
ronddraaien I [ov ww] • (draaien) turn round, rotate, (snel) spin (round) **II** [on ww] • (draaiend rondgaan) turn round, (snel) spin (round) • (zich bewegen rondom) move round ★ ~de beweging rotary motion
ronddwalen wander about
ronde • (rondgang) (v. agent) beat, (v. patrouille) round • de ~ doen make one's round ★ er doen vreemde geruchten de ~ there are some strange rumours going round • (wedstrijdtraject) lap • (deel van wedstrijd) round • (wielrenwedstrijd) tour
rondedans round dance
ronden • (afronden) round off • (scheepv.) round
rondetafelconferentie round-table conference
rondgaan • (bewegen) move round • (langsgaan) go round ★ laten ~ pass round
rondgang tour ★ een ~ maken door de fabriek make a tour of the factory
rondhangen hang around, stand about
rondhout spar
ronding curve, rounding
rondje • een ~ geven buy a round of drinks
rondkijken look about
rondkomen make ends meet, manage ★ we moeten ermee ~ we must make do
rondleiden lead round ★ iem. ~ show a person round
rondleiding guided/conducted tour
rondlopen walk about ★ vrij ~ (v. misdadiger) be at large ★ met een plan ~ hatch a plan ▼ rondlopen rond! go take a running jump (at yourself)!; go away!
rondneuzen nose about/around
rondo rondo
rondom I [bijw] • (eromheen) on all sides • (overal) all around **II** [vz] • (om ... heen) ★ ~ het vuur around the fire • (in de buurt van) ★ ~ het centrum van de stad around the town centre
rondreis tour, round trip ★ 'n ~ maken door Canada tour Canada; make a tour of Canada
rondreizen travel (a)round/about
rondrijden • (toeren) go for a drive/ride • (in een cirkel rijden) drive/ride round
rondrit tour
rondscharrelen • (rondlopen) (doelloos lopen) saunter about • (rommelen) fiddle about, (bezig zijn met iets) potter about
rondschrijven circular (letter)
rondslingeren lie about, knock about/around ★ zijn gereedschap laten ~ leave one's tools lying about
rondsnuffelen • (doorzoeken) rummage about ★ in iemands kamer ~ rummage about in s.o.'s room • (speurend rondlopen) nose about
rondte • (rondheid) roundness • (kring) circle ★ kilometers in de ~ miles around ★ in de ~ draaien rotate; turn round; (om iets) revolve
rondtrekken travel around, (te voet) wander about
ronduit frankly, plainly, straightforward ★ ~ gezegd frankly speaking ★ ~ weigeren refuse flatly
rondvaart canal ride/cruise, round trip (by boat), (lange afstand) cruise ★ een ~ door de grachten a tour of the canals
rondvaartboot sightseeing boat
rondvertellen spread (about)
rondvliegen • (in kring vliegen) fly round, circle

• (alle kanten opvliegen) fly about/around
rondvlucht round trip by plane/helicopter, aerial tour
rondvraag matters arising, (als punt op agenda) any other business ★ iets voor de ~ hebben have a point to raise at the end of the meeting; bring up a matter for discussion
rondwandelen walk around
rondweg bypass, orbital motorway
rondzingen acoustic feedback
rondzwerven • (zwerven) wander about • (rondslingeren) lie around/about
ronken • (snurken) snore • (ronkend geluid maken) (v. motor) throb, (v. vliegtuig) roar
ronselaar press gang [mv], (hedendaags) recruitment officer
ronselen press-gang, recruit
röntgenfoto X-ray ★ een ~ maken take an X-ray
röntgenstralen X-rays
rood • (kleur) red ★ zo rood als een kreeft as red as a lobster ★ rood worden blush; redden ★ het licht sprong op rood the light changed to red ★ rood aanlopen flush • (pol.) • de roden the Reds ▼ rood staan be in the red
roodbont red and white, (paard) skewbald, (v. stof) red-and-white checked
roodborstje robin (redbreast)
roodgloeiend red-hot
roodharig ginger, red-haired
roodhuid redskin
Roodkapje Little Red Ridinghood
roodvonk scarlet fever
roof • (wondkorstje) scab • (buit) plunder, booty, (v. dier) prey • (diefstal) robbery ★ op roof uitgaan go out plundering
roofbouw • (overdadige landbouw) overcropping • (uitputtend gebruik) exhaustion, overuse ★ ~ plegen op zijn gezondheid ruin one's health
roofdier beast of prey, predator
roofdruk pirate edition
roofmoord robbery with murder
roofoverval hold-up, armed robbery
rooftocht foray, raid ★ op ~ gaan (v. dier) go on the prowl
roofvis predatory fish
roofvogel bird of prey
rooien • (uitgraven) uproot, (v. aardappels) lift, dig (up), (v. bos) clear • (klaarspelen) manage ★ hij zal 't wel ~ he'll manage all right
rook smoke ▼ in rook opgaan vanish into thin air
rookcoupé smoker, smoking compartment
rookdetector smoke detector
rookglas smoked glass
rookgordijn smoke screen
rookhol smoke-filled room
rookpluim plume of smoke, whisp of smoke
rooksignaal smoke signal
rookvlees smoke-dried meat
rookwolk cloud/pall of smoke
rookworst smoked sausage
room cream ★ geklopte room whipped cream
roomboter (full-cream) butter
roomijs ice cream
roomkaas cream cheese
roomklopper whisk
rooms R.C., Roman Catholic
rooms-katholiek Roman Catholic
roomsoes cream puff
roomstel sugar and cream set
roos • (bloem) rose • (huidschilfers) dandruff • (middelpunt van schietschijf) bull's eye ★ dat was midden in de roos that was dead on target

R

• (deel van kompas) rose, card ▾ geen roos zonder doornen no rose without a thorn

rooskleurig rosy, ‹form.› roseate ∗ de toekomst ziet er ~ voor haar uit she has a bright future ahead of her

rooster • (braadrooster) grill • (broodrooster) toaster • (raster) grid, grating, ‹kachelrooster› grate • (schema) ‹lesrooster› timetable, ‹werkrooster› roster, rota

roosteren I [ov ww] • (op/met een rooster blakeren) roast, ‹v. vlees› broil, grill ∗ geroosterd brood toast II [on ww] • (gezengd worden) be scorched, get burned/roasted

ros I [het] steed II [bnw] ∗ de rosse buurt the red-light district

rosarium rosarium

rosbief roast beef

rosé rosé

roskammen curry, groom

rossen I [ov ww] • (roskammen) groom II [on ww] • (wild rijden) career, ride recklessly

rossig ginger, reddish, sandy-haired

rot I [de] ▾ een oude rot an old hand II [het] • (troep) ‹pej.› gang, ‹rij manschappen› file • (rotting) rot, decay III [bnw] • (verrot) rotten, putrid ∗ rotte tand decayed/bad tooth • (vervelend) rotten ∗ rot weer beastly weather

rot- ~ bloody, stupid

rotan (rattan) cane

rotatie rotation

rotatiemotor rotary engine

rotatiepers rotary press

roteren rotate

rotgang breakneck speed

rotgans brent(-goose), ‹AE› brant

rothumeur lousy/rotten mood

rotisserie rotisserie

rotje (fire) cracker, squib ▾ ik schrok me een ~ I had the fright of my life

rotonde • (verkeersplein) roundabout • (rond gebouw) rotunda

rots rock, ‹aan zee› cliff, ‹steil› crag

rotsachtig rocky

rotsblok boulder

rotspartij mass of rocks, ‹in tuin› rockery

rotsstreek mean/dirty/rotten trick

rotstuin rock garden, rockery

rotsvast solid as a rock

rotswand rock face, ‹steil› precipice

rotten decay, go bad, rot

Rotterdam Rotterdam

rottig • (ietwat rot) rotten, decaying • (ellendig) horrible, rotten

rottigheid misery, ugliness

rotting • (bederf) rot, decay • (stok) cane

rotzooi • (waardeloze rommel) junk, rubbish • (wanorde) mess

rotzooien • (knoeien) make a mess • (scharrelen) flirt

rouge rouge, blusher

roulatie circulation

rouleren • (in omloop zijn) circulate • (afwisselen) take turns, ‹m.b.t. ploegendienst› work in shifts

roulette roulette

route route, way

routebeschrijving itinerary

routine • (sleur) routine ∗ de dagelijkse ~ the daily grind • (geoefendheid) practice

routinematig routinely

routineonderzoek routine check

routing routing

routinier • (ervaren persoon) old hand • (gewoontemens) creature of habit

rouw • (droefheid) mourning • (uiting van droefheid) ∗ zware/lichte rouw deep/half mourning ∗ in de rouw zijn be in mourning ∗ in de rouw gaan go into mourning ∗ rouw dragen mourn (for)

rouwband mourning band, crape

rouwbeklag condolence

rouwbrief letter announcing s.o.'s death

rouwcentrum funeral parlour/home

rouwdienst memorial service

rouwen • (rouwkleding dragen) be in mourning • (treuren) grieve, mourn

rouwig ▾ ik ben er niet ~ om I don't regret it; I'm not sorry about it

rouwkamer funeral parlour, mortuary

rouwmis requiem mass

rouwproces mourning

rouwrand black border ▾ je nagels hebben ~jes your fingernails are black

rouwstoet funeral procession

roux roux

roven rob, ‹v. kinderen› kidnap

rover robber

rovershol thieves' den

royaal • (gul) generous ∗ te ~ leven live beyond one's means ∗ ~ voor de dag komen be lavish ∗ een royale man an open-handed man ∗ (ruim) ample ∗ een ~ inkomen an ample income ∗ hij was ~ nummer één he was easily first • (ruim van opvatting) broadminded, liberal

rozemarijn rosemary

rozenbottel rosehip

rozengeur scent of roses ▾ 't leven is niet alleen ~ en maneschijn life is not a bed of roses

rozenkruiser Rosicrucian

rozig • (rooskleurig) rosy • (slaperig) languid

rozijn raisin

Ruanda Rwanda

rubber rubber

rubberboot inflatable (rubber) dinghy/boat

ruche ruche, frill

ruchtbaar known, public ∗ ~ worden become known; (it) transpire(s) ∗ ~ maken make known

ruchtbaarheid public knowledge, publicity ∗ ~ aan iets geven divulge s.th.; spread s.th. (abroad)

rücksichtslos unscrupulous, unsparing

rudimentair rudimentary

rugby rugby (football), ‹inf.› rugger

rugbyen play rugby/rugger

rugdekking backing ∗ iem. ~ geven back s.o. (up)

ruggenmerg spinal cord

ruggenwervel dorsal vertebra

ruggespraak consultation ∗ ~ houden met iem. consult (with) s.o.

rugleuning back rest

rugnummer (player's) number

rugslag backstroke

rugsluiting back fastening ∗ met ~ fastened at the back

rugtitel spine lettering, spine title

rugzak backpack, ‹klein, v. dagtocht› rucksack

rugzijde back

rui moulting ∗ in de rui in moult

ruien moult

ruif rack

ruig shaggy, ‹baard› bushy

ruiken I [ov ww] • (met reukzin waarnemen) smell, ‹v. wild› scent • (bespeuren) ∗ dat kon ik ook niet ~ I could not possibly know that II [on ww] • (geuren) smell ∗ uit zijn mond ~ have

bad breath • (~ **naar**) ∗ dat ruikt naar ketterij
that smacks/reeks of heresy ▼ daar kan hij niet
aan ~ he can't hold a candle to it
ruiker bouquet, (klein) nosegay
ruil exchange, (inf.) swop
ruilbeurs exchange mart, (AE) swap-meet
ruilen exchange, (inf.) swop ▼ van plaats ~ change
places
ruilhandel barter
ruilhart donor heart
ruilmiddel medium of exchange
ruilverkaveling legal re-division and re-allotment
of land
ruilvoet exchange rate, terms of exchange
ruilwaarde exchange value, (v. effecten) market
value
ruim I [het] hold II [bnw] • (veel ruimte biedend)
large, spacious • (onbekrompen) broad ∗ ruim
van opvatting broadminded ∗ ruime blik broad
view • (rijkelijk) ∗ ruim inkomen comfortable/
liberal income ▼ zij had het niet ruim she was
not well off ∗ ruime keus wide/large choice
• (veelomvattend) extensive • op ruime schaal
on a large scale; on an extensive scale ∗ een ruim
gebruik maken van make ample use of • (wijd)
wide, roomy • (open) free ∗ ruim baan maken
clear the way III [bijw] • (op ruime wijze)
∗ ruim meten give good measure • (meer dan)
∗ ruim zestig more than sixty; (well) over sixty;
(leeftijd) a good sixty (years of age)
ruimdenkend broad-/open-minded, liberal
ruimen I [ov ww] • (opruimen) clear out
• (leegmaken) empty II [on ww] • (draaien van
de wind) veer
ruimschoots abundantly, amply ∗ ~ de tijd
hebben have plenty of time ∗ ~ gelegenheid
ample opportunity
ruimte • (plaats) room, space, (speling) clearance
∗ geen ~ voor iets hebben have no room for s.th.
• (heelal) space • (uitgebreidheid) space
∗ bewegings~ elbow room ∗ geef hem de ~ give
him a wide berth ▼ gezwam in de ~ blether
ruimte- space
ruimtecapsule space capsule
ruimtelaboratorium space laboratory
ruimtelijk • (de ruimte betreffend) spatial ∗ ~e
ordening town and country planning
• (driedimensionaal) three-dimensional
ruimtereis space flight/travel, journey into space
ruimteschip spaceship
ruimtevaarder astronaut
ruimtevaart space travel
ruimtevaartuig spacecraft
ruimteveer space shuttle
ruimtevlucht space flight
ruimtevrees agoraphobia, fear of open spaces
ruin gelding
ruïne (resten) ruins, (vervallen bouwwerk) ruin
ruïneren ruin ▼ zij heeft haar gezondheid
geruïneerd she has ruined her health
ruis noise, (m.b.t. het hart) (heart) murmur ∗ witte
ruis white noise
ruisen (v. water) murmur, (v. wind, bladeren,
kleren) rustle
ruit • (vensterglas) pane, (v. deur) glass panel
• (motief) (v. schaakbord) square, (v. stof) check
• (wisk.) rhomb ▼ je eigen ruiten ingooien be
one's own worst enemy
ruiten diamonds
ruitensproeier windscreen washer, (AE) windshield
washer
ruitenwisser windscreen wiper, (AE) windshield

wiper
ruiter horseman, rider
ruiterij cavalry
ruiterlijk frank
ruiterpad bridle path
ruitijd moulting season
ruitjespapier graph paper, squared paper
ruk • (beweging) jerk, pull, tug ∗ de auto kwam
met een ruk tot stilstand the car stopped with a
jerk • (lange tijd) period ∗ in één ruk at a stretch
∗ het was een hele ruk it was a long haul
rukken I [ov ww] • (met een ruk trekken) snatch
∗ iets aan flarden ~ tear s.th. to shreds ▼ uit zijn
verband ~ take out of context II [on ww] • (hard
trekken) jerk, pull, tug
rukwind squall
rul loose, sandy
rum rum
rumba rumba
rumoer • (lawaai) noise • (ophef) commotion,
uproar
rumoerig (lawaaiig) noisy • (onstuimig)
boisterous
run run
rund • (dier) (koe) cow [mv: cattle], (os) ox [mv:
cattle], (stier) bull • (stommeling) idiot
▼ bloeden als een rund bleed like a stuck pig
runder- (m.b.t. dier) cow, cattle, (vlees) beef
rundergehakt minced beef
rundvee (horned) cattle
rundvlees beef
rune rune
runeteken rune, runic character
runnen run, manage
rups caterpillar
rupsband caterpillar track ∗ met ~en tracked
rupsvoertuig caterpillar/tracked vehicle
rush • (stormloop) rush, run • (film) rushes
Rusland Russia
Russisch I [het] Russian II [bnw] Russian
rust • (ontspanning) rest ∗ in rust at rest ∗ rust
nemen take a rest • (kalmte) calm, quiet ∗ tot
rust komen settle down ∗ tot rust brengen set at
rest ∗ alles was in diepe rust all was quiet ∗ geen
ogenblik rust hebben have not a moment's peace
∗ hij herstelde de rust he restored the peace
∗ met rust laten leave in peace; leave alone
• (nachtrust) repose ∗ zich ter ruste begeven go
to bed; retire for the night • (muz.) rest • (sport)
half-time, interval ▼ rust roest idleness rusts the
mind ▼ op de plaats rust! stand easy!
rustdag day of rest, holiday
rusteloos • (ongedurig) restless, itchy ∗ ~ heen
en weer lopen pace up and down restlessly
• (steeds bezig) restless, unremitting
rusten • (uitrusten) repose, rest • (begraven
liggen) ∗ hier rust... here lies... • (steunen) rest
(upon) ∗ op mij rust de aangename plicht om...
it is my pleasant duty to... ∗ er rust een
verdenking op u you are under suspicion ∗ er
rust een zware verantwoordelijkheid op hem
he carries a heavy responsibility • (slapen) ∗ ik ga
wat ~ I'm going to have a rest • (ongemoeid
laten) ∗ een onderwerp laten ~ drop a subject
• (gericht zijn) ∗ zijn blik bleef ~ op his gaze
came to rest on; his gaze lingered on ▼ na gedane
arbeid is het goed ~ rest is sweet after the work is
done ▼ moge hij in vrede ~ may he rest in peace
rustgevend restful
rusthuis rest home
rustiek rural
rustig • (in rust) peaceful, quiet • (bedaard) calm

* zich ~ houden *keep quiet* * ~ optreden *act
calmly* * (vredig) *peaceful, tranquil*
● (ongestoord) *quiet, untroubled* * een ~ plekje
opzoeken *look for a quiet spot*
rustplaats ● (pleisterplaats) *halting place* ● (graf)
resting place * de laatste ~ *the last resting place*
rustpunt ● (pauze) *pause, rest* ● (steunpunt)
support
ruststand *half-time score*
rustverstoorder (herrieschopper) *hooligan,*
(ordeverstoorder) *rioter*
ruw ● (oneffen) *rough,* (grof) *rough,* (huid) *coarse*
● (onbewerkt) *crude, raw* * ruwe olie *crude oil*
* ruwe katoen/suiker *raw cotton/sugar*
● (onbeschaafd) *coarse, rough, rude* * ruw gedrag
rude behaviour * ruw in de mond *rough-spoken*
* ruwe klant *rough customer* ● (wild) *rough,
boisterous* * ruwe zee *rough/choppy sea* * iets
ruw behandelen *handle s.th. roughly* ● (globaal)
* ruw geschat *roughly* * een ruwe schets *a
rough draft* * ruwe score *original score*
ruwweg *roughly*
ruzie *quarrel, row* * ~ krijgen *fall out* * ~ zoeken
pick a fight/quarrel * met iem. ~ hebben/
maken over iets *quarrel with a person about s.th.*
ruzieachtig *quarrelsome*
ruziemaker *troublemaker, quarrelsome person*
ruziën *argue, quarrel*

S

s (the letter) *S/s*
saai *tedious, boring, dull, slow*
saamhorigheid *solidarity*
saampjes *together*
sabbat *sabbath*
sabbelen *suck* * ~ op *suck*
sabel I [de] *sword* **II** [het] ● (bont) *sable* ● (her.)
sable
sabelbont *sable*
sabeldier *sable*
sabotage *sabotage* * ~ plegen *commit sabotage*
saboteren *sabotage*
saboteur *saboteur*
sacharine *saccharine*
sacraal *sacral*
sacrament *sacrament* * de ~en der stervenden
the last sacraments
sacristie *sacristy, vestry*
sacrosanct *sacrosanct*
sadisme *sadism*
sadist *sadist*
sadistisch *sadistic*
sadomasochisme *sadomasochism*
safari *safari* * op ~ gaan *go on safari*
safaripark *safari park*
safe I [de] *safe, safe deposit box* **II** [bnw] *safe* * denk
je dat dat safe is? *do you think it's all right/safe?*
saffie *fag*
saffier *sapphire,* (saffiernaald) *stylus*
saffraan *saffron*
sage *saga*
sago *sago*
Sahara *Sahara*
saillant *salient, striking*
Saksisch *Saxon*
salade *salad*
salamander *salamander*
salami *salami*
salariëring *pay*
salaris *salary, pay*
salarisschaal *salary scale*
saldo *balance* * batig ~ *credit balance; surplus*
* nadelig ~ *debit balance; deficit* * met een
nadelig ~ sluiten *leave a deficit* * per ~ *on
balance*
sales promotion *sales promotion*
salie *sage*
salmiak *sal ammoniac*
salmonella *salmonella*
salomonsoordeel *Judgement of Solomon*
salon ● (kamer) *drawing room,* (v. schip) *saloon*
● (bijeenkomst) *salon* * literaire ~ *literary salon*
salonboot (saloon) *steamer*
salonmuziek *salon music*
salonsocialist *armchair/parlour socialist*
saloondeuren *saloon doors*
salpeter *saltpetre, potassium nitrate*
salpeterzuur *nitric acid*
salto *somersault* * ~ mortale *death-defying leap*
salueren *salute*
saluut I [het] *salutation, salute* **II** [tw] * ~!
cheerio!; so long!; see you later!
saluutschot *salute* * er klonken tien ~en *there
was a ten gun salute; ten salutes rang out*
salvo ● (schoten) *salvo, volley* ● (stortvloed) *volley*
Samaritaan *Samaritan* * de barmhartige ~ *the
Good Samaritan*
samba *samba*

sambal *sambal*
samen ● (met elkaar) *together* ★ ~ uit, ~ thuis *out together, home together* ★ zij hebben ~ een woning *they share an apartment* ● (bijen) *together* ● (bij elkaar gerekend) *in all, altogether* ★ ~ verdienen ze net genoeg *between them they earn just enough*
samengaan ● (gepaard gaan) *go together* ★ doen ~ *combine* ● (fuseren) *amalgamate, merge* ★ deze banken zijn samengegaan *these banks have merged/amalgamated* ● (met elkaar gaan) ★ ~ met *go together with* ★ dat gaat niet samen met dat *that is incompatible with*
samengesteld *compound, complex* ★ ~e breuk (wisk.) *complex fraction;* (med.) *compound fracture*
samenhang *connection, connexion*
samenhangen *be connected*
samenkomst *meeting*
samenleven *live together, cohabit with s.o.*
samenleving ● (maatschappij) *society* ● (het samenleven) *living together*
samenloop ● (plaats van vereniging) *convergence,* (v. rivieren) *confluence* ● (gelijktijdigheid) *concurrence,* (v. mensen) *concourse* ★ ~ van omstandigheden *coincidence*
samenpakken *gather* ★ zwarte wolken pakten zich samen *black clouds were gathering*
samenraapsel *jumble, hotchpotch* ★ ~ van leugens *pack of lies; tissue of lies*
samenscholen *assemble*
samenscholing ● (het samenscholen) *gathering* ● (oploop) *assembly, gathering*
samensmelten I [ov ww] ● (doen samengaan) *melt/fuse together* **II** [on ww] ● (versmelten) *fuse (together)* ● (fuseren) *amalgamate, merge*
samenspannen *plot, conspire*
samenspel (muz.) *ensemble,* (sport) *teamwork*
samenspraak *dialogue*
samenstel ● (geheel) *composition* ● (bouw) *structure*
samenstellen *put together, make up,* (nieuwsbrief) *compose,* (woordenlijst) *compile*
samensteller *compiler, assembler, composer*
samenstelling ● (het samenstellen) *compilation* ● (manier van samenstellen) *composition,* (v. programma) *arrangement* ● (taalk.) *compound*
samenstromen ● (samenkomen) *assemble* ● (samenvloeien) *flow together*
samentrekken I [ov ww] ● (opeen trekken) *draw together, contract* ● (samenvoegen) *contract,* (troepen) *concentrate* ● (taalk.) *contract* **II** [on ww] ● (ineenkrimpen) *contract* ★ zich ~ *contract*
samentrekking *contraction*
samenvallen ● (tegelijk gebeuren) *coincide* ● (één worden) *converge*
samenvatten *summarize, sum up*
samenvatting *summary*
samenvoegen *join, combine, unite*
samenwerken *work/act/pull together, co-operate, collaborate*
samenwerking *cooperation*
samenwerkingsverband *collaboration, cooperation*
samenwonen *live together*
samenzang *community singing*
samenzijn *gathering, meeting*
samenzweerder *conspirator*
samenzweren *plot, conspire*
samenzwering *plot, conspiracy*
samplen *sample*
samsam *fifty-fifty* ▼ ~ doen *go fifty-fifty*

sanatorium *sanatorium*
sanctie ~ *sanction*
sanctioneren *sanction*
sandaal *sandal*
sandelhout *sandalwood*
saneren (bedrijf) *reorganize,* (gebit) *put in order,* (stadsdeel) *redevelop,* (wijk) *clean up*
sanering (v. bedrijf) *reorganization,* (v. stadsdeel) *redevelopment,* (v. wijk) *clean up*
sanguinair *sanguinary*
sanitair I [het] *sanitary fittings, bathroom fixtures* **II** [bnw] *sanitary*
San Marino *San Marino*
sanseveria *sanseveria, snake plant*
Sanskriet *Sanskrit*
santé *your health!, here's to you!,* (bij niezen) *bless you!*
Saoedi-Arabië *Saudi Arabia*
Saoedisch *Saudi*
sap (v. plant) *sap,* (vruchtensap) *juice*
sapcentrifuge *liquidizer,* (AE) *juicer*
sapje *glass of fruit juice*
sappelen *slave (away), drudge, toil*
sappig ● (vol sap) (fruit) *juicy,* (plant) *sappy,* (vlees) *succulent, tender* ● (smeuïg) *juicy, vivid* ★ een ~ verhaal *a juicy story*
sarcasme *sarcasm*
sarcastisch *sarcastic*
sardine *sardine*
Sardinië *Sardinia*
sardonisch *sardonic, derisive* ★ een ~ lachje *a sardonic chuckle*
sarong *sarong*
sarren *nag, bait, tease*
sas ▼ in zijn sas zijn *be in high spirits*
Satan *Satan*
satanisch *satanic*
saté (shish)kebab
satelliet ● (hemellichaam) *satellite* ● (kunstmaan) *satellite*
satellietfoto *satellite photo(graph)*
satellietstaat *satellite state, satellite country*
satellietstad *satellite town*
satellietverbinding *satellite link(-up)*
sater *satyr*
satéstokje *skewer*
satijn *satin*
satire *satire*
satirisch *satiric(al)*
saucijs *sausage*
saucijzenbroodje *sausage roll*
sauna *sauna*
saus *sauce,* (jus) *gravy,* (sla) *dressing*
sausen (met latex, e.d.) *distemper,* (met witkalk) *whitewash*
sauteren *sauté* ★ gesauteerde aardappelen *sautéed potatoes*
savanne *savanna(h)*
*savooiekool (Wdl: savooienkool) *savoy*
saxofonist *saxophonist*
saxofoon *saxophone*
scabreus *scabrous*
scala *scale, range* ★ een breed ~ van artikelen *a wide range of articles*
scalp *scalp*
scalpel *scalpel*
scalperen *scalp*
scampi *scampi*
scanderen ● (metrisch indelen) *scan* ● (uitroepen) *chant*
Scandinavië *Scandinavia*
Scandinavisch *Scandinavian*

S

scannen *scan*
scanner *scanner*
scenario ● (draaiboek) *scenario, film script, script* ● (plan) *scenario*
scenarioschrijver *scriptwriter, scenarist*
scene *scene*
scepsis *scepsis,* (AE) *skepsis*
scepticisme *scepticism*
scepticus *sceptic*
sceptisch *sceptical* ∗ ~ staan tegenover *be sceptical of*
schaaf ● (gereedschap) *plane* ● (keukengerei) *slicer*
schaafwond *graze*
schaak I [het] *chess* ∗ partij ~ *game of chess* ∗ ~ spelen *play chess* ∗ ~ staan *be in check* ∗ ~ zetten *check* **II** [tw] ∗ ~! *check!*
schaakbord *chessboard*
schaakcomputer *chess computer*
schaakklok *chess clock*
schaakmat *checkmate* ∗ ~ zetten *mate;* (fig.) *checkmate*
schaakmeester *chess master*
schaakspel ● (spel) (game of) *chess* ● (bord met stukken) *chess set*
schaakstuk *chessman, piece*
schaal ● (grootteverhouding) *scale* ∗ op grote ~ *on a large scale* ∗ op ~ tekenen *draw to scale* ∗ op ~ vergroten/verkleinen *scale up/down* ∗ operaties op grote ~ *big scale operations* ∗ de ~ van Richter *the Richter scale* ● (omhulsel) *shell* ● (schotel) *dish,* (bloemenschaal) *bowl,* (collectieschaal) *plate,* (schaal v. balans) *scale* ● (weegschaal) *scales* [mv] ● (schaalverdeling) *scale* ● (oplopende getallenreeks) *scale* ▼ dat doet de ~ doorslaan *that settles the matter; that turns the scales*
schaaldier *crustacean*
schaalverdeling *scale division*
schaalvergroting *scale up, increase in scale/size, expansion*
schaalverkleining ● (verkleining op schaal) *scaling down, decrease in scale* ● (kleinschaliger worden) *scaling down*
schaambeen *pubic bone*
schaamdeel *genitals, private parts*
schaamhaar *pubic hair*
schaamlip *labia* ∗ grote ~pen *labia majora* ∗ kleine ~pen *labia minora*
schaamluis *crab louse*
schaamrood *blush* ∗ het ~ steeg hem naar de kaken *he blushed with embarrassement*
schaamstreek *pubic region*
schaamte *shame*
schaamtegevoel *sense of shame*
schaamteloos (gedrag) *unashamed,* (persoon) *shameless*
schaap ● (dier) *sheep* [mv: *sheep*] ● (onnozel persoon) ∗ dat arme ~! *the poor lamb!; poor thing!* ▼ het zwarte ~ *the black sheep* ▼ als er één ~ over de dam is, volgen er meer *one sheep follows another; it only takes one to start, and the others will follow* ▼ een ~ met vijf poten zoeken *seek the impossible* ▼ haar ~jes op het droge hebben *she lives on easy street; she's got it made*
schaapachtig *sheepish*
schaapherder *shepherd*
schaapskooi *sheepfold*
schaar ● (knipwerktuig) (pair of) *scissors,* (voor schapen, heggen) *shears* ● (ploegschaar) *share* ● (grijporgaan schaaldier) *pincers*
schaars I [bnw] *scarce, rare, scanty* **II** [bijw]

(nauwelijks) *scarcely,* (zelden) *rarely* ∗ ~ verlicht *dimly lit*
schaarste *scarcity, scantiness, famine,* (eten, water, kolen) *dearth*
schaats *skate* ▼ scheve ~ rijden *get out of line; step over the mark*
schaatsen *skate*
schaatser *skater*
schacht ● (koker) *shaft* ● (steel) (v. lans) *shaft,* (v. veer) *quill*
schade ● (beschadiging) *damage, injury, harm* ∗ ~ aanrichten *do damage* ● (nadeel) *loss* ∗ ~ lijden* (v. persoon) *suffer a loss;* (v. zaken) *sustain damage* ∗ door ~ en schande wijs worden *learn by (bitter) experience* ∗ tot ~ van *to the detriment of* ∗ hij ondervond tot zijn ~ *he learned to his cost* ∗ z'n ~ inhalen *make up for the loss; make up for lost ground*
schadeclaim *insurance claim* ∗ een ~ indienen *submit an insurance claim*
schadeformulier *insurance claim/form*
schadelijk *harmful*
schadeloos *undamaged*
schadeloosstellen *indemnify (from/against), compensate (for)*
schadeloosstelling *compensation*
schaden *damage, harm, hurt*
schadeplichtig *liable for damages*
schadepost *loss* ∗ dat levert mij een grote ~ op *that leaves me with a big loss*
schadevergoeding *compensation, indemnification* ∗ ~ van iem. eisen *claim damages from a person*
schadeverzekering *indemnity insurance*
schadevrij *accident-free*
schaduw ● (donkere plaats) (geen omtrek) *shade,* (vaste omtrek) *shadow* ● (schim) *shadow* ● (schaduwbeeld) *shadow* ▼ hij kan niet in zijn ~ staan *he cannot hold a candle to him* ▼ in de ~ stellen *overshadow; dwarf* ▼ het wierp een ~ over de festiviteiten *it cast a dark cloud over the festival*
schaduwbeeld ● (silhouet) *silhouette* ● (schaduw) *shadow*
schaduwen ● (volgen) *shadow* ● (schaduw aanbrengen) *shade*
schaduwkabinet *shadow cabinet*
schaduwrijk *shady, shadowy*
schaduwspel *shadow play*
schaduwverkiezing *mock election*
schaduwzijde *shady side,* (fig.) *drawback*
schaft *pause, break*
schaften *take time off (for a meal)*
schafttijd (lunch/dinner) *break*
schakel *link*
schakelaar *switch*
schakelarmband *chain bracelet*
schakelbord *switchboard*
schakelen I [ov ww] ● (tot keten maken) *link up,* (techniek) *couple* ● (elektrisch verbinden) *connect* **II** [on ww] ● (in versnelling zetten) *change gear* ∗ van een naar twee ~ *shift from first into second gear*
schakeling (elektriciteit) *connection, circuit* ∗ geïntegreerde ~ *integrated circuit*
schakelkast *switch box*
schakelklas *preparatory class*
schakelklok *timer*
schakelschema *wiring diagram*
schakelwoning *type of semi-detached house,* (AE) *duplex*
schaken I [ov ww] ● (ontvoeren) *abduct* **II** [on

ww] • (schaak spelen) play chess
schaker • (schaakspeler) chess player • (ontvoerder) abductor
schakeren • (kleuren schikken) variegate • (afwisselen) pattern
schakering • (nuance) shade • (afwisseling) gradation, variegation
schaking elopement, abduction
schalks roguish
schallen sound, resound
schamel poor
schamen ★ schaam je! shame on you! ★ je moest je (de ogen uit het hoofd) ~ you ought to be (thoroughly) ashamed of yourself ★ zich ~ be/feel ashamed
schampen graze
schamper scornful
schamperen say scornfully
schampschot graze ★ hij kreeg een ~ in zijn arm a bullet grazed his arm
schandaal scandal, outrage ★ wat een ~! what a disgrace!
schandaalblad scandal sheet, rag
schandaalpers gutter press
schandalig scandalous, shameful, outrageous
schanddaad outrage
schande disgrace, shame, ignominy ★ ~ aandoen/te ~ maken disgrace ★ ~ spreken van iets call s.th. a disgrace; cry out against s.th.
schandelijk disgraceful, shameful, ignominious ★ er ~ uitzien look disgraceful
schandknaap male prostitute
schandpaal pillory ▼ iem. aan de ~ nagelen pillory s.o.; expose s.o. to public scorn
schandvlek • (smet) stain, blemish, stigma • (persoon) disgrace
schans • (bolwerk) entrenchment • (skischans) ski jump
schansspringen ski jump
schap shelf [mv: shelves] ★ de ~pen vullen stock the shelves
schapenbout leg of mutton
schapenfokkerij • (het fokken) sheep breeding • (bedrijf) sheep farm
schapenscheerder shearer
schapenvacht ⟨alleen de wol⟩ fleece, ⟨huid en wol⟩ sheepskin
schapenvlees mutton
schappelijk fair, reasonable, ⟨clement⟩ lenient
schar dab, flounder
schare multitude, ⟨legerschare⟩ host
scharen I [ov ww] • (groeperen) range, draw up ★ zich achter iem. ~ side with s.o. ★ zich ~ aan de zijde van range o.s. on the side of; side with ★ zich ~ om gather round; rally round **II** [on ww] • (bewegen als een schaar) ⟨turnen⟩ perform scissors, ⟨v. voertuig⟩ jack-knife
scharensliep knife grinder
scharlaken scarlet
scharminkel scrawny person/animal, bag of bones, skeleton
scharnier hinge
scharnieren hinge
scharrel • (het scharrelen) flirtation • (persoon) flirt, pick-up ★ aan de ~ zijn fool/sleep around
scharrelaar • (iem. zonder vast beroep) jack of all trades, odd jobber • (versierder) flirt, † philanderer • (venter van oude spulletjes) junk dealer
scharrelei free-range egg
scharrelen I [ov ww] • (bijeenbrengen) scrape together **II** [on ww] • (rommelen) rummage/

grub (about), ⟨in tweedehands auto's, e.d.⟩ deal in ★ laat hem maar ~ let him muddle/struggle along • (flirten) ★ met meisjes ~ play around with girls
scharrelkip free-range chicken
schat • (kostbaar bezit) treasure • (lief persoon) dear, darling, love • (overvloed) treasure, wealth ★ ~ aan bloemen/inlichtingen wealth of flowers/information
schateren roar with laughter
schaterlach burst of laughter
schatgraver treasure digger/hunter/seeker
schatkamer treasury, ⟨fig.⟩ storehouse
schatkist • (staatskas) exchequer, The Treasury • (geldkist) treasure chest
schatkistbiljet Exchequer bill, Treasury bill
schatkistpromesse Treasury bill
schatplichtig tributary, ⟨voor belasting⟩ taxable
schatrijk wealthy
schattebout sweetie pie, honey, baby
schatten • (taxeren) value, appraise, ⟨ramen, begroten⟩ estimate, assess ★ iets op de juiste waarde weten te ~ rightly estimate the value of s.th. ★ te hoog ~ overrate ★ te laag ~ underrate ★ ~ op value at ★ hoe oud schat je hem? how old do you think he is? • (afstanden ~ judge distance ★ verkeerd ~ misjudge • (achten) consider ★ iem. niet hoog ~ have a poor opinion of s.o.
schattig sweet
schatting • (taxatie) estimation ★ naar ruwe ~ at a rough estimate • (belasting) tribute ★ 'n ~ opleggen exact a tribute from
schaven • (glad maken) plane • (verwonden) graze • (snijden) slice • (verfijnen) polish
schavot scaffold
schavuit rascal
schede • (omhulsel) sheath ★ in de ~ steken sheathe (the sword) • (vagina) vagina
schedel • (hersenpan) skull • (doodshoofd) skull, death's head
schedelbasisfractuur fracture of the base of the skull
scheef • (niet recht) crooked, ⟨hoek⟩ oblique, ⟨lijn⟩ slanting, oblique, ⟨oppervlak⟩ slanting, sloping ★ ~ houden hold tilting to one side; not hold level ★ zijn hoed ~ zetten cock one's hat ★ ~ zitten sideways/awry ★ de scheve toren van Pisa the leaning tower of Pisa ★ een scheve rug a crooked back • (verkeerd) wrong ★ de zaak loopt ~ things are going wrong ★ ~ trekken distort ★ ~ voorstellen misrepresent ★ scheve verhouding false position
scheel squinting, cross-eyed ▼ schele hoofdpijn migraine ▼ ~ worden van jaloezie turn green with envy
scheelzien be cross-eyed, squint ▼ ~ van de honger be faint with hunger
scheen shin ▼ iem. tegen de schenen schoppen tread on s.o.'s toes
scheenbeen shinbone
scheenbeschermer shin pad
scheep aboard/on board (ship) ★ ~ gaan go aboard; embark
scheepsbeschuit ships biscuit, hardtack
scheepsbouw shipbuilding
scheepshelling slips, slipway
scheepshuid shell plating
scheepshut cabin, berth
scheepsjongen cabin boy
scheepsjournaal log, logbook
scheepslading shipload
scheepsramp shipping disaster

S

scheepsrecht maritime law ▾ driemaal is ~ third time lucky
scheepsruim (ship's) hold
scheepswerf shipyard
scheepvaart (bedrijf) shipping (industry), (verkeer te water) navigation
scheepvaartverkeer shipping
scheerapparaat electric shaver
scheercrème shaving cream
scheerkop shaving/shaver head
scheerkwast shaving brush
scheerlijn tension wire/rope, (m.b.t. schip) painter, (m.b.t. tent) guy
scheermes razor
scheermesje razor blade
scheerwol virgin wool ★ zuiver ~ pure (new) wool
scheerzeep shaving cream
scheet (wind) fart ★ een ~ laten fart • (koosnaam) cuty (pie), ducky ★ ah, wat een ~je! oh, isn't (s)he cute!
scheiden I [ov ww] • (eenheid verbreken) part, separate, ('t haar) part ★ het hoofd van de romp ~ sever the head from the body • (onderscheiden) separate, distuinguish **II** [on ww] • (weggaan) depart (uiteengaan) part, separate ★ hij kan niet van z'n geld ~ he cannot part with his money
scheiding • (splitsing) separation, division ★ ~ van Kerk en Staat separation of Church and State • (echtscheiding) divorce • (lijn in haar) parting • (grens) boundary • (tussenschot) partition
scheidslijn dividing line, borderline
scheidsmuur partition wall, (fig.) barrier
scheidsrechter arbiter, (tennis) umpire, (voetbal) referee
scheikunde chemistry
scheikundig chemical
schel (scherp) (geluid) shrill, piercing • (helder) (kleur) loud, (licht) glaring
Schelde Scheldt
schelden curse, swear, use abusive language ★ gaan ~ become verbally abusive ▾ ~ doet geen zeer hard words break no bones
scheldkanonnade torrent/barrage of verbal abuse
scheldnaam term of abuse, nickname
scheldpartij slanging match, swearing
scheldwoord term of abuse, (schunnige taal) obscenity
schelen • (onderling verschillen) make a difference, differ ★ zij ~ niet veel in leeftijd they don't differ much in age • (ontbreken) ★ dat scheelt veel that makes a big difference ★ dat scheelde niet veel! that was a close call! ★ het scheelde weinig/maar 'n haar of zij hadden gewonnen they came within an ace of winning; they lost by a hair • (uitmaken) make a difference, matter ★ het kan mij niet ~ (geen zin) I don't care; (geen bezwaar) I don't mind ★ het kan niet ~ never mind • (mankeren) be the matter ★ wat scheelt eraan? what's the matter?
schellinkje gallery
schelm • (deugniet) rascal • (schurk) scoundrel, crook
schelmenroman picaresque novel
schelmenstreek roguish trick, prank
schelp shell
schelpdier shellfish, crustacean
schelvis haddock
schema • (tekening) diagram • (model) outline • (tijdsplanning) schedule ★ we liggen precies op ~ we're right on schedule
schematisch schematic
schemer twilight, dusk

schemerdonker twilight
schemerduister twilight, dusk
schemeren • (schemerig zijn) ('s avonds) grow dark, ('s morgens) dawn • (vaag te zien zijn) be dimly visible, (v. lichtjes) glimmer • het schemert mij voor de geest I remember it vaguely • (in de schemer zitten) sit in the twilight ▾ het begon hem te ~ voor de ogen his head reeled
schemerig • (halfduister) dusky, dim, twilit • (vaag) vague, dim
schemering • (been van dier) dusky, dim
schemering • (been van dier) (donkerder) dusk
schemerlamp floor/table lamp
schemertoestand twilight state
schenden • (overtreden) (belofte) break, (rechten, wet) infringe, (verdrag, mensenrechten) violate • (onteren) (eer, goede naam) defile, sully, (graf,) desecrate, (vrouw) violate • (beschadigen) damage
schending (beschadiging) mutilation, (ontering) violation, (ontheiliging) desecration, (overtreding) transgression
schenkel • (been van dier) shank, hock • (been van mens) shank, femur
schenken • (gieten) pour • (verlenen) grant, give ★ aandacht ~ pay attention (to) ★ geloof ~ give credence (to) • (serveren) serve • (geven) give, grant, make a present of ★ de rest schenk ik je you may keep the rest
schenking gift, donation
schenkingsakte donation, endowment
schenkingsrecht gift tax
schennis violation, desecration
schep • (gereedschap) scoop, shovel • (een schep vol) shovelful, (lepel) spoonful • (grote hoeveelheid) ★ een ~ geld a lot of money
schepen sheriff
schepijs ice-cream
schepnet landing net, scoop net
scheppen • (opscheppen) scoop, (eten) ladle, (papier) dip, (sneeuw, kolen) shovel • (creëren) create ★ orde ~ in ... bring order into ... • (beleven) ★ behagen ~ in take pleasure in ★ moed ~ take/ muster/pluck up courage • (omverrijden) knock down
schepper creator
schepping creation
scheppingsverhaal story of the Creation
scheprad paddle wheel
schepsel creature
scheren I [ov ww] • (kort afsnijden) (v. dieren) shear, (v. haar) shave ★ zich ~ shave ★ zich laten ~ have a shave **II** [on ww] • (rakelings gaan langs) skim over/along • (snel bewegen) skim ★ scheer je weg! buzz off!; get lost!
scherf splinter, potsherd, (v. glas, granaat) fragment
schering warp ▾ dat is ~ en inslag that is a common occurrence; that is a matter of course
scherm • (beeldscherm) screen, (comp. ook) display • (toneelgordijn) curtain • (afscheiding) screen, (zonnescherm) awning • (plant.) umbel ▾ achter de ~en kijken look behind the scenes
schermen • (druk zwaaien) (met armen) wave, (met stok) brandish • (ophef maken) (connecties, daden) brag (about), (met woorden) talk big • (sport) fence
schermutseling skirmish
scherp I [het] • (scherpe kant) edge • (patronen) ★ met ~ schieten use live ammunition **II** [bnw] • (puntig) sharp • (goed snijdend) sharp(-edged), keen • (hoekig) sharp ★ ~e hoek sharp corner;

(wisk.) *acute angle* ★ ~e bocht *sharp turn* ★ ~e trekken *sharply defined features* ● (pijnlijk) *sharp*, (geur) *pungent*, (kou, wind) *biting*, (licht) *glaring*, (wind) *cutting* ● (bits) *sharp, harsh* ★ ~ gesteld *strongly worded (letter)* ★ ~e opmerking *tart remark* ● (scherpzinnig) *sharp*, (oordeel) *acute*, (verstand) *keen* ● (met fijn onderscheidingsvermogen) *sharp*, (gezichtsvermogen) *keen* ★ ~e ogen hebben *have sharp eyes* ★ ~ gehoor hebben *have sharp/ quick ears* ● (streng) (opmerking, artikel) *severe* ★ ~e controle *close control* ● (duidelijk uitkomend) *sharp, clear-cut* ★ ~ stellen *focus* ★ ~ besneden trekken *clean-cut features* ★ ~ contrast *sharp contrast* ★ een ~ beeld geven (m.b.t. lens) *give excellent definition* ★ (heet) *sharp, spicy, hot* ● (weinig marge latend) *sharp, severe* ★ een ~e prijsdaling *a sharp/steep drop in prices*
scherpen *sharpen*
scherpomlijnd *clear-/clean-cut, well-marked/ -defined*
scherprechter *executioner, hangman*
scherpschutter *sharpshooter, (sluipschutter) sniper*
scherpte ● (fijn onderscheidingsvermogen) *sharpness, keenness, judgement* ● (duidelijkheid) *sharpness, (v. beeld ook) definition* ● (puntigheid) *sharpness, (v. hoek) acuteness* ● (bitsheid) *harshness, sharpness* ● (strengheid) *strictness, severity*
scherptediepte *depth of field*
scherpzinnig *acute, keen witted, shrewd*
scherts *joke, fun* ★ als ~ opvatten *treat as a joke*
schertsen *jest, joke* ★ het was maar scherts I (etc.) *was only joking*
schertsfiguur *joke, nonentity*
schets ● (tekening) *sketch* ● (korte beschrijving) *outline* ● (kort verhaal) *sketch*
schetsblok *sketch pad*
schetsboek *sketchbook*
schetsen ● (tekenen) *sketch* ● (beschrijven) *outline*
schetsmatig *sketchy*
schetteren ● (klinken) *blare* ● (verkondigen) *rant*
scheur ● (spleet) *crack*, (in kleding) *tear* ● (mond) ★ je ~ opentrekken *open your big mouth*
scheurbuik *scurvy*
scheuren I [ov ww] ● (scheuren maken) (per ongeluk) *tear*, (verscheuren) *tear up* ★ in stukken ~ *tear to pieces* ● (omploegen) *plough up* ● (losrukken) *tear (away)* ● (plant.) *split, divide* II [on ww] ● (een scheur krijgen) *tear*, (v. ijs, e.d.) *crack* ● (hard rijden) *speed*
scheuring ● (het scheuren) *tearing, rupture* ● (splitsing) *rupture, split, (kerkelijk) schism*
scheurkalender *block-calendar*
scheut ● (loot) *shoot, sprout* ● (hoeveelheid vloeistof) *dash* ● (steek) *twinge, stab (of pain)*
scheutig *liberal, generous*
schicht *flash (of lightning)*
schichtig *shy, skittish* ★ ~ worden *jib; shy (at); shy away from*
schielijk ● (snel) *quick* ● (plotseling) *sudden*
schier *almost*
schiereiland *peninsula*
schietbaan *rifle range*
schieten I [ov ww] ● (afvuren) *shoot, fire* ★ ~ op *fire at/on* ● (treffen) *shoot* ★ zich voor 't hoofd ~ *blow out one's brains* ● (loslaten) *release, let go* ★ in touw laten ~ *release a rope*; (vieren) *pay/run out a rope* ● (uitlopen) *shoot* ★ knop ~ *bud*

★ ~ loten ~ *put forth shoots* ★ zaad ~ *go to seed* ▾ laat maar ~ *let it go* II [on ww] ● (vuren) *shoot* ● gaan ~ *open fire* ● (snel bewegen) *dart, rush* ★ in zijn kleren ~ *slip into one's clothes* ★ in de hoogte ~ *shoot up* ★ voorover ~ *pitch forward* ● (snel groeien) *sprout, shoot up* ● (plotseling opkomen) ★ 't zal me wel weer te binnen ~ *it will come back to me* ★ 't schoot mij door 't hoofd *it crossed my mind* ★ zijn ogen schoten vol tranen *his eyes filled with tears* ● (sport) *shoot* ★ naast ~ *miss*
schietgat *loophole*
schietgebed *quick/short prayer*
schietgraag *trigger-happy*
schietlood *plummet*
schietpartij *shooting*
schietschijf *target*
schietstoel *ejector seat*
schiettent *shooting gallery*
schiften I [ov ww] ● (sorteren) *sift, sort (out), sort through* II [on ww] ● (klonteren) *curdle*
schifting *sifting, sorting, selection*
schijf ● (platrond voorwerp) *disc* ● (draaibord) *disc*, (v. telefoon) *dial* ● (plakje) *slice* ● (schietschijf) *target* ● (damschijf) *man, piece* ● (belastingschijf) *bracket* ● (comp.) *disk*
schijfrem *disc brake*
schijn ● (schijnsel) *shine, glimmer* ● (valse indruk) *appearance, semblance* ★ voor de ~ *for the show*; *for the sake of appearances* ★ in ~ *seemingly* ★ hij heeft de ~ tegen zich *appearances are against him* ★ de ~ wekken dat... *give the appearance that...* ● (zweem) *shadow, ghost* ★ geen ~ van kans hebben *not have the ghost of a chance*; *not have a dog's chance* ● (waarschijnlijkheid) *appearance* ★ naar alle ~ *to all appearance(s)* ▾ ~ bedriegt *appearances are deceptive*
schijnbaar I [bnw] *seeming, apparent* II [bijw] *evidently, apparently*
schijnbeweging *feint*
schijndood I [de] *apparent death, suspended animation* II [bnw] *apparently dead, seemingly in a state of suspended animation*
schijnen ● (stralen) *shine* ● (lijken) *seem* ★ naar 't schijnt *apparently*
schijngestalte *phase*
schijnheilig *hypocritical*
schijnhuwelijk *marriage of convenience*
schijnproces *show trial*
schijnsel *shine, radiance, glimmer*
schijntje ★ 't kost maar een ~ *it costs next to nothing; it is dirt cheap*
schijnvertoning *sham, farce, mockery*
schijnwerper *floodlight*, (toneel) *spotlight*, (zoeklicht) *searchlight* ▾ in de ~s staan *be in the limelight*
schijnzwanger *pseudo/phantom pregnancy*
schijt *shit* ★ ergens ~ aan hebben *don't give a damn about*
schijten *shit*
schijterig *timorous, chicken(-hearted)/(-livered)*
schijthuis I [de] (chicken-hearted/-livered) *wimp, funk* II [het] *shithouse*
schik ● (tevredenheid) ★ hij was er erg mee in zijn ~ *he was very pleased with it* ● (plezier) *fun*
schikgodin *Fate, goddess of destiny* ★ de drie ~nen *the three Fates*
schikken I [ov ww] ● (goed plaatsen) *arrange, order* ★ bloemen ~ *make a flower arrangement* ● (regelen) *settle* ★ een zaak in der minne ~ *settle a matter amicably* II [on ww] ● (gelegen

komen) *suit, be convenient* ★ *zodra 't u schikt at your earliest convenience* **III** [wkd ww]
● (berusten) *resign onself to, reconcile o.s. to* ★ *zich ~ in zijn lot resign o.s. to one's fate*
● (voegen naar) ★ *zich zo goed mogelijk in iets ~ make the best of s.th.* ★ *zich naar iemands wensen ~ comply with a person's wishes*
schikking ● (overeenkomst) *agreement, arrangement, settlement* ★ *tot 'n ~ komen come to an agreement; reach a settlement* ★ *'n ~ treffen make an agreement* ● (ordening) *arrangement*
schil (banaan, sinaasappel) *peel*, (meloen, sinaasappel) *rind*, (v. bessen, druiven, bananen) *skin*, (v. ei) *shell*
schild ● (beschermingsmiddel) *shield* ★ *hitte-heat shield* ● (dekschild) (v. insecten) *wing case*, (v. schildpad) *carapace*, (v. schildpad, kreeft) *shell* ★ *wat voert hij in zijn ~? what is he up to?*
schilder ● (kunstschilder) *painter*
● (huisschilder) *(house) painter, (house) decorator*
schilderachtig *picturesque*
schilderen (verven) *paint, decorate*
● (afbeelden) *paint* ● (beschrijven) *paint, picture*
schilderij *picture, painting*
schildering ● (schilderij) *picture* ● (beschrijving) *depiction*
schilderkunst (art of) *painting*
schildersbedrijf *painting business*
schildersezel *easel*
schilderwerk ● (het geschilderde) *paintwork*
● (te schilderen werk) *paint job*
schildklier *thyroid gland*
schildknaap *shield bearer*
schildpad *tortoise*, (zeeschildpad) *turtle*
schildwacht *sentry, guard*
schilfer *flake, scale*
schilferen *peel off, flake*
schilferig *scaly, flaky*
schillen *peel*
schim ● (schaduwbeeld) *silhouette* ● (geest) *shade, ghost* ● (vage gedaante) *shadow, shade*
schimmel ● (uitslag) *mould, mildew* ● (paard) *grey* ● (zwam) *fungus*
schimmelen *become/get mouldy*
schimmelig (beschimmeld) *mouldy*
● (schimmelachtig) *fungoid*
schimmelkaas *blue cheese*
schimmenrijk *spirit world*
schimmenspel ● (voorstelling) *shadow play*
● (onwerkelijke vertoning) *phantasmagoria*
schimmig *shadowy*
schimp *taunt, abuse*
schimpen ★ *~ op gibe at*
schimpscheut *gibe*
schip ● (vaartuig) *ship, vessel* ● (beuk van kerk) *nave* ★ *schoon ~ maken make a clean sweep* ● *het ~ ingaan suffer a financial setback* ● *een ~ op 't strand, een baken in zee one man's fault is another man's lesson*
schipbreuk *shipwreck* ★ *~ lijden be shipwrecked*; (fig.) *fail* ● *doen lijden wreck*
schipbreukeling *shipwrecked person*, (fig.) *failure*
schipper *master, skipper*, (v. binnenvaartuig) *bargeman*, (v. kleine boot) *boatman*
schipperen *give and take, compromise*
schisma *schism*
schitteren (fel schijnen) *shine*, (v. ogen, diamanten, glitter, sparkle* ● (uitblinken) *shine, excel* ★ *~ door afwezigheid be conspicuous by one's absence*
schitterend ● (glinsterend) *glittering, sparkling*
● (prachtig) *brilliant, splendid*

schittering ● (het schitteren) *brilliance* ● (pracht) *lustre, splendour*
schizofreen *schizophrenic*
schizofrenie *schizophrenia*
schlager *hit*
schlemiel ● (slappeling) *wally, sap* ● (pechvogel) *underdog, unlucky person*
schmink *paint, make up*
schminken *make up*
schnabbel *job on the side*, (muz.) *gig*
schnabbelen *have a job on the side*, (muz.) *have/play a gig*, (vooral 's avonds) *moonlight*
schnitzel *veal escalope/cutlet, schnitzel* ★ *Wiener ~ Wiener/Vienna schnitzel*
schobbejak *villain*
schoeien ● (van schoeisel voorzien) *shoe*
● (beschoeien) *timber*
schoeisel *footwear*
schoen *shoe*, (hoge schoen) *boot* ● *ik zou niet graag in zijn ~en staan I wouldn't like to be in his shoes* ● *wie de ~ past, trekke hem aan if the shoe fits, wear it* ● *naast zijn ~en lopen be too big for one's boots* ● *daar wringt de ~ that's where the shoe pinches* ● *iem. iets in de ~en schuiven pin s.th. on s.o.*
schoenborstel *shoe brush*
schoencrème *shoe polish*
schoenendoos *shoe box*
schoenenwinkel *shoe shop*
schoener *schooner*
schoenlepel *shoehorn*
schoenmaat *shoe size*
schoenmaker *shoemaker* ● *~, blijf bij je leest every man to his trade*
schoenpoetser *shoeblack, shoeshine boy, shoeshine machine*
schoensmeer *shoepolish*
schoenveter *shoelace*, (AE) *shoestring*
schoep *paddle*, (v. turbine) *blade*
schoffel *hoe*
schoffelen ● (bewerken met schoffel) *hoe*
● (sport) *chop*
schofferen ● (verkrachten) (form.) *violate*
● (beledigen) *treat with contempt*
schoffie *rascal, imp*
schoft ● (schurk) *scoundrel, bastard* ● (schouder van dier) *withers*
schoftenstreek *rotten/dirty trick*
schofterig *beastly, villainous*
schok ● (stoot) *jerk*, (aardschok) *earthquake, tremor*, (bij botsing) *impact*, (v. auto, e.d.) *jolt* ★ *~ absorberend (v. auto, e.d.) shock absorbing* ● (emotionele gebeurtenis) *shock*
● (stroomstoot) *shock*
schokbestendig *shockproof*
schokbeton *vibrated concrete*
schokbreker *shock absorber*
schokdemper *shock absorber*
schokeffect *impact, shock*
schokgolf *shock wave*
schokken I [ov ww] ● (heftig beroeren) *shake*, (emotioneel) *shock* ★ *het heeft mij zeer geschokt it has given me a great shock* ● (betalen) *cough up* **II** [on ww] ● (schudden) *shake, jerk*
schokkend *shocking* ★ *~ nieuws startling news*
schokschouderen *shrug one's shoulders*
schoksgewijs *with sudden starts and stops, jerkily, by fits and starts*
schol ● (vis) *plaice* ● (ijsschots) *floe* ● (geo.) (aardkorst) *(fault) block*
scholen I [ov ww] ● (onderwijzen) *school, teach* **II** [on ww] ● (samenscholen) *flock together*

scholengemeenschap *comprehensive school, community school*
scholier *pupil,* ‹AE› *student*
scholing *schooling*
schommel ● (speeltuig) *swing* ● (dik mens) *fat person, fatty*
schommelen ● (heen en weer bewegen) ‹v. boot› *roll,* ‹v. prijs› *fluctuate,* ‹v. slinger› *swing,* ‹v. trein, in stoel› *rock* ● (waggelen) *waddle*
schommeling *swing, fluctuation*
schommelstoel *rocking chair*
schonkig *bony*
schoof *sheaf*
schooien *beg*
schooier ● (zwerver) *beggar, bum, tramp* ● (schoft) *bastard*
school ● (onderwijsinstelling) *school, academy, private school,* ‹grote kostschool› *boarding school* ★ lagere ~ *elementary school;* ‹AE› *grade school* ★ middelbare ~ *secondary school;* ‹AE› *junior high and high school* ★ basisschool *primary school* ★ (naar) ~ *gaan go to school* ● (lessen) *school* ★ de ~ *is uit school is over* ● (vissen) *shoal* ● (richting) *school* ● (schoolgebouw) *school* ▼ uit de ~ *klappen spill the beans; let the cat out of the bag* ▼ iem. van de oude ~ *gentleman of the old school*
schoolagenda *school diary*
schoolarts *school doctor*
schoolbank ★ ik heb met haar in de ~en *gezeten we went to school together*
schoolbezoek ‹door inspecteur› *visit from the inspector,* ‹door leerlingen› (school) *attendance*
schoolblijven *be kept in, stay in*
schoolboek *schoolbook, textbook*
schoolbord *blackboard*
schoolbus *school bus*
schooldag *school day*
schoolgaand *school-going*
schoolgeld *tuition*
schoolhoofd *principal, headmaster, headmistress*
schooljaar *school year* ★ een ~ *over doen repeat* (the year)
schooljeugd *schoolchildren*
schooljuffrouw *schoolmistress, schoolteacher*
schoolklas ‹groep› *class,* ‹leerjaar› *form*
schoolkrant *school* (news)paper
schoolkrijt *chalk*
schoollokaal *classroom*
schoolmeester ● (leerkracht) *schoolmaster* ● (schoolmeesterachtig type) *pedant*
schoolonderzoek (internal) *exam(ination)*
schoolplein *schoolyard, playground*
schoolreis *school excursion, class trip*
schools ‹zoals op school› *schoolish* ● (niet zelfstandig) ‹idee, stijl, e.d.› *bookish*
schoolslag *breaststroke*
schooltas *schoolbag,* ‹op rug› *backpack,* ‹over schouder› *satchel*
schooltelevisie *educational television*
schooltijd ● (lestijd) *school hours, school time* ★ buiten ~ *after school* ● (schooljaren) *schooldays, schoolyears*
schoolvereniging ● (scholierenvereniging) *students' union* ● (vereniging die school opricht) *school association*
schoolverlater *recent graduate,* ‹voortijdig› *drop-out*
schoolvoorbeeld *classic example*
schoolziek *faking illness to get out of going to school*
schoolzwemmen *swimming* (in school)
schoon I [het] *beauty* **II** [bnw] ● (mooi) *beautiful*

★ het schone *the beautiful* ● (niet vuil) *clean*
★ schone sokken *clean socks; change of socks*
● (netto) *clear* **III** [bijw] ★ het is ~ *op it's clean gone*
schoondochter *daughter-in-law*
schoonfamilie *in-laws, one's wife's/husband's family*
schoonheid *beauty* ★ een ~ *a beauty*
schoonheidsfout *flaw,* (cosmetic) *defect*
schoonheidsideaal *aesthetic ideal*
schoonheidskoningin *beauty queen*
schoonheidssalon *beauty parlour*
schoonheidsspecialiste *beautician, beauty specialist*
schoonheidsvlekje *beauty spot*
schoonheidswedstrijd *beauty contest*
schoonhouden *keep clean*
schoonmaak *cleaning,* ‹ook fig.› *clean-up,* (voorjaar) *spring-cleaning* ★ aan de grote ~ *zijn be spring-cleaning*
schoonmaakbedrijf *cleaning firm*
schoonmaakwoede *fit of cleaning*
schoonmaken *clean,* ‹vis› *gut*
schoonmaker *cleaner*
schoonmoeder *mother-in-law*
schoonouders *parents-in-law, in-laws*
schoonschrift *calligraphy*
schoonspringen *diving*
schoonvader *father-in-law*
schoonzoon *son-in-law*
schoonzus *sister-in-law*
schoorsteen *chimney,* ‹v. stoomboot› *funnel* ▼ daar kan de ~ niet van roken *that won't keep the pot boiling*
schoorsteenmantel *mantelpiece*
schoorsteenveger *chimney sweep*
schoorvoetend *reluctant*
schoot ● (bovendijen) *lap* ● (boezem) *bosom* ★ in de ~ der aarde *in the bowels of the earth* ● (deel kledingstuk) *skirt* ● (scheepv.) *sheet*
schoothondje *lap dog*
schootsafstand *range*
schootsveld *field of fire*
schop ● (trap) *kick* ● (spade) *shovel, spade*
schoppen I [de] *spades* **II** [ov ww] *kick* (at) ▼ herrie ~ *make a row; create a racket*
schopstoel ▼ hij zit daar op de ~ *he may be fired at any moment; he's next in line*
schor I [de] *salt marsh* **II** [bnw] *hoarse*
schorem I [het] *riffraff, scum* **II** [bnw] *shabby*
schoren *underpin, prop up, shore up*
schorpioen ● (dier) *scorpion* ● (sterrenbeeld) *Scorpio, the Scorpion*
schors *bark, rind*
schorsen ● (buiten dienst stellen) *suspend* ● (tijdelijk opheffen) *adjourn*
schorsing ● (tijdelijke uitsluiting) *suspension* ● (uitstel) *adjournment*
schort *apron,* ‹overgooier› *pinafore*
schorten I [ov ww] ● (opschorten) *hold over* **II** [on ww] ● (haperen) ★ wat schort er aan? *what is wrong?*
schot ● (het schieten) *shot, crack,* (knal) *report* ★ een ~ *lossen fire a shot* ★ onder ~ *houden keep covered* ● (vaart) ★ er zit geen ~ *in it's lost its momentum; things are at a standstill* ★ ~ *brengen in de zaak get things going* ★ er komt ~ *in things are beginning to move* ● (tussenschot) *partition,* ‹in schip› *bulkhead* ● (sport) *shot* ▼ buiten ~ *blijven keep out of range; keep out of harm's way*
Schot *Scot, Scotsman* ★ een ~*se a Scotswoman*

S

schotel ● (schaal) *saucer* ● (gerecht) *dish*
schotelantenne ⟨BE⟩ *dish aerial*, ⟨AE⟩ *dish antenna*
Schotland *Scotland*
schots I [de] (ice-)*floe* **II** [bijw] **v** ~ en scheef door elkaar *higgledy-piggledy*
Schots *Scottish*
schotschrift *lampoon, squib, slander*
schotwond *shot wound, bullet wound*
schouder *shoulder* ★ de ~s ophalen *shrug one's shoulders* ★ ~ aan ~ staan *stand shoulder to shoulder*; *show a united front* ★ zijn ~s ergens onder zetten *put one's shoulder to the wheel*
schouderband ● (band aan kledingstuk) *shoulder strap* ● (draagband) *sling, strap*
schouderblad *shoulder blade*
schouderkarbonade *chuck chop*
schouderklopje *pat on the back* ★ iem. een ~ geven *pat s.o. on the back*
schouderophalen *shrug*
schoudertas *shoulder bag*
schoudervulling *shoulder pad(s)*
schout *bailiff, sheriff*
schout-bij-nacht *rear admiral*
schouw ● (stookplaats) *fireplace* ● (inspectie) *survey* ● (boot) *scow*
schouwburg *theatre*
schouwen ● (inspecteren) *inspect, survey* ● (aanschouwen) *contemplate*
schouwspel *spectacle, scene*
schraag *trestle*
schraal ● (mager) *lean, thin* ● (karig) *scant(y)*, ⟨inkomen⟩ *slender*, ⟨maaltijd⟩ *poor* ★ schrale troost *cold comfort* ● (uitgedroogd) ⟨v. huid⟩ *dry, rough* ● (guur) *bleak* ● (onvruchtbaar) *poor, arid*
schraalhans *miser* **v** ~ is er keukenmeester *their cupboard is always bare*
schraapzucht *stinginess*
schragen *prop up, support*
schram *scratch*
schrammen *scratch*
schrander *clever, smart, bright*
schranderheid *cleverness, smartness, brightness*
schransen *stuff, gorge* ★ hij kan geweldig ~ *he's a big eater*
schranspartij *blowout*
schrap I [de] ● (kras) *scratch* ● (doorhaling) *line* ★ een ~ zetten door iets *mark/tick s.th.* **II** [bijw] ★ zich ~ zetten *brace o.s.*
schrapen ● (afkrabben) *scrape* ● (verzamelen) *scrape together* **v** zich de keel ~ *clear one's throat*
schraper ● (schraapijzer) *scraper* ● (persoon) *miser*
schrappen ● (schrapen) ⟨aardappels⟩ *scrape*, ⟨vis⟩ *scale* ● (doorhalen) *cancel*, ⟨naam⟩ *strike out/off*, ⟨woord, clausule⟩ *delete* ★ hij werd van de lijst geschrapt *he was crossed off the list; he was struck from the list*
schrede *step, pace* ★ met rasse ~n *with rapid strides*
schreef **v** over de ~ gaan *overstep the mark; go too far*
schreeuw *shout, cry* ★ een ~ geven *give a cry; scream*
schreeuwen I [ov ww] ● (iets hard roepen) *shout (out), cry (out), yell (out)* **II** [on ww] ● (huilen) *bawl*, ⟨v. uil⟩ *hoot*, ⟨v. varken⟩ *squeal* ● (hard roepen) *shout (out), cry (out), yell (out)* ● (~ om) *cry out for*
schreeuwend I [bnw] *loud* **II** [bijw] ★ ~ duur *outrageously expensive*
schreeuwerig ● (schreeuwend) *noisy, screaming* ● (opzichtig) *screaming, loud, garish*
schreeuwlelijk *bawler, big mouth*, ⟨kind⟩ *crybaby*

schreien *weep, cry* **v** ten hemel ~d *woeful; pitiful; lamentable*
schriel ● (mager) ★ een ~ mannetje *a skinny little man* ● (gierig) *mean, stingy*
schrielhannes *pincher*
schrift I [de] ★ de Heilige Schrift *Holy Writ; Holy Scripture* **II** [het] ● (cahier) *notebook* ● (het schrijven) *writing* ● (handschrift) *handwriting, script*
schriftelijk I [bnw] *written* ★ ~e cursus *correspondence course* **II** [bijw] *in writing*
schriftgeleerde *scribe*
schrijden *stride, stalk*
schrijfblok *notepad, writing book*
schrijfmachine *typewriter*
schrijfmap *writing case*
schrijfpapier *writing paper*
schrijfster *writer, author*
schrijfstijl *style (of writing)*
schrijftaal *written language*
schrijfvaardigheid *penmanship, writing skill*
schrijfwerk *writing, paper work*
schrijfwijze ● (spelling) *spelling*, ⟨v. getallen⟩ *notation* ● (handschrift) *handwriting*
schrijlings *astride* ★ ~ zitten op *straddle*
schrijnen *smart*
schrijnend *harrowing* ★ ~ leed *poignant sorrow*
schrijnwerker *cabinetmaker*
schrijven I [het] *letter* **II** [ov ww] ● (pen hanteren) *write*, ⟨noteren⟩ *write down* ★ een recept/een cheque ~ *write out a prescription/a cheque* ★ met inkt ~ *write in ink* ★ iem. ~ *write to a person* ★ op een advertentie ~ *answer an advertisement* ● (berichten) ★ ~ over *write on/about* ★ zij schreven dat het huis verkocht was *they wrote that the house had been sold* ● (spellen) *spell* ★ een woord fout ~ *misspell a word* ★ de naam voluit ~ *write the name in full* **III** [on ww] ● (letters aanbrengen) *write*
schrijver ● (klerk) *clerk, secretary* ● (iem. die schrijft) *writer, author* ★ ~ dezes *the present writer*
schrijverschap *authorship*
schrik ● (plotseling angstgevoel) *fright, alarm* ★ met de ~ vrijkomen *have a lucky escape* ★ de ~ sloeg hem om 't hart *he was seized with fear* ★ iem. de ~ op 't lijf jagen *give s.o. a fright* ● (vrees) *terror, dread* ★ ~ aanjagen *frighten* ● (angstaanjagend iets/iem.) ★ hij is de ~ van iedereen *he is a holy terror*
schrikaanjagend *terrifying*
schrikachtig *jumpy, easily frightened, nervous*, ⟨paard⟩ *shy*
schrikbarend *terrifying, frightful*
schrikbeeld *spectre, bogey*
schrikbewind *reign of terror*
schrikdraad *electric wire, electric fence*
schrikkeljaar *leap year*
schrikkelmaand *February*
schrikken I [ov ww] ● (plotseling afkoelen) *plunge from hot to cold* **II** [on ww] ● (schrik krijgen) *be frightened*, ⟨opschrikken⟩ *start* ★ hij schrok zich dood *he was frightened to death* ★ doen ~ *startle; frighten*
schril ● (schel) *shrill* ● (scherp afstekend) ⟨contrast⟩ *sharp*, ⟨kleuren⟩ *glaring*
schrobben *scrub*
schrobber *scrubbing brush*
schrobbering *scolding, dressing down* ★ iem. een ~ geven *scold a person; give a person a talking-to*; ⟨AE⟩ *bawl a person out*
schroef ● (pin met schroefdraad) *screw* ● (propeller) *propeller* ● (bankschroef) *vice* **v** alles

staat op losse schroeven *everything is unsettled/ in the air*
schroefas *propeller shaft*
schroefdeksel *screw-top lid*
schroefdop *screw-top*
schroefdraad *thread*
schroeien I [ov ww] ● (oppervlak verbranden) *singe*, ⟨haar⟩ *scorch*, ⟨wond⟩ *cauterize* **II** [on ww] ● (aan oppervlakte branden) *singe, burn*
schroeven *screw*
schroevendraaier *screwdriver*
schrokken *gorge, gobble*
schrokop *gobbler, guzzler*
schromelijk *gross* ★ op ~e wijze *grossly* ★ zich ~ vergissen *be greatly mistaken*
schromen ● (aarzelen) *hesitate* ● (duchten) *fear*
schrompelen *shrivel (up), wither*
schroom ● (vrees) *fearfulness*, ⟨bezorgdheid⟩ *anxiety* ● (verlegenheid) *diffidence*
schroomvallig *diffident, reluctant*
schroot I [de] lath **II** [het] ● (schietlading) *grapeshot, pellets* ● (metaalafval) *scrap iron*
schroothoop *scrapheap*
schub *scale*
schuchter *shy*
schuddebuiken ★ ~ van het lachen *rock/shake with laughter*
schudden I [ov ww] ● (bewegen) *shake*, ⟨kaarten⟩ *shuffle* ★ elkaar de hand ~ *shake hands* ★ 't hoofd ~ *shake one's head* ● doen ~ *shake*; rock ▼ dat kun je wel ~! *forget it!* **II** [on ww] ● (bewogen worden) *shake, rock*
schuier *brush*
schuif ● (grendel) *bolt* ● (klep) *slide*, ⟨v. kachel⟩ *damper*, ⟨v. machine⟩ *valve* ● (flinke hoeveelheid) *load*
schuifdak *sliding roof*, ⟨v. auto⟩ *sunroof*
schuifdeur *sliding door*
schuifelen ● (voortbewegen) *shuffle* ● (dansen) *smooch*
schuifladder *extension ladder*
schuifmaat *sliding calipers*
schuifpui ⟨BE⟩ *sliding French window*, ⟨AE⟩ *sliding/ patio door*
schuifraam *sliding window*
schuiftrompet *trombone*
schuifwand *sliding wall*
schuiladres *secret address*
schuilen ● (zich verbergen) *hide* ● (beschutting zoeken) *take shelter* ● (te vinden zijn) *lie, be found* ★ daar schuilt geen gevaar in *it carries no risks* ▼ daar schuilt meer achter *there is more to it than meets the eye*
schuilgaan ● (zich verbergen) *hide* ● (verscholen zijn) ★ ~ achter *be hidden behind*
schuilhouden ★ zich ~ *lie low*
schuilhut ⟨BE⟩ *hide*, ⟨AE⟩ *blind*
schuilkelder *air-raid shelter*
schuilnaam *pen name, pseudonym*
schuilplaats *hiding place, shelter, refuge* ★ bomvrije ~ *air-raid shelter*
schuim ● (blaasjes) *foam*, ⟨op bier, e.d.⟩ *froth*, ⟨op vuil water e.d.⟩ *scum*, ⟨v. zeep⟩ *lather* ● (speeksel) *foam, froth* ● (gespuis) *scum* ● (gebak) *meringue* ▼ 't ~ stond hem op de mond *he was foaming at the mouth*
schuimbad *bubble bath*
schuimbekken *foam at the mouth*
schuimblusser *foam extinguisher*
schuimen I [ov ww] ● (afschuimen) *skim* **II** [on ww] ● (schuim vormen) *foam*, ⟨v. bier⟩ *froth*, ⟨v. wijn⟩ *sparkle*, ⟨v. zeep⟩ *lather* ● (schuimbekken)

foam
schuimig *foamy, frothy*
schuimkop *crest*
schuimkraag *head*
schuimpje *meringue*
schuimplastic I [het] *plastic foam* **II** [bnw] *foam (plastic)*
schuimrubber *foam rubber*
schuimspaan *skimmer*
schuin I [bnw] ● (scheef) *slanting, sloping* ★ ~e zijde ⟨v. driehoek⟩ *hypotenuse* ● (dubbelzinnig) *smutty, dirty* ★ ~e mop *dirty joke* **II** [bijw] ● (obliquely, awry) ★ ~ afsnijden *cut slantwise* ★ ~ aflopen *slope* ★ ~ houden *slope*; ⟨fles⟩ *tilt* ★ ~ tegenover *nearly opposite*
schuins *askew, askance* ★ iem. ~ aankijken *throw/ give s.o. a sidelong glance* ★ ~ toelopen *taper; take a conical form*
schuinschrift *handwriting*
schuinsmarcheerder *libertine, playboy*
schuinte ● (schuine richting) *bias* ● (helling) *slope*
schuit *boat, barge*, ⟨pejoratief⟩ *(old) tub*
schuitje ▼ wij zitten in 't zelfde ~ *we are in the same boat*
schuiven I [ov ww] ● (duwen langs) *push, shove* **II** [on ww] ● (schuivend bewegen) *slide* ★ onrustig heen en weer ~ *fidget* ● (dokken) *shell out* ▼ laat hem maar ~ *he knows what's what; there are no flies on him*
schuiver ▼ een ~ maken *give a lurch; skid*
schuld ● (verplichting) *debt* ★ ~en maken *contract/run up debts* ★ bij iem. in de ~ staan *be in a person's debt* ● (fout) *guilt, fault* ★ buiten mijn ~ *through no fault of mine* ★ ~ bekennen *admit/confess one's guilt; plead guilty* ● (verantwoordelijkheid) *blame* ★ 't is allemaal jouw ~ *you are to blame for everything; it's all your fault* ★ de ~ krijgen *get the blame* ▼ waar twee kijven, hebben twee ~ *it takes two to make/ pick a quarrel; when two quarrel both are in the wrong*
schuldbekentenis ● (promesse) *IOU, bond* ● (bekennen van schuld) *confession of guilt*
schuldbesef *sense of guilt*
schuldbewust *guilty*
schuldcomplex *guilt complex*
schuldeiser *creditor*
schuldeloos *guiltless, innocent*
schuldenaar *debtor*
schuldenlast ● (schuldgevoelens) *burden of guilt* ● (geldschuld) *burden of debt*
schuldgevoel *feeling of guilt*
schuldig ● (schuld hebbend) *guilty, culpable* ★ ~ zijn *be guilty* ★ iem. ~ verklaren *convict a person* ★ zich ~ verklaren *plead guilty* ★ de ~e *the culprit; the guilty person/party; the offender* ● (verschuldigd) *owing* ★ ~ zijn *owe (money)* ★ hij moest het antwoord ~ blijven *he had nothing to say to that; he had no answer*
schuldige *culprit, guilty person*
schuldvraag *question of guilt* ★ de ~ uitmaken *fix/apportion the blame*
schulp *shell* ▼ in zijn ~ kruipen *draw in one's horns*; ⟨inf.⟩ *climb down*
schunnig ● (armzalig) *shabby* ● (gemeen) *shabby, dirty* ● (obsceen) *dirty, filthy*
schuren I [ov ww] ● (glad maken) ⟨hout, metaal⟩ *sand(paper)*, ⟨pan, vloer⟩ *scour* **II** [on ww] ● (schuiven) *grate*
schurft *scabies*, ⟨v. dieren⟩ *mange* ▼ de ~ aan iem. hebben *hate s.o.'s guts*

S

schurftig ● (aan schurft lijdend) scabby, ⟨dieren⟩ mangy ● (smerig) despicable, ⟨inf.⟩ scabby
schurk scoundrel, villain
schurkachtig villainous
schurkenstreek (piece of) villainy
schut ● (bescherming) shelter, cover ● (waterkering) weir, ⟨schutsluis⟩ lock ▾ voor ~ lopen look a sight ▾ voor ~ staan look silly/a fool
schutblad ● (blad in boek) endpaper, flyleaf ● (plant.) bract
schutkleur camouflage
schutsluis (lift-)lock
schutspatroon patron saint ★ schutspatrones patron saint
schutsvrouw patroness
schutten pass through a lock
schutter ● (iem. die schiet) marksman, shot ★ zij is een uitstekend ~ she is a crack shot ● (snoeshaan) ★ een vreemde ~ a queer fish/customer
schutteren fumble, ⟨m.b.t. spreken⟩ falter
schutterig awkward, clumsy
schuttersput foxhole
schutting fence
schuttingtaal foul/obscene language
schuttingwoord four-letter word, obscenity
schuur barn, ⟨kleine schuur⟩ shed
schuurmachine sander, sanding machine
schuurmiddel abrasive
schuurpapier sandpaper
schuurpoeder scouring powder
schuurspons ⟨BE⟩ scourer, ⟨AE⟩ scouring pad
schuw shy, timid
schuwen shun, avoid, ⟨form.⟩ eschew
schuwheid shyness
schwung verve, dash, spirit
sclerose sclerosis ★ multiple ~ multiple sclerosis
scoliose scoliosis
scoop scoop
scooter scooter
score score
scorebord scoreboard
scoren score
scout ● (padvinder) boy scout ● (talentenjager) talent scout
scouting ● (padvinderij) Scouts ● (zoeken naar talenten) scout for talent
scrabble scrabble
screenen screen
screentest screen test
scribent scribe, ⟨minachtend⟩ scribbler
script script
scriptie thesis, term paper
scrotum scrotum
scrupule scruple
scrupuleus scrupulous
sculptuur sculpture
seance séance
sec I [bnw] dry II [bijw] only, alone, ⟨in kaartspel⟩ unguarded
secondair secondary
secondant second
seconde second
secondewijzer second hand
secreet swine, sod, ⟨vrouw⟩ bitch
secretaire escritoire, secretaire, writing-desk with drawers
secretaresse secretary
secretariaat secretariat, secretary's office
secretarie town clerk's office
secretaris ● (ambtenaar) ≈ town clerk ● (administratie) secretary, ⟨v. rechtbank⟩

secretary clerk
secretaris-generaal ● (hoofd van organisatie) Secretary-General ● (hoofd der ambtenaren) permanent secretary
sectie ● (autopsie) dissection, ⟨op lijk⟩ autopsy, post-mortem ★ ~ verrichten carry out a post-mortem ● (afdeling) section, ⟨mil.⟩ platoon, ⟨v. school, e.d.⟩ department
sector sector
seculair ● (per eeuw) secular ● (wereldlijk) secular ● (honderdjarig) centenarian
secularisatie secularization
seculier secular
secundair secondary ★ van ~ belang of secondary/minor importance
secuur ● (veilig) safe, secure ● (zorgvuldig) accurate, precise
sedert → sinds
sedertdien ever since (that time), since then
sediment sediment
sedimentatie sedimentation
segment segment
segregatie ● (rassenscheiding) segregation, ⟨m.b.t. Zuid-Afrika⟩ apartheid ● (afzondering) segregation
sein ● (teken) sign, signal ★ seinen geven signal ★ sein van vertrek departure-signal ★ dat was voor ons het sein om op te stappen that was the sign/signal for us to leave; that was our cue to leave ● (voorwerp waarmee men seint) signal ● (waarschuwing, hint) tip, hint ★ geef me een seintje als je klaar bent let me know when you are ready
seinen I [ov ww] ● (telegraferen) radio, flash II [on ww] ● (een sein geven) signal
seinhuis signal-box, ⟨AE⟩ signal-tower
seinpaal semaphore
seinsleutel (telegraph) key
seinwachter signalman
seismisch seismic
seismograaf seismograph
seismografisch seismographic
seismologisch seismologic
seizoen season ★ midden in 't ~ at the height of the season ★ buiten het ~ in the off-season
seizoenarbeid seasonal work/employment
seizoenarbeider seasonal worker
seizoenopruiming end-of-season sale(s)
seizoenwerkloosheid seasonal unemployment
seks sex
seksbioscoop sex cinema
seksboetiek sex shop
seksbom sexbomb, sexpot
sekse sex ★ de schone/andere ~ the fair/opposite sex
seksisme sexism
seksist sexist, male chauvinist (pig)
seksistisch sexist
seksleven sex life
sekslijn chatline (for sex)
seksmaniak sex maniac
seksualiteit sexuality
seksueel sexual, sex ★ seksuele voorlichting sex education
seksuologie sexology
seksuoloog sexologist
sektarisch sectarian
sekte sect
selderie celery, ⟨knolselderie⟩ celeriac
select select, exclusive, choice ★ een ~ gezelschap a select gathering/company
selecteren select, pick (out)

selectie • (diensten) selection ∗ een scherpe ~ toepassen make a careful selection ∗ ⟨sport⟩ nationale ~ national team
selectiecriterium criterion for selection
selectief selective
semafoon ≈ radio (tele)phone
semantiek semantics
semester term of six months, ⟨AE⟩ semester
seminaar seminar
seminarie • (seminaar) seminar • (rel.) seminary
seminarium seminary
semi-overheidsbedrijf semi-state controlled/owned company
semi-prof semipro
Semitisch Semitic
senaat senate
senator senator ∗ tot ~ gekozen worden be elected senator
Senegal Senegal
seniel senile ∗ ~e aftakeling senile decay
senior senior
seniorenkaart senior citizen's pass, ⟨BE⟩ old-age pensioner's pass
sensatie • (opschudding) thrill, sensation ∗ op ~ uitzijn be looking for sensation • (gewaarwording) sensation
sensatieblad sensational paper
sensatiepers yellow/gutter press
sensatiezucht sensationalism
sensationeel sensational, spectacular ∗ sensationele onthullingen sensational disclosures
sensitief sensitive
sensor sensor
sensualiteit sensuality
sensueel sensual
sentiment sentiment, emotion ∗ goedkoop ~ cheap/sloppy sentiment ∗ vals ~ mawkishness
sentimentaliteit sentimentality
sentimenteel sentimental, ⟨inf.⟩ sloppy
separaat separate
separatisme separatism
sepia sepia
seponeren dismiss ∗ een zaak ~ dismiss/drop a case
september September
septet septet
sequentie sequence
SER Social and Economic Council
sereen serene, clear, ⟨kalm⟩ tranquil
serenade serenade ∗ iem. een ~ brengen serenade a person
sereniteit serenity
sergeant sergeant
sergeant-majoor sergeant-major
serie • (reeks) series [mv: series], ⟨biljart⟩ break • (groot aantal) set, series • (sport) heat
serieel serial
serienummer serial number
serieus serious
sering lilac
seropositief HIV-positive
serpent • (slang) serpent • (persoon) shrew, bitch
serpentine (paper) streamer
serre • (broeikas) conservatory • (glazen veranda) sun lounge/room
serum serum
serveerster waitress, ⟨in bar⟩ barmaid
serveren • (opdienen) serve • (sport) serve
servet (table) napkin, serviette ▾ tussen ~ en tafellaken at the awkward age
servetring serviette ring

service • (diensten) service ∗ ~ niet inbegrepen service charge not included • (sport) service
servicebeurt service ∗ een auto een ~ geven have one's car serviced
servicedienst service(s) department
serviceflat service flat
servicekosten service charge(s)
servicestation service station
Servië Serbia
serviel servile, slavish
Serviër Serb ∗ een Servische a Serbian woman
servies dinner-service, ⟨theeservies⟩ tea-set
serviesgoed dinner service
Servisch Serbian
sesam • (gewas) sesame • (sesamzaad) sesame seed ▾ Sesam open u! open Sesame!
sesamzaad sesame seed(s)
sessie session, sitting, ⟨muz.⟩ jam session
set set
settelen settle
setter setter
sex-appeal sex appeal
sextant sextant
sextet sextet
Seychellen Seychelles
sfeer • (domein) sphere, field, province ∗ in hoger sferen zijn have one's head in the clouds • (stemming) atmosphere, ⟨m.b.t. plaats⟩ ambience
sfeerverlichting atmospheric lighting
sfeervol having character/style
sfinx sphinx
shag fine-cut tobacco ∗ shag roken smoke roll-your-owns
shampoo shampoo
shampooën shampoo
shawl scarf, ⟨uitsl. vrouwen⟩ shawl
sheriff ⟨AE⟩ sheriff
sherry sherry
Shetlandeilanden Shetland Islands
shirt shirt, ⟨vrouw⟩ blouse
shirtreclame advertisement(s) on a shirt worn while playing a sport
shoarma ∗ een broodje ~ pittah bread sandwich filled with roast lamb
shock shock ∗ in ~toestand verkeren be in shock
shocktherapie shock therapy/treatment
shorts shorts
shot • (opname) shot • (injectie) injection, shot
show • (voorstelling) show ∗ een show geven put up a show ∗ dat is alleen maar show that is just show • (vertoning) show, display
showbink show-off
showbusiness show business
showen show, display
showroom show room
shuttle • (ruimteveer) space shuttle • (sport) shuttle(cock)
si si, ti
Siberisch Siberian ▾ het laat me ~ it leaves me cold
Sicilië Sicily
sidderaal electric eel
sidderen tremble, shake
siddering shudder
SI-eenheid SI Unit
sier show ▾ goede sier maken show off
sieraad • (opschik) ornament • (juweel) jewel, (piece of)jewellery ∗ hij is een ~ voor onze vereniging he is a credit to our club
sieren • (tooien) decorate • (tot eer strekken) ∗ dat siert haar it is to her credit ∗ dat gedrag siert hem niet that conduct is unworthy of him

S

siergewas *ornamental plant*
sierheester *ornamental shrub/bush*
sierlijk *graceful*
sierplant *ornamental plant*
Sierra Leone *Sierra Leone*
sierspeld *brooch*, ⟨AE⟩ *pin*
sierstrip *trim*
siësta *siesta* ∗ ~ *houden have a siesta*
sifon ● *(spuitfles) siphon* ● *(afvoerbuis) trap*
sigaar *cigar* v *de ~ zijn ⟨erbij zijn⟩ be in for it;* ⟨schuld krijgen⟩ *be left holding the baby*
sigarenbandje *cigar band*
sigarenroker *cigar-smoker*
sigaret *cigarette*
sigarettenautomaat *cigarette (vending) machine*
sigarettenpijpje *cigarette holder*
sightseeën *go sightseeing*
signaal *signal,* ⟨op hoorn⟩ *call*
signalement *description*
signaleren ● *(attenderen op) point out, draw attention to* ● *(opmerken) observe*
signatuur ● *(handtekening) signature* ● *(kenmerk) nature, character*
signeren *sign, autograph* ∗ *door Rembrandt gesigneerd bearing Rembrandt's signature* ∗ *een gesigneerd exemplaar a signed/autographed copy*
significant *important,* ⟨statistiek⟩ *significant*
sijpelen *seep, ooze, trickle, filter*
sijs *siskin, aberdevine*
sik ● *(geit) goat* ● *(baard) goatee* v *ik krijg er een sik van I'm sick and tired of it*
sikkel ● *(mes) reaping hook, sickle* ● *(maangestalte) crescent, sickle*
sikkeneurig *peevish, grouchy, grumpy* ∗ ~ *kijken give (s.o.) a black look* ∗ *ik werd er ~ van it really put me out of sorts*
silhouet *silhouette*
silicium *silicon*
silicone *silicon*
siliconenkit *silicon/fiber-glass paste*
silo *silo*
Silurisch *Silurian (period)*
Siluur *Silurian period*
simpel ● *(eenvoudig) simple* ● *(onnozel) silly, simple*
simpelweg *simply*
simplificeren *simplify, reduce to essentials,* ⟨te zeer⟩ *oversimplify*
simplistisch *simplistic*
simulant *simulator,* ⟨m.b.t. ziekte⟩ *malingerer*
simulatie *simulation,* ⟨m.b.t. ziekte⟩ *malingering*
simulator *simulator*
simuleren I *[ov ww]* ● *(nabootsen) simulate, imitate* II *[on ww]* ● *(voorwenden) feign,* ⟨m.b.t. ziekte⟩ *malinger*
simultaan *simultaneous*
simultaanpartij *simultaneous game*
sinaasappel *orange*
sinaasappelsap *orange juice*
sinas *orange soda,* ⟨BE⟩ *orangeade*
sinds I *[vz] (gedurende) for,* ⟨vanaf tijdstip⟩ *since* ∗ *hij is hier ~ zondag niet meer geweest he hasn't been here since sunday* ∗ *ik ben hier al ~ jaren niet geweest I haven't been here for years* II *[vw] since*
sindsdien *since*
sinecure *sinecure* ∗ *dat is geen ~ that is no picnic*
Singapore *Singapore*
singel ● *(weg) boulevard* ● *(stadsgracht) moat* ● *(buikriem) girdle*
single ● *(grammofoonplaat, cd) single* ● *(sport)* ⟨cricket⟩ *single,* ⟨tennis⟩ *single(s)*

singlet *vest,* ⟨AE⟩ *undershirt*
sinister *sinister*
sint *saint*
sint-bernard *Saint Bernard (dog)*
sintel *cinder*
sintelbaan *cinder-track,* ⟨vnl. v. motoren⟩ *dirt-track*
sinterklaas *feast of St Nicholas*
Sinterklaas *St Nicholas*
sinterklaasavond *St. Nicholas' Eve*
sinterklaasfeest *feast of St Nicholas on 5th December at which presents are exchanged*
sinterklaasgedicht *verse/doggerel written for the feast of St Nicholas*
sint-juttemis v *met ~ when pigs fly; never in a month of Sundays*
Sint-Maarten ● *(heilige) St. Martin* ● *(feestdag) Martinmas*
sip *glum, crestfallen* ∗ *sip kijken look down in the mouth*
sirene *siren* ∗ *loeiende ~ wailing sirens*
siroop *treacle, syrup*
sissen I *[ov ww]* ● *(sissend zeggen) hiss* II *[on ww]* ● *(sissend geluid maken) sizzle*
sisser *squib* v *met een ~ aflopen blow over*
situatie *situation* v *de ~ meester zijn be in control of the situation*
situatieschets *plan, scenario*
situeren *place, locate, situate*
sjaal *shawl, scarf*
sjabloon ● *(mal) stencil (plate)* ● *(cliché) cliché, stereotype*
sjacheraar *haggler, barterer*
sjacheren *haggle, barter*
sjah *shah*
sjalot *shallot*
sjamaan *shaman*
sjans v ~ *hebben make a hit with s.o.; be given the come on*
sjansen *flirt*
sjasliek *shashlik, shaslik*
sjees *gig*
sjeik *sheik(h)*
sjekkie *roll-your-own (cigarette)*
sjerp *sash*
sjezen ● *(niet slagen) flunk, drop out* ∗ *een gesjeesde student a drop out* ● *(hard gaan) tear*
sjilpen *chirp, cheep*
sjirpen *cheep, chirp*
sjoege v *ergens geen ~ van hebben not have the vaguest idea; not know a thing about s.th.*
sjoelbak ≈ *shoveboard, shuffleboard*
sjoelen ≈ *play (at) shuffleboard/shovelboard*
sjoemelen ● *(knoeien) cook the books, fiddle* ● *(vals spelen) cheat*
sjofel *shabby, shoddy*
sjokken *trudge*
sjorren ● *(vastbinden) lash (down)* ● *(trekken) lug*
sjouw *grind, sweat* ∗ *een (hele) ~ a tough job; a grind*
sjouwen I *[ov ww]* ● *(dragen) carry, lug,* ⟨sleuren⟩ *drag* II *[on ww]* ● *(zwoegen) toil, slave (away), fag,* ⟨rondlopen⟩ *traipse, trudge*
sjouwer *porter,* ⟨in haven⟩ *docker*
Skagerrak *Skagerrak*
skai *imitation leather, leatherette*
skateboard *skateboard*
skeeler *skeeler*
skelet *skeleton*
skelter *(go-)kart*
sketch *sketch*
ski *ski*

skiën I [het] skiing II [on ww] ski
skiër skier
skiff skiff
skileraar ski(ing) instructor
skilift ski lift
skinhead skinhead
skipiste ski run
skispringen ski-jumping
skyline skyline
sla ● (groente) lettuce * 'n krop sla a (head of) lettuce ● (gerecht) salad * sla aanmaken dress a salad
slaaf slave
slaafs slavish, servile
slaag * een stevig pak ~ geven give a good hiding/ beating ● meer ~ dan eten krijgen get more kicks than halfpence
slaags * ~ raken met de politie clash with the police * ~ raken met iem. come to blows with s.o.
slaan I [ov ww] ● (slagen geven) hit, strike, (hard) whack, (herhaaldelijk) beat, (met platte hand) slap, smack, (met stok, zweep) thrash * iem. tegen de grond ~ knock a person down ● (in een toestand brengen) ● de maat ~ beat time * hij sloeg zijn arm om haar heen he put his arm round her ● de armen/benen over elkaar ~ cross one's arms/legs ● bont en blauw ~ beat black and blue * iem. bewusteloos ~ knock s.o. cold ● (verslaan) (bij bordspel) take, capture ● (vervaardigen) ● een brug ~ build a bridge * munten ~ strike coins ● dat slaat alles that beats everything ▼ wij zullen ons er wel doorheen ~ we'll pull/win through ▼ ergens geld uit ~ make money out of s.th. ▼ naar binnen ~ (v. vlam) flash back; (v. drank) knock back; toss down; (v. voedsel) bolt (down); polish off II [on ww] ● (een slaande beweging maken) hit out, strike out, (v. paard) kick * erop los ~ lay about o.s. * de golven sloegen over 't dek the waves swept the deck * tegen elkaar ~ knock together * met de deur ~ slam the door * om zich heen ~ strike out left and right ● (kloppen) beat ● (geluid maken) strike * het sloeg 10 uur it struck ten ● (in een toestand komen) * de vlammen sloegen uit 't dak the flames leapt from the roof ● (~ op) refer (to)
slaap ● (neiging tot slapen) sleepiness * ~ krijgen get sleepy * hij valt om van de ~ he's asleep on his feet; he can't keep his eyes open ● (rust) sleep * in ~ vallen/zijn fall/be asleep * iem. uit de ~ houden keep s.o. awake ● (oogvuil) sleep ● (zijkant van hoofd) temple
slaapbank sofa bed
slaapcoupé sleeping compartment
slaapdrank sleeping draught
slaapdronken half asleep, drowsy
slaapgebrek want/lack of sleep
slaapgelegenheid sleeping accommodation
slaapkamer bedroom
slaapkop ● (sukkel) dope ● (langslaper) sleepyhead
slaapliedje lullaby
slaapmatje sleeping mat
slaapmiddel sedative, sleeping pill, (med.) opiate
slaapmutsje nightcap
slaappil sleeping pill
slaapplaats place to sleep, bed, (op schip, in trein) berth
slaapstad dormitory town
slaapstoornis sleep disorder
slaaptrein sleeper
slaapverwekkend ● (saai) soporific * een ~ boek a boring book; a drag ● (slaperig makend) sleep inducing

slaapwandelaar sleepwalker
slaapwandelen I [het] sleepwalking II [on ww] sleepwalk
slaapzaal dormitory
slaapzak sleeping bag
slaatje salad ▼ ergens een ~ uit slaan cash in on s.th.
slab bib
slaboon French bean, (AE) green bean
slacht slaughter(ing)
slachtbank ▼ naar de ~ geleid worden be brought to the slaughter
slachten ● (vermoorden) butcher, massacre ● (doden van vee) slaughter, kill
slachter slaughterer
slachthuis slaughterhouse
slachting ● (het slachten) slaughtering ● (bloedbad) slaughter * een ~ aanrichten massacre; slaughter; butcher
slachtoffer victim * 't ~ worden van fall a victim/ prey to * tot ~ maken victimize
slachtpartij slaughter, massacre
slachtvee cattle for slaughter, beef cattle, fat stock
slag I [de] ● (klap) stroke, (met hand) blow, (met vlakke hand) slap, (met zweep) lash, (om de oren) box * met één slag at one/a blow * (keer dat iets slaat) (v. hart, pols) beat, (v. klok, zuiger) stroke * op slag van zessen on the stroke of six * van slag zijn (v. klok) be striking wrong; (fig.) be off one's stroke ● (tegenslag) blow * een slag toebrengen deal a blow ● (veldslag) battle * slag leveren give battle ● (geluid) (plof) thud, (v. donder) clap ● (golving) wave * een slag in je haar wave in one's hair ● (handigheid) knack * hij heeft er de slag van he has a knack for ● (ronde van kaartspel) trick ● (haal, streek) stroke * slag houden keep stroke ● (roeier) stroke ▼ aan de slag gaan get going ▼ een slag om de arm houden sit on the fence; keep one's options open ▼ op slag at once ▼ zonder slag of stoot without a blow ▼ er een slag naar slaan make a guess at it; have a stab/shot at it ▼ zijn slag slaan seize the/one's opportunity II [het] sort, kind
slagader artery
slagbal rounders
slagboom barrier
slagen ● (succes hebben) succeed * er niet in ~ te / om ... fail to ● (goede uitslag behalen) pass, (voor bevoegdheid) qualify * hij is geslaagd voor Engels he has passed his English
slager butcher
slagerij butcher's shop
slaggitaar rhythm guitar
slaghoedje percussion cap
slaginstrument percussion instrument
slagkracht clout, (techn.) impact
slaglinie line of battle
slagorde battle array
slagregen downpour
slagroom (na het kloppen) whipped cream, (voor het kloppen) whipping cream
slagschip battleship
slagtand (v. hond, wolf) fang, (v. olifant) tusk
slagvaardig ● (doortastend) decisive ● (gevat) quick-witted, on the ball, adroit ● (strijdvaardig) ready for battle
slagveld battlefield
slagwerk ● (deel uurwerk) striking-mechanism ● (muz.) percussion instruments, (deel v. orkest) percussion section
slagwerker percussionist, drummer

S

slagzij list, heel (over), ⟨m.b.t. vliegtuig⟩ bank * ~ maken heel; bank

slagzin slogan

slak ● ⟨weekdier⟩ ⟨met huis⟩ snail, ⟨zonder huis⟩ slug ● ⟨sintel⟩ slag ▼ op alle slakken zout leggen find fault with everything; nitpick

slaken ● ⟨losmaken⟩ loosen ● ⟨uiten⟩ give, utter * een kreet ~ give a cry * een zucht ~ heave a sigh

slakkengang snail's pace

slakkenhuis ● ⟨huis van slak⟩ snail's shell ● ⟨gehoorgang⟩ cochlea

slalom slalom

slampamper good-for-nothing

slang I [de] ● ⟨reptiel⟩ snake, ⟨form.⟩ serpent ● ⟨buis⟩ tube, ⟨flexibel⟩ hose **II** [het] slang

slangenbezweerder snake charmer

slangenleer snakeskin

slangenmens contortionist

slank slender, slim * aan de ~e lijn doen be slimming

slaolie salad oil

slap ● ⟨niet pittig⟩ weak, ⟨v. bier⟩ thin, ⟨v. discipline⟩ lax ● ⟨niet druk⟩ slack ● ⟨niet doortastend⟩ lax, ⟨v. pers⟩ weak * te slap zijn tegen iem. give s.o. too much rope ● ⟨inhoudsloos⟩ empty * slap geklets empty talk * een slap excuus a lame excuse ● ⟨niet strak⟩ ⟨v. fietsband⟩ flat, ⟨v. touw⟩ slack ● ⟨niet stijf⟩ ⟨lusteloos, slap hangend⟩ limp, ⟨v. boord, hoed⟩ soft ● ⟨zwak, niet sterk⟩ weak, ⟨v. spieren⟩ flabby * zich slap voelen feel limp/weak ▼ ik lachte mij slap I was weak with laughter

slapeloos sleepless, wakeful

slapeloosheid sleeplessness, insomnia

slapen ● ⟨met iem. naar bed gaan⟩ sleep (with) ● ⟨in slaap zijn⟩ sleep * gaan ~ go to sleep; ⟨inf.⟩ turn in * ~ als een os/roos sleep like a log * zij kon er niet van ~ she lay awake over it ● ⟨suffen⟩ be half asleep * hij sliep ~ he was miles away ● ⟨tintelen van ledematen⟩ * mijn been slaapt my leg has gone to sleep; I've got pins and needles in my leg

slaper ● ⟨iem. die slaapt⟩ sleeper * een slechte ~ a poor sleeper ● ⟨gast⟩ guest (for the night) ● ⟨dijk⟩ inner-dike

slaperig ● ⟨slaap hebbend⟩ sleepy, drowsy ● ⟨suf⟩ drowsy

slapie bedfellow, ≈ roommate

slapjanus weed, wimp

slapjes weak, feeble

slappeling weakling, softie, wimp

slapte slackness

slavenarbeid ⟨werk van slaven⟩ slavery, slave labour ● ⟨zwaar werk⟩ ⟨op het werk⟩ slave labour, ⟨thuis⟩ drudgery

slavenarmband slave bangle

slavendrijver slave driver

slavenhandel slave trade

slavernij ● ⟨het stelsel⟩ slavery * afschaffing van de ~ abolition of slavery ● ⟨onderworpenheid⟩ bondage, slavery

slavin ⟨female⟩ slave

slavink ≈ meat ball rolled up with a slice of bacon

slavist Slavist, Slavicist

slavistiek Slavonic studies

slecht I [bnw] ● ⟨niet deugdelijk⟩ bad ● ⟨moreel slecht⟩ evil, wicked * zich ~ gedragen misbehave; behave badly ● ⟨ongunstig⟩ bad * een ~ jaar a bad year **II** [bijw] badly, ill, hardly * hij eet ~ he is a poor eater * ik ben ~ te spreken over hem I can hardly say a word in his favour * ~ bekend

staan have a bad reputation * 't gaat hem ~ he is doing badly

slechten ● ⟨effen maken⟩ level ● ⟨slopen⟩ demolish, level/raze (to the ground)

slechterik bad-guy, scoundrel

slechthorend hard of hearing

slechts only, merely, just * het is ~ een kwestie van tijd it's only a matter of time * het is ~ een kleinigheid a mere nothing

slechtvalk peregrine (falcon)

slechtziend partially sighted, ⟨bijziend⟩ myopic

slee ● ⟨onderstel⟩ carriage ● ⟨voertuig⟩ sledge ● ⟨grote auto⟩ big car, limousine

sleedoorn sloe

sleeën sleigh, sledge

sleep ● ⟨deel van gewaad⟩ train ● ⟨gevolg⟩ train, retinue ● ⟨vaar-/voertuig⟩ tow, ⟨opschrift⟩ on tow, ⟨schepen⟩ train

sleepboot tug, tug boat

sleepdienst towing-service

sleepkabel ⟨auto⟩ towrope, ⟨schip⟩ (towing-)hawser

sleeplift ski tow

sleepnet dragnet

sleeptouw towrope * op ~ hebben/nemen have/take in tow

sleepvaart tug/towing-service

sleets worn

slempen ● ⟨brassen⟩ glut o.s., ⟨drinken⟩ carouse, ⟨eten⟩ gorge/stuff o.s. ● ⟨plempen⟩ fill up/in

slemppartij orgy of food and drink, ⟨inf.⟩ blow-out, ⟨drank⟩ booze-up, ⟨eten⟩ nosh-up

slenk channel, ravine

slenteren saunter, stroll

slentergang stroll

slepen I [ov ww] ● ⟨voortslepen⟩ drag, haul, ⟨m.b.t. vaar-/voertuigen⟩ tow * gesleept worden be on tow ▼ iem. voor de rechter ~ take s.o. to court **II** [on ww] ● ⟨over de grond gaan⟩ drag ● ⟨traag verlopen⟩ drag * een zaak ~de houden let a thing drag on * ~de ziekte lingering disease

sleper ⟨sleepboot⟩ tug boat

slet slut, trollop

sleuf ● ⟨groef⟩ groove ● ⟨opening⟩ slot, ⟨lang⟩ slit

sleur routine, rut * de dagelijkse ~ the everyday routine; the daily grind

sleuren I [ov ww] ● ⟨voortslepen⟩ drag, haul * iem. uit zijn bed ~ drag s.o. from his bed **II** [on ww] ● ⟨traag voortgaan⟩ drag on

sleurwerk routine work

sleutel ● ⟨werktuig dat slot opent⟩ key ● ⟨gereedschap⟩ wrench, spanner * Engelse ~ adjustable spanner ● ⟨middel tot oplossing⟩ key, clue, secret ● ⟨muz.⟩ clef

sleutelbeen collarbone

sleutelbloem primula, primrose

sleutelbos bunch of keys

sleutelen ⟨knutselen⟩ tinker at/with, doctor ● ⟨repareren⟩ work on, do repair jobs

sleutelfiguur key figure

sleutelfunctie key position

sleutelgat keyhole

sleutelgeld key money

sleutelhanger key ring

sleutelpositie key position

sleutelring key ring

sleutelrol key/central role/part

sleutelwoord key (word)

slib ● ⟨bezinksel⟩ sludge, slurry ● ⟨slijk⟩ silt, sediment

slibberig slippery

sliding • ⟨roeibankje⟩ sliding seat • ⟨glijbeweging⟩ sliding-tackle, slide, ⟨honkbal⟩ dive

sliert • ⟨lange rij⟩ string, chain • ⟨lange slungel⟩ beanpole • ⟨neerhangend iets⟩ wisp, tendril, string • ⟨heleboel⟩ bunch, pack

slijk dirt, mud, mire ▾ ⟨scherts⟩ 't ~ der aarde filthy lucre

slijm • ⟨fluim⟩ phlegm • ⟨huidbedekking⟩ slime

slijmbal bootlicker, toady, ⟨AE⟩ slimeball

slijmen • ⟨aanpappen⟩ butter s.o. up, lick s.o.'s boots • ⟨slijm opgeven⟩ cough up phlegm

slijmerig • ⟨slijmachtig⟩ slimy • ⟨vleierig⟩ grovelling, slimy

slijmvlies mucous membrane

slijpen I ⟨ov ww⟩ • ⟨scherp maken⟩ grind, sharpen • ⟨polijsten⟩ polish, ⟨edelstenen ook⟩ cut • ⟨graveren⟩ cut **II** ⟨on ww⟩ • ⟨dansen⟩ dance cheek to cheek

slijper • ⟨persoon⟩ grinder, polisher, ⟨v. glas, edelstenen⟩ cutter • ⟨toestel⟩ sharpener, grindstone

slijpsteen grindstone

slijtage wear and tear

slijtageslag war of attrition

slijten I ⟨ov ww⟩ • ⟨verslijten⟩ wear out • ⟨tijd doorbrengen⟩ pass, spend • ⟨verkopen⟩ sell **II** ⟨on ww⟩ • ⟨achteruitgaan⟩ wear out, ⟨fig.⟩ wear off/away

slijter • ⟨kleinhandelaar⟩ retailer • ⟨drankverkoper⟩ licensed victualler

slijterij off-licence, ⟨AE⟩ liquor store

slijtplek worn patch, scuff ⟨floor⟩

slijtvast wear-resistant

slik • ⟨slijk⟩ silt • ⟨aangeslibde grond⟩ mud flat

slikken • ⟨doorslikken⟩ swallow • ⟨aanvaarden⟩ put up with, stomach, swallow

slim cunning, clever, ⟨pej.⟩ sly ★ hij was mij te slim af he was one too many for me ★ wie niet sterk is, moet slim zijn you must use your brain if you can't use your brawn

slimheid astuteness

slimmerd smart cookie, a sly one

slimmigheid • ⟨foefje⟩ dodge, trick ★ zich ergens door een ~je uit redden wangle/weasle o.s./one's way out of s.th. • ⟨het slim zijn⟩ cleverness, shrewdness

slinger I ⟨zwengel⟩ handle • ⟨het slingeren⟩ swing • ⟨deel van klok⟩ pendulum • ⟨versiering⟩ festoon, paper chain, ⟨v. bloemen⟩ garland • ⟨werptuig⟩ sling(-shot)

slingeren I ⟨ov ww⟩ • ⟨werpen⟩ fling, hurl, ⟨over de schouder⟩ sling • ⟨winden om⟩ wind, wrap ▾ tussen hoop en vrees heen en weer geslingerd worden hover/waver between hope and fear **II** ⟨on ww⟩ • ⟨zwaaien⟩ swing, oscillate • ⟨waggelen⟩ lurch, reel • ⟨kronkelen⟩ wind ★ een ~d pad a twisting path • ⟨ordeloos liggen⟩ lie about ★ laten ~ leave lying about ▾ ⟨scheepv.⟩ roll, lurch **III** ⟨wkd ww⟩ meander, wind

slingerplant creeper

slingeruurwerk pendulum clock

slinken run low, shrink, ⟨door koken⟩ boil down, ⟨v. voorraad⟩ dwindle

slinks cunning, devious

slip • ⟨afhangend deel⟩ ⟨coat-⟩tail, flap • ⟨onderbroek⟩ briefs, ⟨dames⟩ panties, ⟨heren⟩ men's ⟨short⟩ pants • ⟨uitglijding⟩ ★ in een slip raken go into a skid

slipgevaar danger of skidding, ⟨als waarschuwing⟩ slippery road

slip-over slipover

slippen • ⟨doorschieten⟩ slip ★ ~de koppeling

---

slipping clutch • ⟨uitglijden⟩ skid ★ leren ~ practise skid-control

slipper mule, flip-flop, ⟨AE⟩ thong

slippertje ★ een ~ maken go off on the sly

slissen ⟨speak with a⟩ lisp

slobberen I ⟨ov ww⟩ • ⟨slurpen, lebberen⟩ eat/drink noisily, slobber, slurp **II** ⟨on ww⟩ • ⟨flodderig zitten⟩ bag, sag

slobbertrui sloppy joe, baggy sweater

sloddervos slob, grub

sloeber • ⟨stakker⟩ wretch, poor devil/beggar/wretch • ⟨smeerlap⟩ ⟨inf.⟩ slob, pig

sloep • ⟨kleine boot⟩ boat, smack • ⟨reddingsboot⟩ sloop

sloerie slut

slof • ⟨pantoffel⟩ slipper • ⟨pak sigaretten⟩ carton ▾ uit zijn slof schieten fly off the handle; flare up

sloffen I ⟨ov ww⟩ • ⟨verwaarlozen⟩ let slide, slack ★ alles laten ~ let things slide **II** ⟨on ww⟩ • ⟨lopen⟩ shuffle, shamble

slogan slogan

slok • ⟨borreltje⟩ drop, dram • ⟨het slikken⟩ swallow, ⟨inf.⟩ swig, ⟨grote teug⟩ pull, ⟨kleine teug⟩ nip

slokdarm gullet, ⟨med.⟩ oesophagus

slokken swallow, gulp, ⟨gulzig⟩ guzzle

slokop glutton

slons frump

slonzig dowdy, slovenly, ⟨v. vrouw⟩ slatternly

sloof drudge

sloom slow, listless ★ een slome duikelaar a slowcoach

sloop • ⟨kussensloop⟩ pillowcase • ⟨het slopen⟩ demolition • ⟨sloperij⟩ scrapyard

sloopauto scrap car, wreck

sloopkogel demolition ball

slooppand demolition site

sloot • ⟨hoeveelheid⟩ gallons • ⟨waterloop⟩ ditch

slootjespringen leap ditches, pole-vault over ditches

slootwater • ⟨water in sloot⟩ ditchwater • ⟨slap drankje⟩ dishwater

slop • ⟨impasse⟩ ★ in het slop raken come to a dead end ★ uit het slop halen pull s.th./s.o. out off the fire • ⟨steegje⟩ alley, ⟨doodlopend⟩ blind alley

slopen • ⟨afbreken⟩ demolish, ⟨huis⟩ pull down, ⟨installatie⟩ dismantle, ⟨v. schip⟩ break up • ⟨uitputten⟩ sap, drain

sloper demolisher, ⟨v. schepen⟩ breaker

sloperij ⟨m.b.t. auto's⟩ scrapyard, ⟨m.b.t. gebouwen⟩ demolition firm, ⟨m.b.t. schepen⟩ breaker's yard

sloppenwijk slums, slum area

slordig • ⟨onverzorgd⟩ slovenly, careless, untidy, ⟨taal, werk⟩ slipshod • ⟨onnauwkeurig⟩ careless, sloppy ★ ~ schrijven write sloppily • ⟨ruim⟩ cool ★ het kost een ~e duizend gulden it costs a cool thousand

slordigheid • ⟨iets slordigs⟩ careless/sloppy work • ⟨onverzorgdheid⟩ slovenliness, sloppiness

slot • ⟨sluiting⟩ ⟨v. boek⟩ clasp, ⟨v. deur⟩ lock, ⟨v. halssnoer⟩ fastening ★ op slot doen lock ★ iem. achter slot en grendel zetten put s.o. under lock and key; put s.o. behind bars • ⟨einde⟩ end, conclusion ★ ten slotte finally; ⟨uiteindelijk⟩ lastly; ⟨tot slot⟩ in conclusion ★ ⟨kasteel⟩ castle, manor-house ▾ per slot van rekening after all

slotakkoord final chord

slotakte • ⟨laatste akte⟩ last act • ⟨resultaat van conferentie⟩ final act

slotgracht castle moat

slotkoers ⟨m.b.t. effecten⟩ closing price, ⟨m.b.t.

S

wisselkoers) *closing rate*
slotopmerking *final/closing/concluding remark*
slotsom *result, upshot* ★ tot de ~ komen *come to the conclusion*
slotwoord • (afsluitende woorden) *closing/last word •* (epiloog) *epilogue*
Sloveen *Slovene* ★ een ~se *a Slovene woman*
Sloveens *Slovenian*
sloven *drudge, toil*
Slowaak *Slovak* ★ een ~se *a Slovak woman*
Slowaaks I [het] *Slovak* **II** [bnw] *Slovak*
Slowakije *Slovakia*
slow motion *slow motion*
sluier *veil*
sluieren *veil*
sluik *lank*
sluikhandel (illegal) *illicit trade,* (smokkel) *smuggling*
sluikreclame *clandestine advertising*
sluimer *slumber*
sluimeren • (licht slapen) *slumber •* (latent aanwezig zijn) *lie dormant,* (m.b.t. iets negatiefs) *smoulder*
sluimering *slumber*
sluipen • (lopen) *sneak, steal,* (jacht) *stalk* ★ naar boven ~ *sneak upstairs •* (ongemerkt opkomen) *creep* ★ er is een foutje in geslopen *a small mistake has crept in*
sluipmoord *assassination*
sluipmoordenaar *assassin*
sluiproute ≈ *short cut*
sluipschutter *sniper*
sluipverkeer *rat-run traffic*
sluipweg *secret route/path*
sluis (schutsluis) *lock,* (uitwateringssluis) *sluice*
sluisdeur *lock gate*
sluiswachter *lock keeper*
sluiten I [ov ww] **•** (verbieden) *close •* (dichtdoen) *shut, close,* (gordijnen) *pull,* (op slot doen) *lock,* (voorgoed sluiten) *close down* ★ iem. buiten de deur ~ *lock s.o. out •* (opbergen) *lock up/away* ★ iem. in de armen ~ *embrace •* (beëindigen) *close* ★ de rij ~ *make up the rear •* de zaak/kwestie ~ *settle the matter •* (aangaan) *conclude* ★ een koop ~ *close a deal; conclude a transaction* ★ een lening ~ *contract a loan •* vriendschap ~ met *make friends with •* (aaneensluiten) *close* ★ de gelederen ~ *close the ranks* **•** (opmaken) ★ de boeken ~ *close/balance the books •* in zich ~ (fig.) *imply* **II** [on ww] **•** (dichtgaan) *shut, close •* (ten einde lopen) *close •* (aansluiten) *close,* (v. kleding) *fit •* (kloppen) ★ de begroting sluit *the budget balances •* de redenering sluit niet *the argument does not hold water •* (bepaalde einduitkomst hebben) ★ de markt sloot vast *the market closed firm •* de rekening sluit met een verlies van ... *the account shows a loss of...*
sluiter *shutter*
sluitertijd *shutter speed*
sluiting • (het sluiten) *shutting, closing,* (opheffing) *closing-down,* (v. zaak) *closure,* (v. zaak, debat, vrede) *conclusion •* (iets dat sluit) *fastening, clasp, lock*
sluitingstijd *closing time*
sluitpost *closing entry, balancing item*
sluitspier *sphincter*
sluitstuk • (voorwerp) (v. kanon) *breech-block* **•** (slotstuk) *final/tail piece*
sluizen • (overbrengen) *channel •* (scheepv.) *lock in/out/up*
slungel *beanpole,* (lomp) *lout*

slungelig *lanky, gangling*
slurf • (flexibele buis) *hose,* (op vliegveld) *passenger bridge •* (lange snuit) (v. insect) *proboscis,* (v. olifant) *trunk*
slurpen • (hoorbaar drinken) *slurp •* (opnemen) *absorb*
sluw *sly, cunning, sneaky*
smaad *defamation, slander,* (behandeling) *indignity* ★ (jur.) *proces wegens ~ libel suit*
smaak • (schoonheidszin) *taste* ★ getuigen van goede/slechte ~ *be in good/bad taste •* geen ~ hebben *have no taste •* (zintuig) *taste •* (wat men proeft) *taste, flavour* ★ er zit een ~je aan it *tastes slightly off; it has a funny taste •* zonder ~ *tasteless •* (voorkeur) *taste* ★ naar mijn ~ *to my taste/liking* ★ over ~ valt niet te twisten *there is no accounting for tastes* ★ smaken verschillen *tastes differ •* (graagte, genoegen) *taste, relish* ★ de ~ van iets te pakken krijgen *acquire a taste for s.th.* ★ zeer in de ~ vallen van *be greatly appreciated by* ★ met ~ eten *eat with relish*
smaakje • (bijsmaak) *taste, smack •* (smaakstof) *flavour* ★ kauwgom met een frambozen~ *raspberry-flavoured chewing gum*
smaakmaker • (smaakstof) *seasoning, flavouring* **•** (trendsetter) *trendsetter*
smaakstof *flavouring*
smaakvol *tasteful, in good taste*
smachten • (verlangen) *yearn/long (for)* ★ ~ naar vriendschap *yearn for friendship •* (kwijnen) *languish* ★ ~ van de dorst *die of thirst*
smachtend *languishing, longing*
smadelijk *humiliating,* (beledigend) *insulting* ★ een ~e nederlaag *an ignominious defeat •* een ~e term *an insulting/opprobrious term*
smak • (klap) *thud, crash •* (val) *fall •* (smakkend geluid) *smack(ing) •* (grote hoeveelheid) *heap* ★ hij verdient een smak geld *met de verkoop van auto's he makes a pile/packet selling cars*
smakelijk • (met graagte) *vivid, merry* ★ ~ lachen om *laugh heartily at •* hij kan ~ vertellen *he can tell a story with gusto •* (lekker) *savoury, tasty* ★ ~ eten! *enjoy your meal!*
smakeloos *tasteless,* (fig.) *tasteless, in bad taste*
smaken I [ov ww] **•** (genieten) ★ het genoegen ~ om *have the pleasure of* **II** [on ww] **•** (smaak hebben) *taste •* 't heeft goed gesmaakt *it was very enjoyable •* zij liet zich de wijn/het eten goed ~ *she drank the wine/ate the food with relish* **•** (naar de zin zijn) ★ smaakt het? *do you like it?* ★ 't smaakt mij niet *I have no relish for it* **•** (~ naar) *taste of •* dat smaakt naar meer *that's very morish*
smakken I [ov ww] **•** (smijten) *fling, dash* ★ hij werd op de grond gesmakt *he was flung to the ground* **II** [on ww] **•** (vallen) *crash •* (hoorbaar eten) *smack one's lips*
smal *narrow* ★ ~ smaller worden *narrow •* smal gezicht *peaked face* ★ smal toelopend *taper(ing)*
smaldeel *squadron*
smalen *scoff (at), revile*
smalend *scornful*
smalfilm 8/16mm. *film, cine film*
smalltalk *small talk*
smaragd *emerald*
smart • (leed) *sorrow, grief, affliction •* (verlangen) *yearning* ★ met ~ verwachten *await anxiously* ▼ gedeelde ~ is halve ~ *a sorrow shared is a sorrow halved*
smartelijk *painful, smarting*
smartengeld *smart money, compensation*
smartlap *tear-jerker, weepy*

smeden • (bewerken) forge, (aan elkaar) weld, (v. hoef) hammer out • (uitdenken) hatch
smederij smithy, forge
smeedijzer wrought iron
smeedwerk wrought ironwork
smeekbede appeal, plea
smeer • (vuil) smear • (smeersel) grease, fat, (schoenen) polish
smeerboel mess
smeergeld hush money, bribe
smeerkaas cheese spread
smeerlap • (gemeen persoon) swine, bastard • (smeerpoets) slob
smeerlapperij • (gemeenheid) dirty tricks • (viezigheid) filth
smeerolie lubricating oil
smeerpijp • (afvoerpijp) sewer, drain (pipe) • (smeerpoets) pig, slob
smeersel • (zalf) ointment, (vloeibaar) liniment • (beleg) (sandwich) spread
smeken beg, entreat, implore
smelten I [ov ww] • (vloeibaar maken) melt **II** [on ww] • (weemoedig worden) melt ★ het deed mijn hart ~ it made my heart melt • (vloeibaar worden) melt, (erts) smelt, (hoge temperatuur) fuse ★ daar zul je niet van ~ it won't hurt you ★ als sneeuw voor de zon ~ vanish into thin air
smeltkroes melting pot
smeltpunt fusing point, melting point
smeltwater meltwater
smeren • (invetten) grease, (met olie) oil, lubricate • crème op de huid ~ rub cream on one's skin • (uitstrijken) smear, (met boter) butter ★ het ging gesmeerd it went swimmingly
smerig • (vuil) dirty, filthy, (v. weer) foul, filthy • (schunnig) smutty, dirty, filthy ★ ~e taal gebruiken talk smut • (gemeen) dirty ★ een ~e streek a dirty trick
smeris cop(per)
smet • (vlek) spot, stain • (schandvlek) blot, blemish ★ een smet op iemands naam werpen cast a slur on s.o.
smetteloos spotless, immaculate
smeuïg • (zacht) smooth, (soep) thick • (smakelijk) savoury, (fig.) juicy, vivid
smeulen • (gloeien) smoulder • (broeien) smoulder, simmer ★ ~de haat/woede smouldering hatred/anger ★ er smeult een opstand a riot is brewing
smid blacksmith
smidse smithy
smiecht • (gemenerik) rascal • (slimmerik) smartaleck
smiezen ★ in de ~ krijgen spot; (fig.) twig ▼ houd hem in de ~! keep an eye on him; watch him!
smijten fling, throw, dash ▼ iem. eruit ~ throw s.o. out ▼ hij smijt met geld he chucks his money about
smikkelen ★ iets ~ tuck into s.th.
smoel • (gezicht) mug • (mond) ★ hou je ~ shut your trap
smoes excuse ★ je moet niet met ~jes komen tell me another
smoezelig dingy, grubby
smoezen whisper
smog smog
smoking dinner jacket, (AE) tuxedo
smokkel smuggling
smokkelaar smuggler
smokkelarij smuggling
smokkelen I [ov ww] • (heimelijk vervoeren)

smuggle II [on ww] • (regels ontduiken) cheat, dodge
smokkelhandel smuggling
smokkelwaar contraband
smoor ▼ de ~ in hebben be peeved; (AE) be sore ▼ zij was ~ verliefd op hem she had a crush on him
smoorheet sweltering, broiling hot
smoorverliefd smitten/infatuated with s.o.
smoren I [ov ww] • (verstikken) smother, strangle ★ met gesmoorde stem in a strangled voice • (gaar laten worden) braise **II** [on ww] • (stikken) suffocate, (v. hitte) stifle, choke
smullen tuck in, feast (upon), (fig.) lap up, revel in
smulpaap gourmet
smulpartij feast, (inf.) blow-out
smurf smurf
smurrie sludge, dirt
snaaien pilfer, snitch
snaak • (guit) joker • (vent) fellow ★ rare ~ queer fish
snaaks (schalks) roguish, (scherts) jocular
snaar string, (v. harp) chord, (v. tennisracket) string, (v. trommel) snare ▼ een gevoelige ~ raken touch a sensitive chord; touch a tender spot
snaarinstrument stringed instrument
snack snack
snackbar snack bar
snakken yearn for ★ naar adem ~ gasp for breath ★ ik snak naar 'n kop koffie I'm dying for a cup of coffee
snappen • (betrappen) catch out, nab • (begrijpen) get, (inf.) twig ★ wat ik niet snap is... the thing that gets me is... ★ gesnapt? got it?; see?
snars ★ 't kan me geen ~ schelen I couldn't care less; I don't give a toss ★ hij weet er geen ~ van he hasn't got a clue
snater gob, trap ★ hou je ~! shut your gob/trap!
snateren • (kwaken) chatter, (v. ganzen) gaggle • (kwebbelen) chatter
snauw snarl
snauwen snarl (at), snap (at)
snavel • (vogelbek) bill, (krom) beak • (mond) mouth ★ hou je ~ shut your trap
snede → **snee**
snedig witty, smart
snee • (het snijden) cut • (insnijding) incision, cut, (diep) gash, (snijwond) cut • (plak) (bacon) rasher, (brood) slice, (dik) slab • (scherpe kant) (cutting) edge • (snijvlak) edge
sneer taunt, sneer
sneeuw snow ★ natte ~ sleet ★ smeltende ~ slush ★ door ~ ingesloten snowbound ▼ als ~ voor de zon verdwijnen disappear like snow in summer
sneeuwbal snowball
sneeuwbaleffect snowball effect
sneeuwblind snow-blind
sneeuwbril snow goggles
sneeuwbui snow shower
sneeuwen snow
sneeuwgrens snowline
sneeuwjacht snowstorm, blizzard
sneeuwketting snow chain
sneeuwklokje snowdrop
sneeuwman snowman
sneeuwpop snowman
sneeuwschuiver • (schop) snow push/shover • (auto) snow plough
sneeuwstorm blizzard, snowstorm
sneeuwval • (lawine) snowslide, (zwaar) avalanche • (neerslag) snowfall, (licht) snowflurry

S

sneeuwvlok snowflake
sneeuwwit snow-white
Sneeuwwitje Snow White
snel I [bnw] • (vlug) quick, fast, swift, rapid • (modern) trendy ★ een snelle jongen a trendy person; a swinger **II** [bijw] • (vlug) rapidly, swiftly, quickly ★ snel achteruitgaan decline rapidly; ⟨v. zieke⟩ sink fast ★ de auto trekt snel op the car has a good acceleration • (gauw) soon
snelbuffet quick-service buffet
sneldicht epigram
snelfiltermaling extra-fine grind
snelheid • (het snel gaan) quickness, fastness, rapidity ⟨v. vaart⟩ pace, rate, ⟨v. licht, geluid⟩ velocity, ⟨v. trein, e.d.⟩ speed ★ met een – van at a speed of; at the rate of ★ ~ verminderen reduce speed • (foto.) speed
snelheidsbeperking speed limit
snelheidscontrole speed check
snelheidsduivel speed merchant, ⟨AE⟩ speed demon
snelheidslimiet speed limit
snelkoker pressure cooker
snelkookpan pressure cooker
snellen rush, hurry
snelrecht summary justice/proceedings
snelschaken play a game of lightning chess, ⟨AE⟩ rapid transit
sneltrein fast train
sneltreinvaart tearing rush, full speed
snelverkeer fast traffic
snelvuurwapen rapid-fire weapon
snelwandelen I [het] speed walking **II** [on ww] speed walking
snelweg motorway, ⟨AE⟩ freeway
sneren sneer/gibe at
snerpen • (schril klinken) shriek, shrill • (striemen) cut, bite ★ ~de kou piercing cold
snert • (erwtensoep) pea soup • (troep) trash, tripe ★ ~weer beastly weather
sneu disappointing, hard ★ dat is sneu voor haar that is hard on her
sneuvelen • (omkomen) fall in battle, be killed • (stukgaan) break
snibbig snappish
snijbloem cut flower
snijboon • (groente) French bean • (persoon) ★ 'n rare ~ a queer fish
snijbrander oxyacetylene torch, cutting torch
snijden I [ov ww] • (castreren) geld, cut • (af-/uitsnijden) cut, ⟨aan stukken⟩ cut up, ⟨hout, vlees⟩ carve, ⟨in plakken⟩ slice • (een snijpunt hebben) cross, intersect • (opzijdringen) cut in **II** [on ww] • (kerven) cut, bite • (pijn veroorzaken) cut, bite
snijdend • (doordringend) piercing, shrill, ⟨fig.⟩ caustic ★ een ~e stem a cutting/piercing voice • (pijn veroorzakend) biting, cutting
snijmachine cutting/slicing machine
snijplank chopping/carving board, ⟨voor kleding⟩ cutting board
snijpunt intersection
snijtafel dissecting table
snijtand incisor
snijvlak • (snijdend deel) blade, cutting face • (doorsnede) section
snijwerk • (versiering) carving(s) • (kunstwerk) sculpture, carving(s)
snijwond cut, ⟨diep⟩ gash
snik gasp, ⟨bij huilen⟩ sob ★ de laatste snik geven breathe one's last
snikheet stifling hot, sweltering
snikken sob

snip • (vogel) snipe • (briefje van honderd) one-hundred guilder note
snipper shred ★ geen ~tje not a scrap
snipperdag day off
snipperen cut up, shred
snit cut ★ naar de laatste snit after the latest fashion
snob snob
snobisme snobbishness, snobbery
snoeien • (afknippen) ⟨bomen⟩ prune, ⟨struik⟩ trim, clip • (inkorten) cut (back)
snoeimes pruning knife
snoeischaar pruning shears
snoek pike
snoekbaars pike-perch
snoekduik header, headlong dive/dash
snoep sweets [mv], ⟨AE⟩ candy
snoepautomaat sweet/candy machine, ⟨AE⟩ vending machine (for candy)
snoepen I [ov ww] • (iets lekkers eten) eat sweets/candy **II** [on ww] • (heimelijk eten) (have a) nibble ★ wie heeft er van de honing gesnoept? who's been at the honey?
snoeper • (iem. die snoept) s.o. with a sweet tooth, glutton • (flirt) womanizer ★ oude ~ old lecher
snoepgoed sweets [mv], ⟨AE⟩ candy
snoepje sweet, ⟨AE⟩ candy
snoeplust fondness for sweets
snoepreisje jaunt, ⟨afkeurend⟩ junket
snoer • (koord) rope, cord, string, ⟨netsnoer⟩ mains lead, ⟨v. lamp e.d.⟩ flex, ⟨vissnoer⟩ line • (streng) string
snoeren ⟨kralen, e.d.⟩ string, ⟨vast rijgen⟩ lace
snoes darling, pet, peach
snoeshaan ★ rare ~ queer fish/customer
snoet face, ⟨inf.⟩ mug, ⟨v. dier⟩ snout ★ een lief ~je a cute little face
snoeven boast, brag
snoever boaster
snoezig sweet, lovely
snol tart
snood malicious, wicked ★ snode plannen hebben be scheming
snor moustache, ⟨v. dieren⟩ whiskers ▼ dat zit wel snor that's fine/all right
snorder plying taxi
snorfiets moped
snorkel snorkel
snorkelen snorkle
snorren buzz, hum, ⟨v. kat⟩ purr, ⟨v. machine, e.d.⟩ whirr, ⟨zacht⟩ hum
snot ⟨nasal⟩ mucus/discharge, ⟨inf.⟩ snot ▼ iem. voor Piet Snot zetten make s.o. look silly
snotaap brat
snotneus • (loopneus) runny nose, ⟨vulg.⟩ snotty nose • (snotaap) ⟨arrogant⟩ youngster, brat
snottebel snot
snotteren • (huilen) snivel, blubber • (neus ophalen) sniffle
snotverkouden have a very bad cold ★ ik ben ~ my nose is bunged up with a cold
snuffelaar pry, ⟨inf.⟩ Nosy Parker
snuffelen • (speuren) nose (about), ⟨in boek⟩ browse • (ruiken) sniff (at)
snuffelpaal air pollution detector
snuffen sniff, sniffle
snufferd conk, snout, ⟨BE⟩ hooter ★ het staat vlak voor je ~! it's right in front of your hooter!
snufje • (nieuwigheidje) novelty, ⟨mode⟩ latest thing, ⟨techniek⟩ newest device • (klein beetje) touch ★ een ~ zout a pinch of salt
snugger smart, bright, ⟨inf.⟩ brainy
snuif snuff

S

snuifje *pinch*
snuisterij *trinket, knick-knack, bauble*
snuit ● (gezicht) *face*, ⟨inf.⟩ *mug* ● (deel van kop) *snout, muzzle*, ⟨v. insect⟩ *proboscis*, ⟨v. olifant⟩ *trunk*
snuiten *blow one's nose*
snuiter *chap, guy*
snuiven I [ov ww] ● (tabak/cocaïne gebruiken) ⟨drugs⟩ *sniff/snort*, ⟨tabak⟩ *take snuff* **II** [on ww] ● (de neus ophalen) *sniff* ● (ademen) *sniff*, ⟨v. paard⟩ *snort*, ⟨v. woede⟩ *snort*
snurken ● (slapen) *kip, doss* ● (knorrend ademhalen) *snore* ★ ~ *als een os snore stertorously*
soap opera *soap opera*
sober *sober, frugal*
sociaal I ● (in groepsverband levend) *social* ● (maatschappelijk) *social* ★ ~ *werker social worker* ★ *sociale lasten social security charges;* ≈ ⟨Groot Brittannië⟩ *National Insurance contributions* ★ *sociale uitkeringen social security benefits* ★ *sociale verzekering social security;* ⟨Groot Brittannië⟩ *National insurance* ★ *sociale voorzieningen social services* ★ *sociale wetgeving social legislation* ● (maatschappelijk verantwoord) *socially minded* ★ *je ~ opstellen show a sense of social awareness*
sociaal-democraat *social democrat*
socialisatie *socialization*
socialiseren *socialize*
socialisme *socialism*
socialist *socialist*
socialistisch *socialist(ic)*
sociëteit ● (genootschap) *society* ● (vereniging) *association, club* ● (verenigingsgebouw) *club-house*
society *society (circles)*, ⟨inf.⟩ *uppercrust*
sociologie *sociology*
socioloog *sociologist*
soda ● (sodawater) *soda (water)* ● (natriumcarbonaat) *soda*
sodawater *soda water*
sodemieter ▼ *iem. op zijn ~ geven beat the hell out of s.o.; give s.o. hell* ▼ *als de ~ like hell/blazes; lickety-split* ▼ *geen ~ no shit/hell*
soebatten *implore, keep on at, coax*
Soedan *Sudan*
soefibeweging *Sufi movement*
soelaas *solace, consolation, comfort* ★ ~ *bieden (give) comfort (to) s.o.; succour s.o.*
soep *soup*, ⟨fig.⟩ *mess* ▼ *niet veel soeps not much cop* ▼ *in de soep rijden smash up*
soepballetje *forcemeat ball*
soepbord *soup plate/bowl*
soepel ● (buigzaam) *pliable*, ⟨denig⟩ *supple* ● (niet stroef) *smooth* ● (niet streng) *flexible, compliant, pliable*
soepgroente *vegetables for soup*
soepjurk *tent dress, sack*
soepkip *boiling hen*
soepkom *soup cup/bowl*
soeplepel ● (opscheplepel) *soup ladle* ● (eetlepel) *soup spoon*
soepstengel *bread stick*
soeptablet *(soup) cube*
soes *choux pastry*
soesa *bother* ▼ *daar krijg je ~ mee that will get you into trouble* ★ *een hoop ~ a lot of fuss*
soeverein I [de] *sovereign, ruler* **II** [bnw] *sovereign* ★ ~*e minachting supreme contempt*
soevereiniteit *sovereignty*
soezen *doze*
soezerig *drowsy*

sof *flop, washout*
sofa *sofa, couch*
Sofia *Sofia*
softbal *softball*
softdrugs *soft drugs, marijuana, hashish*
software *software*
soja *soy sauce*
sojaboon *soya bean*
sok ▼ *er de sokken in zetten spurt* ▼ *iem. van de sokken rijden knock s.o. over*
sokkel *pedestal*
sol *sol, G* ★ *solsleutel G clef*
solarium *solarium*
soldaat *soldier, private (soldier)* ★ ~ *1e klas* ≈ *lance corporal*
soldeer *solder*
soldeerbout *soldering bolt*
soldeerdraad *soldering-wire*
soldeersel *solder*
solderen *solder*
soldij *pay*
soleren ● *als solist optreden perform a solo; give a solo performance* ★ *solistisch te werk gaan go solo/it alone; act alone*
solidair *sympathetic* ★ *zich ~ verklaren met declare one's solidarity with*
solidariteit *solidarity* ★ *uit ~ (met) in sympathy (with)*
solide ● (vast) *solid, stable, sturdy* ● (betrouwbaar) *solid*, ⟨v. fonds⟩ *sound* ● (degelijk) *reliable*, ⟨v. persoon ook⟩ *steady (going)*
solist ● (iem. die alleen werkt) *solo performer* ● (muz.) *soloist*
solitair I [de] ⟨dier⟩ *rogue*, ⟨mens⟩ *loner, lone wolf* **II** [bnw] *solitary*
sollen *trifle (with)* ★ *hij laat niet met zich ~ he is not to be trifled with*
sollicitant *candidate, applicant* ★ ~*en oproepen voor invite applications for*
sollicitatie *application*
sollicitatiebrief *letter of application*
sollicitatiegesprek *interview for a position, job interview*
solliciteren ● (naar baan dingen) *apply (for)* ● (~ naar) ★ ~ *naar moeilijkheden look for trouble*
solo *solo*
Solomoneilanden *Solomon Islands*
solopartij *solo part*
solotoer ★ *op de ~ gaan go it alone; act on one's own*
solovlucht *solo flight*
solozanger *soloist*
solutie *rubber solution*
solvabel *solvent, sound*
solvabiliteit *solvency, solvability*
som ● (uitkomst) *sum* ● (bedrag) *sum, amount* ● (wisk.) ★ *een som maken do a sum*
Somalië *Somalia*
somatisch *somatic*
somber ● (bedrukt) *gloomy, dejected* ● (donker) *dark, gloomy*, ⟨v. kleur⟩ *sombre*
sommeren *summon*
sommige *some, certain*
soms ● (nu en dan) *sometimes, now and then* ● (misschien) *perhaps* ★ *als je Jan soms ziet if you happen to see John; if, by any chance, you see John*
sonar *sonar*
sonate *sonata*
sonde ● (peilstift) *probe* ● (meettoestel) *probe* ● (catheter) *catheter*

sonnet *sonnet*
sonoor *sonorous*
soort • (iets dat lijkt op het genoemde) *sort, kind* ✶ een ~ ei *a sort of egg* • (groep) *sort, kind,* ⟨merk⟩ *brand* ✶ 't is in zijn ~ geen slecht huis *it is not a bad house, as houses go* ✶ mensen van allerlei ~ *all sorts and conditions of men* ✶ ~ zoekt ~ *birds of a feather flock together* ✶ (een goed man) in zijn ~ *in his way* ✶ hij is van het ~ dat... *he is of the stuff that...* ✶ 't beste boek in zijn ~ *the best book of its kind* ⟨bio.⟩ *species*
soortelijk *specific* ✶ ~ gewicht *specific gravity*
soortement *a sort/kind of*
soortgelijk *similar*
soortgenoot *one of the same kind*
soortnaam *class/generic name*
soos *club* ✶ op de soos *at the club*
sop ⟨m.b.t. zee⟩ *blue, deep,* ⟨v. zeep⟩ *(soap)suds* ✶ 't ruime sop *the open sea* ✶ het ruime sop kiezen *put/stand out to sea* ✶ 't sop is de kool niet waard *the game is not worth the candle* ✶ iem. in zijn eigen sop laten gaar koken *let s.o. stew in his own juice*
soppen • (reinigen) *wash* • (indopen) *dunk*
sopraan *soprano*
sorbet *ice-cream soda,* ⟨met vruchten⟩ *knickerbocker glory*
sores ✶ ik heb al genoeg ~ aan mijn hoofd *I have enough worries as it is*
sorry *pardon/excuse me*
sorteren *sort* ✶ (geen) effect ~ *be (in)effective*
sortering • (het sorteren) *sorting* • (verscheidenheid) *assortment, selection*
SOS *S.O.S.* ✶ SOS-signaal *S.O.S. signal* ✶ een SOS uitzenden *send an S.O.S./mayday signal*
soufflé *soufflé*
souffleren *prompt*
souffleur *prompter*
soul *soul*
souper *supper*
souperen *take/have supper*
souplesse *flexibility, suppleness*
souteneur *pimp*
souterrain *basement*
souvenir *souvenir*
sovjetrepubliek *Soviet Republic*
Sovjet-Unie *Soviet Union*
sowieso *in any case, anyhow*
spa ® *mineral water*
spaak *spoke* ✶ een ~ in het wiel steken *throw a spanner in the works; put a spoke in the wheel*
spaan • (spaander) *chip* • (schuimspaan) *skimmer* ✶ er bleef geen ~ van heel *it was smashed to pieces*
spaander *chip* ✶ waar gehakt wordt, vallen ~s *you cannot make an omelette without breaking eggs*
spaanplaat *chipboard*
Spaans I [het] *Spanish* **II** [bnw] *Spanish* ✶ een ~e a *Spanish woman* ✶ ~e griep *Spanish influenza/ flu* ✶ het ging er ~ aan toe *it was a real rough-house* ✶ ~e peper *red pepper* ✶ het ~ benauwd hebben *be scared out of one's wits*
Spaanse *Spanish woman*
spaarbank *savings bank*
spaarbankboekje *savings account book, savings account*
spaarbrander *energy-saving burner*
spaarbrief *savings certificate/bond*
spaardeposito *savings deposit*
spaarder *saver*
spaargeld *savings*
spaarlamp *electricity-saving lamp*

spaarpot • (busje) *money-box* • (spaargeld) *savings* ✶ een ~je aanleggen *put a little money by; save for a rainy day; lay by a little money*
spaarrekening *savings account*
spaarvarken *piggy bank*
spaarzaam *thrifty, sparing, economical* ✶ hij is ~ met woorden *he doesn't waste words*
spaarzegel ⟨v. bank⟩ *savings stamp,* ⟨v. winkel⟩ *trading stamp*
spaarzin *thrift*
spade *spade*
spagaat *splits,* ⟨AE⟩ *split* ✶ een ~ maken *do the splits;* ⟨AE⟩ *do a split*
spaghetti *spaghetti, pasta*
spaghettiwestern *spaghetti western*
spalk *splint*
spalken • (verbinden) *splint, put in splints* • (splijten) *prop open*
span • (stel) ✶ een aardig span *a nice couple* • (trekdieren) *team (of horses)*
spandoek *banner*
spaniël *spaniel*
Spanjaard *Spaniard*
Spanje *Spain*
spankracht • (veerkracht) *elasticity* • (kracht) *tension*
spannen I [ov ww] • (uitrekken) *stretch* • (strak trekken) *tighten, stretch,* ⟨fig.⟩ *strain,* ⟨v. net⟩ *spread,* ⟨v. spieren⟩ *strain* ✶ ge~ verhouding *strained relationship* • (aanspannen) ✶ de paarden voor 't rijtuig ~ *harness the horses to the carriage* **II** [on ww] • (spannend zijn) ✶ het zal erom ~ *it will be close*
spannend *exciting, thrilling,* ⟨v. moment⟩ *tense*
spanning • (druk) *tension, stress,* ⟨nat.⟩ *pressure* • (het strak getrokken zijn) *tension, strain* • (onrust) *tension,* ⟨onzekerheid⟩ *suspense* ✶ ~ op de arbeidsmarkt *strain on the labour market* ✶ met ~ verwachten *await eagerly* • (potentiaalverschil) *tension, voltage* ✶ een ~ van 220 Volt *a 220 Volts charge*
spanningsveld *area/field of tension*
spanningzoeker *test lamp, tester*
spant *rafter*
spanwijdte • (overspanning) *span* • (vleugelbreedte) ⟨v. vliegtuig⟩ *wingspan,* ⟨v. vogel⟩ *wingspread*
spar *spruce* ✶ fijne spar *fir*
sparappel *fir cone*
sparen • (besparen) *save (up)* • (ontzien) *spare, save* ✶ iemands leven ~ *spare s.o.'s life* • (verzamelen) *collect*
Spartaans *Spartan*
spartelen *thrash, struggle, flounder*
spasme *spasm,* ⟨med.⟩ *paroxysm*
spastisch • (verkrampt) *spastic* ✶ ~e paralyse *spastic paralysis* • (moeilijk doend) *spastic* ✶ doe toch niet zo ~ *stop acting like a spastic*
spat *speck, spot,* ⟨spetter⟩ *drop, splash* ✶ hij heeft geen spat uitgevoerd *he hasn't done a stroke of work*
spatader *varicose vein*
spatbord *mudguard,* ⟨v. auto⟩ *wing*
spatel *spatula*
spatie *space*
spatiebalk *space bar*
spatlap *mudflap*
spatten I [ov ww] • (bespatten) *splatter, splash* **II** [on ww] • (spetteren) *splash, splutter* ✶ uit elkaar ~ *burst*
speaker • (commentator) *speaker* • (luidspreker) *loudspeaker*

specerij *spice*
specht *woodpecker*
speciaal I [bnw] *special, particular* **II** [bijw] *in particular*
speciaalzaak *specialist shop*
special *special*
specialisatie *specialization, special(i)ty*
specialiseren *specialize*
specialisme *specialty, speciality*
specialist *specialist, expert*
specialistisch *specialist*
specialiteit *speciality, specialty*
specie *mortar, cement*
speciebriefje *(specified) list of specie*
specificatie *specification*
specificeren *specify, itemize*
specifiek I [bnw] *specific* **II** [bijw] *specifically, particularly*
specimen *specimen, sample*
spectaculair *spectacular, sensational*
spectrum • *(gevarieerde reeks) spectrum, variety* • *(nat.) spectrum*
speculaas *type of spiced biscuit* ★ *gevulde ~ ≈ cake filled with almond paste*
speculant *speculator*
speculatie *speculation*
speculatief *speculative*
speculeren • *(gissingen doen) speculate, conjecture* • *(hand.) speculate* • *(~ op) speculate (on), (ongunstig) trade on, take advantage of*
speech *speech* ★ *een ~ houden make/give a speech*
speed *speed, pep pill*
speedboot *speedboat, motorboat*
speeksel *saliva, spit(tle)*
speelautomaat *slot/gambling machine, (inf.) one-armed bandit*
speelbal • *(bal) player's/playing ball, (biljart) cue ball* • *(slachtoffer) toy, plaything* ★ *een ~ der golven at the mercy of the waves*
speelbank *gaming/gambling house*
speelbord *games' board*
speeldoos *music(al) box*
speelfilm *(feature) film*
speelgoed *toy(s)*
speelhelft • *(helft van veld) end* • *(helft speelduur) half*
speelhol *gambling den*
speelkaart *playing card*
speelkameraad *playmate*
speelkwartier *break, (jonge kindren) playtime*
speelplaats *playground*
speelruimte • *(ruimte om te spelen) play area* • *(handelingsvrijheid) elbow-room, latitude* ★ *niet veel ~ hebben have little room to manoeuvre* • *(speling) play*
speels • *(luchtig) playful, light* • *(dartel) playful, (v. dier) frisky*
speelschuld *gambling debt*
speeltafel *gambling table*
speelterrein *playground*
speeltje *toy, plaything*
speeltuin *playground, recreation area*
speen • *(fopspeen) dummy* • *(tepel) teat*
speenkruid *lesser celandine, pilewort*
speenvarken *sucking pig*
speer *spear, (sport) javelin*
speerpunt *spearhead* ★ *~actie spearhead action*
speerwerpen I [het] *the javelin (event)* **II** [onv ww] *javelin throwing*
spek *bacon, (vers) pork* ▼ *voor spek en bonen bij zitten sit by doing nothing* ▼ *dat is geen spek(je*

voor jouw bek(je) that's not for (the likes of) you
spekglad *very slippery, as slippery as ice*
speklap *slice/rasher of bacon*
spektakel • *(drukte) uproar, hubbub* • *(schouwspel) spectacle, show* • *(lawaai) racket*
spektakelstuk *pageant(ry)*
spekvet *bacon fat*
spekzool *crepe sole*
spel • *(bezigheid) game* • *(kansspel) gambling* • *(partij) game, match* ★ *het spel gewonnen geven admit defeat; (fig.) throw in the towel* ★ *het is 'n verloren spel it's a lost game; (fig.) the game is up; it's a lost cause* • *(speelbenodigdheden) game, (v. kaarten) pack, deck, (v. schaken) set* • *(wijze van spelen) performance, (acteren) acting, (m.b.t. muziek) playing* ▼ *op het spel staan be at stake* ▼ *vrij spel hebben have free play* ▼ *op het spel zetten risk; hazard; stake* ▼ *gevaarlijk spel spelen play a dangerous game*
spelbederf *unsporting conduct (during a match)*
spelbreker *spoilsport*
speld • *(haarspeld) hairpin, hair clasp* • *(broche) brooch, (vnl klein) pin* • *(naaigerei) pin* ▼ *er is geen ~ tussen te krijgen (in redenering) this is water tight; (in gesprek) you can't get a word in edgeways*
spelden *pin*
speldenknop *pinhead*
speldenkussen *pincushion*
speldenprik • *(prik met speld) pinprick* • *(hatelijkheid)* ★ *~ken uitdelen needle (s.o.)*
speldje *pin, badge, button*
spelen I [ov ww] • *(zich voordoen als)* ★ *de baas ~ over iem. boss (s.o.) about; lord it over s.o.* • *(aanpakken) play* ★ *dat moeten we slim ~ we have to play our cards right* ★ *met een idee ~ toy with an idea* • *(muz.) play* ★ *vals ~ play out of tune* ★ *op de viool ~ play the violin* ★ *iets van het blad ~ sight-read s.th.* **II** [on ww] • *(luchtig omgaan met) trifle with* ★ *~ met iemands gevoelens trifle with s.o.'s feelings* • *(zich afspelen) be set (in), take place (in)* ★ *het stuk speelt in... the scene is set in...* • *(wisselend vertonen)* ★ *dat wijsje/die gedachte blijft me door het hoofd ~ that tune/thought keeps running in my head; I can't get that tune/thought out of my head* • *(opvoeren) perform* • *(~ op) gamble, speculate (on)* **III** [ov + on ww] • *(zich met spel bezighouden) play, have a game (of), (gokken) gamble* ★ *~ om geld play for money* • *(acteren) play, act* ★ *de hoofdrol ~ play the leading part* ★ *wat wordt er gespeeld? what is on?*
spelenderwijs *without effort* ★ *~ leren learn as you go along; learn without effort*
speleoloog *speleologist, potholer*
speler *player, (gokker) gambler, (toneel) actor* [v: *actress*]
spelevaren ★ *gaan ~ go (out) boating*
spelfout *spelling mistake*
speling • *(tussenruimte) play* • *(marge) margin, leeway* ★ *enige ~ laten give some leeway* • *(gril)* ★ *~ der natuur freak of nature*
spelleider *instructor, games/quiz master*
spellen • *(correct schrijven) spell* ★ *een woord verkeerd ~ misspell a word* • *(aandachtig lezen) study closely*
spelling *spelling*
spelmaker *key player*
spelonk *cave, cavern*
spelregel *rule of the game* ★ *zich aan de ~s houden stick to the rules of the game*
spenderen *spend (on)*

S

spenen wean ▾ geheel van humor gespeend lacking all sense of humour
sperma sperm
spermabank sperm bank
spermatozoïde spermatazoid
spertijd curfew
spervuur barrage
sperwer sparrowhawk
sperzieboon French bean, (AE) green bean
spetter ● (stuk) dish, looker ● (spat) splatter
spetteren splatter, sp(l)utter, (met water) splash
speurder sleuth, detective, private eye, dick
speuren I [ov ww] ● (bespeuren) detect, sense **II** [on ww] ● (opsporen) investigate, track ● (onderzoeken) investigate * ~ naar iets hunt for s.th.
speurhond tracker (dog)
speurneus ● (fijne neus) keen nose ● (persoon) sleuth
speurtocht search, quest
speurwerk investigation, detective work
speurzin (keen) nose
spichtig lanky, weedy, (v. schrift) spidery
spie ● (wig) wedge ● (pen) pin
spieden spy
spiegel ● (spiegelend voorwerp) mirror, looking-glass * in de ~ kijken look (at o.s.) in the mirror ● holle/bolle ~ concave/convex mirror ● (oppervlak) mirror ● (med.) level ▾ iem. een ~ voorhouden hold up a mirror to s.o.
spiegelbeeld (omgekeerd beeld) (mirror) image, (teruggekaatst beeld) reflection
spiegelei egg sunny side up
spiegelen I [on ww] mirror, reflect **II** [wkd ww] ● (weerkaatst worden) be reflected ● (~ aan) take example/warning from
spiegelglad as smooth as a mirror, (weg) slippery, icy
spiegeling ● (weerkaatsing) (ook fig.) reflection ● (spiegelbeeld) mirror image
spiegelruit plate-glass window
spiegelschrift mirror writing
spiekbriefje crib (note), (AE) cheat sheet
spieken crib, copy
spier muscle ▾ geen ~ vertrekken not move a muscle
spierbal muscle
spiering smelt ▾ een ~ uitwerpen om een kabeljauw te vangen set a sprat to catch a mackerel
spierkracht muscular strength
spiernaakt stark naked
spierpijn muscular pain, aching muscles
spierweefsel muscular tissue
spierwit as white as a sheet
spies ● (speer) spear, lance ● (grillpen) skewer
spietsen spear, impale, (v. vlees) skewer
spijbelaar truant
spijbelen skip school, play truant, (AE) play hooky
spijker nail ▾ de ~ op de kop slaan hit the nail on the head ▾ ~s op laag water zoeken split straws; cavil ▾ gloeiende ~ pin-point of light
spijkerbroek jeans
spijkeren nail
spijkerhard ● (keihard) hard as a rock ● (meedogenloos) tough as nails
spijkerjasje denim jacket, jean(s) jacket
spijkerschrift cuneiform writing
spijkerstof denim ®
spijl (v. hek) rail, (v. hek, kooi) bar, (v. stoel) rung, (v. trapleuning) baluster
spijs ● (vulling) paste ● (gerecht) food

spijskaart menu
spijsvertering digestion * slechte ~ indigestion
spijsverteringskanaal alimentary canal
spijt regret, remorse * tot mijn ~ kan ik niet komen I regret to say I cannot come; I am sorry I cannot come * ik heb er ~ van I regret it * ~ voelen over iets feel sorry for/regret s.th.
spijten regret, be sorry * het spijt me te moeten zeggen I'm sorry to say; I regret to say
spijtig regrettable, unfortunate * dat is erg ~ that's a great pity
spijtoptant one who bitterly regrets a decision/choice made
spikkel fleck, speck
spiksplinternieuw brand new
spil ● (as) pivot, axis ● (persoon) pivot, key figure, (sport) centre-half ▾ dat is de spil waar alles om draait that is the pivot on which everything hinges
spilkoers central (exchange) rate
spillebeen I [de] spindle-legs **II** [het] spindle-leg
spiltrap spiral stair(case)
spilziek wasteful
spin ● (dier) spider ● (snelbinder) spinbinder ▾ zo nijdig als een spin as cross as two sticks
spinazie spinach
spinet spinet
spinnaker spinnaker
spinnen I [ov ww] ● (tot garen maken) spin **II** [on ww] ● (snorren) purr ▾ de kat begon te ~ the cat began to purr
spinnenweb cobweb
spinnerij spinning mill
spinnewiel spinning wheel
spinnijdig furious
spinrag cobweb
spint I [de] red spider (mite) **II** [het] web
spion spy
spionage espionage
spioneren spy
spiraal ● (escalatie) spiral ● (schroeflijn) spiral ● (voorwerp) coil
spiraalmatras (spiral) spring mattress
spiraaltje I.U.(C.) D., Intra-Uterine (Contraceptive) Device, (inf.) coil
spirit spirit, guts, spunk
spiritisme spiritualism
spiritualiën spirits
spiritueel ● (geestelijk) spiritual ● (geestig) witty
spiritus (methylated) spirit(s)
spiritusbrander methylated spirit burner, (inf.) meths burner
spiritusstel spirit/meths burner
spit ● (pen) spit ● (med.) lumbago
spits I [de] ● (top) point, (v. berg) peak, top, (v. toren) spire ● (voorhoede) vanguard ● (spitsuur) rush hour * ochtend/avond ~ morning/evening rush ● (sport) forward line, (speler) striker, forward ▾ de ~ afbijten bear the brunt (of the battle) ▾ de zaak op de ~ drijven force the issue **II** [bnw] ● (puntig) pointed, sharp, (spits toelopend) tapering * ~ maken point ● (slim) sharp
spitsen I [ov ww] ● de oren ~ prick up one's ears ▾ gespitst zijn op be eager about **II** [wkd ww] look forward to
spitskool oxheart/conical cabbage
spitsmuis shrew
spitsuur peak hour, (vnl. v. drukte) rush hour
spitsvondig smart, clever, ingenious
spitten dig, (fig.) delve, dig
spitze point/ballet shoes
spleet chink, crack, crevice

spleetoog slit-/slant-eye
splijten I [ov ww] • (klieven) split, cleave **II** [on ww] • (een scheur krijgen) split, crack
splijting splitting, ‹v. atoomkern› fission ∗ de ~ in de ... partij the split in the ... party
splijtstof fissionable material, ‹AE› fissile material
splijtzwam disrupting influence, divisive element
splinter splinter, ‹vnl. v. glas› sliver ∗ aan ~s slaan smash to smithereens
splinteren splinter
splinterpartij splinter group/party
split slit
spliterwt split pea
splitpen split/cotter pin
splitrok skirt with a slit
splitsen split, divide, ‹v. touw› splice ∗ de weg splitste zich the road branched off
splitsing splitting, ‹godsdienst, partij› schism, ‹partij, organisatie› split • (plaats van splitsing) branch(ing)
spoed haste, speed ∗ iem. tot ~ aanzetten hurry s.o. up ∗ met de meeste ~ with the greatest speed; with all possible speed ∗ haastige ~ is zelden goed more haste, less speed; haste makes waste
spoedbehandeling ‹med.› emergency treatment, ‹v. zaak› speedy dispatch
spoedbestelling express delivery
spoedcursus crash/intensive course
spoedeisend urgent
spoedgeval rush, speed, hasten
spoedgeval emergency (case) ∗ afdeling voor ~len casualty/emergency ward
spoedig I [bnw] speedy ∗ een ~ antwoord an early reply ∗ een ~e levering a prompt delivery **II** [bijw] soon, speedily ∗ ten ~ste as soon as possible
spoedoperatie emergency operation
spoedopname emergency admission
spoel spool, ‹v. film, tape› reel
spoelen I [ov ww] • (opwinden) reel • (reinigen) wash, rinse **II** [on ww] • (meegevoerd worden) wash
spoeling rinse, ‹v. toilet› flush
spoiler spoiler
spoken I [on ww] haunt, ‹rondlopen› prowl (about) ∗ jij bent al vroeg aan 't ~ you are stirring early **II** [onp ww] ∗ het spookt daar the house is haunted ∗ 't kan op dat meer erg ~ that lake can be very rough
sponde couch, bedside
sponning rabbet, ‹v. raam› runway
spons sponge
sponsen sponge
sponsor sponsor
sponsoren (be) sponsor (for)
spontaan spontaneous
spontaniteit spontaneity
spook • (geest) ghost, phantom ∗ spoken zien op klaarlichte dag see ghosts in broad daylight • (schrikbeeld) spectre ∗ het ~ van de honger the spectre of starvation • (akelig mens) horror
spookachtig ghostly
spookbeeld spectre, phantom
spookhuis • (huis) haunted house • (kermisattractie) haunted house
spookrijder ghost driver, phantom driver
spookschip phantom ship
spookstad ghost town
spoor I [de] • (hoornige uitwas) spur • (uitsteeksel rijlaars) spur ∗ 'n paard de sporen geven spur (on) a horse • (plant.) (spore) spore, ‹v. bloem› spur ▾ zijn sporen verdiend hebben

have won one's spurs **II** [het] • (afdruk) track, (geurspoor) scent, ‹v. voet› footprint, ‹v. wagen› rut ∗ zijn sporen uitwissen cover (up) one's tracks ∗ 'n ~ volgen follow a track; ‹fig.› follow up a clue ∗ het ~ bijster zijn be off the scent ∗ iem. op 't ~ komen track s.o. down ∗ de politie vond 'n ~ the police found a clue • (overblijfsel) sign, vestige, trace ∗ er is geen ~ van te vinden not a trace of it is to be found ∗ de sporen dragen van bear the marks of ∗ sporen achterlaten leave traces • (teken) trace, mark ∗ geen ~ achterlaten leave no marks behind ∗ sporen van het verleden vestiges of the past ∗ sporen van geweld marks of violence • (spoorweg) rail(s), track ∗ enkel/dubbel ~ single/double track ∗ per ~ by rail • (spoorbedrijf) railway, ‹AE› railroad company • (geluidsstrook) track ▾ de zaak in 't rechte ~ brengen straighten things out ▾ op dood ~ komen ‹v. onderhandelingen› come to a deadlock
spoorbaan railway
spoorbiels sleeper
spoorboekje rail(way) guide, timetable
spoorboom level-crossing barrier(s)
spoorlijn railway line
spoorloos without a trace, trackless ∗ ~ verdwijnen vanish into space
spoorslags at full speed
spoortrein railway train
spoorweg railway
spoorwegmaatschappij railway company, railroad (company)
spoorwegnet railway system
spoorwegovergang level crossing
spoorzoeken tracking
sporadisch sporadic
spore spore
sporen • (stroken met) agree, tally ∗ dat spoort niet met mijn plannen that doesn't agree with my plans; that doesn't fit in with my plans • (met de trein reizen) go by rail ∗ een uur ~ an hour by rail/train
∗sporeplant (Wdl: sporenplant) cryptogam
sport • (trede) rung, ‹fig.› step • (stoelspaak) rung, crossbar • (lichaamsoefening) sport ∗ aan ~ doen practice a sport; go in for sports
sportbond sports association/federation
sportbril protective glasses, goggles
sportclub sporting/sports club
sportdag sports day
sporten exercise, play/practice a sport
sporter sportsman, sportswoman
sportfiets (racing) bike
sportfondsenbad swimming pool financed by a sports club
sporthal sports hall/centre
sportief • (eerlijk) sportsmanlike ∗ hij nam het erg ~ op he took it quite well • (sport betreffend) sporty • (sportlievend) fond of sports
sportiviteit sportsmanship
sportjournalist sports journalist/correspondent
sportkeuring sports physical
sportkleding sportswear, sports clothing
sportman sportsman
sportnieuws sport's/sporting news
sportschool school for martial arts, ‹AE› gym
sportvissen sport fishing
sportvisser angler, amateur fisherman
sportvlieger private/amateur pilot
sportvliegtuig pleasure/private aircraft
sportwagen sport(s)car
sportzaak sports shop, ‹AE› sporting goods store
spot • (het spotten) mockery, ridicule, derision ∗ de

S

spot drijven met mock; poke fun at ● (reclame) commercial ● (lamp) spotlight
spotgoedkoop dirt cheap
spotnaam nickname
spotprent caricature, (political) cartoon
spotprijs bargain/basement price ★ voor 'n ~ for a mere song
spotten ● (schertsen) joke ● (zich niet storen aan) defy ★ 't spot met alle regels it defies all rules ● (belachelijk maken) mock, scoff, sneer ★ hij laat niet met zich ~ he is not to be trifled with; he stands no nonsense ★ ~ met iem. mock at s.o.; deride s.o. ★ daar moet je niet mee te ~ it's no joking/laughing matter
spotter mocker
spouwmuur hollow/cavity wall
spraak ● (manier van spreken) language ● (vermogen om te spreken) speech
spraakgebrek speech impediment
spraakgebruik usage ★ in 't gewone ~ in common parlance
spraakkunst grammar
spraakles ● (les) voice/speech training, (voor voordracht) elocution ● (logopedische behandeling) speech therapy
spraakmakend much discussed, much talked about
spraakvermogen power of speech
spraakverwarring confusion of tongues ★ Babylonische ~ a tower of Babel; Babel-like confusion
spraakwaterval chatterbox, ↓ windbag
spraakzaam talkative, (inf.) chatty
sprake ● er is ~ van there is (some) talk of it ★ geen ~ van! not a bit of it! ★ daar kan geen ~ van zijn that is out of the question ★ 'n onderwerp ter ~ brengen raise a subject ★ ter ~ komen come up for discussion ★ het kwam zo ter ~ it cropped up
sprakeloos speechless, dumb ★ zij stond ~ she was dumbfounded
sprankelen sparkle
sprankje spark ★ geen ~ hoop not a spark/glimmer of hope
spray spray
spreekbeurt speaking engagement, lecture, (op school) talk
spreekbuis mouthpiece
spreekgestoelte platform, rostrum [mv: rostrums, rostra], (in kerk) pulpit
spreekkamer consulting room
spreekkoor chorus
spreektaal spoken language, vernacular
spreekuur hours of business, (med.) consulting hour(s), (v. advocaat, e.d.) office hours, (v. huisarts) surgery
spreekvaardigheid fluency
spreekwoord proverb
spreekwoordelijk proverbial
spreeuw starling
sprei bedspread, counterpane
spreiden ● (uitspreiden) spread ● (verdelen over) ★ risico ~ spread the risk ★ de vakanties ~ stagger holidays
spreiding ● (het spreiden) spreading ● (verdeling) (macht, bevolking) distribution, (vakanties) staggering
spreidlicht floodlight
spreidsprong leg spread
spreidstand straddle
spreidzit (the) splits
spreken I [ov ww] ● (zeggen) speak, talk ● (gesprek hebben met) ★ kan ik mijnheer A.

~? can I see Mr A.? ★ ik moet je eens even ~ I want a word with you ★ zij is voor niemand te ~ she isn't in for anyone ● (taal beheersen) ★ hij spreekt Engels als een Engelsman he speaks English like a native II [on ww] (zich uiten) speak ● (duidelijk uitkomen) ★ de feiten ~ voor zichzelf the facts speak for themselves ★ daaruit spreekt zijn onkunde that reveals his ignorance ★ dat spreekt boekdelen that speaks volumes ★ dat spreekt vanzelf that speaks for itself; that goes without saying ● (praten) speak, talk ★ met wie spreek ik? (telefoon) who is that speaking? ★ u spreekt met Z. (this is) Z. speaking ★ ~ over/tot speak about/to ★ spreek er met niemand over don't mention it to anyone ★ over zaken/'t vak ~ talk business/shop ★ ze ~ niet tegen elkaar they are not on speaking terms ★ uit ervaring ~ speak from experience ★ goed/kwaad ~ van speak well/ill of ★ van tennis gesproken speaking of tennis ★ van zich doen ~ be in the news; make one's mark ▼ ~ is zilver, zwijgen is goud speech is silver, silence is golden ★ ik ben slecht te ~ over hem I'm annoyed with him
sprekend I [bnw] ● (met spraak) speaking, talking ★ ~e film talking picture ● (treffend) ★ ~ voorbeeld striking example ● (veelzeggend) clear ★ ~e cijfers telling figures II [bijw] ★ hij lijkt ~ op zijn vader he is the spitting image of his father; he looks exactly like his father
spreker ● (redenaar) speaker, ↑ orator ● (woordvoerder) speaker
sprenkelen sprinkle
spreuk motto, aphorism, (spreekwoord) proverb
spriet ● (halm) blade (of grass) ● (voelhoorn) antenna [mv: antennae], feeler ● (meisje) beanpole
springbak jumping pit
springconcours show jumping contest
springen ● (zich in de lucht verheffen) spring, jump, leap, (met polsstok) vault ★ over een sloot ~ leap/clear a ditch ★ op de fiets ~ jump on the bike ● (barsten) burst, (v. band, ketel) burst, (v. huid, lippen) chap, (v. snaren) snap ★ het glas is gesprongen the glass has cracked ★ een rotsblok laten ~ blast a rock ● (ontploffen) explode, (v. ketel ~) blow out ★ een mijn laten ~ detonate a mine ● (bankroet gaan) break ★ op ~ staan (fig.) be on the verge of bankruptcy ▼ ze staan er om te ~ they are crying out for it ▼ om uit je vel te ~ enough to blow your top
springerig jumpy, jittery ★ ~ haar wiry hair
springlading explosive charge
springlevend alive and kicking, very much alive
springmatras spring mattress
springnet spring-net, (bij brand) jumping sheet
springpaard ● (turntoestel) long/vaulting horse ● (paard) jumper
springplank springboard
springschans ski jump
springstof explosive
springstok (vaulting) pole
springtij spring tide
springtouw skipping rope
springveer (v. matras, e.d.) box spring, (v. slot) spring ★ springveren matras sprung mattress
springvloed spring tide
sprinkhaan locust, grasshopper
sprinkler sprinkler
sprint sprint
sprinten sprint ★ ~ voor de trein put on a spurt to catch the train
sprinter ● (trein) kind of fast train ● (persoon) sprinter, short distance runner

sproeien water, sprinkle, ⟨tegen ongedierte⟩ spray
sproeier • ⟨sproeitoestel⟩ sprinkler, sprayer, ⟨op fles⟩ spray nozzle • ⟨techn.⟩ nozzle
sproeikop sprinkler nozzle
sproet freckle
sprokkelen gather wood, ⟨fig.⟩ collect, glean
sprokkelhout dead wood
sprong jump, leap ∗ een ~ maken make/take a leap; ⟨met paard⟩ take a jump ∗ met een ~ at a bound ∗ met ~en by leaps and bounds ∗ de ~ wagen ⟨fig.⟩ take the plunge ▼ een ~ in 't duister doen take a leap in(to) the dark
sprongsgewijs abrupt
sprookje fairy tale ∗ ~ van Moeder de Gans a tale from Mother Goose
sprookjesachtig fairy-tale like
sprookjesfiguur fairy-tale character
sprookjeswereld fairyland, wonderland
sprot sprat
spruit • ⟨kind⟩ sprig, sprout • ⟨uitloper⟩ sprout, shoot • ⟨groente⟩ Brussels sprout
spruiten • ⟨ontspruiten⟩ spring/descend from • ⟨loten krijgen⟩ sprout, shoot
spruitjes ⟨Brussels⟩ sprouts
spruitstuk branch pipe
spugen • ⟨speeksel uitspugen⟩ spit • ⟨braken⟩ throw up, vomit, be sick, ⟨inf.⟩ spew ∗ alles onder ~ sick all over the place
spuien • ⟨lozen⟩ sluice, drain (off) • ⟨uiten⟩ unload, spout, get (s.th.) off one's chest
spuigat • scupper(hole) ▼ dat loopt de ~en uit it passes all bounds
spuit • ⟨werktuig⟩ squirt, ⟨bij brand⟩ fire engine, ⟨tegen insecten⟩ sprayer, ⟨voor verf⟩ spray gun • ⟨injectiespuit⟩ needle, syringe • ⟨injectie⟩ injection ∗ de hond een ~je laten geven have the dog put to sleep
spuitbus spray (can)
spuiten I ⟨op ww⟩ • ⟨naar buiten persen⟩ spout, spurt, squirt • ⟨injecteren⟩ inject, ⟨v. drugs⟩ shoot • ⟨bespuiten⟩ spray, ⟨verf⟩ spray(-paint) II ⟨on ww⟩ • ⟨te voorschijn komen⟩ spurt, squirt, ⟨v. walvis⟩ blow • ⟨drugs gebruiken⟩ shoot
spuiter • ⟨druggebruiker⟩ hype, junkie • ⟨iem. die gewassen bespuit⟩ sprayer
spuitfles siphon
spuitgast hoseman
spuitwater soda(-water)
spul • ⟨goedje⟩ stuff ∗ raar spul strange stuff • ⟨benodigdheden⟩ gear, things, ⟨kleren⟩ gear, togs
spurt spurt
spurten spurt, sprint
sputteren • ⟨morren⟩ mutter ∗ ~ tegen iem. grumble at s.o. • ⟨pruttelen, spetteren⟩ sp(l)utter
spuug spittle, saliva
spuuglelijk ugly as sin/hell
spuugzat ∗ iets ~ zijn be sick and tired of s.th.; be sick to death of s.th.
spuwen • ⟨spugen⟩ spit, spew • ⟨braken⟩ vomit, spew
squadron squadron
squash squash
squaw squaw
Sri Lanka Sri Lanka
sst (s)hush
staaf rod, ⟨als afsluiting, e.d.⟩ bar
staak • ⟨persoon⟩ beanpole • ⟨stok⟩ stake, pole
staakt-het-vuren ceasefire ∗ een ~ afkondigen declare a ceasefire
staal • ⟨materiaal⟩ steel • ⟨monster⟩ pattern, sample • ⟨med.⟩ iron

staalblauw steel/sky blue
staalborstel wire brush
staaldraad steel wire
staalkaart pattern card, ⟨fig.⟩ sampling
staalkabel steel cable
staalwol steel wool
staan • ⟨rechtop staan⟩ stand ∗ gaan ~ stand up ∗ te kijken stand/be looking ∗ achter iem. ~ stand behind s.o.; ⟨fig.⟩ back s.o. up ∗ naast elkaar gaan ~ stand side by side, line up ● ⟨bezig zijn⟩ ∗ zij staat te lachen she's laughing ∗ we ~ hier al een uur te wachten we've been waiting here for an hour ∗ hij stond ervan te kijken he was flabbergasted ● ⟨zijn⟩ ∗ hoe staat het ermee? how do matters stand?; how's life? ∗ er slecht voor ~ be in a bad position/way ∗ zijn snor laten ~ grow a moustache ∗ de oogst stond er goed bij the crop looked promising ∗ je moet weten waar je staat you must know your place ∗ sterk ~ be in a strong position ∗ nu de zaken zo ~ in the present state of affairs ∗ laat dat ~ leave it alone ∗ hij liet zijn eten ~ he did not touch/finish his meal ∗ boven iem. ~ be above s.o. ∗ daar ~ zij buiten that has nothing to do with them ∗ hoe staat het met Jan? how about John? ∗ dit geval staat op zichzelf this is an isolated case ∗ zeggen waar het op staat speak plainly ∗ de zaak staat er goed voor things are looking well ∗ voor iets/iem. ~ ⟨fig.⟩ stand by s.th./s.o. ● ⟨stilstaan⟩ ∗ tot ~ brengen bring to a stand(still); ⟨v. ontwikkeling⟩ arrest; ⟨v. vijand⟩ halt ∗ blijf ~ stop ⟨opgebonden zijn⟩ ∗ wat staat er in de brief? what does the letter say? ∗ je staat er goed op you have come out well ● ⟨passen⟩ look, suit ∗ die kleur staat er niet bij this colour clashes ∗ dat staat hier heel goed bij that goes very well with this ● ⟨op het punt staan om⟩ be about/ready to ∗ de brug staat op instorten the bridge is about to collapse ∗ hij staat op springen ⟨m.b.t. wc⟩ he desperately needs to go ● ⟨eisen⟩ insist on ∗ wij ~ erop dat je komt we insist on your coming ∗ zij stond erop te betalen she insisted on paying ∗ ik sta op mijn recht I stand/insist on my right ∗ hij staat erg op... he is a great stickler for... ∗ dat komt te ~ op 5 gulden that works out at 5 guilders ∗ er staat boete/straf op it is liable to a fine/punishment ∗ er staat een gevangenisstraf op it carries a jail sentence ● ⟨aanwijzen⟩ read, show ∗ de teller stond op 100 the speedometer read 100 ● ⟨geconfronteerd worden met⟩ ∗ hij staat voor niets he'll stop at nothing ∗ hij staat er alleen voor he is all on his own ∗ voor een moeilijke opgave ~ be faced with a difficult problem ● ⟨verdedigen⟩ ∗ voor zijn overtuiging ~ stick to one's principles ● ⟨betekenen⟩ stand for ∗ F staat voor Fahrenheit F. stands for Fahrenheit ● ⟨~ tot⟩ ∗ 2 staat tot 4 als 5 staat tot tien 2 is to 4 as 5 is to 10 ▼ laat ~ dat let alone this ▼ hij staat voor niets he stops at nothing ▼ wat staat ons te doen? what do we do next?
staand ∗ ~e lamp standard lamp ∗ zich ~e houden keep one's foothold; ⟨fig.⟩ stand one's ground ∗ ~e klok long-case clock ∗ ~ leger standing army ∗ ~e receptie stand-up reception ▼ iem. ~e houden stop s.o. ▼ iets ~e houden maintain
staande during ∗ ~ de vergadering during the meeting
staander standard
staanplaats • ⟨plaats waar men moet staan⟩ ⟨op tribune e.d.⟩ standing room ∗ geen ~en no standing ∗ ~en 10 gulden standing 10 guilders

S

• (standplaats) (op markt) stand, (v. taxi) taxi rank

staar cataract ∗ grauwe ~ cataract

staart • (haarstreng) pigtail • (uiteinde) tail(end) • (nasleep) aftermath • (bio.) tail ▾ met de ~ tussen de benen afdruipen slink off with the tail between one's legs

staartbeen tail bone

staartdeling long division

staartstuk tailpiece, (vliegtuig) tail

staartvin tail fin, (v.e. walvis) fluke

staat • (toestand) condition, state • de ~ van beleg afkondigen proclaim martial law ∗ in goede ~ zijn be in good condition ∗ in ~ van beschuldiging stellen indict • (rijk) state, (in proces) Crown • de Staat der Nederlanden the kingdom of the Netherlands • (lijst) list ∗ ~ van dienst record (of service) • (gelegenheid) ∗ in ~ stellen enable ∗ in/niet in ~ zijn te betalen be able/unable to pay ∗ tot alles/niets in ~ zijn be capable/incapable of anything ▾ ~ maken op rely on

staathuishoudkunde political economy

staatkunde politics

staatkundig political

staatsbedrijf government undertaking

staatsbestel • (bestuur) government • (inrichting) constitution(of the state)

staatsbezoek state visit

staatsblad ≈ Government Gazette ∗ in 't ~ opnemen publish in the Government Gazette

staatsbosbeheer Forestry Commission

staatsburger citizen

Staatscourant gazette

staatsdienst public service ∗ in ~ zijn hold office under the Government

staatsexamen state examination, (voor universiteit) matriculation ∗ ~ doen sit for a state exam; (voor universiteit) sit for a university entrance examination

staatsgeheim state secret

staatsgreep coup d'état

staatshoofd head of state

staatsie state, pomp, ceremony

staatsieportret official portrait

staatsinrichting • (leervak) civics • (staatsbestuur) form of government, constitution

staatskas treasury, (Groot Brittannië) Public Exchequer

staatslening state/government loan

staatsloterij state/national lottery

staatsman statesman

staatsorgaan state organization, public body

staatspapier government paper/stock/securities

staatsprijs official/state/national prize

staatsrecht constitutional law

staatsrechtelijk constitutional

staatsschuld national debt

staatssecretaris State Secretary

staatsvorm constitution, polity, form of government

staatswege ∗ van ~ by authority of the state; on behalf of the state

stabiel stable

stabilisatie stabilization

stabiliseren stabilize

stabiliteit stability

stacaravan site caravan

stad • (stadsbevolking) town ∗ de hele stad weet 't it's the talk of the town • (woonplaats) town, (grote stad) city ∗ de stad in gaan go into town ∗ buiten de stad in the country ▾ stad en land

aflopen voor iets search/scour the highways and byways for s.th.

stadgenoot fellow townsman [v: fellow townswoman]

stadhouder stadholder

stadhuis town hall

stadion stadium [mv: stadiums]

stadium stage, phase

stads urban, town, city ∗ ~e manieren city ways

stadsbeeld townscape

stadsbestuur city/town council

stadsbus local/town/city bus

stadsgezicht city/townscape

stadskern town/city centre, (AE) downtown

stadskind city/urban child, (AE) city boy/girl

stadslicht parking light, sidelight

stadsmens townsman, (AE) urbanite

stadsrecht • (stedelijk recht) municipal law • (privileges) (each of the) rights and privileges of a municipal corporation

stadsreiniging sanitation department

stadsschouwburg municipal theatre

stadsvernieuwing urban renewal

stadsverwarming district heating

stadswapen • (wapen) city/town (coat of) arms • (zegel) city/town seal

staf • (stok) staff, (toverstaf) wand, (v. bisschop) crosier • (leiding) staff, (wetenschappelijke staf) faculty ∗ de generale staf the general staff ▾ de staf breken over iets/iem. condemn s.th./s.o.

stafchef chief of staff

staffunctie staff management post/position

stafkaart ordnance (survey) map

staflid staff member, member of staff

stag stay ∗ overstag gaan tack; (fig.) change one's mind; veer round

stage work placement, (school) teaching practice

stagebegeleider (on-the-job) trainee supervisor

stageld stallage

stageplaats trainee post

stagiair trainee, apprentice

stagnatie stagnation

stagneren stagnate

stahoogte headroom

sta-in-de-weg obstacle

staken I (ov ww) • (ophouden met) stop, cease, (voor korte tijd) suspend ∗ staakt het vuren! cease fire! II (on ww) • (werk neerleggen) go on strike • (gelijkstaan) ∗ de stemmen ~ the votes are equally divided

staker striker

staking • (het ophouden met iets) suspension • (werkstaking) stoppage (of work), strike ∗ in ~ zijn be out (on strike) ∗ tot ~ oproepen call out (on strike)

stakingsbreker strike breaker, (pej.) blackleg

stakingsgolf wave of strikes

stakingsrecht right to strike

stakker poor devil/soul

stal stable, (v. koeien) cowshed, (v. schapen) (sheep) fold, (v. varkens) pigsty ∗ op stal zetten stable; put in the stable ▾ iets van stal halen dig s.th. up again; reinstate

stalactiet stalactite

stalagmiet stalagmite

stalen • (van staal) steel • (zeer sterk) (v. geheugen) tenacious ∗ ~ zenuwen nerves of steel ∗ met een ~ gezicht (as) cool as a cucumber; stony-faced

stalknecht groom

stallen (v. auto) garage ∗ zijn fiets ~ put away one's bicycle

stalles *stalls*
stalletje *stall, stand*
stalling ⟨fiets⟩ *shelter,* ⟨buiten⟩ *bicycle racks,* ⟨v. auto's⟩ *garage*
stam ● ⟨geslacht⟩ *stock* ● ⟨volksstam⟩ *tribe* ● ⟨plant.⟩ *stem,* ⟨v. boom⟩ *trunk* ● ⟨taalk.⟩ *stem*
stamboek ⟨v. paarden⟩ *stud book,* ⟨v. persoon⟩ *genealogical register,* ⟨v. vee⟩ *herd book*
stamboekvee *pedigree cattle*
stamboom *genealogical/family tree, pedigree*
stamboomonderzoek *genealogical research*
stamcafé *favourite pub,* ⟨inf.⟩ *local,* ⟨AE⟩ *favorite bar*
stamelen I [ov ww] ● ⟨hakkelend zeggen⟩ *stammer* **II** [on ww] ● ⟨gebrekkig spreken⟩ *falter, stammer*
stamgast *regular (customer)*
stamhoofd *tribal chief*
stamhouder *son and heir, family heir*
stamkaart ⟨persoonlijke gegevens⟩ *registration card,* ⟨zakelijke gegevens⟩ *index/data/documentation card*
stamkroeg *favourite pub,* ⟨inf.⟩ *local,* ⟨AE⟩ *favorite bar* ★ mijn ~ *my local*
stammen *stem (from)* ★ dit stamt uit de tijd dat this *dates from the time when*
stampen I [ov ww] ● ⟨fijnmaken⟩ *pound,* ⟨v. aardappels⟩ *mash* ▼ in elkaar ~ *knock together* ▼ iets uit de grond ~ *knock up s.th.* ▼ een les erin ~ *cram up a lesson* **II** [on ww] ● ⟨stampvoeten⟩ *stamp* ● ⟨dreunend stoten⟩ ⟨v. machine⟩ *thump,* ⟨v. schip⟩ *pitch*
stamper ● ⟨werktuig⟩ *stamper, pounder,* ⟨v. vijzel⟩ *pestle,* ⟨voor puree⟩ *masher* ● ⟨bio.⟩ *pistil*
stampij *uproar, din, hubbub* ★ ~ over iets maken *raise hell; kick up a row*
stamppot *hotchpotch*
stampvoeten *stamp one's foot/feet*
stampvol *crowded, packed (full)*
stamtafel *table for regulars*
stamvader *ancestor*
stamverwant I [de] *kinsman/-woman* **II** [bnw] *cognate*
stand ● ⟨bestaan⟩ ▼ tot ~ brengen *bring about; achieve* ★ in ~ blijven *survive; endure* ★ in ~ houden *maintain* ● ⟨houding⟩ *posture, bearing,* ⟨gymnastiek⟩ *position* ● ⟨toestand⟩ *state,* ⟨v. maan⟩ *phase,* ⟨v. water, barometer⟩ *height* ★ de ~ van zaken *the state of affairs* ★ de burgerlijke ~ *registry office* ★ ~ houden *make a stand; hold out* ★ dat houdt geen ~ *that will not last* ★ de ~ van de gewassen *the condition of the crop* ● ⟨uitkomst, score⟩ *score* ★ de ~ is 3-0 voor Manchester *Manchester is leading 3-0* ★ de eind~ is 3-0 voor Ajax *the final score is 3-0 to Ajax* ★ ⟨maatschappelijke rang⟩ *rank, station, standing* ★ boven zijn ~ *leven live beyond one's means* ★ zijn ~ ophouden *keep up one's position* ★ lagere/hogere ~en *lower/upper classes* ★ beneden/boven zijn ~ *trouwen marry beneath/above one* ★ op goede ~ *in good position/neighbourhood* ⟨kraam⟩ *stand*
standaard ● ⟨maatstaf⟩ *standard, norm* ● ⟨houder⟩ *stand* ● ⟨vaandel⟩ *standard, banner* ● ⟨vastgestelde eenheid⟩ *standard* ● ⟨muntstandaard⟩ *standard*
standaarddeviatie *standard deviation*
standaardisatie *standardization*
standaardiseren *standardize*
standaardtaal *standard language*
standaardwerk *standard work/book*
standbeeld *statue*
standhouden ● ⟨niet wijken⟩ *hold out, stand*

firm, ⟨overeind⟩ *stand up* ● ⟨blijven bestaan⟩ *persist*
stand-in *stand-in*
standje ● ⟨persoon⟩ ★ een opgewonden ~ *short-tempered person* ● ⟨houding⟩ *position* ● ⟨berisping⟩ *scolding, talking to* ★ iem. een ~ geven *rebuke s.o.; give s.o. a talking-to*
standplaats ⟨vestigingsplaats⟩ ⟨v. ambtenaar⟩ *station, post,* ⟨v. predikant⟩ *living* ● ⟨vaste plaats⟩ *stand,* ⟨op markt⟩ *stall,* ⟨taxi⟩ *taxi rank*
standpunt *standpoint, point of view* ★ 'n ~ innemen *take a view/position*
standrecht *summary justice*
standvastig ● ⟨onveranderlijk⟩ *constant* ● ⟨volhardend⟩ *firm, steadfast*
standwerker *hawker*
stang ● ⟨staaf⟩ *rod, bar,* ⟨v. fiets⟩ *crossbar* ● ⟨bit⟩ *bridle-bit*
stangen *needle, rile*
stank *stench, bad/foul smell*
stanleymes ® *Stanley knife/blade*
stansen *punch*
stap ● ⟨pas⟩ *step, footstep* ★ stap voor stap *step by step;* ⟨fig.⟩ *little by little* ★ een stap doen *take a step* ★ bij iedere stap *at every step* ● ⟨maatregel⟩ *step, measure* ★ stappen ondernemen tegen iem. *take steps/action against s.o.* ▼ een stap in de goede richting doen *take a step in the right direction; take a step forward* ▼ ik zal er geen stap voor verzetten *I won't lift a finger for it*
stapel I [de] ● ⟨hoop⟩ *pile, stack, heap* ● ⟨scheepv.⟩ ★ van ~ laten lopen *launch* ▼ op ~ staan *be on the stocks* ▼ een project op ~ zetten *launch a project* ▼ alles liep vlot van ~ *everything passed off without a hitch* **II** [bnw] *crazy* ★ ben je ~? *are you crazy?* ★ ~ zijn op *be crazy about*
stapelbed *bunk bed*
stapelen *pile (up), stack, heap*
stapelgek *stark raving mad, bonkers*
stapelwolk *cumulus*
stappen ● ⟨uitgaan⟩ *go out for a drink* ★ gaan ~ *go out on the town* ● ⟨lopen⟩ *step, walk* ★ ⟨stap zetten⟩ ★ uit de auto ~ *get out of the car* ★ op de bus ~ *get on the bus* ★ op de fiets ~ *get on the bicycle* ▼ ik stap eruit *I quit* ▼ eruit ~ *quit* ▼ ergens overheen ~ *let s.th. pass*
stapsgewijs *step by step, gradually, bit by bit*
stapvoets *at walking pace* ★ ~ rijden ⟨op verkeersbord⟩ *(drive) dead slow*
star ● ⟨stijf⟩ *stiff, frozen,* ⟨v. blik⟩ *fixed* ● ⟨rigide⟩ *rigid*
staren *stare,* ⟨nadenkend staren⟩ *gaze* ★ zich blind ~ op iets *become obsessed by s.th. (to the exclusion of everything else)*
start ● ⟨het vertrekken⟩ *start,* ⟨v. raket⟩ *blast-off,* ⟨v. vliegtuig⟩ *take-off* ★ van ~ gaan *be off* ● ⟨vertrekpunt⟩ *start, starting point* ● ⟨begin⟩ *start*
startbaan *runway*
startblok *starting block*
starten I [ov ww] ● ⟨in gang zetten⟩ *start* **II** [on ww] ● ⟨vertrekken⟩ *start,* ⟨sport⟩ *be off,* ⟨v. vliegtuig⟩ *take off* ● ⟨op gang komen⟩ *start*
starter *starter*
startgeld *participation fee*
startkapitaal *starting capital, venture capital, seed money*
startklaar *ready to start,* ⟨vliegtuig⟩ *ready for take-off*
startnummer *number*
startschot *starting shot*
startsein *starting signal, go ahead,* ⟨fig.⟩ *go ahead,*

S

green light ∗ het ~ tot iets geven *give the go
ahead/starting signal*
Statenbijbel *(Dutch) Authorized Version*
statenbond *confederation*
Staten-Generaal *States General*
statie • *(afbeelding uit de kruisweg) station of the
Cross •* *(priesterstandplaats) station*
statief *stand, tripod*
statiegeld *deposit*
statig • *(waardig) stately •* *(plechtig) solemn*
station *railwaystation*
stationair • *(stilstaand) stationary
• (onveranderlijk) ∗ ~ lopen tick over; idle*
stationcar *estate car,* ⟨AE⟩ *station car/wagon*
stationeren *station*
stationschef *station master*
stationshal *(main) concourse, station hall*
stationsrestauratie *station buffet*
statisch *static*
statistiek • *(wetenschap) statistics •* *(tabel)
statistics,* ⟨officieel⟩ *returns*
statistisch *statistical*
status • *(staat) status •* *(sociale positie) social
status •* *(med.) case history*
statussymbool *status symbol*
statutair *statutary ∗ ~ vastgesteld in accordance
with the articles of association*
statuut • *(grondreglement) ∗ statuten ⟨v.
maatschappij⟩ articles of association; ⟨v.
vereniging⟩ regulations •* *(voorschrift) statute,
charter*
stavast *∗ een kerel van ~ a stalwart fellow*
staven • *(bewijzen) substantiate ∗ met bewijzen
~ substantiate/document s.th. •* *(bekrachtigen)
support, corroborate, confirm*
steak *steak*
stedelijk • *(van de stad) municipal •* *(stads) urban*
stedeling *townsman/woman*
stedenbouw *urban development*
stedenbouwkunde *urban development, town
planning*
steeds I *[bnw] townish* **II** *[bijw] • (telkens) again
and again ∗ ~ later later and later ∗ de pijn
komt ~ terug the pain returns again and again
∗ ze probeerde het ~ opnieuw she kept trying all
over again • (altijd) always, all the time,
continually ∗ ~ de uwe ever yours • (bij
voortduring) increasingly ∗ nog ~ still ∗ ~
moeilijker more and more/increasingly difficult
∗ ~ toenemend ever increasing*
steeg *alley(way), lane*
steek • *(hatelijkheid) dig, thrust • (platte po)
bedpan • (spitdiepte) spit • (stoot met iets
scherps) ⟨v. insect⟩ sting, ⟨v. mes, dolk⟩ stab, ⟨v.
zwaard⟩ thrust • (pijnscheut) pang, ⟨in de zij⟩
stitch • (lus, maas) stitch ∗ een ~ laten vallen
drop a stitch • (hoed) three-cornered hat, cocked
hat ▾ geen ~ uitvoeren not do a stroke of work
▾ een ~ onder water sly dig ▾ iem. een ~ in de
rug geven stab s.o. in the back ▾ hij liet ons in de
~ he left us in the lurch; he let us down ▾ die auto
liet hem nooit in de ~ that car never failed him*
steekhoudend *sound, valid*
steekpartij *knifing*
steekpenningen *bribe, kickbacks, payoff ∗ ~
aannemen take a bribe*
steekproef *random/spot check,* ⟨sociaal
wetenschappelijk⟩ *random sample survey*
steeksleutel *(voor moer, e.d.) open-end spanner,
(voor slot) picklock*
steekspel • *(riddertoernooi) joust • (discussie)
sparring match ∗ politiek ~ political fencing/*

sparring
steekvlam *tongue/jet of flame*
steekwagen *(sack) barrow/truck*
steekwapen *pointed weapon*
steekwond *stab wound*
steekzak *slit-pocket*
steel • *(handvat) handle • (stengel) stem*
steelband *steel band*
steelpan *skillet, saucepan*
steels *stealthy*
steen I *[de] • (stuk steen) stone • (bouwsteen)
⟨baksteen⟩ brick, ⟨natuursteen⟩ stone ∗ de eerste
~ leggen lay the first stone • (speelstuk)
⟨damsteen⟩ piece, ⟨dobbelsteen⟩ die [mv: dice],
⟨dominosteen⟩ domino ▾ de ~ des aanstoots the
stumbling block ▾ al gaat de onderste ~ boven:
come what may ▾ ~ en been klagen complain
bitterly; ⟨inf.⟩ bellyache* **II** *[het] stone*
steenarend *golden eagle*
steenbok • *(dier) ibex • (sterrenbeeld) Capricorn*
steengoed I *[het] stoneware* **II** *[bnw] fantastic,
great, super*
steengroeve *quarry*
steenhard *rock hard,* ⟨fig.⟩ *as hard as nails*
steenhouwer • *(bewerker) stonemason
• (arbeider) stonecutter*
steenkool *coal*
steenkoolengels *broken English*
steenkoolmijn *coal mine/pit*
steenkoud • *(ongevoelig) stony, ice-cold
• (ijskoud) stone/freezingcold*
steenpuist *boil*
steenrijk *immensely rich/wealthy,* ⟨inf.⟩ *filthy rich*
steenslag • *(vallend gesteente) broken stones,
rubble • (wegmateriaal) roadmetal*
steentijd *Stone Age*
steenuil *little owl*
steenworp *stone's throw*
steevast *regular*
steiger • *(aanlegplaats) landing stage
• (werkstellage) scaffolding ∗ in de ~s staan be
in scaffolding*
steigeren • *(op achterste benen gaan staan) rear
• (protesteren) get up on one's hind legs*
steil • *(sterk hellend) steep, ⟨erg steil⟩ precipitous
• (star) rigid, uncompromising ∗ ~ in de leer
dogmatic*
steilschrift *upright writing*
steilte • *(het steil zijn) steepness • (helling)
precipice*
stek • *(plantendeel) cutting • (vaste plek) niche*
stekeblind *stone-blind*
stekel • *(prickle, ⟨v. egel⟩ quill*
stekelbaars *stickleback*
stekelhaar *crew cut*
stekelig • *(bits) caustic, sharp ∗ ~ doen be sarcastic
• (met stekels) prickly*
stekelvarken *porcupine*
steken I *[ov ww] • (treffen) ⟨met mes⟩ stab, ⟨met
naald⟩ prick, ⟨v. insect⟩ sting ∗ iem. een mes
tussen de ribben ~ put a knife between s.o.'s ribs
• (in bepaalde plaats/toestand brengen) ∗ zich
in de schulden ~ incur debts ∗ hij stak het bij
zich/in zijn zak he put it in his pocket ∗ de
stekker in het stopcontact ~ put the plug into
the socket; plug in • (uitspitten) dig ∗ zoden ~
cut sods • (grieven) sting ∗ dat steekt me that
stings me* **II** *[on ww] • (pijnlijk zijn) ⟨v.
likdoorn⟩ shoot, ⟨v. zon⟩ burn, ⟨wond⟩ sting
• (vastzitten) ∗ daar steekt geen kwaad in there
is no harm in it ∗ blijven ~ in ..; get stuck in ...;
bogged down in ... ∗ in zijn woorden blijven ~ be*

stuck for words ▾ daar steekt wat achter there is s.th. behind it
stekken slip
stekker plug
stel ● (aantal) couple, lot ∗ dat is (ook) een mooi stel (ironisch) a fine lot they are ∗ er waren een heel stel klanten there were quite a few customers ● (set) set ∗ zij heeft 'n goed stel hersens she has a good brain ● (paar) couple ∗ 'n aardig stel a nice couple ▾ op stel en sprong off-hand; right away; immediately; then and there
stelen steal ∗ hij steelt al wat los en vast is he steals whatever he can lay his hands on ▾ een kind om te ~ a duck of a child ▾ hij kan me gestolen worden I'm better off without him; I prefer his room to his company
stellage ● (steiger) scaffolding ● (opbergruimte) rack
stellen ● (in toestand/positie brengen) ∗ zich een doel ~ set o.s. an objective/a goal ● (veronderstellen) suppose ∗ stel dat hij komt supposing he comes; suppose he will come ● (formuleren) (v. brief) compose, write, (v. vraag, probleem) pose, put ● (klaarspelen) ∗ 't zonder iets ~ dispense with s.th.; go/do without s.th. ∗ ze had wat met hem te ~ he gave her no end of trouble ∗ je zult het ermee moeten ~ you will have to make do with it ● (vaststellen) de prijs ~ op fix the price at ∗ een diagnose ~ make a diagnosis ● (zetten, plaatsen) place, put, (v. machine) erect ∗ ~ boven... put before... ∗ iem. in het gelijk/ongelijk ~ put s.o. in the right/wrong ∗ iem. voor een feit ~ confront s.o. with a fact
stellig positive ∗ hij komt ~ he is sure to come ∗ ten ~ste ontkennen deny positively
stelligheid positiveness
stelling ● (positie) position ∗ ~ nemen tegen make a stand against ∗ de ~en betrekken take up position ● (steiger) scaffolding ● (bewering) (v. proefschrift) thesis, (wiskunde, logica) proposition ● (stellage) rack
stellingname position, stand
stelpen staunch, stem, stop
stelpost memorandum item, estimate
stelregel principle, maxim
stelschroef adjusting screw
stelsel system
stelselmatig systematic(al)
stelt ● (speelgoed) stilt ● (lang been) pin ▾ de hele zaal stond op ~en the entire room was in an uproar
steltlopen walk on stilts
steltloper stilt-walker
stem ● (stemgeluid) voice ∗ met luide stem in a loud voice ∗ zijn stem verheffen raise one's voice ∗ met gedempte stem spreken speak in an undertone ● (spraakvermogen) voice ∗ (goed) bij stem zijn be in (good) voice ● (keuze bij stemming) vote ∗ de meeste stemmen gelden most votes carry the day ∗ zijn stem uitbrengen record/register one's vote ∗ met algemene stemmen unanimously ∗ blanco stem abstention ∗ het aantal uitgebrachte stemmen the number of votes cast; the poll ∗ met 5 stemmen voor en 3 tegen by five votes in favour and three against ● (zeggenschap) voice ∗ ik heb geen stem in 't kapittel I have no say/voice in the matter ● (muz.) part, voice ∗ de tweede stem zingen sing second
stemadvies advice on how to vote
stemband vocal cord
stembiljet ballot(paper)

stembuiging inflection/modulation of the voice
stembureau polling station
stembus poll ▾ zij is als winnares uit de bus gekomen she is at the top of the poll
stemgedrag voting behaviour
stemgeluid voice, tone of voice
stemgerechtigd (v. burgers) enfranchised, (v. lid) entitled to vote ∗ ~e leeftijd voting age
stemhebbend voiced
stemhokje voting/polling booth
stemlokaal polling station
stemmen I [ov ww] ● (in zekere stemming brengen) ∗ gunstig ~ placate ∗ vrolijk ~ put in a cheerful mood ∗ dankbaar gestemd zijn be grateful ∗ optimistisch gestemd zijn be in an optimistic mood ∗ 't stemt tot tevredenheid it is a cause for satisfaction ∗ tot nadenken ~ provide food for thought ∗ tot ongerustheid ~ give rise to anxiety ● (muz.) tune, (v. orkest) tune up **II** [on ww] ● (stem uitbrengen) vote, (go to the) poll ∗ ~ op vote for ∗ ~ over vote (up)on ▾ de ~ staken the votes are equally divided
stemmenwinst electoral gain
stemmer ● (kiezer) voter ● (muz.) tuner
stemmig (inrichting) quiet, (v. persoon) grave, (v. zaken) sober
stemming (het stemmen) vote, (in parlement) division, (schriftelijk) ballot ∗ in ~ brengen put to the vote ∗ tot ~ overgaan proceed to the vote ∗ zich van ~ onthouden abstain (from voting) ∗ een ~ houden take a vote ∗ bij ~ aangenomen (in parlement) carried on a division ∗ bij eerste ~ gekozen elected at/on the first ballot ∗ een geheime ~ a secret ballot ● (gemoedstoestand) mood, frame of mind, (v.h. publiek) feeling ∗ ~ maken voor/tegen rouse public feeling for/against ● (sfeer) (v.d. markt) tone ∗ ik ben er niet voor in de ~ I am not in the mood for it ● (muz.) tuning
stemmingmakerij rousing of public sentiment
stempel ● (afdruk) stamp, (op goud) hallmark, (v. post) postmark ● (kenmerk) stamp ∗ zijn ~ drukken op put one's stamp upon ● (voorwerp met afdruk) seal ● (plant.) stigma ▾ zijn ~ op iets/iem. drukken leave one's mark on s.th./s.o.
stempelautomaat stamping machine
stempelen ● (een stempel drukken) stamp, (v. post) postmark ● (kenmerken) ∗ dit stempelt hem tot... this stamps/marks him as...
stempelkussen ink pad
stemplicht compulsory voting
stemrecht right to vote, (pol.) franchise, (right to) vote, suffrage, (v. leden) right to vote ∗ algemeen ~ universal suffrage ∗ ~ hebben have the vote
stemvee voting mob
stemverheffing ∗ met ~ spreken raise one's voice ∗ zonder ~ spreken speak in a level voice
stemvork tuning fork
stencil stencil
stencilen duplicate, stencil
stenen stone, (v. baksteen) brick, (v. natuursteen) stone ▾ het ~ tijdperk the Stone Age
stengel stalk, stem
stenigen stone
stennis commotion, row ▾ ~ maken kick up a row; cause a commotion
steno stenography
stenograferen write/take down in shorthand
stenografie shorthand, stenography
stenografisch shorthand, stenographic
step ● (autoped) scooter ● (voetsteun) footrest
steppe steppe

S

steppen *ride a scooter*
ster ● (hemellichaam) *star* ★ met sterren bezaaid *star-spangled* ● een vallende ster *a shooting star* ● (figuur) *star* ● (beroemdheid) *star, celebrity* ★ haar ster rijst/verbleekt *her star is rising/has set*
STER *Dutch Radio and Television Advertising Authority*
stereo I [de] ● (installatie) *stereo (set)* ● (stereofonie) *stereo(phony)* **II** [bnw] *stereo*
stereoapparatuur *stereo equipment*
stereofonisch *stereophonic*
stereo-installatie *stereo (set)*
stereotiep *stereotyped,* ⟨v. opmerking⟩ *stock*
stereotoren *music centre,* ⟨AE⟩ *stereo*
stereotype *stereotype*
sterfbed *deathbed*
sterfdag *day of s.o.'s death*
sterfelijk *mortal*
sterfgeval *death*
sterfhuis *house of mourning*
sterfhuisconstructie *leveraged die-out*
sterfte *mortality*
sterftecijfer *death/mortality rate*
steriel ● (onvruchtbaar) *barren* ● (vrij van ziektekiemen) *sterile* ● (doods) *sterile, unimaginative*
sterilisatie *sterilization*
steriliseren *sterilize*
sterk I [bnw] ● (krachtig) *strong, powerful* ★ ~ geheugen *strong/tenacious memory* ● (hevig) *sharp, strong* ★ ~e daling/toename *sharp fall/increase* ● (stevig) *strong, sturdy* ★ echt ~e schoenen *real hard-wearing shoes* ● een ~ gestel *a strong constitution* ● (geconcentreerd) *strong* ★ ~e koffie *strong coffee* ● (moeilijk te geloven) ★ ~ stukje *quite a feat* ● een ~ staaltje van *an amazing example of* ★ dat is ~ *that's a bit thick* ★ ~ verhaal *tall story* ● (talrijk) ★ twintig man ~ *twenty strong* ● (bekwaam) ★ ~ in geschiedenis *good at history* ★ dat is niet haar ~e kant *that is not her strong side* ● (alcoholisch) ★ ~e drank *spirits; liquor* ▼ ik maak me ~ dat ... *I am pretty sure that* ▼ wie niet ~ is moet slim zijn *necessity is the mother of invention* ● hij staat ~ *he has a strong case* **II** [bijw] *much, strongly, highly* ★ dat is ~ gezegd *that is putting it strongly* ★ ~ verschillend *widely different* ★ hij was er ~ voor *he was strongly in favour of it* ★ ik vraag me ~ af of ... *I very much doubt whether ...*
sterken *strengthen, fortify*
sterkers *garden cress*
sterkte ● (stevigheid) *strength* ● (kracht) *strength, power* ● (geestkracht) *fortitude, courage* ● (intensiteit) *intensity,* ⟨geluid⟩ *intensity, volume* ● (geconcentreerdheid) *strength, concentration* ● (talrijkheid) *strength*
steroïden *steroids* ★ anabole ~ *anabolic steroids*
sterrenbeeld ● (groep sterren) *constellation* ● (teken) *sign of the zodiac*
sterrenhemel *starry sky*
sterrenkunde *astronomy*
sterrenregen *star shower, meteoric shower*
sterrenstelsel *star system, galaxy*
sterrenwacht *observatory*
sterrenwichelaar *astrologer*
sterrenwichelarij *astrology*
sterretje ● (kleine ster) *little star* ● (teken) *asterisk* ● (vuurwerk) *sparkler* ▼ ~s zien *see stars*
sterveling *mortal* ★ geen ~ in de buurt *not a living soul to be seen*
sterven I [on ww] ● (doodgaan) *die, expire* ★ op ~

liggen *be dying; be on one's deathbed* ★ ~ aan zijn verwondingen *die from one's injuries* ● (creperen) ★ ~ van de kou *be freezing* ★ ~ van de honger *be starving* **II** [onp ww] *be swarming with* ★ het sterft er van het ongedierte *the place is crawling with vermin*
stervensbegeleiding *terminal care*
stethoscoop *stethoscope*
steun ● (stut) *support, prop* ● (hulp) *help, support* ★ ~ verlenen *lend support* ★ bij iem. ~ zoeken *turn to s.o. for support* ● (uitkering) *unemployment benefit* ★ ~ trekken *be on the dole*
steunen I [ov ww] ● (ondersteunen) *support, prop (up)* ● (helpen) *support, back (up), countenance* ★ 'n motie ~ *second/support a motion* **II** [on ww] ● (leunen) *lean/rest (on)* ★ op iets ~ *lean on s.th.* ● (zich verlaten op) ● hij steunt geheel op zijn vader *he relies entirely on his father* ● (kreunen) *moan, groan*
steunfonds *relief fund*
steunfraude *social security fraud*
steunkous *support hose*
steunpilaar ● (pilaar) *pillar* ● (persoon) *pillar, mainstay*
steunpunt ● (punt waarop iets steunt) *point of support,* ⟨v. hefboom⟩ *fulcrum* ● (mil.) *base*
steuntrekker *a person on the dole*
steunzender *relay station*
steunzool *arch support*
steur *sturgeon*
steven ⟨achterzijde⟩ *stern,* ⟨voorzijde⟩ *prow, stem* ▼ de ~ wenden *naar head/steer for*
stevenen ● (koers zetten) *set sail for* ● (stappen naar) *head for*
stevig ● (solide) ⟨v. meubels⟩ *solid,* ⟨v. persoon⟩ *sturdy,* ⟨v. schoen, tafel, touw⟩ *stout, strong,* ⟨v. vlees, weefsel⟩ *firm* ★ ~ gebouwd *sturdily built* ● (krachtig) ⟨v. maal⟩ *hearty, substantial,* ⟨v. wind⟩ *stiff* ★ ~ drinken *drink hard* ★ iem. ~ onderhanden nemen *give s.o. a good talking to; read s.o. the riot act* ★ houd me ~ vast *hold me tight* ★ ~ aanstappen *step out briskly*
steward *steward*
stewardess *stewardess, (air) hostess*
stichtelijk ● (verheffend) *edifying* ● (vroom) *pious*
stichten ● (oprichten) *found* ● (aanrichten) ★ vrede ~ *make peace* ★ brand ~ *start a fire* ★ kwaad ~ *do evil* ● (verheffen) *edify*
stichter ● (oprichter) *founder* ● (aanstichter) *instigator*
stichting ● (het oprichten) *establishment* ● (rechtsvorm) *corporation, foundation*
stichtingsbestuur *executive committee*
stick ● (hockeystick) *hockey stick* ● (stickie) *joint*
stiefdochter *stepdaughter*
stiefmoeder *stepmother*
stiefouder *stepparent*
stiefvader *stepfather*
stiefzoon *stepson*
stiekem I [bnw] ● (heimelijk) *furtive, underhand, sly* ● (achterbaks) *underhand, devious,* ⟨inf.⟩ *dodgy* **II** [bijw] *on the sly* ★ er ~ vandoor gaan *sneak off*
stiekemerd *sneak*
stier ● (sterrenbeeld) *Taurus, the Bull* ★ balen als een ~ *be fed up to the back teeth* ● (dier) *bull*
stierengevecht *bullfight*
stierennek ● (nek van stier) *bull's neck* ● (met een gespierde nek) *bull-necked*
stierenvechter *bullfighter*
stierlijk ★ ~ 't land hebben *be properly riled* ★ ~ vervelend *deadly tedious*

stift ● (staafje) peg, pin ● (viltstift) felt-tip
stifttand false/crowned tooth
stigma stigma
stigmatiseren stigmatize
stijf ● (houterig) awkward, wooden ● (niet spontaan) formal, stiff, starchy ● (niet soepel) stiff, rigid ★ ~ van de kou stiff/numb with cold ★ ~ na een zware training muscle-bound after excessive training ● (koppig) stubborn ★ iets ~ en strak volhouden stoutly maintain s.th. ▼ hij heeft een stijve he has a hard-on
stijfjes stiff, formal, chilly
stijfkop obstinate person, ⟨inf.⟩ pigheaded person
stijfkoppig pigheaded
stijfsel starch, ⟨plaksel⟩ paste
stijgbeugel stirrup
stijgen ● (omhooggaan) rise, ⟨v. vliegtuig⟩ climb ★ te paard ~ mount ● (toenemen) ★ snel ~ rise sharply ★ doen ~ send up; ⟨v. temperatuur, prijs⟩ raise; ⟨v. kans⟩ increase ★ in achting ~ rise in esteem ● (stijgen in rangorde) rise, go up ▼ de wijn steeg hem naar 't hoofd the wine went to his head
stijging ● (het omhooggaan) rise, climb, ascent ● (toename) rise, increase ★ een scherpe ~ van de lonen a sharp increase in wages
stijl ● (deur-/raampost) post ● (schrijfstijl) style ● (vormgeving) style, tradition ★ een stuk in de ~ van Hamlet a play in the tradition of Hamlet ● (handelswijze) style ★ dat is geen ~ it's a downright shame; it's disgraceful ★ hij heeft een geheel eigen ~ he has a style of his own
stijlbreuk (sudden) change in/of style
stijldansen ballroom dancing
stijlfiguur figure of speech
stijlloos ● (zonder (goede) stijl) tasteless, lacking in style ● (ongepast) ill-mannered ★ ~ gedrag improper behaviour
stijlperiode period
stijlvol stylish
stijven ● (met stijfsel behandelen) starch ● (sterken) stiffen, strengthen ★ iem. ~ in zijn vooroordeel strengthen s.o. in his prejudice
stikdonker I [het] pitch darkness **II** [bnw] pitch-dark
stikheet sweltering, suffocating, stifling (hot)
stikken I [ov ww] stitch **II** [on ww] ● (sterven) suffocate, choke ● (het benauwd krijgen) suffocate, be stifled ★ ~ van woede/van 't lachen choke with fury/laughter ● (doodvallen) drop dead, go to hell ★ stik! drop dead! ★ je kunt ~ go to hell ● (in overvloed hebben) be bursting with ★ ~ van het werk be swamped with work ★ zij stikt van het geld she's loaded with money **III** [onp ww] ⟨ongedierte⟩ crawl (with), ⟨toeristen, ongedierte⟩ swarm with ★ die tekst stikt van de fouten this text is riddled with mistakes
stiksel stitching
stikstof nitrogen
stil ● (zonder geluid) silent ★ still! quiet! ★ alles werd stil everything fell silent ★ stil maar! there, there! ● (zonder beweging) still ★ stil zitten sit still ● (verborgen) ★ een stille drinker a secret drinker ★ stille vennoot sleeping partner ● (rustig) quiet, ⟨v. markt⟩ quiet, dull, ⟨v. zaken⟩ slack ★ stil gaan leven retire from business ● (niet geuit) silent ★ een stille hoop koesteren be quietly confident ★ een stil verlangen a secret wish
stilaan gradually, step by step
stileren compose, stylize
stiletto stiletto

stilhouden I [ov ww] ● (rustig houden) keep quiet ● (verzwijgen) keep quiet, hush up ★ feiten ~ withhold facts ★ een schandaal ~ hush up a scandal **II** [on ww] ● (stoppen) stop, ⟨v. trein, auto⟩ stop, pull up
stilistisch stylistic
stilleggen ⟨v. fabriek⟩ close/shut down, shut up shop, ⟨v. verkeer⟩ stop
stillen ● (tot kalmte brengen) calm, ⟨v. geweten⟩ quiet(en) ● (bevredigen) ⟨v. dorst⟩ quench, ⟨v. honger⟩ satisfy, appease, ⟨v. pijn, vrees⟩ allay
stilletjes ● (heimelijk) secretly ● (zachtjes) quietly ● (ongestoord) in peace
stilleven still life
stilliggen ● (niet bewegen) lie still ● (buiten werking zijn) be/lie idle ★ de fabriek lag een jaar stil the factory lay idle for a year
stilstaan ● (niet bewegen) stand still ★ de wekker is stil blijven staan the alarm has stopped ★ zijn mond staat geen ogenblik stil his tongue is continuously wagging ★ (stagneren) stagnate, stand still ★ blijven/laten ~ stop ● (niet functioneren) be/lie idle, ⟨v. zaken⟩ be at a standstill ★ (~ bij) dwell on ★ ~ bij 'n feit dwell on a fact ★ zij heeft er nooit bij stilgestaan dat ... it has never occurred to her that ...
stilstand standstill, stoppage, ⟨stagnatie⟩ stagnation
stilte ● (geluidloosheid) silence, quiet, stillness ★ in ~ quietly; in private ★ er heerste een diepe ~ there was a profound silence ★ ⟨rust⟩ calm, tranquillity ● (zonder ruchtbaarheid) quiet, secrecy ▼ de ~ voor de storm the lull/calm before the storm
stilzetten stop
stilzitten ● (rustig zitten) sit still ★ hij kan niet ~ he can't sit still; he can't stop fidgeting ● (niet bedrijvig zijn) sit/stand still, do nothing ★ zijn vijand had ook niet stilgezeten his enemy had not been idle either
stilzwijgen I [het] silence ★ het ~ bewaren keep silence; be silent **II** [on ww] keep silent
stilzwijgend ● (zwijgend) silent, tacit ● (impliciet) tacit ★ iets ~ aannemen take s.th. for granted
stimulans stimulus, ⟨middel⟩ stimulant
stimuleren stimulate, encourage
stinkbom stink bomb
stinkdier skunk
stinken stink, smell ★ ~ naar stink of ▼ ergens in ~ ⟨erin trappen⟩ fall for s.th.; ⟨betrapt worden⟩ be caught in the act
stip ● (punt) dot, point, ⟨sport⟩ penalty spot, ⟨op kleding⟩ polka dot ● (vlekje) speck
stipendium ⟨toelage⟩ grant, ⟨vnl. v. geestelijke⟩ stipend ● (beurs) scholarship
stippel dot, speck
stippelen dot, speckle
stippellijn dotted line
stipt precise, ⟨m.b.t. regels⟩ strict, ⟨m.b.t. tijd⟩ punctual ★ hij kwam ~ op tijd he arrived right on time
stiptheidsactie work-to-rule action
Stockholm Stockholm
stoeien ● (ravotten) romp ● (speels omgaan) play with ★ ~ met een idee play with an idea
stoeipartij romp
stoeipoes sex kitten, playgirl
stoel chair, seat ★ neem een ~ take a seat ★ de Heilige ~ the Holy See ▼ het niet onder ~en of banken steken make no secret of it ▼ van zijn ~ vallen van verbazing fall off one's chair in

surprise ♥ voor ~en en banken praten speak to empty seats

stoelen be based (on), rest (on)

stoelgang bowel movement, defecation

stoeltjeslift chairlift

stoep ● (trottoir) pavement, ⟨AE⟩ sidewalk ● (stenen opstapje) doorstep

stoeprand kerb (stone), ⟨AE⟩ curb (stone)

stoer ● (flink) ★ ~ doen show off; act tough ● (fors) sturdy, stalwart

stoet procession, parade, ⟨v. begrafenis⟩ cortege

stoeterij stud farm

stoethaspel ⟨onhandig⟩ (clumsy) oaf ● een rare ~ a queer fish/customer; an oddball

stof I [de] ● (materie) matter ● (weefsel) material, stuff ● (onderwerp) subject matter ★ kort van stof short-tempered ★ lang van stof long-winded **II** [het] dust ★ stof afnemen dust (a room) ★ tot stof vergaan crumble into dust; disintegrate ♥ stof opjagen raise dust ♥ in 't stof bijten bite the dust

stofbril goggles

stofdoek duster

stoffeerder upholsterer

stoffelijk material, ⟨tastbaar⟩ tangible ★ het ~ overschot mortal remains

stoffen I [bnw] cloth **II** [ov + on ww] dust

stoffer brush, duster ★ ~ en blik dustpan and brush

stofferen ● (bekleden) upholster ● (inrichten) decorate, furnish with carpets, etc.

stoffering ● (tapijt, gordijnen) furnishings ● (meubelbekleding) upholstery

stoffig ● (saai) stuffy ● (vol stof) dusty

stofgoud gold dust

stofjas dustcoat, duster

stoflong ⟨kolenstof⟩ black lung, ⟨steenstof⟩ silicosis

stofnaam name of a substance

stofnest dust-trap

stofregen rain of dust

stofwisseling metabolism

stofwolk dust-cloud

stofzuigen vacuum, ⟨BE⟩ hoover

stofzuiger vacuum cleaner, hoover

stoïcijns stoic(al)

stok ● (stuk hout) stick, ⟨v. vlag⟩ pole, ⟨v. vogels⟩ perch ★ op stok gaan go to roost ● (stel kaarten) pack/deck of cards ♥ 't met iem. aan de stok krijgen fall foul of/fall out with a person ♥ hij is er met geen stok naar toe te krijgen wild horses won't drag him there

stokbrood French bread, baguette

stokdoof stone deaf

stoken I [ov ww] ● (distilleren) distil ● (doen branden) stoke ● (reinigen) ★ zijn tanden ~ pick one's teeth ● (aanwakkeren) stir up, foment ★ ruzie ~ stir up a quarrel; foment a quarrel **II** [on ww] ● (opruien) make trouble, stir things up ♥ ~ in een goed huwelijk set people by the ears

stoker ● (machinestoker) stoker, fireman ● (distilleerder) distiller ● (opruier) firebrand, agitator

stokerij distillery

stokken ⟨v. motor⟩ stall, ⟨v. spreker⟩ break down ★ het gesprek stokte the conversation flagged ★ zijn adem stokte his breath caught; he gasped

stokoud aged, ancient

stokpaardje hobby, pet subject/topic, passion

stokstijf ● (roerloos) stock-still ★ ~ blijven staan stop dead in one's tracks ● (halsstarrig) stubborn ★ ~ beweren maintain obstinately

stokvis stockfish

stola stole

stollen coagulate, congeal, ⟨v. bloed⟩ clot, ⟨v. jus,

gelei⟩ set

stollingsgesteente igneous rock

stollingspunt coagulation/solidification temperature

stolp glass cover, bell glass

stolsel coagulum, congelation, ⟨m.b.t. bloed⟩ clot

stom ● (zonder spraakvermogen) dumb, mute ● (zonder geluid) ★ stomme film silent film ● (dom) stupid ★ het is je eigen stomme schuld it's your own stupid fault ● (toevallig) ★ stom geluk a mere fluke ● (vervelend) stupid, tedious ♥ het stomme dier! the poor brute!

stoma stoma

stomdronken dead/blind drunk

stomen I [ov ww] ● (gaar maken) steam ● (reinigen) dry-clean ● (losweken) steam off **II** [on ww] ● (dampen) steam ● (varen) steam, sail

stomerij dry cleaner's

stomheid ● (het stom zijn) dumbness ★ met ~ geslagen dumbfounded ● (stommiteit) stupidity

stommelen clatter (about) ★ de trap op ~ stumble up the stairs

stommeling idiot, blockhead

stommiteit stupidity, blunder

stomp I [de] ● (vuistslag) punch ● (overblijfsel) stump, stub **II** [bnw] ● (niet scherp) blunt, ⟨form.⟩ dull ● (niet puntig) ⟨v. hoek⟩ obtuse, ⟨v. neus⟩ flat, snub

stompen thump, punch

stompje stump, stub ★ een ~ potlood a stub of a pencil

stompzinnig dull, dense, obtuse

stomverbaasd amazed, flabbergasted

stomvervelend deadly dull ★ een ~e vent a crashing bore

stomweg simply, just

stoned stoned, high, ⟨inf.⟩ freaked/spaced out

stoof foot-warmer

stoofpeer cooking pear

stoofpot stewing pot, casserole

stoofschotel stew, casserole

stookolie fuel oil

stoom steam ★ ~ maken get up steam ♥ ~ afblazen let off steam

stoombad steam-bath

stoomboot steamer, steamship

stoomcursus crash/intensive course

stoomketel (steam) boiler

stoommachine steam engine

stoomschip steamer, steamship

stoomstrijkijzer steam iron

stoornis ● (gebrek) disorder ● (verstoring) disturbance

stoorzender jamming station, ⟨fig.⟩ nuisance, hindrance

stoot ● (duw) push, thrust, ⟨bij biljart⟩ shot, ⟨bij schermen⟩ lunge, ⟨met mes⟩ thrust, ⟨met vuist⟩ punch, ⟨wind⟩ gust ★ een mooie ~ a good shot ● (bruuske beweging) jerk, jolt ● (geluid) blast ● (hoeveelheid) load, pack ★ er was een hele ~ mensen there were loads of people ● (knappe meid) ⟨vulg.⟩ (bit of) crumpet ♥ de ~ geven tot initiate

stootblok buffer

stootkussen buffer

stoottroepen storm/shock troops

stop I [de] ● (verstelde plek) darn ● (zekering) fuse ★ de stop is doorgeslagen the fuse has blown ● (oponthoud) stop, break ★ sanitaire stop a convenience stop ● (iets dat afsluit) ⟨v. bad⟩ plug, ⟨v. fles⟩ stopper, ⟨v. vat⟩ bung ● (stopzetting) freeze ♥ alle stoppen zijn bij hem doorgeslagen

he blew a fuse/his top II [tw] ● (sta stil) *stop* ● (houd op) *hold/stop it*
stopbord *stop sign*
stopcontact (plug-)*socket, power-point*
stopfles (glass) *jar*
stopkogel *disabling bullet*
stoplap ● (loos woord) *stopgap* ● (lap) *patch*
stoplicht ● (verkeerslicht) *traffic light* ● (remlicht) *brake light/lamp*
stopnaald *darning-needle*
stoppel ● (halm) *stubble* ● (baardhaar) *stubble, bristle*
stoppelbaard *stubble, stubbly beard,* (inf.) *five o'clock shadow*
stoppelhaar *bristly hair*
stoppen I [ov ww] ● (dichtmaken) *fill, stop,* (gat in kous, e.d.) *darn,* (gat, lek) *plug,* (gat, pijp) *fill* ● (tot stilstand brengen) *stop* ★ *het verkeer — stop the traffic* ★ *zij was gewoon niet te — she just couldn't be stopped* ● (induwen) *put* ★ *de vingers in de oren — stuff one's fingers into one's ears* ★ *iem. in bed — pack a person off to bed* II [on ww] ● (ophouden) *stop* ★ *— met werk stop working* (halt houden) *stop,* (auto, bus) *draw/ pull up*
stopplaats *stop*
stopstreep *halt-line*
stopteken *stop sign*
stoptrein *stop(ping) train, slow/local train*
stopverbod *stopping prohibition,* (op bord) *no stopping*
stopverf *putty*
stopwoord *stopgap, filler*
stopzetten *stop,* (fabriek, e.d.) *close down,* (voor korte tijd) *suspend*
storen I [ov ww] ● (afleiden) *disturb,* (onderbreken) *interrupt,* (v. radio) *jam* ★ *de lijn is gestoord there is a breakdown on the line* ★ *stoor ik u? am I intruding?* II [wkd ww] ★ *stoor je niet aan hem don't mind him; don't bother about him*
storend *disturbing,* (v. drukfout, etc.) *annoying*
storing ● (onderbreking) *disturbance,* (atmosferisch) *atmospherics,* (defect) *trouble,* (telefoon, spoorverkeer) *interruption,* (v. radio) *jamming, interference* ★ *technische — technical malfunction/trouble* ● (depressie) (weather) *depression*
storingsdienst *emergency service, breakdown service*
storm ● (harde wind) *storm, gale,* (literair) *tempest* ● (opwinding) *storm* ★ *een — van protest a storm of protest* ▼ *— in een glas water storm in a tea cup*
stormachtig ● (met storm) *stormy* ● (onstuimig) *tempestuous, tumultuous*
stormbaan *assault course*
stormbal *storm warning signal, storm cone*
stormen I [on ww] *storm, tear, rush* ★ *naar voren — rush forward* ★ *de kinderen stormden de kamer binnen the children burst into the room* II [onp ww] ★ *het gaat — it is blowing up a gale* ★ *'t stormt there is a gale*
stormenderhand ★ *— innemen take by storm*
stormlamp *hurricane lamp*
stormloop ● (aanval) *assault* ● (run) (op kaartjes) *rush,* (op winkels) *run*
stormlopen I [on ww] ● (aanval doen) ★ *— op storm; rush* II [onp ww] ★ *het loopt storm there's a regular run/rush on it*
stormram *battering ram*
stormvloed *storm tide/flood*

stormvloedkering *flood barrier*
stormvogel *storm petrel*
stortbad *shower*
stortbak *cistern*
stortbui *downpour*
storten I [ov ww] ● (doen vallen) *dump,* (v. tranen) *shed* ★ *radioactief afval in zee — dump nuclear waste in the sea* (geld overmaken) *pay* II [on ww] ● (vallen) *fall, plunge* III [onp ww] ★ *het stort buiten it is pouring outside* IV [wkd ww] ▼ *zich op zijn prooi — pounce upon one's prey* ▼ *zich in de strijd — rush into the fray* ▼ *zich — op iem. fall upon a person*
storting ● (het overmaken) *payment* ● (het doen vallen) *throwing,* (tranen) *shedding,* (v. afval) *dumping*
stortingsbewijs *voucher, receipt*
stortkoker (garbage) *chute/shoot*
stortplaats *dump, dumping ground*
stortregen *downpour, pelting rain*
stortregenen *pour*
stortvloed *torrent*
stoten I [ov ww] ● (duwen) *push,* (aanstoten) *nudge,* (met de horens) *butt,* (met zwaard) *thrust* ● (bezeren) ★ *zijn hoofd — bump one's head;* (fig.) *meet with a rebuff* ★ *zijn teen — stub one's toe* ★ *zich — knock o.s.* ● (ergeren) *take offence (at), be insulted* ▼ *uit de partij — expel from the party* II [on ww] ● (botsen) ▼ *lek — spring a leak* ★ *op de vijand — run into the enemy* ● (schokken) *jolt*
stotteraar *stutterer, stammerer*
stotteren I [het] ★ *zonder — without a stutter* II [on ww] *stutter, stammer*
stout ● (ondeugend) *naughty* ● (stoutmoedig) *bold*
stouterd *naughty child*
stoutmoedig *bold*
stouwen ● (bergen) *stow* ● (verorberen) *stuff*
stoven *stew, simmer*
straal I [de] ● (lichtbundel) *ray* ● (stroom vloeistof) *stream, jet,* (klein) *trickle* ● (wisk.) *radius* ● (nat.) *beam, ray* II [bijw] *dead, clean* ★ *iem. — negeren cut a person dead* ★ *hij heeft het — vergeten he has clean forgotten*
straalbezopen *blind/dead drunk,* (inf.) *pissed*
straaljager *fighter jet*
straalverbinding *radio link*
straalvliegtuig *jet*
straat ● (weg) *street* ★ *op — in the street* ● (bewoners) *street* ● (zee-engte) *strait(s)* ● (kaartcombinatie) ★ *kleine — straight* ★ *grote — straight flush* ▼ *op — staan* (v. huurders) *be turned out;* (v. arbeiders) *be thrown out (of work)* ▼ *iem. op — zetten turn a person into the street*
straatarm *penniless* ★ *een — gebied a poverty stricken area*
straatbeeld (street) *scene*
straatgevecht *street fight, riot*
straathandel *street trade*
straathond ● (niet-rashond) *mongrel, cur* ● (zwerfhond) *stray dog*
straatje *alley, lane* ★ *een — om lopen go/walk around the block* ▼ *dat past precies in zijn/haar — that is just up his/her alley*
straatjongen *street urchin*
straatlantaarn *streetlamp*
straatmuzikant *street musician*
straatprostitutie *streetwalking*
Straatsburg *Strasbourg*
straatschender *hooligan, vandal*
straatsteen *paving-stone/-brick* ▼ *aan de*

S

straatstenen niet kwijt kunnen be stuck with
straattoneel road show
Straat van Gibraltar Strait of Gibraltar
straatveger road-sweeper, street orderly
straatventer vendor, hawker
straatverlichting streetlighting
straatvuil (street) litter
straatweg highroad
straf I [de] punishment, (boete, e.d.) penalty ∗ ~
krijgen be punished ∗ iem. zijn ~ doen
ondergaan bring s.o. to justice **II** [bnw] ∗ (sterk)
(wind) stiff ∗ (streng) severe ∗ ~fe maatregelen
hard measures
strafbaar punishable ∗ ~ feit offence
strafbepaling determining the punishment,
(clausule) penalty clause
strafblad crime-sheet, police/criminal record
strafexpeditie punitive expedition
straffeloos with impunity ∗ iets ~ doen (do s.th.
and) get off scot-free
straffen punish, (bij wedstrijd) penalize
strafgevangenis (convict) prison
strafinrichting penitentiary
strafkamer criminal division (of a High Court of
Justice)
strafkamp penal colony, prison camp
strafkolonie penal colony
strafkorting reduction of social benefits as a form
of punishment, docking of benefit/allowance,
reduced rate of benefit
strafmaat sentence, penalty
strafmaatregel punitive measure, sanction
strafpleiter criminal lawyer
strafpunt penalty point, loss of mark ∗ ~en
krijgen lose marks; be given penalty points
strafrecht criminal law
strafrechtelijk criminal, penal ∗ iem. ~
vervolgen prosecute a person
strafrechter criminal judge
strafregel line
strafregister criminal record, crime sheet, (mil.)
defaulters' book ∗ 'n blanco ~ hebben have a
clean record/sheet
strafschop penalty (kick)
strafschopgebied penalty area
straftijd term of imprisonment, sentence
strafvervolging (criminal) prosecution, criminal
proceedings ∗ tot ~ overgaan prosecute
strafwerk imposition ∗ ~ maken do lines/
impositions/impots
strafworp penalty/foul shot
strafzaak criminal case
strak (gespannen) (broek, e.d.) tight, (touw)
taut ∗ ~ aanhalen tighten ∗ (sober)
(architectuur) austere ∗ (star, stug)
(onverzettelijk) rigid, (v. gezicht) stony ∗ iem.
aankijken look/stare hard at s.o. ∗ ~ een ~ke blik
a stony stare ∗ kinderen ~ houden keep children
on a tight rein
strakblauw clear/sheer blue, cloudless
straks (dadelijk) presently ∗ tot ~! so long!; see
you later! ∗ (zoëven) just now, a little while ago
stralen (zakken) flunk, fail ∗ (stralen
uitzenden) beam, radiate ∗ (er blij uitzien)
shine, beam
stralenkrans aureole, halo
straling radiation
stralingsdosis dose of radiation
stralingswarmte radiant heat
stralingsziekte radiation sickness
stram (stijf) stiff, rigid ∗ (fier) ramrod
stramien v op hetzelfde ~ voortborduren go on

in the same vein
strand beach, seaside ∗ naar het ~ gaan go to the
beach
stranden (aanspoelen) be washed ashore
● (mislukken) fail ● (blijven steken) be stranded
● (scheepv.) run ashore/aground
strandjutter beachcomber
strandpaal tall, numbered post, placed on the
beach at intervals of 1000 m.
strandstoel beach-chair, beehive chair
strandwandeling walk along the beach
strandweer nice weather for the beach, nice beach
weather
strateeg strategist
strategie strategy
strategisch strategic(al)
stratenmaker paver, road worker
stratenplan ● (plattegrond) city map, (in
boekvorm) street directory ● (plan voor het
aanleggen van straten) city plan
stratosfeer stratosphere
streber careerist, (social) climber
streefcijfer target (figure)
streefdatum target date
streefgetal target number/figure
streek ● (haal) stroke, (op viool) bow
● (kompasrichting) point ● (gebied) region,
district, part of the country ● (poets) ∗ streken
uithalen play tricks v iem. op ~ helpen put a
person right
streekbus regional bus
streekgebonden local, regional
streekroman regional novel
streektaal dialect
streekvervoer regional transport
streekziekenhuis district/regional hospital
streep ● (lijn) line, mark v een ~ halen door strike
out; (fig.) cancel ● (onderscheidingsteken) stripe
● (strook) (breed) band, (smal) stripe, (v. licht)
streak ∗ met strepen striped v op zijn strepen
staan throw one's weight about v iem. over de ~
trekken win s.o. over v dat is een ~ door de
rekening that has upset the plans/calculations
v laten we er voor vandaag een ~ onder zetten
let's call it a day
streepjescode bar-code
streepjespak pin-stripe suit
strekken I [ov ww] ● (uitrekken) stretch, extend
∗ de benen ~ stretch one's legs **II** [on ww]
● (reiken) extend, reach ● (toereikend zijn) last
∗ zolang de voorraad strekt as long as stocks last
● (~ tot) serve, tend to ∗ dat strekt u tot eer that
does you credit
strekking (v. betoog) purpose, tenor, (v.
maatregel) scope, (v. verhaal) drift, (v. woord)
meaning
strelen (aaien) caress, stroke ● (aangenaam
aandoen) flatter, gratify ∗ het streelde zijn
ijdelheid it tickled his vanity ∗ zich met de
gedachte ~ flatter o.s.
streling ● (aai) caress ● (iets aangenaams)
gratification
stremmen I [ov ww] ● (stijf maken) coagulate,
(v. melk) curdle ● (belemmeren) obstruct, hold up
II [on ww] ● (stijf worden) curdle, coagulate
stremming ● (het stremmen) curdling
● (stagnatie) obstruction
stremsel coagulant
streng I [de] ● (bundel) twine, (v. garen, wol)
skein, (v. touw) strand ● (koord, snoer) string
II [bnw] ● (onverbiddelijk) severe, hard,
(maat)regel) rigid ∗ zeer ~e straf harsh

punishment ∗ ~ **optreden** take firm/severe action ● (strikt) severe, strict, ⟨blik, eis⟩ stern ∗ ~**e leraar** strict teacher ∗ **zich ~ aan de voorschriften houden** adhere/stick rigidly to the regulations ∗ ~**verboden toegang** ⟨opschrift⟩ tresspassers will be prosecuted ● (koud) severe, ⟨winter⟩ hard ∗ ~**e vorst** sharp frost
strepen stripe, streak
stress stress, strain
stretch stretch fabric
stretcher stretcher
streven I [het] ● (inspanning) striving, endeavour, pursuit ● (doel) pursuit, ambition ∗ **een loffelijk ~ a** noble ambition **II** [on ww] strive after/for, aim at ∗ **naar de macht ~** struggle for power ∗ **naar onafhankelijkheid ~** seek independence ∗ **iem. voorbij ~** outstrip a person
striem weal, welt
striemen ● (striemen toebrengen) slash, welt ● (gevoelig treffen) lash ∗ ~**de regen** streaming/lashing rain
strijd ● (gevecht) struggle, fight ∗ **de ~ aanbinden met** enter upon the struggle with; join issue with ∗ ~ **om het bestaan** struggle for life ∗ ~ **voeren tegen** wage war against ∗ **gereed voor de ~** ready for action ∗ **als overwinnaar uit de ~ komen** come out on top; emerge victorious ● (wedstrijd) match, contest ● (tegenspraak) ∗ **in ~ met** contrary to; ⟨wettelijk⟩ in violation of ∗ **in ~ zijn met** run counter to; clash with
strijdbaar warlike, militant
strijdbijl battle-axe, hatchet ∗ **de ~ begraven** bury the hatchet
strijden ● (vechten) fight, struggle ∗ ~ **om/voor** fight for ● (twisten) dispute ● (wedijveren) compete, contend ● (strijdig zijn) conflict ∗ ~ **met** clash with
strijder ● (krijgsman) combatant, warrior ● (voorvechter) fighter, champion
strijdig ● (in strijd) contrary (to) ● (tegenstrijdig) conflicting ∗ ~**e belangen** conflicting interests
strijdkrachten armed (military) forces
strijdkreet battle/war-cry
strijdlust pugnacity, fighting spirit
strijdlustig pugnacious, ⟨m.b.t. oorlog⟩ bellicose, ⟨v. ideaal⟩ militant
strijdmacht armed force
strijdperk ● (arena) arena ● (slagveld) battleground ∗ **in 't ~ treden** enter the lists
strijdtoneel scene of battle/action
strijdvaardig ● (klaar voor de strijd) ready to fight, game ● (strijdlustig) combative, belligerent
strijken I [ov ww] ● (in bepaalde toestand brengen) ∗ **zich 't haar uit 't gezicht ~** push one's hair out of one's face ● (gladmaken) iron ● (aanraken) stroke, brush ● (uitsmeren) spread, smooth ● (neerhalen) ⟨v. boot, vlag, zeil⟩ lower, ⟨v. mast, zeil⟩ strike ∗ **de riemen ~** lower the oars ● (muz.) bow **II** [on ww] ● (gaan langs) brush, ⟨over water⟩ skim ∗ ~ **langs** brush past ● (ervandoor gaan) ∗ **met de winst gaan ~** pocket the gain
strijker string-player
strijkijzer flat-iron
strijkje string band
strijkinstrument stringed instrument
strijkkwartet string quartet
strijklicht skimming light, ⟨fotografie⟩ floodlight
strijkorkest string orchestra
strijkplank ironing board
strijkstok bow ∗ **er blijft teveel aan de ~ hangen** too much sticks to the fingers; there's a considerable rake off
strijktrio string trio
strik ● (gestrikt lint) bow ● (knoop) knot, ⟨met schuifknoop⟩ noose ● (valstrik) snare ∗ ~**ken zetten** lay snares
strikje bow tie
strikken ● (knopen) tie ∗ **een das ~** knot a tie ∗ **zijn veters ~ tie** one's shoelaces ● (overhalen) ensnare ∗ **iem. ~ voor een werkje** rope a person in for a job ● (vangen) snare
strikt strict ∗ ~ **genomen** strictly speaking ∗ ~ **verboden** strictly forbidden
strikvraag trick/catch question
stringent strict, stringent ∗ ~**e bewijsvoering** tight argumentation
strip ● (strook) strip ● (stripverhaal) comic strip ● (verpakking) blister pack, strip
stripblad comic (book)
stripboek comic (book)
stripfiguur comic (strip) character
strippen strip
strippenkaart ≈ bus and tram ticket
stripper stripper
striptease striptease
striptekenaar cartoonist
stripverhaal strip (cartoon)
stro straw
strobloem immortelle
strobreed v **ik heb hem nooit een ~ in de weg gelegd** I have never thwarted him in any way
stroef ● (niet glad) rough, uneven ● (niet soepel) stiff ● (stug) stiff, ⟨v. gelaat⟩ harsh, stern ● (moeizaam) difficult, awkward ∗ **de besprekingen verlopen nogal ~** the negotiations are proceeding with great difficulty
strofe strophe
strohalm (blade of) straw v **zich aan een ~ vastklampen** clutch at a straw
strokarton straw-board
stroken agree (with) ∗ ~ **met** be in keeping/accordance with ∗ **dat strookt niet met de feiten** that doesn't fit the facts
stroman straw man, ⟨fig.⟩ figurehead
stromen pour, flow, stream ∗ ~**d water** running water v **de bestellingen ~ binnen** orders are pouring in v **de mensen stroomden erheen** people were flocking to it
stroming (stroom) current ∗ **er staat een sterke ~ in de rivier** there is a strong current in the river ● (denkwijze) tendency, trend ∗ **er bestaat een sterke ~ tegen ...** there is a strong movement against ... ● (het stromen) flowing
strompelen stumble, stagger, hobble
stronk ⟨v. boom⟩ stump, ⟨v. koolplant⟩ stalk ∗ **'n ~ andijvie** a head of endive
stront ● (poep) dung, shit, muck, filth ● (ruzie) row, kick up ∗ ~ **krijgen met iem.** have a bust up with s.o. v **in de ~ zitten** have landed in the shit v **er is ~ aan de knikker** we're up shit creek (without a paddle); the shit has hit the fan
stronteigenwijs pig-headed, ⟨BE⟩ bloody-minded
strontje v **een ~ in het oog** stye (in the eye)
strontvervelend irritating, † terribly/very annoying
strooien I [bnw] straw ∗ ~ **hoed** straw hat; boater **II** [ov ww] strew, scatter, ⟨zout⟩ sprinkle ∗ **zand ~ op gladde wegen** grit icy/slippery roads
strooigoed sweets, ⟨AE⟩ candy
strooisel ⟨in stal⟩ litter, ⟨op de boterham⟩ grated chocolate, ⟨op weg⟩ sand, grit
strooiwagen brine sprinkler, sand distributor
strooizout salt (to be spread on ice-covered roads)

strook ⟨controlestrook⟩ counterfoil, ⟨v. kant⟩ frill, ⟨v. land⟩ strip, ⟨v. papier⟩ strip, slip, ⟨v. stof⟩ flounce

stroom ● ⟨elektriciteit⟩ current ∗ de ~ is uitgevallen there is a power failure ∗ 'n draad onder ~ a live wire ● ⟨rivier⟩ stream ● ⟨toevloed⟩ stream, flood, ⟨v. mensen⟩ stream, ⟨v. woorden⟩ flood ● ⟨stromende vloeistof⟩ stream, flow ∗ de regen viel bij/in stromen neer the rain came down in torrents ∗ een ~ van tranen a flood of tears

stroomafwaarts downriver, downstream

stroomdraad live wire, contact wire

stroomgebied ⟨river/catchment-⟩basin

stroomlijn streamline

stroomlijnen streamline

stroomnet mains, power network

stroomopwaarts upstream, upriver

stroomsterkte ⟨elektriciteit⟩ strength of the current, ⟨water⟩ force of the current

stroomverbruik electricity consumption

stroomversnelling ● ⟨versnelling van stroom⟩ rapid(s) ● ⟨versnelling van ontwikkeling⟩ acceleration ∗ in een ~ raken gain momentum

stroop treacle

strooplikken butter up, softsoap

strooplikker toady, lickspittle

strooptocht raid

stroopwafel treacle wafer

strop ● ⟨lus⟩ halter, ⟨v. ⟨val⟩strik⟩ noose ∗ tot de ~ veroordeeld worden be condemned to be hanged ● ⟨tegenvaller⟩ bad bargain, bad/tough luck, ⟨verlies⟩ loss ∗ hij heeft een lelijke ~ gehad he has had a serious financial setback

stropdas ⟨neck⟩tie

stropen ● ⟨jagen⟩ poach ● ⟨villen⟩ skin

stroper poacher

stroperig ● ⟨als stroop⟩ syrupy, sugary ● ⟨kruiperig⟩ smooth-talking, smarmy ∗ ~e woorden smooth talk

stroperij poaching

stropop straw man, ⟨slappeling⟩ weakling

stroppenpot nest egg, bit saved up for a rainy day

strot ● ⟨keel⟩ throat ∗ iem. naar de ~ vliegen fly at s.o.'s throat ● ⟨strottenhoofd⟩ larynx ▾ het komt me de ~ uit I'm sick and tired of it ∗ ik kan het niet door de ~ krijgen it makes me want to throw up; I can't stomach it

strottenhoofd larynx

strovuur straw fire

strubbeling ● ⟨moeilijkheid⟩ difficulty, trouble ● ⟨onenigheid⟩ squabble, bickering

structureel structural

structureren structure

structuur structure

struif ⟨contents of an⟩ egg

struik ● ⟨plant⟩ bush, shrub ● ⟨krop⟩ bunch, ⟨andijvie⟩ head

struikelblok stumbling block

struikelen ● ⟨bijna vallen⟩ trip/stumble ⟨over⟩ ∗ je struikelt over de toeristen you can't move for tourists ● ⟨misstap doen⟩ trip up ● ⟨positie verliezen⟩ falter, founder ∗ het kabinet is gestruikeld over de WAO the cabinet foundered on the DIA

struikgewas brushwood, shrubs

struikrover highwayman

struis sturdy, robust

struisvogel ostrich

struisvogelpolitiek head-in-the-sand politics

struma struma, goitre

strychnine strychnine

stuc stucco, plaster

stucwerk stucco⟨work⟩

studeerkamer study

student student, ⟨v. universiteit⟩ undergraduate ∗ ~ Engels student of English

studentencorps ≈ students' guild/associaton

studentendecaan student adviser, ⟨student⟩ counsellor

studentenflat ⟨block of⟩ student flats, flats for students

studentenhaver assorted nuts and raisins

studentenhuis students' lodgings, student hostel, ⟨deel v. universiteit⟩ hall of residence

studentenstop ⟨student⟩ quota

studententijd college/student days

studentenvereniging students'union

studentikoos student-like

studeren I [ov ww] ● ⟨studie volgen⟩ study, ⟨universiteit⟩ go to college/university ∗ medicijnen/rechten ~ study medicine/law ∗ verder ~ continue one's studies ∗ zij heeft gestudeerd she's been to university ● ⟨muz.⟩ practise **II** [on ww] ● ⟨leren⟩ study ∗ voor een examen ~ study/read for an examination ● ⟨~ op⟩ think ⟨hard⟩ about, think over, study

studie ● ⟨het studeren⟩ study ● ⟨bestudering⟩ study ∗ een voorstel in ~ nemen study/consider a proposal ∗ een ~ maken van iets make a study of s.th. ● ⟨onderzoeksverslag⟩ study, paper ● ⟨schets⟩ study, sketch

studiebeurs ⟨als beloning⟩ scholarship, ⟨v. regering⟩ student grant

studieboek textbook

studiegenoot fellow student

studiegids prospectus, ⟨AE⟩ catalog

studiejaar ⟨lichting⟩ ∗ hij is van mijn ~ he's in my year ● ⟨cursusjaar⟩ academic/school year

studiereis study trip, field trip

studierichting subject, discipline

studietijd college/student days

studietoelage scholarship, student grant

studieverlof study leave, ⟨lange periode⟩ sabbatical ⟨leave⟩

studiezaal reading room

studio studio

studium generale extra-curricular course of study on topics of general interest

stuff dope, drugs

stug ● ⟨onbuigzaam⟩ stiff, tough ● ⟨stuurs⟩ surly, dour ● ⟨volhardend, flink⟩ firm ∗ stug doorwerken slave away ● ⟨ongeloofwaardig⟩ ∗ dat is een stug verhaal a cock and bull story; a tall story ∗ dat is stug that's steep

stuifmeel pollen

stuifsneeuw powdery snow, ⟨vlaag⟩ snow flurry

stuip convulsion, spasm ∗ een ~ krijgen have a fit; ⟨v. angst⟩ be scared silly ▾ zich een ~ lachen be convulsed with laughter

stuiptrekken twitch, be convulsed

stuiptrekking convulsion, spasm, ⟨licht⟩ twitch

stuit ● ⟨het terugstuiten⟩ bounce, ⟨re⟩bound ● ⟨staartbeen⟩ tailbone, coccyx ∗ op je ~je vallen fall on your tailbone

stuiten I [ov ww] ● ⟨tegenhouden⟩ arrest, stop, stem ∗ zijn vaart ~ check one's speeed **II** [on ww] ● ⟨kaatsen⟩ bounce ● ⟨~ op⟩ encounter, chance, happen upon, meet ⟨up⟩ with ∗ op tegenstand ~ run into/encounter opposition

stuitend shocking

stuiter big marble

stuiteren bounce

stuitligging breech presentation

stuiven I [on ww] ● (opwaaien) blow, fly about ● (snel gaan) dash, rush ★ zij stoof het huis uit *she rushed out of the house* **II** [onp ww] ★ het stuift hier *it is dusty here*

stuiver ● (geld) ★ daar valt geen ~ in te verdienen *it won't earn you a penny* ● (muntstuk) *five cent piece*

stuivertje-wisselen ● (kinderspel) play (at) puss in the corner ● (elkaars plaats innemen) trade/change places

stuk I [het] ● (poststuk) ★ een aangetekend stuk *registered letter* ● (aandeel) *share, security* ● (staaltje) ★ een stout stukje *a bold feat* ● (aantrekkelijk persoon) (v. man) hunk, (v. vrouw) piece ● (gedeelte) *piece, part, fragment,* (op broek, mouw) patch ★ aan één stuk door *without stopping; non-stop* ★ in één stuk door *right through* ★ het is uit één stuk *it is all of a piece* ★ stukken en brokken *bits and pieces* ★ uren aan één stuk *for hours on end* ● (hoeveelheid) ★ 'n heel stuk over de 30 *well over 30* ★ op geen stukken na *not nearly; not by a long shot* ★ dat is een goed stuk werk *that's a fine piece of work* ★ 'n heel stuk beter *quite a lot better* ● (exemplaar) *piece,* (geschut) *gun* ★ stuk voor stuk *one by one* ★ een stuk gereedschap *a piece of equipment* ★ tien stuks vee *ten head of cattle* ★ 'n stuk huisraad *a piece of furniture* ★ 'n stuk of zes *five or six* ★ 2 pond per stuk *2 pounds each* ★ per stuk kopen/verkopen *buy/sell by the piece* ● (kunstwerk) (muz.) *piece of music,* (schilderij) *work, picture,* (toneel) *play, piece* ● (geschrift) *document,* (in tijdschrift) *article* ★ 'n stukje in de krant *a piece in the paper* ● (schaakstuk) *piece* ● (postuur) ★ klein van stuk *of a small stature* ▼ van zijn stuk raken *become upset; lose one's head* ▼ de kritiek liet geen stuk van hem heel *the critics tore him to pieces/shreds* **II** [bnw] *broken,* (defect) *out of order* ● (standpunt) ★ hij bleef op zijn stuk staan *he stuck to his point/guns* ★ iem. van zijn stuk brengen *upset s.o.; disconcert s.o.*

stukadoor *plasterer*

stuken *plaster*

stukgoed (mixed) cargo, packed goods

stukje ● (klein deel) (little) bit, small piece ★ ~ bij beetje *bit by bit* ● (kort artikel) *short piece*

stukjesschrijver *columnist*

stukloon *piece-rate* ★ op ~ werken *be on/do piecework*

stuklopen I [ov ww] ● (slijten) *wear down/out* **II** [on ww] ● (mislukken) *break down, fail* ★ een stukgelopen huwelijk *a broken marriage*

stukslaan I [ov ww] ● (stukmaken) smash ▼ geld ~ squander money **II** [on ww] ● (stukgaan) dash/smash to pieces

stukwerk *piecework*

stulp ● (stolp) glass bell ● (huisje) hut, hovel

stumper ● (sukkel) bungler ● (stakker) wretch ★ 'n arme ~ *a poor devil;* (vrouw) *poor thing*

stumperen *fumble, bungle*

stunt *stunt* ★ een ~ uithalen *perform a stunt*

stuntel *fumbler,* (inf.) *butterfingers*

stuntelen *bungle*

stuntelig *clumsy, bungling*

stunten *stunt*

stuntman *stunt man*

stuntprijs *price breaker, special (price)*

stuntvliegen *stunt flying*

stupide *stupid, thick,* (AE) *dumb*

sturen I [ov ww] ● (bedienen) *operate* ● (zenden) (v. brief) *send, post* ★ om iets ~ *send for s.th.*

● (besturen) *steer,* (auto) *drive* **II** [on ww] ● (naar het stuur luisteren) *steer* ★ mijn vriend stuurde *my friend was at the wheel* ★ hij stuurt slecht *he is a poor driver*

stut ● (steun) prop, stay, support ● (balk) buttress, stut

stutten prop, buttress, support

stuur (v. auto) wheel, (v. fiets) handlebar, (v. schip) helm, (v. vliegtuig) controls ★ hij verloor de macht over het ~ *he lost control over his car*

stuurbekrachtiging *power steering*

stuurboord *starboard*

stuurgroep *steering committee*

stuurhuis *wheelhouse, pilot house*

stuurhut (schip) wheelhouse, (vliegtuig) flight deck, cockpit

stuurknuppel *control column,* (inf.) *joystick*

stuurloos *out of control* ★ ~ ronddrijven *be adrift*

stuurman (scheepsofficier) chief/first mate ● (roerganger) helmsman, (v. reddingsboot) cox ▼ de beste stuurlui staan aan wal *it's easy to be a backseat driver*

stuurmanskunst ● (omzichtig beleid) *management* ● (scheepv.) *steersmanship*

stuurs *surly*

stuurslot *steering wheel/column lock*

stuurstang (v. fiets) handle-bar(s), (v. vliegtuig) *control stick*

stuurwiel (v. auto) steering wheel, (v. schip) helm

stuw dam, barrage, (lage dam) weir

stuwadoor *stevedore*

stuwdam dam, weir

stuwen ● (water keren) dam (up) ● (stouwen) stow ● (voortduwen) drive, propel

stuwing ● (stuwkracht) force, drive, (techn.) thrust, (persoon) driving force ● (het stuwen) stowage

stuwkracht propulsion, (techn.) thrust, (fig.) driving-force, (v. raket) lift

stuwmeer *reservoir*

stuwraket take-off rocket, (versnelling) booster rocket

sub sub-, under ★ sub artikel 3 *in section 3* ▼ sub rosa *confidentially;* sub rosa ▼ sub judice *sub judice*

subcommissie *subcommittee*

subcultuur *subculture*

subgroep *sub-group*

subiet ● (dadelijk) right away, at once ● (plots) suddenly, all at once ● (beslist) certainly

subject *subject*

subjectief *subjective*

subjectiviteit *subjectivity*

subliem *sublime*

sublimeren *sublimate*

subsidie *subsidy, grant*

subsidiëren *subsidize* ★ door 't rijk gesubsidieerd *state-subsidized/aided*

substantie ● (materie) *substance, matter* ● (kern) mainpoint, essence

substantieel ● (wezenlijk) *substantial* ● (voedzaam) *substantial, filling*

substantief I [het] *noun* **II** [bnw] *substantive*

substitueren *substitute*

substitutie *substitution*

substituut I [de] *substitute* **II** [het] *substitute*

subtiel *subtle, delicate*

subtropisch *subtropical*

subversief *subversive*

succes *success, luck* ● veel ~! *good luck (to you)!* ★ ~ hebben *have success; be successful* ★ met/zonder ~ *(un)successfully* ★ het stuk was een groot ~ *the*

S

play was a great success
succesnummer *hit, winner*
successie *succession*
successierecht *death duty*
successievelijk *successively*
succesvol *successful*
sudderen *simmer*
sudderlap *braising steak*
suède *suede*
suf ● (duf) *drowsy, ⟨door drugs⟩ dopey, ⟨v. zwakte⟩ groggy, ⟨onnadenkend⟩ slow-witted, thick-headed*
suffen ● (gedachteloos zijn) (day)dream ● (soezen) *doze, drowse* ⋆ *zit niet te ~! pay attention!*
sufferd *fathead, nerd*
suffig *sleepy, woozy*
suggereren *suggest*
suggestie ● (gewekte indruk) *suggestion, ⟨niet uitgesproken⟩ implication* ● de ~ *wekken dat suggest; imply* ● (voorstel) *suggestion*
suggestief ● (suggestie inhoudend) *suggestive* ⋆ *suggestieve vraag leading question* ● (beeld oproepend) *evocative*
suïcide *suicide*
suiker ● (suikerziekte) *diabetes* ● (zoetstof) *sugar*
suikerbiet *sugar beet*
suikerbrood ≈ *cinnamon bread*
suikergoed *confectionery, sweetmeats*
suikerklontje *cube/lump of sugar*
suikermeloen *honey-dew melon*
suikeroom *rich uncle*
suikerpatiënt *diabetic*
suikerpot *sugar bowl*
suikerraffinaderij *sugar refinery*
suikerriet *sugar cane*
suikerspin *candy floss, ⟨AE⟩ cotton candy*
suikertante *rich aunt*
suikervrij *sugarless, sugar-free*
suikerzakje *sugar bag*
suikerziekte *diabetes*
suikerzoet *sugary*
suite ● (kamers) *suite* ● (muz.) *suite*
suizebollen *be giddy, stagger* ⋆ *het deed hem ~ it made him reel; it knocked him silly*
suizen ● (snel bewegen) *whizz* ● (geluid maken) ⟨v. oren⟩ *sing, ring, ⟨v. regen⟩ rustle, ⟨v. wind⟩ sigh*
sujet *fellow* ⋆ *verdacht ~ shady customer*
sukade *candied peel*
sukkel *mug, dope*
sukkeldrafje *jog/dog (trot)*
sukkelen ● (sjokken) *jog, trudge, ⟨op een drafje⟩ trot* ● (ziekelijk zijn) *be ailing* ⋆ *mijn vader begint te ~ my father's health is beginning to fail* ⋆ *hij sukkelt achteruit he's getting worse* ⋆ *in slaap ~ drop off (to sleep)*
sukkelgangetje *jogtrot*
sul ● (goedzak) *softy* ● (sukkel) *mug, dope*
sulfiet *sulphite*
sullig ● (dom) *dopey, goofy* ● (goeiig) *soft*
sultan *sultan*
summier ● (gering) *summary, scanty* ● (bondig) *brief, concise, summary*
summum *height, maximum, ⟨ambitie, succes⟩ top, ⟨vnl. negatief⟩ limit* ⋆ *dat is het ~ ⟨positief⟩ that is superb; ⟨negatief⟩ that is the absolute/ giddy limit; that's the pits* ⋆ *het ~ van dwaasheid the height of folly*
super I [de] *super* **II** [bnw] *super, excellent, first class*
superbenzine *Super, ⟨BE⟩ 4 star petrol, ⟨AE⟩ high octane gas(oline)*
supergeleider *superconductor*
superheffing *levy (on the production of milk which exceeds the set amount)*

superieur I [de] *superior* **II** [bnw] ● (hooghartig) *superior, arrogant* ● (hoger geplaatst, meerwaardig) *superior*
superioriteit *superiority*
superlatief *superlative*
supermacht *superpower*
supermarkt *supermarket*
supermens *superman/superwoman*
supersonisch *supersonic*
supertanker *supertanker*
supervisie *supervision*
supplement *supplement*
suppoost ⟨in museum⟩ *attendant*
supporter *supporter*
supporterslegioen *host of supporters*
suprematie *supremacy*
surfen I [het] *surfing* **II** [on ww] ● (surfriding doen) *surf, go surfing* ● (windsurfen) *go windsurfing*
surfpak *wet-suit*
surfplank *surfboard, ⟨met zeil⟩ windsurfer*
Suriname *Surinam*
Surinamer *Surinamer, Surinamese* ⋆ *een Surinaamse a Surinam woman*
surplus *surplus*
surprise *surprise*
surrealisme *surrealism*
surrealistisch *surreal(istic)*
surrogaat *surrogate, substitute*
surseance ⋆ *~ van betaling moratorium [mv: moratoriums, moratoria]; suspension of payment*
surveillance *surveillance, ⟨bij examen⟩ invigilation, ⟨op school⟩ supervision, ⟨school, politie⟩ duty*
surveillant *surveillant, ⟨bij examen⟩ invigilator, ⟨op school⟩ duty-master*
surveilleren *supervise, ⟨agent te voet⟩ be on the beat, ⟨bij examen⟩ invigilate, ⟨leraar, politieman⟩ be on duty, ⟨politiewagen⟩ patrol*
suspense *suspense*
sussen ⟨kind⟩ *soothe, ⟨ontevredenheid⟩ appease, ⟨ruzie⟩ hush up* ⋆ *in slaap ~ lull asleep*
Swaziland *Swaziland*
sweatshirt *sweatshirt*
swingen ● (dansen) *swing* ● (bruisend zijn) *swing* ▼ *het swingt de pan uit it's cool*
switchen ● (van plaats wisselen) *change/trade places with* ● (overgaan op iets anders) *change/ swap over* ⋆ *zij switchte naar een andere studie she changed over to another subject*
syfilis *syphilis*
syllabe *syllable*
syllabus *syllabus*
symboliek ● (het symbolische) *symbolism* ● (leer van de symbolen) *symbolics*
symbolisch ● (een teken vormend) *token* ⋆ *een ~ bedrag a token payment* ● (zinnebeeldig) *symbolic(al)*
symboliseren *symbolize*
symbool *symbol*
symfonie *symphony*
symfonieorkest *symphony-orchestra*
symmetrie *symmetry*
symmetrisch *symmetric(al)*
sympathie ● (instemming) *sympathy, affinity* ⋆ *dat heeft onze volle ~ that has our full support* ● (genegenheid) *sympathy* ⋆ *~ën en antipathieën likes and dislikes*
sympathiek *sympathetic, ⟨v. gezicht⟩ likeable, ⟨v. omgeving⟩ congenial, ⟨v. persoon⟩ nice, ⟨v. plan⟩ attractive* ⋆ *hij is mij ~ I like him*

sympathisant *sympathizer*
sympathiseren *sympathize*
symposium *symposium, conference*
symptomatisch *symptomatic*
symptoom *symptom*
symptoombestrijding *symptomatic treatment*
synagoge *synagogue*
synchroniseren *synchronize*
synchroon *synchronic, synchronous* ∗ niet ~
asynchronous
syndicaat *syndicate*
syndroom *syndrome*
synergie *synergism*
synode *synod*
synoniem I [het] *synonym* **II** [bnw] *synonymous*
syntaxis *syntax*
synthese *synthesis*
synthesizer *synthesizer*
synthetisch *synthetic*
Syrië *Syria*
systeem *system* ∗ daar zit geen ~ in *there is no
method in it*
systeemanalist *systems analyst*
systeembouw *prefabrication, system building*
systeemkaart *card*
systeemontwerper *system designer*
systematiek ● (systeemleer) *systematics,
taxonomy* ● (ordeningssysteem) *system*
systematisch *systematic*
systematiseren ● (systeem aanbrengen)
systematize, methodize ● (rangschikken)
systematize, classify

T

t (the letter) *T/t* ∗ T-kruising *T-junction*
taai ● (stevig en buigzaam) *tough,* (vlees ook)
leathery ● (dik vloeibaar) *sticky,* (modder, toffee)
viscous ● (volhardend) *tough, hardy, tenacious,
dogged* ∗ een taaie rakker *a tough customer*
∗ taaie volharding *dogged persistence*
● (vervelend) *dull,* (inf.) *tedious* ▼ hou je taai!
keep your pecker up!; never say die!
taaiheid ● (stevigheid) *toughness, hardiness*
● (stroperigheid) *viscosity, toughness* ● (saaiheid)
tediousness, dullness
taaitaai *gingerbread*
taak *task,* (inf.) *job,* (officieel toegekend)
assignment ∗ voor zijn taak berekend *equal to
the occasion; well-equipped for the job* ∗ op mij
rust de taak om... *it is my task/duty to...* ∗ dat
behoort tot de taak van de regering *that is the
government's responsibility* ∗ hij stelt zich tot
taak om... *he takes it on himself to*
taakomschrijving *job description,* (commissie)
(terms of) *reference,* (voor bedrijf) *job order*
taakverdeling *job allocation, allocation/
assignment of work/duties, division of labour*
taal ● (spraak en schrift) *language,* (gesproken)
speech ● (taalgebruik) *language, way of speaking*
∗ vuile taal uitslaan *use bad language*
∗ alledaagse taal *colloquial language*
● (communicatiemiddel) *language* ∗ de levende
talen *the modern languages* ∗ een taal
mondeling beheersen *be fluent in a language*
● (communicatiesysteem van groep) *language*
∗ de taal van het lichaam *body language* ▼ hij
gaf taal noch teken *he gave neither word nor sign*
▼ duidelijke taal spreken *speak plainly*
taalbeheersing *command/mastery of (a)
language, language skills*
taaleigen *idiom*
taalfout *grammatical error/mistake*
taalgebied *region(s)* ∗ het Catalaanse ~ *the
Catalan-speaking regions* ∗ nieuwe opvattingen
op ~ *new ideas in the field of language; new ideas
on language*
taalgebruik *usage*
taalgevoel *feel for language*
taalgrens *language boundary*
taalkunde *linguistics*
taalkundig *linguistic, grammatical*
taalles *grammar lesson*
taalonderwijs *language teaching*
taalstrijd *linguistic struggle*
taalvaardigheid *language proficiency, command
of the language,* (mondeling ook) *fluency*
taalwetenschap *linguistics*
taart ● (vrouw) *frump* ● (gebak) *cake, tart,* (AE) *pie*
∗ een stuk ~ *a wedge/slice of cake*
tab *tab*
tabak *tobacco* ▼ ik heb er ~ van *I'm sick of it*
tabaksdoos *tobacco tin*
tabaksplant *tobacco plant*
tabaksvergunning *licence to sell tobacco*
tabbaard *official gown/robe*
tabee *bye, see you*
tabel *table, chart*
tabernakel *tabernacle*
tableau ● (schilderij) *tableau, picture* ● (schaal)
tray
tablet ● (pil) *tablet,* (zuigtablet) *lozenge* ● (plak)
tablet, (v. chocola) *bar*

taboe I [het] taboo ★ een ~ doorbreken break down a taboo ★ iets ~ verklaren taboo s.th. ★ er rust een ~ op there's a taboo on II [bnw] taboo
tabulator tab(ulator)
tachograaf tachograph
tachtig eighty → acht, twintig
tachtiger I [de] octogenarian, an eighty-year-old II [bnw] ★ in de ~ jaren in the eighties
tachtigjarig ★ een ~e man/vrouw an eighty-year-old man/woman
tachtigste eightieth ★ op zijn ~ at (the age of) eighty → achtste
tachymeter tachometer
tackelen tackle
tact tact
tacticus tactician
tactiek tactics
tactisch tactical
tactloos tactless
tactvol tactful
Tadzjikistan Tadjikistan
tafel ● (meubel) table ★ aan ~ gaan sit down to dinner; ⟨inf.⟩ sit down and eat ★ om de ~ gaan zitten enter into negotiations; ⟨inf.⟩ sit down and talk ★ onder de ~ vegen brush aside ★ het eten staat op ~ dinner is served/on the table ★ ter ~ brengen bring up (for discussion); table ★ (tabel) table ★ ~ van vermenigvuldiging multiplication table ★ de ~ van acht the eight times table ▼ iem. onder de ~ drinken drink s.o. under the table
tafelblad table-top
tafeldame partner (at dinner)
tafelen dine, be at (the) table
tafelheer partner (at dinner)
tafelkleed tablecloth
tafelklem C-clamp
tafellaken tablecloth
tafellinnen table linen
tafelmanieren table manners
tafelrede speech at dinner, ⟨na diner⟩ after-dinner speech
tafelschikking table arrangement, seating plan
tafeltennis table tennis
tafeltennissen play table tennis, ⟨inf.⟩ play ping-pong
tafeltje-dek-je meals-on-wheels
tafelvoetbal table football
tafelwijn table wine
tafelzilver silverware, silver cutlery
tafereel scene, picture
tahoe tofu, bean curd
taille waist
tailleren cut in ★ getailleerd waisted
Taiwan Taiwan
tak ● (loot) branch, ⟨fig. ook⟩ offshoot, ⟨klein⟩ twig, ⟨zware tak⟩ bough ● (vertakking) branch, fork ● (afdeling) branch ★ tak van dienst department
takel tackle, pulley block
takelen ● (ophijsen) hoist (up) ● (optuigen) rig
takelwagen breakdown lorry, ⟨AE⟩ tow truck
takkenbos bunch of kindling
taks ● (dashond) dachshund, basset ● (hoeveelheid) portion, share ★ aan zijn taks zijn have had enough
tal number ★ tal van a (great) number of; numerous
talen ★ zij taalt niet naar luxe she doesn't care for luxury; luxury leaves her cold
talenknobbel flair for language, a head for languages
talenpracticum language laboratory
talenstudie language course
talent talent ★ een vrouw van/met veel ~en a

woman of great talent; a very talented/highly gifted woman ★ miskend ~ a talent manqué
talentenjacht talent hunt
talentvol talented, ⟨form.⟩ accomplished
talg ⟨dierlijk⟩ tallow, ⟨huidsmeer⟩ skin fat
talisman talisman, amulet
talk ● (talg) skin fat, ⟨dierlijk⟩ tallow ● (delfstof) talc
talkpoeder talcum/powder, talc
talkshow talk show, ⟨inf.⟩ chat show
Tallinn Tallin
talloos countless, innumerable
talmen linger, delay ★ zonder ~ without delay
talmoed Talmud
talrijk numerous
talud slope
tam ● (saai) tame, dull ★ 't was een tamme boel it was dull ● (niet wild) ⟨v. dieren⟩ tame, domesticated ● (gekweekt) ⟨v. planten⟩ cultivated ★ tamme kastanje sweet chestnut
tamboer drummer
tamboerijn tambourine
tamelijk fairly, rather, pretty
tampon tampon
tamtam ● (ophef) fuss, to-do ● (trommels) tomtom
tand ● (gebitselement) tooth [mv: teeth] ★ tanden krijgen teethe ★ tanden knarsen gnash one's teeth; ⟨in slaap⟩ grind one's teeth ● (puntig uitsteeksel) ⟨v. vork⟩ prong, ⟨v. wiel⟩ cog, ⟨v. zaag, tandrad, e.d.⟩ tooth ▼ de tand des tijds the ravages of time ▼ iem. aan de tand voelen ⟨polsen⟩ sound a person out; ⟨m.b.t. kennis⟩ test a person; ⟨een verdachte⟩ examine; interrogate ▼ met lange tanden eten toy with one's food ▼ zijn tanden laten zien show one's teeth ▼ tot de tanden gewapend armed to the teeth ▼ (zich) met hand en tand (verzetten tegen iets) with might and main; with tooth and nail ▼ op de tanden bijten grit one's teeth; grin and bear it
tandarts dentist
tandbederf tooth decay, caries
tandem tandem
tandenborstel tooth brush
tandenknarsen grind/gnash one's teeth
tandenstoker toothpick
tandheelkunde dental surgery
tandpasta tooth paste
tandplak plaque
tandrad gear-wheel, cog
tandsteen scale ★ van ~ ontdoen scale
tandtechnicus dental technician
tandvlees gum(s)
tandwiel cog(wheel)
tanen I [ov ww] ⟨vaal geel kleuren⟩ tan II [on ww] ● (vaal worden) wane, fade ● (afnemen) be on the wane, fade ★ dit heeft zijn reputatie doen ~ this has tarnished his reputation
tang ● (vrouw) ★ wat 'n ouwe tang! what an old hag! ● (gereedschap) (pair of) tongs, ⟨nijptang⟩ pincers, ⟨v. chirurg⟩ forceps ▼ dat slaat als een tang op een varken that's neither here nor there
tangaslip tanga
tangens tangent
tango tango
tanig tawny
tank ● (pantservoertuig) tank ● (reservoir) tank, container
tankauto tanker
tankbataljon tank battalion
tanken (re)fuel
tankstation petrol station

tankwagen *tanker*
tante • (familielid) *aunt* • (vrouw) * *een lastige ~ a handful* • *je –! my foot!*
tantième *bonus, royalty*
Tanzania *Tanzania*
tap • (bar) *bar* • (kraan) *tap* • (pin, bout) *bung, plug*
tapbier *draught beer*
tapdansen *tap dance*
tape • (magneetband) *(magnetic) tape* • (plakband) *(adhesive) tape*
tapijt • (vloerkleed) *carpet* • (wandkleed) *tapestry*
tapkast *bar*
tappen • (uit vat schenken) *tap* * *bier ~ draw/ pull beer* • (vertellen) * *moppen ~ crack jokes* * *een getapte vent a popular chap*
tapperij *pub(lic house)*
taps *tapering* * *taps toelopen taper*
taptemelk *skimmed milk*
taptoe • (signaal) *last post* • (parade) *tattoo*
tapverbod *prohibition, ban on alcohol, ban on alcoholic beverages*
tapvergunning *licence to sell alcohol* * *clubhuis met ~ licensed clubhouse*
tarbot *turbot*
tarief • (prijs) *tariff, rate,* (notaris, e.d.) *fee,* (v. vervoer) *fare* * *billijk ~ moderate terms* * *het volle ~ berekenen charge the full amount* • (invoerrechten) *tariff(rates)*
tariefgroep *tax coding*
tarievenoorlog *tariff war*
tarra *tare (weight)*
tartaar *(raw) mince,* (AE) *(raw) ground beef*
tarten • (trotseren) *defy, brave* * *het lot ~ tempt fate* • (uitdagen) *challenge, dare* • (overtreffen) *defy, baffle* * *het tart elke beschrijving it defies/ baffles all description*
tarwe *wheat*
tarwebloem *wheat flour*
tarwebrood *wheat bread*
tarwevlokken *wheat flakes*
tas *bag,* (aktetas) *brief-case,* (handtas) *(hand)bag,* (schooltas) *satchel*
tasjesdief *bag snatcher,* (AE) *purse snatcher*
tast (het voelen) *touch, feeling,* (met hand) *groping, feeling* * *blinden moeten alles op de tast doen the blind have to do everything by touch* * *op de tast zijn weg zoeken feel/grope one's way*
tastbaar *tangible, palpable* * *~ bewijs concrete/ tangible proof*
tasten (met hand) *grope, fumble for* * *zij heeft diep in de buidel getast she has paid a lot for it;* (vrijgevig) *she has been very generous* * *in het duister ~* (ook fig.) *grope in the dark* * *om zich heen ~* (v. vlammen) *spread* • *iem. in zijn eer ~ hurt a person's pride*
tastzin *sense of touch*
tatoeage *tattoo*
tatoeëren *tattoo*
taugé *tauge, bean-sprouts*
tautologie *tautology*
taxateur *assessor, valuer,* (v. huis) *surveyor*
taxatie *valuation, appraisal, assessment* * *een ~ laten uitvoeren have an assessment carried out*
taxeren • (waarde bepalen) *value,* (v. huis) *survey* * *te hoog ~ overrate* • (inschatten) *estimate, assess*
taxfree *tax-/duty-free* * *~shop duty-free shop*
taxi *taxi(cab)*
taxichauffeur *taxi driver*
taxiën *taxi*
taximeter *(taxi-)meter,* (inf.) *clock*

taxistandplaats *taxi/cab rank*
taxonomie *taxonomy*
tbr → **terbeschikkingstelling**
te I [bijw] *too* * *te laat komen be late;* (sterker) *be too late* * *des te beter/erger so much the better/ worse* * *te meer daar the more so because* • *te mooi om waar te zijn too good to be true* **II** [vz] • (in/op) *at,* in * *te paard/voet on horseback/foot* * *te Utrecht in Utrecht* • (~ + inf.) *to* * *zonder iets te zeggen without saying anything* * *veel te doen much to be done*
teak *teak*
team *team*
teamgeest *team spirit*
teamspeler *team player*
teamverband *team* * *in ~ werken work in a team*
teamwork *teamwork*
techneut *one who possesses technical skill(s), person with a talent for technical things*
technicus *technician*
techniek • (vaardigheid) *technique, skill* * *de ~ van een violist the technique of a violinist* • (werktuigkundige bewerking) *technique*
technisch *technical* * *Hogere Technische School college/university of technology* * *Lagere Technische School secondary technical school* * *Middelbare Technische School senior secondary technical school*
technocratie *technocracy*
technokeuring M.O.T. *test,* (AE) *motor vehicle inspection*
technologie *technology, applied sciences* * *geavanceerde ~ high tech(nology)* * *fysische/ chemische ~ physical/chemical engineering*
technostation M.O.T. *garage*
teckel *dachshund*
tectyl ® *underseal, undercoat to prevent rust*
tectyleren *underseal, rustproof,* (AE) *undercoat*
teddybeer *teddy (bear)*
tederheid (broosheid/gevoeligheid) *delicacy,* (innigheid) *tenderness*
teef • (dier) *bitch,* (vos) *vixen* • (vrouw) *bitch, cow*
teek *tick*
teelaarde *earth, soil*
teelbal *testicle*
teelt *culture, cultivation,* (v. vee) *breeding* * *aardappel~ cultivation of potatoes* * *hij weet veel van bijen~ he's an expert on bee culture* * *eigen ~ home-grown*
teen • (deel van voet) *toe* • *op de tenen lopen walk on tiptoe* • (twijg) *willow shoot* • *hij is gauw op zijn tenen getrapt he's touchy; he is easily offended*
teenager *teenager*
teenslipper *flip-flop*
teer I [de] *tar* **II** [bnw] • (broos) *delicate, fragile, delicate, fragile* * *een teer poppetje a delicate little thing* • (gevoelig) *tender, delicate* * *een tere huid/gezondheid a delicate skin/health*
teerling *die* • *de ~ is geworpen the die is cast*
teflon *teflon*
tegel *tile*
tegelijk *at the same time, at once* * *allen ~! all together!* * *één ~ one at a time* * *~ met along/ simultaneously with*
tegelijkertijd *at the same time, simultaneously*
tegelvloer *tiled floor*
tegelzetter *tiler*
tegemoet *to meet, towards* * *aan (iemands) wensen ~ komen meet/cater to s.o.'s wishes* • *iets met spanning ~ zien anxiously wait to see/look forward* * *de ondergang ~ gaan head for disaster*

T

tegemoetkoming ● (bijdrage) subsidy, compensation, (in de kosten) indemnification ● (concessie) accommodation, concession
tegen I [het] contra, disadvantage ★ voors en ~s pros and cons **II** [bijw] ● (anti) against ★ zij is fel ~ she's dead against it ● (niet mee) against ★ wind ~ against the wind ▼ zij kan daar niet meer ~ she can't take any more **III** [vz] ● (bijna) towards, by ★ ~ middernacht by midnight ★ hij is ~ de vijftig he's getting on for fifty ● (in tegengestelde richting) against ★ ~ het licht houden hold up to the light ● (in aanraking met) ★ het staat ~ de muur it's against the wall ● (ter bestrijding van) against ★ een vaccin ~ aids a vaccine against AIDS ● (in strijd met) against, contrary to ★ ~ de regels against the rules ★ ~ haar principes against her principles ● (in ruil voor) against, for ★ ~ betaling van on payment of ★ ~ een vergoeding at/for a reward ● (jegens) to(wards), with ★ zij is altijd erg aardig ~ mij she's always kind to me ● (aan) to ★ dat moet je niet ~ haar zeggen! you shouldn't say that to her ▼ tien ~ een ten to one
tegenaan against
tegenaanval counter-attack
tegenactie counteraction
tegenbeeld ● (tegenstelling) opposite, contrast ● (tegenhanger) counterpart
tegenbericht message to the contrary ★ zonder uw ~ unless we hear from you to the contrary
tegenbeweging countermovement
tegenbezoek return-visit
tegencultuur counter-culture
tegendeel contrary, opposite, reverse ★ het ~ is waar the contrary/reverse is true
tegendraads contrary, recalcitrant
tegendruk ● (afdruk) backing, perfecting ● (weerstand) counter-pressure
tegengaan prevent, fight, discourage
tegengas ▼ ~ geven resist; put up a fight
tegengesteld opposite, contrary
tegengestelde contrary, opposite
tegengif antidote
tegenhanger counterpart
tegenhebben have (working) against one, be opposed by ★ ze heeft haar leeftijd tegen her age is working against her ★ een aantal collega's ~ be opposed by some co-workers
tegenhouden ● (beletten voort te gaan) check, arrest, stop ● (verhinderen) prevent, stop
tegenin opposed to, against ★ hij ging er recht ~ he fought it tooth and nail
tegenkandidaat rival candidate, opponent ★ zonder ~ gekozen worden be elected/returned unopposed
tegenkomen meet, come across
tegenlachen smile at/on
tegenlicht backlight, contre jour ★ een met ~ genomen foto a picture taken against the light/ with backlighting
tegenligger oncoming traffic, (auto) oncoming car
tegenlopen go wrong ★ alles liep hem tegen everything went wrong for him; he was out of luck
tegennatuurlijk unnatural
tegenop up ★ daar kan zij niet ~ that's too much for her; she can't match that
tegenover I [bijw] across (from), opposite ★ daar staat ~ on the other hand ★ er staat wel wat ~ there are compensations **II** [vz] ● (aan de overkant van) ★ ~ het station across from/opposite the station ● (ten opzichte van) ★ zij staan lijnrecht ~ elkaar they're diametrically opposed to each

other ★ hoe sta jij daar ~? how do you feel about it?
tegenovergesteld opposite
tegenpartij opposite side, (tegenstander) opponent
tegenpool opposite
tegenprestatie quid pro quo, compensation
tegenslag reverse, set back, hitch ★ de enige ~ die we hadden was het weer the only fly in the ointment was the weather
tegenspartelen ● (tegensputteren) grumble over/about, protest ★ zonder ~ without protest ● (spartelend verzetten) struggle, fight, resist
tegenspel defence, response ★ ~ bieden offer resistance ★ ~ leveren put up a fight; reply; (fig., inf.) give s.o. a run for their money
tegenspeler ● (acteur) partner, (in film) co-star ● (sport) opposite number, opponent
tegenspoed adversity
tegenspraak ● (ontkenning) denial ● (tegenstrijdigheid) ★ in ~ zijn met iets contradictory to s.th.; be inconsistent with s.th. ★ geen ~ duldend peremptory
tegenspreken ● (betwisten) object, protest ● (ontkennen) deny, contradict ★ iets categorisch ~ deny categorically ● (tegenstrijdig zijn) contradict, conflict with, be inconsistent with ★ iem. ~ disagree with someone; contradict s.o. ★ elkaar ~ the verklaringen conflicting statements
tegensputteren object, protest, (form.) demur
tegenstaan ● het eten/idee staat mij tegen the food/idea puts me off ★ alles stond hem tegen he was sick of everything ★ zoiets gaat ~ that sort of thing palls on one
tegenstand resistance ★ ~ bieden offer resistance; resist
tegenstander opponent, adversary
tegenstelling antithesis, contrast ★ in ~ met/tot in contrast with/to; unlike; as distinct from ★ ~en binnen het kabinet differences of opinion within the cabinet
tegenstribbelen resist, (fig.) raise objections ★ zonder ~ without demur
tegenstrijdig contradictory, conflicting
tegenstrijdigheid inconsistency, contradiction
tegenvallen be disappointing
tegenvaller disappointment, bit of bad luck
tegenvoeter ● (persoon) antipodean ● (tegenpool) opposite, antipode
tegenvoorbeeld example as counter argument
tegenvoorstel counter-proposal, counter-suggestion
tegenwaarde equivalent, counter-value
tegenweer resistance
tegenwerken cross, (iem.) work against, (v. plannen) thwart
tegenwerking opposition
tegenwerpen object
tegenwerping objection
tegenwicht counterpoise ★ een ~ vormen tegen counterbalance; offset
tegenwind headwind, (form.) adverse wind, (fig.) opposition
tegenwoordig I [bnw] ● (huidig) present-day, current ● (aanwezig) present **II** [bijw] at present, nowadays
tegenwoordigheid presence
tegenzet counter-move
tegenzin dislike (of), aversion (to) ★ met ~ reluctantly; with (a) bad grace
tegenzitten be/go against ★ het weer zat een beetje tegen the weather was not helping much

* alles zit hem vandaag tegen *everything is going against him today*
tegoed I [het] balance, credit **II** [bijw] in store * ik heb nog 25 gulden van hem ~ *he still owes me 25 guilders*

tegoedbon credit note

tehuis home, (vnl. daklozen) shelter, refuge * ~ voor ouden van dagen *old people's home* * militair ~ *servicemen's club* * ~ voor daklozen *shelter for the homeless*

teil (teiltje) bowl, (wasteil) washtub

teint complexion

teisteren afflict, ravage, harass, sweep * de geteisterde gebieden *the stricken/disaster areas*

tekeergaan carry on, rant and rave * tegen iem. ~ *come down on s.o.*

teken ● (aanduiding) sign, token, indication, (signaal) signal * ten ~ van in token of * -en van ongeduld *signs of impatience* ● op een ~ van at a sign/signal from ● (kenmerk) symptom * een ~ des tijds *a sign of the times* ● (voorteken) * het (is een) ~ aan de wand *the writing (is) on the wall* * een veeg ~ *(it's) not very promising*

tekenaar draughtsman

tekendoos box for drawing instruments

tekenen ● (afbeelden) * naar de natuur ~ *draw from life/nature* ● (ondertekenen) sign ● (iets) met zijn naam ~ *sign one's name to* * ~ voor gezien endorse * daar zou ik zo voor ~ *I wouldn't say no to that* ● (kenschetsen) stamp, characterize * dat gedrag tekent de man *that behaviour is typical of the man*

tekenend characteristic (of)

tekenfilm cartoon

tekening ● (afbeelding) drawing, sketch * in ~ brengen make a sketch of ● (ondertekening) signing ● ter ~ voorleggen submit for signature ● (patroon) * er begint ~ in te komen *a picture is beginning to emerge*

tekenkunst draughtsmanship

tekenpapier drawing paper

tekort ● (het ontbrekende) shortage, deficiency, (financieel) deficit * ~ aan arbeidskrachten labour shortage * een ~ aan personeel hebben be short of staff; be short-staffed * ~ aan slaap lack of sleep * een ~ dekken make up a deficit ● (karakterfout) shortcoming

tekortkoming shortcoming

tekst text, (bij muziek) lyrics, words, (bijbelpassage) text, (film) script, (opera) libretto ▼ ~ en uitleg geven give chapter and verse

tekstanalyse textual analysis

tekstballon balloon

teksthaak square brackets

tekstverklaring exposition

tekstverwerker ● (computer) word processor ● (programma) word processing programme

tel ● (het tellen) count * de tel kwijtraken lose count ● (moment) moment, second ● (aanzien) * niet in tel zijn be of no account ▼ pas op je tellen be on your guard; watch out

Tel Aviv Tel Aviv

telebankieren telebanking, computerized banking

telecommunicatie telecommunication

telefoneren telephone, phone * automatisch ~ met Nederland make a dialled call to Holland

telefonisch by telephone

telefonist telephonist, (switchboard) operator

telefoon telephone, (inf.) phone * de ~ aannemen answer the (tele)phone * de ~ opnemen pick up the phone * aan de ~ blijven hold the line; hold/hang on * per ~ over the telephone; by telephone

* de ~ neerleggen/ophangen put the receiver/phone down; (form.) replace the receiver * er is iem. aan de ~ voor u there is s.o. on the (tele)phone for you

telefoonboek telephone directory

telefooncel call box

telefooncentrale telephone exchange

telefoondistrict telephone district

telefoongesprek telephone conversation/call * ~ voor rekening van de opgeroepene reversed charge call; (AE) collect call

telefoonklapper telephone-index

telefoonnet telephone-system

telefoonnummer telephone number * een ~ draaien dial a number * kosteloos ~ Freefone (number) ®

telegraaf telegraph * per ~ by wire

telegraferen wire, telegraph

telegrafie telegraphy

telegrafisch telegraphic

telegram telegram, wire

telegramstijl telegram style

telekinese telekinesis

telelens tele-lens

telen grow, cultivate

telepathie telepathy

telepathisch telepathic

telescoop telescope

teletekst teletext

teleurstellen disappoint

teleurstellend discouraging, disappointing

teleurstelling disappointment

televisie ● (toestel) television set, (inf.) telly ● (uitzending) television, TV * door ~ overbrengen televise

televisiebewerking television adaption

televisiecircuit television circuit

televisieomroep television company

televisieprogramma television programme

televisieserie television series

televisiespel ● (toneelstuk) television play ● (spel op de televisie) television game

televisiestation television channel, (AE) television station

televisietoestel television (set)

televisie-uitzending television/TV broadcast, telecast

telex ● (toestel) teleprinter ● (bericht) telex ● (dienst) telex

telfout counting/calculating error

telg ● (afstammeling) descendant, (lit.) scion ● (loot) shoot

telkens again and again, every now and then

tellen I [ov ww] ● (aantal bepalen) count * zijn dagen zijn geteld his days are numbered * neuzen ~ count heads ● (aantal hebben) have, number * de club telt 500 leden the club consists of/has 500 members **II** [on ww] ● (getallen noemen) count ● (meetellen) count, matter * dat telt niet that doesn't count ● (van belang zijn) count * ik tel hem onder mijn vrienden I count him among my friends ▼ hij keek of hij niet tot tien kon ~ he didn't look very bright

teller ● (apparaat) counter ● (rekenkunde) numerator

telling count(ing)

telraam abacus

telwoord numeral

temeer all the more

temen drawl

temmen ● (mak maken) tame, domesticate ● (africhten) tame, (v. paard) break

T

tempel temple
temperament temperament, temper * iem. met ~ a high-spirited person
temperaturen take s.o.'s temperature
temperatuur temperature * op ~ komen warm up
temperen ● (matigen) temper, ⟨m.b.t. geestdrift⟩ damp, ⟨m.b.t. geluid⟩ subdue, ⟨m.b.t. geluid, kleur⟩ soften, ⟨m.b.t. pijn⟩ ease ● ⟨staal bewerken⟩ temper ● ⟨dimmen⟩ dim
tempo ● (snelheid) tempo, pace, speed ● het ~ opvoeren speed up * 't ~ aangeven set the pace ● (muz.) tempo, time
ten * ten eerste first(ly) * ten tweede second(ly)
tendens tendency
tendentieus tendentious, bias(s)ed
teneinde * ~ te in order to
teneur drift, tenor
tengel ● (vinger) paw, mitt * blijf met je ~s van die bloemen af keep your paws off those flowers ● (lat) lath, batten
tenger slight, slender
tengevolge * ~ van owing to
tenietdoen ⟨een afspraak⟩ cancel, ⟨een huwelijk⟩ annul, ⟨een wet⟩ nullify
tenlastelegging charge, indictment
tenminste at least
tennis tennis, lawn-tennis
tennisarm tennis elbow
tennisbaan tennis-court
tennissen play tennis
tenor tenor
tenslotte ● (uiteindelijk) finally, at last ● (welbeschouwd) after all
ten slotte finally, eventually, at last
tent ● (openbare gelegenheid) * een leuk tentje om te eten a nice little place for a meal ● (onderdak van doek) ridge tent, ⟨bungalowtent⟩ frame tent * tent voor vier personen four-person tent * in een tent slapen/ wonen sleep/live under canvas ▼ hij liet zich niet uit zijn tent lokken he refused to be drawn out
tentakel tentacle
tentamen exam
tentamineren test (for knowledge of a particular subject)
tentdoek canvas
tentenkamp encampment
tentharing tent peg/pin
tentoonspreiden display
tentoonstellen exhibit, display
tentoonstelling exhibition, show, ⟨industrieel⟩ fair
tentstok tent pole
tentzeil canvas
tenue dress, uniform * groot ~ full dress * klein ~ undress
tenuitvoerlegging execution
tenzij unless
tepel nipple, ⟨vnl. dieren⟩ teat
ter in, to, at * ter illustratie by way of illustration * ter vergelijking by way of comparison
teraardebestelling interment, funeral
terbeschikkingstelling detention during Her Majesty's pleasure
terdege thoroughly
terecht I [bnw] * zeer ~ quite rightly **II** [bijw] ● (teruggevonden) * mijn fiets is ~ my bicycle has been found ● (met recht) justly, rightly * ~ of ten onrechte rightly or wrongly ● (op de juiste plaats) * je kunt daar nu niet ~ it's closed now * met Engels kun je overal ~ English will get

you by everywhere
terechtbrengen put to rights, arrange * hij bracht er niet veel van terecht he put up a pretty poor show
terechtkomen ● (belanden) fall, land, end up/in/ at * in de sloot ~ land in a ditch ● (in orde komen) turn out all right * er komt niets van hem terecht he will come to no good * dat komt wel terecht it will sort itself out * van z'n werk kwam niets terecht his work was sadly neglected ● (teruggevonden worden) turn up * niet ~ go astray/missing ▼ alles kwam weer op z'n pootjes terecht everything turned out all right (in the end)
terechtstaan stand trial, be put on trial
terechtstellen execute
terechtstelling execution
terechtwijzen put/set right, reprimand
terechtwijzing reprimand
teren I [ov ww] ● (met teer insmeren) tar **II** [on ww] ● (~ op) live on/off * hij teert op haar kosten he lives/sponges on her * hij teert nog steeds op zijn eerste succes he is still living off his first success
tergen provoke
tering expenses ▼ je moet de ~ naar de nering zetten you must cut your coat according to your cloth
terloops I [bnw] casual, incidental **II** [bijw] * iets ~ aanroeren touch on s.th. in passing; make a passing reference to
term ● (begrip, woord) term * in algemene termen spreken speak in general/broad terms * volgens de termen der wet as defined in law ● (reden) ground * er zijn termen aanwezig om there are grounds for ● (wisk.) term ▼ in de termen vallen om be liable for ▼ hij valt niet in de termen voor deze benoeming he's not eligible/qualified for this appointment
termiet termite
termijn ● (periode) term, period * op korte ~ at short notice * lening op korte/lange ~ short-term/long-term loan ● (tijdslimiet) deadline * een ~ stellen voor set a deadline/ time-limit for * binnen de gestelde ~ within the set time; (form.) within the time stipulated (in the contract) ● (deel van schuld) * in ~en betalen pay by instalments
termijnbetaling payment by instalments
termijnhandel futures
termijnmarkt forward market, futures exchange
terminaal terminal * terminale patiënt terminal patient
terminal terminal
terminologie terminology
ternauwernood hardly, scarcely * ~ ontsnappen have a narrow escape; narrowly escape
terneergeslagen depressed, dispirited, crestfallen * een ~ indruk maken seem down (in the mouth)
terp mound
terpentijn turpentine
terpentine white spirit, turpentine
terracotta terracotta
terras terrace
terrein ● (grond) ground, ⟨bouwterrein⟩ (building-)site, ⟨landschap⟩ terrain, ⟨om huis als tuin, e.d.⟩ grounds, ⟨ommuurd bij gebouw, e.d.⟩ precinct, ⟨v. sportclub⟩ home-ground * afgesloten ~ enclosure * eigen ~ private property; (opschrift) private * 't ~ verkennen reconnoitre; (fig.) see how the land lies ● (gebied, sfeer) ground, province, field ▼ verboden ~ out of bounds ▼ ~ winnen/verliezen gain/lose ground

★ *dat valt buiten mijn ~ it's outside my territory*
▼ *meester van 't ~ blijven stay on top of the situation* ▼ *onbekend ~ unknown territory/ground* ▼ *zich op gevaarlijk ~ bevinden skate/tread on thin ice*

terreinwagen *cross-country vehicle; land rover*

terreinwinst *territorial gain* ★ *~ boeken gain ground*

terreur *terror*

territoriaal *territorial*

territorium *territory*

territoriumdrift *territoral instinct*

terroriseren *terrorize*

terrorisme *terrorism*

terrorist *terrorist*

tersluiks *stealthily, by stealth*

terstond *at once, forthwith*

tertiair *tertiary*

Tertiair ● *het ~ Tertiary*

terts *third* ★ *grote/kleine ~ major/minor third*

terug ● *(naar vorige plaats) back* ★ *ik ben zo – I won't/shan't be a minute; I'll be right back* ● *heen en – there and back* ★ *10 p ~ 10 p change* ● *(achteruit) back* ★ *een stap ~ a step backward(s)* ● *(geleden) back* ★ *vier jaar ~ four years ago/back* ▼ *daar had hij niet van ~ that shut him up*

terugbellen *call/phone/ring back*

terugbetalen *pay back, refund*

terugblik *retrospect* ● *een ~ op de laatste tien jaar looking back on the last ten years*

terugblikken *look back on* ★ *~d in retrospect*

terugbrengen ● *(weer op zijn plaats brengen) bring/take back, return* ● *(weer in toestand brengen) restore, bring back* ★ *in de oorspronkelijke staat ~ restore to its original/former conditions* ● *(reduceren) reduce to*

terugdeinzen *shrink back* ★ *voor niets ~ stick at nothing* ★ *~ voor iets shrink/recoil from s.th.*

terugdraaien ● *(achteruitdraaien) turn back* ● *(ongedaan maken) undo, cancel* ★ *een maatregel ~ reverse a measure*

terugdringen ● *(achteruitduwen) push/drive back* ★ *tranen ~ force back the tears* ● *(in aantal beperken) push/drive back*

terugfluiten ● *de directie heeft hem teruggefloten the board of directors has blown the whistle on him*

teruggaan ● *(achteruitgaan) go back* ★ *~ in de tijd go back in time* ● *(terugkeren) go back, return* ● *(zijn oorsprong vinden) date back to*

teruggang *decline, decrease* ★ *economische ~ economic recession*

teruggave *restoration, restitution* ★ *~ van de belasting tax refund*

teruggetrokken *retiring* ★ *~ leven live in retirement*

teruggeven *give back, restore, return*

teruggooien *throw/toss back*

teruggrijpen *fall back (on), revert (to)*

terughalen ● *(terugnemen) fetch back* ● *(herinneren) recall* ● *(terugtrekken) withdraw, call back* ★ *hij haalde zijn troepen terug he withdrew his troops*

terughoudend *reserved, reticent, aloof* ★ *zij is wat ~ tegenover mannen she's a bit reserved with men* ★ *~ zijn over be reticent about*

terugkeer *return*

terugkeren ● *(teruggaan) return, turn (back)* ★ *op zijn schreden ~ retrace one's steps* ● *(zich weer voordoen)* ★ *steeds ~d ever-recurring*

terugkomen ● *(terugkeren) come back, return* ● *(~ op)* ★ *daar komen we later op terug this*

will be discussed later ★ *~ op 't onderwerp return/go back to the subject* ● *(~ van)* ★ *~ van een besluit go back on a decision; change a decision*

terugkomst *return* ★ *bij haar ~ on her return*

terugkoppelen *feed back, provide feedback*

terugkrabbelen *back out (of it), (inf.) opt out, (belofte) go back on*

terugkrijgen *recover, get back* ★ *een klap ~ get a blow in return* ★ *te weinig geld ~ be short-changed*

terugleggen ● *(op oude plaats leggen) put back, replace* ● *(sport)* ★ *de bal op iem. ~ pass the ball back to s.o.*

terugloop *fall(ing off), decrease*

teruglopen ● *(lopen) walk back, (v. kanon) recoil* ● *(verminderen) fall, drop* ★ *de temperatuur loopt terug the temperature is dropping*

terugnemen ● *(weer nemen) take back* ● *(intrekken) take back, (verklaring, opmerking) withdraw*

terugreis *return-journey*

terugroepen ● *(terug laten komen) recall, call back* ● *(antwoorden) call/shout back/in response* ★ *de ambassadeur ~ recall the ambassador*

terugschrikken *recoil, start, (v. ezel, paard) shy* ★ *~ voor iets shrink back/recoil from s.th.; be afraid of s.th.* ★ *nergens voor ~ stick at nothing*

terugschroeven ● *(reduceren) scale down, reduce* ● *(ongedaan maken) reverse, change back*

terugslaan I *[ov ww] ●* *(naar zender slaan) hit/strike back, (mil.) repulse, (bal) return* ● *(omslaan) turn back* ★ *(slaag beantwoorden) hit/strike back* **II** *[on ww] ●* *(~ op) refer to*

terugslag ● *(nadelig gevolg) repercussion, reaction, (achteruitgang) set back* ● *(terugstoot) (v. wapen) recoil*

terugspelen ● *(nog eens afspelen) replay* ★ *kun je die band nog eens ~? can you replay that tape once more?* ● *(retourneren) return* ★ *zij speelde de vraag terug she returned the question* ● *(sport) play back*

terugtocht ● *(aftocht) retreat* ● *(reis terug) journey home/back, trip home, return journey*

terugtraprem *back-pedal brake*

terugtreden ● *(zich terugtrekken) withdraw from, draw back from* ● *(aftreden) withdraw, stand down*

terugtrekken I *[ov ww] ●* *(achteruit doen gaan) withdraw, pull/draw back* ● *(intrekken) withdraw, recall* ★ *een belofte ~ recall a promise* **II** *[on ww] ●* *(achteruitgaan) retreat, fall back* **III** *[wkd ww] ●* *(zich afzonderen) retreat* ★ *zich in zichzelf ~ shrink into o.s.* ★ *zich naar zijn kamer ~ retire to one's room* ● *(zijn positie opgeven) retire, withdraw (from), (bij examen) withdraw, (bij verkiezing, e.d.) stand down, (uit zaken,) retire*

terugval *backsliding, relapse*

terugvallen ● *(minder presteren) (sport) lose ground* ● *(weer vervallen) revert (to), (re)lapse (into)* ● *(~ op) fall back on*

terugverdienen *earn (enough) to repay/recover the cost of s.th.*

terugverlangen I *[ov ww] ●* *(terugvragen) want/ask back* **II** *[on ww] ●* *(verlangen) recal longingly* ★ *~ naar iets long to go back to s.th.; long to see s.th. back*

terugvinden ● *(vinden) find again* ● *(tegenkomen) find again*

terugvoeren ● *(terugleiden) (naar vroegere tijd) carry/take back, (plaats v. herkomst) lead back* ★ *dat voert ons terug naar de jaren zestig that*

T

takes us back to the sixties ● (als oorzaak aanwijzen) trace back (to) ★ dit is terug te voeren op verkeerd beleid this has its origins in mismanagement

terugvorderen reclaim, ⟨bij bank⟩ withdraw

terugweg way back

terugwerkend retroactive, retrospective ★ met ~e kracht retroactively

terugwinnen ● (weer in bezit krijgen) win back, regain ● (recyclen) reclaim, recover

terugzakken ● (naar beneden zakken) sink down ● (dalen in niveau) fall back to

terugzien I [ov ww] (weerzien) see again ★ volgende week zien we elkaar terug we'll see each other again next week **II** [on ww] ● (terugblikken) look back ★ ~ op een vruchtbare dag look back on a successful day

terwijl ● (waarbij ook) whereas ● (gedurende) as, while ★ zij huilde ~ zij het verhaal voorlas she wept as/while she read the story

terzijde ● (opzij) aside ★ iem. ~ staan help/assist s.o.; stand by s.o. ★ zij keek hem van ~ aan she looked at him sidelong/sideways/askance ★ iets ~ laten leave s.th. aside ★ trots ~ zetten swallow pride ● (terloops) at the side ★ dit ~ by the way

test iem. een test afnemen test s.o.

testament ● (laatste wil) (last) will ★ zijn ~ maken make one's will ★ iets bij ~ aan iem. vermaken will s.th. to s.o. ● (bijbeldeel) Testament ▼ hij mag zijn ~ wel maken he is done for

testamentair testamentary

testbaan test circuit

testbeeld test card

testen test ★ iem. ~ op doping drug test

testikel testicle, testis [mv: testes]

testimonium reference, ⟨vero.⟩ testimonial

testosteron testosterone

testvlucht test flight

tetanus tetanus

tête-à-tête tete-a-tete

tetteren ● (toeteren) blare, trumpet ● (zuipen) booze

teug draught ★ hij dronk het glas in één teug leeg he emptied the glass in one draught ★ met grote teugen drinken drink deep; gulp (down) ▼ met volle teugen genieten enjoy o.s. thoroughly

teugel rein, ⟨met hoofdstel⟩ bridle ▼ iem. de ~s uit handen nemen take the reins from a person ▼ iem. de vrije ~ laten give free rein/hand to a person ▼ de ~ strak houden keep a tight rein (on a person) ▼ de ~s vieren slacken the reins

teut I [de] slowcoach **II** [bnw] sloshed, tight

teuten ● (treuzelen) dawdle ● (zeuren) drivel, chatter

Teutoons Teutonic

teveel ★ 't ~ the surplus

tevens ● (ook) also, besides ● (tegelijkertijd) at the same time

tevergeefs in vain, vainly

te voorschijn ★ ~ komen come out; emerge ★ ~ halen bring/take out; produce

tevoren before, previously ★ van ~ beforehand ★ ~ betalen pay in advance

tevreden ⟨alleen over iets⟩ content, ⟨tevreden over iets⟩ satisfied, ⟨v. aard⟩ contented ★ ~ met zichzelf self-satisfied ★ zij zijn snel ~ they're easy to please

tevredenheid satisfaction ★ tot ieders ~ to everyone's satisfaction

tewaterlating launching

teweegbrengen bring about, cause, ⟨een ziekte⟩

bring on

tewerkstellen put to work, employ

textiel ● (stof) textile ● (textielwaren) textiles ★ hij zit in de ~ he works in textiles ● (industrie) textile industry

textuur texture

tezamen together ★ alles ~ (genomen) all in all

Thailand Thailand

thans ● (tegenwoordig) nowadays, at present ● (nu) at present, now

theater theatre

theatraal ● (het toneel betreffend) theatrical, stag⟨e⟩y ● (overdreven) ★ ~ gedrag histrionics; exaggerated behaviour

thee tea ★ iem. op de thee hebben have a person for a cup of tea

theeblad ● (theeblaadje) tea leaf ● (dienblad) tea tray

theedoek tea-towel

thee-ei tea ball

theelepeltje ● (lepeltje) teaspoon ● (hoeveelheid) teaspoon(ful) of

theelichtje tea warmer

theemuts tea cosy

theepauze tea break

theepot teapot

theeservies tea set

theewater water ★ 't ~ opzetten put the kettle on (for tea) ▼ boven zijn ~ zijn be in one's cups

theezakje tea bag

theezeefje tea strainer

thema ● (oefening) translation exercise ● (onderwerp) theme, subject (matter) ● (muz.) theme

themanummer special issue

thematiek theme(s), subject matter

thematisch thematic ★ ~ geordend arranged by subject

theologie theology

theologisch theological

theoloog ⟨geleerde⟩ theologian, ⟨student⟩ theological student

theoreticus theorist

theoretisch theoretical

theoretiseren theorize

theorie theory

theorie-examen written examination, theory examination

theorievorming formulation of a theory

theosofie theosophy

therapeut therapist

therapie therapy

thermiek thermal, current

thermodynamica thermodynamics

thermohardend thermosetting

thermometer thermometer

thermosfles thermos (flask)

thesaurus thesaurus

these thesis, proposition

thesis → these

thuis I [het] home **II** [bijw] ● (in huis) at home ★ doe of je ~ bent make yourself at home ● (op de hoogte) be well read in, be well up in ★ goed ~ zijn in een onderwerp be well up in a subject ▼ handjes ~! hands off!

thuisbankieren home banking

thuisbasis home base

thuisbrengen ● (naar huis brengen) bring/see home, ⟨naar eigen huis⟩ take home ● (plaatsen) place ★ ik kan hem niet ~ I can't place him

thuisclub home side

thuisfront home front

thuishaven home port, ⟨fig.⟩ home base
thuishoren belong • dat hoort hier niet thuis that doesn't belong here
thuiskomen come/get home
thuiskomst homecoming
thuisland homeland
thuisloos homeless
thuismarkt domestic/home market
thuisreis homeward journey, ⟨per boot⟩ homeward voyage
thuiswedstrijd home match
thuiswerker home worker
ti te
tiara tiara
tic • (zenuwtrek) tic, nervous tremor • (drank) shot • (aanwensel) trick, quirk
ticket ticket ★ vlieg~ plane ticket
tien I [de] ★ (cijfer) ten! (beoordeling) full marks! II [telw] ten ★ 't is tien tegen één it is ten to one → **acht**
tiende I [bnw] tenth II [telw] tenth → **achtste**
tiener teenager (boy/girl)
tiental ten, decade ★ een ~ jaren a decade ★ er waren ~len mensen there were dozens of people
tientje ten-guilder note, ten guilders
tierelantijn frill
tieren (gedijen) thrive, flourish, ⟨ongunstig⟩ be rife • (tekeergaan) rage
tierig • (goed gedijend) thriving • (opgewekt) lively
tiet tit
tij tide
tijd • (duur) time ★ de tijd doden kill time ★ dat heeft de tijd there's no hurry; it can wait ★ we hebben alle tijd we have all the time in the world; we are in no hurry ★ dit heeft de langste tijd geduurd this can't last/go on much longer ★ ik heb er gewoon de tijd niet voor I just/simply cannot spare/find the time for it ★ als je maar tijd van leven hebt if you live long enough ★ de tijden zijn veranderd times have changed ★ ik verloor elk besef van tijd I lost all sense of time ★ het is alleen maar een kwestie van tijd it's only a matter of time ★ bij de tijd zijn be up-to-date ★ in de loop der tijd in the course of time ★ met zijn tijd meegaan keep up with the times • (tijdvak) time, period, season ★ de goede oude tijd the good old days ★ in minder dan geen tijd in less than no time ★ vrije tijd spare time; leisure ★ de slappe tijd the slack season ★ geef u nog één week de tijd I'll give you one more week ★ hij heeft zijn tijd gehad he's had his day ★ alles heeft zijn tijd there is a time for everything ★ hij heeft betere tijden gekend he has seen better days ★ zijn (straf)tijd uitzitten ⟨form.⟩ serve one's term of imprisonment; ⟨inf.⟩ serve/do time ★ 'n aardig tijdje for quite a while ★ de hele tijd all the time; the whole time ★ 'n hele tijd quite a time ★ een tijd lang for a while/period; for some time ★ bij tijd en wijle off and on ★ dat was nog eens een tijd those were the days ★ binnen die tijd within that time ★ bij tijden at times ★ in deze tijd these days ★ in geen tijden not for ages ★ in vroeger tijden in former times ★ in een jaar tijds in a year ★ in deze tijd van het jaar at this time of year ★ in mijn tijd was het anders in my day things were different ★ vóór zijn tijd before his time ★ tot voor korte tijd until recently ★ hij is zijn tijd vooruit he is ahead of his time • (tijdstip) time ★ te allen tijde at all times ★ van tijd tot tijd from time to time ★ het is hoog tijd it is high time ★ op tijd in time ★ uit de tijd behind

the times ★ tegen die tijd by that time ★ ten tijde van at the time of ★ dat is uit de tijd obsolete; out of date ★ de grootste schilder van alle tijden the greatest painter of all time ★ vanaf die tijd ever since; from that time onward/forward ★ 't wordt mijn tijd I must be off now ★ heb je de (juiste) tijd have you got the (right) time ★ hij is meestal niet op tijd he is usually late; he is rarely on time ★ hij is nooit op tijd he is always late; he is never on time ★ op alle tijden at all hours ★ goed/slecht op tijd in good/bad time ★ op zijn tijd in due course; in due time ★ alles op zijn tijd all in good time ★ op vaste tijden at set times ★ (taalk.) tense ∨ de tijd zal het leren time will tell
tijdbom time bomb
tijdelijk • (voorlopig) temporary ★ ~ personeel temporary staff • (vergankelijk) ⟨form.⟩ temporal ∨ het ~e met het eeuwige verwisselen depart this life
tijdens during
tijdgebonden ★ ~ zijn be a product of the age/time
tijdgebrek lack of time
tijdgeest spirit of the age
tijdgenoot contemporary
tijdig I [bnw] timely II [bijw] in good time
tijding news, tidings ★ goede ~en brengen bring good/glad tidings
tijdloos timeless, ageless
tijdmechanisme timer, timing device
tijdmelding speaking/talking clock (service)
tijdnood pressure of time ★ in ~ komen be pressed for time
tijdperk period, ⟨gesch.⟩ age
tijdrekening chronology, era
tijdrit time trial
tijdrovend time-consuming ★ 't is erg ~ it takes a long time
tijdsbeeld ⟨aard⟩ character of an age/era, ⟨beeld⟩ portrait of an age
tijdsbestek space of time
tijdschakelaar time switch
tijdschema schedule, timetable ★ we zitten precies op het ~ we're running to schedule; we are on schedule
tijdschrift periodical, magazine
tijdsduur time span, space of time
tijdsein time signal
tijdslimiet time limit, deadline
tijdslot time lock
tijdstip (point in) time
tijdsverloop interval, space of time, period
tijdvak period, ⟨gesch.⟩ age, era
tijdverdrijf pastime
tijdverspilling waste of time
tijdwinst ★ dat zal enige ~ opleveren it will make up for lost time
tijger tiger
tijgeren crawl
tijgervel tiger-skin
tijm thyme
tik • (lichte klap) tap, ⟨harde tik⟩ rap, ⟨met zweep⟩ flick ★ tik om de oren box on the ears • (drank) cola, etc. with s.th. in it, cola, etc. with a shot of gin
tikfout typing error/mistake
tikje • (klopje) (light) tap • (beetje) a touch ★ 'n ~ beter a little better ★ 'n ~ donkerder a shade darker
tikkeltje touch, shade, bit ★ een ~ mosterd a touch/dab of mustard ★ een ~ te zout just a little too salty ★ een ~ te groot a shade large
tikken • (kloppen) ⟨tegen ruit, deur⟩ tap/rap

T

• (aantikken) (bij kinderspel) touch • (typen) type • (geluid geven) ‹v. breinaalden› click, ‹v. klok, e.d.› tick

til dovecot(e) ▼ er is iets op til there is s.th. in the wind

tilde tilde

tillen • (omhoog heffen) lift, raise • (afzetten) swindle, do ★ iem. voor honderd gulden ~ do s.o. out of a hundred guilders ▼ ergens zwaar aan ~ make a fuss over s.th. ▼ zich ergens een breuk aan ~ rupture o.s. lifting s.th.

tilt ▼ op tilt slaan tilt; (fig.) hit the roof; blow one's top; ‹computer› crash

timbre timbre

timen time ★ goed/slecht getimed well-/badly-timed

timide timid, shy

timing timing

timmeren hammer ★ erop ~ hit out freely

timmerhout timber

timmerman carpenter

tin tin, ‹legering› pewter

tinctuur tincture

tingelen jingle, tinkle

tint tint, hue, ‹kleur› tinge, ‹uiterlijk› complexion

tintelen • (twinkelen) twinkle, sparkle • (prikkelen) tingle, prickle ★ ~ van de kou tingle with cold

tinteling • (prikkelend gevoel) tingle, tingling • (het twinkelen) twinkle, twinkling

tinten tint, tinge ★ getint glas tinted glass ★ politiek links getint with a leftist political slant

tip • (uiterste punt) tip, ‹v. zakdoek› corner ★ een tipje van de sluier oplichten reveal a small part of • (hint) tip, hint • (fooi) tip

tipgever (police) informant, ‹BE› grass, ‹m.b.t. paardenraces› tipster

tippelaarster streetwalker, ‹AE› hustler, hooker

tippelen • (lopen) tramp, walk • (prostitutie bedrijven) walk the streets, solicit

tippelverbod ban on streetwalking

tippelzone streetwalkers' district

tippen I [ov ww] • (hint geven) tip (off) • (doodverven) tip (as) **II** [on ww] • (even aanraken) touch ▼ daar kun je niet aan ~ it can't be touched

tiptoets touch control

tiptop tip-top, A 1

tirade tirade

tiran tyrant

Tirana Tirana

tirannie tyranny

tiranniek tyrannical

tiranniseren tyrannize (over), bully

tissue tissue

titel • (benaming) title • (waardigheid) title ★ een ~ voeren bear a title

titelblad title page

titelhouder title holder

titelkandidaat competitor for a title

titelrol title role

titelsong title song/track

titelverdediger defender of a title, title-holder

titulatuur titles, forms of address

tja well

tjalk tjalk

tjaptjoi chop suey

tjilpen chirp, twitter

tjokvol ‹inf.› chock-full

T-kruising T-junction

tl-buis fluorescent lamp, strip light

toast • (heildronk) toast ★ een ~ uitbrengen op

drink a toast to • (brood) piece of toast

toasten ‹drink a› toast to

tobbe tub

tobben • (zwoegen) slave • (piekeren) worry ★ hij tobt met zijn gezondheid he suffers from bad health ★ ~ over worry about

toch • (desondanks) yet, still, for all that, all the same ★ hij heeft veel succes en toch is hij niet gelukkig he is very successful, yet he is still not happy • (immers) after all ★ je kunt niets krijgen, de winkels zijn toch dicht you can't buy anything, after all the shops are closed ★ je gaat toch? you will go, won't you? • (als nadruk) ★ wees toch stil do be quiet ★ wat bedoel je toch? whatever do you mean? ★ het is toch al erg genoeg it is bad enough as it is • (als wens) ★ het kan misschien toch wel waar zijn it may be true after all • (als bevestiging) ★ je hebt het hem toch gezegd? you did tell him, didn't you?

tocht • (luchtstroom) draught ★ in/op de ~ zitten sit in a draught • (reis) journey, trip, expedition ▼ onze plannen staan op de ~ our plans are/lie/hang in the balance

tochtband draught strip

tochtdeur swing door

tochten ★ het tocht there is a draught

tochtig • (met veel tocht) draughty • (bronstig) on heat

tochtlat weather strip

tochtstrip ‹binnen en buiten› draught-excluder, ‹buitenkant› weather-strip

tochtwerend draught excluding

toe I [bijw] • (heen) ★ waar ga je naar toe? where are you going? ★ naar het oosten toe towards the east • (erbij) ★ wat hebben we toe? what do we have for afters? • (dicht) shut, closed ▼ er slecht aan toe zijn be in a bad way ▼ ik ben er niet aan toe gekomen I didn't get round to it ▼ daar ben ik nog niet aan toe I haven't got that far yet ▼ maar dat is tot daar aan toe but we'll let that pass **II** [tw] ★ toe ga nu do go now ★ toe maar ‹doe het maar› go ahead; ‹verbaasd› goodness!; heavens!

toebedelen allot, assign, allocate

toebehoren I [het] ‹een auto, kleding› accessories, ‹een mixer, stofzuiger› attachments **II** [on ww] belong to

toebereiden prepare

toebrengen ‹letsel, nederlaag› inflict, ‹schade› do, ‹slag› deal

toedekken cover up, ‹in bed› tuck in

toedichten ★ iem. iets ~ impute s.th. to a person

toedienen administer, ‹een dreun› deal

toedoen I [het] doing ★ buiten mijn ~ through no fault of mine/my own ★ zonder uw ~ but for you **II** [ov ww] • (dichtdoen) close, shut, ‹de gordijnen› draw • (bijdragen) ★ dat doet er niet toe it doesn't matter; it isn't relevant ★ dat doet aan de zaak niets toe of af it makes no difference, one way or the other

toedracht facts ★ de ~ van de zaak the facts of the matter

toedragen I [ov ww] ★ achting ~ esteem ★ iem. een goed hart ~ wish a person well **II** [wkd ww] happen, come about ★ hoe heeft zich dat toegedragen? how did that come about?

toegaan happen ★ 't ging er vreemd toe there were strange goings-on there

toegang • (mogelijkheid tot toegang) access,

admittance, admission ∗ *verboden ~ private, no admittance* ∗ *vrije ~ admission free* ∗ *iem. ~ verlenen tot* ⟨form.⟩ *admit a person to* ∗ *zich ~ verschaffen gain access (to)* ● ⟨ingang⟩ *entrance, entry, access*

toegangsbewijs *entry ticket*

toegangsprijs *entrance fee, (price of) admission*

toegangsweg *access (road), approach*

toegankelijk ● ⟨te bereiken⟩ *accessible* ∗ – *voor het publiek open to the public* ● ⟨gemakkelijk te begrijpen⟩ *open, accessible* ∗ – *voor nieuwe ideeën/verbetering open to new ideas/ improvement*

toegedaan *dedicated, devoted* ∗ *'n mening ~ zijn hold an opinion/view* ∗ *iem. ~ zijn be devoted to a person*

toegeeflijk *indulgent* ∗ – *zijn tegenover kinderen indulge children*

toegenegen *affectionate*

toegepast *applied*

toegeven I [ov ww] ● ⟨erkennen⟩ *admit,* ⟨form.⟩ *own* ∗ *ik moet ~ dat zij erg mooi is she's very pretty, I've got to hand it to her* ∗ ⟨extra geven⟩ *throw in, add* ∗ *iets op de koop ~ give s.th. into the bargain* ● ⟨onderdoen voor⟩ ∗ *iem. niets ~ be a match for a person* ∗ *geen duimbreed ~ not budge/move an inch* **II** [on ww] ● ⟨inschikkelijk zijn⟩ *indulge, humour,* ⟨te veel⟩ *pamper, spoil* ∗ *over en weer wat ~ meet each other halfway; compromise* ∗ ⟨geen weerstand bieden⟩ *give in, yield* ∗ *aan smart ~ give way to sorrow*

toegevend *indulgent*

toegewijd *dedicated, devoted, committed*

toegift ⟨extraatje⟩ *bonus,* ⟨na uitvoering⟩ *encore*

toehappen ● ⟨happen⟩ *bite* ● ⟨ingaan op⟩ *rise to the bait*

toehoorder ● ⟨luisteraar⟩ *listener* ● ⟨iem. die lessen bijwoont⟩ *auditor*

toejuichen *applaud, cheer*

toekennen ● ⟨verlenen⟩ *award, grant,* ⟨v. vergoeding⟩ *allow* ● ⟨erkennen⟩ *assign, allow* ∗ *macht ~ aan assign authority to*

toekijken *look on* ∗ *ik mocht ~ I was left out in the cold*

toeknikken *nod to*

toekomen ● ⟨naderen⟩ ∗ – *op come up to;* ⟨vijandig⟩ *make for* ● ⟨toezenden⟩ ∗ *doen ~ send* ● ⟨toebehoren⟩ *belong to* ∗ *het geld komt mij toe the money is due to me* ∗ ⟨~ met⟩ *get by* ∗ *met dat geld moeten we ~ we'll have to make ends meet* ● ⟨~ aan⟩ ∗ *ergens aan ~ get round to s.th.*

toekomst *future* ∗ *de ~ voorspellen tell fortunes* ∗ *in de ~ zien look into the future; look ahead* ∗ *deze fabriek heeft geen ~ this factory has no prospects* ∗ *het oog op de ~ gericht houden look to the future*

toekomstig ⟨aanstaande⟩ *intended,* ⟨m.b.t. wat komende is⟩ *future,* ⟨te verwachten⟩ *prospective* ∗ *de ~e koper van het huis the prospective buyer/ owner of the house*

toekomstmuziek *castles in the air* ∗ *dat is ~ that's still in the future*

toekomstperspectief *perspective*

toekomstvisie *vision of the future*

toelaatbaar *acceptable,* ⟨te dulden⟩ *tolerable,* ⟨v. bewijs(stuk)⟩ *admissible*

toelachen ● ⟨lachen tegen⟩ *smile at* ● ⟨zich gunstig voordoen⟩ *smile (up)on,* ⟨v. fortuin⟩ *smile on,* ⟨v. idee⟩ *appeal to*

toelage ● ⟨toeslag⟩ *bonus, allowance* ● ⟨geldelijke uitkering⟩ *allowance,* ⟨alimentatie⟩ *maintenance,* ⟨beurs⟩ *grant*

toelaten ● ⟨goedvinden⟩ *permit, allow, tolerate* ∗ *iets oogluikend ~ turn a blind eye to s.th.* ∗ *als het weer het toelaat weather permitting* ● ⟨binnenlaten⟩ *admit,* ⟨fig.⟩ *pass* ∗ *we werden niet tot de zieke toegelaten we were not admitted to the patient* ∗ *'t aantal toegelatenen* ⟨na examen⟩ *the number of passes*

toelating ● ⟨het accepteren⟩ *admission* ● ⟨toestemming⟩ *permission*

toelatingseis *entry requirement*

toelatingsexamen *entrance examination*

toeleggen I [ov ww] ∗ *ik moet er geld op ~ I am the poorer/out of pocket for/after it* **II** [wkd ww] ⟨een taak⟩ *apply o.s. to,* ⟨form., een vak⟩ *engage in* ∗ *zich speciaal ~ op specialize in*

toeleveren *supply*

toelichten *explain,* ⟨form.⟩ *elucidate,* ⟨met voorbeelden⟩ *illustrate*

toelichting *comment, explanation, illustration*

toeloop ⟨drukte⟩ *rush,* ⟨v. nieuwe leden⟩ *influx*

toelopen ⟨komen aanlopen⟩ *walk up to, come up to* ● ⟨uitlopen⟩ ∗ *spits ~ taper*

toen I [bijw] ● ⟨vervolgens⟩ *then, next* ● ⟨in die tijd⟩ *then, at the time* **II** [vw] *when, as*

toenadering *approach,* ⟨form., fig.⟩ *rapprochement* ∗ – *zoeken make overtures*

toenaderingspoging *advance, overture*

toename *increase,* ⟨v. bevolking⟩ *growth,* ⟨v. druk⟩ *build-up*

toenemen *increase, grow, build up* ∗ ⟨v. wind⟩ *freshen* ∗ *in ~de mate increasingly* ∗ *in kracht/ snelheid ~ gather strength/speed*

toenmaals *then, at the time*

toenmalig *of that time, of the day* ∗ *de ~e minister the then minister*

toepasbaar *applicable, suitable,* ⟨te gebruiken⟩ *usable*

toepasselijk *appropriate, suitable*

toepassen ⟨regel⟩ *apply, practise,* ⟨wet⟩ *enforce* ∗ *verkeerd ~ misapply*

toepassing *application* ∗ *in ~ brengen practise* ∗ *van ~ zijn op apply to* ∗ *niet van ~ not applicable*

toer ● ⟨reis⟩ *trip,* ⟨auto ook⟩ *drive,* ⟨auto, fiets, paard⟩ *ride,* ⟨lang⟩ *tour* ● ⟨omwenteling⟩ *turn, revolution* ∗ *'n motor op toeren laten komen run up an engine* ∗ ⟨reeks breisteken⟩ *row* ● ⟨kunstje⟩ *feat, stunt* ∗ *toeren doen do stunts* ∗ *daar zal ik/jij/hij een toer aan hebben that'll be quite a job* ∗ *een hele toer no mean feat; no sinecure* ∗ *hij is over zijn toeren he is upset/on edge*

toerbeurt *turn* ∗ *bij ~ in turns*

toereikend *adequate, sufficient* ∗ – *zijn suffice*

toerekeningsvatbaar *accountable, responsible,* ⟨jur.⟩ *legally accountable*

toeren *take a trip/ride* ∗ *gaan ~ go for a drive*

toerental *number of revolutions,* ⟨inf.⟩ *revs*

toerfiets *touring bicycle*

toerisme *tourism*

toerist *tourist*

toeristenbelasting *tourist tax*

toeristenkaart ● ⟨reisdocument⟩ *tourist card* ● ⟨plattegrond⟩ *tourist map*

toeristenklasse *tourist/economy class*

toeristenmenu *tourist menu*

toeristisch *tourist, commercial* ∗ *een ~e route a tourist route* ∗ *een ~e rondreis a sightseeing tour*

toernooi *tournament*

toeroepen *call (out) to*

toertocht *tour, pleasure trip*

toerusten equip, fit out
toeschietelijk accommodating, forthcoming
  ★ weinig ~ rather reserved
toeschieten rush forward, rush at, ⟨op prooi⟩
  pounce on
toeschijnen seem to, appear to
toeschouwer onlooker, spectator
toeschrijven ★ ~ aan attribute to; put down to;
  ⟨form., ongunstig⟩ impute to
toeslaan I [ov ww] ● ⟨dichtslaan⟩ bang, ⟨boek⟩
  shut, ⟨deur⟩ slam **II** [on ww] ● ⟨zijn slag slaan⟩
  strike
toeslag allowance, ⟨op loon⟩ addition, ⟨op
  rekening⟩ additional charge, ⟨op treinkaartje⟩
  excess fare
toesnellen rush (up) to
toespelen pass (on to), slip (to)
toespeling allusion ★ bedekte ~ covert allusion
toespitsen ⟨concentreren op⟩ concentrate,
  specialize (in) ● ⟨op de spits drijven⟩ intensify,
  aggravate ★ zich ~ become acute
toespraak speech, ⟨form.⟩ address ★ een ~
  houden make a speech
toespreken speak to, address ★ ik zal hen ernstig
  ~ I'll give them a good telling off
toestaan ● ⟨goedvinden⟩ allow, permit
  ● ⟨toewijzen⟩ grant, ⟨form.⟩ concede
toestand ● ⟨situatie⟩ state, ⟨leef-, werksituatie⟩
  condition, ⟨v.h. ogenblik⟩ position, situation
  ★ een gespannen ~ a tense situation ★ in een
  goede/slechte ~ in a good/poor condition ★ in
  een ~ van wanhoop in a state of despair
  ● ⟨gedoe⟩ ★ wat een ~! what a muddle!
toesteken I [ov ww] ● ⟨aanreiken⟩ hold out,
  extend ★ de helpende hand ~ entend a helping
  hand **II** [on ww] ● ⟨steken⟩ stab
toestel ● ⟨apparaat⟩ camera, apparatus, ⟨radio, tv⟩
  set ● ⟨vliegtuig⟩ plane, machine
toestemmen agree/consent (to)
toestemming consent ★ met ~ van by courtesy of;
  by permission of
toestoppen ● ⟨geven⟩ slip ★ zij stopte hem tien
  gulden toe she slipped him ten guilders
  ● ⟨toedekken⟩ tuck in
toestromen pour/flood in
toet ⟨gezicht⟩ face ● ⟨knoet⟩ knot, ⟨in nek⟩ bun
toetakelen ● ⟨ruw aanpakken⟩ knock about, beat
  up, ⟨vrouw, kind⟩ batter ● ⟨opdirken⟩ dress up
  ★ zij had zich raar toegetakeld she was very
  oddly rigged out
toetasten fall to ★ tast toe help yourself/selves; dig
  in
toeten toot ★ hij weet van ~ noch blazen he
  doesn't know a thing; ↓ he doesn't know his arse
  from his elbow
toeter I [de] ● ⟨blaasinstrument⟩ tooter ● ⟨claxon⟩
  hooter, horn **II** [bnw] pissed out of one's mind,
  smashed
toeteren ● ⟨op een toeter blazen⟩ hoot, toot
  ● ⟨claxonneren⟩ toot/honk (the horn)
toetje sweet, dessert, ⟨inf.⟩ afters
toetreden join
toetreding joining, entry
toets ⟨druktoets⟩ key ★ een ~ aanslaan strike a
  key ★ het kan de ~ der kritiek niet doorstaan it
  won't stand up under scrutiny ★ ⟨examen⟩ test
toetsen test ★ aan de praktijk ~ try out
toetsenbord keyboard
toetsenist keyboard player
toetssteen touchstone
toeval ● ⟨omstandigheid⟩ accident, chance ★ het ~
  wilde dat it so happened that ★ door een

ongelukkig ~ by a stroke of bad luck; ⟨form.⟩ by
  mischance ● ⟨med.⟩ an epileptic fit/seizure ★ aan
  ~len lijden be epileptic
toevallen ● ⟨dichtvallen⟩ fall shut ● ⟨ten deel
  vallen⟩ devolve to/on, fall to
toevallig I [bnw] accidental, fortuitous ★ een ~e
  samenloop van omstandigheden a coincidence
  II [bijw] ● ⟨bij toeval⟩ by chance/accident ★ ~ zag
  ik hem I happened to see him ★ ~ had ik geen
  geld bij me as luck would have it, I had no money
  on me ● ⟨misschien⟩ ★ ken je hem ~? do you
  happen to know him?
toevalstreffer chance hit, ⟨fig.⟩ stroke of luck, fluke
toeven stay ★ het is hier goed ~ it's a nice place to
  be
toevertrouwen ● ⟨geven⟩ ⟨en⟩trust ★ iem. iets ~
  ⟨en⟩trust a person with s.th. ★ het is hem wel
  toevertrouwd leave that to him ● ⟨mededelen⟩
  confide ★ iem. een geheim ~ confide a secret to s.o.
toevloed influx
toevlucht ⟨veilige plek⟩ refuge ● ⟨bescherming⟩
  refuge, resort ★ ~ nemen tot ⟨fig.⟩ resort to ★ zijn
  ~ zoeken bij take refuge with ★ zijn laatste ~ his
  last resort
toevluchtsoord refuge
toevoegen ● ⟨erbij doen⟩ add, join ● ⟨zeggen
  tegen⟩ ★ iem. een belediging ~ to fling/hurl an
  insult at s.o.; snap a rude remark at a person
toevoeging ● ⟨het toevoegen⟩ addition, adding
  ● ⟨toevoegsel⟩ addition, ⟨aan document⟩ rider
toevoer supply
toewensen wish
toewijding ● ⟨zorg⟩ devotion, dedication
  ● ⟨vroomheid⟩ devotion
toewijzen ⟨v. deel⟩ allot, ⟨v. geld⟩ allocate, ⟨v.
  prijs⟩ award, ⟨v. taak⟩ assign
toezeggen promise
toezegging promise
toezenden send, forward
toezicht supervision, inspection, ⟨bij examen⟩
  invigilation ★ ~ houden op supervise ★ ~
  houden ⟨bij examen⟩ invigilate
toezien ⟨toekijken⟩ look on ● ⟨toezicht houden⟩
  take care, see (to) ★ ~d voogd joint guardian
tof great, topping ★ een toffe jongen a great guy;
  ⟨iron.⟩ a bit of a lad
toffee toffee
toga gown, ⟨v. Romein⟩ toga
Togo Togo
toilet ● ⟨w.c.⟩ lavatory, toilet ● ⟨kleding⟩ dress,
  outfit ● ⟨het zich optutten⟩ toilet ★ ~ maken
  make one's toilet; wash and dress ★ groot ~ full
  dress
toiletjuffrouw lavatory attendant
toiletpapier toilet paper
toiletpot lavatory pan/bowl
toiletrol toilet paper/roll
toilettafel dressing table
toilettas toilet bag/kit
toiletzeep ⟨toilet⟩ soap
tokkelen strum, ⟨op snaren⟩ pluck ★ hij begon
  zachtjes te ~ he started strumming softly
toko ⟨allerhande artikelen⟩ general shop/store,
  ⟨met Indonesische artikelen⟩ Indonesian shop
tol ● ⟨tolgeld⟩ toll ★ tol betalen pay a toll
  ● ⟨speelgoed⟩ top ★ zijn tol eisen take its toll
tolerant tolerant, broad-minded
tolerantie tolerance, toleration
tolereren tolerate
tolgeld toll
tolhuis toll house
tolk interpreter

tolken interpret, translate
tolk-vertaler interpreter-translator
tollen ● (met een tol spelen) spin a top ● (ronddraaien) spin round
tolvrij toll-free
tolweg toll road, ⟨AE⟩ (turn)pike
tomaat tomato
tomatenketchup (tomato) ketchup
tomatensoep tomato soup
tombe tomb
tomeloos unbridled
ton ● (gewicht) ton ● (inhoudsmaat) (register) ton ● (geld) a hundred thousand guilders ● (vat) cask, barrel ● (boei) buoy
tondeuse (pair of) clippers/trimmers, ⟨voor schapen⟩ shears
toneel ● (schouwspel) scene, spectacle ● (podium) stage ● een stuk ten tonele brengen produce/stage a play ● (dramatische kunst) drama ★ aan/bij 't ~ zijn/gaan be/go on the stage ● (deel van bedrijf) scene ● (plaats van handeling) scene, ⟨film⟩ set
toneelgezelschap theatre/theatrical company
toneelgroep theatre group
toneelkijker opera glass
toneelknecht stagehand
toneelmeester stage manager
toneelschool drama school/college
toneelschrijver playwright, dramatist
toneelspel ● (het spelen) acting ● (stuk) play
toneelspelen ● (acteren) act, play ● (zich aanstellen) play-act
toneelspeler ● (acteur) actor ● (aansteller) play-actor
toneelstuk play
tonen I [ov ww] ● (laten zien) show, ⟨uitstallen⟩ display ● (aantonen) prove, demonstrate **II** [on ww] ● (ogen) look ★ het toont meer dan het is it looks better than it is
tong ● (orgaan) tongue ★ zijn tong uitsteken (naar) stick out one's tongue (at) ● (vis) sole ★ tongfilet filleted sole ▼ een scherpe tong of sharp tongue ▼ met de tong op de schoenen dog-tired ▼ met een dubbele/dikke tong spreken speak thickly; slur one's words ▼ een gladde tong an oily tongue ▼ boze tongen beweren it is rumoured ▼ heb je je tong verloren? lost your tongue? ▼ dat maakte de tongen los it set tongues wagging ▼ 't lag mij op de tong it was on the tip of my tongue ▼ hij ging over de tong his name was on everybody's tongue
Tonga Tonga
tongfilet fillet of plaice
tongriem ▼ goed van de ~ gesneden zijn have the gift of the gab
tongval ● (accent) accent ● (dialect) dialect
tongzoen french kiss
tonic tonic
tonicum tonic
tonijn tunny, ⟨AE⟩ tuna
tonnage tonnage
tonus (muscle) tone
toog ● (priestertoga) cassock ● (tapkast) bar
tooien decorate, ⟨met slingers, e.d.⟩ deck, festoon
toom ● (dieren) ⟨biggen⟩ litter, ⟨kippen⟩ brood ● (teugel) bridle ▼ in toom houden keep in check
toon ● (stembuiging) tone, note ★ op zachte toon in a soft voice ★ op gedempte toon in a low voice ★ op fluistertoon in a whisper ★ op bitse toon in a harsh voice ● (klank) sound, tone, note ★ de toon aangeven give the key; ⟨fig.⟩ set the tone/mode/fashion ★ toon houden stay/keep in tune ★ een

toon aanslaan strike a note; ⟨fig.⟩ be high and mighty; get on one's high horse ● (klankkleur) tone, timbre, ⟨toonhoogte⟩ pitch ● (wijze van omgang, sfeer) tone, ⟨v. angst⟩ note (of fear) ★ de goede toon good breeding
toonaangevend leading
toonaard key
toonbaar presentable, fit to be seen
toonbank counter
toonbeeld model, paragon
toonder bearer ★ betaalbaar aan ~ payable to the bearer
toonhoogte pitch
toonkunst music
toonladder scale
toonloos ● (zonder veel klank) toneless ● (taalk.) unaccented
toonsoort key
toonvast keeping in tune ★ ~ zijn stay/keep in tune
toonzaal showroom
toorn wrath, rage ▼ in ~ ontsteken fly into a rage
toorts torch
top ● ((hoogste) punt) top, ⟨v. berg⟩ summit, top, ⟨v. driehoek⟩ apex, ⟨v. golf⟩ crest, ⟨v. neus, vinger⟩ tip ★ de top-tien the top 10 ● (hoogste leiding) top ★ de top van de Labour partij the Labour-party top ★ aan de top staan be at the top ● (de besten) top ★ de top bereiken reach the top ● (topconferentie) summit ▼ van top tot teen from head to foot; from top to toe ▼ de geestdrift steeg ten top enthusiasm came to a head ▼ ten top voeren carry to extremes ▼ top! done!; it's a deal!
topaas topaz
topconferentie summit meeting/conference
topdrukte rush hour, extremely busy
topfunctie top/leading position, ⟨inf.⟩ top-notch job
tophit smash/big hit
topjaar great year, top year, peak year
topje ● (kledingstuk) top ● (hoogste punt) tip ★ het ~ van de ijsberg the tip of the iceberg
topless topless
topman top/senior executive
topografie topography
topografisch topographical ★ ~e dienst ≈ ordnance survey
topoverleg top-level talks, ⟨pol.⟩ summit talks
topper ● (hoogtepunt) top, high point ● (wedstrijd) top(-class) match ● (populair product) ⟨boek⟩ bestseller, ⟨boek, lied, plaat⟩ hit ★ de ~ van het seizoen the attraction of the season
topprestatie a record/top-notch performance/achievement
toppunt ● (uiterste) top, height, climax, ⟨carrière⟩ height ★ op 't ~ van zijn macht staan be at the height of one's power ★ dat is 't ~ that's the limit; that's the last straw ★ 't ~ van dwaasheid the height of folly ● (hoogste punt) top, highest point, ⟨meetkunde⟩ apex
topsnelheid top speed
topspin topspin
topsport top-class sport
topvorm top form ★ in ~ zijn be in top form
topzwaar top-heavy
tor beetle
toren ● (bouwwerk) tower, ⟨geschuttoren⟩ turret, ⟨met spits⟩ steeple ● (schaakstuk) castle, rook ▼ hoog van de ~ blazen ⟨veeleisend⟩ be demanding; ⟨snoevend⟩ blow one's own trumpet
torenflat tower block (of flats), high-rise flats
torenhoog towering, ⟨golf⟩ mountainous ★ ~

T

uitsteken boven tower above
torenklok • (uurwerk) church/tower clock
• (luidklok) church bell
torenspits spire
torenvalk kestrel
tornado tornado
tornen I [ov ww] • (losmaken) unstitch **II** [on ww]
• (~ aan) meddle with ∗ er valt niet aan te ~ it
can't be altered
torpederen torpedo ▼ een idee ~ torpedo/
sabotage an idea
torpedo torpedo
torpedoboot torpedo boat
torpedojager destroyer
torsen bear, carry
torsie torsion
torso torso
tortelduif turtle dove
tossen toss (up/for)
tosti grilled cheese sandwich
tosti-ijzer sandwich toaster
tot I [vz] • (als/voor) to, for ∗ hij werd tot chef
benoemd he was appointed manager ∗ tot beter
begrip for greater understanding ∗ tot tien
jaar veroordelen sentence s.o. to ten years'
imprisonment ∗ (zo ver als) to, until ∗ tot nu toe
up till now; so far ∗ tot tien tellen count (up) to
ten ∗ tot driemaal toe up to three times ∗ tot
ziens goodbye ∗ de bus gaat tot Utrecht the bus
goes as far as Utrecht ∗ tot straks see you (later)
• (tegen) ∗ hij sprak tot de menigte he spoke to
the crowd ∗ tot elke prijs at any price **II** [vw] ∗ hij
sliep tot het donker werd he slept until dusk
totaal I [het] • (geheel) total ∗ in ~ in all ∗ in ~
bedragen total • (som) (sum) total ∗ algemeen ~
grand total **II** [bnw] ∗ totale oorlog total/all-out
war **III** [bijw] total ∗ iets ~ vergeten completely
forget s.th.
totaalbedrag total (amount)
totaalbeeld overall/total picture
totaalweigeraar hard-line objector
totalisator totalizator, (inf.) tote
totalitair totalitarian
totaliteit totality
total loss total loss, (vnl. auto, e.d.) write off ∗ een
auto ~ rijden wreck a car
totdat till, until
totempaal totem pole
toto (paardensport) totalizator, (voetbal)
football-pools
toucheren • ((aan)raken) touch • (ontvangen)
(rente) receive, (salaris) draw • (inwendig
onderzoeken) perform an internal examination
toupet hairpiece, toupee
touringcar coach
tournedos tournedos
tournee tour ∗ een ~ maken door/in... tour...
touroperator tour operator
touw (dik) rope, (dun) string, (vrij dik) cord ▼ in
touw zijn be in harness ▼ ik kan er geen touw
aan vast knopen I can't make head or tail of it
▼ iets op touw zetten (campagne) get up/plan;
(complot) engineer; (onderneming) launch
touwklimmen rope-climbing
touwladder rope ladder
touwtje bit/piece of string ▼ de ~s in handen
hebben pull the strings
touwtrekken tug of war, (fig.) struggle for power
touwtrekkerij struggle (for power)
touwwerk (scheepv.) rigging, (touw) ropes,
(tuigage) cordage
tovenaar magician

tovenarij magic
toverdrank (magic) potion
toveren I [ov ww] • (goochelen) conjure (up)
II [on ww] • (wonderbaarlijke dingen doen)
work magic
toverheks witch
toverij magic
toverkracht magic, magic power
toverkunst magic
toverslag ▼ als bij ~ as if by magic
toverspreuk spell
toxicologie toxicology
traag • ((te) langzaam) slow, sluggish • (laks) slow,
sluggish, lazy, (v. begrip) slow(-witted) • (nat.)
inert
traagheid • (laksheid) slowness, slow-wittedness,
obtuseness • (nat.) inertia
traan • (olie) whale oil • (oogvocht) tear ∗ in
tranen uitbarsten burst into tears ∗ tot tranen
geroerd moved to tears ∗ de tranen sprongen
hem in de ogen his eyes filled with tears ∗ hij zal
er geen ~ om laten he won't shed any tears over it
traanbuis tear duct
traangas tear gas
traanklier tear gland
traanvocht tears
traceren • (nasporen) trace • (aftekenen) trace
(out)
trachten attempt, try, (form.) endeavour
tractor tractor
traditie tradition ∗ ~ getrouw true to tradition
∗ volgens de ~ by tradition
traditiegetrouw traditional, true to tradition
traditioneel traditional
tragedie tragedy
tragiek tragedy
tragikomedie tragicomedy
tragikomisch tragicomic
tragisch tragic ∗ dat is het ~e ervan that is the
tragedy of it
trailer trailer • (aanhangwagen)
(kampeerwagen) caravan
trainen I [ov ww] • (coachen) train, (elftal ook)
coach **II** [on ww] • (zich oefenen) train
trainer trainer, coach
traineren I [ov ww] • (vertragen) delay, stall
∗ met iets ~ delay s.th. **II** [on ww] • (treuzelen)
stall, play for time
trainingsbroek jogging pants
trainingspak tracksuit
traiteur domestic caterer
traject (route) route, (v. weg, spoorlijn) section
traktaat • (verdrag) treaty • (verhandeling) tract
traktatie treat
trakteren I [ov ww] • (onthalen op) treat (to),
(drankje, maaltijd) stand ∗ Ik trakteer je op een
biertje I'll stand you a beer **II** [on ww] • (rondje
geven) ∗ ik trakteer this one's on me
tralie bar ∗ achter de ~s behind bars; under lock
and key
traliehek (om huis) railings, (voor raam, e.d.)
grille
tram tram (car)
tramhalte tram stop
trammelant • (ruzie) rumpus ∗ ~ schoppen kick
up a row • (moeilijkheden) trouble ∗ ~ maken
make trouble
trampoline trampoline
trampolinespringen trampolining
trance trance ∗ in ~ brengen put in a trance ∗ in
~ geraken go into a trance
tranen water

tranendal *vale of tears*
tranquillizer *tranquillizer*
trans *pinnacle*
transactie • (schikking) (out-of-court) settlement • (handelsovereenkomst) transaction, deal
transatlantisch *transatlantic*
transcendent • (bovenzinnelijk) transcendent(al), ‹pejoratief› otherworldly • (wisk.) transcendent
transcontinentaal *transcontinental*
transcriptie *transcription, transliteration*
transformatie *transformation*
transformator *transformer*
transformeren *transform*
transfusie *transfusion*
transit • (tussenstop) stopover • (doorreis) transit
transito *transit*
transitohaven *transit port*
transitvisum *transit visa*
transmissie *transmission*
transparant I [het] transparency **II** [bnw] transparent
transpiratie • (het zweten) perspiration • (zweet) perpiration, ↓ sweat
transpireren *perspire*
transplantatie *transplant(ation)*
transplanteren *transplant*
transport • (vervoer) transport • ~ van gevangenen convoy of prisoners • (overdracht) transfer • (administratie) amount carried forward
transportband *conveyer/conveyor belt*
transporteren *transport*, ‹m.b.t. boekhouding› carry forward
transseksueel I [de] transsexual **II** [bnw] transsexual
trant *style, manner* ★ iets in die ~ *s.th. of the sort; s.th. to that effect*
trap • (schop) kick • (constructie met treden) stairs, staircase ★ open trap open staircase ★ de trap op/af gaan go upstairs/downstairs • (graad) level, ‹taalk.› degree ★ trappen van vergelijking degrees of comparison ★ op een hoge trap van beschaving have reached a high degree of civilization; be at a high level of civilisation
trapboot *pedal boat, pedalo*
trapeze *trapeze*
trapezewerker *trapeze artist*
trapezium *trapezium*
trapgat (stair)well
trapgevel *step gable*
trapleuning *banisters*
traploper *stair carpet*
trappelen *trample* ⒱ ~ van ongeduld *champ at the bit with impatience*
trappelzak *infant's sleeping bag*, ‹AE› bunting
trappen I [ov ww] • (schoppen) kick ★ hij werd eruit getrapt ‹fig.› he got the boot/sack; he was kicked out **II** [on ww] • (voet neerzetten) tread/step on ★ zij trapte er niet in she didn't fall for/buy it • (fietsen) pedal
trappenhuis (stair) well
trapper • (pedaal) pedal ★ op de ~s gaan staan stand on the pedals • (schoen) ↑ shoe
trappist *Trappist*
trapportaal *landing*
trapsgewijs *step-by-step, gradual* ★ een trapsgewijze toename *a gradual increase*
trauma *trauma*
traumatisch *traumatic*
traverse • (dwarsverbinding) crossbeam • (zijwaartse sprong) traverse
travestie *travesty*

travestiet *transvestite*
trechter *funnel,* ‹door granaatinslag› crater
tred *step, pace* ⒱ gelijke tred houden met *keep in step with; keep pace with*
trede ‹v. ladder› rung, ‹v. trap› step
treden *step, tread* ⒱ nader ~ *approach* ★ in bijzonderheden ~ *go into detail(s)* ★ in de plaats ~ van *take the place of* ★ in iemands rechten ~ *acquire s.o.'s rights* ★ naar voren ~ *step/come forward;* ‹fig.› *stand out* ★ in iemands voetstappen ~ *follow/tread in a person's steps*
tredmolen *treadmill*
treffen I [het] • (confrontatie) engagement • (gevecht) encounter **II** [ov ww] • (tot stand brengen) make, ‹maatregelen› take ★ een overeenkomst ~ *make an agreement* • (raken) hit, (bliksem) strike ★ het doel ~ *hit the mark;* ‹fig.› *strike home* • (aantreffen) meet, come across ★ iem. thuis ~ *find s.o. (at) home/in* • (opvallen) strike • (overkómen) ★ de getroffen gebieden *the stricken areas* • (boffen) ★ je hebt het goed/slecht getroffen *you have been lucky/unlucky* • (ontroeren) touch, move • (aangaan) ★ hem treft geen schuld *he's not to blame* ⒱ 't oor onaangenaam ~ *jar on the ear*
treffend *striking*
treffer • (raak schot) hit • (gelukje) stroke/bit of luck • een ~ plaatsen *score a hit*
trefpunt *meeting point*
trefwoord *entry*
trefzeker *accurate, well-aimed,* ‹m.b.t. woorden› well-spoken
trein *train* ★ de ~ van 2 uur *the two o'clock train* ★ aan de ~ zijn *meet the train* ★ met de ~ gaan *go by train* ★ iem. naar de ~ brengen *see s.o. to the station* ★ iem. op de ~ zetten *put s.o. on the train for* ⒱ dat loopt als een ~ *go like a bomb*
treinkaartje *train ticket,* ‹BE› railway ticket
treinstel *train*
treinverbinding *train connection*
treinverkeer *train, rail*
treiteren *nag*
trek • (het trekken) pull, haul, tug, ‹aan pijp› pull, ‹v. vogels› migration • (eigenschap) trait, feature ★ dat is een naar trekje van hem *that is a nasty trait of his* • (lijn in het gezicht) feature ★ trekken om zijn mond *lines around his mouth* • (zin) mind, inclination ★ (geen) trek in iets hebben *have a (no) mind to s.th.* • (eetlust) appetite ★ hij heeft trek *he is hungry;* ‹inf.› *he is peckish* • (tocht) draught ★ er zit geen trek in de schoorsteen *the chimney doesn't draw* ★ aan zijn trekken komen *get one's share of the cake* ⒱ iets in grote trekken aangeven *give a broad outline of s.th.* ⒱ hij kreeg z'n trekken thuis *his chickens came home to roost* ⒱ zeer in trek zijn *be the fad/craze;* ‹form.› *be in great demand* ⒱ in trek komen *become popular*
trekdier *draught animal*
trekhaak *tow bar*
trekharmonica *accordion*
trekken I [ov ww] • (een bal ~) ‹bij biljart› twist a ball • (slepen) pull, draw, ‹v. schip, auto› tow • (aantrekken) attract, ‹v. publiek, klanten› draw ★ aandacht ~ *attract attention* • (krijgen) ★ een prijs/salaris/wissel ~ *draw a prize/salary/bill* • (met spierbeweging maken) make, pull ★ een gezicht ~ *pull faces* ★ zich toehalen) draw, pull ★ aan de bel ~ *pull the bell;* ‹fig.› *sound the alarm* ★ iem. aan zijn mouw ~ *pull/pluck a person by the sleeve* ★ aan zijn pijp ~ *puff on one's pipe* • (uittrekken) ★ een kies/tand ~ *pull out a*

T

---

tooth ▾ van leer ~ tegen lash out at; pitch into
▾ de macht aan zich ~ usurp power **II** [on ww]
● (luchtstroom doorlaten) draw ● (gaan) travel,
move, ⟨langs lijkkist⟩ file past, ⟨te voet⟩ hike
★ door de straten ~ pass/march through the
streets ★ eropuit ~ set out ★ om een stad heen ~
by pass a town ★ over een rivier ~ cross a stream
● (betrekken) ★ in een nieuw huis ~ move into a
new house ● (spierbeweging maken) twitch
★ met z'n been ~ drag one's leg
trekker ● (reiziger) hiker, ⟨met rugzak⟩
backpacker ● (tractor) tractor ● (onderdeel van
vuurwapen) trigger ★ de ~ overhalen pull the
trigger ● (auto) truck, lorry ★ ~ met oplegger
truck and trailer
trekking draw
trekkingslijst list of winning numbers
trekkracht traction, pull
trekpleister ● (attractie) attraction, ⟨inf.⟩ draw
● (med.) ≈ blister-plaster
trektocht hike, hiking tour/trip
trekvogel migratory bird, bird of passage
trekzalf salve
trema diaeresis
trend ● (ontwikkeling) trend ● (mode) trend,
fashion
trendgevoelig subject to trends, subject to
changing fashion(s)
trendsetter trendsetter
trendvolger ● (iem. met een bepaald loon)
employee whose salary is linked to civil service
scales ● (iem. die de mode volgt) follower of
fashion/trends, ⟨AE⟩ slave to fashion
trendy trendy
treuren mourn, grieve ★ ~ over/om mourn for/over
treurig ● (verdrietig) sad, mournful
● (erbarmelijk) pathetic, appalling
treurmuziek funeral music, dirge
treurspel tragedy
treurwilg weeping willow
treuzelaar dawdler, laggard
treuzelen dawdle (over)
triangel triangle
triatlon triathlon
tribunaal tribunal
tribune ⟨sport⟩ stand, ⟨met afgezonderde
plaatsen⟩ gallery, ⟨publieke⟩ public gallery
tricot ● (materiaal) tricot ● (kleding) leotard
triest sad, dejected
triktrak backgammon
triljoen trillion
trillen ● (beven) tremble ● (heen en weer gaan)
vibrate, tremble, quiver
triller ⟨muz.⟩ trill
trilling ● (heen- en weergaande beweging)
vibration, ⟨v. aarde⟩ tremor ● (het trillen)
vibration, trembling
trilogie trilogy
trimaran trimaran
trimbaan training circuit
trimester quarter, ⟨AE⟩ trimester, ⟨v. scholen⟩ term
trimmen I [ov ww] ● (haar knippen) trim II [on
ww] ● (zich fit houden) do keep-fit exercises,
⟨binnenshuis⟩ work out, ⟨buitenshuis⟩ jog
trimsalon ⟨dog⟩ grooming parlour
trimschoen jogging/gym shoe
trio trio
triomf triumph
triomfantelijk triumphant
triomfboog triumphal arch
triomferen triumph
triomfkreet shout of triumph
triomfpoort triumphal arch
triomftocht triumphal procession
trip ● (uitstapje) outing, trip ● (effect van drugs)
trip
tripartiet tripartite
triplex plywood
triplo ★ in ~ in triplicate; threefold
trippelen patter, scurry
trippen ● (trippelen) trip ● (onder invloed van
drugs zijn) trip (out)
triptiek triptych
triviaal ⟨platvloers⟩ vulgar, coarse ● (alledaags)
trite, trivial
troebel muddy, murky, cloudy
troef ● (kaart) trump ★ hij heeft alle troeven in
handen he holds all the trumps ★ ~ bekennen
follow suit ★ hij speelde zijn hoogste ~ uit he
played his trump/master card ● (sterk argument)
trump card ★ armoede ~ daar they are poor as
churchmice; they are hard up
troefkaart trump card
troep ● (rommel) mess ● (groep) troop, band,
⟨honden⟩ pack, ⟨mensen⟩ crowd, ⟨mensen,
dieren ook⟩ troop, pack, ⟨schapen, ganzen⟩ herd,
⟨schoolmeisjes⟩ a bevy of schoolgirls ● (mil.) troop
troepenmacht military forces
troetelkind spoilt child, ⟨his, her, etc.⟩ pet
troetelnaam pet name
troeven (play) trump
trofee trophy
troffel trowel
trog ⟨ook geografisch⟩ trough
trol troll
trolleybus trolley bus
trom drum ★ de grote trom roeren beat the big
drum ▾ met stille trom vertrekken do a
⟨moonlight⟩ flit ▾ met slaande trom en
vliegende vaandels with drums beating and flags
flying
trombone trombone
trombonist trombonist
trombose thrombosis
tromgeroffel drum roll
trommel ● (doos) box, tin ★ ⟨trom⟩ drum ★ de ~
slaan beat the drums ● (cilinder) drum, barrel
trommelaar drummer
trommelen I [ov ww] ● (optrommelen)
★ mensen bij elkaar ~ drum up a number of
people II [on ww] ● (op de trom slaan) drum,
beat the drum ● (geluid maken) drum ★ op de
piano ~ strum the piano
trommelrem drum brake
trommelvlies eardrum
trompe-l'oeil tromp l'oeil
trompet trumpet
trompetgeschal sound of trumpets, ⟨lit.⟩ flourish
of trumpets
trompetten trumpet
trompettist trumpet player
tronen throne, sit enthroned
tronie mug
troon throne ★ op de ~ komen come to the throne
▾ van de ~ stoten drive from the throne
troonopvolger heir to the throne
troonopvolging succession (to the throne)
troonrede speech from the throne, king's/queen's
speech
troonsafstand abdication
troonsbestijging accession (to the throne)
troonzaal throne room
troost comfort, consolation ★ dat is een schrale ~
that is cold comfort

troosteloos ‹landschap, watervlakte› *dreary,* ‹streek› *desolate, disconsolate*
troosten *comfort, console*
troostprijs *consolation prize*
tropen *tropics*
tropenjaren *years spent in the tropics*
tropenkolder *tropical frenzy*
tropenpak *lightweight suit*
tropenrooster *work schedule adjusted for a tropical climate*
tropisch *tropical*
tros ● ‹bloeiwijze› ‹plant.› *raceme,* ‹bananen, druiven› *bunch,* ‹bessen› *string* ● ‹scheepv.› *hawser* ★ *de trossen losgooien cast off*
trots I [de] ● ‹eigenwaarde› *pride* ★ *gekrenkte ~ hurt pride* ● ‹hoogmoed› *pride* ● ‹fierheid› *pride* ★ **misplaatste** ~ *false pride* ● ‹voorwerp van trots› *pride* ★ *hij was de ~ van het dorp he was the pride/boast of the village* **II** [bnw] ● ‹fier› *proud* ★ ~ *zijn op be proud of* ● ‹hoogmoedig› *proud, haughty* ● ‹indrukwekkend, statig› *proud* ▼ *zo ~ als een pauw as proud as a peacock*
trotseren ‹weerstaan› *stand up* (to) ● ‹het hoofd bieden› *defy, brave* ▼ *de eeuwen ~ stand the test of time*
trottoir *pavement*
trottoirband *kerb*
troubadour *troubadour*
trouw I [de] *fidelity, loyalty,* ‹aan land/partij› *allegiance* ★ ~ *zweren* ‹aan partij, enz.› *swear an oath of allegiance ;* ‹bij huwelijk› *plight one's troth* ▼ *te goeder/kwader ~ bona/mala fide; in good/bad faith* **II** [bnw] ● ‹stipt› *conscientious* ● ‹getrouw› *faithful, loyal, true* ★ *een ~e klant a regular customer* ★ *iem. ~ blijven remain loyal to s.o.* **III** [bijw] ★ *zij volgde de instructies ~ op she followed the instructions conscientiously*
trouwakte *marriage certificate*
trouwboekje ≈ *marriage certificate*
trouwdag *wedding day* ● ‹jubileum› *wedding anniversary*
trouweloos *faithless, perfidious*
trouwen I [ov ww] ● ‹tot echtgenoot nemen› *marry* ★ *hij trouwde* (met) *haar he married her* ★ *ik ben niet het type om te ~ I am not the marrying sort* ● ‹in de echt verbinden› *marry, join in marriage* **II** [on ww] ● ‹huwen› *get married*
trouwens *for that matter, by the way, mind you*
trouwerij *marriage, wedding*
trouwfoto *wedding photo*
trouwhartig ● ‹trouw› *faithful, loyal* ● ‹eerlijk› *frank*
trouwjurk *wedding gown/dress*
trouwkaart *wedding invitation*
trouwpartij *wedding party*
trouwplannen *wedding plans* ★ ~ *hebben be planning to get married*
trouwplechtigheid *wedding ceremony*
trouwring *wedding ring*
truc *trick*
trucage *trickery, gimmicks, special effects*
trucfilm *special effects film*
truck *truck*
trucker *trucker*
truffel *truffle*
trui *sweater, jumper, jersey*
trukendoos *box of tricks* ▼ *zijn ~ opentrekken open up one's box of tricks*
trust ‹beheer› *trust* ● ‹bedrijfscombinatie› *trust, syndicate*
trut *frump, cow*
truttig *frumpy, frumpish, dowdy*

try-out *try-out, preview*
tsaar *tsar, czar*
tseetseevlieg *tsetse fly*
T-shirt *T-shirt, tee shirt*
Tsjaad *Chad*
Tsjech *Czech* ★ *een ~ische a Czech woman*
Tsjechisch I [het] *Czech* **II** [bnw] *Czech*
Tsjecho-Slowaaks *Czechoslovak*
Tsjecho-Slowakije *Czechoslovakia*
tuba *tuba*
tube *tube*
tuberculeus *tuberculous*
tuberculose *tuberculosis*
tucht *discipline* ★ *de ~ handhaven keep discipline*
tuchtcollege *disciplinary tribunal*
tuchtcommissie *disciplinary committee/board*
tuchthuis ‹gesch.› *place of correction*
tuchtigen *chastise*
tuchtraad *disciplinary committee*
tuchtschool *borstal, institution/prison for young offenders*
tuffen ● ‹rijden› ★ *een eindje ~ go for a drive/ride* ● ‹spugen› *spit*
tuig ● ‹gespuis› *scum, rabble* ● ‹touwwerk› ‹v. schip› *rigging*
tuigage *rigging*
tuil *bunch of flowers,* ‹klein› *posy*
tuimelaar *tumbler*
tuimelen *tumble, fall, topple*
tuimeling *tumble, somersault,* ‹v. paard, motor, fiets› *spill* ★ *een ~ maken have/take a tumble*
tuimelraam *pivot window, flap-window*
tuin *garden* ▼ *iem. om de tuin leiden lead s.o. up the garden path*
tuinaarde *garden mould/soil*
tuinarchitect *landscape gardener*
tuinboon *broad bean*
tuinbouw *horticulture*
tuinbouwschool *horticultural college/school*
tuinbroek *dungarees, overalls*
tuincentrum *garden centre*
tuinder *market gardener*
tuinderij ● ‹tuinbouwbedrijf› ‹bloemen, tomaten, e.d.› *market gardening,* ‹fruit› *fruit farming* ● ‹bedrijf van een kweker› *market garden,* ‹bomen, planten, struiken› *nursery,* ‹fruit› *fruit farm*
tuindorp *garden village*
tuinfeest *garden party*
tuinhek ● ‹omheining› *garden fence* ● ‹ingang› *garden gate*
tuinhuisje *summerhouse*
tuinier *gardener*
tuinieren *garden*
tuinkabouter *garden gnome*
tuinkers ‹water›*cress*
tuinkruid *herb*
tuinman *gardener*
tuinmeubel *garden furniture*
tuinpad *garden path*
tuinslang ‹garden› *hose*
tuit ‹om te schenken› *spout,* ‹v. slang, buis› *nozzle*
tuiten I [ov ww] ● ‹tuit maken› ★ *de lippen ~ purse one's lips* **II** [on ww] ● ‹suizen› *tingle* ★ *mijn oren ~ my ears are ringing*
tuk I [de] ▼ *iem. tuk hebben pull s.o.'s leg* **II** [bnw] ★ *tuk zijn op be keen on*
tukje ★ ~ '*n ~ doen take a nap/snooze*
tulband ● ‹hoofddeksel› *turban* ● ‹cake› *fruitcake*
tule *tulle*
tulp *tulip*
tulpenbol *tulip bulb*

tumor tumour ∗ goedaardige/kwaadaardige ~ benign/malignant tumour
tumult tumult
tuner tuner
tuner-versterker tuner and amplifier
Tunesië Tunisia
tuniek ● (bloes) tunic ● (uniformjas) tunic
tunnel tunnel
turbine turbine
turbo ● (krachtversterker) turbo(charger) ● (auto) automobile with a turbo(charger)
turbulent turbulent, agitated
turbulentie ● (luchtverdeling) turbulence ∗ het vliegtuig had last van ~ the aircraft passed through some turbulence ● (onrust) turbulence, agitation
tureluurs ∗ je zou er ~ van worden it is enough to drive you mad
turen peer (at) ∗ in de verte ~ gaze into the distance
turf peat ∗ een turf a lump of peat ▼ ik was toen drie turven hoog I was knee-high (to a grasshopper)
turfmolm peat dust
turfsteken cut peat
Turk Turk ∗ een Turkse a Turkish woman
Turkije Turkey
Turkmenistan Turkmenistan
turkoois turquoise
Turks I [het] Turkish II [bnw] Turkish ∗ ~ fruit Turkish delight
turnen practise/do gymnastics
turven count, keep a tally
tussen I [bijw] ▼ er van ~ gaan clear out ▼ iem. er ~ nemen pull a person's leg ▼ er lelijk ~ zitten be between the devil and the deep blue sea; be between a rock and a hard place II [vz] (ingevoegd in) ∗ ~ de middag at lunchtime ● een voet ~ de deur krijgen gain a foothold ● (te midden van) (tussen meer dan twee) among, (tussen twee) between ∗ ~ de omstanders among the bystanders ● (beperkt tot) between ∗ een contract ~ twee partijen a contract between two parties ▼ ~ neus en lippen door at odd moments
tussenbeide ∗ ~ komen intervene; step in ∗ als er niets ~ komt if all goes well
tussendeks between-decks
tussendeur communicating door
tussendoor (m.b.t. plaats) through it/them, (m.b.t. tijd) in between, between times ∗ ik kan er niet ~ I can't get through ∗ dat kan ik er wel ~ doen I can do it in between
tussendoortje ● (vrijpartij) quickie ● (hapje) snack, bite to eat
tussengelegen intermediate
tussenhandel intermediate trade
tussenin in between
tussenkomst intervention ∗ door ~ van through; through the agency of
tussenlanding stop(over)
tussenmuur partition wall
tussenpersoon (bemiddelaar) intermediary, (bij geschil) mediator, (handel) middleman
tussenpoos interval ∗ bij tussenpozen at intervals
tussenruimte space, (v. tijd) interval
tussenschot partition
tussenstand score so far, (na eerste helft) half-time score
tussenstation intermediate station, station in between
tussentijd (form.) interim ∗ in de ~ in the meantime

tussentijds I [bnw] ∗ ~e vakantie half-term holiday ∗ ~e vacature casual vacancy ∗ ~e verkiezing by-election II [bijw] between times
tussenuit ∗ er ~ gaan/knijpen make off; do a bunk ∗ er een dagje ~ gaan take a day off
tussenuur free/odd hour, (m.b.t. lesuur) free period
tussenvoegen insert, put in
tussenwand partition
tussenweg middle course
tussenwerpsel interjection
tutoyeren be on first-name terms ∗ laten we elkaar ~ let's get on first name terms
tutten niggle, fuss
tuttig fussy, † dull and uninteresting
tv-uitzending TV broadcast/programme
twaalf twelve ∗ om ~ uur 's middags at twelve noon; at midday ∗ om ~ uur 's nachts at midnight → **acht**
twaalfde I [bnw] twelfth II [telw] twelfth → **achtste**
twaalftal dozen
twaalfuurtje midday meal/snack, lunch
twee two ∗ twee aan twee in twos ∗ twee thee tea for two ∗ in tweeën delen divide in two; (wisk.) bisect → **acht**
tweebaansweg dual carriageway
tweecomponentenlijm epoxy (resin)
tweed I [het] tweed II [bnw] tweed
tweede I [bnw] second II [telw] second ∗ ~ huis second home ∗ zo vind je er geen ~ you won't find another one like him/it; he/it's a one-off ∗ ~ secretaris assistant secretary ▼ het was haar ~ natuur it was second nature to her → **achtste**
tweedegraads second-degree
tweedehands secondhand
tweedejaars second-year student
tweedelig bipartite, (v. kostuum) two-piece
tweedelijns specialized, (med.) intramural ∗ ~ gezondheidszorg intramural/specialized health care
tweederangs second-rate
tweedeursauto two-door car
tweedracht discord ∗ ~ zaaien sow discord
twee-eiig binovular
tweeërlei twofold, of two kinds
tweegevecht duel
tweeklank diphthong
tweeledig ● (dubbelzinnig) ambiguous ● (uit twee delen/leden bestaand) twofold, double
tweeling ● (twee kinderen) (pair of) twins ∗ eeneiige ~ identical twins ∗ twee-eiige ~ non-identical/fraternal twins ● (sterrenbeeld) Gemini, the Twins ● (één van tweeling) twin
tweelingbroer twin brother
tweemaal twice
tweepersoonsbed double bed
tweepits twin-burner ∗ een ~ gastoestel a twin-burner
tweerichtingsverkeer two-way traffic
tweeslachtig ● (hermafrodiet) hermaphrodite, (v. planten) androgynous ● (amfibisch) amphibious ● (ambivalent) ambiguous, ambivalent
tweespalt discord
tweespraak tête-à-tête, dialogue
tweesprong cross-roads [mv]
tweestemmig for/in two voices
tweestrijd internal conflict ∗ in ~ staan be in two minds
tweetal pair, two
tweetalig bilingual
tweeverdieners couple in which both partners work

tweevoud *double* ∗ in ~ *in duplicate*
tweezijdig *two/double-sided*
twijfel *doubt* ∗ iets in ~ trekken *question; have one's doubts about s.th.* ∗ ~ koesteren *feel doubt* ∗ zonder ~ *doubtless* ∗ er is geen ~ aan, *there is no doubt about it; it is beyond/without (a shadow of a) doubt* ∗ dat is aan ~ onderhevig *it's doubtful; it's open to doubt* ∗ ~ opperen omtrent *throw doubt on; challenge* ∗ aan alle ~ een einde maken *put s.th. beyond doubt* ∗ boven alle ~ verheven *beyond all doubt* ∗ het voordeel van de ~ geven *give the benefit of the doubt*
twijfelaar ● (iem. die twijfelt) *doubter* ● (scepticus) *sceptic* ● (bed) *three-quarter bed*
twijfelachtig ● (dubieus) *dubious, suspect* ● (onzeker) *doubtful, uncertain*
twijfelen ● (onzeker zijn) *doubt, be doubtful* ● (~ aan) *doubt, question:* ∗ ik twijfel aan zijn talent *I have doubts about his talent* ∗ ik twijfel eraan *I doubt it* ∗ daar valt niet aan te ~ *that's beyond doubt; there's no question about it*
twijfelgeval *doubtful case*
twijg *twig*
twinkelen *twinkle, sparkle*
twintig *twenty* → **acht**
twintigste I [bnw] *twentieth* II [telw] *twentieth* → **achtste**
twist ● (onenigheid) ∗ ~ zaaien *stir up discord; sow discord* ● (ruzie) *quarrel, dispute* ∗ ~ zoeken met *pick a quarrel with* ● (dans) *twist*
twistappel *bone of contention*
twisten ● (dansen) *twist* ● (redetwisten) *dispute* ∗ daar kan men over ~ *it's a matter for argument; it's debatable* ● (ruziën) *quarrel*
twistgesprek *argument, dispute*
twistpunt *point of contention, (point at) issue*
tyfoon *typhoon*
tyfus *typhoid fever*
type ● (soort) *type* ● (individu) *type, figure*
typecasting *typecasting*
typediploma *typing diploma*
typefout *typing error*
typemachine *typewriter*
typen *type(write)* ∗ getypt schrift *typescript*
typeren *typify*
typerend *typical (of)*
typesnelheid *typing speed*
typisch ● (typerend) *typical (of)* ● (eigenaardig) *curious* ∗ 'n ~ oud stadje *a quaint little town*
typist *typist*
typografie *typography*
typoscript *typescript*
Tyrrheense Zee *Thyrrhenian Sea*

U

u I [de] (the letter) U/u II [pers vnw] *you* ∗ als ik u was *if I were you* ∗ een honger waar je U tegen zegt *a voracious appetite* ∗ daar zeg je u tegen *that's really s.th.; like nothing on earth*
überhaupt *at all, anyway*
ufo *UFO, unidentified flying object*
ui *onion*
uier *udder*
uil ● (nachtvogel) *owl* ● (sukkel) *fool* ▼ uilen naar Athene dragen *carry coals to Newcastle*
uilenbril *owlish spectacles*
uilskuiken *nincompoop, silly fool,* ⟨inf.⟩ *idiot*
uiltje ▼ een ~ knappen *take a nap*
uit I [bijw] ● ((naar) buiten) *out* ∗ zij liep de straat uit *she walked down the street* ∗ hij is met haar uit geweest *he has taken her out* ∗ de bal is uit *the ball is out* ∗ zij liep de kamer uit *she went out of the room* ∗ het moest er uit *I had to get it off my chest* ● (beëindigd) *out, finished* ∗ het verhaal is uit *the story is out* ∗ het is uit tussen hen *it's all over between them* ∗ de school is uit *school is over* ∗ ik heb m'n boek uit *I have finished my book* ● (niet populair (meer)) *out* ∗ hoge hakken zijn uit *high-heeled shoes are out* ▼ (niet brandend) *out* ∗ de kaars/lamp is uit *the candle/ light is out* ● (op de markt) *out* ∗ haar boek is uit *her book is out* ▼ uit en thuis *there and back* ▼ en nu is 't uit! *enough's enough; this has got to stop* II [vz] ● ((naar) buiten) *out (of)* ∗ uit de gratie *out of favour* ∗ iets uit het raam gooien *throw s.th. out of the window* ∗ het ligt één km uit het centrum *it's one kilometre out of the centre* ● (van(daan)) *from* ∗ zij komt uit Suriname *she's from Surinam* ∗ uit welk boek heb je dat? *from which book did you get that?* ● (vanwege) *out of* ∗ uit medelijden *out of pity*
uitademen ● (uitwasemen) *exhale* ● (adem uitblazen) *breathe out*
uitbakken *fry until crisp, crisp*
uitbalanceren *balance*
uitbannen ● (verbannen) *banish* ● (uitdrijven) *drive away,* ⟨v. geesten⟩ *exorcize*
uitbarsten ● (exploderen) *burst out, explode,* ⟨v. vulkaan⟩ *erupt* ● (zich fel uiten) *explode, burst out,* ⟨v. twist⟩ *flare up* ∗ in tranen ~ *burst into tears* ∗ in lachen ~ *burst out laughing*
uitbarsting ● (uiting) (gelach) *eruption,* ⟨v. gevoelens, gelach⟩ *burst,* ⟨woede⟩ *explosion* ● (het uitbarsten) *outburst,* ⟨v. oproer, e.d.⟩ *outbreak,* ⟨v. vulkaan⟩ *eruption*
uitbater *manager/manageress*
uitbeelden *portray, depict,* ⟨rol⟩ *render*
uitbenen *bone (meat),* ⟨fig.⟩ *exploit (a person)*
uitbesteden ● (aan anderen overdragen) *contract out* ∗ loodgieterswerk ~ *contract out the plumbing* ● (in de kost doen) *board out* ∗ de kinderen ~ *board the children out*
uitbetalen (loon, e.d.) *pay,* ⟨v. cheque⟩ *cash*
uitbijten *corrode/eat away*
uitblazen I [ov ww] ● (uitademen) ∗ de laatste adem ~ *breathe one's last* ● (doven) *blow out* II [on ww] ● (op adem komen) ∗ even ~ *take a breather*
uitblijven *stay out/away,* ⟨achterwege blijven⟩ *fail to occur,* ⟨v. regen, e.d.⟩ *hold off* ∗ dat kan niet ~ *that is bound to happen* ∗ hulp/het antwoord bleef uit *no help/answer came* ∗ de resultaten bleven uit *results failed to materialize*

uitblinken shine, excel ★ ~ boven outshine
uitblinker brilliant person, star, ⟨kind⟩ prodigy
uitbloeien ★ uitgebloeid zijn be out of flower ★ uitgebloeide rozen overblown roses
uitbotten bud, ⟨lit.⟩ bud ⟨forth⟩, ⟨v. tak⟩ sprout
uitbouw ● ⟨het uitbouwen⟩ extension, expansion ● ⟨aanbouwsel⟩ annex(e), ⟨bijgebouwd stuk⟩ addition, ⟨vleugel⟩ wing
uitbouwen ● ⟨uitbreiden⟩ enlarge, ⟨gebouw, pand ook⟩ extend ● ⟨verder ontwikkelen⟩ develop, ⟨instantie, redenering⟩ expand
uitbraak escape ⟨from prison⟩
uitbraken vomit, ⟨rook⟩ belch forth, ⟨verwensingen⟩ pour out, ↑ be sick
uitbranden I ⟨ov ww⟩ ● ⟨reinigen van wond⟩ cauterize ● ⟨helemaal verbranden⟩ burn out/down, gut **II** ⟨on ww⟩ ● ⟨door vuur verwoest worden⟩ be burnt out, be gutted ● ⟨opbranden⟩ burn up
uitbrander dressing-down, reprimand, ⟨v. kind, bediende⟩ scolding ★ iem. een ~ geven give s.o. a talking-to; give s.o. a rap over the knuckles; reprimand a person
uitbreiden I ⟨ov ww⟩ expand, extend, ⟨zaak⟩ enlarge **II** ⟨wkd ww⟩ expand, ⟨v. brand, ziekte, gerucht, e.d.⟩ spread, ⟨v. oppervlakte, lichaam⟩ extend
uitbreiding ● ⟨het uitbreiden⟩ ⟨groei⟩ expansion, ⟨m.b.t. oppervlakte, tijd⟩ extension, ⟨vergroting⟩ enlargement, ⟨ziekte, e.d.⟩ spread(ing) ★ voor ~ vatbaar suitable for expansion ● ⟨toegevoegd deel⟩ ⟨v. gebouw, contract⟩ extension, ⟨woonwijk⟩ addition
uitbreidingsplan development scheme
uitbreken I ⟨ov ww⟩ ● ⟨losmaken⟩ break out/away **II** ⟨on ww⟩ ● ⟨ontsnappen⟩ break out, escape ● ⟨uitbarsten⟩ break out
uitbrengen ● ⟨kenbaar maken⟩ ⟨geheim⟩ reveal, ⟨rapport⟩ deliver, ⟨verslag⟩ give ● ⟨uiten⟩ say, utter ● ⟨op de markt brengen⟩ launch, bring out, ⟨film, muziek⟩ release
uitbroeden ● ⟨beramen⟩ hatch ★ een plan ~ hatch a scheme ● ⟨eieren doen uitkomen⟩ hatch ⟨out⟩
uitbuiten exploit, ⟨arbeiders⟩ sweat ★ iets ~ make the most of s.th.; capitalize on s.th.
uitbundig ● ⟨bovenmatig⟩ exuberant ★ iem. ~ prijzen praise s.o. to the skies ● ⟨uitgelaten⟩ ⟨applaus, gejuich⟩ enthusiastic, ⟨v. vreugde⟩ exuberant
uitdagen challenge, ⟨tarten⟩ defy
uitdagend defiant, challenging ★ zich ~ kleden dress provocatively
uitdager challenger
uitdaging challenge ★ de ~ aannemen accept/take up the challenge
uitdelen distribute, deal ⟨out⟩, hand out ★ klappen ~ deal blows ★ kaarten ~ deal cards
uitdenken devise, contrive, invent ★ een plan ~ devise a plan ★ een goed uitgedacht plan a well/carefully thought-out plan
uitdeuken ⟨auto⟩ panel-beat, ⟨metaal⟩ beat out
uitdienen serve out ★ dat heeft uitgediend that is played out
uitdiepen ⟨dieper maken⟩ deepen ● ⟨grondig uitwerken⟩ study in depth ★ iets ~ do an in-depth study of s.th.
uitdijen expand, ⟨zwellen⟩ swell
uitdoen ● ⟨uittrekken⟩ take off ● ⟨uitschakelen⟩ turn off, switch off, ⟨kaars⟩ extinguish, ⟨lamp⟩ put out
uitdokteren work out, figure out

uitdossen dress up, deck out, ⟨overdreven⟩ dress to kill
uitdraai print-out
uitdraaien I ⟨ov ww⟩ ● ⟨uitdoen⟩ turn off, switch off, ⟨licht⟩ turn out, put out, ⟨v. schroef⟩ unscrew ★ zich ergens ~ wriggle out of s.th. ● ⟨printen⟩ run off, ⟨computer⟩ print ⟨out⟩ **II** ⟨on ww⟩ ● ⟨~ op⟩ op niets ~ come to nothing ★ waar zal dat op ~? where is this going to end? ★ 't draaide uit op 'n mislukking it ended in failure
uitdragen ⟨ambtelijk⟩ proclaim, ⟨informatie, kennis⟩ disseminate, ⟨nieuws, boodschap⟩ spread, ⟨standpunt⟩ propagate
uitdrager second-hand dealer
uitdragerij second-hand shop, ⟨inf.⟩ junk shop
uitdrijven drive/cast out, ⟨duivel ook⟩ exorcise
uitdrogen dry out, ⟨aarde, mond⟩ parch, ⟨bron, rivier⟩ dry up, ⟨med.⟩ dehydrate, become dehydrated
uitdrukkelijk express, explicit ★ zij heeft ~ gezegd, dat... she stated explicitly that ...
uitdrukken ● ⟨uiten⟩ express, voice ★ en dat is nog zacht uitgedrukt ...and that is putting it mildly ● ⟨uitknijpen⟩ ⟨v. sigaret⟩ press out, stub out, ⟨v. vocht⟩ squeeze out
uitdrukking ● ⟨uiting⟩ expression ★ ~ geven aan give expression to; voice ★ tot ~ komen find expression ● ⟨zegswijze⟩ expression ★ een vaste ~ a set phrase ● ⟨gelaatsuitdrukking⟩ expression, look
uitdunnen thin ⟨out⟩
uiteen apart, ⟨lit.⟩ asunder
uiteengaan separate, part, ⟨in alle richtingen⟩ disperse, ⟨v. parlement⟩ rise, ⟨v. vergadering, e.d.⟩ break up
uiteenlopen ⟨niet dezelfde kant uitlopen⟩ diverge ● ⟨verschillen⟩ differ, vary, diverge ★ de meningen liepen sterk uiteen opinions were sharply divided
uiteenzetten explain, ⟨standpunt⟩ set forth
uiteenzetting ● ⟨uitleg⟩ explanation, statement ● ⟨beschrijving⟩ exposition, description ★ een duidelijke ~ van het probleem a clear exposition of the problem
uiteinde ● ⟨uiterste einde⟩ extremity, ⟨far⟩ end ● ⟨afloop⟩ ★ iem. een goed ~ toewensen wish s.o. a happy New Year
uiteindelijk I ⟨bnw⟩ ultimate, final, ⟨doel⟩ eventual **II** ⟨bijw⟩ eventually, ultimately, in the long run
uiten I ⟨ov ww⟩ express, voice, ⟨klanken, woorden⟩ utter **II** ⟨wkd ww⟩ ★ dit uit zich in... this expresses/manifests itself in ...
uitentreuren over and over again, continually, ⟨tot vervelens toe⟩ ad nauseam ★ ~ dezelfde grap vertellen flog a joke to death
uiteraard naturally, of course
uiterlijk I ⟨het⟩ ⟨outward⟩ appearance, looks, exterior, ⟨v. boek, kleding⟩ get up ★ naar zijn ~ te oordelen by the look of him **II** ⟨bnw⟩ external, outward **III** ⟨bijw⟩ ● ⟨op zijn laatst⟩ at the latest ● ⟨van buiten⟩ outwardly ★ ~ rustig outwardly calm
uitermate exceedingly, extremely
uiterst I ⟨bnw⟩ ● ⟨het meest verwijderd⟩ out(er)most, extreme, farthest ★ het ~e noorden van het land the extreme north of the country ● ⟨grootst⟩ greatest, highest, utmost ★ zijn ~e best doen do one's utmost; do one's level best ● ⟨laatst⟩ final, last ★ een ~e poging final attempt ● ⟨laagst⟩ lowest, rock-bottom ★ ~e prijs outside price **II** ⟨bijw⟩ extremely, exceedingly

uiterste *extreme, limit* ∗ in/tot ~n vervallen *go to extremes* ∗ tot 't ~ te *to the utmost* ∗ van 't ene ~ in 't andere vallen *go from one extreme to the other* ∗ de ~n ontmoeten elkaar *the extremes meet*

uiterwaard *water-meadows*

uitfluiten *hiss (at)*

uitgaan ● (zich gaan vermaken) ∗ met een meisje ~ *take a girl out; go out with a girl* ∗ een avondje ~ *have a night out* ● (naar buiten gaan) *go out*, (m.b.t. ruimte) *leave*, ⟨v. vlek⟩ *come out* ∗ het huis/de kamer ~ *leave the room/house* ● (doven) *go out* ● (leegstromen) ∗ de kerk/school ging uit *church/school was over* ● (eindigen) ∗ op een klinker ~ *end in a vowel* ● (te voorschijn komen) ∗ er gaat niets van hem uit *he has no initiative* ∗ deze bevelen gaan van hem uit *these orders were issued by him* ● (~ **van**) ∗ ik ga uit van het standpunt dat... *I take the view that...* ∗ hij ging uit van de veronderstelling *he based himself on the assumption*

uitgaanskleding *evening wear/dress*

uitgaansleven *night life*

uitgaansverbod *curfew* ∗ een ~ afkondigen *impose a curfew*

uitgang ● (doorgang) *exit, way out* ● (aansluiting) ⟨v. versterker, e.d.⟩ *output socket* ● (taalk.) *ending*

uitgangspositie *point of departure, starting point*

uitgangspunt *starting point, point of departure*

uitgave ● (het uitgeven) *spending, expenditure* ● (uitgegeven geld) (betaald bedrag) *expenditure*, (kosten) *expense* ● (publicatie) *publication*, (druk) *edition*

uitgebreid ● (veelomvattend) *comprehensive, elaborate* ∗ een ~e kennis van iets hebben *have an extensive knowledge of s.th.* ● (uitvoerig) *detailed* ∗ iets ~ behandelen *discuss s.th. in great detail* ● (van grote omvang) *extensive*

uitgebreidheid ● (grootte) *extent* ● (uitvoerigheid) *elaborateness, extensiveness*

uitgehongerd *famished, starved*

uitgekiend *cunning, sophisticated*

uitgekookt *sly, shrewd, cunning*

uitgelaten *elated, exuberant*

uitgeleefd *worn out, decrepit*

uitgeleide ∗ iem. ~ doen *show s.o. out*; (naar station) *see a person off*

uitgelezen *choice, select*

uitgemaakt ∗ dat is een ~e zaak *that is a foregone conclusion*

uitgemergeld *haggard (looking), emaciated*

uitgeput *exhausted, worn out*, (door woede) *spent*, (door ziekte) *wasted*

uitgerekend I [bnw] *calculating* **II** [bijw] ∗ ~ vandaag *today of all days*

uitgeslapen ● (pienter) *shrewd, smart* ● (uitgerust) *refreshed, rested*

uitgesproken *decided, pronounced, marked* ∗ een ~ voordeel *a distinct advantage* ∗ een ~ mening hebben *hold strong views*

uitgestorven ● (verlaten) *deserted* ● (niet meer bestaand) *extinct*

uitgestreken *unperturbed* ∗ met een ~ gezicht *straight-faced*

uitgestrekt *extensive, vast*

uitgestrektheid *extensiveness*

uitgeteerd *emaciated*

uitgeteld ● (neergeteld) *counted out* ● (uitgeput) *exhausted, dead to the world, dead beat* ● (uitgerekend) *due* ∗ wanneer ben je ~? *when is your baby due?*

uitgeven ● (publiceren) *publish* ∗ een tijdschrift ~ *publish a magazine* ● (in omloop brengen) *emit*, (aandelen, geld) *issue* ● (besteden) *spend* ∗ geld ~ aan cd's *spend money on CDs* ● (doen alsof) ∗ zich ~ voor *pass o.s. off as; pose as*

uitgever *publisher*

uitgeverij *firm of publishers, publishing house*

uitgewoond *dilapidated*

uitgezakt *bulged (out), sagged (out)*, (fig.) *flopped/flaked out*

uitgezocht *choice, select*, (schitterend) *exquisite*

uitgezonderd I [vz] *apart from, except for*, (form.) *save* ∗ niemand ~ *no one excepted; with no exceptions* **II** [vw] *except, apart from* ∗ iedereen was er, ~ zij *everyone was there, except for her*

uitgifte *issue*

uitgiftekoers *issue price*

uitglijden *slip, lose one's footing*

uitglijder *blunder, slip(-up)*

uitgommen → uitgummen

uitgooien ● (uitwerpen) *cast/throw out* ● (sport) *throw (out)*, (cricket) *bowl out*

uitgraven *dig out, excavate*

uitgroeien ● (boven/buiten iets uitkomen) *outgrow* ● (~ **tot**) *grow/develop into*

uitgummen *erase, rub out*

uithaal ● (beweging) *swipe*, (hard schot) *hard-hit ball*, (v. arm, been) *swing* ● (langgerekte toon) *sustained note*

uithalen I [ov ww] ● (baten) ∗ dat zou niets (niet veel) ~ *that would be no good; that would serve no useful purpose* ● (besparen) ∗ de uitgaven er ~ *make good the expense* ● (uitspoken) ∗ streken ~ *play tricks* ∗ wat heb je nu weer uitgehaald? *what have you been up to now?* ∗ dat moet je met mij niet ~ *don't try that game on me* ● (los-/uithalen) (breiwerk) *unpick*, (pijp, kachel) *clean out*, (v. nesten) *go nesting*, (zak) *turn out* ∗ er ~ wat erin zit *run it for all it is worth* ▼ je haalt hem er onmiddellijk uit *you can spot him at once* **II** [on ww] ● (arm/been uitslaan) *take a swing, lash out*, (met been) *kick out* ● (uitvaren) *let fly (at), lash out (at)* ∗ naar iem. ~ *lash out at s.o.*

uithangbord *signboard*

uithangen I [ov ww] ● (buiten ophangen) *hang out* ● (zich gedragen als) *play* ∗ de grote meneer ~ *put on airs; play the big shot* ∗ de beest ~ *paint the town red* **II** [on ww] ● (verblijven) *be, hang out* ∗ waar hangt zij uit? *where is she hanging out?* ● (breeduit hangen) *hang out*

uitheems *foreign, exotic*

uithoek *remote/out-of-the-way place* ∗ tot in de verste ~en *to the farthest corners*

uithollen ● (ontkrachten) *undermine, erode* ● (hol maken) *excavate, hollow out*

uithongeren *starve (out)*

uithoren ● (tot einde luisteren) *hear out, hear to the end* ● (uitvragen) *question, interrogate* ∗ iem. ~ *pump s.o.; draw s.o. out*

uithouden *stick it out, hold out, stand* ∗ hij kon het niet meer ~ *he couldn't stand it any longer*

uithoudingsvermogen (lichamelijk) *staying-power, stamina*, (mentaal) *endurance*

uithuilen *cry one's heart out, have a good cry*

uithuizig *rarely at home, always out*

uithuwelijken *marry off, give s.o. in marriage*

uiting ● (het uiten) *utterance, expression* ∗ ~ geven aan zijn gevoelens *express/vent one's feelings* ● (wat geuit wordt) *utterance, expression*, (v. kracht, onbehagen) *manifestation*

uitje *outing*

uitjouwen *hoot (at), boo, jeer (at)*

uitkafferen bawl at
uitkammen comb (out)
uitkeren pay, remit, ⟨subsidie⟩ grant
uitkering • ⟨uitgekeerde som⟩ ⟨alimentatie⟩
alimony, ⟨bij staking⟩ strike-pay, ⟨bij ziekte⟩
benefit ∗ ~ ineens lump sum • ⟨het uitkeren⟩
payment
uitkeringsgerechtigd entitled to social security
allowance/benefit
uitkeringsgerechtigde person entitled to relief,
⟨social security⟩ claimant
uitkeringstrekker person drawing benefit(s),
person on relief
uitkienen puzzle out, ⟨een plan⟩ think out ∗ hij
kiende het zo uit, dat hij de beste plaats kreeg
he contrived to get the best seat
uitkiezen choose, select
uitkijk • ⟨uitkijkpost⟩ lookout , ⟨mil.⟩ observation
post ∗ op de ~ staan be on the lookout (for)
• ⟨persoon⟩ lookout • ⟨uitzicht⟩ view, prospect
∗ niet veel ~ hier not much of a view here
uitkijken ⟨uitzicht geven op⟩ look out over,
overlook ∗ het raam keek uit op de tuin the
window overlooked the garden • ⟨oppassen⟩
watch, look out • ⟨zoeken⟩ be on the lookout (for)
∗ ~ naar ander werk look out for a new job
• ⟨verlangen naar⟩ look forward to ▾ zich de ogen
~ stare one's eyes out ▾ hij raakte er niet op
uitgekeken he never tired of looking at it
uitkijkpost observation post
uitkijktoren watchtower
uitklaren clear
uitkleden • ⟨arm maken⟩ rob ∗ iem. tot op het
hemd ~ fleece s.o. • ⟨ontkleden⟩ undress, ⟨naakt
uitkleden⟩ strip
uitkloppen ⟨kleed⟩ beat, ⟨pijp⟩ knock out
uitknijpen squeeze (out)
uitknippen • ⟨uitschakelen⟩ switch off • ⟨met
schaar uitnemen⟩ clip/cut out
uitkomen • ⟨te voorschijn komen⟩ appear
• ⟨uitbotten⟩ come out, sprout • ⟨in druk
verschijnen⟩ appear, be published • ⟨aan het
licht komen⟩ transpire, emerge, come out • ⟨als
eerste spelen⟩ ⟨bij kaartspel⟩ lead ∗ met harten
~ lead hearts ▾ wie moet er ~? whose lead is it?
• ⟨opgaan, kloppen⟩ prove to be correct, ⟨som⟩
come/work out, ⟨v. droom⟩ come true
• ⟨rondkomen⟩ make (both) ends meet ∗ zij kan
met haar salaris niet ~ she can't manage on her
salary ∗ daar kan ik niet mee ~ I can't make do
with that • ⟨aftekenen tegen⟩ ∗ de kleuren
kwamen goed uit the colours showed up well ∗ ~
tegen show against; stand out against • ⟨gelegen
komen⟩ ∗ dat komt mij niet erg goed uit that's
not very convenient to me • ⟨genoemde uitkomst
hebben⟩ turn/work out ∗ het kwam heel anders/
verkeerd uit it turned out quite differently/wrong
• ⟨toegang geven tot⟩ ⟨deur⟩ open onto, ⟨pad⟩
lead to, join, ⟨v. kamer⟩ give on ∗ de straat komt
uit op een drukke weg the street joins a busy road
∗ ik kom er wel uit I can find my way out • ⟨uit
ei komen⟩ hatch (out) • ⟨sport⟩ play ∗ ~ tegen
play (against) ∗ zij zullen met één invaller ~
they will take the field with one substitute
• ⟨~ voor⟩ ∗ ik kom er rond voor uit I frankly
admit it ∗ voor zijn mening ~ be candid; speak
one's mind
uitkomst • ⟨resultaat⟩ result • ⟨oplossing⟩ way
out, relief ∗ een ware ~ a perfect godsend
uitkopen buy off
uitkramen talk, ⟨geleerdheid⟩ parade ∗ onzin ~
talk nonsense

uitkristalliseren crystallize
uitlaat • ⟨uitingsmogelijkheid⟩ outlet
• ⟨opening⟩ ⟨uitlaat⟩gassen,⟩ exhaust,
⟨vloeistof⟩ outlet
uitlaatgas exhaust fumes
uitlaatklep exhaust valve, ⟨fig.⟩ outlet
uitlachen laugh at
uitladen unload, ⟨vanaf schip⟩ land
uitlaten I ⟨ov ww⟩ • ⟨dier naar buiten laten⟩ take
out ∗ de hond ~ walk the dog • ⟨naar buiten
geleiden⟩ show out **II** ⟨wkd ww⟩ give one's
opinion on, express o.s. on ∗ zich ⟨goedkeurend⟩
~ over speak (with approval) of ∗ daar wil ik mij
niet over ~ I won't venture an opinion on that
point
uitlating utterance, ⟨inhoud⟩ statement
uitleentermijn lending period
uitleg explanation, interpretation ∗ een verkeerde
~ a misinterpretation ∗ voor tweeërlei ~ vatbaar
open to misinterpretation
uitleggen explain, interpret, expound
uitlekken • ⟨bekend worden⟩ leak out, ⟨form.⟩
transpire ∗ nieuws laten ~ leak the news
• ⟨uitdruipen⟩ leak (out)
uitlenen lend (out), loan
uitleven let o.s. go ∗ zich (vrij) ~ live one's life to
the full ∗ zich in zijn werk ~ realize o.s. in one's
work
uitleveren hand over, ⟨aan ander land⟩ extradite
uitlevering ⟨personen⟩ extradition, ⟨zaken⟩
surrender
uitleveringsverdrag extradition treaty
uitleveringsverzoek request for extradition
uitlezen • ⟨tot aan het eind lezen⟩ read from cover
to cover, finish (reading), read to the end • ⟨comp.⟩
read out
uitlijnen align, line up, ⟨v. tekst⟩ justify
uitlokken • ⟨provoceren⟩ provoke ∗ kritiek ~
provoke/invite criticism • ⟨verlokken tot⟩ tempt
uitloop • ⟨afvoer⟩ ⟨buis⟩ outlet, ⟨v. meer,
reservoir⟩ outflow • ⟨monding⟩ ⟨river⟩ mouth
uitlopen I ⟨ov ww⟩ • ⟨ten einde aflopen⟩ ∗ de
straat ~ walk down the street; walk to the end of
the street **II** ⟨on ww⟩ • ⟨naar buiten lopen⟩ run
out, walk out ∗ de keeper liep uit the goal keeper
left his goal • ⟨leiden tot⟩ result/end in ∗ op niets
~ come to nothing; ⟨onderhandelingen⟩ break
down • ⟨uitbotten⟩ bud, ⟨v. aardappelen, takje⟩
sprout • ⟨tot stilstand komen⟩ come to a halt
• ⟨voorsprong nemen⟩ draw ahead of, increase
one's lead ∗ hij liep tot vijf minuten uit he
increased his lead to five minutes • ⟨ergens
naartoe gaan⟩ ⟨v. schip⟩ put out (to sea), sail
∗ het hele dorp liep uit the whole village turned
out • ⟨langer duren⟩ overrun, last longer ∗ de
vergadering liep anderhalf uur uit the meeting
overran by an hour and a half • ⟨uitmonden⟩ end
in, lead to, join ∗ in een punt ~ end in a point;
taper • ⟨vlekkerig worden⟩ run/flow out ∗ de
inkt is uitgelopen the ink has run (out)
uitloper • ⟨randgebergte⟩ foothill(s)
• ⟨uitgroeisel⟩ offshoot, runner
uitloten • ⟨trekken⟩ draw (out) ∗ deze nummers
zijn uitgeloot these numbers have been drawn
• ⟨uitsluiten⟩ eliminate by lottery ∗ hij is
uitgeloot voor medicijnen he failed to win a
place in the medical school ; he failed to get into
medical school
uitloven offer ∗ een beloning ~ put up a reward
uitluiden ring out ∗ het jaar ~ usher out the old
year; ring out the old (year), bring in the new
uitmaken • ⟨doen ophouden⟩ finish, ⟨relatie⟩

break off, ⟨v. vuur⟩ put out * zij heeft het uitgemaakt met Peter *she has broken it off with Peter* ● ⟨vormen⟩ *form, constitute* ● ⟨betekenen⟩ *matter, be of importance* * dat maakt niets uit *that does not matter* ● (~ **voor**) *iem. voor rotte vis ~ give s.o. a verbal thrashing* * iem. ~ voor leugenaar *call a person a liar*

uitmelken ● ⟨leegmelken⟩ *milk dry/out* ● ⟨eindeloos behandelen⟩ *milk out* * een onderwerp ~ *flog a subject to death; squeeze a subject dry* ● ⟨uitvragen⟩ *pick s.o.'s brain* ● ⟨armer maken⟩ *bleed white/dry*

uitmesten *clean/muck out*, ⟨v. rommel⟩ *clean up, turn out*

uitmeten ● ⟨afmeten⟩ *measure (out)* ● ⟨uitvoerig noemen⟩ * breed ~ *enlarge on*

uitmonden *discharge into, flow into*

uitmonsteren ⟨uitdossen⟩ *dress up*, ⟨inf.⟩ *doll up* ● ⟨uitrusten⟩ *equip*

uitmoorden *massacre, slaughter*

uitmunten *excel, stand out* * ~ boven *excel*

uitmuntend *excellent, outstanding*

uitnemend *excellent*

uitnodigen *invite*

uitnodiging *invitation* * op ~ van *at the invitation of*

uitoefenen ● ⟨bedrijven⟩ ⟨ambacht, beroep⟩ *practise*, ⟨ambt⟩ *occupy, hold* ● ⟨doen gelden⟩ *exercise* * druk op iets ~ *bring pressure to bear on s.th.* * kritiek ~ *criticize* * macht ~ *wield power*

uitpakken I [ov ww] ● ⟨uit verpakking halen⟩ *unpack, unwrap* **II** [on ww] ● ⟨aflopen⟩ *finish, turn out* * dat zaakje pakte niet goed uit *it did not pan/turn out well* ● ⟨gul zijn⟩ *entertain lavishly, spare no expense* ● ⟨tekeer gaan⟩ *lash out (at), let fly (at)* * iem. ~ *lash out at s.o.*

uitpersen ⟨leegpersen⟩ ⟨citrusvruchten⟩ *squeeze*, ⟨druiven⟩ *crush* ● ⟨uitbuiten⟩ *bleed white, fleece*

uitpluizen ⟨gegevens⟩ *sift (out)*, ⟨raadsel⟩ *unravel* * de zaak grondig ~ *sift/probe the affair to the bottom*

uitpraten I [ov ww] ● ⟨oplossen⟩ *talk out/over* * laten we de zaak eens ~ *let's talk it over* **II** [on ww] ● ⟨ten einde praten⟩ *have one's say* * laat me ~ *let me finish* * we waren al gauw uitgepraat *we had soon exhausted the conversation* * hij raakte er nooit over uitgepraat *he never tired of the subject*

uitproberen *try (out), test*

uitpuffen *catch one's breath*

uitpuilen *bulge*, ⟨v. ogen⟩ *protrude*

uitputten ● ⟨opmaken⟩ *exhaust, deplete* * mogelijkheden ~ *exhaust the posibilities* ● ⟨moe maken⟩ *exhaust*, ⟨wond uur⟩ *v zich ~ in verontschuldigingen* *apologize profusely*

uitputting *exhaustion*

uitputtingsslag *battle of attrition, fight to the finish*

uitrangeren *shunt*

uitreiken *distribute*, ⟨paspoort⟩ *issue*, ⟨prijs⟩ *present*

uitreiking ⟨prijs, e.d.⟩ *presentation*, ⟨voedsel⟩ *distribution*

uitreisvisum *exit visa*

uitrekenen *figure out, calculate*

uitrekken *stretch (out)*, ⟨v. nek⟩ *crane*

uitrichten *do, accomplish*

uitrijden I [ov ww] ● ⟨voltooien⟩ *drive/ride to the finish* **II** [on ww] ● ⟨tot het eind rijden⟩ ⟨auto⟩ *drive to the end*, ⟨fiets, e.d.⟩ *ride to the end* * de straat ~ en dan links af *drive/ride to the end of the street and then turn left* * de trein reed het station uit *the train pulled out of the station*

uitrijstrook *deceleration lane*

uitrijzen *rise above, tower above*

uitrit *exit*

uitroeien ⟨corruptie⟩ *root out*, ⟨mens, dier⟩ *exterminate*, ⟨slechte gewoonte, oppositie⟩ *stamp out*, ⟨stad, bevolking⟩ *wipe out*

uitroep *exclamation*

uitroepen ● ⟨roepend zeggen⟩ *exclaim* ● ⟨afkondigen⟩ *announce*, ⟨staking⟩ *declare, call* ● ⟨verkiezen⟩ * tot koning ~ *proclaim king*

uitroepteken *exclamation mark*

uitroken ● ⟨reinigen⟩ *fumigate* ● ⟨verdrijven⟩ *smoke out*

uitruimen *clear/tidy out*

uitrukken I [ov ww] ● ⟨los trekken⟩ *pull/pluck out* **II** [on ww] ● ⟨erop uitgaan⟩ *march (out)*, ⟨brandweer⟩ *turn out* * uitgerukt! *clear out!*

uitrusten I [ov ww] ● ⟨toerusten⟩ *equip, fit out* **II** [on ww] ● ⟨rusten⟩ *have a) rest*

uitrusting *equipment*, ⟨v. reiziger⟩ *outfit* * in volle ~ *in full kit*

uitschakelen ● ⟨afzetten⟩ *switch off, disconnect* ● ⟨elimineren⟩ *eliminate, rule out* * een tegenstander ~ *cut out an opponent*

uitscheiden I [ov ww] ● ⟨afscheiden⟩ *secrete* **II** [on ww] ⟨ophouden⟩ *stop work* * schei daarmee uit! *stop it!*

uitscheidingsorgaan *excretory organ*

uitschelden *call (s.o.) names, swear at s.o., abuse* * iem. voor leugenaar ~ *call s.o. a liar*

uitschieten I [ov ww] ● ⟨haastig uittrekken⟩ *slip/throw off* ● ⟨snel verlaten⟩ * de kamer ~ *dart out of the room* **II** [on ww] ● ⟨onbeheerst bewegen⟩ *shoot/dart out* * het mes schoot uit *the knife slipped* ● ⟨uitspruiten⟩ *bud* ⟨heftig uitvallen⟩ *lash out* * zij schoot tegen hem uit *she let fly at him*

uitschieter *highlight*, ⟨naar beneden⟩ *dip*, ⟨naar boven⟩ *peak*

uitschot ● ⟨het slechtste⟩ *refuse*, ⟨vlees, vis e.d.⟩ *offal* ● ⟨uitvaagsel⟩ *scum, riff-raff*

uitschrijven ● ⟨uitwerken⟩ *write out* * dictaat ~ *write out (lecture) notes* ● ⟨invullen⟩ ⟨cheque, recept⟩ *write out*, ⟨factuur⟩ *make out* ● ⟨afkondigen⟩ ⟨aandelen⟩ *issue*, ⟨lening⟩ *float*, ⟨verkiezing, vergadering⟩ *call*, ⟨wedstrijd⟩ *organize, promote* ● ⟨schrappen⟩ *strike off* * hij werd als lid uitgeschreven *his name was struck off the membership list*

uitschudden ● ⟨schoonschudden⟩ *shake out* ● ⟨plukken⟩ *clean out, fleece* * iem. ~ *clean a person out*

uitschuifladder *extension ladder*

uitschuiven ● ⟨naar buiten schuiven⟩ *push out* ● ⟨vergroten⟩ *pull out, extend*, ⟨tafel, e.d.⟩ *draw out*

uitslaan I [ov ww] ● ⟨uitkloppen⟩ *beat/shake out* * stofdoek ~ *shake out the duster* ● ⟨naar buiten bewegen⟩ *knock/beat/strike out*, ⟨v. vleugels⟩ *spread* ● ⟨uitkramen⟩ *talk* * onzin ~ *talk rot* **II** [on ww] ● ⟨naar buiten komen⟩ *break/burst out* * ~de brand blaze; conflagration ● ⟨uitslag krijgen⟩ ⟨brood, e.d.⟩ *become/grow mouldy*, ⟨muur⟩ *sweat*

uitslag ● ⟨plek⟩ ⟨op eten⟩ *mildew*, ⟨op huid⟩ *eruption, rash*, ⟨op muur⟩ *damp, moisture* ● ⟨afloop⟩ *result* * de ~ van de verkiezing bekendmaken *declare the poll/result* ● ⟨uitwijking⟩ *deflection*

uitslapen *sleep in*

uitsloven *put o.s. out, lean over backwards*

uitslover • (iem. die zich uitsloeft) show-off • (vleier) toady, creep

uitsluiten • (uitzonderen) exclude, (mogelijkheid) rule out, (v. recht) debar ∗ volstrekt uitgesloten absolutely impossible ∗ van verdere deelname uitgesloten disqualified • (buitensluiten) shut out, (werknemers) lock out

uitsluitend only, exclusively

uitsluiting exclusion, (werknemers) lock-out ∗ met ~ van exclusive of; to the exclusion of

uitsluitsel definite/decisive answer

uitsmeren • (smerend uitspreiden) spread (out) • (verdelen) spread ∗ de kosten ~ spread the costs

uitsmijter • (persoon) bouncer • (gerecht) fried bacon and eggs on a slice of bread

uitsnijden • (wegsnijden) cut out, (med.) excise • (door snijden vormen) carve

uitspannen • unharness

uitspanning inn, pub, (openlucht) tea-garden

uitspansel firmament

uitsparen • (besparen) save • (open laten) leave open

uitspatting excess, (drank, seks) debauchery

uitspelen • (manipuleren) play off (against), use (against) ∗ hij wil jou tegen mij ~ he wants to play you off against me • (in het spel brengen) lead • (tot het eind spelen) play out, (spel) finish ∗ zijn rol is uitgespeeld his role is played out

uitsplitsen • (ontleden) itemize, break down (into) • (selecteren) categorize ∗ naar leeftijd ~ categorize according to age

uitspoken ∗ wat spook jij uit? what are you up to?

uitspraak (wijze van uitspreken) (v. persoon, e.d.) accent, (v. woord) pronunciation • (bewering) pronouncement, statement • (jur.) judgment, sentence, (v. jury) verdict ∗ ~ doen give/pass judgement; pass sentence

uitspreiden spread (out)

uitspreken I [ov ww] • (bekendmaken) declare, (vonnis) pronounce • (articuleren) pronounce, (duidelijk) articulate • (uiten) express, utter II [on ww] • (ten einde spreken) ∗ laat mij ~ let me finish III [wkd ww] speak out, give one's opinion ∗ zich ~ over give one's opinion (up)on ∗ zich ~ voor/tegen declare o.s. in favour of/ against

uitspringen • (opvallen) stand out • (naar buiten springen) jump/leap out • (uitsteken) project, stick uit

uitspugen spit out

uitspuwen spit out

uitstaan I [ov ww] • (dulden) stand, endure, bear ∗ ik kan hem/het niet ~ I can't stand him/it ∗ ik heb niets met je uit te staan I have nothing to do with you II [on ww] • (uitsteken) stand/stick out, (v. oren) stick out, (v. zakken) bulge • (uitgeleend zijn) (hand.) be put out at interest ∗ ~de rekeningen outstanding accounts

uitstalkast showcase, display

uitstallen display, show

uitstalling display, (etalage) shop window display

uitstalraam shop window

uitstapje excursion, trip, outing

uitstappen (v. auto) get off/out, ↑ alight ∗ allen ~! all change (here)!

uitsteeksel projection, protuberance

uitstek ∗ bij ~ pre-eminently ∗ bij ~ geschikt om exceptionally suited for

uitsteken I [ov ww] • (naar buiten steken) stick/ jut out, (hand) hold out, (vlag) put out • (naar voren steken) extend, (hand, voet) stretch out

∗ zijn hand ~ extend one's hand • (eruit steken) ∗ iem. de ogen ~ put/gouge a person's eyes out; (fig.) make a person green with envy II [on ww] • (zichtbaar zijn) rise/tower above, excel, (fig.) tower above • (naar buiten/vooruit steken) stick out, project, protrude

uitstekend • (heel goed) excellent • (naar buiten stekend) projecting, protruding

uitstel postponement, delay ∗ ~ van betaling extension of payment/duration; postponement/ deferment of payment ∗ ~ geven grant a delay ∗ ~ van dienstplicht deferment ∗ ~ van executie stay of execution; reprieve ∗ van ~ komt afstel delays are dangerous

uitstellen • (opschorten) delay, (verschuiven) put off, postpone

uitsterven die out, become extinct

uitstijgen • (uitstappen) get out, descend • (~ boven) surpass, rise above

uitstippelen outline, map out, work out ∗ route ~ map out a route

uitstoot discharge, emission

uitstorten • (legen) pour out ∗ zich ~ in discharge itself into • (uiten) ∗ zijn hart ~ pour out/unburden one's heart

uitstoten • (verstoten) expel, cast out • (eruit stoten) push out, thrust out, (gassen, rook) emit, eject • (uiten) utter

uitstralen radiate

uitstraling radiation

uitstrekken • (doen gelden) extend ∗ zijn invloed verder ~ extend one's influence • (voluit strekken) stretch (out) ∗ zich op de grond ~ stretch out on the ground

uitstrijken • (uitsmeren) (over oppervlakte) spread, smear • (verdelen) spread

uitstrijkje smear, swab

uitstrooien • (strooien) strew, scatter • (overal vertellen) broadcast, spread

uitstulping bulge

uitsturen send out ∗ iem. ergens op ~ send s.o. for s.th.

uittekenen draw ∗ ik kan die buurt wel ~ I know every detail of that neighbourhood

uittesten test, try out

uittikken type (up)

uittocht exodus

uittrap goal kick

uittreden (functie, lidmaatschap) resign (from), (m.b.t. pensionering) retire (from) ∗ vervroegd ~ go into early retirement ∗ ~ uit een ambt resign from office ∗ ~ uit dienst retire from service

uittreding resignation, retirement

uittrekken I [ov ww] • (uittreksel maken) make an excerpt • (uitdoen) take off • (verwijderen) pull out, extract, (kies) draw, extract • (bestemmen) assign (to), (bedrag, geld) set aside (for) II [on ww] • (weggaan) march out ∗ erop ~ om... set out to...

uittreksel extract, (v. boek) summary, (v. burgerlijke stand) birth certificate

uittypen type (up)

uitvaagsel scum, riff-raff

uitvaardigen issue, (jur.) enact

uitvaart funeral

uitvaartstoet funeral procession

uitval • (boze uiting) outburst, diatribe ∗ wat een ~! what an outburst! • (haaruitval) hair loss • (sport) (schermen) pass, lunge • (mil.) sally, sortie

uitvallen • (wegvallen) fall out, (sport) drop out, (v. trein) be cancelled, (verbinding) break down

* de stroom is uitgevallen *there's a power failure* • (agressief spreken) *fly (at), let fly (at)* • (mee-/tegenvallen) *turn/work out* ★ hoe het ook uitvalt *however things turn out* • (plotseling aanvallen) (mil.) *make a sortie,* (schermen) *make a pass, lunge (at)* • (een bepaalde aard hebben) ★ hij is niet erg scheutig uitgevallen *he is none too generous*

uitvalsweg *exit road*

uitvaren • (naar buiten varen) *sail (out), put to sea* • (boos uitvallen) *fly at*

uitvechten *fight out* ★ laat ze dat maar onderling ~ *let them fight/have it out by themselves*

uitvegen • (schoonvegen) *sweep out* • (uitwissen) *rub out*

uitvergroten *enlarge*

uitverkocht • (niet meer te koop) *sold out,* (v. boek) *out of print* • (vol) *fully booked, sold out* ★ ~e zaal *full house*

uitverkoop *sale, clearance sale* ★ 't is ~ *the sales are on*

uitverkoren *chosen, elect* ★ (rel.) het ~ volk *the chosen people*

uitvinden • (uitdenken) *invent* • (te weten komen) *find out, discover*

uitvinder *inventor*

uitvinding *invention*

uitvissen *fish out, dig/ferret out*

uitvlakken *rub out* ▼ dat moet je niet ~ *that's not to be sneezed at; don't underestimate it*

uitvloeisel *result, consequence*

uitvlooien *dig/ferret out*

uitvlucht *pretext, evasion, subterfuge* ★ ~en zoeken *prevaricate; seek a pretext*

uitvoegen *move to deceleration lane*

uitvoegstrook *deceleration lane*

uitvoer • (uitvoering) ★ ten ~ brengen *carry out; execute* • (exportgoederen) *exports, goods for export* • (export) *export* • (comp.) *output*

uitvoerbaar *practicable, feasible*

uitvoerder *executor,* (muz.) *performer*

uitvoeren • (exporteren) *export* • (volbrengen) *implement,* (jur.) *execute,* (belofte) *fulfil,* (besluit, instructies, plan) *carry out,* (functie, plicht, taak) *perform* ★ de ~de macht *executive (power)* • (vertonen) (kunst) *perform,* (muz.) *execute* • (verrichten) ★ wat heb jij uitgevoerd? *what have you been up to?* ★ hij heeft de hele dag niets uitgevoerd *he has done nothing all day* • niets ~ *do nothing* • (vervaardigen) ★ een goed uitgevoerd boek *a well-produced volume*

uitvoerig I [bnw] *full,* (in details) *detailed,* (volledig) *comprehensive* ★ ~ verslag *detailed/full report* **II** [bijw] *in detail, comprehensively, fully* ★ ~ ingaan op *dwell at length on; cover in detail*

uitvoering • (het uitvoeren) *carrying out,* (v. taak) *execution,* (v. wet) *enforcement* ★ ~ geven aan een plan *carry a plan into effect; carry out a plan* • (vervaardigingsvorm) (m.b.t. afwerking) *finish,* (m.b.t. kwaliteit) *workmanship,* (model) *design, style* • (voordracht) *performance,* (muz.) *execution*

uitvoeroverschot *export surplus*

uitvoerrecht *duty on exports, export duty*

uitvoervergunning *export licence*

uitvogelen *dig/ferret out*

uitvragen *question, inf.) pump*

uitvreten *be up to s.th.* ★ wat is hij aan het ~? *what is he up to?*

uitwaaien • (doven) *be blown out* • (frisse neus halen) *get a breath of fresh air*

uitwas • (uitgroeisel) *outgrowth* • (exces) *excess*

uitwassen *wash (out)*

uitwatering • (het uitwateren) *discharge* • (plaats) *outlet*

uitwedstrijd *away game*

uitweg • (uitkomst) *way out, solution, answer* • (uitgang) *way out,* (fig.) *outlet,* (water of stoom) *outlet*

uitweiden (afdwalen) *digress (on),* (lang spreken) *dwell (on)*

uitwendig *outward, external* ★ voor ~ gebruik *for external use* ★ het ~e *appearance(s)*

uitwerken I [ov ww] • (bewerken) (plan) *work out, devise,* (punt) *elaborate,* (theorie) *develop* ★ aantekeningen ~ *work up notes* • (oplossen) *work out, compute* • sommen ~ *work out sums* **II** [on ww] • (effect verliezen) ★ de verdoving is uitgewerkt *the anaesthetic has worn off* ★ uitgewerkt zijn *have spent its force; be exhausted*

uitwerking • (het uitwerken) *working out (of a plan)* • (effect) *effect, result* ★ geen ~ hebben *be ineffective*

uitwerpselen *excrement,* (v. dier) *droppings*

uitwijken • (opzij gaan) *turn/step aside, get out of the way,* (scheepv.) *give way,* (voertuig) *swerve* • (de wijk nemen) *flee, leave one's country*

uitwijkmogelijkheid • (mogelijkheid om iets te voorkomen) *chance of escape* • (alternatief) *alternative*

uitwijzen • (verdrijven) *expel,* (form.) *extradite,* (v. vreemdeling) *deport* • (aantonen) *show, prove*

uitwijzing *expulsion,* (form.) *extradition*

uitwisselen *exchange* ★ gegevens ~ *compare notes*

uitwisseling *exchange*

uitwissen *wipe out* ★ een opname ~ *erase a recording* ★ sporen ~ *cover up one's tracks*

uitwonend (living) *away from home, non-resident*

uitworp • (uitstoot) *emission, discharge* • (sport) *throw*

uitwringen *wring out*

uitwuiven *wave s.o. goodbye, see s.o. off*

uitzaaien I [ov ww] *sow,* (fig.) *sow, disseminate* **II** [wkd ww] *metastasize,* (inf.) *spread*

uitzaaiing *dissemination, secondary tumour,* (med.) *metastasis*

uitzakken (lichaam) *sag,* (muur) *bulge, sag* ★ een uitgezakt lijf *a sagging body*

uitzendarbeid *temporary work/employment*

uitzendbureau ≈ (temporary) *employment agency*

uitzenden • (met opdracht wegsturen) *send out,* (naar buitenland) *post abroad* • (telecom.) *broadcast, transmit* ★ uitgezonden door de televisie *televised*

uitzending *broadcast, transmission*

uitzendkracht *temporary employee*

uitzet *outfit,* (v. baby) *layette,* (v. bruid) *trousseau*

uitzetten I [ov ww] • (buiten werking stellen) *turn/switch off* • (buiten iets zetten) *expel* ★ de sloepen ~ *lower the boats* • iem. uit de partij zetten *expel a person from the party* • (uitwijzen) *deport* • (verspreid zetten) *set,* (v. schildwacht) *post,* (v. vis) *plant* • (beleggen) *put/place out* ★ geld ~ *put out money* **II** [on ww] • (uitdijen) *expand, swell*

uitzetting • (lengte-/volumetoename) (in lengte) *extension,* (in volume) *expansion* ★ de ~ van het heelal *the expansion of the universe* • (verwijdering) *expulsion,* (uit huis) *eviction* ★ ~ leidde tot dakloosheid *eviction led to homelessness* ★ ~ uit het land *expulsion from the country*

U

uitzicht ● (het uitzien) view ★ je beneemt mij het ~ you are obstructing my view ★ het ~ hebben op overlook; look out over ● (vergezicht) view, outlook, panorama ● (vooruitzicht) outlook, prospect ★ dat opent nieuwe ~en that opens new vistas ★ ~ bieden op een interessante loopbaan hold out prospects of an interesting career

uitzichtloos hopeless

uitzieken v dat moet eerst ~ that must first run its course

uitzien ● (zicht geven op) ★ ~ op look out over; face ● (verlangen) look forward to, (met smart) await anxiously ● (op zoek gaan) look out ★ naar werk ~ be looking for a job ★ ~ naar look out for ● (eruitzien) ★ hoe ziet hij eruit? what does he look like? ★ wat zie je eruit! what a sight you are! ★ je ziet er goed uit you look well v dat ziet er mooi uit here's a pretty kettle of fish; (iron.) what a fine mess v 't ziet er vrij slecht voor ons uit things look pretty bad for us v het ziet er wel naar uit it looks like it

uitzingen ★ ik kan het nog wel even ~ I can hold out for a while; (AE) I can swing it

uitzinnig mad, crazy, delirious, out of one's wits ★ ~ van vreugde wild/ecstatic with joy

uitzitten sit out ★ zijn straf(tijd) ~ serve one's sentence; (inf.) serve one's time

uitzoeken ● (kiezen) select, pick out ★ je hebt het voor het ~ you can have your pick ● (te weten komen) ★ een zaak ~ investigate a matter; sift a matter out ★ zoek het zelf maar uit find out for yourself ★ ze zoeken het maar uit that's their worry/problem; let them sort it out for themselves ● (sorteren) sort (out)

uitzonderen exclude, (v. lijst weglaten) except ★ niemand uitgezonderd! no one excluded!

uitzondering exception ★ met ~ van with the exception of ★ bij ~ by way of exception; occasionally ★ bij hoge ~ very rarely ★ zonder ~ without exception ★ behoudens enkele ~en with a few exceptions ★ ~ van personen exclusion of persons ★ de ~ de en bevestigen de regel the exception proves the rule

uitzonderingsgeval exceptional case

uitzonderingspositie unique/exceptional position

uitzonderlijk exceptional

uitzuigen ● (leegzuigen) suck (out) ● (uitbuiten) bleed white/dry, (werkgever) sweat

uitzuiger bloodsucker, † extortioner

uitzwaaien send off, wave good-bye to

uitzwermen swarm

uk tiny tot, kiddy

ukelele ukelele

ultiem ultimate, last-minute

ultimatum ultimatum

ultracentrifuge ultracentrifuge

umlaut umlaut

unaniem unanimous

Unctad United Nations Conference on Trade and Development, UNCTAD

underdog underdog

understatement understatement

Unesco United Nations Educational, Scientific and Cultural Organisation, UNESCO

unfair unfair

Unicef UNICEF, United Nations Children's Emergency Fund

unicum unique event/thing, (enig exemplaar) single copy

unie union ● personele unie personal union v Unie van Utrecht Union of Utrecht

uniek unique, (geweldig) marvellous

UNIFIL UNIFIL

uniform I [het] uniform **II** [bnw] uniform

uniformeren make uniform

uniformiteit uniformity

unilateraal unilateral

uniseks unisex

unisono unisono(us)

unit unit ★ kantoorunit office unit/section

universeel universal ★ ~ erfgenaam sole heir

universitair university, academic

universiteit university ★ naar de ~ gaan go to university; (AE) go to college

universiteitsraad university council

universiteitsstad university town, (AE) college town

universum universe

updaten update

uppercut uppercut

uppie alone v in zijn ~ by one's lonesome; all by o.s.

up-to-date up-to-date

uranium uranium

urbanisatie urbanization

ure → uur

urenlang for hours (on end) ★ ~e discussies discussions that go on for hours

ureum urea

urgent urgent, pressing

urgentie urgency

urgentieverklaring certificate of urgency

urine urine

urineleider ureter

urineren urinate, pass water

urinewegen urinary tract

urinoir urinal

urn urn

urologie urology

uroloog urologist

Uruguay Uruguay

utiliteitsbouw commercial and industrial building

utopie utopia

utopisch utopian

uur hour ★ uren lang for hours ★ over een uur in an hour ★ ik ben aan geen uur gebonden my time is my own ★ op dat uur at that hour ★ om één uur at one o'clock v verloren uurtje spare hour v van uur tot uur from hour to hour; hourly

uurloon hourly wage(s)

uurwerk ● (klok) timepiece ● (mechaniek) movement, clockwork

uurwijzer hour hand

U-vormig U-shaped

uw your ★ het uwe yours

uwerzijds on your part

uzi Uzi

v *(the letter) V/v*

vaag • *(onbestemd) vague •* *(niet scherp omlijnd) vague, hazy, dim*

vaak *often, frequently*

vaal *(gezicht) sallow, (kleur) faded, (licht) pale* ★ *vaal bestaan drab life*

vaalbleek *sallow, pallid*

vaandel *colours, standard, banner* ▼ *met vliegende ~s with flying colours*

vaandeldrager *standard bearer*

vaandrig *ensign, (v. cavalerie) cornet*

vaantje • *(windwijzer) weathercock, weather vane* • *(vlaggetje) pennon*

vaarbewijs *navigation licence*

vaarboom *punting-pole*

vaardiepte *navigable depth*

vaardig *skilled, skilful, proficient* ★ *~ zijn met de pen have a ready pen* ★ *~ in het Spaans proficient in Spanish*

vaardigheid • *(vlugheid) cleverness, quickness* • *(handigheid) skill, skilfulness, (in talen) proficiency* ★ *sociale vaardigheden social skills*

vaargeul *channel, fairway, (in mijnenveld) (sea-)lane*

vaars *heifer*

vaart • *(snelheid) speed* ★ *in volle ~ (at) full speed* ★ *~ krijgen gather speed; (scheepv. ook) make headway* ★ *~ (ver)minderen reduce/slacken speed; slow down* ★ *in vliegende ~ at a tearing pace; at full tilt* ★ *met een ~ van ... at a speed of... •* *(het varen) navigation* ★ *in de ~ brengen bring into service; (mil. ook) commission* ★ *de ~ op Indië the Indian trade* ★ *grote ~ ocean-going trade* ★ *zeeman op de grote ~ deep-water seaman* ★ *kleine ~ coastal trade •* *(kanaal) canal* ▼ *dat zal zo'n ~ niet lopen it won't be as bad as that* ▼ *er ~ achter zetten speed things up*

vaartuig *vessel, craft*

vaarverbod • *(t.a.v. persoon) suspension of a navigation licence •* *(waterweg) the closing of a waterway*

vaarwater *waterway* ▼ *iem. in 't ~ zitten thwart a person*

vaarwel *farewell*

vaarwelzeggen • *(afscheid nemen) bid farewell, say goodbye (to) •* *(berusten in de afwezigheid) say/wave goodbye (to), kiss goodbye* ★ *hij heeft zijn studie vaarwel gezegd he gave up/dropped his studies*

vaas *vase*

vaat *washing-up* ★ *de vaat doen do the washing-up; do the dishes*

vaatbundel *vascular bundle*

vaatdoek *dishcloth*

vaatwasmachine *dishwasher*

vaatwerk *plates and dishes*

vaatziekte *vascular disease*

vacant *vacant* ★ *~ worden fall vacant* ★ *een ~e plaats a vacancy*

vacature *vacancy* ★ *een ~ vervullen fill a vacancy*

vacaturebank *job bank, job information centre*

vacaturestop *halt on (advertising) vacancies* ★ *een ~ instellen call a halt to the filling of vacancies*

vaccin *vaccine, inoculum*

vaccinatie *vaccination*

vaccineren *vaccinate*

vacht *fur, (v. hond) coat, (v. schaap) fleece*

vacuüm *vacuum*

vacuümpomp *vacuum pump*

vacuümverpakking *vacuum packaging*

vadem *fathom*

vademecum *handbook*

vader • *(grondlegger) father* ★ *geestelijke ~ spiritual father; architect; author •* *(vaderfiguur) father, (v. jeugdherberg) warden* ★ *het Onze Vader the Lord's Prayer* ★ *Heilige Vader Holy Father •* *(ouder) father, (inf.) dad* ★ *van ~ op zoon from father to son* ▼ *zo ~, zo zoon like father, like son*

vaderbinding *father fixation*

vaderdag *Father's Day*

vaderfiguur *father figure*

vaderland *(native) country, homeland*

vaderlands • *(patriottisch) ~ ★ ~ gevoel patriotic feeling •* *(van het vaderland) ~ ★ ~e liederen/ geschiedenis national songs/history* ★ *~e bodem native soil*

vaderlandsliefde *patriotism*

vaderlandslievend *patriotic*

vaderlijk *paternal, fatherly, (fig.) avuncular*

vaderloos *fatherless*

vaderschap *paternity, fatherhood*

vadsig *indolent, lazy*

vagebond *vagabond, tramp*

vagelijk *vaguely, faintly* ★ *ik kan me ~ herinneren ... I can vaguely remember ...*

vagevuur *purgatory*

vagina *vagina [mv: vaginae, vaginas]*

vaginaal *vaginal*

vak • *(deel van vlak) section, space, (mil.) sector, (v. begraafplaats) plot, (v. plafond, deur) panel, (v. weg, spoorlijn) section •* *(hokje) (postvakje, e.d.) pigeon-hole, (v. kast, e.d.) compartment •* *(beroep) (hoger beroep) profession, (lager beroep) trade* ★ *dat is mijn vak niet that's not my line of business* ★ *het over 't vak hebben talk shop •* *(leervak) subject*

vakantie *holiday(s), vacation* ★ *met ~ gaan go (away) on holiday* ★ *de grote ~ the summer holidays; (v. universiteit) the long vacation* ★ *~ houden make holiday*

vakantie- *holiday*

vakantieadres *holiday address, (AE) vacation address*

vakantiebestemming *holiday destination, (AE) vacation destination*

vakantieboerderij *holiday farm, (AE) dude ranch*

vakantiedag *holiday*

vakantiedrukte *holiday rush, (AE) vacation rush*

vakantieganger *holidaymaker, tourist*

vakantiegeld *holiday allowance/pay, (AE) vacation bonus*

vakantiehuis *holiday cottage/flat/bungalow/etc.*

vakantiekolonie *holiday-camp*

vakantieland *(popular) holiday spot, (AE) (popular) vacation spot*

vakantieoord *holiday resort*

vakantiespreiding *staggering of holidays, staggered holidays*

vakantiestemming *holiday mood/spirit*

vakantiewerk *holiday work/job*

vakbekwaam *skilled*

vakbeurs *specialized fair for a particular profession*

vakbeweging • *(vakbonden) trade unions, (AE) labor unions •* *(streven van de vakbonden) trade unionism*

vakblad *trade journal, (v. hoger opgeleiden) professional journal*

vakbond *trade(s) union*

vakbroeder colleague, confrère
vakcentrale federation of trade unions
vakdiploma professional diploma, certificate of proficiency
vakgebied speciality, field (of study)
vakgenoot colleague
vakgroep ⟨v. universiteit⟩ department, ⟨v. vakvereniging⟩ union branch
vakidioot blinkered specialist, history/math, e.d. freak
vakjargon (technical) jargon
vakkennis professional knowledge
vakkenpakket ⟨BE⟩ subjects chosen for 'O' level or 'A' level
vakkring professional circles [mv]
vakkundig skilled, professional
vakliteratuur professional literature
vakman specialist, ⟨in ambacht⟩ craftsman
vakmanschap craftsmanship, (professional) skill
vakonderwijs vocational instruction
vakopleiding vocational training, ⟨hoger beroepen⟩ professional training
vakorganisatie trade(s) union
vakpers trade press, specialist publications
vaktaal technical language/terminology
vaktechnisch technical
vakterm technical term, specialist term
vakvereniging trade(s) union, ⟨v. werkgevers⟩ employer's association
vakwerk ● (wandconstructie) ★ ~ huizen half-timbered houses ★ (werk van een vakman) professional job
vakwerkbouw timber-framed construction
val ● (daling) fall, (sterk) slump ★ de val van de gulden the fall of the guilder ● (ondergang) (down)fall ★ ten val brengen overthrow; bring down ★ de (zonde)val the Fall ● (het vallen) fall, ⟨v. vliegtuig⟩ crash ★ hij maakte een lelijke val he had a bad fall ★ (vangtoestel) trap ★ in de val lopen get caught in a trap; (fig.) fall into a trap ★ iem. in de val lokken (en)trap/frame (s.o.)
valbijl guillotine
valeriaan valerian
valhelm crash helmet
valide (gezond) fit ● (geldig) valid
validiteit validity
valium valium
valk falcon
valkenier falconer
valkenjacht falconry ★ op ~ gaan go hawking
valkuil pitfall
vallei valley, (nauw) glen
vallen ● (neervallen) fall, drop ★ iem. doen ~ make s.o. fall ★ ik kwam te ~ over ... I stumbled over ... ● (zich) laten ~ drop (o.s.) ● (sneuvelen) fall ● (afnemen) iets van de prijs laten ~ knock s.th. off the price ★ van weerszijden wat laten ~ make mutual concessions ● (ten val komen) fall, ⟨v. motie⟩ be defeated ★ het kabinet is ge~ the cabinet has fallen ● (behoren tot) ★ in een categorie ~ fall in a category ★ ~ onder fall/come under ● (in toestand geraken) fall ★ er viel een stilte there was a hush ● (neerhangen) hang ★ je mantel valt goed your cloak fits well ● (op zekere wijze zijn) ★ het werk viel hem zwaar he found it hard work ★ het zou mij makkelijk ~ om it would be easy for me to ★ de tijd viel mij lang time hung heavy on my hands ★ dat valt nog niet te zeggen that can't be said yet ★ er valt met jou niet te praten you are unreasonable ★ (~ op) fancy, take (to) ★ (~ over) ★ over kleinigheden ~ make a fuss about details; quibble over the small

print ★ over een paar gulden ~ stick at a few guilders ▼ de opmerking is bij hen niet goed ge~ they were not happy about the comment ▼ hij kwam er met ~ en opstaan he muddled through
vallicht skylight
valluik trapdoor
valpartij fall, tumble, spill
valreep gangway, gangplank ★ glaasje op de ~ one for the road
vals I [bnw] ● (onwaar) false, spurious ● (verkeerd) false ★ een valse start a false start ● (bedrieglijk) false ★ valse eed false oath ★ valse dobbelstenen loaded dice ★ een valse naam a false/assumed name ★ vals spel foul play ● (onecht) false, ⟨scherts⟩ bogus ★ valse handtekening forged signature ★ vals paspoort faked passport ★ vals geld counterfeit money ★ valse tanden false teeth ● (onzuiver van toon) false ★ de piano klinkt vals the piano is out of tune ● (boosaardig) vicious, nasty, savage ★ iem. vals aankijken give s.o. a mean look II [bijw] ● (onzuiver van toon) out of key ★ vals zingen sing false ● (bedrieglijk) falsely ★ vals spelen cheat
valsaard false/treacherous/two-faced person
valscherm parachute
valselijk falsely
valsemunter forger, counterfeiter
valserik cheat, trickster
valsheid ● (boosaardigheid) viciousness ● (het onecht zijn) falsity, falseness ● (het vervalsen) forgery ★ ~ in geschrifte plegen commit forgery
valstrik trap, snare ★ een ~ voor iem. spannen set a trap for s.o.
valuta currency ★ Nederlandse ~ Dutch currency
valutakoers exchange rate, rate of exchange
vamp vamp
vampier vampire
van I [bijw] ● (over) of, about ★ wat weet jij daar van? what do you know about it? ● (weg) from, of ★ zij nam er wat van she took some (of those) ● (door) by, from ★ hij werd er rijk van it made him rich ★ daar word je sterk van that will make you strong II [vz] ● (wat ... betreft) of ★ dokter van beroep a doctor by profession ★ bij wijze van spreken so to speak ★ ik ken hem van gezicht I know him by sight ★ klein van postuur of small build ★ leven van de bijstand live on social security/on the dole ★ leven van de visvangst fish for one's living ● (door) by, of, with ★ een cantate van Bach a Bach cantata ★ ze is zwanger van hem she's pregnant by him ★ beven van schrik tremble with fear ★ daar komen ongelukken van that's how accidents happen ● (in bezit van, toebehorend aan) of ★ dat geld is van mij that money is mine ★ een vriend van mij a friend of mine ★ van wie is die fiets? whose bike is that? ★ hij is van adel he is a member of the nobility/a peer ● (bestaande uit) of ★ een hart van goud a heart of gold ★ een briefje van 100 a hundred-pound note ● (gebeurend met/aan) of ★ houden van love ★ het bakken van brood the baking of bread ● (afkomstig van) from, of ★ de appel valt van de boom the apple falls from the tree ★ ik kreeg een brief van hem I got a letter from him ★ het komt van boven it's coming from above ★ de zes van Birmingham the Birmingham six ● (uit/vandaan) from ★ van 1914 tot 1918 from 1914 till 1918 ★ dat is lief van je that's sweet/nice of you ★ van vader op zoon from father to son ★ daar had hij niet van terug! that was too much for him ★ ik geloof van wel I think so ▼ drie van de vier three out of four

vanaf ● (met ingang van) from, as from, since ∗ ~ vandaag as from today ● (daarvandaan) from ∗ ~ daar wordt het moeilijk from there it's going to be difficult ∗ ~ het dak from the roof

vanavond tonight, this evening

vandaag today ∗ wat is het ~? what day of the week is it? ▼ ~ of morgen sooner or later

vandaal vandal

vandaan ● (van afkomstig) from, out of ∗ waar kom je ~? where are you from? ∗ ik kom er juist ~ I just came from there ● (van weg) away from, from ∗ blijf er ~ stay away from it ∗ het is hier niet ver ~ it's not far from here ● (van uit) out of

vandaar ● (daarvandaan) from there ● (daarom) that's why, ⟨form.⟩ hence

vandalisme vandalism

vangarm tentacle

vangen ● (grijpen) capture ∗ een vis ~ land a fish ● (opvangen) catch ● (erin laten lopen) catch, trap ● (verdienen) make, pick up ∗ veel poen ~ make a lot of dough ● (vervatten) capture ∗ twee zaken onder één noemer ~ catch two senses in one word

vangnet ● (veiligheidsnet) safety net ● (net om dieren te vangen) trap net

vangrail crash barrier, guard-rail, safety-fence

vangst ● (het vangen) catch ● (het gevangene) catch, ⟨buit⟩ haul

vangzeil jumping sheet

vanille vanilla

vanillestokje vanilla pod

vanillesuiker vanilla sugar

vanillevla ⟨BE⟩ ≈ vanilla custard, ⟨AE⟩ vanilla pudding

vanmiddag this afternoon

vanmorgen this morning

vannacht ⟨afgelopen nacht⟩ last night, ⟨komende nacht⟩ tonight

vanochtend this morning

vanouds of old ∗ als ~ as of old

vanuit ● (uit a naar b) from, out of ● (op grond van) starting/proceeding from ∗ ~ dit perspectief taking it/going from this perspective

vanwaar ● (waarvandaan) from where, ⟨form.⟩ whence ● (waarom) why

vanwege ● (van de zijde van) on the part of, on behalf of ● (wegens) because of, on account of

vanzelf ● (uit eigen beweging) of itself [mv: of themselves], automatically ∗ de rest ging ~ the rest was plain sailing ● (vanzelfsprekend) naturally

vanzelfsprekend I [bnw] self-evident II [bijw] as a matter of course ∗ iets als ~ aannemen take s.th. for granted

varen I [de] fern, ⟨heidevaren⟩ bracken II [on ww] ● (per vaartuig gaan) sail, ⟨navigeren⟩ navigate ∗ langs de kust ~ hug the coast ∗ om een kaap ~ round/double a cape ∗ op Engeland ~ trade to England ● (gesteld zijn) ∗ er wel bij ~ do well out of it; profit by it ● (als zeeman dienst doen) be a sailor ▼ de duivel is in hem ge~ the devil has got into him ▼ ten hemel ~ ascend to heaven ▼ de hoop/een idee laten ~ abandon hope/an idea

varia miscellany

variabel variable

variabele variable

variant variant

variatie ● (afwisseling) variation ∗ voor de ~ for a change ● (verscheidenheid) variety

variëren I [on ww] ● (afwisselen) diversify II [on ww] ● (onderling verschillen) vary, differ

variété variety show/theatre, vaudeville, ⟨vero.⟩ music hall

variëteit variety

varken ● (dier) pig, ⟨gecastreerd⟩ hog ∗ wild ~ boar ∗ ⟨scheldwoord⟩ swine ∗ lui ~ lazy pig ∗ ik zal dat ~tje wel wassen I'll handle that ∗ vele ~s maken de spoeling dun where the hogs are many, the wash is poor

varkensmesterij pig farm

varkenspest swine-fever

varkensvoer ● (smerig eten) slops ● (voer voor varkens) pig feed

vasectomie vasectomy

vaseline vaseline

vast I [bnw] ● (niet beweegbaar) fast, fixed ∗ vaste wastafel fixed basin ∗ vaste wal shore ● (stabiel) steady ∗ vast in slaap sound asleep ∗ vast omlijnd clear-cut ● (onveranderlijk) permanent ∗ vaste prijs fixed price ∗ vaste uitdrukking stock phrase ∗ vaste kosten/lasten overheads ∗ vaste datum fixed date ∗ vaste halte compulsory stop ∗ vaste klant regular customer ∗ vaste markt firm market ∗ vast worden ⟨v. prijzen⟩ harden; ⟨v.h. weer⟩ settle ∗ vast personeel permanent staff ∗ vaste plant perennial plant ∗ vaste benoeming permanent appointment ∗ vast werk regular work ∗ vaste zetel permanent seat ● (stevig) firm, ⟨niet vloeibaar⟩ solid ∗ vast worden set; congeal ∗ vast gesteente solid rock ∗ vaste grond firm ground ● (stellig) firm ∗ dat is vast (en zeker) that is dead certain ∗ vast besluit firm determination ∗ vast in de leer sound in the faith II [bijw] ● (alvast) ∗ ik ga maar vast I'll go then; I'll be off, then ● (zeker) ∗ vast en zeker certainly ● (stellig) ∗ vast beloven promise positively

vastberaden resolute

vastbesloten determined

vastbijten fasten/sink one's teeth into, hang on (to), ⟨fig.⟩ cling to ∗ zich in een onderwerp ~ get one's teeth into a subject

vastbinden fasten, tie up

vasteland ● (continent) continent ● (vaste wal) mainland

vasten I [de] ∗ de ~ Lent ● de ~ onderhouden observe/keep the fast II [on ww] fast ∗ het ~ fast(ing)

Vastenavond Shrove Tuesday

vastenmaand Lent, ⟨islamitisch⟩ Ramadan

vastentijd Lent

vastgoed real estate/property ∗ makelaars in ~ real estate agents; ⟨AE⟩ realtors

vastgrijpen grip, catch hold of, clutch

vasthechten attach, fasten

vastheid ● (zekerheid) (v. geloof) strength ● (stevigheid) stability, ⟨m.b.t. compactheid⟩ solidity, ⟨v. stem, hand, blik⟩ firmness

vasthouden I [ov ww] ● (bewaren) retain, ⟨v. goederen⟩ hold up ∗ (niet loslaten) hold (fast), ⟨in arrest⟩ detain ∗ zich ~ aan hold on to; cling to II [on ww] ● (~ aan) stick to, hold on to ∗ ~ aan een mening stick to an opinion

vasthoudend tenacious

vastigheid certainty

vastklampen ∗ zich ~ aan cling to

vastleggen ● (registreren) record ∗ iets op de band ~ register on tape ∗ het is in de notulen vastgelegd it has been placed on record ● (vastmaken) fix, fasten, ⟨v. boot⟩ moor, ⟨v. hond⟩ tie up ● (schriftelijk bepalen) lay down ∗ in het contract ~ dat ... state in the contract that ... ● (beleggen) tie up

vastliggen ● (vastgebonden zijn) be (firmly) fixed,

be fastened, (v. schip) be moored • (vastgesteld zijn) be laid down ★ de datum ligt vast the date has been fixed

vastlopen • (vast raken) (v. machine) jam, seize up, (v. schip) run aground, (v. verkeer) jam • (in impasse raken) get stuck, (v. onderhandelingen) reach a deadlock

vastmaken fasten ★ zijn jas ~ button up one's coat ★ zijn veters ~ tie one's shoelaces

vastomlijnd well-defined, clear-cut

vastpinnen pin/peg down ★ iem. op iets ~ pin/peg s.o. down to s.th.

vastpraten corner ★ zich ~ be caught in one's own words

vastrecht standing charge

vastroesten rust v vastgeroeste vooroordelen deep-rooted prejudices

vastschroeven screw down

vaststaan • (onveranderlijk zijn) be fixed ★ de prijs staat vast the price has been settled; the price is fixed ★ ~d feit established fact ★ de datum staat nog niet vast the date has not yet been fixed/settled ★ (zeker zijn) be certain ★ zoveel staat vast dat... so much is certain that... ★ dat stond reeds van tevoren vast that was a foregone conclusion

vaststaand certain, indisputable ★ een ~ feit a certainty; an established/a recognized fact

vaststellen • (bepalen) fix, determine ★ een regel ~ lay down a rule ★ de schade ~ assess damages ★ een tijdstip ~ fix/appoint a time ★ bij de wet vastgesteld laid down by the law • (constateren) conclude

vastzetten • (gevangen nemen) put in prison • (doen vastzitten) fix, fasten, stop, (v. wiel) chock • (beleggen) tie up ★ geld ~ op settle money on • (klem praten) corner

vastzitten • (gebonden zijn) be tied down ★ dan zit je eraan vast then you are committed to it ★ daar zit meer aan vast there is more to it • (bevestigd zijn) stick • (klem zitten) be stuck, (v. deur, stuur) be jammed, (v. schip) be aground • (gevangen zitten) be in prison

vat I [de] hold, grip v vat hebben op iem. have a hold over/on a person **II** [het] • (ton) barrel, (fust) cask, (v. ijzer) drum ★ bier uit 't vat beer on draught • (bloedvat) vessel v uit een ander vaatje tappen sing a different tune ★ een vat vol tegenstrijdigheden a walking contradiction ★ wat in het vat zit, verzuurt niet forbearance is no acquittance

vatbaar • (ontvankelijk) susceptible ★ voor rede ~ open to reason ★ voor verbetering ~ capable of improvement • (zwak van gestel) liable to, susceptible to ★ ~ voor een ziekte susceptible to a disease

Vaticaan the Vatican

Vaticaanstad Vatican City

vatten • (grijpen) catch, seize • (in iets zetten) embed, (in goud, lijst) mount, (v. juweel) set • (begrijpen) understand, see • (opdoen) catch ★ kou ~ catch cold

VAVO Adult General Secondary Education

vazal vassal

VBO Junior Secondary Vocational Education

vechten fight ★ ~ om fight for

vechter fighter

vechtersbaas fighter

vechtjas fire-eater

vechtlust fighting spirit, combativeness, eagerness to fight, (form.) pugnacity ★ ~ tonen show fight

vechtpartij scuffle, scrap

vechtsport combat sport

vedergewicht featherweight

vederlicht feathery, airy

vedette celebrity, star

vee cattle

veearts veterinary surgeon, (inf.) vet

veeartsenijkunde veterinary science

veeg I [de] • (het vegen) wipe • (oorveeg) box **II** [bnw] • (in gevaar) doomed ★ het vege lijf redden escape by the skin of one's teeth • (onheilspellend) ★ een veeg teken a bad sign

veegwagen sweeper

veehouderij • (veebedrijf) cattle farm, stockfarm • (het houden van vee) cattle-breeding/-raising, stockbreeding

veel I [onb vnw] (voor ev) much, (voor mv) many ★ heel/zeer veel a great deal of; very much; a great many; very many ★ weet ik veel how should I know ★ ik ben hier te veel I am one too many here ★ het heeft er veel van weg it looks very much like it ★ zij hebben veel van elkaar (weg) they are much alike ★ hij heft veel te veel betaald he paid far too much **II** [bijw] • (in ruime mate) much ★ veel ouder far older • (vaak) ★ hij komt hier veel he often comes here **III** [telw] ★ veel boeken lezen read a lot of/many books

veelal mostly

veelbelovend promising

veelbesproken much discussed

veelbetekenend significant ★ iem. ~ aankijken give s.o. a meaningful look

veelbewogen stirring ★ ~ tijden eventful times

veeleer rather, sooner

veeleisend exacting, demanding

veelheid • (groot aantal) multitude, abundance • (het veelvoudig zijn) complexity, (veelsoortigheid) diversity

veelhoek polygon

veelkleurig multi-coloured

veelomvattend comprehensive

veelsoortig varied, (form.) manifold

veelstemmig (muz.) polyphonic

veelvlak polyhedron

veelvormig multifarious, (wetenschappelijk) polymorphic

veelvoud multiple

veelvoudig • (in veelvoud) multiple • (gevarieerd) varied, manifold ★ ~ voorkomend) frequent ★ ~ wereldkampioen worldchampion several times over

veelvraat glutton

veelvuldig • (veel voorkomend) frequent • (gevarieerd) varied, manifold

veelzeggend significant

veelzijdig • (met veel zijden) many-sided • (allround) versatile

veemarkt cattle market

veen • (turfland) (hoogliggend) peat moor, (laagliggend) peat bog • (grondsoort) peat

veenbes cranberry

veengrond peat

veenkolonie ≈ fen-land community

veer I [de] • (vleugelpen) feather • (spiraalvormig voorwerp) spring v met andermans veren pronken strut in borrowed plumes v pronken met andermans veren be dressed in borrowed plumes v iem. een veer op de hoed steken stick a feather in s.o.'s cap **II** [het] • (overzetplaats) ferry • (veerboot) ferry (boat)

veerboot ferryboat, (voor auto's) car ferry

veerdienst ferry service

veerkracht • (elasticiteit) elasticity • (wilskracht) buoyancy

veerkrachtig ● (elastisch) *elastic* ● (wilskrachtig) *buoyant*
veerman *ferryman*
veerpont *ferryboat*
veertien *fourteen* ∗ ~ dagen *a fortnight* → **acht**
veertiende I [bnw] *fourteenth* II [telw] *fourteenth* → **achtste**
veertig *forty* ∗ zij is ergens in de ~ *she is in her forties* → **acht, twintig**
veertiger I [de] *man/woman of forty* II [bnw] ∗ de ~ *jaren the forties*
veertigste I [bnw] *fortieth* II [telw] *fortieth* → **achtste**
veestapel *livestock*
veeteelt *cattle-breeding*
veevoeder *feed, fodder*
veewagen *cattle-truck*
veganisme *veganism*
vegen (v. kleed) *brush,* (v. vloer) *sweep,* (voeten) *wipe* ~ voeten ~! *wipe your feet!*
veger ● (borstel) *brush* ● (persoon) *sweeper*
vegetariër *vegetarian*
vegetarisch *vegetarian*
vegetatie *vegetation*
vegeteren ● (leven als een plant) *vegetate,* (fig. ook) *lead a vegetable life* ● (parasiteren) *sponge on s.o.*
vehikel *vehicle*
veilen *put up for auction*
veilig ● (beschermend) *safe, secure (from/against)* ∗ ~ stellen *secure; safeguard* ● (vrij van gevaar) *safe, out of danger* ∗ het signaal stond op ~ *the signal was at green* ∗ (Vereniging voor) Veilig Verkeer ≈ *Safety First Association* ∗ de ~ste partij kiezen *keep on the safe side*
veiligheid ● (het veilig zijn) *safety* ∗ zich in ~ stellen *reach safety* ∗ in ~ brengen *bring to safety* ● (beveiliging) *safety device,* (elektriciteit) *fuse*
veiligheidsbril *safety/protective goggles*
veiligheidsdienst *security services*
veiligheidseis *safety requirement*
veiligheidsglas *safety glass*
veiligheidsgordel *safety belt* ∗ ~ met rolautomaat *inertia reel seat belt* ∗ ~ vastmaken *fasten the seat belt*
veiligheidshalve *for safety('s sake)*
veiligheidsklep *safety-valve*
veiligheidskooi *safety cage*
veiligheidsoverweging *security reason*
veiligheidsraad *Security Council*
veiligheidsriem *safety belt*
veiligheidsslot *safety lock*
veiligheidsspeld *safety pin*
veiling *auction, public sale*
veilingmeester *auctioneer*
veinzen *simulate, feign* ∗ verbazing ~ *pretend to be surprised*
vel ● (huid) *skin,* (v. dier/afgestroopt) *hide* ● (vlies) *skin* ● (blad papier) *sheet* ▼ iem. het vel over de oren halen *fleece s.o.* ▼ vel over been *all skin and bone* ▼ hij sprong bijna uit zijn vel van kwaadheid *he nearly exploded with anger* ▼ het is om uit je vel te springen *it is enough to provoke a saint/to drive you up the wall*
veld ● (vlakte) *field* ∗ in 't open veld *in the open field* ● (slagveld) *battle field* ∗ veld winnen *gain ground* ∗ te velde trekken tegen *fight; combat* ● (speelterrein) *ground, field* ∗ in het veld komen *come into the field* ∗ van het veld sturen *order off the field* ● (vakje) (v. schaak-/dambord) *square* ● (vakgebied) *field* ● (krachtveld) *field*

∗ magnetisch veld *magnetic field* ▼ het veld ruimen *abandon the field* ▼ uit het veld geslagen *disconcerted; put out*
veldbed *camp-bed,* (AD) *cot*
veldboeket *bouquet of wild flowers*
veldfles *flask,* (mil.) *canteen*
veldheer *general*
veldhospitaal *field hospital*
veldloop *cross-country race*
veldmaarschalk *field marshal*
veldmuis *fieldmouse*
veldrijden *cyclo-cross racing*
veldsla *corn salad*
veldslag *battle*
veldsport *field/outdoor sports*
veldtocht *campaign*
veldwerk *fieldwork,* (sport) *fielding*
velen *stand, endure* ∗ hij kan niets ~ *he is very touchy*
velg *rim*
velgrem *rim-brake*
vellen ● (doen vallen) *fell, cut down* ● (uitspreken) ∗ 'n vonnis ~ *pass/pronounce a sentence*
velours *velour*
ven *fen*
vendetta *vendetta, blood feud*
venduhouder *auctioneer*
venerisch *venereal*
Venetië *Venice*
Venezuela *Venezuela*
venijn *venom*
venijnig *venomous, vicious* ∗ een ~e schop *a nasty kick*
venkel *fennel*
vennoot *partner* ∗ stille ~ *sleeping partner* ∗ commanditaire ~ *limited partner* ∗ iem. als ~ opnemen *take s.o. into partnership*
vennootschap *partnership* ∗ een ~ aangaan *enter into partnership*
vennootschapsbelasting *corporation tax, corporate tax*
venster *window*
vensterbank *window-sill*
vensterenvelop *window envelope*
vensterglas *window glass*
vent *fellow, guy,* (inf.) *chap, bloke,* (tot 'n jongetje) *little man, sonny*
venten *hawk, peddle*
venter *hawker, huckster,* (v. groente, fruit) *coster(monger)*
ventiel *valve*
ventieldop *valve cap*
ventielslang *valve-tubing*
ventilatie *ventilation*
ventilator *ventilator, fan* ∗ ~riem *fan belt*
ventileren ● (lucht verversen) *ventilate* ● (uiten) ∗ zijn woede ~ *give vent to one's anger*
ventweg *service road*
venusheuvel *mount of Venus, mons Veneris*
ver I [bnw] *distant, far, far away,* (v. tijd) *remote* ∗ ver familielid *distant relative* ∗ het verre verleden *the remote/distant past* II [bijw] ∗ ver weg *far away; far off* ∗ zich verre houden van *hold aloof from* ∗ ben je zo ver? *are you ready?* ∗ hoe ver ben je? *how far have you got?* ∗ tot ver in de achttiende eeuw *far into the eighteenth century* ∗ van verre *from afar* ∗ zo ver zijn we nog niet *that's a far cry yet* ∗ verre van gemakkelijk *far from easy* ∗ zij heeft het ver gebracht *she has come a long way* ∗ daar kom je niet ver mee *that won't get you very far* ∗ zijn tijd ver vooruit zijn *be far ahead of one's time*

veraangenamen *make pleasant*

verabsoluteren *convert into an absolute, make absolute*

verachtelijk • (verachting verdienend) *despicable, contemptible* ∗ ~ *gedrag contemptible conduct* • (verachting tonend) *disdainful* ∗ ~e *blik contemptuous look*

verachten • (minachten) *despise, scorn* • (versmaden) *scorn*

verachting *contempt, scorn*

verademing *relief*

veraf *far (away)* ∗ ~ *gelegen remote; distant*

verafgoden *idolize*

verafschuwen *detest,* (form.) *abhor*

veralgemenen *generalize*

veralgemeniseren *generalize, treat in a general way*

veranda *verandah*

veranderen I [ov ww] • (anders maken) *change, alter* ∗ *iets* ~ *aan alter s.th.* ∗ *daar is niets meer aan te* ~ *it cannot be helped now* **II** [on ww] • (anders worden) ∗ ~ *in change/turn into* • (wisselen) ∗ ~ *van mening/onderwerp* ~ *change one's mind/the subject*

verandering • (afwisseling) *change* ∗ *voor de* ~ *for a change* • (wijziging) *alteration* ∗ ~ *ten goede/kwade change for the better/worse* ∗ *alle* ~ *is geen verbetering let well alone* ▼ *van spijs doet eten variety is the spice of life*

veranderlijk *variable,* (wispelturig) *fickle* ∗ ~ *weer variable/unsettled weather* ∗ ~e *wind variable winds*

verankeren (v. muur) *cramp,* (v. schip) *moor* ▼ *stevig verankerde beginselen firmly-rooted principles*

verantwoord • (veilig) *safe, sound* ∗ *is dat wel* ~? *is that safe/a safe thing to do?* • (weloverwogen) *sound, well-considered/-balanced,* (verstandig) *sensible* ∗ *een* ~e *keuze a well-considered/solid choice*

verantwoordelijk *responsible* ∗ ~ *stellen voor hold/make responsible for*

verantwoordelijkheid *responsibility* ∗ *de* ~ *op zich nemen take/shoulder the responsibility* ∗ *op eigen* ~ *on one's own responsibility*

verantwoordelijkheidsgevoel *sense of responsibility*

verantwoorden • (rekenschap afleggen) *answer/account for* ∗ *zich* ~ *justify o.s.* ∗ *zich moeten* ~ *wegens be charged with; stand accused of* • (rechtvaardigen) *justify*

verantwoording • (rekenschap) *account* ∗ *ter* ~ *roepen call to account* • (verantwoordelijkheid) *responsibility* ∗ ~ *verschuldigd zijn aan iem. be responsible/answerable to s.o.*

verarmen I [ov ww] • (armer maken) *impoverish* **II** [on ww] • (in kwaliteit achteruitgaan) *become impoverished, deteriorate* ∗ *een verarmde streek a depressed area* • (armer worden) *become impoverished*

verarming *impoverishment*

verassen *cremate*

verbaal I [het] *booking,* (bekeuring) *ticket* **II** [bnw] *verbal, oral* ∗ ~ *geweld verbal assault/agression* ∗ ~ *begaafd zijn be very articulate/eloquent* ∗ ~ *sterk zijn* (inf.) *have the gift of the gab*

verbaasd *astonished, surprised* ∗ ~ *staan over be astonished at*

verbaliseren ∗ *iem.* ~ *take a person's name and address*

verband • (samenhang) *connection,* (taalk.)

context, (betrekking) *relation* ∗ *in* ~ *met in connection with* ∗ *in* ~ *houden met be connected with; be relevant to; bear upon* ∗ *in* ~ *brengen met connect/associate with* ∗ *in* ~ *met de huidige stand van zaken in view of the present state of affairs* ∗ *de zaken met elkaar in* ~ *brengen put things together* ∗ *een toespraak zonder* ~ *a rambling speech* ∗ *iets uit zijn* ~ *rukken take s.th. out of its context* ∗ *het boek ligt uit zijn* ~ *the book has come to pieces* ∗ *in* ~ *hiermee in this connection* • (zwachtel) *bandage, dressing* ∗ *een* ~ *aanleggen apply a bandage*

verbanddoos *first-aid kit*

verbandgaas *aseptic gauze*

verbannen • (uitbannen) *banish* ∗ *uit zijn gedachten* ~ *banish from one's thoughts* • (uitwijzen) *exile*

verbanning *exile, banishment*

verbasteren *corrupt*

verbastering *corruption*

verbazen *astonish, surprise* ∗ *zich over iets* ~ *be surprised at s.th.*

verbazend *surprising, astonishing*

verbazing *astonishment, surprise*

verbazingwekkend *astonishing*

verbeelden I [ov ww] *represent* ∗ *dat moet een auto – that's supposed to be a car* **II** [wkd ww] *fancy, imagine* ∗ *verbeeld je! fancy (that)!* ∗ *hij verbeeldt zich heel wat he fancies himself a great deal* ∗ *wat verbeeld jij je wel? who do you think you are?*

verbeelding • (verwaandheid) *(self-)conceit* ∗ *heel wat* ~ *hebben fancy o.s.* • (fantasie) *imagination, fancy* • (inbeelding) *imagination*

verbeeldingskracht *imagination*

verbergen *hide, conceal* ∗ ~ *voor hide from*

verbeten • (fel) *grim* ∗ *een* ~ *strijd a grim struggle* • (vertrokken) *grim* • (ingehouden) *tight-lipped,* (woede) *pent-up*

verbeteren I [ov ww] • (beter maken) *(make) better, improve,* (zedelijk) *reform* ∗ *zich* ~ *mend one's ways* ∗ *zijn positie* ~ *better o.s.* • (herstellen) (tekst, drukproef) *correct,* (uitgave) *revise,* (v. wet) *amend* • (overtreffen) *beat, improve* ∗ *een record* ~ *break a record* **II** [on ww] • (beter worden) *improve*

verbetering • (correctie) *correction,* (v. tekst) *emendation* • (het beter maken) *improvement, betterment,* (zedelijk) *reform*

verbeurdverklaren *confiscate, seize,* (form.) *sequestrate*

verbeurdverklaring *seizure, confiscation*

verbeuren *forfeit* ∗ *een recht* ~ *forfeit a right*

verbieden *forbid, prohibit,* (film) *ban* ∗ *verboden te roken no smoking* ∗ *zich op verboden terrein bevinden trespass* ∗ *verboden in te rijden no entry; no thoroughfare*

verbijsteren *bewilder, perplex*

verbijstering *bewilderment, perplexity*

verbijten *stifle, suppress* ∗ *pijn* ~ *fight off pain* ∗ *zich* ~ *van woede rage/burn inwardly; steam with anger*

verbijzonderen *particularize, differentiate*

verbinden • (koppelen) *link up, join, connect* ∗ *wij* ~ *u nu met* (radio) *we are now taking you over to* ∗ *zich* ~ *ally o.s.* ∗ *verbonden aan attached to* ∗ *aan een krant verbonden zijn be on a paper* ∗ (telefonisch aansluiten) *connect (with), put through (to)* ∗ *verkeerd verbonden zijn have the wrong number* • (omzwachtelen) *bandage, dress* • (verplichten) *commit o.s.* ∗ *zich tot iets* ~ *commit o.s. to s.th.* • (chem.) *combine*

verbinding • ⟨verplichting⟩ obligation
★ ⟨handel⟩offerte zonder ~ offer without
engagement • ⟨samenvoeging⟩ connection, link
• ⟨contact⟩ connection, contact ★ zich in ~ stellen
met communiceate/get in touch with; contact
★ met iem. in ~ staan be in touch with s.o.
• ⟨aansluiting⟩ communication, ⟨elektriciteit⟩
connection • directe – direct connection; ⟨trein⟩
through train ★ met elkaar in ~ staan ⟨v.
kamers, e.d.⟩ communicate with ★ ~ krijgen get
through • ⟨chem.⟩ compound, ⟨proces⟩
combination
verbindingsdienst ⟨mil.⟩ signal service
verbindingsstuk connector, connecting piece
verbindingsteken hyphen
verbindingstroepen signal corps
verbindingsweg connecting road
verbintenis • ⟨contract⟩ agreement, engagement
★ een ~ aangaan enter into an engagement/
agreement • ⟨verplichting⟩ obligation
verbitterd • ⟨vol wrok⟩ embittered • ⟨grimmig⟩
bitter, fierce ★ ~e gevechten fierce fighting
verbitteren ⟨bitter maken⟩ embitter • ⟨kwaad
maken⟩ exasperate
verbleken ⟨v. gezicht⟩ ⟨grow⟩ pale, ⟨v. kleuren⟩
fade ★ ~ naast fade before
verblijden gladden, cheer ★ zich ~ rejoice ⟨at⟩
verblijf • ⟨het verblijven⟩ stay ★ ergens ~ houden
be resident • ⟨verblijfplaats⟩ residence, ⟨jur.⟩
domicile • ⟨onderkomen⟩ residence
verblijfkosten costs of accommodation
verblijfplaats residence, ⟨form.⟩ abode ★ geen
vaste ~ hebben have no fixed abode
verblijven stay, remain
verblinden ⟨blind maken⟩ blind, dazzle
• ⟨begoochelen⟩ infatuate, dazzle
verbloemen • ⟨in bedekte termen aanduiden⟩
disguise, cover up ★ iemands tekortkomingen ~
cover up s.o.'s shortcomings • ⟨verzwijgen⟩
disguise, camouflage, veil • de waarheid ~
disguise the truth
verbluffend startling, staggering ★ met ~ gemak
with astounding ease
verbod ban, prohibition, ⟨handel ook⟩ embargo
★ een ~ uitvaardigen/opheffen impose/lift a ban
verbodsbord prohibitory sign
verbolgen incensed
verbond ⟨verdrag⟩ pact, treaty, ⟨bijbels⟩
covenant • ⟨vereniging⟩ league, ⟨v. politieke
machten⟩ alliance
verbondenheid solidarity, alliance with
verbouwen • ⟨veranderen⟩ renovate, ⟨voor
andere functie⟩ convert • een huis ~ renovate
house • ⟨telen⟩ grow, cultivate
verbouwereerd perplexed, bewildered
verbouwing • ⟨verandering⟩ renovation • ⟨het
telen⟩ cultivation, growth
verbranden I [ov ww] • ⟨aantasten⟩ burn, ⟨v.
afval⟩ incinerate, ⟨v. huis⟩ burn down **II** [on ww]
• ⟨aangetast worden⟩ be burnt, ⟨v. huis⟩ be burnt
down • ⟨rood worden⟩ get sunburnt ★ hij was
lelijk verbrand ⟨door zon⟩ he was badly
sunburnt; ⟨door vuur⟩ he was badly burnt
verbranding • ⟨het verbranden⟩ burning, ⟨v.
afval⟩ incineration, ⟨v. lijk⟩ cremation, ⟨wond
burn • ⟨voedselvertering⟩ metabolism • ⟨chem.⟩
combustion
verbrandingsmotor internal combustion engine
verbrassen dissipate, squander
verbreden widen ★ zich ~ widen
verbreiden spread
verbreken ⟨niet nakomen⟩ ⟨v. belofte/woord⟩

break, ⟨v. eed⟩ violate • ⟨af-/stukbreken⟩ break
off, ⟨v. relaties⟩ sever, ⟨v. stilte⟩ break, ⟨v. stroom⟩
cut off • een verloving ~ break off an engagement
verbrijzelen smash, shatter
verbroederen I [ov ww] • ⟨verenigen⟩ bring
together **II** [on ww] • ⟨verenigd worden⟩
fraternize ⟨with⟩
verbroedering fraternization
verbrokkelen I [ov ww] • ⟨in stukjes splitsen⟩
crumble, ⟨v. land⟩ break up, ⟨v. tijd⟩ fritter away
II [on ww] • ⟨in stukjes uiteenvallen⟩ crumble
verbruien ★ je hebt 't bij mij verbruid I'm
through with you
verbruik ⟨v. energie⟩ expenditure, ⟨v. voedsel⟩
consumption
verbruiken ⟨v. kracht⟩ use, ⟨v. voedsel⟩ consume
verbruiksbelasting consumption-tax
verbruikscoöperatie ⟨consumers'⟩ cooperation
society
verbruiksgoederen consumer goods
verbuigen • ⟨ombuigen⟩ bend, twist, buckle
• ⟨taalk.⟩ decline
verbuiging • ⟨ombuiging⟩ bending • ⟨taalk.⟩
declension
verbum word, verb
verdacht • ⟨verdenking wekkend⟩ suspicious,
⟨dubieus⟩ suspect • een ~ persoon a shady
character ★ het komt mij ~ voor it looks
suspicious/fishy to me • ⟨onder verdenking⟩
suspected ★ iem. ~ maken cast suspicion on s.o.
★ de –e the suspect; ⟨jur.⟩ the accused • ⟨~ op⟩
prepared for ★ vóór je erop ~ bent before you are
aware of it
verdachtmaking insinuation
verdagen adjourn
verdampen evaporate, vaporize
verdamping evaporation, vaporization
verdedigbaar ⟨te verdedigen⟩ tenable,
defensible • ⟨te rechtvaardigen⟩ defensible
verdedigen • ⟨verweren⟩ defend • ⟨pleiten voor⟩
★ iemands zaak ~ plead a person's cause
• ⟨rechtvaardigen⟩ defend, justify ★ niet te ~
gedrag indefensible conduct
verdediger • ⟨beschermer⟩ defender • ⟨jur.⟩
counsel ⟨for the defence⟩ • ⟨sport⟩ defender, back
verdediging • ⟨het verdedigen⟩ defence ★ ter ~
van in defence of ★ in ~ brengen put in a state of
defence • ⟨sport⟩ defence • ⟨jur.⟩ defence
verdeeldheid discord
verdeel-en-heerspolitiek policy of 'divide and
rule'
verdeelsleutel distribution code
verdekt ⟨mil.⟩ under cover ★ zich ~ opstellen take
cover
verdelen • ⟨splitsen⟩ divide, ⟨v.e. land⟩ partition
★ zich ~ divide; split ★ ~ in divide into
• ⟨uitdelen⟩ ★ ~ onder divide/distribute among
★ ~ over spread over ★ ⟨tweedracht zaaien⟩ divide
★ verdeel en heers divide and rule
verdelgen exterminate, ⟨v. dier⟩ destroy
verdeling • ⟨het uitdelen⟩ distribution
• ⟨splitsing⟩ division, ⟨v.e. land⟩ partition
verdenken suspect ★ iem. van moord ~ suspect
s.o. of murder
verdenking suspicion ★ de ~ op zich laden
incriminate o.s. ★ aan ~ onderhevig open to
suspicion ★ de ~ doen vallen op fasten suspicion
on ★ onder ~ van on suspicion of
verder I [bnw] • ⟨voor de rest⟩ ★ zijn ~e leven the
rest of his life • ⟨nader⟩ further ★ ~e
bijzonderheden further details **II** [bijw]
• ⟨overigens⟩ for the rest ★ ~ nog iets? anything

else? * het ~e the rest ● (verderop) farther, further
* ~ op further on ● (voorts) further, again, farther
* wie ~? who else? * ~ eten/lezen/rijden enz.
eat/read/drive on * ik moet eens ~ I must be
getting on * ik kan niet ~ I can't go any further
* ga ~! go on!; proceed! * daarmee kom je niet ~
that won't get you any further

verderf ruin, destruction ● iem. in 't ~ storten
ruin a person

verderfelijk pernicious, noxious

verderop further/farther on/down/up * een
stukje ~ a bit further/farther down the road

verdichten ● (condenseren) condense * zich ~
condense ● (verzinnen) invent

verdichting ● (verzinsel) invention
● (condensatie) condensation

verdichtsel fiction, invention

verdienen ● (als loon/winst krijgen) earn, make
* een salaris ~ earn a salary * op iets ~ make a
profit on s.th. * wat aan iem. ~ make some money
out of a person * daar is niets aan te ~ there is no
money in it ● (waard zijn) deserve, merit * waar
heb ik dit aan verdiend? what did I do to deserve
this?

verdienste ● (loon) wages, earnings ● (winst)
profit, gain ● (verdienstelijkheid) merit, desert(s)

verdienstelijk deserving, meritorious * zich ~
maken make o.s. useful ● een ~ stuk werk a
worthwhile/valuable piece of work

verdiepen I (ov ww) deepen **II** (wkd ww) go into,
lose o.s. in * verdiept zijn in be lost/absorbed/
engrossed in

verdieping floor, storey, (AE) story * tweede ~
second floor; (AE) third floor

verdisconteren discount, allow for

verdoemen damn

verdoemenis damnation

verdoen (v. middelen) squander, (v. tijd) waste

verdoezelen obscure, disguise, (v.
tekortkomingen) gloss over

verdomd I (bnw) damned **II** (tw) damn!

verdomhoekje v in het ~ zitten be in s.o.'s bad
books; not be able to do a thing right

verdommen ● (vertikken) * ik verdom het (I'm)
damned if I do/will ● (schelen) * het kan me niks
~ I couldn't care less

verdonkeremanen (v. geld) embezzle

verdorren wither

verdorven depraved, wicked

verdoven (door een slag) stun, stupefy, (door
kou) benumb, (voor operatie) anaesthetize * 't
werd plaatselijk verdoofd they used a local
anaesthetic * ~d middel narcotic; drug; (inf.)
dope; (med.) anaesthetic

verdoving ● (gevoelloosheid) stupor ● (med.)
anaesthesia

verdovingsmiddel drug, (bij operatie)
anaesthetic

verdraagzaam tolerant

verdraaid I (bnw) damn, blasted * ~ hard
damned hard **II** (tw) * wel ~! damn it!

verdraaien ● (anders draaien) twist, (vervormen)
distort ● (fout weergeven) distort, (v. feit) twist,
(v. handschrift) disguise

verdraaiing ● (het verdraaien) turning/moving
(round) ● (foute weergave) distortion

verdrag treaty, pact * een ~ sluiten conclude/
make a treaty

verdragen ● (dulden) bear, stand, (verduren)
endure * hij kan een grapje ~ he can take a joke
* elkaar ~ put up with each other ● (geen last
hebben van) tolerate * ik kan geen zout ~ salt

does not agree with me

verdriet sorrow, distress, grief * hij had ~ over het
verlies he grieved over the loss

verdrietig sorrowful, sad, mournful

verdrijven ● (verjagen) chase/drive away, (v.
twijfel) dispel, (v. vijand) dislodge ● (doen
voorbijgaan) pass away

verdringen I (ov ww) ● (wegduwen) push aside
* elkaar ~ jostle each other ● (plaats innemen)
oust, supersede, drive out ● (onderdrukken) shut
out, (bewust) suppress, (onbewust) repress
II (wkd ww) crowd (round)

verdrinken I (ov ww) ● (doen omkomen) drown
● (wegdrinken) (geld) drink away, (zorgen)
drown **II** (on ww) ● (omkomen) be drowned,
drown ● (~ in) drown in

verdrinkingsdood death by drowning

verdrukking ● (onderdrukking) oppression
● (knel) ● in de ~ komen be hard pressed; get into
a tight corner * tegen de ~ in groeien grow/
flourish under oppression

verdubbelen * zijn inspanningen ~ redouble
one's efforts

verduidelijken explain, illustrate

verduisteren I (ov ww) ● (donker maken)
darken, (bij luchtaanval) black out ● (stelen)
embezzle ▾ alcohol verduistert de geest alcohol
clouds the mind **II** (on ww) ● (donker worden)
darken, grow dark, (v. zon, maan) eclipse

verduistering ● (het donker maken) darkening,
(in de oorlog) black-out ● (eclips) (v. zon, maan)
eclipse ● (het stelen) embezzlement

verdunner thinner

verdunning thinning, (v. gas) rarefaction, (v.
vloeistof) dilution

verduren endure, bear * het hard te ~ hebben be
hard pressed; have a rough time

verduurzamen preserve, (inblikken) tin

verdwaasd dazed, foolish * ~ om zich heen
kijken look around in a daze

verdwalen lose one's way, get lost

verdwijnen disappear, (langzaam) fade away,
(snel, geheel) vanish * verdwijn! be off! * uit 't
oog ~ disappear from sight

verdwijnpunt vanishing point

veredelen ennoble, (v. vee, fruit) improve
* veredelde rassen upgraded species * de
computer is een veredelde typemachine the
computer is a glorified typewriter

vereenvoudigen simplify * een breuk ~ reduce a
fraction

vereenzamen become lonely

vereenzelvigen identify

vereeuwigen immortalize

vereffenen (betalen) settle ● (bijleggen) settle

vereisen require, demand

vereiste requirement, requisite * een eerste ~ a
prerequisite * aan alle ~n voldoen meet all the
requirements

veren I (bnw) feather **II** (on ww) be elastic/springy
* goed ~d (auto) well sprung; (matras) springy

verenigbaar consistent, compatible * niet ~ met
not compatible/incompatible with

Verenigde Arabische Emiraten United Arab
Emirates

Verenigde Staten van Amerika United
States of America

verenigen ● (samenvoegen) combine, join, unite
* zich ~ unite; join forces * ~ tot unite into * het
nuttige met het aangename ~ combine business
with pleasure ● (overeenbrengen) ▾ zich met een
voorstel ~ agree to a proposal * dit is niet te ~

met this is incompatible with
vereniging ● (samenvoeging) union, combination ● (club) society, club, association
verenigingsleven club life
vereren (aanbidden) worship ● (eer bewijzen) honour (with)
verergeren I [ov ww] ● (erger maken) aggravate, worsen **II** [on ww] ● (erger worden) grow worse, worsen ★ de toestand verergert met de dag the situation grows worse every day
verering worship
verf paint, (voor textiel) dye ★ dat kwam niet uit de verf that did not appear clearly; that did not turn out as expected
verfje ★ een ~ nodig hebben be in need of a coat of paint
verfbad dye-bath
verfbom paint bomb
verfdoos paintbox
verfijnen refine
verfijning refinement
verfilmen film
verfkwast paintbrush
verflauwen (v. geluid, kleur, licht) fade, (v. ijver, markt) flag, (v. wind) abate
verfoeien detest, abominate
verfoeilijk detestable, abominable
verfomfaaien crumple, dishevel ★ er verfomfaaid uitzien look dishevelled
verfraaien embellish, beautify
verfrissen refresh
verfrissing refreshment
verfroller paint roller
verfrommelen crumple up
verfspuit paint sprayer, spray-gun, airbrush
verfstof paint, (voor schilderij) colour, (voor textiel) dye ● (grondstof) pigment
verfverdunner (paint) thinner
vergaan ● (ten onder gaan) perish, (v. schip) founder, be wrecked ★ ~ van de kou/honger (lett.) perish with cold/hunger ★ ik verga van de honger/kou I'm starving/freezing ★ ~ van angst be consumed with fear ● (voorbijgaan) fare ★ 't verging haar slecht she fared badly ★ hoe is het hun ~? what has become of them? ● (verteren) decay
vergaand far-reaching, extreme ★ ~e maatregelen drastic/far-reaching measures
vergaarbak ● (reservoir) receptacle, (voor vloeistof) reservoir ● (verzamelplaats) repository
vergaderen I [ov ww] ● (verzamelen) gather, collect **II** [on ww] ● (bijeenkomen) meet, assemble
vergadering meeting ★ algemene ~ general meeting
vergaderzaal meeting-room
vergallen (v. leven) embitter, (v. pret) spoil
vergalopperen ★ zich ~ put one's foot in it
vergankelijk transitory
vergapen gape/goggle at ★ zich aan iets ~ gape (in admiration) at s.th.
vergaren gather, collect
vergassen ● (met gas doden) gas ● (in gas omzetten) gasify
vergasten treat (to), regale (with) ★ zich ~ aan feast upon
vergeeflijk ● (te vergeven) forgivable, † pardonable ● (vergevingsgezind) forgiving
vergeefs I [bnw] idle, vain, futile ★ ~e inspanning vain/wasted effort ★ ~e arbeid futile/pointless labour **II** [bijw] in vain, vainly
vergeetachtig forgetful
vergeetboek ▼ in 't ~ raken fall into oblivion

vergeet-mij-niet forget-me-not, (plant.) myosotis
vergelden repay ★ goed met kwaad ~ repay good with evil ★ iem. iets ~ requite a person for s.th.
vergeldingsmaatregel retaliatory measure, reprisal
vergelen become yellow
vergelijk compromise, agreement ★ tot 'n ~ komen reach a settlement
vergelijkbaar comparable, similar
vergelijken compare (with/to), liken (to) ★ vergelijk blz. 8 see/cf. p.8
vergelijkenderwijs comparatively
vergelijking ● (het vergelijken) comparison ★ in ~ met in comparison with ★ de ~ kunnen doorstaan met bear comparison with ● (wisk.) equation ★ een ~ met twee onbekenden an equation with two unknowns
vergemakkelijken make easier, (form.) facilitate
vergen ask, require, demand ★ te veel ~ van overstrain ★ 't vergt veel van ... it is a great strain on ...
vergenoegd pleased
vergenoegen content, satisfy
vergetelheid oblivion ★ aan de ~ prijsgeven relegate/consign to oblivion ★ in ~ geraken fall into oblivion
vergeten forget ★ en A. niet te ~ not forgetting A.
vergeven ● (vergiffenis schenken) forgive, (form.) pardon ★ iem. iets ~ forgive a person s.th. ● (weggeven) give away ★ de baan was al ~ the job had already been taken ● (vergiftigen) poison ▼ het huis was ~ van de mieren the house was crawling with ants
vergevensgezind forgiving
vergeving forgiveness, (form.) pardon, (v. zonden) remission ★ iem. om ~ vragen ask s.o.'s forgiveness
vergevorderd (far) advanced
vergewissen ascertain, make sure (of) ★ zich ervan ~ dat ... make sure that...
vergezellen (v. gelijken) accompany, (v. meerderen) attend ★ iets vergezeld doen gaan van accompany s.th. with
vergezicht prospect, (doorkijk) vista
vergezocht far-fetched
vergiet colander
vergif poison, (dierlijk) venom, (fig.) venom, (v. bacteriën) toxin ★ dodelijk ~ lethal/deadly poison ▼ daar kun je ~ op innemen you can bet your life on that
vergiffenis forgiveness, (form.) pardon ★ ~ vragen ask forgiveness; beg pardon
vergiftig poisonous, (v. dieren) venomous
vergiftigen poison
vergiftiging poisoning
vergissen make a mistake, be mistaken ★ als ik me niet vergis if I am not mistaken ★ ik had me in het adres vergist I had the address wrong
vergissing mistake, error, slip ★ bij ~ by/in mistake
vergoeden ● (goedmaken) compensate, (betalen) remunerate ★ de (werk)uren ~ pay for the hours worked ★ dat vergoedt veel that makes up for a lot ● (terugbetalen) refund, compensate for, (v. verlies, kosten) make good ★ ik zal het u ~ I'll compensate you for it
vergoeding ● (het vergoeden) compensation, (voor onrecht, e.d.) amends ● (schadeloosstelling) compensation, (geëist) damages, (v. onkosten) expenses ★ ~ voor reiskosten travelling allowance ★ tegen ~ van kost en inwoning in exchange for board and lodging ● (beloning) payment, fee ★ tegen een kleine ~ for a small consideration/fee

vergoelijken ⟨v. fouten⟩ smooth/gloss over, ⟨v. gedrag⟩ excuse, ⟨v. misdaad⟩ extenuate
vergokken gamble away
vergooien throw away
vergrendelen bolt, double-lock
vergrijp offence, delinquency
vergrijpen ★ zich ~ aan lay violent hands upon
vergrijzen grow grey ★ de bevolking vergrijst the population is ageing
vergrijzing ageing of the population
vergroeien ⟨door groei verdwijnen⟩ disappear • ⟨krom groeien⟩ become crooked, ⟨v. mens⟩ become deformed • ⟨aaneengroeien⟩ grow together, merge
vergrootglas magnifying glass
vergroten ⟨groter maken⟩ enlarge ★ sterk ~ ⟨v. foto⟩ blow up ★ het huis/de tuin ~ extend the house/garden • ⟨vermeerderen⟩ increase • de moeilijkheden ~ add to the difficulties ★ de ~trap the comparative (degree)
vergroting ⟨foto⟩ blow-up • ⟨het groter maken⟩ enlargement • ⟨vermeerdering⟩ increase
vergruizen pulverize
verguizen abuse, ⟨form.⟩ vilify
verguld ⟨bedekt met bladgoud⟩ gilt, gilded • ⟨blij⟩ pleased, content ★ hij is er reuze ~ mee he is awfully bucked/pleased with it
vergulden • ⟨bedekken met bladgoud⟩ gild • ⟨blij maken⟩ please, delight
vergunnen permit, allow, grant ★ het was hem niet vergund te... he didn't live to...
vergunning permission, ⟨machtiging⟩ permit, ⟨machtiging voor vuurwapen, drank⟩ licence
verhaal ⟨vertelling⟩ story, tale, narrative, ⟨verslag⟩ account ★ dat is het bekende ~ that's the same old story ★ verward ~ rigmarole • ⟨vergoeding⟩ redress, remedy ★ op zijn ~ komen recover ▼ om een lang ~ kort te maken to cut a long story short
verhalen • ⟨vertellen⟩ tell, relate, narrate • ⟨verhaal halen⟩ recover, recoup ★ de schade op iem. ~ recover the damage from s.o.
verhandelen deal in, sell
verhandeling treatise, essay, ⟨mondeling⟩ lecture
verhangen I [ov ww] hang elsewhere/differently II [wkd ww] hang o.s.
verhapstukken settle, finish ★ iets met iem. te ~ hebben have a bone to pick with s.o.; have s.th./a score to settle with s.o.
verhard • ⟨ongevoelig⟩ hardened, callous • ⟨hard geworden⟩ hard • een ~ weg a metalled road
verharden I [ov ww] • ⟨ongevoelig maken⟩ harden • ⟨hard maken⟩ harden, ⟨v. weg⟩ metal II [on ww] • ⟨ongevoelig worden⟩ harden, grow/become hard • ⟨hard worden⟩ set, ⟨v. cement, lijm, e.d.⟩ dry
verharen ⟨v. dier⟩ moult, ⟨v. vacht⟩ shed hair
verhaspelen • ⟨verkeerd uitspreken⟩ garble • ⟨verknoeien⟩ botch, spoil
verheerlijken glorify
verheffen I [ov ww] • ⟨harder praten⟩ ★ zijn stem ~ raise one's voice • ⟨bevorderen⟩ elevate, raise, ⟨v. hart, geest⟩ lift ★ iem. in de adelstand ~ raise a person to the peerage ★ tot regel ~ make into a rule • ⟨wisk.⟩ raise ★ tot de tweede macht ~ square II [wkd ww] rise
verhelderen I [ov ww] • ⟨helder maken⟩ clarify II [on ww] • ⟨helder worden⟩ brighten, clear up
verhelen conceal, hide ★ ik verheel niet dat I'm fully aware ...
verhelpen remedy, set to rights
verhemelte palate

verheugd glad, pleased, happy
verheugen I [ov ww] gladden, delight ★ 't verheugt me te zien... I am glad to see... II [wkd ww] be pleased/happy, be glad ★ zich ~ over iets be glad about s.th. ★ zich in een goede gezondheid ~ enjoy good health ★ zich ~ op iets look forward to s.th.
verheugend welcome, gratifying ★ ~ nieuws joyful news
verheven elevated, exalted, lofty
verhevigen I [ov ww] • ⟨heviger maken⟩ intensify, heighten II [on ww] • ⟨heviger worden⟩ intensify, build up
verhinderen prevent ★ ik ben verhinderd (te komen) I am unable to come
verhindering • ⟨het verhinderen⟩ prevention, hindrance • ⟨het verhinderd zijn⟩ absence ★ bericht van ~ notice of absence ★ ~ wegens ziekte absence through illness
verhit • ⟨opgewonden⟩ ⟨v. discussie⟩ heated ★ de gemoederen raakten ~ feelings/emotions were running high • ⟨verwarmd⟩ hot, ⟨v. gezicht⟩ flushed
verhitten • ⟨heet maken⟩ heat • ⟨opwinden⟩ inflame, stir up
verhoeden prevent ★ God verhoede ... God forbid
verhogen • ⟨hoger maken⟩ raise, ⟨v. rang⟩ promote ★ verhoogde bloeddruk high blood pressure • ⟨versterken⟩ heighten ★ het effect ~ heighten the effect • ⟨vermeerderen⟩ increase, ⟨v. prijs, loon⟩ raise
verhoging • ⟨het hoger/beter maken⟩ heightening, raising • ⟨verhoogde plaats⟩ ⟨in terrein⟩ rise, ⟨podium⟩ platform • ⟨vermeerdering⟩ ⟨v. prijs, salaris, e.d.⟩ increase, rise ★ jaarlijkse ~en annual increments • ⟨koorts⟩ temperature ★ ~ hebben have a temperature
verholen concealed, secret ★ met nauw ~ woede with barely suppressed anger ★ ~ blikken stealthy glances
verhongeren starve (to death)
verhoor questioning, interrogation, trial ★ iem. een ~ afnemen question/hear/examine a person
verhoren • ⟨ondervragen⟩ interrogate, (cross-)examine, ⟨v. getuige⟩ hear • ⟨inwilligen⟩ ⟨v. gebed⟩ hear, ⟨v. wens⟩ grant
verhouden ★ zich ~ als...tot be in the proportion of...to
verhouding • ⟨relatie⟩ relation(s) ★ gespannen ~ strained relations • ⟨evenredigheid⟩ proportion, ratio ★ buiten alle ~ out of all proportion ★ naar ~ erg goedkoop comparatively cheap • ⟨liefdesrelatie⟩ ⟨love⟩ affair ★ een ~ met iem. hebben have an affair with s.o.
verhoudingsgewijs comparatively, relatively
verhuiskaart change of address (card)
verhuiskosten moving expenses
verhuisonderneming removal firm, removalist
verhuiswagen furniture/moving van
verhuizen I [ov ww] • ⟨inboedel overbrengen⟩ move II [on ww] • ⟨elders gaan wonen⟩ move, ⟨verplaatst worden⟩ be moved
verhuizer remover
verhuizing removal
verhullen veil, conceal (from)
verhuren let out (for hire), hire out ★ kamers ~ let out rooms ★ zich ~ als hire o.s. out as
verhuur letting (out), hiring (out), rental
verhuurbedrijf leasing company, rental service
verhuurder letter, ⟨op huurcontract⟩ lessor, ⟨v. huis⟩ landlord
verificatie verification

verifiëren *verify, check,* ⟨v. testament⟩ *prove*
verijdelen *frustrate, defeat, foil*
vering • (het veren) *spring action* • (verend gestel) *springs,* ⟨v. auto⟩ *suspension (system)*
verjaardag *birthday,* ⟨v. gebeurtenis⟩ *anniversary*
verjaardagkalender *birthday calendar*
verjaardagscadeau *birthday gift/present*
verjaardagsfeest *birthday party*
verjagen *drive/chase away, expel* ★ angsten/zorgen ~ *dispel fears/worries*
verjaren • (jarig zijn) *celebrate one's birthday* • (ongeldig worden) *become out of date,* ⟨v. recht, vordering⟩ *become barred by lapse of time* ★ oorlogsmisdaden ~ niet *there can be no moratorium on war crimes*
verjaringstermijn *term of limitation*
verjongen *rejuvenate*
verkalken *calcify,* ⟨v. bloedvaten⟩ *harden*
verkapt *disguised, veiled*
verkassen *move house*
verkavelen *parcel out*
verkeer • (voertuigen, personen) *traffic* ★ geen doorgaand ~ ⟨opschrift⟩ *no through road* • (omgang) ⟨maatschappelijk, seksueel⟩ *intercourse*
verkeerd I [bnw] • (niet goed) *wrong, bad, false* ★ de ~e weg nemen *go in the wrong direction* ★ de ~e gevolgtrekking *the wrong conclusion* ★ je hebt de ~e voor *you've mistaken your man; you've come to the wrong shop* ★ iets ~ aanpakken *go about s.th. the wrong way* • (omgekeerd) ★ met de ~e kant naar buiten *wrong side out* ★ je trui zit ~ om *you've got your sweater on backwards* ♥ koffie ~ *coffee with hot milk* **II** [bijw] *wrong, wrongly* ★ ~ aflopen *come to a bad end* ★ iets ~ opnemen *take s.th. amiss* ★ ~ begrijpen *misunderstand* ★ alles liep ~ *everything went wrong*
verkeersader *traffic-artery, artery*
verkeersbord *road sign*
verkeerscentrale *traffic control centre*
verkeersdiploma *road safety certificate*
verkeersdrempel *sleeping policeman, speed hump*
verkeersheuvel *traffic island*
verkeersknooppunt ⟨traffic⟩ *junction*
verkeersleider *air-traffic controller*
verkeerslicht *traffic light*
verkeersopstopping *traffic jam*
verkeersovertreder *traffic offender*
verkeersplein *roundabout*
verkeerspolitie *traffic police*
verkeersregel *rule of the road, traffic rule*
verkeerstoren *control tower*
verkeersvlieger ⟨airline pilot⟩
verkeersvliegtuig *passenger plane*
verkeersweg *thoroughfare, highway,* ⟨groot⟩ *arterial road*
verkeerszuil *bollard*
verkennen *survey, explore,* ⟨mil.⟩ *reconnoitre*
verkenner • (verspieder) *scout* • (padvinder) (Boy) *Scout* [v: Girl Scout]
verkenning *reconnoitring* ★ op ~ uitgaan *make a reconnaissance*
verkenningstocht *reconnaissance expedition*
verkenningsvliegtuig *reconnaissance plane*
verkeren • (zich bevinden) *be (in)* ★ in gevaar ~ *be in danger* ♥ aan 't hof ~ *move in court circles* • (~ met) *associate (with)* ♥ 't kan ~ *it's all in the game*
verkering *courtship* ★ ~ hebben met 'n meisje *be courting a girl; be going out with a girl*

verkiesbaar *eligible* ★ zich ~ stellen (voor) *consent to stand for; (AE) run (for)*
verkieslijk *preferable*
verkiezen • (prefereren) *prefer (to)* ★ doe zoals je verkiest *do as you like; please yourself* ★ iets ~ boven... *prefer s.th. to...* • (willen) *choose* • (kiezen) *elect, choose* ★ iem. tot lid van de Tweede Kamer ~ *return s.o. to Parliament*
verkiezing • (het stemmen) *election* ★ tussentijdse ~ *en by-elections* • (keuze) *choice, preference* ★ naar ~ *at choice/will* ★ uit eigen ~ *of one's own free will*
verkiezingscampagne *election campaign*
verkiezingsstrijd *election contest*
verkiezingsuitslag *election result*
verkijken I [ov ww] • (give away) ★ zijn kans is verkeken *his chance is lost* ★ nu is alle kans verkeken *that's torn it* **II** [wkd ww] (misjudge, (bij aflezen) *misread* ★ zich ~ op iets/iem. *be mistaken in s.th./s.o.*
verkikkerd ★ ~ op iets *keen on s.th.* ★ ~ op een meisje *crazy about a girl; sweet on a girl*
verklaarbaar *explicable*
verklappen *blab, let out* ★ de boel ~ *give the show away* ★ verklap het aan niemand *don't tell anyone*
verklaren • (kenbaar maken) *state, declare,* ⟨jur.⟩ *depose,* ⟨officieel⟩ *certify* ★ hierbij verklaar ik dat... *this is to certify/state that...* ★ onder ede ~ *state/declare on/under oath* ★ zich voor/tegen iets ~ *declare in favour of/against s.th.* ★ iedereen verklaarde hem voor gek *everyone said he was crazy* • (uitleggen) *make clear,* ⟨v. handelwijze⟩ *account for,* ⟨v. moeilijkheid/gedrag⟩ *explain* ★ verklaar u nader *explain yourself*
verklaring • (uitleg) *explanation* • (mededeling) *declaration, statement,* ⟨onder ede⟩ *testimony* ★ een ~ afleggen *make a statement* ★ beëdigde ~ *sworn statement;* ⟨schriftelijk⟩ *affidavit*
verkleden • (omkleden) *change, dress* ★ zich voor het eten ~ *dress for dinner* • (vermommen) *disguise, dress up*
verkleinen • (kleiner maken) ⟨v. kleren⟩ *cut down to size,* ⟨v. schaal, afmeting⟩ *reduce* • (verminderen) *reduce, diminish,* ⟨v. gevaar⟩ *minimize* ★ zijn schuld ~ *extenuate one's guilt* • (kleineren) *belittle*
verkleinvorm *diminutive (form)*
verkleinwoord *diminutive*
verkleumd *benumbed, numb*
verkleumen *get numb with cold*
verkleuren • (van kleur veranderen) *colour* ★ zij verkleurde toen hij dat zei *she blushed when he said that* • (kleur verliezen) *lose colour, fade* ★ verkleurt niet *colourfast*
verklikken *squeal on a person*
verklikker • (toestel) *telltale, detector* • (verrader) *telltale,* ⟨politiespion⟩ *grass, informer*
verknallen *blow, botch/cock up*
verkneukelen *revel (in),* ⟨ongunstig⟩ *gloat (over)*
verkneuteren *revel in, exult over,* ⟨ongunstig⟩ *gloat over*
verknippen *cut to waste*
verknipt *batty, nuts, crackers,* ⟨seksueel⟩ *kinky*
verknocht *devoted, attached*
verknoeien • (verspillen) *waste (away)* • (bederven) *spoil, ruin,* ⟨v. schoonheid⟩ *spoil,* ⟨v. werk⟩ *bungle* ★ de zaak bederven *make a mess of things*
verkoelen I [ov ww] • (koel maken) *cool* **II** [on ww] • (koel worden) ⟨ook fig.⟩ *cool (down)*
verkoeverkamer *recovery room, intensive care*

V

verkolen char, ⟨techn.⟩ carbonize
verkommeren lapse into misery, languish
verkondigen proclaim, preach ∗ het evangelie ~ preach the gospel
verkoop sale
verkoopbaar ⟨aannemelijk⟩ acceptable ● ⟨te verkopen⟩ saleable
verkoopcijfer sales figure
verkoopleider sales manager
verkoopprijs selling price
verkopen ● ⟨tegen betaling leveren⟩ sell, ⟨v. drugs⟩ push ∗ met verlies – sell at a loss ∗ publiek – sell by auction ● ⟨opdissen⟩ ∗ leugens – lie ∗ grappen – crack jokes ● ⟨toedienen⟩ ∗ iem. een klap – deal s.o. a blow ● ⟨aannemelijk maken⟩ sell ∗ dat plan is niet te ~ you won't be able to sell them on that plan ▾ hij was gelijk verkocht he was immediately sold (on the idea)
verkoper seller, vendor, ⟨huis aan huis⟩ door-to-door salesman, ⟨in winkel⟩ salesman
verkoping sale, auction
verkorten ⟨v. boek⟩ abridge, ⟨v. leven⟩ shorten, ⟨v. verlof/bezoek⟩ curtail
verkouden ∗ ~ zijn have a cold
verkoudheid cold ∗ 'n ~ opdoen catch (a) cold
verkrachten ⟨schenden⟩ violate ∗ een recht/ wet ~ violate a right/law ∗ de taal ~ mutilate/ abuse/rape the language ● ⟨aan⟨randen⟩ rape, ⟨sexually⟩ assault
verkrachting rape, indecent assault
verkrampen tense up
verkrampt contorted, cramped ∗ een ~e stijl van schrijven a cramped style of writing
verkreukelen wrinkle, crumple (up)
verkrijgbaar obtainable ∗ overal ~ on sale everywhere; on general sale ∗ dat boek is niet langer ~ that book is out of print ∗ kaarten alleen voor leden ~ tickets available for members only
verkrijgen get, acquire, obtain ∗ toegang ~ gain admission ▾ hij kon het niet over zijn hart ~ om... he could not find it in his heart to...
verkroppen stomach, swallow ∗ dat kan ik niet ~ that sticks in my throat
verkruimelen crumble
verkwanselen barter away
verkwikken refresh
verkwikkend refreshing, invigorating
verkwisten squander, waste ∗ ~ aan waste on
verkwistend wasteful, ⟨form.⟩ prodigal
verlagen ⟨lager maken⟩ ⟨v. aantal, druk, kosten⟩ reduce, ⟨v. plafond, prijzen, lonen⟩ lower ● ⟨vernederen⟩ lower, debase ∗ zich ~ ⟨tot⟩ stoop (to); lower/demean o.s. (to)
verlamd paralysed ∗ 'n ~e a paralytic
verlammen I [ov ww] ● ⟨lam maken⟩ paralyse, ⟨v. handel, macht⟩ cripple **II** [on ww] ● ⟨lam worden⟩ become paralysed
verlamming ● ⟨het verlammen⟩ crippling ● ⟨lamheid⟩ paralysis
verlangen I [het] desire, longing, ⟨eis⟩ demand, ⟨sterk⟩ craving ∗ op ~ van at/by the desire of **II** [ov ww] ● ⟨willen⟩ desire, want ● ⟨eisen⟩ demand **III** [on ww] ● ⟨~ naar⟩ long (for), look forward to
verlanglijst ≈ wish-list
verlaten I [bnw] ● ⟨in de steek gelaten⟩ abandoned, deserted ● ⟨afgelegen⟩ deserted, lonely **II** [ov ww] ● ⟨weggaan⟩ leave ∗ de school ~ leave school ● ⟨in de steek laten⟩ abandon, desert **III** [wkd ww] ● ⟨te laat komen⟩ delay, postpone

∗ verlaat bericht delayed message ● ⟨~ op⟩ rely on, put one's trust in
verlatenheid loneliness, desolation
verleden I [het] ● ⟨voorgeschiedenis⟩ ∗ een ongunstig ~ a bad record ● ⟨tijd van vroeger⟩ past ∗ 't verre ~ distant past **II** [bnw] past ∗ ~ week last week ∗ ~ tijd ⟨taalk.⟩ past tense ∗ dat is ~ tijd that is over and done with; that's all water under the bridge ∗ ~ deelwoord past participle
verlegen ⟨schuchter⟩ shy, bashful ∗ ~ tegenover shy with ● ⟨geen raad wetend⟩ embarrassed (with) ∗ ik ben er 'n beetje ~ mee I am at a loss what to do with/about it ∗ ⟨~ om⟩ in want of, in need of ∗ ik zit niet om geld ~ I'm not pressed for money
verlegenheid ● ⟨het verlegen zijn⟩ shyness, bashfulness ● ⟨moeilijkheid⟩ embarrassment ∗ in ~ brengen embarrass; get into trouble ∗ iem. uit de ~ helpen help a person out
verleggen shift, move, ⟨v. grenzen⟩ push back
verleidelijk tempting, alluring, seductive
verleiden ● ⟨tot geslachtsgemeenschap brengen⟩ seduce ● ⟨verlokken⟩ tempt, ⟨tot iets slechts⟩ lead astray
verleiding seduction, temptation
verlekkerd keen (on) ∗ ~ naar iets kijken leer at s.th.
verlekkeren whet one's appetite
verlenen ⟨v. gunst⟩ grant, ⟨v. hulp⟩ render/lend, ⟨v. toestemming⟩ give ∗ iem. een titel ~ confer a title (up)on s.o.
verlengde extension ∗ High Holborn ligt in het ~ van New Oxford Street High Holborn is a continuation of New Oxford Street
verlengen ● ⟨langer maken⟩ lengthen, extend ● ⟨langer laten duren⟩ ⟨v. paspoort⟩ renew, ⟨v. termijn⟩ extend, ⟨v. voorstelling, verblijf⟩ prolong
verlenging extension, ⟨sport⟩ extra time, ⟨v. paspoort⟩ renewal, ⟨v. voorstelling, verblijf⟩ prolongation
verlengsnoer extension cord/lead
verlengstuk extension piece, continuation
verleppen fade ∗ verlepte bloemen withered/ wilted flowers
verleren forget (how to) ∗ ik heb het verleerd my hand is out; I'm out of practice
verlet ● ⟨beletsel⟩ delay ● ⟨tijdverlies⟩ time loss/lost
verlevendigen revive, enliven
verlichten ● ⟨beschijnen⟩ light (up) ● ⟨kennis bijbrengen⟩ enlighten ● ⟨minder zwaar maken⟩ lighten ∗ een last ~ lighten a load ∗ pijn ~ relieve/ease pain
verlichting ● ⟨lampen⟩ lighting ● ⟨leniging⟩ lightening ● ⟨opluchting⟩ relief, ease ∗ een zucht van ~ a sigh of relief ● ⟨gesch.⟩ enlightenment ∗ de eeuw der Verlichting the Age of Enlightenment
verliefd in love (with), enamoured ∗ smoor ~ worden op fall head over heels in love with ∗ ~en lovers ∗ ~e blikken amorous looks
verliefdheid being in love
verlies ● ⟨het verlorene⟩ ∗ met ~ verkopen sell at a loss ∗ ~ aan mensenlevens loss of life ● ⟨het verliezen⟩ loss ∗ goed tegen zijn ~ kunnen be a good loser
verliesgevend loss-making ∗ een ~e zaak a loss-maker; loss-making business
verliespost loss-making sector
verliezen ● ⟨nadeel lijden⟩ lose ∗ ~ op lose on ● ⟨kwijtraken⟩ lose, ⟨v. rechten⟩ forfeit ∗ niets te ~ hebben have nothing to lose ∗ uit 't oog ~ lose sight of ∗ geen tijd ~ met waste no time in ● ⟨niet

winnen) lose ∗ de wedstrijd ~ lose the game ∗ ik heb verloren I've lost ∗ met 4-3 ~ lose by four goals to three ▼ zich ~ in lose o.s. in
verliezer loser
verlijden execute, draw up
verlinken grass/fink on, nark
verloederen deteriorate, ⟨inf.⟩ go to the dogs
verlof ● ⟨vrijstelling⟩ leave, ⟨wegens ziekte⟩ sick leave ∗ met ~ on leave ∗ met groot ~ on long furlough ∗ ~ aanvragen apply for leave
● ⟨vergunning⟩ permission, ⟨tapvergunning⟩ licence for the sale of beer ∗ iem. ~ geven iets te doen give a person permission to do s.th.
verlofdag day off
verlokken tempt, allure
verloochenen renounce, repudiate ∗ zich ~ ⟨tegen eigen aard⟩ belie one's nature; ⟨onbaatzuchtig⟩ deny o.s.
verloofde fiancé [v: fiancée]
verloop ● ⟨ontwikkeling⟩ development, ⟨v. ziekte, e.d.⟩ course ∗ het had een vlot ~ it went off smoothly ∗ een gunstig ~ nemen take a favourable turn ● ⟨het verstrijken⟩ course, lapse ∗ na ~ van tijd in course of time ∗ na ~ van after (a lapse of) ● ⟨achteruitgang⟩ falling off ● ⟨komen en gaan⟩ turnover, ⟨v. personeel⟩ wastage ∗ natuurlijk ~ natural wastage
verloopstekker adapter
verloopstuk adapter, reducer
verlopen I [bnw] ● ⟨ongeldig⟩ expired ● ⟨verliederlijkt⟩ shabby, seedy, ⟨v. zaak⟩ run-down **II** [on ww] ● ⟨voorbijgaan⟩ pass (away), elapse ● ⟨zich ontwikkelen⟩ pass off, work out ∗ alles verliep rustig everything passed off quietly ● ⟨ongeldig worden⟩ expire ∗ dit paspoort is~ this passport has expired ● ⟨achteruitgaan⟩ drop off, decline, ⟨v. staking⟩ peter out
verloren ● ⟨kwijt⟩ lost ∗ ~ gaan be lost ∗ ~ raken/ gaan get lost ∗ ~ laten gaan lose/waste no time ∗ er is niets aan ~ it's no loss ● ⟨reddeloos⟩ lost ∗ een ~ zaak a lost cause ● ⟨nutteloos⟩ lost ∗ ~ moeite wasted effort ∗ ~ ogenblikken spare moments
verloskamer delivery room
verloskunde obstetrics, ⟨v. vroedvrouw⟩ midwifery
verloskundige ⟨arts⟩ obstetrician, ⟨vroedvrouw⟩ midwife
verlossen ● ⟨bevrijden⟩ deliver/release (from), ⟨rel.⟩ redeem ∗ het ~de woord spreken save the situation (by saying) ● ⟨helpen bevallen⟩ deliver
verlosser saviour ∗ de Verlosser the Redeemer; the Saviour
verlossing ● ⟨bevrijding⟩ deliverance, ⟨rel.⟩ redemption ● ⟨bevalling⟩ delivery
verloten raffle
verloven become/get engaged (to)
verloving engagement, ⟨form.⟩ betrothal
verlovingsring engagement ring
verluiden ∗ naar verluidt reputedly; it is rumoured that
verlustigen delight in ∗ zich ~ in andermans smart gloat over a person's sorrow
vermaak entertainment, pleasure, amusement ∗ ~ scheppen in take (a) pleasure in
vermaard famous, ⟨form.⟩ renowned
vermaatschappelijking socialization
vermageren become thin, lose weight
vermageringskuur slimming-cure
vermakelijk amusing, entertaining
vermaken ● ⟨amuseren⟩ amuse, entertain ∗ zich ~ enjoy o.s. ● ⟨nalaten⟩ bequeath ● ⟨veranderen⟩

alter
vermalen grind, crush
vermanen admonish, warn
vermaning admonition, warning
vermannen pull (o.s.) together
vermeend supposed, alleged ∗ ~e vader putative father
vermeerderen increase, grow
vermelden mention, report
vermelding mention ∗ eervolle ~ honourable mention ∗ onder ~ van stating
vermengen mix, ⟨v. metaal⟩ alloy, ⟨v. thee, koffie⟩ blend ∗ zich ~ mix; mingle
vermenigvuldigen ● ⟨verveelvoudigen⟩ duplicate ● ⟨rekenkunde⟩ multiply ∗ ~ met multiply by
vermenigvuldiging multiplication, ⟨v. leven⟩ reproduction
vermetel audacious
vermicelli vermicelli
vermijden ● ⟨voorkomen⟩ avoid, prevent ∗ dat is niet te ~ it's just one of those things ● ⟨uit de weg gaan⟩ avoid, keep away from, ⟨sterker⟩ shun
vermiljoen vermillion
verminderen I [ov ww] ● ⟨minder maken⟩ lessen, diminish, ⟨v. aantallen, salaris⟩ decrease, ⟨v. prijs, vaart⟩ reduce, ⟨v. vaart⟩ slacken ∗ het gevaar van infectie ~ lessen the risk of infection **II** [on ww] ● ⟨minder worden⟩ decrease, ⟨v. gezondheid⟩ decline, ⟨v. storm⟩ abate
vermissen miss
vermissing loss
vermiste missing person
vermoedelijk presumable, probable ∗ de ~e dader the suspected offender
vermoeden I [het] ● ⟨veronderstelling⟩ assumption, ⟨form.⟩ supposition, ⟨gissing⟩ conjecture ● ⟨voorgevoel⟩ suspicion ∗ geen flauw ~ hebben have not the faintest idea ∗ bang ~ misgiving ⟨verdenking⟩ suspicion ∗ ons ~ was juist our suspicion proved/was correct **II** [ov ww] ● ⟨veronderstellen⟩ suspect, suppose ● ⟨bedacht zijn op⟩ suspect ∗ niets ~d unwary
vermoeid tired, weary, ⟨form.⟩ fatigued
vermoeidheid tiredness, weariness, ⟨form.⟩ fatigue
vermoeien tire, weary, ⟨form.⟩ fatigue
vermogen I [het] ● ⟨macht⟩ power, ⟨geschiktheid⟩ ability ∗ naar mijn beste ~ to the best of my ability ∗ verstandelijke ~ intellectual faculties ● ⟨capaciteit⟩ power, capacity ● ⟨bezit⟩ property, ⟨v. geld⟩ fortune **II** [ov ww] be in a position to ∗ veel ~ be able to do much ∗ niets ~ tegen be powerless against
vermogend ● ⟨rijk⟩ wealthy ● ⟨invloedrijk⟩ influential
vermogensaanwasdeling capital growth sharing
vermogensbelasting property-tax, tax on assets
vermolmd mouldered, decayed, rotten
vermommen disguise
vermomming disguise
vermoorden murder ∗ de vermoorde the murder victim
vermorzelen crush, pulverize
vermurwen soften, mollify ∗ niet te ~ inexorable
vernauwen narrow
vernederen humiliate, humble ∗ daar wil ik mij niet toe ~ I won't stoop to that
vernedering humiliation
vernemen hear, learn, understand
vernielen destroy, smash (up)
vernieling destruction ▼ in de ~ zitten be at the

end of one's tether

vernielzucht destructiveness

vernietigen ● (verwoesten) destroy, (v. hoop) wreck, (v. vijand) wipe out, (wegvagen) annihilate ● (nietig verklaren) annul, (v. vonnis) quash

vernietigend destructive, (v. blik) withering, (v. kritiek) slashing, (v. nederlaag, antwoord) crushing

vernietigingskamp extermination camp

vernieuwen ● (opknappen) renovate ● (vervangen) renew

vernikkelen I [ov ww] ● (met nikkel bedekken) nickel(plate) **II** [on ww] ● (verkleumen) perish with cold, freeze

vernis varnish, (fig.) veneer

vernissage vernissage, preview, private viewing

vernissen varnish

vernoemen name/call after

vernuft genius, ingenuity ★ 't menselijk ~ human ingenuity

vernuftig ingenious

veronachtzamen omit (to do), (v. plicht) neglect

veronderstellen suppose, assume ★ ik veronderstel van wel I suppose so

veronderstelling supposition, assumption ★ zij verkeert in de ~ dat she is under the impression that

verongelijkt aggrieved, injured

verongelukken (v. persoon) perish, meet with an accident, (v. auto, schip, vliegtuig) be wrecked, (v. auto, vliegtuig) crash ★ hij is in de bergen verongelukt he lost his life in the mountains ★ doen ~ wreck

verontreinigen pollute, (fig.) defile, (v. hand, doek) dirty, soil

verontreiniging pollution, dirtying, defilement

verontrusten alarm, disquiet, disturb ★ zich ~ be alarmed (at)

verontschuldigen I [ov ww] excuse **II** [wkd ww] apologize ★ zich laten ~ ask to be excused

verontschuldiging apology, excuse ★ zijn ~en aanbieden offer one's apologies; apologize

verontwaardigd indignant

verontwaardigen fill with indignation ★ zich ~ (over) be indignant (at s.th./with a person)

verontwaardiging indignation

veroordeelde condemned person, (jur.) convict

veroordelen ● (afkeuren) condemn ● (oordeel vellen) condemn, (schuldig bevinden) convict, (vonnis) sentence ★ ter dood ~ sentence to death ★ iem. in de kosten ~ condemn a person to pay the costs

veroordeling ● (vonnis) sentence, (jur.) conviction ● (afkeuring) condemnation

veroorloven allow, permit ★ ik kan mij geen auto ~ I can't afford a car ★ ik veroorloof mij op te merken I make bold to say

veroorzaken cause, bring about, (form.) occasion

verorberen dispatch, dispose of

verordenen rule, decree, ordain

verordening regulation

verouderd ● (oud geworden) old-fashioned ● (ouderwets) obsolete, antiquated

verouderen I [ov ww] ● (ouder maken) age **II** [on ww] ● (ouder worden) grow old, age ● (in onbruik raken) become obsolete, go out of date

veroveraar conqueror

veroveren conquer ★ ~ op capture from

verovering conquest

verpachten lease (out)

verpakken pack/wrap (up)

verpakking ● (materiaal) packing ● (het verpakken) packing

verpakkingsmateriaal packing/packaging material(s)

verpanden pawn, (v. onroerend goed) mortgage

verpatsen flog

verpauperen pauperize, be reduced to poverty

verpesten infect, (v. eten, kind, plezier, e.d.) spoil, (v. gedachte, relatie, e.d.) poison

verpieteren (fig.) waste away, go downhill, (v. voedsel) cook to pulp, overcook

verplaatsen I [ov ww] (v.e. zaak, beambten) transfer, (v. zaken) shift, (v. zaken, mensen) move **II** [wkd ww] ● (zich voortbewegen) move, shift ● (~ in) ★ zich in gedachten ~ naar transport o.s. mentally to ★ verplaats u eens in mijn positie put yourself in my place

verplaatsing movement, shift(ing), transfer, (v. goederen, enz) removal, (v. water door schip) displacement ★ de ~ van de macht the transfer/ shift of power ★ de ~ van grote massa's mensen displacement of large numbers of people

verplanten transplant, plant out

verpleegdag (in verpleeghuis) a day of nursing care, (in ziekenhuis) a day of hospitalisation

verpleeghuis nursing/convalescent home

verpleegkundige (male/female) nurse ★ gediplomeerd(e) ~ trained/qualified nurse

verpleegster nurse

verplegen tend, nurse

verpleger (male) nurse, (mil.) orderly

verpleging nursing

verpletteren (vermorzelen) crush, smash ● (overweldigen) shatter

verplicht ● (voorgeschreven) obligatory, (v. dienst) compulsory ★ ~ stellen make obligatory ★ een ~ vak an obligatory subject ★ ~ zijn te... be obliged to...; have to... ● (verschuldigd) obliged ★ ik ben u zeer ~ I am much obliged to you ★ dat ben je hem ~ you owe it to him

verplichten oblige ★ 't verplicht u tot niets it commits you to nothing ★ hij verplichtte zich om... he undertook/engaged to...

verplichting obligation, commitment ★ zijn ~en nakomen meet one's obligations; (geldelijke verplichtingen) meet one's liabilities/obligations ★ zonder enige ~ without any obligation ★ een ~ aangaan enter into obligation; commit o.s. ★ ik wil geen ~ aan hem hebben I want to be under no obligations to him

verpoppen pupate

verpoten transplant

verpotten repot

verpozen relax, take a rest

verprutsen (v. tijd) waste, (v. werk) spoil

verpulveren pulverize

verraad treason, treachery, betrayal ★ ~ plegen commit treason

verraden ● (verklappen) betray ★ de zaak ~ give the show away ● (kenbaar maken) ★ zich ~ give o.s. away; betray o.s. ● (verraad plegen) commit treason, betray, rat (on), (aan politie) squeal, rat (on)

verrader traitor, betrayer

verraderlijk ● (iets verradend) telltale ● (gevaarlijk) tricky, treacherous ● (als verrader) treacherous

verramsjen sell at a knock-down price

verrassen ● (betrappen) take by surprise ★ we werden door een onweer verrast we were caught in a thunderstorm ● (verbazen) take by surprise ★ onaangenaam verrast taken aback

• (verblijden) *surprise (pleasantly)* ★ zijn vrienden met 't nieuws ~ *spring the news on one's friends*

verrassing • (verbazing) *surprise,* ‹onplezierig› *shock* ★ tot mijn grote ~ *much to my surprise* • (wat verrast) *surprise*

verrassingsaanval *surprise attack*

verre • (ver) *afar, afield* • (allesbehalve) *anything but, none too, far from* ★ ze was ~ van gelukkig *she was none too happy/far from happy* ★ ~ van (dat)! *far from it!*

verregaand *far-reaching, extreme,* ‹v. onwetendheid, verwaarlozing› *gross*

verregenen *spoil by rain,* ‹stopgezet vanwege de regen› *rain off,* ‹kletsnat worden› *bedraggle*

verreikend *far-reaching*

verreisd *travel-worn* ★ er ~ uitzien *look travel-worn*

verrek *damn, holy cow, golly* ★ ~ zeg! *I'll be damned!*

verrekenen I [ov ww] *settle* **II** [wkd ww] • *miscalculate*

verrekijker *telescope, field glasses,* ‹klein› *spyglass,* ‹met twee lenzen› *binoculars*

verrekken I [ov ww] • (te ver rekken) *strain,* ‹verstuiken› *sprain* ★ een spier ~ *pull a muscle* ★ zich ~ *strain o.s.* **II** [on ww] • (creperen) *perish* ★ ~ van de honger *starve to death* ★ verrek toch! *get lost!* ★ het kan me niet ~ *I don't give a fuck*

verreweg *by far, far and away*

verrichten *perform, do* ★ arrestaties ~ *make arrests*

verrichting • (handeling) *action, activity,* ‹zakelijk› *transaction* • (uitvoering) *performance*

verrijden • (rijdend verplaatsen) *move, shift* • (aan rijden besteden) *spend on travel(ling)*

verrijken *enrich*

verrijzen • (oprijzen) *arise,* ‹v. industrie, stad› *spring up* • (opstaan) *rise* ★ uit de dood ~ *rise from the dead*

verrijzenis *resurrection*

verroeren *stir, move, budge*

verroesten *rust, get rusty*

verrot • (rot geworden) *rotten* ★ hij schopte hem ~ *he kicked the living daylights out of him* • (vervloekt) *damned* ★ die ~te auto *that rotten/lousy car*

verrotten *rot* ★ doen ~ *rot*

verruilen *exchange/swap (for)*

verruimen *widen,* ‹fig.› *broaden,* ‹v. macht› *extend* ★ zijn blik ~ *broaden one's outlook* ★ mogelijkheden ~ *extend the possibilities*

verrukkelijk *delightful, enchanting,* ‹v. smaak› *delicious*

verrukken *delight, enchant*

vers I [het] • (dichtregel) *verse* • (strofe) *stanza* • (gedicht) *poem* **II** [bnw] • (nieuw, fris) *fresh,* ‹eieren› *van fresh,* ‹v. brood› *new,* ‹v. eieren› *new-laid* • (net ontstaan) *fresh, new* ★ een vers spoor *fresh tracks* ★ het ligt mij nog vers in het geheugen *it is still fresh in my memory*

versagen *lose heart, falter*

verschaffen *provide/supply (with)* ★ zich toegang ~ tot *gain access to* ★ zich ~ *procure; get*

verschalen *go flat/stale* ★ verschaald bier *flat/stale beer*

verschalken • (verorberen) *polish off, dispose of* • (te slim af zijn) *outwit, outmanoeuvre, get round*

verschansen I [ov ww] *entrench* **II** [wkd ww] *entrench o.s., take cover* ★ zij verschansten zich achter een muur *they took cover behind a wall*

verschansing • (bolwerk) *entrenchment* • (reling)

railing, bulwarks

verscheiden I [bnw] *diverse, various* **II** [telw] *several*

verscheidenheid • (verschil) *variety, diversity* • (variatie) *range* ★ een grote ~ aan voorstellen *a multiplicity of proposals*

verschepen • (per schip verzenden) *ship* • (overladen) *transship*

verscherpen • (aanscherpen) *sharpen,* ‹v. bepaling› *tighten (up)* • (verergeren) ‹v. conflict› *aggravate,* ‹v. oorlog› *intensify*

verscherping • (verergering) *aggravation, intensification* • (het aanscherpen) *sharpening, tightening up*

verscheuren • (scheuren) *tear (apart/up), tear to pieces* • (verslinden) *maul* • (in verdeeldheid brengen) *tear (apart)*

verschiet • (verte) *distance* • (toekomst) *offing, prospect* ★ in het ~ *in the offing; ahead*

verschieten I [ov ww] • (verbruiken) *shoot, use up* **II** [on ww] • (wegschieten) *shoot* • (verbleken) ‹v. gezicht› *change colour,* ‹v. kleur› *fade*

verschijnen • (zich vertonen) *appear, make one's appearance* • (komen opdagen) *appear, turn up* • (uitkomen) *come out, be published*

verschijning • (het verschijnen) *appearance,* ‹v. boek› *publication, appearance,* ‹v. termijn› *expiration* • (persoon) *figure, person* ★ een aardige ~ *a pleasant personality* ★ een indrukwekkende ~ *a commanding/imposing personality* • (geestverschijning) *ghost, apparition*

verschijnsel • (fenomeen) *phenomenon* • (symptoom) *symptom* ★ dat is een dagelijks ~ *that happens daily*

verschikken *rearrange, move about/around*

verschil • (onderscheid) *difference, distinction* ★ ~ van mening *difference of opinion* ★ laten we het ~ delen *let's split the difference* ★ een wereld van ~ *poles apart* • (rekenkunde) *difference*

verschillen *differ (from)*

verschillend I [bnw] *different (from)* **II** [telw] *several, various* ★ in ~e plaatsen *in several places*

verscholen *hidden, tucked (away)*

verschonen • (verontschuldigen) *excuse, overlook* • (schoon goed aandoen) ‹v. baby› *change (the baby's nappy),* ‹v. bed› *change the sheets* ★ zich ~ *put on clean clothes* • (vrijwaren) *spare* ★ ik wens verschoond te blijven van ... *I wish to be spared...*

verschoning • (verontschuldiging) *excuse* ★ ~ vragen *apologize* • (schoon goed) *change (of linen)*

verschoningsrecht *right to refuse to give evidence*

verschoppeling *outcast, pariah*

verschralen *attenuate, shrivel,* ‹v. huid› *get chapped,* ‹v. wind› *get bleak/cold*

verschrijven ★ zich ~ *make a mistake (in writing)*

verschrikkelijk *terrible, dreadful*

verschrikking *terror, horror*

verschroeien *scorch,* ‹door gebrek aan water› *parch*

verschrompelen • (ineenschrompelen) *shrink* • (rimpelig worden) *shrivel (up)*

verschuilen *hide, conceal*

verschuiven I [ov ww] • (verplaatsen) *shift, move,* ‹opzij› *shove (away)* • (uitstellen) *postpone* ★ een afspraak ~ *put off/postpone an appointment* **II** [on ww] • (zich verplaatsen) *shift*

verschuiving • (verplaatsing) *shifting* ★ ~ naar links *swing to the left* • (uitstel) *postponement*

verschuldigd • (te betalen) indebted, due (to)
• het ~e (bedrag) the amount due • (verplicht)
due ★ iem. dank ~ zijn owe a person thanks ★ dat
ben je aan jezelf – you owe it to yourself
versie version
versierder lady-killer, womanizer, flirt
versieren • (verfraaien) decorate, deck out, (v.
kerstboom) decorate, (v. verhaal) adorn • (voor
elkaar krijgen) fix, manage ★ dat versier ik wel
I'll fix it • (verleiden) pick up ★ een meisje ~ chat
up a girl
versiering • (decoratie) decoration • (het
versieren) adornment, decoration
versiertoer ★ op de ~ gaan try to pick s.o. up
versjacheren flog
versjouwen drag away
verslaafd addicted (to), (inf.) hooked (on)
verslaafde addict, (aan verdovende middelen)
drug addict
verslaan • (overwinnen) defeat, (sport ook) beat
• (verslag geven) cover ★ een wedstrijd ~ cover a
match
verslag • (rapport) report, account ★ woordelijk ~
verbatim report ★ voorlopig/tussentijds ~
interim report ★ ~ uitbrengen over deliver a
report on; report on • (reportage) commentary
★ een rechtstreeks ~ a running commentary
verslagen (overwonnen) defeated
• (terneergeslagen) dismayed
verslaggever reporter, (voor de radio)
commentator
verslaggeving reporting, coverage
verslagjaar year under review
verslapen I [ov ww] sleep away ★ zijn tijd ~ sleep
away one's time II [wkd ww] oversleep
verslappen I [ov ww] relax, slacken II [on ww]
• (slap worden) relax, slacken • (teruglopen)
weaken, slacken ★ de aandacht verslapte
attention waned
verslavend addictive, habit-forming
verslechteren get worse
verslepen tow away, drag off
versleten • (afgeleefd) worn out, (v. mens)
burnt-out • (afgesleten) worn (out), (v. stof)
threadbare ★ tot op de draad ~ worn to a thread
verslijten I [ov ww] • (doen slijten) wear out
• (~ voor) take for ★ waar verslijt je me voor?
what do you take me for? ★ hij hield me voor een
ander he (mis)took me for s.o. else II [on ww]
• (slijten) wear away/out
verslikken ★ zich ~ (in) choke on
verslinden devour ▼ dat verslindt geld that is like
eating money; that is a great drain on my purse
verslingeren throw o.s. away on
versloffen make a mess of, neglect ▼ hij heeft zijn
werk laten ~ he has neglected his work
verslonzen allow to go to pot, neglect
versmachten die (of), languish ★ ~ van de dorst
be dying of thirst
versmaden despise, disdain, scorn ★ geenszins te
~ by no means to be sneezed at
versmallen narrow
versmelten I [ov ww] • (doen samensmelten)
fuse, (v. bedrijven) amalgamate, (v. kleuren)
blend • (omsmelten) (v. erts) smelt, (v. metaal)
melt II [on ww] • (wegsmelten) melt (away)
• (samensmelten) blend, merge
versnapering titbit, snack, (snoep) sweets ★ er
werden ~en aangeboden refreshments were
served
versnellen accelerate, speed up
versnelling • (het versnellen) acceleration

• (mechanisme) gear ★ hoogste/laagste ~ top/
bottom gear ★ een fiets met drie –en a
three-speed bike ★ in een lage ~ terugschakelen
change down ★ in een hoge ~ zetten change up
versnellingsbak gearbox
versnijden • (aanlengen) (mengen) adulterate,
(verdunnen) dilute • (in stukken snijden) cut up
versnipperen • (in snippers snijden) cut into
bits • (te klein verdelen) (v. stemmen) split, (v.
tijd, geld) fritter away
versoepelen I [ov ww] • (soepeler maken) relax,
make more supple/flexible II [on ww] • (soepeler
worden) relax, become more supple/flexible ★ de
regels zijn versoepeld the rules have been relaxed/
made less rigid
verspelen • (verbeuren) (door schuld) forfeit,
(inf., v. kans) blow, (v. recht, leven) lose
• (spelend verliezen) gamble away
verspenen plant out
versperren (opzettelijk) barricade, (v. weg) bar,
block
versperring • (het versperren) blocking (up),
obstruction • (barricade) barrier, (in rivier) boom,
(v. prikkeldraad) entanglement
versperringsvuur barrage
verspillen squander, waste
verspilling waste
versplinteren I [ov ww] • (tot splinters maken)
splinter, sliver, smash (up) into matchwood II [on
ww] • (tot splinters worden) splinter, shatter
verspreid ★ ~ staande hutjes scattered cottages
★ ~e buien scattered showers
verspreiden • (uiteen doen gaan) (v. menigte)
disperse ★ zich ~ (v. soldaten) spread out; (v.
menigte) disperse • (verbreiden) (v. gerucht)
circulate, (v. geur) give out, (v. warmte) diffuse,
(v. ziekte, nieuws) spread ★ het evangelie ~
propagate the gospel
verspreken • (iets verklappen) let the cat out of
the bag • (iets verkeerd zeggen) make a slip, (bij
uitspreken) mispronounce
verspringen • (overslaan) jump, be left out, skip
• (op een andere dag vallen) move, change date
• (niet in één lijn liggen) stagger
★ verspringende naden staggered seams
verstaan I [ov ww] • (horen) hear ★ ik verstond
niet wat hij zei I didn't catch what he said
• (begrijpen) understand ★ te ~ geven give to
understand ★ wel te ~ that is to say ★ verkeerd ~
misunderstand • (beheersen) ★ hij verstaat zijn
vak he knows his job ★ (~ onder) mean by ★ wat
versta je daar onder? what do you mean by it?
II [wkd ww] come to an understanding (with)
verstand • (kennis van zaken) judgement,
understanding, (kennis) knowledge ★ met ~ te
werk gaan proceed judiciously ★ geen ~ hebben
van know nothing about ★ hij heeft er helemaal
geen ~ van he doesn't know the first thing about it
★ met dien ~e dat on the understanding that;
provided that • (denkvermogen) mind, intellect,
intelligence ★ bij zijn volle ~ zijn be in full
possession of one's faculties, have all one's wits
about one ★ gezond ~ common sense ★ waar zit je
~ toch? where's your sense? ★ gebruik je ~ use
your brains; listen to reason ★ ik kan mijn ~ er
niet bij houden I can't concentrate; I can't keep
my mind on my work ★ met ~ intelligently ★ 'n
goed ~ a good brain; a good head on one's
shoulders ★ naar hij ~ heeft according to his
lights ▼ het ~ komt met de jaren wisdom comes
with age ▼ dat gaat mijn ~ te boven that's
beyond me ▼ ik kon 't hem maar niet aan zijn ~

brengen *I could not make him understand* ▼ je
bent niet bij je – *you are out of your mind*
verstandelijk *intellectual* ★ –e vermogens
intellectual faculties
verstandhouding *understanding, relations* ★ in
goede ~ staan *tot be on good terms with*
verstandig ⟨met verstand⟩ *intelligent,
reasonable* ★ men kan geen ~ woord uit hem
krijgen *one cannot get any sense out of him*
● ⟨doordacht⟩ *sensible* ★ wees ~ *be sensible* ★ hij
was zo ~ om... *he had the (good) sense to...*
verstandshuwelijk *marriage of convenience*
verstandskies *wisdom tooth*
verstandsverbijstering *mental derangement,
insanity* ★ een vlaag van ~ *a momentary lapse of
reason*
verstarren *become rigid* ★ –d werken *to have a
paralysing effect on* ★ zij verstarde *she froze*
verstedelijking *urbanisation*
verstek ● ⟨jur.⟩ *default* ★ bij ~ veroordelen
sentence by default ★ ~ laten gaan *fail to appear*
● ⟨techn.⟩ *mitre* ★ in ~ zagen *mitre s.th.*
verstekbak *mitre box*
verstekeling *stowaway*
versteld ★ ~ staan *be dumbfounded* ★ ~ doen
staan *stupefy s.o.*
verstellen ● ⟨anders stellen⟩ *adjust* ● ⟨herstellen⟩
mend, patch
verstelwerk *mending*
verstenen ● ⟨tot steen worden⟩ *petrify* ★ ⟨wreed
worden⟩ *turn to stone* ★ versteend van de kou
numb with cold
versterken ● ⟨sterker maken⟩ *strengthen,* ⟨tegen
aanvallen⟩ *fortify,* ⟨v. geluid⟩ *amplify,* ⟨v. licht,
geluid⟩ *intensify* ● ⟨aanvullen⟩ *reinforce, add to*
versterker *amplifier*
versterking ● ⟨wat versterkt⟩ ⟨borrel⟩
pick-me-up, ⟨troepen⟩ *reinforcements,*
⟨verdedigingswerken⟩ *fortifications* ● ⟨het
versterken⟩ *strengthening,* ⟨tegen aanvallen⟩
fortification, ⟨v. geluid⟩ *amplification,* ⟨v. licht⟩
intensification
verstevigen ⟨v. muur⟩ *brace,* ⟨v. muur, e.d.⟩ *prop
up,* ⟨v. positie⟩ *consolidate,* ⟨v.
vriendschapsband⟩ *strengthen*
versteviging *strenghtening, restorative, nourishing*
verstijven *stiffen*
verstikken *suffocate, choke, stifle*
verstild *tranquil*
verstoken I [bnw] *devoid (of)* II [ov ww] *burn up*
verstokt *hardened, obdurate* ★ een –e roker *an
inveterate smoker; a confirmed smoker*
verstommen *fall silent, die down*
verstoord *annoyed*
verstoppen ● ⟨verbergen⟩ *hide* ● ⟨dichtstoppen⟩
⟨v. buis⟩ *choke (up), stop up, clog,* ⟨v. doorgang⟩
obstruct/block ★ verstopte neus *stuffy nose*
verstoppertje ★ ~ spelen *play hide-and-seek*
verstopping ● ⟨verkeersopstopping⟩ *traffic jam*
● ⟨het verstopt zijn⟩ *stoppage, blockage*
● ⟨constipatie⟩ *constipation*
verstoren ⟨v. evenwicht, plannen⟩ *upset,* ⟨v.
openbare orde⟩ *breach,* ⟨v. rust⟩ *disturb*
verstoten *cast off* ★ zijn vrouw ~ *repudiate one's
wife*
verstouwen ● ⟨verduren⟩ *take, stomach* ● ⟨eten⟩
put away
verstrakken *tighten,* ⟨v. gezicht⟩ *set* ★ zijn
gezicht verstrakte *his expression hardened; his
face set*
verstrekken *provide/supply with,* ⟨mil.⟩ *issue*
verstrekkend *far-reaching*

verstrijken ⟨eindigen⟩ *expire,* ⟨verlopen⟩ *go by,
pass (by)* ★ de termijn is verstreken *the term has
expired*
verstrikken *snare, trap,* ⟨fig.⟩ *entangle* ★ in zijn
eigen leugens verstrikt raken *get caught in one's
own lies*
verstrooid *absent-minded*
verstrooien ● ⟨verspreiden⟩ *scatter,* ⟨v. troepen⟩
disperse ● ⟨afleiding bezorgen⟩ *entertain*
verstrooiing ● ⟨verspreiding⟩ *dispersion*
● ⟨ontspanning⟩ *entertainment, diversion*
verstuiken *sprain* ★ zijn enkel ~ *sprain one's ankle*
verstuiven I [ov ww] ⟨doen vervliegen⟩
vaporize, spray II [on ww] ⟨vervliegen⟩ *be
blown away*
verstuiver ⟨air⟩ *spray, atomizer*
verstuiving ● ⟨het verstuiven⟩ *atomization,
spraying* ● ⟨terrein⟩ *sand-drift*
versturen *send (off), dispatch*
versuft *dizzy, stunned,* ⟨schok⟩ *dazed* ★ hij zat ~ te
kijken *he sat there in a daze* ★ ~ door het lawaai
dazed by the noise
versukkeling *decline, degeneration* ★ in de ~
raken *fall into (a) decline*
versus *versus, against*
versvoet *metrical foot*
vertaalbureau *translation bureau*
vertaalwoordenboek *bilingual dictionary,
multilingual dictionary*
vertakken *branch off (into)*
vertalen ● ⟨in andere taal weergeven⟩ *translate,
render* ★ het laat zich moeilijk ~ *it does not
translate well* ★ letterlijk ~ *translate word for
word* ● ⟨anders weergeven⟩ *translate* ★ theorie in
praktijk ~ *translate theory into practice*
vertaler *translator*
vertaling *translation*
verte *distance* ★ heel in de ~ *in the far distance* ▼ in
de ~ verwant *remotely related* ▼ in de verste ~
niet zo goed *not anything like as good*
vertederen *move, soften* ★ een –d tafereel *a
moving scene*
vertedering *softening, mollification*
verteerbaar *digestible* ★ licht ~ *easily digestible*
vertegenwoordigen ● ⟨waarde hebben van⟩
stand for, represent ● ⟨handelen namens⟩
represent, act for
vertegenwoordiger ● ⟨afgevaardigde⟩
representative ● ⟨handelsagent⟩ ⟨sales⟩
representative
vertegenwoordiging ● ⟨vertegenwoordigers⟩
representative(s), ⟨groep⟩ *delegation* ● ⟨het
vertegenwoordigen⟩ *representation,* ⟨in de
handel⟩ *agency*
vertekenen *distort, misrepresent*
vertellen I [ov ww] *tell, narrate, relate* ★ hij kan
goed ~ *he is a good story-teller* ▼ hij heeft hier
niets te ~ *he has nothing to say here* ▼ dat moet je
mij ~! *I you are telling me!* II [wkd ww] *miscount*
verteller *story-teller, narrator*
vertelling *story, tale*
verteren I [ov ww] ⟨voedsel afbreken⟩ *digest*
● ⟨doen vergaan⟩ *corrode, eat away* ★ verteerd
worden door de vlammen *be consumed by fire*
● ⟨verbruiken⟩ *spend* ● ⟨verkroppen⟩ *digest, take*
▼ verteerd worden van verlangen *be consumed
with desire* II [on ww] ⟨afgebroken worden⟩
decay, ⟨v. voedsel⟩ *digest,* ⟨wegteren⟩ *waste (away)*
vertering ● ⟨spijsvertering⟩ *digestion*
● ⟨consumptie⟩ *food, drinks,* ⟨uitgave⟩ *expenses*
verticaal *vertical*
vertier ● ⟨afleiding⟩ *entertainment, amusement*

● (bedrijvigheid) ✶ er is hier niet veel ~ *there is a lot to do/going on*
vertikken *refuse flatly* ✶ ik vertik 't om te gaan *I am dashed if I'll go* ✶ de auto vertikt het *the car won't go*
vertillen ● (te hoog grijpen) *bite off more than one can chew* ✶ (te zwaar tillen) *strain o.s.* (in) *lifting*
vertoeven *stay,* (tijdelijk) *sojourn,* (voor langere tijd) *dwell*
vertolken ● (uitbeelden) *render, play*
● (weergeven) *voice, express* ✶ hij vertolkte de gevoelens van de aanwezigen *he voiced the feelings of all those present* ● (vertalen) *interpret*
vertolking *interpretation,* (in zang, e.d.) *rendering,* (v. gevoelens) *voicing*
vertonen ● (opvoeren) *show, present* ● (laten zien/blijken) *show, exhibit, display* ✶ gelijkenis ~ *bear resemblance to* ✶ tekenen ~ van slijtage *show signs of wear* ✶ hij vertoonde zich niet *he didn't show up*
vertoning (het vertonen) *show(ing), presentation* ● (schouwspel) *spectacle* ✶ het was een hele ~ *it was quite a spectacle/display* ● (voorstelling) *show, performance*
vertoon (het vertonen) *showing, producing* ✶ op ~ van een identiteitsbewijs *on presentation/production of an identity card*
● (tentoonspreiding) *demonstration, manifestation* ✶ uiterlijk ~ *show* ✶ met veel ~ *with a lot of showing off*
vertoornd *incensed, enraged, irate*
vertragen ● (trager maken) *slow down,* (v. ontwikkeling) *retard,* (v. snelheid) *slacken* ✶ vertraagde filmopname *slow-motion film scene* ● (uitstellen) *delay*
vertraging ● (het vertragen) *slowing down, deceleration,* (oponthoud) *delay* ✶ ~ ondervinden *be delayed* ✶ de trein had twintig minuten ~ *the train was twenty minutes late*
vertrappen *tread/trample on/down*
vertrek ● (kamer) *room* ● (het vertrekken) *departure,* (uit gemeente, e.d.) *leaving* ✶ plaats van ~ *place of departure*
vertrekhal *departure hall*
vertrekken I (ov ww) ● (anders trekken) *twitch* ✶ hij vertrok geen spier *he didn't flicker/flinch; he didn't bat an eyelid* **II** (on ww) ● (weggaan) *leave,* (v. boot) *sail,* (v. vliegtuig) *take off*
vertreksein *signal for departure*
vertrektijd *time of departure*
vertroebelen *make turbid/muddy,* (fig.) *confuse, obscure* ✶ de sfeer ~ *poison the atmosphere* ✶ deze cijfers ~ de zaak *these figures cloud/obscure the issue*
vertroetelen *baby, pamper,* (pej.) (molly)coddle
vertroosting *consolation, solace, comfort*
vertrouwd ● (bekend) *familiar* ✶ in zijn ~e omgeving *in his familiar surroundings* ● (op de hoogte) *familiar* (with) ✶ ~ raken *become familiar with* ● (betrouwbaar) *reliable, trustworthy, trusted* ✶ in ~e handen *in safe keeping*
vertrouwelijk ● (familiair) *intimate, familiar* ✶ ze gaan ~ met elkaar om *they are very close/intimate with each other* ✶ (in geheim) *confidential*
vertrouweling *confidant* [v: confidante]
vertrouwen I [het] *confidence, faith* ✶ ~ hebben in *have/put confidence in* ✶ iem. ~ schenken *confide in a person* ✶ zijn ~ vestigen op God/het socialisme *put one's trust in God/pin one's faith on socialism* ✶ motie van ~ *vote/motion of*

confidence ✶ ~ wekken *inspire confidence* ✶ op goed ~ *on trust* **II** (ov ww) ● (betrouwbaar achten) *trust* ● (~ op) *trust* (in), *rely on* ✶ vertrouw er maar niet op *don't bank on it*
vertrouwensarts *medical confidant, medical examiner*
vertrouwenskwestie *issue/matter of confidence* ✶ de ~ stellen *ask for a vote of confidence*
vertrouwensman *agent*
vertrouwenspositie *position of trust/confidence*
vertwijfeld *desperate, despairing*
vertwijfeling *despair, desperation*
veruit *by far* ✶ ~ de beste zijn *surpass s.o. by a long chalk/shot*
vervaard *afraid* (of) ✶ voor geen kleintje ~ *not easily alarmed*
vervaardigen *manufacture,* ↓ *make*
vervaarlijk *tremendous, awful* ✶ een ~ gekrijs *frightful screams*
vervagen *fade* (out/away), *become blurred*
verval ● (achteruitgang) *decline, deterioration, decay* ✶ het ~ van de goede zeden *the deterioratin of morals* ✶ het gebouw raakt in ~ *the building is falling into disrepair*
● (hoogteverschil) *drop, fall* ● (ongeldigheid) (v. recht) *lapsing,* (v. wissel) *maturity*
vervaldatum *day of maturity, expiry date*
vervallen I [bnw] ● (bouwvallig) *dilapidated, ramshackle* ● (niet meer geldig) *expired,* (v. wissel) *due* ✶ een ~ termijn *an expired period* ✶ een ~ recht *a lapsed right* ✶ (afgetakeld) *ravaged, wasted* ✶ een ~ gezicht *a ravaged face* **II** [on ww] ● (geraken, komen) ✶ tot armoede ~ *be reduced to poverty* ✶ in herhalingen ~ *repeat o.s.* ✶ tot/in uitersten ~ *go to extremes* ✶ in oude fouten ~ *fall back into old mistakes/habits*
● (achteruitgaan) *decay, decline* ● (bouwvallig worden) *fall into disrepair* ● (niet meer gelden) *expire,* (v. polis) *lapse,* (v. wedstrijd) *be cancelled* ✶ daarmee vervalt uw argument *that disposes of your argument* ● (in eigendom overgaan) *fall to* ✶ dit vervalt aan de Kroon *this falls/reverts to the Crown* ● (invorderbaar worden) *mature, become/ be payable, fall due*
vervalsen ● (namaken) *forge, counterfeit*
● (veranderen) *doctor, tamper with* ● de rekeningen ~ *tamper with the accounts;* (inf.) *cook the books*
vervalser *forger, counterfeiter*
vervalsing ● (het vervalsen) *forging, counterfeiting* ● (het vervalste) *forgery, counterfeit,* (inf.) *fake*
vervangen *replace, substitute,* (bij veroudering) *supersede* ✶ niet te ~ *irreplaceable* ✶ ~d werk aanbieden *offer alternative employment*
vervanger *substitute, replacement,* (v. acteur) *understudy, stand-in*
vervanging *replacement, substitution* ✶ ter ~ van *instead of*
vervatten *couch, contain* ✶ in deze woorden vervat *worded in this way*
verve *fervour, verve* ✶ met veel ~ *with a great deal of verve/gusto*
verveeld *bored, blasé, weary*
vervelen I (ov ww) ● (niet boeien) *bore* ✶ tot ~s toe *ad nauseam; over and over again* ✶ dat verveelt gauw *that'll soon grow old* ● (hinderen) *annoy* **II** (wkd ww) *be/feel bored* ✶ zich dood ~ *be bored stiff*
vervelend ● (onaangenaam) *tedious, annoying* ✶ wat ~! *what a bore!; what a nuisance!* ✶ doe toch niet zo ~ *don't be such a nuisance* ● (saai)

boring, tedious, tiresome ★ *een ~ iem./iets a bore*

verveling *boredom,* ↑ *tedium* ★ *uit pure ~ out of complete/sheer/utter boredom*

vervellen *peel,* (v. slangen) *slough* ★ *mijn neus is aan het ~ my nose is peeling*

verven ● (schilderen) *paint* ● (kleuren) *dye*

verversen ● (opfrissen) *refresh* ● (vervangen) *change* ★ *olie ~ change the oil*

verversing ● (het verversen) *replacement* ● (eten of drinken) *refreshment*

vervilten *become matted*

vervlakken ● (vlak maken) *make smooth/even* ● (verflauwen) *wane,* (v. kleuren) *fade (away)*

vervliegen ● (vervluchtigen) *evaporate* ● (verdwijnen) *vanish* ★ *in lang vervlogen tijden in far-off days*

vervloeken *curse, damn,* (rel.) ↑ *anathematize*

vervloeking *curse,* (form.) *anathema*

vervlogen *bygone, departed* ★ *in lang ~ tijden in days long gone (past); in ancient times*

vervluchtigen *evaporate*

vervoegen I [ov ww] *conjugate* II [wkd ww] (bij een persoon) *report to,* (m.b.t. plaats) *apply (at)* ★ *u dient zich te ~ ten kantore van ... you are to apply at the office of ...*

vervoeging *conjugation*

vervoer *transport,* (het vervoeren) *transportation* ★ *~ door de lucht airtransport* ★ *~ te water water-carriage* ★ *openbaar ~ public transport* ★ *streek~ regional/local transport*

vervoerbewijs (travel) *ticket, travel warrant*

vervoeren ● (transporteren) *carry, transport* ● (meeslepen) *carry away*

vervoering *ecstasy, rapture,* (lit.) *transport* ★ *in ~ brengen throw into ecstasies*

vervoermiddel *means of transport*

vervolg ● (voortzetting) *continuation* ★ *~ op een boek/film sequel to a book/film* ● *als ~ op with reference to; in continuation of* ● (komende tijd) ★ *in het ~ in future*

vervolgblad *next page, following page*

vervolgen ● (voortzetten) *continue* ★ *zijn weg ~ pursue one's way* ● (achtervolgen) *pursue,* (wegens geloof, politiek) *persecute* ● (jur.) *prosecute,* (om schadevergoeding) *sue for* ★ *iem. gerechtelijk ~ take legal action against s.o.*

vervolgens *further, next*

vervolging ● (voortzetting) *continuation, pursuit* ● (rechtsvervolging) *prosecution* ★ *'n ~ instellen tegen file charges against; bring an action against* ● (het vervolgd worden) *persecution*

vervolgingswaanzin *paranoia, persecution mania*

vervolgonderwijs *secondary education*

vervolgverhaal *serial (story)*

vervolmaken *perfect*

vervormen ● (anders doen klinken) *distort* ● (vertekenen) (misvormen) *deform,* (v. vorm veranderen) *transform*

vervreemden I [ov ww] ● (vreemd maken) *alienate,* (v. persoon) *alienate, estrange (from)* II [on ww] ● (geestelijk verwijderen) *drift apart, lose touch* ★ *van elkaar ~ drift apart*

vervroegen *bring/move/put forward, advance,* (betalingen, e.d.) *accelerate* ★ *vervroegde uittreding early retirement*

vervuilen I [ov ww] ● (vuil maken) *pollute,* (v. voedsel/water) *contaminate* II [on ww] ● (vuil worden) *become filthy*

vervuiler *polluter, contaminator* ★ *de ~ betaalt the polluter pays*

vervuiling *pollution,* (toestand) *filthiness,* (vnl. v.

voedsel, water) contamination ★ *de ~ van het milieu environmental pollution*

vervullen ● (vol doen zijn) *fill* ● (verwezenlijken) *fulfil, realize,* (v. formaliteit) *fulfil,* (v. gebed) *hear* ● (bezetten) *fill* ● (voldoen aan) (v. plicht) *fulfil, perform,* (v. taak) *accomplish,* (v. wens) *comply (with)* ★ *vervuld van het goede nieuws full of the good news* ▼ *met afgrijzen ~ fill with horror*

vervulling *fulfilment, accomplishment,* (v. droom, wens) *realization,* (v. taak) *performance* ★ *in ~ gaan be realized/fulfilled*

verwaand *conceited, cocky* ★ *een ~e kwast an arrogant prig*

verwaardigen *condescend* ★ *zij verwaardigde mij met geen blik she didn't condescend to look at me*

verwaarlozen *neglect* ★ *een te ~ factor a negligible factor* ★ *de tuin ~ let the garden go*

verwachten ● (rekenen op) *expect,* (v. gebeurtenis) *anticipate* ★ *hij verwachtte half en half dat zij zou komen he half expected her to come* ★ *te ~ levensduur life expectancy* ★ *verwacht in deze schouwburg appearing/coming soon in this theatre* ● (zwanger zijn) *expect* ★ *ze verwacht een baby she is expecting a baby*

verwachting ● (het verwachten) *expectation, anticipation* ★ *vol ~ toezien look on expectantly* ★ *in gespannen ~ with great expectations* ★ *zij is in blijde ~ she is in the family way* ★ *in ~ expecting; expectant* ● (wat verwacht wordt) *expectation,* (v.h. weer) *forecast, outlook* ★ *boven ~ beyond expectation* ★ *aan de ~ beantwoorden live/come up to expectations* ★ *tegen de ~en in contrary to expectations*

verwant I [de] *relative* ★ *de naaste ~en the next of kin* II [bnw] ● (nauw betrokken) *related,* (alleen pred.) *akin,* (v. woorden) *cognate* ★ *~ aan allied/related to; akin to* ★ *~e vraagstukken related problems* ★ (familie zijnd) *related (to)* ● (overeenkomend) *kindred* ★ *~e zielen kindred spirits*

verwantschap ● (het verwant zijn) *relation(ship), kinship* ● (overeenkomst) *relationship, affinity*

verward ● (onordelijk) (haar) *tousled,* (v. draden) *tangled (up)* ● (onduidelijk) *confused,* (v. denkbeelden) *muddled,* (v. feiten) *entangled,* (v. situatie, ideeën) *confused* ★ *~ raken in get entangled in* ★ *~ spreken talk incoherently* ● (van streek) *confused*

verwarmen *heat, warm*

verwarming ● (het verwarmen) *heating, warming* ● (installatie) *heating (system), heater* ★ *centrale ~ central heating* ★ *achterruit~ rearwindow/screen demister*

verwarmingsbron *heat source, heater*

verwarmingsbuis *heating pipe*

verwarmingselement (heating) *element*

verwarmingsketel *boiler*

verwarren ● (in de war brengen) *confuse,* (v. draden) *tangle (up)* ★ *verward raken in iets get entangled in s.th.* ● (verlegen maken) *embarrass, confuse* ★ (~ **met**) *confuse, mix up* ★ *ze ~ haar altijd met haar zuster people always mistake her for her sister*

verwarring ● (het verwarren) *entanglement, confusion* ● (wanorde) *muddle, confusion* ★ *in ~ brengen (v. zaken) throw into disorder;* (v. persoon) *embarrass* ● (verlegenheid) *embarrassment, confusion, perplexity* ★ *iem. in*

opperste ~ brengen throw s.o. into utter confusion
verwateren • (waterig worden) become diluted
  • (verflauwen) become diluted, lose vigour * de vriendschap was aan het ~ the friendship was disintegrating
verwedden bet, gamble * ik verwed er mijn hoofd onder I'll bet my bottom dollar/my shirt on it
verweer defence, (jur.) plea * zij voerde als/tot haar ~ aan she pleaded in defence
verweerd weather-beaten, weathered
verweerschrift (written) defence, (literair) apology
verwekken • (door bevruchting doen ontstaan) father • (veroorzaken) create, cause, (v. gelach, ziekte) cause, (v. hoop) inspire, (v. toorn) rouse * opschudding ~ cause a commotion
verwekker • (vader) father, (fig.) author • (veroorzaker) cause
verwelken wither, wilt, (fig.) fade * verwelkte rozen wilted roses ▼ verwelkte schoonheid faded beauty
verwelkomen welcome
verwend spoilt, overindulged * ~ nest! spoilt brat!
verwennen • (bederven) spoil • (vertroetelen) spoil, pamper, indulge * zichzelf ~ indulge o.s.
verwennerij pampering, coddling
verwensen curse
verwensing curse * iem. ~en naar het hoofd slingeren heap abuse on s.o.; hurl abuse at s.o.
verweren I [on ww] (in grote mate) disintegrate, (geol.) erode, (v. steen ook) weather **II** [wkd ww] defend o.s., (met woorden) speak up for o.s.
verwerkelijken realize
verwerken • (maken tot iets) process, convert, turn into • (bij bewerken opnemen) incorporate, (v. feiten) assimilate * grapjes in een lezing ~ work jokes into a lecture • (verkroppen) cope with, (v. nieuws, leerstof) digest * zij kan het verlies van haar broer niet ~ she cannot come to terms with her brother's death; she cannot cope/deal with the loss of her brother
verwerkingseenheid processing unit * centrale ~ main-processor
verwerpelijk reprehensible, objectionable * ~e methoden toepassen revert to/apply disreputable methods
verwerpen • (afwijzen) reject, turn down, dismiss * een voorstel ~ turn down a proposal • (afkeuren) reject, condemn, (bij stemming) reject, vote down, (motie) defeat
verwerven obtain, acquire, (v. eer) win * kennis ~ acquire knowledge
verwesteren westernize, become westernized
verweven interweave, intertwine * de feiten zijn nauw met elkaar ~ the facts are closely interwoven
verwezenlijken realize, (v. droom) come true, (v. hoop, wens) fulfil
verwijden widen * zich ~ (tot) widen (into); (v. pupil) dilate
verwijderd remote, distant, far off * ver ~e dorpjes remote villages; out-of-the-way villages
verwijderen I [ov ww] • (wegnemen) remove * vlekken ~ remove stains • (wegsturen) remove, (uit huis) evict, (v. school) expel, (v. sportveld) send off * je hebt hem van je verwijderd you have alienated him (from yourself) **II** [wkd ww] withdraw, leave, (v. geluid) recede
verwijdering • (bekoeling) estrangement, alienation • (het verwijderen) removal, (v. school/universiteit) expulsion
verwijfd effeminate, womanish, sissy

verwijsbriefje (doctor's) referral
verwijskaart referral slip
verwijt reproach, blame, (form.) reproof
verwijten blame, reproach * in dat geval hebben wij elkaar niets te ~ in that case we're quits * die hebben elkaar niets te ~ they are tarred with the same brush * dat ~ ze mij nog steeds they still hold that against me * ik heb mezelf niets te ~ my conscience is clear * haar valt niets te ~ she is blameless
verwijzen refer (to), (pej.) relegate * hij verwees mij naar de 2e etage he directed me to the 2nd floor * een zaak naar een andere rechtbank ~ remit a case to another court
verwijzing reference, (v. arts) referral * onder ~ naar with reference to; referring to
verwikkelen involve, mix up, (vnl. in lijdende vorm) entangle * in iets verwikkeld raken/worden become entangled in s.th.
verwikkeling • (plot) plot, intrigue • (moeilijkheid) complication • (het verwikkelen) involvement
verwilderd • (wild geworden) wild, gone/run wild, neglected * een ~e kat/tuin a wild cat/garden; a cat/garden gone wild • (woest) wild, mad * met een ~ blik with a wild look in one's eyes • (uit zijn fatsoen) (v. uiterlijk) unkempt, wild * er ~ uitzien look wild
verwilderen • (wild worden) run wild,, (v. plant, dier) go wild • (bandeloos worden) go to ruin, go wild
verwisselbaar exchangeable, (over en weer) interchangeable
verwisselen • (verruilen) exchange * van plaats ~ change seats * van eigenaar ~ change hands * ~ tegen exchange for (verwarren) confuse, mistake * het is moeilijk die twee niet te ~ it's hard not to confuse the two
verwittigen notify, advise, inform
verwoed • (woedend) furious, fierce • (fervent) ardent, passionate * een ~e poging wagen make a frantic/an all-out attempt
verwoesten destroy, devastate, ruin, (lit.) lay waste (to) * iemands leven ~ destroy/ruin s.o. life
verwoesting destruction, devastation * ~en aanrichten onder devastate; (fig.) play havoc with
verwonden injure, hurt, (vnl. opzet) wound
verwonderen I [ov ww] surprise, (in grote mate) astonish, amaze * dat verwondert mc I am surprised at it * is 't te ~ dat? is it any wonder that? **II** [wkd ww] be surprised (at)
verwondering surprise, wonder, (in grote mate) astonishment, amazement * tot zijn ~ ... to his surprise ...
verwonderlijk • (verbazend) surprising, astonishing • (merkwaardig) strange
verwonding • (het verwonden) injury • (wond) injury, wound, (psychisch) hurt * zware ~en oplopen suffer severe injuries; sustain serious injuries
verwoorden put into words, phrase, express * iets treffend ~ put s.th. aptly
verworden • (anders worden) change • (ontaarden) decay, degenerate
verwringen distort, twist * een verwrongen beeld van iets geven give a distorted view of s.th.; (grossly) misrepresent s.th.
verzachten (v. bepaling) relax, (v. bewoordingen) tone down, (v. klap, pijn) soften, (v. pijn) ease, (v. vonnis) mitigate * ~de omstandigheden extenuating circumstances
verzadigen • (volop bevredigen) satisfy * niet te

~ ambitie *insatiable ambition* ● (chem.) *saturate*
verzadiging *satisfaction*, (lit.) *satiation*, (chem.)
saturation
verzadigingspunt *saturation point*
verzaken ● (niet nakomen) (v. plicht) *neglect*
● (afvallen) (v. geloof) *renounce*, (v. principes)
betray
verzakken *sag*, (v. bodem) *subside* ∗ de vloer is
aan het ~ *the floor is sagging*
verzamelaar *collector*
verzamelband *binder*
verzamelelpee *collection (album)*
verzamelen ● (bijeenbrengen) *collect*, (v.
fortuin, honing, inlichtingen) *gather* ∗ zich ~
gather; *assemble*; (om iem., iets) *rally round* ∗ de
verzamelde werken van ... *the collected works of
...* ● (verzameling aanleggen) *collect*
verzameling ● (het verzamelen) *collection*,
(samenkomst) *gathering* ● (collectie) *collection*
● (wisk.) *set*
verzamelnaam *collective noun*
verzamelplaats *meeting place, rallying point*
verzamelpunt *meeting place, rallying point*,
(heimelijk) *rendezvous*
verzamelstaat *summary (table)*
verzanden ● (vol zand raken) *silt up*
● (vastlopen) *be/get bogged down* ∗ de discussie
verzandde in heen-en-weer geklets *the
discussion got bogged down in (endless) chit-chat*
verzegelen *seal (up)*
verzeilen ∗ hoe kom jij hier verzeild? *what
brings you here?* ∗ in slecht gezelschap verzeild
raken *fall into bad company*
verzekeraar *insurer*, (scheepv.) *underwriter*, (v.
levensverzekering ook) *assurer*
verzekerd ● (zeker) *sure, assured* ∗ daar ben ik
van ~ *I am sure of that* ● (gedekt) *insured*
∗ verplicht ~ *compulsarily insured* ∗ vrijwillig ~
privately insured
verzekerde *insured person, insurant*
verzekeren I [ov ww] ● (stellig verklaren)
guarantee, (betuigen) *assure* ∗ dat verzeker ik je!
that I assure you! ● (assureren) *insure*, (v. leven
ook) *assure* ∗ zich ~ tegen *insure o.s. against*
II [wkd ww] ● (zich overtuigen) *make sure/
certain (of)* ∗ hij verzekerde zich ervan dat ... *he
made sure that ...* ● (zich zeker stellen) *ensure,
secure* ∗ hij verzekerde zich van haar
medewerking *he secured her cooperation* ∗ zich
van een goed plaatsje ~ *secure a good place for o.s.*
verzekering ● (garantie) *guarantee, assurance*
● (assurantie) *insurance*, (v. leven ook) *assurance*
∗ all-risk ~ *comprehensive insurance* ∗ 'n ~
afsluiten *take out a policy/an insurance* ∗ de ~
dekt de schade *the loss is covered by the insurance*
∗ sociale ~en *social insurance*; (Great Britain)
national insurance
verzekeringsagent *insurance agent*
verzekeringsinspecteur *(insurance) inspector*
verzekeringsmaatschappij *insurance/
assurance company*
verzekeringsplichtig *required to pay insurance,
required to be insured*
verzekeringspolis *(insurance) policy*
verzekeringspremie *insurance premium*
verzelfstandiging *emancipation, the gaining of
independence*, (v. overheidsbedrijf) *privatization*
verzenden *send, dispatch*, (per post) *mail*, (v.
geld) *remit*, (vnl. naar nieuw adres) *forward*
verzendhuis *mail-order company/firm*
verzending *sending*, (per post) *mailing*
verzengen *scorch*, (vnl. haar, stoffen) *singe* ∗ de

~de hitte van de zon *the sweltering/blistering
heat of the sun*
verzet ● (tegenstand) *resistance, opposition*,
(opstand) *revolt* ∗ in ~ komen tegen *offer
resistance to; rebel against* ∗ ~ aantekenen tegen
een vonnis *appeal against a sentence*
● (verzetsbeweging) *resistance*
verzetje *diversion, break* ∗ ik heb wel zin in een
~ *I could really do with a break; I quite fancy a
break*
verzetsbeweging *resistance (movement)*
verzetshaard *pocket of resistance, hotbed*
verzetsstrijder *member of the resistance,
resistance fighter*
verzetten I [ov ww] ● (elders zetten)
move(around), (vnl. over klein stukje) *shift*
∗ zijn horloge ~ *put one's watch forward/back*
● (verrichten) (v. werk) *get through* ∗ ik kan
geen stap meer ~ *I can't walk another step*
● (afleiding geven) *divert* ● (uitstellen) (v.
vergadering) *put off* **II** [wkd ww] *resist* ∗ zich
tegen iets ~ *resist/oppose s.th.; offer resistance*
verzieken *spoil, ruin* ∗ de zaak ~ ↓ *screw
everything up* ∗ een verziekte sfeer *a foul/ruined
atmosphere*; ↓ *a fucked-up atmosphere*
vérziend *long-sighted*, (AE) *far-sighted*
verzilveren ● (met zilver bedekken) *(coat/plate
with) silver* ● (innen) *cash*, (v. aandelen e.d.) *sell,
cash*
verzinken I [ov ww] ● (diep inslaan) *countersink*
● (galvaniseren) *galvanize* **II** [on ww] ● (verdiept
raken) *be sunk/lost* ∗ in gedachten verzonken
lost in thought
verzinnen ● (uitvinden) *invent, devise, think up*
∗ ik zal er iets op moeten ~ *I'll have to work out
a way; I'll have to think/cook up s.th.*
● (fantaseren) *make up, dream up, contrive* ∗ hoe
verzin je iets dergelijks? *how did you come up
with such a thing?*
verzinsel *invention*, (v. drankjes) *concoction* ∗ het
was maar een ~ van haar *it was just s.th. she
made up*
verzitten *change position, shift one's position*
verzoek ● (vraag) *request, appeal* ● op ~ van *at
the request of* ∗ een ~ om prijsopgave doen *send
in a request for an estimate quotation; make a
request for an estimate quotation*
● (verzoekschrift) *appeal*, (form.) *petition*
verzoeken ● (uitnodigen) *invite* ● (beproeven)
∗ de goden ~ *tempt fate* ● (vragen) *request, beg,
ask*, (formeel) *petition* ∗ ~ om *ask for; request*
∗ om 'n echtscheiding ~ *petition for a divorce*
∗ mag ik u om stilte ~? *may I have silence,
please?*
verzoeking *temptation* ∗ iem. in ~ brengen
tempt a person
verzoeknummer *request*
verzoekprogramma *request programme*
verzoekschrift *petition, appeal* ∗ een ~
indienen *file a petition/an appeal*
verzoendag *day of reconciliation* ∗ Grote
Verzoendag *Day of Atonement; Yom Kippur*
verzoenen ● (goedmaken) *reconcile* ∗ zich met
iem. ~ *be/become reconciled with s.o.* ● (vrede
doen hebben) *reconcile, appease* ∗ met zijn lot
verzoend *resigned to one's fate* ∗ daar kan ik me
wel mee ~ *I can live with that*
verzoening *reconciliation*
verzolen *resole*
verzorgd (v. boek) *carefully edited*, (v. kleding)
well-groomed, (v. maaltijd) *excellent*, (v.
taalgebruik) *polished*, (v. tuin) *well-kept* ∗ slecht

~ neglected; (m.b.t. uiterlijk) ill-kept; ill-groomed; (m.b.t. onderhoud) badly looked after

verzorgen look after, take care of, (met geld en voedsel) provide for, (v. dier, zieke) tend, (v. programma) be in charge of

verzorger attendant, (ook in dierentuin) caretaker

verzorging care, maintenance

verzorgingsflat service flat/accommodation, (voor bejaarden) sheltered housing/accommodation

verzorgingsstaat welfare state

verzorgingstehuis home for the elderly, rest home

verzot crazy/mad/wild (about), smitten (with), (verliefd) infatuated with

verzuchten sigh

verzuchting sigh, (klacht) lamentation ★ een ~ slaken heave a sigh

verzuiling ≈ compartmentalization along political and religious lines, sectarianism

verzuim (nalatigheid) neglect, oversight ★ (het wegblijven) absence, (op 't werk) absenteeism, (op school) non-attendance

verzuimen I [ov ww] ● (nalaten) omit, (kans miss, (plicht) neglect ★ — een rekening te betalen fail to pay a bill II [on ww] ● (niet opdagen) be absent ★ school ~ be absent from school

verzuipen I [ov ww] ● (doen verdrinken) drown ● (uitgeven aan drank) ↑ squander one's money on drink ● (techn.) flood ★ de motor ~ flood the engine II [on ww] ● (verdrinken) drown, be drowned ▼ zij verzuipt in die jurk she's lost in that dress

verzuren I [ov ww] ● (zuur maken) sour, turn/make sour ● (vergallen) ★ iem. het leven ~ make life a burden to s.o. II [on ww] ● (zuur worden) turn (sour), go off, (ook fig.) sour

verzuring acidification, souring

verzwakken I [ov ww] ● (zwakker maken) weaken, enfeeble II [on ww] ● (zwakker worden) weaken, grow weak

verzwakking weakening

verzwaren ● (zwaarder maken) make heavier ★ met lood verzwaard weighted with lead ● (vergroten) make heavier, increase, strengthen, (v. vonnis) increase, enhance ★ de dijken strengthen the dykes ★ ~ (m.b.t. belasting) increase the tax burden

verzwelgen swallow up, devour, (v. drank) guzzle, (v. eten) gobble

verzwijgen keep silent, (achterhouden) suppress, (verbergen) conceal ★ iets voor iem. ~ keep s.th. from a person

verzwikken sprain, twist ★ zijn enkel ~ twist one's ankle

vesper ● (gebed) vespers, evensong ● (avonddienst) evensong

vest ● (deel van pak) waistcoat, (AE) vest ● (soort trui) cardigan

vestiaire cloak-room

vestibule (entrance-)hall, (form.) vestibule, (in hotel, e.d.) lobby

vestigen ● (tot stand brengen) set up ★ een bedrijf ~ establish a business ★ een nieuw record ~ set up a new record ● (richten) focus ★ zijn hoop ~ op place/set one's hope(s) on ★ aandacht ~ op draw/call attention to ★ de blik ~ op fix one's eyes upon ● (nederzetten) establish, settle, ↓ settle (down) ★ gevestigd zijn te... (v. persoon) living (residing) at...; (v. zaak) have its seat at... ★ zich

ergens ~ settle (down); establish o.s. ★ zich ~ als (huis)arts set up (general) practice ● (vastleggen) ★ zijn naam ~ make a name for o.s. ★ 'n verkeerde indruk ~ make a wrong impression

vestiging ● (het vestigen) establishment ● (nederzetting) settlement ● (filiaal) establishment, branch

vestigingsvergunning (m.b.t. wonen) residence permit, (v. bedrijf) licence to open a new business, (v. beroep) licence to set up as a doctor

vesting fortress, stronghold

vestingstad fortified city/town

vet I [het] (druipvet) dripping, (smeer) grease, (vetweefsel) fat ★ in 't vet zetten grease ★ 't vet zit hem echt niet in de weg he is as lean as a rake ▼ iem. zijn vet geven take s.o. to task; give s.o. a good talking-to ▼ iem. in zijn eigen vet laten gaar koken let a person stew in his own juice II [bnw] ● (bevuild met vet) greasy ● (dik) fat, (v. druk) bold ★ met vette letters in bold/heavy type ● (met veel vet) fat, (v. melk) creamy, full-cream ● (vruchtbaar) rich ★ vette grond rich soil ▼ zeven vette jaren seven fat years

vetarm low-fat

vete feud

veter lace, (v. laars) boot-lace, (v. schoen) shoelace

veteraan veteran

veteranenziekte legionnaire's disease

veterinair veterinary surgeon, (inf.) vet

vetgehalte fat content

vetkuif (persoon) greaser ● (haardracht) quiff

vetkussen roll of fat, (inf.) spare tyre

vetmesten fatten (up)

veto veto ★ zijn veto over iets uitspreken veto s.th. ★ recht van veto right of veto

vetoogje fat globule

vetorecht (power/right of) veto

vetplant succulent

vetpot ▼ geen ~ no great riches/opulence

vetpuistje blackhead

vetrand fat, line of grease (in pan)

vetrijk fatty, (op etenswaar) high-fat (diet), (v. voedsel) rich

vettig (m.b.t. vetweefsel) fatty, (met vet bedekt) greasy, (v. haar) oily, greasy

vettigheid greasiness, oiliness, (vetgehalte) fat content

vetvlek grease spot/stain

vetvrij ● (geen vet opnemend) greaseproof ● (geen vet bevattend) fat-free

vetzak fat-guts, fatty, (AE) fatso

vetzucht fatty degeneration

vetzuur fatty acid ★ enkel-/meervoudig onverzadigde vetzuren mono-/polyunsaturated fatty acids

veulen foal, (hengst) colt, (merrie) filly

vezel fibre, thread, filament

V-hals V-neck ★ een trui met ~ a V-neck sweater

via ● (over, langs) via ● (door bemiddeling van) via, by way of ★ ik hoorde via een collega ... I heard through/from a colleague ...

viaduct (bij elkaar kruisend wegen) flyover, (voor weg of spoor) viaduct

vibrafoon vibraphone

vibratie vibration, oscillation

vibrato vibrato

vibrator vibrator

vibreren vibrate

vicaris vicar

vice- vice-, deputy-

vice versa vice versa

vicieus ★ vicieuze cirkel vicious circle

victorie victory ▾ ~ kraaien over iem. crow over a person
video ● (videografie) video technology ● (recorder) video (cassette recorder) ● (film) video ★ huren we vanavond een ~? are we renting a video this evening?
videoband video tape
videocamera video camera
videocassette video cassette
videoclip video clip, music video
video-opname video recording
videorecorder video recorder, VCR, video casette recorder
videospel video game
videotheek videotheque
viditel ® viewdata, ⟨British TelecomϿ Prestel
vief lively, smart, dapper
vier I [de] four ▾ zij kreeg een vier voor Frans she got a D in French ▾ na veel vieren en vijven with a bad grace **II** [telw] four ★ onder vier ogen privately; in private ★ iets in vieren delen divide s.th. in four; quarter s.th. → acht
vierbaansweg four-lane motorway
vierde I [bnw] fourth ★ drie ~ three fourths/ quarters **II** [telw] fourth ★ het is vandaag de ~ today is the fourth; it's the fourth today ★ ten ~ fourthly; in the fourth place → achtste
vierdeursauto saloon (car), ⟨AEϿ sedan
vieren ● (gedenken) celebrate, ⟨feest-, gedenkdag, e.d.Ͽ observe ★ dat moeten we ~ that calls for a celebration ● (vereren) celebrate, honour ● (laten schieten) pay out, ⟨v. bootϿ lower ★ een touw laten ~ pay out rope
vierendelen draw and quarter
vierhoek quadrangle
vierkant I [het] square **II** [bnw] ★ een ~e tafel a square table ★ zes voet in 't ~ six feet square ▾ een ~e kerel a squarely-built fellow **III** [bijw] squarely, ★ iem.~ uitlachen laugh outright at s.o. ★ ~ weigeren refuse flatly ★ daar ben ik ~ tegen I am dead against it
vierkantsvergelijking quadratic equation
vierkantswortel square root ★ de ~ trekken extract the square
vierkwartsmaat quadruple time, four four (time)
vierling ● (vier kinderen samen) quadruplets, quads ● (één kind) quadruplet
vierspan ● (span trekdieren) four, ⟨v. paardenϿ four-in-hand ● (rijtuig) four-in-hand, coach-and-four
viersprong crossroads
viertal four, ⟨v. mensenϿ four, foursome
viervoeter ● (rijdier) mount, horse ● (viervoetig dier) quadruped, four-footed animal
viervoud quadruple ★ in ~ in quadruplicate ★ het ~ van een getal nemen multiply a number by four
vies ● (slecht) foul, filthy ● (kieskeurig) fastidious, particular ★ hij is er niet vies van he is not averse to it ● (vuil) dirty, grubby, ⟨erg viesϿ filthy ● (onsmakelijk) foul, filthy, ⟨spul, smaakϿ nasty ★ er hangt hier een vieze lucht there's a foul/an offensive smell here ● (onfatsoenlijk) obscene, filthy ★ een vieze mop a dirty joke ★ vieze taal uitslaan talk smut ● (afkeer wekkend) nasty, revolting ★ een vies gezicht zetten pull a wry face ★ ik ben daar niet vies van I'm not averse to it
viespeuk (dirty) pig
Vietnam Vietnam
Vietnamees I [de] Vietnamese ★ een Vietnamese a Vietnamese woman **II** [bnw] Vietnamese
viezerik pig, slob, ⟨seksueelϿ pervert

viezigheid ⟨toestandϿ dirtiness, squalor, ⟨troepϿ dirt, filth
vignet ● (handelsmerk) device, logo ● (boekversiering) vignette
vijand enemy ★ iem. tot ~ maken make an enemy of s.o.
vijandelijk hostile, enemy
vijandelijkheid hostility
vijandig (behorend tot de vijand) enemy, ⟨v. daad, houdingϿ hostile ★ iem. ~ gezind zijn be hostile to a person ★ ~e vliegtuigen enemy aircraft
vijandigheid ● (het vijandig zijn) hostility ● (iets vijandigs) hostility
vijandschap hostility, enmity
vijf I [de] five **II** [telw] five ▾ na veel vijven en zessen after a great deal of shilly-shallying ▾ geef me de vijf! give me five/your fives!; slap me five! ▾ zij heeft ze alle vijf op een rijtje there are no flies on her → acht
vijfde I [bnw] fifth **II** [telw] fifth ★ ~ deur rear door; ⟨v. autoϿ hatchback ★ ten ~ fifthly → achtste
vijfenzestigplusser pensioner, senior citizen
vijfhoek pentagon
vijfjarenplan Five-Year Plan
vijfje fiver, five pound note, five dollar bill
vijfkamp pentathlon
vijfling ● (vijf kinderen samen) quintuplets ● (één kind) quintuplet
vijftien fifteen → acht
vijftiende I [bnw] fifteenth **II** [telw] fifteenth ★ vandaag is het de ~ today is the fifteenth; it's the fifteenth today → achtste
vijftig fifty → acht, twintig
vijftiger man/woman of fifty, man/woman in his/ her fifties
vijftigste I [bnw] fiftieth **II** [telw] fiftieth → achtste
vijfvlak pentahedron
vijg ● (paardenvijg) horsedung ● (vrucht) fig
vijgenblad fig leaf
vijgenboom fig tree
vijl file
vijlen file
vijlsel filings
vijver pond
vijzel ● (vat) mortar ● (krik) jack(screw)
vijzelen screw up, jack (up)
viking viking
vilder skinner, (horse-)knacker
villa villa ★ een halve ~ semi-detached house
villadorp villadom
villapark garden suburb
villawijk residential area/neighbourhood
villen ● (huid afstropen) skin, flay ● (afpersen) fleece ▾ ik zou hem wel kunnen ~ I could strangle him
Vilnius Vilnius
vilt felt
vilten felt
viltje ★ bier~ beer mat; coaster
viltstift felt-tip (pen)
vim ® scouring powder
vin fin, ⟨v. zeehondϿ flipper ▾ ik kan geen vin verroeren I can't move a finger
vinaigrette vinaigrette
vinden ● (aantreffen) find, discover, ⟨toevalligϿ come across, happen/chance upon ★ bureau voor gevonden voorwerpen lost property office ★ het moet ergens te ~ zijn it must be around somewhere ● (ondervinden) find, think ★ iem. aardig ~ like s.o.; take to s.o. ★ hoe vind je het?

what do you think of it? ∗ wat vind je van hem? what do you think of him?; (sterker) what do you make of him? ∗ ik vind het goed/best that's fine by me; it's all right with me ∗ zou je het erg – als ... would you mind if ... ∗ wat vind je van een wandeling how about going for a walk? ∗ dat vind ik niet aardig van haar I don't think that is nice of her ∗ ik vind er niets aan I don't like it at all ∗ ik begrijp niet wat ze aan hem vindt I don't understand what she sees in him ● (het eens worden) ∗ zij kunnen het samen heel goed – they get on very well together ∗ ik ben ervoor te – I'm your man; I'm on ▾ daar ben ik wel voor te – I'm in for it

vindersloon finder's reward
vinding ● (het vinden) finding ● (uitvinding) invention, discovery
vindingrijk inventive, resourceful
vindplaats place where s.th. is found, (bij opgraving) site of find/discovery
vinger finger ∗ de – opsteken put up/raise one's hand ∗ iem. met de – nawijzen point at a person ▾ iem. op de –s kijken watch a person closely ▾ iets door de –s zien overlook s.th.; turn a blind eye to s.th. ▾ iem. op de –s tikken rap s.o.'s knuckles; rap a person over the knuckles ▾ lange –s hebben have sticky fingers ▾ als je hem een – geeft, neemt hij de hele hand give him an inch and he will take an ell ▾ de – op de zere plek leggen put one's finger on the spot ▾ de – aan de pols houden have a finger on the pulse ▾ zich lelijk in de –s snijden burn one's fingers ▾ ik kan er aan elke – wel een krijgen I can get as many as I like ▾ hij is met een natte – te lijmen he doesn't have to be asked twice ▾ zij kan hem om haar – winden she can twist him round her (little) finger ▾ dat kon je op je –s natellen that was a foregone conclusion; you should have known ▾ groene –s hebben have green fingers
vingerafdruk fingerprint
vingerdoekje napkin
vingeren finger
vingerhoed thimble
vingerhoedskruid foxglove
vingerkootje phalanx
vingeroefening finger exercise
vingertop fingertip ∗ iets tot in je –pen voelen feel s.th. right down to one's fingertips
vingervlug ● (handig) nimble-fingered ● (diefachtig) sticky-fingered
vingerwijzing hint, clue
vingerzetting fingering
vink finch
vinkentouw ▾ op het – zitten lie in wait
vinnig ● (hevig) (v. gevecht) fierce, (v. kou/wind) bitter, biting, cutting ● (bits) sharp, snappy ∗ een – debat heated debate
vinyl vinyl
violet violet
violist violinist
viool violin ∗ eerste – first violin ▾ de eerste – spelen play first fiddle; call the shots
vioolconcert violin concerto
vioolkist violin case
vioolsleutel G/treble clef
viooltje violet, (driekleurig) pansy
vip V.I.P., very important person
viriel virile, manly
virtueel virtual
virtuoos virtuoso
virtuositeit virtuosity
virus virus

vis fish ▾ zich als een vis op het droge voelen feel like a fish out of water ▾ zo gezond als een vis as fit as a fiddle ▾ het is vlees noch vis it's neither one thing nor the other ▾ iem. voor rotte vis uitmaken call s.o. every name in the book
visafslag fish auction, fish market
visagist cosmetician
visakte fishing licence
visboer fish dealer, fishmonger
visburger fishburger
viscose viscose
visgraat ● (skeletdeel) fish bone ● (dessin) herringbone
vishaak (fish) hook
visie ● (zienswijze) vision, (gezichtspunt) (point of) view ∗ hij is een man met – he is a man of vision ∗ hij heeft een andere – op de zaak he has a different view of the matter ● (inzage) inspection
visioen vision
visionair visionary
visitatie search, (kerkelijk) visitation
visite ● (bezoek) visit, (kort) call ∗ bij iem. op – gaan pay s.o. a visit; call on s.o. ● (bezoekers) visitors, guests ∗ – krijgen have visitors coming
visitekaartje business/calling card ∗ zijn – achterlaten leave one's business/calling card
visiteren (v. bagage) examine, inspect, (v. persoon) search
viskom fish bowl
visooglens fish-eye lens
visrestaurant seafood restaurant
visrijk abounding in fish, rich in fish
visschotel ● (gerecht) fish dish ● (schaal) fish dish/platter
visseizoen fishing season
vissen I [de] Pisces II [on ww] ● (vis vangen) fish, (sport) fish, angle ∗ uit – gaan go out fishing ∗ op haring – fish for herring ▾ (trachten te krijgen) fish/angle for ∗ naar een complimentje – fish/angle for a compliment
visser (sport) angler, fisherman, (beroepsvisser) fisherman
visserij fishery
vissersboot fishing boat
visserslatijn fisherman's yarn(s)
vissersvloot fishing fleet
vissnoer fishing line
visstand fish stock
visstick fish finger, (AE) fish stick
visstoeltje lightweight foldaway chair for anglers
vistuig fishing tackle/gear
visualiseren visualize
visueel visual ∗ hij is – aangelegd he belongs to the visual type
visum visa
visumplicht visa requirement
visvijver fishpond
viswater fishing water
viswijf fishwife
vitaal ● (wezenlijk) vital ● (levenskrachtig) vital, vigorous ∗ zij is nog erg – voor haar leeftijd she's still full of vitality considering her age
vitaliteit vitality, energy
vitamine vitamin
vitrage ● (gordijn) net (curtain) ● (stof) net
vitrine ● (etalage) shop window ● (glazen kast) (glass) showcase
vitriool vitriol
vitten find fault (with), carp/cavil (at)
vivisectie vivisection
vizier ● (kijkspleet in helm) visor ● (richtmiddel) sight ▾ met open – strijden come out into the

open ▪ in 't ~ krijgen *catch sight of*
vizierkijker *telescopic sight*
vizierlijn *line of sight*
vla ● (nagerecht) ≈ *custard* ● (vlaai) *flan*
vlaag ● (windstoot) *gust, squall*, ⟨regen, e.d.⟩ *shower* ▪ (uitbarsting) *fit, burst* ★ bij vlagen *by fits and starts* ▪ in een ~ van verstandsverbijstering *in a frenzy; in a fit of insanity*
vlaai ● (taart) *flan* ● (koeienpoep) *cow pat/cake*
Vlaams I [het] *Flemish* **II** [bnw] *Flemish*
Vlaamse *Flemish woman*
Vlaanderen *Flanders*
vlag *flag, colours* ★ de vlag strijken *strike one's flag* ★ de vlag uitsteken *put out the flag* ★ onder valse vlag varen *sail under false colours* ★ onder goedkope vlag varen *sail under a flag of convenience* ▪ met vlag en wimpel slagen *pass with flying colours* ▪ dat staat als een vlag op een modderschuit *it's quite out of place here*
vlaggen ● (de vlag uithangen) *hang/put out the flag(s)* ● (sport) *raise the flag* ▪ je vlagt *your slip is showing*
vlaggenmast *flag pole*
vlaggenschip *flagship*
vlaggenstok *flagstaff/pole*
vlagvertoon *showing the flag*
vlak I [het] ● (platte zijde) *surface*, ⟨v. hand, zwaard⟩ *flat* ● (gebied) *field*, ⟨niveau⟩ *level* ★ dat ligt op een heel ander vlak *that's a different field altogether* ● (wisk.) *plane* **II** [bnw] ● (plat) *flat, level* ★ met de vlakke hand *with the flat of the hand* ● vlak maken *level* ● vlakke meetkunde *plane geometry* ● (zonder nuance) *flat* ★ vlak van toon *flat in tone* **III** [bijw] *right* ★ vlak tegenover *directly opposite; right across* ★ iem. vlak aankijken *look a person straight in the face* ★ vlak om de hoek *just round the corner* ★ vlak achter je auto *right/close behind your car* ★ vlak boven right over ★ vlak bij de deur *close by the door* ★ tot vlak bij het huis *right up to house* ★ vlak in het begin *right at the beginning* ★ vlak voor ons *right in front of us*
vlakgom *eraser, rubber*
vlakte *plain*, ⟨v. ijs, water⟩ *sheet* ▪ zich op de ~ houden *be non-committal* ▪ iem. tegen de ~ slaan *knock a person down* ▪ jongen van de ~ *crook*; ⟨AE⟩ *shyster*
vlaktemaat *square measure, surface measurement*
vlakverdeling *division of a plane into congruent polygons*
vlam ● (vuur) *flame* ★ in vlammen opgaan *go up in flames* ★ vlam vatten *catch fire; burst into flames* ● (geliefde) *flame* ★ een oude vlam *an old flame* ● (tekening in hout) *grain* ▪ de vlam sloeg in de pan *the fat was in the fire*
Vlaming *Fleming*
vlammen ● (vlammen vertonen) *flame, blaze (up)* ● (fonkelen) *blaze, flame* ★ haar ogen vlamden van woede *her eyes blazed with anger* ★ met ~de ogen kijken naar iem. *glare at s.o.*
vlammenwerper *flame-thrower*
vlammenzee *sea of flames*
vlamverdeler *flame tamer*
vlas *flax*
vlasblond *flaxen(-haired), tow-coloured*
vlashaar *flaxen hair*
vlassen I [bnw] *flaxen* **II** [on ww] ★ ~ op iets *look forward to s.th.; be eager for s.th.*
vlecht ● (haar) *braid, plait* ● (touw) *plait*
vlechten ● (door elkaar winden) *plait, braid* ● (vlechtend vervaardigen) *braid, plait*, ⟨v.

krans⟩ *wreathe*, ⟨v. manden⟩ *make*, ⟨v. matten⟩ *weave*
vlechtwerk ⟨fröbelwerk⟩ *mat-plaiting*, ⟨v. mand⟩ *wicker-work, basket-work*
vleermuis *bat*
vlees ● (weefsel) *flesh*, (voor consumptie) *meat* ★ een mens van ~ en bloed *a man of flesh and blood* ★ hij begint weer wat ~ op zijn botten te krijgen *he is beginning to flesh out* ★ diep in het ~ snijden ⟨ook fig.⟩ *cut to the quick/bone* ● (vruchtvlees) *flesh, pulp* ▪ ik weet wat voor ~ ik in de kuip heb *I know whom I am dealing with* ▪ weten wat voor ~ men in de kuip heeft *know s.o. for what she/he is* ▪ het gaat hem naar den vleze *he's doing well; he is prospering* ▪ zijn eigen ~ en bloed *one's own flesh and blood*
vleesboom *fleshy growth*, ⟨med.⟩ *fibroid, myoma*
vleeseter *carnivore*
vleesgerecht *meat course*
vleeshaak *meat hook*
vleeskleurig *flesh-coloured* ★ ~e panty's *flesh-coloured tights*
vleesmes *carving knife*
vleesmolen *mincer*
vleestomaat *breakfast tomato*
vleeswaren *meat-products, meats* ★ fijne ~ *assorted sliced meat*
vleeswond *flesh-wound*
vleet *herring net* ▪ meisjes bij de ~ *girls galore*
vlegel ● (dorsvlegel) *flail* ● (lomperd) *lout, yob* ● (kwajongen) *brat*
vleien ● (hoopvol stemmen) *flatter*, ⟨inf.⟩ *softsoap*, ⟨vnl. overreden⟩ *wheedle, coax* ★ ik vlei me met de hoop dat... *I flatter myself with the hope that...* ● (overdreven prijzen) *flatter*
vleier *flatterer*, ⟨AE⟩ *sweet talker*
vleierij *flattery*
vlek I [de] ● (anders gekleurde plek) *spot, stain*, ⟨v. koorts⟩ *blotch* ● (vuile plek) *stain, spot*, ⟨fig.⟩ *stain, blot*, ⟨veeg⟩ *smear, smudge* **II** [het] a *market-town, township*
vlekkeloos ● (zonder vlek) *spotless, immaculate*, ⟨vnl. bestand tegen vlekken⟩ *stainless* ● (foutloos) *perfect*
vlekken *stain, soil*
vlekkenmiddel *spot/stain remover*
vlekkerig *spotty, full of spots*
vlektyfus *typhus, spotted fever*
vlerk ● (vleugel) *wing* ● (vlegel) *lout, yob*
vleselijk ● (zinnelijk) *carnal* ★ ~e gemeenschap *carnal intercourse* ● (lichamelijk) *physical*
vleug ▪ tegen de ~ instrijken *go against the grain*
vleugel ● (deel van vliegtuig) *wing* ● (vliegorgaan) *wing* ★ met de ~s slaan *beat its wings* ★ de ~s uitslaan ⟨fig.⟩ *spread one's wings* ● (deel van gebouw) *wing* ● (zijlinie) *wing* ● politieke ~ *political wing* ● (piano) *grand piano* ▪ iem. onder zijn ~s nemen *take s.o. under one's wing*
vleugellam *broken-winged* ▪ iem. ~ maken *clip a person's wings*
vleugelmoer *wing/butterfly nut*
vleugelspeler *winger*
vleugelverdediger *winger, wing*
vleugje *flicker*, ⟨v. hoop⟩ *ray*, ⟨v. leven⟩ *spark*, ⟨v. wind⟩ *breath* ★ een ~ parfum *a whiff of perfume* ★ een ~ geel *a touch of yellow*
vlezig *fleshy, meaty, plump*
vlieg *fly* ▪ iem. een ~ afvangen *steal a march on a person; score off a person* ▪ twee ~en in één klap slaan *kill two birds with one stone* ▪ hij doet geen ~ kwaad *he won't harm a fly*

vliegangst *fear of flying*
vliegas *fly ash*
vliegbasis *air base*
vliegbrevet *pilot's licence*
vliegdekschip *aircraft carrier*
vliegen I [het] *flying, aviation* **II** [ov ww]
● (besturen) *fly* ● (vervoeren) *fly* **III** [on ww]
● (door de lucht bewegen) *fly* ★ over de
Atlantische Oceaan ~ *fly the Atlantic* ● (snellen)
tear, rush, dart, ⟨v. tijd⟩ *fly* ★ over de weg ~ *tear
along* ★ hij vliegt voor me *he is at my beck and
call* ● (snel voorbijgaan) ★ de tijd vliegt voorbij
time flies ▾ hij ziet ze ~ *he's got a screw loose*
vliegengaas ⟨window/door⟩ *screen(ing)*
vliegengordijn ⟨bamboo/bead⟩ *curtain*
vliegenier *pilot, flyer,* ⟨vero.⟩ *aviator*
vliegenmepper *fly swatter*
vliegensvlug *like (greased) lightening*
*vliegenzwam ⟨Wdl: vliegezwam⟩ *fly agaric*
vlieger ● (piloot) *pilot, airman, flyer* ● (speelgoed)
kite ★ een ~ oplaten *fly a kite;* ⟨fig.⟩ *see how the
land lies; put out a feeler* ▾ die ~ *gaat niet op that
won't do; it's just not on*
vliegeren *fly kites/a kite*
vliegramp *air disaster, plane crash*
vliegtuig *airplane, aircraft* ★ ~ *kapen hijack (an
aircraft)*
vliegtuigbouw *aircraft construction*
vliegtuigkaping *hijacking*
vlieguur *flight hour*
vliegveld *airfield,* ⟨groot⟩ *airport,* ⟨klein⟩ *airstrip*
★ ~ *Schiphol Schiphol Airport*
vliegverbinding *flight connection*
vliegverkeer *air traffic*
vliegwiel *flywheel*
vlier *elder*
vliering *attic, loft*
vlies ● (velletje) *skin* ● (dun laagje) ⟨op melk enz.⟩
skin, ⟨op vloeistof⟩ *film* ● (bio.) *membrane*
vliet *brook, rivulet,* ⟨Schots⟩ *burn*
vlijen ⟨v. persoon⟩ *lay,* ⟨v. zaken⟩ *arrange, lay down*
★ zich neer~ *nestle; snuggle* ★ hij vlijde zich
dicht tegen haar aan *he snuggled close to her*
vlijmscherp *razor sharp* ★ een ~e tong *a sharp
tongue*
vlijt *diligence, industry*
vlijtig *diligent, industrious*
vlinder *butterfly* ▾ ~s in zijn buik *butterflies in
one's stomach*
vlinderdas *bow tie*
vlindernet *butterfly net*
vlinderslag *butterfly stroke*
vlo *flea* ★ onder de vlooien *flea-ridden*
vloed ● (hoog tij) *flood,* (high tide) *tide* ★ bij ~ *at high
tide* ● (overweldigende massa) *flood,* ⟨v.
scheld⟩woorden) *torrent,* ⟨v. tranen⟩ *rush, flood*
● (med.) *flow, discharge*
vloedgolf ● (golf) (gevolg v. natuurramp) *tidal
wave,* ⟨gevolg v. vloed⟩ *ground swell*
● (stortvloed) *tide*
vloedlijn *high water line, floodmark*
vloei ⟨sigarettenpapier⟩ *cigarette paper*
● (absorberend papier) *tissue paper, blotting
paper*
vloeibaar ● (kunnende vloeien) *liquid, fluid* ★ ~
voedsel *liquid food* ● (gesmolten) *liquid,
liquefied* ★ vloeibare waterstof *liquefied
hydrogen* ★ ~ metaal, steen *molten metal/rock*
vloeiblad ● (vloeipapier) *(piece of) blotting paper,
blotter* ● (onderlegger) *deskmat, blotter*
vloeien ● (vaginaal bloeden) *flow,* ⟨in grote mate⟩
flood ● (stromen) ⟨ook fig.⟩ *flow*

vloeiend *flowing,* ⟨v. stijl⟩ *smooth* ★ in één ~e
beweging *in one flowing move*
vloeipapier ● (absorberend papier)
blotting-paper ● (dun papier) *tissue paper,* ⟨v.
sigaretten⟩ *cigarette paper*
vloeistof *liquid*
vloeitje *cigarette paper*
vloek ● (verwensing) *curse* ★ er ligt een ~ op dit
huis *a curse rests on this house* ● (krachtterm)
oath, curse ▾ in een ~ en een zucht *in a jiffy*
vloeken ● (krachttermen uiten) *swear* (at), *curse*
(at), *use bad language* ★ ~ als een ketter *swear
like a trooper* ● (schril afsteken) *clash* (with)
★ deze kleuren ~ met elkaar *these colours clash
with each other*
vloer *floor* ★ zij komt hier veel over de ~ *she is in
and out of the house a good deal; she is a regular
visitor here* ▾ de ~ met iem. aanvegen *walk all
over s.o.*
vloerbedekking *floor-covering* ★ vaste ~ ⟨tapijt⟩
fitted carpets
vloeren *floor, knock down*
vloerkleed *carpet,* ⟨klein⟩ *rug*
vlok *flake*
vlokkig ⟨haar, watten⟩ *flocky,* ⟨v. zeep⟩ *flaky*
vlonder ● (slootplank) *plank bridge* ● (plankier)
planking
vlooien *flea*
vlooienband *flea collar*
vlooienmarkt *flea market*
vloot ● (oorlogsvloot) *fleet, navy* ● (groep
schepen) *fleet* ● (luchtvloot) *fleet* ● (botervloot)
butter dish
vlootschouw *naval review*
vlot I [het] *raft* **II** [bnw] ● (gemakkelijk) *ready,*
⟨stijl⟩ *fluent, smooth* ★ een vlotte pen *a facile/
ready pen/hand* ★ een vlot spreker *a fluent/an
easy speaker* ● (snel) *prompt, smooth* ★ vlotte
afwikkeling *prompt settlement* ★ die boeken
gaan vlot van de hand *those books sell like hot
cakes* ● (ongedwongen) *jovial, easy-going*
● (drijvend) *afloat* ★ vlot krijgen *set afloat*
vlotten *go smoothly* ★ 't gesprek vlotte niet *the
conversation dragged* ★ het vlotte niet erg tussen
die twee *they didn't hit it off very well* ★ het werk
wilde helemaal niet ~ *we weren't making any
headway/progress*
vlotter *float*
vlotweg *readily, easily, promptly*
vlucht ● (vliegtocht) *flight* ★ een ~ van drie uur *a
three hour flight* ★ het vluchten) *flight* ★ op de ~
slaan *take flight; flee* ★ de ~ in het verleden
escape into the past ★ de ~ nemen naar *fly to;
take refuge in* ★ op de ~ zijn voor de politie *be on
the run from the police* ★ op de ~ neergeschoten
shot while trying to escape ● (troep vogels) *flock,
flight* ● (het vliegen) ★ een vogel in de ~ *a bird
on the wing* ● (spanwijdte) *wing-span* ▾ een hoge
~ nemen *assume large proportions*
vluchteling *fugitive,* ⟨i.v.m. politiek, e.d.⟩ *refugee*
vluchtelingenkamp *refugee camp*
vluchten ● (ontvluchten) *flee, escape,* ⟨toevlucht
zoeken⟩ *take refuge* ★ ~ naar *flee to* ★ het land
uit~ *flee (from) the country* ● (uitwijken) *take
refuge*
vluchthaven ● (toevluchtsoord) *port of refuge*
● (vluchtstrook) *hard shoulder*
vluchtheuvel *traffic island*
vluchtig ● (snel vervliegend) *volatile*
● (oppervlakkig) *brief,* ⟨begroeting, inspectie⟩
perfunctory, ⟨blik⟩ *cursory* ★ een ~e
kennismaking *a superficial acquaintance* ★ ~

bekijken *glimpse at* ∗ *iets ~ doornemen skim/ glance through s.th.* ● (voorbijgaand) *fleeting, passing* ∗ *bezoek flying visit* ∗ een ~*e maaltijd a hasty meal; a snack*
vluchtleiding *flight control/command*
vluchtleidingscentrum *flight control (centre)*
vluchtnummer *flight number*
vluchtschema *flight schedule*
vluchtstrook *hard shoulder*
vluchtweg *escape route*
vlug I [bnw] ● (snel gaand) *quick, fast,* (m.b.t. lichaamsbeweging) *agile, nimble* ∗ **vlug achter elkaar** *in quick succession* ∗ iem. te vlug af zijn *be too quick for a person* ∗ **vlugge vingers** *nimble fingers* ● (snel handelend) *quick* ∗ **hij is niet al te vlug** *he's none too quick* ● (bijdehand) *quick, sharp* ∗ **vlug van begrip zijn** *be quick on the uptake* **II** [bijw] ∗ **vlug wat!** (be) quick!; look sharp! ∗ **als je er niet vlug bij bent ...** *if you are not quick about it ...*
vluggertje *quickie*
vlugschrift *pamphlet*
vlugzout *sal volatile, smelling salts*
VN UN, United Nations
v.o. *Secondary Education*
vocaal I [de] *vowel* **II** [bnw] *vocal*
vocabulaire *vocabulary*
vocalist *vocalist*
vocht ● (vloeistof) *liquid,* (med.) *fluid* ● (vochtigheid) *moisture, dampness*
vochtig *moist,* (klimaat) *humid,* (ongewenst vochtig) *damp, soggy* ∗ iets ~ maken *moisten/ dampen s.th.; wet s.th.*
vochtigheid ● (het vochtig zijn) *moistness, dampness* ● (vochtgehalte) *moisture,* (v. lucht) *humidity*
vochtigheidsgraad *humidity (level), degree/level of humidity*
vochtigheidsmeter *hygrometer*
vochtvrij (zonder vocht) *moisture free, free of moisture* ∗ ~ bewaren *keep free of/from moisture* ● (vochtwerend) *moistureproof, dampproof, damp-resistant*
vod *rag, tatter* ∗ zijn kleren waren aan vodden *his clothes were in tatters* ▾ iem. flink achter de vodden zitten *keep s.o. hard at it* ▾ iem. bij de vodden pakken *collar a person*
voddenboer *old-clothes man, rag-and-bone man*
voeden I [ov ww] ● (voedsel geven) *feed,* (v. gasten) *entertain* ∗ zich ~ met *feed on* ● (zogen) *feed,* (v. baby's) *nurse* ∗ zij voedt haar kind zelf *she breast-feeds her baby* ● (aanwakkeren) *foster,* (haat, liefde) *nourish,* (hoop) *cherish* **II** [on ww] ● (voedzaam zijn) *be nourishing*
voeder *fodder*
voederen *feed*
voeding ● (het voeden) *feeding,* (v. baby) *feed* ● (voedsel) *food, nutrition,* (voor dieren) *feed* ∗ slechte ~ *malnutrition* ● (techn.) (kabel) *lead,* (v. machine) (power) *supply*
voedingsbodem (fig.) *breeding ground,* (v. bacteriën) *medium*
voedingsleer *dietetics*
voedingsmiddel (article of) *food, foodstuff* ∗ gezonde ~en *healthy/wholesome foods* ∗ tekort aan ~en *shortage of foods*
voedingswaarde *food/nutritional value*
voedsel *food, nourishment,* (fig.) *food, fuel* ∗ ~ geven aan geruchten *foster rumours* ▾ geestelijk ~ *mental food; food for thought*
voedselhulp *food aid*
voedselpakket ● (ingepakt eten) *food parcel*

● (assortiment) *food range*
voedselrijk *having food in abundance, having an abundant supply of food*
voedselvergiftiging *food poisoning*
voedselvoorziening *food supply*
voedster *wet nurse*
voedzaam *nutritious, nourishing*
voeg *joint,* (naad) *seam* ∗ uit zijn voegen barsten *come apart at the seams*
voegen I [ov ww] ● (verbinden) *connect, join* ● (met specie opvullen) *point* ∗ (~ **bij**) *add (to), join* ∗ zich bij iem. ~ *join s.o.* ∗ postzegels bij een verzameling ~ *add stamps to a collection* **II** [wkd ww] *adjust/conform (to),* (naar wens) *comply with* ∗ zich ~ naar de regels *conform to the rules*
voegijzer *jointer*
voegwoord *conjunction*
voelbaar ● (merkbaar) *noticeable, palpable* ● (tastbaar) *tangible, perceptible*
voelen I [ov ww] ● (gewaarworden) *feel* ● (aanvoelen) *feel, sense* ∗ ik zal het hem goed laten ~ *I'll make it clear to him; I'll show him* ∗ zijn macht doen ~ *make one's power felt* ● (bevoelen) *feel for/after* ∗ iemands pols ~ *feel s.o.'s pulse* **II** [on ww] ● (gewaarwording hebben) *feel* ∗ een steek in de borst ~ *feel a twinge in the chest* ∗ het voelt warm/koud *it feels hot/cold* ● (~ **voor**) *fancy, feel like* ∗ ik voel wel iets voor 't idee *I rather fancy/like the idea* ∗ ik voel er niet veel/niets voor *I'm not very/not at all keen about it* **III** [wkd ww] ∗ zich goed/ziek ~ *feel well/ill* ∗ ik voel me een ander mens *I feel a new man/woman* ▾ zij ~ zich heel wat *they think the world of themselves; they fancy themselves*
voelhoorn *tentacle* ▾ zijn ~s uitsteken *put out feelers*
voeling *feeling, touch* ∗ ~ hebben met *be in touch with*
voelspriet *feeler, tentacle,* (v. insecten, schaaldieren) *antenna* [mv: antennae]
voer *feed, food,* (fig.) *food,* (v. vee) *forage*
voeren ● (leiden) *lead, bring* (s.o.) ∗ de reis voert deze keer naar Parijs *this time the trip goes to Paris* ∗ wat voert u in 's hemelsnaam hierheen? *what on earth brings you here?* ∗ dat zou me te ver ~ *that would be taking things too far; that would be exceeding my brief* ● (hebben) ∗ het woord ~ *be the mouth-piece (for); act as spokesman* ∗ 'n titel ~ *bear a title* ● lichten ~ *carry lights* ∗ 'n vlag ~ *fly a flag* ● (doen plaatsvinden) *carry on,* (v. onderhandelingen) *conduct* ∗ oorlog ~ *wage war* ∗ 'n politiek ~ *pursue a policy* ● (van voering voorzien) *line* ● (voeden) *feed*
voering *lining*
voerman *driver*
voertaal *official language, medium of communication*
voertuig *vehicle*
voet ● (lichaamsdeel) *foot* ∗ voet aan wal zetten *set foot ashore* ∗ geen voet buiten de deur zetten *not set foot outside the door* ∗ te voet *on foot* ∗ op blote voeten lopen *walk barefoot on bare feet* ∗ voetje voor voetje *foot by foot, inch by inch* ● (voetdeel van kous) *foot* ● (lengtemaat) *foot* ● (versvoet) *foot* ● (onderste deel) *foot,* (v. lamp, pilaar) *base* ∗ de voet van een glas *the stem/base of a glass* ∗ aan de voet van de heuvel *at the foot of the hill* ● (wijze, grondslag) *footing, terms* ∗ op voet van gelijkheid *on equal terms* ∗ op dezelfde voet *on the same footing* ∗ op goede/slechte voet

staan met be on good/bad terms with ∗ op te
grote voet leven live beyond one's income
∗ belastingvrije voet personal tax allowance
▼ iem. iets voor de voeten werpen lay blame at
s.o. else's feet ▼ voet bij stuk houden make a firm
stand; stick to one's guns ▼ op vrije voeten stellen
set free ▼ op staande voet on the spot; there and
then ▼ iem. op de voet volgen follow a person
closely; dog a person's footsteps ▼ vaste voet
krijgen obtain a foothold ▼ met voeten treden
set at naught; trample on ▼ onder de voet lopen
tread underfoot; ⟨v.e. land⟩ overrun ▼ dat zal heel
wat voeten in de aarde hebben that'll take some
doing ▼ iem. de voet dwars zetten thwart a
person; make trouble for a person ▼ iem. ten
voeten uit tekenen give a full-length portrait of a
person ▼ dat is ze ten voeten uit that is typical of
her ▼ hij maakte zich uit de voeten he made
himself scarce
voetangel mantrap ∗ ~s en klemmen pitfalls;
snags
voetbad foot-bath ∗ koffie met een ~ coffee
slopped into the saucer
voetbal I [de] football **II** [het] football, soccer,
↑Association football
voetbalelftal football team/eleven ∗ het
Nederlandse ~ the Dutch eleven/side
voetbalknie cartilage trouble in the knee
voetballen play football
voetballer football player, footballer
voetbalschoen football shoe
voetbalveld playing ground/pitch
voetbalwedstrijd football match
voetenbank foot-rest, footstool
voeteneind foot
voetganger pedestrian, ⟨op veerboot, e.d.⟩
foot-passenger
voetgangersbrug pedestrian bridge, footbridge
voetgangersgebied pedestrian area, pedestrian
precinct
voetgangerslicht (pedestrian) crossing lights
voetgangersoversteekplaats pedestrian
crossing
voetlicht footlights ▼ voor 't ~ brengen put on the
stage; bring into the limelight
voetnoot footnote
voetpad footpath
voetreis walking-trip
voetspoor footprint, track ∗ in iemands
voetsporen treden follow a person's tracks
voetstap (stap) footstep ∗ ⟨spoor⟩ footprint,
footmark ▼ in iemands ~pen treden follow/tread
in a person's steps
voetsteun foot rest
voetstoots without further ado, out of hand ∗ ik
kan dat niet ~ aannemen I can't accept it just
like that
voetstuk pedestal ∗ iem. op een ~ zetten put s.o.
on a pedestal
voettocht walking tour, hike
voetveeg doormat ▼ ik wil niet als ~ gebruikt
worden I don't want to be s.o.'s doormat
voetvolk ● (gewone volk) rank and file, masses
● (infanterie) foot-soldiers, infantry
voetzoeker firecracker, jumping jack
voetzool foot sole, sole (of one's foot)
vogel ● (dier) bird ∗ zo vrij als een ~ in de lucht
as free as a bird (on the wing) **●** (persoon)
customer, character ∗ een vroege ~ an early bird
∗ een gladde ~ a sly dog; a slippery customer
∗ wat een vreemde ~ what an odd customer
▼ beter één ~ in de hand dan tien in de lucht a

bird in the hand is worth two in the bush
vogelaar ● (vogelvanger) fowler, bird-catcher
● (vogelliefhebber) bird-watcher, spotter
vogelkooi birdcage
vogelnest bird's nest ∗ ze gingen ~jes uithalen
they went bird's-nesting
vogelspin bird spider
vogelstand bird population, avifauna
vogelverschrikker scarecrow
vogelvlucht bird's-eye view
vogelvrij outlawed ∗ iem. ~ verklaren outlaw s.o.
Vogezen Vosges
voile (sluier) veil
Vojvodina Vojvodina
vol ● (geheel gevuld) full (of), filled (with), ⟨inf., v.
bus, theater, trein⟩ full (up) ∗ we zitten
helemaal vol we're full up ∗ een glas vol
schenken fill a glass ∗ het huis staat vol rook
the house is thick with smoke ∗ het werk zit vol
fouten the work is full of/riddled with errors ∗ niet
met een volle mond praten don't talk with your
mouth full ∗ een getal vol maken complete a
number **●** (vervuld) ∗ vol zijn van iets be full of
s.th. **●** (bedekt) full (of), covered (with) ∗ de grond
lag vol met kranten en boeken the ground was
littered with books and papers **●** (rond) full ∗ volle
maan full moon ∗ een vol gezicht a full/chubby
face **●** (volledig) ⟨v. baan⟩ full-time, ⟨v. melk⟩
whole ∗ in het volle daglicht in broad daylight
∗ volle dag full day ∗ drie volle weken three solid
weeks ∗ je hebt het volste recht om... you have a
perfect right to... ∗ ten volle fully; to the full
● (intens) ⟨v. geluid⟩ full, ⟨v. geluid, kleur⟩ rich,
⟨v. kleur⟩ deep ∗ een volle neef/nicht a first
cousin ▼ hij wordt niet voor vol aangezien he is
not taken seriously
volautomatisch fully automatic
volbloed I [de] thoroughbred **II** [bnw]
● (raszuiver) full-blooded, pedigree, ⟨v. paard⟩
thoroughbred **●** (door en door) ∗ een ~ socialist
he is an out-and-out socialist
volbouwen build over
volbrengen ● (uitvoeren) perform, carry out, fulfil
∗ een taak ~ perform a task **●** (afmaken)
complete, accomplish ∗ een reis ~ comlete/
accomplish a journey
voldaan ● (tevreden) satisfied, content ∗ een ~
gevoel a feeling of satisfaction **●** (betaald) paid,
⟨onder rekening⟩ received (with thanks) ∗ voor ~
tekenen receipt (a bill)
voldoen I [ov ww] **●** (betalen) pay, settle **II** [on
ww] **●** (bevredigen) be satisfactory ∗ (~ aan)
satisfy ∗ aan een verzoek ~ comply with a request
∗ aan de verwachtingen ~ live/come up to
expectations ∗ ~ aan de behoeften van ... meet
the needs of ... ∗ aan een bevel/eis ~ obey a
command/demand
voldoende I [de] pass ∗ een ~ hebben/halen
voor Latijn pass one's Latin **II** [bnw]
● (bevredigend) adequate, (up) to the mark ∗ ~
zijn suffice; be enough/sufficient ∗ ruimschoots ~
ample; more than enough **●** (genoeg) enough,
sufficient
voldoening ● (betaling) payment, settlement
● (tevredenheid) satisfaction
voldongen accomplished ∗ voor een ~ feit stellen
confront with a fait accompli
voldragen full-term, full-born, ⟨fig.⟩ mature ∗ niet
~ born prematurely; premature
volgauto ⟨bij wedstrijd⟩ (official) following car,
⟨in stoet⟩ car in a procession
volgboot dinghy, escort, ⟨sport⟩ umpire's launch

volgeboekt fully booked, booked up
volgeling follower, ‹rel.› disciple
volgen I [ov ww] ● (handelen naar) follow, ‹v. plan, beleid› pursue ★ iemands voorbeeld ~ follow s.o.'s lead ● (achternagaan) follow, ‹v. nabij› dog, shadow ★ een weg ~ follow a road ● (bijwonen) attend, ‹een cursus, e.d.› follow ★ colleges ~ attend lectures ● (nabootsen) ★ iem. blindelings ~ follow s.o. through thick and thin ● (begrijpen, bijhouden) ★ ik kan je niet ~ I can't follow you II [on ww] ● (erna komen) follow, ‹in reeks› be next ★ wie volgt? who is next? ★ ~ op follow after/on; succeed ★ de reden is als volgt the reason is as follows ★ (~ uit) follow, ensue ★ hieruit volgt dat... (hence) it follows that...
volgens ● (naar mening van) according to ★ ~ mij in my view/opinion ● (overeenkomstig) in accordance with ★ ~ afspraak as agreed
volgnummer rotation number, serial number, ‹v. brieven› reference number
volgooien fill (up) ★ de tank ~ fill up the tank ★ vol graag! fill her up, please!
volgorde sequence, ‹min of meer willekeurig› order
volgroeid full(y)-grown, mature
volgwagen official/following car, ‹v. tram e.d.› trailer
volgzaam docile
volharden persevere, persist (in) ★ in een besluit ~ stick to one's decision
volharding perseverance, persistence
volheid fullness
volhouden I [ov ww] ● (blijven beweren) maintain, insist ★ hij hield vol dat het verhaal waar was he insisted that the story was true ★ bij hoog en bij laag ~ maintain through thick and thin ● (niet opgeven) carry on, keep up, ‹de strijd› maintain, ‹v. rol› sustain II [on ww] ● (doorgaan) hold on, ‹form.› persevere, ↓ keep it up
volière aviary, birdhouse
volk ● (onderdanen) people, nation ● (natie) people, nation ● (lagere klassen) people ★ een man uit 't volk a working-class man ★ het gewone volk the common people ● (menigte) ★ er was veel volk op de been there were many people about ★ onder 't volk brengen popularize ● (bezoekers) visitors ★ volk! (in winkel) shop!; ‹elders› anybody home? ● (slag van mensen) people
volkenkunde cultural anthropology, ‹beschrijvend› ethnography, ‹vergelijkend› ethnology
volkenmoord genocide
volkenrecht international law
volkomen I [bnw] ● (volmaakt) perfect ● (volledig) complete II [bijw] perfect, completely ★ zij zijn het ~ eens they are in complete agreement ★ hij zat er ~ naast he was completely wrong ★ ~ zeker quite certain
volkorenbrood wholemeal bread
volks common, popular
volksboek chapbook
volksbuurt working-class neighbourhood/area
volksdans folk dance
volksdansen folk dancing
volksetymologie folk/popular etymology
volksfeest national/popular festival
volksfront people's front, popular front
volksgeloof ● (bijgeloof) superstition ● (volksreligie) national religion
volksgezondheid public health
volkshuisvesting public housing, ‹dienst›

(public) housing department ★ het ministerie van Volkshuisvesting, Ruimtelijke Ordening en Milieu (VROM) Ministry for Housing, Regional Developments and the Environment
volksjongen working-class lad, ordinary boy
volkslied ● (nationaal lied) national anthem ★ het Nederlandse ~ the Dutch national anthem ● (overgeleverd lied) folk-song
volksmond ★ in de ~ in everyday/popular language ★ in de ~ noemt men dit ... this is popularly called ...
volksmuziek folk music, traditional music
volkspartij people's party
volksrepubliek people's republic ★ de Volksrepubliek China the People's Republic of China
volksstam ● (volk) tribe ● (menigte) crowd, horde ★ hele ~men masses of people
volksstemming referendum, plebiscite ★ een ~ houden hold a referendum
volkstaal ● (landstaal) national language ● (informele taal) vernacular, common usage
volkstelling census ★ een ~ houden take a census
volkstoneel popular drama, amateur dramatics
volkstuin allotment (garden)
volksuniversiteit ≈ adult education centre
volksverlakkerij the misleading of public opinion
volksvermaak popular amusement
volksvertegenwoordiger representative (of the people), member of parliament, ‹AE› Congressman, ‹BE› M.P.
volksvertegenwoordiging house of representatives, parliament
volksverzekering national/social insurance
volksvrouw working-class woman
volkswijsheid conventional wisdom
volledig complete, full ★ ~ maken complete ★ ~ bevoegd fully qualified ★ een ~e bekentenis afleggen make a full confession ★ ~e betrekking full-time job
volledigheidshalve for the sake of completeness
volleerd fully qualified, ‹ervaren› accomplished, consummate, perfect
vollemaan full moon
volleybal volleyball
volleyballen play volleyball
vollopen get filled, fill (up) ▼ eens in het jaar lieten ze zich lekker ~ once every year they got tanked up
volmaakt perfect
volmacht power, authority, mandate, ‹jur.› power (of attorney) ★ bij ~ by proxy ★ onbeperkte ~ full plenary powers ★ iem. ~ geven om authorize s.o. to
volmondig whole-hearted, unconditional, frank ★ een ~ 'ja' a heartfelt/straight forward 'yes'
volop plenty of, in abundance ★ er is ~ there is plenty ★ men kan er ~ genieten van ... one can fully enjoy...
volproppen cram, stuff, pack ★ zich ~ stuff o.s.
volslagen complete, utter, ‹v. mislukking, vreemdeling› total ★ dat is ~ onzin that is utter nonsense ★ hij is ~ getikt he's raving mad
volslank well-rounded, plump
volstaan ● (voldoende zijn) do, be sufficient, suffice ● (~ met) limit o.s. to ★ daar kun je niet mee ~ that is not enough; that won't do ★ laat ik ~ met te zeggen... suffice it to say...
volstrekt complete, absolute ★ ~ niet by no means;

absolutely not * een ~ belachelijk voorstel a completely ridiculous suggestion

volt volt

voltage voltage

voltallig complete, full, (v. vergadering) fully attended, plenary * we zijn ~ we are all here

voltigeren vault, tumble, do acrobatics, (op paard) do tricks on horseback

voltooien complete, finish

voltooiing completion

voltreffer direct hit * een ~ plaatsen score a direct hit

voltrekken I (ov ww) (v. huwelijk) celebrate, perform, (v. overeenkomst) complete, (v. vonnis) execute **II** (wkd ww) occur, happen

voltrekking (v. huwelijk) celebration, performing, (v. vonnis) execution

voluit in full * een woord/zijn naam ~ schrijven write a word/one's name in full ▼ ~ gaan give one's all; pull out all the stops; go flat out

volume ● (inhoud) volume, content ● (geluidssterkte) volume, loudness ● (hoeveelheid) bulk

volumeknop volume control

volumineus voluminous, ample

voluptueus voluptuous

volvet full-cream

volvoeren fulfil, perform, accomplish

volwaardig (v. munt) undepreciated, sound, (v. partner) fully-fledged * een ~ bestaan a satisfactory life * een ~ lid a full member

volwassen adult, grown, grown-up, mature, (planten, dieren) full-grown * ~ gedrag adult behaviour * ... en dat van een ~ vent! he should act his age!

volwassene adult, grown-up

volwasseneneducatie adult education

volzin (complete) sentence, (taalk.) period * spreken in ~en use well-turned sentences

vondeling abandoned child * een kind te ~ leggen abandon a child

vondst ● (het gevondene) find * een belangrijke archeologische ~ an important archeological find ● (het vinden) finding, finding ● (bedenksel) * er zitten wel een paar leuke ~en in je verhaal there are quite a few felicitous phrases and ideas in the story

vonk spark * vonken schieten (fig.) sparkle; (v. ogen) flash

vonken spark, sparkle

vonnis judgment, (strafmaat) sentence, (v. jury) verdict * ~ vellen pass/pronounce judgement/ sentence (on)

vonnissen pass sentence on, convict, condemn

voodoo voodoo

voogd guardian * toeziend ~ supervising guard; warder; (v. kind) legal guardian

voogdij custody, guardianship

voogdijraad Guardianship Board

voor I (de) furrow **II** (bijw) ● (vooraf gaand aan) before ● (aan de voorkant van) in front * voor in het boek in the beginning of the book * voor je uit in front of you; ahead of you * hij was voor in de dertig he was in his early thirties * voor in de zaal at the front of the hall ● (met voorsprong) * hij lag voor he was leading * de klok loopt drie minuten voor the clock is three minutes fast * A. stond voor met 2-0 A. was leading by 2-nil * zij staan twee punten voor they lead by two points * hij was mij voor he forestalled me * (pro) for * ik ben er voor om te spelen I am for playing * zij die voor zijn moeten hun hand opsteken

all those in favour raise their hands **III** (vz) ● (aan de voorkant van) in front of ● (in tegenwoordigheid van) * zich verbergen voor iem. hide for s.o. ● (gedurende) for * ik ben voor twee weken op reis I'll be travelling for two weeks * voor zijn leven verminkt maimed for life ● (wat ... betreft) * nogal groot voor een studeerkamer rather big, as studies go * net iets voor hem, om niet te komen just like him, not to come * niet duur voor dat geld cheap at the price * ik voor mij I for one ● (eerder dan) before, ahead of * 5 minuten voor 2 five minutes to two ● (ten bate/behoeve van) for * ik deed het voor jou I did it for you * kun je dit voor jezelf houden? can you keep this to yourself? * er is iets voor te zeggen there is s.th. to be said for it * voor de lol for fun ▼ het was dokter voor en dokter na it was doctor this and doctor that **IV** (vw) before

vooraan in front * ~ staan stand in front; be in the front rank; (fig.) rank first * ~ instappen get in at the front

vooraanstaand leading, prominent

vooraanzicht front view

vooraf beforehand, previously * even een woord ~ just a word before we start * iets ~ nemen (drank) have an aperitif; (voorgerecht) have an appetizer * dat had je ~ moeten doen you should have done that to start with

voorafgaan precede, go before

voorafje appetizer, hors d'oeuvre

vooral especially, particularly * ~ niet on no account * ga ~ by all means, go * hij is ~ daar goed in that is his forte/speciality * vergeet 't ~ niet be sure not to forget it; whatever you do, don't forget it * sluit ~ de deur be sure to close/lock the door

vooralsnog as yet, for the time being * ~ kunnen we bitter weinig doen for the time being there is precious little we can do

voorarrest detention on remand * in ~ stellen remand

vooravond ● (begin van de avond) early evening ● (avond voor iets) eve * aan de ~ van ... on the eve of...

voorbaat * bij ~ in anticipation; in advance * bij ~ dank thank you in advance * al bij ~ verloren hebben not stand a chance to win

voorbarig premature, (onbezonnen) rash, hasty

voorbeeld ● (iets ter navolging) example, model, pattern * naar het ~ van after the example of * het goede ~ geven set an example * een ~ aan iem. nemen follow s.o.'s example * tot ~ stellen hold up as an example ● (iets ter illustratie) example, instance, specimen * bij ~ for example/ instance * een ~ geven give an example * 'n ~ aanhalen cite an example

voorbeeldig exemplary

voorbehoedmiddel preventive, (med.) prophylactic, (tegen zwangerschap) contraceptive

voorbehoud reservation * onder ~ dat subject to the condition that; provided that * een ~ maken make a reservation * zonder ~ unreservedly; without any reservation * met dit ~ on this condition

voorbehouden reserve * aan de koningin ~ the queen's prerogative * zich het recht ~... reserve the right... * ongelukken ~ barring accidents

voorbereiden prepare, be ready * zich ~ prepare o.s.

voorbereiding preparation * ~ treffen make preparations

voorbeschikken predestine

voorbeschouwing preview
voorbestemmen predetermine, predestine
voorbij I [bnw] past, ⟨predikatief⟩ over ★ de winter is ~ the winter has come to an end III [bijw] ● (langs) past, by ★ je bent er vlak ~ gelopen you passed right by it; you went right past it ★ (verder dan) beyond ★ zijn we Almelo al ~? have we passed Almelo yet? III [vz] past, beyond
voorbijgaan ● (passeren) pass (by), go by ★ iem. ~ pass s.o. ★ in 't ~ in passing; incidentally ● (verstrijken) pass/go by, ⟨v. duizeligheid⟩ pass off ★ vele jaren gingen voorbij many years went/ slipped by ★ zij liet de gelegenheid ~ she let the opportunity slip; she missed the opportunity ● (~ aan) pass over ★ aan iem. ~ pass s.o. over; leave a person out ★ we kunnen niet aan die feiten ~ we cannot ignore those facts ★ met ~ van ignoring; without regard to
voorbijgaand passing, transitory ★ van ~e aard of a temporary nature
voorbijganger passer-by
voorbijpraten ★ zijn mond ~ spill the beans; ⟨AE⟩ shoot one's mouth off
voorbijstreven outstrip, outpace, surpass
voorbode forerunner, herald, ⟨voorteken⟩ omen
voordat before
voordeel ● (wat gunstig is) advantage ★ in je ~ to your advantage ★ hij is in zijn ~ veranderd he has changed for the better ★ de voor- en nadelen kennen know the advantages and disadvantages ★ hij kent zijn eigen ~ niet he does not know which side his bread is buttered on ● (winst) advantage, benefit, profit ★ ~ trekken uit profit/ benefit by ★ zijn ~ doen met iets take advantage of s.th.; turn s.th. to account ★ met ~ with advantage; with profit ★ (sport) ⟨tennis⟩ advantage ★ de stand was 2-0 in het ~ van België the score was 2-0 in favour of Belgium
voordeur front door
voordeurdeler person sharing accomodation
voordien before (that), previously
voordoen I [ov ww] ● (als voorbeeld doen) show, demonstrate ★ ik zal 't je eens ~ I'll show you (how to do it) ● (aandoen) put on II [wkd ww] ● (zich gedragen) present o.s., pose as, make o.s. out ★ hij doet zich goed voor he makes a good impression ★ zij weet zich aardig voor te doen she knows how to make a good impression ★ hij deed zich voor als schilder he made himself out to be a painter; he posed as a painter ● (plaatsvinden) occur, turn up, ⟨v. vraag, omstandigheid⟩ arise
voordracht ● (het voordragen) ⟨muz.⟩ recital, ⟨v. gedicht⟩ recitation, ⟨wijze v. declameren⟩ delivery, ⟨wijze v. uitvoeren⟩ execution ● (nominatie) nomination, ⟨lijst⟩ short list, list of candidates ★ zij staat als eerste op de ~ she is number one on the short list ● (lezing) lecture ★ een ~ houden (over) give a lecture (on)
voordragen ● (ten gehore brengen) ⟨muz.⟩ execute, render, ⟨v. gedicht⟩ recite ● (aanbevelen) nominate, propose ★ Clinton werd als presidentskandidaat voorgedragen Clinton was nominated for President
voordringen push forward/past, jump the queue
vooreerst as yet, for the present, for the time being
voorfilm short
voorgaan ● (voorrang hebben) take precedence ★ zijn werk laten ~ put one's work first ● (voorlopen) be fast, gain ● (het voorbeeld geven) set an example ● (voor iem. gaan) go before, precede, ⟨wegwijzen⟩ lead the way ★ gaat

u voor! after you, please! ★ hij liet haar ~ he let her go first ★ (rel.) conduct ★ ~ in een dienst conduct a service
voorgaand preceding, former, last ★ 't ~e the foregoing ★ in de ~e jaren in the previous years
voorganger ⟨iem. die men opvolgt⟩ predecessor ● (rel.) pastor, minister
voorgeleiden bring in
voorgenomen intended, proposed ★ de ~ maatregelen the proposed measures
voorgerecht first course, ⟨form.⟩ entrée
voorgeschiedenis ⟨v. persoon⟩ past history, ⟨v. zaak⟩ (previous) history
voorgeschreven obligatory, ⟨aantal⟩ requisite, ⟨medicijnen e.d.⟩ prescribed, ⟨tijdstip⟩ appointed, ⟨uniform e.d.⟩ regulation
voorgeslacht ancestry, forefathers, ancestors
voorgevel ⟨gevel⟩ face, façade ● (boezem) boobs
voorgeven pretend
voorgevoel presentiment, ⟨inf.⟩ hunch ★ angstig ~ misgiving(s); anxious foreboding
voorgoed for good, once and for all
voorgrond foreground ★ op de ~ treden be prominent; be to the fore ★ op de ~ staan be in the foreground; ⟨fig.⟩ hold a prominent place
voorhamer sledge-hammer
voorhand forehand ★ op ~ beforehand; in advance
voorhanden ⟨in voorraad⟩ on hand, in stock, ⟨verkrijgbaar⟩ available ★ dit artikel is niet meer ~ this article is out of stock/sold out
voorhebben ● (voor zich hebben) ★ wie denk je dat je voor je hebt? who(m) do you think you are talking to? ● (beogen) mean, intend ★ wat heeft hij voor? what is he up to? ★ ik heb 't goed met je voor I mean well by you ● (als voordeel hebben) ★ dat heeft hij op je voor there he has the advantage of you ● (dragen) have on
voorheen formerly, in former days ★ ~ wonende te Groningen formerly/late of Groningen
voorhistorisch prehistoric
voorhoede vanguard, ⟨mil.⟩ advance guard, ⟨sport⟩ forward-line
voorhoedespeler forward
voorhoofd forehead
voorhoofdsholte sinus cavity
voorhoofdsholteontsteking sinusitis
voorhouden ⟨voor iem. houden⟩ hold (s.th.) before (s.o.) ★ iem. een spiegel ~ hold up a mirror to s.o. ● (wijzen op) impress (upon), confront ★ iem. de noodzaak van iets ~ impress on s.o. the necessity of s.th.
voorhuid foreskin
voorin ⟨in boek⟩ at the beginning, ⟨in bus, e.d.⟩ in front
vooringenomen prejudiced, biased ★ ~ zijn tegen iem. be prejudiced against s.o.
voorjaar spring
voorjaarsmoeheid springtime fatigue
voorkamer front room
voorkant front
voorkauwen ▼ iem. iets ~ explain s.th. to s.o. over and over again
voorkennis foreknowledge ★ buiten mijn ~ unknown to me; without my knowledge ★ handelen met ~ act with prior knowledge
voorkeur preference ★ bij ~ preferably ★ de ~ geven aan prefer ★ de ~ verdienen be preferable (to)
voorkeursbehandeling preferential treatment
voorkeursspelling preferred spelling
voorkeursstem write-in (vote)
voorkoken ● (voorbereiden) spoonfeed ● (vooraf

V

koken) *pre-cook*
voorkómen *avert, prevent*
vóórkomen I [het] *appearance, looks ★ dat geeft alles een heel ander ~ that makes things look a lot different* **II** [on ww] ● *(gebeuren) occur, happen ★ het komt nog regelmatig voor dat ... it still happens regularly that ...* ● *(te vinden zijn) occur, be found ★ rugklachten komen in mijn familie veel voor back troubles occur frequently in our family* ● *(toeschijnen) look to, seem, appear ★ het komt ons onwaarschijnlijk voor it looks improbable to us* ● *(jur.) appear (in court), come before ★ zij moet morgen ~ she has to appear in court tomorrow*
voorkomend *considerate, obliging*
voorlaatst *last but one, penultimate ★ de ~e keer the last time but one ★ het accent valt op de ~e lettergreep the stress falls on the penultimate syllable*
voorlangs *along/across the front of s.th.*
voorleggen *submit (to), lay/put before ★ iem. een vraag ~ put a question to s.o. ★ iets aan de vergadering ~ put s.th. to the meeting*
voorleiden *bring up, bring before*
voorletter *initial (letter)*
voorlezen *(aan kinderen) read (to), (aankondiging) read (out) ★ de aanklacht ~ read the charge*
voorlichten *inform, enlighten (on) ★ niet goed voorgelicht zijn be misinformed ★ iem. seksuele voorlichting geven tell s.o. the facts of life*
voorlichting *information, guidance, advice ★ seksuele ~ sex education*
voorlichtingsdienst *information service*
voorlichtingsfilm *information film*
voorliefde *predilection, preference ★ een ~ hebben voor have a predilection for; have a special liking for*
voorliegen *lie (to)*
voorliggen ● *(verder zijn) be ahead of s.o., have a lead over s.o. ★ hij ligt ver voor he is way ahead* ● *(aan de voorkant liggen) be in front*
voorlijk *precocious*
voorlopen ● *(voorop lopen) walk in front* ● *(te snel gaan) be fast, gain ★ mijn horloge loopt elke dag tien minuten voor my watch gains ten minutes a day*
voorloper *precursor, forerunner*
voorlopig I [bnw] *provisional, temporary ★ ~ verslag interim report* **II** [bijw] *for the time being, for now ★ ~ blijft hij een weekje thuis to begin with he'll stay home for a week*
voormalig *former*
voorman ● *(ploegbaas) foreman* ● *(leider) leader*
voormiddag ● *(ochtend) morning* ● *(deel van middag) early afternoon*
voorn *(blanke voorn) roach, (grondelvoorn) minnow*
voornaam I [de] *first/Christian name* **II** [bnw] ● *(belangrijk) main, leading ★ dat is het ~ste that is the main/most important thing* ● *(eminent) distinguished ★ een ~ voorkomen a dignified/distinguished appearance/bearing*
voornaamwoord *pronoun*
voornamelijk *mainly, principally, chiefly*
voornemen I [het] *intention ★ goede ~s maken make good resolutions ★ goede ~s hebben have good intentions* **II** [wkd ww] *resolve, determine, make up one's mind (to) ★ zij had zich vast voorgenomen met roken te stoppen she had made up her mind to stop smoking*
voornemens *intending, planning ★ ~ zijn te*

vertrekken *planning to leave*
voornoemd *above-/afore-mentioned*
vooronder *forecastle, fo'c'sle*
vooronderstelling ● *(vermoeden) presupposition* ● *(voorwaarde) prerequisite*
vooronderzoek *preliminary investigation*
vooroordeel *prejudice, bias*
vooroorlogs *prewar*
voorop ● *(aan de voorkant) in front* ● *(aan het hoofd) in front, in the lead ★ ~ gaan lead the way* ● *(eerst) first ★ dat staat ~ that's the main thing; that comes first*
vooropleiding *preliminary/preparatory training*
vooroplopen ● *(aan het hoofd lopen) walk/run in front ★ hij liep voorop in de demonstratie he led the way in the demonstration* ● *(voorbeeld geven) lead the way, be at the forefront*
vooropstellen *assume, presuppose, (als belangrijkste) put first ★ vooropgesteld dat assuming that ★ het belang van de zaak ~ put the interest of the business first*
voorouder *ancestor ★ ~s ancestors/forefathers*
voorover *forward, prostrate, head first, headlong*
voorpagina *front page*
voorpaginanieuws *front-page news*
voorpoot *foreleg, forepaw*
voorportaal *vestibule, porch*
voorpost *outpost*
voorpret *anticipatory pleasure*
voorproef *(fore)taste ★ een ~je van het New Yorkse uitgaansleven a taste of the New York nightlife*
voorpublicatie *pre-publication*
voorraad *stock, supply, store ★ ~ aanleggen stock up ★ in ~ in stock; on hand ★ niet uit ~ leverbaar not available from stock*
voorraadkast *larder, store cupboard*
voorradig *in stock, in store ★ in alle maten ~ available in all sizes*
voorrang *precedence, (in verkeer) right of way, (ook m.b.t. verkeer) priority ★ de ~ hebben boven have priority over; take precedence over ★ om de ~ strijden fight for supremacy ★ (verkeer van) rechts ~ geven give way to the right*
voorrangsbord *right-of-way sign*
voorrangskruising *intersection with main/major road*
voorrangsweg *major road, main road*
voorrecht *privilege, (form.) prerogative*
voorrijden ● *(voorop rijden) drive/ride at/in (the) front* ● *(voor de deur rijden) drive up to the front (entrance) ★ de auto ~ bring the car round to the front*
voorrijkosten *outriding costs/expenses, ≈ visiting expenses*
voorronde *qualifying/preliminary round*
voorruit *windscreen*
voorschieten *advance ★ ik kan het je niet ~ I can't lend you the money*
voorschijn *★ te ~ halen take out; produce ★ te ~ komen appear; show/turn up; emerge ★ te ~ schieten dart out*
voorschot *advance, loan ★ iem. een ~ geven give s.o. an advance/a loan*
voorschotelen *dish/serve up, (fig.) present to*
voorschrift ● *(regel) (reglement) regulation ★ tegen de ~en against the regulations* ● *(het voorschrijven) prescription, direction ★ op ~ van de dokter on/under doctor's orders*
voorschrijven *prescribe ★ lichaamsbeweging ~ prescribe exercise ★ de wettelijk voorgeschreven termijn the legally required period ★ zich niets*

laten ~ *refuse to be dictated to*
voorseizoen *early season*
voorsorteren • (in verkeer) *get in lane*, ‹v. tevoren sorteren› *presort* • *rechts/links ~ get in the right-/left-hand lane*
voorspel • (liefdesspel) *foreplay* • (inleiding) (muz.) *prelude, overture*, (fig.) *prelude*, ‹toneel› *prologue*
voorspelen *play*
voorspellen • (voorspelling doen) *predict, forecast* • *iem. de toekomst ~ tell s.o. his future* • *ik heb het altijd al voorspeld I always told you so* • (beloven) *promise* • *die lucht voorspelt niet veel goeds the sky doesn't look very promising; the sky looks threatening*
voorspelling *prophecy, prediction*, ‹v.h. weer› *forecast* • *de ~ voor de komende week the forecast for the coming week*
voorspiegelen * *iem. iets ~ hold out false hopes to a person*
voorspoed *prosperity* * *~ hebben prosper; flourish* • *voor- en tegenspoed ups and downs*
voorspoedig • (gunstig) *successful* • (gelukkig) *prosperous, flourishing*
voorspraak • (bemiddeling) *intercession* (with), *mediation* * *op ~ van at the intercession of* • (persoon) *advocate, intercessor, mediator* • *iemands ~ zijn bij intercede for s.o. with; put in a (good) word for s.o. with*
voorsprong (head)start, *lead*, (fig.) *advantage* • *een ~ hebben op iem. have a headstart on s.o.* • *een goede opleiding geeft je een ~ in je carrière a good education gives you a (head)start in life*
voorst I [bnw] *first, foremost* • *de ~e rij the front/ first row* **II** [bijw] *first*
voorstaan • (voorstander zijn) ‹v. doel› *champion*, ‹v. idee› *advocate* • (voor iets staan) *be in front* • *de auto staat voor the car is at the door* • (heugen) * *er staat me iets van voor I seem to remember that* • *zich laten ~ op pride o.s. on*
voorstad *suburb*
voorstander *advocate, champion* * *ik ben er geen ~ van I don't believe in it*
voorstel *proposal, suggestion*, ‹v. wetswijziging› *bill* • *op ~ van on the proposal of; at the suggestion of* • *een ~ indienen move/table a proposal/motion*
voorstellen I [ov ww] • (presenteren) *introduce* * *mag ik u even ~, mijnheer A. may I introduce you to Mr A.?*; ‹inf.› *I'd like you to meet Mr A.* * *zij werd aan de koningin voorgesteld she was presented to the queen* • (betekenen) * *wat moet dit ~? what is this supposed to mean/be?* * *dat stelt niets voor that doesn't mean anything/a thing* • (weergeven) *depict, represent* * *'t is niet zo erg als zij het ~ it is not as bad as they make out* * *wat moet dit schilderij ~? what is this supposed to represent* • (de rol spelen) *represent* • (als plan opperen) *propose, suggest, make a suggestion* * *ik stel voor de vergadering te verdagen I move/propose that the meeting be adjourned* **II** [wkd ww] • (zich indenken) *imagine* * *stel je voor! just fancy!* * *ik kan 't mij niet ~ I can't imagine/conceive it* * *zij stelt zich er veel van voor she expects much will come of it; she has great hopes of it* * *ik kan mij het dorp nog ~ even now I can recall the village* • (van plan zijn) *intend, mean* * *ik stel mij voor spoedig te vertrekken I intend/mean to leave soon* * *ik had me dat anders voorgesteld that's not how I planned it; that's not how I meant it to be*

voorstelling • (vertoning) *show, performance*, ‹v. toneel› *play* * *doorlopende ~ a continuous/ non-stop performance* • (denkbeeld) *idea, notion* * *zich een ~ maken van iets imagine s.th.* * *ik had daar een heel andere ~ van I had a quite different view of the matter* * *verkeerde ~ van zaken misrepresentation* • (afbeelding) *representation*
voorstellingsvermogen *imagination*
voorsteven *stem*
voorstudie *preparatory study*
voorstuk *front part*
voort *on, onwards, forward*
voortaan *from now on, in future*, ‹form.› *henceforth*
voortand *front tooth*
voortbestaan *survival*, (continued) *existence*
voortbewegen *drive, propel*
voortborduren * *op een thema ~ embroider/ elaborate on a theme*
voortbrengen • (doen ontstaan) *produce, create, bring about* * *nationalisme heeft rampen voortgebracht nationalism has brought about disasters* • (opleveren) *bring forth*
voortbrengsel *product*
voortduren *continue, last, wear/drag on*
voortdurend ‹aanhoudend› *constant, continual*, ‹doorlopend› *continuous*, ‹eeuwigdurend› *everlasting*
voorteken *sign, omen*
voortgaan *go on, continue*
voortgang • (voortzetting) *continuation, advancement* * *~ vinden proceed; go on* • (vooruitgang) *progress* * *~ maken make headway*
voortgezet *continued* * *~ onderwijs secondary education*
voortijdig *premature*
voortjagen I [ov ww] • (opjagen) *drive s.th. on/ along, push s.o. on/along* **II** [on ww] • (rusteloos zijn) *hurry*
voortkomen • (voortvloeien) *stem/follow* (from) * *daar kan niets goeds uit ~ nothing good can come from it* • (afkomstig zijn) *stem/originate from*
voortleven *live on*
voortmaken *hurry (up), make haste* * *maak voort of je komt te laat get a move on or you'll be late*
voortouw * *het ~ nemen take charge/the lead*
voortplanten • (verder verspreiden) *be transmitted, travel* * *licht plant zich voort in golven light is transmitted in waves* • (vermenigvuldigen) *reproduce, multiply, breed*
voortplanting • (vermenigvuldiging) *reproduction, multiplication, breeding* * *geslachtelijke/ongeslachtelijke ~ sexual/ asexual reproduction* • (verbreiding) ‹v. licht e.d.› *transmission*, ‹v. soort› *propagation*
voortreffelijk *excellent*
voortrekken *favour, give preference to* * *iem. ~ favour a person*
voortrekker *pioneer*
voorts *furthermore, besides, moreover*
voortschrijden *proceed, advance* * *met het ~ der jaren with each passing year*
voortslepen *drag along* * *zich ~ linger; (fig.) drag on*
voortspruiten *spring/stem/result from*
voortstuwen *drive on, propel*
voortstuwing *propulsion*
voortuin *front garden*
voortvarend *energetic, dynamic*, ‹in ongunstige zin› *pushy* * *zij is heel erg ~ she has plenty of go;*

she is s.o. with a lot of drive
voortvloeien result (from), arise (out of/from)
voortvluchtig fugitive
voortwoekeren fester, spread (insidiously)
voortzetten continue, go on with, carry on, proceed with ● **de onderhandelingen ~ continue (the) negotiations**
voortzetting continuation, (na pauze) resumption
vooruit I [bijw] ● (verder) forward ★ daar kunnen we een poosje mee ~ this will keep us going for a while ★ recht ~ straight ahead ★ ik kan niet voor- of achteruit I'm completely stuck ★ (van tevoren) in advance, beforehand ★ had ik dat maar ~ geweten if only I had known in advance ★ zij was haar tijd ver ~ she was far ahead of her time **II** [tw] come on!, go ahead! ★ ~ nou! come on now!
vooruitbetalen pay in advance
vooruitblik preview
vooruitgaan ● (voorop gaan) lead the way, go on before ● (voorwaarts gaan) progress, go forward ● (vorderingen maken) improve, get on, (v. barometer) rise ★ zij gaat goed vooruit she is making good progress ★ de buurt is er niet op vooruitgegaan it hasn't done the neighbourhood much good ★ we zijn er financieel niet op vooruit gegaan we are no better off financially ● (van tevoren gaan) go on ahead, precede
vooruitgang progress, advance, (verbetering) improvement
vooruitkomen make headway, get on/ahead ★ in de wereld ~ make one's way in the world; get on in the world
vooruitlopen ● (voorop lopen) go on ahead ● (anticiperen) anticipate ★ op de dingen vooruit lopen anticipate things; run ahead of things
vooruitstrevend progressive, go-ahead
vooruitzicht prospect, outlook ★ iets in het ~ stellen hold out a prospect of s.th.
vooruitzien look ahead/forward, anticipate
vooruitziend (form.) prescient, (v. beleid) far-sighted ★ ~e blik foresight
voorvader ancestor, forefather
voorval incident
voorvallen happen, occur
voorvechter champion, advocate
voorverpakt pre-packed/packaged
voorverwarmen preheat
voorvoegsel prefix
voorvoelen sense in advance, anticipate
voorwaarde condition, stipulation, (handel) terms [mv], (vereiste) requirement ★ onder geen ~ on no account ★ de ~ stellen dat ... make the condition that ...; stipulate that ... ★ een eerste ~ a prerequisite
voorwaardelijk ● (onder bepaalde voorwaarde) conditional ★ ~e veroordeling conditional/suspended sentence ★ ~ ontslaan (uit de gevangenis) release on parole ★ ~ veroordelen bind over; (proeftijd) give a suspended sentence; put on probation ● (taalk.) conditional
voorwaarts forward ★ een stap ~ maken take a step forward
voorwas prewash
voorwenden feign, pretend
voorwendsel pretext, pretence, (inf.) blind ★ onder ~ van under/on the pretext of
voorwereldlijk prehistoric, (fig.) ancient
voorwerk ● (voorafgaand werk) preliminary work ★ ~ verrichten voor een vergadering do preliminary work for a meeting ● (deel van boek)

preliminary pages
voorwerp ● (ding) object ● (taalk.) object ★ lijdend ~ direct object ★ meewerkend ~ indirect object
voorwetenschap foreknowledge
voorwiel front wheel
voorwielaandrijving front-wheel drive ★ auto met ~ front-wheel drive car
voorwoord preface, foreword
voorzeggen ● (influisteren) prompt ★ niet ~! no prompting! ● (tot voorbeeld zeggen) say (aloud)
voorzet (sport) cross(pass) ★ een goede ~ geven send in a good cross; (fig.) do the ground work for s.o.
voorzetsel preposition
voorzetten I [ov ww] ● (vooruit zetten) put/set forward ● (plaatsen voor) put (s.th.) before (s.o.) **II** [on ww] ● (sport) centre
voorzichtig careful, cautious, (form.) prudent ★ in ~e bewoording in guarded language
voorzichtigheid caution, care, prudence
voorzichtigheidshalve by way of precaution
voorzien ● (zien aankomen) foresee, anticipate ★ dat was te ~ that was to be expected ★ niet te ~e gevolgen unforeseeable consequences ● (~ in) provide (for), (behoefte) meet, supply, (v. vacature) fill (up) ● (~ van) provide/supply with ★ zich ~ van provide o.s. with ★ ~ van een veiligheidsslot fitted with a safety lock ★ goed ~ (v. kelder) well-stocked; (v. tafel) well-spread ★ ik ben al ~ I've already been seen to; I've got what I need ▼ het op iem. ~ hebben be after s.o.
voorzienigheid providence
voorziening ● (faciliteit) facilities ★ sanitaire ~en sanitary facilities ★ een huis met alle ~en a house with all conveniences ● (maatregel) provision, supply ★ ~en treffen make provisions ★ sociale ~en social services ● (het voorzien) provision ★ ter ~ in zijn levensonderhoud in order to make his living
voorzijde front
voorzingen ● (als voorbeeld zingen) sing ● (voorzanger zijn) lead in song
voorzitten preside, chair
voorzitter chairman [v: chairwoman], president ★ ~ zijn chair a meeting; be in the chair
voorzitterschap chairmanship [v: chairwomanship] ★ het ~ bekleden fill the chairmanship ★ onder ~ van under the chairmanship of
voorzorg precaution ★ uit ~ by way of precaution; as a precaution
voorzorgsmaatregel precaution, precautionary measure
voos ● (saploos) withered, dried-out ● (niet deugend) rotten
vorderen I [ov ww] ● (eisen) demand, claim, (door overheid) requisition **II** [on ww] ● (vorderingen maken) make progress ★ het werk vordert goed the work is making good headway; the work is going ahead well
vordering ● (vooruitgang) progress, headway ● (eis) claim, (v. overheid) requisitioning
voren front ★ naar ~ to the front ★ van ~ in front ★ naar ~ komen step/come forward ▼ van ~ af aan from the beginning; once more ▼ naar ~ brengen put forward
vorig ● (direct voorafgaand) previous, last, (v. gebeurtenis) preceding ★ de ~e maandag (afgelopen) last Monday; (voorafgaand) the previous Monday ★ ~e week woensdag on Wednesday of last week ● (vroeger) former,

previous, past ∗ de ~e eigenaar the previous owner

vork *fork* ▾ weten hoe de vork in de steel zit *know how matters stand; know what is what*

vorkheftruck *forklift (truck)*

vorm ● (gietvorm) *mould* ● (gedaante) *form, shape* ∗ vaste vorm aannemen *take shape* ∗ vorm geven aan een idee *give shape to an idea; express an idea* ● de lijdende vorm *passive voice* ∗ zonder vorm van proces *without (any form of)trial; summarily* ● (conditie) ∗ in vorm zijn *be on form* ∗ uit vorm zijn *be out of shape; be off form; be out of form* ● (omgangsvorm) *manners, formality* ● de vormen in acht nemen *observe the forms* ∗ dat is alleen maar voor de vorm *that's a mere formality* ▾ voor de vorm *for form's sake*

vormelijk *formal*

vormen ● (vorm geven) *shape, mould, form* ∗ zich ~ *form* ∗ ~ naar model *upon* ● (doen ontstaan) *build up, develop* ∗ ~e een oordeel ~ over iets *form an opinion about s.th.* ● (zijn) *make up, be, constitute* ∗ een uitdaging ~ *constitute a challenge* ● (opvoeden) *educate, train* ∗ iemands karakter ~ *mould s.o.'s character*

vormgeving *design, styling*, (v. schilderijen) *composition*

vorming ● (geestelijke ontwikkeling) *education, training* ● (het vormen) *forming, moulding*

vormingscentrum *(socio-cultural) training centre*, (partieel leerplichtigen) *centre for non-formal education*

vormingswerk *socio-cultural training*, (partieel leerplichtigen) *non-formal education*

vormingswerker *worker in socio-cultural education*

vormleer (bio.) *morphology*, (taalk.) *morphology*, (muz.) *theory of musical forms*, (bouwkunde) *theory of forms*

vormloos ● (zonder vorm) *formless, shapeless, amorphous* ● (plomp) *shapeless, graceless*

vormsel *confirmation*

vorsen *investigate, research*

vorst ● (monarch) *sovereign, monarch* ● (het vriezen) *frost* ∗ bij ~ *in case of frost* ∗ zes graden ~ *six degrees below freezing* ∗ de ~ zit in de grond *the ground is frostbound*

vorstelijk (als van een vorst) *royal* ∗ een ~ onthaal *a royal welcome* ∗ ~e personen *royalty* ● (royaal) *princely* ∗ een ~ salaris *a princely salary* ∗ een ~e beloning *a generous reward*

vorstendom *principality*

vorstenhuis *dynasty, royal house*

vorstgrens *the extent of the area affected by frost*

vorstperiode *period of frost, icy spell*

vorstverlet *loss of working hours due to frost*

vorstvrij *frostproof*

vos ● (roofdier) *fox* [v: vixen] ● (sluwe vent) *fox* ∗ oude vos *old fox* ● (bont) *fox (stole)* ● (paard) *sorrel, chestnut* ▾ een vos verliest wel zijn haren maar niet zijn streken *a wolf may lose his teeth but never his nature* ∗ als de vos de passie preekt, boer pas op je ganzen/kippen *when the fox preaches, then beware your geese*

vossenjacht ● (jacht) *fox-hunt(ing)* ∗ op ~ gaan *ride to hounds* ● (spel) *treasure hunt*

vouw ● (v. broek, papier) *crease* ∗ uit de vouw gaan *lose the (trouser) crease* ∗ iem. de vouwen uit de broek rijden *narrowly miss s.o.*

vouwblad *folder*

vouwcaravan *folding caravan*, (AE) *tent trailer*

vouwdeur *folding door*

vouwen *fold* ∗ het papier was in tweeën ~ *the paper was folded in two*

vouwfiets *folding bicycle*

voyeur *voyeur, peeping Tom*

vozen *frig, fuck, screw*

vraag ● (taaluiting) *question*, (verzoek) *request* ∗ iem. een ~ stellen *ask s.o. a question* ● de ~ rijst *the question arises* ● (kooplust) *demand* ∗ ~ en aanbod *supply and demand* ∗ er is veel ~ naar... → *it is in great demand* ∗ er is ~/geen ~ naar... *there is a/no demand/call for...* ● (vraagstuk) *question, issue* ∗ dat is nog maar de ~ *that's an open question; that remains to be seen*

vraagbaak ● (persoon) *walking encyclopedia, oracle* ● (boek) *encyclopedia*

vraaggesprek *interview*

vraagprijs *asking price*

vraagstelling *phrasing/presentation of a question*

vraagstuk ● (probleem) *problem*, (ter discussie) *issue* ● (opgave) *problem, assignment*

vraagteken *query*, (ook fig.) *question mark* ∗ ergens ~s bij zetten *have doubts about s.th.; query s.th.*

vraatzucht *gluttony*, (med.) *bulimia* (nervosa)

vraatzuchtig (lit.) *voracious*, (v. mensen) *gluttonous* ∗ wat is hij ~ *he's a glutton*

vracht ● (lading) *load*, (auto, schip, vliegtuig) *cargo*, (schip, trein, vliegtuig) *freight* ● (grote massa) *load* ∗ een ~ boeken *a load of books*

vrachtauto *lorry*, (AE) *truck*, (klein) *van*

vrachtbrief *waybill*, (v. schip) BL, *bill of lading*, (v. schip, trein, vliegtuig) *consignment-note*

vrachtgoed *goods, cargo* ∗ als ~ verzenden *send by goods train*

vrachtprijs (land) *carriage*, (trein) *haulage*, (v. schip, vliegtuig) *freight*

vrachtrijder *carrier, lorry driver*, (AE) *truck driver*

vrachtruimte ● (laadruimte) *cargo space, hold* ● (grootte) *tonnage*

vrachtschip *freighter, cargo ship*

vrachtvaart *cargo trade*

vrachtverkeer ● (verkeer) *lorry traffic* ● (vervoer) *cargo trade*

vrachtvervoer *freight traffic, cargo transport*

vrachtwagen *lorry, truck*

vrachtwagencombinatie *articulated lorry*, (inf.) *artic*, (AE) *trailer truck*

vragen **I** (ov ww) ● (vraag stellen) *ask, inquire (after)* ∗ laten ~ *send to ask* ∗ vraag het maar aan Jan *ask John* ∗ nou vraag ik je! *I ask you!* ● (verzoeken) *ask, request* ∗ om een onderhoud ~ *ask for an interview* ∗ om de rekening ~ *ask for the bill* ∗ een meisje ten huwelijk ~ *propose to a girl* ● (verlangen) ∗ dat is te veel gevraagd *that is asking too much* ∗ dat vraagt veel van je tijd *that makes great demands on your time* ● (uitnodigen) *ask, invite* ∗ iem. op een feestje ~ *ask/invite a person to a party* ∗ te eten ~ *ask to dinner; invite for a meal* ● (in kaartspel) ∗ er wordt schoppen gevraagd *the lead is spades* **II** (on ww) ● (~ naar) *ask, inquire (after)* ● (~ om) *ask (for)* ∗ je hoeft er maar om te ~ *it's yours for the asking* ∗ dat is ~ om moeilijkheden *that's asking for trouble*

vragenlijst *questionnaire*

vragenuurtje *question time*

vrede ● (tijd zonder oorlog) *peace* ∗ ~ sluiten met *make peace with* ● (rust) *peace, quiet* ∗ ~ met iets hebben *be resigned to s.th.* ∗ ~ met zichzelf hebben *be at peace with o.s.* ▾ om wille van de lieve ~ *for the sake of peace*

vredelievend *peace loving, peaceful*

vredesbeweging peace movement
vredesnaam for God's sake ★ ik zal in ~ maar gaan for the sake of peace, I'll go ★ schiet in ~ op hurry up for goodness' sake; for God's sake, hurry up
vredespijp peace pipe
vredestichter peacemaker
vredestijd peacetime
vredesverdrag peace treaty
vredig peaceful, quiet
vreedzaam peace-loving, peaceful
vreemd ● (ongewoon) strange, odd, ★ ~ genoeg strangely enough ● een ~e geschiedenis an odd story ★ een ~e gewoonte a strange habit ● (uitheems) foreign, exotic, alien ★ een ~e taal a foreign language ★ ~ geld foreign currency ● (niet bekend) strange, alien ★ zich (ergens) ~ voelen feel strange ★ 't werk was nog ★ ~ voor hem he was still a strange to the work; he was still unfamiliar with the work ★ ik ben hier zelf ook ~ I'm a stranger here myself ● (niet-eigen) strange, outside ★ het land ging in ~e handen over the land passed into the hands of strangers
vreemde I [de] ● (vreemdeling) foreigner, stranger ● (buitenstaander) stranger, outsider ▾ dat heeft hij van geen ~ he is a chip off the old block **II** [het] ● in den ~ abroad; in foreign parts
vreemdeling ● (buitenlander) foreigner, (buitenaards ook) alien ● ongewenste ~ undesirable alien ● (onbekende) foreigner, stranger
vreemdelingendienst aliens office
vreemdelingenhaat xenophobia
vreemdelingenlegioen foreign legion
vreemdelingenpolitie aliens registration department/office
vreemdelingenverkeer tourist traffic
vreemd gaan have an (extra marital) affair, (inf.) sleep around
vreemdsoortig peculiar, singular, odd
vrees fear, (in geringe mate) apprehension, (in sterke mate) dread ★ ~ aanjagen frighten; (sterker) terrify ★ ~ koesteren voor be afraid of ★ uit ~ voor for fear of ★ ik greep de leuning vast uit ~ uit te glijden I grabbed the rail in case I should fall ▾ zonder ~ of blaam without fear or reproach
vreesachtig timid
vreetzak glutton, pig
vrek miser, skinflint
vrekkig miserly
vreselijk dreadful, terrible, frightful ★ hij had een ~e dorst he was terribly thirsty ★ dat was ~ aardig that was awfully kind ★ we hebben ~ gelachen we nearly died laughing
vreten I [het] grub, (v. huisdieren e.d.) food, (v. vee) fodder **II** [ov ww] ● (gulzig eten) stuff/cram (o.s.) ★ hij eet niet, hij vreet he doesn't eat, he stuffs himself ★ ze zaten zich vol te ~ they were busy stuffing themselves ★ het is niet te ~ it isn't even fit for pigs ● (verbruiken) eat (up) ★ dat apparaat vréét stroom that machine just eats up electricity ● (accepteren) swallow, stomach ★ dat vreet ik niet langer I won't swallow it any longer **III** [on ww] ● (knagen) eat away, gnaw at ★ verlangen vrat aan hem longing gnawed at him
vreugde joy, gladness ★ ~ scheppen in enjoy ★ tot mijn ~ zie ik ... I am please to see ...
vreugdeloos joyless
vrezen I [ov ww] ● (bang zijn voor) fear, dread, be afraid ★ ik vrees van wel I'm afraid so ★ ik vrees van niet I am afraid not ★ het is te ~ dat ... it is to

be feared that ... **II** [on ww] ● (~ voor) fear for ★ hij vreest voor zijn leven he goes in fear of his life ★ voor haar leven wordt gevreesd her condition is critical
vriend friend, chum, pal ★ even goede ~en! no offence! ★ goede ~en worden met become friendly with; make friends with ★ gezworen ~en sworn friends ★ iem. te ~ houden remain on good terms with s.o.; keep in with s.o. ★ dikke ~en zijn be close friends ★ kwade ~en zijn be on bad terms ★ beide partijen te ~ houden run with the hare and hunt with the hounds
vriendelijk I [bnw] kind, friendly ★ wilt u zo ~ zijn om ... will you kindly... ★ je moet wat ~er zijn you should be more friendly **II** [bijw] kind, friendly
vriendelijkheid kindness, friendliness
vriendendienst friendly turn
vriendenkring circle of friends
vriendenprijsje give-away (price) ★ voor een ~ for next-to-nothing
vriendin girl/ladyfriend
vriendjespolitiek nepotism, old-boy network
vriendschap friendship ★ ~ sluiten met make friends with ★ uit ~ out of friendship
vriendschappelijk I [bnw] friendly, amicable ★ op ~e voet staan be on friendly terms **II** [bijw] in a friendly way
vriendschapsband tie of friendship
vriesdrogen freeze-dry
vrieskist (chest-type) freezer
vrieskou frost
vriespunt freezing (point)
vriesvak freezer, freezing compartment
vriesweer frosty weather
vriezen freeze ★ het vroor vijf graden it was five degrees below freezing ▾ het vriest dat het kraakt there is a sharp frost ▾ het kan ~ of dooien wait and see
vriezer freezer, deep freeze
vrij I [bnw] ● (onafhankelijk) free ● de vrije beroepen the (liberal) professions ★ iem. op vrije voeten stellen release s.o.; set s.o. free ● (vrijaf) free ★ vrije tijd spare time; leisure (time) ★ vrije dag day off ★ vrije middag free afternoon; (m.b.t. school) half-holiday ★ vrij hebben/zijn (geen dienst) be off duty ★ vrij krijgen get time off ● (ongebonden, onbeperkt) free ★ vrije opgang separate entrance ★ vrije schop free kick ★ de weg was vrij the road was clear ★ onder de vrije hemel under the open sky ★ ik ben vrij in mijn doen en laten I am free to do as I like ★ vrij ademhalen breathe freely ★ dat staat je vrij that's open to you ● (stoutmoedig) bold, easy, (ongeremd) uninhibited ★ een te vrij gebruik maken van iets make free with ★ mag ik zo vrij zijn om...? may I take the liberty of...?; may I make so bold as ...? ● (gratis) free ★ vrije toegang entrance free ★ alle kosten vrij all expenses paid ★ hij heeft vrij reizen he may travel free of charge ● (onbezet) free, vacant ★ is die plaats nog vrij? is this place/table/seat taken? ★ een kamer vrij houden reserve a room ★ (niet getrouw) free ★ een vrije vertaling a free translation **II** [bijw] rather, pretty ★ vrij veel a good deal of; quite a lot of
vrijaf off ~ een dag ~ vragen ask for a day off
vrijage courtship, (inf.) snogging, necking, (vrijen) love-making
vrijblijvend non-committal, free of obligations ★ ~e offerte offer without engagement/ obligations ★ een ~ antwoord a non-committal

answer

vrijbrief licence, permit

vrijbuiter ● (zeerover) freebooter, buccaneer ● (avonturier) adventurer, (negatief) libertine

vrijdag Friday ★ Goede Vrijdag Good Friday ▼ Goede Vrijdag Good Friday

vrijdags I [bnw] Friday **II** [bijw] (on a/the) Friday ★ ~ nooit never on a Friday

vrijdenker freethinker

vrijelijk freely

vrijen ● (geslachtsgemeenschap hebben) make love, go to bed ● (liefkozen) neck, pet, (inf.) snog ● (verkering hebben) have a boy-/girlfriend, go steady with s.o., be going out with s.o.

vrijer lover, sweetheart

vrijetijdsbesteding leisure activities, recreation

vrijetijdskleding leisure wear, casual clothes

vrijgeleide (escorte) escort ● (vrije doorgang) safe-conduct, safeguard

vrijgeven I [ov ww] ● (niet meer blokkeren) release, (hand.) decontrol **II** [on ww] ● (vrijaf geven) give a holiday/a day off

vrijgevig liberal, generous

vrijgevochten easy-going, unconventional, (ongunstig) undisciplined, lawless ★ het is daar een ~ boel it is Liberty Hall there

vrijgezel I [de] bachelor **II** [bnw] single, bachelor

vrijhandel free trade

vrijhandelszone free-trade zone

vrijhaven free port

vrijheid ● (vrijmoedigheid) liberty ★ zich vrijheden veroorloven take liberties ★ de ~ nemen om te... take the liberty to... ● (niet gevangen zijn) liberty, freedom, (vrijspel) latitude ★ ~ van handelen liberty/freedom of action ★ in ~ zijn be free ★ in ~ leven live in freedom ★ in ~ stellen release; set free ● (privilege) privilege ● (onafhankelijkheid) freedom ★ ~ van meningsuiting freedom of speech ★ dichterlijke ~ poetic licence ▼ ~, blijheid! it's a free world

vrijheidlievend freedom-loving

vrijheidsberoving deprivation of freedom

vrijheidsstrijder freedom fighter

vrijhouden ● (betalen voor) iem. ~ pay for s.o.'s expenses ● (onbezet houden) keep free, reserve, (v. tijd) set aside

vrijkaart free ticket, free pass

vrijkomen ● (beschikbaar komen) become free, become available, fall vacant ● (vrijgelaten worden) be released, be set free, (voorwaardelijk) be on parole ★ (zich afscheiden) be set free, (v. gassen) be given off

vrijlaten ● (onbezet laten) leave free, leave vacant ★ ruimte ~ leave space clear ● (de vrijheid geven) release, set free ★ op borgtocht ~ release on bail ● (niet verplichten) leave free, put no control/ pressure on ★ iem. ~ om te kiezen leave s.o. free to choose

vrijmetselaar freemason

vrijmetselarij Freemasonry

vrijmoedig frank, candid ★ ~ spreken speak openly; speak one's mind

vrijpartij petting, necking, love-making

vrijpleiten clear (of), (form.) exculpate

vrijpostig impertinent, bold, (inf.) saucy

vrijspraak acquittal

vrijspreken acquit (from), clear ★ iem. ~ van een beschuldiging acquit s.o. of a charge

vrijstaan (geoorloofd zijn) be free (to), be permitted (to) ★ 't staat u vrij om te... you are free to...; at liberty to... ● (los staan) stand clear/apart

from, stand alone, (v. huis) be detached

vrijstaand apart, (v. huis) detached

vrijstaat free state

vrijstellen (inf.) let off, (v. belasting, (dienst)plicht) exempt (from), (v. lessen) excuse (from), (v. plicht, taak) release from ★ vrijgesteld van exempt from

vrijstelling exemption

vrijuit freely, frankly ★ ~ gaan be blameless; go scot-free

vrijwaren ★ ~ tegen protect against; safeguard against ★ gevrijwaard zijn tegen be immune to; be protected from

vrijwel almost, practically, nearly ★ dat is ~ onmogelijk that is practically/virtually impossible ★ het is ~ hetzelfde it is pretty much the same

vrijwillig voluntary

vrijwilliger volunteer

vrijwilligerswerk volunteer/voluntary work

vrijzinnig liberal

vroedvrouw midwife

vroeg I [bnw] ● (aan het begin) early ★ 's morgens ~ early in the morning ★ het is nog ~ the day is still young ★ vrijdagmorgen heel ~ in the early hours of Friday morning; (kort na middernacht) in the small hours of Friday morning ● (eerder dan verwacht) early, soon, premature ★ niets te ~ none too soon ★ ~ of laat sooner or later ★ 'n uur te ~ an hour early ★ ~ oud prematurely old ★ ~ maken be early; make an early start **II** [bijw] ● (op vroeg tijdstip) early ● (eerder dan verwacht) early, prematurely

vroeger I [bnw] ● (voorheen) earlier, former, previous ★ in ~e dagen in former days ● (voormalig) former, previous ★ zijn ~e vrouw his former/ex-wife **II** [bijw] ● (eerder) earlier ● (eertijds) previously, formerly ★ 't is niet wat 't ~ was it isn't what it used to be ★ ~ ging hij altijd vissen he used to go fising

vroegertje early start/finish ★ gisteren had ik een ~ (beginnen) I had an early start yesterday; (ophouden) I finished early yesterday

vroegrijp precocious

vroegte ★ in de ~ early in the morning ★ in alle ~ at the crack of dawn

vroegtijdig ● (vroeg) early, timely ● (voortijdig) premature, (v. dood) untimely

vrolijk merry, cheerful, gay ★ zich ~ maken over iets laugh at/joke about s.th.; make merry over s.th. ★ een ~ vuurtje a cheerful fire

vrolijkheid gaiety, cheerfulness, merriment ★ tot grote ~ van much to the merriment of

vroom pious

vrouw ● (vrouwelijke persoon) woman, (bazin) mistress ★ ~ des huizes the lady of the house ★ een werkende ~ a working woman ★ moeder de ~ the missus ● (echtgenote) wife, (jur.) spouse ★ iem. tot ~ nemen take s.o. as one's wife ● (speelkaart) queen

vrouwelijk ★ een ~e dokter a woman doctor ★ ~e charme feminine/womanly charm ★ 't ~ geslacht the female sex; (taalk.) the feminine gender

vrouwenarts gynaecologist

vrouwenbeweging women's/feminist movement

vrouwenblad women's magazine

vrouwenemancipatie women's liberation, emancipation of women

vrouwenhuis ● (woonhuis) women's hostel/home ● (ontmoetingsplaats) meeting place for women

vrouwenkiesrecht women's right to vote

vrouwmens woman, female

vrouwtje • (kleine vrouw) *little woman*
• (vrouwelijk dier) *female* ∗ is het een mannetje of een ~? *is it a he or a she?*

vrouwvriendelijk *non-male chauvinist, supporting equality of the sexes*, (v. beleid) *friendly towards women*

vrucht • (ongeboren kind/jong) *foetus* • (fruit) *fruit* • (resultaat) *fruit, result* ∗ ~en afwerpen *bear fruit* ∗ de ~en plukken van *reap the fruits of* ▼ aan de ~en kent men de boom *a tree is known by its fruit*

vruchtafdrijving *abortion*

vruchtbaar • (productief) *fruitful, fertile*, (v. grond) *rich* • (in staat tot voortplanting) *fertile* ∗ een vrouw in de vruchtbare leeftijd *a woman of childbearing age* • (lonend) *fruitful*, (schrijver) *prolific* ∗ dat was een ~ gesprek *it was a fruitful conversation*

vruchtbaarheid *fruitfulness, fertility*

vruchtbeginsel *ovary*

vruchtboom *fruit tree*

vruchtdragend *fruit-bearing*

vruchteloos *fruitless, vain, ineffectual* ∗ een vruchteloze poging *a futile/an abortive attempt*

vruchtensalade *fruit salad*

vruchtensap *fruit juice*

vruchtenwijn *fruit wine*, (v. appels) *cider*

vruchtgebruik *usufruct* ∗ iem. het ~ geven van iets *grant s.o. the usufruct (of s.th.)*

vruchtvlees *pulp*

vruchtwater *amniotic fluid*, (inf.) *water(s)*

vruchtwaterpunctie (med.) *amniocentesis*

VS *US*

V-snaar *V-belt*

V-teken *V-sign*

vuil I [het] • (viezigheid) *dirt, grime, filth* ∗ als een stuk vuil behandelen *treat like dirt* • (afval) *refuse*, (AE) *garbage*, (huishoudelijk) *domestic waste* ∗ vuil storten *tip/dump rubbish* **II** [bijw]
• (niet schoon) *dirty, grimy, grubby*, (in sterke mate) *filthy*, (v. kleur) *dirty, muddy* ∗ vuile was *dirty clothes* • (vulgair) (taal) *foul, scurrilous*, (v. grap, verhaal) *dirty, smutty* • (gemeen) *dirty* ∗ vuile streek *dirty trick* ∗ een vuil zaakje *a dirty business* ∗ hij keek me vuil aan *he gave me a dirty/black look* • (bruto) *gross*

vuilak • (gemenerik) *stinking/filthy swine, rotter* • (viezerik) *filthy person* ∗ jij kleine ~ *you mucky pup/grub*

vuiligheid • (gemeenheid) *obscenity, filth, smut* • (vuil) *filth, grime, dirt*

vuilnis *dirt, rubbish*, (AE) *garbage*

vuilnisbak *dust-bin*, (AE) *trashcan, garbage can*

vuilnisbakkenras *mongrel*

vuilnisbelt *rubbish/refuse dump*

vuilnisman *refuse-collector*, (AE) *garbage collector*

vuilniswagen *dustcart*, (form.) *refuse lorry*, (AE) *garbage truck*

vuilniszak *refuse sack/bag, bin liner*

vuiltje *speck of dust, grit* ∗ er is geen ~ aan de lucht *there is not the slightest problem*

vuilverbranding • (proces) *refuse incineration* • (installatie) (refuse) *incinerator*

vuist *fist* ∗ gebalde ~en *clenched fists* ▼ voor de ~ weg *off-hand* ▼ met de ~ op tafel slaan *bang/thump the table*; (fig.) *put one's foot down*

vuistregel *rule of thumb*

vuistslag *punch, thump, blow with the fist*

vulgair *vulgar*, (taal, gedrag) *rude*

vulkaan *volcano*

vulkanisch *volcanic*

vullen (gevogelte) *stuff*, (met lucht) *inflate*, (tand)

fill, (volmaken) *fill up* ∗ een gat – *stop/fill a hole* ∗ haar ogen vulden zich met tranen *her eyes filled with tears* ▼ zijn zakken ~ *grease one's palms*

vulling • (vulling in kies) *filling, inlay* • (vulsel) *filling*, (v. bonbon) *centre*, (v. kussens, matras e.d.) *stuffing* • (penpatroon) *cartridge, refill*

vulpen *fountain pen*

vulpotlood *propelling pencil*

vulsel *filling, filler*, (v. gevogelte) *stuffing*

vulva *vulva*

vunzig • (muf) *musty, fusty* • (smerig) *dirty, filthy, mucky* • (schunnig) *obscene* ∗ ~ gedrag *obscene behaviour*

vuren I [bnw] *pine* **II** [on ww] *open fire on, shoot at*

vurenhout *pine(wood), deal*

vurig • (hartstochtelijk) (aanhanger) *fervent*, (blik, paard) *fiery*, (liefde) *ardent*, (minnaar) *passionate*, (toespraak) *spirited*, (verlangen) *burning* • (gloeiend) *fiery* ∗ ~e kolen *fiery/red-hot coals*

VUT *Early Retirement Scheme* ∗ met de VUT gaan *take early retirement; fall under the ERS*

vuur • (brand) *fire* ∗ vuur maken *make a fire* ∗ vuur vatten *catch fire*; (fig.) *flare up* ∗ het vuur aanwakkeren *fan the flames* ∗ kunt u mij een vuurtje geven? *can you give me a light?*
• (geestdrift) *ardour, warmth* ∗ in vuur geraken over een onderwerp *warm up to a subject* ∗ in het vuur van het debat *in the heat of the debate* ∗ vol vuur zijn over *be enthusiastic about* ∗ (het schieten) *fire* ∗ het vuur openen op *open fire at/on* ∗ onder vuur nemen/zijn *take/be under fire* ▼ tussen twee vuren *between the devil and the deep blue sea; between two fires* ▼ zich het vuur uit de sloffen lopen *run one's legs off* ▼ met vuur spelen *play with fire* ▼ door het vuur gaan voor iem. *go through fire and water for a person* ▼ haar ogen schoten vuur *her eyes were flashing/blazing* ▼ iem. het vuur na aan de schenen leggen *make it hot for a person* ▼ ik heb wel voor heter vuren gestaan *I have been in warmer corners/in worse predicaments*

vuurbol *ball of fire*

vuurdoop *baptism of fire*

vuurdoorn *firethorn*

vuurgevecht *gunfight*, (mil.) *exchange of fire* ∗ het daaropvolgende ~ *in the ensuing shoot-out*

vuurhaard *seat of the fire*

vuurlinie *firing line*

vuurmond • (kanon) *gun* • (voorste deel van vuurwapen) *muzzle*

vuurpeloton *firing squad*

vuurpijl *rocket*

vuurproef *trial by fire*, (fig.) *crucial test, ordeal* ∗ de ~ doorstaan *stand the test; pass through the ordeal*

vuurrood (as) *red as a beetroot*

vuurspuwend *fire-spitting* ∗ ~e berg *volcano* ∗ een ~e draak *a fire-spitting dragon*

vuursteen *flint*

vuurtje *light* ∗ iem. een ~ geven *give s.o. a light* ∗ als een lopend ~ *rondgaan spread like wildfire*

vuurtoren *lighthouse*, (v. roodharig persoon) *carrot-top*

vuurvast *fireproof, heat resistant*

vuurvreter • (circusartiest) *fire-eater* • (vechtjas) *fire-eater, warhorse*

vuurwapen *firearm*

vuurwerk • (materiaal) *firework* • (voorstelling) *fireworks*

vuurzee *sea of fire*

vwo *pre-university education*

w (the letter) W/w

WA third-party liability ∗ WA verzekerd zijn have a third-party insurance

waadvogel wading-bird

waag weigh-house

waaghals dare-devil

waagschaal ▾ zijn leven in de ~ stellen jeopardize/risk one's life

waagstuk bold venture, risky undertaking

waaien I [on ww] ● (wapperen) ⟨met waaier⟩ fan, ⟨v. vlag, e.d.⟩ flutter, fly ⟨blazen⟩ blow ∗ de wind waait uit het oosten the wind is blowing from the east ∗ er waren veel pannen van het dak gewaaid a great many tiles were blown off the roof ∗ er is iets in mijn oog gewaaid something has blown into my eye ▾ laat maar ~! let it be!; never mind! ▾ alles maar laten — let things drift **II** [onp ww] blow ∗ 't waait hard the wind is up; there's a strong wind blowing

waaier fan

waak watch, vigil

waakhond watchdog

waaks watchful

waakvlam pilot light

waakzaam watchful, wakeful, vigilant

waakzaamheid watchfulness, wakefulness, vigilance

Waal Walloon ∗ een Waalse a Walloon woman

Waals Walloon

waan delusion ∗ in de waan verkeren dat... be under the delusion/impression that...

waandenkbeeld fallacy

waanidee delusion, illusion

waanvoorstelling delusion

waanzin ● (onzin) nonsense ● (krankzinnigheid) madness, insanity

waanzinnig I [bnw] ● (krankzinnig) insane, mad, deranged ● (onzinnig) crazy, mad, wild, zany ∗ een ~ plan a crazy plan **II** [bijw] ∗ ~ populair wildly popular ∗ ~ verliefd zijn be madly in love

waar I [de] merchandise, goods, wares ∗ prima waar prime stuff ∗ hij kreeg waar voor zijn geld he got his money's worth; ⟨fig.⟩ he got a good run for his money **II** [bnw] ● (waarheidsgetrouw) true ∗ iets voor waar houden hold s.th. true ∗ dat is waar ook, hij is niet thuis of course, he is not at home ∗ dat zal waar zijn! you bet! ∗ je kent hem, nietwaar? you know him, don't you? ∗ iets voor waar aannemen take s.th. for granted ∗ er is niets van waar there is not a word of truth in it ● (echt) true, real, genuine ∗ 'n ware opluchting a real relief ∗ 'n waar juweeltje a real gem ∗ dat is je waar! that's the ticket! ∗ ware liefde true love ∗ het ware geloof aanhangen follow the true religion **III** [bijw] ● (betrekkelijk) where, ⟨met vz⟩ that, which ∗ dit is het huis waar hij geboren is this is the house where he was born ∗ dit is het boek waar ik het over had this is the book which/that I talked about ● (vragend) where, ⟨met vz⟩ what ∗ waar ben je geboren? where were you born? ∗ waar gaat het om? what is it about?

waaraan ● (vragend) what ... to/of/about ∗ waar zat je aan te denken? what were you thinking of? ● (betrekkelijk) what/which ... to/of/about ∗ ik weet ~ zij zat te denken I know what she was thinking of

waarachter ● (vragend) behind which

● (betrekkelijk) behind what/which, ⟨v. personen⟩ behind whom

waarachtig I [bnw] true, real **II** [bijw] truly, really, indeed ∗ hij geloofde het — ook nog he actually believed it ∗ ik weet 't ~ niet I'm not sure I don't know ∗ ~ niet! not a bit of it!

waarbij ● (vragend) by/near/at what ● (betrekkelijk) by/near/at which/whom ∗ de uitzending ~ ... the broadcast in the course of which ... ∗ ~ nog komt dat ... in addition to which ...; besides, ... ∗ ~ men in aanmerking moet nemen dat taking into account

waarborg ● (onderpand) security ∗ de bank kan een ~ vragen the bank may ask for security ● (garantie) guarantee, safeguard (against)

waarborgen guarantee, warrant, safeguard

waarborgfonds guarantee fund

waarborgsom security, ⟨bij aankoop, e.d.⟩ deposit

waard I [de] landlord, innkeeper ▾ buiten de ~ rekenen reckon without one's host ▾ zoals de ~ is vertrouwt hij zijn gasten one judges other people's character by one's own **II** [bnw] ● (waardig) worth, worthy of ∗ 't is het proberen ~ it's worth trying ∗ uw aandacht ~ worthy of your attention ∗ het vermelden niet ~ not worth mentioning ● (dierbaar) ∗ ~e vriend dear friend ∗ ~e Heer Dear Sir ∗ (genoemde waarde hebbend) worth ∗ hij is niet veel ~ als leraar he is not much good as a teacher ∗ ⟨het was erg vermoeiend⟩ maar het was het ~ ...but it was well worth the effort; ... but it was well worth it ∗ niets ~ worth nothing ∗ ik voel me niets ~ I'm fit for nothing; I'm all knackered ∗ persoonlijkheid is veel ~ personality is a great asset

waarde ● (bezitswaarde) value, worth ∗ dingen van ~ things of value; valuables ∗ ⟨met⟩ aangegeven ~ ⟨with⟩ declared value ∗ de ~ van geld kennen know the value of money ∗ in ~ achteruitgaan depreciate; decrease in value ∗ onder de ~ below the value ∗ ter ~ van ... to the value of... ∗ belastbare ~ van een huis/pand ratable value of a house; ratable value of the premises ∗ nominale ~ ⟨v. geld⟩ face/nominal value ∗ ~ hebben be of value ● (belang) value, merit, importance ∗ ~ hechten aan attach value to; set store by ∗ in ~ houden value; estimate ∗ op de juiste ~ schatten rate at its true value ∗ op zijn eigen ~ beoordelen judge on its own merit ● (getal dat meter aangeeft) figure

waardebon gift coupon

waardeloos ● (zonder waarde) worthless, valueless ∗ ~ maken ⟨v. contract⟩ cancel; ⟨v. argument⟩ invalidate ● (slecht) worthless, useless ∗ het eten is — the food is terrible ∗ een waardeloze film a trashy/rubbishy film

waardeoordeel value judgement

waardepapier stocks and shares [mv], security, bond, bank note

waarderen ● (waarde bepalen) value, estimate ∗ te hoog/laag ~ overvalue/undervalue ● (op prijs stellen) value, appreciate

waardering ● (waardebepaling) evaluation, assessment, ⟨v. schoolwerk⟩ marking ● (erkenning) appreciation ∗ met ~ spreken over speak with appreciation of ∗ uit ~ voor in appreciation of

waardevast stable price, index-linked ∗ ~ pensioen index-linked pension

waardevermindering depreciation, decrease in value, ⟨v. geld⟩ devaluation

waardevol valuable

waardig • (eerbiedwaardig) dignified • (waard) worthy

waardigheid • (het waardig zijn) dignity, (innerlijk) worthiness • beneden mijn ~ beneath my dignity • (ambt) dignity

waardin landlady, hostess

waardoor • (vragend) (as a result of) what, how • (betrekkelijk) through which ★ de deur ~ hij naar binnen kwam de door through which he entered

waarheen • (vragend) where, where to ★ ~ zullen we gaan? where shall we go? • (betrekkelijk) where, to which ★ de kant ~ zij gaan the way they're going

waarheid truth • de ~ spreken tell the truth ★ naar ~ truthfully ★ iem. stevig de ~ zeggen give s.o. a piece of one's mind; tell s.o. a few home truths • de ~ ligt in het midden the truth is somewhere in the middle ★ om je de ~ te zeggen frankly; to tell you the truth • de naakte ~ the naked truth ▼ ~ als een koe truism

waarheidsgetrouw true, truthful

waarin • (vragend) where, in what • (betrekkelijk) in which, where ★ de krant ~ ik dat had gelezen the paper in which I had read it ★ het huis ~ hij is geboren the house where he was born

waarlangs • (vragend) what ... past/along • (betrekkelijk) past/along which ★ het kanaal ~ de weg loopt the canal alongside which the road runs

waarlijk truly, actually, really ▼ zo ~ helpe mij God almachtig! so help me God!

waarmaken I [ov ww] • (verwezenlijken) fulfil • (bewijzen) prove ★ die bewering/beschuldiging kun je nooit ~ you can never prove that allegation/accusation II [wkd ww] prove o.s.

waarmee • (vragend) ~ ★ kan ik u van dienst zijn? what can I do for you?; can I help you? ★ ~ heb je dit geverfd? what did you paint this with? • (betrekkelijk) with/by which ★ ~ ik wil zeggen dat ... by which I mean to say that ... ★ ~ eens te meer bewezen is dat ... which goes to prove once more/again

waarmerk stamp, (op goud, e.d.) hallmark

waarna • (vragend) after which • (betrekkelijk) ★ ~ de schouwburg officieel werd geopend after which the theatre was officially opened

waarnaar • (vragend) what ... at/for ★ ~ ruikt het? what does it smell of? • (betrekkelijk) to which, which/that ... to/after ★ de onafhankelijkheid ~ wij streven ... the independence which we struggle for

waarneembaar perceptible, discernible

waarnemen • (benutten) ★ zijn kans ~ take one's chance ★ de gelegenheid ~ avail o.s. of the opportunity • (gewaarworden) perceive, observe, (gadeslaan) watch • (vervullen) perform ★ voor iem. ~ replace a person ★ iemands belangen ~ look after a person's interests ★ het voorzitterschap voor iem. ~ deputize as chairman for a person

waarnemend acting, deputy

waarnemer • (iem. die waarneemt) observer • (vervanger) deputy

waarneming • (perceptie) observation, perception • (vervanging) substitution, deputizing

waarnemingspost observation post

waarom I [het] why ★ het hoe en ~ van iets the how and why of s.th. II [bijw] • (vragend) why, what ★ ~ zeg je dat why do you say so; what makes you say so ★ ~ niet? why not?

• (betrekkelijk) why, that ★ de reden ~ hij ging the reason why/that he went

waaronder • (vragend) what ... under/among, among what ★ ~ lag het what was it lying under • (betrekkelijk) under which, including, (fig.) among which ★ een groot aantal postzegels ~ zeer zeldzame a large number of stamps including/among which very rare ones

waarop • (betrekkelijk) that/which ... on/in ★ de stoel ~ hij zat the chair (which/that) he was sitting on • (vragend) what ... on ★ ~ zaten ze? what were they sitting on

waarover • (betrekkelijk) that/which ... over/about ★ de moeilijkheden ~ ik geschreven heb the problems (that/which) I wrote you about • (vragend) what ... over/about ★ ~ spraken ze? what were they talking about

waarschijnlijk probable, likely ★ het is niet ~ dat ze gaan they are not likely to go ★ de ~e gevolgen the probable/likely consequences ★ dat lijkt erg ~ that seems quite likely/probable

waarschijnlijkheid probability, likelihood ★ naar alle ~ in all probability/likelihood

waarschuwen • (verwittigen) warn ★ de politie ~ notify the police • (vermanen) warn, caution (against) ★ een ~de stem laten horen sound a warning note ★ iem. duidelijk ~ give s.o. fair warning ★ een gewaarschuwd man telt voor twee forewarned is forearmed

waarschuwing • (het waarschuwen) warning ★ zonder voorafgaande ~ without previous warning • (vermaning) warning, caution ★ alle ~en in de wind slaan ignore all warnings ★ een ~ krijgen (sport) be booked/cautioned ★ laatste ~ final notice

waarschuwingsbord warning sign, (bij opgebroken weg, e.d.) danger sign

waartegen • (vragend) what ... against/to ★ ~ helpt dit middel? what is this medicine for? • (betrekkelijk) against/to which ★ een argument ~ niets valt in te brengen an argument against which no objections can be raised; an unanswerable argument

waartoe • (vragend) what ... for/to ★ ~ dient het? what is it for?; (fig.) what's the use/point of it • (betrekkelijk) which/that .... for ★ de groep ~ zij behoorden the group (that/which) they belonged to

waaruit • (vragend) what ...from/of ★ ~ bestaat het toestel? what does the apparatus consist of? • (betrekkelijk) from which, which ...from ★ het land ~ zij vluchtten the country which they fled from

waarvan • (vragend) what ... from/of ★ ~ maakt hij dat? what does he make that of/from • (betrekkelijk) which/that ... from/of, (m.b.t. persoon) from/of whom ★ een gelegenheid ~ we nooit hadden gedroomd an opportunity (which/that) we had never dreamt of

waarvoor • (vragend) what ... for/about ★ ~ heb je dat nodig? what do you need it/that for? ★ ~ gebruiken ze dat? what are they using it for? • (betrekkelijk) which/that ... for ★ een schilderij ~ hij veel denkt te krijgen a painting (which/that) he hopes to receive/get a lot for

waarzeggen I [het] telling fortunes, (met hand) hand-reading, (met kristallen bol) crystal gazing II [on ww] tell fortunes

waarzegger fortune-teller

waas haze, (fig.) aura, (voor de ogen) mist ★ in een waas van geheimzinnigheid gehuld shrouded in secrecy; wrapped in a veil of secrecy

wacht ● (het waken) watch ★ de ~ betrekken mount guard; on duty ★ de ~ hebben be on guard (duty); (scheepv.) be on watch ★ op ~ staan stand guard; be on duty; (voor dieven, e.d.) keep a look-out ● (één persoon) watchman, (scheepv.) watch, (mil.) sentry ● (geheel van wachters) (scheepv.) watch ★ de ~ aflossen change/relieve guard; (scheepv.) relieve the watch ▼ in de ~ slepen carry off; bag; scoop ▼ iem. de ~ aanzeggen give s.o. a (good) talking to

wachtdienst guard-duty, (scheepv.) watch

wachten ● (nog niet beginnen) wait ★ wacht eens even wait a moment ★ wacht even just a minute (please); (inf.) hold on; (telefoon) hang on a minute ★ te lang ~ met iets delay s.th. too long ● (in afwachting zijn) wait ★ ~ op wait for ★ iem. laten ~ keep a person waiting ★ op zich laten ~ keep people waiting ● (in het vooruitzicht staan) ★ hij weet wat hem te ~ staat he knows what he is in for/what he is up against ★ er staat je iets te ~ there is s.th. in store for you ★ er staat je een zware taak te ~ you got a tough job ahead of you; you're facing a tough job ● (nog niet afgehandeld worden) ★ dat kan (wel) ~ that can wait; there's no hurry ▼ wacht maar! you just wait!

wachter watchman, (parkwachter) keeper

wachtgeld reduced pay, redundancy pay ★ iem. op ~ zetten lay off a person on reduced pay

wachthuisje ● (schildwachthuis) watchman's hut, (mil.) sentry box ● (bus-/tramhokje) bus/tram-shelter

wachtkamer waiting room

wachtlijst waiting list

wachtmeester sergeant

wachtpost ● (persoon) sentry ● (plaats) watch post, guard post

wachttijd wait(ing) time

wachtwoord password

wad mud-flat ★ de Wadden the (Dutch) Wadden

waddeneiland (West) Frisian island

waden ford, wade

wadlopen (walk a)cross mud flats, (walk a)cross shallows

wafel wafer, waffle

wafelijzer waffle-iron

wagen I [de] ● (kar) (ook licht) cart ● (auto) (motor)car, (bestel) van ● (wagon) (voor passagiers) carriage, (voor vracht (dicht)) van, (voor vracht (open)) wagon **II** [ov ww] ● (durven) venture, hazard ★ waag 't eens! I dare/defy you to do it! ★ waag 't niet! don't you dare! ★ zich ~ aan (een taak) venture upon (a task) ★ zich buiten ~ venture out ● (riskeren) risk, venture, hazard ★ zijn leven ~ risk one's life ▼ wie niet waagt, die niet wint nothing ventured nothing gained ▼ ik zal het er maar op ~ I'll risk it

wagenpark fleet (of cars, vans, etc.)

wagenwijd wide (open) ★ ~ openzetten open wide

wagenziek carsick

waggelen ● (wankelend lopen) totter, stagger, (v. eend, dikzak) waddle, (v. klein kind) toddle ● (wiebelen) wobble

wagon carriage, wagon, (voor goederen) van

wajangpop (Indonesian) shadow puppet

wak hole (in the ice)

wake vigil, watch

waken ● (wakker blijven) watch, stay awake, (bij dode) keep vigil (over), (bij zieke) sit up (with) ● (beschermend toezien) (keep) watch, guard ★ ~ over watch over ★ ~ tegen (be on one's) guard

against ★ ervoor ~ dat iets gebeurt take care that s.th. doesn't happen

waker watchman

wakker awake ★ ~ worden wake up ★ ~ maken wake ★ bij iem. iets ~ maken evoke s.th. in s.o. ★ ~ schudden rouse; (inf.) shake awake ★ daar ligt hij niet erg ~ van he's not going to lose any sleep over it ▼ de herinnering ~ houden aan keep the memory alive of

wal ● (dam) (dijkje) embankment, bank, (v. vesting) rampart ● (kade) quay(side) ★ aan wal liggen be in the harbour; be alongside ★ van wal steken (ook fig.) push off; (fig.) go ahead ● (vasteland) land, shore, coast ★ aan wal (gaan) (go) ashore ★ aan wal brengen land ● (huiduitzakking onder ogen) bag ▼ van de wal in de sloot raken get out of the frying-pan into the fire ▼ steek maar van wal! fire away! ▼ tussen de wal en het schip vallen fall between two stools

waldhoorn French horn

Wales Wales

walgelijk disgusting, revolting

walgen ★ ik walg ervan I loathe it; it makes me sick ★ tot ~s toe ad nauseam

walging loathing, disgust

walkie-talkie walkie-talkie

walkman ® walkman

Wallonië Walloon provinces

walm (dense) smoke, smother

walmen smoke

walnoot ● (vrucht) walnut ● (boom) walnut (tree)

walrus walrus

wals ● (dans) waltz ● (pletrol) roller ● (toestel) roadroller

walsen I [ov ww] ● (pletten) roll, (v. weg) steamroller **II** [on ww] ● (dansen) waltz ● (~ over) steamroller, bulldoze

walserij rolling mill

walvis whale

walvisvaarder whaler

wanbegrip fallacy

wanbeheer mismanagement

wanbeleid maladministration, mismanagement ★ een ~ voeren mismanage (the business, etc.)

wanbetaler defaulter

wand wall, (v. rots, berg) face

wandaad outrage

wandbetimmering wainscoting, panelling

wandel ● (gedrag) conduct ● (het wandelen) walk, stroll

wandelaar walker

wandelen walk ★ gaan ~ go for a walk ★ ~de nier floating kidney ★ ~de encyclopedie walking encyclopaedia ▼ de Wandelende Jood the Wandering Jew

wandelgang lobby

wandeling walk, stroll ★ een ~ maken take a walk/stroll; go for a walk

wandelkaart ● (vergunning) licence ● (kaart) map

wandelpad footpath

wandelroute walk ★ een ~ uitzetten signpost a walk

wandelschoen walking/hiking boot/shoe

wandelsport hiking

wandelstok walking stick, cane

wandeltocht walking-tour, (vnl. trektocht) hike

wandelwagen buggy, pushchair

wandkleed tapestry

wandluis bug

W

W

wandmeubel wall unit
wandrek wall bar(s)
wanen imagine, fancy
wang cheek
wangedrag misbehaviour, misconduct
wangedrocht monster, monstrosity
wanhoop despair
wanhoopsdaad desperate act
wanhopen despair
wanhopig desperate, despairing
wankel ● (onvast) unsteady, unstable, tottering ★ ~ evenwicht shaky balance ● (ongewis) shaky, insecure ★ ~e positie shaky position
wankelen (weifelen) waver, vacillate ★ ~ in zijn geloof waver in one's faith ★ van geen ~ weten stand as firm as a rock ● (onvast gaan/staan) stagger, reel, ⟨v. personen, toren, stelsel⟩ totter
wankelmoedig wavering, vacillating
wanklank discordant sound, dissonance, ⟨fig.⟩ jarring/discordant note
wanneer I [bijw] when ★ ~ hij ook komt whenever he comes II [vw] ● (als) when ★ we zijn er allemaal ~ hij komt we shall all be there when he arrives ● (indien) if ★ ~ we geld hebben, gaan we naar Frankrijk if we have the money, we'll go to France ★ ~ dat zo is, dan … if that's the case, …
wanorde disorder
wanordelijk disorderly
wanproduct ● (persoon) wastrel, loser ● (mislukking) flop, failure, freak, ⟨pej.⟩ dud
wansmaak bad taste
wanstaltig misshapen, deformed
want I [de] mitten II [het] rigging ▼ hij weet van wanten he knows the ropes III [vw] for, because
wantoestand abuse
wantrouwen I [het] distrust, mistrust ★ ~ wekken arouse suspicion II [ov ww] distrust, mistrust
wantrouwend distrustful, suspicious
wantrouwig distrustful, suspicious
wanverhouding discrepancy, disproportion, ⟨misstand⟩ abuse
WAO Disablement Insurance Act ★ in de WAO zitten to receive disability benefit
wapen ● (strijdmiddel) weapon, arms [mv] ★ naar de ~s grijpen take up arms ★ te ~! to arms! ★ de ~s neerleggen lay down arms ● (wapenschild) ★ koninklijk ~ Royal Arms ▼ iem. met zijn eigen ~s bestrijden fight s.o. with his own weapons ▼ onder de ~s zijn be in the army
wapenbeheersing arms control
wapenbezit possession of (fire)arms/weapons
wapenbroeder brother/comrade in arms
wapenembargo arms embargo
wapenen ● (bewapenen) arm ★ zich ~ arm o.s. ● (versterken) arm, ⟨v. beton⟩ reinforce, ⟨v. glas⟩ armour ★ gewapend beton reinforced concrete
wapenfeit ● (oorlogsdaad) feat of arms ● (roemrijke daad) feat, exploit
wapengeweld armed force, force of arms
wapenleverantie arms supply
wapenrusting armour
wapenspreuk heraldic device
wapenstilstand armistice, cease-fire
wapenstok baton, ⟨BE⟩ truncheon
wapentuig arms
wapenwedloop arms race
wapperen wave, flutter, ⟨v. vlag⟩ fly
war muddle, confusion, mix-up, mess ★ in de war raken ⟨v. personen⟩ get confused/muddled; ⟨v. dingen⟩ get mixed up; ⟨v. touw⟩ get entangled/knotted ★ uit de war halen disentangle; unravel

★ alles liep in de war everything got mixed up ★ je bent in de war you're wrong ★ mijn maag is in de war my stomach is upset ★ 't weer is helemaal in de war the weather is quite unsettled ★ hij heeft de boel (mooi) in de war gestuurd he has made a (proper) mess of things
waranda veranda(h), ⟨AE⟩ porch
warboel muddle, mess, confusion
waren I [de] wares, goods II [on ww] wander
warenhuis department store
warhoofd scatterbrain
warm ● (met hoge temperatuur) hot, warm ★ warm maken heat ★ warm houden keep hot/warm ★ warme bronnen/baden thermal/hot springs/baths ★ 't warm hebben be warm ★ warm lopen become (over)heated ● (hartelijk) warm(-hearted), ardent ★ warm aanbevelen warmly recommend ● (geïnteresseerd) warmed up, enthusiastic ★ zich warm maken over een zaak get heated/steamed up over a question ★ iem. warm voor iets maken warm a person up to s.th. ▼ iets warm houden ⟨fig.⟩ keep s.th. to the fore ▼ het ging er warm toe it was hot work
warmbloedig ● (vurig) hot-blooded, passionate ● (bio.) warmblooded
warmdraaien warm up ▼ voor iets ~ warm up to s.th.
warmen warm, heat
warming-up warm-up (exercise)
warmlopen ● (te heet worden) get hot, (over)heat ● (enthousiast worden) warm to/towards, be(come) enthusiastic for ★ (sport) warm up, do a warming-up
warmpjes warmly
warmte ● (hartelijkheid) warmth ● (het warm zijn) warmth, ⟨ook nat.⟩ heat ★ ~ afgeven give off heat
warmtebron source of heat
warmtegeleider conductor of heat
warmwaterkraan hot-water tap
warrelen whirl
warrig knotty, tangled, ⟨fig.⟩ confused
wars averse ★ w∴rs van averse to
Warschau Warsaw
wartaal gibberish, ravings
wartel (draaiwiel) swivel, ⟨v. ketting⟩ coupling nut, turnbuckle
warwinkel chaos, muddle, mess
was I [de] ● (het wassen) wash, washing ★ de was doen do the wash(ing)/laundry ● (wasgoed) wash, laundry ★ schone was clean/fresh linen ▼ vuile was dirty/soiled linen ★ de was uitzoeken sort the laundry ▼ de vuile was buiten hangen wash one's dirty linen in public II [de/het] wax ▼ hij zit goed in de slappe was he has plenty of dough; he's rolling in it
wasautomaat washing machine, washer
wasbak washbasin, sink
wasbeer raccoon
wasbenzine benzine
wasbeurt wash(ing)
wasdom growth ★ zijn volle ~ bereiken reach its full growth/stature
wasdroger (tumble)/(tumbler) dryer
wasecht fast-dyed, washable
wasem steam, vapour
wasemen steam
wasgelegenheid washroom
wasgoed washing, laundry
washandje face cloth/flannel, ⟨AE⟩ wash cloth
wasinrichting laundry
wasknijper clothes peg

waslijn *clothesline*
waslijst *catalogue ★ een ~ met klachten a catalogue of complaints*
wasmachine *washing machine*
wasmand *laundry basket*
wasmiddel *detergent*
waspeen *carrot (washed before being marketed)*
waspoeder *washing powder*
wassen I [bnw] *wax(en)* **II** [ov ww] *wash, (ook wonden) cleanse ★ zich ~ wash o.s. ★ hij is aan het ~ he's doing the laundry* **III** [on ww] ● *(toenemen) (v. maan) wax, (v. waterpeil) rise*
wasserette *launderette*
wasserij *laundry*
wasstraat *car wash*
wastafel *washbasin*
wastobbe *washtub*
wasverzachter *fabric softener*
wasvoorschrift *instructions for washings, directions for washing*
wat I [vr vnw] *what ★ wat zou dat? what of it? ★ wat is er? what is it?; what's the matter? ★ wat zal 't zijn? what'll you have?; what's yours? ★ wat een boeken! what a lot of books! ★ wat dans je goed! how well you dance! ★ al is hij oud, wat dan nog? so what if he is old? ★ van wat voor boeken houd je? what kind of books do you like? ★ wat is hij voor een man? what sort of man is he? ★ en wat al niet! and what not! ★ wat prachtig! how splendid! ★ wat een aardig huis! what a nice house! ★ wat een (antecedent is woord(groep)) that, (geen antecedent) what, (na iets/dat) which ★ je kunt zeggen wat je wil, maar ... you can say what you like, but ... ★ het ergste wat je kan overkomen the worst thing that may happen to you ★ iets wat nooit gebeurt s.th. which never happens* ● *wat (ook) maar whatever* **III** [onb vnw] *(bijvoeglijk gebruikt) some, (zelfstandig gebruikt) something ★ er zit wat in there is s.th. in it ★ geef haar ook wat give her some(thing) too ★ neem nog wat druiven have some more grapes ★ blijf nog wat stay a little longer ★ speel nog wat play some more ★ wat er ook gebeurt whatever happens* **IV** [bijw] ● *(erg) very, extremely, (inf.) jolly ★ zij was maar wat blij met het cadeautje she was awfully/jolly pleased with her present* ● *(een beetje) somewhat, a little/bit ★ wat later a little later ★ het gaat wat langzaam it's somewhat slow; it's a little/bit slow* **V** [tw] *what*
water ● *(vloeistof) water, (v. lichaam) urine ★ te ~ laten launch ★ onder ~ zetten inundate; flood ★ onder ~ staan be under water; be flooded* ● *een glas ~ a glass of water ★ op ~ en brood zetten put on bread and water ★ als ~ en vuur zijn be at daggers drawn; be at each other's throats ★ ~ binnenkrijgen swallow water* ● *planten) ~ geven water plants ★ ~ maken (v. schip) make water ★ bij hoog/laag ~ at high/low tide ★ onder ~ lopen be flooded* ● *(binnenwater) (algemeen) water, (waterweg) waterway ★ bevaarbare ~en navigable waterways ★ diep ~ deep waterway ★ de ~en van Schotland the waters of Scotland... ▼ stille ~s hebben diepe gronden still waters run deep ▼ bij de wijn doen moderate one's demands ▼ ~ naar de zee dragen carry coals to Newcastle ▼ in troebel ~ vissen fish in troubled waters ▼ diamant van 't zuiverste ~ diamond of the utmost clarity ▼ bang zijn zich aan koud ~ te branden be over-cautious ▼ weer boven ~ komen pop up again ▼ in 't ~ vallen come to nothing; fall through ▼ zijn geld in 't ~ gooien*

throw one's money away; pour one's money down the drain ▼ 't ~ komt me er van in de mond it makes my mouth water ▼ van het zuiverste ~ first-rate
waterafstotend *water-repellent*
waterballet *water ballet*
waterbed *waterbed*
waterbekken *reservoir*
waterbouwkunde *hydraulic engineering, hydraulics*
waterdamp *water vapour, steam*
waterdicht ● *(onweerlegbaar) watertight* ● *(niet waterdoorlatend) (kleding e.d.) waterproof, (schoenen, ruimten) watertight*
waterdrager *water-carrier*
waterdruk *water pressure*
wateren ● *(vocht afscheiden) ★ mijn ogen ~ my eyes water* ● *(urineren) make/pass water, urinate*
waterfiets *pedalo, hydrocycle*
waterfietsen *pedal boating*
watergekoeld *water-cooled*
watergolf *artificial curl, wave*
watergolven *set, (v. haar) perm*
waterhoen *moorhen*
waterhoofd *hydrocephalus, (inf.) water on the brain*
waterhuishouding *(m.b.t. de bodem) soil hydrology, (m.b.t. planten) water balance, (m.b.t. watervoorziening) water management*
waterig ● *(als water) watery* ● *(met veel water) watery, (soep ook) thin ▼ een ~ zonnetje a watery sun*
waterijs *water ice, (AE) sherbet*
waterjuffer *(groot) dragonfly, (klein) damsel fly*
waterkanon *monitor, water cannon*
waterkant *waterside, (in stad, e.d.) waterfront*
waterkering *embankment, dam, dike*
waterkers *watercress*
waterkoeling *water-cooling ★ motor met ~ water-cooled engine*
waterkraan *water tap*
waterkracht *hydropower, water power ★ werkend op ~ hydropowered*
waterkrachtcentrale *hydroelectric power plant/ station*
waterlanders *tears ★ de ~ kwamen the waterworks were turned on*
waterleiding *waterworks*
waterleidingbedrijf *waterworks, (AE) water company*
waterlelie *water lily*
waterlijn *waterline*
waterlinie *land flooded as a defence line*
watermeloen *watermelon*
watermerk *watermark*
watermolen *watermill*
wateroverlast *flooding*
waterpas I [het] *spirit level* **II** [bnw] *level*
waterpeil *water level*
waterpistool *water pistol/gun*
waterplaats *urinal*
waterplant *water plant*
waterpokken *chickenpox*
waterpolitie *river police*
waterpolo *water polo*
waterpomptang *multiple pliers, pipe wrench*
waterproof *waterproof*
waterput *well*
waterrat *water rat*
waterrijk *watery*
waterschade *water damage*
waterschap *district water board*

waterschuw *afraid/frightened of water, ⟨med.⟩ hydrophobic*
waterschuwheid *fear of water, ⟨med.⟩ hydrophobia*
waterscooter *waterscooter*
waterskiën *water-skiing*
waterslang • *(dier) water snake •* *(slang) hose(pipe)*
watersnip *snipe*
watersnood *flood(s)*
waterspiegel • *(oppervlakte) water surface •* *(peil) water level*
watersport *water sport(s), aquatic sport(s)*
waterstaat *public works department*
waterstaatkundig *hydraulic*
waterstand *water level*
waterstof *hydrogen* ★ ~**bom** *hydrogen bomb; H-bomb*
waterstofperoxide *hydrogen peroxide*
watertanden ★ 't *doet mij ~ it makes my mouth water*
watertandend *mouth-watering*
watertaxi *taxi-boat, water-taxi*
watertoerisme *boating*
watertoren *water tower*
watertrappen *tread water*
waterval *waterfall, cascade*
waterverf *watercolour(s), water-based paint*
watervlak *water surface*
watervliegtuig *hydroplane, seaplane*
watervlug *darting, like a flash/light, lightning fast*
watervogel *water bird*
watervoorziening *water supply*
watervrees *hydrophobia*
waterweg *waterway*
waterwerk *fuentes [mv]*
waterwingebied *water catchment area*
waterzuiveringsinstallatie *water purification plant*
watje • *(propje watten) wad of cotton wool* ★ ~**s** *in de oren ear plugs •* *(persoon) softy*
watt *watt*
watten I *[de] cotton wool, ⟨AE⟩ absorbent cotton* ▼ *in de ~ leggen pamper* **II** *[bnw] cotton wool*
wattenstaafje *cotton bud, ⟨AE⟩ Q-Tip*
watteren *wad, quilt, pad*
wauwelen *waffle, blather (on)*
WA-verzekering *third party insurance*
waxinelichtje *waxlight*
wazig *hazy, foggy*
wc *WC, toilet, lavatory* ★ *naar de wc moeten have to go to the toilet*
wc-bril *toilet seat, lavatory seat*
wc-papier *toilet paper*
wc-pot *lavatory pan*
wc-rol *toilet/lavatory roll*
we *we* ★ *laten we gaan let's go; shall we go now*
web *web*
wecken *bottle, can*
weckfles *preserving jar*
wedde *salary, pay*
wedden *bet, lay a wager* ★ *ik wed (met je) om al wat je wilt I'll bet (you) anything you like* ★ ~ *op bet on*
weddenschap *bet, wager*
wederdienst *service in return* ★ *altijd tot ~ bereid always ready to reciprocate; ⟨inf.⟩ if you scratch my back, I'll scratch yours*
wedergeboorte • *(herleving) rebirth •* *(reïncarnatie) rebirth, reincarnation*
wederhelft *⟨inf.⟩ better half*
wederkerend *reflexive* ★ ~ *werkwoord reflexive*

verb
wederkerig *mutual, reciprocal*
wederom *again, once more*
wederopbouw *reconstruction, rebuilding, redevelopment*
wederopstanding *resurrection*
wederrechtelijk *unlawful, illegal, wrongful*
wedervaren I *[het] adventures* **II** *[on ww] befall* ★ *iem. recht laten ~ do justice to s.o.; give s.o. his due*
wederverkoper *retailer*
wedervraag ≈ *counter-question* ★ *een ~ stellen answer a question with a question*
wederzijds *mutual, reciprocal*
wedijver *competition, rivalry*
wedijveren *compete*
wedloop *race, ⟨fig.⟩ rush*
wedren *race*
wedstrijd *competition, match, contest*
wedstrijdsport *competitive sport(s)*
weduwe *widow* ★ *onbestorven ~ grass widow*
weduwenpensioen *widow's pension*
weduwnaar *widower* ★ *onbestorven ~ grass widower*
wee I *[de]* ★ *weeën labour pains; contractions* **II** *[bnw] faint, (geur, smaak, sentimentaliteit) sickly, ⟨onwel⟩ shaky* ★ *je wordt er wee van it's enough to make you sick* ★ *wee van honger faint with hunger*
weed *weed, grass, pot*
weefgetouw *loom*
weefsel • *(stof) texture, fabric •* *(bio.) tissue*
weegs ★ *hij ging zijns ~ he went on his way* ★ *zij gingen ieder huns ~ they went their several ways* ★ *een eind ~ vergezellen accompany (s.o.) part of the way*
weegschaal *(pair of) scales, balance*
week I *[de] •* *(zeven dagen) week* ★ *om de week every week •* *de Goede Week Holy Week •* *door/in de week during/in the week; on weekdays* ★ *over een week in a week's time •* *verleden/volgende week last/next week •* *week in, week uit week in, week out •* *vandaag over een week today week •* *morgen over drie weken three weeks from tomorrow •* *een vakantie van een week a week's holiday •* *er gaat geen week voorbij of ... not a week goes by but ... •* *(het weken) •* *de was in de week zetten put the laundry in to soak* **II** *[bnw] •* *(zacht) soft •* *week maken soften •* *(teerhartig) soft, weak*
weekblad *weekly magazine/journal*
weekdier *mollusc*
weekend *weekend*
weekenddienst *weekend duty*
weekendretour *return train ticket valid for a weekend*
weekendtas *holdall*
weekhartig *softhearted*
weeklagen *wail, lament*
weekloon *weekly wages*
weekoverzicht *review of the week*
weelde • *(overvloed) profusion, wealth, abundance, ⟨v. plantengroei⟩ luxuriance* ★ *een ~ van kleuren a riot of colour •* *(luxe) luxury* ★ *ik kan mij de ~ van een huis niet veroorloven I can't afford a house*
weelderig • *(luxueus) luxurious, ⟨interieur, e.d.⟩ opulent* ★ ~ *leventje luxurious life •* *(overvloedig)* ★ ~*(e) haar/groei luxuriant hair/growth •* ~*e vegetatie lush/luxuriant vegetation*
weemoed *melancholy, sadness*
weemoedig *melancholic, sad*

weer I [de] ▼ zich te weer stellen *offer resistance; make a stand* ★ al vroeg in de weer zijn *be stirring early* **II** [het] ● (weersgesteldheid) *weather* ★ als het weer het toelaat *weather permitting* ★ weer of geen weer in all weathers ★ wat voor weer is 't? *what's the weather like?* ★ we krijgen ander weer *the weather is changing* ★ het weer slaat om *the weather is turning/ breaking* ● (verwering) *weathering* ★ 't weer zit in de spiegel *the mirror is weatherstained* ▼ mooi weer spelen *put on a show (of friendliness)* **III** [bijw] ● (opnieuw) *again* ● (terug) *back* ★ heen en weer *there and back*

weerbaar *able-bodied*

weerbarstig ● (koppig) *stubborn, unruly, obstinate, recalcitrant* ● (stijf en stug) *stubborn, obstinate, recalcitrant* ⟨vnl. materiaal⟩ *unmanageable*

weerbericht *weather forecast,* ⟨AE⟩ *weather report*

weerga *equal, peer, match* ★ hij is zonder ~ *he is without equal; he is peerless/unparalleled*

weergalmen *reverberate, echo, resound*

weergaloos *matchless, unequalled, unparalleled*

weergave ● (kopie) *reproduction* ● (het weergeven) *reproduction,* ⟨v. muziek ook⟩ *performance,* ⟨v. voorval⟩ *account*

weergeven ● (reproduceren) *reproduce* ★ iemands woorden onjuist ~ *misrepresent s.o.* ● (vertolken) ⟨in een taal⟩ *render,* ⟨v. gedicht⟩ *recite,* ⟨v. gevoel⟩ *convey,* ⟨v. gevoel, situatie⟩ *descsribe,* ⟨v. publieke opinie⟩ *voice,* ⟨v. toneelstuk, muziek⟩ *perform*

weerhaak *barb*

weerhaan *weathercock,* ⟨fig.⟩ *timeserver*

weerhouden *hold back, restrain, stop* ★ dat zal mij niet ~ te gaan *that will not keep me from going*

weerkaatsen I [ov ww] ● (terugkaatsen) *reflect, mirror,* ⟨v. geluid⟩ *reverberate* **II** [on ww] ● (teruggekaatst worden) *reflect,* ⟨v. geluid⟩ *reverberate*

weerklank *echo* ★ ~ vinden *meet with a response*

weerklinken *resound, ring out*

weerkunde *meteorology*

weerleggen *refute, counter*

weerlegging *refutation, rebuttal*

weerlicht *summer lightning* ★ als de ~ *like (greased) lightning; on the double*

weerlichten *flashes of lightning*

weerloos *defenceless*

weermacht *armed forces/services*

weerman *weatherman, weather forecaster*

weerom *back*

weeromstuit *rebound* ▼ van de ~ *lachen laugh in spite of o.s.*

weeroverzicht *weather synopsis*

weerschijn *lustre, reflection*

weerschijnen *glitter*

weersgesteldheid *weather conditions*

weerskanten ★ aan ~ *on both sides*

weerslag *repercussion*

weersomstandigheden *weather conditions*

weerspannig *recalcitrant, refractory*

weerspiegelen *reflect*

weerspiegeling *reflection*

weerspreken *contradict (s.o.)*

weerstaan *resist*

weerstand ● (tegenstand) *resistance, opposition* ★ ~ bieden aan *offer resistance* ● (resistentie) *resistance* ● (deel van stroomkring) *resistance*

weerstandsvermogen *endurance, resistance, stamina*

weersverwachting *weather forecast,* ⟨AE⟩ *weather report*

weersvoorspelling *weather forecast,* ⟨AE⟩ *weather report*

weerszijden ★ aan ~ *on both sides*

weerwil ▼ in ~ van *in spite of; notwithstanding*

weerwolf *werewolf*

weerwoord *reply, retort, reposte* ★ ~ geven *retort; answer*

weerzien I [het] *reunion,* ⟨na korte periode⟩ *meeting (again)* ★ tot ~s *till we meet again;* ⟨inf.⟩ *so long* **II** [ov ww] *see again*

weerzin *reluctance, repugnance (to)* ★ met ~ *reluctantly*

weerzinwekkend *repulsive, revolting, repugnant*

wees *orphan*

weeshuis *orphanage*

weeskind *orphan*

weet ★ aan de weet komen *find out* ★ het is maar een weet *it's only a knack*

weetal *know-(it-)all*

weetgierig *inquisitive, eager to learn* ★ ~ zijn *have an inquiring mind*

weg I [de] ● (doortocht) *way* ★ in de weg staan *be in the way;* ⟨fig.⟩ *hamper* ★ uit de weg ruimen ⟨v. moeilijkheid⟩ *remove;* ⟨v. persoon, moeilijkheid⟩ *eliminate; get rid of;* ⟨v. misverstand⟩ *clear up* ★ loop me niet in de weg *don't get in my way* ★ uit de weg (gaan) (get) out of the way ⟨v. manier, middel⟩ *way, means* ★ geen weg weten met *be at a loss what to do with* ★ zich van slinkse wegen bedienen *use devious ways and means* ● (straat) *path, road* ★ de grote weg *the main road* ★ een kortere weg nemen *take a short cut* ★ de openbare weg *the public highway/road* ★ 'n weg inslaan *take a road;* ⟨fig.⟩ *adopt a course* ★ langs de weg *by the wayside; along the road* ● (traject) *road, way, course* ★ 't schip was op weg naar *the ship was bound for* ★ op de goede weg zijn *be on the right road* ★ zij zijn mooi op weg om te... *they have gone a long way towards...* ★ onderweg/op weg zijn *be on the/one's way;* ⟨v. schip⟩ *be under way* ★ zich op weg begeven *set off; set out for* ▼ zo oud als de weg naar Rome *as old as the hills* ▼ naar de bekende weg vragen *ask (for) the obvious* ▼ dat ligt niet op mijn weg *it is none of my business* ▼ z'n eigen weg gaan *go one's own way* ▼ de weg banen/bereiden voor *pave the way for* ▼ van de rechte weg afdwalen *stray from the right path* ▼ ik heb je nooit een strobreed in de weg gelegd *I have never thwarted you in any way* ▼ een weg volgen *pursue a course* **II** [bijw] ● (zoek) *gone, lost* ● (afwezig) *away* ★ ik moet weg I must be off ★ weg ermee! *away with it!* ★ hij moet hier weg *he must go; he has to go* ★ alles moet weg! *everything must go!* ★ weg mogen *be allowed to go* ★ weg met Harry! *down with Harry!* ★ weg wezen! *clear out!; get lost!; scram!* ★ (~ van) *crazy about* ★ ze was er 'weg' van *she was crazy about it* ▼ hij was helemaal weg ⟨in de war⟩ *he was all at sea;* ⟨bewusteloos⟩ *he had passed out*

wegbereider *pioneer*

wegbergen *put away*

wegblijven ● (niet komen) *stay away (from), stop coming (to)* ★ uit school ~ *skip school* ● (niet terugkomen) *stay away, not return* ★ de pijn bleef weg *the pain didn't return* ★ ik zal niet lang ~ *I shan't be long*

wegbranden I [ov ww] ● (verbranden) *burn away/off* **II** [on ww] ● (verbrand worden) *burn away/down* ▼ ze is niet weg te branden *there's no* getting rid of her

wegbrengen • (elders brengen) take away ∗ ik zal de post ~ (naar het postkantoor) I'll take the post (to the post office) • (vergezellen) see off

wegcijferen ignore ∗ zichzelf ~ efface o.s.

wegdek road-surface

wegdenken think away

wegdoen • (niet langer houden) dispose of, part with, (iets onbruikbaars) scrap • (opbergen) put away

wegdoezelen doze off

wegdragen • (verwerven) ∗ iemands goedkeuring ~ meet with s.o.'s approval • (naar elders dragen) carry away/off

wegduiken dive/duck away

wegduwen push away

wegebben ebb (away), (geluid) fade, (krachten) drain away

wegen I [ov ww] • (gewicht bepalen) weigh ▼ gewogen en te licht bevonden weighed and found wanting II • (van belang zijn) ∗ 't zwaarst ~ preponderate; come first ∗ zwaarder ~ dan outweigh ∗ iets niet te zwaar laten ~ not attach too much importance to s.th. ∗ zwaar ~ tilt the scales • (genoemde gewicht hebben) weigh ∗ zwaar ~ weigh/be heavy ▼ wat 't zwaarst is moet 't zwaarst ~ first things first

wegenaanleg road building

wegenbelasting road tax

wegenkaart road map

wegennet road network

wegens because of, on account of, owing to, due to

wegenwacht • (dienst) (BE) A.A. (Automobile Association), RAC (Royal Automobile Club), (algemeen) motoring association • (persoon) AA-man, RAC-man

weg- en waterbouw civil engineering

weggaan • (verdwijnen) ∗ al haar geld gaat weg aan cd's all her money goes on CDs • (verkocht worden) be sold ∗ grif ~ sell readily • (vertrekken) go away, leave

weggebruiker road-user

weggeven • (ten beste geven) perform, play, sing • (cadeau doen) (ook fig.) give away

weggevertje giveaway

weggooien throw/fling away ∗ dat zou geld ~ zijn it would be a waste of money ▼ zichzelf ~ make o.s. cheap

weggrissen snatch away

weghalen • (wegnemen) remove, take away • (stelen) remove

weghelft (one) side of the road

wegjagen • (er vandoor gaan) run away, make off ∗ (v. school) expel, (v. school, universiteit) send down

wegkapen snatch away, pinch, (vulg.) nick

wegkomen get/come away ∗ maak dat je wegkomt! clear out!; be off with you! ∗ hij maakte dat hij wegkwam he made himself scarce

wegkruipen crawl/creep away

wegkwijnen pine away, languish

weglaten leave/miss out, omit

wegleggen • (terzijde leggen) put aside/away • (sparen) lay/put aside ▼ dat is niet voor hem weggelegd that is just not for him

wegligging (v. auto) roadholding

weglopen • (er vandoor gaan) run away, make off ∗ zij is bij haar man weggelopen she walked out on her husband • (wegvloeien) run off/out ∗ water laten ~ drain water • (naar elders lopen) walk away • (~ met) ∗ erg ~ met make much of; be greatly taken with

wegmaken • (zoekmaken) lose, mislay • (onder

narcose brengen) anaesthetize

wegnemen • (weghalen) take away, remove • (doen verdwijnen) remove, take away ▼ dat neemt niet weg dat ... that does not alter the fact that...

wegomlegging diversion

wegpesten freeze a person out

wegpiraat road hog

wegpromoveren (inf.) kick upstairs

wegraken get lost

wegrestaurant roadhouse

wegroepen call away

wegrotten rot away

wegscheren I [ov ww] shave off II [wkd ww] make off ∗ scheer je weg! clear off!

wegschrijven write to disk, save

wegslepen drag away, (v. auto, schip) tow away

wegslikken • (doorslikken) swallow (down) • (verwerken) ∗ even iets moeten ~ swallow

wegsmelten melt away

wegspoelen I [ov ww] • (meevoeren) carry/wash away • (spoelend verwijderen) (in wc) flush down, (v. voedsel) wash down II [on ww] • (meegevoerd worden) be washed/swept away

wegstemmen vote out (of office)

wegsterven die away/down, fade away, trail off

wegstoppen • (verbergen) hide/put/tuck away, conceal • (verdringen) suppress

wegstrepen cross out, delete, cancel out ∗ die twee zaken kun je tegen elkaar ~ those two things cancel each other out

wegsturen • (wegzenden) send away, (niet toelaten) turn away, (ontslaan) dismiss • (verzenden) mail, dispatch

wegteren waste away

wegtrekken I [ov ww] • (van zijn plaats trekken) draw/pull away II [on ww] • (weggaan) draw/move off, (ergens uit) pull out, (v. bui) blow over, (v. mist) lift, (v. toeristen) leave, (v. troepen) pull out • (verdwijnen) (v. pijn) disappear, ease ▼ wit ~ blanch; turn white

wegvagen sweep away, wipe out

wegvallen • (weggelaten worden) be left out, be omitted • (vervallen) ∗ tegen elkaar ~ cancel each other out • (uitvallen) fall/drop off, (v. zender, geluid) fall away ∗ de druk viel weg the pressure dropped

wegverkeer road traffic

wegversmalling narrowing of the road, (op verkeersbord) Road Narrows

wegversperring roadblock

wegvervoer road transport, haulage

wegvliegen • (vliegend weggaan) fly away/off • (snel heengaan) dart off ∗ hij vloog meteen weer weg he immediately darted off again • (goed verkocht worden) sell/go like hot cakes

wegvoeren carry off

wegwaaien I [ov ww] • (wegvoeren) blow away II [on ww] • (weggevoerd worden) be blown away

wegwerp- disposable, throw-away, (flessen) non-returnable

wegwerpen throw away/out

wegwerpmaatschappij consumer society

wegwerpverpakking disposable packaging/packing

wegwezen clear off/out, (inf.) scram ∗ ~ jullie! beat it!; scram!; buzz off! ∗ terug van weggeweest be back again; have made a come-back

wegwijs familiar ∗ iem. ~ maken put a person wise; (AE) show s.o. the ropes

W

wegwijzer ● (wegaanduiding) sign(post) ● (gids) ⟨handleiding⟩ manual, guidebook, ⟨reisgids⟩ guide

wegwuiven brush aside, dismiss ∗ bezwaren ~ dismiss objections

wegzakken sink, go down ∗ mijn Engels is volledig weggezakt my English has gone completely

wegzetten ● (terzijde zetten) set/put aside, move ∗ auto – park the car ● (wegbergen) put away/aside ∗ geld – put money aside; put money in the bank

wei ● (weiland) meadow, ⟨grasland⟩ grassland, ⟨v. vee⟩ pasture ● (melkwei) whey

weidegrond pasture

weiden graze

weidevogel meadow bird

weids magnificent, stately, grand

weifelaar waverer, wobbler

weifelachtig wavering, hesitant

weifelen waver, hesitate

weifeling wavering, hesitation

weigeren I (ov ww) ● (niet toestaan) refuse, deny, ⟨verzoek⟩ turn down ∗ iem. de toegang ~ refuse a person admittance ● (niet willen doen) refuse ∗ ~ iets te doen refuse to do s.th. ● (niet aannemen) refuse, ⟨kandidaat, bod, goederen⟩ reject, ⟨uitnodiging⟩ decline **II** (on ww) ● (het niet doen) refuse, ⟨v. rem, e.d.⟩ fail, ⟨v. vuurwapen⟩ misfire

weigering refusal

weiland pasture, grazing

weinig I (onb vnw) little, not much ∗ we kunnen er ~ aan doen there's little we can do about it ∗ het –e dat zij zag the little that she saw ∗ hij dronk ~ he didn't drink much ∗ ik heb er drie te ~ I am three short **II** (bijw) ● (zelden) rarely, seldom ∗ zij is ~ thuis she's hardly ever home ● (in geringe mate) little ∗ ~ bekend little known ∗ het is ~ minder dan ... it's nothing short of ... ∗ ~ overtuigend not very convincing **III** (telw) few, not many ∗ niet ~ en not a few ∗ het zijn er te ~ there aren't enough

wekelijks weekly

weken soften, soak

wekken ● (opwekken) ⟨belangstelling⟩ excite, ⟨hoop, argwaan⟩ raise, ⟨verontwaardiging⟩ create ∗ verbazing ~ come as a surprise ● (wakker maken) wake, (a)waken, rouse, call

wekker radio alarm clock, clock radio

wekkerradio radio alarm clock, clock radio

wel I (de) spring, fountain **II** (het) welfare, well-being ∗ het wel en wee der gemeenschap the weal and woe of the community **III** (bijw) ● (goed) well ∗ ik voel me heel wel I feel quite well ∗ als ik 't wel heb if I am not mistaken ∗ als ik me wel herinner if I remember rightly ● (tegenover niet) ∗ ik denk het wel I think so ∗ ik houd er wel van I rather like it; ⟨met nadruk⟩ I do like it ∗ wel wat duur rather dear ∗ hij wil wel he doesn't mind; he is willing ● (tamelijk) ∗ het was wel leuk, hoor it was quite pleasant, you know ● (waarschijnlijk) ∗ het zal wel goed zijn I daresay it'll be all right ∗ het kan wel (waar) zijn it may be (true) ∗ het zal wel niet gebeuren it's not likely to happen; it may well never happen ● (vragend) ∗ komt hij wel? is he coming? ● (minstens) ∗ wel 1000 mensen as many as 1000 people; no fewer than 1000 people ● (versterkend) very ∗ dank u wel thanks very much ∗ dat is wel zo aardig that would be very

nice/kind indeed ∗ wel neen oh no ∗ zeg dat wel you may well say so ● (weliswaar) ∗ het is wel niet veel, maar... it's true that it isn't much, but... **IV** (tw) well ∗ wel, nu nog mooier! well, I never!

welbehagen ● (genoegen) pleasure ● (believen) pleasure, well-being

welbekend well-known

welbeschouwd all things considered, all in all

welbespraakt eloquent, fluent, voluble

welbesteed well-spent

welbewust well-considered, deliberate

weldaad ● (goede daad) benefaction, boon ∗ het is een ~ voor oude mensen it's a boon for old people ● (genot) blessing

weldadig ● (heilzaam) salutary, beneficent ● (aangenaam) ∗ ~e warmte pleasant warmth ∗ ~e zalf soothing cream

weldenkend right-thinking

weldoen do good ▼ doe wel en zie niet om do right and fear no one

weldoener benefactor

weldra soon, presently

weledel ∗ ~e heer (boven brief) (dear) Sir

weledelgeboren esquire (na de naam van een man) ∗ de ~ heer P. Davidson P.Davidson, Esq.

weledelgeleerd ≈ Dear Sir/Madam...

weledelgestreng Dear Sir/Madam, ≈ (alleen bij man) esquire ∗ de ~e heer/mevrouw (aanhef) Dear Sir/Madam

weleer formerly, olden days/times

weleerwaard reverend ∗ de ~e heer C. Brown (the) Reverend C. Brown ∗ de ~e pater (the) Reverend Father

welgemanierd well-mannered, well-bred

welgemeend well-meaning ∗ ~ advies well-meaning advice

welgemoed cheerful

welgeschapen well-made, shapely

welgesteld well-to-do, comfortably off

welgeteld all in all, all told, everything considered

welgevallen I (het) pleasure ∗ naar ~ at (one's) pleasure; at will ∗ handel naar ~ use your discretion **II** (onv ww) ∗ zich iets laten ~ put up with s.th.; submit to s.th.

welgevallig agreeable, pleasing

welgezind well-disposed (towards)

welhaast almost, nearly ∗ ~ niemand hardly anybody

welig luxuriant ∗ ~ tieren thrive; flourish; ⟨v. misbruiken⟩ be rampant/rife

welingelicht well-informed

weliswaar it is true, indeed

welk I (vr vnw) which, what **II** (betr vnw) which, that **III** (onb vnw) whatever, whichever

welkom I (het) welcome **II** (bnw) welcome ∗ iem. hartelijk ~ heten give s.o. a hearty welcome **III** (tw) welcome!

welkomstwoord welcoming speech, word(s) of welcome

wellen I (ov ww) ● (weken) ⟨rozijnen, e.d.⟩ steep ● (lassen) weld **II** (on ww) ● (opborrelen) well (up)

welles yes, it is!, it does!, I will!, you can!

welletjes ∗ zo is 't ~ we'll call it a day; that will do

wellevend courteous

wellicht perhaps, maybe

welluidend melodious, harmonious

wellust sensuality, lasciviousness, lust

wellustig lascivious, lustful, sensual

welnemen ∗ met uw ~ by your leave

welnu well then

welopgevoed well brought up, ⟨welgemanierd⟩ well-mannered, well-bred

weloverwogen ● (opzettelijk) *deliberate* ● (doordacht) *(well)-considered*

welp ● (dier) *cub* ● (padvinder) *Cub Scout*

welslagen *success*

welsprekend *eloquent*

welsprekendheid *eloquence*

welstand ● (welvaart) *prosperity* ● (gezondheid) *well-being, health*

welstandsgrens *maximum wage level (for entitlement to national health insurance), upper income limit*

welterusten *sleep well, good-night*

welvaart *prosperity, affluence*

welvaartsmaatschappij *affluent society*

welvaren I [het] ⟨gezondheid⟩ *good health,* ⟨voorspoed⟩ *prosperity* ▾ eruitzien als Hollands ~ *be in the pink; be the picture of (good) health* II [on ww] *prosper, thrive, flourish,* ⟨gezond zijn⟩ *be in good health* ▪ hij vaart er wel bij *it does him a world of good*

welvarend *prosperous,* ⟨zaak⟩ *thriving* ★ er ~ uitziend ⟨gezond⟩ *look healthy/well*

welven *arch, vault*

welverdiend *well-deserved,* ⟨salaris, rust⟩ *well-earned*

welving *vaulting, curvature,* ⟨v. lichaam⟩ *curve*

welwillend *kind, sympathetic, obliging, benevolent*

welzijn ● (welbevinden) *welfare, well-being* ★ 't algemeen ~ *the common good* ● (gezondheid) *health* ★ op iem.'s ~ drinken *drink a person's health*

welzijnssector *social welfare sector*

welzijnswerk *welfare work*

welzijnswerker *welfare worker/officer*

welzijnszorg *welfare services*

wemelen *swarm/teem (with)* ★ het wemelde er van de politie ⟨inf.⟩ *the place was bristling with policemen* ★ het wemelde van de fouten *it was full of mistakes*

wendbaar *manoeuvrable*

wenden I [ov ww] *turn* ★ je kunt je er niet ~ of keren *there is not enough room to swing a cat* ★ hoe je het ook keert of wendt *whichever way you look at it* II [wkd ww] *turn (to),* ⟨fig.⟩ *apply/turn (to)*

wending *turn* ★ een ongunstige ~ nemen *take a turn for the worse* ★ 't gesprek een andere ~ geven *change the conversation*

wenen *weep, cry* ★ ~ over/van *weep for*

Wenen *Vienna*

wenk ● (gebaar) *sign,* ⟨blik⟩ *wink* ● (aanwijzing) *hint*

wenkbrauw *eyebrow*

wenken *beckon*

wennen I [ov ww] ● (vertrouwd maken) *accustom to* II [on ww] ● (vertrouwd raken) *get used/accustomed to* ★ dat went wel *you'll get used to it*

wens ● (verlangen) *wish, desire* ★ alles gaat naar wens *things are going well* ★ een wens doen *make a wish* ⟨gelukwens⟩ *wish* ★ mijn beste wensen! *my best wishes!*

wenselijk ● (raadzaam) *advisable* ● (te wensen) *desirable*

wensen ● (verlangen) *wish, want, desire* ★ het laat veel/niets te ~ over *it leaves much/nothing to be desired* ★ 't is te ~ dat... *it is to be wished that...* ● (toewensen) ★ iem. alles goeds ~ *wish a person well* ★ iem. goedendag ~ *wish/bid a person good day* ▾ met ~ alleen komt men er niet *if wishes were horses, beggars might ride*

wenskaart *greeting card*

wentelen I [ov ww] ● (laten draaien) *roll, turn,* *rotate* ★ de aarde wentelt zich om zijn as *the earth rotates on its axis* ★ zich in het slijk ~ ⟨vnl. fig.⟩ *wallow in the mud* II [on ww] ● (draaien) *turn, rotate, revolve*

wenteltrap *winding/spiral staircase*

wenteltrap *winding/spiral staircase*

wereld ● (samenleving) ★ de Derde Wereld *the Third World* ★ de ~ inzenden *send into the world* ★ zo gaat het in de ~ *that's the way of the world* ★ 't gaat hem goed in de ~ *they're doing very well* ● (leefwereld) *world* ● (aarde) *world, earth* ★ de hele ~ door *all over the world* ★ voor niets ter ~ *not for all the world* ★ ter ~ brengen *bring into the world* ★ uit de ~ helpen (v. geschil) *settle;* (v. misverstand) *clear up;* (v. gerucht) *dispel* ★ de ~ ingaan *go out into the world* ★ op de ~ *in the world* ▾ de hele ~ weet 't *all the world knows* ▾ daar ligt een ~ van verschil tussen *there's a world of difference (between them)* ▾ zo oud als de ~ *as old as the hills* ▾ iem. naar de andere ~ helpen *send s.o. to his maker; send s.o. to kingdom come*

wereldbeeld *world view*

wereldbeker *World Cup*

wereldberoemd *world-famous*

wereldbeschouwing *world view, outlook (on life)*

wereldbol *globe*

wereldburger *world citizen* ★ de nieuwe ~ *the new arrival*

werelddeel *continent, part of the world*

wereldeconomie *world economy*

wereldgeschiedenis *world history*

wereldje *small world* ★ hij leeft in een klein ~ *he has narrow horizons; he lives in a small world* ★ zij behoort ook tot het ~ *she also belongs to the in-crowd*

wereldkampioen *world champion*

wereldkampioenschap *world championship* ★ het ~ voetbal *the World Cup*

wereldkundig *known all over the world, public* ★ ~ maken *divulge; make public*

wereldlijk *worldly, profane, secular*

wereldmacht *world power*

wereldnaam *worldwide reputation*

Wereldnatuurfonds *W.W.F., World Wildlife Fund*

wereldnieuws *world news*

wereldomroep *world service*

wereldoorlog *world war*

wereldorganisatie *worldwide organization*

wereldpremière *world premiere*

wereldrecord *world record*

wereldreis *journey around the world*

wereldreiziger *globetrotter*

werelds ● (aards) *worldly, secular* ● (mondain) *wordly, mondain* ★ ~e genoegens *worldly pleasures*

wereldschokkend *world-shaking*

wereldstad *metropolis*

wereldtaal *world/universal language*

wereldtentoonstelling *international exhibition*

wereldtitel *world title*

wereldvrede *world peace*

wereldvreemd *unworldly, Utopian*

wereldwijd I [bnw] *world-wide* II [bijw] *all over the world*

wereldwijs *worldly-wise*

wereldwinkel *Third-World shop, shop selling products from Third-World countries*

wereldwonder *wonder of the world*

wereldzee *ocean*

weren I [ov ww] *keep out, bar, avert* ★ iem. ~

⟨m.b.t. toegang⟩ *refuse admittance to s.o.*; ⟨m.b.t. plaats, activiteit⟩ *exclude s.o.* **II** [wkd ww] ⟨zich inspannen⟩ *exert o.s.* ⟨zich verdedigen⟩ *defend o.s.*

werf *shipyard*, ⟨marinewerf⟩ *dockyard* ★ *van de werf lopen leave the slips* ★ *van de werf laten lopen launch*

werk ● ⟨arbeidsplaats⟩ *job* ★ *die firma verschaft werk aan 20 man that firm provides jobs for 20 people* ● ⟨daad⟩ *work* ★ *goede werken good works* ● ⟨arbeid⟩ *work*, ⟨zwaar werk⟩ *labour* ★ *te werk stellen set to work* ★ *publieke werken public works* ★ *veel werk maken van take great pains over* ★ *aan 't werk! get going!*; *to work!* ★ *aan 't werk gaan set/go/get to work* ★ *hoe ga je daarbij te werk? how do you set about it?*; *how do you proceed?* ● ⟨baan⟩ *employment, job*, ⟨taak⟩ *duty* ★ *werk hebben have a job* ★ *zonder werk zitten be out of work*; *be without a job* ★ *op zijn werk zijn be at work*; *be on duty* ★ *vast werk hebben have a regular job* ★ *300 man aan 't werk hebben employ 300 men* ★ *dat is mijn werk niet that's not my job* ★ *het vuile werk voor iem. opknappen do s.o.'s dirty work* ● ⟨product⟩ *work* ★ *een knap stukje werk a clever piece of work* ★ *de verzamelde werken van Shakespeare the (collected) works of Shakespeare* ● ⟨binnenwerk⟩ *works, mechanism* ▼ *er is heel wat werk aan de winkel there is a good deal of work to do* ▼ *ergens werk van maken take the matter up*; *do s.th. about it* ★ *je moet er dadelijk werk van maken you must see/attend to it at once* ★ *alles in 't werk stellen leave no stone unturned* ▼ *hoe gaat dat in z'n werk? how is it done?*

werkbank *workbench, bench*
werkbezoek *working visit*
werkbij *worker (bee)*
werkbriefje *statement of hours worked*
werkcollege *tutorial, seminar*
werkdag *working day*
werkelijk I [bnw] ● ⟨bestaand⟩ *real, true* ● ⟨effectief⟩ *active* ★ *in –e dienst in active service* **II** [bijw] ★ *ik weet het – niet I really don't know*
werkelijkheid *reality*
werkelijkheidszin *realism*
werken I [ov ww] ● ⟨in genoemde toestand brengen⟩ ★ *iem. eruit – oust s.o.*; *get rid of s.o.* ★ *voedsel naar binnen – shovel down one's food* ★ *zich uit de naad – work o.s. off one's legs* ★ *zich ergens doorheen – work one's way through s.th.* **II** [on ww] ● ⟨beroep uitoefenen⟩ *work* ★ *langer/korter gaan – work longer/shorter hours* ★ *met 500 man – employ 500 people* ● ⟨werk doen⟩ *work*, ⟨techn.⟩ *operate* ★ *z'n verbeelding laten – use one's imagination* ★ *hij werkt hard he works hard* ★ *aan een vertaling, e.d. – work at/on a translation, etc.* ● ⟨uitwerking hebben⟩ *work, take effect* ★ *dat werkt op mijn zenuwen it gets on my nerves* ★ *het werkt op de hersens it affects the brain* ★ *'t werkt op de verbeelding it stirs the imagination* ● ⟨functioneren⟩ *function*, ⟨v. fontein⟩ *play*, ⟨v. machine⟩ *work* ★ *hoe werkt dat? how does it work?* ★ *een machine laten – operate a machine* ★ *de nieuwe opzet werkt goed the new set-up is functioning well* ★ *de rem werkte niet the brake failed* ★ *de tijd werkt in ons voordeel time is on our side* ● ⟨vervormen⟩ *labour*, ⟨v. hout⟩ *warp*, ⟨v. lading⟩ *shift* ▼ *als een rem – op act as a brake on*
werker *worker*
werkezel *drudge*
werkgeheugen *working storage*, ⟨AE⟩ *working*

memory
werkgelegenheid *employment* ★ *volledige – full employment* ★ *beperkte – underemployment*
werkgemeente *municipality where one works*
werkgever *employer*
werkgeversbijdrage *employer's contribution*
werkgroep *working party, study group*
werking ● ⟨het functioneren⟩ *action, working, operation*, ⟨v. vulkaan⟩ *activity* ★ *in – stellen put into operation* ★ *buiten – stellen put out of action* ★ *in – treden come into force*; ⟨v. wet⟩ *come into operation* ★ *in volle – in full swing* ● ⟨uitwerking⟩ *effect* ★ *een heilzame – hebben have a wholesome effect*
werkje ● ⟨klusje⟩ *piece of work* ● ⟨dessin in textiel⟩ *pattern*
werkkamer *study*
werkkamp *labour camp*
werkkapitaal *working capital*
werkklimaat *work climate, atmosphere at work*
werkkracht ⟨werknemer⟩ *employee, worker* ★ *–en workforce; manpower* ★ ⟨arbeidsvermogen⟩ *energy*
werkkring ● ⟨werkomgeving⟩ *working environment* ● ⟨betrekking⟩ *job, position, post* ★ *een prettige – a pleasant job*
werkloos *unemployed, out of work* ★ *– zijn be out of work*; *be unemployed* ★ *– maken make redundant*
werkloosheid *unemployment*
werkloosheidswet *unemployment (insurance) act*
werkloze *unemployed (person), jobless (person)*
werklunch *working lunch*
werklust *zest for work, willingness to work*
werkmaatschappij ● ⟨maatschappij die werken uitvoert⟩ *contractor* ● ⟨onderdeel van maatschappij⟩ *subsidiary (company)*
werkman *workman, labourer*
werknemer *employee*
werknemersbijdrage *employee's contribution*
werkonderbreking *stoppage*
werkoverleg *discussion of progress*
werkplaats *workshop*
werkplaats *work-shy*
werksfeer *work climate*
werkster ● ⟨werkende vrouw⟩ ★ *maatschappelijk – social worker* ● ⟨schoonmaakster⟩ *cleaning woman/lady*, ⟨BE⟩ *charwoman*
werkstudent *student working his/her way through college*
werkstuk ● ⟨vervaardigd stuk werk⟩ *piece of work* ● ⟨scriptie⟩ ⟨school⟩ *paper*
werktafel *worktable*, ⟨werkbank⟩ *bench*
werktekening *working drawing*
werkterrein ● ⟨terrein van werkzaamheid⟩ *field of activity* ● ⟨werkplaats⟩ *work area, working space*
werktijd *working hours*, ⟨kantoor⟩ *office hours*, ⟨v. ploeg werklieden⟩ *shift*
werktuig *instrument, tool, implement*
werktuigbouwkunde *mechanical engineering*
werktuigbouwkundig *mechanical* ★ *– ingenieur mechanical engineer*
werktuiglijk *mechanical*
werkvergunning *work permit*
werkverschaffing ⟨unemployment⟩ *relief work*
werkvloer *shop floor*, ⟨AE⟩ *work floor*
werkweek ● ⟨deel van de week⟩ *work(ing) week* ★ *een driedaagse – a three-day working week* ● ⟨werkkamp voor scholieren⟩ *a project camp for students* ★ *de klas ging met – the class had a project week*

werkwijze method, working-method, procedure
werkwillige non-striker, (pej.) scab
werkwoord verb
werkzaam ● (arbeidzaam) active, industrious * een ~ aandeel nemen in take an active part in ● (uitwerking hebbend) active, effective * het werkzame bestanddeel the active ingredient ● (werkend) working, employed * ~ zijn bij be with; be employed by * ~ zijn op een kantoor work in an office
werkzoekende job-seeker * zich als ~ laten inschrijven register for employment; (inf.) sign on
werpen ● (gooien) throw, (met kracht) fling, hurl, (met steen, sneeuwbal, e.d.) pelt, ↑ cast * aan land geworpen cast ashore ● (baren) have one's young, (hond) have puppies, (leeuw) have cubs, (poes) have kittens * jongen ~ have a litter
werper thrower, (in sport) pitcher
wervel vertebra [mv: vertebrae]
wervelend sparkling, bubbling with life * een ~e show a sparkling show
wervelkolom spinal column, (ruggengraat) spine
wervelstorm cyclone, hurricane
wervelwind whirlwind
werven ● (in dienst nemen) recruit, (soldaten) enlist * (trachten te winnen) (v. klanten) attract, (v. leden) bring in, (v. stemmen) canvass * stemmen ~ canvass for votes
wesp wasp
wespennest wasps' nest ▼ zich in een ~ steken stir up a hornets' nest
wespentaille wasp waist
west I [de] West **II** [bnw] west
West-Duitsland Federal Republic of Germany, West Germany
westelijk westerly, western
Westelijke Sahara Western Sahara
westen west * ten ~ van (to the) west of * 't verre ~ the Far West ▼ buiten ~ zijn be unconscious ▼ buiten ~ geraken pass out
westenwind west(erly) wind
westerlengte western longitude, longitude west * op 5 graden ~ at 5° longitude west
westerling Westerner
western western
westers western, occidental
West-Europa Western Europe
West-Europees Western European
westkust west coast
West-Samoa Western Samoa
westwaarts westward(s), to the west
wet ● (wetmatigheid) law ● (voorschrift) law, act, statute * een wet aannemen pass/enact a law * conform de wet lawful(ly) * 't ontwerp werd wet the bill became law * wetten maken/ uitvaardigen legislate * tot wet verheffen enact a bill ● (geheel van regels) * volgens/krachtens de wet according to law * voor de wet in the eyes of the law; before the law * bij de wet bepalen regulate by law * bij de wet verboden forbidden by law * boven de wet staan be above the law * buiten de wet vallen be outside the law * iem. de wet voorschrijven lay down the law to a person ▼ dat is geen wet van Meden en Perzen not a hard and fast rule
wetboek code (of law) * ~ van koophandel commercial code * ~ van strafrecht criminal code * burgerlijk ~ civil code
weten I [het] knowledge * naar mijn (beste) ~ to (the best of) my knowledge * iets tegen beter ~ in doen do s.th. against one's better judgement **II** [ov ww] ● (kennis hebben van) know * te ~

viz; namely * hij weet van geen ophouden he never knows when to stop * ik weet er wel wat op I can fix that * ze ~ overal raad op they are never at a loss * hij kan het ~ he ought to know * ik had het kunnen ~ I might have known * je kunt niet/nooit ~ one never knows; you never can tell * ik zal het je laten ~ I'll let you know * je moet het zelf ~ it's your decision * je wilt het niet ~ you won't admit it * zeker ~! absolutely! * voordat je het weet before you know it; before you know where you are * zonder het te ~ unwittingly * twee ~ meer dan een two heads are better than one * niet dat ik weet not to my knowledge; not that I know * (~ te) * hij weet zich te gedragen he knows how to behave * hij wist zich te bevrijden he succeeded in freeing himself; he managed to free himself * hoe kwam je dat te ~? how did you come/get to know that?; how did you find that out? ▼ weet ik veel? how should I know? ▼ ik wist niet wat ik hoorde I could hardly believe my ears * dat weet ik nog zo net niet I'm not so sure about that ▼ dat moet jij ~ that's your business ▼ zij wou niets van hem ~ she would have nothing to do with him * je weet wie het zegt look who's talking
wetenschap ● (kennis en onderzoek van werkelijkheid) (exact) science, (niet exact) learning ● (het weten) knowledge * in de ~ dat ... knowing that ... ● (tak van wetenschap) discipline
wetenschappelijk scientific
wetenschapper (academicus) academic, (exacte wetenschap) scientist, (niet-exacte wetenschap) scholar
wetenschapsfilosofie philosophy of science
wetenswaardig interesting, informative, (inf.) worth knowing
wetenswaardigheid information
wetering watercourse
wetgevend legislative * de ~e macht the legislature
wetgever legislator
wetgeving legislation
wethouder alderman
wetmatig systematic
wetmatigheid ● (regelmatigheid) regularity, order ● (verschijnsel) pattern, law
wetsartikel section of an act
wetsbepaling statutory/legal provision
wetsontwerp bill
wetsovertreding breach of the law, violation of the law
wetsvoorstel bill
wetswinkel ≈ legal advice centre
wettekst text of a law
wettelijk legal, (bij wet vastgelegd) statutory * ~e aansprakelijkheid (legal) liability
wetten whet, sharpen
wettig legal, lawful, legitimate * ~ kind legitimate child * ~ betaalmiddel legal tender * ~ erfgenaam legal heir * ~ gezag lawful authority
wettigen ● (rechtvaardigen) justify, warrant ● (wettig maken) (v. akte) legalize, (v. kind) legitimatize
weven weave
wever weaver
weverij weaving mill
wezel weasel
wezen I [het] ● (schepsel) being, creature * geen levend ~ not a living soul ● (essentie) essence, (aard) nature * in ~ in essence; essentially * doordringen tot het ~ der zaak penetrate to the heart/root of the matter **II** [on ww] be * zij/

dat mag er ~ *she/that is hot stuff* ⋆ we zijn er ~ kijken *we went there to have a look* ⋆ het kan ~ *may be* ⋆ weg ~! *get off!*

wezenlijk ● (essentieel) *essential* ⋆ van ~ belang *of vital importance* ⋆ (werkelijk bestaand) *real*

wezenloos ● (uitdrukkingsloos) *vacant, blank, expressionless* ⋆ ~ kijken *stare vacantly* ⋆ hij schrok zich ~ *he was scared silly; he was scared out of his wits* ● (onwerkelijk) *insubstantial, immaterial*

whodunit *whodunit*

wichelroede *divining rod*

wicht ● (kind) *baby, child* ● (meisje) *chit, girl*

wie I [vr vnw] (keuze uit twee of meer) *which*, (onderwerp) *who*, (voorwerp) *whom*, (wiens) *whose* ⋆ wie kan ik zeggen dat er is? *what name, please?* ⋆ van wie is dit? *whose is this?* ⋆ wie van hen *which of them* ⋆ wie denkt hij dat hij is? *who does he think he is?* ⋆ wie heb je ontmoet *whom did you meet* **II** [betr vnw] (onderwerp) *who*, (voorwerp) *whom*, (wiens) *whose* **III** [onb vnw] *whoever* ⋆ wie er ook aanwezig is ... *whoever is present ...* ⋆ wie dan ook *whoever; anybody; anyone*

wiebelen ● (schommelen) *wobble, wiggle* ● (onvast staan) *wobble*

wieden *weed*

wiedes ▾ dat is nogal ~ *that goes without saying*

wiedeweerga ▾ als de ~ *in a flash*; (AE) *lickety-split*

wieg ● (babybedje) *cradle* ● (bakermat) *birthplace* ▾ daar ben ik niet voor in de wieg gelegd *I am not cut out for it* ▾ hij is voor leraar in de wieg gelegd *he is a born teacher*

wiegen I [ov ww] ● (schommelen) *rock* ⋆ met de heupen ~ *sway one's hips* **II** [on ww] ● (deinen) *rock, sway*

wiek ● (vleugel) *wing* ● (molenwiek) *sail* ▾ op eigen wieken drijven *fend for o.s.* ▾ in zijn wiek geschoten zijn *be offended; be affronted*

wiel ▾ elkaar in de wielen rijden *interfere with one another's plans*

wieldop *wheel cover, hub cap*

wielerbaan *cycling track*

wielerploeg *cycling team*

wielersport *cycling*

wielewaal *golden oriole*

wielklem *wheel clamp*

wielophanging *suspension*

wielrennen *cycle racing*

wielrenner *racing cyclist*

wielrijder *cyclist*

wier *seaweed*

wierook *incense* ▾ iem. ~ toezwaaien *extol a person*

wiet *grass, weed, pot*

wig *wedge*

wigwam *wigwam*

wij *we*

wijd I [bnw] *wide, broad*, (v. kleren) *loose (fitting)* ⋆ een wijde vlakte *an open plain* ⋆ wijder worden/maken *widen* ▾ wijd en zijd *far and wide* **II** [bijw] *wide(ly)* ⋆ wijd open *wide open* ⋆ wijd open zetten *open wide* ⋆ met wijd open ogen *wide eyed*

wijdbeens *with legs wide apart*

wijden ● (inzegenen) (koning, bisschop, kerk) *consecrate*, (priester) *ordain* ● (~ **aan**) *dedicate to, devote to* ⋆ een boek ~ aan *dedicate a book to* ⋆ zich/zijn tijd ~ aan *devote one's time to; devote o.s. to*

wijdte *breadth, width*, (v. spoor) *gauge*

wijdvertakt *widespread*

wijf *woman*, (scheldwoord) *bitch* ⋆ wat een wijf! *what a bitch!*

wijfje *female*, (hond) *bitch*, (vee, olifant) *cow*

wijk ● (stadsdeel) *neighbourhood, district* ● (rayon) (v. melkboer, e.d.) *round*, (v. politieagent) *beat* ● (toevlucht) ⋆ de wijk nemen (naar) *take refuge (in); flee (to)*

wijkagent *policeman on the beat*

wijkcentrum *community centre*

wijken ● (verdwijnen) *disappear, go* ⋆ het gevaar is geweken *the danger is past/over* ⋆ de koorts is geweken *the fever has gone* ● (zich terugtrekken) *give way (to), make way (for)*, (achteruitwijken) *fall back* ▾ geen duimbreed ~ *not budge an inch*

wijkgebouw *church hall,* ≈ *community centre*

wijkplaats *refuge, asylum, sanctuary*

wijkraad *neighbourhood council*

wijkverpleegkundige *district nurse, health visitor*

wijkverpleging *district nursing (service)*

wijkzuster *district nurse*

wijlen *late, deceased* ⋆ ~ de koning *the late King*

wijn *wine* ⋆ rode/witte wijn *red/white wine* ⋆ bordeauxwijn *claret* ▾ goede wijn behoeft geen krans *good wine needs no bush* ▾ als de wijn is in de man, is de wijsheid in de kan *when wine is in, wit is out*

wijnazijn *wine vinegar*

wijnbouw *wine growing, viniculture*

wijnbouwer *viniculturalist, wine grower*

wijngaard *vineyard*

wijnglas *wineglass*

wijnhandel ● (winkel) *wine shop* ● (handel) *wine-trade*

wijnhuis *wine bar*

wijnkaart *wine list*

wijnkelder *wine-cellar*

wijnkenner *wine connoisseur*

wijnkoeler *wine-cooler*

wijnoogst *vintage*

wijnpers *wine-press*

wijnrank *vine branch*

wijnrood *wine red/coloured, burgundy*

wijnstok *vine*

wijnstreek *wine (growing) region/district*

wijntje (glass of) *wine* ▾ van Wijntje en Trijntje houden *be a lover of wine, women and song*

wijnvlek ● (vlek door wijn) *wine stain* ● (huidvlek) *strawberry mark*

wijs I [de] *melody, tune* ⋆ op de wijs van *to the tune of* ⋆ van de wijs raken (fig.) *get confused; lose one's head* ⋆ van de wijs zijn *be out of tune*; (fig.) *be at sea* ▾ 's lands wijs, 's lands eer *so many countries, so many customs* **II** [bnw] ● (verstandig) *wise, sensible* ⋆ wees nou wijzer *don't be silly* ⋆ (wetend) *wise* ⋆ dat maak je mij niet wijs *tell me another; that won't go down with me* ⋆ hij laat zich alles wijs maken *he is very gullible* ⋆ hij probeert je wat wijs te maken *he is trying to fool you* ⋆ daar kan ik geen wijs uit worden *I can't figure it out* ⋆ ik werd er niet veel wijzer door *it left me no wiser than before* ⋆ ze is niet wijzer *she knows no better* ⋆ ben je niet wijs? *are you out of your mind?*

wijsbegeerte *philosophy*

wijselijk *wisely*

wijsgeer *philosopher*

wijsgerig *philosophic(al)*

wijsheid *wisdom*

wijsneus *wiseacre, know-all*

wijsvinger *forefinger, index finger*

w

wijten attribute/impute (to) ★ je hebt het aan jezelf te ~ you have only yourself to blame for it ★ te ~ aan owing/due to
wijting whiting
wijwater holy water
wijze ● (manier) way, manner, fashion ★ op deze ~ in this way ★ op generlei ~ in no way ★ ~ van handelen procedure ★ ~ van zeggen mode of expression ★ bij ~ van spreken in a manner of speaking ★ bij ~ van uitzondering by way of exception ● (persoon) wise man/woman ★ de Wijzen uit het Oosten the Wise Men of the East; the Magi
wijzen I [ov ww] ● (attenderen) point out ★ iem. op iets ~ point out s.th. to a person ● (uitspreken) pronounce ★ 'n vonnis ~ pronounce a sentence ● (aanduiden) point out, show **II** [on ww] ● (aanwijzen) ~ naar point at/to ● (doen vermoeden) indicate ★ dat wijst op zwakte that indicates/suggests weakness ★ alles wijst erop dat... there is every indication that...
wijzer ⟨handwijzer⟩ finger-post, ⟨v. barometer, e.d.⟩ pointer, ⟨v. klok, e.d.⟩ hand ★ grote/kleine ~ hour/minute hand
wijzerplaat dial, ⟨v. klok⟩ face
wijzigen modify, alter, change
wijziging modification, alteration, change ★ een ~ aanbrengen in make an alteration in/to
wikkel wrapper
wikkelen ● (betrekken) involve in, ⟨in twist⟩ mix up ★ in een gesprek gewikkeld wrapped up in conversation ● (inwikkelen) wrap (up), ⟨in verband⟩ swathe, ⟨v. draad⟩ wind
wild I [het] ● (natuurstaat) wildness, natural state ★ in het wild levende dieren wild animals; wildlife ● (dieren) game, ⟨prooi v. jager⟩ quarry ★ groot/klein wild big/small game ★ in 't wild opgroeien grow wild **II** [bnw] ● (in natuurstaat) ⟨v. mens⟩ savage, primitive, ⟨v. plant, dier⟩ wild ● (onbeheerst) wild, ⟨vlees⟩ proud ★ wilde geruchten wild rumours ★ wilde staking unofficial/wildcat strike ★ wilde vaart tramp shipping ★ zich wild schrikken jump out of one's skin
wildbaan ⟨game⟩ reserve
wildbraad game
wilde savage
wildebras tearaway, ⟨meisje⟩ tomboy
wildernis wilderness
wildgroei uncontrolled/morbid growth, proliferation, ⟨fig.⟩ proliferation
wildpark wildlife reserve
wildstand wildlife
wildvreemd ★ een ~e a perfect stranger
wilg willow
willekeur arbitrariness ★ naar ~ at will ★ naar ~ handelen act according to one's own discretion
willekeurig ● (naar willekeur) arbitrary, random ★ een ~e beslissing an arbitrary decision ● (onverschillig welk) ★ een ~ boek any book (you like) ★ op iedere ~e dag on any (given) day
willen I [ov ww] ● (wensen) want, wish, ⟨graag willen⟩ like, ⟨v. plan zijn⟩ intend ★ wat zou je ~ dat ik deed? what would you like me to do? ★ wat wil je ermee doen? what do you intend/want to do with it? ★ wie wil, die kan where there is a will there is a way ★ of jij het wil of niet! whether you like it or not! ★ dat zou je wel ~! I wouldn't you like it! ★ je hebt 't zelf gewild you've been asking for it ★ ik wou dat het waar was I wish it were true ★ dat wil ik niet hebben I won't have it ● (lukken) will ★ als het een beetje wil with a bit

of luck ★ dat wil gewoon niet it just won't go ● (beweren) ★ het gerucht wil dat... rumour has it that... ● (bereid zijn) be willing/prepared ★ ik wil wel gaan I'm willing to go ★ je wil toch niet zeggen... you don't mean to say... ★ dat wil er bij niet in I don't believe it **II** [hww] ● (uitdrukking van mogelijkheid) ★ het wil weleens laat worden voor hij thuis is it tends to be late when he gets home ★ het moet raar lopen, wil zij nog komen she's not likely to come ● (uitdrukking van wenselijkheid) will, would ★ help eens even, wil je? give us a hand, will you? ★ wil je me de boter even aangeven? could/would you pass me the butter please ● (uitdrukking van intentie) ★ hij wou juist uitgaan he was just going out ▼ dat wil er bij mij niet in I won't swallow that
willens deliberately, on purpose ★ ~ en wetens knowingly
willig willing, obedient
willoos apathetic
wilsbeschikking last will, testament
wilskracht willpower, energy
wimpel pennant ★ de blauwe ~ the blue ribbon/riband
wimper ⟨eye⟩lash
wind ● (luchtstroom) wind, ⟨opgewekt⟩ wind, draught ★ voor de wind zeilen sail before the wind ★ tegen de wind in against the wind ★ de wind steekt op the wind is rising ★ de wind mee hebben have the wind behind one ★ door de wind gaan go about; ⟨fig.⟩ change tack ★ harde/krachtige wind high/strong wind ★ beneden de wind leeward ● (scheet) ⟨vulg.⟩ fart ★ een wind laten break wind ★ de wind van voren krijgen get lectured at; cop it ★ in de wind slaan fling/throw to the winds ★ het gaat hem voor de wind he prospers ★ hij heeft er de wind goed onder he is a good disciplinarian ▼ iem. de wind uit de zeilen nemen take the wind out of s.o.'s sails ▼ met alle winden draaien/waaien trim one's sails according to the wind; blow hot and cold ▼ van de wind kan men niet leven you cannot live on air
windbestuiving wind pollination/fertilization
windbuil gasbag
windbuks air gun
windei ▼ 't zal hem geen ~eren leggen it will bring grist to his mill
winden wind, twist
windenergie wind energy
winderig windy, blowy
windhandel stockjobbing, speculation
windhond greyhound
windhoos whirlwind, ⟨zwaar⟩ tornado
windjack windcheater, ⟨AE⟩ windbreaker
windkracht wind force ★ ~ 10 gale force 10
windmolen windmill ▼ tegen ~s vechten tilt at windmills
windrichting direction of the wind
windroos compass rose
windscherm windshield, ⟨heg, e.d.⟩ windbreak
windstil calm
windstilte calm, ⟨tijdelijk⟩ lull
windstoot gust/blast (of wind)
windstreek quarter, point of the compass
windsurfen windsurf, go windsurfing
windtunnel wind tunnel
windvaan weather vane
windvlaag gust of wind, ⟨met regen⟩ squall
windwijzer weathercock
wingerd ⟨wijnstok⟩ vine ★ wilde ~ Virginia creeper
wingewest conquered land

winkel shop, store ∗ de ~ sluiten shut up shop ∗ op de ~ letten mind the shop; (fig.) hold the fort
winkelbediende shop assistant
winkelbedrijf retail business
winkelcentrum shopping centre, (verkeersvrij) shopping precinct
winkeldief shoplifter
winkeldiefstal shoplifting
winkelen shop, go/be out shopping, (etalages kijken) window-shopping
winkelgalerij shopping arcade
winkelhaak ● (scheur) tear ● (gereedschap) try-square
winkelier shopkeeper
winkeljuffrouw saleswoman, shopgirl
winkelketen chain of shops
winkelpersoneel shopworkers, (in een bepaalde zaak) shop staff
winkelprijs retail price
winkelpromenade shopping precinct, (AE) shopping mall
winkelstraat shopping street
winkelwagen ● (rijdende winkel) mobile shop ● (boodschappenwagentje) shopping trolley, (AE) shopping cart
winnaar winner, (form.) victor
winnen ● (zegevieren) ∗ het ~ (van de anderen) win; come out on top ∗ hij won op zijn slofjes/op zijn gemak he won hands down ∗ met groot verschil ~ win by a large margin ∗ van iem. ~ win from a person ∗ in dat opzicht wint hij 't van je that's where he beats you ● (verwerven) harvest, (kolen) mine, (land) reclaim, (tijd) gain ∗ iem. voor zich/zijn zaak ~ win a person over (to one's side) ● (vorderen) ∗ aan duidelijkheid ~ gain in clearness ∗ terrein/veld ~ op gain ground upon ∗ (behalen) win ∗ een prijs ~ win a prize ∗ ergens bij ~ gain by s.th. ▾ zo gewonnen zo geronnen easy come, easy go
winning winning, production, (v. kolen) extraction
winst profit, gain, benefit, (bij spel) winnings ∗ ~ opleveren yield a profit ∗ ~ maken make a profit (on) ∗ ~ slaan uit cash in on; profit by ▾ de volle ~ binnenhalen gain a clear victory
winstbejag pursuit of gain, profit seeking ∗ uit ~ for profit
winstbewijs dividend warrant
winstdeling profit-sharing
winstderving loss of profit
winst-en-verliesrekening profit and loss account
winstgevend profitable, lucrative
winstmarge profit margin
winstoogmerk profit motive, pursuit of profit ∗ een instelling zonder ~ non-profit agency
winstpunt point (scored)
winstuitkering bonus, dividend
winter winter ∗ 's ~s in winter
winterdijk winter dike/dyke
winteren ∗ 't begint te ~ it is getting wintry
wintergast ● (wintervogel) winter migrant ● (persoon) winter visitor
wintergroente winter vegetables
winterhanden chilblained hands
winterhard hardy
winterjas winter coat
winterkoninkje wren
winterlandschap winter landscape
winters wintry
winterslaap winter sleep, hibernation ∗ de ~ houden hibernate
winterspelen winter games

wintersport winter sports
wintersportcentrum winter sports centre, ski resort
wintertenen chilblained toes
wintertijd ● (periode) wintertime, winter season ● (tijdrekening) wintertime
wintervoeten chilblained feet
winterwortel carrot
wip ● (speeltuig) seesaw ● (nummertje) lay ∗ een wip maken screw ▾ in een wip in no time; quick as a flash ▾ op de wip zitten hold the balance
wipneus turned-up nose
wippen I [ov ww] (ontslaan, afzetten) ∗ iem. ~ topple s.o.; unseat s.o. **II** [on ww] ● (met sprongetjes bewegen) hop, bounce ● (spelen op de wip) seesaw ● (vrijen) screw
wipstaart ● (winterkoninkje) wren ● (kwikstaart) wagtail
wipstoel rocking chair
wirwar tangle, maze
wisent wisent, European bison
wiskunde mathematics, (inf.) maths
wiskundeknobbel a head/gift for mathematics
wiskundig mathematical
wispelturig fickle, inconstant
wissel ● (spoorwissel) points ∗ de ~s bedienen operate the points (hand.) B/E, bill of exchange, draft ∗ ~ op zicht bill of exchange payable at sight; bill of exchange payable on demand ∗ een ~ accepteren/endosseren/honoreren accept/ endorse/honour a bill ∗ een ~ trekken op... draw on...
wisselautomaat (automatic) money changer
wisselbad alternating hot and cold baths
wisselbeker challenge cup
wisselbouw crop rotation
wisselen ● (geld ruilen) change, give change (for) ∗ een briefje van 25 ~ change a 25 guilder note; give change for a 25 guilder note ● (uitwisselen) exchange ∗ woorden ~ bandy words ∗ van gedachten ~ exchange views ● (veranderen) change, exchange, (v. tanden) shed ∗ van kamer ~ change rooms ∗ met ~d succes with varying succes
wisselgeld (small) change
wisseling change, variation ∗ ~ der jaargetijden changing of the seasons
wisselkantoor exchange office
wisselkoers rate of exchange
wissellijst picture frame which can be easily assembled, quick-change picture frame
wisselmarkt exchange (market)
wisselslag (individual) medley ∗ estafette ~ medley relay
wisselspeler substitute
wisselstroom alternating current
wisselvallig changeable, (bestaan) precarious, (factoren) uncertain, (markt) unstable ∗ ~ karakter/weer fickle character/weather ∗ ~e resultaten varying results
wisselwerking interaction
wisselwoning temporary accomodation
wissen wipe ∗ een videoband ~ erase a videotape
wisser mop, duster, damp cloth, (ruitenwisser) wiper
wissewasje trifle
wit I [het] white ∗ gebroken wit off-white **II** [bnw] white ∗ wit maken whiten ∗ het Witte Huis the White House ▾ zo wit als een doek as white as a sheet
witgoed ● (huishoudelijke apparaten) domestic appliances ● (wit textiel) white fabrics

W

witheet • (witgloeiend) white-hot, at white heat temperature ★ ~ ijzer incandescent iron • (woedend) boiling ★ ~ van woede boiling/fuming with anger

witjes pale ★ er ~ uitzien look a bit off colour

witkalk whitewash

witkiel porter

witlof chicory

Wit-Rusland White Russia

witteboordencriminaliteit white-collar crime

wittebrood white bread

wittebroodsweken honeymoon

witte kool white cabbage

witten • (wit schilderen) whitewash • (geld legaal maken) launder money

witvis whitefish

WK world championship(s)

WO University Education

wodka vodka

woede rage, fury, anger ★ zijn ~ op iem. koelen vent one's rage on a person

woeden rage ★ het ~ der elementen the fury of the elements

woedend furious ★ ~ maken enrage; infuriate ★ ~ zijn op/over be furious with/about

woekeraar profiteer, usurer

woekeren • (woeker drijven) practice usury, profiteer ★ (groeien) ⟨v. kwaad⟩ be rampant/rife, ⟨v. onkruid⟩ be/grow rank ★ (~ met) ★ ~ met zijn tijd make the most of one's time

woekering uncontrolled/rampant growth

woekerprijs exorbitant/usurious price

woekerrente usury, extortionate rate

woelen • (onrustig bewegen) toss about ★ zich bloot ~ kick the bedclothes off ★ de zieke lag maar te ~ the sick man was tossing and turning • (wroeten) ⟨in de aarde⟩ grub (up), root about

woelig ⟨tijden⟩ turbulent, ⟨v. persoon⟩ restless, ⟨zee⟩ choppy

woelwater fidget

woensdag Wednesday

woensdags on Wednesdays, Wednesday

woerd drake

woest • (wild) savage, ⟨strijd⟩ fierce, ⟨zee⟩ wild, turbulent • (ongecultiveerd) ⟨onbebouwd⟩ waste, ⟨onbewoond⟩ deserted, desolate ★ ~e grond wasteland ★ ~ gebied rugged landscape • (woedend) furious, mad ★ ~ worden see red

woesteling tough, brute, ruffian

woestenij wasteland, wilderness

woestijn desert

woestijnklimaat desert climate

wok wok

wol wool ▼ door de wol geverfd dyed in the wool ▼ onder de wol kruipen turn in; hit the sack ▼ onder de wol liggen be between the sheets

wolf • (dier) wolf • (tandbederf) caries ▼ een wolf in schaapskleren a wolf in sheep's clothing

wolfshond wolfhound

wolfskers belladonna, dwale, deadly nightshade

wolfsklauw clubmoss

wolk cloud ▼ in de wolken zijn be over the moon; be on cloud nine ▼ achter de wolken schijnt de zon every cloud has a silver lining ▼ uit de wolken komen vallen drop from the clouds; be brought down to earth (with a bump)

wolkbreuk cloudburst, downpour

wolkeloos cloudless

wolkendek cloud cover

wolkenhemel cloudy sky

wolkenkrabber skyscraper

wolkenlucht cloudy sky

wolkenveld cloud cover, bank/mass of cloud

wollig • (als/van wol) wooly • (vaag) wooly, vague

wolmerk guarantee of pure wool

wolvin she-wolf

wond wound, injury ▼ zijn wonden likken lick one's wounds ▼ oude wonden openrijten reopen old wounds

wonder I [het] • (iets buitengewoons) marvel, wonder, ⟨persoon, zaak⟩ prodigy ★ geen ~ dat no wonder that ★ een ~ van geleerdheid a prodigy of learning • (mirakel) miracle ★ ~en doen/verrichten work/perform wonders/miracles ★ 't geloof doet ~en faith works miracles II [bnw] strange ▼ de ~e wereld der natuur the wonderful world of nature

wonderbaarlijk wonderful, marvellous

wonderdokter quack

wonderkind infant prodigy

wonderlijk • (wonderbaar) miraculous • (merkwaardig) strange, odd ★ het is ~ dat ... it's amazing that ...

wondermiddel cure-all, panacea

wonderolie castor oil

wonderschoon wondrously beautiful

wonderwel wonderfully well

wondkoorts wound-fever

wonen live, reside, ⟨form.⟩ dwell

woning dwelling, house

woningbouw house-building

woningbouwvereniging housing association

woninginrichting • (het inrichten) furnishing • (benodigdheden) home-furnishings

woningnood housing shortage

woningruil house exchange, ⟨tijdens vakantie⟩ house swapping

woningwet Housing Act

woonzoekende house hunter, s.o. in search of a place to live

woonachtig resident

woonblok block of houses

woonboot houseboat

wooneenheid • (appartement) home unit • (geheel van woningen en winkels) housing unit

woonerf residential area with limited access to traffic

woongemeenschap commune

woongemeente place of residence

woongroep commune

woonhuis private house

woonkamer living room, sitting room, lounge

woonkazerne tenement building, ⟨scherts⟩ barracks

woonkern residential nucleus, population cluster

woonkeuken kitchen-cum-living room, live-in kitchen

woonlaag storey

woonlasten housing costs

woonplaats dwelling-place, place of residence ★ zijn tegenwoordige~ of verblijfplaats is onbekend his present whereabouts are unknown ★ een vaste ~ hebben have a fixed address

woonruimte living accommodation

woonvergunning residence permit

woonwagen caravan

woon-werkverkeer commuter traffic

woonwijk residential area ★ nieuwe ~ ⟨sociale woningbouw⟩ new housing estate

woord • (taaleenheid) word, term ★ met andere ~en in other words ★ in één ~ in a/one word ★ onder ~en brengen put into words ★ in ~ en geschrift in speech and in writing ★ met een enkel ~ *in a few words* ★ met zoveel ~en *in so many words* ★ niet onder ~en te brengen *inexpressible; beyond words* ★ grote ~en *fine words;* ⟨inf.⟩ *hot air* ★ geen ~ meer! *not another word!* ★ zijn ~en terugnemen *retract/eat one's words* ★ ik kan er geen ~en voor vinden *words fail me* ★ bij deze ~en *at these words* ★ ⟨het spreken⟩ word *★* iem. het ~ geven *call upon a person (to speak)* ★ het ~ nemen *take the floor* ★ het ~ vragen *ask permission to speak* ★ iem. het ~ ontnemen *silence a person* ★ het ~ doen *do the talking; act as spokesman* ★ ik zou graag het ~ hebben *I should like to say a few words* ★ Major had het ~ *Major was speaking; Major was on his feet* ★ het laatste ~ hebben *have the last word* ★ het ~ richten tot iem. *address a person* ★ het ~ is aan dhr. A *I now call upon Mr. A.* ★ ik wil hem niet meer te ~ staan *I won't speak to him again* ● ⟨erewoord⟩ *word, promise* ★ zijn ~ breken *break one's word; go back on one's word* ★ zijn ~ houden *keep one's word* ★ ik geef je mijn ~ erop *I give you my word for it* ★ op mijn ~ van eer *on my word of honour* ▼ het hoogste ~ hebben *dominate the conversation; do most of the talking* ▼ ~en krijgen met *have an argument with* ▼ niet uit zijn ~en kunnen komen *flounder/fumble for words*

woordbeeld *word picture*
woordblind *dyslectic, word-blind*
woordbreuk *breach of promise*
woordelijk *word for word,* ⟨letterlijk⟩ *literal* ★ ~ verslag *verbatim report*
woordenboek *dictionary*
woordenlijst *vocabulary*
woordenschat *vocabulary*
woordenstrijd *dispute*
woordenstroom *torrent of words*
woordenvloed *torrent of words*
woordenwisseling *altercation, disagreement*
woordgroep *word group*
woordkeus *choice of word, wording, phraseology* ★ slechte ~ *cacology*
woordsoort *part of speech*
woordspeling *pun* ★ ~en maken *pun*
woordvoerder *spokesman* ★ woordvoerster *spokeswoman*
woordvolgorde *word order*
worden I [hww] *be* ★ er werd gedanst *there was dancing* ★ ik word om twaalf uur opgehaald *I'll be picked up at twelve* **II** [kww] ⟨met bnw⟩ *grow, get, go, turn,* ⟨met bnw & znw⟩ *become* ★ ziek ~ *fall ill* ★ zij wilde altijd al lerares ~ *she always wanted to become a teacher* ★ wat wil jij later ~? *what do you want to be/do when you grow up?* ★ woest/gek ~ *go wild/mad* ★ bleek ~ *turn pale* ★ hij wordt morgen 9 jaar *he'll be nine tomorrow* ★ ik ben vandaag 20 jaar ge~ *I'm twenty today* ★ wat is er van hem ge~? *what has become of him?* ★ rijk ~ *become rich*
wording *origin, genesis* ★ 't is nog in ~ *it is still in the making*
wordingsgeschiedenis *genesis*
workaholic *workaholic*
workshop *workshop*
worm ⟨made⟩ *grub, maggot* ● ⟨pier⟩ *worm*
wormstekig *worm-eaten, wormy*
worp ● ⟨gooi⟩ *throw* ★ vrije worp *free throw* ● ⟨nest jongen⟩ *litter*
worst *sausage* ▼ het zal mij ~ wezen *I don't give a hoot*
worstelaar *wrestler*
worstelen ● ⟨vechten⟩ ⟨ook fig.⟩ *struggle, wrestle*

★ tegen de slaap ~ *fight sleep* ★ met een probleem ~ *wrestle/struggle with a problem* ● ⟨sport⟩ *wrestle*
worsteling *struggle, wrestle, grapple*
worstenbroodje *sausage roll*
wortel ● ⟨plantenorgaan⟩ *root* ★ ~ schieten *take root* ● ⟨groente⟩ *carrot* ★ witte ~ *parsnip* ● ⟨tandwortel⟩ *root* ● ⟨oorsprong⟩ *root* ● ⟨wisk.⟩ *root* ★ de ~ trekken uit 16 *find the square root of 16* ▼ met ~ en tak uitroeien *destroy root and branch*
wortelen ⟨oorsprong vinden⟩ ★ ~ in *be rooted in* ● ⟨wortel schieten⟩ *take root*
wortelkanaal ⟨tooth⟩ *root canal*
worteltkeen *radical sign*
woud *forest*
woudloper *trapper*
woudreus *giant tree*
wouw *kite*
wouwaapje *little bittern*
wraak *revenge, vengeance* ★ ~ nemen op *take revenge on* ★ uit ~ *in revenge (for)* ★ de ~ is zoet *revenge is sweet*
wraakactie *reprisal action, retaliation, act of revenge*
wraakgevoel *feeling of revenge*
wraakneming *(act of) revenge*
wraakoefening *retaliation*
wraakzuchtig *(re)vengeful*
wrak I [het] ● ⟨resten⟩ *wreck,* ⟨oude auto⟩ *banger* ● ⟨persoon⟩ *wreck* **II** [bnw] *rickety, shaky*
wraken ⟨afkeuren⟩ *object to* ★ ⟨jur.⟩ *challenge*
wrakhout *(pieces of) wreckage*
wrakkig *rickety, broken down, clapped out*
wrakstuk *piece of wreckage*
wrang ● ⟨zuur⟩ *sour, acid* ● ⟨bitter⟩ *unpleasant, wry* ★ ~e humor *wry humour*
wrat *wart*
wreed *cruel*
wreedaard *cruel person, brute*
wreedheid ● ⟨het wreed zijn⟩ *cruelty, brutality* ● ⟨daad⟩ *cruelty, atrocity*
wreef *instep*
wreken *revenge, avenge* ★ zich ~ op *revenge o.s. on* ★ dat zal zich later ~ *you'll pay for it in the end*
wreker *avenger, revenger*
wrevel *resentment,* ⟨geprikkeldheid⟩ *peevishness,* ⟨sterk⟩ *rancour*
wrevelig *resentful,* ⟨prikkelbaar⟩ *peevish*
wriemelen ● ⟨peuteren⟩ *fiddle with* ● ⟨krioelen⟩ *swarm, crawl (with)*
wrijven *rub, brush* ★ zich in de handen ~ *rub one's hands*
wrijving ● ⟨het wrijven⟩ *rubbing,* ⟨nat.⟩ *friction* ● ⟨onenigheid⟩ *friction, controversy*
wrikken *prise, wrench,* ⟨AE *pry*⟩ ★ iets los ~ *prise s.th. loose* ★ ~ open ~ *prise open*
wringen I [on ww] ⟨knellen⟩ *pinch* **II** [ov + on ww] ● ⟨draaiend persen⟩ *wrench, wring, twist* ★ wasgoed ~ *wring laundry* ★ zich ergens tussen ~ *squeeze in between* ★ zich los ~ *wrest/twist o.s. free* ★ zich in allerlei bochten ~ *wriggle;* ⟨fig.⟩ *squirm*
wringer *wringer, wringing machine*
wroeging *remorse, compunction*
wroeten ● ⟨snuffelen⟩ *burrow, rummage* ★ in iemands verleden ~ *delve into s.o.'s past* ● ⟨graven⟩ *root, grub,* ⟨v. kip⟩ *scratch,* ⟨v. mol⟩ *burrow*
wrok *grudge, resentment* ★ wrok tegen iem. koesteren *bear a person a grudge; have a grudge against a person*

wrokkig *resentful, spiteful*
wrong ‹v. haar› *bun, knot*
wrongel *curds, curdled milk*
wuft *frivolous, flighty*
wuiven ● (heen en weer bewegen) *wave*
● (groeten) *wave* ∗ iem. vaarwel ∼ *wave goodbye to a person*
wulp *curlew*
wulps *voluptuous, salacious*
wurgcontract ≈ *contract with no let-out*
wurgen *strangle, throttle*
wurggreep *stranglehold*
wurm ● (kind) *mite* ● (worm) *worm*

WW *Unemployment Insurance Act* ∗ in de WW zitten *be on the dole; be unemployed*

x (the letter) *X/x*
x-as *x-axis*
xenofobie *xenofobia*
xenofoob *xenophobic person*

Y

y *(the letter)* Y/y
yang *yang*
y-as *y-axis*
yell ‹AE› *yell*
yen *yen*
yin *yin*
yoga *yoga*
yucca *yucca*
yuppie *yuppie, yuppy, young urban professional*

Z

z *(the letter)* Z/z
zaad ● *(kiem)* seed ★ in 't zaad schieten run *(go)* to seed ● *(sperma)* semen, sperm ▾ op zwart zaad zitten be on the rocks; be hard up
zaadbal testicle, ‹bio.› testis
zaadbank sperm bank
zaadcel sperm-cell
zaaddodend spermicidal ★ ~e pasta spermicidal cream
zaaddonor sperm donor
zaaddoos capsule
zaadlob seed-leaf, ‹plant.› cotyledon
zaadlozing ejaculation, seminal emission
zaag saw
zaagmachine saw
zaagmolen sawmill
zaagsel sawdust
zaagsnede saw cut, kerf
zaagvis sawfish
zaaien sow ▾ tweedracht ~ sow (the seeds of) discord
zaaigoed sowing-seed
zaak ● *(handel)* business, deal ● voor zaken on business ★ hoe staan de zaken? how is life/ business? ★ een zaak afsluiten conclude a deal/ transaction ★ druk zaken doen do a brisk trade ★ hoe gaat 't met de zaken? how is business?; how are you getting on? ● *(winkel)* shop ★ een zaak beginnen start a business; open a shop ● *(rechtszaak)* case ★ er een zaak van te maken go to court/law ● *(aangelegenheid)* affair, business, matter ★ dat doet niet ter zake that's irrelevant; that is beside the point ★ dat is jouw zaak that is your business/concern ★ de zaak is dat... the fact is that... ★ in zake... in respect of; on the subject of; re *(your letter of...)* ★ laat ons ter zake komen let us come to the point ★ de zaak waar het over gaat the point at issue ★ ter zake! *(get) to the point!* ● *(ding)* thing, object ▾ het is niet veel zaaks it is not much good ▾ gedane zaken nemen geen keer it is no use crying over spilt milk; what's done is done ▾ een verloren zaak a lost cause ▾ zaken zijn zaken business is business
zaakgelastigde agent, proxy, representative, ‹diplomatieke zaakgelastigde› chargé d'affaires
zaakregister index of subjects
zaakwaarnemer solicitor
zaal room, ‹schouwburg, e.d.› hall, auditorium, ‹ziekenhuis› ward ★ een volle zaal a full house
zaalpatiënt hospital ward patient
zaalsport indoor sport
zaalvoetbal indoor football, ‹AE› indoor soccer
zaalwachter attendant, steward
zacht ● *(niet ruw)* soft, ‹glad› smooth ● *(teder)* gentle ★ iem. ~ behandelen treat s.o. gently; deal gently with s.o. ● *(niet schel)* low, ‹kleur, geluid, licht› soft, ‹kleur, toon› mellow ★ met ~e stem in a low voice ★ geluid ~er zetten turn down the sound/volume ● *(week)* soft ★ ~e huid soft/ smooth skin ★ 'n ~ eitje a soft-boiled egg ● *(gematigd)* mild ★ ~ klimaat mild climate ▾ op z'n ~st uitgedrukt to put it mildly
zachtaardig gentle, sweet, mild tempered
zachtgroen soft green
zachtjes softly, gently, slowly ★ ~ aan easy!; ‹uitroep› steady!; ‹v. tijd› gradually
zachtmoedig meek
zachtzinnig gentle

zadel saddle * iem. in 't ~ helpen give a person a leg up * vast in 't ~ zitten sit firmly in the saddle; ⟨fig.⟩ be in firm control
zadeldak saddleback
zadeldek saddle-cloth, ⟨v. fiets⟩ saddle-cover
zadelen saddle
zadelpijn saddle-soreness * ~ hebben be saddle-sore
zagen saw
zagerij sawmill
Zaïre Zaïre
zak ● ⟨verpakking⟩ bag, ⟨groot⟩ sack * een zak aardappelen a sack of potatoes ● ⟨deel kledingstuk⟩ pocket * ik heb geen cent op zak I haven't a penny on me ● ⟨balzak⟩ balls, † scrotum ● ⟨persoon⟩ jerk, prick ● ⟨buidel⟩ pouch * in zak en as zitten be in sackcloth and ashes * op iemands zak leven sponge on a person * iem. in zijn zak hebben have a person in one's pocket * steek die in je zak put that in your pipe and smoke it * de hand op de zak houden keep one's pockets closed
zakagenda pocket diary
zakboekje notebook, ⟨v. soldaat⟩ pay-book
zakcentje allowance, pocket money
zakdoek handkerchief
zakelijk ● ⟨commercieel⟩ business(like), commercial, ⟨houding⟩ businesslike * 'n ~e bijeenkomst a business meeting ● ⟨bondig⟩ concise, succinct ● ⟨ter zake zijnd⟩ practical, pragmatic, ⟨boek⟩ well-informed, ⟨opmerking⟩ pertinent, ⟨verslag⟩ objective * ~ blijven keep/ stick to the point
zakelijkheid ● ⟨het zakelijk zijn⟩ pragmatism ● ⟨bondigheid⟩ conciseness
zakenadres business address
zakenleven business (life), commerce
zakenlunch business lunch
zakenman businessman
zakenreis business trip
zakenrelatie business contact, ⟨handelsbetrekking⟩ business connection/ relationship
zakenwereld business world
zakformaat pocket size
zakgeld pocket money
zakjapanner (pocket) calculator
zakken ● ⟨lager/minder worden⟩ ⟨barometer, koers, water⟩ fall, drop, ⟨v. muur⟩ sag, ⟨v. toon⟩ lose the key, go flat * de stem laten ~ lower one's voice ● ⟨dalen⟩ sink, ⟨v. vliegtuig⟩ lose height * zich laten ~ lower o.s. ● ⟨niet slagen⟩ fail * ~ als een baksteen fail miserably * een kandidaat laten ~ fail a candidate, ⟨inf.⟩ flunk a candidate * de moed laten ~ lose courage
zakkenroller pickpocket
zakkenvuller profiteer
zaklamp (pocket) torch, ⟨AE⟩ flashlight
zaklopen run a sack race
zakmes pocketknife
zalf ointment, salve
zalig ● ⟨heerlijk⟩ glorious, divine * ~ weer glorious weather ● ⟨gelukzalig⟩ ⟨rel.⟩ blessed, ⟨gelukkig⟩ blissful * ~e glimlach contented smile * de ~en the blessed
zaliger late, deceased * zijn vader ~ his late father
zaligheid ● ⟨hoogste geluk⟩ bliss(fulness), happiness, ⟨rel., verlossing⟩ salvation * de eeuwige ~ eternal salvatiion * de ~ verwerven attain salvation ● ⟨iets heerlijks⟩ delight, bliss
zaligmakend soul-saving, beatific
zalm salmon

zalmforel salmon trout
zalmkleurig salmon, salmon-coloured
zalmsalade salmon salade
zalven ● ⟨met zalf bestrijken⟩ rub with ointment ● ⟨wijden⟩ anoint
zalvend unctuous
Zambia Zambia
zand sand, ⟨vuil⟩ grit * zand erover! let bygones be bygones * iem. zand in de ogen strooien pull the wool over a person's eyes * als los zand aan elkaar hangen be incoherent * in 't zand bijten bite the dust
zandbak sand pit/box
zandbank sandbank, shallow, ⟨in haven⟩ bar
zanderig sandy, gritty
zandgebak shortbread, shortcake
zandgrond sandy soil
zandig sandy * ~ brood gritty bread
zandkasteel sand castle
zandkoekje shortcake
zandloper hour-glass, ⟨in keuken⟩ egg-timer
zandplaat shoal, sandbank
zandsteen sandstone
zandstorm sandstorm
zandstralen sandblast
zandweg sandy road
zandzuiger dredger
zang ● ⟨het zingen⟩ singing, song, ⟨vogels ook⟩ warbling ● ⟨gezang⟩ song
zanger singer, ⟨popmuziek, e.d.⟩ vocalist * ~es singer
zangerig melodious, tuneful
zangkoor choir
zangles singing lesson
zanglijster song thrush
zangstem singing voice
zangvereniging choir, choral society
zangvogel song bird
zanik bore, windbag
zaniken bother, nag * over iets ~ whine about s.th. * lig niet te ~ don't bother me
zat I [bnw] ● ⟨dronken⟩ pissed, tight ⟨beu⟩ * ik ben 't zat I am sick of it; I'm fed up with it ● ⟨verzadigd⟩ satiated * zich zat eten eat one's fill **II** [bijw] plenty * geld zat heaps/loads of money
zaterdag Saturday
zaterdags on Saturdays
zatlap boozer, soak
ze ● ⟨onbepaald voornaamwoord⟩ they ● ⟨meewerkend voorwerp⟩ her [mv: them] ● ⟨onderwerp⟩ she [mv: they] ● ⟨lijdend voorwerp⟩ her [mv: them]
zebra zebra
zebrapad zebra crossing
zede ● ⟨zedelijk gedrag⟩ * zeden morals; ⟨manieren⟩ manners * in strijd met de goede zeden contrary to good manners ● ⟨gewoonte⟩ custom, tradition
zedelijk moral * ~ verplicht om duty bound (to)
zedelijkheid morality
zedelijkheidswetgeving moral law
zedeloos immoral
zedenbederf corruption (of morals)
zedendelict immoral act/offence, indecent assault
zedendelinquent moral offender, ⟨m.b.t. seksueel misbruik⟩ sex offender
zedenleer ethics, morality
zedenmeester moralist
zedenmisdrijf immoral act/offence, indecent assault
zedenpolitie vice squad

zedenpreek moralizing sermon, homily, lecture ★ een ~ houden moralize; preach
zedenwet moral law/code
zedig (ingetogen) demure, (kleding) modest ★ zij was ~ gekleed she was primly dressed
zee ● (zoutwatermassa) sea, ocean ★ zee kiezen put to sea ★ aan zee (Egmond, e.d.) on sea; (huis) on the sea; (vakantie) at the seaside ★ naar zee gaan (v. matroos) go to sea; (in vakantie) go to the seaside ★ over zee gaan go by sea ★ ik kan niet tegen de zee I am a bad sailor ★ ter zee en te land by sea and by land ★ in volle/open zee on the open sea; on the high seas ★ op zee at sea ● (grote hoeveelheid) ★ een zee van mensen a mass of people ★ een zee van licht/tranen a flood of light/tears ★ een zee van tijd heaps/oceans of time ● (hoge golf) sea, wave ★ een zware zee a heavy sea ▼ recht door zee gaan be straightforward ▼ met iem. in zee gaan: throw in one's lot with s.o.
zeeanemoon sea anemone
zeearend (European) sea eagle
zeebaars bass
zeebanket seafood
zeebenen sea legs ★ ~ hebben get/find one's sea legs
zeebeving seaquake
zeebodem seabed, oceanfloor
zeebonk seadog, (lit.) tar
zee-egel sea urchin
zee-engte straits [mv]
zeef sieve, (voor kolen, e.d.) screen ★ lek als een zeef leak like a sieve
zeefdruk screen print
zeegang swell ★ hoge ~ rough sea ★ korte ~ light swell
zeegat (tidal) inlet/outlet, (Schots) lochan ★ 't ~ uitgaan put to sea
zeegevecht naval battle/action
zeegezicht ● (uitzicht) sea view ● (schilderij) seascape
zeegroen seagreen
zeehaven seaport
zeehond seal
zeehoofd pier
zeekaart nautical chart
zeeklimaat maritime/oceanic climate
zeekoe sea cow, (bio.) manatee
zeeleeuw sea lion
zeelieden seamen, sailors
zeelucht sea air
zeem shammy, chamois (leather)
zeemacht naval forces, navy
zeeman seaman, sailor
zeemanschap seamanship
zeemanshuis sailors' home
zeemeermin mermaid
zeemeeuw (sea) gull
zeemijl nautical mile
zeemlap shammy, wash-leather
zeemleer shammy, chamois
zeemogendheid naval/maritime power
zeen sinew, tendon
zeeniveau sea level
zeeolifant sea elephant, elephant seal
zeeoorlog naval war
zeep soap ▼ om zeep gaan (inf.) go west; kick the bucket ▼ om zeep brengen (inf.) do s.o. in
zeepaardje sea horse
zeepbakje soap dish
zeepbel soap bubble ★ als een ~ uit elkaar spatten burst like a soap bubble

zeepkist soap box
zeepost overseas mail, (opschrift) surface mail
zeeppoeder washing powder
zeepsop soap suds
zeer I [het] pain, ache, (vnl. plek) sore ★ oud zeer an old sore ★ dat doet zeer it hurts ★ je doet me zeer you're hurting me **II** [bnw] painful, aching, sore ★ zere voeten sore feet **III** [bijw] very, (very) much, extremely
zeeramp shipping/maritime disaster
zeerecht maritime law
zeereis sea voyage
zeergeleerd very learned
zeerob ● (dier) seal ● (persoon) sea dog, (lit.) (Jack) tar ★ oude ~ (inf.) old salt
zeerover pirate
zeerst greatly, highly, extremely ★ ik betreur het ten ~e I deeply regret
zeeschip sea/ocean-going vessel
zeeschuimer pirate
zeeslag sea/naval battle
zeeslang sea serpent
zeesleper sea-going tug
zeespiegel sea-level ★ boven/beneden de ~ above/below sea-level
zeester starfish
zeestraat straits [mv]
zeestroming (ocean) current
zeevaarder navigator, seafarer
zeevaart navigation
zeevaartschool (marine) naval college, (zeevaart) nautical college
zeevarend seafaring
zeeverkenner sea scout
zeevis salt-water fish, (bio.) marine fish
zeevisserij marine fishery, offshore fishing
zeewaardig seaworthy
zeewaarts seaward
zeewater seawater
zeeweg sea route
zeewering sea wall
zeewezen maritime affairs
zeewier seaweed
zeewind sea breeze
zeezeilen ocean sailing
zeeziek seasick
zeeziekte seasickness
zeezout sea salt
zege triumph, victory
zegekrans laurel wreath
zegel I [de] stamp **II** [het] ● (zegelafdruk) seal ● (stempel) seal, (op brief) stamp ★ zijn ~ drukken op set one's seal on/to; (fig.) affix one's seal to
zegelen ● (verzegelen) place under seal, (afsluiten) seal (up) ★ gezegeld papier stamped/sealed paper ● (van zegel voorzien) put a seal on, (v. brief) stamp
zegellak sealing wax
zegelring signet ring
zegen ● (weldaad) boon, windfall, godsend ● (sleepnet) drag-net, seine ● (rel.) blessing, (kerk ook) benediction ★ zijn ~ geven aan bestow one's blessing on ★ de ~ uitspreken pronounce the benediction ★ Gods ~ God's blessing ★ daar rust geen ~ op that brings no luck ★ nou, mijn ~ heb je! good luck to you! ▼ iets op hoop van ~ doen do s.th. in good faith
zegenen bless, (v. kerk) consecrate ★ God zegene u God bless you
zegening blessing
zegenrijk salutary, beneficial

Z

zegepalm palm of victory
zegepraal victory
zegeteken trophy
zegetocht triumphal march
zegevieren triumph
zegge I [de] sedge **II** [tw] **v** ● en schrijve twee dagen no more than two days ● hij kreeg er ~ en schrijve £10 voor he got a paltry £10 for it
zeggen I [het] saying ★ naar/volgens zijn ~ according to him ★ als ik 't voor 't ~ had if I had my way **II** [ov ww] ● (bevelen) tell ★ dat laat ik mij niet ~ I won't put up with it ★ ik heb hier niets te ~ I have no authority here ★ er niets in te ~ hebben have no say/voice in the matter ★ daar heb ik niets over te ~ I have no control over that ● (oordelen) say ★ al zeg ik het zelf though I say so myself ★ wat zeg je me daarvan? how's that then? ; what do you say to that? ● (beduiden) say, tell ★ dat zegt niets that doesn't mean a thing ★ dat wil ~ (d.w.z.) that is (i.e.) ★ wat wil dit ~? what does this mean? ★ wat meer zegt what is more ● (aanmerken) say, tell ★ er is veel voor te ~ there is much to be said for it ★ er valt niets op hem te ~ there is nothing to be said against him ● (meedelen) say ★ de waarheid ~ tell the truth ★ zeg je vader welterusten say goodnight to your father ★ daar is alles mee gezegd that's all there is to it ★ wat zegt u? (I beg your) pardon? ★ wat heb ik je gezegd? what did I tell you? ★ wat ik ~ wou incidentally; by-the-way ★ wie zal 't ~? who can tell? ★ wie kan ik ~ dat er is? who (shall I say) is calling; what name, please? ★ zeg dat wel you may well say so ★ men zegt dat hij rijk is he is said to be rich ★ men zegt zoveel people are always saying things ★ zij liet zich geen twee maal ~ she did not need to be told twice ● jij moet het maar ~ it's for you to say; it's up to you ★ hij zei er niets op he said nothing to it ★ daar kon ik niets op ~ it was unanswerable ★ iets ~ tegen iem. say s.th. to s.o. ★ hij zegt oom tegen mij he calls me uncle ★ zo gezegd, zo gedaan no sooner said than done ● ik kan geen pap meer ~ I'm all in ● zeg (eens)! (I) say!
zeggenschap (right of) say, control ★ daar heb ik geen ~ over I have no authority/control over that
zeggingskracht eloquence, expressiveness
zegje v zijn ~ zeggen/doen have one's say; say one's piece/bit
zegsman informant
zegswijze saying, phrase, expression
zeiken ● (plassen) piss, † take a leak ● (zeuren) harp/carry on, ⟨inf.⟩ bitch ★ zeik toch niet zo! stop nagging/harping/bitching ● (regenen) piss down
zeiknat sopping (wet)
zeil ● (dekzeil) tarpaulin ● (vloerbedekking) lino(leum) ● (scheepv.) sail ★ met volle zeilen under full sail ★ onder zeil gaan get under sail; ⟨fig.⟩ doze off ★ alle zeilen bijzetten make all sail; ⟨fig.⟩ pull out all the stops ★ zeil minderen take in sail ★ het zeil strijken strike sail ★ onder zeil zijn be under sail; be sound asleep ● met opgestoken zeilen huffy
zeilboot sailing boat
zeildoek canvas
zeilen sail
zeiler yachtsman
zeilkamp sailing camp
zeilplank surfboard, windsurfing board
zeilschip sailer, sailing ship ★ een snel/traag ~ a fast/poor sailer
zeilsport yachting

zeilvliegen hang-glide, go hang-gliding
zeilwagen land yacht
zeilwedstrijd sailing match/race
zeis scythe
zeker I [bnw] ● (overtuigd) certain, sure ★ ~ van zijn zaak zijn be sure of one's ground ★ zo ~ als wat dead certain ★ ~ weten! sure is/are/e.d. ● (vaststaand) sure, safe ★ het ~e voor het on~e nemen better be safe than sorry ● (veilig) secure ★ je bent hier je leven niet ~ your life is not safe here **II** [onb vnw] certain, one way or the other ★ op ~e dag one day ★ een ~ iem. somebody ★ een ~e mijnheer A a/one/a certain Mr. A ★ 'n ~ iets a certain s.th. **III** [bijw] certainly, surely ★ zo ~ als wat as sure as fate ★ ik weet 't ~ I know it for sure ★ je weet het ~ al I suppose/daresay you know it already ★ dat doe je toch ~ niet? surely you won't do that?
zekerheid ● (het zeker zijn) certainty, ⟨overtuiging⟩ confidence ★ ~ hebben be certain/satisfied ★ ~ verschaffen offer assurance ★ zich ~ verschaffen make sure ● (veiligheid) security, safety ★ voor alle ~ to be on the safe side ★ sociale ~ social security ● (waarborg) security ★ ~ stellen give security; leave a deposit
zekerheidshalve for safety's sake
zekering fuse ★ de ~ is doorgeslagen the fuse has blown
zelden seldom, rarely
zeldzaam ● (uitzonderlijk) exceptional ● (vreemd) odd, strange, peculiar ● (schaars) rare ★ bij de zeldzame gelegenheden dat ... on the rare occasions that ...
zeldzaamheid ● (het zeldzaam zijn) rarity ● (iets zeldzaams) rarity, curiosity
zelf self ★ ik zelf I myself ★ de goedheid zelf goodness itself
zelfbediening self service
zelfbedieningsrestaurant self-service restaurant
zelfbedrog self-deceit
zelfbeheersing self-control, self-restraint ★ zijn ~ verliezen lose one's self-control
zelfbehoud self-preservation
zelfbeklag self-pity
zelfbestuiving self-pollination
zelfbestuur self-government
zelfbevrediging masturbation
zelfbewust ● (bewust van zichzelf) self-conscious ● (zelfverzekerd) self-assured, confident
zelfbewustzijn self-awareness
zelfde same
zelfdiscipline self-discipline
zelfdoding suicide, killing o.s.
zelfgekozen self-appointed, self-elected ★ een ~ bewaker van de openbare zeden a self-appointed guardian of public morals
zelfgenoegzaam self-satisfied
zelfhulp self-help
zelfingenomen conceited
zelfkant ● (dubieus grensgebied) fringe, seamy side ★ aan de ~ van de maatschappij on the fringes of society ★ de ~ van het leven the seamy side of life ● (buitenkant van stof) selvage, list
zelfkennis self-knowledge
zelfklevend self-adhesive
zelfkritiek self-criticism
zelfmoord suicide
zelfmoordneiging suicidal tendency
zelfontplooiing personal development, self-fulfilment
zelfontspanner self-timer
zelfopoffering self-sacrifice

zelfoverschatting ★ lijden aan ~ *suffer from an inflated ego*
zelfoverwinning *self-mastery*
zelfportret *self-portrait*
zelfrespect *self-respect*
zelfrijzend *self-raising* ★ ~ bakmeel *self-raising flour*
zelfs *even* ★ ~ de gedachte eraan *the very thought of it*
zelfspot *self-mockery*
zelfstandig *independent, self-employed* ★ ~ naamwoord *substantive; noun* ★ kleine ~e *small trader*
zelfstandigheid *independence, autonomy*
zelfstudie *self-directed learning*
zelfverdediging *self-defence*
zelfverloochening *self-denial, self-abnegation*
zelfvertrouwen *self-confidence*
zelfverwijt *self-reproach*
zelfverzekerd *self-confident*
zelfvoldaan *smug, complacent*
zelfwerkzaamheid *self-motivation*
zelfzucht *selfishness* ★ uit ~ *out of self-interest/selfishness*
zelfzuchtig *egotistic, self-centred, selfish*
zelve → zelf
zemel ● (vlies van graankorrel) *bran* ● (persoon) *driveller*
zemelaar *twaddler, driveller*
zemelen I [de] *bran* [ev] **II** [on ww] *bother*
zemen I [bnw] (chamois) *leather* **II** [ov ww] *shammy*
zendamateur C.B. *enthusiast, radio ham*
zendapparatuur *transmitting equipment*
zendeling *missionary*
zenden I [ov ww] ● (sturen) *send,* (alleen v. goederen) *ship, consign,* (vnl. goederen, inlichtingen) *forward* **II** [on ww] ● (telecom.) *transmit, broadcast*
zender ● (persoon) *sender,* (verscheper) *shipper* ● (zendstation) *broadcasting station* ● (apparaat) *transmitter*
zendgemachtigde *broadcasting licence-holder*
zending ● (het zenden) *sending* ● (missie) *mission* ● (het gezondene) *shipment, consignment*
zendingswerk *mission work*
zendinstallatie *radio installation*
zendmast (radio/tv) *mast*
zendschip *ship* (at anchor) *that serves as a broadcasting/radio station*
zendstation *broadcasting/radio station*
zendtijd *hours of transmission, broadcasting time*
zendvergunning *broadcasting licence*
zengen *singe, scorch*
zenit *zenith*
zenuw ● (gesteldheid) *nerves* ★ mijn ~en raken erdoor van streek *it gets on my nerves* ★ hij leeft op zijn ~en *he lives on his nerves* ★ ik ben op van de ~en *my nerves are worn to shreds* ★ sterke ~en hebben *have strong nerves* ● (zenuwvezel) *nerve*
zenuwaandoening *nervous disorder*
zenuwachtig *nervous,* (inf.) *jumpy,* (geagiteerd) *flurried, flustered* ★ ~ werk (a) *nerve-racking job*
zenuwarts *neurologist*
zenuwcel *nerve cell,* (bio.) *neuron*
zenuwcentrum *nerve centre*
zenuwenoorlog *war of nerves*
zenuwgas *nerve gas*
zenuwgestel *nervous system*
zenuwinrichting *mental institute*
zenuwinzinking *nervous breakdown*
zenuwlijder ● (zenuwpatiënt) *mental patient,* (med.) *neurotic* ● (zenuwachtig persoon) *worrier, fidget*
zenuwontsteking *neuritis*
zenuwoorlog → zenuwenoorlog
zenuwpees *fusspot, bundle of nerves*
zenuwslopend *nerve-racking*
zenuwstelsel *nervous system*
zenuwtoeval *fit of nerves*
zenuwziek *neurotic*
zenuwziekte *nervous disorder,* (med.) *neurosis*
zepen *soap,* (voor 't scheren) *lather*
zeppelin *Zeppelin*
zerk *tombstone*
zes I [de] *six* ▼ hij is van zessen klaar *he can turn his hand to anything; he is never at a loss* **II** [telw] *six* → acht
zesdaags *six-day, sixdays'*
zesde *sixth* → achtste
zeshoek *hexagonal*
zestien *sixteen* → acht
zestiende *sixteenth* → achtste
zestig *sixty* ★ in de jaren ~ *in the sixties* → acht, twintig
zestiger *sixty-year-old, sexagenarian, person of sixty* (years)
zestigpluskaart *senior citizen pass*
zestigste *sixtieth* → achtste
zet ● (duw) *push, shove* ★ iem. een zetje geven *give s.o. a push* ● (zet in spel) *move* ★ jij bent aan zet *it's your move* ★ 'n zet doen *make a move* ● (daad) *move, trick* ★ 'n gemene zet *a dirty trick*
zetbaas *manager*
zetduiveltje *printer's devil*
zetel ● (vestigingsplaats) *seat* ★ ~ der regering *seat of government* ● (zitplaats) *seat, chair,* (v. bisschop e.d.) *throne* ★ de pauselijke ~ *the Holy See* ● (pol.) *seat* ★ zijn ~ ter beschikking stellen *resign one's seat*
zetelen *be registered/established* ★ de maatschappij zetelt in *the company has its registered office in*
zetelwinst *gain in seats*
zetfout *printer's error, misprint*
zetmachine *typesetting machine*
zetmeel *starch, farina*
zetpil *suppository*
zetsel *type*
zetspiegel *type area*
zetten ● (plaatsen) *put, place* ★ bomen ~ *plant trees* ★ een diamant in goud ~ *set/mount a diamond in gold* ★ iets in elkaar ~ *put s.th. together* ★ achter de stralies ~ *put/clap s.o. behind bars* ★ er een punt achter ~ *call it a day* ● (gereedmaken voor druk) *set up in type* ● (bereiden) ★ thee/koffie ~ *make tea/coffee* ● (arrangeren) ★ op muziek ~ *set to music* ● (doen beginnen) ★ hij zette zich aan het werk *he set to work* ● (med.) *set* ★ een arm ~ *set an arm* ● (doen zitten) *seat* ★ zich ~ *sit down; take a seat* ★ (~ op) ★ alles erop ~ *stake everything; put all one's eggs in one basket* ▼ zich tot iets ~ *settle down to s.th.* ▼ ik kan hem niet ~ *I cannot stand him*
zetter *typesetter, compositor*
zetterij *composing room*
zetwerk *typesetting*
zeug *sow*
zeulen *drag, lug*
zeur *bore*
zeuren ★ om iets ~ bij iem. *keep on at s.o. for s.th.* ★ net zo lang ~ tot iem. wat geeft *nag/pester s.o. into giving s.th.* ★ zeur me niet aan mijn hoofd

don't bother me • hij heeft altijd wel iets om
over te ~ he has always got s.th. to moan about
zeurkous bore, waffler, whinger
zeven I [de] seven **II** [ov ww] sift, sieve, ⟨vloeistof⟩
strain → **acht**
zevende seventh → **achtste**
zeventien seventeen → **acht**
zeventiende seventeenth → **achtste**
zeventig seventy → **acht, twintig**
zeventigste seventieth → **achtste**
zich • ⟨2de persoon⟩ yourself [mv: yourselves] • ⟨3de
persoon⟩ himself, herself, itself, oneself [mv:
themselves] • ieder voor zich every man for
himself
zicht • (gezichtsveld) sight, view • in ~ (with)in
sight * uit het ~ verdwijnen disappear from
sight • (zichtbaarheid) visibility * slecht ~ poor
visibility • (inzicht) insight • (beoordeling)
* een artikel op ~ hebben/zenden have/send an
article on approval
zichtbaar • (te zien) visible * ~ aangedaan zijn
be visibly affected • (merkbaar) noticeable,
perceptible * de verschillen worden nu pas ~ the
differences are only now becoming noticeable
zichzelf himself, herself, itself, oneself [mv:
themselves] * uit ~ of one's own accord * hij dacht
bij ~ he thought to himself * in ~ praten talk to
o.s. * elk geval op ~ beoordelen judge each case
on its own merits * een op ~ staand geval an
isolated case * niet ~ zijn not be onself * ze
vormen een klasse op ~ they are a class apart
* hij was buiten ~ van he was beside himself with
ziedaar there, there you are
zieden I [ov ww] • (laten koken) ⟨zeep⟩ boil **II** [on
ww] • (koken) boil, ⟨fig. ook⟩ seethe ▼ van
woede seethe/boil with rage; fume
ziedend seething(ly), livid(ly)
ziek ill, sick, ⟨aangetast⟩ diseased * zieke boom
diseased tree * zich ziek houden malinger * zich
ziek melden report (o.s.) ill/sick * ziek worden
fall/be taken ill * zich ziek lachen laugh one's
head off; be in stitches • een zieke opmerking sick
remark
ziekbed sickbed
zieke patient
ziekelijk • (abnormaal) morbid, sickly • (telkens
ziek) sickly, ailing
zieken spoil things, be a pain (in the neck) * zit niet
zo te ~! stop being such a pain (in the neck)
ziekenauto ambulance
ziekenbezoek ⟨door arts⟩ house call, ⟨door
familie, e.d.⟩ visit to a patient
ziekenboeg sickbay
ziekenfonds National Health Service
ziekenfondsbril National Health/NHS glasses
ziekenfondspatiënt National Health/NHS
patient
ziekenhuis hospital, ⟨AE⟩ infirmary
ziekenomroep hospital radio (station)
ziekenverpleger (male) nurse
* ziekenverpleegster nurse
ziekenverzorger nursing auxiliary
ziekenwagen ambulance
ziekmelding reporting ill/sick
ziekte illness, sickness, ⟨kwaal⟩ complaint, ⟨vnl.
vorm⟩ disease * de ~ van Parkinson Parkinson's
disease
ziektebeeld syndrome, clinical picture
ziektekiem germ, pathogen
ziektekosten medical expenses
ziektekostenverzekering medical insurance
ziekteleer pathology

ziekteverlof sick leave
ziekteverschijnsel (medical) symptom
ziekteverzuim sick leave, ⟨verschijnsel⟩ sickness
absenteeism
ziektewet (national) health insurance act * in de
~ lopen receive sickness benefit; ⟨in Eng. na zes
maanden⟩ receive invalide/disability benefit
ziel • (persoon) soul * wat 'n ziel! what a poor soul
* geen levende ziel not a (living) soul • (geest)
soul * het ging mij door de ziel it cut me to the
quick/core * diep in zijn ziel deep down in his
heart * ter ziele zijn be dead and gone ▼ het
griefde mij tot in de ziel it stung me to the core
▼ hoe meer zielen hoe meer vreugd the more the
merrier ▼ met z'n ziel onder de arm lopen be at a
loose end ▼ op zijn ziel krijgen get a hiding
zielenheil salvation
zielenroerselen inner life
zielenrust peace of mind
*zielepiet ⟨Wdl: zielenpiet⟩ poor soul/wretch
zielig pitiful, pathetic, ⟨eenzaam⟩ forlorn * wat ~!
how sad!
zielloos soulless, ⟨levenloos⟩ inanimate
zielsbedroefd broken-hearted
zielsblij overjoyed
zielsgelukkig supremely happy, euphoric
zielsveel deeply * ~ houden van love devotedly;
worship
zieltogen be dying * een ~de zaak a moribund
affair
zien I [het] sight, vision **II** [ov ww] • (waarnemen)
see * ik kan hem niet zien ⟨fig.⟩ I can't stand the
sight of him * laten zien show * zij wou me niet
zien she gave me the cold shoulder * hij wou zijn
gebreken niet zien he turned a blind eye to his
faults * er was niemand te zien no one was to be
seen * de vlek is niet meer te zien the spot does
not show * te zien krijgen catch sight of * ik zie
hem nóg voor me I can see him now * ik deed
net of ik het niet zag I did not take any notice
* ik zie je nog wel I'll see you later * ik zie hem
liever niet dan wel I'd rather not see him at all
• (inzien) interpret * dat is verkeerd gezien van
je you take the wrong view; that is a misconception
on your part • (proberen) see * zie eens of je het
kan try if you can do it * je moet maar zien hoe
je er komt I leave it to you to get there * zie maar
dat je het voor elkaar krijgt see that you manage
somehow • (bezien) see * dat zullen we wel eens
zien we'll see * als ik het goed zie if I see aright
* zij moet maar zien dat zij het redt she must
look after/fend for herself * zie maar wat je doet
do as you please ▼ zie je nou wel! there you are!
III [on ww] • (kunnen zien) see * scherp zien be
sharp eyed * hij ziet goed he has good eyes
• (eruitzien) look * bleek zien look pale * het
plein zag zwart van de mensen the square was
thick with people • (uitzicht geven) look (out) on
zienderogen visibly
ziener seer, prophet
zienswijze view, opinion * ik kan deze ~ niet
delen I cannot share this view * ik ben een
andere ~ toegedaan I hold a different view
zier whit, iota, least bit * 't kan me geen zier
schelen I couldn't care less * hij heeft geen
zier(tje) verstand he has not a grain of sense
ziezo all right, that's it
zigeuner gipsy, ⟨pej.⟩ Romany
zigzag zigzag * ~ lopen zigzag
zigzaggen ⟨v. vliegtuig⟩ weave
zij I [de] ⟨vrouwelijk wezen⟩ she, female * is het
een hij of een zij? is it a he or a she? • (kant) * zij

aan zij side by side * **de armen/handen in de zijde zetten** *put one's arms akimbo* **II** [pers vnw] *she* [mv: *they*]

zijaanzicht *profile*

zijbeuk *side aisle*

zijde ● (zijkant) * **aan deze ~** *on this side* * **hij staat aan mijn ~** *he is by my side;* ‹fig.› *he is on my side* * **van de ~ van de regering** *on the part of the government* * **van welingelichte ~** *from well-informed sources* ● (stof) *silk* * **ergens ~ bij spinnen** *make money out of s.th.*

zijdeglans *eggshell, semi-gloss*

zijdelings I [bnw] *sidelong, sideways,* ‹fig.› *indirect* **II** [bijw] *sideways* * **~ vernemen** *hear indirectly*

zijden *silk,* ‹fig.› *silken*

zijderups *silkworm*

zijdeur *side door*

zij-ingang *side entrance*

zijkamer *side room*

zijkant *side, edge, flank* * **aan de ~** *on the side*

zijlijn ● (zijspoor) *branch line* ● (sport) *sideline,* ‹rugby› *touch-line*

zijlinie *collateral line*

zijn I [het] *being* **II** [on ww] ● (bestaan) *be* * **wat is er?** *what's up?; what's the matter?* * **er zijn er veel die there are many who ...** * **de beste die er zijn** *the best going* ● (zich bevinden) *be* * **ik ben er** ‹fig.› *I have it* * **waar zijn ze toch?** *where have they gone?* * **er is nog wat brood there** *is still some bread left* ● (leven) * **hij is er geweest** *he is done for* ● (~ van) * **van wie is die auto?** *whose car is that?* * **van welke componist is die sonate who is the composer of this sonata** * **(~ aan)** * **ze is het huis aan het schilderen** *she is painting the house* * **ze waren altijd aan het bakkeleien they were always squabbling* **II** [hww] ‹v. lijdende vorm› *be,* ‹v. tijd› *have* * **zij is in Schotland geweest** *she has been to Scotland* * **hij is voorwaardelijk veroordeeld** *he has been given a suspended sentence* **IV** [kww] ● (in hoedanigheid/ toestand zijn) * **2 maal 2 is 4** *twice 2 is 4* * **zij is een Nederlandse** *she is Dutch* * **ze is nog steeds flink verkouden** *she still has a nasty cold* ● (~ te) * **dat is niet te doen** *that can't be done* * **dat huis is te koop** *that house is for sale* * **het is niet te geloven** *it's unbelievable* **V** [bez vnw] ‹m.b.t. dieren, zaken› *its,* ‹m.b.t. persoon› *his,* ‹onpersoonlijk› *one's* * **men moet zijn plicht doen** *one must do one's duty* * **elk 't zijne** *everyone his due* * **ieder het zijne** *to each his own*

zijpad *side-path*

zijrivier *tributary*

zijspan *sidecar* * **motor met ~** *motorcycle with sidecar*

zijspiegel *wing mirror,* ‹AE› *side mirror*

zijspoor *siding* * **'n trein op een ~ brengen** *shunt a train into a siding* * **iem. op 'n ~ brengen** *side-track a person*

zijsprong *jump/leap to the side, jump/leap aside*

zijstraat *side street, turning*

zijtak *branch*

zijwaarts *sideways*

zijweg *crossroad*

zijwind *crosswind*

zilt *salty, briny* * **het zilte nat** *the briny ocean; the brine*

zilver *silver* ● **het ~ poetsen** *polish the silver* ▼ **spreken is ~ zwijgen is goud** *speech is silver, but silence is golden*

zilverachtig *silvery*

zilverberk *silver birch*

zilveren *silver* * **~ bruiloft** *silver-wedding* * **~**

haren *silver(y) hair*

zilvergeld *silver coins*

zilvermeeuw *herring gull*

zilverpapier *silver paper, tin-foil*

zilverpopulier *white poplar, abele*

zilverreiger *white heron*

zilversmid *silversmith*

zilverspar *silver fir*

zilveruitje *pearl/cocktail onion*

zilververf *silver paint*

zilvervliesrijst *brown rice*

zilvervos *silver fox*

zilverwerk *silver ware, silver plate*

Zimbabwe *Zimbabwe*

zin ● (zintuig) *sense* ● (lust) *mind* * **ik heb er geen zin in** *I don't feel like it* * **het iem. naar de zin maken** *please a person* * **zin of geen zin** *willy-nilly* * **ik heb zin om te lezen** *I would like to read* * **ik heb eigenlijk wel zin om te gaan** *I have (half) a mind to go* * **is 't naar je zin?** *is it to your liking?* ● (volzin) *sentence* * **die zin loopt niet goed** *this sentence doesn't work* ● (betekenis) *meaning, sense* * **in zekere zin** *in a way* * **in de eigenlijke zin des woords** *in the proper sense of the word* ● (wil) *mind* * **zijn eigen zin doen** *have one's own way; do as one pleases* * **iem. zijn zin geven** *let s.o. have his way* * **kwaad in de zin hebben** *be up to mischief* * **van zins zijn** *intend* * **één van zin zijn** *be united* * **nu heb je je zin now** *you've got what you want* * **zijn zinnen ergen op zetten** *set one's mind on s.th.* * **tegen de zin van** *against the wishes/will of* * **wat heeft ze in de zin?** *what is she up to?* ● (nut) *sense, meaning* * **'t heeft geen zin om te gaan there** *is no point in going* ● (verstand) *senses* * **ik had/ hield mijn zinnen goed bij elkaar** *I kept my wits about me* * **een mens z'n zin is een mens z'n leven** *everyone to his taste* * **zo veel hoofden, zo veel zinnen so many men, so many minds**

zindelijk *clean,* ‹v. hond, e.d.› *house-trained,* ‹v. kind› *toilet-trained*

zinderen *shimmer* * **~de hitte** *blistering/ sweltering heat*

zingen *sing, chant* * **vals ~** *sing out of tune*

zink *zinc*

zinken I [bnw] *zinc* **II** [on ww] *sink* * **een schip tot ~ brengen** *sink a ship;* ‹eigen schip, opzettelijk› *scuttle a ship* * **diep gezonken zijn** *have sunk/fallen low*

zinklood ‹m.b.t. vissen› *sinker*

zinkput *cesspool, sump*

zinnebeeld *symbol*

zinnebeeldig *symbolic(al)*

zinnelijk *sensual, sensuous*

zinnen ● (bevallen) *like* * **dat zint mij niet** *I don't like it* ● (~ op) *be intent on, ponder (on)* * **op wraak ~** *be intent on revenge; brood on revenge*

zinnenprikkelend *titillating*

zinnig *sane, sensible*

zinsbegoocheling *hallucination*

zinsbouw *sentence structure*

zinsdeel *part of a sentence*

zinsnede *passage, phrase,* ‹vnl. taalkunde› *clause*

zinsontleding *parsing, analysis*

zinspelen *allude (to), hint (at)*

zinspreuk *motto, maxim*

zinsverband *context*

zinsverbijstering *insanity*

zinswending *turn of phrase*

zintuig (organ of) *sense, sense* (organ/faculty)

zintuiglijk *sensory* * **~e waarneming** *sensory perception*

Z

zinverwant synonymous
zinvol significant, meaningful, ⟨verstandig⟩ advisable
zionisme Zionism
zit • een hele zit a long time to sit; a long haul
zitbad hip-bath
zitelement (sofa) unit
zithoek sitting area
zitje • een aardig ~ a snug corner; ⟨in de natuur⟩ a nice place to sit down in
zitkamer sitting room, living room
zitplaats seat
zitstaking sit-down strike
zitten • (bedekt zijn met) ★ onder de modder/het vuil ~ be covered with mud/dirt ★ (functie bekleden) be ★ in 'n commissie/de raad ~ be/sit on a committee/on the council • (in positie/toestand gelaten worden) ★ de leerling bleef ~ the pupil stayed down a class ★ een meisje laten ~ jilt a girl ★ laat maar ~ ⟨tot 'n kelner⟩ keep the change; ⟨ik trakteer⟩ this is on me ★ hij zat er mee it puzzled him ★ hij zat ermee opgescheept he was saddled with it ★ blijven ~ met be left with • (gezeten zijn) sit ★ aan tafel ~ be at the table ★ hij kwam bij me ~ he came and sat by me ★ blijft u ~! keep your seat(s), please! ★ ga ~ ⟨bevel⟩ sit down; ⟨uitnodigend⟩ take a seat ★ (zich bevinden) sit, ⟨in gevangenis zitten⟩ do time, ⟨verblijven⟩ sojourn ★ hoe zit dat? how is that? ★ de Kamer zit nu the House is now sitting ★ daar zit hem de moeilijkheid that's the sticking point ★ er zit niets anders op dan te gaan there is nothing for it but to go ★ er zit wat voor je op ⟨inf.⟩ you'll get it in the neck ★ er goed bij ~ be well off ★ het zit in de familie it is/runs in the family ★ hij zit zo zit's like this ★ voor een examen ~ be reading for an exam ★ mijn haar wil niet blijven ~ my hair will not stay in place ★ hij heeft 2 jaar gezeten he has served/done 2 years ★ waar zit die jongen toch? where is that boy? ★ (bevestigd zijn) ★ hoe zit zoiets in elkaar? how does that fit together? ★ dat zit in de war it's in a tangle ★ zit het zo weer goed? is that how it was? ★ dat verhaal zit goed in elkaar that story has a good plot; that story is well put together • (passen) fit, sit • (bezig zijn met) be/sit + (...ing) ★ ze ~ nu te eten they are having dinner now ★ hij zit zich weer te vervelen he's getting bored again ★ (doel treffen) ★ die zit! that's a hit! ★ hij zit! ⟨sport⟩ goal! • (aanraken) ★ overal aan ~ touch everything ★ het zit me tot hier! I'm fed up with it; I'm fed up to the back teeth ★ daar zit iets achter there's more to it than meets the eye ★ er warmpjes bij ~ be comfortably off; be well off ★ daar zit Ronald achter Ronald is at the bottom of it ★ maar ik laat het er niet bij ~ but I won't take it lying down ★ je hebt het er lelijk bij laten ~ you've made a poor show ★ dat kan je niet op je laten ~ don't sit back and take it
zittenblijver repeater
zittend sitting, seated ★ ~ leven sedentary life
zitting • (deel van stoel) seat, bottom • (vergadering) session, sitting ★ ~ hebben/houden be in session; sit ★ ~ hebben in een commissie/bestuur sit on the committee
zitvlak bottom, seat
zitvlees ★ geen ~ hebben be fidgety; ⟨inf.⟩ have ants in one's pants
zo I [bijw] • (op deze wijze) so, thus, in this way, like this ★ zo is het! quite so!; that's right! ★ mooi zo! well done! ★ 't zit zo it's like this ★ 't is nu eenmaal zo that's how it is; there it is ★ zo een/

iem. such a one ★ hij doet maar zo it's only make-believe ★ (in deze mate) as, so ★ ik hoop toch zo ... I do hope ★ die vent is zo! he is a great guy ★ och, zo maar ⟨zonder uitleg⟩ oh, for no reason at all; ⟨zonder overleg⟩ without further ado ★ zo moe als hij was, ging hij toch tired as he was, he went ★ niet zo oud als not so old as ★ ó zo vriendelijk ever so kind ★ (direct) presently, in a minute ★ zo van de universiteit straight/fresh from University ★ dat gaat zo niet that won't do ★ wel, zo gaat het in het leven such is life ★ het is maar zo zo it is rather sketchy; it is only so so **II** [vw] • (zoals) as ★ (indien) if ★ zo ja if so ★ zo al niet if not ★ zo neen/niet if not **III** [tw] well ★ zo? indeed?
zoal ★ wat lust je zoal? what sort of things do you like?
zoals as, such as, like ★ mensen ~ hij men such as he; people like him
zodanig I [aanw vnw] such ★ als ~ as such ★ als ~ as such **II** [bijw] so, in such a way
zodat so that
zodoende in this/that way, thus, ⟨derhalve⟩ accordingly, consequently
zodra as soon as ★ ~ hij komt as soon as he comes; the moment he comes
zoek missing, gone ★ het boek is zoek the book is missing ★ 't is zoek it has been mislaid ★ op zoek naar iets gaan/zijn be in search of s.th.; look for s.th.
zoekactie search (operation)
zoekbrengen ★ de tijd ~ kill time
zoeken I [het] search (for), quest **II** [ov ww] • (trachten te vinden) look for, search for ★ hij wordt door de politie gezocht he is wanted by the police ★ de oorzaak is niet ver te ~ the reason is ⟨quite⟩ obvious ⟨uit zijn op⟩ look for, be on the lookout for, ⟨geluk⟩ seek, ⟨waarheid⟩ pursue ★ een oplossing ~ find a solution ★ hulp ~ go for help; find help ★ dat zou je niet achter hem ~ you would not think he had it in him ★ overal wat achter ~ be very suspicious ★ je zoekt het te ver you're missing the obvious ★ zoekt en gij zult vinden seek and you shall find
zoeker • (persoon) searcher • (deel van camera) view-finder
zoeklicht searchlight, spotlight
zoekmaken mislay
zoekplaatje puzzle
zoel mild
Zoeloe Zulu
zoemen buzz, hum
zoemer buzzer
zoemtoon buzz, hum, ⟨v. telefoon⟩ (dialling) tone
zoen kiss
zoenen kiss ★ om te ~ kissable; sweet; ⟨AE⟩ cute
zoenoffer peace offering
zoet • (zoet smakend) sweet, ⟨m.b.t. water⟩ fresh • (braaf) good, sweet ★ iets voor zoete koek slikken swallow s.th. whole; fall for s.th.
zoetekauw ★ je bent 'n ~ you have a sweet tooth
zoethoudertje sop, sweetner
zoethout liquorice
zoetig sweetish
zoetigheid sweets
zoetje sweetener
zoetmiddel sweetener, sweetening
zoetsappig sugary
zoetstof sweetener
zoetwaren sweets
zoetzuur I [het] (sour and) sweet pickles **II** [bnw] sweet and sour

zoeven hum, whirr
***zoëven** (Wdl: zo-even) just now, a moment ago
zog • (moedermelk) (mother's) milk • (kielzog)
wake ★ in iemands zog varen follow in s.o.'s wake
zogeheten so-called, alleged
zogen suckle, nurse
zogenaamd • (zogeheten) so-called, self-styled
• (quasi) so-called, supposed, would-be
zogezegd so to say/speak, as it were
zoiets such a thing, the like, anything like,
anything of the sort ★ hij is ziek of ~ he's ill or
s.th. ★ ~ geks heb ik nog nooit gezien I never
saw anything so crazy ★ ik heb ~ gehoord I've
heard as much ★ ~ bestaat niet there is no such
thing ★ daar zeg je ~ that's a good idea; that
reminds me
zojuist just now
zolang I [bijw] meanwhile ★ zet de auto ~ in de
garage meanwhile, put the car in the garage
II [vw] as/so long as
zolder garret, loft, attic
zoldering ceiling
zolderkamer(tje) garret, attic
zolderluik trap-door
zoldertrap attic/loft-stairs
zomaar • (zonder aanleiding) just like that,
without any reason • (zonder beperkingen) just
like that, without any problem ★ kan dat ~? is it
really that simple?; just like that?
zombie zombie
zomen hem
zomer summer ★ in de ~ in summer
zomerbedding summer (river)bed
zomerdijk summer dyke/dike
zomergast summer visitor
zomerhuis summer house/cottage
zomerjurk summer dress
zomerkleed summer coat, (vogels) breeding
plumage
zomers summery ★ op zijn ~ gekleed zijn wear
summer clothes
zomerseizoen summer season, summertime
zomersproeten freckles
zomertijd summer time ★ de ~ gaat in op summer
time begins
zomervakantie summer holiday(s)
zomin as little as ★ (net) ~ als no more than
zon sun ★ tegen de zon in anti-sunwise; with the
sun in one's eyes ▼ niets nieuws onder de zon
nothing new under the sun ▼ hij kan de zon niet
in 't water zien schijnen he can't bear to see
others do well
zo'n • (zo één) such (a) ★ op zo'n dag als vandaag
on a day like today ★ ik heb zo'n vreemd
voorgevoel I have this strange foreboding/hunch
★ zo'n fiets wil ik ook I want a bike just like that/
yours • (ongeveer) about, around ★ zo'n beetje
more or less; pretty much ★ zo'n twee uur some
two hours
zonaanbidder sun-worshipper
zondaar sinner
zondag Sunday
zondags I [bnw] Sunday ★ op zijn ~ gekleed
dressed in one's (Sunday) best **II** [bijw] on Sundays
zondagsdienst Sunday service
zondagskind Sunday('s) child
zondagsschilder Sunday painter
zondagsschool Sunday school
zonde • (slechte daad) sin ★ een ~ begaan commit
a sin ★ kleine ~ peccadillo; indiscretion
• (jammer) ★ wat ~! what a pity ★ 't is ~ van je
pak it's a pity about your suit ★ het is eeuwig ~ it

is a crying shame
zondebok scapegoat ★ hij werd tot ~ gemaakt he
was turned into a scapegoat/whipping-boy
zonder • (iets niet hebbend of doend) without
★ kinderen ~ geleide geen toegang no
admission to unaccompanied children • (buiten)
without ★ hij kan niet ~ haar he can't live
without her • (~ te) ★ hij opende de deur ~ te
kloppen he opened the door without knocking
• (~ dat) ★ ~ dat hij het wist without him
knowing
zonderling I [de] eccentric, freak **II** [bnw] odd,
singular, peculiar
zondeval ★ de ~ the Fall
zondig sinful
zondigen sin, offend ★ ~ tegen de regels violate/
break the rules
zondvloed (bijbels) Flood, (fig.) deluge
zone zone
zonet just (now)
zonlicht sunlight
zonnebad sunbath
zonnebaden sunbathe
zonnebank sunbed, solarium
zonnebloem sunflower
zonnebrandolie aftersun/sunburn lotion
zonnebril sunglasses
zonnecel solar cell
zonnecollector solar collector
zonne-energie solar energy
zonneklaar obvious, crystal clear ▼ ~ bewijzen
prove beyond a shadow of a doubt
zonneklep visor, sunshade, eye-shade
zonnen sunbathe, sun o.s.
zonnepaneel solar panel
zonnescherm sunshade, sunblind
zonneschijn sunshine
zonnesteek sunstroke, touch of the sun
zonnestelsel solar system
zonnestraal sunbeam
zonnetje ★ zij is een ~ in huis she is a ray of
sunshine; she's our little ray of sunshine ★ iem. in
't ~ zetten make s.o. the centre of attention; (voor
de gek houden) poke fun at s.o.
zonnevlek sunspot
zonnewijzer sundial
zonnig sunny
zonovergoten sun-drenched, sunny
zonsondergang sunset
zonsopgang sunrise
zonsverduistering solar eclipse
zonwering awning, sun blind
zonzijde sun(ny) side
zoogdier mammal
zooi • (flinke hoeveelheid) lot, heap • (troep) mess
zool • (ondervlak) sole • (inlegzool) insole
zoolganger plantigrade
zoölogie zoology
zoöloog zoologist
zoom • (omgenaaide rand) hem • (buitenrand)
edge, (v. rivier) bank, (v. stad) edge, outskirts
zoomlens zoomer, (film) zoom lens
zoon son ★ de Zoon des Mensen the Son of Man
▼ de verloren zoon the prodigal son
zootje • (hoeveelheid) lot, heap, load ★ een ~
dieven a pack of thieves • een ~ ongeregeld a
motley crew • (rommeltje) mess
zorg • (bezorgdheid) concern, worry, anxiety ★ zich
zorgen maken over worry about ★ zorgen
hebben have cares; be worried ★ mij 'n zorg! a fat
lot I care ★ zorg baren cause anxiety
• (verzorging) care ★ zorg besteden aan bestow

Z

care on; take care over ★ door de goede zorgen van through the good offices of ★ de zorg hebben voor de kinderen provide for the children ▼ geen zorgen voor de dag van morgen have no thought for tomorrow

zorgelijk precarious

zorgeloos carefree

zorgen ● (het nodige doen) see (to), take care (to) ★ hij moet voor de kinderen ~ he'll have to see to the children ● (verzorgen) care for, look after, take care of ★ voor zichzelf ~ fend for o.s. ★ voor de oude dag ~ provide for one's old age ● (regelen) take care of, see to ★ voor het eten ~ see to the food ★ daar moeten zij voor ~ that's up to them; that's their business

zorgenkind problem child, ⟨fig.⟩ source of anxiety/worry

zorgvuldig ● (met zorg) careful ● (nauwkeurig) meticulous, painstaking

zorgwekkend alarming, critical

zorgzaam careful, considerate

zot I [de] fool **II** [bnw] foolish, silly

zout I [het] salt ★ in 't zout leggen salt ▼ het zout der aarde the salt of the earth **II** [bnw] salt, briny, ⟨gezouten⟩ salted ▼ zo zout heb ik het nog nooit gegeten I've never seen anything quite like it

zoutarm low salt content

zouteloos insipid

zouten ● (inzouten) brine, ⟨haring⟩ pickle ● (zout maken) salt

zoutje savoury biscuit, savoury appetizer

zoutkoepel salt dome/plug

zoutloos saltless, ⟨dieet⟩ salt-free

zoutvaatje saltcellar

zoutzuur hydrochloric acid

zoveel I [onb vnw] ★ ~ is zeker that/thus much is certain **II** [bijw] ★ ~ te beter so much/all the better **III** [telw] as much/many ★ tweemaal ~ twice as much/many ★ ~ mogelijk as much as possible ★ de trein van 9 uur ~ the nine s.th. train

zover so far, thus far ★ tot ~ so far ★ als 't ~ is when we have got so far; at the proper time ▼ in ~(re) als so far as ★ (voor) ~ as far as; (in) so far as ★ voor ~ ik weet niet not to my knowledge ★ ~ 't oog reikt as far as the eye can see

zowaar actually, really

zowat about ★ ~ niets next to nothing ★ ~ niemand hardly anybody

zowel ★ ~ als as well as; both... and...

zozeer so much

zozo so-so

zucht ● (uitademing) sigh ● (drang) desire (for), craving (for), longing (for) ★ ~ naar sensatie craving for excitement

zuchten ● (lijden) moan ★ ~ onder groan under ● (uitademen) sigh ● (~ naar) sigh for, yearn for

zuchtje ★ er is geen ~ wind there is not a breath of wind

zuid south

Zuid-Afrika South Africa

Zuid-Amerika South America

Zuid-Amerikaans South American

zuidelijk I [bnw] ● (uit het zuiden) south(ern), ⟨wind⟩ southerly, southern ● (ten zuiden) southern **II** [bijw] southward(s) ★ ~ van (to the) south of

zuiden south ★ op het ~ liggen face south ★ ten ~ (van) (to the) south (of)

zuiderbreedte south(ern) latitude

zuiderlicht southern lights

zuiderling southerner

Zuid-Korea South Korea

zuidkust south coast

zuidpool south pole, antarctic

zuidpoolcirkel antarctic circle

zuidvrucht subtropical fruit

zuidwaarts southward(s)

zuidwester ● (wind) southwester ● (hoed) sou'wester

zuigeling baby, infant, suckling

zuigelingenzorg infant welfare

zuigen ● (opzuigen) suck ● (stofzuigen) vacuum, ⟨inf.⟩ hoover

zuiger ● (deel van motor) piston ● (persoon) pest

zuigfles feeding bottle

zuigkracht ● (zuigvermogen) suction (power/force) ● (aantrekkingskracht) attraction, pull

zuignap suction cup

zuigtablet lozenge, pastille

zuil pillar, column

zuilengalerij colonnade, arcade

zuinig economical, thrifty, ⟨gierig⟩ close, ⟨karig⟩ sparing, frugal ★ ~ zijn/omgaan met be economical/careful with ★ ~ beheren nurse ★ en niet zo ~! with a vengeance

zuinigheid economy, thrift ★ verkeerde ~ betrachten be penny-wise and pound-foolish ★ uit/voor de ~ for reasons of economy

zuipen I [ov ww] ● (slurpen) drink, swill, guzzle ★ die auto zuipt benzine that car guzzles petrol **II** [on ww] (alcohol gebruiken) booze

zuiplap boozer

zuivel dairy produce

zuivelfabriek dairy factory

zuivelindustrie dairy industry

zuivelproduct dairy product

zuiver I [bnw] ● (puur) ⟨cirkel⟩ true, ⟨goud ook⟩ solid, ⟨goud, water, lucht⟩ pure, ⟨waarheid⟩ plain ★ ~ ras ⟨v. paarden⟩ pure breed ★ ⟨zonder blaam⟩ clear ★ een ~ geweten a clear conscience ● (netto) net ★ ~e winst clear/net profit ● (louter) pure, sheer ▼ het is geen ~e koffie there is s.th. fishy about it **II** [bijw] purely

zuiveren ● (reinigen) clean, ⟨bloed, lucht⟩ purify, ⟨wond⟩ cleanse, disinfect ● de partij ~ purge the party ★ van vijanden ~ clear of enemies ● (vrijpleiten) clear ★ zich ~ van clear o.s. of

zuivering cleaning, cleansing, purification, ⟨politieke⟩ purge

zuiveringsinstallatie purifying plant

zuiveringszout bicarbonate of soda

zulk ● (zodanig) such ● (zo groot) this, that ★ zulke schoenen shoes this big

zullen I [on ww] shall ▼ wat zou dat? what about it? **II** [hww] ⟨d, we⟩ shall, ⟨verleden tijd⟩ should, would, ⟨you, he, she, it, they⟩ will

zult brawn

zurig sourish

zuring sorrel, dock

zus I [de] sister, ⟨inf.⟩ sis **II** [bijw] ★ nu eens zus, dan weer zo now this way, now that

zuster ● (zus) sister ● (verpleegster) nurse ● (rel.) sister, nun

zusterhuis nunnery, convent, ⟨ziekenhuis⟩ nurses' home

zusterlijk sisterly

zusterorganisatie sister organisation

zusterstad twin town

zuur I [het] ● (maagzuur) heartburn, indigestion ★ last van 't zuur hebben suffer from heartburn ● (iets in zuur) pickle ● (chem.) acid **II** [bnw] ● (onaangenaam) hard ★ zuur werk nasty work ★ iem. 't leven zuur maken make s.o.'s life a misery ★ dat is zuur voor je it is tough on you

* een zuur gezicht zetten make a wry face
• (zurig) sour * zuur worden turn (go) sour
• (chem.) acid ▼ dat zal je zuur opbreken you'll regret that

zuurdesem yeast
zuurgraad degree of acidity, pH value
zuurkool sauerkraut
zuurpruim sourpuss, grouch
zuurstof oxygen
zuurstofapparaat oxygen-apparatus, resusitator
zuurstofmasker oxygen mask
zuurstok ≈ peppermint stick
zuurtje acid drop
zuurverdiend hard-earned * ~ geld hard-earned cash
zuurwaren pickles
zuurzoet sour-sweet
zwaai beweging, sweep, (met armen) wave
zwaaien I [ov ww] • (heen en weer bewegen) swing, (vlag) wave, (wapen) brandish * met zijn armen ~ wave one's arms about **II** [on ww] • (groeten) wave • (slingeren) (v. dronkaard) reel, sway • (heen en weer bewogen worden) swing, (v. takken) sway (from side to side)
zwaailicht flashing light
zwaan swan
zwaar I [bnw] • (veel wegend) heavy * zware last heavy burden * het weegt ~ it weighs heavy * dat weegt ~ voor hem (fig.) it carries a lot of weight for him * hij is een paar kilo te ~ he is a couple of kilos overweight * zware grond heavy soil • (omvangrijk) heavy, bulky * ~ gebouwde man a heavily built man • (moeilijk) (beslissing) difficult, (taak) hard, (werk) heavy * een zware strijd a hard/severe struggle * zware bevalling difficult delivery * ze gaan zware tijden tegemoet they are facing hard times • (ernstig) heavy, severe, (zonde) grievous * een ~ vergrijp a serious offence/crime * zware ziekte/straf severe illness/punishment • (sterk) heavy, powerful, (geschut) heavy, (v. drank, tabak, vergif) strong • (zwaarklinkend) heavy, (stem) deep • (hevig) rough, violent, (aanval, storm) heavy * een zware bui a heavy shower * zware jongens toughs ▼ ~ op de hand heavy; ponderous ▼ hij had er een ~ hoofd in he was very pessimistic about it **II** [bijw] heavily, seriously, grievously * ~ slapen sleep heavily * ~ zondigen sin grievously ▼ ~ leven burn the candle at both ends
zwaarbeladen heavily loaded, (fig.) heavily laden
zwaarbewapend heavily armed, armed to the teeth
zwaardvis swordfish
zwaargebouwd heavily built, massive
zwaargewicht heavyweight
zwaarlijvig corpulent, stout
zwaarmoedig melancholy
zwaarte • (gewicht) weight, heaviness • (ernst) weight, seriousness
zwaartekracht gravity, gravitation * wet van de ~ laws of gravity
zwaartelijn median
zwaartepunt • (hoofdzaak) main point • (nat.) centre of gravity
zwaartillend gloomy, pessimistic
zwaarwegend important, considerable * een ~e beslissing a weighty/important decision
zwaarwichtig weighty
zwabber mop
zwabberen mop, swab
zwachtel bandage
zwachtelen bandage, swathe

zwager brother-in-law
zwak I [het] weakness, foible **II** [bnw] • (niet krachtig) weak, feeble, (gezondheid) delicate, (ogen) weak, poor, (oude man, vrouw) frail * het zwakke geslacht the weaker sex • (teer) weak • (zonder geestelijke weerstand) weak * zijn zwakke punt/zijde his weak spot * in 'n zwak ogenblik in a weak moment * (niet kundig) weak, (poging, verstand) feeble * zwak zijn in iets be bad at s.th. • (bijna niet waarneembaar) weak, (kreet) feeble, (lachje, licht) faint, (wind) light • (taalk.) weak
zwakbegaafd retarded, (inf.) weak-minded
zwakheid weakness, feebleness, frailty
zwakjes weakly
zwakkeling weakling
zwakstroom weak current
zwakte weakness
zwaktebod (fig.) admission of weakness, (kaartspel) weak bid
zwakzinnig mentally handicapped, feeble-minded
zwakzinnigenzorg care of the mentally handicapped
zwalken drift/wander about
zwaluw swallow ▼ één ~ maakt (nog) geen zomer one swallow does not make a summer
zwaluwstaart swallow's tail
zwam fungus
zwammen drivel
zwanenhals swan's neck
zwanenzang swan song
zwang ▼ in ~ zijn be fashionable/in vogue ▼ in ~ komen come into fashion
zwanger pregnant
zwangerschap pregnancy
zwangerschapstest pregnancy test
zwangerschapsverlof maternity leave
zwart • (clandestien) black * op de ~e markt kopen buy in the black market * ~e kunst black magic * op de ~e lijst plaatsen blacklist * ~ verdienen work on the side; moonlight • (somber) black * alles ~ inzien take a gloomy view of things * ~ kijken scowl • (m.b.t. kleur) black * in 't ~ gekleed dressed in black * ~en en blanken blacks and whites * de ~e doos (v. vliegtuig) the black box ▼ 't ~ op wit hebben have it in black and white ▼ het zag ~ van de mensen it was swarming with people
zwartboek black book, official report on a (social) subject
zwarte black, negro
zwartekousenkerk rigidly orthodox Protestants
zwartepiet Black Jack, knave of spades * iem. de ~ toespelen pass the buck to s.o. else
Zwarte Zee Black Sea
zwartgallig melancholic, pessimistic
zwarthandelaar black marketeer
zwartkijker (pessimist) pessimist • (telecom.) TV licence dodger
zwartkopmees marsh/willow tit
zwartmaken blacken, slander * iem. zwart maken blacken s.o.'s reputation
zwartrijden (zonder kaartje) dodge fare, (zonder wegenbelasting) evade road tax, drive without paying road tax
zwartrijder fare-dodger
zwartwerker moonlighter
zwart-wit • (met beeld in zwart en wit) black-and-white • (ongenuanceerd) black-and-white, over-simplified * alles ~ zien see everything in black-and-white terms
zwavel sulphur

Z

zwaveldioxide sulphur dioxide
zwavelzuur sulphuric acid
Zweden Sweden
Zweed Swede ★ een ~se a Swedish woman
Zweeds I [het] Swedish **II** [bnw] Swedish
zweefbrug suspension bridge
zweefduik swallow dive, (AE) swan dive
zweefmolen giant('s) stride
zweefsport (hang)gliding
zweeftrein hovertrain
zweefvliegen glide, soar
zweefvliegtuig glider
zweefvlucht glide
zweem (v. spot) touch, hint, (v. vrees) semblance, trace ★ geen ~ van bewijs not a shred of evidence/proof ★ geen ~ van twijfel without a shadow of a doubt
zweep whip, (jachtzweep) (hunting-)crop, (rijzweep) crop ★ hij moet met de ~ krijgen he should be whipped; he wants the whip ▼ hij kent het klappen van de ~ he knows the ropes
zweepslag lash, (spierblessure) whiplash
zweer ulcer, sore
zweet sweat, perspiration ★ zich in het ~ werken work o.s. into a sweat ★ 't koude ~ brak haar uit she broke into a cold sweat
zweetband sweatband
zweetdruppel bead of sweat/perspiration
zweetklier sweat gland
zweetlucht sweaty smell, body odour
zweetvoeten sweaty feet
zwelgen I [ov ww] (gulzig eten/drinken) guzzle, gobble, (drank) swill **II** [on ww] ● (~ in) wallow in
zwellen swell ★ doen ~ swell ★ zij zwol van trots she was swollen with pride
zwelling ● (het zwellen) swelling ● (gezwollen plek) swelling, (bult, buil) bump
zwembad swimming pool
zwembroek swimming trunks
zwemdiploma swimming certificate/diploma
zwemen incline, tend to ★ ~ naar rood incline to red ★ ~ naar oneerlijkheid border upon dishonesty
zwemmen swim ★ gaan ~ go for/have a swim
zwemmer swimmer
zwempak swimsuit
zwemsport swimming
zwemvest life-jacket
zwemvlies (vlies) web ★ met zwemvliezen web footed ● (schoeisel) flipper
zwendel swindle, fraud
zwendelaar swindler, fraud
zwendelarij swindling, fraud
zwendelen swindle
zwengel handle, (v. auto) crank
zwenken (mil.) wheel, (ook fig.) swerve ★ naar links ~ swerve to the left
zwenkwiel swivel caster/castor
zweren I [ov ww] ● (eed doen) swear ★ een eed ~ swear an oath ★ op de bijbel ~ swear on the Bible ★ ik zweer het I swear ★ wraak ~ tegen vow vengeance against **II** [on ww] ● (ontstoken zijn) ulcerate, (v. wond) fester ★ ~de vinger septic/bad finger ● (~ bij) ★ ~ bij God swear to God ★ bij iets ~ swear by s.th. ▼ bij hoog en laag ~ swear by all that is holy
zwerfkat stray (cat), alley cat
zwerfkei boulder
zwerftocht ramble
zwerm swarm, (sprinkhanen) cloud, (vogels) flock
zwermen swarm
zwerven ● (ronddwalen) wander, roam, rove ★ hij

zwierf door het land he roamed the country
● (rondslingeren) lie about/around ★ je moet je spullen niet laten rond~ you shouldn't leave your things lying around
zwerver vagabond, tramp, (AE) hobo, (dier) stray
zweten ● (transpireren) sweat, perspire ★ op iets ~ sweat over s.th. ● (vochtig uitslaan) sweat
zweterig sweaty
zwetsen blether, jabber
zweven ● (vrij hangen) float, (v. vogel) hover, (zweefvliegtuig) glide ● (zich onzeker bevinden) hover ★ tussen hoop en vrees ~ hover between hope and fear ● (vagelijk voordoen) float ★ het woord zweeft mij op de tong I have the word on the tip of my tongue ★ er zweeft mij iets van voor de geest I seem vaguely to remember
zweverig ● (vaag) vague, woolly ● (duizelig) dizzy, light-headed
zwezerik sweetbread
zwichten submit to, yield, give in (to) ★ ~ voor de verleiding yield to temptation
zwiepen I [ov ww] ● (smijten) hurl, fling **II** [on ww] ● (doorbuigen) bend, sway ★ de takken zwiepten in de wind the branches/twigs thrashed in the wind ● (krachtig slaan) swish, lash
zwier ● (zwaai) flourish ● (gratie) grace ★ met ~ gracefully ▼ aan de ~ gaan go on a spree
zwieren (over ijs) glide, (v. dansers) whirl about, (v. dronken man) reel
zwierig graceful, elegant, (modieus) stylish, (opvallend) flamboyant ★ ~ voor de dag komen cut a dash
zwijgen I [het] silence ★ er het ~ toe doen say no more about it; (niet antwoorden) let s.th. pass; (geheim houden) keep mum ★ iem. 't ~ opleggen silence s.o. **II** [on ww] ● (niet spreken) be silent, keep silence ★ zwijg! be silent!; hold your tongue! ★ zwijg daarover! don't talk about it ★ kun je ~? can you keep a secret? ★ om nog te ~ van ... to say nothing of ● (geen geluid geven) keep silent, (v. muziek) stop ▼ hij zweeg in alle talen he maintained a stony silence
zwijggeld hush-money
zwijgplicht oath of secrecy ★ iem. de ~ opleggen swear to silence
zwijgzaam taciturn, (terughoudend) reticent
zwijm faint ★ in ~ vallen faint; swoon
zwijmelen feel giddy, swoon
zwijn ● (dier) swine ★ een wild ~ a wild boar ● (persoon) swine
zwijnen be in luck
zwijnenstal pigsty, (fig.) pigsty
zwijnerij ● (smerige taal) smut ● (vuiligheid) filth
zwik batch, lot ★ de hele zwik the whole lot
zwikken sprain ★ mijn voet zwikte I sprained my ankle
Zwitser Swiss ★ een ~se a Swiss woman
Zwitserland Switzerland
Zwitsers I [het] Swiss **II** [bnw] Swiss
zwoegen drudge, toil, slave, labour, (blokken) swot ★ ~ en sloven toil and slave ★ ~ op peg away/toil at
zwoel ● (drukkend warm) sultry, (benauwd) muggy ● (sensueel) sultry, sensual
zwoerd (pork-/bacon-)rind ★ gebakken ~ (pork) crackling

Grammaticaal compendium

ONREGELMATIGE WERKWOORDEN

infinitief	o.v.t.	volt. deelwoord	vertaling
abide	abode	abode	vasthouden aan, verdragen
arise	arose	arisen	ontstaan
awake	awoke	awoke	wakker worden
be	was/were	been	zijn, worden
bear	bore	born	(ver)dragen
beat	beat	beaten	(ver)slaan
become	became	become	worden
begin	began	begun	beginnen
behold	beheld	beheld	aanschouwen
bend	bent	bent	buigen
bet	bet	bet	wedden
	betted	betted	
bid	bade	bidden	gebieden
bid	bid	bid	bieden
bind	bound	bound	binden
bite	bit	bitten	bijten
bleed	bled	bled	bloeden
blow	blew	blown	blazen, waaien
break	broke	broken	breken
breed	bred	bred	kweken, fokken
bring	brought	brought	brengen
broadcast	broadcast	broadcast	uitzenden
build	built	built	bouwen
burn	burned	burned	(ver)branden
	burnt	burnt	
burst	burst	burst	barsten
buy	bought	bought	kopen
cast	cast	cast	werpen
catch	caught	caught	vangen
choose	chose	chosen	kiezen
cling	clung	clung	zich vastgrijpen
come	came	come	komen
cost	cost	cost	kosten
creep	crept	crept	kruipen
cut	cut	cut	snijden
deal	dealt	dealt	(be)handelen
dig	dug	dug	graven
do	did	done	doen
draw	drew	drawn	tekenen, trekken
dream	dreamed	dreamed	dromen
	dreamt	dreamt	
drink	drank	drunk	drinken
drive	drove	driven	drijven, besturen
dwell	dwelt	dwelt	wonen
eat	ate	eaten	eten
fall	fell	fallen	vallen
feed	fed	fed	(zich) voeden
feel	felt	felt	(zich) voelen
fight	fought	fought	vechten
find	found	found	vinden
flee	fled	fled	vluchten
fling	flung	flung	smijten
fly	fled	fled	vluchten
fly	flew	flown	vliegen
forbid	forbade	forbidden	verbieden
forget	forgot	forgotten	vergeten
forgive	forgave	forgiven	vergeven
forsake	forsook	forsaken	in de steek laten
freeze	froze	frozen	(be)vriezen
get	got	got	krijgen, worden
		gotten (VS)	
give	gave	given	geven
go	went	gone	gaan

infinitief	o.v.t.	volt. deelwoord	vertaling
grind	ground	ground	malen, slijpen
grow	grew	grown	groeien, kweken, worden
hang	hung	hung	hangen
	hanged	hanged	ophangen
have	had	had	hebben
hear	heard	heard	horen
hide	hid	hidden	(zich) verbergen
hit	hit	hit	slaan, raken, treffen
hold	held	held	(vast)houden
hurt	hurt	hurt	pijn doen, bezeren
keep	kept	kept	houden, bewaren
kneel	knelt	knelt	knielen
knit	knit	knit	breien
	knitted	knitted	
know	knew	known	weten
lay	laid	laid	leggen
lead	led	led	leiden
lean	leant	leant	leunen
	leaned	leaned	
leap	leapt	leapt	springen
	leaped	leaped	
learn	learnt	learnt	leren
	learned	learned	
leave	left	left	(ver)laten
lend	lent	lent	uitlenen
let	let	let	laten, verhuren
lie	lay	lain	liggen
light	lit	lit	aansteken, verlichten
	lighted	lighted	
lose	lost	lost	verliezen
make	made	made	maken
mean	meant	meant	bedoelen, betekenen
meet	met	met	ontmoeten
mow	mowed	mown	maaien
pay	paid	paid	betalen
put	put	put	leggen, plaatsen, zetten
quit	quit	quit	ophouden, verlaten
	quitted	quitted	
read	read	read	lezen
rid	rid	rid	bevrijden
ride	rode	ridden	rijden
ring	rang	rung	bellen, klinken
rise	rose	risen	opstaan, stijgen, rijzen
run	ran	run	rennen, lopen
saw	sawed	sawn	zagen
		sawed	
say	said	said	zeggen
see	saw	seen	zien
seek	sought	sought	zoeken
sell	sold	sold	verkopen
send	sent	sent	sturen, zenden
set	set	set	zetten, ondergaan
sew	sewed	sewn	naaien
		sewed	
shake	shook	shaken	schudden, beven
shave	shaved	shaven	scheren
		shaved	
shed	shed	shed	vergieten, storten
shine	shone	shone	schijnen, glanzen
shoot	shot	shot	schieten
show	showed	shown	tonen
		showed	
shrink	shrank	shrunk	krimpen
shut	shut	shut	sluiten
sing	sang	sung	zingen
sink	sank	sunk	zinken, tot zinken brengen

infinitief	o.v.t.	volt. deelwoord	vertaling
sit	sat	sat	zitten
sleep	slept	slept	slapen
slide	slid	slid	glijden
smell	smelt	smelt	ruiken
	smelled	smelled	
sow	sowed	sown	zaaien
speak	spoke	spoken	spreken
spell	spelt	spelt	spellen
	spelled	spelled	
spend	spent	spent	uitgeven, doorbrengen
spin	spun	spun	ronddraaien, spinnen
spill	spilt	spilt	morsen
	spilled	spilled	
spit	spat	spat	spuwen
split	split	split	splijten
spoil	spoilt	spoilt	bederven, verwennen
	spoiled	spoiled	
spread	spread	spread	(zich ver)spreiden
stand	stood	stood	staan
steal	stole	stolen	stelen
stick	stuck	stuck	steken, kleven
sting	stung	stung	steken, prikken
stink	stank	stunk	stinken
	stunk		
stride	strode	stridden	schrijden, stappen
strike	struck	struck	slaan, treffen, staken
strive	strove	striven	streven
swear	swore	sworn	zweren, vloeken
sweat	sweat	sweat	zweten
	sweated	sweated	
sweep	swept	swept	vegen
swim	swam	swum	zwemmen
swing	swung	swung	zwaaien, slingeren
take	took	taken	nemen, brengen
teach	taught	taught	onderwijzen
tear	tore	torn	scheuren, rukken
tell	told	told	vertellen, zeggen
think	thought	thought	denken
thrive	throve	thriven	voorspoed hebben
	thrived	thrived	
throw	threw	thrown	gooien
thrust	thrust	thrust	duwen, stoten
understand	understood	understood	begrijpen, verstaan
wake	woke	woke(n)	wekken, wakker worden
wear	wore	worn	dragen
weave	wove	woven	weven
weep	wept	wept	huilen, wenen
wet	wet	wet	nat maken
	wetted	wetted	
win	won	won	winnen
wind	wound	wound	winden, draaien
wring	wrung	wrung	wringen
write	wrote	written	schrijven

Praktische tips

HET SAMENVOEGEN VAN WOORDEN

In het Nederlands worden dikwijls twee of meer woorden samengevoegd tot één
woord. In het Engels wordt dat zelden gedaan. Twee woorden die samen één begrip
vormen staan in het Engels meestal los van elkaar:

food problem	voedselprobleem
insurance company	verzekeringsmaatschappij

Woorden die kort zijn of die erg veel gebruikt worden, worden dikwijls aan elkaar
geschreven:

bus stop wordt:	busstop
motor-car wordt:	motorcar

Het verbindingsstreepje wordt wel gebruikt bij samengestelde bijvoeglijke naamwoorden:

a seven-year-old girl	een meisje van zeven jaar
on-the-job training	training binnen het bedrijf

HET AFBREKEN VAN WOORDEN

Bij voorkeur voorkomt men het afbreken van een woord aan het einde van de regel,
door het woord aan het begin van de nieuwe regel te schrijven. Er zijn geen eendui-
dige regels voor het afbreken van woorden, maar de volgende regels worden het
meest toegepast.

1 Niet afgebroken wordt:
a bij woorden met één lettergreep:
    care, week, love, enz.
b voor de uitgang *-ed* van de verleden tijd en het voltooid deelwoord:
c voor de uitgangen *cial, cian, cious, sion, tion* die in de uitspraak één lettergreep vormen:
    social, conscious, starvation, mission

2 Bij voorkeur worden niet afgebroken:
a woorden met één letter aan het begin of aan het eind:
    apart, above, windy, enz.
b korte woorden met twee lettergrepen:
    city, water, enz.
c woorden waarvan na het verbindingsstreepje twee letters zouden overblijven
  (met uitzondering van bijwoorden die eindigen op *-ly*):
    against, mixer, beauty, enz.

3 Indien een woord moet worden afgebroken, gebeurt dit bij voorkeur:
a na een klinker:
    fe-ver, de-pend
b voor de uitgang *ing*:
    think-ing, keep-ing

c tussen twee medeklinkers:
   mil-lion, mes-sage, recom-mend
d voor het tweede deel van een samenstelling:
   anti-hero, tele-phone, happi-ness

BRIEF
Hieronder ziet u een standaardmodel
van een Engelse brief.

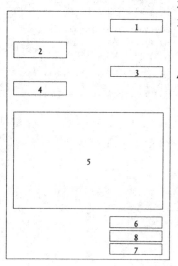

De verklaring van de cijfers is als volgt:

1 Het adres van de afzender.

2 Naam en adres van de geadresseerde.

3 De datum.
   Hiervoor bestaan verscheidene schrijf-
   wijzen: 10 April 1991/ 10th April 1991/
   April 10, 1991/ April 10th, 1991.

4 De aanhef:

Dear Sir/Madam	Geachte Heer/ Mevrouw
Dear Sirs	Mijne Heren
Gentlemen	Mijne Heren (VS)
Dear Eileen	Lieve Eileen
Dear Mr Druce	Geachte Heer Druce
Dear Mrs Druce	Geachte Mevrouw Druce
Dear Miss Hunt	Geachte juffrouw Hunt
Dear Ms Green	Geachte Mevrouw Green (het is niet bekend of zij getrouwd is of niet)

De aanhef wordt gevolgd door een
komma. In het Amerikaans volgt een
dubbele punt.

5 De feitelijke boodschap.
   Deze bestaat uit een inleiding, een
   boodschap en een afsluiting.

6 Een zakelijke brief eindigt met: *Yours
   faithfully,/Yours truly, .* Een informele
   brief eindigt met: *Yours sincerely,/
   Yours, .*

7 De naam van de schrijver.

8 De handtekening.

ENKELE UITDRUKKINGEN BIJ DE INLEIDING:

Bedankt voor je brief van ...	Many thanks for your letter of ...
Voor mij ligt je brief van...	I have your letter of ... before me
	Your letter just to hand ...
Ik heb zojuist je brief van ... ontvangen.	I have just received your letter of ...
Ik was erg blij met je brief van ...	I was very pleased to have your letter of ...
Ik schaam me diep dat ik niet eerder geschreven heb.	I feel quite ashamed for not having written before. I'm sorry I haven't written.
Sorry dat ik zo lang niets van mij heb laten horen.	I am (very) sorry for not letting you hear from me before.